W0241355

Châteaux de la Loire

Touraine et Berry

2022/2023

Cofondateurs : Philippe GLOAGUEN et Michel DUVAL

Directeur de collection et auteur
Philippe GLOAGUEN

Secrétaire général
Gavin's CLEMENTE-RUIZ

Rédacteurs en chef
Amanda KERAVEL (France)
Benoît LUCCHINI (Étranger)

Directrice administrative
Bénédicte GLOAGUEN

Conseiller à la rédaction
Pierre JOSSE

Responsable voyages
Carole BORDES

Direction éditoriale
Élise ERNEST

Rédaction
Isabelle AL SUBAIHI
Emmanuelle BAUQUIS
Mathilde de BOISGROLLIER
Marie BURIN des ROZIERS
Camille CAMPET
Véronique de CHARDON
Laura CHARLIER
Florence CHARMETANT
Fiona DEBRABANDER
Anaëlle HASCOËT
Géraldine LEMAUF-BEAUVOIS
Alain PALLIER
Anne POINSOT
Alexia POULAIN

hachette

TABLE DES MATIÈRES

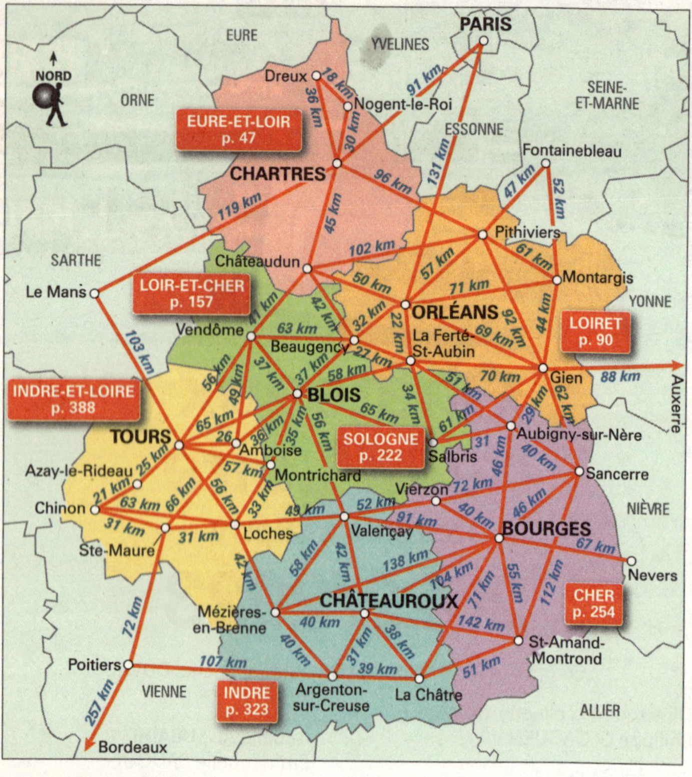

PRÉAMBULE

COMMENT Y ALLER ? 34

BON À SAVOIR AVANT LE DÉPART 40

Bords de Loire, entre Beauce et Sologne

© Guiziou Franck/hemis.fr

Pictogrammes du Routard

Établissements

- Hôtel, auberge, chambre d'hôtes
- Camping
- Restaurant
- Terrasse
- Pizzeria
- Boulangerie, sandwicherie
- Pâtisserie
- Glacier
- Café, salon de thé
- Café, bar
- Bar musical
- Club, boîte de nuit
- Salle de spectacle
- Boutique, magasin, marché

Infos pratiques

- Office de tourisme
- Poste
- Accès Internet
- Hôpital, urgences
- Adapté aux personnes handicapées

Sites

- Présente un intérêt touristique
- Point de vue
- Plage
- Spot de surf
- Site de plongée
- Recommandé pour les enfants
- Inscrit au Patrimoine mondial de l'Unesco
- Pas de côté

Transports

- Aéroport
- Gare ferroviaire
- Gare routière, arrêt de bus
- Station de métro
- Station de tramway
- Parking
- Taxi
- Taxi collectif
- Bateau
- Bateau fluvial
- Piste cyclable, parcours à vélo

« OSONS LE PAS DE CÔTÉ »

Le surtourisme ? Tous concernés. Et pourtant, à l'écart des grands flux touristiques, il existe plein de pépites méconnues, souvent oubliées des circuits trop encombrés. Ici un site ignoré ; là un quartier secret ; plus loin un village caché au charme discret, avec un troquet d'une autre époque. Il existe une infinité de lieux peinards que l'on a envie de mettre en avant avec ce pictogramme. Un vagabondage enfin calme favorisé aussi par les **visites aux heures creuses**. Vive le *slow trip* !

#osonslepasdecote

☎ **112** : c'est le numéro d'urgence commun à la France et à tous les pays de l'UE, à composer en cas d'accident, agression ou détresse. Il permet de se faire localiser et aider en français, tout en améliorant les délais d'intervention des services de secours.

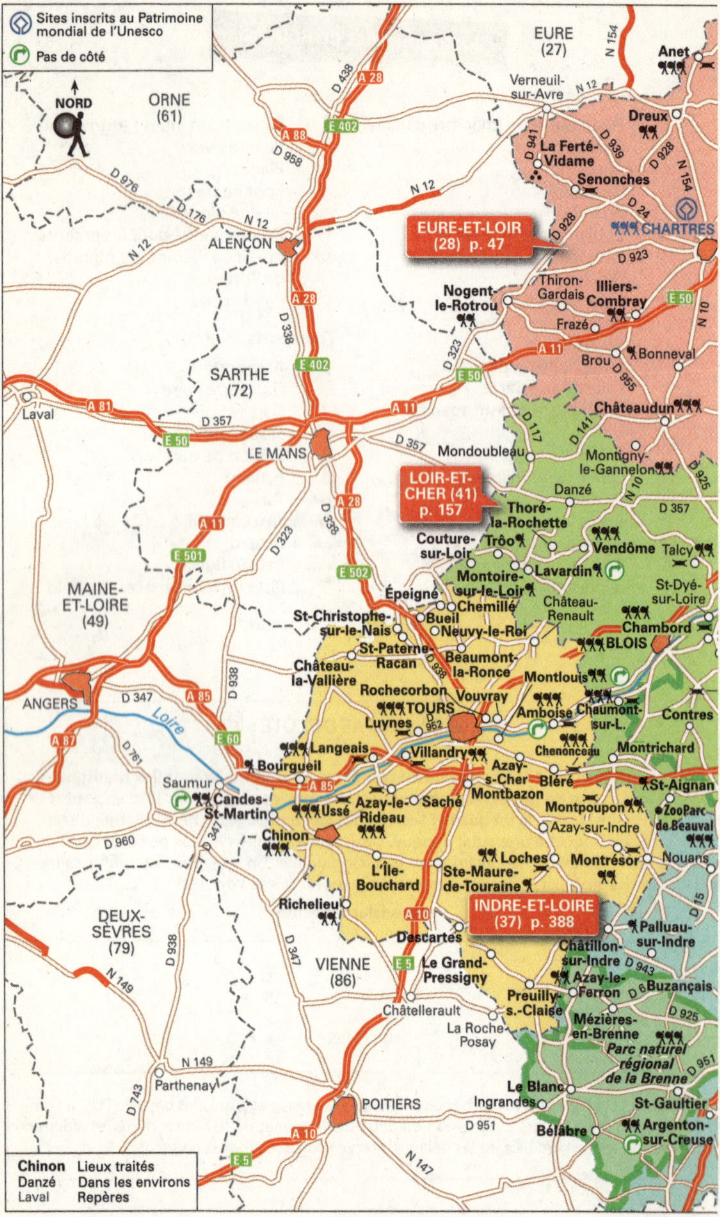
Sites inscrits au Patrimoine mondial de l'Unesco
Pas de côté
NORD
ORNE (61)
EURE (27)
Anet
Verneuil-sur-Avre
Dreux
La Ferté-Vidame
Senonches
CHARTRES
EURE-ET-LOIR (28) p. 47
Nogent-le-Rotrou
Thiron-Gardais
Illiers-Combray
Frazé
Brou
Bonneval
Châteaudun
ALENÇON
SARTHE (72)
Laval
LE MANS
Mondoubleau
Montigny-le-Gannelon
LOIR-ET-CHER (41) p. 157
Danzé
Thoré-la-Rochette
Couture-sur-Loir
Trôo
Vendôme
Talcy
Montoire-sur-le-Loir
Lavardin
Château-Renault
St-Dyé-sur-Loire
Chambord
BLOIS
MAINE-ET-LOIRE (49)
Épeigné
Chemillé
Bueil
St-Christophe-sur-le-Nais
Neuvy-le-Roi
St-Paterne-Racan
Beaumont-la-Ronce
Château-la-Vallière
Montlouis
Rochecorbon
Vouvray
Amboise
Chaumont-sur-L.
Contres
TOURS
Luynes
ANGERS
Loire
Langeais
Villandry
Chenonceau
Montrichard
Bourgueil
Azay-s-Cher
Bléré
St-Aignan
Saumur
Candes-St-Martin
Ussé
Azay-le-Rideau
Saché
Montbazon
Montpoupon
ZooParc de Beauval
Azay-sur-Indre
Chinon
Loches
Montrésor
Nouans
L'Île-Bouchard
Ste-Maure-de-Touraine
Richelieu
INDRE-ET-LOIRE (37) p. 388
Palluau-sur-Indre
DEUX-SÈVRES (79)
Descartes
Châtillon-sur-Indre
VIENNE (86)
Le Grand-Pressigny
Azay-le-Ferron
Buzançais
Preuilly-s.-Claise
Châtellerault
La Roche-Posay
Mézières-en-Brenne
Parc naturel régional de la Brenne
Parthenay
Le Blanc
Ingrandes
St-Gaultier
POITIERS
Bélâbre
Argenton-sur-Creuse
Chinon Lieux traités
Danzé Dans les environs
Laval Repères

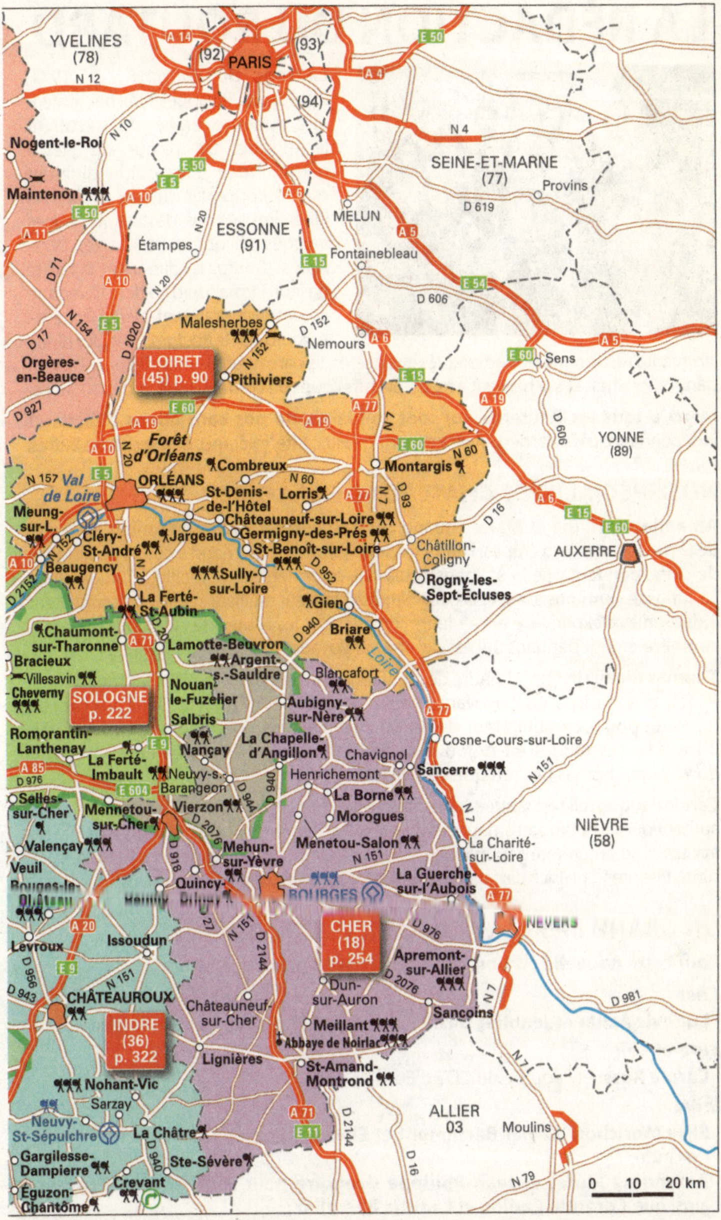

LA RÉGION DES CHÂTEAUX DE LA LOIRE

LA RÉDACTION DU ROUTARD

La saga du *Routard* : en 1971, 2 étudiants, Philippe et Michel, avaient une furieuse envie de découvrir le monde. De retour du Népal germe l'idée d'un guide différent qui regrouperait tuyaux malins et itinéraires sympas, destiné aux jeunes fauchés en quête de liberté. 1973. Après 19 refus d'éditeurs et la faillite de leur 1re maison d'édition, l'aventure commence vraiment avec Hachette. Aujourd'hui, le *Routard*, c'est plus d'une cinquantaine d'enquêteurs impliqués et sincères. Ils parcourent le monde toute l'année dans l'anonymat et s'acharnent à restituer leurs coups de cœur en toute indépendance.

Merci à tous les Routards qui sont solidaires de nos convictions : liberté et indépendance d'esprit ; découverte et partage ; sincérité, tolérance et respect des autres.

NOS SPÉCIALISTES CHÂTEAUX DE LA LOIRE

Amanda, Mathilde et Marie : quand l'une arpente les routes bretonnes en quête de la meilleure pâte à crêpes, l'autre explore le bocage normand à coups de gorgées de cidre, pendant que la 3e chausse ses skis pour dégoter le meilleur refuge alpin. La curiosité, l'enthousiasme et la gourmandise sont leur meilleur sonar, que complètent 2 décennies d'expérience à user leurs semelles sur les routes de l'Hexagone. Un trio complice et indépendant qui essaie, entre 2 voyages, de garder la ligne.

Thomas Rivallain : transbahuté dès l'enfance dans le combi familial, les sens affutés en tournée musicale ou louvoyant sur les itinéraires bis. Tout est prétexte aux carnets de route pour cet admirateur de fleuves. Souvent parti là où on ne l'attend pas, il travaille ses guides en Anjou, auprès de l'indomptable Loire. En bon apôtre du voyage, Thomas ne croit que ce qu'il voit.

Carole Fouque : elle est rentrée au Routard en 1997. Sa passion des terroirs et des produits authentiques a nourri son amour des voyages, l'incitant à repousser toujours plus loin les frontières de sa curiosité gourmande. Depuis près de 20 ans, éclectique et hédoniste dans l'âme, elle prend plaisir à partager ses belles découvertes avec les lecteurs.

UN GRAND MERCI À NOS AMI(E)S SUR PLACE

Pour cette nouvelle édition, nous remercions particulièrement :

Cher

- **Ludovic Azuar** et **Jennifer Desille,** du comité départemental de tourisme.

Eure-et-Loir

- **Carole Rossi** et l'équipe du CDT d'Eure-et-Loir.

Indre

- **Élise Morichon, Xavier Bachimont** et **Élodie Maru,** de l'agence d'Attractivité de l'Indre ;
- **Amandine Minet** et **Jean-Philippe Grégoire** pour leurs généreux tuyaux, ainsi que **Corentin Cadiou** et **Laetitia Basselier** ;
- **Géraldine Chancel** et **Patrick Luneau,** qui savent partager aux visteurs du parc leur passion pour la Brenne ;
- **Annick Dussault** et toutes les guides érudites rencontrées en parcourant le pays de George Sand.

Indre-et-Loire

- **Marieke Gourdin,** de l'A.D.T. de Touraine ;
- **Sandrine** et **Jérôme** et tous leurs amis tourangeaux qui nous ont ouvert leurs carnets d'adresses ;
- **Samuel Buchwalder** du château royal d'Amboise qui nous partage chaque année ses bons plans en Touraine.

Loiret

- **Anne-Marie Leforestier,** du CDT du Loiret.

Loir-et-Cher

- **Lygie Rothon** du CDT du Loir-et-Cher ;
- l'équipe du Domaine de Chaumont-sur-Loire ;
- **Priscille Lacoste** et l'équipe du zoo de Beauval.

Et bien sûr l'ensemble des **offices de tourisme** qui nous apportent leur aide année après année, et les amoureux des châteaux de la Loire rencontrés sur notre chemin, impossible de tous les citer !

NOS ENQUÊTEURS-FURETEURS

Nous tenons à remercier tout particulièrement Loup-Maëlle Besançon, Thierry Bessou, François Chauvin, Grégory Dalex, Fabrice Doumergue, Cédric Fischer, Carole Fouque, Guillaume Garnier, Nicolas George, Michelle Georget, David Giason, Claude Hervé-Bazin, Emmanuel Juste, Dimitri Lefèvre, Fabrice de Lestang, Éric Milet, Pierre Mitrano, Louis Nagot, Olivier Page, Jean-Sébastien Petitdemange, André Poncelet, Thomas Rivallain et Jean Tiffon pour leur collaboration régulière.

Guillem Aurenche, Andrea Blin, Jean-Jacques Bordier-Chêne, Philippe Coupy, Agnès Debiage, Jérôme Denoix, Tovi et Ahmet Diler, Clélie Dudon, Agustina Ernesta, Alain Fisch, Hermine Frachon, Adrien et Clément Gloaguen, Simon Hafi, Anaëlle Hascoët, Chloé Iacono, Lawrence Lemoine, Maeva Libessart, Marine Lucas, Lise Machu, Elisa Moreau, Martine Partrat, Odile Paugam et Didier Jehanno, Orianne Pouchard, Marva Prevost, Alexia Rambaud, Prakit Saiporn, Lara Tantawi, Sarah Toson, Lucas Truffier-Blanc, Emma Vadillo Quesada.

DU CÔTÉ D'HACHETTE-LIVRE

Direction : Sidonie Chollet

Direction éditoriale : Élise Ernest

Édition : Matthieu Devaux, Olga Krokhina, Gia-Quy Tran, Julie Dupré, Amélie Ramond, Margaux Lefebvre, Lucie Léna, Joséphine Bonneau, Morgane Zambrelli et Tony De Sousa

Ont également collaboré : **Claire-Estelle Gaudin, Véronique Rauzy** et **Cécile Chavent**

Cartographie : Frédéric Clémençon et **Aurélie Huot**

Contrôle de gestion : Jérôme Boulingre et **Yannis Villeneuve**

Marketing : Clotilde Tougeron et **Élise Sylvestre**

Assistance : Julia Lorrain

Fabrication : Nathalie Lautout et **Liza Sacco**

Relations presse : COM'PROD, **Fred Papet** et **Laëtitia de Cerval.** ☎ 01-70-69-04-69. • info@comprod.fr • **Martine Levens** (Belgique) ☎ +32-47-568-35-76.

Contact Partenariats : Jérôme Denoix • jeromedenoix@gmail.com •

Contact Partenariats et régie pub : Florence Brunel-Jars • fbrunel@hachette-livre.fr •

Silhouette du Routard : Clément Gloaguen (d'après Solé)

Couverture : le-bureau-des-affaires-graphiques.com ; Maquette intérieure : le-bureau-des-affaires-graphiques.com, Thibault Reumaux et **npeg.fr**

Le château de Chambord

© StevanZZ/shutterstock.com

« Nous voulons le collectivisme pour le château d'en face, pas pour notre petite maison de campagne. »

Jules Renard

Les rois ne s'étaient pas trompés en choisissant la région des châteaux de la Loire, que ce fleuve baigne en son cœur. Elle est située au centre du pays, et certains se battent d'ailleurs pour faire de leur village le nombril du monde. Un monde que les oiseaux survolent au cours de leurs migrations, avant de se ressourcer du côté de la Brenne ou de la Sologne, des pays d'étangs que les bipèdes palmés regardent avec de plus en plus de tendresse, pour s'y réfugier, loin de la foule, quand celle-ci se bouscule aux portes des châteaux.

La région tout entière est considérée comme une **cocagne heureuse** qui résume le génie de notre nation : **belles-lettres, architectures somptueuses, vins plaisants et gastronomie fine...** Ronsard, Rabelais, Vinci, Descartes, Saint-Simon, Sully, Richelieu, Vigny, Balzac, Gracq et Calder : on rencontre ici beaucoup de ceux qui ont eu du goût, du génie, du panache... À commencer par nos rois, bien sûr. De Charles VII à Henri III, 9 d'entre eux y ont établi leur cour et leurs maîtresses. Ici, on peut festoyer avec Jacques Cœur, faire ses dévotions avec Louis XI, participer aux fêtes de François Ier ou conspirer avec Catherine de Médicis.

Les derniers Valois y ont célébré avec faste **les noces de la Renaissance et du goût français.** Châteaudun, considéré comme le premier des châteaux de la Loire ; Chambord, ville suspendue à ses 365 clochetons, cheminées et fenêtres ; Chenonceau, château des Dames par excellence, gracieux château-pont sur le Cher ; Blois et son Moyen Âge revu par la Renaissance ; le palais d'Amboise et ses remparts chics. Tous les 20 km, **un nouveau miracle apparaît.** Et sa grâce rejaillit sur toute la campagne.

Une campagne qui a du style, pour reprendre le slogan du Berry, région qui revit à l'ombre des châteaux, et réserve de belles surprises, entre Sologne et Val de Loire (un val désormais inscrit au Patrimoine mondial de l'Unesco).

Les jardins du château de Villandry

© Escudero Patrick/hemis.fr

NOS COUPS DE CŒUR

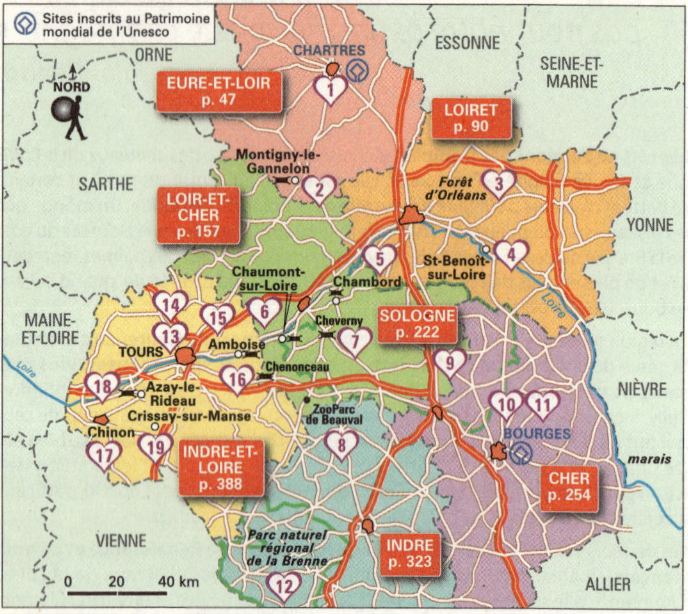

S'émerveiller devant la fabuleuse cathédrale de Chartres dont les flèches, surgissant au milieu des champs de blé, permettaient aux pèlerins de se repérer.

Bien sûr, Chartres, c'est avant tout sa fabuleuse cathédrale, célèbre dans le monde entier. C'est aussi une vieille ville, aux ruelles bordées d'édifices médiévaux, qui réserve de belles promenades romantiques le long de l'Eure. *p. 58*

Bon à savoir : *de mi-avr à fin déc, à la nuit tombée, le parcours « Chartres en lumières » permet de (re)découvrir, de façon originale, les monuments illuminés et mis en musique. Les illuminations polychromes de la cathédrale de Chartres épousent ses reliefs de façon stupéfiante.*

© Stéphane Ouzounoff/Photononstop

2 Grimper au pittoresque village de Montigny-le-Gannelon et à son château, dont la spectaculaire façade domine la vallée du Loir.
Le château appartient à la famille de Montmorency-Laval, et son histoire se mélange avec la grande. Sa façade occidentale est du XVe s ; l'autre a été ajoutée et réalisée par un élève de Viollet-le-Duc. De la salle d'apparat, panorama magnifique sur la vallée du Loir… *p. 87*
Bon à savoir : superbe parc de 13 ha pour se promener. • domainedemontigny.com •

3 **Sillonner les sentiers balisés de la forêt d'Orléans, l'une des plus vastes du pays appartenant à l'État, à pied ou à vélo.**

Aux confins de la Beauce, du Gâtinais et du Val de Loire, la forêt d'Orléans s'étend au nord de la Loire sur 60 km, d'Orléans à Gien, et occupe près de 50 000 ha. Elle comprend la plus vaste forêt domaniale de France. Formée de feuillus et de résineux, elle présente des aspects extrêmement divers. De nombreuses routes, chemins et allées invitent à découvrir le charme de ces espaces où il n'est pas rare de croiser un chevreuil ou un cerf. *p. 127*

Bon à savoir : rens auprès de l'ONF. • onf.fr •

4 **Visiter l'abbaye de Fleury, à Saint-Benoît-sur-Loire, site sacré de tout temps avec des moines vivant encore sur place.**

L'abbaye fut fondée en 630. Il n'en reste que la basilique, qui a traversé l'histoire sans trop de dommages, sauf ceux du temps. Elle fut l'une des écoles les plus célèbres avant la fondation des universités, et sa bibliothèque l'une des plus riches du monde monastique. Impressionnant porche d'entrée, surmonté d'une massive tour carrée dont le clocher rappelle celui du Mont-Saint-Michel. *p. 132*

Bon à savoir : • abbaye-fleury.com •

5 À Chambord, un escalier peut en cacher un autre, offrez-vous une visite insolite du château le plus fantasmatique de l'histoire de France.

Les jardins nouveaux sont arrivés, clin d'œil à un passé qu'on ne cesse ici de revisiter. Empruntez le grand escalier à double révolution de ce château à la campagne qui fut, en son temps, la 1re HLM chic de France. Et amusez-vous à chercher le 2d escalier, que l'on peut deviner côté parc, si l'on suit les explications d'un guide qui vous offre une version de la vie de château plus réjouissante que celle qu'on apprenait à l'école. *p. 193*

***Bon à savoir :** le château peut se visiter seul (dépliant offert), mais pour vraiment l'apprécier, nous recommandons vivement les visites guidées (résa impérative sur le site • chambord.org •).*

© Rieger Bertrand/hemis.fr

6 Faire un tour du monde des jardins grâce aux prouesses des paysagistes qui participent au Festival international des jardins, à Chaumont-sur-Loire.

Un lieu unique de créations éphémères. Chaque année, une trentaine d'artistes et de paysagistes venus du monde entier réalisent des jardins sur un thème précis. Le festival a acquis une solide réputation depuis sa création en 1992. C'est un réel plaisir que de se promener dans ce magnifique musée d'art contemporain paysager à ciel ouvert ! *p. 206*

***Bon à savoir :** le billet pour le festival des jardins inclut la visite du joli château. • domaine-chaumont.fr •*

© Escudero Patrick/hemis.fr

7 Plonger dans la verdure en s'engageant dans le vaste domaine forestier du château de Cheverny, à bord d'une voiturette et d'un bateau, tous les 2 électriques.

Le domaine de Cheverny n'est pas un domaine royal, mais seigneurial : il appartient à la même famille depuis 600 ans, les Hurault. Un grand domaine, autour d'un des châteaux de la Loire les plus prodigieux. Hergé, le père de Tintin, s'est inspiré du château de Cheverny pour dessiner Moulinsart, demeure du capitaine Haddock. *p. 200*

Bon à savoir : il faut s'inscrire pour la découverte insolite du parc et du canal, inaccessible autrement, à bord d'une voiturette, puis d'un bateau électrique (d'avr à mi-nov). *• chateau-cheverny.fr •*

© José Antonio Moreno/Age fotostock

8 Se lancer en famille dans un safari au ZooParc de Beauval, entre fauves et animaux craquants.

Dans un espace boisé et paysager de 44 ha, le ZooParc de Beauval est ludique et pédagogique, et participe surtout à la préservation et à la reproduction d'espèces menacées. Cette affaire familiale peut se vanter de posséder la plus grande population d'animaux en France avec plus de 10 000 individus de 600 espèces, dont des pandas. *p. 215*

Bon à savoir : prévoir la journée entière. Éventuellement dormir sur place avec les cris des animaux en fond sonore. En cas d'affluence, commencer par le fond du parc et les serres, et remonter dans le sens inverse de l'ordre de visite. *• zoobeauval.com •*

© Alamy/hemis.fr

© Sudres Jean-Daniel/hemis.fr

9 **Se lever aux aurores pour assister au brame du cerf en Sologne, à l'automne, pendant la saison des amours.**

Région à part du Val de Loire, la Sologne est une destination idéale pour se mettre au vert quelques jours. Elle s'étend sur 3 départements limitrophes (Loiret, Cher et Loir-et-Cher). C'est une terre magique aux 4 saisons pour les promeneurs, sur 500 000 ha de vie sauvage, de futaies gigantesques, de landes et d'étangs paisibles. On y trouve en outre plus d'une vingtaine de circuits balisés et des itinéraires connectés à « La Loire à Vélo » via « Châteaux à Vélo ». *p. 222*

Bon à savoir : *des sorties guidées sont organisées de mi-sept à mi-oct par la Maison du cerf à Villeny (Loir-et-Cher).* • *sologne-tourisme.fr* •

10 **Résoudre des énigmes et débusquer le meurtrier au cours d'une soirée « Crime au château » dans les majestueux monuments historiques de la route de Jacques-Cœur, une des toutes 1res routes touristiques créées en France, en 1953 !** *p. 255*

© Christophe Lehenaff/Photononstop

11 **Partir à la découverte d'un trésor caché, les marais de Bourges, tout en profitant d'une vue imprenable sur la cathédrale.**
Après une visite du cœur historique de Bourges, changement total d'univers, à 10 mn du centre. Les touristes s'y rendent rarement, ce qui n'est pas pour déplaire aux maraîchers, qui préfèrent réserver ce coin aux amoureux de la nature et des jardins. Cette vaste zone protégée et classée Patrimoine naturel est un petit paradis pour les oiseaux, les poissons et les bipèdes responsables. *p. 279*

12 **Dès potron-minet, observer la guifette moustac et le héron pourpré nichant au pays des Mille Étangs, dans le parc naturel de la Brenne.**
Le parc, constellé de milliers d'étangs et sillonné de minuscules routes et chemins qui s'entrecroisent, couvre 183 000 ha. Particulièrement secret, sa véritable richesse réside dans cette mosaïque de paysages où s'interpénètrent l'eau, les bois, les landes, les prairies et les buttons (petites collines de grès dur). La Brenne est une zone humide, avec des richesses écologiques fantastiques tant du point de vue de la faune que de celui de la flore (nombreuses espèces d'orchidées). *p. 337*
Bon à savoir : • parc-naturel-brenne.fr •

13 À Tours, découvrir le musée du Compagnonnage.

Un musée unique en son genre, car le seul à représenter les 3 sociétés de compagnonnage. Installé dans l'ancien dortoir des moines de l'abbaye de Saint-Julien, il est divisé en plusieurs parties, toutes très didactiques. Bien que la visite s'avère passionnante, n'oubliez quand même pas de lever les yeux pour admirer la charpente en bois en forme de coque de navire renversée, réalisée par les compagnons charpentiers de Tours en 1955. *p. 409*

Bon à savoir : *• museecompagnonnage.fr •*

© Body Philippe/hemis.fr

© Wilfried Louvet/onlyfrance.fr

14 Se régaler d'un fromage de chèvre acheté sur un marché et d'un vin de Touraine à bonne température.

Les fromages de chèvre les plus célèbres de la région sont le crottin de Chavignol, le sainte-maure-de-touraine, le valençay, le pouligny-saint-pierre et le selles-sur-cher, désormais AOP. Les amateurs profiteront de leur séjour dans la région pour le goûter de diverses façons : sucré, salé, poivré ou aux herbes ; mi-sec (moelleux), accompagné d'un chinon, sa saveur atteint la perfection ; chaud ou tiède, sur toast, en feuilleté, sur une viande… *p. 521*

Bon à savoir : ne pas manquer notamment le marché et les halles de Tours pour leur atmosphère incomparable et la qualité des produits.

Le Château du Clos Lucé © Léonard de Serres

15 À Amboise, retrouver l'univers de Léonard de Vinci au château du Clos Lucé.

Louis XI habita Amboise. Charles VIII y naquit et y mourut. Louis XII et François Ier y séjournèrent. Léonard de Vinci vécut les 3 dernières années de sa vie au Clos Lucé et s'y éteignit le 2 mai 1519. Le site est une véritable merveille de la Renaissance. Tout est fait pour le plaisir des yeux et résume tout l'art de Léonard de Vinci. En plus des expositions des maquettes de ses inventions, on déambule dans « le jardin de Léonard », parmi une végétation que Léonard a dessinée dans ses croquis, dessins et tableaux. *p. 430*

Bon à savoir : des animations à longueur d'année et un festival de musique Renaissance. • vinci-closluce.com •

16 Marcher dans les traces de Diane de Poitiers au château de Chenonceau.

Durant sa longue histoire, Chenonceau a appartenu à 6 femmes, dont Diane de Poitiers, qui a dû le céder à sa grande rivale Catherine de Médicis en échange du château de Chaumont-sur-Loire. Chenonceau est le seul château-pont au monde. C'est d'ailleurs grâce à cette ambivalence qu'il fut sauvé 2 fois de la destruction. C'est aujourd'hui le castel privé le plus visité de France. p. 430

Bon à savoir : le restaurant de L'Orangerie *propose des menus au rapport qualité-prix épatant, ainsi que des goûters haut de gamme au salon de thé !*

© Chicurel Arnaud/hemis.fr

17 Admirer la splendide vue d'ensemble sur Chinon, chef-d'œuvre d'architecture médiévale.

Chinon s'étend nonchalamment au bord de la Vienne, au pied d'une haute falaise que domine sa puissante forteresse restaurée. Ce couronnement de tours, de donjons et de créneaux, cette ville étroite aux toits pointus qui s'entremêlent entre muraille et rivière, cette ligne de platanes qui invite à la flânerie au bord de l'eau font de Chinon un chef-d'œuvre. Chaque coin y est un tableau. p. 472

Bon à savoir : la forteresse propose aux amateurs de frissons et de suspense un escape game *: enfermés dans une salle meublée pour la circonstance, les joueurs ont 1h pour déchiffrer les énigmes qui leur permettront de sortir !*

© Body Philippe/hemis.fr

18 **Se laisser séduire par Azay-le-Rideau et son château, paisible demeure de plaisance.**

Voici une petite ville qui semble davantage protéger son château que l'inverse ! Le tout forme une harmonieuse et paisible composition de part et d'autre de la rivière, sur fond de verdure. Comme la plupart de ses consœurs tourangelles, Azay-le-Rideau est riche d'une longue histoire, plus ou moins mouvementée. Son château, ce « diamant taillé à facettes, serti dans l'Indre », comme l'a si bien décrit Balzac, séduit non seulement par sa grâce et la pureté de son style Renaissance tourangelle, mais aussi par sa dimension humaine et accueillante. *p. 491*

Bon à savoir : Azay est à 2 pas d'un site étonnant qui présente l'envers du décor des châteaux de la Loire : la vallée troglodytique des Goupillières !

© Lenain Hervé/hemis.fr

19 **Prendre le temps de découvrir l'autre Touraine, celle de derrière les (grands) châteaux.**

Dans l'ombre des « castels qui ont fait l'histoire », que de sites enchanteurs ! Prenez Candes-Saint-Martin, par exemple, l'un des plus beaux villages de la vallée de la Loire. Témoin privilégié des noces de la Loire et de la Vienne, ce bourg étagé de tuffeau et d'ardoises, sur lequel trône une magistrale collégiale, vaut bien quelques châteaux. Crissay-sur-Manse, aussi, véritable décor Renaissance, où le temps semble s'être figé. Autre village méconnu mais pittoresque, se déployant en amphithéâtre au-dessus de l'Indrois, Montrésor mérite aussi le détour : des terrasses du château, quel panorama ! Combien d'autres délicieux villages au vrai goût de Touraine ! Qu'il s'agisse d'anciens bourgs de mariniers, de villages troglodytiques ou de campagne, une bonne semaine n'est pas de trop pour fureter dans tous ces villages de caractère. p. 442, 463, 482

Orléans vu des bords de Loire

© Gardel Bertrand/hemis.fr

ITINÉRAIRES CONSEILLÉS

Les essentiels

Si vous n'aimez ni les châteaux ni les belles pierres, changez de destination ! Entre patrimoine et art de vivre, le Centre-Val de Loire réserve bien des découvertes. Impossible donc de passer à côté des cathédrales **Notre-Dame de Chartres (1)** et **Saint-Étienne de Bourges (2),** toutes 2 des chefs-d'œuvre de l'art gothique, classées au Patrimoine mondial de l'Unesco. Puis poussez jusqu'à la **cathédrale Sainte-Croix d'Orléans (3),** d'époque plus tardive, pour voir les étonnants léopards dorés dans la chapelle. Et, puisqu'on parle de classement, suivons ce **Val de Loire (4)** – classé lui aussi –, de Sully-sur-Loire à Chalonnes, en voiture ou à vélo (le tracé est magnifique), qui égrène ses joyaux immuables. Charme bucolique du Clos Lucé à **Amboise (5),** où vécut Léonard de Vinci, à **Gargilesse-Dampierre (6),** « Plus Beau Village de France » où vécut George Sand, forteresses royales – **Loches (7), Chinon (8)** –, jardins royaux (sublime **Villandry – 9**), forêts (la **Sologne (10), forêt d'Orléans (11),** la plus grande forêt domaniale de France) et étangs (la **Brenne (12)** et la **Sologne (13),** encore elle)… Sans oublier, bien sûr, le château de **Chambord (14).** Enfin, parce que tant de réjouissances culturelles aiguisent les appétits, offrez-vous un pique-nique gourmand sur les bords de Loire : vins de Loire, fromages de chèvre (pouligny, sainte-maure, crottin…), rillons et pâtés regorgent sur les étals des marchés ainsi qu'aux fabuleuses **halles de Tours (15).** Ville dont il faut absolument visiter le centre ancien avant de se poser, pour l'apéro, sur l'une des terrasses de la place « Plum », comme on dit ici.

Vous avez dit châteaux ?

Que serait la région des châteaux de la Loire sans eux ? Des visiteurs débarquent des 4 coins du monde pour visiter les demeures de rois, fastueuses, luxueuses… royales ! Commençons par le moins réputé (bien que grandiose), le **château du Rivau (1)** et ses jardins contemporains, dans les environs de Richelieu. Le **château de Chenonceau (2),** reconnaissable à ses arches qui enjambent la Loire, est un incontournable. Le « château des Dames », comme on le surnomme, est le plus visité après Versailles, c'est dire ! Le **château d'Azay-le-Rideau (3),** modèle du genre Renaissance, ne laisse personne indifférent. Le **château de Blois (4)** est un livre d'histoire en soi : modifié par ses occupants selon les périodes, il présente différentes facettes qui n'ôtent rien à sa magnificence. Entre Blois et **Cheverny (5),** le **château de Beauregard (6)** dévoile un original plafond peint en poudre de lapis-lazuli. On se sent comme à la maison, enfin, façon de parler, tout dépend où on habite ! Et, pour terminer, la plus vieille route historique du pays, qui traverse tout le Berry : la route Jacques-Cœur, qui relie le **château de Gien (7),** dans le Loiret, à celui d'**Ainay-le-Vieil (8),** dans le Cher. Un château où les châtelains perpétuent la tradition d'accueil en acceptant désormais qu'on perpètre ici des **« Crimes au château »,** comme à **Meillant (9),** autre site exceptionnel du Berry.

Le festival de Loire, Orléans

© Planchard Eric/hemis.fr

Avec les enfants

Généralement, les enfants aiment les animaux, et pas seulement en peluche ! Le **ZooParc de Beauval, à Saint-Aignan (1),** est un incontournable du genre. Tout comme la **réserve de la Haute-Touche, à Azay-le-Ferron (2),** les enchantera et leur permettra de mieux comprendre les enjeux contemporains des parcs zoologiques. Les enfants aiment aussi la magie : direction la **Maison de la magie Robert-Houdin, à Blois (3),** qui crée l'illusion au moyen d'expériences et de manipulations interactives. Tout aussi magique, la découverte de l'univers circassien au **musée du Cirque, à Vatan (4)** ! Faites découvrir à vos bambins le très instructif **musée de la Préhistoire (5), au Grand-Pressigny,** en Touraine, puis le parc du **Clos Lucé, à Amboise (6),** où les reconstitutions grandeur nature de Léonard de Vinci ne manquent pas d'attirer l'attention des ingénieurs en herbe. Pour pousser la réflexion, le **château des Énigmes de Fréteval (7),** près de Vendôme, est un parc de loisirs en plein air, où de nombreux défis sont à relever. Rêvez en famille au **château d'Ussé, à Rigny-Ussé (8),** qui inspira Charles Perrault pour sa *Belle au bois dormant* et présente des costumes d'époque à laisser baba les petits autant que les grands. Et tentez de voir la Castafiore à « Moulinsart », la demeure du capitaine Haddock, reconstitution du **château de Cheverny (9).** La **maison du Facteur, à Sainte-Sévère (10),** lieu de tournage du film de Jacques Tati *Jour de fête* en 1947, restée totalement dans son jus, amusera aussi toute la famille. Pour découvrir plus la nature, embarquez sur le **bateau découverte de la Loire, à Rochecorbon (11),** avec nombreux points de vue sur les îles du fleuve. Et si l'astronomie reste un mystère pour les bambins, c'est des étoiles plein les yeux qu'ils sortiront du **Pôle des étoiles à Nançay (12), en Sologne.**

Envie de grand air

Qui dit château dit jardin. Les amoureux de la nature et des plantes seront à la fête ! À commencer par les **jardins thématiques de l'abbaye** près de **Nogent-le-Rotrou (1),** en Eure-et-Loir. Le **parc floral de La Source, à Orléans (2),** et le **parc naturel régional de la Brenne, dans l'Indre (3),** offrent la possibilité de se vider la tête en faisant marcher ses jambes. Construits sur 3 niveaux, les **jardins de Villandry (4)** sont l'exacte reconstitution de jardins de la Renaissance, et son potager est un festival de couleurs.

Le Festival international des jardins de **Chaumont-sur-Loire (5)** est le rendez-vous incontournable des amoureux de botanique, poussée ici au rang d'art.

Pour les plus aventureux, le parcours de **La Loire à Vélo (6)** relie les régions Centre-Val de Loire et Pays-de-la-Loire. Pour faire du sport et admirer le paysage, il est également possible de se **balader en canoë ou en gabare sur la Loire, à Sancerre (7),** dans le Cher. Et les **marais de Bourges (8),** peu connus, s'offrent à ceux qui sauraient se glisser discrètement dans ce royaume des maraîchers et des oiseaux.

Et, puisqu'on est ici, ce serait dommage de ne pas visiter quelques-uns des 9 plus beaux « Jardins secrets du Berry », à commencer par celui du **parc floral d'Apremont-sur-Allier (9),** aux frontières du Berry et de la Bourgogne du Sud. 9 **jardins labellisés « Jardin remarquable »,** certains anciens comme ceux du **prieuré d'Orsan (10),** d'autres plus récents comme le **domaine de Poulaines (11),** près de **Valençay.**

Le parc floral d'Apremont-sur-Allier

© Body Philippe/hemis.fr

Le château de Chaumont-sur-Loire

© Viacheslav Lopatin/shutterstock.com

Interview #experienceroutard

Par la rédaction du *Routard*

Une activité à ne surtout pas manquer ?

La promenade sur la Loire à bord d'une embarcation traditionnelle ! L'occasion de revivre l'épopée des mariniers de jadis, dans des bateaux fluviaux à fond plat qui semblent débarqués d'un autre temps : gabares, chalands... Plusieurs associations de passionnés organisent des balades au cours desquelles on apprend les caractéristiques de chaque bateau. C'est la manière la plus agréable et ludique de découvrir le plus long fleuve de France, cœur battant et trait d'union de la région, jalonné de châteaux mythiques.

Quelles spécialités faut-il absolument déguster ?

Rillons, sainte-maure et vouvray forment un véritable condensé de Touraine. C'est la trilogie royale pour un apéro entre amis à la terrasse d'une guinguette ou un pique-nique en famille sur les bords de Loire.
Les rillons, dégustés tièdes ou froids, sont des morceaux de poitrine de porc confits dans du saindoux et du vin blanc. Le sainte-maure est une bûche de chèvre, cendrée et traversée par une paille de seigle. Certains y ajoutent une larme de miel et des morceaux de noix : délicieux ! Côté liquide, le vouvray tranquille (sans bulles), vin blanc fruité et équilibré, se marie parfaitement avec le chèvre et les rillons.

Une découverte étonnante ?

On parle souvent de la Sologne pour ses forêts mais moins de ses milliers de lacs et étangs artificiels, aménagés dès le Moyen Âge pour pallier le manque d'eau potable. Tout comme dans la Brenne, l'ingéniosité humaine a permis de transformer des marécages insalubres en retenues d'eau pour l'élevage de poissons et pour abreuver le bétail. Astucieux ! Plus étonnant est le rituel ancestral de leur entretien : tous les ans, en automne, ils sont vidangés grâce à un système de bonde imaginé par les moines, et encore diablement efficace ! Les poissons sont vendus « à la criée », directement sur la rive, soit pour être consommés (en matelote par exemple), soit pour peupler des étangs privés.

Quel auteur faut-il emporter avec soi ?

Dans une région qui a inspiré tellement de grands noms, on a l'embarras du choix : Balzac et Rabelais pour la Touraine, Genevoix pour la Sologne, Ronsard dans la vallée du Loir... Mais aucun n'a autant ancré son œuvre dans un terroir que George Sand dans le Berry. Cette femme de lettres était l'esprit le plus progressiste de son temps. Et, pourtant, rien ne la fascinait autant que les traditions ancestrales et les coutumes paysannes du Berry, où elle a passé l'essentiel de sa vie : nombre de ses romans ont pour décor ces paysages silencieux et mystiques : *La Mare au diable, François le champi, La Petite Fadette...* Le tout nappé dans un halo de sorcellerie.

Retrouvez l'intégralité de cet article sur
routard.com
Et découvrez plein d'autres récits et infos

COMMENT Y ALLER ?

PAR LA ROUTE

Depuis la capitale

➢ ***Pour Chartres :*** par l'***A 6*** (a ou b), puis l'***A 10*** et l'***A 11.***
➢ ***Pour Épernon et Maintenon,*** il faudra bifurquer au niveau d'Ablis.
➢ ***Pour Dreux, Anet et la vallée de l'Eure :*** de la porte de Saint-Cloud, ***D 907*** puis ***N 12,*** ou de la porte de Châtillon, ***D 906*** puis ***A 86*** et ***N 12.***
– De Chartres ou de Dreux, il est facile de rejoindre tous les points d'intérêt du département.
➢ ***Pour Orléans, Blois et la Touraine :*** depuis les portes d'Orléans ou d'Italie, emprunter l'autoroute ***A 6*** (a ou b), puis l'***A 10*** après le péage de Saint-Arnoult, en direction de Bordeaux.
➢ Pour un week-end d'automne en ***Sologne,*** bifurquez à Orléans sur l'***A 71,*** direction Vierzon. Possibilité aussi, de la porte d'Orléans, d'emprunter la ***N 20*** puis la ***D 2020*** qui va jusqu'à Vierzon. On poursuit ensuite sur l'***A 71*** pour ***Bourges*** (Cher), ou on prend l'***A 20*** pour ***Châteauroux*** (Indre).

Depuis la province

➢ ***Du Sud et Sud-Est,*** prendre à Montpellier l'***A 75*** jusqu'à Clermont-Ferrand, puis l'***A 71*** en direction d'Orléans. Sortie nº 8 à Saint-Amand-Montrond pour Châteauroux. Pour Bourges, on poursuit l'autoroute qui passe par la ville.
➢ ***De l'Est,*** via Troyes ou Dijon, rejoindre l'***A 6,*** puis, au niveau de Courtenay, prendre l'***A 19*** jusqu'à l'***A 10*** au nord d'Orléans. De là, possibilité de rejoindre Chartres par la ***N 154.*** Pour Bourges et Châteauroux depuis Dijon, prendre l'***A 38*** jusqu'à Pouilly-en-Auxois, puis l'***A 6*** jusqu'à Avallon, puis la ***D 951/N 151.***
➢ ***De l'Ouest,*** via Nantes, ***A 11*** (jusqu'à Chartres) ou ***A 85*** (Tours, Vierzon) ; via Rennes, ***N 157, A 81,*** puis ***A 11*** (Chartres), ou ***A 28*** (Tours) ; via Rouen, ***N 154*** (Dreux, Chartres, Orléans) ou ***N 10*** (de Chartres à Tours).
➢ ***Du Sud-Ouest,*** via Bordeaux, ***A 10*** ou ***N 10*** ; pour Châteauroux, ***N 141*** (via Limoges) et ***A 20*** ; via Toulouse, ***A 20*** jusqu'à Orléans, ou jusqu'à Vierzon, puis ***A 85*** vers la Sologne ou la Touraine.

Infos utiles

• *autoroutes.fr* • Le portail des autoroutes, bien utile pour préparer son voyage en France et en Europe. Renseignements sur les temps de trajet, conditions de circulation et prix sur tous les tronçons autoroutiers de l'Hexagone.

Le covoiturage

Le principe est économique, écologique et convivial. Il s'agit de mettre en relation un chauffeur et des passagers afin de partager le trajet et les frais, que ce soit de manière régulière ou occasionnelle • *blablacar.fr* • (disponible sur le Web et sur mobile). L'inscription est gratuite.

Location de voitures

■ ***BSP Auto :*** ☎ *01-43-46-20-74 (tlj 9h-21h30, w-e 20h).* • *bsp-auto.com* • Les prix proposés sont attractifs et comprennent le kilométrage illimité et les assurances. *BSP Auto* propose exclusivement les grandes compagnies de location sur place, assurant un très bon niveau de service. Les plus : vous ne payez votre location que 5 jours avant le départ. Remise spéciale de 5 % aux lecteurs de ce guide avec le code « routard22 ».

bsp-auto.com

+33 1 86 26 90 80 7j/7

DES PRIX FOUS NÉGOCIÉS POUR VOTRE LOCATION DE VOITURE DANS LA LOIRE !

Sixt · Hertz · dollar · Thrifty · Budget · enterprise · AVIS · Europcar

REMISE DE 5% SUR TOUTES VOS RÉSERVATIONS AVEC LE CODE ROUTARD22

EN BUS

Le réseau de bus longue distance s'étant intensifié ces dernières années, le plus pratique est de consulter le comparateur de billets d'autocars ● comparabus.com ● qui regroupe les compagnies présentes en France. À vous de voir en temps réel les liaisons existantes. Un lien vers les compagnies permet d'acheter ses billets en direct.

EN TRAIN

Très nombreuses liaisons TGV et Intercités en direction et au départ de Paris et des principales villes de province.

Au départ de Paris

Départs de la gare d'Austerlitz ou de la gare Montparnasse. Toutes les infos sur le site ● sncf-connect.com ●

➢ ***Paris-Blois :*** 1 train direct/h en moyenne. Compter 1h30 de voyage avec un Intercités.

➢ ***Paris-Tours :*** 1 TGV/h et 4 trains Intercités/j. en moyenne. Compter 1h15 de voyage pour TGV et 2h pour Intercités.

➢ ***Paris-Bourges :*** 1 train direct/h en moyenne. Compter 2h30 de voyage avec un Intercités.

➢ ***Paris-Orléans :*** 1 train Intercités ttes les 30 mn en moyenne. Compter env 1h de voyage.

Au départ de la province

➢ ***Bordeaux-Tours/Orléans :*** 1 train avec correspondance ttes les 1h30. Compter 4h pour Orléans et 2h pour Tours.

➢ ***Nantes-Tours :*** 1 train avec correspondance ttes les 1h30. Compter 2h.

Pour voyager au meilleur prix

La SNCF propose des services et tarifs adaptés à chacun de vos voyages. Mais pour voyager au meilleur prix, mieux vaut s'y prendre le plus tôt possible et viser les billets Prem's, les trains Ouigo (disponibles uniquement sur Internet) et... les promos.

➢ ***Les cartes de réduction :*** pour ceux qui voyagent régulièrement, 30 % de réduction sur vos trajets avec les ***cartes « Avantage » Jeune, Adulte ou Sénior*** + (49 €, valables 1 an). Bon plan, la carte Avantage Adulte permet aussi à un accompagnant de bénéficier de la réduction.

➢ ***Prem's :*** des billets à petits prix, échangeables et remboursables comme les autres billets (offres soumises à conditions), mis en vente 4 mois avant le départ du train. Impossible de poser des options de réservation sur ces billets : il faut les payer immédiatement. Leur prix augmente à l'approche du départ. Ils ne sont pas proposés sur les Ouigo.

Renseignements et réservations

– ***Internet :*** ● sncf-connect.com ●
– ***Téléphone :*** ☎ 36-35 (appel gratuit).
– Également dans les gares, les boutiques SNCF et les agences de voyages agréées.

TER Centre-Val de Loire

Avec TER, SNCF et le conseil régional Centre-Val de Loire vous proposent de découvrir les principaux sites touristiques de la région, desservis par trains ou par cars Rémi.

– La ***carte Rémi Liberté*** offre la possibilité de voyager toute l'année avec des réductions jusqu'à - 50 % les week-ends et jours fériés sur tout le réseau de transport Rémi en région Centre-Val de Loire et vers l'Île-de-France. Cette carte est vendue 30 € dans les gares de la région Centre-Val de Loire pour une validité de 1 an.

– La ***carte Rémi Liberté Jeune*** s'adresse aux moins de 26 ans. Elle offre jusqu'à 66 % de réduction sur les trajets en train ou en bus sur tout

Dormir dans un troglo cocooning

©David DARRAULT

S'émerveiller devant un panorama de Loire

©Sébastien GAUDARD

Explorer des jardins fantastiques

©Bertrand BECHARD

Écouter les profondeurs de la terre

©Mathieu GENON

Déguster le vignoble royal Anjou-Saumur

©Christophe MARTIN

#jaimelanjou

« **Éveillez** vos sens, Soyez **curieux** ! »

Plus d'expériences sur ▶ **anjou-tourisme.com**

le réseau de transport Rémi. Valable 1 an, elle coûte 20 €. Elle s'obtient gratuitement en gare pour les 4-14 ans ou pour les 15-25 ans en s'inscrivant sur
• *yeps.fr* •

– La ***carte Rémi Liberté Sénior*** permet aux personnes de 60 ans et plus de bénéficier de réductions jusqu'à 50 % sur le réseau de transport Rémi (prix : 30 €, valable 1 an). Pour découvrir les offres ponctuelles et obtenir toutes les informations sur les services et les horaires des trains Rémi, rendez-vous dans les gares de la région Centre-Val de Loire, sur le site
• *remi-centrevaldeloire.fr* •

TRACEZ VOTRE ROUTE À TRAVERS L'HEXAGONE

Le Routard

BON À SAVOIR AVANT LE DÉPART

ABC des châteaux de la Loire

- ***Superficie :*** 39 151 km² (la 7ᵉ région de France par sa superficie !).
- ***Population :*** 2 582 522 hab. (une des régions métropolitaines les moins peuplées depuis le redécoupage régional).
- ***Préfecture régionale :*** Orléans.
- ***Préfectures départementales :*** Tours (Indre-et-Loire), Blois (Loir-et-Cher), Orléans (Loiret), Chartres (Eure-et-Loir), Bourges (Cher), Châteauroux (Indre).
- ***Patrimoine :*** 2 sites inscrits à l'Unesco (les cathédrales de Chartres et de Bourges), plus les 280 km de Val de Loire, de Sully-sur-Loire à Chalonnes-sur-Loire, incluant le domaine de Chambord et la basilique Saint-Étienne de Neuvy-Saint-Sépulchre au titre des Chemins de Saint-Jacques-de-Compostelle. Pas moins de 8 « Plus Beaux Villages de France »... et un nombre de châteaux incalculable !
- ***Nature :*** plus de 280 jardins inventoriés, 3 PNR et la plus grande forêt domaniale de France (forêt d'Orléans).
- ***Nombre de caves dans le vignoble :*** environ 350, et 85 appellations.
- ***Un record de fréquentation :*** le ZooParc de Beauval, dont le nombre de visiteurs dépasse celui des châteaux de Chambord et Chenonceau ! Loin derrière : Chaumont, Cheverny, Blois, Amboise, Azay-le-Rideau...

AVANT LE DÉPART

Adresses et infos utiles

Comité régional de tourisme (CRT) **:** *37, av. de Paris, 45000 Orléans.* ☎ *02-38-79-95-00.* ● *tourisme.centre@centre-valdeloire.org* ● *valdeloire-france.com* ● Pas d'ouverture au public. Mais le site internet est un incontournable et renvoie vers d'autres sites complémentaires et thématiques. Vraiment pratique pour préparer son voyage : La Loire à Vélo *(● loireavelo.fr ●)*, les châteaux de la Loire *(● chateaux-de-la-loire.fr ●)* et les vins du Val de Loire *(● vinsvaldeloire.fr ●)*.

Comités départementaux de tourisme : se reporter aux chapitres concernés.

Gîtes de France : ☎ *01-49-70-75-75.* ● *info@gites-de-france.fr* ● *gites-de-france.com* ● Ⓜ *Stalingrad. N'accueille pas le public mais renseigne sur les gîtes en général.* Les résas sont à faire auprès des relais départementaux des *Gîtes de France* (indiqués dans ce guide en introduction de chaque département) ou sur le site internet.

Randonnées

Fédération française de la randonnée pédestre (FFRP) **:** *centre d'information, 64, rue du Dessous-des-Berges, 75013 Paris.* ☎ *01-44-89-93-93.* ● *ffrandonnee.fr* ● Ⓜ *Bibliothèque-François-Mitterrand.* Édite de nombreux topoguides.

– Les associations locales s'occupant de randonnée se pressent sur les sentiers. Renseignez-vous auprès de la FFRP et des offices de tourisme.

➢ À la recherche d'une idée de rando ? Hop, on tape le numéro du département sur • **visorando.com** • (voire plus précisément le nom d'un bourg ou d'une ville), éventuellement la durée et le niveau de difficulté souhaités, et, magique, les suggestions apparaissent ! D'emblée sont alors précisées clairement d'autres infos (dénivelées, coordonnées GPS du point de départ, en boucle ou pas) et petits conseils à la clé pour mieux anticiper. Un site collaboratif qui permet de consulter/imprimer le descriptif de la balade, bien sûr, mais aussi l'extrait de carte IGN au 1/25 000 concerné. Le tout complété par les avis des randonneurs.

– Dans le même ordre d'idée, le site • **mongr.fr** • Un autre site de la rando itinérante, celui de la FFRandonnée et ses milliers de bénévoles qui maintiennent les GR® de France accessibles. Voir aussi plus loin le chapitre « La Loire à Vélo ».

Monuments et musées nationaux

Les monuments et musées nationaux sont gratuits pour les enseignants et jeunes Européens de moins de 26 ans. • *monuments-nationaux.fr* •
Pour la région Centre sont concernés les châteaux d'Azay-le-Rideau (37), Bouges (36), Châteaudun (28), Fougères-sur-Bièvre (41) et celui de Talcy (41) ; le cloître de la Psalette à Tours (37), la maison de George Sand à Nohant (36), le palais Jacques-Cœur, la tour et la crypte de la cathédrale à Bourges (18) ; enfin, les tours de la cathédrale de Chartres (28).

Carte internationale d'étudiant (carte ISIC)

Elle prouve le statut d'étudiant dans le monde entier et offre de nombreuses réductions (billets d'avion, hôtels et auberges de jeunesse, assurances, cartes SIM internationales, location de voitures, loisirs...).

Renseignements et inscriptions

- ***En France :*** • *isic.fr* • *Tarif : 13 € pour 1 année scolaire.*
- ***En Belgique :*** • *isic.be* •
- ***En Suisse :*** • *isic.ch* •
- ***Au Canada :*** • *isiccanada.com* •

Carte d'adhésion internationale aux auberges de jeunesse (carte FUAJ)

Cette carte vous ouvre les portes des 2 400 auberges de jeunesse du réseau *HI-Hostelling International* en France et dans le monde. Elle permet aussi de bénéficier de tarifs préférentiels avec les partenaires des auberges de jeunesse *HI* (locations de voitures, excursions et activités variées). Il n'y a pas de limite d'âge pour séjourner en auberge de jeunesse. Il faut simplement être adhérent ; carte valable 1 an à compter de la date d'achat (sur Internet ou dans les AJ).

Renseignements et inscriptions

- ***En France :*** • *hihostels.com* • *Tarif : 11 €*
- ***En Belgique :*** • *lesaubergesdejeunesse.be* •
- ***En Suisse :*** • *youthhostel.ch* •
- ***Au Canada :*** • *hihostels.ca* •

Si vous prévoyez un séjour itinérant, vous pouvez réserver plusieurs auberges de jeunesse en une seule fois en France et dans le monde.

BUDGET

Recommandation à ceux qui souhaitent profiter des réductions et avantages proposés dans le *Routard* par les hôteliers et les restaurateurs.

À l'hôtel, pensez à les demander au moment de la réservation ou, si vous n'avez pas réservé, **à l'arrivée.** Ils ne sont valables que pour les réservations en direct et ne sont pas cumulables avec d'autres offres promotionnelles (notamment sur Internet). Au restaurant, parlez-en **au moment** de la commande et surtout **avant** que l'addition ne soit établie.

Poser votre *Routard* sur la table ne suffit pas : le personnel de salle n'est pas toujours au courant, et une fois le ticket de caisse imprimé, il est difficile de modifier le total. En cas de doute, montrez la notice relative à l'établissement dans votre *Routard* de l'année, bien sûr, et ne manquez pas de nous faire part de toute difficulté rencontrée.

Nous vous indiquons ci-après l'échelle des tarifs à laquelle nous nous référons pour l'ensemble de nos guides France.

Hébergement

D'une manière générale, nous indiquons des fourchettes de prix allant de la chambre double la moins chère en basse saison à la plus chère en haute saison. Ce qui implique parfois d'importantes fourchettes de prix, pas toujours en adéquation avec la rubrique dans laquelle l'établissement est cité. Le classement retenu est donc celui du prix de la majorité des chambres et de leur rapport qualité-prix.
- Les tarifs des ***campings*** sont calculés sur la base d'un emplacement pour 2 avec voiture et tente en haute saison. Ils sont classés en tête de rubrique « Où dormir ? ».
- Les ***auberges de jeunesse*** pratiquent en règle générale des tarifs « Bon marché » pour une nuitée en dortoir (avec ou sans les draps). Le tarif indiqué est celui du lit en dortoir et/ou parfois de la chambre double, quand il y en a.
- En ***chambres d'hôtes,*** les prix sont donnés sur la base d'une chambre double. Ils incluent le petit déjeuner. Les cartes de paiement sont rarement acceptées. Dans les cas contraires, nous indiquons « petit déj en sus » et « CB acceptées ».
- Concernant les ***hôtels,*** la base reste celle d'une nuit en chambre double (sans petit déjeuner). Le prix du petit déjeuner n'est mentionné qu'à titre exceptionnel (qualité des produits servis, buffet remarquable, ou au contraire tarif élevé par rapport au prix de la chambre).

Hôtels et chambres d'hôtes

- ***Bon marché :*** moins de 50 €.
- ***Prix moyens :*** de 50 à 80 €.
- ***Chic :*** de 80 à 120 €.
- ***Plus chic :*** de 120 à 150 €.
- ***Beaucoup plus chic :*** plus de 150 €.

Restaurants

Notre critère de classement est le prix du 1er menu servi le soir (hors boissons). Les notions de « Prix moyens » ou « Plus chic » n'engagent donc que les prix. Autrement dit, certains restos gastronomiques (et chics) qui proposent parfois d'intéressantes formules au déjeuner, seront malgré tout classés dans la rubrique « Plus chic » en raison des tarifs pratiqués le soir. Ne boudez donc pas cette rubrique qui recèle parfois d'intéressantes pépites. Enfin, la rubrique « Sur le pouce » référence des adresses que l'on recommande pour les sandwichs et plats à emporter. Les tarifs correspondent généralement à la rubrique « Très bon marché ».

- ***Très bon marché :*** moins de 15 €.
- ***Bon marché :*** de 15 à 25 €.
- ***Prix moyens :*** de 25 à 35 €.
- ***Chic :*** de 35 à 50 €.
- ***Plus chic :*** plus de 50 €.

- ***Logis*** est la 1re chaîne de restaurateurs-hôteliers indépendants en Europe avec 2 200 établissements répartis dans 8 pays. Fort de ses 70 années d'expérience, le réseau offre l'assurance d'un accueil personnalisé et chaleureux, d'un hébergement de qualité ainsi que d'une restauration faite maison mettant à l'honneur produits locaux et de saison. Engagés sur les territoires, tous les Logis sont impliqués dans une démarche d'économie locale, privilégiant les circuits courts et les produits régionaux. Plus d'infos : • *logishotels.com* •

LES CHEMINS DE SAINT-JACQUES

Les différents chemins de Compostelle convergent vers la côte galicienne espagnole et la cathédrale Saint-Jacques où sont conservées les reliques d'un des plus importants apôtres de Jésus, Jacques, mort en martyr vers l'an 35.
C'est en l'an 800 qu'un ermite, guidé en songe par une étoile, retrouve le tombeau du saint. Le nom de Compostelle proviendrait d'ailleurs de *campus stellae* : champ d'étoiles... Dès le Xe s, des pèlerins en provenance de toute l'Europe viennent se recueillir devant les reliques.
Au fil des ans, aux pèlerins se joignent amateurs d'art roman et férus de randonnées. Les échanges culturels et religieux et la nécessité d'héberger un grand nombre de pèlerins ont favorisé dès le Moyen Âge le développement des villes et des monuments étapes sur le chemin. Les chemins de Compostelle, cadre de ressourcement spirituel, sont d'une beauté et d'un intérêt historique exceptionnels.
Balisés en 1970 par la Fédération de randonnée pédestre, les 4 sentiers français commencent respectivement à Vézelay, au Puy-en-Velay, à Arles et à Tours (aujourd'hui à Paris). Depuis 1998, le parcours est inscrit au Patrimoine mondial de l'humanité. Pas seulement réservés aux marcheurs, certains tronçons sont également praticables à vélo ou VTT.
Dans la région des châteaux de la Loire, les chemins de Compostelle passent d'un côté par Chartres (28), Illiers-Combray (28), Châteaudun (28) ; de l'autre par Orléans (45), Blois (41) ; ils se rejoignent à Tours (37) pour former la ***via Turonensis.***
Pour plus de renseignements : ***Fédération française des associations des Chemins de Saint-Jacques-de-Compostelle (FFACC),*** • *compostelle-france.fr* •

LIVRES DE ROUTE

- ***Le Grand Meaulnes,*** d'Alain-Fournier ; Pocket, coll. « Pocket Classique », 2009. Le succès de ce roman réside dans un secret mouvement de balancier temporel autour de l'adolescence d'Alain-Fournier. Le texte est éminemment poétique par les transformations qu'il opère sur le souvenir de lieux aimés du Cher : Épineuil-le-Fleuriel prend le nom de Sainte-Agathe, et l'irruption du mystérieux Augustin, appelé du haut de ses 17 ans « Grand Meaulnes », trouble le rythme monotone des écoliers de cette bourgade rurale.
- ***L'École buissonnière,*** de Nicolas Vanier ; XO éd., 2017. Pour ceux qui ont aimé le film (tourné en Sologne) ou ceux qui préfèrent lire le livre, l'histoire d'un jeune orphelin parisien envoyé vivre en pleine campagne solognote. Recueilli chez un garde-chasse psychorigide, l'enfant se lie d'amitié avec Totoche, un braconnier bourru qui l'initie aux subtilités de la nature dans ce qu'elle a de plus mystérieux et sauvage. L'occasion pour le jeune homme de découvrir son identité et ses racines.

– ***Les Bonnes Mœurs,*** de Timothée Gaget ; éd. Intervalles, 2016. L'itinéraire d'un banquier d'affaires parisien muté à Romorantin pour sauver une imprimerie de la faillite. Hébergé chez son grand-père aristocrate et caractériel, le citadin cynique et désabusé apprend à aimer cette campagne inconnue et se retrouve mêlé à une guéguerre politicienne pour éviter l'expropriation des terres familiales. Une critique acerbe du monde de la finance et des querelles politiques locales.
– ***Le Grand Cœur,*** de Jean-Christophe Rufin ; éd. Gallimard, coll. « Folio », 2014. Roman biographique dans lequel l'auteur se plonge dans le parcours de Jacques Cœur, originaire de Bourges et grand argentier du roi Charles VII, et s'intéresse à son rôle dans l'Histoire.
– ***Mes châteaux de la Loire,*** de Gonzague Saint Bris ; carnet, éd. Flammarion, 2003. Chambord, Villandry, le Clos Lucé... L'auteur nous fait voyager dans les coulisses de plus de 50 châteaux nichés au cœur de la vallée de la Loire, sous la forme d'un carnet.
– ***L'Enfant de Vinci,*** de Gonzague Saint Bris ; éd. LGF, Le Livre de Poche, 2007. Poésie et enquête se côtoient dans ce roman qui met en présence l'esprit de Léonard de Vinci et l'enfant de la famille qui a vécu dans la demeure du grand maître, le Clos Lucé.
– ***La Sologne traditionnelle,*** de Gérard Bardon ; éd. CPE, coll. « Passeurs de mémoire », 2015. Journaliste et auteur régionaliste, chantre de la Sologne, Gérard Bardon nous conte de manière romancée les traditions, croyances et coutumes des Solognots au début du XXe s.
– ***Raboliot,*** de Maurice Genevoix ; roman, éd. LGF, Le Livre de Poche, 2008. Un classique du genre. Une de ces œuvres où l'auteur peint avec toute la sensibilité qu'on lui connaît les mœurs paysannes et perce un peu plus encore les secrets d'une nature qu'il a, au fil du temps, apprivoisée. Une manière de découvrir la Sologne par monts et par vaux à travers le regard d'un braconnier (Goncourt 1925).
– ***Du côté de chez Swann*** et autres titres de ***À la recherche du temps perdu,*** de Marcel Proust ; éd. Gallimard (Folio), 1988-1994. Proust nous entraîne dans ses pensées au travers des lieux et personnages qui ont marqué ses souvenirs d'enfance, notamment lors de ses vacances chez sa tante Léonie à Illiers-Combray, en Eure-et-Loir.
– ***La Terre,*** d'Émile Zola ; éd. LGF, Le Livre de Poche, 2006. À son retour de guerre en Italie, Jean Macquart s'engage comme employé agricole dans une ferme de Beauce où il sera pris dans un engrenage d'événements d'une violence inouïe. Dans ce volume de l'œuvre *Les Rougon-Macquart,* Zola brosse un tableau sans pitié des mœurs et mentalités dans le monde rural de son époque.
– ***François Ier,*** de Didier Le Fur, éd. Perrin, 2015. Au terme d'un énorme travail de recherche, l'historien remet en perspective les 32 années de pouvoir du monarque, balayant les mythes et rétablissant certaines vérités. Un pavé fort bien documenté qui peut toutefois se lire comme un roman historique, tant les rebondissements sont nombreux.

LA LOIRE À VÉLO

Ce formidable itinéraire cyclable le long du dernier fleuve sauvage d'Europe s'inscrit dans l'***EuroVelo 6*** (« la route des fleuves »), qui relie l'océan Atlantique à la mer Noire sur 4 450 km ! Près de 900 km de voies cyclables, dont d'anciens chemins de halage, ont été aménagés entre Cuffy (près de Nevers) et Saint-Brevin, sur un trajet longtemps emprunté par les mariniers qui remontaient le fleuve avec toues et gabares, du port de Nantes à Orléans. Cette véloroute permet de découvrir, entre autres, le Val de Loire, territoire inscrit depuis 2000 au Patrimoine mondial de l'Unesco au titre des paysages culturels vivants.
Pour les moins sportifs, une ligne TER longe le fleuve depuis Orléans ; il suffit de rejoindre la gare la plus proche de l'itinéraire (une vingtaine de gares accessibles aux vélos). Pour plus d'infos : ● *loireavelo.fr* ● *eurovelo6-france.com* ●

Le *Routard* a publié un guide cyclotouristique de *La Loire à Vélo* avec cartes en couleur, étapes restos et hébergements, locations et réparations de vélo... en vente dans toutes les bonnes crèmeries !

À la fin de l'itinéraire, entre Nantes et la façade atlantique, La Loire à Vélo croise ***La Vélodyssée*** (qui court de Roscoff à Hendaye sur 1 200 km !) et se confond avec elle jusqu'à l'océan. Cette véloroute permet de découvrir toute la diversité des paysages de la façade atlantique. Mais nous voilà bien au-delà de la région des châteaux de la Loire. Plus d'infos sur • *lavelodyssee.com* • **Il existe également un guide du *Routard La Vélodyssée*.**

Les férus de petite reine peuvent encore enquiller sur ***L'Indre à Vélo,*** un itinéraire bucolique de 200 km qui traverse des petits villages traditionnels, de la Touraine au Berry. En selle !

Enfin, ***La Véloscénie*** parcourt sur 450 km entre Paris et le mont Saint-Michel un merveilleux tronçon au cœur de la « vallée royale » : Chartres, Maintenon, le Perche... voies vertes et routes tranquilles pour découvrir des sites, jardins et châteaux d'exception. Royal ! • *veloscenie.com* •

Pour tout savoir sur les quelque 900 km de chemins sécurisés aménagés le long de la Loire par les régions Centre et Pays de la Loire, les locations de vélos en *one-way* (on peut rendre son vélo au terme de son périple, sans avoir à le ramener au point de location initial), transport de bagages, gares SNCF à proximité... bref connaître les astuces qui rendront le coup de pédale plus facile, consulter les sites internet : • *marandoavelo.fr* • *francevelotourisme.com* •

• ***levelovoyageur.com*** • Cette petite entreprise, montée par 2 copines inconditionnelles des trips à vélo, propose d'organiser des séjours en itinérance en se chargeant de tous les détails : location de vélos, hébergement, transport des bagages... Que l'on soit une petite famille ou un couple de personnes d'un certain âge, ce site s'adapte à toutes les situations et envies.

• *chateaux-de-la-loire.fr* •

PERSONNES HANDICAPÉES

Tourisme et Handicap

Tourisme et Handicap est la seule marque d'État qui labellise des sites touristiques accessibles aux personnes en situation de handicap (campings, restaurants, musées, monuments...). Elle permet aux touristes en situation de handicap de vivre leurs vacances comme tout un chacun. Les sites sont identifiés grâce à un logo qui symbolise chacune des 4 familles de handicap (auditif/mental/moteur/visuel) et garantit un maximum d'autonomie :

TOURISME & HANDICAP

En complément, **Acceslibre** est une **plateforme collaborative** portée par le ministère de la Transition écologique. Des informations d'accessibilité essentielles aux personnes en situation de handicap y sont collectées et affichées sur des cartes pour savoir si un lieu leur est accessible ou non. Sur mobile ou ordinateur, ce service permet de préparer au mieux sa sortie ou de collaborer en partageant de nouvelles informations.

Pour contribuer et/ou profiter d'Acceslibre : • *acceslibre.beta.gouv.fr* •

Par ailleurs, dans notre guide, nous indiquons par le logo ♿ les établissements qui possèdent un accès ou des chambres pouvant accueillir des personnes handicapées. Certaines adresses sont équipées selon les critères les plus modernes. D'autres, plus simples, plus anciennes aussi, sans répondre aux normes les plus récentes, favorisent l'accueil des personnes handicapées en facilitant l'accès à leur établissement, tant sur le plan matériel que sur le plan humain. Appelez donc auparavant pour savoir si l'équipement de l'hôtel ou du resto est compatible avec votre niveau de mobilité.

SITES INTERNET

• ***routard.com*** • Le site de voyage nº 1, avec près de 800 000 membres et plusieurs millions d'internautes chaque mois. Pour s'inspirer et s'organiser, près de 300 guides destinations actualisés, avec les infos pratiques, les incontournables et les dernières actus, ainsi que les reportages terrain et idées week-end de la rédaction. Partagez vos expériences avec la communauté de voyageurs : forums de discussion avec avis et bons plans, carnets de route et photos de voyage. Enfin, vous trouverez tout pour vos vols, hébergements, voitures et activités, sans oublier nos suggestions pour réserver votre voyage au meilleur prix.
– ***Bon à savoir :*** entre 2 parutions, des événements fortuits (conditions d'accès aux sites, fermetures inopinées, etc.) peuvent intervenir et modifier vos projets de voyage ou de visite. Pour éviter les déconvenues, nous vous recommandons de consulter la rubrique « Inspirations » par région et cliquer sur l'onglet « Actus ».

• ***leschateauxdelaloire.org*** • Site tenu par l'association Châteaux de la Loire, Vallée des Rois, qui regroupe, présente et met en valeur 79 sites patrimoniaux du Val de Loire, en partenariat avec les organismes culturels et touristiques de la région Centre.

• ***jardins-de-france.com*** • L'association des parcs et jardins en région Centre-Val de Loire a répertorié tous les jardins de la région dans ce site : petite description, photos et infos pratiques pour chaque petit espace de nature.

• ***regionfrance.com*** • Liste des villes et villages classés « Plus Beaux Villages de France » et des jardins remarquables.

• ***lanouvellerepublique.fr*** • Un quotidien d'actu nationale et locale, qui couvre 3 départements de la région Centre, ainsi que les Deux-Sèvres et la Vienne.

• ***google.com/culturalinstitute*** • Une envie monstre de visiter Chenonceau ou d'arpenter les jardins de Villandry, comme si vous y étiez, mais depuis votre fauteuil ? C'est ce que propose le site de visites virtuelles Google, complété de dossiers et illustré de photos.

L'EURE-ET-LOIR

• Carte *p. 48-49*

ABC de l'Eure-et-Loir

- ***Superficie :*** 5 880 km².
- ***Population :*** 433 000 hab. (les Euréliens).
- ***Préfecture :*** Chartres (39 698 hab.).
- ***Sous-préfectures :*** Dreux (31 165 hab.), Châteaudun (13 432 hab.), Nogent-le-Rotrou (9 941 hab.).
- ***Densité :*** 73 hab./km².
- ***Économie :*** outre sa tradition agricole, le département abrite plusieurs pôles industriels (cosmétique avec sa Cosmetic Valley, où résident Guerlain et Paco Rabanne entre autres, ou pharmaceutique avec Polepharma).

Non, non, l'Eure-et-Loir ne se résume pas à la cathédrale de Chartres ni aux éoliennes qui peuplent les vastes étendues céréalières beauceronnes ! À l'ouest, le département partage avec l'Orne un quart du Perche, qu'on appellera le Perche eurélien. Au sud-est, il partage la Beauce avec le Loir-et-Cher et le Loiret, sur un bon tiers de son territoire. Entre les 2, des paysages pittoresques façonnés au sud par la haute vallée du Loir, qui se prolonge dans le Vendômois limitrophe, et au nord par la vallée de l'Eure, tout aussi charmante que dans le département de l'Eure voisin. Les affluents de ces 2 rivières principales engendrent à leur tour d'autres petits vallons attrayants.
Doté de belles forêts et d'étangs, de parcs de loisirs, de sentiers de randonnée pédestre, équestre, cycliste, etc., l'Eure-et-Loir est assurément un département nature. Et si on y ajoute son patrimoine historique, architectural, culturel, ses jolis villages blottis autour de leurs clochers, vous n'aurez pas le temps de vous y ennuyer ! Une destination idéale le temps d'un week-end.

Adresses et infos utiles

Eure-et-Loir Tourisme : *5 bis, av. Marcel-Proust, 28000* ***Chartres.*** ☎ *02-37-84-01-00.* • *tourisme28.com* • Pour s'informer sur les manifestations, hébergements, restaurants, lieux à visiter. Également une liste de tous les lieux labellisés « *Slow attitude* » ou « Tourisme et Handicap ».

■ ***Gîtes de France 28 :*** • *gites-de-france-eure-et-loir.com* • Pour trouver une chambre d'hôtes, un gîte ou un accueil à la ferme.

■ ***Loisirs nature :*** le site • *123randonnee.com* • propose quelque 200 circuits de randonnée à faire à pied, à cheval, à VTT, en canoë ou en kayak. Cartes et guides de promenade téléchargeables sur le site.

La Véloscénie : • *veloscenie.com* • Cet itinéraire de 450 km relie Paris au mont Saint-Michel en traversant pas moins de 4 régions, 8 départements et 3 parcs naturels régionaux. Le tronçon de la vallée royale de l'Eure vous mènera d'Épernon à Chartres, en passant par le magnifique château de Maintenon. 37,5 km accessibles à tous.

La ligne ***TER qui relie Paris au Mans*** une vingtaine de fois/j., dessert plusieurs

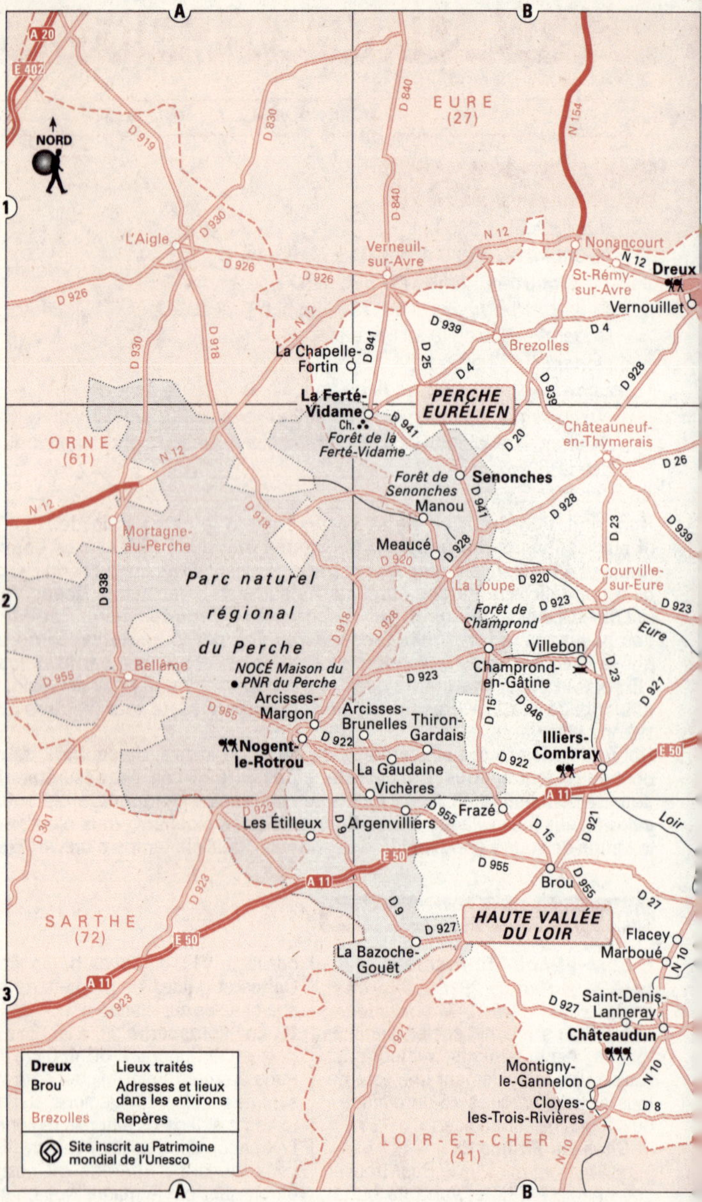
A
B
1
2
3
NORD
EURE
(27)
ORNE
(61)
SARTHE
(72)
LOIR-ET-CHER
(41)
A 20
E 402
N 154
N 12
N 10
A 11
E 50
L'Aigle
Verneuil-
sur-Avre
Nonancourt
St-Rémy-
sur-Avre
Dreux
Vernouillet
Brezolles
La Chapelle-
Fortin
La Ferté-
Vidame
Ch.
Forêt de la
Ferté-Vidame
PERCHE
EURÉLIEN
Châteauneuf-
en-Thymerais
Forêt de
Senonches
Senonches
Manou
Meaucé
Mortagne-
au-Perche
La Loupe
Courville-
sur-Eure
Parc naturel
régional
du Perche
Forêt de
Champrond
Villebon
Champrond-
en-Gâtine
Bellême
NOCÉ Maison du
PNR du Perche
Arcisses-
Margon
Arcisses-
Brunelles
Thiron-
Gardais
Nogent-
le-Rotrou
Illiers-
Combray
La Gaudaine
Vichères
Frazé
Les Étilleux
Argenvilliers
Brou
HAUTE VALLÉE
DU LOIR
La Bazoche-
Gouët
Flacey
Marboué
Saint-Denis-
Lanneray
Châteaudun
Montigny-
le-Gannelon
Cloyes-
les-Trois-Rivières
Eure
Loir
D 919
D 830
D 840
D 930
D 926
D 918
D 941
D 25
D 939
D 4
D 928
D 20
D 26
D 23
D 920
D 923
D 938
D 955
D 922
D 15
D 946
D 921
D 9
D 301
D 927
D 27
D 8
Dreux — Lieux traités
Brou — Adresses et lieux dans les environs
Brezolles — Repères
Site inscrit au Patrimoine mondial de l'Unesco

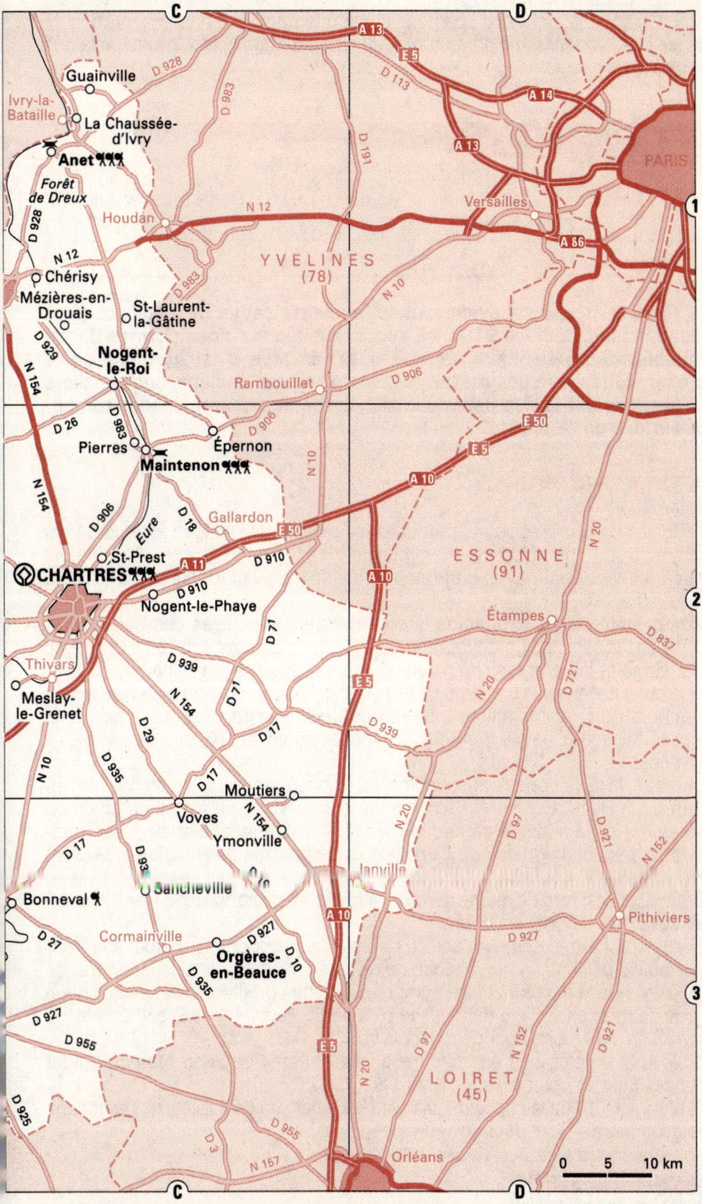

L'EURE-ET-LOIR

gares du département : Nogent-le-Rotrou, Chartres, Maintenon, Épernon, mais aussi à fréquence moindre, quelques plus petites gares.

– Bon à savoir : les trains *Rémi* tolèrent gratuitement et sans réservation le transport des vélos sous certaines conditions.

CHARTRES (28000) 39 698 hab. *Carte Eure-et-Loir, C2*

• Plan *p. 52-53*

Bien sûr, Chartres, c'est avant tout sa fabuleuse cathédrale, célèbre dans le monde entier, dont les 2 flèches surgissant au milieu des champs de blé permettaient aux pèlerins de se repérer de loin. Mais c'est aussi une vieille ville charmante, avec des ruelles bordées d'édifices anciens, des escaliers bucoliques reliant la ville haute à la ville basse et des promenades romantiques le long de l'Eure.

IL ÉTAIT UNE FOIS...

Les origines de Chartres se perdent dans les brumes de l'histoire antique... Vers le VIe s av. J.-C., une puissante tribu gauloise, les Carnutes, décide d'en faire sa capitale. La ville abrite alors un important centre religieux dédié au culte de la déesse-mère.
Quelques siècles plus tard, après le passage de Jules César, des Barbares et d'autres envahisseurs, l'Église reprend ce culte à son compte, remplace la déesse par la Vierge et les processions païennes par des pèlerinages ! Chartres devient en quelques décennies l'un des plus importants lieux de culte marial, vers lequel des milliers de croyants affluent. Le ***« voile de la Vierge »,*** relique offerte à la ville par Charles le Chauve (petit-fils de Charlemagne) en 876, accroît encore sa renommée.
En parallèle, le développement économique, favorisé par l'exploitation des plaines fertiles de la Beauce, permet l'émergence d'une classe aisée qui participe au financement de la nouvelle cathédrale, en 1194. Chartres atteint alors son apogée. Mais, bientôt, la ***guerre de Cent Ans*** et les ***guerres de Religion*** la laissent exsangue et ruinée, la privant du rôle majeur qu'elle aurait pu jouer dans l'histoire de France... C'est tout de même dans la cathédrale de Chartres que Henri IV choisit de se faire couronner en 1594.
Aujourd'hui, Chartres demeure un lieu de pèlerinage important, surtout à la Pentecôte où les pèlerins en provenance de Notre-Dame de Paris affluent en masse sur le parvis de la cathédrale. De nombreux visiteurs profitent aussi de la longue période de mise en lumière des rues et plus particulièrement de la cathédrale (de mi-avril à fin décembre) pour découvrir la ville.
Ils croiseront en plusieurs endroits de la ville le visage de ***Jean Moulin,*** qui fut préfet de l'Eure-et-Loir de février 1939 à juin 1940.
Bref, une ville à 1h de la capitale, qui ravira les amateurs de culture, de patrimoine et de gastronomie. Tout pour une échappée belle...

Arrivée en ville

Les parkings du centre-ville sont gérés par la société Q-Park (mêmes tarifs). On vous conseille, dès votre arrivée à Chartres ***en voiture,*** de vous garer au Q-Park Cœur de ville, dont l'entrée principale se situe place des Épars *(plan A3).* Impossible, en effet, de pénétrer dans l'hypercentre avec votre véhicule. En revanche, gros bémol pour le prix : 2,70 €/h (forfait 24h, 22 €). Certains commerçants proposent des heures de stationnement gratuit. Et pour stationner gratuitement, il faut être prêt à s'éloigner du centre : rue des 3 Détours (env 15 mn à pied du centre). Si vous arrivez ***en train,*** la gare est à 2 pas de la cathédrale, et plusieurs bus urbains en partent ou y passent et peuvent vous acheminer au plus près de votre lieu d'hébergement.

Adresses et infos utiles

Office de tourisme, maison du Saumon *(plan B2)* **:** *8, rue de la Poissonnerie. ☎ 02-37-18-26-26. • info@chartres-tourisme.com • chartres-tourisme.com • Tlj sauf 25 déc et 1er janv : lun-sam 10h-18h, dim et j. fériés 10h-13h (janv-fév) ou 10h-17h (mars-déc). Labels « Accueil Vélo », « Tourisme et Handicap » et « Qualité Tourisme ».* Organise des visites guidées thématiques tout au long de l'année *(10 € ; réduc).* Visites guidées nocturnes durant « Chartres en lumières » *(15 € ; voir « Fêtes et manifestations » plus loin).* Possibilité de réserver en ligne : *• boutique.chartres-tourisme.com •* L'office de tourisme se situe dans une très belle maison historique (lire plus loin « À voir »). Vente de produits locaux. Les cyclistes pourront y louer des vélos électriques *(30 €/j.)* et y trouveront toutes les infos sur l'itinéraire La Véloscénie dont le parcours de Paris au mont Saint-Michel traverse la vallée royale de l'Eure ou celui de Saint-Jacques-de-Compostelle.

■ ***Filibus*** *(plan A2,* ***1****)* **:** *bureau d'info pl. Pierre-Sémard (mêmes locaux que la Maison du Vélo). ☎ 02-37-36-26-98. • filibus.fr • Lun-ven 9h-17h (9h-12h30 sam).* On peut s'y procurer le plan du réseau urbain et y acheter son carnet de tickets (vente à l'unité à bord du bus). Ticket : 1,30 € ; carnet de 10 tickets : 11 € (également en vente dans n'importe quel bar-tabac ou commerce portant l'indication « Filibus »). Pratique : la navette gratuite *Relais des Portes* (minibus orange) fait le tour du centre-ville par les boulevards *(lun-sam jusqu'à 23h30).* On peut descendre ou monter à n'importe quelle porte. *Fonctionne lun-sam (sauf j. fériés) 7h-23h30, ttes les 20 mn (en réalité, la fréquence est très aléatoire).* Sinon, la plupart des autres bus passent par la gare.

Maison du vélo *(plan A2,* ***1****)* **:** *gare de Chartres, pl. Pierre-Sémard. ☎ 02-37-32-83-51. • maisonduvelo@filibus.fr • Mar-sam 9h30-12h30, 14h-18h. Vélo de ville et VTC 6 €/j., vélo à assistance électrique 12 €/j. ; réduc.* Bien pratique si on arrive en train, des locations pour 24h ou plus, selon ses envies.

■ ***Petit train touristique :*** *départ devant la cathédrale. 📱 06-80-73-10-05. • lepetittraindechartres.fr • Circuit de jour : tlj fin mars-fin oct. Circuit nocturne Chartres en lumières : avr-fin déc, ven-sam ; juil-août, tlj. Circuit de jour : 7 € pour 35 mn ; circuit nocturne : 8 € pour 45 mn ; réduc.* Visite commentée des quartiers historiques de la ville, haute et basse, et du parcours Chartres en lumières. Voir plus loin « Fêtes et manifestations. Chartres en lumières ».

Taxis 2000 : *borne devant la gare.*

Gare routière et gare SNCF *(plan A2)* **:** *pl. Pierre-Sémard. ☎ 36-35.*

– ***Marchés :*** *mer et sam mat sous la halle de la pl. Billard (plan B2).* ***Marché aux fleurs,*** *mar, jeu et sam, pl. du Cygne (plan B2).* ***Marché bio,*** *mer 17h-20h, pl. Billard (plan B2).*

Où dormir ?

Camping

Camping de Chartres *(hors plan par C3,* ***10****)* **:** *9, rue de Launay. ☎ 02-34-40-30-40. • camping@chartres-tourisme.com • camping-de-chartres.com • ♿ À env 3 km du centre de Chartres par la pl. Morard et*

■ Adresses utiles

- **i** Office de tourisme, maison du Saumon (B2)
- **1** Filibus et Maison du Vélo (A3)

Où dormir ?

- **10** Camping de Chartres (hors plan par C3)
- **11** Auberge de jeunesse (C1)
- **12** Hôtellerie Saint-Yves (B2)
- **13** Chambres d'hôtes Les Conviv'hôtes (C2)
- **14** Chambres d'hôtes Le Clos Chédeville (C3)
- **15** Hôtel Jehan de Beauce (A2)
- **16** Le Bœuf Couronné, Restaurant L'Amphitryon (A2)
- **17** Best Western Le Grand Monarque (A3)
- **18** Chambres d'hôtes Le Parvis (B2)
- **19** Maison Ailleurs (B1)

Où manger ?

- **17** La Cour et Le Georges (A3)
- **30** Le Serpente (B2)
- **31** Racines et Café Bleu (B2)
- **32** Les Feuillantines (B2)
- **33** Le 21 (B2)
- **34** Esprit Gourmand (A2)
- **35** Le Tripot (A2)
- **36** Le Saint-Hilaire (C3)
- **37** La Table de Julie (B3)
- **38** Le Moulin de Ponceau (B2)
- **39** Le Comptoir de Sarah (B2)

Où déguster et acheter quelques douceurs ?

- **50** Pâtisserie de Chartres (B2)
- **51** La Chocolaterie (B2-3)

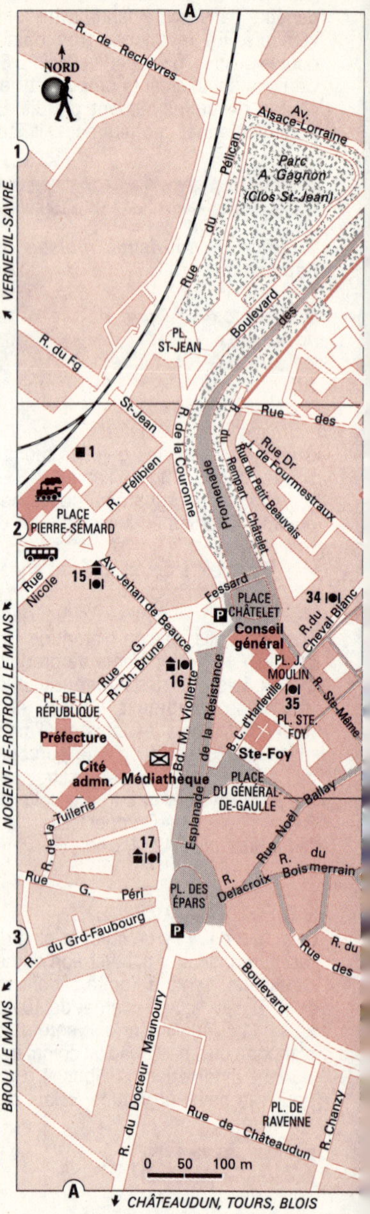

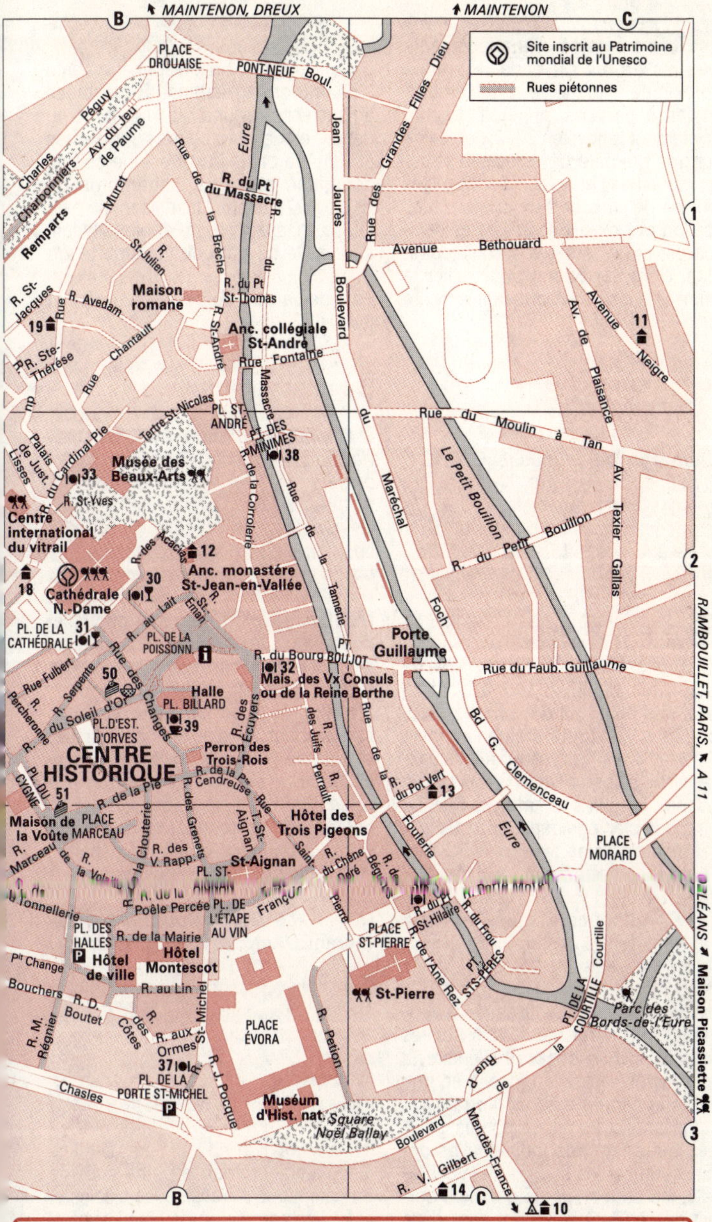
MAINTENON, DREUX
MAINTENON
B
C
Site inscrit au Patrimoine mondial de l'Unesco
Rues piétonnes
PLACE DROUAISE
PONT-NEUF
Boul.
Jean Jaurès
Boulevard
Rue des Grandes Filles Dieu
Charles Péguy
Charbonniers
Av. du Jeu de Paume
Remparts
Muret
Rue de la Brèche
Eure
R. du Pt du Massacre
R. du
R. St-Julien
R. du Pt St-Thomas
Maison romane
R. St-Jacques
R. Avedam
Rue
19
R. St-André
Anc. collégiale St-André
Rue Fontaine
R. Ste-Thérèse
Chantault
Rue
Avenue Bethouard
Avenue Neigre
Av. de Plaisance
11
1
PL. ST-ANDRÉ
Tertre St-Nicolas
Massacre
PT. DES MINIMES
38
Rue du Moulin à Tan
du Maréchal
Le Petit Bouillon
Palais de Just.
Lisses
R. du Cardinal Pie
33
Musée des Beaux-Arts
R. St-Yves
R. de la Corroierie
Rue de la Tannerie
Centre international du vitrail
R. des Acacias
12
Anc. monastère St-Jean-en-Vallée
R. du Petit Bouillon
Av. Texier Gallas
18
Cathédrale N.-Dame
30
R. au Lait
R. St-Eman
Foch
2
PL. DE LA CATHÉDRALE
31
PL. DE LA POISSONN.
R. du Bourg
PT. BOUJOT
32
Mais. des Vx Consuls ou de la Reine Berthe
Porte Guillaume
Rue du Faub. Guillaume
Rue Fulbert
R. Serpente
50
Rue des Changes
Halle
PL. BILLARD
R. des Écuyers
R. des Juifs
Rue de la
R. Percheronne
du Soleil d'Or
PL.D'EST. D'ORVES
39
Bd G. Clemenceau
RAMBOUILLET, PARIS, A 11
CENTRE HISTORIQUE
Perron des Trois-Rois
R. de la Pie
R. de la Pt Cendreuse
R. Perrault
R. du Pot Vert
13
PL. DU CYGNE
51
R. des Grenets
Rue T. St-Aignan
Hôtel des Trois Pigeons
Maison de la Voûte
PLACE MARCEAU
R. Marceau
R. de la Volaille
R. de la Clouterie
R. des V. Rapp.
St-Aignan
Saint
R. du Chêne Doré
R. de Bégard
Foulerie
Eure
PLACE MORARD
PL. ST-AIGNAN
R. de la Poêle Percée
PL. DE L'ÉTAPE AU VIN
François
Pierre
R. du Pt St-Hilaire
R. du Frou
ORLÉANS
Tonnellerie
PL. DES HALLES
R. de la Mairie
PLACE ST-PIERRE
R. de l'Âne Rez
PT. STS-PÈRES
Courtille
Pt Change
Hôtel de ville
Hôtel Montescot
St-Pierre
PT. DE LA COURTILLE
Parc des Bords-de-l'Eure
Maison Picassiette
Bouchers
R. D. Boutet
R. au Lin
R. des Côtes
St-Michel
PLACE ÉVORA
R. Petion
R. M. Régnier
R. aux Ormes
37
R. J. Pocque
la
Rue P.
Chasles
PL. DE LA PORTE ST-MICHEL
Muséum d'Hist. nat.
Square Noël Ballay
Boulevard de Mendès-France
3
R. V. Gilbert
14
10

CHARTRES

le fg de la Grappe. Ouv avr-oct. Forfait env 30 € pour 2 pers. Un parc spacieux avec une centaine d'emplacements sous les arbres ou dans la prairie. À proximité : la rivière avec embarcations à pédales, minigolf, pêche. Entièrement rénové en 2022, l'office de tourisme qui gère désormais la structure prévoit des hébergements insolites pour les pèlerins et les cyclistes (avec location et box à vélos), une épicerie locavore et un véritable accueil touristique. Compter 30 mn pour rallier le centre-ville à pied en longeant la rivière par le « plan vert ».

De bon marché à prix moyens

Auberge de jeunesse *(plan C1, **11**) : 23, av. Neigre. ☎ 02-37-34-27-64. • crjs@cm-evenements.fr • ♿ Un peu à l'écart mais à 15 mn à pied du centre. Accueil 15h-20h30 (l'été). Congés : 2 sem vac de Noël. Nuitée en dortoir 3-6 lits 15 € (17,30 € avec petit déj) ; draps non compris. Sanitaires collectifs. Pas besoin de carte d'adhésion.* Sur les hauteurs pavillonnaires de la rive droite de l'Eure, face à la cathédrale, une petite AJ des années 1960, donc pas de toute fraîcheur, mais confortable et propre, qui peut accueillir environ 50 personnes. Casiers avec cadenas dans les chambres. Cuisine commune bien équipée. Barbecue.

Hôtellerie Saint-Yves *(plan B2, **12**) : 3, rue des Acacias (accès plus pratique par la rue Saint-Eman). ☎ 02-37-88-37-40. • reception@saintyves.net • hotellerie-st-yves.com • ♿ À 2 pas de la cathédrale et en contrebas. Doubles 72-78 € ; familiales. Parking gratuit.* L'ancien couvent des filles de la Providence, construit au XVIIe s sur les fondations d'un prieuré millénaire, a été transformé par le diocèse en une hôtellerie simple mais confortable et accueillante, très prisée par les groupes. Les chambres individuelles ont toutes vue sur les flèches de la cathédrale, les autres sur les quartiers bordant l'Eure. Petit déj-buffet servi dans une belle salle voûtée d'ogives.

Chambres d'hôtes Les Conviv'hôtes *(plan C2, **13**) : 10, rue du Pot-Vert. ☎ 02-37-90-88-62. 📱 06-10-17-17-60. • convivhotes@gmail.com • lesconvivhotes.com • Double 72 €. Garage clos 6 €.* La maisonnette abrite 3 chambres agréables, 2 meublées à l'ancienne, et une plus moderne au dernier étage avec poutres apparentes et salle de bains ouverte. Une cuisine commune relie les 2 chambres du 1er étage. Attenant à la maison, un petit studio, lui aussi propre et bien équipé, avec salle de bain et kitchenette *(de 180 € pour 3 nuits à 588 € pour 1 mois).* Pas de jardin. Accueil convivial et familial.

De chic à plus chic

Chambres d'hôtes Le Clos Chédeville *(plan C3, **14**) : chez Mme Chedeville, 18 bis, rue Victor-Gilbert. ☎ 02-37-30-88-07. 📱 06-21-27-70-73. • fr-chedeville@wanadoo.fr • closchedeville.fr • C'est la 1re rue parallèle au bd de la Courtille. Doubles 95-100 €. Parking devant les chambres.* À moins de 10 mn à pied du vieux centre et pourtant on se croirait à la campagne. Dans une longue maison vêtue de bois, tout en baie vitrée sur sa longueur, 2 chambres avec chacune un accès indépendant, l'une au rez-de-chaussée et l'autre à l'étage, mansardée, accessible par un escalier extérieur un peu raide. Petit déj servi dans le salon mitoyen ou en terrasse. Dans le jardin se promènent poules et canards, près du bassin aux nénuphars et de la volière.

Le Bœuf Couronné, Restaurant L'Amphitryon *(plan A2, **16**) : 15, pl. Châtelet. ☎ 02-37-18-06-06. • resa@leboeufcouronne.fr • leboeufcouronne.com • ♿ (resto). Hôtel et resto fermés dim soir nov-mars et certains j. fériés. Congés : 1er-13 janv. Doubles 89-121 € ; familiales. Formule 25 € (le midi en sem) et menu 34 € ; carte env 45 €. Kir ou café offert sur présentation de ce guide.* Du IXe s jusqu'à aujourd'hui, la petite auberge de campagne a traversé les siècles et s'est transformée en un bien bel hôtel central joliment relooké. Les chambres sont confortables, au style moderne et cosy, certaines un peu plus datées que d'autres. Insonorisation moyenne. Petit déj dans le bar très cosy. Côté resto, baigné de lumière et avec tables nappées de blanc, le chef concocte de bons plats traditionnels avec les produits du cru. Difficile de résister au pâté de Chartres et son cœur de foie gras. Accueil toujours très aimable et professionnel de la 4e génération qui a repris les commandes.

Maison Ailleurs *(plan B1,* ***19****) : 17, rue Muret. 06-09-47-75-48. • vg@maisonailleurs.com • maisonailleurs.com • Doubles 145-210 €.* L'ancien évêché, une magnifique maison des XIVe et XVIIIe s, a été transformé en maison d'hôtes et en joli nid pour les amoureux. Avec 4 chambres et une suite, décorées dans un style romantique et contemporain (toutes avec kitchenette bien équipée). Un joli et grand jardin urbain vient compléter l'ensemble déjà plus que charmant. Petit déj locavore et gourmand et prêt de vélos.

Chambres d'hôtes Le Parvis *(plan B2,* ***18****) : 13, pl. de la Cathédrale ou 5, rue du Cheval-Blanc. ☎ 02-37-21-12-12. • le.parvis@orange.fr • leparvis-chartres.fr • Congés : 15 déc-15 mars. Doubles 100-210 €.* Au pied de la cathédrale, dans une maison du XVIIe s, ancienne bibliothèque du domaine des chanoines. 5 grandes chambres d'hôtes, dont 3 traversantes, chacune décorée avec raffinement et confort ; toutes ont un petit salon attenant. Parquet qui craque ou tomettes, poutres apparentes... Fait aussi bar-resto ; vente de quelques produits d'épicerie fine.

Hôtel Jehan de Beauce *(plan A2,* ***15****) : 1, pl. Pierre-Sémard. ☎ 02-37-21-01-41. • contact@jehandebeauce.fr • jehandebeauce.fr • Doubles 120-280 €. Parking payant sur résa.* On arrive dans un vaste lobby d'angle doté d'un bar et d'une moquette léopard... Cet hôtel 1930 a été entièrement rénové, principalement dans un style Art déco bien sûr – chambres très graphiques (ou Art nouveau pour ceux qui préfèrent) ; celles côté cour n'ont pas de vue dégagée. Literie très douillette, moquette épaisse, lourds textiles... Espace détente payant (sauna, possibilité de massages, salle de fitness) ; également un resto.

Beaucoup plus chic

Best Western Le Grand Monarque *(plan A3,* ***17****) : 22, pl. des Épars. ☎ 02-37-18-15-15. • info@monarque.fr • monarque.fr • Doubles 149-280 € ; chambres familiales.* Véritable institution chartraine, cet ancien relais de poste a su conserver l'âme de ses vieilles pierres. Les chambres sont très confortables, l'atmosphère feutrée et l'accueil courtois. Un spa, doté d'une salle de remise en forme et de soins beauté, est aussi ouvert au public. 2 restos de qualité : *La Cour* et *Le Georges* (voir « Où manger ? »).

Où dormir dans les environs ?

Camping des Bords de l'Eure : *rue Thiers, 28190* ***Courville-sur-Eure.*** *☎ 02-37-23-76-38 ou 02-37-18-07-90 (mairie). • accueil@courville-sur-eure.fr • courville-sur-eure.fr • À 22 km à l'ouest de Chartres et à 5 mn à pied du bourg. Ouv de fin avr à mi-sept. Forfait 7-9 € pour 2 pers (électricité 3,50 € en sus).* Le camping est situé sur une île formée par les 3 bras de l'Eure, bordée ici de 2 moulins et d'un lavoir. Autour, le vaste parc municipal et ses 3 étangs. Cadre très agréable, bien ombragé. Piscine à proximité. Plusieurs boucles de randonnée au départ du camping pour faire le tour des étangs. Parcours de pêche.

Chambres d'hôtes La Roguenette : *chez Mme Chagot, 8, rue du Détour, 28300* ***Saint-Prest.*** *☎ 02-37-22-43-22. 06-78-85-16-29. • leschambresdelaroguenette@sfr.fr • leschambresdelaroguenette.com • À 8 km au nord-est de Chartres. Double 70 € ; triple 90 €.* Si près de la ville et pourtant, l'ancienne fermette fleure déjà bon la campagne ! À l'étage, 2 chambres coquettes et spacieuses avec chacune une entrée indépendante. Selon vos goûts, vous choisirez entre la « Belle de nuit » aux tons bruns (pour 2 ou 3 personnes) ou la « Coquelicot » aux tons gris et mauves. Copieux petit déj servi sur la terrasse aux beaux jours ou dans la pièce à vivre équipée d'une cuisine à disposition. Très bon accueil de Danielle qui vous indiquera les balades alentour.

Où manger ? Où boire un verre ?

Bon marché

Le Comptoir de Sarah *(plan B2, **39**) : 6, pl. Billard. ☎ 02-37-27-24-78. Ouv mar-dim 11h-18h. Brunch dim 19,50 €.* Un *coffee shop* lumineux et sobre, quelques coussins et touches de couleur. On peut y déjeuner, tout en profitant de l'animation du marché le mercredi midi ; tartiflette, flan de courgette... sans oublier la petite douceur : tartelette chocolat-caramel (certaines sans gluten). Chocolat chaud maison au goûter. Quant au brunch, il remporte son petit succès !

De prix moyens à chic

Le 21 *(plan B2, **33**) : 21, cloître Notre-Dame. ☎ 02-37-21-49-13. • le21cloitrenotredame@gmail.com • Ouv le midi mar-sam tte l'année et ven-sam soirs de mi-mars à mi-nov. Le midi en sem, formule 18,90 € et menu 23,90 € ; carte env 30 €.* Une jolie maison donnant sur la cathédrale (essayez d'avoir une table près de la fenêtre !) et une toute petite salle avec poutres et boiseries anciennes. On s'y régale d'une cuisine fraîche et maison, avec peu de choix mais qui changent régulièrement. Simple et savoureux comme on aime. L'accueil est à l'unisson.

La Table de Julie *(plan B3, **37**) : 7-11, rue Saint-Michel. ☎ 02-37-32-57-60. 06-31-99-59-85. • julie.letellier.escf@gmail.com • Tlj sauf dim-lun, midi et soir. Congés : 1 sem en janv et 3 sem en août. Réserver. Le midi, formule 22 € et menu 27 € ; le soir, carte 38 €.* Cadre contemporain un peu feutré mais pas guindé. Le repas commence – et bien – par une mise en bouche. Dans l'assiette, un plat raffiné choisi sur la très courte carte, avec juste ce qu'il faut de créativité, et des produits rigoureusement sélectionnés. Frites maison : les inconditionnels apprécieront. Un délice et un très bon rapport qualité-prix. Accueil et service bien orchestrés. Petite terrasse dans la rue piétonne.

Le Serpente *(plan B2, **30**) : 2, cloître Notre-Dame. ☎ 02-37-21-68-81. • serpente@orange.fr • Tlj, service non-stop. Formule 18,50 €.* Bar-brasserie-salon de thé installé juste en face du portail sud de la cathédrale. On y vient surtout pour profiter de sa large terrasse ensoleillée, sous les magnifiques clochers. Mais l'intérieur, rénové par les proprios, reste tout aussi agréable les jours moins cléments. Une adresse où l'on vient et où l'on revient pour y manger (très correctement) ou y boire un verre (une bière locale par exemple).

Racines *(plan B2, **31**) : 49, rue des Changes (pl. de la Cathédrale). ☎ 02-34-40-04-00. • contact@bistrotracines.fr • Tlj sauf lun 10h-1h (2h ven-sam et 16h dim). Snacks à tte heure 6-30 € ; formule déj en sem 18 € et menu 35 €.* Une nouvelle adresse mais déjà incontournable sur le parvis... À la fois restaurant, café, bar à vins et à cocktails, les occasions ne manquent pas pour y partager un verre de vin nature et bio, une tranche de délicieux pâté en croûte maison (100 % eurélien : au lard, cochon, canard, noisettes d'Eure-et-Loir, bière ambrée de Maintenon, farine de Beauce et servi avec des cornichons locaux eux aussi !) ou encore un bon plat de terroir et de saison. Petit plus, les cocktails sont personnalisés et composés sous vos yeux par une véritable mixologue. Belle terrasse là encore.

Café Bleu *(plan B2, **31**) : pl. de la Cathédrale. ☎ 02-37-36-59-60. • contact@cafebleu-chartres.com • Tlj sauf mar 8h-22h30. Plats 11-29 € ; menu 30 €.* Une institution, avec son cadre bistrotier chic, son accueil souriant et son service pro. Les plats sont goûteux et bien présentés, les produits saisonniers, et locaux dans la mesure du possible. L'adresse est surtout appréciée pour sa belle terrasse sur le parvis et son service en continu, y compris le dimanche !

Les Feuillantines (plan B2, **32**) : *4, rue du Bourg. ☎ 02-37-30-22-21. • restaurantlesfeuillantines@orange.fr • Tlj sauf dim-lun, midi et soir. Formules et menus 22-30 € le midi, et menu-carte 38 € le soir.* Dans une petite salle tout en longueur à la déco ensoleillée, dans la salle à l'étage, ou bien sur la terrasse du fond au calme, le chef propose des plats traditionnels bien présentés. Goûtez donc ses spécialités : le foie gras mi-cuit et la sphère chocolat ! Service prévenant.

Esprit Gourmand (plan A2, **34**) : *6, rue du Cheval-Blanc. ☎ 02-37-36-97-84. • leperegourmand@sfr.fr • Tlj sauf dim soir-mar. Menu (sauf dim) 25 € ; carte env 40 €.* Une adresse réputée pour sa cuisine traditionnelle de terroir. La carte est plutôt courte et garantie à base de produits frais. Goûtez la souris d'agneau sur son jus d'épices, spécialité du chef Maître restaurateur, un régal ! Accueil adorable des propriétaires et des serveurs prévenants.

Le Tripot (plan A2, **35**) : *11, pl. Jean-Moulin. ☎ 02-37-36-60-11. • restaurant.letripot@orange.fr • Tlj sauf dim soir-mar. Formules et menus 15,90-18,90 € le midi, puis 28-36 €. Café offert sur présentation de ce guide.* Ne vous fiez pas au nom et poussez la porte Renaissance sculptée et gravée au-dessus d'une inscription latine. On y découvre une petite dizaine de tables dans un décor plutôt rustique et une cuisine de marché qui rajeunit la tradition, tel que ce filet de bœuf aux oignons caramélisés et à la bière brune *l'Euré-lienne*. Très bon rapport qualité-prix.

La Cour (plan A3, **17**) : *22, pl. des Épars. ☎ 02-37-18-15-07. • lacour@monarque.fr • Il s'agit de la brasserie de l'hôtel* Le Grand Monarque. *Tlj. Le midi en sem formule 28 € et menu 34 € ; sinon, menu 35 € et carte env 40 €.* La cour de l'hôtel a été reconvertie en immense verrière sous laquelle on apprécie la luminosité. Un endroit chic mais qui sait rester décontracté et où l'on concocte une vraie cuisine de terroir aux produits frais. Au menu « Terroir » justement, vous sera proposé la spécialité maison : le pâté de Chartres ! Dommage que les portions soient parfois un peu chiches.

Le Saint-Hilaire (plan C3, **36**) : *11, rue du Pont-Saint-Hilaire. ☎ 02-37-30-97-57. • lesainthilaire@hotmail.fr • Fermé dim-lun. Menu-carte 39 €.* Impossible de passer à Chartres sans aller faire un tour dans ce petit resto plein de charme, à la façade recouverte de glycine. Accueil, service et cuisine de qualité forment un tout harmonieux. L'ardoise change au rythme des saisons, sans trop s'éloigner de la tradition.

L'EURE-ET-LOIR

Plus chic

Le Georges (plan A3, **17**) : *22, pl. des Épars. ☎ 02-37-18-15-15. • legeorges@monarque.fr • Tlj sauf dim-lun, midi et soir. Menus 59-124 €.* C'est le resto gastronomique (et étoilé) du *Grand Monarque* et l'on vous chouchoute avec un service professionnel. Les plats sont travaillés et délicieux. Parmi les spécialités qui ont fait la renommée de la maison : le célèbre pâté de Chartres, les œufs à la Chartres et... le soufflé au Grand Marnier, une merveille !

Le Moulin de Ponceau (plan B2, **38**) : *21, rue de la Tannerie. ☎ 02-37-26-28-00. Tlj sauf mar-mer, midi et soir. Le midi en sem, formule 29 € et menu [illegible] € ; carte env 52 € et menu (5 plats) 70 €.* Au bord de l'eau, ici, la vraie surprise, ce sont les tables installées sur l'avancée vitrée qui surplombe la rivière (quelle vue !), idéal pour un dîner romantique. À l'intérieur, une belle salle rustique et élégante avec ses poutres et ses vieilles pierres. Dans l'assiette, une cuisine de terroir créative, tout à la fois simple et audacieuse, très joliment présentée, ce qui ajoute à la fête. Service souriant et attentionné.

Où déguster et acheter quelques douceurs ?

Pâtisserie de Chartres (plan B2, **50**) : *2 bis, rue du Soleil-d'Or. ☎ 02-37-21-41-14. Lun-sam 7h30-19h30 (18h dim).* Craquez donc pour une choupinette, ce délicieux chou croustillant à la crème légère et à différents parfums, un délice ! Laissez-vous aussi tenter par la spécialité chartraine : le *mentchikoff,* un chocolat praliné enrobé d'une fine meringue.

La Chocolaterie *(plan B2-3, **51**)* **:** *14, pl. Marceau. ☎ 02-37-21-86-92. Tlj 8h (10h dim-lun et j. fériés)-19h30.* Cette pâtisserie-confiserie propose de bons macarons et une multitude d'autres douceurs à savourer dans la salle à l'étage ou bien sous les rayons du soleil en terrasse (très prisée) sur la place piétonne. Service souvent débordé en saison.

Plusieurs épiceries fines ou boutiques vendant des produits du terroir sont concentrées du côté de la rue de la Pie *(plan B2)* : bières, sablés, légumes secs, condiments... On y retrouve un peu les mêmes, alors comparez produits et prix !

À voir

Le centre historique *(plan A-B-C2-3)*

La cathédrale Notre-Dame *(plan B2)* **:** *rens ☎ 02-37-21-75-02. • visites.cathedrale@diocesechartres.fr • cathedrale-chartres.org • Tte l'année, tlj 9h30-19h30. Entrée libre (bien sûr, pas de visite pdt les célébrations religieuses). Visites guidées – on vous les recommande ! – tlj à 14h30 (sauf 1er janv, 25 déc et célébrations religieuses). Durée : 1h30. Tarif : 8 € ; réduc. Visite cathédrale avec visioguide (70 mn) : 8 €.* ***N'oubliez pas vos jumelles si vous voulez profiter des détails des sculptures et de la finesse des vitraux.***

Les origines de la cathédrale de Chartres, inscrite au Patrimoine mondial de l'Unesco, remontent vraisemblablement au IVe s. Elle fut plusieurs fois détruite par les guerres et invasions, et toujours reconstruite. En 1020, un incendie détruisit la cathédrale et l'évêque Fulbert décida de reconstruire une des plus importantes cathédrales de l'Occident chrétien. De cet édifice, subsiste la crypte de style préroman. Après l'incendie de 1194, un grand élan populaire se manifesta pour la reconstruire. Ce chantier fut rapide : une trentaine d'années à peine pour le bâti et la pose des vitraux. Ce qui donna à la cathédrale une homogénéité architecturale quasiment unique en France.

MAUVAISE PIOCHE

Henri IV fut le seul roi de France à être couronné dans la cathédrale de Chartres, en 1594. En effet, à l'époque, Reims, lieu des sacres royaux, était contrôlée par la Ligue catholique, ses ennemis. Ça ne lui a pas porté chance !

Des innovations technologiques et architecturales (notamment le perfectionnement de l'arc-boutant) permirent d'augmenter la hauteur de l'église. Un véritable élan vers le ciel, qui favorisa l'explosion de l'art du vitrail. La cathédrale, peu modifiée par la suite, nous apparaît aujourd'hui telle qu'aux pèlerins ébahis du XIIIe s. Imaginez la sidération d'un homme du Moyen Âge, dont l'environnement habituel est très horizontal, de se retrouver au pied de ce spectaculaire vaisseau de pierre !

À l'extérieur

– ***La façade principale :*** remarquable par son *portail royal,* chef-d'œuvre du milieu du XIIe s, rescapé du grand incendie de 1194. Les belles statues-colonnes longilignes, aux drapés délicatement ciselés, portent encore des caractéristiques romanes. À cette époque, les décors étaient polychromes.

L'ensemble est consacré au Christ. Au tympan de la porte centrale, le Christ, entouré des symboles des 4 évangélistes, et, au linteau, les 12 apôtres reconnaissables à leurs pieds nus. Aux extrémités, Elie et Enoch, des prophètes de l'Ancien Testament. Dans les voussures, les anges et les vieillards de l'Apocalypse, portant des instruments de musique et des fioles de parfum.

Au-dessus du portail de droite, le tympan est consacré, selon la tradition byzantine, à la Vierge, représentée assise offrant l'Enfant Jésus sur les genoux. Le linteau inférieur figure l'Annonciation, la Visitation, la Nativité, l'Annonce aux bergers. Au-dessus, la Présentation au Temple. Dans les voussures sont représentés les 7 arts libéraux, ainsi que les hommes célèbres de l'Antiquité les ayant servis, tels que Pythagore ou Aristote.
Au-dessus du portail de gauche, représentation de l'Ascension. Sur le 1er linteau, les apôtres qui semblent se tordre le cou pour regarder au-dessus. Sur le 2d, les anges qui les interpellent. Dans les voussures apparaissent les signes du zodiaque ainsi que les travaux agricoles de chaque mois. Les chapiteaux sont d'admirables sculptures représentant des scènes de la vie de Jésus.
– La ***tour sud*** (à droite), dite aussi *clocher Vieux,* possède une fluidité exceptionnelle. Haute de 103 m, sa flèche octogonale s'élève d'un seul jet.
– La ***tour nord*** (à gauche), appelée *clocher Neuf* et haute de 112 m, eut sa pointe décapitée par la foudre : elle fut remplacée au début du XVIe s par une magnifique flèche de pierre de style flamboyant édifiée par Jehan de Beauce. Possibilité de visite de la tour nord (et des grands combles) par un escalier de 300 marches *(tlj sauf dim mat et certains j. fériés, uniquement dans le cadre de visites guidées ; horaires et tarifs : se renseigner sur • chartres-tourisme.com • ou au ☎ 02-37-21-22-07).* Un incendie détruisit en 1836 la « forêt » de bois de la charpente. Le toit en plomb fondit et coula jusque dans les rues. On reconstruisit alors une charpente de fer et le toit fut recouvert de cuivre.
– Le ***pavillon de l'Horloge,*** bâtiment Renaissance qui abritait le mécanisme de l'horloge de la cathédrale.
– Le ***porche nord, dit « de l'Alliance »,*** construit au début du XIIIe s, se développe sur 33 m de large et comprend 3 portails qui correspondent aux 3 portes donnant sur le transept. Toutes ses parties sont décorées d'une statuaire luxuriante sur les thèmes de l'Ancien Testament et de la Vierge. Sur le trumeau de la baie centrale (entre les portes), une Vierge sans tête est nichée dans les bras de sainte Anne. Aux ébrasements des portes (sur les côtés), une succession de grandes statues de patriarches et de prophètes annonciateurs de la venue du Christ depuis Melchisédech jusqu'à saint Pierre. Émile Mâle, le spécialiste de l'art religieux du Moyen Âge en France, les compare aux *colonnes fondatrices de l'humanité* tant elles paraissent surhumaines. La plus expressive est celle de saint Jean-Baptiste, à droite, tout émacié par la pénitence, avec un manteau recouvert de poils de chameau et tenant en ses mains l'agneau sacrificiel chargé de tous les péchés du monde. Au linteau, la dormition de la Vierge et son assomption ; au tympan, la glorification de Marie, accueillie par Jésus au ciel.
Dans les voussures les plus extérieures du porche central, toute la Genèse est décrite par des statuettes d'une variété et d'une expressivité étonnantes. Regardez attentivement les épisodes de la création du monde, en montant. Dieu y apparaît successivement dans plusieurs attitudes (désignant les plantes, les animaux) jusqu'à façonner le 1er homme sur ses genoux. À l'opposé, Adam et Ève, descendant, passent de la félicité de la vie au paradis aux réalités de la vie terrestre.
Dans la baie de gauche, principalement consacrée aux épisodes de la vie de la Vierge, dans le 3e cordon des voussures, les Vices sont foulés aux pieds par les Vertus (repérez l'illustration de la folie au Moyen Âge, représentée par un personnage avalant une pierre). Aidé de Dieu, l'homme triomphe de Satan à l'origine de tous les maux. L'humanité se « rachète » par la vie active, comme le travail de la laine, ou par la vie contemplative, comme la lecture et la prière, montrées sur la voussure la plus extérieure.
Sur les voussures du porche correspondant à la baie de droite sont représentés les travaux des champs avec la succession des mois de l'année scandée par les symboles du zodiaque. Sur les côtés de la porte, plusieurs statues figurant la révélation de la sagesse. Au tympan, quelques scènes de l'Ancien Testament sur cette même thématique (le jugement de Salomon).

– Le ***porche sud, dit « de l'Église »,*** précédé d'un perron de 17 marches, est d'un style un peu plus sobre que le porche nord. Sa statuaire est consacrée à tous ceux qui suivent le Christ. Sur la porte centrale, ce dernier foule aux pieds le lion et le dragon. À ses côtés, les 12 apôtres. Le tympan, le linteau et les voussures montrent la Résurrection des morts et le Jugement dernier (voir la représentation de l'enfer). Au portail de gauche, dit « des Martyrs », notez les statues des saints Georges et Roland, 4e à gauche et à droite de la porte, habillés comme les chevaliers du temps de Saint Louis. Le portail de droite met en scène les saints confesseurs.
– ***Le chevet :*** la vue sur celui-ci depuis le jardin est impressionnante. Notez la fantastique architecture des arcs-boutants à double volée, à la fois puissante et légère. La chapelle extérieure, du XIVe s, est reliée à l'église par un élégant escalier.

À l'intérieur

Restauré depuis 2008, il s'agit du plus grand chantier avec celui de Notre-Dame de Paris et là, non plus, ce n'est pas fini... La nef a déjà retrouvé sa clarté originelle, ce qui l'agrandit encore. Fascinant ! Ce sera bientôt au tour des vitraux... Vous trouverez tout sur le projet et les techniques utilisées.
Sur le sol, au centre, se trouve le célèbre ***labyrinthe*** (dégagé tous les vendredis). Les pèlerins suivaient les 261,50 m de ses méandres, symbole de leur cheminement vers Dieu et vers l'éternité.

LE TOUT-À-L'ÉGOUT DE LA CATHÉDRALE

Au niveau de l'entrée de l'édifice, le sol de la cathédrale est en pente car, à l'époque, de nombreux pèlerins dormaient dans l'église. Il fallait pouvoir laver à grande eau, et cette dénivellation permettait d'évacuer l'eau plus facilement. L'aspect pratique rejoint alors la symbolique : on monte vers l'autel comme on s'élève vers Dieu.

– ***Les vitraux :*** cet ensemble a traversé les siècles sans trop de dommages, puisque 80 % des vitraux sont d'origine ; exceptionnel ! Contrairement à d'autres, ils furent démontés lors des 2 guerres mondiales. Aujourd'hui, ils font l'objet d'un important programme de restauration. Au-delà de la finesse de leur exécution et de la richesse de l'éventail des épisodes relatés, l'art du vitrail constitue en lui-même toute une symbolique : il illustrerait la présence de Dieu (la lumière) dans l'humanité (la diversité des formes et des couleurs). Une 1re chose fascine, avant de se laisser envahir par cette magie des couleurs, c'est le bleu initial, visible sur la façade, le célèbre « bleu de Chartres », un bleu limpide et lumineux.
Impossible de décrire les 176 verrières qui représentent plus de 5 000 personnages et plus de 150h de lecture, à la façon des bandes dessinées. Autant d'épisodes bibliques qui constituent une mine d'informations sur la vie au Moyen Âge. À défaut, souvent, de savoir lire, les visiteurs de la cathédrale maîtrisaient les codes gestuels de la communication et un peu de symbolique des couleurs, ce qui rendait les vitraux intelligibles par le plus grand nombre.
Parmi les plus caractéristiques, les ***3 vitraux rescapés du grand incendie de 1194, sur la façade occidentale.*** Le ***vitrail du centre,*** le plus haut de la cathédrale (environ 11 m), est composé de carrés pesant de 15 à 18 kg chacun. Il représente des scènes de la ***vie de Jésus.*** Comme la plupart des vitraux, il se lit de bas en haut et de gauche à droite. Le 1er rang en partant du bas figure, de gauche à droite : l'Annonciation, la Visitation, la Naissance de Jésus. Au 3e rang, on reconnaît les Rois mages (notez le souci du détail avec des pièces de monnaie d'or portant l'écriture arabe). Sur le médaillon du centre, l'Offrande des cadeaux. Sur le rang au-dessus, au centre, Présentation de Jésus au Temple, etc.
Le ***vitrail de gauche*** présente la particularité d'être dominé par le jaune ; il évoque la ***passion du Christ, sa mort et sa résurrection,*** le jaune suggérant le soleil – donc la Gloire. En bas, à gauche du 2e rang, la Cène. À droite, le Lavement des

pieds. Au milieu du vitrail, la Crucifixion et la Descente de croix où le vert représente l'espérance et le liseré rouge évoque la souffrance et le sang. Sur le ***vitrail de droite,*** l'arbre généalogique du Christ, dit ***Arbre de Jessé,*** où le bleu domine. Maintenant, si on balaie du regard ces 3 vitraux de la droite vers la gauche, on observe, outre l'intensification de la présence du jaune, de plus en plus de scènes représentées dans des cercles (le Divin) que dans des carrés (l'humanité, les 4 éléments).

La ***rose ouest*** donne l'impression d'un bijou scintillant. Scènes du Jugement dernier... Beaucoup parmi les vitraux restants furent payés par les rois et les nobles, mais aussi par les corporations et corps de métiers de l'époque : bouchers, boulangers, maréchaux-ferrants, savetiers, corroyeurs, etc. Une illustration dans le bas du vitrail rappelle souvent le(s) généreux donateur(s). Le célèbre ***bleu*** dans la plupart de ces vitraux a changé, il touche dorénavant plus au violet qu'à l'azur ; le ***minerai de cobalt*** venant d'Europe centrale se raréfiant, on y mélangea du manganèse.

Le *2e vitrail dans le bas-côté nord* en partant de l'entrée principale, à gauche quand on est face à l'autel, détaille la vie de saint Lubin, patron des vignerons. On distingue dans la demi-lune du bas une taverne avec un aubergiste servant du vin. Dans le cercle suivant, un marchand de vin sur son cheval (l'intérêt de ce détail réside dans le fait que le cheval porte un collier d'épaule, témoignage d'une technique révolutionnaire pour l'époque) ; cercle au-dessus : un moine tirant le vin dans le cellier. Dernier cercle du vitrail, la messe avec les burettes de vin.

Dans le transept, ***2 magnifiques roses***. Celle du nord est formée de carrés donnant l'impression de timbres-poste. Elle célèbre la gloire de la Vierge, entourée d'anges et de colombes, de 12 rois de Judée et de 12 prophètes. La rose sud représente l'Apocalypse. Et en dessous, les grands prophètes portent les évangélistes sur leurs épaules. La cathédrale compte ainsi 3 roses, en comptant celle de la façade occidentale, et seule une vingtaine d'années séparent leur exécution successive ; et pourtant, voyez l'évolution des techniques, qui permit d'augmenter la surface vitrée, et ainsi de capter toujours plus de lumière.

– ***Le chœur est l'un des plus vastes de France.*** Aux fenêtres hautes, on a enlevé 8 vitraux pour donner de la lumière et permettre aux prêtres de lire leur missel, et on les a remplacés par des grisailles. Le chœur, réaménagé au XVIIIe s avec les placages de marbres, est entouré par une clôture – véritable dentelle de pierre sculptée qui date du XVIe s. Elle a, elle aussi, été méticuleusement nettoyée et restaurée, retrouvant ainsi une blancheur immaculée. Elle est composée de près de 200 statues, surmontées de dais à clochetons décorés d'une variété infinie de grotesques. La réalisation des 40 groupes, qui représentent les scènes de la vie de Marie et de Jésus, s'est étalée sur près de 2 siècles, et se regarde en commençant par le sud près du transept.

À un endroit, amusant, on observe très nettement la transition opérée, en l'espace de 1 an, entre le gothique et le style Renaissance, pour s'adapter à la demande et aux goûts des commanditaires. Dans le déambulatoire, côté sud, admirez ***Notre-Dame de la Belle Verrière***, le vitrail le plus célèbre de Chartres. La Vierge, au centre, rescapée de l'incendie de 1194, possède toujours l'unique bleu de Chartres (comme les verrières occidentales), tandis que le reste, réalisé plus tard, est d'un bleu plus foncé.

– Dans une chapelle absidiale est présentée la ***relique du voile de Marie.*** L'impératrice Irène de Byzance l'avait offerte à Charlemagne. Son petit-fils Charles le Chauve l'a donnée à la cathédrale de Chartres en 876. Cette relique en soie naturelle, qui daterait de 2 000 ans, serait celle que portait Marie quand elle attendait la naissance de Jésus.

– ***La crypte :*** *rens au ☎ 02-37-21-75-02. Rdv pour la visite à la boutique de la cathédrale. Visite suspendue jusqu'à nouvel ordre, se renseigner sur le site internet • chartres-tourisme.com •* La plus vaste de France, elle épouse la quasi-totalité de l'édifice et date essentiellement du 1er quart du XIe s. Elle est composée de 2 galeries, au nord et au sud, d'un martyrium, de vestiges de l'église primitive et d'un puits dont la profondeur correspondrait au niveau de l'Eure en contrebas.

Plusieurs fresques romanes sont visibles sur les murs de certaines chapelles. La visite proposée lors de « Chartres en lumières » offre une occasion de descendre dans la crypte à la lueur des bougies, magique !

Le Centre international du vitrail *(plan B2) : 5, rue du Cardinal-Pie. ☎ 02-37-21-65-72. • centre-vitrail.org • Lun-ven 9h30-12h30, 13h30-17h45 ; sam 10h-12h30, 14h30-17h45 ; dim et j. fériés 14h30-17h45. Fermé 1er janv et 25 déc. Entrée : 7 € (5,50 € sur présentation de ce guide) ; réduc.* Cette ancienne grange aux dîmes, datant du XVIIe s, abrite un musée du vitrail où vous en apprendrez un rayon sur ces splendides verres colorés. L'une des salles présente les reproductions des verrières basses de la cathédrale, ce qui permet d'en observer à loisir tous les détails. On peut aussi admirer de près une exceptionnelle collection de vitraux originaux du Moyen Âge et de la Renaissance. Le cellier, une belle salle du XIIIe s à triple nef voûtée d'ogives, accueille des expos temporaires, souvent consacrées aux vitraux contemporains.

L'EURE-ET-LOIR

Le musée des Beaux-Arts *(plan B2) : 29, cloître Notre-Dame. ☎ 02-37-90-45-80. Situé à côté du chevet de la cathédrale, dans l'ancien palais épiscopal. Ouv mer-dim 10h-12h30 (sauf dim mat), 14h-18h (17h nov-avr, 20h jeu). GRATUIT. En cas d'expo temporaire : 6 € ; réduc.* Dans le cadre raffiné de l'ancien palais épiscopal, construit pour l'essentiel aux XVIIe et XVIIIe s, le musée présente de belles collections de peintures, sculptures et objets d'art, du Moyen Âge au XXe s : on peut mentionner 12 émaux représentant les apôtres de Léonard Limosin commandés par François Ier, des toiles de Zurbarán, Chardin, Vigée Le Brun, Corot, Bonheur, Daubigny, Soutine, Vlaminck, Derain... Un ensemble d'œuvres et documents consacrés aux civilisations de l'Océanie valent également vraiment la visite. À noter que le musée évolue et que de nouveaux espaces d'exposition et de convivialité sont à prévoir pour les prochaines années.
– En sortant, faire un tour dans les jardins qui surplombent la forêt de toits de la ville basse.

Balade dans la ville haute : peu de villes en France ont conservé un caractère médiéval aussi homogène. Les rues continuent à serpenter facétieusement et nous offrent de savoureux noms anciens : rue de la Poêle-Percée, rues au Lait, de la Porte-Cendreuse, Grenouillère... Partez à la recherche des maisons médiévales, vous les atteindrez souvent en empruntant des raidillons, coupés d'escaliers, les « tertres ». Commençons la promenade par le quartier de la cathédrale, appelé aussi « le Cloître ».
– Face à la cathédrale, belle maison à tympans sculptés qui hébergea le roi Henri III venu en pèlerinage à Chartres.
– Rue du Cheval-Blanc, quelques maisons à encorbellement. Au no 10 de la rue Noël-Ballay, la maison Claude-Huvé (XVIe s) dont la façade Renaissance est entièrement sculptée.
– ***La maison du Saumon*** *(plan B2) : 8, rue de la Poissonnerie. Abrite l'office de tourisme (voir « Adresses et infos utiles »).* Datant des XVe-XVIe s, c'est l'une des maisons à colombages les plus anciennes de Chartres. Sa façade est classée Monument historique. Elle doit son nom au joli poisson sculpté sur l'une des 6 consoles qui supportent son encorbellement. Autrefois, le marché au poisson se tenait ici, dans une rue étroite, élargie au XIXe s pour des raisons de salubrité, et qui est devenue la place de la Poissonnerie. Les mareyeurs normands y déposaient le poisson avant de poursuivre leur route vers Orléans.
– ***La place Billard*** *(plan B2) :* entièrement rénovée en 2013, elle accueille le marché. Il a lieu chaque mercredi et samedi matin, sous les halles. Le week-end, il y flotte une belle animation sous la halle et aux terrasses alentour *(marché bio, mer 17h-20h).*
– Rue du Bourg, à 2 pas, la ***maison des Vieux-Consuls*** avec l'escalier de la reine Berthe aux poutres extérieures finement travaillées. De là, empruntez la rue des Écuyers, très pittoresque. On rejoint ensuite la rue Saint-Pierre avec, au no 16, la maison des Trois-Pigeons.

– ***Place de l'Étape-au-Vin*** *(plan B3)* **:** aux nos 8 et 10, maison à pans de bois et entrée de l'ancien couvent des cordeliers. À côté, la jolie église Saint-Aignan, mi-gothique, mi-Renaissance, qui conserve quelques beaux vitraux Renaissance.
– ***Rue des Grenets*** *(plan B2-3)* **:** au no 12, le magnifique hôtel de la Caige (XVe s) avec ses chaînages de pierre et son décor en brique. Voir encore l'hôtel de ville, belle construction du XVIIe s, et, à côté, l'ancien hôtel Montescot dont les 3 corps de bâtiment arborent les bustes d'Henri IV, de Marie de Médicis et de Louis XIII.

★★ ***L'église Saint-Pierre*** *(plan C3)* **:** *dans la ville basse.* Gracieux édifice, ancienne abbatiale des bénédictins. Clocher-donjon roman, à peine plus haut que le toit. À l'intérieur, on est surpris par l'étonnante clarté de l'édifice. La partie basse du chœur et les chapelles absidiales sont romanes, mais le vaisseau est du gothique le plus pur. La hauteur de la nef et la légèreté des arcs-boutants lui confèrent une grande finesse. Les vitraux des XIIIe et XIVe s complètent ceux de la cathédrale.

En dehors du centre historique *(plan B-C2-3)*

★★ ***Balade dans la ville basse*** *(plan B-C2-3)* **:** de l'église Saint-Pierre, rejoindre l'Eure vers la porte Guillaume. Suivre ensuite le bras intérieur de l'Eure par la rue de la Tannerie, puis la rue du Massacre (pas très engageant, mais bon...). Plusieurs moulins et lavoirs anciens tout au long des eaux nonchalantes et des petits ponts de pierre qui livrent, de temps à autre, un joli point de vue. La collégiale Saint-André, du XIIe s, a vu son chœur tomber dans l'Eure. Petit jardin médiéval avec des plantes médicinales. Du pont du Massacre, plus loin, on embrasse la vision romantique des petites écluses, du vieux pont Saint-Thomas, bossu, et de l'église Saint-André. Pour finir, rejoindre par la rue de la Brèche la ***rue Chantault,*** l'une des plus charmantes de la ville. Au no 29, la maison la plus ancienne (XIIe s), avec baies romanes et tympans sculptés.

★★ ***La maison Picassiette*** *(hors plan par C3)* **:** *22, rue du Repos. ☎ 02-37-34-10-78. À 1,8 km à pied du centre-ville, pas loin du cimetière Saint-Chéron. De mi-mars à mi-nov, tlj sauf mar 10h-12h30 (sauf dim), 14h-18h. Entrée : 6 € ; réduc ; gratuit moins de 18 ans.* Petite maison confectionnée à l'aide de faïences, de porcelaines et de poteries brisées par Raymond Isidore, un balayeur de cimetière, qui passa les 30 dernières années de sa vie à réaliser ce chef-d'œuvre de l'art naïf.

★ ***Le parc des Bords-de-l'Eure*** *(plan C3)* **:** *à la limite de la ville basse, près de la pl. Morard, au pied de la Courtille.* Après avoir navigué sur l'Eure (voir plus bas la rubrique « À faire »), la balade romantique peut se prolonger, à pied cette fois, avec ce « plan vert » et la visite des volières du parc, sans oublier un petit détour par l'enclos des chèvres et des lapins. Pour les tout-petits, aire de jeux sous les magnifiques arbres centenaires et pelouse verdoyante.

À faire

➢ ***La Petite Venise – Guinguette de Chartres*** *(balade sur l'Eure ; plan C3)* **:** *☎ 09-84-40-03-35. • contact@laguinguettedechartres.fr • Dans le parc des bords de l'Eure. Ouv mai-sept. Les horaires varient selon la météo. Loc d'embarcations à pédales à partir de 15 € les 30 mn.* Canoës, embarcations à pédales, à vous de choisir votre « monture » pour un parcours pouvant aller jusqu'à 6 km aller-retour sur l'Eure dans un cadre de verdure reposant. Également une guinguette sur place, avec une terrasse plein sud, pour ceux qui préfèrent rester les pieds dans l'eau.

➢ ***Complexe aquatique – patinoire L'Odyssée*** *(hors plan par C1)* **:** *rue du Médecin-Général-Beyne. ☎ 02-37-25-33-33. • odyssee-chartres@vert-marine.com • vert-marine.info/odyssee • Espace aquatique lun-ven 10h-21h, w-e et j. fériés*

9h-19h (10h-21h en été). Se renseigner pour les autres espaces. Fermé 1er janv et 25 déc. Entrée à la piscine : 9,90 € (7,55 € l'hiver) ; entrée Liberté : 22,35 €. Patinoire : 5,20 €. Forfaits et réduc. Le plus grand complexe aquatique de France, rien que ça ! Rivière à courant, 2 bassins olympiques, piscine à vagues mais aussi patinoire, balnéothérapie et espace fitness.

➢ ***Accrocamp-Chartres*** *(plan A1) : parc André-Gagnon, 6, pl. Saint-Jean. • accrocamp.com • 16-29 € selon taille (résa en ligne conseillée). Fermé en janv.* Chartres s'enorgueillit de posséder ce bel et insolite parcours d'accrobranche en plein centre-ville.

Fêtes et manifestations

– ***Week-end Henri IV :*** *dernier w-e de fév.* Dégustation de bouillon place du Marché, menu « poule au pot » dans les restos et visite thématique en souvenir d'Henri de Navarre, seul roi à avoir été couronné à Chartres.
– ***La Paulée des vins de Loire :*** *1 j. fin mars. Rens auprès du Grand Monarque (voir « Où dormir ? »).* Animation place Billard où les vignerons de la vallée de la Loire viennent faire connaître leurs produits.
– ***Chartres en lumières :*** *de mi-avr à fin déc, à la nuit tombée. Rens à l'office de tourisme.* À pied (parcours libre ou visite guidée) ou à bord du petit train, parcours de 23 sites et monuments illuminés, mis en musique à la tombée de la nuit. Magique, tout simplement (application mobile gratuite « Chartres en lumières »). En décembre, la féerie s'empare du thème de Noël.
– ***Fête médiévale :*** *le w-e de l'Ascension, les années paires. Rens à l'office de tourisme.*
– ***Soirées estivales de Chartres :*** *du dernier w-e de juin au dernier w-e d'août. Rens à l'office de tourisme.* Spectacles de rue, concerts d'orgues, de jazz, dans les rues, la cathédrale...
– ***Festival international d'orgue :*** *ts les dim début juil-fin août, à 16h15.* Depuis 1975, des récitalistes français et du monde entier viennent se produire chaque été, dans la cathédrale Notre-Dame de Chartres, sur l'orgue Danion-Gonzalez.
– ***Fêtes des Vendanges :*** *un w-e fin sept.* L'occasion de découvrir, au rythme d'animations, les traditions populaires et les pratiques agricoles de la région.
– ***Fête de la Lumière :*** *3e w-e de sept, les années impaires. Rens à l'office de tourisme.* Temps fort de Chartres en lumières.
– ***Les Artisanales de Chartres :*** *4 j. début ou mi-oct au parc des Expositions. • les-artisanales.com •* Au programme : démonstrations, animations et dégustations pour promouvoir l'artisanat.

DANS LES ENVIRONS DE CHARTRES

La Tanière zoo-refuge : *Le Grand Archevilliers, 28630* ***Nogent-le-Phaye.*** *• lataniere-zoorefuge.fr • À env 6 km à l'est de Chartres. Tlj à partir de 10h ; fermeture variable selon saison et ouverture réduite en janv (mieux vaut consulter le site). Entrée : 16,90 € ; réduc.* Un zoo atypique et 1er du genre en Europe qui accueille des animaux abandonnés, malmenés ou maltraités et qui trouvent ici soin et refuge. Avec près de 600 animaux, dont bon nombre d'espèces sauvages et protégées (primates, félins, éléphants, ours) mais aussi des animaux domestiques...

La danse macabre de l'église Saint-Orien de Meslay-le-Grenet *(28120) : à env 15 km au sud-ouest par la D 910 jusqu'à Thivars puis à droite la D 149. Ouv 1er dim du mois 14h-18h. Visite sur rdv auprès de l'Association des amis de l'église de Meslay : 06-31-12-10-21 ; • eglisemlg@live.fr •* L'église recèle des vestiges du XIIe s et, surtout, un surprenant ensemble de fresques murales du XVe s, sur le thème de la mort. Il s'agit d'une danse macabre, paraît-il la plus complète et la plus « harmonieuse » d'Europe. Cette peinture refléterait les misères de l'époque. Si vous n'avez pas pu obtenir de rendez-vous pour une visite, sachez qu'il est possible de voir l'intérieur de l'église depuis un sas. Futé !

L'EURE DE CHARTRES À ANET, UNE VALLÉE ROYALE

Madame de Maintenon, Diane de Poitiers, sainte Jeanne de France, maîtresses ou duchesses, Louis XI, Jean le Bon, Charles VII, Louis XIV et combien d'autres princes de sang ont-ils laissé leurs empreintes le long de cette aristocratique vallée, appelée aussi « vallée Verte » ?
La petite route (D 929 puis D 928), qui longe la rive droite de l'Eure entre Chartres et Anet, musarde à travers une campagne touffue, champêtre à souhait, ponctuée de lieux historiques. De Chartres, pour la trouver, il faut prendre à la jonction des boulevards Jean-Jaurès et du Maréchal-Foch, la rue des Grandes-Filles-Dieu en direction de Champhol que l'on traverse. Puis suivre les indications.
On peut aussi passer par la rive gauche en traversant l'Eure à Saint-Prest et suivre la D 906 jusqu'à Maintenon.

MAINTENON

(28130) 4 539 hab. *Carte Eure-et-Loir, C2*

À 20 km au nord-est de Chartres, soit par la D 906 si vous êtes pressé (dommage !), soit par la D 929 sur la rive droite de l'Eure (voir ci-avant). Agréable petite ville qui s'étend autour de son château, autrefois propriété de l'une des plus célèbres favorites du royaume de France.

INSATIABLE !

Au soir de sa vie, à 70 ans, Louis XIV honorait encore assidûment sa 2de épouse, madame de Maintenon (elle en avait 73 !). Elle s'en plaignait régulièrement à son confesseur : « Il me tue au devoir conjugal », disait-elle. Chez les Bourbons, on aime ce qui est bon.

Info utile

– ***Chartres-Maintenon :*** de nombreux trains quotidiens relient les 2 villes en 10 ou 20 mn et Paris en 45 mn.

Où dormir ? Où manger ?

Chambres d'hôtes Aux Charmes de Maintenon : *1, rue du Bassin. ☎ 02-37-36-30-91. 07-88-41-63-87. • contact@auxcharmesdemaintenon.com • auxcharmesdemaintenon.com • Doubles 135-180 €.* Du charme, cet ancien relais de poste du XIXe s n'en manque pas. Toute de vigne vierge recouverte, la ravissante maison abrite 4 chambres au style clair et soigné, mariant lourds rideaux et mobilier en bois brut pour un style assez chic. On aime aussi l'agréable jardin fleuri et son charmant lavoir au bord du canal Louis XIV. Piscine et sauna. Une belle adresse, mais on aimerait des prix plus doux.

|●| ***Aux Deux M :*** *12, pl. Noé-et-Omer-Sadorge. ☎ 02-37-83-92-06. Tlj sauf dim-lun. Résa conseillée. Menu-carte 22 €.* Sur la place de la halle, une table qui fait parler d'elle à Maintenon... Quelques tables et une grande cuisine ouverte, ce qui inspire toujours confiance. Impression confortée quand arrivent les belles assiettes. La carte, bistronomique, change tous les mois avec une nouveauté chaque jour, pour faire plaisir aux nombreux fidèles.

Où manger dans les environs ?

|●| ***La Table de l'Épaule :*** *18, pl. de l'Église, 28320* ***Gallardon.*** *☎ 02-37-31-00-07. ● contact@restaurant-table-de-lepaule.fr ● À 13 km au sud-est de Maintenon. Ouv le midi mar-sam, plus ven-sam soir (se renseigner pour le dim). Formule-menu (midi en sem) 16,90-18,90 € ; menu-carte 33 €.* Un joli resto au cœur du village, qui doit son nom à la tour de l'Épaule (un donjon féodal) située non loin de là. On y est reçu avec le sourire, tandis que le chef mitonne une cuisine traditionnelle mais personnelle et inspirée, avec une carte qui se renouvelle chaque mois, au rythme des saisons.

L'EURE-ET-LOIR

À voir

¶¶¶ 👫 **Le château :** *pl. Aristide-Briand. ☎ 02-37-23-00-09. ● chateau.maintenon@eurelien.fr ● chateaudemaintenon.fr ● Avr-sept, tlj sauf lun 10h30-19h ; fév-mars et oct-déc, tlj sauf lun 14h (10h30 le w-e)-18h30. Ouv j. fériés sauf 1er janv et 25 déc (vérifier aussi fermetures événementielles sur Internet). Dernière entrée 1h avt fermeture. Visite nocturne de mi-mars à mi-nov (résa obligatoire, se renseigner). Fermé fin déc-janv. Entrée : 8,50 € ; réduc ; gratuit moins de 7 ans. Visite guidée w-e et j. fériés, tlj vac d'été (voir sur le site). Pour les visites libres, l'accueil fournit un guide de visite et un livret ludique pour les enfants.*

L'histoire de ce château d'origine médiévale (comme l'atteste la tour carrée du XIIIe s) se confond avec celle de Françoise d'Aubigné, marquise de Maintenon, qui achète le domaine en 1674, l'agrandit et l'embellit avant de devenir, 9 ans plus tard, ***l'épouse secrète de Louis XIV.*** Mais elle n'y venait que par intermittence, à cause de ses occupations à Versailles. En revanche, elle contribua grandement au développement de la ville en créant écoles, hôpital, fabriques... Il est malgré tout étonnant que son souvenir ait éclipsé celui de ***la famille de Noailles*** car elle n'y passa que 29 ans... tandis que les Noailles, plus de 300 ! Et c'est bien au duc de Noailles que l'on doit le plaisir de visiter ce château restauré et remeublé... Dans la cour intérieure, un bel appareillage de brique souligné de pierre encadre le logis en pierre, témoignant des différentes époques de sa construction. Impossible de tout décrire car la visite est dense, éblouissante ! On peut admirer un très beau mobilier XVIIe-XIXe s, la riche tenture du lit à baldaquin dans la chambre du maréchal de Noailles, les papiers peints des salons chinois (peints à la main à l'encre de Chine), les plafonds à caissons peints de la grande galerie (en fin de rénovation), boiseries et dorures... Et n'oubliez pas de vous pencher sur les plans détaillés du projet de l'aqueduc.

Quand vous attaquez la visite des appartements XIXe s, en 2de partie de parcours, ne manquez pas, depuis la terrasse panoramique, le meilleur point de vue sur le parc, le canal, l'aqueduc et surtout les jardins à la française, aménagés sur les bases d'un plan attribué à Le Nôtre. Les jardins sont riches de quelque 12 000 pieds de buis, 65 rosiers tiges, 60 pieds d'ifs... Au printemps, 15 000 tulipes violettes subliment les allées déjà splendides, et sont d'ailleurs l'occasion d'une manifestation (*Les Tulipiades,* un week-end d'avril). En été, des visites nocturnes sont organisées dans les jardins illuminés. Magique, tout simplement !

👫 ***L'aqueduc :*** excentré, au bout du parc du château. Mais en venant par la D 116, sur la rive droite de l'Eure, on passe dessous, ce qui donne une idée de sa hauteur. À la demande de Louis XIV, qui avait pour ambition de faire venir les eaux de l'Eure à Versailles, Vauban, le spécialiste des fortifications, et La Hire furent mis à contribution pour réaliser ce projet gigantesque jamais achevé. Initialement, l'aqueduc devait avoir 3 étages ; un seul vit le jour. Il reste aujourd'hui 47 arcades qui s'étirent sur près de 1 km. Mais avec les aléas du temps et les guerres, l'ouvrage subit des dégradations. Un comble : alors qu'il l'avait donné à madame de Maintenon en dédommagement des dégâts causés par les travaux dans sa propriété, c'est Louis XV qui fut le 1er à démolir des arches et à en récupérer pierres et briques pour bâtir le château de madame de Pompadour à Crécy !

FOLIE DE ROI

Louis XIV avait décidé que l'eau de l'Eure arriverait à Versailles « par le chemin des airs », alors que d'autres solutions étaient techniquement plus réalisables. Au total, 80 km de canaux et d'aqueducs. Certaines arches devaient être aussi hautes que les tours de Notre-Dame ! Sceptique mais résigné, Vauban fit venir une armée de 30 000 manœuvres. Hélas, la fièvre des marais et les guerres empêchèrent la fin du chantier (le coût équivalait à 10 % de Versailles !). Et le projet tomba à l'eau...

DANS LES ENVIRONS DE MAINTENON

👫 ***Le jardin médiéval de Bois-Richeux :*** *28130* ***Pierres.*** *📱 06-11-88-20-20. • jardin@boisricheux.com • boisricheux.com • ♿ À env 3 km au sud-ouest de Maintenon. Sur résa seulement et lors de journées événements 15h-18h. Entrée : 6 € ; visite guidée : 11 €, réduc.* Une des plus ***anciennes fermes de France.*** Elle fut édifiée du XIIe au XIVe s sur un ancien site cultuel druidique, en pleine forêt des carnutes. Madame de Maintenon l'acheta en 1679. Outre le logis seigneurial et le colombier, on peut admirer la charpente de la grange dîmière réalisée avec les poutres ayant servi aux échafaudages de la cathédrale de Chartres. Mais le clou de la visite est le ***jardin, recréé à partir de documents du Moyen Âge.*** Carrés des simples, des plantes potagères et des plantes aromatiques. Un jardin médicinal mais aussi jardin des sens et de l'esprit. Alors, prenez le temps d'observer les différentes variétés de roses anciennes, et surtout de sentir leur parfum.

ÉPERNON *(28230)*

À une dizaine de kilomètres à l'est de Maintenon, Épernon est une des anciennes places fortes édifiées par Hugues Capet contre les Normands (entendez les rois d'Angleterre). Le vieux centre, serré autour de son église romane, remaniée au XVIe s, domine une vallée arrosée par la Drouette, affluent de l'Eure, et ses 2 « filles », la Guéville et la Guesle. Plusieurs maisons médiévales intéressantes, dont une avec colombages sculptés. 2 parcours découverte pour s'immerger dans l'« Épernon médiéval » et « la cité industrielle du XIXe s ».

Où manger ?

🍴 ***Au Rêve Gourmand :*** *rue Saint-Pierre. ☎ 02-37-83-41-69. Au pied de l'église, dans la ruelle en escalier. Tlj sauf dim-jeu soir et lun. Congés : 1 sem* *en mai et mois d'août. Menus 20,50-37,90 € ; carte env 37 €.* Dans un cadre chaleureux un brin romantique, le chef propose une cuisine raffinée associant les saveurs avec originalité. Les produits suivent les saisons, et la carte est souvent renouvelée. Ambiance et accueil agréables.

À voir

Le musée des Meules et Pavés : *23, av. de la Prairie. ☎ 02-37-83-55-01. 06-23-82-99-08. • meulesetpavesepernon.blogspot.com • En arrivant de Maintenon, sur la droite de la route (la vieille ville est alors en haut à gauche), avt le centre culturel Les Prairiales, où l'on se gare. Mai-sept, sam ap-m, dim et j. fériés 10h-12h, 14h-18h. Entrée : 3,50 € ; réduc. Visite libre ou guidée (vivement conseillée).* Dans cette ancienne bergerie, on rend hommage à ceux qui contribuèrent autrefois à l'histoire et à la richesse de la ville : les carriers. Au cours de la passionnante visite guidée sont évoqués, à l'aide des quelque 5 000 outils exposés, les gestes du travail et les rudes conditions de vie de ces carriers d'Épernon. Combien d'entre nous savent que les carrières de grès des alentours fournirent les pierres de la construction de l'aqueduc de Maintenon pour l'alimentation de Versailles ou que la majeure partie des pavés des rues de Paris proviennent d'Épernon ? De nombreuses expositions temporaires sont organisées tout au long de la saison et une ruche pédagogique permet l'observation de la vie des abeilles.

Visite de la ville et du cellier des pressoirs : *sur rdv seulement. 06-23-82-99-08. • meulesetpavesepernon.blogspot.com • Tarif : 6 €.* Une visite qui vous fera découvrir l'histoire des rues et vieilles maisons d'Épernon. Parmi celles-ci, l'atelier où vécurent 2 des beaux-frères de Modigliani et copains de Picasso, le peintre polonais Henri Epstein, mort en déportation, et son beau-frère le sculpteur Louis Dideron. Puis visite du cellier en grès semi-enterré du XIIe s, qui témoigne de la forte activité viticole à Épernon.

NOGENT-LE-ROI (28210) 4 046 hab. *Carte Eure-et-Loir, C1*

Ville royale par excellence depuis des siècles, mais enjeu de rivalités, entre royaume d'Angleterre et royaume de France et entre familles royales françaises elles-mêmes, elle ne fut pas toujours aussi paisible qu'elle le paraît aujourd'hui ! De ces tumultes souvent destructeurs, elle conserve quelques beaux vestiges, dont ses vénérables maisons à colombages des XVe et XVIe s et son église, construite du XVe au XIXe s et classée Monument historique. Avec les 3 cours d'eau qui la traversent et un peu d'imagination, on la prendrait pour une Venise en miniature. Un château du XIXe s a remplacé sa forteresse médiévale, et son parc, où gambadent des daims en liberté, fait le bonheur des familles *(avr-sept, tlj 9h-20h ; oct-mars, 9h-18h).*

Adresse utile

Maison du tourisme : *1, rue de la Porte-Chartraine. 07-68-06-78-50. • lmt.nogent-le-roi@orange.fr • nogentleroi-tourisme.com • À l'angle de la rue principale et de la route pour Châteauneuf-en-Thymerais (D 26). Mars-nov ouv uniquement sam 10h-12h (mais accueil téléphonique tlj et sur le marché mai-sept) ; documentation en libre-service à l'extérieur. Visite commentée de la ville sur rdv (3 €).*

Où dormir ? Où manger à Nogent-le-Roi et dans les environs ?

Chambres d'hôtes Clos Saint-Laurent : *chez M. et Mme Francis James, 6, rue de l'Église, 28210* ***Saint-Laurent-la-Gâtine.*** *☎ 02-37-38-24-02. 06-86-96-69-10. • james@clos-saint-laurent.com • clos-saint-laurent.com • À env 7 km au nord de Nogent. Congés : 25 déc-1er janv. Doubles 98-115 € ; triples. CB refusées. Parking sécurisé. Réduc de 10 % (sauf 15 juin-15 sept) sur présentation de ce guide.* Impossible de résister au charme de cette séduisante maison de maître du XIXe s, aux jolis volets bleus et envahie de vigne vierge. Les 4 chambres présentent la même déco aux tons doux, jusqu'aux poutres lasurées blanc. Mention spéciale au charmant jardin et à sa verrière. Accueil amical.

Le Capucin Gourmand : *1, rue de la Volaille, à Nogent-le-Roi. ☎ 02-37-51-96-00. • restaurant-le-capucin-gourmand@orange.fr • Dans la rue principale, sur la droite en venant de Maintenon, un peu en retrait. Tlj sauf mer-jeu, midi et soir. Congés : 15 j. en juil. Menu-carte 32 €.* Derrière la belle façade à colombages, Ludovic Blond prépare avec finesse et créativité une cuisine traditionnelle en y ajoutant quelques saveurs d'autres régions ou d'ailleurs encore.

Le Relais des Remparts : *2, rue du Marché-aux-Légumes, à Nogent-le-Roi. ☎ 02-37-51-40-47. • benedicte.sanches@orange.fr • Dans la rue principale, sur la droite avt la bifurcation pour Dreux. Tlj sauf dim soir-lun et mar soir. Formule et menu 16,50-19,50 € (sauf sam soir, dim midi et j. fériés), puis menus 31-40 €.* Une grande salle un peu endimanchée et une cuisine traditionnelle classique et sans surprise. Les becs sucrés garderont une place pour le dessert, la spécialité maison, il n'y a qu'à voir la vitrine dédiée !

DREUX

(28100) 31 165 hab. *Carte Eure-et-Loir, B-C1*

En arrivant à Dreux, ne vous fiez pas aux immeubles disgracieux et à la tristesse des environs. Il faut abandonner sa voiture pour déceler le charme du centre-ville. Dans les rues piétonnes, on est d'emblée heureusement surpris de découvrir des façades harmonieuses et de jolies places tranquilles. L'animation bon enfant du quartier piéton et des bords de la Blaise ainsi que l'intérêt de ses musées et monuments en font une escale bien agréable.

Adresse et info utiles

Office de tourisme de l'Agglo du pays de Dreux : *9, cour de l'Hôtel-Dieu. ☎ 02-37-46-01-73. • ot-dreux.fr • Dans le quartier piéton, entre le marché couvert et le beffroi, près de la rivière. Tlj sauf dim et mar 9h30-12h30, 14h-17h (18h en été).* Nombreuse documentation et produits régionaux.

Parkings : ils sont bien signalés en y arrivant, notamment Médiathèque-Marché couvert et Métézeau-Beffroi ; dans ce dernier, le stationnement est gratuit pendant 30 mn (contre 1h en surface).

Où dormir ? Où manger à Dreux et dans les environs ?

Hôtel Le Beffroi : *12, pl. Métézeau, à Dreux. ☎ 02-37-50-02-03. • info@hotel-le-beffroi.fr • hotelbeffroi.fr • Double 92 €. Parking sous la place* *piétonne.* Vue sur le beffroi et l'église Saint-Pierre côté place, et sur la Blaise à l'arrière pour les chambres familiales, le calme règne donc à tous les étages. Les chambres sobres sont égayées de notes de couleur entre les rideaux, les lampes ou les meubles. L'ensemble est soigné et l'accueil vraiment sympathique.

Auberge de la Vallée Verte : *6, rue Lucien-Dupuis, 28500* ***Vernouillet.*** *☎ 02-37-46-04-04. • aubergevallee@wanadoo.fr • aubergevalleeverte.fr • À 2,5 km au sud de Dreux ; à côté de l'église de Vernouillet. Resto fermé dim-lun ; hôtel fermé dim. Doubles 90-120 €. Menus 38-65 € (vins compris pour ce dernier). Parking gratuit.* À environ 2 km du centre-ville de Dreux, et pourtant on se sent à la campagne. Petit hôtel familial et accueillant. Les chambres sont chaleureuses et calmes. Certaines, installées de l'autre côté de la rue, disposent d'un coin kitchenette et d'un petit jardin. Côté resto, la brigade concocte des plats classiques raffinés à base de produits fermiers locaux (veau, agneau ou gibier, selon la saison). Que de la qualité, servie dans une haute salle à manger rustique, surplombée d'une mezzanine. Ambiance plutôt bourgeoise décontractée.

Domaine de la Reposée : *1, rue du Prieuré, 28500* ***Chérisy.*** *☎ 02-37-43-76-88. • domainedelareposee@wanadoo.fr • domaine-de-la-reposee.com • À 5 km de Dreux. Doubles 95-130 €.* Au bord de l'Eure, dans un parc reposant de 2 ha, une grosse maison à colombages qui abrite 7 chambres à la déco assez classique. Le cadre, vraiment charmant, mériterait de se refléter davantage dans les chambres, confortables malgré tout. Salle de remise en forme et piscine couverte (en supplément !).

Market Pub : *19, rue Mérigot, à* ***Dreux****. ☎ 02-37-46-18-44. • reservation.marketpub@orange.fr • Tlj sauf dim soir. Formule 23,80 € et menu 28,90 € ; plats 14-22 €, carte env 40 €.* Sur 3 niveaux, dans un décor moderne, épuré et lumineux qui associe les tons bordeaux au crème et au bois. Salades et plats variés, produits de saison, et locaux dans la mesure du possible. Le tout bien présenté et servi avec amabilité. C'est simple et ça reste une référence à Dreux.

Les Inséparables : *1, rue des Embuches, à* ***Dreux****. ☎ 02-37-55-91-47. Mar-sam midi plus jeu-sam soir. Carte env 30 € le midi, env 50 € le soir.* La table gourmande du moment en ville. Cuisine à dominante italienne mais qui s'autorise quelques échappées dans les terroirs du monde entier.

À voir

Le beffroi : *en plein centre, on ne peut le manquer ! Visites occasionnelles pour groupes, se renseigner auprès de l'office de tourisme.* Édifié de 1512 à 1537, c'est l'ancien hôtel de ville. Riche façade, mélange de gothique tardif et de Renaissance naissante. Ses combles abritent une grosse cloche.

L'église Saint-Pierre : *sur la grande place en face du beffroi. Tlj 10h-12h et 14h-17h.* Victime des vicissitudes de l'Histoire, elle a été reconstruite aux XVe-XVIe s, sur l'église primitive du XIIIe. Il subsiste quelques éléments de la 1re époque, côté nord notamment sur la façade du transept et entre les chapelles du chœur, sur les bas-reliefs et les chapiteaux. Une de ses tours est restée en plan. La visite de l'intérieur est la plus intéressante : outre un grand nombre de vitraux datant de sa reconstruction, elle possède un buffet d'orgue en bois magnifiquement ouvragé

L'ÊTRE ET LA RAISON

Au-dessus du portail principal de l'église Saint-Pierre figurait l'inscription : « Le peuple français reconnaît l'Être suprême et l'immortalité de l'âme. » À la Révolution, on la plâtra pour la remplacer par : « Temple de la Raison » ! Puis on compartimenta l'église, et une de ses parties devint une fabrique de salpêtre...

de 1614, d'ailleurs classé. Il a été réalisé par Toussaint-Fortier, mais de facture Cavaillé-Col, le spécialiste en la matière. Au-dessus de l'orgue, admirez le délicat maillage de nervures des voûtes, œuvre de Jean Métézeau dont le père, Clément, était déjà l'architecte d'Henri III. Dans la cuve de l'autel de Mme de Pompadour, qui fut transféré ici de Crécy, sont déposées les reliques de sainte Ève, patronne de la ville, derrière la vitre qui remplace le médaillon. Les vitraux sont d'une expressivité à couper le souffle et se lisent comme une B.D. Le 2e vitrail sur la droite en entrant représente la scène du martyre des saints Crépin et Crépinien, patrons des artisans du cuir, offert par les corroieriers. Le martyre consistait à plonger l'homme dans l'huile bouillante : s'il ne souffrait pas, c'était qu'il était un saint !

La chapelle royale Saint-Louis : *2, sq. d'Aumale, en surplomb de la ville. ☎ 02-37-46-07-06. Demandez à l'office de tourisme de vous indiquer sur le plan comment y accéder. Avr-sept, tlj 9h30-12h, 13h30-17h30 sauf mar (juil-août 9h30-18h) ; le reste de l'année, seulement sur résa pour les groupes. Visite : 9,90 € guidée ou 12,10 € audioguidée ; réduc.* Elle ne date que de 1816 et fut érigée, dans un style néoclassique, à l'initiative de la duchesse d'Orléans, sur l'emplacement de l'ancienne forteresse de la ville. Son fiston, Louis-Philippe, grand mécène des arts, l'agrandit pour en faire le mausolée de la famille et de ses descendants. Les vitraux ont été réalisés par la manufacture de Sèvres, qu'un incendie détruisit, emportant leur secret de fabrication. Vous êtes donc devant des pièces uniques ! Profitez-en pour en admirer le célèbre bleu de Sèvres, ce bleu profond si caractéristique. Les meilleurs sculpteurs furent choisis pour décorer les gisants des tombeaux. Dans le parc également, la maison natale de François André Danican (1726-1795), Philidor pour les intimes, auteur d'opéras comiques et théoricien du jeu d'échecs de son état.

Le musée d'Art et d'Histoire : *5, pl. du Musée, à 5 mn de l'office de tourisme (bien fléché). ☎ 02-37-38-55-75. • musee@ville-dreux.fr • dreux.com • ♿ (appeler avt). Mer-dim 14h-18h. Congés : vac de Noël. Entrée : 4 € ; réduc ; gratuit pour ts le dim.* Musée aménagé dans une chapelle néoromane. Vestiges d'une collégiale disparue : chapiteaux et vitraux du XIIe s. Mais l'œuvre phare de la collection n'est autre que l'étude de glycine de Claude Monet, un élément du célèbre cycle des *Nymphéas*. Le XIXe s est la période de prédilection de ce musée, avec des pièces maîtresses d'Henri Le Sidaner et des œuvres de James Pradier, Horace Vernet ou Henri Gervex. Une autre partie est consacrée à la famille d'Orléans.

L'écomusée des Vignerons et Artisans drouais : *00, rue Saint-Thibault, pres-que en face de l'hôtel de police. ☎ 02-37-42-62-81. • museedudrouais.com • Tte l'année ; mar-ven 10h-12h, 14h-18h ; sam 14h-18h ; dim 15h-18h. Entrée : 5 € ; réduc.* Dans de belles caves voûtées de style gothique, creusées dans la falaise. De nombreux objets, maquettes, reconstitution de l'habitat vigneron témoignent de l'importante activité viticole du Drouais. Depuis 1989, on élève dans le chai du musée un petit vin blanc local, le Clos des Bâtes.

Fêtes et manifestations

- **Les Naturalies :** *avr.* Marché aux plantes dans le parc de la chapelle royale, réunissant amateurs et professionnels du monde horticole.
- **L'Été sous les charmes :** *le soir ven-sam, de mi-juil à août.* Dans la grande-rue Maurice-Viollette, concerts animés par des pros en plein air.
- **Fête des Flambarts :** *1 w-e de début déc.* Supprimée au XIXe s, cette curieuse odyssée d'origine celte a repris de la vigueur. Parades déguisées, spectacle pyrotechnique et animations fantastiques animent les rues de la ville.

DANS LES ENVIRONS DE DREUX

– ***Le centre nautique du Pays drouais :*** *18, rue des Étangs, 28500* ***Mézières-en-Drouais.*** *☎ 02-37-43-82-71. • centrenautiquedrouais.fr • Tlj de mi-fév à mi-déc.* Beau plan d'eau de 110 ha où on loue canoës, paddles, planches à voile, dériveurs ou catamarans à l'heure.

ANET

(28260) 2 650 hab. *Carte Eure-et-Loir, C1*

À 15 km au nord de Dreux par la belle route boisée qui traverse la forêt de Dreux, ou à 20 km par la pittoresque D 928 qui longe la rive droite de l'Eure et la même forêt. Anet est indissociable de son château et de sa propriétaire, Diane de Poitiers.

Où dormir ? Où manger dans les environs ?

De chic à beaucoup (beaucoup) plus chic

■ ***Hôtel Gingko :*** *505, rue des Moulins, 28260* ***La Chaussée-d'Ivry.*** *☎ 02-37-64-01-11. • contact@hotel-gingko.com • hotel-golf-parc.com • ♿ À 6 km au nord d'Anet, c'est l'hôtel attenant au Golf Parc. Doubles 89-176 €, petit déj inclus. Resto tlj le midi.* En bordure du golf, cette ancienne maison de maître du XIXe s abrite des chambres joliment conçues, certaines avec jacuzzi. Déco à la fois épurée, avec une touche d'ancien, dans une harmonie de tons vert-de-gris et blanc. Cossu et charmant. Dans les annexes, les chambres moins chères s'avèrent tout aussi soignées et chaleureuses. Beau jardin avec bassin. Les amateurs de golf iront taper la balle sur le parcours voisin, l'un des plus beaux d'Europe, affirme-t-on dans le coin ! Également une brasserie sympa sur place.

■ |●| ☕ ***Domaine de Primard :*** *RD 16, 28260* ***Guainville.*** *☎ 02-36-58-10-08. • reservations@domainedeprimard.com • lesdomainesdefontenille.com • ♿ À env 10 km au nord d'Anet. Doubles à partir de 324 €. Au bistrot, ouv tlj, carte 55-60 € ; au resto gastronomique, menus 68 € le midi en sem, puis 138-188 €. Congés : janv-mars.* Au cœur d'un vaste domaine préservé de 30 ha, un lieu rare où l'on rêve de se ressourcer en toute saison. Le château date du XVIIIe s et a été admirablement restauré. Les chambres, selon leur catégorie et l'ambiance recherchée, se répartissent entre la maison du lac, la maison de l'Eure (le château !) ou la maison du verger. Un lieu sublime, décontracté, raffiné et douillet au charme intemporel. Éric Frechon, chef triplement étoilé, gère les 3 restaurants du domaine avec des produits venant des fermes environnantes ou du potager bio. Ce luxe feutré a un prix bien sûr, mais tout contribue à faire de ce séjour une parenthèse enchantée : le parc, les jardins, les transats au bord de la rivière, la piscine, le spa et l'espace bien-être, le salon avec sa cheminée, la magnifique cuisine où l'on peut prendre le goûter... jusqu'aux ateliers régulièrement proposés.

À voir

👣👣👣 ***Le château :*** *☎ 02-37-41-90-07. • nadegewanner@sfr.fr • chateaudanet.com • Avr-oct, tlj sauf mar 14h-18h ; fév-mars et nov, w-e et j. fériés 14h-17h. Fermé déc-janv. Entrée : 10 € ; réduc. Visite guidée uniquement – se renseigner pour les horaires – d'env 1h (le château est privé et habité).*

Veuve de Louis de Brézé en 1531, Diane de Poitiers possédait à Anet ce domaine où il ne restait que ruines des forteresses disparues. Henri II, son amant depuis 1538, et époux de Catherine de Médicis, l'aide à faire construire ce château dès 1547. Les plus grands artistes comme Philibert Delorme, Benvenuto Cellini, Jean Cousin mirent la main à la pâte. En 1559, après la mort accidentelle du roi, sa rivale l'évinça de Chenonceau. Diane se retira alors à Anet jusqu'à la fin de ses jours, en 1566.

ÉLIXIR DE JOUVENCE

Diane de Poitiers, la favorite d'Henri II, recherchait la beauté et la jeunesse éternelles. Les alchimistes lui concoctèrent une potion d'or potable qui lui procura ce teint si pâle. Le breuvage l'empoisonna, mais à petit feu puisqu'elle s'éteignit à 66 ans.

En 1795, le tombeau de plomb, dans lequel elle reposait entre ses 2 petites-filles, fut éventré et profané, le plomb transformé en balles patriotes, le sarcophage en marbre en auge à cochon. Mais le corps et la robe d'apparat étaient intacts. Les femmes du village, scandalisées de voir les corps abandonnés là, leur firent une tombe au cimetière municipal. En mai 2010, on célébra le retour triomphal des cendres de Diane de Poitiers au tombeau de la chapelle funéraire que sa fille avait, sur son souhait, fait construire à côté de son château.

Les propriétaires successifs du château y apportèrent des modifications : l'escalier d'honneur et le pavillon du Gouvernement. Un canal fut creusé sur des plans de Le Nôtre. À la Révolution, le château, vendu comme Bien national, fut en partie démantelé, dont le corps de logis central et l'aile droite. Depuis 5 générations, il appartient à la même famille qui veille à son entretien et à sa conservation. Dans toutes les pièces où vécut la célèbre dame, son emblème, le croissant de lune, orienté dans tous les sens, est présent, tout comme le « D » qui se mêle de temps à autre avec le « H » d'Henri. Une visite émouvante.

Le Centre d'interprétation de la Renaissance : *pl. du Château. ☎ 02-37-41-49-09. • cir-anet.fr • Juil-août, tlj 10h-18h30 ; le reste de l'année, sauf janv, tlj sauf mar 10h-13h, 14h-18h (17h30 fév-mar et oct-déc). Dernière entrée 1h avt. Entrée : 6,50 € ; réduc et forfait famille.* Ouvert en mai 2020, cet espace scénographié nous plonge en pleine Renaissance d'une bien belle manière, tout à la fois onirique, poétique, et d'une grande rigueur scientifique et historique. Cette « Renaissance » inventée par les historiens au XIXe s pour désigner cette ***période censée redécouvrir l'humanisme et l'art antique*** après les ténèbres médiévales... Une période qui n'en constitue pas moins une véritable charnière dans l'histoire européenne sur un plan artistique, scientifique, philosophique, technique et intellectuel. Projections, maquettes, bornes interactives rendent la visite particulièrement ludique et permettent, en famille, de découvrir la vie de la Cour sous le règne de Henri II et de sa belle favorite Diane de Poitiers. On en apprend aussi sur ***l'architecture inspirée d'Italie*** mais devenue française par la volonté politique d'un pouvoir royal qui s'affirme à cette époque... Une excellente introduction à la visite du château, situé juste en face.

LE PERCHE EURÉLIEN

À l'instar du Perche normand, le Perche eurélien offre une admirable variété de paysages. Tantôt, ce ne sont que vallonnements bocagers verdoyants, d'où pointent ici et là un clocher entouré d'une poignée de maisons typiques, ou les toits pentus d'un vieux manoir. Tantôt d'immenses forêts où se cachent étangs, faune, flore d'une richesse extraordinaire. De La Ferté-Vidame au nord à La Bazoche-Gouët au sud, en passant par Senonches, Nogent-le-Rotrou,

Thiron-Gardais, Brou, ce n'est qu'enchantement pour ceux qui aiment la nature. D'ailleurs, au XVIIe s, les grands de la Cour aimaient y venir en villégiature dans leurs somptueuses demeures. Aujourd'hui, il est toujours aussi plaisant de slalomer dans les champs, en voiture ou à vélo, au pied des immenses éoliennes dont les pales brassant les vents font frémir les champs de blé ; on y trouve un côté bucolique, voire romantique.

LA NOURRICE PERCHERONNE, UN LABEL !

Dès le XVIIe s, restées seules au pays, les femmes des émigrants percherons durent, pour gagner leur vie, se louer comme nourrices. Elles finirent même par obtenir une certaine notoriété ! Était-ce pour leurs qualités allaitantes ou éducatives ? Toujours est-il que la nourrice percheronne devint très recherchée par les riches familles parisiennes.

Adresse utile

■ ***Maison du parc naturel régional du Perche :*** *manoir de Courboyer, 61340* ***Noc*é*.*** *☎ 02-33-25-70-10. • parc-naturel-perche.fr • Tlj 10h30-12h30, 13h30-18h (18h30 et en continu juil-août ; 17h30 et fermé dim-lun nov-fév). Fermé 1 sem à Noël. Visite libre du manoir : 2 € ; visite guidée 4 €.* Dans l'Orne, mais Nocé n'est qu'à une quinzaine de kilomètres de Nogent-le-Rotrou et le manoir lui-même vaut la visite. Plein d'infos sur les randos pédestres, équestres, les hébergements nature, découvertes...

SENONCHES (28250) 3 079 hab. *Carte Eure-et-Loir, B2*

Senonches veille à son riche patrimoine naturel : cours d'eau, forêt domaniale et étangs sont des atouts pour les visiteurs. Tout comme son patrimoine architectural et culturel : le donjon de son château, la tour de l'église en pierre de grison, silex et brique et la salle de son cinéma datant de 1958 ont été classés Monuments historiques.

Adresse utile

ℹ ***Office de tourisme des forêts du Perche senonchois :*** *dans le château. ☎ 02-37-37-80-11. • perche-tourisme.fr • Ouv tte l'année sauf vac de Noël ; Pâques-Toussaint, mar-dim 10h-12h30 et 14h30-18h ; le reste de l'année, mer-sam 10h-12h30, 14h30-17h30 et dim ap-m.* De bon conseil. En saison, possibilité de visite accompagnée de la ville sur résa *(compter 5 € ; 1h30).* Location de VTT et de vélos à assistance électrique.

Où dormir ? Où manger ?

Camping Huttopia Senonches : *étang de Badouleau. ☎ 02-37-37-81-40. • senonches@huttopia.com • huttopia.com • Bien fléché depuis le bourg. Ouv de mi-avr à nov. Emplacement pour 2 pers à partir de 27 €/nuit ; tentes canadiennes 70-130 € ; cabanes 125-230 €.* Le chalet d'accueil, tout en bois, construit sur pilotis, se prolonge à l'arrière par le bar-restaurant entièrement vitré avec sa terrasse, au-dessus de l'étang. En face, sur l'autre rive, les canadiennes, cahutes, trappeurs et cabanes avec tout le confort nécessaire. Piscine extérieure couverte, terrain de volley, ping-pong, location de vélos, jeux pour enfants... à chacun son activité. Et, cerise sur le gâteau, un spa forestier au bord de l'étang de Badouleau.

Hôtel de la Forêt : *22, rue de Verdun/pl. du Champ-de-Foire. ☎ 02-37-37-78-50. • contact@hoteldelaforet-senonches.com • hoteldelaforet-senonches.com • Doubles 68-121 € ; familiales. Resto fermé dim-lun. Déj en sem 16-19,50 € ; formule 30 € et menus 35-58 €.* La vieille maison percheronne est devenue un hôtel plein de charme et une table à la hauteur. Les chambres, confortables et rénovées, sont toutes différentes et baignent dans des tons clairs raffinés. Toutes donnent sur l'esplanade verdoyante du Champ-de-Foire, très calme. Côté cuisine, une équipe très pro prépare des plats de tradition pleins d'originalité. Les produits privilégient le terroir, et la fraîcheur est de mise.

La Pomme de Pin : *15, rue Michel-Cauty. ☎ 02-37-37-76-62. • restaurantlapommedepin@wanadoo.fr • restaurant-pommedepin.com • Resto fermé dim soir-mar midi. Congés : 1 sem en fév, 1 sem en juil-août et 2 sem en nov. Doubles 69-95 € ; familiales ; petit déj-buffet 11 €. Menus midi 18 €, puis 29-49 €.* Ancien relais de poste avec façade à colombages côté rue, cour servant de terrasse aux beaux jours à l'arrière ; dommage que le beau parc, au pied de l'église, soit séparé par la ruelle et que les chambres, classiques et confortables, n'en profitent pas vraiment. On se consolera avec la belle flambée qui crépite en hiver, idéale pour se réchauffer le temps d'un verre. La cuisine varie au fil des saisons et met à l'honneur aussi bien les produits de la mer que les spécialités percheronnes.

Où dormir ? Où manger dans les environs ?

Chambres d'hôtes La Grand' Maison : *28240 **Meaucé.** ☎ 02-37-81-05-32. • au-cochon-grille@orange.fr • aucochongrille.com • À env 9 km au sud de Senonches. Doubles 85-105 € ; familiales ; cabanes perchées 135 € pour 2 (150 € pour 3).* Dans l'une des plus belles fermes fortifiées des environs, 6 superbes chambres d'hôtes, portant le nom des chers ancêtres, car il s'agit bien d'une maison de famille, ayant su préserver son âme et son atmosphère particulière. Cabane perchée pour les amateurs. À l'épicerie, terrines, rillettes, conserves maison et autres produits du terroir élaborés sur place ou soigneusement sélectionnés. Accueil charmant, à l'image du lieu.

Auberge du Moulin à Vent : *23, chemin du Moulin-à-Vent, 28240 **Manou.** ☎ 02-37-81-85-48. • contact@aubergedumoulinavent.com • aubergedumoulinavent.com • ♿ À 6 km au sud-ouest de Senonches. Resto fermé dim soir. Doubles 79-95 € ; familiales. Menus déj sem 15,50 €, puis 26,50-35,50 €.* En pleine campagne, un hôtel-restaurant 3 étoiles de bon confort. Jolies chambres à la déco sobre et de bon goût. Côté resto, une carte évolutive qui tente de mettre en valeur le terroir percheron. Accueil et cadre agréables ; terrasse aux beaux jours et feu de cheminée en hiver.

À voir. À faire

Le Centre d'interprétation de la forêt et de l'homme – Forêt d'Histoires : *au château-musée, 1, rue du Château. ☎ 02-37-37-80-11. • chateau-senonches.com • Ouv aux mêmes horaires que l'office de tourisme. Entrée : 6 € ; réduc.* Une visite interactive et ludique qui permet de découvrir l'écosystème forestier et la forêt de Senonches en particulier, les métiers en lien avec la forêt, la sylviculture et la gestion durable.

➢ Le « ***sentier de l'Orée du bois*** », aménagé par l'ONF en forêt de Senonches, est un petit circuit de 600 m accessible à tous, y compris aux personnes en situation de handicap. Jalonné de panneaux ludiques et pédagogiques, c'est un bon complément à la visite du musée.

LA FERTÉ-VIDAME (28340) 750 hab. *Carte Eure-et-Loir, B2*

Le charme de ce village, qui s'organise autour de sa rue principale, ne vous échappera pas. Les maisons aux briques rouges et aux volets colorés s'alignent jusqu'aux portes de l'ancien château et nous invitent à errer dans son parc romantique.
À quelques pas des rues pavées, un parc clos de plus de 800 ha abrite le très secret centre d'essai de PSA Peugeot Citroën. C'est ici qu'ont roulé les 1ers prototypes de la 2CV. Ah, nostalgie, quand tu nous tiens ! Une escale rétro à souhait.

Adresse utile

Office de tourisme : *pavillon Saint-Dominique, sur la gauche à l'entrée du château.* ☎ *02-37-37-68-59.* • *perche-tourisme.fr* • *Avr-oct, tlj sauf lun 10h-12h30, 14h-18h ; nov-mars, tlj sauf dim-lun jusqu'à 17h.* Des parcours de rando, des dépliants sur les différentes activités de découverte, en particulier un parcours pédagogique de la forêt humide des mousseuses, etc. Location de VTT et de vélos à assistance électrique. Et visites commentées de la chapelle et du parc du château *(avr-sept ; 5 € chacune).*

Où dormir dans les environs ?

Chambres d'hôtes Le Domaine des Evis : *Les Evis, 28340* ***La Chapelle-Fortin.*** ☎ *02-37-37-57-78.* *06-60-72-37-29.* • *contact@domaine-des-evis.com* • *domainedesevis.com* • *Depuis La Ferté-Vidame, prendre la D 941 direction Verneuil-sur-Avre et après 5 km tourner à gauche vers La Chapelle-Fortin, c'est fléché. Doubles 130-170 € ; maison 360-480 € le w-e. Table d'hôtes 35 €. Digestif offert sur présentation de ce guide.* L'ancienne ferme fortifiée, entourée de douves et de verdure, a fière allure avec ses tourelles et son pont de pierre. En pousser la porte, c'est ouvrir un magazine de décoration. Faïences au sol, cheminées et charpente apparente confèrent à la maison percheronne un charme fou que l'on retrouve dans les chambres. Blanche, jaune, bleue ou verte, à chacune son style, toujours raffiné, où la toile de Jouy se mêle aux cadres dorés, tapis anciens et mobilier d'époque. Une dernière chambre, toute de bois vêtue, entretient un esprit cabane. Également une maisonnette, plus moderne, pour les familles. Dans le magnifique parc, les moutons, les poules et l'âne feront la joie des plus petits. Vraiment dépaysant.

À voir

Le château : *tlj 9h-19h (17h30 nov-mars).* C'est ici que le célèbre mémorialiste de Louis XIV, Saint-Simon, rédigea ses volumineux *Mémoires*. Du château construit par Jean-Joseph de Laborde au début du XVIIIe s, il ne reste que sa majestueuse façade trônant sur un petit promontoire au milieu du vaste parc agrémenté de bassins. Mais, pour une fois, on ne peut accuser les révolutionnaires d'être passés par là. Ce sont les spéculateurs qui, moins d'un siècle après son édification, se chargèrent de le démanteler pour en récupérer les matériaux. À la Restauration, le domaine revint aux Orléans et Louis-Philippe comptait remettre le château en état, mais la révolution de 1848 interrompit le projet. Balade inspirante dans le parc.

La maison Saint-Simon : *à l'office de tourisme (mêmes horaires). ☎ 02-37-37-68-59. ● maison-saint-simon.fr ● Entrée : 6 € ; réduc et forfait famille.* Un nouvel espace muséographique consacré à Saint-Simon et à ses célèbres *Mémoires* qui invite à la (re)lecture de cette œuvre colossale, bien moins soporifique qu'on se l'imagine souvent : 7 203 pages, 7 854 personnages de la cour sous Louis XIV croqués avec un humour féroce. La scénographie, très ludique, sobre et élégante avec jeux, scénettes animées qui réussit le pari improbable de rendre Saint-Simon parfaitement accessible... voire séduisant ! À vous de mener l'enquête, et que tombent les masques !

L'EURE-ET-LOIR

NOGENT-LE-ROTROU

(28400) 9 941 hab. *Carte Eure-et-Loir, A2*

Située à la frontière de la Normandie et du royaume de France, la ville était l'un des bastions défensifs érigés contre les invasions normandes. La ville actuelle est dominée par un éperon rocheux sur lequel se dresse un imposant donjon roman. Traversée par l'Huisne, la cité capitale du Perche occupa, avec son château, une place stratégique dans la région.
Le samedi, jour de marché, mieux vaut stationner à l'écart de l'animation. Attention, à la mi-juin, tous les établissements de la ville affichent complet à cause des 24 Heures du Mans (pourtant à 70 km de là), il est préférable d'éviter cette période.

Adresse et info utiles

Office de tourisme : *9, rue Villette-Gâté. ☎ 02-37-07 00 10. ● otnogentlerotrou@gmail.com ● perchetourisme.fr ● Ouv tte l'année, tlj sauf dim hors saison et j. fériés.*

– ***Marchés :*** *sam mat, sur la place principale (pl. Saint-Pol ; stationnement et circulation difficiles) ; marché manufacturé : sam tte la journée, pl. du 11-Août ; marché fermier ven ap-m à* ***Arcisses-Margon,*** *la commune voisine.*

Où dormir ? Où manger ?

De prix moyens à chic

Hôtel Sully : *Clos Couronnet, 51, rue des Viennes. ☎ 02-37-52-15-14. ● hotel.sully@wanadoo.fr ● hotelsullynogent.fr ● ♿ À 200 m du centre (bien fléché). Congés : 26 déc-8 janv. Doubles 80-99 € ; familiales. Parking privé payant. Réduc de 10 % sur le prix de la chambre sur présentation de ce guide.* La façade beige moderne n'est pas très engageante, mais la quarantaine de chambres offre un bon confort, dans un cadre classique. Mention spéciale à la bonne literie et aux efforts réalisés pour moderniser l'ensemble. Très calme et accueil souriant.

Comptoir Sully : *42, rue de Sully. ☎ 02-37-49-46-69. Tlj sauf dim-lun, midi et soir. Le midi, formule 18 et soir, tapas 6-14 €.* Une cuisine de terroir, pas nécessairement percheronne, mais bien canaille et franchouillarde, à l'image de l'accueil tout aussi convivial. Carte courte et changeante pour respecter produits et saisons, servie le soir sous forme de tapas à multiplier et partager (sauf demande pour les récalcitrants et les gros appétits). L'adresse la plus sympa en ville, assurément.

Où dormir ? Où manger dans les environs ?

Campings

Voir aussi plus loin « Illiers-Combray. Où dormir ? Où manger... ».

Camping Le Bois-Jahan : *28400* ***Arcisses-Brunelles.*** *☎ 02-37-52-14-73. • leboisjahan@gmail.com • leboisjahan.com • ♿ À 10 km à l'est vers Thiron-Gardais (bien fléché). Ouv tte l'année pour le locatif, sinon camping fermé nov-fév. Forfait 18 € pour 2 pers. Loc 4-6 pers. Réduc de 10 % sur les emplacements sur présentation de ce guide.* En pleine campagne, le camping, à taille humaine, est disposé en terrasses à flanc de colline, d'où l'on bénéficie d'une vue panoramique fabuleuse. Location de caravanes, mobile homes, chalets et *Coco Sweet* (mi-tente, mi-mobile home) sur des emplacements bien délimités et ombragés. Un bar convivial se trouve juste à côté de la piscine sécurisée et chauffée. Accueil familial.

Camping municipal La Rivière : *28330* ***La Bazoche-Gouët.*** *☎ 02-37-49-20-25 (mairie). • campinglariviere28330@orange.fr • ♿ À 17 km au sud de Nogent-le-Rotrou ; et à 2 km du centre-ville (c'est fléché). Ouv avr-oct. Forfait 8 € pour 2 pers ; loc de mobile homes 4-6 pers ; caravanes 10,40-14,70 €/nuitée. CB refusées.* À côté d'un plan d'eau privé et de la rivière. Très calme, champêtre et de taille familiale. Bien tenu. Jeux pour enfants, commerces à 1,5 km.

De bon marché à prix moyens

Chambres d'hôtes La Carrillière : *chez Michelle Brauge, 8, rue Saint-Chéron, 28400* ***La Gaudaine.*** *☎ 02-37-52-16-69. • chambresdhotes@la-carrilliere.fr • À 9 km à l'est de Nogent-le-Rotrou. Congés : 3 sem en oct. Doubles 68-80 €. CB refusées. Réduc de 10 % sur le prix de la chambre hors taxes à partir de 2 nuits sur présentation de ce guide.* Au cœur de l'adorable village de La Gaudaine, proche de son église. Après le coup de foudre qu'elle a eu pour cet endroit, Michelle a décidé d'oublier les maths qu'elle enseignait pour se consacrer à l'accueil de ses hôtes et à la peinture. Sa maison, une charmante longère, a été restaurée avec goût et souci de l'écologie. 3 chambres confortables, dont 2 de plain-pied et une autre à l'étage, toutes avec entrée séparée. Chacun peut s'isoler avec un livre ou un chevalet dans le grand jardin qui domine le verger et la campagne environnante. Petit déj généreux (hmm, le bon pain d'épice maison !) composé de bons produits, servi dans la vaste salle à manger ornée de tableaux peints par l'hôtesse. On s'y sent bien !

Auberge Les Vallées du Perche : *lieu-dit L'Ambition, 28480* ***Vichères.*** *☎ 02-37-29-47-58. • lesvalleesduperche@orange.fr • auberge-vallees-du-perche.fr • ♿ Sur la D 955, au sud-est de Nogent, sur la droite en direction de Brou. Resto fermé le midi lun-mer et le soir dim et j. fériés et hôtel fermé dim. Doubles 58-75 € ; familiales. Formule déj 13 € et menus 17 €-(sauf dim et j. fériés)-33 €. Café offert sur présentation de ce guide.* Les chambres se trouvent à l'arrière, en retrait de la route, dans un petit bâtiment moderne. La déco est simple, les tons gais, le mobilier en pin, métal ou osier, et le confort au rendez-vous. La cuisine est d'un niveau honorable, fine et imaginative, privilégiant les produits du terroir. La spécialité, le magret de canard au chèvre et miel, vaut le détour.

Le Perch'Oir : *4 bis, route de Thiron-Gardais, 28480* ***Argenvilliers.*** *☎ 09-52-02-50-68. • restaurantleperchoir@gmail.com • À 13,5 km au sud-est de Nogent. Ouv le midi mer-dim,* *plus ven-sam soirs. Déj en sem 17,50-19,50 € ; carte env 25-40 €.* Le genre d'adresse que l'on ne s'attend pas à trouver au cœur d'un village d'apparence si tranquille. Mais c'est ici que cette jeune chef volontaire et passionnée a décidé de créer son resto qu'elle a placé sous le signe de la liberté. La liberté pour elle de cuisiner comme elle l'entend, en revisitant le terroir à sa manière mais surtout en le valorisant car ici tout est local (ou presque). Un endroit bien sympathique et convivial.

Chic

Les Cabanes du Bois Landry : *domaine du Bois-Landry, La Graiserie, 28240* ***Champrond-en-Gâtine.*** *☎ 02-37-49-80-01. • contact@boislandry.com • cabanes-dans-arbres.com • À 26 km au nord-est. Ouv avr-1er w-e d'oct. Compter 159 € pour 2 pers ; forfait 2 nuits 260 €. Repas à partir de 31 €.* Au cœur d'une forêt de 1 200 ha, ce lieu atypique est issu d'un programme de sensibilisation à l'environnement, dont une petite partie est destinée aux amateurs de nature brute. Une quinzaine de cabanes perchées dans les arbres (et une flottante... il est logiquement indispensable de savoir nager), de 4 à 14 m de hauteur, accessibles par des escaliers sécurisés (pour les familles avec enfants en bas âge), échelles (à partir de 12 ans) ou tyroliennes. À l'intérieur : linge fourni, éclairage à la bougie seulement, toilettes sèches (bloc sanitaire complet à l'accueil). Pas d'électricité, donc pensez à recharger votre portable à l'avance ou bien oubliez-le. À votre arrivée, une paire de jumelles vous est fournie pour observer la faune et la flore qui vous entoureront là-haut.

Auberge de l'Abbaye : *15, rue du Commerce, 28480* ***Thiron-Gardais.*** *☎ 02-37-37-04-04. • contact@aubergedelabbaye.fr • aubergedelabbaye.fr • Doubles 78-98 €. Resto fermé dim soir. Déj 16,50-19,50 € ; menu 34 €.* Cette vénérable auberge, rénovée au goût du jour, est une très belle étape au cœur du Perche avec 7 jolies chambres pimpantes et confortables. L'adresse est surtout réputée auprès des gourmands pour sa table, l'une des meilleures du coin ! Le chef propose une cuisine ludique et créative, à base de produits de qualité et de saison. Le résultat est franchement réjouissant... Joli jardin donnant sur l'abbatiale et le Collège royal...

Le Manoir des Étilleux : *lieu-dit Le Boulay, 28330* ***Les Étilleux.*** *06-03-57-33-56. • caizergues.claire@yahoo.fr • manoirdesetilleux.fr • Ouv tte l'année. Doubles à partir de 170 €. Table d'hôtes 35 € et brunch 25 €.* Ce beau manoir du XVe s trône au sommet du Boulay, entouré d'arbres centenaires. Pour profiter de cet endroit serein, on peut loger dans l'une des 4 belles chambres (dont une suite idéale pour les familles). Installé dans le salon ou la salle à manger, à vous la vie de châtelain ! Spa en supplément, couloir de nage et tennis. Très beau gîte également, parfaitement équipé pour un séjour au vert.

Achats

Le Chardon : *1, pl. Saint-Pol. ☎ 02-37-37-42-95. • lechardon-asso.fr • Mar-ven 9h-13h, 14h30-19h ; sam 9h-13h.* Un beau magasin de producteurs bio pour faire le plein de terroir ! Avec des produits en provenance des fermes du Perche : fruits, légumes, produits laitiers, viandes...

À voir

Le château des Comtes du Perche et le musée de l'Histoire du Perche : *☎ 02-37-52-18-02. • ville-nogent-le-rotrou.fr • 2 mai-30 oct, tlj sauf mar 10h-12h, 14h-18h (17h reste de l'année). Fermé 1er janv, 1er mai, 1er nov et 25 déc. Entrée : 4,50 € ; réduc ; gratuit 1er dim du mois. Loc tablettes avec réalité augmentée (à l'époque médiévale !) 2 € mais aussi de casques et de masques pour*

une visite en 3D. Animations régulières, ateliers du patrimoine et expos temporaires. Pour y accéder ou en redescendre, les marcheurs auront le choix entre les 155 marches Saint-Jean ou le chemin piéton parallèle.
Imposant édifice médiéval posé au sommet d'un éperon rocheux, il domine de 60 m le vieux quartier du Pâty lové à ses pieds. Son donjon rectangulaire (XIe s) de 30 m de haut est flanqué de 7 tours circulaires érigées fin XIIe ou début XIIIe s pour renforcer le site. Les tours d'entrée et le corps de logis sont transformés à la fin du XVe s. Le pavillon adossé au rempart nord fut réaménagé à la même époque par Sully, qui en était devenu propriétaire en 1624.
Le château accueille le ***musée de l'Histoire du Perche,*** entièrement repensé et labellisé « musée de France ». Comme son nom l'indique, il retrace l'histoire du Perche et des comtes du Perche, en replaçant, chronologiquement, l'histoire locale dans l'histoire nationale. Passionnant ! Sans sacrifier la muséographie traditionnelle, multimédia et interactivité valorisent et dynamisent les collections (ne pas hésiter à zoomer et dézoomer les écrans). Au fil des vitrines sont abordé le Perche dans la tourmente de la Guerre de Cent Ans, la Renaissance et l'humanisme, les coutumes du Perche de 1558 (recensant l'ensemble de textes juridiques de la province), les guerres de Religion, et évidemment la Révolution française... En tout, c'est 1 000 ans d'histoire qui sont ici contés.
On termine la visite par une section beaux-arts, avec les artistes qui ont marqué l'histoire de la ville ou du Perche, comme Rosa Bonheur et sa belle affiche faisant la promotion du cheval percheron.

Le quartier du Pâty : *pour vous orienter, demandez à l'office de tourisme le plan de la ville. Différents circuits y sont dessinés et les enfants suivent le même parcours avec un cahier ludique.* Au XIIe s, ce quartier s'appelait Bourg-le-Comte, en référence à Rotrou II, comte du Perche. Pâty tient son nom des pâturages qui s'étendaient alentour. Charmante balade au fil des rues bordées d'opulentes demeures médiévales en pierre telles que la maison du Bailli, rue Saint-Laurent. Mais aussi l'hôtel du bailli Denis Hubert et le manoir Michelet et sa tour à échauguette, la maison de la Papotière et son blason du Perche sur la lucarne. La rue des Poupardières rend hommage aux nourrices percheronnes parties vendre leurs qualités à Paris. Et puis les vestiges de l'abbaye Saint-Denis qui, jadis, régentait la ville.

Le tombeau de Sully : *rue de Sully. Tlj 9h-16h30. GRATUIT.* Dans la rotonde de l'hôtel-Dieu, bien qu'il eût préféré être enterré dans la chapelle (aujourd'hui église). Mais comme il était protestant...

QUERELLE DE CLOCHERS

Une particularité de l'église de l'hôtel-Dieu est de ne pas avoir de clocher. En effet, les moines de la riche abbaye Saint-Denis, située bien en contrebas, ne souffraient pas de voir pointer un autre clocher que le leur !

DANS LES ENVIRONS DE NOGENT-LE-ROTROU

Les jardins thématiques de l'abbaye : *28480* ***Thiron-Gardais.*** *☎ 02-37-49-49-49. • ledomainedelabbaye.net • À 14 km à l'est de Nogent. Jardins, tlj tte l'année, 10h-18h. GRATUIT. Grange (avec escape game, office de tourisme Terres de Perche, salon de thé, boutique) : de juin à mi-oct, tlj 10h-17h (ou 18h). Promenades contées en saison.* Blottie au creux du vallon de la Thironne, l'abbaye bénédictine de la Sainte-Trinité, du XIIe s, conserve de son histoire une belle grange aux dîmes et l'église. On y vient surtout pour les superbes jardins thématiques aménagés dans le parc attenant, qui attirent les amateurs de plantes : jardins des simples, des rhododendrons, des couleurs, des aromates, etc. Au fond des jardins, l'ancien *Collège royal et militaire* (entrée indépendante, voir ci-après).

Le Collège royal et militaire : *28480* ***Thiron-Gardais.*** *☎ 02-37-49-79-54. • collegeroyal-thirongardais.com • Juin-sept (jusqu'aux Journées du patrimoine), ouv mer-dim 14h-18h (juil-août, mar 14h-19h, mer-dim 10h-13h, 14h-19h, en continu dim) ; mai, ouv ven-dim et j. fériés 14h-18h. Animations nocturnes à la bougie et visites thématiques en été (résa conseillée). Tarif : 8 €/pers ; réduc ; gratuit moins de 7 ans. Audioguide gratuit (enregistré par Stéphane Bern, himself !).* ***Stéphane Bern***, journaliste féru d'histoire, c'est bien connu, s'est investi à fond dans la restauration de ce bel ensemble architectural, à présent sauvé de la ruine. Il adore les monuments historiques et il le prouve (sur ses propres deniers !). La visite des anciennes salles de classe, transformées en musée, éclaire sur la vie de cet établissement royal et militaire, l'un des 12 fondés par Louis XVI en 1776. Objets et documents évoquent l'histoire de l'abbaye et la vie au sein du collège : uniformes, documents sur les portions de petit déj, les rythmes scolaires (ça vous parle ?)... ***Le musée,*** intime et évolutif, conserve également quelques trésors historiques. Passionnant. Visite également des ***jardins du collège*** (1 ha !), une merveille de tranquillité et de poésie, restaurés par le paysagiste Louis Benech à qui l'on doit, entre autres, le réaménagement des Tuileries à Paris. L'orangerie accueille un salon de thé pour profiter encore de cet écrin de verdure.

Manifestation

– ***Festival du Thé vert :*** *début juil, au théâtre de verdure.* Avec concerts et dégustations de bières.

LA HAUTE VALLÉE DU LOIR

ILLIERS-COMBRAY (28120) 3 250 hab. *Carte Eure-et-Loir, B2*

C'est ici que Marcel Proust passa ses vacances d'enfant, sources d'inspiration de *À la recherche du temps perdu.* « Ce passé, descendu dans la terre, me donnant fort à songer, me faisant ajouter, dans le nom de Combray, à la petite ville d'aujourd'hui, une cité très différente, relevant mes pensées par son visage incompréhensible d'autrefois qu'elle cachait sous les boutons d'or. » Si vous souhaitez entrer dans l'intimité des inspirations proustiennes, passez quelques heures à Illiers, rebaptisée Illiers-Combray en 1971 pour que l'hommage de l'écrivain reste gravé à jamais et classé depuis 2019 « Site patrimonial remarquable ». Visitez la maison de tante Léonie, le Pré Catelan de l'oncle Amiot et l'église Saint-Jacques, remarquable pour sa charpente et son plafond en bois peint.

Adresse utile

🛈 ***Bureau d'information touristique d'Illiers-Combray :*** *5, rue Henri-Germond. ☎ 02-37-24-24-00. • tourisme-entrebeauceetperche.fr • À droite de l'église, face au parking. Mars-oct, mar-sam 10h-12h et 14h30-17h30 ; en basse saison, se renseigner.* Infos sur les 3 véloroutes qui traversent le secteur : la véloscenie, la vallée du Loir à vélo et Saint-Jacques-de-Compostelle. Sur place, *escape game* « La lanterne magique de Marcel Proust » *(16-20 €/pers).*

Où dormir ?
Où manger à Illiers et dans les environs ?

Camping Le Bois Fleuri : *à env 2 km d'Illiers en direction de Vieuvicq et Brou (D 921), sur la gauche. ☎ 02-37-24-03-04. • campingleboisfleuri@gmail.com • camping-chartres.com • Ouv mai-sept (avr-oct pour les locatifs). Forfaits 22,90-26,40 € pour 2 pers ; loc de mobile homes 4 pers 68 €/nuit, 520 €/sem.* Bordé par la Thirone en contrebas et très ombragé, le camping est bien équipé : bar convivial, pizzeria et petite restauration, jeux, grande piscine chauffée, pêche ; espace bien-être (spa et sauna). Location de vélos.

Hôtel Les Aubépines : *17, av. Georges-Clemenceau (pl. de la Gare), à Illiers. ☎ 02-37-24-49-49. • lesaubepines28120@orange.fr • hotel-lesaubepines.com • Resto ouv ts les soirs sauf dim. Double 95 € ; familiales. Menu-carte 30 €. Parking privé. « Accueil Vélo ».* C'est l'ancien *Hôtel de la Gare,* mais ne craignez rien, l'insonorisation est bonne et la circulation de nuit est rare. Les charmants propriétaires, des pros de l'hôtellerie et artistes dans l'âme, l'ont restauré en préservant son caractère et son histoire, et ont même créé un petit jardin. Voir les photos en noir et blanc qui ornent les murs du bar-restaurant. Les 6 chambres du bâtiment principal et les 6 de l'ancienne écurie complètement retapée sont confortables et toutes différentes, décorées avec soin. Quant à la cuisine, elle est tout simplement délicieuse et imaginative, servie dans le jardin quand le temps le permet.

L'Ascalier : *9, pl. du Dauphin, 28160* ***Brou.*** *☎ 02-37-96-05-52. • lascalier@wanadoo.fr • À 14 km au sud d'Illiers-Combray. Tlj sauf dim soir, lun et mar soir. Formule en sem 16,50 € ; menus 25-33 €.* Place au terroir ! Ici, on cuisine des petits plats bien de chez nous avec une bonne dose de produits de saison et une pointe de raffinement. L'hiver, le feu crépite au rez-de-chaussée, mais, pour une ambiance encore plus feutrée, empruntez donc l'imposant escalier du XVIe s. À l'étage, 2 salles dont une petite et discrète, idéale pour les repas en famille ou entre amis. Et au fait, pourquoi « *L'Ascalier* » ? Pour faire honneur au patois du Perche, pardi !

À voir

La maison de tante Léonie – musée Marcel-Proust : *4, rue du Dr-Proust. ☎ 02-37-24-30-97.* ***FERMÉ pour travaux jusqu'en 2023, voire 2024.*** C'est la célèbre maison où Proust a passé ses vacances de 6 à 9 ans. Après la mort de la tante Léonie, en 1886, et celle de Jules Amiot, en 1912, la maison fut vendue. Une descendante la racheta en 1954. À partir des années 1990, la Société des amis de Marcel Proust (SAMP), à qui la famille a fait don de la maison en 1976, a voulu lui redonner peu à peu son aspect du temps de Proust à partir de photos. Notamment l'ornementation orientale de la façade, créée par l'oncle Jules Amiot, qui prisait ce style à la suite de ses séjours à l'étranger. Il avait même aménagé un hammam à côté de la cuisine ! On est surpris par la petite taille du jardin car, dans les souvenirs de Proust, il apparaît plus grand. À l'intérieur, chaque objet a été sélectionné par la SAMP et replacé en fonction des détails fournis par l'auteur, de façon à reconstituer son univers. En 2022, grâce à la Fondation du patrimoine, les intérieurs sont restaurés à l'identique, afin de retrouver l'atmosphère et le décor de l'époque du petit Marcel... Les papiers peints d'origine ont retrouvé leur éclat et sont reproduits au pochoir. La nouvelle muséographie mettra l'accent sur l'enfance de l'écrivain avec, entre autres, la lanterne magique qui le faisait tant rêver.
– Pendant les travaux, un ***musée éphémère*** a ouvert ses portes *(19, rue de Chartres ; mar-ven 14h15-17h, sam-dim 11h-17h30).* La belle maison bourgeoise, rachetée par la mairie, appartenait au fondateur de La Samaritaine. Elle accueillera

sans doute un musée de la Belle Époque. Pour l'heure, elle permet de continuer à exposer les souvenirs déménagés de la maison de tante Léonie, préfigurant ainsi la future muséographie. Les proustomaniques pourront s'émouvoir devant la mèche de cheveux recueillie et conservée avec dévotion par la fidèle Céleste. Ce souvenir, quelque peu morbide, est une manière de célébrer le centenaire de la mort de Marcel Proust (né il y a plus de 150 ans). Les chambres de Marcel et de sa chère tante ont été également recréées.
– Après la visite, baladez-vous à travers les rues du village jusqu'au ***Pré Catelan,*** le parc exotique créé par l'oncle Jules et baptisé ainsi par sympathie pour son homologue parisien du bois de Boulogne. Sous la plume de Marcel Proust, ce parc devint celui de... *Swann.* Pour y aller, sortir du musée à gauche par la rue des Trois-Maries, puis rue des Lavoirs d'où l'on aperçoit une tour de l'ancien château et un lavoir. Continuez jusqu'au chemin de halage et à droite.

Le château de Swann : *6, rue Saint-Pierre. ☎ 02-19-02-25-94. • lechateaudeswann.com • Tlj 10h-12h, 14h-17h (18h). Entrée : 8 € ; réduc.* La visite audioguidée (par QR code) nous replonge dans l'intimité d'Odette et de Swann avec des extraits de la *Recherche* et plus particulièrement du 1er tome *Du côté de chez Swann* de Marcel Proust. Ce manoir est typique de l'époque de Napoléon III, avec son vestibule, son salon de musique, le bureau, les chambres d'Odette et de Swann... L'occasion de s'immerger dans un intérieur bourgeois au luxe rustique et campagnard, doté d'un grand confort mais sans l'ostentation parisienne, comme l'étaient ces lieux de villégiature où l'on aimait recevoir en « toute simplicité ». Il s'agit d'une création totale, d'un décor pourrait-on dire, comme l'étaient dans le fond ces « théâtres mondains » qui ont tant inspiré l'auteur. L'univers de Proust a été recréé ici par le propriétaire, l'écrivain chinois Ya Ding, et Jean-Yves Patte, historien d'art et musicologue ayant déjà œuvré à la Villa du Temps retrouvé à Cabourg. L'ambiance paraît aujourd'hui bien surannée et pourtant la maison était équipée d'un téléphone qui fascinait Marcel Proust, féru à l'époque de nouvelles technologies. La visite se prolonge dans le vaste parc où vous pourrez flâner, rêver, lire (Proust !)... et, si le cœur vous en dit, par une petite madeleine au salon de thé.

– ***5 circuits pédestres*** dans le secteur, au départ de l'office de tourisme parmi lesquels un parcours sympa et facile de 3 km « À la recherche de Marcel Proust » pour découvrir la ville en 1h. Également une rando de 13 km (3h15), aménagée aussi pour le VTT, à la découverte des sources du Loir. Livrets à l'office de tourisme ou à télécharger sur *• randonnees.eurelien.fr •*

DANS LES ENVIRONS D'ILLIERS-COMBRAY

Le château de Villebon : *☎ 02-37-37-35-63. • chateauvillebon28.com • À env 13 km au nord d'Illiers. Visite 1er et 3e dim du mois mai-oct ; tlj sauf lun de mi-juil à mi-août et pdt les Journées des parcs et jardin ou du patrimoine, etc. (voir les dates sur le site). Visite guidée seulement : 9 € ; réduc.* Ce superbe château fort en brique, ceint de 8 tours et entouré de douves, se cache, à l'abri des regards... Mais il est parfois ouvert à la visite ; une occasion à ne pas manquer ! Les fans seront ravis d'apprendre que c'est à Villebon que Proust situait son côté de Guermantes...

Frazé *(28160) : ☎ 02-37-29-56-76. À env 13 km à l'ouest d'Illiers. Visite du parc (classé) Pâques-Toussaint, dim et j. fériés 15h-18h. Entrée : 3 €.* Un joli château en brique et ardoises, des XVe et XVIe s, dans un beau parc. Le charmant village de Frazé est également connu pour son église des XVe-XVIe s qui s'ouvre par un superbe portail dans l'esprit de l'école de Fontainebleau.

Brou *(28160) : à env 13 km au sud d'Illiers.* Cette grosse bourgade était l'une des 5 baronnies du Perche-Gouët érigées comme places défensives contre les

Normands. Plusieurs monuments à voir : la halle du XIXe s, l'appareillage en brique réticulé de l'hôtel de ville et les lavoirs sur l'Ozanne. Également quelques belles maisons à pans de bois, dont une avec un portail gothique richement ouvragé (pommes de pin, grappes de raisin, porc-épic, emblème de Louis XII qui y séjournait en allant à Tours).

CHÂTEAUDUN (28200) 13 432 hab. *Carte Eure-et-Loir, B3*

Petite ville paisible, au bord du Loir que domine à quelque 60 m son imposant château. De la ville médiévale, tout en haut, ne subsistent de l'incendie qui la ravagea en 1723 que quelques vestiges, notamment une poignée de ruelles pittoresques telles que la rue Saint-Lubin à 2 pas du château et, en bas de celle-ci, des éléments de l'ancienne porte de ville, la porte Abas. La ville haute d'aujourd'hui est typique de l'époque de sa reconstruction (XVIIIe-XIXe s) : rues tracées au cordeau, alignement de maisons bourgeoises, dont quelques belles demeures. L'ensemble dégage un vrai charme, et il fait bon découvrir le parcours libre fourni par l'office de tourisme.

Adresse et info utiles

ℹ ***Office de tourisme :*** *1, rue de Luynes.* ☎ *02-37-45-22-46.* • *officedetourisme@mairie-chateaudun.fr* • *chateaudun-tourisme.fr* • *Ouv tte l'année, lun-sam 9h-12h30, 14h-18h ; plus dim et j. fériés 9h30-12h30 mai-août.* Organise des visites thématiques (ou sur demande), des *escape games* et des visites guidées théâtralisées en été. Demander le parcours de visites libres et fléchées (brochure gratuite ou en téléchargement). Location de vélos, notamment de vélos à assistance électrique.

– ***Marchés :*** *jeu mat, sur la grande pl. du 18-Octobre ; sam mat, pl. de la Liberté.*

Où dormir ?

Où manger à Châteaudun et dans les environs ?

De bon marché à prix moyens

⛺ 🍴 ***Camping - base de loisirs Le Val Fleuri :*** *route de Montigny, 28220* ***Cloyes-les-Trois-Rivières.*** ☎ *02-37-98-50-53.* • *info@val-fleuri.fr* • *val-fleuri.fr* • ♿ *À 12,5 km au sud-ouest. Au bord du Loir, à 1 km du centre-ville. Ouv de mi-mars à mi-nov. Forfaits 18-33 € pour 2 pers ; loc de lodges toilés et de mobile homes 4-5 pers.* Dans les allées aux noms d'arbres, des haies fleuries délimitent les emplacements. Piscine et accès gratuit aux prestations de la base de loisirs attenante (petit train, poney-club, canoë, espace aquatique avec piscine couverte chauffée, jacuzzi, toboggan...). Chemin de Saint-Jacques-de-Compostelle et GR juste à côté pour les randonneurs. Resto *Le Val Fleuri* à côté proposant une cuisine traditionnelle de brasserie, ainsi que pizzas, salades...

🏠 ***Chambres d'hôtes du Moulin de Ségland :*** *chez Marianne et Gilles Prévost, 54, ruelle de Ségland, 28200* ***Saint-Denis-Lanneray.*** ☎ *02-37-45-22-02.* 📱 *06-52-36-88-97.* • *prevost.gilles@wanadoo.fr* • *segland-chambresdhotes.wifeo.com* • *À env 3 km à l'ouest du centre de Châteaudun par la D 927 ; continuer 1 km après le rond-point du Centre Leclerc, tourner à gauche juste avt le 1er pont sur le Loir* *et parcourir env 600 m. Double 60 € (+ 15 € le petit lit) ; familiale. CB refusées. Café offert sur présentation de ce guide.* Dans une ferme en activité (avec animaux), les chaleureux propriétaires ont aménagé à l'étage de l'ancien moulin à eau 3 chambres d'hôtes simples et confortables. Toutes sont spacieuses et disposent d'un grand lit et d'un lit simple. Vaste pièce de vie avec coin cuisine aménagé dans l'ancien mécanisme circulaire du moulin. Possibilité de balade en barque sur la rivière. Accueil tout en douceur, à l'image du Loir, ici omniprésent.

🏠 ***Chambres d'hôtes La Place Saint-Martin :*** *10, rue du Chemin-Perret, 28200* ***Marboué.*** *☎ 02-37-45-46-54. 📱 06-87-52-98-11. • laplacestmartin@orange.fr • laplacestmartin.fr • À 6 km au nord. Avr-oct. Double 100 € ; familiale. CB refusées.* Ancien moulin à eau, au pied d'un pont alangui, c'est l'une de nos adresses de charme préférées dans le secteur. Le Loir prend ici ses aises, dans un environnement absolument bucolique, propice aux sorties en bateau. Beaucoup d'espace et de charme, à l'extérieur comme dans les 2 chambres, la suite familiale ou l'adorable grenier aménagé avec 4 lits. Accueil avenant et attentionné, à l'image de ces petits plus comme le prêt de vélos, kayak ou embarcations à pédales, la cuisine à disposition, le minigolf, etc.

🏠 ***Insolite la Touche :*** *Les Pièces de la Touche, 28220* ***Cloyes-les-Trois-Rivières.*** *☎ 02-37-98-30-48. • insolitelatouche.bourdon@orange.fr • insolitelatouche.com • À 15 km au sud et à 500 m du village. Tente à partir de 46 € pour 2, miniroulotte et « la tête dans les étoiles » 23 €/pers et par nuitée ; apporter son sac de couchage ; petit déj 6 €/pers.* Les fondations de cette ancienne seigneurie remontent aux Romains, une ferme à cour carrée, isolée dans son coin de nature. Tentes, cabanes et, au bord de l'Aigre, 2 amusantes miniroulottes inventées par le maître des lieux, roi de la bricole. Le bloc sanitaire, avec toilettes sèches, se trouve dans une grange. Pas le grand confort, certes, mais à ce prix-là, avec l'accueil extra, on n'hésite pas une seconde !

De prix moyens à chic

🏠 🍽 ⛱ ***Hôtel Saint-Jacques :*** *pl. du Marché-aux-Œufs, 28220* ***Cloyes-les-Trois-Rivières.*** *☎ 02-37-98-40-08. • info@lesaintjacques.fr • lesaintjacques.fr • À 12,5 km au sud-ouest. Doubles 107-144 € ; familiale. Bistrot le midi mar-ven, menu 17 € ; resto le soir mar-sam et midi w-e, carte env 38 €.* Reconversion réussie pour cet ancien relais de poste du XVIIe s, où le mobilier moderne se marie avec l'immense cheminée d'époque. À l'étage, 22 chambres classiques et confortables ; les plus belles ayant conservé leurs poutres apparentes. Derrière l'hôtel, le jardin au bord du Loir offre un cadre de détente idéal, même Zola en profita. L'auteur séjourna 2 jours ici pour écrire *La Terre,* son célèbre roman sur le monde paysan et la Beauce. Côté table, une cuisine maison soignée. Accueil et service très pro.

🍽 ⛱ ***Aux Trois Pastoureaux :*** *31, rue André-Gillet, à Châteaudun. ☎ 02-37-45-74-40. • contact@aux-trois-pastoureaux.fr • Ouv mar soir-sam sauf jeu midi. Congés : 2 sem en sept et 24 déc-5 janv. Formule déj mer et ven 26,50 € ; menus 35-52 €. Café offert sur présentation de ce guide.* Dans la plus ancienne auberge dunoise, une salle au décor moderne et chaleureux. La carte et les menus sont élaborés par un maître restaurateur, avec les produits du terroir sourcés pour une cuisine plutôt recherchée et succulente. Petite terrasse dans l'arrière-cour et accueil sympa.

🍽 ***Ateria :*** *4-6, rue Saint-Lubin, à Châteaudun. ☎ 02-37-98-60-29. Tlj sauf lun, sam midi et dim soir. Congés : pdt les fêtes de fin d'année. Résa obligatoire. Menus 19,50 € le midi et 37 € le soir, sinon menu-carte 28 €.* Dans l'une des rues qui mènent au château, un tout petit resto qui a vite fait de se remplir. La carte évolue en fonction des saisons et annonce la liste des fournisseurs, locaux et fermiers pour la plupart. Le soir, le chef improvise un menu avec pas moins de 5 plats, sans compter les amuse-bouches et le trou « dunnois ». Une adresse où l'on se régale à prix doux, tout ce qu'on aime !

À voir

– ***Balade en ville :*** certaines maisons Renaissance méritent le coup d'œil et l'office propose un circuit historique pour n'en manquer aucune, comme les maisons à pans de bois de la rue Saint-Lubin, dont la superbe maison Louis Esnault, ou encore la maison de la Vierge (rue de la porte d'Abas). Compter 1 à 2h de balade. Selon âge et sensibilité, il propose aussi un *escape game* en plein air et un livret ludique pour les plus petits.

Le château : *☎ 02-37-94-02-90. • chateau-chateaudun@monuments-nationaux.fr • chateau-chateaudun.fr • Mai-août, 10h-13h, 14h-18h ; sept-avr 10h-12h30, 14h-17h30. Dernière admission 1h avt fermeture. Visites guidées du donjon à 11h et 15h (15h30 en été) de 1h-1h15 (3 adultes min). Fermé 1er janv, 1er mai et 25 déc. Entrée : 6 € pour la visite du château et du jardin ; réduc ; gratuit moins de 18 ans, et moins de 26 ans ressortissants de l'UE.*
Surplombant le Loir, sa haute muraille en impose et son donjon cylindrique du XIIe s compte parmi les plus beaux de France. Propriété des Orléans depuis 1391, c'est Jean de Dunois, compagnon de Jeanne d'Arc, puis ses descendants les Longueville, qui transformeront la forteresse au cours des décennies. Au XVIIIe s, les ducs de Luynes le récupèrent mais ne s'en occupent pas. Après la Révolution et la guerre de 1870, le château est dans un piteux état. En 1938, il devient propriété nationale et il faudra presque un demi-siècle pour lui redonner du lustre.
Sobre ***sainte-chapelle*** dont il subsiste 15 statues (XVe s) des saints préférés de la famille Dunois et une expressive peinture murale de 1468 représentant le Jugement dernier. Dans l'aile opposée, l'éblouissant ***escalier monumental,*** de style gothique flamboyant, conduit à une vingtaine de magnifiques ***tapisseries*** du XVIIe s représentant des scènes de l'Ancien Testament ou de Tancrède et Clorinde. Voir aussi l'escalier gothique flamboyant, à l'autre extrémité de l'aile. Au sous-sol, il faut passer sous les voûtes gothiques des ***cuisines*** pour rejoindre le ***jardin suspendu.*** De là, on peut admirer le Loir et le quartier Saint-Jean. Au pied du donjon, vous trouverez un ***jardin médiéval,*** avec 150 variétés de plantes médicinales, alimentaires et utilitaires.

Pour bénéficier d'une belle vue sur le château, se rendre à proximité dans les ***jardins de l'hôtel-Dieu*** *(tlj 7h-19h ; GRATUIT).* Au sous-sol de ce bâtiment, ***escape game*** sur le thème du médiéval et de l'histoire de Châteaudun *(• escape time.fr • ; mer-dim 10h30-21h ; compter 22-26 €).*

L'église abbatiale de la Madeleine : *à côté de l'hôtel-Dieu.* De style en partie roman et construite sur la partie sud de l'éperon rocheux, elle présente les dimensions d'une cathédrale. La traverser pour gagner le ***portail sud*** et découvrir les anciens ***remparts*** dotés d'inattendues prises pour les escaladeurs !

Le musée des Beaux-Arts et d'Histoire naturelle : *rue Toufaire, non loin de l'office de tourisme. ☎ 02-37-45-55-36. • musee-chateaudun@wanadoo.fr • ville-chateaudun.com • Juil-août, tlj 9h30-12h, 13h30-18h. Sept-juin, lun-ven sauf mar 9h30-12h, 13h30-17h ; w-e et j. fériés 14h-17h. Fermé 1er janv, 1er mai et 25 déc. Entrée : 5 € ; réduc ; gratuit moins de 18 ans.* Pluridisciplinaire, ce musée, joli et désuet, expose principalement des œuvres et objets d'art donnés par des collectionneurs. On y découvre aussi bien des objets provenant des 1ers tombeaux de pharaons recueillis par un égyptologue qu'une quantité impressionnante d'oiseaux et animaux naturalisés, en passant par des porcelaines de la Compagnie des Indes, ou, plus local, la reconstitution d'un intérieur beauceron du XIXe s, ainsi que l'évocation de la guerre de 1870 qui valut la Légion d'honneur à la ville.

Les grottes du Foulon : *35, rue des Fouleries. ☎ 02-37-45-19-60. 📱 06-60-61-99-79. • grottesdufoulon@live.fr • grottes-du-foulon.com • Juil-août, tlj 10h-12h (sauf lun), 14h-18h (17h sam) ; vac de Pâques, de fév et mai-juin, tlj sauf mar-mer 14h-17h ; le reste de l'année, w-e et j. fériés 14h-17h. Dernière entrée 45 mn avt fermeture. Fermé 3 sem en déc. Entrée : 11 € (9,50 € sur présentation de ce guide) ; réduc. Chasse au trésor pour les enfants : 4,50 €.* Imaginez des cavités creusées par les eaux de pluie il y a des millions d'années ! Importante collection de géodes de calcédoine et de quartz sur un parcours de 800 m. Depuis l'époque des dinosaures, c'est toute notre histoire qui est résumée ici. D'ailleurs, on peut observer la couche K-T, strate géologique de la fin du Jurassique, vieille de 65 millions d'années, et de nombreux fossiles d'animaux aquatiques. Exceptionnel !

Fête et manifestation

– ***Foire aux laines :*** *1er w-e de juil. Rens : ☎ 02-37-45-11-91 (mairie).* Fête médiévale, avec moutons, tournois de chevaliers, défilés costumés et animation musicale orchestrée par des saltimbanques.
– ***Un Brin de Live :*** *ven de juil-sept.* Animations musicales dans le centre-ville. 1 samedi par mois en juillet-août, soirée thématique.

DANS LES ENVIRONS DE CHÂTEAUDUN

Montigny-le-Gannelon : *à 1 km de Cloyes-les-Trois-Rivières.* En arrivant le long du Loir, l'apparition laisse bouche bée. Un étonnant château à la longue façade avenante surplombe la rivière. Le village, en partie troglodytique, minuscule et adorable, est tout en haut, bien caché au niveau de l'entrée du château (allez, hardi petit !). Voir la porte Rolland, et l'église qui abrite la châsse de Sainte-Félicité.
– ***Le château :*** *☎ 02-37-98-30-03. 📱 06-03-96-29-08. • domainedemontigny.com • ♿ Pâques-Toussaint, visite possible sur demande. Entrée : château + parc 10 € (8 € sur présentation de ce guide) ; parc seul 4 € ; réduc.* Il appartient à la famille de Montmorency-Laval, dont l'histoire se mélange à celle avec un grand « H ». Sa façade occidentale, avec son appareillage de brique et pierre, est du XVe s ; l'autre a été ajoutée et réalisée par un élève de Viollet-le-Duc, Clément Parent. 3 salons d'apparat offrant un magnifique panorama sur la vallée du Loir, tableaux des rois de France... Superbe parc de 13 ha pour se promener.

BONNEVAL (28800)

On la surnomme « la Petite Venise de Beauce », en raison de la présence de l'eau qui la cerne, d'un côté par le Loir, et tout autour par les douves de ses fortifications. Bonneval est une petite cité fortifiée chargée d'histoire, qui s'est développée autour de son abbaye bénédictine Saint-Florentin, fondée au IXe s par Foulques de Bonneval. Dans le centre, plusieurs maisons à colombages remontant jusqu'au XIIIe s (place de l'Église, rue de la Grève...).

Adresse utile

Office de tourisme du Bonnevalais : *1, rue Bas-de-l'Église. ☎ 09-63-60-34-33. • otdubonnevalais.com •* Petit circuit historique pour ne rien manquer.

Où dormir dans les environs ?

Domaine de Moresville : *rue de Brou, Moresville, 28800* ***Flacey.*** *☎ 02-37-47-33-94. • resa@domaine-moresville.com • domaine-moresville.com • ♿ À env 8 km au sud-ouest de Bonneval. Doubles 92-194 €.* Un hôtel de charme dans un petit château rénové des XVIIe-XVIIIe s. Belles chambres portant des noms de pierres précieuses, à la déco très soignée, avec meubles anciens et salles de bains luxueuses. Également des chambres d'hôtes dans l'orangerie. Détente assurée avec jacuzzi, sauna, piscine et grand parc au calme.

Où manger ?

La Herse : *2, pl. Leroux. ☎ 02-37-47-21-01. • info@aubergelaherse.com • Pas loin de l'église. Ouv le midi jeu-dim et le soir ven-sam. Carte env 38 €.* Cette ancienne auberge de bourg arbore des tons gris dans l'air du temps. Un cadre en adéquation avec une cuisine semi-gastronomique, sur des thèmes traditionnels revisités et joliment mis en scène. Produits frais pour une carte inspirée et changeante en fonction des saisons.

Achats

Les Vergers de Beauce : Pauline Blanvillain, *8, rue Bas-de-l'Église. ☎ 02-37-98-64-16. • les-vergers-de-beauce.fr •* Primeurs, produits locaux et paniers garnis. Un aperçu complet de ce qui se fait de mieux dans le coin.

À faire

Bateaux électriques : *à la capitainerie, direction rue d'Orléans. 06-22-91-63-82. • bonnevalaufilduloir.com • Avr-sept, sur résa au moins 48h avt. Compter 17 € pour 30 mn pour 5 ; 28 €/h.* Quoi de plus sympa que de déambuler sur le Loir à son rythme pour découvrir les charmes et les lavoirs (plus de 100 !) de Bonneval ? Bateaux sans permis et sans danger. Suivez les canards !

LA BEAUCE EURÉLIENNE

Site utile

• ***tourismecoeurdebeauce*** • Site qui renvoie à tous les liens d'intérêt touristique de la région.

ORGÈRES-EN-BEAUCE

(28140) 1 027 hab. *Carte Eure-et-Loir, C3*

Chef-lieu de canton dont l'intérêt principal est sa situation stratégique au cœur de la Beauce. C'est donc ici qu'a été créée la Maison de tourisme Cœur de Beauce (voir « Adresse utile »). Sur la place, face à celle-ci, une sculpture du peintre catalan Tomas Divi, représentant l'*oiseau-charrue,* réalisée en hommage à cette région, dont il admirait la perspective infinie.

Adresse utile

Maison de tourisme Cœur de Beauce : *pl. de la Beauce. ☎ 02-37-99-75-58. • info@tourismecoeurdebeauce.fr • tourismecoeurdebeauce.fr • Mar-ven 10h-12h, 14h-18h ; j. fériés 14h-18h. Fermé 1er janv, 1er mai, 1er et 11 nov et 25 déc.* Expos permanentes et temporaires *(entrée 5 € ; réduc).* Organise des conférences à thème et des visites guidées pour les adultes (fermes, entreprises, villages), des ateliers pour les enfants, pour faire connaître la vie et les particularités historiques de la Beauce. Propose surtout des circuits vélos, ainsi que des VTC et des vélos à assistance électrique toute l'année.

Où dormir ? Où manger dans les environs ?

Voir aussi plus haut, à Bonneval, « Où dormir dans les environs ? » et « Où manger ? ».

Hôtel Le Quai Fleuri – restaurant L'Hibiscus : *15, rue Texier-Gallas, 28150* ***Voves.*** *☎ 02-37-99-15-15. • quaifleuri@wanadoo.fr • quaifleuri.fr • Resto fermé dim soir-lun. Doubles 87-133 €. Menus 19 € (midi en sem), puis 25-44 €.* Chambres doubles confortables et bien équipées, dans un style sobre et moderne. Les plus simples se trouvent à l'étage du bâtiment principal tandis que les plus agréables de plain-pied donnent sur le jardin. La cuisine gastronomique, de bonne tenue, met en valeur les produits du terroir et les repas sont servis dans une grande salle qui s'ouvre sur la nature.

L'EURE-ET-LOIR

BALADE EN BEAUCE EURÉLIENNE

D'Orgères à Auneau, situé à une quinzaine de kilomètres à l'est de Chartres (sortie nº 11 de l'A 10), vous pourrez visiter à votre rythme plusieurs centres d'intérêt, dont quelques moulins-pivots superbement restaurés, la plupart classés Monuments historiques. Pour une visite plus approfondie, on vous conseille de prendre contact avec la Maison de tourisme Cœur de Beauce (voir plus haut « Adresse utile »).

Le moulin du Paradis : *à* ***Sancheville.*** *Rens : ☎ 02-37-44-01-40. À env 12 km au nord-ouest d'Orgères. À la sortie du village, sur la D 14 en direction de Bonneval. Ouv Pâques-début oct. Visite avr-oct les 1er et 3e dim du mois 15h-18h30. Entrée : 3 €.* Il date de 1625 et est joliment mis en valeur.

CACHOTTERIE À LA MINOTERIE

Pendant l'occupation allemande, alors qu'ils continuaient de produire de la farine pour le pain en dépit de l'interdiction, certains meuniers scrutaient l'horizon par les lucarnes situées en haut de leur moulin. Dès qu'ils apercevaient une arrivée « suspecte », ils recouvraient le blé d'une autre céréale autorisée. Et le tour était joué !

Le moulin de la Garenne : *à* ***Ymonville.*** *Rens : 06-38-71-28-56 ou 06-86-86-94-97. À env 12 km au nord-est d'Orgères. À la sortie du bourg, à gauche sur la D 132. Visite sur rdv. Permanence ts les 3e dim du mois avr-oct (également sur rdv).* C'est l'un des plus beaux. Comme quelques-uns de ses confrères, pendant la Seconde Guerre mondiale, il a continué de fabriquer de la farine malgré l'interdiction édictée par l'occupation allemande.

Le moulin de Chesnay : *à* ***Moutiers.*** *Rens : ☎ 02-37-99-93-14. À 4 km au nord-est d'Ymonville. Sur la gauche de la D 107. Visite libre dim 14h30-18h avr-oct (appeler pour visite en sem).* Avec celui de Levesville-la-Chenard, c'est l'un des moulins de la famille Barbier, riches meuniers de la région. Il daterait de 1770 et aurait été déplacé à cet endroit. Le village fleuri de Moutiers, avec ses grosses maisons en pierre et son église trapue, est plutôt charmant.

LE LOIRET

• Carte *p. 92-93*

ABC du Loiret

- ***Superficie :*** 6 813 km².
- ***Population :*** 679 000 hab.
- ***Préfecture :*** Orléans (117 000 hab.).
- ***Sous-préfectures :*** Montargis, Pithiviers.
- ***Point culminant :*** 273 m, à Pierrefitte-ès-Bois.
- ***Quelques chiffres :*** la Loire traverse le département sur près de 120 km ; son affluent, le Loiret, n'est long que de 12 km ; superficie agricole de 4 127 km² (soit 60 % du territoire).
- ***Particularité :*** la forêt d'Orléans est la plus grande forêt domaniale de France, loin devant Fontainebleau.

Vastes plaines de la Beauce et du Pithiverais au nord, Orléanais et forêts au centre, Giennois, Gâtinais et leurs canaux à l'est ou grands espaces boisés de Sologne au sud, voici les paysages qui composent le Loiret. Avec comme fil conducteur la Loire, classée au Patrimoine mondial de l'Unesco, qui traverse le département, témoin de son histoire et de ses traditions. Les 1ers châteaux du Val de Loire y sont érigés. Jeanne d'Arc y bâtit sa légende (rien que ça !).
Situé en région Centre-Val de Loire et à environ 1h au sud de Paris, ce département tient son nom d'un petit affluent de seulement 12 km de long, le Loiret, qui se jette dans le fleuve royal, au sud d'Orléans. Ici, les méandres sauvages de la Loire succèdent aux monuments historiques (et à quelques centrales électriques). De château en jardin, de berge en forêt, la visite s'organise le temps d'une promenade à vélo ou à pied, et au rythme paisible de ce fleuve majestueux.

DE PARCS EN JARDINS, LE PAYS DES ROSES

Avec ***une quinzaine de jardins ouverts au public,*** le Loiret ravit les amateurs de collections d'arbres et de plantes : l'arboretum des Barres, le jardin de Roquelin, des Grandes Bruyères, des Prés des Culands, de la Javelière (tous classés « Jardin remarquable »)... ne sont que quelques-uns de ces sites botaniques reconnus dans toute l'Europe. Le ***parc floral de La Source*** à Orléans, l'un des plus grands du pays, reste le fleuron de la région avec sa collection de plus de 1 000 variétés d'iris. Pour plus d'infos : • *jardins-de-france.com* •
Les jardiniers en herbe, férus de botanique et autres épicuriens s'intéresseront surtout à la « Route de la Rose » : une manière originale d'explorer la géographie et l'histoire du Loiret à travers 19 jardins, roseraies, villages, producteurs, restaurateurs, hébergeurs... en lien avec cette fleur reine, sous tous ses aspects. Pic de floraison entre mi-mai et fin juin, puis de belles remontées entre septembre et mi-octobre. Le Loiret a vu naître le talentueux obtenteur André Eve (décédé en 2015), mais la rose est inscrite dans l'ADN du département depuis le Moyen Âge. *Infos sur* • *routedelarose.fr* •

BESOIN D'AIR ?
Partez avec le Routard

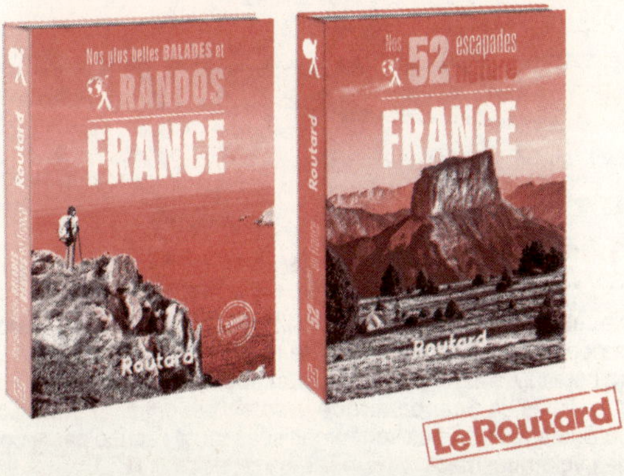

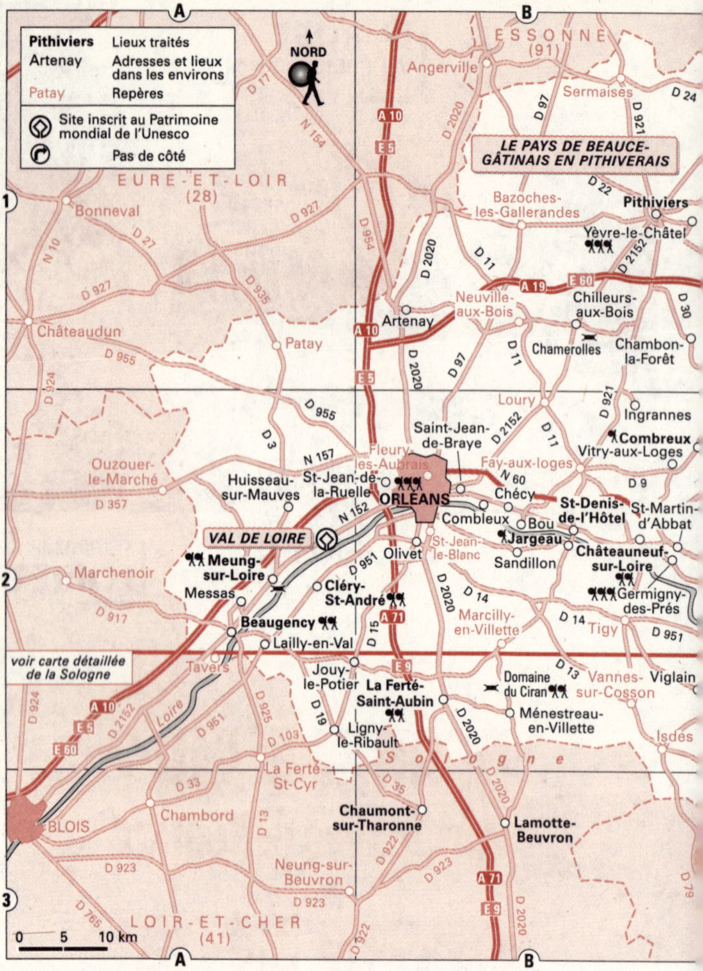

ALLONS PRENDRE L'AIR !

Entre Loire et canaux, formant un « ***Triangle d'eau*** » entre Montargis, Orléans et Briare, le département coordonne toute une panoplie d'activités à vélo, à pied, à cheval, en bateau... sous le nom « ***Le Loiret au fil de l'eau*** ». • *leloiretaufildeleau.fr* • Pour les cyclistes, la ***Scandibérique*** (• *scandiberique.fr* •) et ***La Loire à Vélo*** se croisent à Briare. Des sorties sont organisées toute l'année par le comité départemental de cyclotourisme (• *loiret-ffct-org.webnode.fr* •).

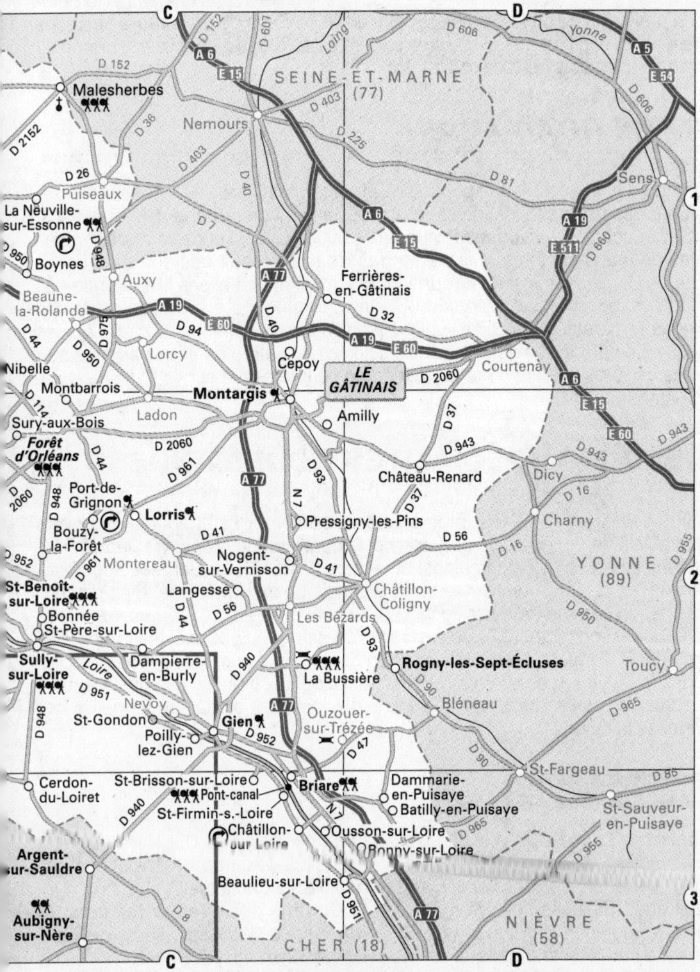

LE LOIRET

Les ***randonneurs*** se promènent quant à eux sur les 4 600 km de sentiers balisés du département, détaillés sur des livrets disponibles auprès des offices de tourisme, pendant que les ***kayakistes*** descendent la Loire, le Loiret ou le Loing. Plus reposant, en famille ou entre amis, on navigue en ***bateau sans permis*** le long du canal latéral à la Loire, de Briare, du Nivernais ou du Loing. Et pour ceux qui voudraient taquiner le poisson, brochets et anguilles, une quarantaine de cours d'eau et plus de 70 plans d'eau : Fédération de la pêche du Loiret (● *federationpeche.fr/45/* ●).

Dans les airs, on survole en hélicoptère Sully-sur-Loire et son château et la Sologne en montgolfière ou les îles de la Loire en ULM. Pays de ***chasseurs*** : certains courent après le gibier quand d'autres partent à l'automne à l'écoute du brame du cerf (ce cri que fait le cerf à la saison des amours...).

ON THE ROAD AGAIN

Baigné par l'histoire, un riche patrimoine et un territoire agricole, le Loiret est traversé par des ***routes*** touristiques qui se souviennent de ***Jeanne d'Arc*** (Orléans, Chécy, Beaugency...), ***Jacques Cœur*** (La Bussière, Gien...) et des grandes figures royales de France le long de la ***vallée des Rois*** (châteaux des bords de Loire). Autour de Gien, c'est un petit ***circuit viticole*** qui permet d'aller à la rencontre des producteurs de vins des coteaux du Giennois. Bonne route à la découverte des « Villages de caractère du Loiret », du « Patrimoine remarquable du Loiret » ou des villages « Loir'étape », autant de labels signalés à l'entrée de lieux parfois confidentiels, hors des sentiers battus (cartographie interactive sur ● *tourismeloiret.com/patrimoine* ●) !

QUELQUES SPÉCIALITÉS GOURMANDES

Les fins palais, au fil de leur promenade, dégusteront l'authentique pithiviers (redoutable !), le fameux miel du Gâtinais, les pralines de Montargis, le cotignac d'Orléans (une fine gelée de coings) ou encore l'andouille de Jargeau accompagnée d'un verre de vin des coteaux du Giennois ou de l'Orléanais. Rien d'hypocalorique, en somme ! À noter également qu'une poignée de producteurs maintiennent une récolte annuelle de 2 à 3 kg d'un safran au goût puissant, apprécié des chefs. Orléans, pour sa part, remet au goût du jour son savoir-faire vinaigrier qui, dès le Moyen Âge, se fit une réputation jusqu'aux Indes. Il fallut bien trouver un usage aux vins d'Anjou et de Touraine qui arrivaient piqués au terme de leur voyage sur la Loire.

Adresses utiles

ℹ *Tourisme Loiret :* *15, rue Eugène-Vignat, 45000* ***Orléans.*** *☎ 02-38-78-04-04.* ● *tourismeloiret.com* ● Carte touristique, idées de séjours thématiques, topoguides de randos (à pied ou à vélo sur la Scandibérique ou La Loire à Vélo), parcs et jardins, *citybreak* à Orléans...

■ ***Relais départemental des Gîtes de France :*** *23, bd Rocheplatte, 45000* ***Orléans.*** *☎ 09-78-35-01-65.* ● *gites-de-france-loiret.com* ● Brochure disponible sur demande.

■ ***Comité départemental pour la randonnée pédestre :*** *1240, rue de la Bergeresse, 45160* ***Olivet.*** *☎ 02-38-49-88-99.* ● *loiret.ffrandonnee.fr* ● Propose des sorties et un programme de randos toute l'année.

L'ORLÉANAIS

À cheval sur Sologne, Beauce et Gâtinais, suivant le fil de la Loire, l'Orléanais fut le berceau des Capétiens avant de devenir un important duché. Ses paysages plats, traversés par le plus long fleuve de France, entourent la ville d'Orléans et se composent de terres fertiles que l'homme a su exploiter pour s'enrichir. Le développement du commerce a suivi.

Riche et facile d'accès, ce territoire convoité est témoin de guerres, d'échanges et de complots. Parallèlement, l'Orléanais se peuple de cathédrales, églises et abbayes d'importance, ainsi que de belles demeures distinguées, d'hôtels particuliers... La région abrite aussi l'une des plus grandes forêts de France et un chapelet de ravissants villages. Une destination en soi...

ORLÉANS

(45000) 117 000 hab. *Carte Loiret, B2*

• Plan *p. 96-97*

Orléans, « Ville d'art et d'histoire », aurait pu être la capitale de la France. Sa position stratégique sur le plus long fleuve du pays avait tout pour l'aider : carrefour des voies de communication, importante ville de commerce, centre politique, intellectuel et religieux... Mais son environnement sauvage (trop de forêts et, surtout, la présence à ses portes de la Sologne, dont les marais favorisaient à l'époque la malaria) l'a finalement disqualifiée au profit de Paris.

Pourtant, une certaine Pucelle ne s'y est pas trompée : si une ville devait échapper aux griffes des conquérants anglais pour que le royaume de France soit sauvé, c'était bien Orléans ! Les historiens s'accordent pour dire que l'issue du fameux siège de 1429 a définitivement modelé l'identité française. La devise d'Orléans le clame d'ailleurs bien haut : *Hoc vernant lilia corde* (« C'est par ce cœur que les lys fleurissent »).

Orléans connaît aujourd'hui une vraie métamorphose : aménagement de rues piétonnes et de places du centre historique, ravalements de façades, lignes de tramway... Et surtout, la ville se tourne à nouveau vers son fleuve avec ses quais très joliment entretenus, rendus aux promeneurs et aux joggeurs. Une bouffée d'oxygène !

UN PEU D'HISTOIRE

Des évêques et des rois

Orléans était déjà une cité épiscopale au IVe s, mais son importance religieuse remonte au début du VIe s, quand ***Clovis*** y réunit les tout 1ers conciles français, au cours desquels sont définis les droits de régale et les rapports entre le roi et l'Église. En 848, c'est à Orléans que l'archevêque Ganelon pose la couronne de France sur le crâne de Charles II (dit « le Chauve »), futur empereur d'Occident. Après les Carolingiens, c'est au tour des ***Capétiens*** d'honorer la ville : Robert II (dit « le Pieux »), fils du fondateur de la dynastie, y est né. Son père, Hugues, le sacre roi de France dans la cathédrale d'Orléans en 987.

Les évêques ont également joué un rôle important dans l'essor intellectuel de la ville, par leur enseignement et leurs publications. Fondée en 1306, l'***université d'Orléans*** est alors la seule à enseigner le « droit romain », c'est-à-dire le droit civil, tandis qu'à Paris on enseigne le « droit canon » instauré par l'Église. C'est donc ici que les intellectuels viennent faire leurs études, faisant ainsi d'Orléans la ***1re ville universitaire de France.***

Et la Pucelle est arrivée...

Le ***siège d'Orléans*** (1428-1429) est un chapitre essentiel du grand livre de l'histoire de France. On est alors en pleine guerre de Cent Ans et les places fortes

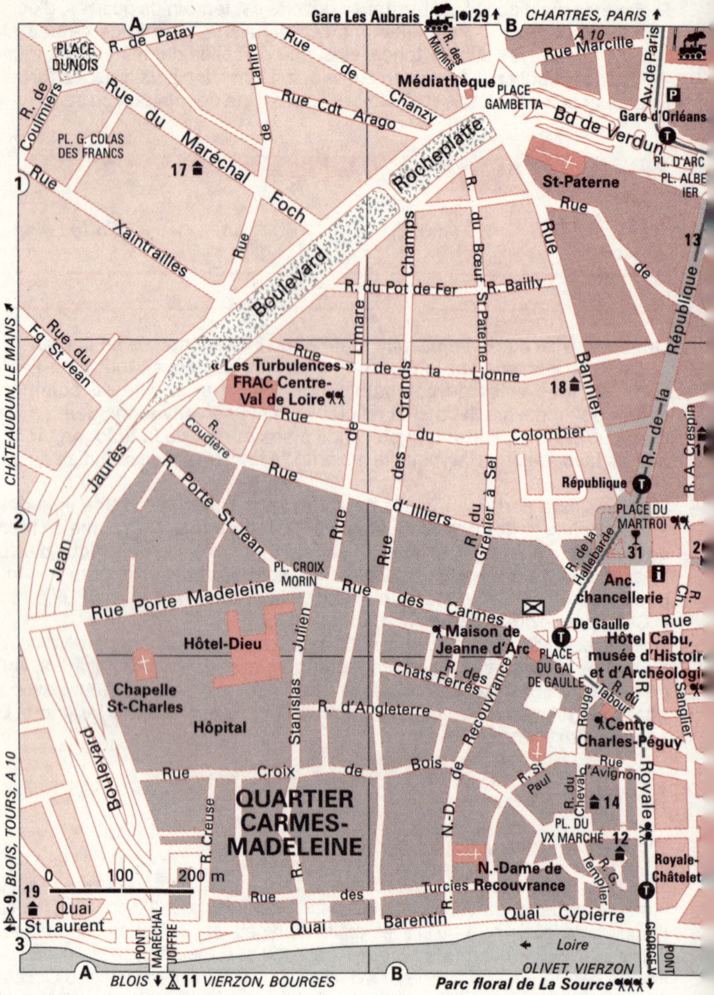

Adresse utile

- Office de tourisme (B2)

Où dormir ?

9 Camping municipal Gaston Marchand (hors plan par A3)

10 Auberge de jeunesse (hors plan par D3)

11 Camping d'Olivet (hors plan par A3)

12 Chambres d'hôtes Les Trois Maillets (B3)

13 Hôtel de l'Abeille (B1)

14 Citotel Hôtel Marguerite (B3)

15 Hôtel Saint-Martin (C1)

16 Hôtel d'Orléans (B2)

17 Hôtel des Cèdres (A1)

18 Urban Jungle Hôtel (B2)

19 Escale Océania Orléans (A3)

ORLÉANS

Où manger ?

- **21** Ver Di Vin (C3)
- **22** La Dariole (C3)
- **23** Le Lift (C3)
- **24** Oh Terroir (C3)
- **25** La Parenthèse (C3)
- **26** Le Brin de Zinc (B2)
- **27** Le Cabinet Vert (hors plan par D3)
- **28** Les Fils à Maman (C3)
- **29** De Sel et d'Ardoise (hors plan par B1)

Où boire un verre ?

- **30** Rue de Bourgogne (C3)
- **31** Bars de la place du Martroi et La Chancellerie (B2)
- **32** Les Becs à Vin (C3)
- **33** Quai du Châtelet et L'Inexplosible n° 22 (C3)

Où acheter du bon vinaigre ?

- **35** Martin Pouret (C2)

françaises sont enlevées une à une par l'armée anglaise. En octobre 1428, 4 000 hommes arrivent aux portes de la ville, coupée du reste du pays. Ne parvenant pas à s'en emparer, tant son système de défense est complexe, les Anglais pratiquent alors une guerre des nerfs, qui va durer de longs mois, en affamant la population.

C'est alors que ***Jeanne d'Arc,*** fin avril, lance un ultimatum aux envahisseurs (« Je suis ici de par Dieu le roi du Ciel et je vous bouterai hors de France ! ») et redonne courage aux Orléanais. Contre l'avis des responsables de la place, elle charge à plusieurs reprises l'adversaire, bannière blanche au vent, et remporte à chaque fois une victoire ; le dimanche 8 mai, les forces anglaises, dépitées, rentrent à la maison.

Jeanne ne s'arrête pas là et poursuit sa mission en reprenant une à une toutes les villes de la Loire et remporte sa plus grande bataille à Patay, le 18 juin. Une date marquée par la résistance à l'envahisseur !

L'ARBALÈTE, ARME IMMORALE

Quand on inventa cette arme, au Moyen Âge, la chevalerie française fut scandalisée. N'importe quel soldat à pied (souvent un manant ou un mercenaire) pouvait transpercer l'armure d'un chevalier. Le roi Richard Cœur de Lion fut tué par l'arbalète d'un inconnu. Autrefois, l'aristocratie acceptait de mourir, à condition que l'ennemi soit de sang bleu. En 1139, le pape excommunia les arbalétriers, sans succès. L'arme était trop efficace.

METTRE LA PÂTÉE

Cette expression fait référence à la victoire des Français à Patay, à 25 km à l'est de Châteaudun, lors de la guerre de Cent Ans, en 1429. Les nouveaux boulets en fer des Français anéantirent les troupes anglaises (2 000 morts britanniques contre 5 Français tués).

La 1re guerre de Religion

Pendant la ***Renaissance,*** la ville se refait une beauté : les faubourgs et les églises rasés lors de la guerre de Cent Ans sont reconstruits, et un nouvel essor économique permet la construction de beaux hôtels particuliers. Mais arrivent les ***guerres de Religion...*** Le cœur intellectuel d'Orléans en fait une ville naturellement protestante (Calvin y a d'ailleurs fait ses études). Le prince de Condé, qui a décidé de se faire le défenseur des calvinistes pour contrer l'hégémonie du catholique duc de Guise dans les affaires du pays, y réunit son armée. En 1563, Guise assiège la ville, mais il se fait aussitôt assassiner par un fanatique. Commence ainsi la 1re guerre de Religion. Condé reprend la ville. La cathédrale (construite au XIIIe s) est presque totalement détruite. Malgré les tentatives de pacification de ***Catherine de Médicis*** (édit d'Amboise), la situation s'enflamme, et de nombreux protestants de la ville sont massacrés en 1572, lors de la ***Saint-Barthélemy.***

20 ans plus tard, le calvinisme a perdu son influence dans la cité et Orléans se range du côté de la Ligue (qui exigeait un roi catholique pour la France). Manque de chance, le prétendant au trône, Henri de Navarre – futur Henri IV –, est protestant ! Il vient en personne assiéger Orléans. Pas rancunier, il offre à la ville (qui s'est soumise sans trop de problèmes) la reconstruction de la cathédrale... puisqu'il vient, après tant de morts, de renoncer à la religion protestante pour monter sur le trône !

Une ville riche

Après toutes ces péripéties, la ville redevient prospère, s'appuyant sur ses traditionnels échanges commerciaux. Au XVIIe s, elle se lance dans le raffinage du sucre, vite réputé comme le meilleur du pays, et en vend dans le monde entier. D'ailleurs, comme Nantes et Bordeaux, elle a bien profité de l'esclavage. Le textile participe également à son essor, et, au XVIIIe s, Orléans est classée parmi les 10 plus grandes villes du pays grâce à ses 2 ports. La navigation sur la Loire bat son plein !

Le XIXe s marque son ***déclin commercial et industriel*** : la perte de certaines colonies françaises limite les importations et les débouchés. La ville, très axée sur son commerce fluvial, n'a pas su profiter des bienfaits du tout nouveau chemin de fer. De plus, sa gare, conçue en cul-de-sac en plein centre-ville, ne peut pas faire office de plaque tournante. Seule la ville de Paris bénéficie d'une liaison directe...

Seule la ***fabrication du vinaigre,*** dont elle s'est fait une spécialité, a pu redorer un temps l'industrie orléanaise. En effet, les cargaisons de vin, en provenance d'Anjou et de Touraine, transportées par bateau vers Paris, tournaient souvent au vin... aigre à cause des obstacles sur la Loire, notamment les bancs de sable, qui immobilisaient les embarcations. Les vinaigriers furent très nombreux jusqu'au XIXe s, avant que le marché ne soit confisqué par l'implantation des établissements *Dessaux* et *Martin Pouret*. Les plus gros mangeaient déjà les petits !

PARFUMEUR-VINAIGRIER

Jusqu'au début du XIXe s, on s'enduisait le corps de vinaigre de toilette pour « fouetter les sangs », à l'aide d'une toile imbibée. C'est l'origine du mot « toilette ». C'était efficace, mais l'odeur était insupportable. Guerlain, vinaigrier à l'origine, pensa à rajouter des essences de fleurs. Il créa un flacon spécial : Eau impériale, *pour l'impératrice Eugénie. Le parfumeur était lancé. Aujourd'hui, ses usines sont toujours implantées dans la région.*

Destruction et reconstruction

Occupée par les Prussiens pendant la guerre de 1870, Orléans n'a cependant pas trop souffert de la ***Première Guerre mondiale.*** Au contraire, elle a permis à son industrie textile de se refaire une santé en fournissant des couvertures aux poilus. Mais la ***Seconde Guerre mondiale*** va lui porter un rude coup : 17 ha du centre-ville sont détruits pendant les bombardements de juin 1940, dont une partie des quartiers historiques...

Après une longue phase d'endormissement, une ***vaste politique d'urbanisme*** est engagée : la ville se dote d'un important complexe universitaire dans le quartier nouveau de La Source, de l'autre côté de la Loire. Après s'être équipée d'un Zénith, d'un tramway couleur « sable de Loire », d'une nouvelle gare et d'une médiathèque à l'allure futuriste... qui lui donnent une nouvelle jeunesse, elle se prépare à accueillir le nouveau pôle universitaire en centre-ville et s'impose comme nouvelle capitale scientifique de la cosmétique et du luxe avec le centre de recherche LVMH et Hermès. Elle chouchoute aussi ses vieilles façades, et les ravalements sont légion dans le centre ancien. Désormais, Orléans voit grand... et peut rivaliser avec sa dynamique voisine tourangelle !

L'AÉROTRAIN EN VAIN

Au nord d'Orléans, la D 2020 et le train (côté est) longent un étroit viaduc de 18 km, à la hauteur d'Artenay. C'était la voie de l'Aérotrain créé par l'ingénieur Bertin. Il se propulsait sur coussin d'air (aucun frottement) et atteignit 430 km/h ! Les initiateurs du TGV, en projet, réussirent à tuer cette formidable invention en 1975.

Arriver – Quitter

Gares SNCF *(plan B1)* **:** *1, rue Saint-Yves.* ☎ *36-35 (gratuit). En plein centre.* Attention, tous les trains n'arrivent pas à Orléans-Centre ; certains s'arrêtent uniquement à **Orléans-Les Aubrais** *(hors plan par B1).* Mais la ligne A du tramway assure 1 liaison ttes les 6-10 mn entre les 2 gares (trajet très court).

Gares routières :
– **Transports interurbains : Cars Rémi.** ☎ *0800-00-45-00 (appel gratuit).* • *remi-centrevaldeloire.fr* •
– **Transports urbains : TAO,** *4, rue de la Hallebarde (plan B2), au centre-ville.* ☎ *0800-01-2000 (service et appel gratuits).* • *reseau-tao.fr* • (appli *TAO* téléchargeable gratuitement).

Quelques conseils pratiques pour circuler et stationner en ville

Orléans est une ville à taille humaine, ***facile à parcourir à pied et à vélo,*** dont les principaux sites sont desservis par le tram. La majorité des parkings sont payants. Mais de nombreux parcs relais (la plupart surveillés) sont couplés avec un billet de tram pour 3 €. Sinon, un bon plan, les mails de la ville sont gratuits du samedi midi au lundi. Parfait pour le week-end !
– ***Tramways :*** Orléans possède une ligne de tramway qui va du nord au sud de la ville et dessert les 2 gares SNCF. Une 2e ligne est-ouest croise la 1re à la station « De Gaulle » et relie « La Chapelle-Saint-Mesmin » à « Saint-Jean-de-Braye ». Achat des tickets (1,60 € par trajet ; 4 € pour la journée) sur le quai, dans le bureau de *TAO* ou dans les bureaux de tabac.
– Voir aussi ci-après les ***locations de vélos.***

Adresses et infos utiles

Office de tourisme *(plan B2)* **:** *23, pl. du Martroi.* ☎ *02-38-24-05-05.* • *tourisme-orleansmetropole.com* • *Avr-sept, tlj 9h30-19h ; oct-mars, lun-sam 9h30-18h30, dim et j. fériés 10h-18h.* Logé dans l'ancienne chambre de commerce avec son bel escalier. Visites de la ville (accès au sommet de la cathédrale en été, visite des cryptes sur inscription), billets et *pass* à tarif préférentiel pour la visite de certains châteaux, musées et jardins. Partenaire de La Loire à Vélo (vente de cartes des différents tronçons). Boutique.
– ***City Pass*** très avantageux incluant tous les sites majeurs de la métropole *(18 € pour 24h),* plus des offres et réductions chez des commerçants partenaires.

Taxis d'Orléans : *station principale au 5, rue Saint-Yves.* ☎ *02-38-53-11-11 ou 35-16 (24h/24).* • *taxis-orleans.fr* • *Au centre bus (à côté de la gare Orléans-Centre).*

Location de vélos :
– **Vélo + :** ☎ *0800-00-83-56 (service et appel gratuits).* • *reseau-tao.fr* • *Agence : 12, rue Paul-Fourche.* Location de vélos en libre-service, 24h/24, grâce à une trentaine de stations réparties tous les 300 m et situées à Orléans, Fleury-les-Aubrais et Saint-Jean-le-Blanc. Plusieurs formules d'abonnement (à la journée ou à la semaine notamment).
– **Détours de Loire :** *58, rue de la Charpenterie.* ☎ *02-38-77-12-52,* • *detoursdeloire.com* • **DFJ Location** *(95, rue du Faubourg-Bannier ;* ☎ *02-38-81-23-00 ;* • *dfj-location.fr* •*)* ou encore **Wheel-free** *(44, rue du Général-de-Gaulle, 45650* **Saint-Jean-le-Blanc ;** ☎ *02-38-44-26-85 ;* • *wheel-free.fr* •*).* Location de vélos standard ou à assistance électrique.

Où dormir ?

Résa possible sur ● *orleans-hotels.fr* ● ou ● *tourisme-orleansmetropole.com* ●

Camping et auberge de jeunesse

⛺ ***Camping municipal Gaston Marchand*** *(hors plan par A3,* ***9****) : rue de la Roche, 45140* ***Saint-Jean-de-la-Ruelle.*** *☎ 02-38-88-39-39. ● camping@ville-saintjeandelaruelle.fr ● ville-saintjeandelaruelle.fr ● À 3,5 km à l'ouest (2 km à pied par le chemin de halage). En été seulement. Compter 17 € pour 2 avec tente et voiture, ½ tarif à vélo. 35 empl.* Tout modeste, mais en bord de Loire. Emplacements sous les platanes. Une aubaine pour les cyclistes sur La Loire à Vélo. Location de vélos et balades en canoë.

⌂ ***Auberge de jeunesse*** *(hors plan par D3,* ***10****) : 3, rue Croix-Péchée. ☎ 02-38-53-60-06. 📱 06-17-67-64-58. ● auberge.crjs45@orange.fr ● aubergedejeunesseorleans.fr ● En dortoir, nuitée 26 €/pers ; double 42 € ; petit déj et draps inclus.* À 10 mn à pied du centre-ville, l'AJ bénéficie d'un environnement très calme sur le parcours de La Loire à Vélo. Une cinquantaine de lits répartis dans des chambres de 2-3 lits maximum (certaines communicantes). Salles de bains privatives et toutes sortes d'équipements ; laverie, cuisine, parking privé, local à vélos...

Prix moyens

⌂ ***Citotel Hôtel Marguerite*** *(plan B3,* ***14****) : 14, pl. du Vieux-Marché. ☎ 02-38-53-74-32. ● reservation@hotel-marguerite.fr ● hotel-marguerite.fr ● Ⓣ Royale-Châtelet. Doubles 70-145 € ; familiales. Parking payant.* Bon rapport qualité-prix pour cet établissement convivial et bien situé, à l'entrée discrète, aux chambres rénovées et modernes qui ne déçoivent pas (surtout celles qui disposent de 2 fenêtres d'angle, bien lumineuses !). Les autres, plus simples, sont tout à fait confortables. Vraiment très bien, comme l'accueil.

⌂ ***Chambres d'hôtes Les Trois Maillets*** *(plan B3,* ***12****) : 4, rue des Trois-Maillets. 📱 06-28-43-29-14. ● fvonschramm@orange.fr ● troismailletsorleans.jimdo.com ● Double 85 €.* Une adresse d'exception, puisque les 2 vastes chambres (dont une avec mezzanine pour les familles) sont abritées dans une maison classée Monument historique et datant de 1530, avec de belles fenêtres à meneaux, des vitraux et un vénérable escalier à vis (raide). Ensemble à la fois plein de cachet et très cosy. Courette fleurie pour le petit déj. Et accueil souriant pour couronner le tout. On adore !

⌂ ***Hôtel des Cèdres*** *(plan A1,* ***17****) : 17, rue du Maréchal-Foch. ☎ 02-38-62-22-92. ● contact@hotelcedresorleans.com ● hotelcedresorleans.com ● Juste au-delà du boulevard circulaire. Doubles env 68-110 € ; familiales. Parking payant (ou stationnement gratuit dans la rue). Congés : autour des fêtes de fin d'année. Réduc de 10 % sur le prix de la chambre sur présentation de ce guide.* Un paisible hôtel, qu'on aime beaucoup pour sa véranda lumineuse où les clients prennent leur petit déj face à un joli petit jardin. Chambres dans un style contemporain sobre et confortable, parfaitement tenues. Excellent accueil et service très pro.

⌂ ***Hôtel Saint-Martin*** *(plan C1,* ***15****) : 52, bd Alexandre-Martin. ☎ 02-38-53-02-28. ● contact@hotel-st-martin.fr ● hotel-st-martin.fr ● ♿ Double env 80 €. Parking public payant en face (gratuit le w-e).* Malgré sa façade quelconque et sa situation sur le boulevard ceinturant le centre-ville, ce petit hôtel ne manque pas d'atouts. Les chambres, de style contemporain à dominante rouge, sont insonorisées et confortables, avec salle de bains irréprochable. Nos préférées sont dans le bâtiment à l'arrière, caché au fond d'un calme patio où l'on peut également se poser en terrasse.

⌂ ***Urban Jungle Hôtel*** *(plan B2,* ***18****) : 1, rue de la Lionne. ☎ 02-38-53-19-79. ● urbanjungleorleans.com ● Doubles 80-95 € ; supérieures. Parking dans la rue.* Hyper central, cet hôtel mise sur l'ambiance et la déco ethnique, colorée, de styles et horizons variés et à base de matériaux bruts, jusqu'aux lampes de chevet. Pour le reste, des chambres de taille modeste pour une prestation à la hauteur.

Escale Océania Orléans *(plan A3,* ***19****) : 16, quai Saint-Laurent. ☎ 02-38-54-47-65. • escaleoceania.orleans@oceaniahotels.com • oceaniahotels.com • Doubles 80-95 €.* Un hôtel à l'extérieur de l'hypercentre, c'est le seul bémol (mais le parking est gratuit, un vrai plus !). On est face à la Loire et les chambres sont propres et confortables. Accueil très agréable.

Chic

Hôtel d'Orléans (plan B2, **16**) **:** *6, rue Adolphe-Crespin. ☎ 02-38-53-35-34. • hotel.orleans@wanadoo.fr • hoteldorleans.com • ♿ Doubles 90-109 €. Parking payant. Réduc de 10 % de mi-oct à mi-mars et surclassement selon disponibilité sur présentation de ce guide.* Cette adresse discrète de moins de 20 chambres est une bonne surprise de l'hypercentre : une déco contemporaine soignée, un confort au top (balnéo pour les chambres les plus chères), des espaces communs cosy... le tout dans une rue tranquille à 2 pas de l'animation. Idéal !

Hôtel de l'Abeille *(plan B1,* ***13****) : 64, rue Alsace-Lorraine. ☎ 02-38-53-54-87. • hoteldelabeille@wanadoo.fr • hotel-abeille.com • Doubles 104-141 € ; familiales. Parking payant.* Il y a quelque chose d'unique dans l'atmosphère de cet hôtel, ouvert depuis 1903 et dans la même famille depuis 1919 : le chaleureux salon-réception – qui fait aussi salle de petit déj –, empreint de nostalgie avec ses statues et les affiches de la Pucelle. Et aussi l'accueil aimable, l'escalier de bois patiné, le style des chambres, toutes différentes, décorées de façon classique et avec du caractère. Beaucoup de charme pour cette adresse douillette d'une vingtaine de chambres, qui dissimule une petite terrasse verdoyante au 4e étage.

Où manger ?

Très bon marché

Oh terroir *(plan C3,* ***24****) : 3, rue des Halles. ☎ 02-38-75-80-11. Tlj midi et soir. Formules 9-14 €, dessert et boisson bio compris.* De la restauration rapide nouvelle génération, un « fast-good » comme ils disent. On commande et compose soi-même son plat à l'aide d'une tablette parmi burgers, salades, plats chauds, bio et à partir de produits locaux. Options végétarienne, végan, sans gluten, sans lactose... un régal ! D'autant que c'est éthique, ludique, pratique et sans hic jusqu'au prix, économique !

Prix moyens

La Parenthèse *(plan C3,* ***25****) : 26, pl. du Châtelet. ☎ 02-38-62-07-50. • restaurant-la-parenthese.com • Tlj sauf w-e. Congés : 3 sem en juil-août. Résa indispensable. Formule déj en sem autour de 20 €, puis menu-carte 30-34 €.* Tout pour plaire : la terrasse de poche est attirante, les petites salles élégantes, et surtout la cuisine une vraie surprise à ce niveau de tarifs. Le chef nous séduit avec un répertoire actuel très soigné, transcendé par des sauces bien réalisées et des saumons fumés maison. Au déjeuner, l'addition se serre encore la ceinture et la parenthèse devient enchantée.

Les Fils à Maman *(plan C3,* ***28****) : 195, rue de Bourgogne. ☎ 02-38-53-44-09. Tlj sauf lun midi. Formule déj en sem env 19 € ; plats env 13-17 €.* C'est l'antenne d'une petite chaîne qui a soigné son concept ludique : ici, on fait dans le régressif assumé, avec un brin de nostalgie. Alors on se régale de plats qui fleurent bon l'enfance, comme le cordon bleu-purée, ou carrément les œufs meurette à la *Vache qui rit*. Fallait oser ! Résultat, c'est simple, bon, copieux et marrant comme tout, à l'image de la déco vintage (jusqu'aux toilettes !).

La Dariole *(plan C3,* ***22****) : 25, rue Étienne-Dolet. ☎ 02-38-77-26-67. Ouv le midi lun-ven, plus le soir mar et ven ; fermé w-e et j. fériés. Formules*

26,50 € (seulement le midi)-31 € ; carte env 35-40 €. Cette petite adresse chic cachée dans une rue ancienne émoustille les papilles par sa cuisine raffinée de saison, et ravit les yeux par son cadre rustique fort charmant (autant que l'accueil). Aux beaux jours, on apprécie le calme de la terrasse à l'arrière, donnant sur une jolie petite place piétonne.

|●| ***Le Brin de Zinc*** *(plan B2,* ***26****) : 62-64, rue Sainte-Catherine. ☎ 02-38-53-38-77. Tlj jusqu'à minuit. Formules 15-18 € midi lun-sam ; menu 29 € ; plats 14-20 €.* Dans une rue médiévale où s'alignent les restos, on s'engouffre ici dans plusieurs salles, sur plusieurs niveaux. Cette brasserie originale se distingue par sa foisonnante déco hétéroclite, tout à fait raccord avec la carte variée : *welsh, fish & chips,* plats en cocottes, saumon fumé maison, burgers... Pas de miracle culinaire, mais le tout fait bien l'affaire, servi par une équipe jeune et efficace.

Chic

|●| ***De Sel et d'Ardoise*** *(hors plan par B1,* ***29****) : 44, rue du Faubourg-Bannier. ☎ 02-34-50-23-40. • maximvoisin@gmail.com • Mer-sam. Congés : sem de Noël et Jour de l'an. Formule et menu déj en sem 27 € ; menu 37 €.* C'est la pépite du faubourg qui mérite largement les 15 mn à pied depuis le centre. Car le jeune chef régale ses convives de plats de marché modernes, vifs et colorés. Sa spécialité, les légumes, dont la maîtrise sublime les viandes et les poissons aux cuissons justes. C'est bon, c'est beau, et c'est encore mieux avec un verre de vin de Loire (bio) proposé par madame. Seul bémol : la salle, façon bistrot de poche, est riquiqui. Réservez !

|●| 🍷 ***Ver Di Vin*** *(plan C3,* ***21****) : 2, rue des Trois-Maries. ☎ 02-38-54-47-42. • verdivin@orange.fr • Ouv le midi sur résa (formules 38-52 €) ; ouv le soir mar-sam. Plats 18-24 € ; formule 52 €.* Un concept ! Car ici, on vient d'abord pour le vin. Dans un impressionnant caveau aux allures de cathédrale souterraine (on passe par les cuisines !), Sabine Brochard, sommelière émérite, fait découvrir avec passion des crus de qualité, et méconnus pour la plupart. Pour accompagner le nectar, des plats de saison réalisés avec soin et surtout un superbe plateau de fromages affinés (le soir seulement). Des soirées dégustation, apéros-concerts et expos sont régulièrement organisés dans ce lieu culturel qui exalte tous les sens. Un vrai coup de cœur.

|●| ⛱ ***Le Lift*** *(plan C3,* ***23****) : 5, rue de la Poterne. ☎ 02-38-53-63-48. • contact@restaurant-le-lift.com • ♿ Tlj sauf dim soir et lun-mar. Résa conseillée. Menu 32 € (mer-sam midis) ; plats 28-38 € ; brunch dim 45 €.* Oubliez Orléans la classique, ici, ça décoiffe ! À commencer par le cadre : perchée à bonne hauteur et accessible par un ascenseur privé, la salle ultra-contemporaine, pour ne pas dire sophistiquée, profite d'une vue exceptionnelle sur la Loire. En terrasse, c'est génial ! À moins de préférer celle sur l'arrière, qui prend ses aises dans un beau jardin... Dans les assiettes, moins d'excentricité, mais une cuisine inventive à base de bons et savoureux produits saisonniers.

|●| ⛱ ***Le Cabinet Vert*** *(hors plan par D3,* ***27****) : 1, chemin du Halage. ☎ 02-38-53-45-98. Tlj sauf mer et le soir dim-mar. Menu 39 € ; plats autour de 23 €.* Une adresse au charme ancien mais à la cuisine bien actuelle, sur le chemin de halage. Douce ambiance avec la Loire en guise de décor, surtout depuis la terrasse. Les plats sont dans le même esprit, à la fois sages et imprévisibles, aux couleurs et saveurs de saison, jusqu'aux desserts que l'on recommande. Une réjouissante halte ligérienne. Également 3 ravissantes chambres d'hôtes avec vue.

Où dormir ? Où manger dans les environs ?

⛺ ***Camping d'Olivet*** *(hors plan par A3,* ***11****) : rue du Pont-Bouchet, 45160* ***Olivet.*** *☎ 02-38-63-53-94. • infos@camping-olivet.org • camping-olivet.org • À 6 km au sud de la Loire (D 20). Tram A, arrêt Lorette, puis marcher*

LE LOIRET

800 m. ♿ Ouv avr-sept. Résa indispensable l'été. Emplacement 19-25 € pour 2 pers avec tente ; 10-12 € en escale vélo/pers. Un beau petit camping, et heureusement... car il est rare d'en trouver près d'Orléans. Le site est classé et l'endroit charmant, au bord du Loiret. Castors, canards et chant des p'tits zoziaux garantis... Seulement une cinquantaine d'emplacements, assez ombragés et agréables. En été, petits plats, tournée de pain, commerces dans les environs. Location de vélos et de canoë. À proximité, piscine découverte *(juin-août)* et base de loisirs.

Les Toqués : *71, chemin du Halage, 45800* ***Saint-Jean-de-Braye.*** *☎ 02-38-86-50-20. À 4 km à l'est (D 960). Tlj sauf dim-lun et certains j. fériés. Menus 25 € (le midi en sem)-36 €.* Situation de rêve pour cette ancienne guinguette posée sur le chemin de halage. Dès les beaux jours, la terrasse est un must. Mais même par temps frais, on est vraiment bien dans les salles chaleureuses et élégantes, de vrais cocons pour se régaler d'une cuisine du moment inspirée du marché. Tout est réalisé avec une rigueur bien ordonnée et des bases solides, afin d'apporter une agréable modernité dans les compositions et la présentation des assiettes. Séduisant !

Le Pavillon Bleu : *351, rue de la Reine-Blanche, 45160* ***Olivet.*** *☎ 02-38-66-14-30. À 6 km au sud. Tlj sauf dim soir-lun. Résa indispensable. Double 92 €. Menus 29 € (midi en sem), puis 34-46 € (beaucoup plus cher à la carte).* Cet établissement, à l'architecture « balnéaire » typique du début du XXe s, dégage un cachet fou. Magnifique terrasse ombragée. C'est aujourd'hui une table réputée, quasi gastronomique, avec tables nappées et service à la hauteur. Au menu, délicieuse et copieuse cuisine traditionnelle, légèrement revisitée avec des produits de la région. Pour la digestion, une balade sur le bucolique sentier des Prés s'impose sur les bords du Loiret. Et pour la prolongation, une poignée de chambres simples et soignées.

Le Lancelot : *12, rue des Déportés, 45170* ***Chilleurs-aux-Bois.*** *☎ 02-38-32-91-15. À 25 km au nord-est, au cœur du village. Tlj sauf lun-mar, plus le soir des mer et dim. Formules déj en sem 19-25 € ; menu 34 € (plus 58-78 € sur résa) ; plats 18-32 €.* Pour une parenthèse festive et gastronomique, avant ou après la visite du château de Chamerolles situé à quelques kilomètres, Catherine Delacoute propose le midi des formules au rapport qualité-prix exceptionnel. De la mise en bouche prometteuse jusqu'au pithiviers, cette cuisine élégante au dressage flamboyant surprend les papilles par ses associations exotiques sans pour autant renier le terroir et les produits locaux : safran, miel, volailles fermières... et roses aussi. Déco évoquant les chevaliers de la Table ronde, mais aux beaux jours, on file sur la terrasse ombragée.

Où boire un verre ?

Place du Martroi *(plan B2,* ***31****)* **:** le point de ralliement des Orléanais, espace piéton animé et entouré de superbes façades, au pied desquelles se déploient nombre de terrasses : ***Le Barok, Studio 16, Le Bistrot...*** La brasserie la plus célèbre de la ville se trouve au n°27 (côté Loire), ***La Chancellerie*** *(☎ 02-38-53-57-54 ; tlj).* Une institution chic située dans un immeuble du XVIIIe s, d'où partaient les diligences.

Rue de Bourgogne *(plan C3,* ***30****)* **:** c'est la rue de la soif (mais aussi des affamés) d'Orléans. Bars, restos et terrasses se succèdent dans cette jolie rue piétonne toute droite (vaut mieux parfois !). Outre les tables réputées comme ***L'Hibiscus*** au n°175 ou le ***Närenj*** au n°178 (ouvert par un réfugié syrien, extra !), pour les débuts ou fin de soirée, viser par exemple ***Les Dix Fûts*** au n°206 (un bar à bières, 10 à la pression, 180 références à la bouteille...). On recommande aussi ***Les Enfants Terribles*** au 33, rue de l'Empereur (cocktails et DJs, clientèle 25-35 ans, dans une rue adjacente) ou encore ***Le Petit***

Barcelone au n°218 pour ses tapas et son ambiance du Sud.

Les Becs à Vin *(plan C3,* ***32****) : 8, pl. du Châtelet. ☎ 09-65-16-64-09. Tlj sauf dim-lun, midi et soir jusqu'à 1h.* Carton plein pour *Les Becs à Vin* : la déco de bistrot-caviste est bien chaleureuse, les conseils de la sympathique équipe sont judicieux et, dans les verres, les vins principalement nature ou bio sont aussi bons qu'originaux. Au top ! Jusqu'aux plats du jour (le midi) et aux planches de charcuterie et fromage. Une excellente adresse dans sa catégorie, jeune et festive, surtout en terrasse.

Aux beaux jours, le ***quai du Châtelet*** *(plan C3,* ***33****),* autre centre névralgique, reste un must. Larges terrasses, guinguettes, concerts. Parmi les permanents, ***L'Inexplosible n° 22*** (dernier survivant de bateaux de Loire, dont les moteurs au charbon étaient conçus pour ne pas exploser) abrite un *bar lounge.* Possibilité aussi de prendre l'apéro sur une ***toue,*** avec petit tour sur la Loire. Se renseigner sur place ou à l'office de tourisme.

Où acheter du bon vinaigre ?

Martin Pouret *(plan C2,* ***35****) : 11, rue Jeanne-d'Arc. ☎ 02-38-62-19-64. • boutique@martin-pouret.com • Tlj sauf dim 10h-19h. Visite guidée possible via l'office de tourisme.* Cette maison est la dernière des 300 maisons de vinaigres qui ont existé à Orléans ! Une digne résistante reprise, aux côtés du dernier représentant de la maison Pouret, par 2 jeunes entrepreneurs qui ont le souci de redonner jeunesse et noblesse à ce fameux exhausteur de goût. L'usine, à l'orée de la ville, s'approvisionne en matières premières locales : le vin blanc provient du Val de Loire, le rouge de Bourgogne – le tout vieilli en fûts de chêne selon des procédés ancestraux. Quant aux graines de moutarde, elles sont cultivées dans un champ voisin. Dans cette boutique lumineuse sont présentés tous les produits de la marque : vinaigres blanc et rouge aromatisés, moutardes et cornichons conservés dans du vinaigre... d'Orléans !

À voir

Dans le centre historique

La cathédrale Sainte-Croix *(plan C2).* *☎ 02-38-77-07 50. Tlj 9h15-18h (19h avr-sept). Consulter l'office de tourisme pour les visites guidées. L'été, des illuminations et des sons et lumières animent la façade et les tours de la cathédrale, ainsi qu'à Noël et pdt les fêtes de Jeanne d'Arc.*

Sainte-Croix n'a pas la réputation qu'elle mérite. Sous prétexte que ses transepts, ses tours et sa façade effondrés ont été reconstruits au XVIIIe s, dans un style gothique plus que tardif, on n'imagine pas tout ce qui a pu se passer ici. Or, peu de cathédrales peuvent se prévaloir d'un passé comme le sien.

La 1re basilique fut construite à la fin du IVe s par saint Euverte. Lors de la consécration, une main apparut au-dessus de lui, bénissant l'édifice ainsi que tous ceux qui participaient à la cérémonie. Pour le moins troublé, Euverte interrompit la petite fête, ne voulant pas recommencer ce que Dieu venait de faire. Difficile de le blâmer ! Impossible, donc, de trouver ici les habituelles croix de consécration sur les piliers. Sainte-Croix est par conséquent la seule cathédrale à n'avoir jamais été consacrée officiellement ! Mais, rappel de ce miracle, une main en train de bénir est quand même peinte sur la clé de voûte maîtresse du chœur.

En 511, Clovis réunit ici le 1er concile mérovingien qui réorganise l'Église des Gaules. En 848, Charles le Chauve se fait couronner empereur d'Occident à Orléans. Un siècle plus tard, Robert le Pieux, fils d'Hugues Capet, y est baptisé et, plus tard, y reçoit l'onction royale. En 989, la cathédrale est détruite dans l'incendie de la ville. Les Capets la font reconstruire et l'agrandissent : elle aura 5 nefs, à l'image des grandes églises de pèlerinage. Au XIIe s, Louis VI le Gros se fait sacrer roi à Orléans. Reims enrage de se faire voler la vedette... En 1286, tout le côté nord et une partie du chœur s'effondrent. En 1287, on pose la 1re pierre de la nouvelle cathédrale ; les travaux, bloqués par la guerre de Cent Ans, se terminent en 1511. Mais les guerres de Religion auront raison de ces restaurations. Les protestants détruisent presque totalement la cathédrale. D'Henri IV à Charles X, en passant par les affres des guerres de Religion, les travaux s'éternisent. Elle retrouve finalement sa splendeur d'antan, plusieurs siècles plus tard, lorsqu'en 1829 sont commémorés les 400 ans de la libération par Jeanne d'Arc.

La ***façade*** et les ***tours*** datent des XVIIIe et XIXe s. On les doit à la générosité de Louis XIV, Louis XV et Louis XVI. Dentelles pour la façade, pièces montées pour les tours hautes de 88 m, le style n'est pas forcément très pur, mais l'ensemble force le respect. Les 2 tours, uniques en leur genre, sont formées de 2 étages carrés ; le 3e est constitué d'une colonnade en pierre surmontée d'une dentelle sur laquelle se dressent 4 anges. Original ! La flèche centrale (à 114 m) fut élevée sur le modèle de celle d'Amiens.

À l'intérieur, une ***nef*** élancée de style flamboyant, d'une grande pureté. Au milieu subsistent les 2 travées authentiques du début du XVIe s. Dans les bas-côtés de la nef, une série de vitraux du XIXe s retrace en 10 tableaux la vie de Jeanne d'Arc. Une vraie bande dessinée ! Dans le ***chœur,*** admirables boiseries (médaillons des stalles présentant des scènes de la vie du Christ) exécutées sous la direction de Mansart puis Gabriel, d'après des cartons de Le Brun, puis sculptées par Decoullons au XVIIIe s. Les ***chapelles*** du pourtour sont les seules qui subsistent de l'ancienne cathédrale où Jeanne d'Arc vint en 1429. Elles donnent une idée de la magnificence de l'endroit à l'époque. La chapelle dédiée à la sainte et inaugurée en 1926 détonne un peu avec ses curieuses statues de... léopards dorés ! Le trésor de la cathédrale est exposé dans la chapelle Saint-Louis. Ses grands orgues du XVIIIe s proviennent de l'abbaye de Saint-Benoît-sur-Loire. Le soir, ne manquez pas l'éclairage de la cathédrale et la belle perspective le long de la rue Jeanne-d'Arc depuis la place du Général-de-Gaulle.

Le musée des Beaux-Arts *(plan C2)* **:** *1, rue Fernand-Rabier (entrée du public pl. Sainte-Croix), juste à gauche de la cathédrale. ☎ 02-38-79-21-83. • orleans-metropole.fr • ♿ Tlj sauf lun, dim mat et j. fériés 10h (13h dim)-18h (20h jeu). Billet combiné avec la maison de Jeanne d'Arc, l'Hôtel Cabu musée d'Histoire et d'Archéologie et le Musée d'Orléans pour la Biodiversité et l'Environnement (MOBE) : 6 € ; réduc ; gratuit moins de 18 ans, étudiants de moins de 26 ans et pour ts le 1er dim du mois. Pour les enfants, carnet de croquis gratuit. Expos temporaires.*

Créé en 1797, ce musée est né de la volonté de rassembler des œuvres à partir de collections privées. Un projet original à une époque où les musées étaient constitués principalement de dépôt de collections publiques en provenance de la capitale. Cette politique de dons de grandes familles locales en a fait sans doute l'un des plus riches musées du genre. Outre un nombre important de peintures hollandaises et flamandes correspondant aux goûts des familles donatrices de l'époque, les collections couvrent l'ensemble de la création artistique européenne du XVe au XXIe s. Enfin, le musée des Beaux-Arts d'Orléans est aussi réputé pour ses réserves de dessins, pastels et gravures exposés par roulement dans les cabinets d'arts graphiques, des espaces dédiés à chaque étage en lien avec les collections permanentes. Bref, un ensemble d'une qualité exceptionnelle.

Depuis 2015, le musée fait l'objet d'un vaste lifting, parti du 2e étage. Certaines sections pourraient donc être fermées. ***Il est plus cohérent de commencer par le 2e étage puis de redescendre*** : les œuvres sont présentées de façon chronologique, puis par école. Et chaque œuvre bénéficie d'un cartel disposé au sol pour ne pas gêner la contemplation. Habile ! Dès le hall d'accueil, l'œuvre monumentale de Scherrer représentant *Jeanne d'Arc victorieuse des Anglais à Orléans* (1887) donne le ton.

– Le ***2e étage*** est dédié à la ***période du XVe s au XVIIe s (art européen).*** Après avoir admiré un superbe émail du XVe s du maître du triptyque d'Orléans, on s'aventure dans les salles qui ne manquent pas d'illustres artistes : *Buste de Jeanne d'Arc* de Pierre-Nicolas Beauvallet (XVIe s, restauré en 1802), cadavérique *David et Goliath* de Guido Reni, un chef-d'œuvre de Vélasquez, *Saint Thomas,* des trompe-l'œil représentant *Les 4 Âges de l'Humanité* par Gérard de Lairesse (1682) ou encore *Saint Grégoire le Grand* de Lubin Baugin (noter les paroles divines apportées par la colombe)... On s'intéresse aussi au ***cabinet d'arts graphiques,*** dont l'accrochage est régulièrement renouvelé (le fonds compte quelque 50 000 estampes et 12 500 dessins !), et aux Français du XVIIe s (Bourdon, La Hyre, Le Nain...).

UN MAL POUR UN BIEN

Il aura fallu une Première Guerre mondiale dévastatrice pour que réapparaisse le droit à réparation des dommages de guerre, pourtant voté dès 1793. Le musée des Beaux-Arts a eu le nez creux. Ayant payé un lourd tribut lors de la Seconde Guerre mondiale, il a judicieusement enrichi ses collections en réinvestissant les indemnités dans l'achat d'importantes œuvres françaises, dont un exceptionnel Bacchus et Ariane *des frères Le Nain.*

– Le ***1er étage*** présente, salle 10 (impressionnant accrochage, du sol au plafond), les grands formats, des XVIIe et XIXe s dont une partie provient du château disparu de Richelieu. Voir par exemple *La Fuite en Égypte* de Noël Hallé ou la sensuelle imbrication des corps de *Loth et ses filles* de Jean-François de Troy. On découvre également un autre cabinet d'arts graphiques, des espaces consacrés à la peinture historique française du XVIIIe s, une collection de portraits (de Bernard Perrot, d'inhabituels médaillons-portraits de Louis XIV en verre moulé transparent), et des bustes d'Houdon et de Pigalle. Fleuron des collections du musée : le « ***cabinet des pastels*** », le plus riche de France après celui du Louvre, avec des œuvres majeures du XVIIIe s, comme le célèbre *Autoportrait aux bésicles* de Chardin, le *Portrait d'un jeune homme noir* de Quentin de La Tour, et des pastels de Perronneau, Valade...

– ***En mezzanine et à l'entresol*** se déploient les collections du XIXe s avec un bel ensemble d'œuvres et d'artistes romantiques et pompiers, ainsi que des pièces du sculpteur Henri de Triqueti et les arts graphiques à nouveau. Dans la salle rouge, grands formats où l'on croise Cogniet notamment *(Les Drapeaux),* Delacroix *(Tête de vieille femme),* Antigna (terrible *Pauvre femme,* morte gelée sous son fagot de bois), Courbet...

POURQUOI L'ART POMPIER ?

L'utilisation du mot « pompier » est apparue au XIXe s pour tourner en dérision l'art académique, sans doute par allusion aux casques brillants des personnages des tableaux pompeux, rappelant ceux des sapeurs-pompiers.

– Le ***1er sous-sol*** rassemble une riche collection d'***art moderne et contemporain*** : quelques bronzes, notamment *Le Compositeur* d'Ossip Zadkine, *Les Nobles Fardeaux* de Bourdelle, *La Nymphe* de Maillol et *L'Ombre* de Rodin, puis les grandes toiles de Hélion sur mai 1968, des ***abstraits grand format*** (*Étude* de Hantaï, Manessier, Zao Wou-ki, Debré), le célèbre *Saint Moritz* de Lempicka et quelques artistes de la figuration narrative (Rancillac, Klasen, Monory, Fromanger)... Et si l'on ajoute encore quelques Soutine, Maurice Denis et même des Gauguin, on se dit que, vraiment, ce musée est un incontournable à Orléans !

Cercil – musée-mémorial des enfants du Vel' d'Hiv *(plan D2) : 45, rue du Bourdon-Blanc. ☎ 02-38-42-03-91. • cercil@memorialdelashoah.org • musee-memorial-cercil.fr • ♿ Lun-ven 10h-12h30, 14h-17h30 (20h mar) et dim 14h-18h.*

LE LOIRET

Fermé le sam, j. fériés et 1er-15 août. Entrée : 4 € ; réduc, y compris sur présentation de ce guide ; gratuit moins de 18 ans. Organise un parcours de mémoire dans Orléans.

Le *Cercil,* rattaché au Mémorial de la Shoah, c'est d'abord un important centre d'études et de pédagogie du Loiret, riche de milliers de documents. Il fut fondé par Hélène Mouchard-Zay, fille de Jean Zay. C'est surtout ce musée passionnant et ô combien émouvant, qui retrace l'histoire des 3 camps d'internement du Loiret durant la Seconde Guerre mondiale, les 1ers en France : Beaune-la-Rolande, Pithiviers (qui a son propre musée depuis 2022) et Jargeau. Les 2 premiers sont tristement célèbres pour avoir « accueilli » les hommes de la rafle du Billet Vert (14 mai 1941), puis les femmes et les enfants raflés en juillet 1942 par les Allemands avec l'aide des autorités françaises. Le camp de Jargeau était quant à lui réservé aux tziganes, prostituées...

L'exposition, sobre et très documentée, reprend en détail la chronologie des événements, replacés dans leur contexte historique. Début août 1942, 4 convois déportent les femmes vers les camps d'extermination d'Auschwitz-Birkenau. Restent les enfants. ***Le gouvernement de Laval demande à Berlin l'autorisation de les déporter également.*** Il faut attendre le 13 août pour que l'autorisation soit donnée depuis le bureau d'Eichmann. Sur les 4 700 enfants internés à Beaune et Pithiviers, 4 400 seront déportés et assassinés. Des visages, des courtes vies, des histoires individuelles auxquels le mémorial rend un saisissant hommage dans une salle aux murs couverts de noms et de photos afin de restituer à chacune des petites victimes son identité et de fixer la mémoire sur ces terribles années. Voilà pourquoi le musée-mémorial est installé dans une ancienne école.

En ressortant dans la cour, on ne manquera pas de s'attarder devant une section d'origine du baraquement n°4 du camp de Beaune-la-Rolande. Une relique rare, retrouvée par hasard chez un particulier en 2005. Et de méditer devant cette phrase : « Avant de pouvoir tourner la page, encore fallait-il la lire et donc l'écrire. » C'est chose faite avec beaucoup de dignité.

★★ *L'hôtel Groslot* *(plan C2)* **:** *pl. de l'Étape, près de la cathédrale. ☎ 02-38-79-22-30. ♿ Juil-sept, tlj 9h-19h. Oct-juin, lun-ven 10h-12h, 14h-18h ; sam 10h-19h, dim 10h-18h. Pas de visite en cas de mariage ou de réception. GRATUIT. Visite audioguidée (auprès de l'office de tourisme) ou brochure.*

Construit au XVIe s (1530-1550) pour le bailli de la ville Jacques Groslot, officier de robe qui rendait la justice. Plus tard, entre 1790 et 1981, il abrita l'hôtel de ville. Devant l'élégant bâtiment de briques orange et noires, la ***statue de bronze de Jeanne d'Arc*** a été réalisée par la princesse Marie d'Orléans, fille de Louis-Philippe, en 1840. Son armure est percée de trous. En fait, pendant la Seconde Guerre mondiale, la statue était enfouie à côté d'un dépôt de munitions qui l'endommagea lors d'une explosion !

À l'intérieur, ceux qui se souviennent de la série TV *Les Brigades du Tigre* reconnaîtront les lieux, plusieurs fois utilisés comme décor. La visite comprend le somptueux ***salon d'honneur,*** l'ancienne ***salle du Conseil municipal,*** la ***salle des Gardes*** et la fameuse ***salle des Mariages*** (toujours en usage), où François II mourut (à l'âge de 17 ans) d'une mastoïdite (complication d'une otite) qu'Ambroise Paré voulait trépaner ! Catherine de Médicis, mère du jeune roi, s'y opposa, ce qui n'empêcha pas l'issue fatale. La scène est relatée sur un tableau du XIXe s exposé dans cette salle où séjournèrent par la suite Charles IX, Henri III et Henri IV (sans y mourir).

Dans l'***ancien bureau du maire,*** beau fauteuil en bois tendu de cuir de Cordoue, tapisserie d'Aubusson, crédence et coffre du XVIe s en bois fruitier. Également un coffre de mariage de François Ier et Claude de France (XVIe s), les présentant en médaillon autour d'une Vierge à l'Enfant.

Agréable petit jardin public (accès par une rue à l'arrière) qui abrite les vestiges d'une chapelle du XVe s édifiée par les pèlerins se rendant à Saint-Jacques-de-Compostelle.

Du centre historique au quartier des Carmes

La place du Martroi *(plan B2)* **:** le cœur et le symbole de la ville (ici, on dit familièrement « le » Martroi). Cette classe et vaste place piétonne, où trône une statue de Jeanne d'Arc du XIXe s, est animée de jeux d'eau appréciés des enfants, et frangée de terrasses qui font le plein. Autour, façades du XIXe s et, à l'angle de la rue Royale, l'ancienne chancellerie, construite en 1754 par le duc d'Orléans. Il y a quelques années, des fouilles archéologiques ont permis de retrouver, sous la place, des vestiges des anciens remparts, dont la porte Bannier, que l'on peut apercevoir depuis le parking souterrain.

La rue Royale *(plan B2-3)* **:** elle relie, sur 300 m, la place du Martroi au pont George-V, de la même époque. Percée au XVIIIe s, elle ne manque pas de noblesse avec ses arcades et ses élégantes façades soigneusement restaurées. C'est un peu la rue de Rivoli d'Orléans ! À l'angle de la rue du Tabour, on découvre une *Baigneuse,* sculpture de Paul Belmondo, le papa de Bébel.

Hôtel Cabu, musée d'Histoire et d'Archéologie *(plan B2-3)* **:** *sq. Abbé-Desnoyers. ☎ 02-38-79-25-60. Mai-sept, tlj sauf lun 10h-13h, 14h-18h ; oct-avr, tlj sauf lun 13h-18h. Billet combiné avec la maison de Jeanne d'Arc, le MOBE et le musée des Beaux-Arts : 6 € ; réduc ; gratuit moins de 18 ans, étudiants moins de 26 ans et pour ts le 1er dim du mois.* Ce ravissant hôtel particulier du XVIe s abrite un petit musée fort intéressant. Le rez-de-chaussée et le bâtiment donnant sur l'élégante cour intérieure sont dévolus aux expositions temporaires, tandis que les étages accueillent des collections permanentes consacrées à l'histoire de la ville et de la région. Petites salles dédiées à la marine de Loire (plusieurs maquettes) et à l'archéologie. L'exceptionnelle collection de bronzes gallo-romains provenant du trésor de Neuvy-en-Sullias (un cheval entier et un sanglier reconstitué notamment) vaut le déplacement à elle seule. À la période médiévale, commerce du thé, enseignes marchandes, étain, fragments de bâtiments, bas-reliefs, riche statuaire... Le musée s'intéresse enfin à Orléans du XVIIe au XXe s (commerce du sucre, du vinaigre, de la porcelaine...). Parmi les curiosités, remarquez le portrait de Jeanne d'Arc, comme de juste ! Un musée à l'ancienne et un peu fourre-tout, ce qui n'ôte rien à son charme.

À côté de l'*Hôtel Cabu,* toujours sur le square Abbé-Desnoyers, la ***maison de la Pomme,*** qui doit son nom au fruit sculpté dans un cartouche de sa jolie façade Renaissance. En face, l'**hôtel des Créneaux** (XVe et XVIe s) : ce fut le 1er hôtel de ville d'Orléans.

La maison de Jeanne d'Arc *(plan B2-3)* **:** *3, pl. du Général-de-Gaulle. ☎ 02-38-68-32-63. Tlj sauf lun et j. fériés : avr-sept, 10h-13h, 14h-18h ; oct-mars, 14h-18h. Billet combiné avec le musée des Beaux-Arts, le MOBE et l'Hôtel Cabu, musée d'Histoire et d'Archéologie : 6 € ; réduc ; gratuit moins de 18 ans, étudiants de moins de 26 ans et pour ts le 1er dim du mois. Compter 30 mn.* Cette vénérable maison à pans de bois est la reconstitution de la maison du trésorier du duc d'Orléans, Jacques Boucher, qui eut l'honneur de recevoir la Pucelle en 1429. Elle abrite aujourd'hui un centre de recherche sur Jeanne d'Arc. L'intérêt est par conséquent un peu limité pour le visiteur de passage, qui doit se contenter d'un film de 15 mn sur la vie de Jeanne d'Arc. Pour un coup d'œil rapide donc. À l'arrière, agréable terrasse du bar-resto *Le Jardin du Pavillon,* donnant sur un monument un peu caché : le pavillon de Colas-des-Francs.

Le centre Charles-Péguy, hôtel Euverte-Hatte *(plan B3)* **:** *11, rue du Tabour. ☎ 02-38-53-20-23. Expo mar-sam 14h-18h. Bibliothèque lun-ven 9h-12h, 14h-18h (17h ven). GRATUIT.*
Ce petit musée, installé dans un hôtel particulier du XVIe s, retrace les principaux épisodes de la vie et l'œuvre de Charles Péguy. Voir surtout la belle galerie à arcades Renaissance avec caissons, feuilles d'acanthe, chimères...

Nombreuses maisons anciennes et beaux hôtels particuliers des XVIe et XVIIe s, disséminés dans la vieille ville *(plan B2 et C2-3)*. On pourra découvrir le ***pavillon de Colas-des-Francs*** (square Jacques-Boucher), la ***maison de Jean Dalibert*** (6, place du Châtelet), la curieuse ***maison de la Coquille*** (7, rue de la Pierre-Percée), la ***maison Ducerceau*** (6, rue Ducerceau), la ***maison d'Hector de Sanxerre*** (XVIe s) avec son curieux cabinet en encorbellement qui servait de cabinet de lecture (211, rue de Bourgogne) ou encore les ***pavillons d'Escures*** (au début de la rue du même nom) – jolies demeures en brique du XVIIe s, dont les façades rappellent celles de la place des Vosges, à Paris... Normal, le 1er propriétaire avait aussi un hôtel particulier sur cette place parisienne !

UNE ÉTRANGE COÏNCIDENCE

Très patriote, Charles Péguy mourut au front en 1914, souhaitant donner sa vie à la « mère patrie ». Il est enterré à Villeroy, près de Paris. Le buste du poète (à l'entrée de la rue du Faubourg-de-Bourgogne) porte la marque d'un éclat d'obus allemand reçu en 1940... à l'endroit exact où Péguy lui-même avait été mortellement frappé en 1914 !

« Les Turbulences » FRAC Centre-Val de Loire *(bâtiment du Fonds régional d'art contemporain ; plan A2)* **:** *88, rue du Colombier, entrée bd Rocheplatte. ☎ 02-38-62-52-00. • frac-centre.fr • Ouv mer-dim 14h-19h (nocturne jusqu'à 20h, 1er jeu du mois). Fermé 1er janv, 1er mai et 25 déc. GRATUIT. Visite commentée possible (4 €, réduc).* Une réalisation architecturale audacieuse imaginée par les architectes Jakob + MacFarlane (auteurs entre autres des Docks – Cité de la Mode et du Design à Paris), sur le site d'anciens bâtiments des XVIIIe et XIXe s, aujourd'hui flanqués d'étranges excroissances recouvertes de panneaux d'alu à facettes évoquant, sans ambiguïté, les centrales nucléaires voisines. Ce bel ensemble accueille les collections du FRAC Centre-Val de Loire ainsi que de nombreuses expositions temporaires, toujours de qualité. On y découvre notamment, à mi-chemin entre architecture expérimentale et création artistique, les approches visionnaires et utopiques de l'habitat des années 1950 à nos jours.

Dans le quartier de la gare

Le MOBE, Musée d'Orléans pour la Biodiversité et l'Environnement *(hors plan par C1)* **:** *6, rue Marcel-Proust. ☎ 02-38-54-61-05. • museum@orleans-metropole.fr • Vac scol : mar-dim 10h-18h. Hors vac scol : mar, jeu et ven 12h-18h, mer et w-e 10h-18h. Nocturne jeu (ferme à 20h). Entrée : 6 € ; réduc.*
L'ancien ***museum d'Histoire naturelle,*** ouvert en 1823, a fait peau neuve. La culture scientifique vient désormais à la rencontre du grand public dans un étonnant bâtiment aux murs extérieurs tapissés de serres. Le décor est planté ! À l'intérieur, une muséographie un peu sombre mais bigrement efficace, interactive, ludique et... esthétique avec ces vitrines courant d'un étage à l'autre et mettant en scène les collections.
De tiroirs en film panoramique, de microscopes en spécimens de toutes les formes et toutes les couleurs (seulement 5 % des 435 000 en réserve sont exposés !), on apprend tout sur les ***mécaniques du vivant*** (le corps, les plantes...), ce vivant apparu sur terre il y a 3,8 milliards d'années. Puis un zoom sur les ***paysages*** et les climats : la forêt d'Orléans et la zone humide de la Loire sont bien sûr à l'honneur, mais pas seulement. On y parle pêle-mêle d'ammonite, de paléothère (kesako ?), de pangolin, de coupes pédologiques, de dodo...
Au dernier étage, le ***4 Tiers,*** espace de rencontre et d'activités diverses avec cafétéria, ludothèque, fourmilière (une vraie !), vitrine sur les balbuzards et cette question en filigrane : allons-nous vers une 6e extinction ? Un lieu pour tous, captivant, d'où l'on ressort avec des questionnements sur notre planète mais aussi beaucoup de réponses !

Dans le quartier Bourgogne

La crypte de l'église Saint-Aignan *(plan D3)* : *visite de la crypte seulement guidée (infos avec l'office de tourisme).* Au début du XIe s, Robert le Pieux fait élever, à proximité de la basilique protégeant les restes de saint Aignan (évêque d'Orléans), une église dotée d'une crypte abritant les corps de 7 saints. L'église est rasée au XVe s, reconstruite sur les ordres de Charles VII et de Louis XI puis subit de nouveaux dommages pendant les guerres de Religion. L'entrée de la crypte est pour sa part scellée et semble être contemporaine du 1er édifice. Les colonnes à chapiteaux sont parmi les plus anciennes de l'art roman. Si les motifs végétaux se rattachent à la tradition carolingienne, les chapiteaux figurés sont particulièrement novateurs. De l'art moderne, carrément, pour le XIe s ! Remarquez, notamment, celui représentant des lions encadrant un homme nu (Daniel dans la fosse aux lions ?). Le chapiteau enchâssé dans le pilier de renfort porte sa bichromie d'origine.

LE LOIRET

De l'autre côté de la Loire

Le parc floral de La Source *(hors plan par B3)* : *☎ 02-38-49-30-00. • parcfloraldelasource.com • Ⓣ Université-Parc floral. Quartier Orléans-Sud (bien indiqué). Traverser le pont Maréchal-Joffre, puis sortie « Saint-Cyr-en-Val/Parc floral ». De mi-mars à sept, tlj 10h-19h (dernier billet à 18h ; nocturne jusqu'à 23h juin-sept, plus de rens par tél) ; oct-début nov, tlj 10h-18h (dernier billet à 17h) ; de début nov à mi-mars, tlj 14h-17h. Entrée : de mi-mars à début nov 6 €, réduc, gratuit moins de 6 ans ; gratuit. Chiens en laisse autorisés. Aux beaux jours, venir à l'ouverture (moins de monde). Pique-nique possible.*

En 1959, la ville d'Orléans rachète le vaste domaine de 410 ha sur lequel est créée le quartier de La Source.

Pour la petite histoire, c'est, paraît-il, au château XVIIe s de La Source que Voltaire aurait eu l'idée de son *Candide*. De là à affirmer qu'il y eut aussi l'intuition du célèbre « il faut cultiver notre jardin », il n'y a qu'un pas...

Que la balade est belle et sereine sur les 35 ha aménagés, où l'on admire, dès le printemps, sous les chênes centenaires et autres espèces exotiques majestueuses (érables, cèdres, séquoias), la floraison de dizaines de milliers de tulipes, azalées, roses, iris... et de massifs colorés de dahlias plus tard dans la saison. Du reste, de nombreux événements floraux sont organisés tout au long de l'année, dont le « tableau d'iris » en mai qui présente une collection nationale de plus d'un millier de variétés dans un jardin contemporain unique en Europe. Également des flamants roses qui trempent leurs gambettes dans la rivière, des perruches en volières et des papillons exotiques sous une serre... sans oublier le jardin potager et de vastes pelouses sur lesquelles il est possible de buller ou pique-niquer ! À la belle saison, locations de rosalies et petit train *(payant)*. Jeux pour enfants et minigolf. Un site parfait pour une sortie familiale.

PETIT PARMI LES GRANDS

La source ? Il s'agit de celle du Loiret, le plus court affluent de la Loire, qui sort d'une mare en bouillonnant. Cette rivière, qui a laissé son nom au département, est quand même symbolisée par l'une des 8 nymphes qui entourent la pièce d'eau face à la galerie des Glaces de Versailles. Pas mal comme CV pour un cours d'eau ne mesurant que 11,6 km de long !

Le sentier des Tourelles : au pied du *pont de l'Europe (hors plan par A3)*, à l'ouest du centre, le 100e sur la Loire depuis sa source. Le sentier longe la rive sud et offre une vue sur la ville.

À faire

La base de loisirs de l'île Charlemagne (hors plan par D3) : *sur la rive sud de la Loire, à env 5 km à l'est du centre-ville, direction Saint-Jean-le-Blanc. ☎ 02-38-51-92-04. Bus nº 7 direction Saint-Jean-le-Blanc (circule seulement juin-sept). Base ouv tte l'année. GRATUIT.* Cette base de 70 ha accueille les clubs nautiques (voiles ligériennes, catamarans, dériveurs, canoës et kayaks). Dès l'arrivée des beaux jours, on s'y baigne, on s'y promène, on y court, on s'y détend. Aires de jeux pour enfants, de pique-nique. Aussi beach-volley, basket, ping-pong, mur d'escalade, circuit VTT, parcours santé et accrobranche... En prime, joli point de vue sur la cathédrale.

➢ ***Balades sur la Loire et/ou les canaux :*** *rens et résas sur • tourisme-orleansmetropole.com • balade-bateau-orleans.com • tourismeloiret.com • (onglet « À faire »).* Plusieurs options : des ***navettes avec la base de loisirs*** et les plages de l'île Charlemagne *(seulement 1,80 € la traversée, vélos bienvenus)*, des ***sorties en toue sablière,*** des ***croisières en pénichette sans permis*** sur les canaux (de la journée à la semaine, départ de Briare ou de Châtillon-sur-Loire), etc.

LE LOIRET

Randonnées à vélo : Orléans est située sur le trajet de La Loire à Vélo (800 km de Nevers à Nantes).

Itinéraire de 50 km en remontant le fleuve : d'Orléans, longer les quais de la Loire en remontant le fleuve jusqu'au joli village de Combleux, puis le canal d'Orléans jusqu'à Chécy. Continuer en suivant la Loire jusqu'à Saint-Denis-de-l'Hôtel. Éviter la D 960, bien trop fréquentée. À Saint-Denis, franchir le fleuve. À Jargeau, retour par la rive gauche vers Orléans en passant par Darvoy et Saint-Jean-le-Blanc.

Itinéraire de 55 km vers Beaugency : d'Orléans, longer la rive droite de la Loire en passant par La Chapelle-Saint-Mesmin et l'intéressant village de Meung-sur-Loire. Le chemin, qui suit pratiquement le fleuve jusqu'à Beaugency, n'est pas toujours goudronné mais est bien entretenu. À Beaugency, franchir la Loire et revenir par la route qui traverse Mareau-aux-Prés et Saint-Hilaire-Saint-Mesmin, et longe les vignobles de l'Orléanais.

Fêtes et manifestations

– ***Loire Art Show :*** *en principe sur 2 longs w-e en avr. • orleans-metropole.fr •* Un collectif de *street artistes* et de graffeurs investit une friche ou un lieu alternatif, au cœur de la ville, en passe d'être réhabilité. Ils créent des œuvres en direct, sous l'œil amusé d'un large public. Concerts et buvette. Un événement qui signe la volonté de renouveau de la ville.

– ***Fêtes de Jeanne d'Arc :*** *pdt les 10 j. qui précèdent le 8 mai. • orleans-metropole.fr •* La ville célèbre sa délivrance en 1429. Différentes fêtes et marchés médiévaux, cortège en costumes d'époque, concerts, illuminations, son et lumière sur la façade et les tours de la cathédrale.

– ***Jazz à l'évêché :*** *1 sem fin juin. Programme auprès de l'office de tourisme.* Concerts gratuits de grosses pointures au jardin de l'Évêché, place de la Loire et dans certains établissements culturels de la ville.

– ***Fêtes de Saint-Fiacre :*** *un w-e fin août-début sept. • stfiacreorleans.fr •* Voilà plus de 215 ans que les fleurs sont fêtées à Orléans au quartier Saint-Marceau. Autour de la peinture, de la musique ou de la photo, les horticulteurs, vignerons, fleuristes ou jardiniers sont à l'honneur. Impressionnante reconstitution de jardin et décoration de l'église Saint-Marceau (avec plus de 50 000 fleurs !).

– ***Festival Hop Pop Hop :*** *2 j. mi-sept. • hoppophop.fr •* Un jeune festival, dédié à l'émergence musicale qui se déroule dans des monuments historiques et autres lieux emblématiques de la ville. Parfait pour capter les tendances de demain.

– ***Festival de Loire :*** *courant sept. • orleans-metropole.fr •* Rassemblement de centaines de bateaux, défilés, guinguettes, spectacles, produits du terroir, expos en bord de Loire. Un temps fort qui fait revivre les grands moments de la marine de Loire.

DANS LES ENVIRONS D'ORLÉANS

Olivet et les bords du Loiret : 3e ville du département par sa population, Olivet est traversée par le Loiret, cet affluent de la Loire de seulement 12 km de long. Calme et résidentielle, les bords de la rivière constituent le lieu de balade privilégié de nombreux Orléanais le week-end et aux beaux jours.

La promenade des moulins : *en bordure du Loiret par les rives nord et sud (boucle d'env 10 km). Départ au niveau des restos sur l'eau. Visite guidée possible via l'office de tourisme.* Ces vieux moulins à eau, qui, au XVIIIe s, servaient, entre autres, à moudre la farine, le foulon ou encore le papier à huile, ont été admirablement restaurés (moulin des Bêchets, par exemple), et leur nombre témoigne de l'importance de cette activité économique. Le long de la rivière, sur le sentier des Prés, on peut découvrir de remarquables hangars à bateaux. Destinés à abriter les bateaux des riches propriétés établies le long de cette portion du Loiret, certains arborent de magnifiques architectures, comme celui de la Quétonnière, dû à Thomas Garnier, l'architecte de l'Opéra de Paris. Voir aussi plus haut, « Où dormir ? Où manger dans les environs ? ». Une balade bucolique et photogénique en diable !

Le musée campanaire Bollée : *156, fg de Bourgogne, 45800* ***Saint-Jean-de-Braye*** *(à 5 km à l'est d'Orléans par la D 60). ☎ 02-34-50-54-77. • dominique.bollee@sfr.fr • Tte l'année sur résa. Compter 1h30-2h de visite guidée. Entrée : 5 € ; réduc.* Ce musée campanaire, assez insolite, explique tout sur ***l'art de la cloche*** (le nom provient de la province italienne de Campanie, qui avait pour spécialité la fabrication des cloches...). Dominique Bollée (8e génération !), maître saintier de son état, est le dernier artisan français à fabriquer des cloches de ses propres mains (il ne reste que 3 fonderies en France). Il a ainsi créé la sonnerie de la plus grande basilique au monde, Notre-Dame-de-la-Paix de Yamoussoukro (Côte-d'Ivoire), ainsi que les carillons de plus de 60 cathédrales, d'Orléans à Chartres et d'Ottawa à Saigon. Le musée présente, grandeur nature, les différents stades de fabrication, et une vidéo en explique le déroulement. Chaque cloche est un instrument de musique unique (puisque le moule est cassé lors de la fabrication), et la sonorité produite est obtenue par une composition très précise de l'alliage d'étain et de cuivre utilisé. Très intéressant et unique !

Les bords de Loire à Combleux et à Bou : *à 12 km à l'est d'Orléans.* À 8 km d'Orléans, on trouve Combleux, un joli petit village, en contrebas de la D 960. Il reste ignoré des touristes qui « font » le Val de Loire. À peine une vingtaine de ces maisons basses de mariniers et quelques chalets coincés entre le fleuve et le canal d'Orléans, formant une petite île. Un charme fou, au milieu des fleurs et loin du monde. Un chemin piéton longe la Loire. À cet endroit, le fleuve est large et forme de vastes bancs de sable en été. À l'horizon, les 2 majestueuses tours de la cathédrale d'Orléans... Après Chécy, poursuivre jusqu'au village de Bou. Au bout du bout de ce village, on atteint la Loire pour observer une nature sauvage, « toucher » les oiseaux rasant l'eau du fleuve, et assister, au lever du jour ou à la tombée de la nuit, à un merveilleux spectacle de lumière.

Le musée du Théâtre forain : *quartier du Paradis, 45410* ***Artenay.*** *☎ 02-38-80-09-73. • musee-theatre-forain.fr • À 19 km au nord d'Orléans par la RD 2020, par l'A 10 (sortie Artenay) ou par l'A 19 (sortie Artenay). Ouv mer-ven et les 1er et 3e w-e du mois 14h-17h (18h juil-août). Entrée : env 3 € ; réduc ; gratuit moins de 4 ans et pour ts le 1er dim du mois.*

Le théâtre forain ? Un univers complexe partagé entre le monde du théâtre et celui des gens du voyage. Farceurs médiévaux organisés en corporation, « sauteurs

de campagne » du XVIIe s, arlequins de la commedia dell'arte, marionnettistes du théâtre de Guignol, jusqu'à la troupe d'un certain Jean-Baptiste Poquelin (alias Molière), longtemps itinérante... Tous ont écrit une page d'histoire de ce théâtre sans attache dont les racines plongent dans l'Antiquité.
Mais tout l'intérêt de ce musée réside dans l'hommage qu'il rend à ceux qui, à partir du XIXe s, ont vraiment donné son essence au théâtre forain : toutes ces troupes, grandes ou petites, inconnues ou célèbres, toujours familiales, qui offraient leurs spectacles de village en bourg, pouvant accueillir jusqu'à 1 000 spectateurs. Leur disparition s'amorce après la Seconde Guerre mondiale pour s'éteindre définitivement dans les années 1960. Fort heureusement, une nouvelle génération de comédiens a décidé de reprendre la route. Voilà qui devrait faire plaisir aux anciens qui ont offert beaucoup de leurs souvenirs à ce musée unique en France.
Expos temporaires, spectacles et ateliers (payants). Également une petite section archéologique et paléontologique dans une galerie voisine.

À boire dans le coin !

– ***La célèbre poire d'Olivet :*** les habitants d'Olivet en sont très fiers. On la trouve chez les cavistes ou dans certains restos, et surtout chez le fabricant *Covifruit,* près de la mairie *(613, rue Pressoir-Tonneau ; ☎ 02-38-69-70-88).* Préférez la poire artisanale, celle qui pousse sur l'arbre avec sa bouteille ! Merveilleux en digestif ou simplement pour parfumer ou flamber vos plats...

– ***Les vins AOC orléans et orléans-cléry :*** vin de qualité supérieure, l'orléanais s'est battu comme beaucoup pour accéder à l'AOC, une appellation obtenue en 2006. Principalement localisés dans un secteur autour de Mareau-aux-Près, Mézières-lez-Cléry et Saint-Hilaire-Saint-Mesmin, les viticulteurs proposent leurs blancs, rouges, rosés fruités, ou orléans-cléry issu du cabernet. Un dépliant disponible dans les offices de tourisme présente une petite route du vignoble et rappelle que les 1ers vignerons s'installèrent ici dès les années 510 !
À noter que le 1er dimanche d'octobre, une ***fête des Vendanges*** a lieu à Mareau, et que depuis 2002 s'est créée la confrérie vigneronne des chevaliers d'Orléans-Cléry. Cela dit, si vous restez plus longtemps, poussez jusqu'à Gien pour découvrir l'appellation la plus intéressante du Loiret, à notre avis, le coteaux-du-giennois, proposant des blancs capables de rivaliser avec certains sancerres, et à bien moindre coût. Pour vos emplettes à Orléans, passez à *Ver Di Vin (2, rue des Trois-Maries ; ☎ 02-38-54-47-42 ; mar-mer 15h-19h, jeu-sam 10h-13h, 15h-19h),* où Sabine, la sommelière, vous conseillera sur les vins de Loire.

LE VAL DE LOIRE, D'ORLÉANS À BEAUGENCY

CLÉRY-SAINT-ANDRÉ (45370) 3 200 hab. *Carte Loiret, A2*

Lieu de pèlerinage, Cléry est essentiellement connue pour son impressionnante basilique du XVe s que l'on aperçoit à des kilomètres à la ronde, dans laquelle Louis XI, qui en avait commandé les travaux, fut enterré. Aux alentours, on aperçoit quelques vignes (et donc quelques caves) où est produit un petit vin de l'Orléanais pas désagréable.

Adresse utile

Office de tourisme : *rue du Maréchal-Foch (à côté de la basilique). ☎ 02-38-44-32-28. • tourisme-terresduvaldeloire.fr • Horaires variables selon saison.* À l'extérieur, dépliant sur l'histoire de la basilique et guide-carte touristique du territoire. Propose des visites guidées de la ville et de la basilique (sur résa).

Où dormir ? Où manger ?

Villa des Bordes : *9, rue des Bordes. ☎ 02-38-46-94-60. • villadesbordes@wanadoo.fr • villadesbordes.com • Indiqué en passant derrière la basilique. Resto fermé dim-lun (hôtel ouv sur résa seulement lun). Congés : 3 sem en janv et 2 sem en oct-nov. Doubles 60-95 € ; familiales. Plats 15-21 € ; repas env 40 €. Digestif maison offert sur présentation de ce guide.* Une adresse au calme, isolée, presque insolite. En effet, on loge dans une ancienne maison de redressement pour jeunes filles, face à un grand champ. Dans un vieux bâtiment à l'ancienne, charmant, entouré d'une grande cour et d'un beau parc, des chambres classiques de bon confort. Au resto, le chef concocte une cuisine de qualité tournée vers les épices.

À voir

La basilique Notre-Dame : *tlj 9h-18h30.*
D'abord, on découvrit une belle statue de la Vierge. Les gens du coin crurent vite qu'elle était investie de pouvoirs miraculeux. Plus tard, le 26 mai 1670, elle changera d'ailleurs de couleur devant 42 fidèles ! Philippe le Bel fut le 1er souverain à s'intéresser à la collégiale de Cléry, puis elle se retrouva au cœur des luttes entre Français et Anglais durant la guerre de Cent Ans. Mais c'est Louis XI qui en fut réellement le bienfaiteur, même s'il ne vit pas la fin des travaux. Il fut enterré ici (quand la plupart des autres rois de France sont inhumés à Saint-Denis). Hélas, les budgets s'amenuisant, la collégiale arriva péniblement à la Révolution, en ayant perdu, sous Henri IV, son statut privilégié de chapelle royale. Elle fut restaurée en partie au début du XIXe s avant d'être classée Monument historique en 1840.
La basilique frappe par l'harmonie et la sobriété de ses formes, qui en font l'un des grands monuments du gothique flamboyant (gothique tardif).
Dans une vitrine de la crypte, les crânes royaux intéresseront les amateurs de morphologie, notamment celui du roi, bizarrement décalotté. La sacristie date du XVe s. Au-dessus, la pièce servant d'oratoire à Louis XI. Il pouvait suivre les offices par une toute petite ouverture ménagée dans le mur. On y accède par un somptueux escalier à vis, à noyau évidé (visible lors des visites).

LIBERTÉS D'ARTISTE !

À gauche de la nef, un cénotaphe de Louis XI (il n'y a pas de dépouille). Sur la version de marbre du XVIIe s (l'original en bronze fut fondu pour fabriquer des armes), les spécialistes remarquèrent les incohérences vestimentaires. Le roi porte un habit Louis XIII et une collerette typique de l'époque Henri IV.

2 chapelles importantes : celle du Saint-Sacrement, appelée aussi ***chapelle Saint-Jean,*** richement décorée, avec ses voûtes irrégulières ; elle abrite la famille Dunois dont le fiston, seigneur de la ville de Beaugency et surnommé le « bâtard d'Orléans », fut un fidèle compagnon d'armes de Jeanne d'Arc. Et la ***chapelle Saint-Jacques,*** qui rappelle que Cléry est une étape sur le chemin de Saint-Jacques-de-Compostelle ; elle est fermée par un portail en bois richement décoré, du XVIIe s.

Manifestations

– ***Son et lumière :*** *en fin de sem de mi-juil à début août.* • *cleryraconte.com* • L'association historique locale et 200 acteurs donnent vie à des spectacles aux thèmes changeant tous les 4 ans environ (sur la Résistance jusqu'en 2022).
– ***Pèlerinage à Notre-Dame de Cléry :*** *8 sept.* Fête et grand marché de village le dimanche suivant.

MEUNG-SUR-LOIRE (45130) 6 150 hab. *Carte Loiret, A2*

À 18 km à l'ouest d'Orléans, sur la rive droite de la Loire, Meung-sur-Loire (se prononce « Main ») vit tranquillement autour de son beau patrimoine, dont son ravissant château.
C'est la patrie de Jean de Meung (1240-1305, de son vrai nom... Clopinel !), l'auteur des 18 000 derniers vers du *Roman de la Rose...* mais également d'un grand réalisateur de cinéma, le regretté Alain Corneau. Alexandre Dumas mentionne la cité dès les 1res pages des *Trois Mousquetaires,* car c'est ici que d'Artagnan rencontre Milady. Le peintre Ingres y séjourna plus de 15 ans. Quant à Georges Simenon, il fit de Meung le lieu de vacances du commissaire Maigret.
De petits canaux-rivières, les mauves, faisaient tourner ici les moulins (jusqu'à 37 !), une importante activité qui traitait autrefois les blés beaucerons. En longeant ces petits cours d'eau se découvrent les vieilles ruelles du centre, et, un peu plus loin, quelques ravissants jardins, issus d'un autre temps.

Adresse utile

ℹ @ ***Office de tourisme :*** *moulin de la Poterne, 1, rue Emmanuel-Troulet.* ☎ *02-38-44-32-28.* • *tourisme-terresduvaldeloire.fr* • *Horaires variables selon saison.* Circuits vélos et pédestres disponibles. Vente de produits locaux.

Où dormir ? Où boire un verre dans le coin ?

Bon marché

🍷 🍽 ***Le Guéridon :*** *16, rue Emmanuel-Troulet, à Meung-sur-Loire.* ☎ *09-50-40-18-70. Ouv seulement les soirs jeu-sam, plus dim midi.* Face à la halle, un bar à vins cosy et chaleureux où accompagner sa dégustation de planches de charcuterie et de fromage.

Prix moyens

🏠 ***Chambres d'hôtes :*** *200, impasse de Montpipeau, 45130* ***Huisseau-sur-Mauves.*** ☎ *02-38-74-09-35.* 📱 *06-82-31-99-34.* • *ribieras@aol.com* • *montpipeau.com* • *À 13 km au nord. Congés : janv-fév. Doubles 66-85 €. Un livre de recettes offert, pour 4 nuits, sur présentation de ce guide.* En pleine nature, à l'étage des anciennes écuries d'un château (aujourd'hui disparu), 2 chambres colorées et confortables pouvant accueillir jusqu'à 3 personnes. Salon et salle de petit déj à l'atmosphère chaleureuse, décorés avec beaucoup de personnalité. Grand jardin avec potager bio, verger, aire de jeux pour les enfants et terrain de foot. Excellent accueil.

🏠 ***Chambres d'hôtes Le Clos de la Vigneronne :*** *19, rue de Villeneuve, 45190* ***Messas.*** ☎ *02-34-50-01-70.* 📱 *06-87-04-65-46.*

• closdelavigneronne@gmail.com • leclosdelavigneronne.com • À mi-chemin de Meung et de Beaugency (D 2152). Congés : 3 sem en janv. Doubles à partir de 80 € ; familiale. Un pot de confiture bio offert sur présentation de ce guide. Charmante maison de 1850 dont les tomettes, poutres et parquets anciens s'accommodent à merveille d'une déco élégante et actuelle pleine de personnalité. Les chambres sont dans le même esprit, chic et cosy, au confort irréprochable. Ajoutez une piscine dans le jardin, un hammam et un accueil aux petits soins et vous obtenez l'un de nos points de chute préférés dans le coin !

Chic

Chambres d'hôtes Domaine Saint-Hilaire : *17, rue de Saint-Hilaire, à Meung-sur-Loire. 06-14-38-90-97. • contact@domaine-st-hilaire.fr • domaine-st-hilaire.fr • Doubles 95-145 € ; familiale.* À seulement 10 mn à pied, un havre de sérénité pour cet antique moulin à eau dans un joli parc paysager. Les 2 ravissantes chambres et le loft pour 4 se situent dans la demeure attenante, décorés à la façon d'un cabinet de curiosités avec tapisseries à l'ancienne. Literie haut de gamme et petit déj à base de produits locaux.

Chambres d'hôtes La Mouche-Abeille : *impasse de la Mouche, à Meung-sur-Loire. ☎ 02-38-44-34-36. • perrody@chambres-hotes-loire.com • chambres-hotes-loire.com • À 3 km au nord de Meung (D 2152). Double 100 €.* Il faut passer le portail et traverser en partie le parc de 4 ha avant de découvrir cette belle bâtisse du XVIIIe s, surplombant fièrement la Loire et un jardin à la française. Ici, la vue est somptueuse et apaisante, les chambres spacieuses, décorées de beaux tableaux et meubles anciens. Petit déj en terrasse avec vue. L'accueil courtois garantit un agréable séjour.

À voir à Meung et dans les environs

La collégiale Saint-Liphard : longue de 56 m, voici l'une des plus remarquables églises romanes du département, intéressante par le plan tréflé du sanctuaire (l'unique de la région) et par son clocher à flèche de pierre du XIe s. Bizarrement, on entre par le transept. La tour Manassès, puissant donjon accolé au XIIe s au clocher pour servir de 1re résidence aux évêques (mais aussi de tribunal et de prison !), a en effet très longtemps « obstrué » l'entrée par la nef. Bénitier en pierre juste à droite avec au-dessus une étonnante (par sa taille) fresque du XVIe s représentant saint Christophe. Plusieurs vitraux, dont un de saint Dominique dans le chœur, dessiné par le peintre Ingres, qui séjourna plusieurs années à Meung, et dans lequel il se représenta en médaillon.

Le château : *☎ 02-38-44-36-47. • chateau-de-meung.com • Pdt les vac scol, tlj sauf lun 13h-18h ; fév-mars, ts les w-e 13h (10h dim)-18h ; avr-mai et oct, tlj sauf lun 13h (10h dim)-18h ; juin et sept, tlj sauf lun 10h-18h ; juil-août, tlj 10h-19h ; déc, seulement w-e et vac scol. Congés : janv et nov. Visite libre (durée : 1h30). Entrée : 10,50 € (9 € sur présentation de ce guide) ; réduc ; gratuit moins de 5 ans.*
Une équipe dynamique organise de nombreuses animations pour les plus jeunes (parcours de découverte, odorama, animations historiques en juil-août...). Carnet de visite pour les enfants. Possibilité de pique-niquer dans le parc.

SAUVÉ PAR SA PLUME...

Condamné à mort pour avoir peut-être volé des calices dans une église, François Villon fut enfermé au château de Meung. Il ne dut son salut qu'à sa plume et à Louis XI, alors de passage dans le coin, qui donna l'ordre de le libérer après avoir lu une poésie flatteuse écrite par le poète brigand...

La ville de Meung-sur-Loire, construite à l'époque gallo-romaine, fut totalement rasée par les Vandales au Ve s. Au siècle suivant, saint Liphard vint s'installer et réaménager les environs. Après sa mort, on construisit la fameuse collégiale. Début XIIe s, l'évêque d'Orléans fit construire l'édifice actuel qui fut remanié au XVIIIe s. Ballotté dans les vicissitudes de la guerre de Cent Ans, le château fut la base de repli des Anglais chassés par Jeanne d'Arc.
Le dernier évêque du château en fit un lieu de réception somptueux. Il mourut 1 an avant la Révolution, date à laquelle cette vaste demeure devint Bien national avant d'être vendue au baron Lecoulteux, un des fondateurs de la Banque de France.

Par ici la visite
Aujourd'hui, les dynamiques propriétaires entretiennent les 7 ha de parc et les quelque 130 pièces de cette étonnante bâtisse, dont 25 sont accessibles. Mais ce qui fait vraiment la différence ici, c'est l'accent ludique qui caractérise les visites. Chaque espace, chaque objet (parfois énigmatiques au 1er abord, il y en a plusieurs centaines) sont soigneusement mis en scène, et le prétexte à la découverte du quotidien au château à travers les siècles : la salle de garde et ses équipements que l'on peut endosser, la chapelle XVIIIe s et ses vêtements liturgiques, les salons et l'art de la table, la cuisine et ses recettes d'époque... Les bains (bacs du XVIIIe s, étonnants de modernité avec leur sauna !) sont l'occasion d'étudier la fascinante question de l'hygiène. Salle de torture dans les inquiétants souterrains et dans les greniers, charpente impressionnante ainsi que des vieux jouets d'enfant. Avec différents niveaux de lecture pour chaque thème tout au long de cette réjouissante balade, petits et grands sortent incollables sur la tasse à moustache, l'arrache-molaire ou encore le crachoir de table... Et ces objets ont joué avec l'Histoire sans presque sans rendre compte.

Le musée de Meung-sur-Loire : *22, rue des Remparts (espace culturel de la Monnaye), à Meung. ☎ 02-38-22-53-36. Mer et ven 14h30-18h30, sam 9h30-12h30 ; plus, avr-nov, dim 15h-18h. Fermé j. fériés, 2 sem autour du 15 août et vac de Noël. GRATUIT.* Modeste, ce musée municipal mérite un coup d'œil pour sa vitrine rassemblant quelques ouvrages rares (François Villon, Jean de Meung...), pour sa section consacrée à Gaston Couté (poète et chansonnier connu à Montmartre au début du XXe s, qui passa son enfance à Meung), ainsi que pour son amusante collection archéologique, paléontologique et numismatique, aux allures de cabinet de curiosités à l'ancienne mode.

L'arboretum des Prés des Culands : *Conservatoire national d'Ilex, chemin des Culands,* ***La Nivelle,*** *à Meung. 06-70-95-37-70. À 2 km au nord de Meung, direction Huisseau-sur-Mauves. Mai-début oct, tlj sauf mar 14h-18h. Entrée : 7 € ; gratuit moins de 18 ans. Chiens en laisse admis.* Voici la 2e plus importante collection privée d'*ilex* (houx) au monde ! Plus de 450 variétés dans ce « Jardin remarquable » classé ENS (« Espace naturel sensible »). Également des arbres et arbustes botaniques, collections d'hémérocalles et d'hostas, mais aussi d'astilbes et de clématites répartis sur différents espaces joliment partagés par des canaux, les *Mauves.*

Le jardin de la Folie Hubert : *41, rue des Marais, à Meung-sur-Loire. • lafoliehubert.com • À proximité du précédent. Payant.* Parc tricentenaire de 2 ha accolé à une maison de maître du XVIIe s. Fuchsias, orchidées, cactées, plantes méditerranéennes, bassins d'eau... Une promenade un peu hors sol dans cet écrin préservé, ouvert au public en 2021.

Les jardins de Roquelin : *06-70-95-37-70. • lesjardinsderoquelin.com • À moins de 2 km à l'est de Meung, direction Cléry (fléché à gauche). Mai-début oct, tlj sauf mar 10h-18h. Entrée : 6 € ; gratuit moins de 18 ans. Chiens en laisse admis. Café sur place (boissons non alcoolisées).* Il a fallu plus de 5 années à Stéphane Chassine, ancien jardinier de chez André Eve, pour voir aboutir son projet de jardin de roses, aujourd'hui labellisé « Jardin remarquable ». Ce jardin-pépinière qui fait face à la ville et à la Loire présente sur 1 ha plusieurs thèmes, variétés de plantes, coins de jardin et, surtout, plus de 500 variétés de roses anciennes. Les pergolas en châtaignier ajoutent une touche au style anglais des lieux, tandis que les paons, dindons, oies et canards qui se baladent d'allée en petit bassin font la joie des enfants. Un lieu unique en son genre.

À faire

Les circuits des Mauves et des Moulins : *randonnées pédestres de durée variable (1h-3h30). Départ de l'office de tourisme (dépliants d'itinéraires gratuits sur place).* Randos le long des petites rivières des Mauves, de leurs roues à aubes et de leurs moulins à tan (pour tanner les peaux), à papier, à foulon, à poudre à canon et à farine. Il reste 29 moulins sur les 31 d'origine.

Balade en bateau traditionnel : *avec l'association Cœur de Loire, embarcadère du Bout du Monde, quai Jeanne-d'Arc, à Meung-sur-Loire. 06-80-68-21-27. • coeur2loire.com • Tarif : 15 € ou 35 € ; réduc. Durée : 1h ou 2h30.* Balade commentée sur la Loire en toue cabanée, jusqu'à 12 personnes, entre Meung et Baule. Accro ? Possibilité de passer la nuit à bord de la toue *Cœur de Loire.*

Manifestations

– **Festicolor :** *fin mai-début juin. • festicolor.com •* Nombreux concerts, de tous les genres.
– **Festival de Contes au jardin :** *les mer de juil à 16h, dans les jardins de l'espace culturel de la Monnaye (GRATUIT).*
– **Journées Gaston Couté :** *un w-e fin sept.* Hommage au célèbre poète. 3 jours de musique, de poésie et d'histoires « de paisans ».
– **Petites Formes mouvantes et émouvantes :** *janv et début nov.* Festival de marionnettes.

BEAUGENCY

(45190) 7 800 hab. *Carte Loiret, A2*

C'est dans cette jolie petite ville, postée sur la rive droite de la Loire, que tinte chaque jour (à 8h, 12h et 19h pour être précis) le célèbre carillon « Orléans, Beaugency, Notre-Dame-de-Cléry, Vendôme... » joué par les cloches Simone, Mélanie, Anne et Clotilde. Unissant les 4 terroirs de l'Orléanais, grâce à son pont du XIIe s qui, selon une légende, aurait été construit en une nuit par le diable, Beaugency fut un pôle d'attraction essentiel pour l'unité française.
Connue dès l'époque gallo-romaine, c'est pendant le haut Moyen Âge que l'enceinte se développa par 3 fois autour du castrum. La seigneurie de Beaugency, dépendant du comté de Blois et de l'évêché d'Amiens, fut rattachée au royaume de Philippe le Bel en 1292. Dernière position occupée par les Anglais sur la Loire, les troupes royales conduites par Jeanne d'Arc expulsèrent les envahisseurs de cet endroit stratégique. En effet, on pensait que ceux qui tenaient Beaugency et son pont tenaient une partie de la Loire. Cruellement touchée par la guerre entre catholiques et protestants au XVIe s, la ville ne dut sa survie qu'à la protection active d'Henri IV.
À partir du XIXe s, la navigation et les Balgentiens s'endormirent doucement en raison de l'ouverture de la ligne de chemin de fer Orléans-Tours. Conséquence du progrès ! Tenue à l'écart des bouleversements contemporains, toujours enserrée par les beaux vestiges des 7 portes qui ouvraient ses

remparts, la ville a beaucoup de charme, ayant gardé un indéniable cachet médiéval, avec ses ruelles et ses mails ombragés. Le château a fière allure, lui aussi, et s'est réinventé : il est désormais devenu un centre d'art numérique.

Adresse utile

🅸 ***Office de tourisme des Terres du Val de Loire :*** *3, pl. du Dr-Hyvernaud (à côté de l'hôtel de ville). ☎ 02-38-44-32-28. • tourisme-terresduvaldeloire.fr • Horaires variables selon saison.* Demander les circuits de promenade pédestre et le plan de la ville médiévale.

Où dormir ? Où manger ?

Camping

⛺ ***Camping Val de Flux :*** *au lieu-dit Val-de-Flux, de l'autre côté du pont, sur la gauche, à 1 km du centre-ville. ☎ 02-38-14-72-66. • camping.beaugency@gmail.com • camping-beaugency.fr • ♿ Avr-sept. Forfaits pour 2 pers 12-16 € ; loc 30-50 €/nuit pour 1-4 pers.* Camping convivial, joliment situé au bord de la Loire, face à la ville et ses beaux monuments. Emplacements plus ou moins ombragés, délimités par de petites haies. Terrain de volley et aires de jeux pour les petits. Accueil très sympa.

Bon marché

🍽 ⛱ ***César et Firmin :*** *1, pl. Saint-Firmin. ☎ 09-83-03-08-17. 📱 06-64-90-98-49. • sjarreau@orange.fr • ♿ Tlj 9h (15h30 dim)-18h30 sauf mar, plus lun en basse saison. Congés : courant janv. Formules env 14,50-16,50 €. Une gourmandise offerte sur présentation de ce guide.* Avec sa petite terrasse face à l'église, son coin salon bien douillet flanqué d'une bibliothèque et ses tables réparties dans une jolie salle lumineuse, ce salon de thé pimpant donne envie de faire une pause à toute heure. Mais ce qui fidélise vraiment les gourmands, ce sont les plats du jour comme le croque-monsieur ou le pain de mie maison et les gâteaux préparés avec des ingrédients au maximum locaux et bio. Délicieux !

🍽 ⛱ 🍦 ***Teo Jasmin :*** *22, pl. du Martroi. ☎ 02-34-52-67-67. • restaurant@teojasmin.com • Tlj sauf mer midi. Plats 13-23 €.* Sur la place principale, une maison ancienne rénovée dans un style rafraîchissant et accueillant, moderne au rez-de-chaussée, plus cosy à l'étage. Dans l'assiette, des burgers, salades, grillades et des *pad thaï* originaux. Le tout fort appétissant, préparé avec soin dans la cuisine ouverte. Aux beaux jours, quelques tables bien sympa sur la place et... des glaces.

Prix moyens

🏠 ***Hôtel de la Sologne :*** *6, pl. Saint-Firmin. ☎ 02-38-44-50-27. • accueil@hoteldelasologne.com • hotel-de-la-sologne.fr • Congés : 2 sem à partir de fin déc. Doubles 72-83 €. Un petit déj/chambre et par nuit offert sur présentation de ce guide.* La très « médiévale » rue de l'Évêché débouche, depuis les quais, sur cette adorable placette où trône la statue de Jeanne d'Arc. Seul le tintement des cloches vient réveiller cette carte postale de village... Un emplacement de choix pour cet hôtel convivial. Les chambres sont classiques et coquettes : celles de l'étage ont conservé leurs tomettes et les plus simples, moins chères, sont dans l'aile arrière. Elles donnent sur la véranda et la jolie cour où l'on sert le petit déj l'été. Accueil attentif qui met vite à l'aise.

🏠 ***Relais des Templiers :*** *68, rue du Pont. ☎ 02-38-44-53-78. • info@hotelrelaistempliers.com • hotelrelaistempliers.com • Dans le centre-ville. Doubles 64-67 €.* Ce petit établissement sans prétention occupe une jolie maison en pierre face à la pittoresque (et fleurie) ruelle du Rû. Quant aux chambres, elles sont simples et rénovées.

🏠 🍽 ***Hostellerie de l'Écu de Bretagne :*** *5, rue de la Maille-d'Or. ☎ 02-38-*

44-67-60. • ecu-de-bretagne@wanadoo.fr • ecudebretagne.fr • ♿ Doubles 74-94 € ; supérieures. Parking gratuit. Dans cet ancien relais de poste, de confortables chambres de style contemporain, cossues et chics, réparties entre la maison principale et l'annexe dans la cour. Joli jardin avec une superbe piscine chauffée. Sur place, bistrot privilégiant le circuit court *(mar-sam ; plats 18-22 €).*

L'Idée : *3, pl. du Petit-Marché. ☎ 02-45-48-24-78. • anthony.lidee@gmail.com • Tlj midi et soir. Formule déj en sem env 17 € ; menu 35 € ou plats 19-23 €.* Idéalement situé sur une jolie place, ce resto convivial aux tonalités orangées et aux allures de bistrot chic a le gros avantage d'ouvrir le lundi. Mais il est surtout apprécié pour sa cuisine classique efficace, copieuse et bien présentée, servie sur une petite terrasse dès les beaux jours. Avantageux le midi en semaine, nettement plus cher le soir. Accueil très sympa.

Chic

Grand Hôtel de l'Abbaye : *2, quai de l'Abbaye. ☎ 02-38-45-10-10. 📱 06-09-50-00-53. • info@grandhoteldelabbaye.com • grandhoteldelabbaye.com • Doubles 69-149 €.* Du charme à revendre ! Car cette demeure pleine de noblesse, accolée au chevet de l'abbatiale, est un ancien bâtiment conventuel qui a préservé l'essentiel de son cachet historique : des salons aux cheminées imposantes, un escalier majestueux, un couloir monacal qui conduit aux anciennes cellules (métamorphosées en chambres bien cosy, ouf !), et même une salle de petit déj à la mode médiévale, avec vue plongeante sur la Loire. Dépaysant !

Le P'tit Bateau : *54-56, rue du Pont. ☎ 02-38-44-56-38. • damien.delandine@bbox.fr • Tlj sauf lun-mar. Résa conseillée. Menus 36-78 €.* L'équipage formé par Damien et Anne s'est installé là pour skipper sa propre cuisine, ô combien novatrice ! Cadre dépouillé, presque minimaliste, pour mieux se concentrer sur des plats inspirés, à base de produits nobles et de mélanges audacieux. Quant aux desserts, ils sont tout aussi imaginatifs et savoureux. L'addition excite un peu la puce de la CB, mais l'adresse le vaut bien...

Où dormir ? Où manger dans les environs ?

Chic

Chambres d'hôtes Le Havre de Marie : *10, rue de la Mairie, 45740* ***Lailly-en-Val.*** *📱 06-87-67-40-27. • lehavredemarie@hotmail.fr • lehavredemarie.com • À 5 km à l'est de Beaugency par la D 19, au cœur du village. Doubles 110-130 € ; gîte 4-6 pers (3 nuits min) 240-510 € pour 3 nuitées (2-6 pers). Dîner ou repas léger sur résa 19 € (seulement sur résa).* Superbement restaurée, cette ancienne résidence d'hiver du duc de Lorges recèle, dans son orangerie Napoléon III, 2 magnifiques chambres à l'esprit magazine de déco d'intérieur. Belle piscine chauffée près d'un platane colossal (240 ans tout de même !). En prime, prêt de vélos et (en sus) un spa avec jacuzzi et salle de massage dans l'ancien four à pain. Excellent accueil de la dynamique et très disponible Marie, originaire d'Alsace. Pas de choucroute à la table d'hôtes mais de bons plats à base de produits du terroir.

À voir. À faire

L'église Notre-Dame : belle abbatiale de la fin du XIe s, remaniée au XVIIe s. La lumière joue avec la pierre et les vitraux suivant les heures de la journée. Baptistère et déambulatoire d'une simplicité émouvante. En revanche, les grandes orgues du XIXe s font dans le massif et l'ostentatoire. Ici fut prononcée l'annulation du mariage de Louis VII et d'Aliénor d'Aquitaine en 1152. Elle se remaria... 2 mois plus tard avec Henri Plantagenêt et deviendra ainsi reine d'Angleterre. Quel destin !

Le château de Beaugency - centre d'art numérique : *2, pl. Dunois. ☎ 02-34-59-74-73. • chateau-beaugency.com • Vac scol : tlj sauf lun. Hors vac scol, Pâques-Toussaint : w-e seulement. Entrée : 10 € ; réduc.* Superbe exemple de logis seigneurial qui a subi récemment des travaux de rénovation pour accueillir un centre d'art numérique. Outre les 2 chambres d'hôtes originales où des sculptures lumineuses servent de déco, ce sont 1 500 m² qui sont dévolus à des œuvres numériques, une bonne partie dues au proprio lui-même. Des œuvres visuelles et sonores qui mettent en valeur charpentes des combles et détails architecturaux sur 4 niveaux. Cube holographique dans une ambiance planétarium au 2e, énorme sphère au 1er, jeux de miroirs en immersion totale au rez-de-chaussée... Spectacle nocturne certains soirs en été et à Noël avec animations projetées sur les murs. Une expérience bluffante et inattendue dans ces lieux, entre arts, sciences et patrimoine.

L'hôtel de ville : *pl. du Dr-Hyvernaud (à côté de l'office de tourisme). Salle d'honneur (programme de visite disponible à l'office de tourisme).* Splendide façade Renaissance. Le rez-de-chaussée, avec ses fenêtres en arc, s'inspire de la tradition italienne. Au-dessus, bandeau sculpté sur lequel on peut voir les armes des seigneurs de Beaugency (les Dunois, les Longueville), ainsi que la salamandre de François Ier. Le 1er étage est un bel exemple de style Renaissance française. Au 2e étage, tourelles d'angle et balcon ajouré du XIXe s qui brisent quelque peu l'harmonie de la façade. À l'intérieur, dans la salle d'honneur, 8 grands panneaux réalisés sous Louis XIII et brodés au point de passé empiétant (il faut connaître !). Rarissimes et uniques en France, ils représentent des sacrifices anciens et les 4 continents.

Promenade le long des ***quais du bord de Loire,*** plantés d'arbres magnifiques. Vue splendide sur la Loire et le *Vieux Pont,* construit au XIIe s. Restauré après une énorme crue au début du XVIIe s, il a pris alors sa structure actuelle avec ses 23 arches.

LE PONT DU DIABLE

Si vous entendez de petits rires sardoniques en traversant le pont de Beaugency, rien de plus normal : bâti en une nuit au XIIe s, il serait l'œuvre du diable. En échange, le 1er à le traverser serait possédé par le démon. Pour contourner la menace, les Balgentiens firent traverser un chat. La légende a laissé son nom à la tour du Diable, qui fait partie des vestiges de la 1re enceinte de la ville.

Manifestation

– ***Les Estivales à Beaugency :*** *de mi-juin à mi-août. • beaugency.fr •* 2 mois de festivités partout en ville, concerts, cinéma de plein air, plage, marchés nocturnes, jeux pour enfants...

D'ORLÉANS À BRIARE

JARGEAU ET SAINT-DENIS-DE-L'HÔTEL

(45150 et 45550) 4 500 et 2 850 hab. *Carte Loiret, B2*

À 18 km à l'est d'Orléans, 2 petites villes sœurs de part et d'autre de la Loire dont les clochers semblent se répondre. Toutes 2 soignent leurs berges :

tables de pique-nique, panneaux explicatifs, promenade jusqu'à l'église et bateau-lavoir opportunément échoué au port côté Saint-Denis... Jargeau est cependant plus agréable et plus commerçante que sa sœurette, plus industrielle. C'est à Jargeau que Jeanne d'Arc vainquit les Anglais en 1429. Elle fit son entrée par la porte Madeleine...

Adresses utiles

Office de tourisme Val de Loire et Forêt d'Orléans : *bd Carnot (près des halles), à* ***Jargeau.*** *☎ 02-38-58-44-79. • valdeloire-foretdorleans.com • Juin-sept, mer-sam 10h-12h30, 14h-18h ; hors saison, seulement mer et sam 10h-12h30, 14h-17h.* Installé dans la Chanterie, une jolie maison de style médiéval mais... construite au début du XXe s.

Vélo Val de Loire : *6, Grande-Rue, à* ***Jargeau.*** *☎ 02-38-56-80-62. • velovaldeloire.com • Fermé dim-lun.* Un pro de la location, réparation et vente de vélos, électriques ou non.

Heli-Sphère 45 : *aéroport Orléans Loire Valley, à* ***Saint-Denis-de-l'Hôtel.*** *☎ 02-38-46-04-32. 06-23-39-85-53. • heli-sphere.com • Sur résa. Vols en ULM : 87-155 €/pers selon durée (30 mn-1h). Possibilité d'initiation au pilotage. Également des vols en hélicoptère, beaucoup plus chers.* Du baptême de l'air au grand tour grandiose au-dessus d'Orléans et de la Loire : villages, châteaux, forêts, abbayes... on ne manque rien.

Où manger ?

L'Intention : *4, Grande rue, à* ***Jargeau.*** *☎ 02-38-46-14-68. Ts les midis sauf lun, plus les soirs ven-sam. Menus 22 € (en sem) et 34 € (w-e).* Une table bistronomique providentielle à 2 pas de la Loire. Service tip top pour une appétissante carte maison en 3 choix seulement à chaque plat. Pourquoi faire compliqué ? Dès que le soleil pointe, les tables débordent sur les pavés de la place. Bonus pour les cyclistes : ils peuvent faire réparer leur vélo juste à côté. L'*Intention* est louable et la cuisine d'une belle intuition.

À voir

L'église Saint-Étienne : *dans le centre de* ***Jargeau.*** Ancienne collégiale du XIIe s, dédiée à saint Vrain dont les reliques déchaînèrent les passions. À l'intérieur, élégante nef à voûtes sur croisée d'ogives d'un style assez archaïque et se prolongeant jusque dans le vaste chœur. Étonnant effet de profondeur garanti ! Remarquable chaire en fer forgé de 1752.

La Maison de Loire du Loiret : *bd Carnot, à* ***Jargeau,*** *dans le bâtiment de l'office de tourisme. ☎ 02-38-59-76-60. • maisondeloire45.fr • Mar-sam 9h-12h, 14h-18h. GRATUIT.* Petit espace d'expos temporaires sur la Loire et la culture ligérienne. Organise des sorties nature *(payantes ou non)* et des animations sur faune et la flore.

Manifestations

– ***Carnaval de Jargeau :*** *les 2 dim encadrant le Mardi gras (plus 1 sam en juil).* C'est le 5e carnaval de France par son importance ! Pendant 3 dimanches précédant l'événement, dès 6h du matin, des joyeux lurons organisent le « réveil »

du village avec force bruit et animation ! Le lendemain du 1er dimanche, c'est « le lundi des farces » : pas la peine de vous faire un dessin...
– ***Foire aux andouilles :*** *un dim vers la mi-juin. Sous la grande halle.* Concours de la meilleure andouille, dégustations, foire artisanale.
– ***Jargeau Plage :*** *3 sem en juil.* Comme à Paris, mais sur une vraie plage ligérienne.

COMMENT FAIRE L'ANDOUILLE

Aujourd'hui, on vient surtout à Jargeau pour fêter son andouille, dont les Gergoliens sont très fiers ! Sa particularité ? Elle est composée à 60 % de viande, le reste de chaudins précuits (tripes) et d'assaisonnements (oignon, échalote, persil...). Grillée, c'est un pur régal. On la trouve chez les charcutiers producteurs du centre-ville.

CHÂTEAUNEUF-SUR-LOIRE

(45110) 8 035 hab. *Carte Loiret, B2*

Sur la rive droite de la Loire, à 25 km à l'est d'Orléans, Châteauneuf ne manque pas de cachet avec son château-mairie, son intéressant musée de la Marine de Loire et un remarquable parc à l'anglaise ouvert à tous. Il n'y a bien que le château d'eau qui détonne dans tout cela ! Du parc, un escalier puis une allée mènent paresseusement jusqu'au fleuve, ici traversé par un élégant pont suspendu.
Entre nature et patrimoine, c'est dans ce bel écrin que le soldat, écrivain et académicien Maurice Genevoix, né à Decize dans la Nièvre, passa toute son enfance. Il habita ensuite aux Vernelles, à Saint-Denis-de-l'Hôtel. Panthéonisé en 2020 aux côtés de « tous ceux de 14 », il chanta dans ses romans la poésie de son Val de Loire d'ici. À Châteauneuf, « passer le pont, c'était aller de Gaule en Berry », écrivait-il...

Adresses utiles

Office de tourisme : *3, pl. Aristide-Briand. ☎ 02-38-58-44-79. • valdeloire-foretdorleans.com • Face aux grilles du château, dans une jolie maison à colombages. Avr-oct, mar-sam 10h-12h30, 14h-18h, plus dim mat et j. fériés juil-août ; nov-mars, mer-sam.* Circuit Maurice-Genevoix à travers la ville. Visite gratuite sur demande de la chapelle Notre-Dame-de-l'Épinoy, à proximité du château. Livret de jeu de piste *La Ville ou le Parc* pour une balade ludique 8-12 ans *(2 €).*

■ ***Location de canoës :*** ***Absolument Canoë,*** *au port. 📱 06-08-31-44-01. • absolumentcanoe.com • Loc 23 € la ½ journée, 28 €/j. (navette incluse).*

Où dormir ? Où manger ?

Camping

La Maltournée : *route de la Plage. ☎ 02-38-58-42-46. 📱 06-32-11-41-13. • contact@frery.eu • camping-chateauneufsurloire.com • ♿ De l'autre côté du pont, à env 2 km du centre-ville. Avr-oct. Forfait pour 2 pers 14,50 € (11 € forfait Loire à Vélo) ; loc, 2-6 pers, 28-60 €/nuitée.* La situation est idéale et paisible, au bord de la Loire et au bout d'une longue allée bordée d'arbres. Emplacements agréables, bien ombragés dans l'ensemble. Un camping bien organisé qui comprend aussi des chalets, des mobile homes et du bivouac.

Bon marché

Brasserie des Arts : *2, rue de la Vrillière (derrière l'église, face à la Vieille Halle). ☎ 02-38-58-42-73. • brasseriedesarts45@orange.fr • ♿ Ouv le midi en sem, plus le soir jeu-ven (fermé le w-e). Congés : août et vac de Noël. Formules déj 16-20 €.* Brasserie conviviale, très appréciée des habitués qui plébiscitent une cuisine de saison de qualité. Formules efficaces renouvelées tous les jours à partir de produits frais, avec quelques originalités que l'on ne s'attend pas à trouver ici. Dommage que ce soit fermé le week-end !

Prix moyens

Chambres d'hôtes l'Aventure : *16, Grande-Rue-du-Port. 📱 06-83-68-41-68. • laventure45@orange.fr • Au centre-ville, pas loin du château. Doubles 69-95 € ; familiales ; également un gîte (5 pers, 2 nuitées possibles). Parking gratuit.* Cette demeure de ville du XVIIIe s a été entièrement rénovée pour accueillir 5 chambres. Du charme à revendre entre les parquets, les tomettes et la déco, et une vraie douceur de vivre qui court jusque dans le jardin, sur 3 niveaux. Ce ne sont pas les chats et les chiens qui nous contrediront ! Cuisine à disposition, petit déj copieux : impec pour les cyclistes (et les autres) !

Hôtel du Parc : *5, pl. Aristide-Briand. ☎ 02-38-56-13-13. • hoteldu parc0176@orange.fr • hotel-du-parc-45110-chateauneuf-sur-loire.com • ♿ Au centre-ville, à côté de l'office de tourisme. Double 73 €. Parking gratuit.* Hyper central, cet établissement rénové de fond en comble offre une vingtaine de chambres modernes, pimpantes, fonctionnelles et tranquilles. Un convaincant rapport qualité-prix.

Auberge du Port : *83, Grande-Rue-du-Port. ☎ 02-38-58-43-07. Tlj sauf dim-lun midi et mer soir. Plats à l'ardoise 15-23 €.* On vient de loin pour s'attabler dans ce resto situé juste en face du pont, et savourer de bons plats traditionnels classiques, au dressage bien pensé, élaborés à base de produits frais. Peu de choix à la carte, versatile d'un jour à l'autre, mais que du bon. En hiver, ne pas manquer le dessert maison, le lingot d'or ! Ça se passe dans 2 jolies salles claires à la déco sobre, à moins que vous ne préfériez la petite terrasse en bord de Loire.

Où dormir dans les environs ?

Chambres d'hôtes La Vélisière : *chez Bernadette et Michel Beaubois, 40, route de Lorris (D 88), 45460* ***Bouzy-la-Forêt.*** *☎ 02-38-58-53-42. 📱 06-07-36-34-29. • bernadette.beaubois@orange.fr • chambres.com.fr/lavelisiere • À 9 km à l'est (D 952), direction Gien. Double 62 €.* On arrive par une longue allée qui laisse découvrir un grand jardin entourant une belle maison du XIXe s. C'est que Bernadette a la main verte et adore les rosiers anciens. Les 2 chambres, aux teintes bleues ou soleil, sont agréables. Accueil chaleureux, et plein de bons conseils sur les environs.

À voir. À faire

Le circuit culturel Maurice-Genevoix : *dépliant à l'office de tourisme.* Une quinzaine de panneaux illustrés, de la rue Saint Nicolas jusqu'au musée de la Marine de Loire, où trône une statue de ce régional de l'étape. Extraits de livres de l'écrivain et QR code pour plus de détails. Une belle façon de découvrir la ville. Repérer également

Le musée de la Marine de Loire : *dans les écuries du château du XVIIe s. ☎ 02-38-46-84-46. • musee-marinedeloire.fr • ♿ Tlj sauf mar : avr-oct, 10h-18h*

LE LOIRET

(coupure 13h-14h les w-e) ; nov-mars, 14h-18h. Fermé 1er janv, 1er mai et 25 déc. Entrée : 5 € ; réduc ; gratuit moins de 7 ans. Pour tte entrée plein tarif, réduc aux châteaux de Chamerolles, Gien et Sully-sur-Loire et au musée de Lorris. Visite guidée l'été, animations, ateliers et livrets pédagogiques pour les 3-12 ans.
Ces anciennes écuries, construites sous Louis XIV, sont absolument superbes et l'expo à la belle scénographie contemporaine est parfaitement mise en valeur. Techniques de navigation, échanges et commerce (y compris triangulaire, il faut bien l'avouer !), vie des mariniers à terre... Tout ce qui touche de près ou de loin à la marine et au fleuve est évoqué dans une belle salle surplombée d'une galerie, et dans les différents étages : photos anciennes, petits films, aquarelles, et surtout une cartographie on ne peut plus claire, histoire de comprendre le réseau de canaux et d'affluents par ici, formant un « Triangle d'eau ».
On retrouve la plupart des activités nées de la présence de la Loire, sur laquelle nos lointains ancêtres naviguaient déjà et qui fut, jusqu'au XIXe s, le fleuve français le plus utilisé pour le transport des marchandises. Remarquer aussi la maquette du pont transbordeur de Nantes construit à Châteauneuf (le dernier existant se trouvant à Rochefort-sur-Mer). Également des coffres du XIXe s et puis ces pichets trompeurs qui ont dû en faire rire et baver plus d'un ! Enfin, une salle dédiée à l'histoire de la ville, au château (très belle tapisserie du XVIIe s aux armes des Phélypeaux de La Vrillière, les propriétaires) et à Maurice Genevoix. Une passionnante visite pour mieux comprendre l'importance économique et sociale du célèbre fleuve royal.

Le parc naturel départemental de Châteauneuf-sur-Loire : *accès depuis le château-mairie et le musée. Plan à l'office de tourisme et au musée.*
Créé au XVIIe s, il s'inspire des jardins à la française de Le Nôtre et des parcs à l'anglaise du XIXe s. Situé entre les bords de Loire et la ville, on a plaisir à s'y promener à la découverte des différentes essences botaniques, dont une cinquantaine d'arbres remarquables et une impressionnante collection de rhododendrons (floraison à la fin mai). L'extension du parc vers la Loire est aménagée avec des panneaux pédagogiques, bancs et écopâturage permettant de valoriser la gestion des espaces naturels sensibles protégés. Promenade de 4,2 km, parcours à énigmes, ateliers sensoriels... Aucune excuse pour zapper ce parc !

Le manoir des Tourelles : *1, rue Ferdinand-Arnodin. 06-21-85-27-53. Tlj sauf mer et dim, 15h-19h. GRATUIT.* La demeure début XXe s de Ferdinand Arnodin, ingénieur et inventeur des ponts transbordeurs, livre ses secrets après des années de silence. Le manoir se visite librement ou accompagné de la nouvelle propriétaire, des sous-sols jusqu'aux charpentes du grenier, en passant par le grand hall et l'escalier central, éclairé d'un puits de lumière. Pour les amateurs de brocante, 2 salles de vente sur place. Une expérience à vivre !

Pour conclure la visite, on peut suivre la ***balade des Mariniers*** le long du quai de Châteauneuf, où se trouvent amarrées quelques reconstitutions de bateaux traditionnels : fûtreaux et toues cabanées (pour pêcher jour et nuit, au barrage, les poissons migrateurs tels saumons ou aloses). En juillet-août (tous les soirs à 22h15, 22h30 et 22h45), illumination dynamique du pont suspendu avec le ***spectacle « Pont & lumière... en musique ».***

DANS LES ENVIRONS DE CHÂTEAUNEUF-SUR-LOIRE

➢ **Les Passeurs de Loire :** *embarcadère au lieu-dit La Tuilerie, à* ***Sigloy,*** *à 3 km de Châteauneuf. 06-74-54-36-61. • passeursdeloire.fr • Avr-début nov, tlj (sur résa seulement). Compter 20-43 €/pers. Réduc de 2 €/pers sur présentation de* *ce guide.* Différentes sorties, y compris à thème (en nocturne, en hiver avec bateau chauffé, avec pique-nique...). À bord d'embarcations traditionnelles (bateau à fond plat ou gabare) construites par eux-mêmes, 2 guides font découvrir ce beau fleuve, sa faune, sa flore, sa dynamique, les méthodes de pêche et les techniques de navigation. Convivial et très enrichissant.

LA GABARE, TOUT UN ART !

La manipulation des gabares, ces typiques embarcations nonchalantes à voile et à fond plat, requérait autrefois des compétences pointues lors du passage d'un pont. Les mariniers devaient prendre suffisamment d'élan en gonflant les voiles avant d'affaler en un clin d'œil les mâts pour passer sous l'édifice et négocier au mieux le fort courant.

Saint-Martin-d'Abbat, le village des Boîtes Aux Lettres : de nombreux habitants ont fait de ce bourg la « cité de la boîte aux lettres personnalisée » en plaçant devant chez eux et selon leur goût des boîtes aux allures d'animaux, de fleurs, de cœur, ou simplement peintes. On visite les lieux à pied ou, mieux encore, à vélo, en suivant un petit parcours qui mène aux plus surprenantes d'entre elles ! *2 itinéraires de balades (2,6 et 6,4 km) à découvrir sur • loiretbalades.fr •, onglet « À pied » dans « Je me balade ». Festival avec activités chaque dim ap-m durant juil-août.*

LA FORÊT D'ORLÉANS

Carte Loiret, B-C2

Aux confins de la Beauce, du Gâtinais et du Val de Loire, la forêt d'Orléans s'étend au nord de la Loire sur 60 km, d'Orléans à Gien. La forêt proprement dite occupe près de 50 000 ha (dont 35 000 ha de forêt domaniale). Elle constitue la plus grande forêt appartenant à l'État et l'une des plus importantes de France. Formée de feuillus et de résineux, elle présente des aspects extrêmement divers. À l'époque de Napoléon, on planta même des pins maritimes, quelque peu insolites dans cette région.
De nombreuses routes, chemins et allées invitent à découvrir à pied ou à vélo le charme de ces espaces presque inviolés dans un univers de silence et de quiétude, où il n'est pas rare de croiser un cerf ou un chevreuil. Les sentiers pédestres sont balisés, les GR 3 et 32 passent par ici. Pour votre tranquillité (et votre sécurité !), sachez qu'en saison (de septembre à mars), la chasse à courre pour laquelle la forêt a été en partie configurée au XVIIIe s (carrefours en étoile) est toujours pratiquée ainsi que la chasse à tir (panneaux annonçant les parties en cours).

Où dormir de façon insolite et vivre une expérience privilégiée ?

La Parenthèse : *22, route de la Forêt, 45340* ***Chambon-la-Forêt.*** *06-24-47-68-03. • contact@parenthese-tinyhouse.fr • parenthese-tinyhouse.fr • À mi-chemin entre Combreux et Pithiviers. Doubles 120-165 €, dégressif.* Imaginez des *tiny houses* durables et tout confort pour 2, ouvrant sur la forêt derrière leurs baies vitrées et signées par des créateurs. Puis une serre commune, un potager, des étangs, un espace ayurvédique, un atelier d'artistes... Une expérience totale déconnexion ou plutôt reconnexion avec l'essentiel et la forêt. Et sans superflu. Ouvrir *La*

Parenthèse, c'est peut-être ne plus jamais la refermer...

Rendez-vous en Terre Animale : *10, route de Nibelle, 45530* ***Sury-aux-Bois.*** *☎ 02-36-47-60-06. • rdventerreanimale.fr • À 3,5 km à l'est de Sury (D 909). Nuit pour 2 en ½ pens 240-440 €.* ***Muriel est dresseuse pour le cinéma :*** ses « acteurs » ont joué dans 70 % des films connus avec animaux, une cinquantaine d'espèces en tout, à commencer par ses meutes de loups. Des *lodges* en bois (pour 4 personnes), tout confort et sur pilotis, permettent de passer la nuit quasiment avec ces acteurs à poils et les écouter « chanter » la nuit. À moins de privilégier les mini-*lodges* dans le bois (des tentes pour 2 avec toilettes sèches), encore plus en immersion. Ambiance « appel de la forêt » garantie. Dîner sur place sous forme de bocaux. Également un vaste gîte de 5 chambres indépendantes, à quelques kilomètres. En supplément, possibilité de participer à une « expérience » *(compter 120 €/adulte ; réduc)* : rencontre avec les loups ou les félins (caresse comprise !), balade aux côtés d'un éléphant d'Afrique, fauconnerie, soigneur d'un jour, etc. Une micro-aventure unique dans son genre !

Où manger ?

Auberge de la Rive du Bois : *11, rue de la Rive-du-Bois, 45340* ***Chambon-la-Forêt.*** *☎ 02-38-32-28-44. À mi-chemin entre Combreux et Pithiviers. Tlj sauf dim soir et lun-mar. Le midi en sem, formules 15-22 € ; menus 22-39 €.* Auberge à la sortie du village, à l'orée de la forêt. Un parfait décor pour déguster une cuisine traditionnelle française, mitonnée maison. Au dessert, goûter au pithiviers fondant.

À voir. À faire dans le coin

L'arboretum des Grandes Bruyères : *45450* ***Ingrannes.*** *☎ 02-38-57-28-24. • arboretumdesgrandesbruyeres.fr • À 32 km à l'est d'Orléans (D 921). Lun-ven 10h-12h, 14h-18h (sonner à la cloche) ; w-e et j. fériés 10h-18h. Fermé début nov-mars. Entrée : 10 € ; 5 € moins de 12 ans ; gratuit moins de 5 ans. Pique-nique et animaux interdits.*

Cet arboretum de 14 ha situé dans une réserve naturelle au cœur de la forêt d'Orléans est labellisé « Jardin remarquable ». Tout y est traité de façon naturelle, au compost « maison », sans pesticides ni engrais chimiques. Créé voilà près de 50 ans, ce lieu enchante les visiteurs par son cadre féerique et unique, propice à la rêverie et à l'éveil des sens. On y hume les odeurs sucrées des fleurs sous le soleil, les émanations fraîches de chlorophylle après la pluie, on sent sous ses pieds la douceur du tapis de velours vert. On profite pleinement de chaque saison et de chaque floraison. Ici, vous l'avez compris, la spécialité, ce sont les bruyères (de mars à avril et d'août à octobre), mais également les roses anciennes, les magnolias (c'est la plus grande collection privée de France !), les cornouillers (classés « Collection nationale »)... Ainsi que les chênes et conifères. Ne pas manquer le chêne classé lui aussi « remarquable » en 2017, très impressionnant par son ampleur.

La visite du parc s'ouvre sur un jardin à la française, aux dessins d'ifs et de buis taillés. Guidée par des tonnelles recouvertes de roses odorantes et de clématites, la promenade se poursuit à la découverte de collections riches aujourd'hui de 7 000 arbres et arbustes en provenance des 3 climats tempérés de l'hémisphère nord : Europe, Amérique du Nord et Extrême-Orient.

Vous êtes aussi dans une réserve naturelle, alors pensez à prendre vos jumelles pour observer les oiseaux : plus de 100 espèces y sont recensées (panneau détaillé à l'entrée). Un potager et un labyrinthe végétal complètent l'ensemble.

Le château de Chamerolles : *45170* ***Chilleurs-aux-Bois.*** *☎ 02-38-39-84-66. • chateauchamerolles.fr • À mi-chemin entre Orléans et Pithiviers (D 2152). Mai-sept, tlj sauf mar 10h-18h (tlj juil-août) ; fév-avr et oct-déc, tlj sauf mar 13h30-17h30, plus 10h-12h le w-e. Fermé en janv et 25 déc. Entrée libre : 8 € ; visite guidée : 10 € ; réduc ; gratuit moins de 6 ans. Entrée offrant le tarif réduit au château de Sully-sur-Loire, au château-musée de Gien, au musée de la Résistance à Lorris, au musée de la Marine de Châteauneuf-sur-Loire et à l'arboretum des Grandes Bruyères d'Ingrannes. Pique-nique possible à l'abri ou autour de l'étang.*

En passant le double pont-levis (un des rares en état de marche en France), vous pénétrez dans le château d'un certain... Lancelot du Lac, un homonyme nommé ainsi par son père, Jean Dulac, vraisemblablement en hommage au preux chevalier de la Table ronde. Guerrier émérite en Italie, gouverneur d'Auxerre puis d'Orléans, chambellan du roi, notre Lancelot n'a rien à envier à son illustre prédécesseur. Fort de sa renommée, il fit de cette grosse maison forte, édifiée par les Brouard au XIIe s, un très beau château Renaissance.

Un château Renaissance

Avec son pont-levis, ses douves et peu d'ouvertures vers l'extérieur, il a tout d'une forteresse bien qu'il fût conçu comme un château de plaisance. En témoignent les façades de brique rouge et noire (typiques du Loiret du début du XVIe s), l'agencement en U de la cour intérieure ou la galerie couverte à l'italienne. Dans les salles du rez-de-chaussée, reconstitutions de salons (XVIe et XVIIIe s) avec meubles d'époque ou non, indiennes et brocatelles (tissus tissés) qui ont redonné vie à cet édifice bien malmené au XXe s. Il fut notamment occupé et très endommagé par les nazis pendant l'Occupation, avant que le département ne le reprenne en main.

Le nez dans les parfums

Cependant, l'intérêt principal de la visite réside dans la ***promenade des Parfums*** (à l'étage), véritable musée du parfum. Un thème qui se justifie dans cette région où – plus discrets qu'à Grasse – sont installés dans la « Cosmetic Valley » quelques-uns des plus grands parfumeurs contemporains : 500 entreprises tout de même, 69 000 emplois et plus de la moitié du chiffre d'affaires national dans ce secteur ! Au travers d'autres reconstitutions, la balade nous plonge dans les us et coutumes des seigneurs, du XVIe au XXe s. Le XVIe s justement, période clé de l'histoire de la parfumerie, art déjà ancien : les parfums sont désormais fabriqués à base d'alcool (et non plus d'huile ou d'eau) et on parvient à extraire facilement les essences parfumées des plantes. Reconstitution du cabinet de travail d'un parfumeur et du bureau d'un géographe. La promenade dévoile par ailleurs des objets intrigants, comme ce miroir de vanité doté d'un volet à refermer en cas de crise de narcissisme aigu, cette curieuse baignoire-tonneau et la graine de coco-fesse, la plus grosse graine du monde !

Sous les combles, superbe ***exposition de 250 flacons*** (sur les 800 en stock) : du fameux *N° 5* de Chanel à des bouteilles plus anecdotiques comme le *Golli Wogg,* qui évoque l'arrivée du jazz en Europe dans les années 1920. Salle consacrée aux créations de Lalique, Daum, Murano... qui prouvent qu'en parfumerie, le contenant a tout autant d'intérêt que le contenu. Ouvrez grand vos narines : ne

C'EST DU PROPRE

Au XVIIe s, de nombreux médecins estimant que l'eau était dangereuse pour la santé, la toilette était « sèche », et on se frictionnait longuement le corps avec des linges imbibés de parfum. À la cour de Louis XV, tout le beau monde se couvrait de parfum de la tête aux pieds, excepté les philosophes, qui cherchaient à se distinguer par leur mauvaise odeur.

serait-ce que pour reconnaître toutes les « touches », les accords de senteurs de l'***orgue à parfums*** aux 270 flacons d'essences. Pas facile !
Ne manquez de visiter la ***cuisine*** ni la ***chapelle,*** transformée en temple réformé au milieu du XVIe s. Au-dessus de la chaire, les plus anciens exemples d'inscriptions huguenotes conservées en France : un Credo et un Décalogue conformes à la Bible de Genève (Lancelot II du Lac avait adopté la religion réformée).
Derrière le château, ***jardin*** minutieusement reconstitué d'après des archives du XVIIIe s : 6 carrés entourés de berceaux de charmilles, réunissant les 3 principes des jardins de l'époque (utilitaire, pour l'agrément et pour l'apparat) ainsi qu'un parc, un plan d'eau, un bois... Expos temporaires dans la ***Grande Halle ;*** animations diverses, dont certaines pour les enfants (jeux d'énigme, spectacles, etc.).

Le belvédère des Caillettes : *à* ***Nibelle.*** *À 10 km au nord de Combreux, direction « Centre des Caillettes » et entrer dans la forêt par une piste bien damée, pour découvrir, à 5 km, le belvédère (indiqué).* Vous voici au point culminant de la forêt d'Orléans, à 170 m. Tout en bois, le belvédère, de ses 24 m de haut et 127 marches, offre une vue dégagée sur toute la région, jusqu'à la cathédrale d'Orléans à 40 km de là. Pensez à prendre des jumelles ! De là, *promenade en boucle des bois Bézard* (15,3 km) à travers le massif d'Ingrannes, l'un des 3 constituant la forêt d'Orléans.

– ***La ferme équestre du K Rouge :*** *216, route de l'Orangerie, 45530* ***Vitry-aux-Loges.*** *☎ 02-38-59-35-34. • krouge.fr • À 8 km de Combreux. Compter 25 €/h adulte, 40 €/pers pour 2h en attelage ; réduc.* Visite pédagogique de la ferme et des écuries (une centaine de chevaux et 40 vaches normandes), promenades et randonnées sur poneys et chevaux, attelage, etc. Possibilité de faire une randonnée à cheval de 2 jours, voire 1 semaine, en forêt d'Orléans. Géré par une équipe de passionnés.

ACTION DIRECTE

En 1987, le RAID arrête les 4 terroristes les plus recherchés de France. Assassins de Georges Besse, PDG de Renault, et du général Audran, ils se cachaient dans une fermette près de Vitry-aux-Loges. Ils adoraient les animaux, moins les hommes.

Combreux *(45530)* **:** minuscule village situé le long du canal d'Orléans, au bord duquel on se promène paisiblement. Au nord du village, un étonnant *château* (XVIe et XVIIe s) comme sorti directement des *cartoons* de Walt Disney. Il appartient toujours à la famille de La Rochefoucauld.

L'étang de la Vallée : *à 2 km de* ***Combreux,*** *en suivant les rives paisibles du canal (à pied ou à vélo).* Base de loisirs avec jeux pour enfants, terrains de *beach volley* et de pétanque, baignade *(surveillée l'ap-m en juil-août).* Un sentier artistique balisé de 7 km, *Forest Art,* contourne l'étang, ponctué de sculptures sur des troncs d'arbres. Fauteuils roulants amphibies gratuits au bar. Petite restauration. Activités de loisirs payantes chez ***Vallée Aventure*** : *stand up paddle*, location de vélos... *• valleeaventure.fr •*

SAINT-BENOÎT-SUR-LOIRE

(45730) 2 020 hab. *Carte Loiret, C2*

De la forêt à la Loire, il n'y a qu'un pas. Et quelle récompense ! À mi-chemin entre Orléans et Gien, nous voici à Saint-Benoît-sur-Loire,

siège de la célèbre abbaye bénédictine de Fleury, l'un des édifices romans les plus remarquables de France. Superbe balade à faire à vélo le long de la Loire. C'est également ici que le poète et écrivain Max Jacob a passé plusieurs années de sa vie (1921-1928 et 1936-1944) jusqu'à son arrestation pendant la guerre. Il y est inhumé.

SACRÉS ACTEURS

Un manuscrit du XIIe s racontant 10 drames liturgiques prouve que Saint-Benoît fut l'un des berceaux du théâtre français ! En effet, les moines jouaient en public des « mystères chrétiens » – des scènes évoquant la vie du Christ – afin d'éveiller le peuple illettré à la religion. Rien de tel pour faire passer le message divin et asservir le peuple au clergé, en lui enseignant la notion du péché... et de l'enfer.

Adresses utiles

ℹ ***Office de tourisme :*** *55, rue Orléanaise. ☎ 02-38-35-79-00. • tourisme-valdesully.fr • Avr-sept, tlj 10h-13h, 14h-18h30.* Sur place, centre d'interprétation (se reporter à la rubrique « À voir »).

■ ***ULM Val de Loire :*** *Les Places, à la sortie de Saint-Benoît sur la route de Sully, à gauche. ☎ 02-38-35-76-78. • ulm-club-du-val-de-loire.fr • Vols en ULM : 40-100 €/pers selon durée (15 mn-1h).* Vols à prix compétitifs en pendulaire ou multiaxe. Pour voir le château de Sully du ciel et la Loire, bien sûr...

Où dormir ? Où manger dans le coin ?

Camping

⛺ ***Camping OnlyCamp Le Port :*** *Le Port (fléché). ☎ 02-38-35-12-34. • onlycamp.fr • ♿ En bord de Loire et à 500 m de la basilique. De juil à mi-sept. Env 16 € pour 2 ; forfait Loire à Vélo.* Petit camping agréable et bien calme, offrant une cinquantaine d'emplacements ombragés. Tout simple, un brin sauvage dans son bois et on ne peut plus sympathique avec la Loire en déco et son glouglou en bande son. Aire de service pour camping-cars. Pêche autorisée. Tables de pique-nique sur les berges.

Bon marché

🍴 ***Nature et des Courgettes :*** *3, pl. Saint-André. 📱 06-63-56-66-77. Près de la place centrale. En saison seulement, tlj sauf mar env 10h-18h. Compter 15-20 €.* Derrière la mignonne devanture, un restaurant familial qui fait aussi salon de thé, dans un esprit bio et *Slow Food.* Plats à l'ardoise, sains et appétissants, à accompagner de smoothies aux fruits, bières artisanales ou vins de Loire naturels. Le gendre d'adresse qui coche toutes les cases !

🍸 🍴 Sinon, jolie terrasse du ***salon de thé de l'Hôtel Labrador*** (voir ci-après), face à l'abbaye.

Prix moyens

🏠 🍸 ***Hôtel du Labrador :*** *7, pl. de l'Abbaye. ☎ 02-38-35-74-38. 📱 06-30-49-63-62. • hoteldulabrador@wanadoo.fr • hotel-du-labrador.com • ♿ Double 77 €.* Cet hôtel récent dispose de chambres modernes, classiques et tout confort (même si l'insonorisation pêche parfois). Le tout à 2 pas de la sublime abbaye. Parfait pour une étape. Salon de thé avec terrasse opportunément plantée juste en face de l'abbaye *(tlj à partir de 10h30).* Surtout pour un verre mais propose aussi des plats de snack sans prétention.

🏠 🍴 ***Chambres d'hôtes La Ferme de la Borde :*** *6-8, chemin de la Borde. ☎ 02-38-35-70-53. 📱 06-76-05-69-72. • mireille-dominique.bouin@*

wanadoo.fr • fermedelaborde.com • ♿ (1 chambre). À 2 km à l'est (D 148), direction Bonnée. Double 80 €. Table d'hôtes (sur résa) 23 €, vin compris. Les sympathiques propriétaires ne laissent rien au hasard : leurs chambres, réparties entre la maison principale et une annexe, sont nickel, confortables (dans un style un peu anglais), et disposent de terrasses donnant sur un jardin soigné. Et comme ils ont vraiment pensé à tout, ils ont même aménagé une véranda pour leurs hôtes, attenante à une cuisine (mais les repas concoctés avec les légumes du jardin valent le coup). Pratique !

Chambres d'hôtes Cerviña : *28, route de Châteauneuf, 45110* **Germigny-des-Prés.** *☎ 02-38-58-21-15. • contact@kopp.fr • kopp.fr • À 5 km au nord-ouest. Double 68 €. Table d'hôtes sur résa 28 €. Également un gîte (4 chambres) et un appart-hôtel pour 2.* 5 chambres simples et parfaitement tenues, dans une annexe de la maison des proprios. Vaste coin salon-bibliothèque pour les soirées contes ou lectures. Cuisine à dispo, terrasse et grand jardin, local à vélos. Une adresse où l'on se sent vite à l'aise, grâce à l'excellent accueil.

De prix moyens à chic

Le Grand Saint-Benoît : *7, pl. Saint-André. ☎ 02-38-35-11-92. • restgrdstbenoit@orange.fr • En plein centre. Tlj sauf dim soir-lun. Résa conseillée. Formule déj en sem 27 € ; menu 37 €.* C'est tout simplement l'une des meilleures tables de la région ! Et ce n'est pas la plus chère, loin de là, vu la qualité de la cuisine et la gentillesse de l'accueil. Les plats sont de vraies réussites, élégants et soignés, y compris ceux du menu de la semaine. Ils sont servis avec style dans une salle chaleureuse à la déco rustico-chic ou sur une plaisante terrasse dans la rue piétonne. Une valeur sûre.

À voir

L'abbaye de Fleury : *☎ 02-38-35-72-43. • abbaye-fleury.com • Accès libre à la basilique tte l'année tlj 6h30-22h (19h nov-mars), sauf pdt les célébrations. L'abbaye est encore habitée par des moines. Outre les offices pluriquotidiens, des concerts s'y déroulent également. Messe avec chants grégoriens lun-sam à 12h, dim et j. fériés à 11h.* L'abbaye fut fondée en 630. Il n'en reste que l'abbatiale, qui a traversé l'histoire (pillages, incendies, guerres) sans trop de dommages, sauf ceux du temps. Elle fut l'une des écoles les plus célèbres avant la fondation des universités, et sa bibliothèque l'une des plus riches du monde monastique.

Plus tard, en juin 1429, Jeanne d'Arc vint se reposer ici avec le dauphin, futur Charles VII (disent les mauvaises langues), pour prier et remercier Notre-Dame-de-Fleury qui l'avait « aidée » dans ses victoires. On va finir par croire que la Pucelle a visité toutes les églises du Loiret... À la Révolution, les bâtiments conventuels sont détruits, seule l'abbatiale (devenue église paroissiale) sauve ses murs.

Par ici la visite

Ce qui frappe d'emblée c'est le ***porche d'entrée,*** surmonté d'une massive ***tour carrée*** dont le clocher rappelle celui du Mont-Saint-Michel. Un ensemble imposant, comprenant de costauds piliers et autant de ***chapiteaux*** de toute beauté. Prendre le temps de les détailler (Apocalypse, Fuite en Égypte, saint Martin...) avant d'entrer.

PUNI MAIS INTÈGRE

Philippe Ier (1052-1108) fut l'un des seuls rois de France à ne pas être enterrés à la basilique Saint-Denis. En effet, il avait répudié sa femme pour épouser celle qu'il avait enlevée au comte d'Anjou. Pas cool ! Sa tombe, juste endommagée par les révolutionnaires, fut restaurée en 1830 puis ouverte en 1958. La tête était toujours posée sur un coussin rempli de fleurs. À Saint-Denis, beaucoup perdirent la tête, et le reste !

À l'intérieur, ***nef*** du XIIe s, romane dans ses parties basses et couverte d'une voûte gothique, les 2 styles cohabitant avec élégance. Le chœur et le transept datent du XIe s. Dans le ***chœur,*** stalles datant de 1413 et ne pas manquer les étonnants pavements d'origine romaine. Les pas de tous ceux qui les ont foulés ne sont pas parvenus à les user (on construisait solide à l'époque !). On trouve aussi le gisant du roi Philippe Ier et, dans le transept nord, le portrait sculpté de Rainaldus, ce chef normand (et donc viking !) passé par là au IXe s. Dans la ***crypte,*** un coffre renferme les reliques de saint Benoît. Abandonnées sur le mont Cassin, des moines les rapportèrent ici.

Le belvédère : *55, rue Orléanaise (sur la place du village). ☎ 02-34-52-02-45. • belvedere-valdesully.fr • ♿ Avr-sept, tlj 10h-13h, 14h-18h ; oct-mars, tlj sauf lun 14h-17h30. Fermé certains j. fériés. Entrée : 5 € ; réduc ; gratuit moins de 12 ans. Compter 1h30.* Un centre d'interprétation récent, consacré à l'histoire et au patrimoine de l'abbaye de Fleury. Il est relié à l'abbatiale par une allée piétonne longeant l'enclos du monastère. Ici, à travers des expos permanentes et temporaires, interactives et pédagogiques, 1 400 ans d'histoire vous contemplent ! Au 3e étage, jolie vue sur le chevet de l'abbatiale.

Le hameau du Port : en face de la basilique, prendre la rue qui longe l'*Hôtel du Labrador.* Sur la gauche, s'amorce un petit chemin qui mène à travers champs (600 m environ) à la Loire et à ce hameau. Une ***balade*** à ne pas manquer (on peut s'y rendre aussi par la route), d'autant plus qu'on trouve le long du fleuve une trentaine de vieilles maisons joliment restaurées qui appartenaient à des mariniers ainsi que des tables de pique-nique bénéficiant du plus beau panorama qu'on puisse imaginer. Des plaques rappellent qu'au XIXe s, les crues parvenaient à mi-hauteur des habitations ! Le port de Saint-Benoît était très prospère au Moyen Âge. On y acheminait les récoltes produites par les immenses propriétés de l'abbaye.

DANS LES ENVIRONS DE SAINT-BENOÎT-SUR-LOIRE

L'oratoire carolingien de Germigny-des-Prés *(45110)* **:** *à 5 km au nord-ouest. Tlj avr-sept 9h30-18h30 env (10h-17h hors saison). GRATUIT. À l'office de tourisme voisin : billetterie pour les concerts en saison et visites guidées mer et w-e de mi-juin à fin sept à 17h (3,50 €, sur résa). ☎ 02-38-58-27-97 ou sur • tourisme-valdesully.fr •*
Théodulfe, poète et théologien, nommé par Charlemagne abbé de Fleury (Saint-Benoît-sur-Loire), se fit construire ici une chapelle et une villa sur le domaine du monastère. ***Il ne reste que l'oratoire datant de... 806,*** devenu église paroissiale. Mais quelle église ! ***Visite conseillée tôt le matin ou en fin d'après-midi***, pour capter la lumière doucement filtrée par les feuilles d'albâtre parant l'étonnante tour-lanterne, après avoir longé la Loire depuis Saint-Benoît. Un régal en soi.
L'oratoire fut construit ***en forme de croix grecque,*** dont il ne reste que 3 branches depuis que l'on décida de construire une nef. L'ensemble, formant un carré de 10 m de côté, était décoré de ***mosaïques.*** Il ne subsiste que celle du cul-de-four de l'abside orientale. Composée de ***130 000 tesselles*** (petits cubes de verre et autres céramiques), elle représente l'arche d'alliance, avec 2 chérubins, sous la main de Dieu sortant d'un arc-en-ciel et entouré de 2 archanges aux ailes déployées. Une merveille ! Quelques statues ne font qu'ajouter à l'intérêt exceptionnel de cette ***église carolingienne, unique en France,*** et l'une des plus anciennes.

SULLY-SUR-LOIRE

(45600) 5 600 hab. *Carte Loiret, C2*

Au sud de la Loire, à 9 km en amont de Saint-Benoît, Sully-sur-Loire a déjà un pied en Sologne et est devenue en 2000 le point de départ du périmètre de la Loire classé au Patrimoine mondial de l'Unesco. En arrivant, tandis que se dégage une ambiance paisible et agréable, vision étonnante du château et de la flèche acérée de l'église comme émergeant du fleuve, d'ailleurs très large à cet endroit et encombré de bancs de sable en été.

L'idéal est de venir en fin d'après-midi se promener sur les rives verdoyantes, longer les douves et rejoindre le centre-ville (même s'il ne conserve que peu de maisons anciennes, suite aux bombardements en 1940). L'ancien viaduc ferroviaire ayant été réhabilité, on peut désormais traverser, à pied ou à vélo, le fleuve en toute sérénité, bénéficiant ainsi d'une vue inédite sur la ville.

ÇA NE MANQUE PAS DE SEL !

Un soir de 1902, Maximilien de Béthune-Sully, châtelain de l'époque, ne voulut pas recracher son vol-au-vent au drôle de goût, comme le firent ses invités. Mauvais choix : la cuisinière avait interverti sel et... arsenic, un produit présent dans les cuisines à l'époque pour lutter contre les rats. Le châtelain mourut dans d'atroces souffrances. Acte délibéré ou accident ? Faute de preuve, l'affaire fut classée sans suite.

LE LOIRET

Adresses utiles

Office de tourisme : *pl. du Général-de-Gaulle. ☎ 02-38-36-23-70. • tourisme-valdesully.fr • Avr-sept, lun-sam 10h-13h, 14h30-18h30 ; dim 10h-13h. Oct-mars, lun-sam 10h-12h30, 14h30-17h30 ; fermé mar mat et dim.* Résa d'hébergement (sans commission).

Location de vélos : ***Passion Deux Roues,*** *☎ 02-38-35-13-13.*

Où dormir ? Où manger ?

Camping

Camping Le Jardin de Sully : *1, rue d'Orléans, 45600* ***Saint-Père-sur-Loire.*** *☎ 02-38-67-10-84. 07-81-11-47-65. • lejardindesully@gmail.com • camping-bord-de-loire.com • De Sully, accès par la voie verte qui enjambe la Loire. Ouv tte l'année. Compter 12-20 € pour 2 (9-12 € pour 2 forfait Loire à Vélo) ; loc de mobile homes, bungalows toilés et meublés et abricyclos.* Un camping bien accueillant avec de petites haies entre les emplacements arborés. Accès direct aux bords de Loire, canoë-kayak, location de vélos, GR 3 à proximité. Pas mal de loisirs sur place : tennis, minigolf, piscine chauffée en juillet-août, aire de jeux... Snack sur place ou à emporter avec four à pizza.

Prix moyens

La Closeraie : *14, rue Porte-Berry. ☎ 02-38-05-10-90. • hotellacloseraie@orange.fr • hotel-la-closeraie.com • (1 chambre). Dans une rue calme à proximité de la mairie. Double 85 € ; petit déj en sus ; familiales.* Du charme à revendre pour cet hôtel douillet et intimiste, installé dans une belle maison bourgeoise du centre-ville. Une dizaine de chambres coquettes et spacieuses, d'un romantisme fou, avec vieilles tomettes ou jonc de mer.

Également un charmant cottage. Le petit déj se prend dans un salon cosy avec une bibliothèque, ou dans le patio fleuri. Et il y a même un sauna dans une cave voûtée (soins possibles). Accueil tout en douceur.

Hostellerie du Grand Sully : *10, bd du Champ-de-Foire. ☎ 02-38-36-27-56. • contact@grandsully.com • grandsully.com • Pas loin de la mairie. Resto fermé sam midi, dim soir et lun. Doubles 60-80 €. Formules 18-23 € midi en sem ; menus 28-42 €. Parking gratuit.* Un *Logis de France* tout ce qu'il y a de plus classique avec ses géraniums aux fenêtres et ses moquettes jusque dans les chambres confortables. Au menu, dans le même esprit, des plats traditionnels et régionaux. Accueil pro. Bien pour une étape.

Entre Loire et Sologne : *2, pl. Saint-Germain. ☎ 02-38-38-25-82. Au pied de l'église. Tlj sauf dim soir (mais vérifier en appelant car fait aussi traiteur). Formules midi en sem à partir de 15 € ; repas env 25-40 €.* La belle table gastronomique du centre-ville, entre bistrot et resto chic, dotée d'une terrasse côté Loire. La devanture couleur aubergine donne le ton et annonce un intérieur aux tonalités douces. Cuisine traditionnelle revisitée avec les produits du terroir : andouillette de Jargeau, souris d'agneau, vins locaux... un régal.

Chic

Hôtel Burgevin : *11, rue du Faubourg-Saint-Germain. ☎ 02-38-38-13-12. • contact@hotelburgevin.com • hotelburgevin.fr • ♿ (1 chambre). Dans la rue menant à l'église, à 100 m du château. Doubles 110-130 € ; familiales. Parking gratuit. Apéritif maison offert sur présentation de ce guide.* Cet ancien relais de poste est devenu un bel hôtel haut de gamme. Les chambres sont magnifiques, spacieuses, de style contemporain, meublées design. Salle de bains high-tech, clim et tout le tintouin. Copieux petit déj. Accueil attentionné et pas guindé, à la hauteur des lieux.

Où dormir ? Où manger dans les environs ?

Ferme de Champliveau : *12, route des Marois, 45460* ***Bonnée.*** *☎ 02-38-35-59-53. 📱 07-82-99-81-24. • chrysflor45@orange.fr • fermedechampliveau.fr • À 5 km au nord. Doubles 65-69 €.* Un lacis de petites routes mène à cette petite ferme en pierre du pays et toit de tuiles, datant de 1704 et retapée avec beaucoup de goût. Une fois passé sous le porche, on découvre un havre fleuri à gogo, comme un dernier Mohican dans cette morne plaine agricole. Une roulotte toute mignonne, une chambre indépendante, une autre dans la maison et un accueil extra. Le tout à prix d'ami.

Chambres d'hôtes Les Vieux Guays : *chez M. et Mme Martinez-Porte, Les Vieux-Guays, 45620* ***Cerdon-du-Loiret.*** *📱 06-80-16-53-76. • lvg.france@gmail.com • lesvieuxguays.com • À 18 km de Sully par la D 948. Double 98 € ; familiales ; gîte 4 pers également.* À ne pas confondre avec le Vieux Gué, un domaine juste à côté du village ! Cette adresse-là est située non loin de Cerdon, isolée entre bois et étangs : c'est une élégante demeure solognote entièrement rénovée par un couple très accueillant. Chambres classiques, chaleureusement tournées vers la campagne. Petit déj copieux dans une salle à l'étourdissante charpente. Bon goût et tranquillité. Jolie piscine chauffée en prime !

Aux 2 Bécasses : *6, route d'Argent, 45620* ***Cerdon-du-Loiret.*** *📱 06-84-60-90-89. • aux2becasses@gmail.com • aux2becasses.com • ♿ À 15 km de Sully par la D 948. Tlj sauf lun-mer. Repas env 35 €. Café offert sur présentation de ce guide.* Des poutres, des briquettes, des bouquins à dispo et quelques éléments contemporains... Qu'est-ce qu'on est bien dans ce charmant bistrot de l'arrière-pays ! S'il fait beau, c'est en terrasse que l'on déguste les plats classiques de terroir et gourmands du moment. La carte, archi courte et créative, change d'ailleurs toutes les semaines. Accueil aux petits oignons.

Les Terrasses de Lousseau : *domaine de Lousseau, 45600* ***Viglain.*** *☎ 02-38-37-49-97. • lesterrassesdelousseau@sarlfoodlv.com • À 6 km au sud-ouest (D 120). Fermé le soir. Plats env 12-16 €.* Bienvenue au club, sur le golf de Sully. Mais gestion indépendante pour ce vaste restaurant au cadre sympa, tendance solognot rénové. La cuisine traditionnelle raffinée vaut bien les quelques kilomètres depuis Sully.

À voir

Le château : *☎ 02-38-36-36-86. • chateau.sully@loiret.fr • chateausully.fr • Mai-sept, tlj sauf lun 10h-18h (tlj juil-août) ; fév-avr et oct-déc, tlj sauf lun 13h30-17h30, ainsi que mat le w-e ; dernière entrée 30 mn avt fermeture. Fermé en janv et 25 déc. 1-3 visites guidées/j. selon saison. Entrée : 8 € en visite libre, 10 € en visite guidée ; réduc ; gratuit moins de 6 ans. Billet offrant une entrée réduite au château de Chamerolles, au château-musée de Gien, au musée de la Résistance à Lorris et au musée de la Marine de Châteauneuf-sur-Loire.*

Bâti au confluent de la Sange et de la Loire à la fin du XIVe s, sur des plans de Raymond du Temple, architecte du Louvre au temps de Charles VI, ce magnifique château rectangulaire flanqué de 4 tours ***n'a appartenu qu'à 3 familles*** : aux 1ers seigneurs de Sully, fondateurs de la baronnie au Xe s, puis à la famille de La Trémoille (prononcer « Trémouille »), barons de Sully de 1383 à 1602 et, enfin, à la famille de Béthune, descendant de Maximilien, 1er duc de Sully, fameux ministre d'Henri IV. Depuis 1962, le château appartient au département du Loiret.

LA CHASSE AU TRÉSOR

Dans les années 1950, des pièces d'or trouvées chez des habitants de Sully alimentèrent une rumeur de trésor caché sous le château. Mahaut de Béthune, la proprio, entreprit des travaux colossaux pour le retrouver. Pelleteuses, radiesthésistes, sourciers, scaphandriers... cherchèrent en vain. Ruinée jusqu'à la lie, la famille dut vendre le château aux enchères. Même Charles Trénet fut un temps intéressé !

Entouré de larges douves en eau, il comprend 2 parties : le ***donjon,*** imposant bâtiment médiéval, et le ***« petit château »,*** ajouté quelques décennies plus tard. Après avoir traversé l'ancienne chapelle, où trône une copie du tombeau du duc de Sully, fait une halte dans la grande salle basse et visionné un film de 12 mn sur les personnages liés au château (comme Jeanne d'Arc qui y fut prisonnière), on parvient à la ***salle d'honneur,*** ornée de nombreux portraits de la famille de Béthune. Sur le manteau de la cheminée, un tableau en trompe l'œil représente l'autre château du duc à Rosny-sur-Seine. Voltaire, exilé ici en 1716 (il avait accusé le régent d'inceste, oups !), écrivit et donna quelques représentations théâtrales dans cette pièce. La pièce adjacente est dite ***chambre du roi*** en l'honneur de Louis XIV, venu ici en 1652 pendant la Fronde. L'occasion de méditer devant les belles tapisseries du XVIIe s.

On accède ensuite, par un escalier étroit à vis (60 marches), au chemin de ronde couvert, offrant une vue imprenable sur la Loire. Admirez la ***grande salle à la charpente en chêne,*** d'une hauteur de 15 m, et l'assemblage, entièrement à tenons et mortaises. D'origine à près de 80 %, elle constitue un témoignage exceptionnel du XVe s ! Quant à la ***chambre de Psyché,*** elle abrite une somptueuse tenture composée de 6 tapisseries du XVIIe s, racontant l'histoire de Psyché punie par Vénus car elle était plus belle que la déesse. À voir encore, le ***grand salon*** (l'ancienne chambre de Sully) avec son plafond peint à l'italienne et son cri de guerre peint sur la cheminée : « À moi Béthune ».

La visite se termine par la ***salle à manger,*** anciennement le cabinet de travail du duc, où il a rédigé et imprimé clandestinement ses mémoires en 1638.

LE LOIRET

Festival et manifestations

– ***Les Heures historiques de Sully :*** *un w-e en été, dans le parc du château. GRATUIT.* Marché médiéval, défilé, feu d'artifice et reconstitutions en costumes d'époque retraçant 20 siècles d'histoire, des Gaulois aux années 1960.
– ***Fête de la Sange :*** *2e w-e de sept. • lafetedelasange.fr •* Grande fête de la nature, de la pêche et de la chasse. Animations avec chiens, chevaux et rapaces dans le parc du château.

DANS LES ENVIRONS DE SULLY-SUR-LOIRE

Le musée du Cirque et de l'Illusion : *sur la D 952, 45570* ***Dampierre-en-Burly.*** *☎ 02-38-35-67-50. • museeducirqueetdelillusion.com • À 12 km à l'est (D 119). Tlj 10h-12h30, 13h30-18h (10h-18h juil-août). Fermé janv-vac scol de fév. Entrée : 8 € ; 4-13 ans 5,50 €. Animation à 15h30 tlj pdt vac scol (mer, w-e et j. fériés le reste de l'année) ; juil-août, animations à 15h et à 17h.* Ce « chapiteau » en dur dressé au bord de la route retrace l'histoire du cirque. Tout à fait surprenant ! À quoi s'ajoutent une initiation au jonglage et des attractions ponctuelles en été qui replongent dans la Piste aux étoiles.

GIEN

(45500) 13 700 hab. *Carte Loiret, C2*

Gien est à la fois le 1er pont et la 1re ville dite des « châteaux de la Loire » quand on arrive de l'est. Les quais, bombardés en 1940, ont été reconstruits avec un réel et louable souci d'harmonie. C'est de la rive opposée que l'on admire le mieux cette petite ville s'étageant sur la rive droite, la Loire semblant s'inviter dans ce tableau bucolique.
Gien est connue pour sa célèbre faïencerie (200 ans en 2021) et son château transformé en un surprenant musée de la Chasse et de la Nature en Val de Loire. C'est par ailleurs le 1er château de la route Jacques-Cœur, ralliant Peufeilhoux dans l'Allier via une vingtaine de sites historiques.
Gien attire aussi de plus en plus les amateurs de vin, avec ses coteaux-du-giennois à la qualité reconnue...

ON Y DANSE, ON Y DANSE...

Les 2 rives du centre-ville de Gien sont reliées par un superbe pont de pierre datant du XIIIe s, qui fut bombardé mais reconstruit à l'identique. Stratégique, il enrichit très vite la ville, notamment au Moyen Âge, quand il n'y avait que 7 ponts entre Gien et Angers. C'est certainement celui ci qui, au XVIe s, inspira Pierre Certon, originaire de Gien. Il écrivit la ronde Sur le pont d'Avignon... *sur lequel il ne serait d'ailleurs jamais allé !*

Adresses utiles

Office de tourisme : *pl. Jean-Jaurès. ☎ 02-38-67-25-28. • gien-tourisme.fr • Dans le centre, près de la Loire. Horaires variables selon saison.* Équipe dynamique, organisant des visites guidées thématiques de la ville et de nombreuses animations. Résa d'hébergement.

Infos sur les itinéraires pédestres (une vingtaine) et à vélo (une vingtaine de boucles).

Location de vélos et de canoës : *au Camping touristique (voir « Où dormir ? Où manger ? »).*

Où dormir ? Où manger ?

Camping

Camping touristique de Gien : *1, rue des Iris, 45500* ***Poilly-lez-Gien.*** *☎ 02-38-67-12-50. • info@camping-gien.com • camping-gien.com • De l'autre côté du vieux pont (direction Sully). De mi-mars à fin oct. Forfaits pour 2, 21-25 €. Loc de roulottes, abricyclos et mobile homes (nuitée possible, min 2 nuits et hors w-e en été).* Joliment situé en bordure du fleuve avec une vraie plage (baignade interdite), face à la ville. Un décor de choix donc et des emplacements ombragés (certains exclusivement sans voiture) par une belle variété d'arbres. Piscine, minigolf, ping-pong, aire et salle de jeux, location de vélos et de canoës (transport aller inclus). Enfin, agréable resto avec terrasse. Accueil très pro.

De bon marché à prix moyens

Le P'tit Bouchon : *66, rue Bernard-Palissy. ☎ 02-38-67-84-40. • sarl-christophe-jamet@orange.fr • Tlj sauf dim-lun, midi et soir. Résa indispensable. Formule 21 € (sauf sam soir) ; menus 29-34 €.* *Le P'tit Bouchon* fait tout comme les grands : l'accueil est efficace et souriant, et, dans les assiettes, la cuisine de saison à l'ardoise se fait gourmande et généreuse, aussi belle que savoureuse. Du beau travail ! Reste que *Le P'tit Bouchon* est un peu à l'étroit, et que ses salles de poche sobres et modernes font vite le plein. Réservez !

Café Bouche B : *2, rue Vieille-Boucherie. ☎ 02-18-11-69-17. • contact@cafe-bouche-b.com • Là-haut, face à l'église Sainte-Jeanne-d'Arc. Lun-sam 8h30-18h, plus ven soir (soirée tapas). Fermé dim. Repas env 25-30 € ; plat env 14 €.* Un amour de bistrot au faux air rétro chic avec ses murs de briques et sa déco de brocante. Les appétissants p'tits plats à l'ardoise ont la bougeotte en fonction des produits locaux et du moment. Fait aussi *coffee shop* (un peu plus et on se croirait à New York !) et sert des glaces artisanales. Sourire maison inclus dans le prix.

De chic à plus chic

Chambres d'hôtes Les Dameraudes : *24, av. du Président-Wilson. 06-51-53-32-44. • gien.loiret.dameraudes@gmail.com • chambresdhotes-gien.fr • À 600 m du château. Résa indispensable. Doubles 84-129 €. Également 2 gîtes à Langesse.* Dans une maison de maître (1903), classée remarquable, de brique mais pas de broc, loin de là. L'intérieur est résolument contemporain et les 5 chambres cossues – toutes sur le thème des voyages – cachent des tableaux de maître (ou des copies bluffantes !). Petit déj servi dans de la faïence de Gien s'il vous plaît. Et piscine extérieure ouverte en été. Une adresse peu banale.

Côté Jardin : *14, av. de Bourges. ☎ 02-38-38-24-67. • cote-jardin45@orange.fr • De l'autre côté du vieux pont. Tlj sauf dim soir-mar. Résa indispensable. Menus 49-85 €.* De passage à Gien, il serait dommage de manquer la formidable table d'Arnaud Billard, maître restaurateur étoilé qui réjouit tant les gourmets. Une cuisine de haute volée, faite avec passion, et des mélanges subtils et délicats à base de produits nobles en direct du producteur. Profusion d'amuse-bouches, plats inventifs et des desserts en apothéose font de ce resto l'un des meilleurs du département. Seulement quelques tables dans une salle au cadre sobre et minimaliste (on n'a pas trouvé le jardin...).

À voir. À faire

Le château-musée : *pl. du Château. ☎ 02-38-67-69-69. • chateaumuseegien.fr • Fermé en janv. Mai-sept, tlj sauf mar 10h-18h. Oct-avr, lun-ven (sauf mar) 13h30-17h30 ; w-e 10h-12h, 13h30-17h30. Visites guidées (sous réserve d'un guide) : mai-sept, tlj sauf mar à 10h30, 14h30 et 16h ; oct-avr, à 15h lun et ven, et à 10h30 et 15h w-e et j. fériés. Entrée : 8-10 € en visite libre ou guidée ; gratuit moins de 6 ans. Billet offrant une entrée tarif réduit au château de Chamerolles, au château de Sully-sur-Loire, au musée de la Résistance à Lorris, au musée de la Marine de Châteauneuf-sur-Loire, au musée de la Faïencerie de Gien et au château de la Bussière. Livret enfants. Animations estivales et apéro-concerts l'été. Expos temporaires.*
Surplombant la ville, bâti sur un ancien rendez-vous de chasse du IXe s, le ***château*** de Gien est un haut lieu de l'histoire locale. Philippe Auguste, récupérant intelligemment le comté de Gien, hérite du château. À la fin du XVe s, Louis XI donne en dot ce coin du royaume à sa fille aînée Anne de Beaujeu. Celle-ci rase et fait reconstruire (sauf une tour) le château, qui prend alors une allure plus Renaissance. Plus tard, Henri II vient loger ici avec Catherine de Médicis pour éviter le feu des batailles entre huguenots et catholiques. Louis XIV et Anne d'Autriche suivent leur exemple durant la Fronde.
Ce bel édifice aux murs de brique rouge et noir abrite l'atypique ***musée de la Chasse, Histoire et Nature en Val de Loire.*** Porté par une muséographie moderne, le musée s'intéresse aux techniques de chasse, insistant sur le rapport à la nature. Le tout largement illustré par une riche exposition d'œuvres d'art, trophées, animaux naturalisés et matériel de chasse, ainsi que quelques curiosités comme une étonnante collection de quelque 2 400 œufs, ou un imposant cerf en bronze de 1,5 t !

L'église Sainte-Jeanne-d'Arc : *à proximité du château. Tlj.* Seul le clocher de pierre date du XVe s. La nef fut reconstruite entièrement en brique du pays, après les bombardements de la Seconde Guerre mondiale. Son architecture récente s'harmonise agréablement avec le château. Jolis vitraux modernes et un chemin de croix en faïence de Gien.

En sortant, belle balade en empruntant les **escaliers** après avoir profité d'une ***superbe vue sur la Loire et la ville*** : au 1er plan, les toits bizarrement pentus percés de hautes cheminées ; à l'arrière-plan, la Loire, et au loin... les panaches de fumée de la centrale nucléaire de Dampierre-en-Burly. Bon allez, on passe.

Le musée de la Faïencerie de Gien : *78, pl. de la Victoire. ☎ 02-38-05-21-06. • gien.com • À côté du grand centre commercial. Se renseigner sur le site pour les horaires. Entrée : 8 € ; réduc.* Vitrine de la célèbre Faïencerie de Gien (installée au même endroit), le musée a été entièrement rénové pour les 200 ans de la Manufacture et retrace sur 2 étages l'historique de la Manufacture et les étapes de la fabrication de ces petites merveilles. Les collections comprennent bien sûr de la vaisselle, mais aussi des réalisations monumentales (remarquable horloge-candélabre, imposante cheminée de 1871...), quelques chefs-d'œuvre emblématiques (vase au paon réalisé pour l'Exposition universelle de 1889) ou, plus inattendu, différents objets utilitaires (épis de faîtage, paratonnerre...) et échantillons de savoir-faire de la Faïencerie aux XIXe et XXe s.
À la sortie, vaste ***magasin d'usine*** : pièces de 2d choix et fins de série avec des réductions plus ou moins intéressantes selon les modèles.

Le jardin du Port-au-Bois : *le long du fleuve, sur la route de Briare (rive droite).* Pour une promenade dans la verdure et parmi de très beaux arbres (cèdres notamment). Quelques bateaux à fond plat, typiques des bords de Loire. Possibilité de pique-nique, aires de jeux. Également une autre plage, rive gauche.

LE LOIRET

DANS LES ENVIRONS DE GIEN, RIVE GAUCHE

Saint-Gondon (45500) : *à 10 km à l'ouest (D 951), rive gauche. Plan à l'office de tourisme de Gien.* Modeste bourg sur le parcours de La Loire à Vélo, qui vaut une balade le nez en l'air pour son petit patrimoine : ancienne motte féodale, lavoir, prieuré, menhir...

Le château de Saint-Brisson : *rue du Château, 45500* ***Saint-Brisson-sur-Loire.*** *☎ 02-38-36-71-29. • chateau-saint-brisson.com • À 6 km au sud-est (D 951). Tte l'année,* ***résa impérative.*** *Entrée : env 10 € selon animations ; réduc ; gratuit moins de 4 ans. Jeux en bois, d'adresse et de stratégie. Sur présentation de ce guide, un tarif réduit pour 3 adultes payants.* On le voit de loin, ce fier château, perché à bonne hauteur pour surveiller la Loire. La forteresse d'origine servait effectivement les intérêts d'un seigneur brigand, lui permettant d'encaisser indûment les droits de péage des marchands qui circulaient sous ses créneaux. Mais au XIIe s, Louis VI le Gros régla son compte à l'enquiquineur et plaça un homme de confiance dans les murs. Quelques siècles et de nombreuses campagnes de réaménagement plus tard, le château se présente comme un patchwork architectural qui ne manque pas de charme, intégrant aux parties médiévales un logis du XVIe s et une galerie du XVIIIe s. Un mélange des genres que l'on retrouve au cours d'une visite ludique et pleine de surprises !

BRIARE

(45250) 5 700 hab. *Carte Loiret, C2-3*

À 10 km à l'est de Gien par la D 952. Et pourtant, c'est un air méridional qu'on respire ici : sur la jolie place piétonne, ombragée par les platanes, avec son église aux mosaïques colorées, il ne manque que les joueurs de pétanque, peuchère. Bien que 2 fois plus petite que sa voisine Gien, elle semble 2 fois plus active ! Les balades succèdent aux musées. Briare joue également d'un petit côté romantique, avec ses jardinières fleuries, ses berges où il fait bon flâner, ses canaux parsemés de nénuphars et son joli port de plaisance. Sans oublier la modernité, car Briare s'enorgueillit de posséder un magnifique pont-canal, œuvre à laquelle ont collaboré les ateliers d'un certain Gustave Eiffel...

Adresses et info utiles

Office de tourisme Terres de Loire et Canaux : *1, pl. Charles-de-Gaulle (près de l'hôtel de ville). ☎ 02-38-31-24-51. • terresdeloireet canaux.com • De mi-juin à mi-sept, lun-sam 9h30-12h15, 14h15-17h30 ; de mi-sept à mi-juin, mar-sam 9h45-12h15, 13h45-17h15.* Infos sur les circuits à pied et à vélo (La Loire à Vélo et Scandibérique), le tourisme fluvial, les producteurs locaux, etc. Boutique.

Station Location Loisirs : *46, rue des Prés-Gris (pas de bureau). 06-20-81-56-13. Avr-oct : tlj juil-août, sinon w-e et j. fériés (+ ponts). Snack. Loc 30 mn ou 1h.* Toutes sortes d'embarcations : canoës, vélos d'eau, bateaux électriques et navy-glisseurs. On navigue sur le canal latéral, mais pas sur la Loire ni sur le pont-canal. Également location de vélos d'animation un peu bizarres et de quadricycles.

Location de vélos : *à l'Hôtel du Cerf (voir « Où dormir ? Où manger ? »), partenaire de Vélo Val de Loire ; le vélo peut donc être rendu dans un autre point de loc (transfert des bagages possible). Également à la Maison du pont-canal et à Locaboat Holidays (voir « À faire »).*

– ***Marché à l'ancienne :*** *1 dim mat/mois en saison, sur la pl. de la République (devant l'église).* Producteurs locaux.

Où dormir ? Où manger ?

Camping

⛺ ***Camping Le Martinet :*** *à 1 km du centre (noter les jolis petits ponts métalliques en chemin !), entre la Loire et le vieux canal. ☎ 02-38-31-24-50. • campinglemartinet@outlook.fr • entreprisefrery.com/camping-les-martinets • ♿ Avr-fin oct. Forfait pour 2 autour de 22 €, forfait Loire à Vélo autour de 17 € pour 2 ; chalets à la nuitée.* Idéalement situé en bord de Loire, de l'autre côté d'une toute petite route, un bien agréable camping à l'ambiance toute familiale, voire bucolique. Emplacements généralement ombragés et délimités par des haies. Préau avec tables de pique-nique, dépôt de pain. Piscine chauffée, jeux pour enfants et minigolf. Ici, les cyclistes sont chouchoutés.

Très bon marché

🍽 ***Food truck « Sur le pouce » :*** *près du pont-canal, face au port de commerce. 📱 06-49-54-80-07. Tlj, l'été seulement.* Hamburgers, gaufres de patates, glaces et tout le toutim. Gros succès pour Pierrot !

Prix moyens

🏠 ***Hôtel du Cerf :*** *22-24, bd Buyser. ☎ 02-38-37-00-80. • info@hotelducerf.com • hotelducerf.com • Tt près du port. Congés : vac scol de Noël. Doubles 68-89 € (la plus chère avec balnéo). Parking fermé ; garage à vélos gratuit.* Dans le centre-ville, cet hôtel d'apparence anodine cache bien son jeu. Si certaines chambres côté rue (passante en journée) se révèlent simples et classiques (mais de bon confort), les autres ont en revanche été rénovées dans un style plus actuel très agréable. Quant aux chambres de l'annexe, au fond de la cour, elles sont tranquilles, plus grandes et à peine plus chères. Vraiment bien, d'autant que l'accueil est charmant. Location de vélos.

🍽 ⛱ ***Le Petit Saint-Trop :*** *5, rue Tissier. ☎ 02-38-37-00-31. • le-petit-saint-trop@orange.fr • ♿ Sur le port de plaisance. Tlj sauf dim soir-lun. Menus 24-29 €.* Quand on vous dit que Briare a un air méridional ! Surtout avec une terrasse bien agréable face au canal. Côté cuisine, du classique, copieux, dans un registre traditionnel, et servi avec une grande gentillesse. Une valeur sûre de Briare.

Où dormir ? Où manger dans les environs ?

Camping

⛺ ***Camping des Combles :*** *pont de Loire, 45360* ***Châtillon-sur-Loire.*** *📱 06-32-07-83-45. • camping.chatillonsurloire@orange.fr • camping.chatillon-sur-loire.com • ♿ Juste avt le pont en arrivant à Châtillon par la D 50. Ouv avr-fin oct. Forfait pour 2 env 13 €, forfait Loire à Vélo 9 € pour 2 ; mobile homes, bungalows toilés, roulottes et abricyclos.* Un camping adorable : pas trop grand, bien vert, suffisamment équipé (il y a même un barnum pour le pique-nique, du matériel de pêche et un service de location-réparation de vélos !), et surtout idéalement placé. En lisière du chemin de halage et à côté de l'écluse des Combles, rien ne manque à la thématique « bords de Loire »... jusqu'à l'accueil installé dans la maison de l'éclusier.

Bon marché

🏠 🍽 ***Le Relais du Donjon :*** *1, chemin de la Balourde, dans le bourg de* ***Dammarie-en-Puisaye*** *(45420). ☎ 02-38-31-96-44. • contact@lerelaisdudonjon.fr • À 10 km à l'est (D 2007), puis prendre une petite route à gauche qui indique Dammarie. Jeu-dim.*

LE LOIRET

Double 38 €. Menus 14 € (déj en sem)-21,50 €. Ce village authentique abrite une bonne adresse rustique et chaleureuse, où la cuisine est à son image, roborative et traditionnelle. Des plats classiques mais toujours efficaces : tête de veau, gibier et plats en sauce en hiver... Une quinzaine de chambres à prix d'ami, simples mais bien entretenues, toutes avec salle de bains.

De prix moyens à chic

Le Relais de Mantelot : *à la maison éclusière de Mantelot, 45360* ***Châtillon-sur-Loire.*** *☎ 02-38-31-12-35. • lerelaisdemantelot@gmail.com • mantelot.fr • (rdc seulement). Resto fermé lun-mar. Congés : du 20 déc à mi-janv. Doubles 79-92 € avec petit déj. Repas env 25 €. « Accueil Vélo ». Café offert sur présentation de ce guide.* Isolée dans un site charmant, cette adorable maison éclusière a tout de l'adresse de charme. L'accueil est attentionné, et les anciennes chambres de mariniers (4 en tout), certes sans fioritures, ne manquent toutefois pas de cachet avec leur parquet d'époque. Un havre de paix, profitant d'une vue superbe sur le canal, l'écluse et la Loire. Location de vélos électriques ou non.

Chambre d'hôtes La Chaumière : *10, rue de la Loire, 45250* ***Ousson-sur-Loire.*** *06-42-70-93-25. • contact@la-chaumiere-ousson.com • la-chaumiere-ousson.com • À 6 km au sud de Briare sur la D 2007 (direction Nevers). Doubles 75-105 € ; familiales.* Ce tranquille village ligérien, en soi, a déjà tout pour plaire. Les chambres d'hôtes se tiennent sur la placette centrale, veillées par l'église, derrière une jolie façade en pierre du pays. Elles sont elles aussi ravissantes avec leur déco mêlant l'ancien et le moderne. Dans le jardin intérieur, surprise, une piscine.

Family Écolodge : *chemin de La Borde, 45420* ***Batilly-en-Puisaye.*** *☎ 09-67-75-05-86. • laborde@family-ecolodge.com • family-ecolodge.com • À env 10 km de Briare (D 2007). Mars-déc. Doubles 119-159 €, petit déj compris ; tarifs familles avantageux. Panier pique-nique 10 €.* Ce hameau insolite, réhabilité par des proprios très sympa, propose de vivre un retour aux sources, dans un esprit *glamping* chic très porté sur l'écotourisme. Cabanes dans les arbres ou sur l'eau, roulotte, safari-*lodge* en bois ou toilé, chambre d'hôtes... Les enfants adorent les animaux de la ferme et les animations (ateliers nature, jeux d'antan en bois...), tandis que les plus grands s'offrent un *escape game* ou une *murder party.* Quant aux tourtereaux, ils iront reprendre des forces au sauna ! Location de vélos électriques.

Achats

La Maison du Pont-Canal : *quai Mazoyer. 06-45-04-62-17. • lamaisondupontcanal.com • Au port de commerce. Tlj sauf lun (plus dim hors saison) 10h-12h30, 14h30-19h.* Boutique attractive à proximité du pont-canal. On y trouve des produits du terroir (praslines de Montargis, vins des coteaux du Giennois, faïence de Gien...), différents objets à l'effigie de Briare ou encore des lampes personnalisées par la proprio artiste. Loue également des vélos (résa 48h à l'avance) et propose un gîte ravissant à l'arrière.

À voir

Le pont-canal : *à la sortie de la ville direction Nevers.* Il s'agit d'un pont sur la Loire sur lequel passe non pas une route, non pas un train mais... un autre cours d'eau... un canal ! Vision incroyable, avec les vieux lampadaires couronnés (encore plus magique la nuit avec les reflets dans l'eau), le fleuve paisible au-dessous, les forêts des environs. L'ouvrage, en partie réalisé par les ateliers de Gustave Eiffel (pour la maçonnerie) de 1890 à 1894, fut mis en eau très prudemment (de 20 cm en 20 cm), histoire de vérifier son étanchéité avant son ouverture à la circulation fluviale en 1896. Sorte de cuvette en acier reposant sur 14 piles en maçonnerie, le pont-canal mesure précisément 662,69 m de long (pour 11 m de large et 2,20 m de tirant d'eau), ce qui en fait le plus long d'Europe. De chaque côté, un petit passage pour les piétons permet une balade originale et bucolique, à ne pas manquer. D'autant qu'à chaque extrémité, on peut se poser pour un goûter ou un repas sympa. Pour l'anecdote, outre les 5 millions de rivets, sachez que la surface de mise en peinture est de 42 000 m², c'est-à-dire qu'à chaque réfection, il faut compter près de 15 t de peinture (60 t pour la tour Eiffel) !

Chocolats et Chimères : *dans la maison éclusière, côté Briare. ☎ 02-38-37-10-58. Juil-août, tlj 10h30-18h30 ; sinon, tlj sauf lun 10h30-13h30, 14h30-18h. Congés : 15 j. en janv-fév.* Les gourmands ne manqueront pas de faire une pause sur la terrasse de ce salon de thé. D'abord, parce que sa situation est géniale, à l'embouchure du pont-canal ; ensuite, parce qu'on y déguste de succulents chocolats, macarons XXL et gâteaux maison. Quelques en-cas chauds et salés le midi en été.

Au Petit Matelot : *62, Grande rue, 45360* ***Saint-Firmin-sur-Loire.*** *☎ 02-38-67-93-92. Ouv les midis sauf lun, plus, sur résa, les soirs jeu-sam. Formule midi en sem sauf dim autour de 15 € ; plats 12-17 €.* Idéalement ancré au pied du pont-canal, côté sud de la Loire, un bistrot-resto simple et efficace où l'on profite d'une carte dans le vent, du style burgers, *fish & chips* et assiettes de poissons. Ce *Petit Matelot* fait bien le job, d'autant que les tarifs ne grimpent pas aux écoutilles.

L'église Saint-Étienne : *pl. de la République.*
De ***style romano-byzantin,*** avec ses coupoles intérieures, elle est originale par ses mosaïques et ses émaux que l'on retrouve partout. Sur la ***façade,*** effigie imposante de l'ange du martyre de saint Étienne, entourée de frises et de panneaux de mosaïque représentant des végétaux.
À l'intérieur, c'est un véritable jeu de piste. En entrant, on lit sur le sol l'inscription latine *Bonus intra* (« Entre bon »)... et en sortant, *Melior exi* (« Sors meilleur »). Le sol est d'ailleurs entièrement recouvert d'un tapis de mosaïque. Impressionnant entremêlement de médaillons (les 4 éléments, les 4 âges de la vie et les 5 sens), de volutes et de spirales, ces dernières représentant le fleuve de la vie : la Loire, bien sûr ! L'église se visite aussi tête baissée ! Sur le chapiteau à droite du chœur, noter le blason de la ville, dont les 3 bandes horizontales représentent les 2 canaux et la Loire.
La manufacture de Briare fut largement mise à contribution pour la réalisation de ces remarquables mosaïques. Celles qui ornent le maître-autel (au fond de l'église) et les autels du transept ont été fabriquées par des maîtres verriers de Murano, près de Venise. Le chevet de l'église est éclairé par 3 vitraux figurant les 3 grandes vertus unissant l'homme à Dieu : la Foi (une croix blanche), la Charité (un pélican) et l'Espérance (une lampe allumée). Détail amusant : la grande coupole fut construite sur le modèle de celle de Sainte-Sophie de Constantinople. Des émissaires-espions furent envoyés là-bas. À voir encore : dans l'abside, une mosaïque d'un Christ en gloire, comme pixellisé et l'autel, tout ce qu'il y a de plus moderne, créé à l'occasion du centenaire de l'église en 1995. Sans compter le monument aux Morts de 1914-1918, avec les noms minutieusement détaillés, là encore, en mosaïque.

Le musée des Émaux et de la Mosaïque (MEMO) : *4, rue des Vergers. ☎ 02-38-31-20-51. • musee-mosaique.com • emauxdebriare.com • Juin-sept, tlj 10h-18h30 ; avr-mai et oct, tlj 10h-12h, 14h-18h ; mars et nov, tlj 14h-18h ; fév et déc, les w-e et vac scol seulement, 14h-18h. Fermé en janv. Entrée : 6 € ; réduc. Expos temporaires en été. Boutique avec créations d'artistes contemporains.*
En lieu et place de l'usine « de fayence fine » construite en 1837, toute l'histoire des émaux de Briare se trouve résumée dans ce joli musée. Un homme d'affaires avisé, Jean-Félix Bapterosses, fit fortune en inventant une machine à frapper des

boutons qui ruina les Anglais, pourtant maîtres en la matière ! Il collabora ensuite avec un artiste de génie : Eugène Grasset, précurseur de l'Art nouveau, célèbre dessinateur de *La Semeuse* de Larousse. Succès énorme pour les mosaïques qui peuvent être déclinées en grès, en verre, en pierre ou... en émail, la matière la plus noble et la plus résistante. Du coup, Bapterosses devint un vrai mécène pour la ville. Il construisit l'hôpital, l'église, et mit en place une véritable politique sociale pour ses employés. La production se poursuit et l'émail de Briare jouit d'une image luxueuse et solide. Il a été utilisé pour l'aéroport de Roissy, plusieurs stations du RER A, des mosquées ou des centres commerciaux.
Le musée mérite la visite pour ses belles collections qui comprennent 3 superbes compositions de Vasarely en mosaïque, le remarquable *Ange de l'église Saint-Étienne* de Grasset, façon puzzle, quelques pièces rares en faïence et bien sûr d'innombrables boutons et perles soigneusement alignés dans les tiroirs. Également de vieilles matrices et presses.

Le musée des Deux Marines et du Pont-canal : *58, bd Buyser. ☎ 02-38-31-28-27. • musee-2-marines.com • En face du précédent. Juin-sept, tlj 10h-12h30, 14h-18h30 ; mars-mai et d'oct à mi-nov, tlj 14h-18h. Fermé de mi-nov à fin fév. Entrée : 6 € ; 5 € enfant.* À Briare, comme le dit une chanson populaire du coin, « y a 2 marines, du canal et de la Loire, ceux de la Loire ont leur bonne mine, ceux du canal la gueule noire ». 2 mondes qu'évoque en détail ce vaste et réjouissant musée associatif, où la reconstitution d'un quai de Loire dès l'entrée permet de se mettre dans l'ambiance ! Puis on enchaîne avec d'autres reconstitutions tout aussi ludiques, essentiellement consacrées aux vieux métiers autour de la batellerie (pêcheurs, meuniers, passeurs, tireurs de sable, lavandières, charpentiers de marine, etc.). On poursuit avec la présentation d'une goume de 10 m (barque de pêche) du début du XIXe s, des maquettes dont une du pont-canal, des ex-voto, et une ribambelle d'objets parfois insolites, comme un boulet du siège d'Orléans (1428-1429), le jeu d'aluette (populaire chez les mariniers)... Un musée très complet, comprenant un espace vidéo (film sur la Loire, 10 mn), et, plus inattendu, des aquariums !

UN LANGAGE PLUTÔT VERT !

Une histoire que les mariniers de Loire se racontent depuis des lustres : élevé par les sœurs de Nevers, le perroquet Ver-Vert partit chez les religieuses de Nantes. Arrivé à destination, il avait troqué son dévot langage latin pour celui, nettement plus cru, des bateliers à qui il avait été confié. Renvoyé à Nevers, Ver-Vert fut puni, mais les sœurs le nourrirent en cachette, tant et si bien qu'il en mourut d'indigestion !

À faire

Le canal de Briare : *au départ de Briare, vers le nord.* Le 1er fut creusé sous Henri IV. À cause des dénivellations, on utilisa pour la 1re fois les écluses à sas, mises au point par Léonard de Vinci. Le canal actuel, aménagé au XVIIe s, reste l'un des plus vieux de France avec le canal du Midi. On peut longer les canaux à pied ou faire une promenade de 1h30 avec les *Bateaux Touristiques,* sur le vieux canal, avec passage du pont-canal ou bien d'une écluse.

■ ***Bateaux Touristiques (croisières) :*** *port de plaisance de Briare. ☎ 02-38-37-12-75. • les-bateaux-touristiques-briare.com • Avr-oct. Promenade de 1h30 : juil-août, tlj à 15h ; avr-juin et sept-oct, seulement w-e et j. fériés. Billet : 9 € ; enfant 7 €. Résa conseillée.* Des bateaux-mouches très... touristiques. Balade sur le pont-canal et passage d'une écluse. Également des croisières-déjeuner et location de bateaux électriques sans permis.

■ ***Les Canalous :*** *port du pont-canal de Briare. ☎ 03-85-53-76-74. • les canalous.fr* • Location de bateaux et péniches *(2-12 pers)* sans permis, à la journée ou plus.

■ ***Locaboat Holidays – Bassin des Prés-Gris :*** *☎ 03-86-91-72-72. • loca boat.com* • Location de pénichettes pour 4 à 12 personnes au week-end, à la minisemaine ou à la semaine.

DANS LES ENVIRONS DE BRIARE

L'écluse et la gare à bateaux de Mantelot : *45360* ***Châtillon-sur-Loire.*** *À env 6 km de Briare, sur la rive gauche du fleuve.* Difficile d'imaginer, sur ces berges aujourd'hui si tranquilles, un brin romantiques, l'animation qui devait régner ici au XIXe s. De 1838 à 1896 (soit jusqu'à l'ouverture du pont-canal de Briare), les bateaux qui naviguaient sur le vieux canal franchissaient la Loire dans les 2 sens entre cette écluse et celle des Combes (rive droite, à 1 km de là), suivant un large chenal dont on distingue toujours les traces. Une traversée pénible, voire dangereuse, surtout pour les bateaux qui, de Briare à Châtillon, franchissaient le fleuve à contre-courant. Il fallait de 3 à 6h pour haler les embarcations allégées d'une partie de leur charge. Est-ce pour cette raison que la digue du chenal s'appelle « de l'Escargot » ?

VASES COMMUNICANTS

À l'époque des mariniers, on prenait le temps de vivre. Avec les éclusiers, ils échangeaient les nouvelles durant les manœuvres. On ouvrait les vannes, mais aussi les bouteilles, et tandis que les bassins se remplissaient, les verres se vidaient : on les éclusait. D'où l'expression... « écluser un gorgeon » !

Adorable maison éclusière où se restaurer et louer des vélos (***Le Relais de Mantelot,*** voir plus haut).

Sinon, tout près de là, le restaurant ***Le Vieux Port*** *(9, rue du Port, 45360* ***Châtillon-sur-Loire ;*** *☎ 02-38-31-18-26).*

➢ ***Croisière sur un bateau traditionnel à fond plat :*** *gare d'eau de Mantelot. 06-78-53-03-86. • mercilaloire.com • Sorties sur résa d'avr à mi-oct. Parcours et horaires en fonction du niveau d'eau. Tarif : 15 €/h. Résa impérative (en ligne).* Pour une balade haute en couleur avec le passionné et passionnant Bertrand Deshayes, à la découverte de la faune et de la flore ligériennes sur *La Sterne* (12 personnes maximum). Propose aussi des sorties au marché, et même des apéros sur l'eau.

Si vous êtes marcheur, il existe une superbe ***randonnée pédestre*** de 3h au départ de Briare (circuit Mantelot, 15 km). Traverser la Loire par le pont-canal, puis longer le nouveau canal latéral de la Loire jusqu'à Châtillon-sur-Loire. Retraverser le fleuve pour rejoindre son ancien canal latéral. Puis retour à Briare.

Nombreuses autres ***promenades,*** notamment celle des 14 ponts et 7 écluses, ou des circuits accessibles aux personnes à mobilité réduite. Infos à l'office de tourisme.

La base de Beaulieu-sur-Loire *(45630)* ***:*** *grève de l'Étang. 06-21-66-25-02. • basedebeaulieu.com • À 15 km au sud.* Découverte de la Loire en canoë-kayak ou... en ULM !

Dégustation et achat de coteaux-du-giennois : l'office de tourisme fournit une liste de producteurs dans le coin. Parmi nos préférés : le ***Domaine Poupat et fils*** *(Rivotte, 45250* ***Briare ;*** *☎ 02-38-31-39-76),* producteur depuis... 1650 et à l'origine de l'AOC. Ou encore le ***Clos des Cortillaux*** *(10, chemin des Cortillaux, 45250* ***Ousson-sur-Loire ;*** *☎ 02-38-31-67-61),* dans un charmant village de bord de Loire, à 6 km au sud de Briare. Mais des viticulteurs passionnés, on en trouve tout le long de la Loire, en aval et en amont !

– ***Fête des Vins des coteaux du Giennois :*** *dernier dim de juil, à* ***Bonny-sur-Loire*** *(45420).* Dont les habitants s'appellent les... Bonnychons ! Lourd à porter, mais là on est hors sujet.

LE GÂTINAIS

DE BRIARE À MONTARGIS

Le château de La Bussière : *au village de* ***La Bussière*** *(45230).* *☎ 02-38-35-93-35. • chateau-de-la-bussiere.com • (à l'extérieur seulement). À 12 km au nord de Briare (N 7) et 10 km à l'ouest de Rogny. Mai-sept, tlj sauf mar 10h-12h et 14h-18h (tlj et en continu juil-août) ; avr et oct, tlj sauf mar 14h-18h. Visites guidées : 3-4/j. Entrée (château et jardin) : 9,50 € ; 1 entrée tarif réduit offerte sur présentation de ce guide ; réduc ; gratuit moins de 4 ans. Visite audioguidée possible avec QR codes. Visites nocturnes théâtralisées en été. Animations et ateliers pour les enfants en été.*
Pour bien comprendre la situation exceptionnelle de ce site habité depuis plus de 200 ans par la famille de Chasseval, il faut avoir vu des photos aériennes. Imaginez un superbe parc (ordonnancé par Le Nôtre) et d'imposantes dépendances bordées par un vaste plan d'eau. De là part un petit pont, seul accès au ***château*** proprement dit... car l'élégante bâtisse de pierre et de brique est carrément bâtie sur un îlot à ses dimensions, comme posée là par magie ! Construit au XIIe s, le château – dit « des Pêcheurs » – fut entièrement réaménagé aux XVIIe et XVIIIe s, d'où ce curieux mélange de forteresse médiévale (tourelle, châtelet et vestiges de remparts) et de manoir raffiné. À l'intérieur, panorama sur l'étang depuis l'élégant salon et table apprêtée de vaisselle de Gien dans la salle à manger. Au sous-sol, jolie collection de cuivres dans la cuisine, un passage par la lingerie et un intéressant ***musée de la Pêche en eau douce,*** digne pendant des collections de Gien consacrées à la chasse. Ne pas manquer le rare spécimen de cœlacanthe préservé dans du formol, un poisson dont les origines remontent à 350 millions d'années ! Dans la cour, voir encore l'***orangerie,*** la ***sellerie*** et le ***tribunal,*** doté d'une prison. On avait pensé à tout !
Des jeux en bois géants sont à la disposition des enfants dans la cour et dans le ***parc,*** où l'on parcourt un circuit d'une dizaine de cabanes extraordinaires et 2 sentiers de randonnée (1h, autour de l'étang ou 2h dans la forêt), menant à la chapelle privée. Jeu d'énigmes et d'orientation, *escape game,* promenades en barque sur l'étang *(6 € les 30 mn)...*
Autre merveille : le superbe ***potager,*** classé « Jardin remarquable » et lauréat du concours national 2020 des jardins potagers. Plan caractéristique du XVIIIe s : une allée centrale et 2 allées transversales le partagent en de vastes carrés comprenant plantes condimentaires et médicinales, légumes oubliés, un verger, des fleurs bien sûr... Il s'agissait de nourrir, mais aussi de soigner et divertir tout ce petit monde. Original pour explorer ce vaste espace : le ***garden game*** (comme un *escape game,* mais dans un jardin !), à la recherche de la rose éternelle.
L'Orangerie : *dans la cour, tlj en été. Résa possible sur internet.* Déjeuner sous forme de bocaux *(env 15 € le plat),* bio et de saison avec le château en arrière-plan.

Rogny-les-Sept-Écluses *(89220) : à l'est du château de La Bussière.* Petite incursion dans le département voisin, l'Yonne, en suivant le canal de Briare sur 15 km. On flirte ici avec la Puisaye, cette microrégion de bocage et de forêts percés d'étangs, couvrant un bout de l'Yonne, de la Nièvre et du Loiret. Autant l'aspect de Briare est urbain, autant celui de Rogny est rural et rustique : maisons basses, ponts et passerelles bossus, carrefour de canaux ou de rivières.
À Rogny, on fait un saut de 3 siècles en arrière pour découvrir comment 7 écluses successives, présentant une élévation de 24 m, permettaient la réunion des

2 bassins de la Loire et de la Seine, dans le but de relier la Méditerranée à la côte ouest. Depuis 1880, les 7 ouvrages ont été remplacés par 6 portes seulement. ***Balades agréables le long du chemin de halage.*** Attention, familles : pas de garde-fou !

☙☙☙ *L'arboretum national des Barres :* *route de Châtillon, 45290* ***Nogent-sur-Vernisson.*** *☎ 02-38-97-62-21. • arboretumdesbarres.fr • ♿ (label Tourisme Handicap) À env 20 km au sud de Montargis (D 2007). Ouv 1 w-e sur 2, w-e de Pâques-1er nov. Infos et nombreux événements pour ts sur le site. Entrée : 5 € ; réduc. Visite guidée possible. Salon de thé. Aires de jeux et de pique-nique.*
Ce parc formidable est réputé pour posséder l'une des plus belles collections d'arbres en Europe : 2 600 espèces et 9 300 arbres et arbustes sur 35 ha ! Géré par l'ONF, cet endroit étonnant fut créé au début du XIXe s par la famille de grainetiers de Vilmorin afin d'y entreprendre des recherches botaniques.
Il se divise en 3 circuits (1h ou plus chacun) : *Continentalis* (arbres américains, européens ou asiatiques), *Classifica* (chênes, bouleaux, rhododendrons...) et *Bizarretum* (plantes ornementales aux formes étranges). Ne pas manquer le thuya aux 80 troncs (on dit qu'il « marcotte »), le séquoia toujours vert (arbre le plus grand du Loiret), le laurier des Iroquois aux différentes formes de feuilles, et tant d'autres...

☙ *Langesse* *(45290) :* *à 9 km à l'ouest de l'arboretum.* Un joli village, à l'orée de la forêt d'Orléans. Plan d'eau dans lequel se mire une église du XIIIe s (autel classé).

LE LOIRET

MONTARGIS

(45200) 14 200 hab. *Carte Loiret, C2*

Capitale du Gâtinais, cette ancienne résidence royale a, hélas, été dévastée par un incendie au début du XVIe s. Comble de malheur, son château a été détruit après la Révolution... mais heureusement reconstruit au XIXe s ! Ses célèbres canaux enjambés par 131 ponts et passerelles sont, eux, toujours là, d'où son nom de « Venise du Gâtinais », et procurent à la ville un charme certain. Le peintre Girodet, élève de David, reste son plus célèbre enfant, mais la ville vit aussi naître la chanteuse lyrique Patricia Petitbon, tout comme feu l'écrivain Hervé Bazin. Plus atypique, les hommes politiques chinois Deng Xiaoping et Zhou Enlai vinrent travailler à Montargis avant la Seconde Guerre mondiale, accompagnés d'une communauté de quelque 300 Chinois.

QUAND LA PRÉSIDENCE BASCULE

En 1920, Paul Deschanel, président de la République, prit le train. On ne sait trop comment, en se penchant à la fenêtre, il tomba sur le ballast, avant d'arriver à Montargis. Heureusement sans mal mais avec quelques égratignures. Il fut recueilli, en pyjama, par un garde-barrière stupéfait. Ayant un mental plutôt perturbé, il fut contraint à la démission 3 mois plus tard.

LES DENTS DE SON MAÎTRE

La légende de Montargis rapporte que, sous le règne de Charles V, après le meurtre d'un gentilhomme, le chien de la victime poursuivit sans relâche le coupable. Soupçonneuses, les autorités organisèrent alors un combat judiciaire à la mode du temps : au présumé coupable, son bâton pour se défendre ; au chien ses dents et un tonneau pour se protéger. Et comme le toutou prit le dessus, on interpella l'individu : il passa aux aveux, on l'exécuta. Le « chien de Montargis » est aujourd'hui l'un des héros de la ville. Il a sa propre statue, et même un hommage original sous forme de confiserie : les fameuses « crottes du chien » ! (Voir plus loin « Où acheter les gourmandises du Gâtinais ? ».)

Adresse et infos utiles

Office de tourisme : *35, rue Renée-de-France (face à la pl. du Pâtis, parking gratuit). ☎ 02-38-98-00-87. • tourisme-montargis.fr • Lun-sam 9h (8h30 nov-fin avr)-12h30, 14h-18h30 (18h nov-fin avr) ; également dim et j. fériés 10h-12h30 en juil-août.* Propose plusieurs circuits avec fascicule : « Circuit des ponts » (et des canaux), les Chinois célèbres de Montargis, parcours *street art* (œuvres gigantesques du LaBel Valette Festival à Pressigny-les-Pins), parcours ludique des sites historiques et culturels (bornes en bois et quiz) comprenant une version enfants, etc. Boutique de spécialités locales, y compris en ligne.

Pour se déplacer en bus dans toute l'agglomération, réseau ***Amelys*** : *☎ 02-38-85-28-53. • amelys.fr •*

– ***Bon à savoir :*** les places de parking en ville sont payantes, excepté sur la grande place du Pâtis (ou place du 18-Juin), face à l'office de tourisme et proche du centre.

LE LOIRET

Où dormir ?

Camping

Camping de la Forêt : *38, av. Louis-Maurice-Chautemps. ☎ 02-38-98-00-20. • campingdelaforet@agglo-montargoise.fr • Derrière la gare SNCF, dans la forêt. Ouv fév-nov. Forfait pour 2 env 15 €.* Grand camping d'une centaine d'emplacements bien ombragés par des chênes, à bonne distance de la rue. Sanitaires corrects. Aire de jeux, salle TV et ping-pong. Piscine et tennis gratuits à proximité *(juil-août).* Possibilité de pêcher dans les environs, parcours et balades à pied dans la forêt toute proche.

Prix moyens

Hôtel Central : *2, rue Gudin. ☎ 02-38-85-03-07. • hotel-montargis.com • En plein centre (parfois inaccessible aux voitures, selon les jours !). Congés : autour des fêtes de fin d'année. Double env 70 € ; familiales.* Central, oui, et calme, cette ancienne auberge depuis le Moyen Âge fut provisoirement un monastère au XVIIe s (d'où les fresques rigolotes de moines). Une fois grimpé le bel escalier d'époque, on est reçu chaleureusement. L'ensemble, classé 2 étoiles, est très agréable avec une douzaine de chambres bien tenues et de toutes tailles. Une adresse familiale comme on les affectionne... Au petit déj, bon miel du Gâtinais, à déguster en terrasse les beaux jours.

Hôtel de France : *54, pl. de la République. ☎ 02-38-99-09-09. • leshotelsdorele@orange.fr • Sur la place du marché. Double 83 € ; suites et familiales. Parking payant.* L'adresse chic du centre-ville, dans un style provincial confortable avec ses moquettes jusque dans les chambres spacieuses. Rien à redire, c'est calme (sauf les jours de marché !), fonctionnel et à 2 pas de tout.

Où manger ?

Bon marché

L'Antre Nous : *22, rue Jean-Jaurès. ☎ 02-38-87-99-65. • lantre-nous@sfr.fr • Dans le prolongement de la rue Dorée, vers le sud. Tlj sauf mer, plus les soirs mar et dim. Formules midi en sem 13,50-16,50 €, puis 13-32 €.* Cette table bistronomique montargoise file droit avec sa carte créative et de saison. Au menu, toute une palette de formules à composer soi-même à partir des lettres A, B, C, D. Quelle que soit la combinaison, le repas se révèle frais, original sans trop en faire, rehaussé de sauces et d'épices juste comme il faut et... à prix doux.

De prix moyens à chic

Oh Terroir : *44, rue Jean-Jaurès. ☎ 02-38-89-07-57. 📱 07-68-10-00-39. • mickael@ohterroir.com • ♿ Dans le prolongement de la rue Dorée, vers le sud. Tlj sauf dim-lun, midi et soir. Formule déj en sem env 20 € ; menus 33-37 €. Une coupe de poiré offerte sur présentation de ce guide.* Une table incontournable de Montargis, depuis plus de 30 ans. On travaille ici le circuit court avec des petits producteurs locaux, bio et de saison. Délicieux burgers au pain brioché bio et glaces maison, entre autres. Sélection de vins du même tonneau. Le tout servi dans une salle sobre et contemporaine, souvent prise d'assaut par les habitués ou sur la belle terrasse-potager aquaponique, on ne peut plus rafraîchissante avec son brumisateur...

Les Petits Oignons : *81 bis, av. du Général-de-Gaulle. ☎ 02-38-93-97-49. Excentré, en direction de la gare. Tlj sauf dim soir-lun. Congés : vac scol de fév et 3 premières sem d'août. Menus 14 € (côté brasserie), 23-49 € (côté resto).* Une adresse « 2 en 1 ». D'un côté, le « bistrot », avec son menu à l'ardoise et sa cuisine classique très correcte. De l'autre, le « gastro », au décor un brin désuet, mais où les menus plus élaborés sont d'un bon rapport qualité-prix, à l'image du sandre au safran du Gâtinais. Jardin et terrasse.

L'Orangerie du Lac : *57, rue Jean-Jaurès. ☎ 02-38-93-33-83. Dans le prolongement de la rue Dorée, vers le sud. Tlj sauf dim soir-mar. Menus midi en sem 29-34 €, puis 39 €.* Cette adresse chic est reconnue de tous pour son accueil diligent, et surtout pour sa cuisine traditionnelle soignée, élaborée avec des produits bruts choisis soigneusement. Une valeur sûre au cadre contemporain de bon aloi.

LE LOIRET

Où dormir dans les environs ?

Camping des Rives du Loing : *26, rue du Château, 45120* ***Cepoy.*** *☎ 02-38-85-29-33. • campingdesrivesduloing@agglo-montargoise.fr • ♿ À env 6 km au nord. Fin mars-début oct. Env 9,50 € pour 2 avec tente et voiture ; forfait campeur et loc de tentes. 50 empl.* Au cœur d'un village classé « Station Verte », des emplacements vastes et bien ombragés, dans un cadre verdoyant, au bord du canal du Loing. Jeux pour les enfants, pétanque, ping-pong... Idéal pour rayonner, se balader et pêcher.

Chambres d'hôtes Le Clos Saint-Nicolas : *150, rue Paul-Doumer, 45220* ***Château-Renard.*** *☎ 02-38-95-25-79. 📱 06-08-88-89-48. • clos-saint-nicolas.fr • À 18 km à l'est (D 943). Doubles 125-135 € ; familiales.* Cette demeure bourgeoise, dont le parc fleuri est traversé par l'Ouanne, exhale une atmosphère douce et romantique. Dans les chambres, meublées à l'ancienne, on dort dans des draps brodés. Celle de plain pied, fraîche en été, ouvre sur le jardin... À l'étage, elles sont plus vastes et plus lumineuses. Le village ne manque pas non plus de cachet avec ses vestiges de forteresse médiévale et ses remparts.

Où acheter les gourmandises du Gâtinais ?

3 spécialités locales : le miel du Gâtinais, bien sûr (qui provient des fleurs de colza et de tournesol), mais aussi les fameuses praslines de Montargis et les énigmatiques « crottes du chien » !

Praslines : ***Au Duc de Praslin (Mazet de Montargis),*** *43, rue du Général-Leclerc. ☎ 02-38-98-63-55. • mazetconfiseur.com • Tlj 10h (9h sam)-13h, 14h (15h dim)-19h.* Superbe maison de style gothique, où l'on garde jalousement le secret de la recette de la prasline. Ici même, le cuisinier du duc de Praslin (ministre de Louis XIII) eut la grande idée de caraméliser des amandes grillées, que son patron offrait aux dames de la Cour. À la pâtisserie-salon de thé attenante *(fermé dim ap-m et lun),* plusieurs recettes à base de pralines (ô le petit chou fourré !) rendant cette friandise baroque furieusement contemporaine... Vous pouvez même apprendre à les cuisiner dans l'atelier *Mazet Factorie.*

Crottes du chien de Montargis : *chez* ***Douceurs,*** *92, rue Dorée. ☎ 02-38-85-09-76. • douceurs-montargis.com • Lun 14h30-18h30 ; mar-sam 9h30-19h ; dim 10h-12h30, 15h-18h.* Un salon de thé-chocolaterie-épicerie fine avec miniterrasse où l'on trouve ces délicieuses nougatines pralinées enrobées de chocolat noir. Entre autres...

À voir. À faire

LE LOIRET

Petit trek urbain le long des beaux canaux : « Circuit des ponts » à l'office de tourisme. Rien à voir avec Venise, mais l'ensemble a des petits airs champêtres. Vos pas vous mèneront ***rue Laforge*** là où l'on franchit 2 ponts avec vue sur de vieilles maisons, leurs balcons au ras de l'eau et une enfilade d'autres ponts enjambant un petit canal. Adorable vision d'un bout de ville presque marécageux ! Plus loin, vieille ***écluse du canal de Briare*** et, en longeant le canal, l'adorable ***passerelle Victor-Hugo*** en forme d'arc-en-ciel (1891), d'après les plans d'un certain... Gustave Eiffel. ***Rue de la Pêcherie,*** bien agréable avec ses bars en terrasse, emprunter les passages menant à d'autres ponts, offrant eux-mêmes de charmants panoramas. Les autres canaux intéressants se situent dans l'ancien ***quartier des tanneurs,*** au pied du château. Sur le pittoresque îlot des Tanneurs, ***musée du Cuir et des Tanneurs*** *(☎ 02-38-98-00-87 ; ouv seulement sam 14h30-17h30).*

L'église Sainte-Marie-Madeleine : *à l'angle de la pl. Mirabeau et de la rue du Général-Leclerc. Tlj 9h-18h.* Belle nef du XIIᵉ s, contrastant avec le chœur du XVIᵉ s, de style italien, le tout restauré au XIXᵉ s. L'ensemble est assez austère, mais atmosphère intéressante, due aux nombreux vitraux colorés. Noter les stalles du XVIIIᵉ s de la restauration entreprise par un élève de Viollet-le-Duc.

Le musée Girodet : *2, rue du Faubourg-de-la-Chaussée. ☎ 02-38-98-07-81. • musee-girodet.fr • Ouv mer-dim sauf j. fériés, 14h-18h. Entrée : 4 € ; réduc.* Situé dans le massif mais élégant hôtel Durzy, l'ancien hôtel de ville, ce musée moderne est consacré au peintre montargois, Anne-Louis Girodet (1767-1824) élève de David, ainsi qu'au sculpteur romantique Henri de Triqueti. Quelques beaux tableaux, dont celui dit *La Leçon de géographie,* l'un des plus célèbres de Girodet, une collection de peintures des écoles européennes des XVᵉ-XVIIIᵉ s et des sculptures.

Le musée historique de l'Amitié franco-chinoise : *15, rue Raymond-Tellier. ☎ 02-38-90-99-99. ♿ Avr-sept, tlj sauf mar 10h-17h. Entrée : 1 €.* Propriété du gouvernement populaire de la province du Hunan, ce bâtiment accueille un modeste et insolite musée : il retrace l'épopée des étudiants-ouvriers chinois venus en France dans les années 1920 pour fuir un univers féodal et s'initier à un monde nouveau. Étonnant, d'autant que parmi ceux qui ont fait leurs classes à Montargis figurent plusieurs futurs dirigeants du Parti, dont Zhou Enlai, Deng Xiaoping et Cai Hesen !

La maison Feuillette : *69 bis, rue des Déportés-et-Internés-de-la-Résistance. ☎ 09-81-01-88-30. • cncp-feuillette.fr • Visite sur rdv ou l'été avec l'office de tourisme. Adulte : 6 € ; gratuit moins de 15 ans.* Cachée sous la vigne vierge, c'est mine de rien la plus ancienne maison en paille (ossature bois) construite en France, voire en Europe ! Elle fut imaginée en 1920 par Émile Feuillette, un génial ingénieur à qui l'on doit une centaine de brevets. Cette maison, construite en 3 mois, coûtait 40 % moins cher. De quoi méditer sur les atouts infinis de ce matériau durable et écologique...

DANS LES ENVIRONS DE MONTARGIS

Le centre d'art contemporain Les Tanneries : *234, rue des Ponts, 45200* ***Amilly.*** *☎ 02-38-85-28-50. • lestanneries.fr • À 5 km au sud (D 943). Programmation sur le site. Ouv mer-dim 14h30-18h. GRATUIT.* Un immense bâtiment industriel de 3 000 m² entièrement réhabilité en un lieu de vie tourné vers l'art contemporain. Expos temporaires et parc de sculptures.

La Maison de la forêt : *94, rue de l'Église, 45200* ***Paucourt.*** *☎ 02-38-98-17-59. • agglo-montargoise.fr • À 6,5 km au nord-est (D 815). Ouv mer et w-e (mer-dim pdt les vac scol), 9h-12h, 14h-17h (10h-12h, 14h-18h en juil-août). Entrée : 4 € ; réduc.* Un passage obligé pour partir à la découverte de la forêt aménagée de Montargis, « poumon vert » du Gâtinais, traversé par le GR 13. Expo interactive et pédagogique. Mais aussi animations, balades thématiques en forêt et toutes les infos sur le chemin botanique, les sentiers forestiers (de 500 m à 6 km, certains adaptés pour les enfants), le *Parcours des Sculptures* en forêt, etc. Noter la période de la chasse, de septembre à mars.

Ferrières-en-Gâtinais : *à env 12 km au nord.* Au nord de Montargis, les Quatre-Vallées sont traversées par le Loing, le Cléry, le Fusain et le Betz. Ferrières, « Petite Cité de caractère » au tracé médiéval préservé, doit son nom et son développement à l'exploitation du fer. Elle est surtout l'ancienne capitale religieuse du Gâtinais depuis qu'un soir de Noël, 3 missionnaires auraient aperçu la Vierge donnant naissance au Christ. Du IIIe au IXe s, période de son apogée, on construisit beaucoup à Ferrières : une chapelle, une basilique (commandée, paraît-il, par Clovis), un monastère au VIIe s... Classée Monument historique, l'église abbatiale se visite tous les jours librement. L'ensemble formé par le village et l'abbaye est très harmonieux. Circuit à l'office de tourisme pour ne rien manquer des portes, des remparts, du potager, du lavoir...

Office de tourisme de Ferrières et des Quatre-Vallées : *8, pl. des Églises. ☎ 02-38-96-58-86. • tourisme-ferrieres-loiret.fr • Mai-sept, mer-sam 10h-12h30, 14h-18h30 (plus le dim en été, 10h-13h) ; oct-avr, mar-sam 10h-12h30, 14h-17h.* Infos sur tout le territoire des Quatre-Vallées. Visites guidées en été. Boutique de produits locaux.

Le parc du manoir de la Javelière : *45340* ***Montbarrois.*** *06-72-26-00-70. • lajaveliere.fr • Quasi à mi-chemin entre Montargis et Pithiviers. Ouv mai-sept, sauf 2de quinzaine d'août, ven-dim 14h-18h (seulement le w-e juil-sept). Entrée : 8 € ; réduc ; gratuit moins de 12 ans. CB refusées.* 20 ans de travail passionné des propriétaires auront été nécessaires pour mettre en forme et en perspective les 4 ha de ce jardin paysager dessiné autour de leur manoir du XVIIe s. Difficile de ne pas tomber sous le charme de l'étonnante collection de roses botaniques, du décor original de topiaires, du jardin italien planté de cyprès, du ruisseau bordé d'érables du Japon... Ce n'est pas pour rien que ces jardins (labellisés « Jardin remarquable ») se sont vu décerner le prix de « Lieu d'excellence difficilement égalable... » !

LORRIS

(45260) 2 960 hab. *Carte Loiret, C2*

À une vingtaine de kilomètres au nord-est de Sully-sur-Loire. Ce village paisible possède quelques curiosités touristiques qui valent le détour. Illustre figure originaire de la ville, Guillaume de Lorris est l'auteur de la 1re partie du *Roman de la Rose* (la 2de étant due à la plume de Jean de Meung ; voir à Meung-sur-Loire).

LE LOIRET

Adresse utile

Office de tourisme Gâtinais Sud : *1, rue des Halles. ☎ 02-38-94-81-42. • tourisme-gatinais-sud.com • Mar-sam 9h30-12h (12h30 hors saison), 13h30-18h (17h hors saison).* Infos sur le territoire Canaux et Forêts en Gâtinais, incluant Bellegarde et Châtillon-Coligny.

Où manger ?

Guillaume de Lorris : *8, Grande-Rue. ☎ 02-38-94-83-55. Le midi mer-dim, plus le soir ven-sam. Formules le midi en sem 19-23 € (vin compris ou non) ; menus 26-54 €.* La meilleure table du coin, réputée pour sa cuisine traditionnelle. Au menu le plus cher, c'est poisson ET viande, trou normand, fromage ET dessert... à l'ancienne ! Mais rassurez-vous, les autres menus sont bien moins copieux et vous n'êtes pas obligé de tout goûter !

À voir

L'église Notre-Dame : belle église datant des XIIe au XVIe s, surtout célèbre pour ses grandes orgues, de 1501... ce qui en fait parmi les plus vieilles d'Europe. Le buffet Renaissance est magnifique : du travail de dentellière ou d'orfèvre sur bois. Festival d'orgue d'importance : *• lorris.org •*

L'hôtel de ville : bel ensemble de brique polychrome, datant de la fin du XVe s. Côté jardin, jolie tourelle octogonale. Demander à visiter la salle des mariages.

La halle : le marché du jeudi matin existait déjà au temps des Capétiens. La halle du XIIe s a été restaurée en 1992 dans le style original. Noter le grenier fermé sous la charpente.

Le musée de la Résistance et de la Déportation : *esplanade Charles-de-Gaulle. ☎ 02-38-94-84-19. • museelorris.fr • Juin, tlj 14h-18h, plus 10h-12h le w-e ; juil-août, tlj 10h-12h, 14h-18h ; le reste de l'année, se renseigner (ouv seulement 1 w-e/mois). Visite libre ou guidée l'été à 15h et 16h15. Entrée : 6 € ; 2 € moins de 18 ans ; gratuit moins de 7 ans.* À la fois musée, mémorial et lieu de réflexion, le site de Lorris est incontournable pour mieux comprendre l'impact de la Seconde Guerre mondiale dans le département. Accolé à une ancienne gare, le long bâtiment contemporain renferme une exposition sobre et moderne, étayée par des reconstitutions et de nombreux objets d'époque. Ici, la grande histoire côtoie la petite, sur la base de témoignages. On y évoque évidemment la Résistance et l'attaque du maquis de Lorris le 14 août 1944. Une visite indispensable.

Le musée horloger Georges-Lemoine : *dans les locaux de l'office de tourisme (mêmes horaires). • musee-horloger-lorris.fr • GRATUIT.* Georges Lemoine fut l'un des 1ers horlogers de Lorris du XIXe s. Sa famille a légué à la commune sa riche collection d'horloges et de montres. On y voit aussi l'horloge de l'église, de la fin du XIXe s. L'atelier de réparation est ouvert au public le jeudi après-midi. Agréable visite au son du tic-tac.

Manifestation

– **LaBel Valette Festival :** *août, au château de* ***Pressigny-les-Pins*** *(45290). • labelvalettefest.com •* Art de rue (y compris à Montargis).

DANS LES ENVIRONS DE LORRIS

Port-de-Grignon : *à env 5 km à l'ouest.* Situé sur la commune de Vieilles-Maisons-sur-Joudry (45260), ce merveilleux village batelier est l'un de nos coups de cœur en Gâtinais. 1er tronçon sur le canal d'Orléans, qui permet de relier la Seine au Loing, c'était, au XVIIe s, un port stratégique. L'endroit est aujourd'hui bien calme. Il n'en demeure pas moins charmant, digne d'un tableau impressionniste. Idéal pour une balade, un pique-nique ou une partie de pêche...

– On peut visiter le chantier de ***La Belle de Grignon*** *(06-44-28-35-13 ; • bellede grignon.fr • ; mars-nov, visite tlj 9h-18h sur rdv).* Des bénévoles ont reconstruit une flûte berrichonne du XIXe s, péniche élancée et emblématique du canal d'Orléans. Promenades guidées, en péniche par halage (le week-end) et en bateaux électriques ; à quai, film sur le chantier.

LE PAYS DE BEAUCE-GÂTINAIS EN PITHIVERAIS

PITHIVIERS (45300) 8 750 hab. *Carte Loiret, B1*

Pris entre les plaines de la Beauce et le Gâtinais, Pithiviers, dont on aperçoit de loin la flèche effilée de l'église Saint-Salomon-Saint-Grégoire, fait un peu bande à part dans le Loiret... Mais tordons tout de suite le cou aux idées reçues, les paysages ne sont pas monotones comme on le dit : ici et là, de délicieuses petites vallées (la Rimarde, l'Essonne...) échancrent de vert le blond des champs céréaliers, tandis qu'un autre clocher, tors celui-ci, vaut le coup d'œil à Puiseaux.

CETTE VILLE, C'EST DU GÂTEAU

L'origine du fameux *pithiviers* reste floue. Certains lui trouvent des racines du côté d'une galette que préparaient les Carnutes (peuplade gauloise qui occupait le Val de Loire et la Beauce), agrémentée des amandes que commerçaient les Romains. Avec l'invention de la pâte feuilletée au XVIIIe s, la recette évolua. Si les pâtissiers locaux privilégient la version fondante, glacée et décorée de fruits confits, la confrérie, fondée en 1983, met un point d'honneur à défendre les 2 recettes qui coexistent donc.

> **UNE BONNE PÂTE, CE SAINT GRÉGOIRE !**
>
> *Saint Grégoire, évêque d'Arménie fuyant les persécutions religieuses, s'installa à la fin du Xe s dans une grotte de la vallée de l'Œuf (un nom prédestiné !), près de Pithiviers. À ses visiteurs, il offrait un gâteau originaire de son pays, fait de farine de seigle, de miel et d'épices. Il ne faisait pas secret de la recette, et c'est ainsi que serait né le pain d'épice (ou couque) à Pithiviers, au XIe s. La tradition perdure encore.*

Déjà « Site remarquable du goût », Pithiviers travaille au classement en AOP de la filière « amandes de Pithiviers ».

Noter que la ville s'est aussi fait une réputation avec le *pain d'épice.* Tous les ingrédients étaient à portée de main : le blé de la Beauce, les betteraves sucrières, le miel du Gâtinais...

Adresse utile

Office de tourisme : *1, mail Ouest. ☎ 02-38-30-50-02. • grandpithiverais.fr • Tte l'année, mar-sam 9h30-12h30, 13h30-17h30.* Tout sur le Grand Pithiverais. Parcours dans la ville. Boutique du terroir. Autre bureau à Malesherbes.

Où dormir ? Où manger ?

Le Relais de la Poste : *10, mail Ouest. ☎ 02-38-30-40-30. 06-13-36-08-54. • le-relais-de-la-poste@orange.fr • le-relais-de-la-poste.fr • Proche de l'office de tourisme. Resto fermé ven, lun midi et le soir des dim et j. fériés. Double 74 €. Formule déj en sem 49 € ; menu 24 €. Parking payant.* Un établissement classique, trônant sur le mail principal, qui compte une quarantaine de chambres lambrissées pour la plupart, assez grandes, confortables et chaleureuses. Au resto, au cadre rustique-cossu, menus dans un registre traditionnel, avec bien sûr le pithiviers en dessert...

Aux Saveurs lointaines : *1, pl. du Martroi. ☎ 02-38-30-18-18. Tlj sauf dim soir et lun. Plats env 12-20 €.* Pour manger local, mangez vietnamien ! Une adresse familiale où tout est cuisiné maison, à base de fruits et légumes locaux... *Bò bún,* soupe *phô bô,* poissons, porc ou canard laqué ou encore la tarte fraises-mangue sont confondants de fraîcheur et de saveur... Un vrai plaisir !

Où acheter un authentique et délicieux pithiviers ?

La Gâtinaise : *95, route de Pithiviers. ☎ 02-38-33-00-21. Sur la D 921. Mer-ven 6h-19h, sam 5h-19h, dim 6h-16h. Fermé lun-mar.* Cette pâtisserie centenaire est réputée pour son pithiviers. Incomparable ! Feuilleté, soufflé... et évidemment fondant glacé ! Uniquement des matières premières soigneusement sélectionnées : amandes broyées sur place... pas de poudre, aucun arôme, aucun additif... Le reste est affaire de savoir-faire.

À voir. À faire

Le jardin personnel d'André Eve : *28 bis, fg d'Orléans. • amisdandreeve.fr • Visites libres (limitées à 20 pers) de mi-mai à mi-juil et sept, ven-dim 10h-12h, 14h-18h. Visites guidées proposées par l'office de tourisme en été (résa obligatoire) mais aussi à l'occasion des Journées du patrimoine ou des Rendez-vous au jardin. Entrée : 5 € ; gratuit moins de 12 ans.* Derrière une petite porte en bois se cache un incroyable jardin de ville ; étape majeure sur la « Route de la Rose »... On entre ici dans l'intimité du célèbre obtenteur (créateur de roses) et pépiniériste. Il s'agit de son jardin privé, celui où il a inlassablement créé ses boutures et développé sa passion dévorante. Les fleurs occupent tout l'espace... Des roses mêlées à des graminées, sa philosophie, pour un dialogue floral entre jardin à la française et à l'anglaise... Un jardin entretenu, depuis le décès d'André Eve, en 2015, par une bande de bénévoles passionnés. Les amateurs prolongeront le plaisir par la visite de la roseraie de Morailles (sa 1re pépinière, devenue un site écosolidaire), de la pépinière à Chilleurs-aux-Bois (roses anciennes) et du Grand Jardin du Théâtre des Minuits à La Neuville-sur-Essonne.

Le chemin de fer touristique, le musée des Transports Le Décau et le musée sur la déportation et la Shoah : *rue Carnot, à côté de la gare SNCF. Infos à l'office de tourisme ou sur • amtp-cfpithiviers.com • Départs dim et*

j. fériés fin avr-oct, plus jeu et sam juil-août et courant déc. Compter 1h A/R (5 km) et 45 mn de visite du musée. Billet combiné train et musée : 9 € ; 4-14 ans : 7 € ; gratuit moins de 4 ans.
Cette ligne, sauvée par des bénévoles entre Pithiviers et Toury fut, jusqu'en 1964, la dernière sur laquelle circulaient une dizaine de locomotives « en pression » (des trains à vapeur, quoi !). C'est aujourd'hui ***le plus ancien chemin de fer touristique encore en exploitation en France*** ! Nos lecteurs observateurs auront remarqué le surprenant écartement des voies (0,60 m contre 1,435 m normalement), permettant tout de même la circulation de trains relativement lourds (200 000 t de céréales chaque année). Les trains sont tractés par une loco KDL 4-12 (les spécialistes apprécieront), la « Blanc Misseron » ou encore la « Meuse »...
Sous les 2 nefs de l'ancienne gare de Pithiviers, le ***petit musée*** recèle aussi quelques beaux engins : nombreuses locomotives (8 sont classées Monument historique), un autorail de 1922, des wagons, des objets ferroviaires et des trains miniatures...
– On trouve également sur place un saisissant ***musée sur la Déportation et la Shoah,*** ouvert en 2022 et géré par le *Centre d'étude et de recherche sur les camps d'internement du Loiret* (qui gère aussi, à Orléans, le ***musée-mémorial des enfants du Vel d'Hiv ;*** • *cercil.fr* •).

LE LOIRET

DANS LES ENVIRONS DE PITHIVIERS

★★★ ***Yèvre-le-Châtel*** *(45300)* **:** *à 6 km à l'est (D 123).* Un calme olympien et un charme fou règnent dans ce village, classé parmi les « Plus Beaux Villages de France ». Au XIXe s, le site fit l'admiration de Victor Hugo : « C'est magnifique, je dessine tout ce que je vois. » Soit quelques jolies maisons en pierre, toutes fleuries et quelques boutiques d'artisans. Voir les ruines romantiques de l'église Saint-Lubin, la (rare) croix hosannière dans son petit cimetière et surtout la solide forteresse médiévale (édifiée au début du XIIIe s, sous Philippe Auguste).
– ***La forteresse :*** *☎ 02-38-34-25-91. 1er avr-1er nov (tte l'année sur rdv pour les groupes), tlj 14h-18h. Entrée : 5 € ; réduc. Visite guidée sur résa (6 €).* Il a été presque entièrement restauré. Accès au jardin médiéval dans la cour (labellisé « Route de la Rose »), ainsi qu'à 3 tours et au chemin de ronde. D'en haut, superbe point de vue sur la région, de Pithiviers à la forêt d'Orléans. En été et surtout à la mi-août, concerts de musique classique et animations médiévales.

La Rolandière : *7, pl. du Bourg. ☎ 02-38-34-28-47. Tlj sauf mer, seulement le midi. Plats 14-20 €.* L'unique resto de Yèvre, c'est dire si la belle terrasse est prisée. On y sert une savoureuse cuisine française traditionnelle, de saison, des plats en sauce mais aussi un délicieux pithiviers fondant.

★★ ***Le musée du Safran :*** *21, route de Pithiviers, 45300* ***Boynes.*** *☎ 02-38-33-14-81. • le-musee-du-safran-boynes.blogspot.fr • (accès partiel). À 10 km au sud-est de Pithiviers par la D 950. Ouv seulement avr-oct les 1er et 3e w-e du mois 14h30-18h. Entrée : 5 € ; réduc ; gratuit moins de 12 ans.*
Avec plusieurs centaines de récoltants et producteurs au début du XXe s, Boynes fut la capitale européenne du safran. Apparu dans le Gâtinais au XIVe s, ce précieux épice et colorant fut vraisemblablement rapporté dans les bagages d'un seigneur du coin de retour des croisades. Jusqu'à la Première Guerre mondiale, la production locale fut considérée comme l'une des meilleures du monde ! Victime des colorants chimiques et de la désertification des campagnes, la culture du safran disparut doucement. Ils ne sont plus aujourd'hui que quelques producteurs.
C'est cette mutation qu'évoquent les 6 salles de ce musée unique en son genre, installé dans une ancienne (et superbe) propriété de marchand de vin.

L'AMI – atelier-musée de l'Imprimerie : *70, av. du Gal-Patton, 45330* ***Malesherbes.*** *☎ 02-38-30-50-02. • a-mi.fr • À env 19 km au nord-est. Juil-août, mar-ven 13h-18h30, sam 15h-18h30 ; dim 11h-13h, 14h-18h30. Le reste de l'année, mar-ven 11h-13h, 14h-17h30 ; sam 14h-17h30 ; dim 11h-13h, 14h-18h30. Adulte : 8 € ; réduc et forfait famille. Visites guidées thématiques. Bureau de l'office de tourisme sur place : mar, jeu et sam.*

Avec 5 000 m^2 d'expo permanente, 1 000 m^2 d'expos temporaires et 150 magnifiques machines, l'AMI est le plus grand musée d'Europe consacré à l'imprimerie, installé dans une ancienne fabrique de papier carbone. Audioguides, vidéos ateliers et démonstrations en font un musée vivant, aussi ludique qu'instructif, quasi exhaustif.

L'écriture, vieille de 5 000 ans, avait déjà fait entrer l'homme dans l'Histoire. La grande invention de Gutenberg, à la Renaissance, le fait rentrer dans la modernité. C'est toute la diffusion du savoir, des idées, de l'humanisme et de la Bible qui s'en trouva bouleversée. Sapant les fondements de la religion, de la politique, de la philosophie... Une révolution qui méritait bien ce magnifique musée !

La presse, la littérature, lui doivent tout. Et nous aussi... Après un coup d'œil à l'imprimante de Gutenberg (une reproduction), des focus sont faits sur Balzac (qui fut imprimeur), la Résistance (la censure, la presse clandestine), la lithographie ou la photo qui permirent la reproduction d'images et la diffusion de l'art et de la publicité, quand se pose aujourd'hui la pertinence du support imprimé... Impressionnant mur de machines alors que parfois s'ébranle bruyamment la Goss, une presse rotative de 1908 pouvant produire 6 000 exemplaires de tabloïds en 1h. Observer aussi la machine au 1/10 (déjà imposante) qui imprime à 135 km/h : une seule mouche malchanceuse peut la bloquer !

Puis l'ère contemporaine, électronique et informatique, a accéléré une nouvelle fois le temps, annonçant la grande révolution numérique du XXIe s.

L'impression sur emballages, les textiles, les billets de banque (en tissu !), ou les articles de sport favorisent l'essor des marques, modifiant même notre manière de consommer. Espérons que l'imprimerie continuera à véhiculer des idées et des valeurs humanistes et ne deviendra pas uniquement l'instrument d'une mondialisation consumériste. Cela ne tient qu'à nous et à notre envie d'apprendre, à notre capacité d'émerveillement. C'est, entre autres, ce que suscite ce beau musée. Certains y passent d'ailleurs la journée !

Le Grand Jardin du Théâtre des Minuits : *153, Grande-Rue, 45390* ***La Neuville-sur-Essonne.*** *☎ 02-38-39-18-11. • theatredesminuits.com • À env 12 km à l'est de Pithiviers. Mai-sept, entrée par la ruelle des Barrières ; oct-avr, entrée côté cour, au 153, Grande-Rue. Visites dim mai-juil et sept, 14h-18h (visite guidée à 17h), ou alors lun sur rdv (sept-juil) et lors des événements programmés. Entrée : 5 € ; gratuit moins de 12 ans.*

Un lieu insolite et merveilleux, où crée et répète la troupe de théâtre *Les Minuits*. Les artistes animent le lieu, lui donnent une âme. Tout au long de l'année, il est possible, dans une grange retapée, d'assister aux répétitions, voire à des spectacles, de participer à des cours ou des stages de théâtre...

Le jardin fait partie intégrante de ce processus créatif constant. Il se renouvelle à chaque saison, à chaque nouvelle plantation, voire à chaque lever de soleil... On y trouve une « forêt interdite », des « vergers suspendus », un « potager cramoisi »... La ***roseraie*** peut s'enorgueillir de réunir l'entière collection de roses créées par André Eve dont une dédiée, la « Mademoiselle des Minuits ».

Le ***château médiéval,*** quant à lui, est toujours en cours de restauration. L'embrasement des 2 tours, lors du grand spectacle estival « Minuit au château » *(fin juil)*, est le point d'orgue de la saison. Restauration sur place lors des événements et pique-nique possible avant les spectacles aux beaux jours.

LE LOIR-ET-CHER

• Carte p. 160-161

ABC du Loir-et-Cher

- ***Superficie :*** 6 343 km^2.
- ***Population :*** 327 835 hab.
- ***Préfecture*** : Blois.
- ***Sous-préfecture :*** Romorantin-Lanthenay.
- ***Production agricole :*** si la culture céréalière reste importante, le Loir-et-Cher est champion pour la production d'asperges, fraises, fruits rouges et... poireaux.
- ***7 AOC-AOP pour le vin*** (cheverny, cour-cheverny, coteaux-du-vendômois, crémant de Loire, rosé de Loire, touraine et valençay) et 3 pour le fromage (sainte-maure-de-touraine, selles-sur-cher et valençay).
- ***Les 2 sites les plus fréquentés :*** le ZooParc de Beauval (1er) et Chambord (2e), loin devant le château de Blois et le domaine de Chaumont-sur-Loire.

Adresses et info utiles

Agence de développement touristique Cœur Val de Loire : *Maison du Loir-et-Cher, 2-4, rue du Limousin, 41000* ***Blois.*** *☎ 02-54-57-00-41. • val-de-loire-41.com •* Tout le Loir-et-Cher compilé dans un site très complet : musées, jardins, visites guidées, restaurants et hébergements. Site également très bien fait pour les randonnées à pied, à vélo ou les promenades sur l'eau.

■ ***Gîtes de France :*** *2-4, rue du Limousin, 41043* ***Blois.*** *☎ 02-54-58-81-64 (permanence téléphonique lun-ven 9h-17h). • gites-de-france-chambord.com •*

– ***Pass pour la visite des châteaux du Val de Loire :*** il vous permet de combiner la visite de 3 à 5 châteaux à prix réduit avec un billet coupe-file *(plusieurs formules au choix 32,50-82,50 €) puis à commander et régler sur • bloischambord.com •, il sera envoyé par voie postale sous env 1 sem ; sinon, à acheter directement au comptoir des offices de tourisme de Blois, Chambord, Cheverny et Chaumont-sur-Loire).*

ENTRE LOIRE ET PERCHE : LA VALLÉE DU LOIR EN VENDÔMOIS

• Carte p. 163

Au nord-ouest de Blois, confortablement calé sous le Perche et la Petite Beauce, le Vendômois est une discrète contrée souvent délaissée au profit

de la vallée de la Loire, plus prestigieuse. Quel tort ! Là où musarde le Loir aux eaux nonchalantes se tapissent de délicieux villages pleins de surprises. Leurs promontoires de calcaire sont constellés d'habitations troglodytiques, les murs des églises médiévales dévoilent de curieuses fresques, un château surgit au sommet d'une colline, et les coteaux ensoleillés produisent de bons vins AOC coteaux-du-vendômois.

FRESQUES ET PEINTURES MURALES EN VENDÔMOIS

Sujets édifiants à plus d'un titre que ceux que donnent à voir quelque 20 églises et chapelles, sur 80 km, le long du Loir. La fresque véritable (peinture *a fresco*) était réalisée sur un enduit frais (chaux mêlée de sable) recouvert d'une couche plus fine. L'artiste réalisait son œuvre le jour même avec des peintures à l'eau d'origine minérale, à partir d'un carton perforé selon les lignes du dessin. C'est une réaction chimique qui fixe les pigments. L'artiste terminait le plus souvent son œuvre *a secco* (peinture à la détrempe, courante après 1450) : la surface peinte était lissée à la truelle, puis cirée et polie. Les plus célèbres peintures sont celles de Saint-Jacques-des-Guérets, de la chapelle Saint-Gilles à Montoire, de l'église de Saint-Genest à Lavardin, de la salle capitulaire de l'abbaye de la Trinité à Vendôme.

L'AOC COTEAUX-DU-VENDÔMOIS

Le vignoble de la vallée du Loir en Vendômois produit notamment un vin rosé curieusement appelé « gris ». Issu du pineau d'Aunis (un cépage très ancien, rouge à jus clair, autrefois appelé « chenin noir »), il arbore une robe très pâle et dévoile une grande finesse, aux arômes poivrés. En Vendômois, plusieurs viticulteurs ouvrent leurs caves à la visite et à la dégustation, ce qui reste encore la façon la plus agréable d'apprécier leur savoir-faire et leurs produits authentiques.

VENDÔME (41100) 16 435 hab. *Carte Loir-et-Cher, B2*

• Plan *p. 165*

Vendôme joue à cache-cache avec le Loir. 2 bras de la rivière l'enserrent, tandis que des tentacules d'eau brune osent s'insinuer au cœur de la vieille ville, contenus par la pierre ancestrale des îlots habités. Trop secrets pour vraiment évoquer Venise, les canaux de Vendôme n'en dégagent pas moins un charme bucolique rare en milieu urbain.

UN PEU D'HISTOIRE

Les Celtes l'avaient baptisée *Vindocinum,* du nom de la « montagne blanche » qui la domine, mais la ville naquit vraiment à partir du moment où les Romains y firent passer une voie reliant Paris au Mans (déjà !). Évangélisée à partir du IVe s, Vendôme se dote d'un château construit sur le piton rocheux, puis obtient au Xe s le titre de comté.
Un siècle plus tard, Geoffroy Martel y fonde une abbaye de la Trinité qui prendra une grande importance. Après la création d'une collégiale confiée à des chanoines et l'arrivée dans l'abbaye de la Trinité de reliques offertes par l'empereur

val de loire
FRANCE
LOIR-ET-CHER
Evadez-vous
en Val de Loire !
La nature sera
au rendez-vous !
#mon41
www.val-de-loire-41.com
val de loire FRANCE est une marque déposée, copropriété des 2 R ns Centre-Val de Loire et Pays de la Loire - www.valdeloire-france.com
Design > www.eriola-creation.fr - Crédit photo : ©Cyril Chigot - Conseil Départemental 41

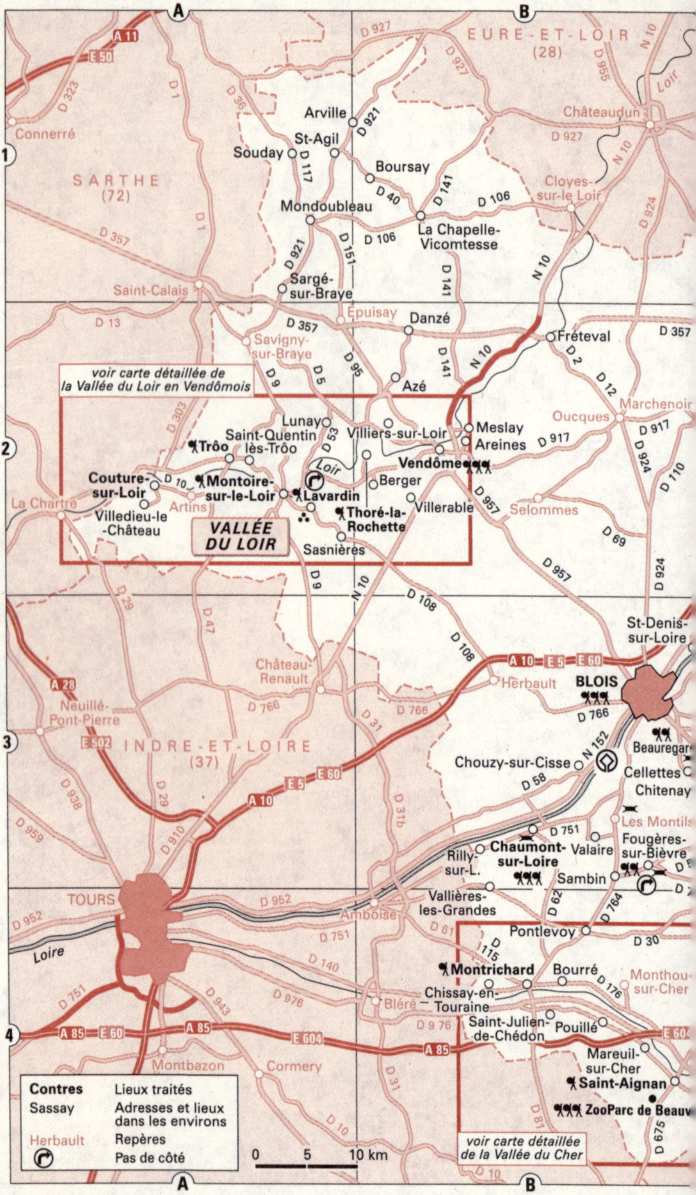
A
B
EURE-ET-LOIR
(28)
SARTHE
(72)
INDRE-ET-LOIRE
(37)
Connerré
Arville
St-Agil
Souday
Boursay
Mondoubleau
La Chapelle-
Vicomtesse
Châteaudun
Cloyes-
sur-le Loir
Saint-Calais
Sargé-
sur-Braye
Epuisay
Danzé
Fréteval
Savigny-
sur-Braye
Azé
voir carte détaillée de
la Vallée du Loir en Vendômois
Lunay
Villiers-sur-Loir
Meslay
Areines
Saint-Quentin
lès-Trôo
Trôo
Couture-
sur-Loir
Montoire-
sur-le-Loir
Lavardin
Vendôme
Berger
La Chartre
Artins
Villedieu-le
-Château
Thoré-la-
Rochette
Villerable
VALLÉE
DU LOIR
Sasnières
Oucques
Marchenoir
Selommes
St-Denis-
sur-Loire
Château-
Renault
Herbault
BLOIS
Neuillé-
Pont-Pierre
Beauregard
Chouzy-sur-Cisse
Cellettes
Chitenay
Les Montils
Fougères-
sur-Bièvre
Chaumont-
sur-Loire
Valaire
Rilly-
sur-L.
Sambin
TOURS
Amboise
Vallières-
les-Grandes
Pontlevoy
Loire
Montrichard
Bourré
Monthou-
sur-Cher
Chissay-en-
Touraine
Bléré
Saint-Julien-
de-Chédon
Pouillé
Mareuil-
sur-Cher
Saint-Aignan
ZooParc de Beauval
Montbazon
Cormery
voir carte détaillée
de la Vallée du Cher
A 11
E 50
A 10
E 5
E 60
A 28
E 502
A 85
E 604
N 10
N 152
D 927
D 357
D 106
D 917
D 957
D 766
D 952
D 751
Contres — Lieux traités
Sassay — Adresses et lieux dans les environs
Herbault — Repères
Pas de côté
0 5 10 km

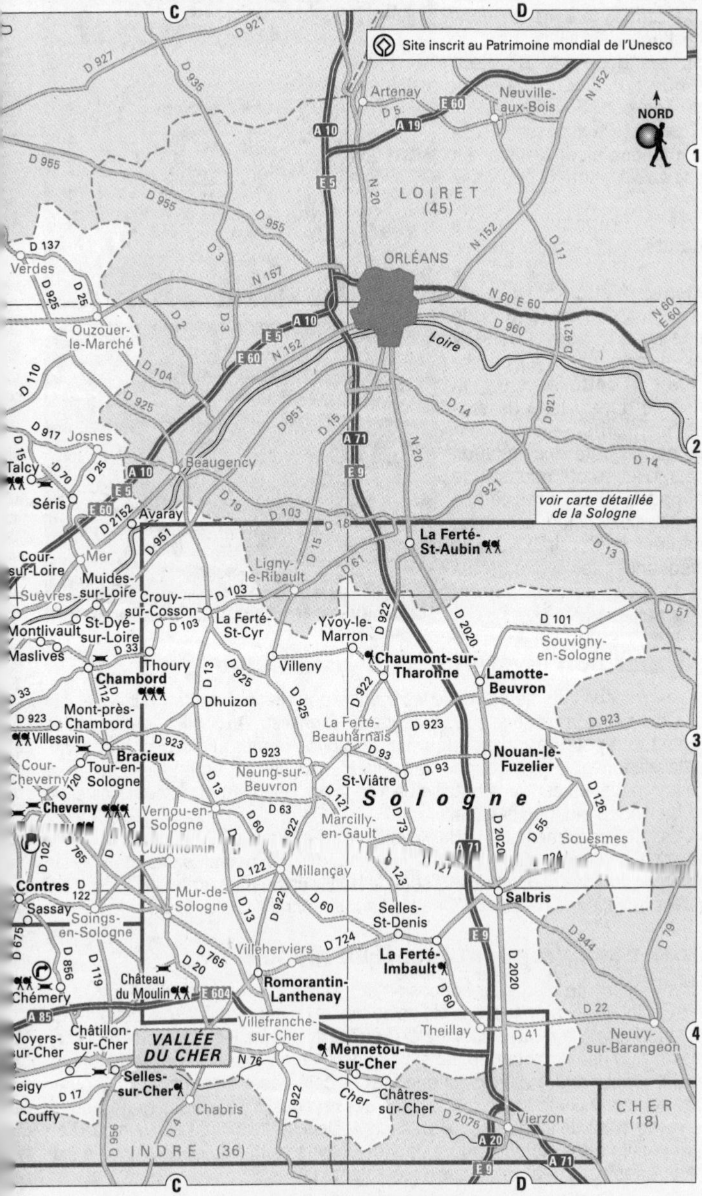

LE LOIR-ET-CHER

de Constantinople, une foule pieuse afflue, faisant de Vendôme l'une des villes les plus prospères du pays. D'autant plus que l'une des routes du pèlerinage pour Saint-Jacques-de-Compostelle y passe. Après avoir été anglaise, la ville est reprise au XIIIe s par la couronne de France.

En 1515, François Ier élève le comté du Vendômois en duché. En 1589, le 3e duc de Vendôme, Henri de Navarre, alors protestant, devient roi de France sous le nom d'Henri IV après sa conversion au catholicisme... À cette époque, la France se débat dans de stupides guerres de Religion. Vendôme est du côté des ligueurs, ces catholiques qui refusent de reconnaître un roi non catholique. La ville est alors assiégée, incendiée puis pillée. Grave conséquence : les tanneurs qui avaient fait sa fortune partent travailler ailleurs.

LA CROISADE DES ENFANTS

En 1212, des milliers d'enfants pauvres de France et d'Allemagne se rassemblèrent à Vendôme et prirent la direction du sud pour libérer la Terre sainte. Désorganisés et affamés, seuls quelques survivants arrivèrent à Marseille. Après bien des difficultés, ils trouvèrent 2 armateurs qui les embarquèrent sur leurs bateaux. Ils furent en fait vendus comme esclaves à un sultan de Tunis et ne virent jamais Jérusalem...

VENDÔME PREND DES GANTS

Après un long ralentissement de son économie dû aux péripéties de la guerre de Cent Ans, Vendôme renaît à la fin du XVe s, notamment grâce à ses tanneries. Ses gantiers étaient célèbres dans toute l'Europe. À tel point que Catherine de Médicis offrait à ses demoiselles des gants de Vendôme emballés dans un dé à coudre pour prouver leur extrême finesse !

La disparition mystérieuse d'une relique

Les 2 siècles suivants seront difficiles à vivre pour les habitants de la ville, qui perd peu à peu son prestige sous le règne de Richelieu. Au XVIIIe s, un enfant de Vendôme fera pourtant beaucoup pour sa gloire : le marquis de Rochambeau, nommé responsable des troupes françaises envoyées en Amérique pour aider Washington. Vainqueur de la bataille de Yorktown, Rochambeau devient ainsi un héros de l'indépendance des États-Unis !

La ville souffre également lors de la Révolution... La fameuse abbatiale de la Trinité est vendue et la collégiale Saint-Georges saccagée. Un peu plus tard, comble de malchance, l'un des plus grands trésors de la ville (la Sainte Larme du Christ !) est « égaré » au Vatican ; l'évêque d'Orléans l'aurait donné à un cardinal...

Balzac : pas vraiment un élève modèle

Vendôme a tout de même eu l'occasion, au XVIIe s, de se doter d'un important collège, celui des Oratoriens. Les fils de nobles et de bourgeois y sont envoyés de toute la France. À la rentrée scolaire de 1807 arrive parmi les nouveaux pensionnaires le fils d'une riche famille parisienne installée en Touraine : le petit Honoré, 8 ans. Pendant 6 ans, il va se distinguer de ses camarades en étant souvent puni ; brillant en latin mais toujours perdu dans ses rêveries, il agace ses professeurs ; indiscipliné, il fait de longs séjours au cachot. Devenu plus tard l'écrivain que l'on sait, il avouera à ses lecteurs que le cachot lui avait permis de découvrir un maximum de livres dans des conditions d'isolement idéales...

Un train peut en cacher un autre

Vendôme reprend du poil de la bête sous le Second Empire. Devenue sous-préfecture, elle voit la ligne de chemin de fer Paris-Tours traverser la ville.

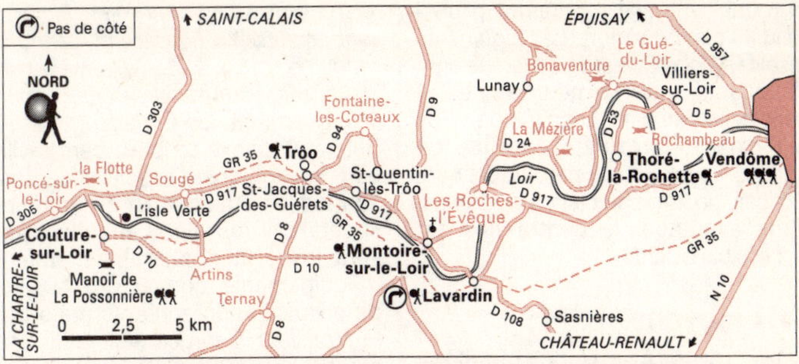

LA VALLÉE DU LOIR EN VENDÔMOIS

Vendôme va se moderniser tout au long du XXᵉ s. Mais en 1940, des bombardements détruisent, dans le centre, une centaine de maisons. Et c'est à Montoire, dans un train, que quelques mois plus tard Pétain rencontre Hitler pour accepter officiellement la Collaboration.

Après la Seconde Guerre mondiale, la ville s'industrialise et voit sa population augmenter. Parmi les secteurs les plus dynamiques, notons, entre autres, l'électronique, l'aéronautique et la mécanique. Quant à l'imprimerie des PUF, vieille tradition vendômoise (les fameux « Que sais-je ? »), elle a depuis quitté les lieux. Une gloire dont s'enorgueillit la ville : l'arrivée à ses portes du TGV Atlantique qui relie Paris au Vendômois en 42 mn. Depuis, Vendôme change à la vitesse grand V : son patrimoine est chouchouté, son centre ancien s'est refait une beauté, et la ville tente d'imposer sa marque : « Vendôme, bien plus qu'une place » !

LE LOIR-ET-CHER

Adresses utiles

Office de tourisme *(plan A1)* **:** *hôtel du Saillant, dans le parc Ronsard. ☎ 02-54-77-05-07. • vendome-tourisme.fr • Ouv lun-sam 9h30-12h30, 14h-18h (10h-12h, 14h-17h sauf jeu nov-mars), plus dim 10h30-13h, 14h30-18h mai-sept.* Personnel efficace et riche documentation sur tout le Vendômois. Boutique régionale autant qu'originale. Visites théâtralisées au château en nocturne *(juil-août)*. Livrets-jeux pour les enfants.

Gare TGV de Vendôme/Villiers-sur-Loir *(hors plan par A1)* **:** *à 5 km du centre, sur la route du Mans (D 957). ☎ 36-35 (gratuit).* Une dizaine de TGV par jour pour Paris-Montparnasse et Tours. Un bus assure la liaison entre la gare et le centre-ville.

Location de vélos *(hors plan par B1,* ***1****)* **:** ***Cyclo Évasion,*** *59, fg Chartrain. ☎ 02-54-23-67-42. Mar-sam 9h-12h, 14h-18h30. Compter 14 €/j. Également au camping* ***Au Cœur de Vendôme*** *(voir ci-après).*

Où dormir ?

Camping

Camping Au Cœur de Vendôme *(hors plan par B2,* ***10****)* **:** *rue Geoffroy-Martel. ☎ 02-54-77-00-27. 📱 06-73-62-12-29. • camping@aucoeurdevendome.net • aucoeurdevendome.com • Ouv avr-fin oct. Compter 16-20 € pour 2 pers. Loc de mobile homes, Coco Sweet et Tithomes toilés à la sem.* À 2 pas du centre historique, bordé par le Loir, mais aussi par la route nationale, un camping bien tenu au confort simple. Les logements insolites *Coco Sweet* et *Tithomes* sont charmants, mais un peu étriqués et sans salle de bains. Location de vélos sur place. À proximité, location de canoës-kayaks et un parc aquatique. Accueil, cadre et ambiance agréables. Gros avantage, le centre-ville est accessible à pied.

Prix moyens

Auberge de la Madeleine *(plan A1,* ***12****) : 6, pl. de la Madeleine. ☎ 02-54-77-20-79. • aubergedelamadeleine@orange.fr • Resto fermé dim soir-lun. Doubles 50-70 €. Menus 17,50 € (sauf sam soir-dim), puis 25,50-35 €.* Adresse à l'ancienne, sans prétention, dotée de 8 chambres simples et assez agréables, à la déco classique. Les nos 7 et 8 sont les plus spacieuses. Cuisine bourgeoise recommandable, servie au jardin. Accueil très gentil.

Chic

Le Saint-Georges *(plan A2,* ***13****) : 14, rue Poterie. ☎ 02-54-67-42-10. • contact@hotel-saint-georges-vendome.com • hotel-saint-georges-vendome.com • Resto fermé le midi et dim soir. Doubles 84-120 €. Formule 35 € ; carte env 35 €. Parking gratuit.* Bel hôtel rénové en plein centre-ville où il fait bon poser ses valises. Étonnante déco ethnique au milieu d'une végétation fournie. Les chambres sont jolies et confortables, dotées d'équipements dernier cri. Au rez-de-chaussée, un agréable resto-bar, le *Monsieur Georges* (voir plus bas) servant quelques plats d'inspiration étrangère. Une adresse qui détonne agréablement ! Accueil aux petits soins.

Hôtel Vendôme *(plan B1,* ***14****) : 15, fg Chartrain. ☎ 02-54-77-02-88. • info@hotelvendomefrance.com • hotelvendome.fr • Doubles 104-170 €. Garage à vélos et motos.* Le boulevard est très passant, certes, mais l'insonorisation est efficace. Cet hôtel entièrement relooké arbore un style à la fois cossu et au goût du jour, dans les tons gris, noir et blanc. Confort sans faille et bon petit déj. Un excellent point de chute. Prêt de vélos.

Où manger ?

De bon marché à prix moyens

Le Moris *(plan B1,* ***23****) : 77, rue du Change. ☎ 09-83-48-30-13. • morislerestaurant@gmail.com • Tlj sauf dim-lun et mar soir. Formules déj 16-18 € ; menus 27,50-37,50 €. Résa conseillée.* Dans une maison du XIXe s, cette adresse met à l'honneur le terroir local à travers des produits rigoureusement sélectionnés. Une carte qui change chaque semaine au gré du marché et, de-ci, de-là, quelques ingrédients venus d'ailleurs ajoutent une touche de surprise. Belle liste de vins du coin, proposés au verre. Aussi des jus et infusions artisanales. Visiblement, la recette fonctionne ! Un plan impeccable à prix contenus, le midi comme le soir.

Beaucoup plus chic

Pertica *(plan B2,* ***24****) : 15, pl. de la République. ☎ 02-54-23-72-02. • contact@restaurantpertica.com • Tlj sauf dim-lun et mer midi. Menus en 4-7 étapes 78-180 €. Pertica* signifie « Perche », du nom de la région dont Vendôme est l'une des portes d'entrée. Un terroir auquel le chef, Guillaume Foucault, est particulièrement attaché et qui l'inspire. Une cuisine renouvelée chaque jour au travers de menus exclusivement carte blanche. Alors, que ça plaise ou non et malgré des portions un peu chiches, le talent et la créativité sont bien au rendez-vous, faut dire que le chef a lui-même été formé par de grands chefs comme Senderens, Carton ou Barbot ! Cadre chaleureux et accueil pro.

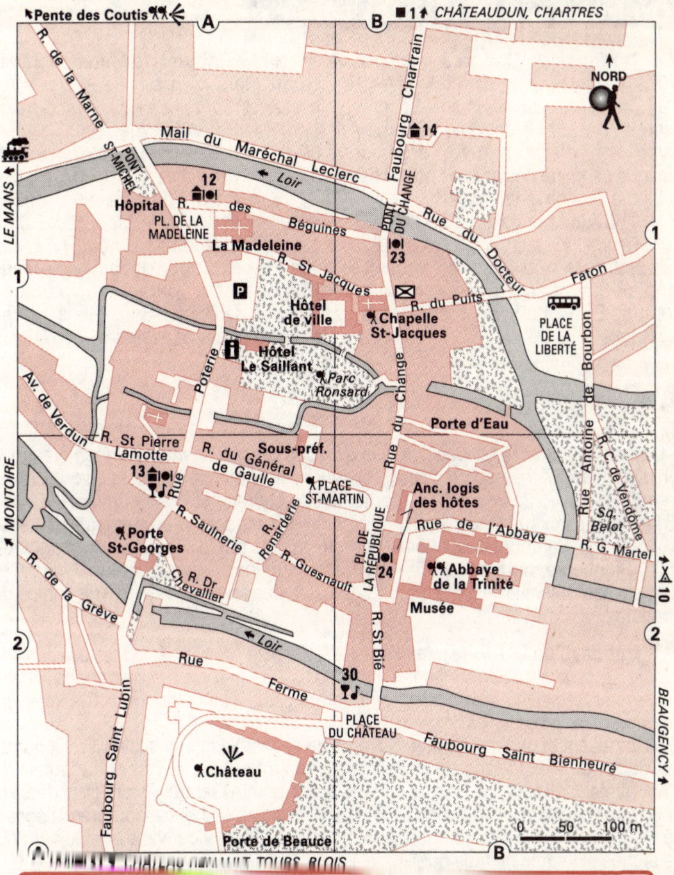

VENDÔME

Adresses utiles	**Où manger ?**
Office de tourisme (A1)	23 Le Moris (B1)
1 Location de vélos (hors plan par B1)	24 Pertica (B2)

Adresses utiles

- Office de tourisme (A1)
- 1 Location de vélos (hors plan par B1)

Où dormir ?

- 10 Camping Au Cœur de Vendôme (hors plan par B2)
- 12 Auberge de la Madeleine (A1)
- 13 Le Saint-Georges (A2)
- 14 Hôtel Vendôme (B1)

Où manger ?

- 23 Le Moris (B1)
- 24 Pertica (B2)

Où boire un verre ?
Où sortir ?

- 13 Monsieur Georges (A2)
- 30 L'Alcazar (B2)
- 31 Le Cabaret de Madame Sans-Gêne (hors plan par A2)

Où boire un verre ? Où sortir ?

Monsieur Georges (plan A2, **13**) **:** *14, rue Poterie. ☎ 02-54-67-42-10. Tlj 18h-minuit sauf dim.* Le chaleureux bar de l'hôtel *Saint-Georges*, avec son décor bariolé, organise chaque semaine des soirées musicales à thème. Bonne ambiance !

L'Alcazar (plan B2, **30**) **:** *26, rue Ferme. Tlj sauf lun 17h-2h (21h dim).* Un bar-pub cosy qui accueille des petits concerts de temps en temps. Bon choix de bières et de cocktails.

Le Cabaret de Madame Sans-Gêne (hors plan par A2, **31**) **:** *N 10, route de Tours, La Fosse-aux-Trois-Sous, 41100* ***Villerable.*** *☎ 02-54-67-00-97. • cabaret@madamesansgene.com • madamesansgene.com • Ven-sam à partir de 20h, dim à partir de 12h. Dîner-spectacle 84 € tt compris, spectacle seul 47 €.* On vient de loin pour découvrir la revue transformiste présentée par ces « Drôles de Dames Sans-Gêne », avec plumes, strass et paillettes...

À voir

– L'office de tourisme propose, de juin à fin octobre, des ***visites guidées*** d'environ 2h, culturelles et thématiques *(env 5 €).* Sinon, livret bien fait « Laissez-vous conter Vendôme » avec 2 circuits (l'un monte vers le château et l'autre traverse la ville). Également un circuit « Parcours de mémoire » qui retrace les événements de 1939-1945 et un « Parcours de lumière » jalonné çà et là par la silhouette du dragon de saint Bienheuré, pour découvrir les édifices illuminés de Vendôme *by night.* Ces circuits sont téléchargeables gratuitement sur smartphone via le site de l'office de tourisme.

L'abbaye de la Trinité (plan B2) **:** *visite libre tte l'année. (accès à la cour du cloître). La visite guidée de l'office de tourisme permet de voir des endroits ordinairement fermés au public (clocher, triforium, ainsi que la tour de la Glacière, qui appartient au château) ; à partir de 2,50 €.*
Son imposant et original clocher (80 m de haut) semble régner sur la ville. Construit au début du XIIe s (donc de style roman), il se tient curieusement à l'écart de l'abbatiale. L'abbaye fut fondée au XIe s par le comte Geoffroy Martel qui dédia le monastère (bénédictin) à la Sainte-Trinité... L'ensemble abbatial comprend l'église, le cloître, son jardin des senteurs et d'anciens bâtiments conventuels (aujourd'hui le musée et l'école de musique).
– ***Le musée :*** *entrée par la cour du cloître. ☎ 02-54-89-44-50. Avr-oct, tlj sauf mar 10h-12h, 14h-18h ; nov-mars, tlj sauf mar et dim 10h-12h, 13h30-17h30. Fermé 1er janv, 1er mai et 25 déc. GRATUIT.* Un superbe escalier de pierre du XVIIe s dessert 3 étages consacrés à différents domaines du passé. Au 1er étage, expos temporaires ; au 2e, mobilier et ethnographie ; au 3e, faïences, sculptures et peintures. Ne manquez pas les fresques de la fin du XIe s dans la salle capitulaire (il faut demander l'accès à l'accueil), où figurent des épisodes se déroulant après la résurrection du Christ, dont une très belle pêche miraculeuse.
Dans les 2 salles du rez-de-chaussée, le ***Centre d'interprétation d'architecture et du patrimoine*** présente une découverte ludique, instructive et interactive du patrimoine et de l'évolution urbaine de Vendôme (tables tactiles et monuments reconstitués en 3D). Dans son prolongement, une salle lapidaire expose des éléments décoratifs de l'abbatiale et du château, dont un beau gisant de marbre (XIVe s) du comte et de la comtesse de Vendôme. *Mêmes horaires que le musée.*

La place Saint-Martin (plan A-B2) **:** repérable à sa *tour Saint-Martin,* 2d clocher solitaire de la ville mais plus modeste que celui de l'abbaye. La pauvre tour a perdu son église, détruite au XIXe s... Pour compenser, le célèbre carillon de l'abbaye (réquisitionné pendant la Révolution, puis fondu pour être transformé en canon !)

fut reconstitué dans la tour Saint-Martin et égrène à nouveau l'hymne composé pour Charles VII. À voir également sur cette jolie place : la *maison Saint-Martin,* plus vieille maison à pans de bois (XVe s) de la ville, et la statue de *Rochambeau.*

***Le parc Ronsard** (plan A-B1) : accès par la rue du Change, piétonne.* Encadré par 2 bras du Loir, le parc occupe une petite île accessible par une passerelle. À l'entrée, un platane datant du XVIIIe s ! Au bord de la rivière, sur la droite, on aperçoit le *lavoir des Cordeliers,* à 2 étages, pittoresque maisonnette sur pilotis de la fin du XVe s. Près du parc, le **collège des Oratoriens** (aujourd'hui hôtel de ville).

***La chapelle Saint-Jacques** (plan B1) : à l'angle de la rue Saint-Jacques et de la rue du Change. Expos et concerts de temps en temps.* Construite au XIIe s, puis remaniée en gothique flamboyant.

***Les bords du Loir** (plan B1-2) :* prendre la rue du Puits, piétonne. On y trouve un ancien *couvent,* intéressant pour son cloître. Au bout de la rue, une passerelle conduit à la rue du Docteur-Faton où l'on peut admirer la *tour de l'Islette* (XIIIe s), l'un des rares vestiges des anciens remparts de la ville. De la place de la Liberté (au bout de la rue du Puits), belle vue sur le Loir, la tour et, plus au sud, la porte d'Eau, qui alimentait autrefois les moulins et les tanneries de la ville. Jolies maisons tout autour. En reprenant la rue du Change pour se diriger vers le château, on atteint le pont de la rue Saint-Bié, qui procure également une vision romantique du Loir, avec sa verdure, ses nénuphars et ses vieilles maisons biscornues qui ont les pieds dans l'eau.

En face, la rampe qui mène au parc du ***château*** *(accès libre et gratuit).* Depuis la terrasse, panorama imprenable sur la ville. Des concerts et animations sont proposés en été, ainsi qu'un lâcher de lanternes chinoises début décembre.

Admirer la ***porte Saint-Georges*** *(plan A2).* C'est le vestige le mieux conservé des anciens remparts et la seule des 4 portes à ne pas avoir été détruite. Il faut la voir en arrivant de l'extérieur de la ville pour la vue d'ensemble sur le pont, le Loir et la végétation. La base de la porte fut construite au XIVe s, puis surélevée et embellie au XVIe s et, par la suite, maintes fois restaurée au cours des âges.

La Pente des Coutis *(hors plan par A1) : rue des Bigoteries. Du centre, monter sur les hauteurs par la rue de la Garde, puis à gauche et repérer le panneau pour le parking. Accès libre.* Un site à la fois charmant et pédagogique. Créée à l'initiative de la commune et des viticulteurs, la *Pente des Coutis* a pour vocation de présenter les caractéristiques du ***vignoble local.*** Pineau d'Aunis, cabernet franc, pinot noir, chenin et chardonnay prennent leurs aises sur un ravissant coteau de 35 ha exposé plein sud, donnant l'occasion de comparer les cépages, ainsi que les techniques de taille. Mais ce n'est pas qu'un jardin ampélographique : on y trouve également un verger conservatoire comprenant une trentaine de variétés, ainsi qu'une table d'orientation pour profiter de la vue superbe sur la ville. Un lieu idéal pour le pique-nique. En cas de mauvais temps, pas de panique, on peut se réfugier dans l'adorable loge de vigne juste à côté, comme les vignerons de l'ancien temps !

À faire dans les environs

➢ ***La forêt de l'Oratoire :*** *près de la gare TGV.* Parcours découverte, sportif et observatoire ornithologique. Sentier d'interprétation.

La véloroute Saint-Jacques-de-Compostelle via Chartres : 80 km balisés en Vendômois.

La vallée du Loir à Vélo : plus de 100 km balisés sur les 320 km de cet itinéraire. Toutes les infos sur le parcours : ● *vallee-du-loir.com* ●

Base de loisirs : *plan d'eau artificiel à* ***Villiers-sur-Loir.*** Plage classée « Pavillon Bleu » avec baignade surveillée, location de canoës, embarcations à pédales et petits dériveurs.

Fêtes et manifestations

– ***Prokino :*** *pdt la sem qui précède les vac scol de printemps de la zone B. • prokino.fr •* Festival consacré au cinéma allemand.
– ***Festival international de guitare :*** *fin juin-début juil. Infos sur • vendomeguitarfest.com •*
– ***Promenades photographiques :*** *juil-août. • promenadesphotographiques.com •* Expo en plein air de photographies dans la ville et les environs.
– ***Les Rockomotives :*** *fin oct. • rockomotives.com •* Festival rock, pop, électro.

BALADE DANS LE PERCHE VENDÔMOIS

Au nord de Vendôme, ce petit territoire sert de transition entre la vallée du Loir et la Beauce : des paysages aux lignes douces, un relief vallonné où serpentent des cours d'eau, des prairies entourées de haies, mais aussi quelques trésors d'architecture. Belle balade pour ceux qui ont un peu de temps et souhaitent visiter une campagne agréable et verdoyante, où subsistent de jolies fermes percheronnes et des traces de l'installation des templiers.

Areines *(41100) : à 3 km à l'est de Vendôme.* Ancienne ville gallo-romaine connue pour son ***église romane*** *(tlj 9h-18h ; 16h l'hiver).* On notera surtout des fresques du XIIe s assez extraordinaires, dans les tons rouges. À pied, rejoindre ***Meslay.*** Dans l'église Saint-Calais, fresques peintes dans les années 1990 par un artiste local, dans un style byzantin. Autres temps, autres fresques.

➢ ***Le château des Énigmes*** *(château de Rocheux) :* *41160* ***Fréteval,*** *à 15 km de Vendôme par la N 10, suivre fléchage à la sortie Fréteval. ☎ 02-54-77-24-84. • chateau-enigmes.com • Pâques-Toussaint, tlj 10h-19h. Tarif : 16 € ; 4-11 ans 13 €. Ne pas confondre avec le château féodal tt proche, qui est en ruine.* Un château que l'on visite en s'amusant ! Un jeu de piste ludique d'une petite trentaine d'épreuves et d'aventures pour découvrir tous les recoins du parc et du château de Rocheux. Un parcours d'environ 3h dans le château du XVIIIe s, le parc de 18 ha, sa forêt et sa miniferme, propice à une découverte de la nature avec quelques défis physiques à relever. La validation des énigmes se fait sur une borne tactile en fin de parcours. Sympa aussi à faire en famille ou en équipe de 2 à 5 personnes, l'***Escape Castel 41,*** un *escape game* qui vous plongera dans l'univers d'une école de sorciers, tiens, tiens... *(À partir de 20 €/pers, sur résa.)*

Possibilité de pique-niquer sur place et d'y passer la journée. Le château, privé, propose également 5 ***chambres d'hôtes,*** simples mais bien tenues et colorées *(double 75 € ; ☎ 02-54-23-29-74).* Les propriétaires sont charmants.

Traverser le Perche d'est en ouest pour découvrir les 2 curiosités de ***Sargé-sur-Braye*** : les peintures murales de l'église Saint-Martin (les mieux conservées, datées du XIVe s, se trouvent dans le chœur) et la carrière de la Mutte. Un paysage inattendu composé de grès rouge, le « Roussard » (panneaux explicatifs).

Mondoubleau : ancienne ville forte, la « capitale » du Perche vendômois conserve des vestiges des remparts des XIe et XIIe s, des maisons à colombages du XVe s, une église du XVIe s et un donjon de grès rouge en piteux état. D'ailleurs, il est ***fermé au public*** pour raisons de sécurité. *Infos à la Maison du tourisme : ☎ 02-54-80-77-08.*

Chambres d'hôtes Carrefour de l'Ormeau : *7, carrefour de l'Ormeau, 41170* ***Mondoubleau.*** *☎ 02-54-80-93-76. • isabelle@carrefour-de-lormeau.com • carrefour-de-lormeau.com • Dans le bourg, à 200 m de la tour. Avr-oct. Double 75 € ; familiales. Dîner bio et volontiers végétarien sur résa 25-30 €.* Les chambres sont sobres mais vastes et joliment parquetées ou pavées. Beau séjour lumineux, cuisine gaie et chaleureuse. Dehors, sur l'arrière, joli petit jardin et potager. Isabelle mijote des petits plats légers et inspirés (et propose d'ailleurs des cours de cuisine). Prêt de vélos. Le samedi matin, marché à ne pas manquer dans le bourg.

La commanderie de Templiers d'Arville *(41170) :* *☎ 02-54-80-75-41. • commanderie-arville.com • (sauf musée). À 12 km au nord de Mondoubleau, par la D 162 puis la D 921. Fin mars-début sept, tlj 10h-18h30 ; de sept à mi-nov, tlj 10h-17h30 (18h le we). Fermé de mi-nov à mi-déc. Entrée : bâtiments, musée et jardins 7,50 € ; réduc ; gratuit moins de 6 ans. Visite avec audioguide pour 1,50 € de plus.* Ancien siège des Templiers, la propriété fut rachetée par l'ordre de Malte après l'interdiction de l'ordre du Temple au début du XIVe s. On y voit une porte fortifiée des XIIe et XVe s, une église romane avec son clocher-mur, très bien conservée, une ferme avec sa grange dîmière et ses immenses greniers, ainsi qu'un beau pigeonnier (abritant une salle de projection), un jardin médiéval et un parcours botanique. La visite est complétée par une animation historique ludique et originale dans le musée, installé dans les anciennes écuries : pour mieux comprendre, en image (son et odeurs !), la vie de la commanderie et des croisés.
– Fête médiévale : 3e dim de juil.

L'église Saint-Pierre de Souday *(41170) : à 7 km au nord par la D 117.* Édifiée au XIe s, elle conserve une crypte connue pour ses fresques des XIIe et XIVe s aux couleurs encore vives. Intéressante disposition intérieure de l'église, avec un chœur surélevé du XVIe s, de magnifiques vitraux et de beaux escaliers en fer forgé. Dans le village, jolies maisons en bois.

Sur la route, entre Souday et Boursay, petite halte à ***Saint-Agil,*** coquet village où le château entouré de douves date du XIIIe s (bon, d'accord, il a été remanié en 1720 et, en plus, il ne se visite pas). La porte d'entrée du XVIe s présente 2 tours en brique. Une autre curiosité, la ***sellerie percheronne*** *(8, rue des Templiers ; ☎ 02-54-80-74-17 ; tlj sauf dim 9h-12h, 14h-18h).* Le travail du cuir à l'ancienne.

La Maison botanique de Boursay *(41270) : 6, rue des Écoles. ☎ 02-54-80-92-01 • maisonbotanique.com • À 7 km au nord-est par la D 160. Accès gratuit tlj au chemin des Trognes, chemin botanique, chemin de découverte et au jardin pédagogique. Sorties et ateliers (bois, vannerie, savoir-faire...). De temps en temps, expos dans la Maison botanique, lun-ven 9h-17h (téléphoner par prudence). GRATUIT.* Jardin botanique entretenu par les bénévoles de l'association. Expositions assez originales sur la flore, le plessage, etc. Café-brocante, épicerie et salon de thé sympa et recommandable juste en face *(**Il était une fois** : 1, rue des Écoles ; 06-86-40-81-90 ; • bertaudchristine@orange.fr • ; fermé mer, plus lun-mar hors saison).*

Le safran de La Chapelle-Vicomtesse : *1, route de Vendôme, 41270* ***La Chapelle-Vicomtesse.*** *☎ 02-54-80-52-96. • lesafrandelachapellevicomtesse.com • Visites commentées sur résa : mai-déc, mar, jeu et w-e à 15h ; oct pour la floraison, tlj à 10h. Tarif : 10 € ; gratuit moins de 12 ans.* Avant de revenir en Val de Loir, arrêt possible dans le 1er lieu reconnu de culture du pistil tant convoité du *Crocus sativus.* Bon pour les enfants (ça calme !) et pour les parents, qui peuvent goûter ici quelques confitures au safran. Cultivé sans aucun traitement, 100 % naturel et bio. Boutique sur place *(tlj 10h-19h).*

Revenir par ***Danzé,*** gentil village perdu entre Beauce et la vallée du Loir, à 15 km de Vendôme, et arrêt, 7 km plus au sud, à la *Ferme de Gorgeat.*

LE LOIR-ET-CHER

Ferme de Gorgeat : *chez Amélie et Nicolas Boulai-Dupart, 41100* ***Azé.*** *06-46-20-03-55. • contact@fermedegorgeat.fr • fermedegorgeat.com • À env 9 km au nord-ouest de Vendôme. Doubles 80-100 € ; familiales. Table d'hôtes (sur résa) 27 €. Apéritif maison, café ou digestif offert sur présentation de ce guide.* Les 5 chambres, réparties dans 2 bâtisses indépendantes de la maison des jeunes proprios, sont bien tenues, fraîches et pimpantes. Certaines sont en duplex, d'autres avec une baignoire balnéo, toutes sont de ravissants nids pour vos nuits. Également un gîte confortable. Possibilité de relaxation et soins corporels. Table d'hôtes avec charcuterie bio de l'exploitation ; légumes, viande et vin de celle des voisins. Marché bio pour faire ses provisions et préparer son casse-croûte (cuisine et barbecue à dispo). Immense jardin bien tenu, où l'étang attend les apprentis pêcheurs, la piscine (chauffée !) les barboteurs et le terrain de tennis les raquetteurs !

THORÉ-LA-ROCHETTE

(41100) 885 hab. *Carte Loir-et-Cher, B2*

Tranquillement installée dans une boucle du Loir, entourée par les vignes qui font sa fierté, Thoré est l'une des 9 communes de la région à s'être vu octroyer l'appellation coteaux-du-vendômois. Ne manquez pas la *foire de Thoré,* le 3e dimanche d'août. Pour avoir la meilleure impression des vins du Vendômois, goûtez au pineau d'Aunis, le plus local et le meilleur de tous. La plupart des caves sont creusées dans le tuffeau, qui conserve les tonneaux à une température idéale.

Le bourg mérite aussi une halte pour son église et ses maisons anciennes.

Où dormir ?

Camping municipal de la Bonne Aventure : *2, route de la Cunaille. ☎ 02-54-72-00-59 (mairie). • campingthore@orange.fr • camping-la-bonne-aventure.fr • Situé au bord du Loir, à la sortie nord du village. Ouv mai-sept. Compter 11 € pour 2 pers ; mobile homes. CB refusées.* En pleine nature, un camping familial semi-ombragé de 3 ha, bordé par le Loir et relié à la plage, sur l'autre rive, par une passerelle. Nombreuses activités sportives sur place. Location de barques et vélos. Pataugeoire pour les enfants et tennis gratuit pour les campeurs.

Où déguster et acheter du bon vin à Thoré et dans les environs ?

Domaine Patrice Colin : *5, impasse de la Gaudetterie. ☎ 02-54-72-80-73. • patrice-colin.fr • Lun-sam 9h-12h, 14h-18h (dim et j. fériés sur résa). Résa conseillée. Visite des caves sur demande.* 8 générations de vignerons se sont succédé sur ces vignes. Patrice Colin, vigneron passionné, a redonné vie à ce vignoble ancestral exploité en « agriculture biologique certifiée ». Organise des sessions œnologiques.

Domaine du Four à Chaux : *à* ***Berger,*** *à 3 km de Thoré. ☎ 02-54-77-12-52. • domaine-four-a-chaux.com • Suivre le fléchage « Vins Norguet » à la sortie de Thoré. Tlj sauf dim 9h-12h, 14h-19h. Visites sur rdv.* Propriété de la sympathique famille Norguet. Caveau de dégustation et vente. Au choix :

blancs, rosés, rouges et mousseux en bouteille. Possibilité de se balader jusqu'au four à chaux de 1767.

Domaine Benoît Brazilier : *5, rue de l'Orangerie. ☎ 02-54-72-78-56. 06-07-59-35-46. • coteaux-vendomois.com • Tlj, sauf dim et pdt les vendanges (fermé lun oct-avr), 10h-12h, 14h30-19h.* Des vins de qualité, typiques du terroir des coteaux du Vendômois. Dégustation dans le caveau.

À voir. À faire à Thoré et dans les environs

Jolie ***église*** perchée sur un téton rocheux. Sa tour carrée coiffée d'un clocher du XIIIe s est le seul vestige de l'ancien édifice (le reste date du XIXe s). On peut s'y rendre en empruntant un sentier taillé dans le rocher, à flanc de coteau, appelé le « pas des Fidèles ». Des jardins, panorama sur le village et la vallée du Loir.

La vallée du Loir en train : *résas à l'office de tourisme de Vendôme (☎ 02-54-77-05-07). • ot.vendome@wanadoo.fr • vendome-tourisme.fr • ; à la mairie de Thoré (☎ 02-54-72-95-03). Fonctionne les w-e et j. fériés de mi-mai à fin sept. Départ du train à 14h25, retour à 17h15 ; voyages supplémentaires en juil-août mar, jeu et dim à 9h30, retour à 12h15. Départ de la gare de Thoré-la-Rochette. Prix : 15 € ; 5-16 ans 8,50 €.* Parcours de 36 km (2h45 de balade) à travers la vallée du Loir, à bord d'un autorail des années 1950 spécialement réaménagé. Plusieurs arrêts en cours de route. Dégustation de produits du terroir au retour à la gare de Thoré, aménagée en Maison des vins et produits régionaux.

Villiers-sur-Loir *(41100) : à 4 km au nord-est de Thoré-la-Rochette, par la D 67.* Route de Montoire, une cave intéressante : la *Cave coopérative du Vendômois (☎ 02-54-72-90-69 ; dégustation-vente).* Mais on a un petit faible pour la *cave de la Berthelotière* : visite du chai et des caves creusées dans le tuffeau, et balade possible dans les vignes derrière un vieux tracteur *(☎ 02-54-72-94-09 ; tlj sauf dim ap-m ; dégustation-vente).* Pour rapporter des produits locaux, petit arrêt à la *Maison des vins et des produits du terroir vendômois,* dans l'ancienne gare. Pour ceux qui seraient plus intéressés par les valeurs spirituelles, l'*église Saint-Hilaire,* au centre du village, est connue pour ses fresques du XVIe s. Pour se rafraîchir en été, retour sous terre pour découvrir le *village troglodytique du coteau Saint-André* : la colline est creusée de galeries, témoins de l'ancienne activité d'extraction de la pierre. Également une base nautique avec baignade surveillée en été.

LAVARDIN

(41800) 185 hab. *Carte Loir-et-Cher, A2*

Entre Thoré et Montoire, prenez la tangente pour découvrir Lavardin, le village le plus mignon de la vallée du Loir, classé d'ailleurs comme l'un des « Plus Beaux Villages de France ». De la rive droite du Loir, on aperçoit déjà un donjon dominant la vallée puis on emprunte un pont gothique pour entrer dans cette paisible bourgade chargée d'histoire. Car avant vous, Henri II, Richard Cœur de Lion, Charles VII et Henri IV, entre autres, ont franchi ce pont. Curieusement, on trouve bien peu d'hébergements et de restaurants dans ce vieux village si bien conservé. Une tradition à méditer : le maire offre un pot de bienvenue à tous les nouveaux résidents.
Enfin, Lavardin possède la boulangerie la plus réputée du département et c'est mérité ! Bonjour à Antoine et Laura.

À voir

L'église Saint-Genest : *tlj 10h-18h (17h l'hiver).* Remarquable édifice médiéval, dont l'imposante tour carrée (du XIe s) aurait pu se trouver dans un château. Noter la nef lambrissée et la belle harmonie qui se dégage de l'alliance entre pierre et bois. Outre les sculptures (la plupart mystérieuses) des murs extérieurs, l'église est surtout connue pour ses importantes fresques médiévales. Peintes du XIIe au XIVe s, elles furent ensuite badigeonnées, quand la technique de la fresque eut cessé de plaire ! On se demande encore comment de tels trésors ont pu rester cachés aussi longtemps, recouverts par une vulgaire chaux... Admirer également les colonnes sculptées et peintes de la nef et du chœur, aux motifs primitifs.

Le château *(ou plutôt ce qu'il en reste) :* *☎ 02-54-85-07-74 (mairie) ou, en période d'ouverture, 06-81-86-12-80. Juin-sept, tlj sauf lun 10h-12h, 14h-18h ; fin avr-fin mai, ouv w-e et j. fériés. Entrée : 4 € ; réduc.* Élevé au XIe s, il fut plusieurs fois remanié par les comtes de Vendôme, jusqu'au XVe s. Toute l'originalité de son architecture réside dans ses différents niveaux, chacun ayant été pensé (en fonction du relief) de manière à protéger le précédent. Une pièce montée parfaitement adaptée au site. On peut aussi visiter les souterrains. Après la visite, voir également le ***petit musée*** *(mai-sept, tlj 9h-18h ; GRATUIT),* à la mairie, qui expose de discrets témoins de l'histoire du village.

Les habitations troglodytiques : suivre le sentier de « la Rotte aux Biques » *(sur la droite dans la rue, derrière l'église).* Il longe les grottes sur quelques centaines de mètres. Çà et là, beau panorama sur les maisons aux toits pointus du village, le château, l'église et le Loir. Une fois là-haut, il y a 2 chemins. Celui goudronné redescend vers la sortie de Lavardin. Revenir sur ses pas et prendre la piste de terre qui monte sur la gauche (à hauteur du « Château Chèvre »). Du sommet, vue formidable sur la rivière et les environs.

Manifestation

– ***Championnat du monde de chouine*** *(c'est un jeu de cartes !) :* *1er dim de mars.*

DANS LES ENVIRONS DE LAVARDIN

Le jardin du Plessis-Sasnières : *Le Château, 41310* ***Sasnières.*** *☎ 02-54-82-92-34. • jardin-plessis-sasnieres.fr • À 4 km au sud-est de Lavardin. Ouv avr-fin oct, tlj sauf mar-mer et j. fériés 10h-18h. Entrée : 10 € ; gratuit moins de 18 ans.* De création contemporaine, le parc et le jardin s'étendent sur un beau site vallonné de 3,5 ha, autour d'un étang d'eaux vives, et offrent plus de 400 variétés botaniques rares et intéressantes. Ici, botanique rime avec esthétique. Il n'est pas impossible que vous croisiez Rosamée Henrion, la créatrice du lieu, jardinant mais toujours prête à partager sa passion ! Elle vous fera découvrir des plantes peu communes, choisies pour leurs fleurs, écorces et feuillages insolites.

2 points de restauration, aux beaux jours : un ***salon de thé*** sur place, près de l'entrée, *so British,* et le restaurant ***Le Plessis*** dans l'ancienne orangerie, au milieu du jardin *(☎ 02-54-82-87-33 ; • leplessis.restaurant@orange.fr • ; ♿ ; tlj sauf mar-mer, midi et soir ; fermé en hiver sauf pour groupes et entreprises sur résa ; formules sem 16-26 €, menu 30 €, carte 35 €).* Une belle table traditionnelle, du vrai fait maison élaboré à partir de produits de saison, à commencer par ceux en provenance de maraîchers du coin.

MONTOIRE-SUR-LE-LOIR

(41800) 3 808 hab. *Carte Loir-et-Cher, A2*

À Saint-Rimay, à 3 km de la ville, on peut encore apercevoir l'entrée du tunnel qui devait protéger le train d'Hitler d'une éventuelle attaque aérienne. Pourquoi la rencontre entre lui et Pétain eut-elle lieu ici ? Tout simplement parce que le Führer s'était rendu la veille à la frontière espagnole où il avait rencontré Franco. Et Montoire, avec sa gare discrète, se trouvait proche de l'axe Paris-Hendaye que l'on pouvait rejoindre facilement.
Montoire est aujourd'hui une ville dynamique et dont les rives du Loir ont conservé leur charme. On y trouve aussi une merveilleuse chapelle, encore auréolée de la gloire de Ronsard.

LA MAIN DU DIABLE

Le 24 octobre 1940, la petite gare de Montoire, modeste chef-lieu, fut le triste théâtre d'un rendez-vous entre le Führer et Pétain. Un événement raconté par les chroniqueurs du temps : « Dans la cour, un bataillon allemand rend les honneurs, tandis que le maréchal [...] descend lentement de sa voiture, impassible et grave. À son tour, le Führer descend de son wagon, serre longuement la main du maréchal. » Et c'est sur ce mano en la mano que Pétain, « le Bouclier », inaugura la Collaboration.

LE LOIR-ET-CHER

Adresse utile

Bureau d'information touristique : *rue Marscot. ☎ 02-54-77-05-07. • ot.vendome@wanadoo.fr • vendome-tourisme.fr • Horaires variables, se renseigner par tél.*

Où dormir ? Où manger dans les environs ?

Chambres d'hôtes La Cave Margot : *chez Nathalie et Nicolas Leal, 41360* ***Lunay.*** *☎ 02-54-72-09-53. • info@lacavemargot.fr • lacavemargot.com • À 8 km au nord-est de Montoire-sur-le-Loir. Congés : déc-fév. Doubles (2 nuits min) 140-170 € ; 25 €/pers supplémentaire. Service de restauration : se renseigner.* Dans un pittoresque vallon, une belle longère restaurée dans un style contemporain. Chambres cosy, toutes avec terrasse et entrée indépendante : la « Four à pain » avec ses tomettes aux murs, 2 suites familiales élégantes, 1 dans l'orangerie et 1 à l'étage, décorée sur le thème du voyage. Également un chalet tout en bois. Agréable jardin paysager avec jeux pour les enfants et caves troglodytes. Cuisine à dispo des hôtes. Prêt de vélos. Sauna, jacuzzi extérieur et piscine chauffée *(en principe juin-sept),* barbecues. Massages sur résa. Une adresse de charme, particulièrement pensée pour les familles.

Le Manoir de Saint-Quentin : *41800* ***Saint-Quentin-lès-Trôo.*** *☎ 02-54-77-54-96. • pofailok@orange.fr • lemanoirdesaintquentin.com • ♿ À 4 km au nord-ouest de Montoire-sur-le-Loir par la D 917. Ouv le soir mer-sam et dim midi (l'hiver, seulement ven-sam soir et dim midi). Congés : janv-fév. Menus déj (sauf dim) 18-22 € ; soir 35 €. CB refusées.* Faï, cuisinier originaire de Hong Kong, s'est installé dans le presbytère du village. Il cuisine seul, d'où une réservation obligatoire pour qui veut découvrir sa cuisine, aussi métissée que savoureuse.

À voir. À faire

🚶🚶 ***La chapelle Saint-Gilles :*** *de la place centrale, passer le pont du Loir et prendre l'impasse tt de suite à droite. Tlj sauf jeu 10h-18h. Entrée : 6 €. Demander les clés au musée Musikenfête (☎ 02-54-85-28-95 ; près de l'hôtel de ville ; voir plus loin).* C'est tout ce qu'il reste d'un prieuré fondé pour les pèlerins se rendant à Saint-Martin de Tours et à Saint-Jacques-de-Compostelle. Ronsard en fut titulaire pendant près de 20 ans. À l'intérieur, absides en forme de trèfles aux voûtes recouvertes de peintures, considérées comme des chefs-d'œuvre de l'art roman et religieux du XIe s. Représentation du Christ en majesté dans chacune d'elles.

🚶 ***La Gare – Lieu historique de la Seconde Guerre mondiale :*** *dans la gare de Montoire. ☎ 02-54-85-33-42. ♿ Ouv avr-sept, mer-sam 10h-12h30, 14h-17h (18h juil-août). Visite sur résa auprès de la mairie (☎ 02-54-85-00-29). Entrée : 4,50 € ; réduc ; gratuit moins de 11 ans.* Un « tunnel de l'Histoire » et un des lieux de notre mémoire collective qui impose de se remettre les idées en place. Écrans tactiles avec films d'archives et photos, mannequins en uniforme, coupures de presse et quelques objets d'époque. Maquette reconstituant les entrevues.

LE LOIR-ET-CHER

🚶 ***La Grange – cabinet de curiosités :*** *7, rue Saint-Gilles. 📱 06-78-22-79-74. L'été, ven-dim 14h-17h ; de Pâques à mi-juin, w-e pdt vac scol et j. fériés 14h-17h ; visites guidées à 14h et 16h30 l'hiver, sur résa. Résa préférable. Entrée : 6,50 € ; réduc ; gratuit moins de 6 ans.* Vieille grange restaurée par Laurie et Jean-Louis, qui ont amassé au rez-de-chaussée un bric-à-brac hétéroclite dans lequel chaque visiteur trouvera de quoi éveiller son intérêt : jouets et outils anciens, boîtes d'allumettes, bestioles conservées dans le formol, etc. À l'étage, une collection de tuiles de terre cuite, la plupart uniques et gravées : dates, noms, dessins, symboles mystérieux... Jean-Louis vous contera avec passion les anecdotes liées à chacune. Une belle rencontre. Les chaleureux propriétaires possèdent également ***Les Gîtes de la Promenade,*** 2 gîtes modernes et bien équipés dans les environs *(3 nuits min ; rens : • laurie.jeanlouis@orange.fr •).*

🚶 ⋞ Du pont, ***vue*** superbe sur les rives du Loir, bordées de jolies maisons anciennes et d'une végétation bucolique.

🚶🚶 ***Musikenfête :*** *musée-spectacle des musiques traditionnelles, derrière la pl. Clemenceau, dans l'ancien couvent des Augustins. ☎ 02-54-85-28-95. • musikenfete.fr • ♿ Mars-sept, tlj sauf lun 10h-12h, 14h-18h ; oct-déc, ouv seulement l'ap-m. Fermé janv-fév. Entrée : 7 € ; réduc.* Dans un bâtiment du XVe s, plus de 500 instruments de musique des 5 continents mis en scène et en lumière, dont un carillon de cloches de concert de Chine, unique en Europe. Une manière ludique et interactive de découvrir les rites, chants et peuples du monde.

➢ ***Descente en canoë-kayak :*** *s'adresser à l'association **UCM,** 📱 06-32-97-57-16, ou à **Canoë sur le Loir,** 📱 06-88-92-47-76.*

Manifestations

– ***Foire aux vins :*** *à la Pentecôte.*
– ***Festival international de folklore de Montoire :*** *sem du 15 août. Infos : ☎ 02-54-85-35-16. • festival-montoire.com •* Spectacles chaque soir et festival dans la rue le 15 août.

TRÔO

(41800) 305 hab. *Carte Loir-et-Cher, A2*

Attention : il faut prononcer « Tro ». En raison des troglodytes, bien sûr... Un village unique en son genre, et donc assez touristique. Il faut dire que les « curiosités » (le mot prend ici tout son sens) y sont nombreuses : puits qui parle, grotte pétrifiante, vestiges de l'art religieux médiéval et caves troglodytiques... Le site et l'agencement du village sont tout à fait particuliers. Imaginez une colline de gruyère au-dessus d'une rivière ! Des terrasses étagées, des passages étroits, des escaliers partout et une foultitude de grottes. Pas vraiment de rues, si ce n'est la départementale bordant la colline ; pas vraiment de centre non plus, à part celui, géologique, de la butte dominant le gruyère ! Le sentiment d'étrangeté s'intensifie quand on apprend qu'un réseau souterrain fait de plus de 5 km de galeries et de caves se cache sous le village. Il a dû s'en passer de belles (et de moins belles !) là-dessous ! D'ailleurs, les habitants s'y réfugiaient pendant les guerres.

Adresse utile

Trôo Tourisme : *39, rue Auguste-Arnault. ☎ 02-54-72-87-50 ou 02-54-73-55-00 (mairie). • trootourisme.jimdofree.com • À l'entrée de la grotte pétrifiante, sur la route principale. Tlj 10h-12h, 14h-17h30 (sam-dim ouv avr-fin oct).*

Où dormir ? Où manger ?

Chambres d'hôtes Côte Sud : *chez Dominique et Éric Calegari-Jehl, 7, rue Haute. ☎ 02-54-72-61-38. • cotesud-troo@wanadoo.fr • cotesud-troo.fr • Au centre du bourg, laisser sa voiture sur la place de la mairie et prendre la petite route en face, c'est à 200 m à droite. Congés : de déc à mi-mars. Doubles 75-90 € ; familiales.* Au cœur du village, jolie maison du XVIIe s (autrefois une gendarmerie) avec jardinet où trônent 2 palmiers. 3 chambres douillettes et personnalisées au 1er étage. La 4e, semi-troglodytique, est installée au fond du jardin sous forme d'un petit duplex avec cuisine et petite terrasse. Pour prendre le frais, croquignolet salon troglodytique installé dans ce qui était une ancienne cellule de prisonnier. Accueil charmant.

Auberge Sainte-Catherine : *pl. Sainte-Catherine, 2. ☎ 02-54-72-96-06. • contact@auberge-saintecatherine.com • À l'entrée est du bourg. Tlj sauf mar-mer (mer seulement juil-sept). Menus 18-28 € midi et soir.* Bien à l'abri dans son élégante salle voûtée, voici une bonne petite table sans prétention, aux horaires commodes dans ce village peu pourvu en restos. On y déguste une cuisine locale plutôt classique, avec chaque jour des suggestions de bon rapport qualité-prix. Fait également crêperie (c'est moins local, pour le coup !). Accueil très gentil.

Le Restrôo : *rue Haute. ☎ 02-54-72-87-50. Ouv mai-sept seulement, mer-dim 11h30-18h. Compter env 10 €.* Un petit snack gourmand aménagé dans un habitat troglodytique. En intérieur ou en terrasse au pied de la belle falaise, le cadre est génial pour une pause sans chichis autour d'une quiche, d'un croque, ou d'un chèvretrôo (une tartine au petit trôo, le fromage local).

À voir

Les lecteurs prévoyants se seront procuré à l'accueil de *Trôo Tourisme* le dépliant dans lequel les curiosités du village sont pointées. Sinon, promenez-vous en suivant les plans disséminés dans le village. De la route, 3 chemins en escalier mènent à la rue Haute, d'où un autre chemin conduit à la rue Gouffier et à la rue Vendômoise : là se trouve la majorité des caves.

La grotte pétrifiante : *route principale. Voir* Trôo Tourisme *(visite libre ou guidée en groupe assurée par la pers de l'accueil). Entrée : 1 € (ou 2 € si l'on visite la cave du vigneron).* Selon les habitants du village, un objet abandonné dans la grotte pendant quelques mois a toutes les chances d'être retrouvé solidifié, le taux d'humidité de la cavité étant terriblement élevé ! On y voit d'ailleurs des stalactites, de curieuses concrétions calcaires et certaines pièces pétrifiées.

La maladrerie Sainte-Catherine : *à l'entrée du village en venant de Montoire.* Ruines imposantes d'une léproserie construite au XIIe s pour les fidèles se rendant aux pèlerinages de Saint-Jacques-de-Compostelle et Saint-Martin de Tours.

La collégiale Saint-Martin : *au sommet de la butte. Tlj 9h-18h.* Belle église construite en plusieurs étapes, du XIe au XIVe s, et réédifiée avec des pierres extraites des sous-sols de Trôo. Gros clocher carré de style angevin. Architecture et ornementations romanes et gothiques se mêlent harmonieusement. À l'intérieur, chapiteaux du XIIe s ornés de personnages, stalles du XVIe s, statuettes de la même époque et bénitier en marbre du XVIIe s.

Le puits qui parle : *dans la partie haute du village, entre la collégiale et la porte de Sougé.* On s'en doute, le puits parle grâce à un phénomène d'écho, dû à ses 45 m de profondeur. Jetez un petit caillou et vous serez convaincu. Intéressant pour son petit préau en bois.

AU DIABLE LES BAVARDAGES !

D'après la légende locale, le puits qui parle serait l'œuvre du Malin. Un seigneur, trouvant que sa femme parlait trop, dit un jour au diable : « Si tu la veux, prends-la » ! Le diable accepta et l'emporta dans les airs. Vite lassé des bavardages incessants de la pipelette, il la laissa retomber au sol. La chute créa un trou, dans lequel la voix de ladite femme se fait encore entendre aujourd'hui, prenant un malin plaisir à imiter la vôtre...

La cave Yuccas (écomusée troglodytique) : *rue Gouffier, entre la collégiale et la rue Haute. 06-22-91-16-54. Juil-août, tlj 10h30-19h ; avr-juin et sept-oct, tlj 14h (11h w-e et j. fériés)-18h. Entrée : 3 € ; gratuit moins de 12 ans.* Habitée jusqu'en 1965 par Zéphirin et Désirée Didé, journaliers agricoles. À l'intérieur, reconstitution d'un habitat troglodytique du début du XXe s, avec pigeonnier, boutique, atelier, four à pain, chambres et cabinet de toilette. La cave étant située sur le sentier le plus élevé du coteau, la vue sur toute la vallée y est superbe. Sur place, possibilité d'acheter boissons et crêpes.

La cave du Vigneron : *dans les locaux de Trôo Tourisme. ☎ 02-54-72-87-50. Juin-août, mer-dim 11h-18h ; avr-mai et sept, ven-dim 11h30-17h30. Fermé oct-mars. Entrée : 1,50 € (ou 2 € grotte pétrifiante incluse).* Un musée de poche proposant 2 thématiques : la vigne (cépages locaux et techniques de culture) et les traditions du coin (collection d'objets du quotidien). Rapide mais sympa.

Le fournil et la source de Saint-Gabriel : *rue Haute, sous le rocher Saint-Gabriel. Rens à l'office de tourisme : ☎ 02-54-72-87-50. GRATUIT.* Le fournil de l'ancien boulanger de Trôo, restauré en 1997, qui employait l'eau de la source pour y faire son pain. Jusqu'en 1972, les habitants du village venaient ici s'approvisionner en eau, puisqu'ils n'avaient pas encore l'eau courante.

La porte de Sougé : vestige de l'enceinte médiévale.

DANS LES ENVIRONS DE TRÔO

L'église de Saint-Jacques-des-Guérets *(41800) : à 200 m de Trôo, en contrebas, sur la rive opposée. Tlj 9h-18h30 (17h oct-mars).* Adorable église romane, à l'étonnant plafond en forme de coque de bateau renversé et magnifiques peintures murales des XIIe et XIIIe s restaurées, d'une grande valeur historique et religieuse. On s'amusera, à l'aide de la brochure en libre-service, à décrypter ces somptueuses bandes dessinées d'un autre âge, imaginées pour enseigner les mésaventures des saints et du Christ. À voir également, les fonts baptismaux en pierre du XIIe s et l'étonnant arc triomphal en bois du XVIIe s.

COUTURE-SUR-LOIR (41800) 525 hab. *Carte Loir-et-Cher, A2*

Ici s'achève notre visite de la vallée du Loir, à l'endroit même où débuta la vie du poète Ronsard, né à La Possonnière, à 1 km de Couture. Au passage, ne pas manquer la ravissante église du village, dont la porte et le clocher sont ornés des armes de la famille Ronsard : 3 poissons d'argent qui, à l'époque, étaient appelés des « rossards ». Depuis 2019 et la fusion avec le village voisin de Tréhet, la commune a été rebaptisée « Vallée-de-Ronsard ».

LE LOIR-ET-CHER

Info utile

– Pour ceux qui souhaitent poursuivre leur balade le long de la vallée du Loir côté Sarthe, l'***office de tourisme de la vallée du Loir*** *(☎ 02-43-38-16-60 ; • vallee-du-loir.com •)*, très dynamique, est riche en infos sur la région.

Où dormir dans le coin ?

Gîte du Tertre : *Le Tertre, 41800* ***Villedieu-le-Château.*** *06-14-02-22-45. • philippe@gitedutertre.com • gitedutertre.com • À 8 km au sud de Couture-sur-Loire par la D 10. Compter 390-490 € le w-e, 490-1 150 €/sem pour 8 pers selon saison ; 680-1 480 €/sem pour 12 pers. Une bouteille de vin coteaux-du-loir offerte sur présentation de ce guide.* Cette ancienne ferme rénovée par Catherine et Philippe est un véritable havre de paix au milieu de la campagne. Un bon point de départ pour découvrir la vallée du Loir et ses habitations troglodytiques ou, un peu plus loin, les châteaux de la Loire. Et au retour de vos balades, une belle piscine vous attend.

À voir

La maison natale de Ronsard : *à 1 km de Vallée-de-Ronsard par la D 57. ☎ 02-54-72-40-05. 06-08-18-48-61. • manoirdelapossonniere@territoiresvendomois.fr • De mi-juin à mi-sept, tlj 10h-18h ; hors saison, jeu-dim et j. fériés 14h-18h. Fermé 7 nov-fin mars. Visite libre ou guidée en saison (durée 1h15). Entrée : 6,50 € ; réduc ; gratuit moins de 15 ans.*

La Possonnière, fief troglodytique des Ronsard au Moyen Âge, s'est construite au rythme de l'ascension sociale de la famille du poète. Lorsque le petit Pierre y naquit le 11 septembre 1524, les différentes façades venaient tout juste de recevoir, à la demande de Loys de Ronsard (le père du poète), un décor sculpté dans le nouveau style de la 1re Renaissance. De retour des guerres d'Italie, ce militaire

décida en effet de s'inspirer d'une architecture qui l'avait enchanté au cours de ses voyages pour restaurer son ancienne gentilhommière. Cette innovation aura une influence considérable sur l'œuvre de son fils, qui poursuivra cette quête du beau et cet amour des arts classiques dans ses poèmes.
La visite de cet élégant manoir permet d'admirer la belle cour d'honneur et le parc qui lui fait face. Quant à l'étage, il accueille diverses expositions temporaires. Promenade pédagogique dans le bois de Gastine, pour qui a du temps. De création récente, les jardins sont librement inspirés du style de la Renaissance et se situent dans la cour nord, à l'origine simple basse-cour. À partir de fin mai, les mignonnes iront voir si les roses sont écloses !

L'église Saint-Gervais-Saint-Protais : *au centre de Couture. Tlj 9h-19h (17h l'hiver).* Remarquable pour sa nef du XIIe s et son chœur du XIIIe s de style gothique angevin, que le père de Ronsard avait fait remanier. C'est ici que le petit Pierre a été baptisé. Sur la gauche en entrant, les gisants des parents du poète, en partie mutilés pendant la Révolution. Beaux retables baroques de part et d'autre du chœur.

L'isle Verte : *à Couture, au confluent du Loir et de la Braye.* Jolie aire de pique-nique, avec ses tables de bois, ses barques à fond plat et ses arbres qui font trempette... C'est ici que Ronsard se mettait au vert pour lire les poètes grecs et latins. Il avait même demandé à être enterré sur cet îlot de quiétude. Mais cette dernière volonté ne fut pas respectée. Il fut inhumé au prieuré Saint-Cosme (près de Tours), sa famille ayant dû vendre l'île pour payer d'importantes dettes.

LA VALLÉE DE LA LOIRE

C'est ici, le long du fleuve royal, que se sont déroulés quelques grands moments de l'histoire de France. Remonter ce val majestueux équivaut à parcourir un livre d'histoire à ciel ouvert : cheminer de vrai donjon en façade d'opérette, s'ébahir devant les fameux châteaux qui attirent les touristes du monde entier (Chambord, Cheverny, Chaumont), se promener dans leurs jardins tracés au cordeau ou découvrir de petits châteaux discrets et injustement méconnus...
Ici, la petite histoire s'entremêle avec la grande, alors partons sur les traces des rois et de leur cour, des reines et de leurs rivales, des mignons, des poètes, des ladres et des tristes sires... À commencer par la visite du château de Blois, résumé à lui seul de toute l'histoire du pays.

BLOIS (41000) 45 687 hab. *Carte Loir-et-Cher, B3*

• Plan *p. 181*

Préfecture du Loir-et-Cher, Blois, bâtie en amphithéâtre sur les coteaux qui dominent la Loire, fut le centre de la Renaissance française, comme en témoigne son majestueux château. Si la ville fut gravement endommagée pendant la guerre, sa reconstruction permit de dégager parfaitement la vue de son château. Mais on y trouve encore de vieux quartiers aux rues anciennes, tortueuses, escaladant les flancs escarpés de la rive. C'est une ville à taille humaine et douce à vivre qu'il faut découvrir aux beaux jours, et même aux belles nuits, car le spectacle son et lumière donné au château est une invitation à remonter le temps, en le prenant, justement.

Blois vit naître en 1462 Louis XII, roi de France en 1498, en 1647 Denis Papin, l'inventeur de la machine à vapeur, ou encore, en 1805, l'illusionniste Jean-Eugène Robert-Houdin.

Adresses et info utiles

Office de tourisme Blois – Chambord *(plan A2)* **:** *5, rue de la Voûte. ☎ 02-54-90-41-41. • bloischambord.com • Avr-sept, tlj env 9h-18h ; oct-mars, tlj 10h-13h et 14h-17h sauf dim ap-m. Fermé 1er janv et 25 déc.* Vous y trouverez des itinéraires balisés sillonnant 4 quartiers de la ville, des plans *(gratuits)* des châteaux de La Loire à Vélo. Également des renseignements sur les visites guidées en saison. Vente des ***pass Châteaux*** et ***billetterie ZooParc de Beauval*** à tarif préférentiel. 2 applications gratuites : « Blois Chambord Tour » et « Visit'Blois ».

Location de vélos : ***Détours de Loire,*** *☎ 02-54-56-07-73 ; • detoursdeloire.com • ; tlj, sauf dim-lun hors saison.* Une boutique qui possède plusieurs points de location entre Ancenis et Orléans. ***100 % Bike,*** *à Blois ou livré ; tte l'année (sauf dim hors saison) ; 07-71-78-32-62.* ***Randovélo,*** *31, av. Jean-Laigret ; ☎ 02-54-78-05-38.*

Navettes de bus pour Chambord et Cheverny : *fin mars-début nov. • remi-centrevaldeloire.fr • 3 bus/j. en été, sinon les w-e, vac scol et j. fériés. Arrêts devant la gare et devant le château. Billet : 3 € l'aller.* Pratique quand on n'est pas motorisé. Compter 30 mn pour Chambord et 1h15 pour Cheverny. Navette équipée d'une remorque à vélo.

Blois-Taxi : *permanence jour et nuit à la gare. ☎ 02-54-78-07-65. Également des services de VTC à la gare.*

– **Marchés :** *sam mat, pl. Louis-XII et pl. de la République.* ***Marché bio*** *ven soir, pl. Rol-Tanguy (rive gauche, pont Jacques-Gabriel).*

LE LOIR-ET-CHER

Où dormir ?

Prix moyens

Hôtel Saint-Jacques *(plan A2,* ***10****)* **:** *7, rue Ducoux. ☎ 02-54-78-04-15. • hotelsaintjacques@msn.com • hotelsaintjacquesblois.com • Doubles 55-60 € ; familiales.* Un hôtel commode face à la gare, idéal pour une nuit. Une adresse simple et bien tenue, aux chambres assez grandes et lumineuses (dont 2 pour 5 personnes, très demandées). Ne cherchez pas la clim et ne comptez pas trop sur l'insonorisation. Resto sur place *(tlj midi et soir).*

Le Monarque *(plan A1,* ***11****)* **:** *61, rue Porte-Chartraine. ☎ 02-54-78-02-35. • hotel-restaurant@lemonarque.fr • hotel-lemonarque.com • Doubles env 60-85 €. Familiales. Menus du jour 13,50-15 €, puis 27 €.* Cadre très chaleureux du côté de la réception et du restaurant, décorés sur le thème de Tintin. Les chambres, rénovées et bien tenues, sont d'un style plus conventionnel. Une bonne étape, d'autant qu'on y mange bien ! Excellent accueil.

Côté Loire – Auberge ligérienne *(plan A2,* ***12****)* **:** *2, pl. de la Grève. ☎ 02-54-78-07-86. • info@coteloire.com • coteloire.com • Resto ouv mar-sam. Congés : janv. Résa conseillée. Doubles 70-110 €. Menus 24 € (déj)-35 €.* Hôtel croquignolet dans une auberge du XVIe s, la plus ancienne de la ville. Les chambres, décorées dans un style un peu daté mais coquet, sont confortables et très bien tenues. Certaines donnent sur la cour, d'autres sur la Loire (calme la nuit). Arrière-cour paisible pour bouquiner ou boire un verre et agréable salle de petit déj pour un réveil en douceur (bon buffet). Au resto, bonne cuisine à base de produits frais de saison. Goûtez le pâté d'Albertine ou le sandre !

Hôtel de France et de Guise *(plan A1,* ***13****)* **:** *3, rue Gallois. ☎ 02-54-78-00-53. • contact@hotel-france-guise.*

com • hotel-france-guise.com • Congés : de fin nov à mi-mars. Doubles 55-80 € ; familiales. Parking payant. Dans une demeure ayant appartenu à la famille de Guise. Décor très « vieille France » dans les parties communes : on nage en plein contexte historique ! Les chambres sont gaies et propres ; certaines avec moulures au plafond et cheminée. Attention, un peu bruyant côté rue, mais on n'est qu'à 100 m du château. On ne peut pas tout avoir !

Chic

Chambres d'hôtes La Maison du Carroir (plan A1, **14**) : *20, rue Sainte-Catherine. ☎ 02-54-74-69-94 ou 06-75-14-38-10. • lamaisonducarroir@gmail.com • lamaisonducarroir.com • Doubles 110-125 €.* Une jolie maison de ville, située au calme et tout près du centre. Tout y est très soigné, de la déco (beaucoup d'éléments chinés, notamment des jouets) au confort, en passant par le jardin de curé. Chambres spacieuses, pimpantes et lumineuses, aux teintes sobres et contemporaines, toutes différentes. Petit déjeuner d'anthologie. Les prix sont vraiment justifiés. Accueil très aimable.

Chambres d'hôtes La Perluette (plan A2, **15**) : *9, quai du Foix. 06-03-84-08-08. • contact@laperluette.fr • laperluette.fr • Doubles 135-150 €.* Une belle demeure bourgeoise plantée au bord de la Loire : d'ailleurs, 4 des 5 chambres donnent directement dessus ! Le décor est élégant, la propreté et le confort parfaits. Salles de bains modernes, parquet ancien, literie douillette, double vitrage efficace... Local à vélos à dispo. On prend le petit déj (gâteaux et confitures maison) autour d'une grande tablée commune ou, l'été, dans la cour. Un sympathique cocon où l'on est fort bien accueilli !

LE LOIR-ET-CHER

Où manger ?

Bon marché

F & B (plan B1, **20**) : *7, rue du Poids-du-Roi. ☎ 02-54-46-05-29. • lefab.blois@gmail.com • Tlj sauf w-e 12h-2h. Plat du jour env 12 € ; formules 15-20 €.* À la fois un bar sympa, un resto locavore et une microbrasserie. On se sent bien, quelle que soit l'heure, dans ce lieu animé et chaleureux, où l'on peut grignoter des plats simples et généreux, sans oublier de s'humecter le gosier avec une bonne bière artisanale ! De quoi faire bien des heureux.

Le Denis Papin (plan B1, **21**) : *25, rue Saint-Honoré. ☎ 02-54-46-27-12. Tlj sauf w-e. Bar ouv 8h-20h (cuisine 12h-15h). Plat du jour 11,90 € ; carte 25 €. Café offert sur présentation de ce guide.* Un troquet qui ne paie pas de mine, et pourtant les habitués ne s'y trompent pas. Au piano, Christophe compose chaque midi des plats du jour frais et goûteux, à accompagner d'un verre de vin régional, le tout servi par la sympathique Cathy, sa femme. Pro et convivial. Agréable terrasse et jolie vue.

Miss Goumard (plan B1, **30**) : *voir plus loin « Où manger sur le pouce ?... ».*

Prix moyens

Les Banquettes Rouges (plan A2, **22**) : *16, rue des Trois-Marchands. ☎ 02-54-78-74-92. • lesbanquettesrouges@orange.fr • Tlj, sauf dim-lun, jusqu'à 21h30. Congés : 2 sem en août et vac scol de Noël. Formule déj 18,50 € ; menus 28,50-32,50 €.* Un des chouchous des Blésois comme des visiteurs de passage, qui y apprécient une cuisine goûteuse, jouant sur les produits de saison et les recettes dans l'air du temps. Ambiance assez sonore dans la salle très étroite, tout en longueur, à la déco sobre. Service chaleureux.

O'Blend (plan A2, **23**) : *6, av. Jean-Laigret. ☎ 02-54-79-89-25. • contact@oblend.fr • Tlj sauf dim et lun midi (et soir hors saison). Menus midi 18,50-21,50 € ; soir 37 €.* Situé pile face à la gare, ce bistrot nous a convaincus par sa cuisine fine et inventive où tout est fait maison. La carte est inspirée et maîtrisée, le service

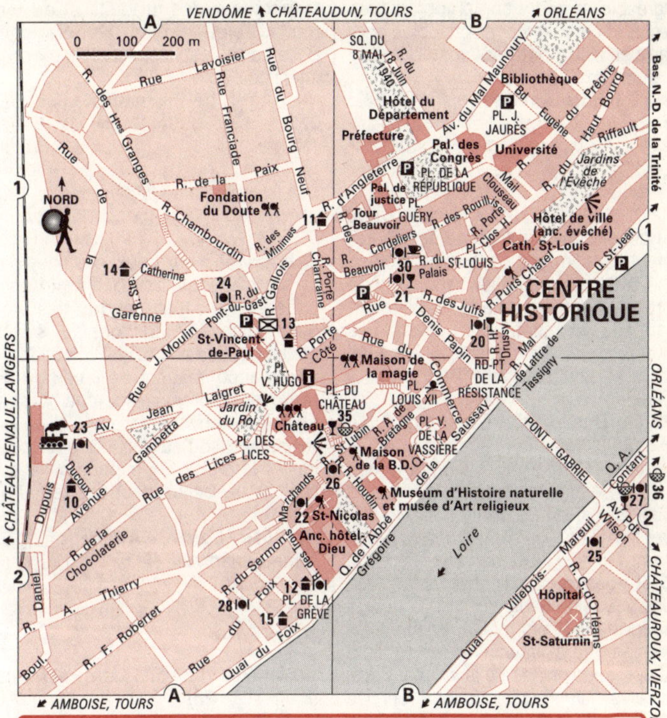

BLOIS

Adresse utile

- Office de tourisme Blois – Chambord (A2)

Où dormir ?

10 Hôtel Saint-Jacques (A2)
11 Le Monarque (A1)
12 Côté Loire – Auberge ligérienne (A2)
13 Hôtel de France et de Guise (A1)
14 Chambres d'hôtes La Maison du Carroir (A1)
15 Chambres d'hôtes La Perluette (A2)

Où manger ?

12 Côté Loire – Auberge ligérienne (A2)
20 F & B (B1)
21 Le Denis Papin (B1)
22 Les Banquettes Rouges (A2)
23 O'Blend (A2)
24 L'Hôte Antique (A1)
25 Le Bistrot du Cuisinier (B2)
26 Le Castelet (A-B2)
27 La Trouvaille (B2)
28 Au Rendez-vous des Pêcheurs (A2)
30 Miss Goumard (B1)

Où manger sur le pouce ? Où boire un thé tout en grignotant un gâteau ?

30 Miss Goumard (B1)

Où boire un verre ?

20 F & B (B1)
21 Le Denis Papin (B1)
27 La Trouvaille (B2)

Où découvrir les vins et produits de Loire ?

27 La Trouvaille (B2)
35 Le Petit Jardin (A-B2)
36 La Bourriche aux Appétits (hors plan par B2)

agréable, le cadre contemporain bien léché et cosy. Tarifs raisonnables pour la qualité. Ce petit nouveau démarre par un sans-faute !

L'Hôte Antique (plan A1, **24**) : *5, rue du Pont-du-Gast. ☎ 02-54-70-00-46. • lhoteantique@hotmail.fr • Derrière le château. Tlj midi et soir. Formule du jour (sauf dim et j. fériés) 22 € ; menu env 30 €.* Cuisine ouverte et décor cosy qui tranche singulièrement avec le type de cuisine (goûtez le risotto aux gambas), tandis que la broche qui tourne dans la rôtissoire rappelle les senteurs d'antan. Les époques se mêlent avec délice sur les murs et dans l'assiette. Bonne sélection de vins.

Le Bistrot du Cuisinier (plan B2, **25**) : *20, quai Villebois-Mareuil. ☎ 02-54-78-06-70. • lebistrotducuisinier41@gmail.com • De l'autre côté de la Loire, sur le quai. Tlj midi et soir (rare dans la région !). Formules déj en sem 20,50-23,50 € ; carte env 35 €.* Un petit « gastro » à prix abordables avec une vue imprenable sur la ville depuis sa salle du 1er étage. On a aimé cette cuisine fine et inventive, qui sublime les produits nobles de la saison. Carte de vins dûment sélectionnés. Service nickel. Un rapport qualité-prix bien balancé.

Le Castelet (plan A-B2, **26**) : *40, rue Saint-Lubin. ☎ 02-54-74-66-09. • castelet@sfr.fr • Tlj sauf mer et dim, midi et soir. Congés : dernières quinzaines d'oct et déc. Menus 26-38 € ; carte 30-35 €.* Maison du XVIe s, en contrebas du château, et véritable petit théâtre gourmand depuis ¼ de siècle. Du traditionnel, respectueux des produits et du terroir. Quelques plats végétariens. Belle carte des vins. Ambiance assez intimiste.

La Trouvaille (plan B2, **27**) : *5-7, rue de la Chaîne. ☎ 02-54-79-25-30. • contact@brasserie-latrouvaille.fr • Tlj sauf dim, plus j. fériés hors saison. Le midi, plat du jour 13 € et formule 17 € ; menu du marché 31,90 € ; carte env 30 €.* Une cuisine de brasserie à prix doux, soutenue par un sommelier qui a de bonnes idées à partager. Du circuit court et des produits saisons. Autre formule, sur le pouce pour un apéro, une sélection de vins à accompagner de tapas ou de planches de fromage ou charcuterie. En été, la terrasse est ensoleillée du déjeuner jusqu'au soir. Et, pour prolonger le plaisir, un espace cave qui promet de belles découvertes *(lun-sam 10h-22h).*

Côté Loire – Auberge ligérienne (plan A2, **12**) : *voir plus haut « Où dormir ? ».*

Plus chic

Au Rendez-vous des Pêcheurs (plan A2, **28**) : *27, rue du Foix. ☎ 02-54-74-67-48. • christophe.cosme@wanadoo.fr • Tlj sauf dim-lun (hors j. fériés). Fermé 3 sem en août. Résa indispensable. Formules déj sauf dim et j. fériés 18 € puis 29 € ; menus 42-62 €.* Allez-y d'abord pour la formule du midi, et revenez, un soir, pour profiter de la cuisine de Christophe Cosme, qui ose des associations étonnantes.

Où dormir ? Où manger dans les environs ?

De prix moyens à chic

Chambres d'hôtes La Source : *chez Catherine et Christian Forge, 4, rue Muraton, 41000* ***Saint-Denis-sur-Loire.*** *☎ 02-54-78-95-45. 06-15-74-33-73. • chambreslasource@orange.fr • chambreslasource.ogite.com • À env 5 km au nord-est de Blois. Congés : 15 oct-1er avr. Doubles 95-130 €.* Dans l'ancienne demeure du peintre Muraton, 3 chambres douces à vivre, donnant sur le jardin et la très jolie piscine. Le décor, sobre, élégant et de bon goût, est jalonné de trouvailles chinées dans les brocantes. Superbe petit déj. Frigo et micro-ondes à dispo. Possibilité de pique-niquer, prendre l'apéro ou faire un barbecue sous le préau installé dans le jardin. Du calme, du charme, du confort, de la couleur, que du bonheur !

🏠 🍽 ***Villa Médicis :*** *chez Mme Cabin-Saint-Marcel, 1, rue Médicis, Macé, 41000* ***Saint-Denis-sur-Loire.*** *☎ 02-54-74-46-38. 📱 06-31-33-34-86. ● medicis.bienvenue@wanadoo.fr ● Congés : 2 sem en nov. Doubles 72-98 €. Table d'hôtes sur résa 32 €, boissons comprises. Apéritif ou café offert sur présentation de ce guide.* Dans une belle demeure d'époque Napoléon III, ancienne station thermale entourée de sources et d'un beau parc, des chambres toutes différentes, simples mais confortables, avec leurs lits douillets. Amateurs de design, s'abstenir. Produits frais et de la région servis à la table d'hôtes (terrines, gibier...).

Plus chic

🏠 🍽 ***Le Château de la Rue :*** *chez Véronique de Caix, à Fleury, 41500* ***Cour-sur-Loire.*** *📱 06-03-23-44-09. ● chateaudelarue@wanadoo.fr ● chateaudelarue.com ● À 11,5 km au nord-est de Blois. Congés : 31 déc-31 mars. Doubles 120-190 €. Table d'hôtes (sur résa) 49 €, vin compris. Pique-nique sur demande.* Les hôtes goûtent ici aux plaisirs de la campagne, dans des chambres très cosy où les meubles de famille voisinent avec les objets chinés ici ou là. On rêve, on lit, près de la piscine ou dans le parc, à moins qu'on ne préfère aller grappiller au verger. Le château est sur la route de La Loire à Vélo, des vélos sont à louer, à vous de jouer !

🏠 🍽 ***La Maison et le Bistro d'à Côté :*** *17/25, rue de Chambord, 41350* ***Montlivault.*** *☎ 02-54-20-62-30 (bistrot : ☎ 02-54-33-53-06). ● contact@lamaisondacote.fr ● lamaisondacote.fr ● ♿ À 12 km au nord-est de Blois. Bistrot ouv tlj sauf dim soir-lun. Resto tlj sauf mar-mer. Doubles 77-105 €. Formules bistrot 15-32 €. Menus au gastro 57 € (le midi, en sem) et 98-218 € ; carte env 100 €.* Christophe Hay, chef talentueux et créatif auréolé de 2 étoiles, s'est offert une salle de resto design et glamour à côté de la maison mère, où son second, Nicolas Aubry, propose une cuisine de bistrot surprenante et pleine d'harmonie de saveurs, textures et couleurs. De bons produits de saison, de producteurs locaux : poissons de Loire, gibier de Sologne... Côté hôtel, au-dessus du bistrot, 8 chambres aménagées autour d'un patio fleuri à la déco sobre, raffinée et design à la fois, et 4 suites.

LE LOIR-ET-CHER

Où manger sur le pouce ?

Où boire un thé tout en grignotant un gâteau ?

🍽 ☕ ***Miss Goumard*** *(plan B1,* ***30****) : 20, rue du Palais. ☎ 02-54-58-98-99. ● missgoumard@gmail.com ● ♿ Tlj sauf dim-lun, 11h30-18h30. Formule déj 15 €. Café offert sur présentation de ce guide.* Un petit vent d'outre-Manche souffle sur Blois, dans ce salon de thé au décor dépareillé très british : canapé, papier à fleurs, abat-jour kitsch... Fanny Goumard propose quelques plats salés et de délicieuses pâtisseries, certaines sans gluten/lactose : moelleux banane-noisette, cheese-cake, tarte au citron, *carrot cake*... Glaces artisanales en saison.

Où boire un verre ?

Pas facile de vous indiquer « *the place to be* » alors que les bars de Blois ouvrent et ferment à un rythme difficile à suivre... De fait, la vie nocturne y est très limitée pour une préfecture. Vous trouverez tout de même un peu d'animation autour de la place Ave-Maria, de la place Louis-XII et rue Saint-Lubin. Voir également, dans « Où manger ? », nos adresses de restos-bars : le ***F & B*** *(plan B1,* ***20****)*, ***Le Denis Papin*** *(plan B1,* ***21****)* et ***La Trouvaille*** *(plan B2,* ***27****)*.

Où découvrir les vins et produits de Loire ?

La Trouvaille (*plan B2*, **27**) **:** *voir « Où manger ? ».* Pour faire son éducation côté vins de Loire, et le plaisir de les déguster sur place, autour d'une planche de charcuterie.

Le Petit Jardin (*plan A-B2*, **35**) **:** *1, rue des Petits-Degrés-du-Château. 06-78-64-23-08. • lappeldujardin@free.fr • Porte discrète à droite en montant les escaliers. Mar-sam, 10h-13h et 16h-19h30 (parfois en continu en saison).* Thomas Grappy, historien de formation, vend fruits et légumes bio – du coin, quand c'est possible – et propose des produits d'épicerie tout aussi bio, le tout dans un ancien corps de garde du XVIIe s adossé au château.

La Bourriche aux Appétits (*hors plan par B2*, **36**) **:** *lac de Loire. ☎ 02-54-81-65-25. • bourriche.fr • À la sortie de Blois, à 4 km du pont Gabriel en allant vers Saint-Dié. Tlj sauf dim-lun (hors saison, appeler par précaution) 10h-12h30, 15h-19h.* Une boutique attachante ouverte par Julien Quesneau, artisan conserveur qui a repris, après son père, les rênes de la pêche en Loire. Les murs gardent la trace des pêches d'autrefois, tout comme les plats maison vendus en bocaux qui permettent de faire des provisions ou de s'offrir un pique-nique d'anthologie devant la maison, en profitant de la vue sur la Loire. Choix aussi vaste que savoureux : matelote d'anguille au vin rouge, civet de lamproie, terrines d'alose à l'oseille, de carpe fumée au vin de Cheverny... Bières, vins et autres produits locaux à découvrir.

À voir

– La ville propose des visites guidées générales ou thématiques, tous les jours, toute l'année. Infos à l'office de tourisme (voir « Adresses et info utiles »).

Le château (*plan A2*) **:** *☎ 02-54-90-33-33. • chateaudeblois.fr • ♿ (accès partiel). Avr-oct, tlj 9h-18h30 (19h juil-août) ; nov-mars, tlj 10h-17h ; dernière entrée 30 mn avt. Entrée : 13 € ; réduc. Billet combiné avec la Maison de la magie : 20 €. Visite libre ou guidée (3 € en sus ; durée 1h-1h30 ; profitez-en, elle est excellente !). Visite insolite du château (durée 2h) avr-Toussaint w-e et j. fériés à 10h30 (plus mar, jeu en juil-août) sur résa (supplément de 5 €). Visite familiale ludique (enfants 6-10 ans + parents, durée 1h15) tlj sur résa pdt les vac scol à 14h30. Visite nocturne à la lampe torche le soir en basse saison dès 19h.*

– ***Son et lumière « Ainsi Blois vous est conté » :*** *début avr-fin sept et vac scol de la Toussaint, tlj à la tombée de la nuit. Audioguide en 9 langues. Prix : 11 € (20 € avec visite du château, billet valable plusieurs j.). Voir plus loin « À faire ».*

Bâti dès le Xe s sur un coteau en plein centre-ville, le château, dont vous contemplez les façades si différentes les unes des autres, est une remarquable illustration de l'évolution de l'architecture française du XIIIe au XVIIe s. Ne vous plaignez pas du prix du billet, ici on vous offre « 4 châteaux en 1 ».

Cette forteresse médiévale fut en effet transformée par ses différents occupants tout au long de son histoire. Dès le XIIIe s, les comtes de Blois en font l'une des principales places fortes du royaume de France. Seuls vestiges de cette époque : la salle des États généraux et la tour du Foix de style gothique (de la tour et sa terrasse, formidable panorama sur la ville basse, qui justifie le mot de Victor Hugo, émerveillé par cet « amphithéâtre sur la Loire »).

Des rois et des auteurs qui n'en font qu'à leur guise

C'est en 1498 que le comte de Blois, Louis d'Orléans, devient roi de France (son cousin Charles VIII étant mort sans descendance masculine) sous le nom de ***Louis XII.*** Il fait de Blois la capitale du royaume et transforme la forteresse médiévale en un palais royal prêt à accueillir une cour et ses réceptions. Témoins de

cette époque : les ailes de brique et de pierre aux belles arcades de style gothique flamboyant, qui abritent désormais le musée des Beaux-Arts.
Son successeur, ***François Ier***, passionné d'architecture et séduit par celle qu'il a découverte en Italie au cours de ses visites (pas vraiment pacifiques !), introduit le style Renaissance en France. Il construit alors l'aile favorite des visiteurs, avec ses loggias sur la façade extérieure et, plaqué sur la façade côté cour, l'escalier d'apparat à vis, enfermé dans une tour octogonale et décoré de sculptures merveilleuses.
C'est dans cette aile qu'en 1588, sous le règne d'Henri III, fut assassiné le ***duc de Guise*** (23 coups de couteau !). Bon, pour ne pas déflorer le suspense insoutenable du son et lumière, on ne vous dévoilera pas le nom des coupables. Mais, chef de la Ligue, soutenu par l'Espagne, le duc de Guise serait aujourd'hui considéré comme un religieux extrémiste. Son assassinat reste l'un des épisodes les plus marquants, sinon tragiques, des guerres de Religion.

L'ESCADRON VOLANT

Catherine de Médicis, pour espionner ses opposants, utilisait les plus belles filles de la Cour. Tous les moyens étaient bons, surtout les plus galants, pour que cet « escadron volant » chauffe ces hommes si inflammables. 2 interdictions toutefois : on ne tombe pas amoureuse, et pas « d'enflure au ventre ». Toutes ces jolies femmes terminèrent leur mission par de beaux mariages.

Un palais urbain, un château dans la ville

Au XVIIe s, Gaston d'Orléans, frère de Louis XIII, décide de transformer Blois en un château de style classique et confie le projet à l'architecte François Mansart. Gaston le mal-aimé, à qui l'histoire n'a pas fait de cadeau : a-t-on idée d'aller comploter contre un pareil frangin, et de s'en prendre à Richelieu... Mais celui qui espérait devenir roi et comptait sur les caisses du royaume pour financer son grandiose et coûteux projet se voit souffler la couronne par la naissance du futur Louis XIV. Faute de financement, ce prince humaniste, grand collectionneur, grand mécène, finit par renoncer et laisse inachevée l'aile face à l'entrée principale du château (« l'aile Gaston-d'Orléans »).

UNE MÈRE HUMILIÉE

À la suite de l'assassinat de son mari Henri IV, Marie de Médicis prit le pouvoir au nom de son jeune fils qui devint Louis XIII. Taciturne et haineux, le roi ne supportait pas sa mère. Emprisonnée, celle-ci tenta de s'échapper du château par une corde, mais tomba à cause de sa corpulence. Elle mourut dans le dénuement complet à Cologne en 1642.

Les rois de France délaissent peu à peu Blois pour leurs châteaux parisiens. Menacé de destruction sous Louis XVI, le château devient une caserne, et ce jusqu'au XIXe s, où commence sa restauration menée par Félix Duban. Excepté les façades, beaucoup de ce que vous verrez dans le château date donc du XIXe s, notamment les étonnants décors peints, aux associations de couleurs et de styles assez déroutantes.

Le parcours de visite

Un parcours fort bien pensé et une signalétique contemporaine permettent au visiteur de découvrir tour à tour les aspects de la vie quotidienne à la Cour, de mieux comprendre l'invention de la Renaissance, de percevoir la face tragique des guerres de Religion, par-delà le côté farce dramatique du récit habituel, etc.
La visite guidée est un bon moyen de réviser son histoire et son vocabulaire. Les mignons étaient des favoris chargés de surveiller les entrées des cabinets, « sas d'attente » d'appartements ayant vocation polyvalente, faute de place. L'étiquette

était née, encore fallait-il l'appliquer. Des tables tactiles permettent d'aborder de façon ludique les collections des ***salles d'architecture*** (au rez-de-chaussée de l'aile François-Ier), notamment leur belle série de gargouilles. Au 1er étage des ***appartements royaux,*** l'accent est mis sur la vie de la Cour. Un redéploiement astucieux des collections du ***musée des Beaux-Arts*** redonne cohérence et vie à l'aile Louis-XII : mobilier, armes... Remarquer, dans la ***chambre de la Reine,*** l'étonnant portrait d'Antonietta Gonsalvus, fillette de la cour d'Henri II atteinte d'hirsutisme (vous ne direz pas qu'on ne pèse pas nos mots, surtout quand vous verrez l'exposition qui lui sera consacrée).
Au 2e étage, retour sur un fait divers célèbre, avec la ***chambre du Roi...*** nommée ainsi bien qu'aucune preuve n'atteste que le souverain y ait passé la moindre nuit ! La ***salle du Conseil*** réunit les tableaux du XIXe s consacrés à l'assassinat du duc de Guise. Selon la légende, son corps aurait été incinéré et les cendres jetées dans la Loire, afin d'éviter de faire de sa dépouille un lieu de recueillement. On remonte le temps, ensuite, jusqu'à Félix Duban, qui avait une façon bien à lui de concevoir la restauration des monuments historiques. La suite à la nuit tombée, avec le son et lumière, qui revisite lui aussi l'histoire à sa façon.

La Maison de la magie Robert-Houdin *(plan B2)* **:** *1, pl. du Château. ☎ 02-54-90-33-33. • maisondelamagie.fr • Avr-août et pdt les vac de la Toussaint, tlj 10h-12h30, 14h-18h30. Sept, lun-ven 14h-18h30 ; w-e 10h-12h30, 14h-18h30. Entrée : 11 € ; réduc ; gratuit moins de 6 ans. Livrets-jeux pour les enfants. Billet combiné avec le château : 20 €, et avec château et son et lumière 28 €.*
À ne pas manquer ! Dans une gigantesque maison bourgeoise face au château, construite dans le style de l'aile Louis-XII. Une maison qui a du mal à garder son sérieux avec ces dragons qui surgissent des fenêtres pour annoncer aux petits et aux grands que l'heure de la magie a sonné. Elle accueille ce musée créé il y a plus de 20 ans en hommage à Jean-Eugène Robert-Houdin (1805-1871), un horloger remarquable qui avait découvert la magie en lisant le *Dictionnaire encyclopédique des amusements des sciences,* une encyclopédie du XVIIe s. Son théâtre parisien du Palais-Royal, dédié uniquement à la magie, présentait des numéros pleins d'humour, de poésie, de créativité, dans un décor de salon bourgeois. Retiré de la scène (et de la Seine) en 1852, il vivait à Saint-Gervais, à 3 km au sud de Blois.
La vie de ce magicien et inventeur étonnant se dévoile au fil des pièces. On pénètre d'abord dans une rotonde sonorisée avec 4 vitrines abritant des automates qui exécutent de célèbres tours de magie. Dans la salle des Illusions, au niveau 0, une pièce présente d'amusants effets d'optique avec kaléidoscopes et miroirs déformants.
Au 2e étage, la salle Robert-Houdin vous en dit un peu plus sur l'univers du magicien. Au 3e étage, mise en scène d'une expérience ludique et troublante : l'« hallucinoscope », inventé par Gérard Majax, un nom bien connu des « enfants de la télé ». Au sous-sol, exposition thématique mêlant pièces de collection insolites et manipulations interactives. Bon, il y a parfois tellement de monde que la magie se dissipe, mais le spectacle saura le faire oublier, aux enfants comme aux parents !

UN CONQUÉRANT SANS ARME

En 1856, l'armée française était bien démunie face à ces marabouts qui fanatisaient les populations algériennes. Napoléon III envoya Robert-Houdin pour démonter le pouvoir factice de ces pseudo-sorciers. Notre célèbre magicien eut vite raison de ces faux prophètes, et tout rentra dans l'ordre.

La Fondation du Doute *(plan A1)* **:** *14, rue de la Paix. ☎ 02-54-55-37-40. • fondationdudoute.fr • Avr-oct, mer-dim 14h-18h30, plus mar en juil-août ; fév-mars, ven-dim, mêmes horaires. Fermé en janv, 1er nov et vac scol de Noël. Entrée : 7,50 € ; réduc. Billet combiné avec le château royal et la Maison de la magie : 24 €. Visites guidées en été : rens sur le site internet.*

Portée par l'artiste Ben et inaugurée en avril 2013, cette fondation s'éloigne autant d'un musée traditionnel que le mouvement Fluxus d'un art figé. Proche du dadaïsme, Fluxus est un état d'esprit, né dans les années 1960 aux États-Unis, caractérisé par la volonté de désacraliser l'art pour l'inscrire dans le quotidien et le réel, avec pour but de révolutionner le monde de la culture. Passé la stupéfiante grande cour du « Mur des mots » constituée de 313 plaques émaillées de *tableaux-écritures* de Ben, l'exposition permanente présente plus de 300 œuvres déjantées, archives, documents et vidéos, réalisés par une cinquantaine d'artistes. Œuvres animées surprenantes, nécessitant pour certaines une implication physique, étonnante collection de restes de repas collés sur des toiles, *Art Postal,* etc. La visite amuse autant qu'elle pousse à la réflexion sur nos certitudes et... nos doutes.
Un pavillon d'expos temporaires est en accès libre dans le cloître pour prolonger le questionnement artistique sous toutes ses formes. Sur place, agréable café *(mêmes horaires)* pour une pause douceur dans un décor *arty.*

La Maison de la B.D. *(plan B2)* **:** *3, rue des Jacobins. ☎ 02-54-42-49-22. • maisondelabd.com • Ouv mar-sam 9h30-12h, 14h-17h30. GRATUIT.* Un espace d'expos temporaires consacré au 9e art et à son histoire, pour donner des repères à qui serait un peu perdu. Rencontres mensuelles thématiques et ateliers.

Le musée diocésain d'Art religieux *(plan B2)* **:** *« Les Jacobins », rue Anne-de-Bretagne. ☎ 02-54-78-17-14. Au 1er étage. Ouv mer et sam-dim 14h-18h ; pdt vac scol ttes zones, mar-dim aux mêmes horaires. GRATUIT.* Une collection pléthorique d'objets liturgiques réunis dans une petite pièce pleine à craquer : peintures et sculptures, chasubles brodées, orfèvrerie... Quelques objets intéressants : un rare triptyque du XIVe s en ivoire (il n'y en aurait qu'une cinquantaine dans le monde) ou cet autel portatif utilisé par un aumônier militaire pendant la Seconde Guerre mondiale.

Le muséum d'Histoire naturelle *(plan B2)* **:** *« Les Jacobins », rue Anne-de-Bretagne. ☎ 02-54-90-21-00. Au 2e étage. Tte l'année, mer et sam 10h-12h, 14h-18h, ainsi que dim ap-m ; et pdt vac scol ttes zones, mar-sam 10h-12h, 14h-18h, et dim ap-m. Fermé 1er janv, 1er mai, 1er nov et 25 déc. Entrée : 5 € ; réduc.* Modeste présentation des animaux, végétaux et minéraux du Blésois sous forme de maquettes, modules interactifs et animations audiovisuelles. Expositions temporaires incluses dans le prix.

L'église Saint-Nicolas *(plan A-B2)* **:** *accès par la rue du Sermon.* Cette ancienne abbatiale bâtie aux XIIe et XIIIe s offre une heureuse alliance des styles roman et gothique. Belle façade en pierre calcaire de Beauce. À l'intérieur, remarquez la forme du chœur, très haut et étroit. Curieux vitraux, presque surréalistes.

Les vieux quartiers *(plan A-B2)* **:** *procurez-vous à l'office de tourisme la brochure (2 €) retraçant les itinéraires fléchés (cloutés, pour être plus précis) ou suivez sur l'appli « Blois Chambord ».* Au pied de la superbe roseraie et de l'ancien évêché devenu hôtel de ville, de beaux hôtels particuliers dans des ruelles étroites et escarpées : rue des Papegault, rue du Puits-Châtel, rue Rebrousse-Pénil (piétonne et donnant sur la rue du Commerce : adorable passage de pierre sous une maison). De l'autre côté, en bas du château, les flèches de l'église Saint-Nicolas dominent un quartier également préservé où se sont installés antiquaires et bouquinistes.

À faire

➢ ***Son et lumière « Ainsi Blois vous est conté » :*** *début avr-fin sept, et pendant vac scol de la Toussaint ; tlj à la tombée de la nuit, dans le château. Prix : 11 €.* Un grand classique.

➢ **Promenade en attelage dans la vieille ville :** *départ pl. du Château. • attelagesdeblois.com • Achat des billets auprès du cocher. Avr-sept, tlj 14h-17h (11h-18h juil-août) ; oct-mars sur résa. Adulte : 8 € ; 2-12 ans : 4,50 €.* Circuit de 25 mn.

➢ **Promenade en bateau sur la Loire :** *06-24-74-27-87. • observatoireloire.fr • Juil-août, mar-ven à 14h30 et 16h, w-e à 14h30, 16h et 17h30, crépusculaire mar et jeu à 20h (19h en juil) ; mai-juin et sept, départs mar-sam à 14h30 et 16h. Résa obligatoire. Billet : 10 € ; réduc. Billets et départ du port de la Creusille.* La balade (1h) sur ces embarcations traditionnelles offre une jolie vue en même temps qu'un point de vue nouveau (celui du guide) sur la ville. 2 autres circuits en été : une balade nature de 1h30 pour observer la faune et la flore de la Loire, et une balade de 2h au crépuscule. Balade musicale certains jours.

➢ **Promenade en canoë-kayak :** *fin avr-fin sept, avec* Loire Kayak *(près du camping). 06-62-90-15-43. • canoe-france.com •* Circuits de 6,5 à 31 km.

Fêtes et manifestations

– ***Temps divers :*** *janv. • halleauxgrains.com •* Festival de danse contemporaine se déroulant à la Halle aux Grains, la scène nationale de Blois.
– ***Carnaval :*** *mars.* Un grand défilé dans le centre-ville.
– ***Des Lyres d'été :*** *de mi-juin à mi-sept. • blois.fr •* Animations dans les rues de Blois et dans 90 communes alentour : visites gourmandes, concerts, spectacles...
– ***Fête du Vélo :*** *1er dim de sept. ☎ 02-54-90-41-41. Tarif : 5 € ; gratuit moins de 12 ans.* Chacun vient avec son vélo (ou peut en louer un, sur réservation) et suit le circuit organisé, sécurisé et ponctué d'animations. Grand déjeuner en commun le midi. Festif et convivial.
– ***Les Rendez-vous de l'histoire :*** *4 j. début oct. • rdv-histoire.com •* Conférences, expos, débats sur un thème défini chaque année. Un événement qui se prolonge avec un salon du livre et un cycle cinéma.
– ***B.D. Boum :*** *fin nov. • bdboum.com •* Festival de la Bande dessinée.
– ***Foire de la Saint-Nicolas :*** *début déc.* Une grande braderie dans la ville.
– ***Marché de Noël :*** sur le parvis de la Halle aux Grains (en décembre... évidemment !).
– ***Des Lyres d'hiver :*** *• blois.fr •* Animations en décembre (patinoire en plein air, contes, visites insolites...).

DANS LES ENVIRONS DE BLOIS

TALCY *(41370)*

À mi-chemin entre Blois et Orléans, aux portes de la Beauce, un charmant village en pleine campagne qui nous plaît bien. Ici, peu de touristes malgré la présence d'un célèbre château lié aux amours de Ronsard et Agrippa d'Aubigné.

Où dormir ? Où manger dans les environs ?

Chambres d'hôtes chez Annie et Jean-Yves Peschard : *10, chemin de Paris, 41500* ***Séris.*** *☎ 02-54-81-07-83. 06-03-17-14-27. • jypeschard@wanadoo.fr • fermepeschard.free.fr • Doubles 72-73 € ; familiales. Sur résa, très bonne table d'hôtes (sauf dim) 24 €, boissons comprises. Apéritif maison ou 10 % de réduc sur le prix de la chambre à partir de la 2e nuit sur présentation de ce guide.* Dans un très beau corps de ferme, 5 chambres coquettes et bien équipées. Cuisine préparée avec les produits de la ferme et généreusement servie. Location de vélos et de VTT sur place (et local sécurisé pour les cyclistes au long cours). Accueil aux petits oignons d'Annie, qui propose aussi des balades pour découvrir la région façon nature. Également un gîte pour 4.

La Ferme des 3 Maillets : *route N 152, 41500* ***Avaray.*** *☎ 02-54-81-17-88. • 3maillets@orange.fr • Tlj sauf lun soir (et dim soir en hiver). Menus le midi en sem (sauf j. fériés) env 20 €, sinon 39-51 € ; carte env 50 €.* Au bord de la nationale, une auberge réputée pour ses grillades, préparées en salle dans une grande cheminée. Viandes juteuses à la cuisson maîtrisée, accompagnées d'une sauce maison et de belles garnitures incorporant les légumes du jardin. Également un poisson du jour et des produits saisonniers. Le décor, rustique et élégant, est à l'avenant. Fait également hôtel.

À voir

Le château de Talcy et le jardin : *rue du Château. ☎ 02-54-81-03-01. • talcy.monuments-nationaux.fr • Mai-début sept, tlj 9h30-12h30, 14h-18h ; sept-avr, tlj sauf mar ; oct-mars, 10h-12h30, 14h-17h ; dernier accès 45 mn avt fermeture. Fermé 1er janv, 1er mai et 25 déc. Entrée : 6 € ; gratuit moins de 18 ans.*
À mi-chemin entre Blois et Beaugency, un ravissant petit château connu pour avoir abrité Cassandre, muse de Ronsard, puis les amours d'un autre poète, Agrippa d'Aubigné (qui, lui, s'enticha de Diane, la nièce de Cassandre). Construit au XVIe s, il a conservé son charme particulier, faisant office à la fois de forteresse et d'élégante demeure. Sa cour pavée avec son puits et sa galerie Renaissance achèvent de le rendre romantique.
Les amateurs de beaux meubles vont être heureux : les pièces ont conservé leur mobilier d'époque ; luxueux dans la chambre de Catherine de Médicis, plutôt rustique pour la chambre des Demoiselles (aux murs revêtus de toile indienne) ou la grande salle des Gardes. Somptueuses tapisseries et belles poutres un peu partout, salon et salle à manger qui donnent envie de s'attabler. On déambule paisiblement et avec plaisir dans ce château à taille humaine, puis dans ses dépendances et son vieux pressoir gigantesque. Le colombier est impressionnant. Des variétés anciennes d'arbres fruitiers sont cultivées dans le jardin. Profitez-en pour lire au calme un des ouvrages achetés à la boutique du château, qui sort de l'ordinaire par ses choix culturels.

SAINT-DYÉ-SUR-LOIRE (41500)

Sur la D 951, à 16 km au nord-est de Blois, et 5 km au nord de Chambord. Petite ville au charme suranné, posée sur une rive alanguie du fleuve. Port actif pendant la Renaissance, Saint-Dyé conserve des souvenirs émouvants de son glorieux passé, dont une importante église, les vestiges de ses fortifications, quelques belles maisons des XVe et XVIIe s et de tortueux passages à la belle pierre usée.
Selon la légende, le fondateur de la ville, au VIe s, était un ermite vivant dans une grotte des rives de la Loire.
À sa mort, ce saint homme (appelé Déodat, puis Dié) aurait, paraît-il, offert son territoire à Clovis. Toujours est-il que saint Dié repose désormais dans un sarcophage, à l'ombre de l'église bâtie en hommage par ses nombreux disciples. Des milliers de pèlerins se rendant à Saint-Jacques-de-Compostelle, parmi lesquels Louis XI, ont fait escale ici.

LES MESURES AU MOYEN ÂGE

Avant le système métrique, les mesures différaient d'une construction à l'autre. On se référait à la morphologie du maître d'œuvre. Une fois fixée, chaque mesure était inscrite sur une réglette, et tous les ouvriers d'un même chantier utilisaient la même. En revanche, les proportions entre les mesures étaient identiques (exemple : 1 pied = 12 pouces).

LE LOIR-ET-CHER

Plus tard, la ville servit de port à Chambord : on y débarquait les matériaux servant à l'édification du château. François Ier résidait d'ailleurs à Saint-Dyé pour surveiller la progression de sa fastueuse demeure. Par la suite, les divers résidents de Chambord fuiront le château en été, préférant la fraîcheur de Saint-Dyé aux marais solognots porteurs de malaria... Parmi les hôtes de la petite ville : Maurice de Saxe, Mme de Sévigné et le roi de Pologne, Stanislas, en exil à Chambord.

Adresse et infos utiles

ℹ ***Maison de la Loire :*** *73, rue Nationale. ☎ 02-54-81-68-07. • maisondeloire41.fr • Près de la mairie. Ouv mar-sam 10h-13h, 14h-17h30, plus dim juin-sept ; fermé l'hiver.* Bonne doc sur toute la région.

– ***Renaissance de Loire :*** *mêmes horaires ; 6 € avec livret, réduc.* Un espace scénographique dédié au fleuve, composé de décors, projections audiovisuelles, expériences et jeux éducatifs sensoriels. Bien fait, ludique et instructif.

– Possibilité de ***navigation sur la Loire*** sur un bateau traditionnel identique à ceux qui acheminaient les matériaux nécessaires à la construction des châteaux. *Avr-oct. Résa obligatoire sur le site • marins-port-chambord.fr • 1h de balade (4 départs/j.). 12 €, réduc. Également une balade crépusculaire (durée 1h30 ; 18 €, réduc).*

Où manger ? Où boire un verre à Saint-Dyé-sur-Loire et dans les environs ?

🍽 🍷 ☂ ***Le Bistrot Vélo :*** *56, rue Nationale, à Saint-Dyé-sur-Loire. ☎ 02-54-87-40-78. Mer-jeu 17h-23h et ven-sam 11h30-23h. Fermé lun-mar et dim.* En plein bourg, un sympathique café-bar à vins qui sert aussi quelques plats du jour, des planches de charcuterie-fromage et des paniers pique-nique à déguster en bord de Loire. Belle sélection de bières artisanales et de vins locaux ; on vous conseillera pour faire votre choix. Ambiance informelle, à la bonne franquette.

🍽 ☂ ***Auberge du Bon Terroir :*** *20, rue du 8-Mai-1945, 41500* ***Muides-sur-Loire.*** *☎ 02-54-87-59-24. • aubergedubonterroir@gmail.com • À 3 km au nord-est de Saint-Dyé-sur-Loire. Jeu-sam, midi et soir, plus dim midi. Fermé lun-mer. Congés : 2 sem début janv et de mi-nov à mi-déc. Formule midi 36,50 € ; menu 49,50 €.* Une maison qui mérite bien son nom, avec madame en cuisine et son Grand Échassier de mari en salle (c'est son titre, dans la confrérie des vignerons de Cheverny !). Lui s'occupe des clients et du vin, tandis qu'elle mitonne une cuisine aussi généreuse que savoureuse. Beau chariot de fromages en supplément.

À voir. À faire

➢ ***Balade dans le village :*** les maisons historiques sont disséminées un peu partout, les maîtres d'œuvre du château de Chambord ayant dû se faire construire des habitations ici pendant les travaux... À la Renaissance, Saint-Dyé ne comptait pas moins de 14 auberges !

Entre l'église et le fleuve, prendre le chemin sur la gauche, bordé de vieilles maisons, dont l'une appartint à Leonor Fini, célèbre peintre italienne. Au bout, la ruelle Saint-Sauveur, bordée par un muret en pierre. Derrière, de curieux jardins suspendus. Au détour du chemin, un panorama reposant sur le fleuve royal, ses îlots et la campagne alentour...

➢ ***Balades en canoë-kayak :*** *départs de la base nautique (chemin de la Croix-du-Pont).* • *vcck41.com* • *Tlj en juil-août, sur résa le reste de l'année.* Sorties guidées de 5 à 30 km sur la Loire.

CHAMBORD

(41250) 100 hab. *Carte Loir-et-Cher, C3*

Chambord est avant tout connu pour… son château. Précisons qu'il s'agit également d'un immense domaine de 5 440 ha clos par un mur de 32 km (dont la construction prit un siècle !), soit l'équivalent, grosso modo, de Paris intra-muros. Cette réserve nationale, principalement constituée de forêts, abrite une faune importante (quelque 1 200 sangliers, 500 cervidés, environ 80 mouflons importés dans les années 1950, 200 chevreuils et 120 espèces d'oiseaux) et a de tout temps constitué un terrain de chasse privilégié… ou de privilégiés, puisqu'on vient chasser ici uniquement sur invitation du président de la République ! Le petit village de Chambord, quant à lui, abrite encore une centaine d'âmes, et tout y est propriété de l'État, qu'il s'agisse des maisons ou des fermes.

LA JOCONDE, GRANDE VOYAGEUSE

Pendant la dernière guerre, le célèbre tableau faisait partie des œuvres prestigieuses qui quittèrent Paris pour fuir les bombardements. Elle fit 3 allers-retours à Chambord. Au total, 5 446 caisses partirent des musées. Paris ne fut jamais bombardé. En revanche, en juin 1944, 2 avions américains s'écrasèrent à proximité du château…

LE LOIR-ET-CHER

Adresses utiles

🛈 ***Bureau d'information touristique:*** *à côté de la billetterie du château.* ☎ *02-54-90-41-41.* • *chambord@bloischambord.com* • *bloischambord.com* • *Avr-oct, tlj 9h-19h, 10h00-17h ; nov-mars, tlj sauf dim 9h30-13h, 14h-16h. Fermé vac de Noël.* Vente des *pass* Châteaux et billetterie ZooParc de Beauval à tarif préférentiel.

■ ***Maison des vins :*** *juste après la billetterie du château.* ☎ *02-54-50-98-40.* • *maisondesvinschambord.com* • *Ouv de Pâques à mi-nov. Dégustation payante de 3-5 vins 4-6 € ; vins du jour en dégustation gratuite.* Un espace moderne dédié à la découverte des AOC cheverny et cour-cheverny. L'intérêt, c'est la gamme étendue de vins proposés à la dégustation grâce à un système de distributeurs automatiques permettant de conserver les cuvées dans des conditions optimales. Pas moins d'une cinquantaine de références, servies à la température idéale et accompagnées de toutes les infos nécessaires sur écran ! Très pratique.

Où dormir ? Où manger dans les environs ?

Certes, vous ne risquez pas de mourir de faim à Chambord, vu le nombre de snacks qui étendent leurs terrasses face au château. Mieux vaut s'éloigner pour un bon repas ou se contenter d'une copieuse tartine aux ***Caves du Roy*** ou d'un plat du jour correct au self-service du ***Monument Café.*** Et pour un court séjour, ce ne sont pas les adresses qui manquent dans les alentours.

Camping

Camping du Cosson : *1, route Cordellerie, 41220* ***Crouy-sur-Cosson.*** *☎ 02-54-87-08-81 ou 51-07 (mairie, hors saison). 📱 06-31-46-38-80. • mairie-de-crouy-sur-crosson@orange.fr • ♿ À 9 km au nord-est de Chambord. Ouv Pâques-oct. Compter env 10 € pour 2 ; chalets pour 2 à 30-40 €/nuit ou 200-400 €/sem.* Petit camping municipal, pas complètement clos, aux emplacements gazonnés délimités par des haies. Joliment situé près de la rivière, séparé par un bel espace boisé garni de tables de pique-nique. Balades à pied ou à vélo tout autour. Snack sur place.

De prix moyens à chic

Chambres d'hôtes Althaea : *chez Alexandre Lavado, 4, route de Ligny, 41220* ***La Ferté-Saint-Cyr.*** *☎ 02-54-87-90-05 ou 📱 06-15-22-82-93. • althaeachambres@aol.com • althaea-chambresetgite.com • À 15 km à l'est de Chambord. Double 80 € ; familiale 20 €/pers supplémentaire. Réduc de 10 % tte l'année sur présentation de ce guide.* Alexandre s'occupe de cette immense propriété de 5 ha qui comprend 2 grands étangs (amis pêcheurs, à vos cannes !). 5 grandes chambres avec accès direct au jardin, celles de l'étage étant plutôt pour les familles. Et vous pourrez profiter de la grande piscine *(avr-nov),* du sauna (en sus) et du court de tennis. Pas de table d'hôtes, mais un bon resto dans le village. Accueil chaleureux.

Chambres d'hôtes La Grange aux Herbes : *chez M. et Mme Plé, 4, route du Pavillon, 41220* ***Thoury.*** *☎ 02-54-42-48-52. • lagrangeauxherbes41@gmail.com • lagrangeauxherbes.fr • À 6 km à l'est de Chambord. Congés : de mi-nov à mi-mars. Doubles 68-75 € ; familiales. Réduc de 10 % sur présentation de ce guide pour un séjour de 2 nuits min (mars-nov).* En retrait de la maison des propriétaires, dans une jolie ferme solognote restaurée avec goût, 5 chambres coquettes et spacieuses, toutes personnalisées, avec de grands lits. En prime, une belle salle commune avec cuisine équipée. Il sera difficile de repartir ! D'autant qu'on est si bien dans le vaste parc paysager où une barque attend patiemment de partir vers l'îlot de l'étang. Accueil chaleureux et plein de bons conseils pour un séjour réussi.

Chambres d'hôtes Les Renardières : *chez M. et Mme Sainson, 41220* ***Crouy-sur-Cosson.*** *☎ 02-54-87-02-68. • nathabernard@orange.fr • À 9 km au nord-est de Chambord. Double 60 € ; familiale 120 €.* Dans une vieille ferme solognote, nichée au calme dans la verdure, à la croisée d'une multitude de chemins communaux. Le grand jardin, soigneusement entretenu et fleuri, est une belle incitation au farniente. Les chambres sont immenses. Si celle en rez-de-chaussée respire la maison de famille avec ses meubles anciens, celles à l'étage, au parquet clair et mobilier plus contemporain, sont coquettes. Charmante maison indépendante louée comme gîte *(6 pers).* Salle à manger dans une ancienne écurie rénovée. Super accueil. Idéal pour se faire une belle tranche de campagne !

Chambres d'hôtes Le Clos près Chambord : *chez Christine Hubert, 6, rue du Moulin, 41250* ***Maslives.*** *☎ 02-54-81-37-07. • leclospreschambord@orange.fr • le-clos-pres-chambord.com • À 4 km au nord-ouest de Chambord. Congés : 15 nov-15 mars. Doubles 85-103 €.* Une maison au calme, à proximité du château, où l'on est accueilli avec le sourire. Christine a aménagé ses 3 chambres avec beaucoup d'amour. De vrais petits cocons ! Si son compagnon n'est pas là, c'est qu'il est de garde (forestier !) au château.

Auberge du Grand Dauphin : *17, pl. Saint-Pierre, 41220* ***Dhuizon.*** *☎ 02-54-98-31-12. • contact@auberge-grand-dauphin.com • auberge-grand-dauphin.com • ♿ À 13 km au sud-est. Resto fermé dim soir-mar midi et lun en saison ; hors saison, fermé mar-mer. Congés : mars et de fin août à mi-sept. Doubles 62-145 €. Menus 19-35 €.* Pascal et Christophe ont métamorphosé cette vieille auberge, qui a gardé son âme tout en s'adaptant à un confort, à des couleurs et à une atmosphère bien de notre temps. Une adresse douce à vivre, pour un séjour aux portes de la Sologne éternelle. 7 chambres joliment rénovées, avec vue sur le village, et une cuisine originale qui garde un pied dans le terroir. Accueil charmant. Terrasse cachée et parc.

La Diligence : *13, rue du Bourg, 41220* ***La Ferté-Saint-Cyr.*** *☎ 02-54-87-90-14. • hotel.ladiligence@orange.fr • hotel-la-diligence.com • À 15 km à l'est de Chambord. Congés : vac de Noël. Resto fermé lun, mer midi (ainsi que dim soir hors saison). Doubles 100-210 €. Menus 36 € (déj en sem), puis 48-58 €. Réduc de 10 % sur le prix de la chambre (nov-avr) sur présentation de ce guide.* Passé le bar à l'entrée, une jolie et vaste salle de resto, avec cheminée et parquet brut. Cuisine inspirée et raffinée à base de produits locaux essentiellement. Quelques tables côté jardin. À l'étage, une dizaine de chambres colorées et confortables. Excellent accueil.

L'Agriculture : *37, rue de la Mairie, 41250* ***Tour-en-Sologne.*** *☎ 02-54-46-45-10. • restoagriculture41@orange.fr • À 11,5 km au sud de Chambord. Tlj sauf dim soir, lun et mar midi. Menu midi en sem 18 € ; autres menus 29,50-55 €.* Ce resto a réussi à créer l'alliance parfaite entre une cuisine traditionnelle proche de son terroir et une créativité bien d'aujourd'hui. Les produits régionaux sont en vedette, servis par des associations de saveurs étonnantes et une présentation bien léchée. Tout est fait maison, y compris le sandre et le porcelet fumés (le resto possède son propre fumoir). Goûtez aussi le saucisson de brochet au coulis de têtes d'écrevisses ! Cadre légèrement rustique et accueil très gentil.

À voir

Le château : *☎ 02-54-50-40-00. • chambord.org • (de plain-pied). Tlj ; avr-oct, 9h-18h ; nov-mars, 9h-17h. Fermé 1er janv, 26 nov et 25 déc. Entrée : 14,50 € (château + jardins) ; réduc ; gratuit moins de 18 ans. Accès libre au parc du château, mais parking payant (4-6 €). Spectacle de chevaux et de rapaces (dans les écuries du maréchal de Saxe) à 11h45 et/ou 16h, avr-sept (tlj juil-août). Billet : 16 € (26 € avec entrée au château) ; réduc. Pass Chambord (entrée château, jardins, spectacle chevaux et rapaces, tablette tactile, réduc sur les activités de loisir) avr-sept, 30 € ; réduc. Résa : ☎ 02-54-50-50-40. • reservations@chambord.org • Distributeur sur place.*

LA (RE)NAISSANCE DE LA BRAGUETTE

Braguette est le dérivé de brague, « culotte ». Connue depuis longtemps, elle devint le symbole de la sexualité triomphante à la Renaissance. On l'arborait avec fierté. Certains n'hésitaient pas à la rembourrer de mouchoirs et autres artifices. Elle était l'étendard de la domination masculine. De nombreux tableaux de l'époque en témoignent.

Le château peut se visiter seul (dépliant offert), mais pour vraiment l'apprécier, nous recommandons vivement les visites guidées (prix en sus du billet d'entrée, horaires sur le site). Différentes formules :

– *Visite guidée découverte (1h30) : 7 € ; 4 € 5-17 ans.* Elle vous fait découvrir des lieux incontournables du monument (salle en croix, escalier double, terrasses).

– *Histopad (1h30) : tablette 6,50 € (ou 17 € les 3).* Une tablette numérique tactile qui offre une expérience de visite immersive au temps de François Ier : 8 salles reconstituées en 3D et réalité virtuelle. Inclus également, des plans interactifs, plus de 1h de commentaires et une chasse au trésor pour le jeune public.

– *Visite approfondie (3h) : tlj 10 juil-22 août, sinon seulement le w-e et j. fériés à 14h. Résa fortement conseillée. Tarif : 11 €.* Visite la plus complète du château. Donne accès à des espaces fermés à la visite libre (entresols, combles et tour-lanterne).

– *Visite ludique (1h30) : quelques j. pendant vac scol et w-e, se renseigner sur le site. Destinée aux 5-10 ans et à leur famille. Tarif : 7 € ; 4 € 5-17 ans.* Chambord raconté aux enfants à travers la rencontre d'un personnage du passé, témoin des grandes heures de l'histoire du château.
– *Le Carnet d'énigmes au château : épreuves destinées aux 7-12 ans. Tarif : 4 €.* 8 épreuves pour découvrir le mot mystère de Cassandre.
Et un petit conseil : couvrez-vous bien hors saison, car même si quelques feux de cheminée ponctuent la visite, il fait froid dans le château.

Un fantasme médiéval à la sauce italienne
Bienvenue dans le château le plus fantasmatique de l'histoire de France : on est là, au milieu de nulle part, et on s'interroge, aujourd'hui comme hier, sur ce monument, très peu habité (qui n'a donc pas eu vocation à être meublé), œuvre d'un architecte méconnu, sinon inconnu, que l'on tint longtemps pour un relais de chasse...
Vu du ciel, c'est un château fort qui se profile. À l'intérieur, c'est un palais à la campagne qui apparaît, organisé par niveaux, comme en Italie, à l'époque. 10 000 m^2 habitables, mais le projet primitif aurait été encore plus important. Un fantasme médiéval à la sauce italienne, rêvé par un homme que l'on n'a aucun mal à imaginer tant son image a traversé les siècles.
1519-1547. Tout le règne de François Ier s'inscrit ici dans la pierre. C'est le château de sa vie que vous allez visiter...
C'est en septembre 1519 qu'il décida en effet d'entreprendre la construction, au milieu des marécages, de ce château destiné à l'affirmation du pouvoir royal. Juste quelques chiffres pour donner une idée de la démesure du lieu, qui compte quelque 440 pièces (seules 80 sont ouvertes à la visite) : 282 cheminées, 77 escaliers, 9 étages d'habitation (en incluant les entresols et les combles) et environ 800 représentations de salamandres (l'emblème de François Ier).

ROYALE HLM !

Certains historiens parlent de Chambord comme du 1er immeuble locatif de l'histoire, celui-ci ayant introduit l'idée des appartements standardisés, tous conçus sur le même modèle et disposant d'un accès extérieur indépendant. Il y avait même des latrines avec un système d'aération (représenté sur les carnets de Léonard de Vinci), une révolution pour l'époque ! Le donjon, à lui seul, accueille une quarantaine d'appartements.

Les 1ers meubles Ikea
Chambord fut construit par François Ier, qui ne le vit jamais achevé (c'est Louis XIV qui finira le travail et y donnera des fêtes somptueuses) et n'y passa, en tout et pour tout, qu'une quarantaine de jours. Chambord, à la différence de Blois, ne fut ni réellement habité (en tout cas, pas par les rois de France) ni le théâtre d'événements historiques majeurs.
Imaginez la vie de ce roi qui passait son temps à faire son tour de France, quand celle-ci était en paix. Temps qu'il partageait entre 4 ou 5 villes principalement, entraînant derrière lui 4 000 à 5 000 personnes, sans compter les milliers de chevaux. Il fallait de la place pour accueillir tout ce monde, notamment lors des fameuses parties de chasse.
Côté mobilier, on faisait dans le démontable (l'Ikea de l'époque, on n'a rien inventé). L'essentiel, pour Chambord, et ça l'est resté, c'était sa grandiose façade flanquée de 4 tours rondes qui se mirent dans les eaux du Cosson : c'est elle qui devait éblouir le visiteur et asseoir la puissance du souverain. Chambord est un chef-d'œuvre du style Renaissance, même si l'architecture rappelle encore l'époque féodale (le donjon central avec ses 4 tours en est le meilleur exemple). En fait, on aurait dû avoir là un château sur l'eau, relié par des arcades, comme Chenonceau. Un donjon sur une île !

2 doubles escaliers, en fait !
Dans le bâtiment central, admirez un des éléments les plus célèbres du château : le grand escalier à double révolution, où 2 personnes peuvent monter chacune de leur côté, en s'observant par les lucarnes, sans jamais se rencontrer, même à l'arrivée. Essayez, c'est assez troublant ! Faites aussi attentivement le tour de l'escalier au rez-de-chaussée et admirez les clins d'œil des sculpteurs : ici un petit homme qui supporterait tout l'escalier à lui seul, là une vache tirant la langue... Un autre double escalier, plus discret, mène aux appartements du roi.
Chambord « n'a qu'un escalier double afin de descendre et monter sans se voir : tout y est fait pour les mystères de la guerre et de l'amour », écrivait Chateaubriand, qui n'a jamais dû suivre une visite guidée. Quand vous ressortirez côté canal, il vous faudra imaginer ce qu'aurait pu être l'arrivée en bateau si Léonard de Vinci avait pu réaliser son projet : l'autre double escalier est là, discret, menant aux appartements du roi. Une autre lecture de la vie au château...
Reprenons notre grimpette. Aux étages, splendides plafonds à caissons ornés des emblèmes de François Ier (des salamandres et des dizaines de lettres « F »). En haut du grand escalier, on débouche sur de vastes terrasses d'où l'on peut contempler la riche ornementation des cheminées et des lucarnes et le parc de Chambord. Tout un village, en fait : des ruelles avec des portes, des étals pour les marchandises, des fenêtres pour faire la conversation. Levez les yeux : au sommet, c'est une couronne géante qui est posée là !

Le parc
5 440 ha de chênaies, pinèdes, landes, marais et prairies... le Domaine national de Chambord est le plus grand parc forestier clos d'Europe ! Il est classé « Réserve nationale de chasse et de faune sauvage » depuis 1947 et inscrit au réseau écologique européen « Natura 2000 ». Des pistes cyclables et chemins de rando permettent d'observer, sur une zone de 1 000 ha, les nombreuses espèces remarquables, végétales ou animales. Visites possibles aussi avec un garde forestier.

Le site viticole
À la ferme de l'Ormetrou, à env 2 km du château. • chambord.org • Horaires des visites et des dégustations sur le site. La ferme occupe l'emplacement de l'une des anciennes portes du domaine royal, un ensemble de bâtiments séculaires bourrés de charme. La salle d'accueil occupe d'ailleurs le logis du portier du XVIe s. Mais ce qui rend l'expérience inoubliable, c'est la vue sur les rangs de vignes et, au loin, la silhouette altière du château. Autant dire que la dégustation s'annonce formidable. Les parcelles, en bio et labourées par des chevaux, garantissent la qualité des raisins permettant l'élaboration d'un romorantin élégant et vif, d'un sauvignon aromatique, et d'un cheverny rouge tout en finesse. Après un coup d'œil sur le ***superbe chai*** aménagé dans la grange attenante, une petite balade s'impose pour se remettre de ses émotions dans le potager et dans le ***vignoble jalonné de panneaux explicatifs.***

À faire

🚴 Longues ***balades à vélo*** (d'avril à septembre) dans le parc, sentiers pédestres et cyclables agréables (location de vélos à l'embarcadère). Possibilité de ***promenades en barque,*** en saison (normalement).

➢ ***Balade dans les nouveaux jardins à la française,*** que l'on doit à la générosité d'un mécène américain. Ce qui n'enlève rien au plaisir des ***jardins à l'anglaise*** et de la promenade nature aménagés sur les bords du Cosson.

– ***Les Écoutes du brame :*** *groupe limité à 16 pers. Attention, résa conseillée longtemps à l'avance. Rens au ☎ 02-54-50-40-00. Tarifs : 35-40 €/pers (âge min 12 ans).* Une soirée ou une matinée d'affût dans un observatoire au cœur des amours des grands cerfs.

Manifestations

– ***Spectacle équestre :*** *voir infos pratiques du château. Dans les écuries, 2 fois/j. mai-sept.*
– ***Festival de musique :*** *15 j. début juil. Rens et résas : ☎ 02-54-50-50-40.* Festival de musique classique et contemporaine dans la cour du château.

DANS LES ENVIRONS DE CHAMBORD

Le château de Villesavin : *41250* ***Tour-en-Sologne.*** *☎ 02-54-46-42-88. • chateau-de-villesavin.fr • À 10 km de Chambord par la D 102. Ouv 1er mars-fin mai, tlj (sauf jeu en mars) 10h-12h, 14h-19h ; juin-sept, tlj 10h-19h ; d'oct à mi-nov, tlj (sauf jeu en nov) 10h-12h, 14h-18h. Visite guidée obligatoire à l'intérieur du château (durée : 45 mn) mais libre pour les extérieurs et les musées. Entrée : 9,50 € pour le château, les jardins et les musées ; 7 € pour les jardins et les musées. Chasse au trésor tlj sauf mar en juil-août à 14h. Prix : 10 € à partir de 7 ans.*
Un ensemble longiligne dont la façade mesure 126 m. Élégante cour d'honneur le long des douves, située entre 2 autres cours et d'importantes dépendances. Le bâtiment principal fut édifié au début du XVIe s par Jean Le Breton, secrétaire des Finances de François Ier. Également responsable du comté de Blois, c'est lui qui fut chargé d'administrer les travaux de Chambord. Une belle occasion de bénéficier des services des plus grands architectes et sculpteurs de la Renaissance, engagés (parmi 1 800 ouvriers et artistes !) à quelques kilomètres de là. Mais qu'on ne s'attende pas à trouver ici la démesure de Chambord : Villesavin est une gracieuse demeure à taille humaine et aux proportions harmonieuses.
On y voit notamment une chapelle couverte de peintures murales datées de la 2de moitié du XVIe s, joliment restaurées et aux couleurs très fraîches, des salles au mobilier d'époque (le château est encore habité), un colombier à pied nouvellement restauré, une vasque florentine en marbre de Carrare, des voitures hippomobiles, une petite collection de voitures d'enfants, ainsi qu'un étonnant *musée du Mariage* qui retrace son histoire, ses traditions depuis 1840. Des pièces meublées et décorées d'objets d'époque, autour de la reconstitution d'une journée de noces à la fin du XIXe s. Dans les vitrines sont présentés les cadeaux que recevaient les époux, et dans la dernière pièce, plus de 350 globes de mariage, reconnus pour être uniques en Europe.

BRACIEUX

(41250) 1 305 hab. *Carte Loir-et-Cher, C3*

Situé entre Chambord et Cheverny, entouré de forêts domaniales, c'est un nom connu des lecteurs d'Alexandre Dumas, puisque l'écrivain avait donné le titre de « baron de Bracieux » à son célèbre mousquetaire Portos. C'est sa statue que vous découvrirez en allant visiter la fabrique de chocolat *Max-Vauché,* orgueil de la ville (celle-ci n'avait plus connu de chocolatier célèbre depuis qu'un certain Poulain eut choisi de se marier, en 1848, à la mairie de Bracieux).

Adresse utile

Relais d'information touristique : *10, jardins du Moulin. ☎ 02-54-46-09-15. ● bloischambord.com ● À côté de la maison Max-Vauché. Ouv 15 mai-15 sept, tlj sauf lun, 10h30-12h30 et 14h30-19h (fermé dim mat juin-sept).*

Où dormir ? Où manger ?

Camping

Camping Huttopia Les Châteaux : *11, rue Roger-Brun. ☎ 02-54-46-41-84. ● leschateaux@huttopia.com ● europe.huttopia.com ● Ouv avr-début nov. Compter 15-30 € pour 2 pers ; loc de tentes, chalets et mobile homes en bois 35-140 €/nuit ou à la sem.* L'endroit est cher mais idéalement situé, dans un parc de 8 ha. Bons équipements : piscine, tennis, location de vélos, etc. Entre le Beuvron et la Bonneheure, il est possible d'y pêcher ! À proximité : tous commerces, restos, parcours de santé ; un peu plus loin (9 km) : kayak, équitation, golf. Pour combiner sport et balades culturelles.

Prix moyens

Hôtel de la Bonn'heure : *9 bis, rue René-Masson. ☎ 02-54-46-41-57. ● contact@hoteldelabonnheure.com ● hoteldelabonnheure.com ● Congés : 1er-15 janv. Doubles env 60-75 €.* Au cœur du village, blottie dans une cour intérieure calme et fleurie, cette jolie adresse de 11 chambres et 3 appartements offre un bon petit confort et un bel entretien. Le petit déj est servi dans une lumineuse salle à manger mansardée ou dans le jardin fleuri. Location de vélos. Super accueil.

L'Orée des Châteaux : *9 bis, route de Blois. ☎ 02-54-46-40-19. ● loree-des-chateaux@orange.fr ● oree-des-chateaux.com ● Doubles 60-75 € ; familiales ; appart 115 €/nuit.* Une construction récente, face à un petit plan d'eau. Une vingtaine de chambres impeccables et lumineuses, ainsi qu'un appartement spacieux qui fait le bonheur des randonneurs. Accueil pro.

Le Rendez-vous des Gourmets : *20, rue Roger-Brun. ☎ 02-54-46-03-87. ● r.d.v.desgourmets@orange.fr ● Tlj sauf mer, sam midi et dim soir. Congés : 1 sem à Pâques, à la Toussaint, et de Noël à mi-janv. Formule déj env 25 € ; menus 33-49 € ; carte 60 €.* Voici une table sincère, avec un chef qui assure et une cuisine de terroir qui rassure, qui sent bon le pays. Les plats varient au gré du marché et sont servis sans esbroufe dans un cadre sobre avec quelques touches de déco tendance. L'atmosphère est conviviale et la terrasse cachée très agréable.

À voir. À faire à Bracieux et dans les environs

La Vieille Halle : construite en 1623. Une des rares de ce genre, conservée en bon état et l'une des fiertés des Braciliens. Un lieu de rencontres et de manifestations culturelles, avec en été un marché d'artisanat d'art le samedi et de produits du terroir le dimanche.

La chocolaterie Max-Vauché : *22, jardins du Moulin. ☎ 02-54-46-07-96. ● maxvauche-chocolatier.com ● Boutique ouv tlj, sauf dim mat en juil-août ; sept-juin, fermé lun. Visites guidées à 10h30 (sauf dim), 15h30 et 16h30. Résa obligatoire. Entrée : 4,90 € ; réduc.* Une boutique et une expo originales. Max Vauché est un passionné, qui a entrepris une démarche solidaire et responsable en faveur des producteurs de cacao de Sao Tomé. Dégustation découverte des différents « crus », et vente de chocolat comme il se doit.

– **Baignade naturelle :** *407, rue de la Martinière, 41250* **Mont-près-Chambord.** *☎ 02-54-79-01-81. • baignadenaturelle-grandchambord.fr • Juil-août, tlj 11h-20h (19h 16 août-1er sept) ; juin, le w-e seulement. Entrée : compter 5,50 € adulte, 3,30 € enfant (venir assez tôt les jours de très beau temps, nombre d'entrées limité).* La plus grande baignade écologique de France, tout simplement.

Fête et manifestation

– ***Foire à la brocante et aux antiquaires :*** *2 fois/an, w-e de la Pentecôte et 2e w-e d'oct.* Depuis 1965 !
– ***Fête des Guernazelles :*** *1er w-e d'août.* Si vous aimez les grenouilles, évidemment !

CHEVERNY (41700) 930 hab. *Carte Loir-et-Cher, C3*

À 14 km au sud-est de Blois, ce village entoure joliment son célèbre château, que les fans de *Tintin* regardent d'un œil ému. Moulinsart, nous voilà ! Jetez au passage un autre coup d'œil à la charmante petite église précédée d'un caquetoir du XVIe s.

Adresses utiles

ℹ ***Bureau d'information touristique:*** *12, rue du Chêne-des-Dames. ☎ 02-54-90-41-41. • bloischambord.com • À côté du château. Avr-sept, tlj 9h-13h, 14h30-19h ; oct-mars (sauf vac de Noël), mer, sam-dim, 10h-13h et 14h-16h30.* Vente des *pass* Châteaux et billetterie ZooParc de Beauval à tarif préférentiel.

■ ***Maison des vins de Cheverny :*** *1, av. du Château. ☎ 02-54-79-25-16. • maisondesvinsdecheverny.fr • De fin mars à mi-nov, tlj 11h-13h15, 14h15-19h (en continu juil-août ; ferme à 18h l'hiver). Visite gratuite. Dégustation 3-7 vins 4-6,50 € ; vin du jour en dégustation gratuite.* Un lieu dédié à la dégustation des AOC cheverny et cour-cheverny. Grâce à un système très efficace de distributeurs, la dégustation comprend une centaine de références provenant d'une trentaine de vignerons et d'une cave coopérative. Pas de quoi s'ennuyer ! Et la Maison propose en complément une petite expo moderne et bien ficelée décortiquant toutes les subtilités des appellations. On termine en beauté dans une salle immersive avec écran à 360° sur le cycle de la vigne et le travail des vignerons pendant une année.

Où dormir ? Où manger ?

Camping

⛺ ***Camping Sites & paysages Les Saules :*** *route de Contres, Les Saules. ☎ 02-54-79-90-01. • contact@camping-cheverny.com • camping-cheverny.com • ♿ Sur la route de Contres, à 1 km du château. Ouv d'avr à mi-sept. Compter env 25 € pour 2 pers ; loc 270-800 €/sem.* L'endroit est idyllique en début de saison et reste agréable ensuite, ce qui est rare. Un camping familial coup de cœur, dans un parc arboré de 8 ha, avec tout ce dont on peut rêver par ici : snack et épicerie sur place à prix doux, bon resto le soir en été, piscine chauffée, minigolf, terrain de pétanque, location de vélos, etc. Espace aquatique avec 3 bassins chauffés dont un couvert. Mention spéciale à l'équipe, super accueillante et qui dispense volontiers des conseils de visite à ses clients. C'est aussi le point de départ idéal pour le circuit des châteaux à vélo.

De chic à beaucoup plus chic

Chambres d'hôtes La Levraudière : *chez Sonia et Thierry Maurice, 1, chemin de la Levraudière. ☎ 02-54-79-81-99. 06-81-01-60-04. • contact@lalevraudiere.fr • lalevraudiere.fr • À 1 km du château, à gauche sur la route de Contres. Congés : déc-janv. Doubles 85-95 € ; familiales. Table d'hôtes 22 €/pers, vin de Cheverny inclus. Un verre d'AOC cheverny ou cour-cheverny offert sur présentation de ce guide.* Cette longère admirablement restaurée, dans un parc de 3,5 ha, recèle 5 chambres douillettes à la déco contemporaine bien pensée. Certaines sont communicantes pour un séjour en famille, celles à l'étage sont mansardées pour les tourtereaux. Table d'hôtes soignée à base de produits du terroir. Jolie piscine avec transats au milieu des champs. Accueil chaleureux et plein d'attention.

Où dormir ? Où manger dans les environs ?

LE LOIR-ET-CHER

De prix moyens à plus chic

Auberge du Centre : *34, Grande-Rue, 41120* ***Chitenay.*** *☎ 02-54-70-42-11. • contact@auberge-du-centre.com • auberge-du-centre.com • À 7 km à l'ouest de Cheverny. Congés : fév. Resto fermé dim soir-lun midi et mar midi. Doubles 75-157 € ; familiales. Formules déj en sem 15-24 € ; menus 28-42 €. Kir de Touraine offert sur présentation de ce guide.* La façade classique sur rue ne laisse pas deviner le havre de paix qu'abrite cette auberge dotée d'un agréable jardin avec piscine. Les chambres sont fraîches, coquettes et de grand confort, tout comme le reste de l'établissement, à l'aménagement réellement plaisant. Sauna et hammam en option. La cuisine, dans la tradition régionale avec une touche d'originalité, propose un choix de plats très intéressant. Belle carte des vins. Accueil très pro.

Château de la Rozelle : *15 bis, rue de la Rozelle, 41120* ***Cellettes.*** *06-80-72-34-13. • contact@chateaudelarozelle.com • chateaudelarozelle.com • À 10 km à l'ouest de Cheverny. Congés : fin déc-début fév. Doubles 170-225 €. Menus 29-35 €.* Aux XVIe et XVIIe s, les notables de Blois achetaient une fermette où ils pouvaient manger sain dans un cadre naturel. Le rêve de beaucoup, et notamment du couple sympathique qui a transformé ce ravissant petit château, entouré d'un parc romantique aménagé au XIXe s. Nadine assure un accueil chaleureux tandis que son mari est en cuisine. Billard, jacuzzi extérieur (en sus) et location de vélos.

La Closerie de l'Aventure : *2, chemin de la Caneterie, 41700 Cheverny. 06-67-21-54-94. • closeriedelaventure@gmail.com • chambres-dhotes-chateaux-loire.com • À 0,8 km à l'ouest de Cheverny. Doubles 75-105 €. Table d'hôtes 25 €. Apéritif offert sur présentation de ce guide.* Sur 6 ha de terrain clôturé (poneys, moutons...), un corps de ferme du XVIIe s transformé en chambres d'hôtes. L'ensemble a été rénové avec de beaux matériaux et décoré de façon moderne et fraîche. Pièce à vivre avec cuisine équipée et cheminée. Jacuzzi, piscine chauffée. Et tout autour, plein d'espace pour que les enfants aillent se dépenser...

À voir

Le château : *☎ 02-54-79-96-29. • chateau-cheverny.fr • (pour l'expo « Les secrets de Moulinsart »). Avr-sept, tlj 9h-18h30 ; janv-mars et* *oct-déc, tlj 10h-17h. Entrée : 13,50 € pour la visite du château seul, 18 € avec l'expo Tintin, 23 € pour la visite complète, avec la découverte insolite du parc et du canal. Suites sur place pour qui voudrait dormir au château (prix en conséquence). Boutique.*

Le domaine de Cheverny n'est pas un domaine royal mais seigneurial : il appartient à la même famille depuis 600 ans, les Hurault. Un grand domaine, autour d'un des plus prodigieux châteaux de la Loire, et un des plus vivants aussi. Venez dès l'ouverture, pour mieux profiter de l'atmosphère des lieux.

Le charme de ce château réside dans son parfait équilibre, les 2 ailes encadrant un corps principal qu'un certain auteur de B.D. belge trouva suffisamment intéressant en lui-même pour y loger, entre 2 aventures, un certain capitaine Haddock, avec son copain malentendant, le professeur Tournesol, ainsi qu'un garçon à la houppe et aux idées fixes, accompagné de son chien. Mais le principal intérêt de Cheverny réside dans sa somptueuse décoration intérieure constituée par les générations qui s'y sont succédé. Les pièces, d'un extrême classicisme, sont riches en mobilier précieux et portraits royaux. On peut aussi y admirer quelques photos de famille du marquis Charles-Antoine de Vibraye, l'actuel propriétaire, que vous croiserez peut-être.

LE « PORT » D'ATTACHE DU CAPITAINE HADDOCK

Cheverny attire tous les amateurs de bande dessinée, qui viennent ici en pèlerinage. En effet, Hergé, le père de Tintin, s'est directement inspiré du château de Cheverny, duquel il supprima les ailes, pour dessiner Moulinsart, célébrissime demeure du capitaine Haddock. De nombreux épisodes des aventures de Tintin (dont le fameux Bijoux de la Castafiore*) ont pour théâtre cette propriété si souvent mise à mal par les expériences du professeur Tournesol.*

Pour la visite libre, la brochure remise à l'entrée est bien faite, complète et intéressante. Admirez le bel escalier de pierre qui mène à l'étage où, précédant la chambre du Roi, une magnifique salle d'armes abrite une collection d'armes et d'armures des XVe, XVIe et XVIIe s. Quant à la chambre du Roi, elle abrite 6 tapisseries des ateliers de Paris antérieurs aux Gobelins. Voir également, au dernier étage, la chapelle intérieure et sa voûte aux motifs Louis XIII.

– Dans les communs, la ***salle des trophées*** abrite un vitrail représentant la sortie de l'équipage. Le château possède toujours une meute de plus de 100 chiens pour la chasse à courre. On peut d'ailleurs les voir dans le chenil, ou même assister à leur souper, à 11h30 (sauf mardi, week-end et jours fériés de mi-septembre à mars).

– Entre le chenil et la salle des trophées, promenez-vous dans le ***potager*** où tomates, choux, haricots et autres fruits et légumes poussent dans l'univers coloré des fleurs et belles plantes qui les entourent.

– L'exposition qu'abrite le bâtiment voisin, « ***Les secrets de Moulinsart*** », est un parcours initiatique qui nous ramène au temps heureux de l'enfance. Celle des jeunes de 7 à 77 ans (slogan du journal *Tintin*) qui n'ont cessé de rêver de posséder un jour un havre de paix nommé Moulinsart, avec sa cave pleine de trésors, ses dépendances où l'on pouvait créer les inventions les plus délirantes (la 1re télé couleur en relief !), son parc qui permettait à Tintin et à ses amis de se ressourcer entre 2 aventures à travers le monde. Un parcours à suivre selon son rythme, son âge, son envie aussi.

– D'avril à mi-novembre, ***découverte insolite du parc et du canal*** : il faut s'inscrire pour la visite de la partie forestière du parc et du canal, inaccessibles autrement, à bord d'une voiture puis d'un bateau électriques. Promenade aménagée autour de la pièce d'eau.

– Terminez votre visite par le ***jardin des Apprentis,*** résultat du travail mené par « la brigade des jardiniers ». Au printemps, ne pas manquer le ***jardin des tulipes***

de 100 000 bulbes, magnifique ! Et puis le nouveau ***jardin sucré,*** et ses 180 arbres fruitiers (pommiers, kakis, cerisiers, figuiers...).
☕ Snack et salon de thé dans l'orangerie *(tlj d'avr à mi-nov).*
– Festival *Jazz in Cheverny,* fin juin, en plein air sur le parterre du château.
– *Week-end vénitien,* tous les ans *(en avr, mai ou juin selon les années)* : déambulations costumées, visite nocturne du château, feu d'artifice...

DANS LES ENVIRONS DE CHEVERNY

Le château de Troussay : *à 3 km de Cheverny. ☎ 02-54-44-29-07. 📱 06-70-63-10-94. • chateaudetroussay.com • Avr-sept, tlj 11h-18h. Visite guidée seulement à 11h en sem et 15h le w-e ; visite libre des extérieurs. Prix : 9 € ; réduc. Visite dégustation tlj à 16h30. Prix : 14 € ; réduc.* Un petit château Renaissance préservé dans son jus et toujours habité, datant des XVe et XVIe s, où l'on retrouve la riche décoration des châteaux de la Loire, et notamment un des plus beaux témoignages de la sculpture sur bois de la Renaissance, avec la porte de la chapelle intérieure. Joli parc, aux arbres centenaires et aux essences variées. Itinéraire ludique pour les enfants. Un poulailler modèle constitué de quelques espèces originales de gallinacés et quelques moutons d'Ouessant font le pendant à la balade sur les pas de Raboliot, le célèbre braconnier. Un petit écomusée présente la vie agricole et viticole d'autrefois.

Le château propose 3 ***chambres d'hôtes*** décorées dans un esprit vintage, années 1960-1970, tout en offrant le confort moderne.

Boutique de produits du terroir et cafétéria où l'on peut prendre un verre ou un panier pique-nique.

Le château de Beauregard : *sur la commune de* ***Cellettes,*** *entre Cheverny et Blois. ☎ 02-54-70-41-65. • beauregard-loire.com • Juil-août, tlj 10h-19h ; de mi-mai à juin et en sept, tlj 10h30-18h30 ; oct-15 nov, lun-ven 10h30-17h30. Fermé de mi-nov à mars. Entrée : 12,50 € ; visite parc uniquement : 9 € ; réduc ; gratuit moins de 5 ans. Supplément de 3 €/vélo. Visite guidée (sans supplément) ou libre, au choix. Sont également proposés des jeux de piste nature ou histoire, ainsi que des événements dans le parc. Pique-nique possible dans le parc (demander à la boutique).*
Entouré d'un vaste parc à l'anglaise, le château domine la vallée du Beuvron. La plus grande partie date du début du XVIe s. La *galerie des Illustres,* au 1er étage, comporte 327 portraits historiques qui illustrent à leur façon 315 ans de l'histoire de l'Europe. On y trouve la succession complète des rois, de Philippe VI de Valois à Louis XIII, et tous les personnages célèbres de leur temps. Levez le nez vers le plafond de 1624, peint avec de la poudre de lapis-lazuli.
Baissez le nez : le carrelage de la galerie (en faïence de Delft) représente toute une armée de l'époque de Louis XIII en marche.
Ne manquez pas le cabinet des *Grelots Studiolo* de la Renaissance réalisé par l'ébéniste du roi Henri II ; la galerie des Meubles et sa collection enrichie au fil des siècles ; et la vaste cuisine Renaissance du XVIe s, à 2 cheminées.
Côté parc, différents univers botaniques : le *jardin des Portraits,* un jardin de plantes vivaces, créé à l'image de la Renaissance par Gilles Clément. Il a repris le principe de la galerie en juxtaposant des compositions de plantes. Autres surprises, la chapelle du XIIIe s, ancien relais sur le chemin de Saint-Jacques-de-Compostelle ; et l'ancêtre de nos réfrigérateurs, la fameuse glacière qui servait au stockage des blocs de glace pour la réalisation de sorbets à l'italienne. À l'entrée du domaine, une maison solognote du XVIIIe s avec son four à pain d'origine. Également un gîte dans un cottage.

LE LOIR-ET-CHER

CONTRES (41700) 3 684 hab. *Carte Loir-et-Cher, C3-4*

Aux confins du Blésois et aux portes de la Sologne, un carrefour obligé si on visite la région des châteaux. Gentille ville commerçante, avec sa grande place plantée de platanes et son marché animé le vendredi.

Où dormir ? Où manger ?

Camping

L'Heureux Hasard : *chemin de l'Oudrière. 06-84-25-71-69. • contact@lheureuxhasard.com • lheureuxhasard.com • À 5 km au nord-est de Contres (fléché). Ouv fin avr-fin août. Emplacement 28 € (2 pers) ; cabane 60-75 € (2 pers) ; roulottes 70-155 € (2-6 pers), tentes nomades, rando ou trappeur 70-143 € (4-6 pers). 3 nuits min 7 juil-31 août ; tarifs dégressifs.* Occupant un terrain sauvage entouré de forêt, voici un petit camping pas comme les autres, qui a choisi de se faire discret et proche de la nature. Pas de caravanes ni de camping-cars, mais des tentes de différents styles plantées sous les arbres, des roulottes et des cabanes atypiques. Organise des randonnées à dos d'âne *(sur résa ; compter 35 € pour 2h, 55 €/j. 5 € de réduc pour les campeurs sur présentation de ce guide)* et des sorties « brame du cerf » *(de mi-sept à mi-oct, sur résa).* Cuisine à dispo, jeux pour enfants, et même une aire de feu de camp pour des soirées conviviales !

De prix moyens à chic

Chambres d'hôtes La Rabouillère : *chemin de Marçon. 06-14-47-68-59. • rabouillere@wanadoo.fr • larabouillere.com • Sortir de Contres par la D 102, direction Cheverny. Doubles 95-130 €.* Belle maison typiquement solognote décorée avec beaucoup de goût et accueil toujours plaisant depuis 30 ans. Chambres très agréables, propres, et coin cuisine à disposition. Également un charmant cottage équipé d'une cuisine et d'une cheminée, idéal en famille. La maison se situant à l'orée de la forêt de Cheverny, les possibilités de randonnées sont nombreuses ; mais vous pourrez tout aussi vous détendre dans une chaise longue, à l'ombre des arbres du parc. L'environnement est ravissant, avec un grand étang peuplé de canards et de poissons.

Le Manoir de Contres : *23, rue des Combattants-d'Afrique-du-Nord. 02-54-78-45-39. • info@manoirdecontres.com • manoirdecontres.com • Resto ouv le soir uniquement ; fermé dim. Congés : janv-fév. Doubles 140-150 € et pavillons 170-205 €. Menus-carte 38-42 €.* Ce manoir du XIXe s a été joliment transformé en un hôtel chic et intimiste, où les amoureux d'un confort classique se sentiront à l'aise, les autres moins. Cuisine maison à base de bons produits locaux. Accueil très pro.

Où manger dans les environs ?

Le Bouchon de Sassay : *2, route de Contres, 41700* ***Sassay.*** *02-54-79-53-38. • lebouchondesassay@orange.fr • À 3 km au sud de Contres. Congés : août. Fermé dim et le soir lun-jeu. Formule déj en sem 15 € ; menu 35 € le w-e ; env 35 € à la carte. Café offert sur présentation de ce guide.* Une super adresse pour se régaler en semaine d'un frichti maison à la bonne franquette, qui devient le week-end une vraie belle table gourmande où l'on ne s'ennuie pas. Un lieu insolite, vraiment chaleureux, ouvert par 2 Parisiens désireux de faire un retour aux sources. Chapeau, les Chaplault !

Où acheter des madeleines… Saint-Michel ?

L'Atelier Saint-Michel **:** *4, bd de l'Industrie. ☎ 02-54-79-79-39. • ateliers tmichel.fr • ♿ Ouv tte l'année, lun-sam 10h-19h ; plus dim 10h-12h30 en mai, juil-août et déc. Visite guidée (1h), résa conseillée lun-ven à 14h (plus 10h30 en juil-août), sam à 15h30. Tarif : 3 € ; réduc ; gratuit moins de 6 ans.* Visite de l'atelier de fabrication, dégustation et boutique qui vous fera craquer. Pensez à réserver.

DANS LES ENVIRONS DE CONTRES

Le château de Fougères-sur-Bièvre : *à env 10 km au nord-ouest de Contres par Fresnes (D 7). ☎ 02-54-20-27-18. • fougeres-sur-bievre.monuments-nationaux.fr • ♿ (petit jardin et avant-cour). Ouv de mi-mai à mi-sept, tlj 9h30-12h30, 14h-18h ; 11 sept-7 mai, tlj sauf mar 10h-12h30, 14h-17h. Fermeture de la billetterie 1h avt. Fermé 1er janv, 1er mai, 1er et 11 nov, et 25 déc. Visite libre ou guidée (compter 1h30). Entrée : 6 € ; réduc ; gratuit moins de 18 ans.*

> ### L'ASPERGE DU GENDARME
>
> *C'est à Charles Depezay, gendarme solognot mobilisé lors de la guerre de 1870, que Contres doit sa réputation. Il s'était caché, durant le siège de Paris, dans un champ d'asperges montées, près d'Argenteuil. Jugeant les sols semblables, il déroba quelques plants et, de retour chez lui, tenta de les acclimater avec le succès que l'on sait. Considérée à l'époque comme un légume de luxe, l'asperge blanche élevée dans les mers de sable de Contres reste un must.*

Voici un beau château assez méconnu, à l'histoire pleine de rebondissements. Élevé à la fin du XVe s en lieu et place de l'ancienne forteresse, rasée en 1356 par les Anglais, il fut terminé au début du XVIe s par 3 générations de notables blésois qui en ont fait une demeure d'inspiration Renaissance. De ses origines, il garde une façade aux allures défensives… trompeuses ! Car en dépit des meurtrières et des mâchicoulis, les murs ne sont pas bien épais, et les gracieuses tourelles ont un rôle purement décoratif. Quant aux douves, elles ont été comblées au XVIIIe s. Dans la cour, noter les galeries ornementées, frontons et lucarnes typiques de la Renaissance.

Racheté en 1789 par le secrétaire du roi, un certain René Lambot, le château est sauvé in extremis du saccage : les insurgés voulaient en récupérer les pierres ! Par la suite, la Bièvre a été canalisée pour passer sous le château, afin d'alimenter une roue à aube utilisée pour des filatures de laine. Qui eut cette riche idée ? Des ingénieurs amis de la famille Lambot, dont le nom vous dira sûrement quelque chose : les frères Montgolfier.

À l'intérieur, on visite 3 étages garnis de beau mobilier, qui n'est pas d'origine mais qui provient des musées nationaux. Les charpentes exceptionnelles sont ouvertes à la visite, de même que le jardin d'inspiration médiévale avec collection de plantes à teinture, aromatiques et autres. Le site bénéficie en soirée d'un bel éclairage nocturne. Bref, un endroit calme, serein, où l'on goûte l'harmonie de la pierre et du paysage.

CHAUMONT-SUR-LOIRE

(41150) | 1 080 hab. | *Carte Loir-et-Cher, B3*

Village étiré tout en longueur, entre la Loire et le coteau, à 15 km d'Amboise et à 16 km au sud de Blois. Sur la colline la plus élevée se dresse le célèbre

château qui, tous les ans, d'avril à octobre, accueille le *Festival international des jardins,* dont la réputation n'est plus à faire auprès de ceux qui, chaque année, viennent ici glaner des idées folles pour transformer leur cadre de vie.

Adresse utile

i *Bureau d'information touristique :* *24, rue du Maréchal-Leclerc. ☎ 02-54-90-41-41. • bloischambord.com • Dans la rue principale. Avr-sept, tlj 10h-13h, 14h-17h ; oct-mars, ouv seulement mer et sam-dim, 10h-13h et 14h-17h (fermé vac de Noël).* Vente des *pass* Châteaux et billetterie ZooParc de Beauval à tarif préférentiel.

Où dormir ? Où manger ?

Camping

Camping municipal La Grosse Grève : *promenade de Trouillas. ☎ 02-54-20-95-22 ou 98-41 (mairie). • information@camping-chaumont-sur-loire.com • camping-chaumont-sur-loire.com • ♿ Ouv fin avr-fin sept. Compter 10-15 € pour 2.* Un champ immense, en bord de Loire et à quelques pas du centre. Endroit simple, paisible (malgré la proximité du grand pont qui enjambe le fleuve), agrémenté de quelques arbres et bien tenu.

De prix moyens à chic

La Maison du Pêcheur : *chez Corinne Tavernier et Stéphane Lezier, 121, rue du Maréchal-de-Lattre-de-Tassigny. ☎ 02-54-20-92-57. • maisondupecheur41@orange.fr • chaumont-sur-loire.com • Congés : déc-fév. Doubles 72-80 € ; familiales.* Dans la rue principale, 4 chambres spacieuses dans une maison face à la Loire (que l'on voit depuis toutes les chambres). La literie est douillette, les lieux sont soigneusement tenus et les chambres colorées. Cuisine à dispo et patio très plaisant à l'arrière de la maison pour prendre le petit déj. Garage pour les cyclistes. Très bon accueil, de surcroît.

Hostellerie du Château : *2, rue du Maréchal-de-Lattre-de-Tassigny. ☎ 02-54-20-98-04. • hostellerie-chateau-chaumont@wanadoo.fr • hostellerie-du-chateau.com • Resto tlj juin-sept, sinon fermé dim soir-lun. Congés : de mi-nov à fin mars. Doubles 80-100 € ; familiales . Formule déj (sauf dim) 24 € ; menu 27 € ; carte 40-45 €.* Face à l'entrée du château, ce vieil hôtel à colombages a su allier le charme du mobilier ancien à une jolie déco contemporaine. Les chambres sur l'arrière sont plus grandes et bénéficient d'une vue sur le fleuve royal. Bonne cuisine traditionnelle revisitée, servie en terrasse ou dans une vaste salle avec vue panoramique. Piscine. Accueil très pro.

La Détente gourmande : *61, rue du Maréchal-de-Lattre-de-Tassigny. ☎ 02-54-33-94-65. Tlj sauf lun-mar, service en continu 10h-20h. Congés : de nov à mi-mars. Résa conseillée. À la carte seulement ; compter 15-30 €.* Une petite adresse confidentielle et inclassable, tenue par Blanche Breton, qui propose des plats du jour goûteux élaborés à partir de produits frais et locaux. Des recettes de sa création, servies dans une minuscule salle aménagée comme à la maison, ou sur une microterrasse côté rue. Un lieu où les convives lient facilement conversation. Fait également salon de thé et de bons gâteaux maison.

Où dormir ? Où manger dans les environs ?

Château de la Haute-Borde : *6, La Haute-Borde, 41150 Rilly-sur-Loire. 📱 06-64-53-85-80. • c-h-b.fr • bonjour@c-h-b.fr • À 4 km* *à l'ouest de Chaumont par la D 751. Ouv avr-oct. Doubles 230-300 €, petit déj inclus.* De Chaumont, l'entrée est à 1 km avant d'arriver à Rilly (grand mur en brique). 5 chambres de luxe et une résidence d'artistes, dans une bâtisse XIXe s. Le tout au cœur d'un parc de 10 ha. Déco minimaliste, œuvres d'art, piscine chauffée et feu de cheminée. Promenade à pied, en barque ou à vélo (prêté gratuitement). Accueil convivial et rencontres avec des artistes ou des amis de passage. Petite restauration locale et vins nature *(6-8 € le verre)*, rillettes, fromages de chèvre et légumes bio du jardin. Laissez-vous tenter par le silure de Loire. Une adresse assez exceptionnelle.

Chambres d'hôtes La Blinerie : *41120* **Sambin.** *☎ 09-66-94-33-03. • contact@la-blinerie.com • la-blinerie.com • À 18 km au sud-est de Chaumont. Congés : déc-janv. Doubles 110-140 €. Panier dégustation 35 € pour 2 pers, vin compris.* On aime beaucoup cette ferme joliment restaurée, proposant 5 chambres confortables, à la déco actuelle et pleine de personnalité. Également un gîte pour 2. Calme garanti, au cœur d'un vaste terrain paysager et agrémenté d'une piscine ; on est en pleine campagne mais à proximité des sites touristiques. Ambiance conviviale assurée par Martial et Benoît. Et que dire de l'excellent petit déj, pris autour d'une tablée commune, avec gâteaux, yaourts maison et miel du jardin ?

Les Closeaux : *41400* **Vallières-les-Grandes.** *☎ 02-47-57-32-73. • contact@lescloseaux.com • lescloseaux.com • À 8 km au sud-ouest de Chaumont par la D 27. Resto fermé mar-mer. Gîtes 2-5 pers 315-630 €/sem (loués également au w-e). Menus 16 € (déj en sem), puis 26-35 €. Apéritif maison offert sur présentation de ce guide.* Perdu au milieu de nulle part, un ancien relais de chasse devenu une table très courue. Sophie et Christophe Lunais ont le sens de l'accueil et de la cuisine. Cadre champêtre idéal pour organiser une partie de campagne entre 2 visites. 4 gîtes sur place avec 10 ha de terrain autour, tennis et piscine.

L'Herbe Rouge : *41400* **Valaire.** *☎ 02-54-44-98-14. • herbe.rouge41@orange.fr • À 6 km à l'est de Chaumont. Mer-jeu soir, ven-sam midi et soir, dim midi. Fermé lun-mar. Formule déj en sem 14,50 € ; carte 25-35 €.* Un ancien café de village devenu un resto et un bar à vins accueillant. Légumes bio, fromages fermiers locaux. On se régale sous la tonnelle, aux beaux jours. Un bel endroit insolite lové au bord d'un ruisseau. Également des gîtes 4-5 personnes *(2 nuits min ; 400-500 €/sem).*

À voir

Le Domaine : *☎ 02-54-20-99-22. • domaine-chaumont.fr • Tlj fin avr-fin août, 10h-20h ; sept, 10h-19h30 ; avr et oct, 10h-19h ; fév-mars, 10h-18h et nov-janv, 10h-17h30. Dernier accès 45 mn avt fermeture du site. Fermé 1er janv et 25 déc. Entrée (donne aussi accès au Festival international des jardins) : avr-oct, 19 € (pass 2 j. 33 €) ; nov-avr 12 € (pass 2 j. 20 €) ; réduc. Audioguide 4 €. Visite libre (panneaux et fiches explicatives bien faites dans les salles).*

GRANDEUR ET DÉCADENCE

La fille de l'industriel en sucre Say achète le château en 1875. Rien n'était trop beau : chauffage central, électricité... On déplaça même le cimetière et on rasa une centaine de maisons du village. Lors des fêtes somptueuses, on y croisait rois et princes. Mais l'héritière concocta un mariage arrangé avec un aigrefin qui la mena à la ruine. Le château fut récupéré par l'État en 1938.

Ce domaine, au superbe intérieur de pierre et de pavés, encore très médiéval par l'austérité de son architecture et de sa déco, appartenait à Catherine de Médicis. À la mort de son mari Henri II, elle obligea Diane de Poitiers, sa rivale, à l'accepter

pour l'échanger avec Chenonceau, plus charmant et moins massif. En suivant les rois de France, on vit un roman-fleuve, on va forcément de bras en bras, de lit en lit.
Le domaine revit aujourd'hui, à l'intérieur comme à l'extérieur, par la volonté d'une directrice amoureuse de l'art contemporain, qui a su en faire le 1er ***Centre d'arts et de nature*** consacré à la relation de la création artistique et de la nature.
Les 3 corps de logis encadrent une cour intérieure ouverte au nord sur la vallée et flanquée de 4 tours à mâchicoulis. L'aile ouest et la tour d'Amboise sont inspirées par la dernière période gothique ; les bâtiments du sud et de l'est, avec les 3 autres tours et la chapelle, ont subi l'influence de la Renaissance. Les façades sur la cour et l'intérieur ont été restaurés aux XVIIIe et XIXe s.
De la terrasse, qui occupe l'emplacement de l'aile nord démolie au XVIIIe s, vue sur la Loire. Les appartements historiques ont été garnis de meubles et d'œuvres d'art dans le style des XVe et XVIe s, qu'un dialogue avec des œuvres contemporaines rend plus proches de nous. La salle du Conseil abrite un splendide carrelage dit « majolique », du XVIIe s.
Ne manquez pas les ***écuries,*** elles sont magnifiques. Elles étaient d'ailleurs considérées à la fin du XIXe s comme les plus luxueuses et les plus modernes d'Europe.

LE LOIR-ET-CHER

Le Festival international des jardins : *25 avr-3 nov. Mêmes horaires, tarifs et coordonnées que le château (voir plus haut).* Un lieu unique de créations éphémères. Chaque année, une trentaine d'artistes et de paysagistes venus du monde entier réalisent des jardins sur un thème précis. Ces « installations » paysagères vont évoluer durant les 6 mois de leur exposition, la beauté du jardin atteignant son apogée en automne. Mais juin étant le mois des jardins, une visite avant l'été reste idéale pour qui veut profiter des floraisons au maximum. Cependant, la fin de l'été procure d'autres plaisirs, profitez-en. Début novembre, tout disparaît, et c'est durant l'hiver que recommencent les installations et plantations pour l'année suivante. Le festival a acquis une solide réputation depuis sa création en 1992, et pour cause, c'est un réel plaisir que de se promener dans ce magnifique musée d'art contemporain paysager à ciel ouvert !

Café du Parc : *entre l'accès sud et le château. Ouv fin avr-début nov, tlj 10h-17h30.* Pratique pour s'envoyer sur le pouce un sandwich, un croque ou une pâtisserie. Aussi des glaces artisanales.

Au ***Grand Velum,*** la carte fait la part belle aux fleurs, aux légumes et aux céréales. Un repas initiatique qui exige patience et réservation préalable *(ouv avr-sept, le midi seulement ; formules 30-45 €).*

À faire à Chaumont et dans les environs

– ***Tir à l'arc et autres activités nature :*** *domaine de la Pépinière, Les Sables, 41150* ***Chouzy-sur-Cisse.*** *☎ 09-75-60-67-64. • loisirs-loirevalley.com • De Chaumont, traverser le pont et suivre la direction de Blois ; après le golf, prendre la 1re petite route sur la gauche. Juil-août, tlj 10h-19h ; mars et sept-oct, mar-sam 10h-18h ; avr-juin, mer-sam 10h-17h (19h sam) ; le reste de l'année, horaires restreints ou sur résa. Tarifs : se référer à la billetterie en ligne.* Patricia, qui dirige le lieu, vous fournit le matériel et vous enseigne les bases du tir à l'arc, puis vous partez dans les bois suivre un parcours jalonné de cibles en 3D, un sanglier, un loup... et d'autres bêtes plutôt rares sous nos latitudes ! Des baptêmes en ULM et des apéros en bateau sont aussi proposés.
Agréables chambres d'hôtes sur place, dans une maisonnette *(doubles 80-100 €).* Piscine pour les hôtes.

➢ Pour les amateurs de calme, balade à conseiller sur l'***île de la Folie,*** site naturel accessible par 2 sentiers de découverte. Parking indiqué sur la D 751.

➢ ***Découverte de la Loire en bateau traditionnel :*** *sortie tlj tte l'année, sur résa. 06-88-76-57-14. • milliere-raboton.net • Embarquement au port, à l'aplomb du château. Tarif : 20 € pour 1h30 ; enfant jusqu'à 12 ans 12 €. CB acceptées.* Plusieurs options de balades.

LA VALLÉE DU CHER

• Carte *p. 208-209*

Séparée de la vallée de la Loire par la Sologne, dans les environs de Tours, la vallée du Cher a développé ses propres trésors au cours de l'histoire. Habitée depuis la préhistoire, elle s'est avérée propice au développement de la civilisation gallo-romaine (comme le prouve, entre autres, le site de Thésée-la-Romaine), puis des grandes seigneuries de l'époque féodale. Ensuite, d'admirables châteaux s'élevèrent au milieu des ruines médiévales... Mais c'est aujourd'hui une tout autre attraction : le ZooParc de Beauval en est devenu la destination première.

MONTRICHARD (41400) 3 765 hab. *Carte Loir-et-Cher, B4*

Cette charmante et active petite ville, étirée langoureusement le long du Cher, abrite de nombreuses maisons historiques (certaines à colombages) et, dominant le tout, un gros donjon carré du XIe s. Ah ! une précision : on prononce « Mon-tri-chard ». Une ville qui a fait de la convivialité sa force, et qui s'est pacsée avec Bourré pour ne plus faire qu'une seule commune. À la vôtre !

Adresse utile

Maison du tourisme *: 02-54-32-05-10. • info@sudvaldeloire.fr • sudvaldeloire.fr •* Vente de billets à tarifs réduits pour les châteaux de Chenonceau, d'Amboise, le ZooParc de Beauval et de nombreux autres sites du Val de Loire. Petit espace boutique et artisanat.

Où dormir ?

Prix moyens

La Maison Carré : *chez Pierre et Évelyne Filiozat, 80, rue de Tours. ☎ 02-54-32-60-24. 06-70-71-43-15. • filiozat.pierre@orange.fr • maison-carre.com • Congés : déc-fév. Double 90 €. Parking fermé la nuit. Sur présentation de ce guide, 85 €/nuitée pour 2 pers à partir de 3 nuits.* Belle demeure de famille des années 1830, entourée d'un parc et d'un petit bois. C'est dans les anciennes écuries et le pressoir que sont installées les chambres de charme aux beaux volumes. La déco, fraîche et accueillante, mêle joliment meubles de famille et touches contemporaines. Au rez-de-chaussée, belle salle-cuisine où brillent les cuivres et dont la grande table accueillera votre petit déj. Accueil extra de la maîtresse des lieux.

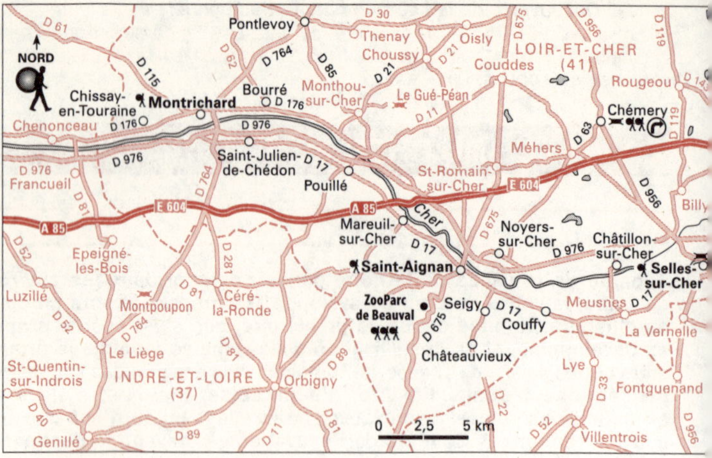

Où dormir ? Où manger dans les environs ?

De prix moyens à chic

■ |●| ***Auberge de l'École :*** *12, rue de Montrichard, 41400* ***Pontlevoy.*** *☎ 02-54-32-50-30. ● contact@hotel-restaurant-de-lecole.com ● hotel-restaurant-de-lecole.com ● À 8 km au nord de Montrichard. Hors saison, établissement fermé dim soir et lun (plus mer midi pour le resto). Congés : 2 sem en fév, 1 sem fin août, 1 sem en oct et 1 sem à Noël. Doubles 70-100 €. Formule déj en sem 21 € ; menus 30-42 €.* Un ancien relais de poste, qui a su conserver les valeurs d'accueil et de bonne table que l'on prêtait autrefois à ce genre d'établissement, du moins dans les livres d'école. Très bon confort dans les chambres, une cheminée pour vous réchauffer et une terrasse pour les repas d'été. Cuisine dans la tradition, revisitée par un vrai chef ! Une halte agréable dans cette petite ville créée autour de sa prestigieuse et imposante abbaye.

|●| ***Le Bousquet :*** *6, rue de la Cave, 41110* ***Pouillé.*** *☎ 02-54-71-44-44. ♿ Sur la rive gauche du Cher, à 8,3 km de Montrichard. Juil-août, tlj sauf lun-mar ; le reste de l'année, ouv seulement ven soir et sam-dim soir et j. fériés ; fermé déc-janv. Menu 25 €. Café offert sur présentation de ce guide.* Grillades au feu de bois dans une ancienne cave à vins. Menus riches à base de produits locaux de qualité. Terrasse fleurie et ombragée très agréable. Bon accueil et service efficace.

De chic à beaucoup plus chic

■ |●| ***La Folie Saint Julien :*** *8, route de la Vallée, 41400* ***Saint-Julien-de-Chédon.*** *📱 06-99-13-13-80. ● contact@lafoliesaintjulien.com ● lafoliesaintjulien.com ● Sur la rive gauche du Cher, à 3,2 km de Montrichard en direction de Saint-Aignan. Doubles 130-160 €. Table d'hôtes sur résa 35 €.* 5 chambres d'hôtes dans l'esprit XVIIIe s de cette belle demeure tourangelle. De beaux espaces au confort d'aujourd'hui, dans les dépendances ou au 1er étage de la maison, avec vue sur le parc ou la campagne environnante. Une piscine se cache dans la grange attenante, pour vous détendre

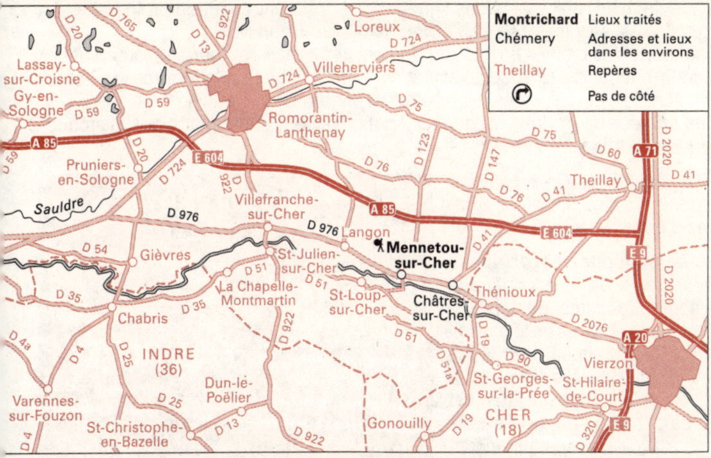

LA VALLÉE DU CHER

au retour des activités que Christine vous proposera, entre 2 préparations d'une table d'hôtes dans la vraie tradition, accompagnée de vins locaux. Une *Folie* douce à vivre.

Château de Chissay : *1-3, pl. Paul-Boncour, 41400* ***Chissay-en-Touraine.*** *☎ 02-54-32-32-01. • chissay@leshotelsparticuliers.com • chateaudechissay.com • Sur la rive droite du Cher, à 3,9 km de Montrichard vers Tours. Congés : début nov-début avr. Doubles 100-220 € ; familiale. Menus déj 21,50 €, puis 47-60 €. Réduc de 10 % sur le prix de la chambre (sauf de mi-juil à mi-août) sur présentation de ce guide.* Dominant la vallée du Cher, ce sublimissime château, construit sous Charles VII, abrite une magnifique salle à manger aux ogives gothiques et quelques chambres pour amateurs de rêves aux couleurs de l'époque. Pas de TV ni de wifi dans les chambres : ça briserait l'immersion ! Superbe piscine et jolie terrasse sous les arcades. Côté cuisine, des plats élaborés qui devraient vous faire voyager, et pas seulement dans le temps.

À voir

Le donjon : *06-48-57-94-86. • team-montrichard.fr • Horaires variables, se renseigner sur le site • sudvaldeloire.fr •*

C'est au cours des nombreuses guerres entre seigneuries locales que le site prend de l'importance – étant donné sa position stratégique – et que la forteresse est érigée. Hugues Ier d'Amboise et de Chaumont s'en empare en 1010 et la dote du donjon. Mais Henri II Plantagenêt, seigneur de l'Anjou et de la Touraine, est proclamé roi d'Angleterre, ce qui fait du même coup de Montrichard une possession anglaise. La ville sera en partie incendiée pendant le siège de Philippe Auguste. Ce dernier parviendra à libérer la région du joug anglais. 2 siècles plus tard, Louis XI, maître du fief d'Amboise, séjourne de temps en temps à Montrichard. C'est d'ailleurs ici qu'il marie sa fille Jeanne (12 ans !) au duc d'Orléans, futur Louis XII (14 ans !). Au XVIe s, la ville a également les faveurs de François Ier, qui vient y chasser. C'est au cours des guerres de Religion que le château fort va vivre ses derniers moments. Après la mort d'Henri III, l'armée protestante marche

sur Montrichard, aux mains des ligueurs, qui préfèrent abandonner la partie. La forteresse est ensuite rasée sur l'ordre, paraît-il, d'Henri IV.
On ne peut plus monter en haut du donjon, cette massive tour en pierre de taille datant du début du XIe s, seul vestige à peu près intact de la forteresse. Promenade agréable au milieu des ruines et beau panorama sur la ville.
– ***Les musées du donjon :*** *à l'entrée.* 2 petits musées (ethnographique et archéologique) répartis sur 13 salles.

L'église Sainte-Croix : *au pied du donjon.* Beau portail et arcatures d'époque romane.

Les maisons historiques : *autour de l'église.* Descriptif à la Maison du tourisme, abritée elle-même dans une très belle *maison à colombages* située dans la rue principale. Derrière l'église, la *maison du Prêche,* du XIe s, est la plus ancienne de la ville et la seule à avoir survécu aux incendies et aux guerres.

L'église de Nanteuil : *route d'Amboise, quartier de la gare.* En partie d'époque romane, mais le style général est gothique. Elle se distingue par ses voûtes angevines du XIIIe s et la chapelle surélevée que Louis XI se fit construire.

TEL EST PRIS QUI CROYAIT PRENDRE...

C'est dans l'église Sainte-Croix que Jeanne de Valois, la fille de Louis XI, à peine nubile, épousa son cousin le duc d'Orléans : la mariée était incroyablement laide. De plus, elle ne pouvait pas avoir d'enfants. Bien sûr, le jeune futur époux ne voulait pas d'elle. Mais Louis XI n'avait qu'un objectif : éteindre ainsi la branche orléanaise, qui était sa rivale... Le sort déjoua ses plans : ses fils moururent trop tôt, et Louis d'Orléans fit annuler son mariage avec Jeanne, se retrouva roi, sous le nom de Louis XII, et épousa Anne de Bretagne !

Les caves Monmousseau : *71, rue de Vierzon. ☎ 02-54-32-35-15. • monmousseau.com • Avr-oct, tlj 10h-12h30, 13h30-18h (juil-août 10h-18h30) ; nov-mars, lun-sam 10h-12h, 14h-17h30. Visites guidées (durée 1h) à 10h et à 14h (plus 11h30 juil-août), puis dégustation : 8 € ; visite libre : 5 €.* Profondément creusées dans la roche, les galeries de ces anciennes carrières de tuffeau accueillent depuis 1886 des vins effervescents. Pour autant, le circuit de visite ne s'intéresse pas qu'à l'univers viticole. Il y a d'abord la ***reconstitution d'un habitat troglodytique,*** typique du secteur, puis un fascinant ***parcours artistique*** autour de la richesse patrimoniale de la vallée du Cher : jeux de lumière et projections de châteaux sur les parois, auxquels s'ajoutent des expos de sculptures. Puis, on débouche soudainement sur des murs entiers de bouteilles en cours d'élevage, l'ensemble totalisant près de 3,5 millions d'unités ! Monmousseau ne fait pas dans la demi-mesure... ***Toutes les étapes d'élaboration sont détaillées,*** de même que le cycle de la vigne et les différents cépages. Impeccable pour se mettre en condition avant la dégustation de vins du domaine !

À faire

– Une ***plage de sable fin,*** avec des pelouses arborées et une vue imprenable sur le château, avec une baignade surveillée en été, des animations en journée au ***cinéma Le Régent,*** tout petit, tout joli... Des dégustations gratuites au ***Domaine Mériau*** *(69, route de Vierzon),* une exploitation familiale qui fait dans le raisonné à des prix raisonnables, et s'est engagée à plein dans la voie de l'œnotourisme (visite virtuelle ou libre dans les vignes, galerie d'art)...

– ***Club nautique :*** *quai Jean-Bart. 06-80-33-05-75. • canoesurlecher.jimdo.com • Avr-oct. CB refusées.* Descente du Cher en canoë-kayak jusqu'à Chenonceaux *(3h-4h30 ; 27 €/pers ; réduc),* entre autres possibilités.

➢ ***Balade sur le Cher avec le Cherlock :*** *départ du quai de la République. 📱 06-88-31-55-62. • cherlock.wixsite.com/bateau • Sur résa, tlj en saison, départ ttes les heures 15h-17h. Tarif : 6 € (1h) ; réduc.* À bord d'une toue traditionnelle, balade commentée jusqu'à Bourré avec passage par l'écluse de Vallagon et le barrage à aiguilles inventé par Léonard de Vinci. Propose aussi une option brunch ou plateau de fruits de mer.

Fête et manifestation

– ***Salon des antiquités :*** *w-e de Pâques, à l'espace culturel et sportif.*
– ***Les Estivales :*** *w-e du 15 août, au parc-plage.* Rendez-vous de la gastronomie du terroir et de l'AOC touraine.

DANS LES ENVIRONS DE MONTRICHARD

BOURRÉ *(41400)*

Petit village troglodytique aux carrières gigantesques. Des centaines de kilomètres creusés sous terre à la main dès le IXe s, bien avant la construction des châteaux pour lesquels fut utilisée la roche locale (le tuffeau).

Où manger ?

Les 2 caves : *2, impasse Bellevue. ☎ 02-54-32-08-63. Juil-août, tlj sauf mer soir-jeu ; le reste de l'année, ouv le midi lun-mar, et ven-dim midi et soir. Congés : 3 sem en janv. Menus 19-29,50 €.* Dans 2 caves troglodytiques, d'anciens chais à vin, on se régale au frais de champignons (bien sûr !), de viandes grillées au feu de bois ou de bons pâtés et rillons maison. Une adresse touristique mais qui attire également les habitants. Patron vraiment gentil. Programme des réjouissances sur *• les2caves.fr •*

À voir

La cave champignonnière des Roches et la ville souterraine : *40, route des Roches. ☎ 02-54-32-95-33. • le-champignon.com • & Avr-sept, 6 visites guidées à heure fixe 10h-17h. D'oct à mi-nov et vac scol, habituellement à 11h, 15h et 16h. Entrée : 12 € visite guidée ; réduc ; gratuit jusqu'à 7 ans.* Ancienne carrière de tuffeau, ces caves, depuis le XIXe s, servirent en partie à la culture des champignons, leur humidité s'y prêtant à merveille, faisant de la région l'un des 1ers centres champignonniers du pays. Vous traversez les galeries vides d'une ville souterraine, créée entièrement par la main de l'homme. Visite vraiment intéressante. Tailleurs de pierre et sculpteurs continuent à faire revivre le passé, faisant apparaître ici un escalier, là une maison d'autrefois, soignant le détail des portes, des fenêtres... Attention, fragile, on ne touche pas !

La Magnanerie *(site troglodytique)* ***:*** *4, chemin de la Croix-Bardin. ☎ 02-54-75-50-79. • magnanerie-troglo.fr • Ouv vac fév, Pâques-Toussaint, tlj sauf mar. De mi-juil à fin août, 5 visites guidées/j. voir horaires sur site internet. D'avr à mi-juil et sept-début nov, 3 visites/j. Entrée : 9 € ; réduc ; gratuit moins de 5 ans.* Vous découvrirez les habitations, les carrières ensoleillées avec tous les outils et les explications des techniques d'extraction du tuffeau (la pierre des châteaux), les greniers, etc. Au 3e niveau, la magnanerie du XVIIe s, taillée en roc, où l'élevage des vers à soie a repris.

LE LOIR-ET-CHER

Troglo Dégusto et le domaine des Tabourelles *(site troglodytique)* ***:*** *63, route des Vallées. ☎ 02-18-09-11-42. • troglodegusto.fr • Avr-oct, tlj. Visite guidée de 1h15 suivie d'une dégustation, horaires sur le site internet. Entrée : 13 € (9 € en version rapide en fin de journée) ; réduc. Mer juil-août, chasse au trésor et goûter : 12 € ; réduc. Balade dans les vignes : GRATUIT.* Dans la catégorie œnotourisme, c'est un must. D'ailleurs, le nom est plus qu'évocateur. « Troglo », c'est pour troglodytique, et « dégusto », bon, tout le monde comprend. Le site est incroyable : d'anciennes carrières d'extraction de tuffeau où le premier coup de pioche aurait été donné il y a près de 1 000 ans ! Passées une adorable loge et une terrasse bien sympa pour la pause au retour, on s'enfonce dans un ***réseau de galeries*** formant un labyrinthe quasi inextricable. La visite, plus contée que commentée, est jalonnée d'***espaces muséographiques*** dédiés aux carriers, à la sculpture et bien sûr aux vins. Toutes les cuvées de ce domaine certifié *Terra Vitis* reposent dans cet environnement idéal à température constante. Il y a des surprises aussi, comme le dédale où l'on se perd dans le noir en suivant le « fil d'Ariane », des mises en scènes poétiques, un ***escape game*** et même une ***galerie d'art*** pariétal contemporain (des graf peints sur la roche par des artistes). Quant à la dégustation, elle permet de découvrir de bons chenonceaux, de même qu'un joli vin à bulles. Pour mieux comprendre le processus d'élaboration de ces vins, on peut suivre une petite ***présentation dans le chai*** bardé de bois, ou partir en ***balade dans les vignes.*** Des panneaux explicatifs jalonnent un itinéraire charmant sur les hauteurs. Prévoir un vêtement chaud, il fait 12 °C dans les galeries !

SAINT-AIGNAN

(41110) 2 845 hab. *Carte Loir-et-Cher, B4*

Bordée par le Cher, cette mignonne petite cité, qui a gardé une grande partie de son caractère médiéval, est surplombée par un château Renaissance et une imposante collégiale. Une ville modeste et pleine de charme, qui connaît une circulation dense en été et pendant les grands week-ends, en raison de sa proximité avec le ZooParc de Beauval (voir chapitre suivant) qui a profondément transformé la vie des habitants.

Adresse utile

Maison du tourisme : *60, rue Constant-Ragot. ☎ 02-54-75-22-85. • sudvaldeloire.fr • Ouv lun-sam, plus dim et j. fériés juin-sept.* Accueil charmant et doc abondante. Vente de billets à tarif réduit pour le ZooParc de Beauval et de nombreux autres sites du Val de Loire. Petit espace boutique et artisanat.

Où dormir à Saint-Aignan et dans les environs proches ? Où manger ?

Camping

Camping des Cochards : *1, rue du Camping, 41110* ***Seigy.*** *☎ 02-54-75-15-59. • camping@lescochards.com • lescochards.com • ♿ À 1,5 km de Saint-Aignan, à l'entrée de Seigy. Ouv avr-sept. Compter 21-27 € pour 2 ; loc de tentes trappeur, mobile homes ou bungalows.* Grand terrain 4 étoiles, gazonné et ombragé, à proximité du Cher. Familial et bien tenu. Lave-linge, piscine, possibilité de pêcher, location de vélos et base de loisirs à proximité. Resto *(tlj en saison).* Super accueil !

Bon marché

Les 3 Chemins : *11, pl. de la Paix. ☎ 09-81-30-66-33. 📱 06-45-35-19-65 • thessa.vanw@gmail.com • Tlj sauf mer-jeu et dim midi. Congés : de mi-nov au 1er fév. Menu 25 € ; carte env 20 €. Sachet de meringues offert sur présentation de ce guide.* Un lieu unique en son genre. Cet espace haut en couleur est tenu par toute une famille. On y vient prendre un repas, un thé ou un apéro avec tapas maison. Produits frais, locaux, principalement bio. Grande terrasse.

La Maison du 36 : *36, rue Constant-Ragot. ☎ 02-54-75-21-39. • lesensoriel@hotmail.fr • Tlj sauf lun-mar (hte saison, tlj sauf lun et mer midi). Formules et menus 14,90-28,90 €. Apéritif maison offert sur présentation de ce guide.* Dans une rue pentue du centre, un petit resto (et non une crêperie !) offrant une cuisine honnête et sans prétention, adaptée aux petits budgets. Ambiance conviviale et service très gentil.

De prix moyens à chic

Chambres d'hôtes Le Sousmont : *chez M. et Mme Caillaud, 66, rue Maurice-Berteaux. 📱 06-66-87-40-13. • marie-france.caillaud@orange.fr • Sur l'axe principal contournant le centre-ville. Doubles 72-82 € ; familiales.* Maison du XIXe s abritant des chambres très propres, à la déco soignée, dont quelques unes mansardées (et climatisées). Une autre est située dans une adorable maisonnette au fond du jardin, qui est mignon à croquer. À la française, il offre la plus belle vue qui soit sur le château et la collégiale de Saint-Aignan. La route passe en bordure de la maison, mais le trafic est quasiment nul la nuit. Cuisine à dispo. Une adresse idéale en famille.

Hôtel du Moulin : *7, rue Novilliers. ☎ 02-54-75-15-54. • hotel-du-moulin@orange.fr • Au pied du château. Congés : janv. Doubles 59-65 € ; familiales 120-135 €.* Aménagé dans les dépendances d'un ancien moulin, un petit hôtel de 12 chambres où l'on fait tout pour bien vous recevoir. Accueil chaleureux et décontracté, à l'image de la déco. Mais ce sont les confitures maison qui vous laisseront un souvenir ému, qu'elles soient produites à base de gamay, de bière ou de chicorée, et qu'elles s'appellent « dents de lion » ou « cul de singe »...

Grand Hôtel Saint-Aignan : *7-9, quai J.-J.-Delorme. ☎ 02-54-75-18-04. • contact@grand-hotel-saint-aignan.com • grand-hotel-saint-aignan.com • ♿ Congés : de mi-nov à mi-déc. Doubles 68-78 €. ½ pens 20 €.* Anciennes tanneries installées face au Cher. Un hôtel d'allure classique, dont les chambres ont toutes été refaites dans un style contemporain, avec vue sur le Cher ou sur l'église et le château. Resto à la cuisine généreuse.

Le Mange-Grenouille : *10, rue Paul-Boncour. ☎ 02-54-71-74-91. ♿ Tlj sauf dim et lun soir, plus mer soir en hiver. Formule déj en sem 16-19 € ; menus le soir 38-44 € ; carte env 35 €.* Dans un ancien relais de poste au cadre chaleureux, un brin classique avec ses vieilles pierres et boiseries, Vincent Foyer surprend par sa cuisine inventive et raffinée. De l'amuse-bouche aux mignardises, on coasse de bonheur pour ce festival de saveurs harmonieuses. En saison, pensez à réserver pour profiter des tables très prisées dans la courette fleurie. Service attentif et sans fausse note.

Le Bacchus : *17, pl. de la Paix. ☎ 02-54-75-10-75. • lebacchus41@hotmail.fr • Tlj sauf dim midi et lun, plus dim soir en hiver. Formules déj en sem 14-16 € ; menus le soir 25-30 €.* Un nom qui donne soif. Cette maison agréable et classée de la ville, avec sa terrasse ombragée en été, fait dans la qualité et le frais côté assiettes. Cuisine simple et goûteuse (très bonnes viandes), servie avec amabilité. Large choix de vins au verre.

Où dormir dans les environs ?

Camping « Le Port » : *rue du Passeur, 41110* ***Mareuil-sur-Cher.*** *☎ 02-54-75-28-52. • campingleport@outlook.fr • camping-leport.fr •*

À 3 km de Saint-Aignan, face au château. Ouv de mi-avr à fin sept. Compter 17-20 € pour 2 pers. Loc de toile canada avec cuisine équipée 230-350 €/sem. En bordure du Cher, au pied du château de Mareuil, un petit camping familial de 40 emplacements semi-ombragés. Salle commune dans l'ancienne distillerie, terrains de sport, jeux pour les enfants et location de canoës. Commerces à 2 pas. Bon accueil.

Gîte d'étape au château : *rue du Passeur, 41110* ***Mareuil-sur-Cher.*** *06-67-50-04-83. • gitesmareuilsurcher@orange.fr • gites-chateau-mareuil41.fr • Ouv tte l'année, mais téléphoner avt. Double 20 € (prévoir son sac de couchage) ; nuit en dortoir 17 €/pers.* Dans un superbe château du XVe s, face au parc, en bord de Cher. 5 chambres d'étape dans l'aile nord, avec cuisine et salle de vie commune. Également des gîtes d'étape et gîtes ruraux de bon confort (4-10 personnes), aménagés dans le château et ses dépendances.

Le Manège de la Chapinière : *4, chemin de la Chapinière, 41110* ***Châteauvieux.*** *06-67-25-21-22. • lemanegedelachapiniere@outlook.com • lemanegedelachapiniere.com • À 8 km au sud de Saint-Aignan. Studios en duplex-lodges 75-125 € (2-4 pers).* Un domaine original où l'on peut goûter des vins tout en regardant travailler les chevaux... Il s'agit d'une écurie de dressage qui entraîne aussi bien les propriétaires de chevaux que les cavaliers professionnels des équipes nationales. Au bord du manège ont été bâtis 2 gîtes cubiques tout en matériaux naturels : cuisinette, salon et salle de bains en bas, et à l'étage une chambre prolongée d'une terrasse. Mignon, cosy, et calme nocturne garanti !

Où déguster et acheter du vin dans les environs ?

Domaine Michaud : *20, rue des Martinières, 41140* ***Noyers-sur-Cher.*** *☎ 02-54-32-47-23. • domainemichaud.com • Lun-sam 9h-12h, 14h-19h (18h sam) ; seulement jeu-sam l'hiver.* Après avoir traversé de larges étendues de vignes, on parvient à ce domaine familial dont les bâtiments dominent largement sur l'arrière la belle campagne environnante. Mais si l'on a fait le détour, c'est pour le vin. Les Touraine-Chenonceaux tiennent leur promesse. Éclat de silex, en blanc, est un bel exemple de la typicité du terroir, de même que le rouge Ad Vitam qui bénéficie de la puissance des vieilles vignes.

Domaine de la Chapinière : *4, chemin de la Chapinière, 41110* ***Châteauvieux.*** *☎ 02-54-75-43-00. 06-67-05-83-41. • lachapiniere.com • Tlj sauf mar-mer 10h-19h (1éh dim), sur résa.* Coup de cœur pour ce domaine atypique engagé dans un projet d'***agroforesterie*** audacieux. Le respect du vivant et la biodiversité sont donc au cœur des préoccupations de Florence, vigneronne passionnée et passionnante, qui concentre désormais ses efforts sur une parcelle réduite où les arbres se partagent l'espace avec les vignes. En attendant les nouvelles cuvées, on se régale avec les anciennes, des vins certifiés *Terra Vitis* remarquables, qu'ils soient rouges, blancs, rosés ou pétillants. On adore aussi l'accueil de l'équipe et l'ambiance conviviale de ce lieu de vie, qui mêle ***l'art viticole et l'art équestre.*** Car la Chapinière, c'est aussi un paradis pour les cavaliers ! Entre 2 dégustations dans la jolie cave ou en terrasse, on peut apprécier le spectacle des chevaux en plein entraînement. On peut même en profiter depuis le ***bar cosy*** aménagé dans le manège, en picorant charcut' et fromages du coin. Super !

À voir

La collégiale : *tlj (sauf pdt les messes) 8h-22h. GRATUIT. Visite audioguidée (gratuite elle aussi).* Une des plus belles églises romanes du centre de la France. Édifiée à partir du XIe s, la collégiale a conservé ses fondations et son intérieur roman, même si le clocher n'est que du XIXe s. Gravé sur le frontispice, un paradoxal « République française » assorti de la devise nationale. À l'intérieur, belle voûte de pierre blanche de la nef (XIIe s) et chapiteaux sculptés d'une grande finesse. À voir également, la chapelle des Miracles, pour ses peintures du XVIe s. Mais la grande attraction touristique de la collégiale reste sa ***crypte du XIe s.*** Prendre l'escalier sur la gauche après l'entrée. Curieuse disposition avec sa nef centrale et ses chapelles aux chapiteaux sculptés. Elle est décorée de remarquables fresques peintes du XIIe au XVe s.

Le château : *libre accès par le large escalier, face à la sortie de la collégiale. Seule la visite de la cour et des terrasses est autorisée, car le monument est privé.* D'un côté, vestiges du château féodal ; de l'autre, le château actuel, construit au XVIe s dans le style Renaissance. Terrasses offrant de superbes vues sur la ville et le Cher.

La maison Carmen : *27, rue Constant-Ragot. À l'angle de la rue du Four.* Construite au XVe s, c'est sans doute la plus vieille maison « à pans de bois » intacte de toute la région. Un édifice assez surprenant, tout de guingois et aux poutres sculptées.

La prévôté : *rue de la Raquette. Mai-oct. GRATUIT.* Édifiée au XIVe s, elle abrite des expos temporaires de peinture, sculpture, photo, etc.

Les rues anciennes : *prenez le plan-guide des monuments à la Maison du tourisme.* Partout, de belles maisons des XVe, XVIe et XVIIe s. On les trouve dans la rue de la Raquette, la rue du Four, la longue rue Rouget-de-Lisle (semi-piétonne) ou encore rue de la Pêcherie, typique.

Les rives du Cher : là aussi, d'agréables promenades en perspective. Véritable plage de sable sur une île, entre 2 bras du Cher, au pied de la ville. Beaucoup de gens viennent bronzer ici en été. Une croisière en bateau est également possible *(juin-sept)* pour découvrir la faune et la flore du Cher sauvage.

À faire

– En saison, on trouve la base de loisirs du ***Lac des 3 Provinces,*** à ***Seigy,*** à 2 km de Saint-Aignan. École de voile (stages initiation et perfectionnement), location de paddles ; location de vélos avec départ de circuits, location de canoës-kayaks et tours organisés auprès de *Canoë Company (07-86-32-24-82 ; • canoe-company.fr •).*

– ***Pêche :*** le Cher réserve quelques belles prises. Plusieurs concours de pêche dans l'année. Renseignements auprès de l'Amicale des pêcheurs : *• fedepeche41.com •*

Manifestations

– ***Soirées lumineuses :*** *début août.* Installations illuminées dans toute la ville, sur les bâtiments publics et privés. Théâtre de rue, contes, danses…
– ***Fête de la Saint-Simon :*** *dernier sam d'oct.* Au menu, « bernache » et châtaignes grillées. La bernache, c'est le vin pas encore fermenté. Foire et producteurs locaux pour l'occasion.

LE ZOOPARC DE BEAUVAL

Le site le plus fréquenté dans toute la région Centre-Val de Loire a fêté ses 40 ans d'existence en 2020.

Garder en tête que le ZooParc est ouvert toute l'année : y aller hors saison est évidemment une bonne option pour échapper à la foule estivale. Les 4 espaces sous serre assurent une visite confortable par presque tous les temps. Y passer 2 jours est une bonne option pour profiter de tout ce que le ZooParc, qui s'étend désormais sur 44 ha, a à offrir.

Où dormir ? Où manger ?

Profitez des heures de repas pour visiter, c'est plus calme. Plusieurs points de restauration sur place : assez chers et pas terribles, il faut le dire. Pique-nique interdit dans l'enceinte, mais il y a une aire ombragée, peu glamour certes, près du 1er parking. Le soir, si vous restez sur place, il y a plusieurs adresses sympa entre Saint-Aignan et Montrichard (voir plus haut).

Les Jardins et les Pagodes de Beauval : *entrée à env 700 m du zoo, derrière le parking. ☎ 02-54-75-60-00. • reservations@leshotelsdebeauval.com • leshotelsdebeauval.com • Doubles et familiales (jusqu'à 3 enfants de moins de 10 ans) 100-280 €. Dîner 25 €. Prix hôtel + ZooParc attractifs, notamment pour les familles.* Luxueux pavillons disséminés dans un jardin planté d'essences exotiques (Jardins de Beauval) et chambres à l'atmosphère zen dans un bâtiment aux allures de pagode dominant un jardin chinois (Pagodes de Beauval). Mobilier en provenance de Bali ou de Chine, tissus chamarrés... on s'y croirait presque ! En tout cas, on s'y sent bien : piscine (chauffée en saison), bain bouillonnant, spa des Jardins de Beauval, jeux pour enfants, qui sont accueillis comme des clients privilégiés. Idéal en famille, donc, mais un couple peut aussi y trouver son bonheur... Accueil et service pro. Parking gratuit très commode pour se rendre au zoo à pied. Également une résidence en ville, dans un esprit familial et une déco clin d'œil à l'Asie : ***Les Hameaux de Beauval*** ; et un clin d'œil à l'Afrique avec ***Les Hauts de Beauval,*** où une chambre peut accueillir jusqu'à 5 personnes (à ne pas confondre avec les chambres d'hôtes ci-après !).

Chambres d'hôtes Les Hauts de Beauval : *10, rue de la Grand-Chardon, 41110* ***Seigy.*** *06-36-69-84-20. • leshautsdebeauval@gmail.com • les-hauts-de-beauval.fr • À 2 km du zoo. Doubles 120-170 €.* Une maison d'hôtes très typée Sologne, avec un paisible parc tout autour. Chambre double avec entrée indépendante et terrasse privative, suite familiale à l'étage de la maison. Accueil sympa et avisé sur tout le secteur. Piscine intérieure chauffée pour une détente bienvenue, loin du monde et du bruit.

La visite du ZooParc

À 2 km au sud de Saint-Aignan, sur la D 675 (difficile de manquer les panneaux). ☎ 02-54-75-50-00. • zoobeauval.com • Tlj 9h-17h en hiver (19h30 en été). Entrée : 32 €, 3-10 ans 25 € ; pour 2 j. consécutifs 48 €, enfant 37,50 € ; réduc en ligne et à la Maison du tourisme. Idéalement prévoir 2 j. pour la visite, arriver tôt, et organiser sa visite grâce à l'application (qui crée votre itinéraire en fonction des choix que vous faites), à télécharger gratuitement, ou au moins en préparant en amont son itinéraire via le site internet, qui indique, jour par jour, les animations prévues.

On vous conseille d'organiser votre visite en prenant en compte le programme des animations et les horaires de spectacles affichés sur des télévisions à l'entrée et sur le plan. En cas d'affluence (dès les 1ers beaux jours !), prendre la tangente, commencer par le fond du parc, la savane des éléphants et les 4 serres tropicales, puis remonter jusqu'à la terre des lions. Une télécabine *(en service tte*

l'année) traverse le parc d'une colline à l'autre et permet de gagner du temps et de l'énergie ! Optez, quand c'est possible (pas en pleine saison), pour une cabine à sol vitré !
Dans un vaste espace boisé et paysager de 44 ha entretenu au cordeau avec étangs, ruisseaux et une multitude d'arbres et de fleurs qui mériteraient une plus grande attention, le ZooParc de Beauval est non seulement ludique et pédagogique, mais il participe surtout à la préservation et à la reproduction d'espèces menacées (programmes d'élevage strictement contrôlés). Un message bien présent tout au long du parcours, agrémenté de fiches explicatives très complètes et d'animations visant à sensibiliser le public. Il est d'ailleurs devenu Refuge LPO (Ligue pour la protection des oiseaux) dans le but de protéger la faune locale. Les animaux qu'on y découvre sont tous nés en captivité. Les jeunes sont réaffectés après leur sevrage vers d'autres zoos du monde, afin d'éviter la consanguinité. Partie d'une petite « collection d'oiseaux » réunie il y a tout juste 40 ans par madame Delord, venue du monde du show-biz, cette affaire encore familiale peut s'enorgueillir aujourd'hui de posséder la plus grande population d'animaux en France, avec ses 10 000 individus de 600 espèces différentes, tous nés en parc zoologique en Europe et à travers le monde.

UN TIGRE BLANC

Originaire du continent asiatique, ce mammifère présente une particularité génétique, appelée « leucistisme » (différent de l'albinisme), à l'origine de ce pelage blanc. Cette déficience en mélanine ne lui permet pas de se camoufler dans la forêt tropicale et réduit donc considérablement son espérance de vie.

Une cinquantaine de fauves : pumas, jaguars, guépards, lions et tigres blancs dans des enclos aux allures de savane africaine. Également, rares en France, voire uniques : des diables de Tasmanie, des okapis, des koalas, des kangourous arboricoles, une famille de lamantins (impressionnants bestiaux !)... Quant à la harde d'éléphants d'Afrique, ses moments de baignade constituent l'un des spectacles à succès, tout comme la vision sous-marine des hippopotames, plongeant, nageant et jouant dans une réserve unique au monde de par sa conception.
L'arrivée des pandas « sur les hauteurs de Chine », un espace plutôt réussi avec son décor de pagodes aux tuiles laquées, poutres aux couleurs vives, dragons sculptés... avait volé, pendant un temps, la vedette à des locataires plus anciens. Mais ils font partie aujourd'hui des « stars » maison, qu'on vient saluer en amis. En 2017, la naissance très attendue de Yuan Meng (en chinois : « réalisation d'un rêve ») est venue braquer à nouveau les projecteurs sur les pandas ; une naissance d'autant plus fêtée que la femelle panda n'est fertile qu'environ 48h par an. 4 ans plus tard, ce sont des jumelles qui y sont nées, en août 2021 ! En chemin, on salue otaries, panthères des neiges, takins (grandes chèvres montagnardes) et suricates... À voir aussi, les singes ; des grands singes familiers aux petites espèces, la plupart sont en voie de disparition. Ne pas manquer non plus la colonie de manchots, la ferme des animaux et toutes les serres tropicales, dont une qui accueille 600 oiseaux rares. Le vivarium abrite plus de 250 reptiles et 3 alligators de 3,50 m de long ! Il faut compter 5,6 t de nourriture quotidienne pour tout ce petit monde... qui semble bien se porter puisque, chaque année, le carnet rose est bien rempli !
À ne pas manquer aussi : le vaste ***dôme équatorial,*** une demi-sphère bioclimatique de près de 1 ha qui s'élève dans le paysage. Gracieux et spectaculaire ! Elle abrite, au milieu d'une foisonnante végétation de jungle équatoriale (dont le magnifique et dominant ***latanier bleu*** de 12 m de haut !), plusieurs espèces, dont certaines rarissimes : dragons de Komodo (le plus grand lézard carnivore du monde), loutres géantes, hippopotames nains, harpie féroce (très puissant rapace), dragon de Bornéo (rare lézard carnivore), lamantins...

– En saison, des ***animations*** près des différents complexes animaliers, complètent astucieusement la visite. Et ***2 spectacles*** *(de fin mars à mi-nov, min 2 fois/j. en juil-août)* : celui des ***rapaces,*** dans un cadre magnifique, rasant les têtes du public dans les gradins, est époustouflant ! Une astuce, asseyez-vous au milieu, plutôt vers le haut, au niveau des 2 perchoirs. Puis c'est au tour des ***otaries*** de faire leur show ; plus classique, il plaît toujours aux bambins.

SELLES-SUR-CHER

(41130) 4 580 hab. *Carte Loir-et-Cher, C4*

Petite ville réputée pour ses souvenirs historiques et son fromage de chèvre qui bénéficie d'une AOP (Appellation d'origine protégée). Phénomène rare, on y trouve 2 châteaux en 1. Philippe de Béthune, frère de Sully et ambassadeur d'Henri IV, s'étant fait construire une demeure Renaissance à côté de sa forteresse médiévale.

Où manger ?

Le Lion d'Or : *14, pl. de la Paix (près de l'église).* ☎ *02-54-97-40-83.* • *leliondor41130@gmail.com* • *Tlj (sauf dim-lun hors saison). Congés : 2 sem en janv et 2 sem en nov. Formules déj en sem 17-19,50 €.* Reprise par des jeunes motivés et surtout plein de talent, cette brasserie historique propose des assiettes aussi belles que savoureuses, élaborées à partir d'ingrédients de saison. Le midi, le rapport qualité-prix est bluffant ! Le cadre reste classique et à l'ancienne.

Où déguster et acheter des fromages et du vin à Selles-sur-Cher et dans les environs ?

Le Palais du P'tit Chèvre : *38, rue de la Caillette, 41130* ***Châtillon-sur-Cher*** *(à 10 mn de Selles-sur-Cher).* ☎ *09-70-35-04-84.* • *lepalaisduptitchevre.fr* • *Tlj sauf dim et j. fériés 9h-12h, 15h-18h.* 3 AOP : selles-sur-cher, valençay, sainte-maure-de-touraine. Et une pluie de médailles. Coup de cœur pour la confiture de lait de chèvre.

Domaine Morand : *Damien Morand, 65, Grande-Rue de Champcol, à Selles-sur-Cher.* ☎ *02-54-97-49-23.* • *domaine.morand@gmail.com* • *Tlj 9h30-12h30 et 14h-18h.* AOC valençay, cépages gamay, cabernet, côt et sauvignon. Méthode traditionnelle blanc brut et rosé demi-sec. Dégustation et vente.

À voir. À faire

– ***Parcours découverte*** de la ville à faire en liberté : demander le « Pas à Pas » à la Maison du tourisme, 26, rue de Sion, à côté du pont du Cher *(☎ 02-54-95-25-44 ;* • *info@sudvaldeloire.fr* • *sudvaldeloire.fr* • *; lun-sam 9h30-12h30, 14h-18h30, dim seulement le mat).*

Le château : ☎ *02-54-97-76-50.* • *chateau-selles-sur-cher.com* • *Ouv 1er avr-30 déc, mer-dim 10h-12h et 14h-18h. Entrée : 9 € ; réduc. Visite libre. Livret-jeux pour les enfants.*

1 000 ans d'histoire risquaient de tomber en ruine avec les murailles du château de Selles-sur-Cher qui avaient piètre allure il y a 10 ans encore. Victime des outrages du temps, du pillage et de l'abandon, le château a été sauvé et restauré par des bénévoles amoureux du patrimoine. Un coup de folie, car l'ampleur des désastres causés par le vandalisme était importante. Miroirs, cheminées, boiseries avaient disparu. La plupart des peintures murales datant du XVIIe s avaient été recouvertes de graffitis.
La métamorphose s'est opérée et la visite est devenue passionnante. Les enfants apprendront l'histoire du château en s'amusant à travers le jeu à énigmes « Le Serment oublié ». La cour médiévale est désormais dédiée au vin avec un chai, un minivignoble et des expos temporaires.
Café sur place, ***suites*** à louer dans le pavillon Béthune, ainsi que des ***gîtes*** en ville (voir le site).

L'église et le logis abbatial : c'est tout ce qu'il reste d'une importante abbaye fondée au XIe s sur le tombeau de saint Eusice (VIe s), que l'on peut encore voir dans la crypte. Belle façade romane et haute nef de marbre qui fait penser à celle de Saint-Aignan. À droite de l'entrée, cloître du XVIIe s qui comporte des frises en bas relief du XIIe s. Restauré au XXe s, il manque cependant de charme.

Belle balade à pied et à vélo jusqu'au pont-canal de Châtillon-sur-Cher, qui permet au canal du duc de Berry d'enjamber la Sauldre en 5 arches. L'ouvrage, construit entre 1830 et 1850, est inscrit au titre des Monuments historiques. Site enchanteur et idéal pour pique-niquer.

DANS LES ENVIRONS DE SELLES-SUR-CHER

CHÉMERY *(41700)*

Ce discret village situé entre Selles-sur-Cher et Contres vaut le détour pour son château très pittoresque.

Où dormir ?

Camping Le Gué : *6, rue de Couddes. ☎ 02-54-32-97-40. • contact@camping-le-gue.com • camping-le-gue.com • Avr-sept. Compter env 11-14 € pour 2 ; mobile homes.* Sur un agréable terrain gazonné et ombragé, entretenu avec soin. Sanitaires très propres. Petit snack, frigo et congélateur à dispo, prêt de vélos. Piscine en juillet-août, étang et rivière pour les pêcheurs. Idéal pour ceux qui cherchent la tranquillité. Accueil très chaleureux qui colle bien à l'ambiance conviviale du camping.

À voir

Le château de Chémery : *dans le bourg. ☎ 02-54-71-82-77. 06-67-76-76-66. • chateauchemery@wanadoo.fr • chateaudechemery.fr • À 8 km au nord de Selles-sur-Cher, par la D 956. Tlj de mi-fév à déc 11h-18h. Entrée : 8,50 € ; réduc. Visite libre à l'aide d'un guide papier. En été, spectacles dans un théâtre de verdure ; plusieurs autres manifestations organisées le reste de l'année.* Cet important château médiéval, et ancienne propriété d'Alain Souchon, a été racheté par un architecte passionné. On y accède par un vieux pont-levis enjambant des douves. Construit à l'emplacement d'une forteresse du XIIIe s (dont il reste une aile et l'entrée, restaurées récemment), l'actuel château date du début du XVe s et fut remanié au XVIe s avant d'être converti en ferme au XVIIIe s. C'est son architecture, transition entre les styles féodal et Renaissance, qui fait sa spécificité. Au gré des pièces, du mobilier précieux et autres admirables témoignages du passé. On voit au passage une collection de gravures, unique en France, retraçant l'histoire du costume du IVe au XIXe s. Une visite que l'on recommande chaudement.

Original : les ***chambres d'hôtes et gîtes du château,*** puisqu'on peut dormir le soir dans les pièces visitées dans la journée *(arrivée après 18h ; doubles à partir de 108 €, gîtes 2-5 pers env 160 €, visite du château comprise)* ! Lit à baldaquin dans une chambre de 70 m², style Louis XIII, métier à tisser, costumes d'époque au mur, piano à queue... Mieux vaut ne pas être obsédé par le confort moderne !

MENNETOU-SUR-CHER

(41320) 893 hab. *Carte Loir-et-Cher, D4*

La jolie petite ville médiévale méconnue, qui résiste pourtant, grâce à ses derniers remparts et à l'affreuse D 976 qui l'oppresse... Mennetou nous a bien plu, avec ses vieilles portes en ruine, ses maisons de torchis, ses vestiges du XIIIe s, ses demeures tordues et ses venelles, de la rue de l'Enfer à celle du Paradis. Ceux qui viendront à la bonne période assisteront à sa fête de l'Andouillette !

Adresse utile

Office de tourisme Sologne côté sud : *21, Grande-Rue. ☎ 02-54-98-12-29. • sologne-tourisme.fr • Avr-sept, mar-dim 9h30-12h30, 14h30-19h (plus lun ap-m juil-août) ; mars et oct-déc, mar-sam 10h-12h30, 14h30-18h ; fermé janv-fév.* Exposition-vente de produits artisanaux. Organise 2 visites aux flambeaux en juillet-août. Demander le dépliant de visite libre de la cité médiévale et les fiches pour balades à vélo et randonnées pédestres.

Où dormir ? Où manger ?

Camping Val Rose : *9, rue du Val-Rose. ☎ 02-54-98-11-02. • mairie.mennetou@wanadoo.fr • Ouv de mi-mai à mi-sept. Compter env 10 € pour 2. CB refusées.* Près du Cher et de la base de loisirs, un terrain arboré délimité par des haies. Plage pour les uns côté rivière, piscine à proximité (avec tarif préférentiel) pour les autres. Et rando sur le GR 41 pour ceux qui ne tiennent pas en place. Accueil adorable.

Auberge de la Tour : *2, rue Marcel-Bailly. ☎ 02-54-98-12-38. • contact@auberge-dela-tour.com • auberge-dela-tour.com • Tlj sauf dim soir, plus ven soir hors saison ; le w-e sur résa seulement en hiver. Doubles 60-65 €. Formules 13,50-18,50 € en sem, 26 € le w-e ; menu 38 €. Garage.* Un endroit tout simple et délicieux, qui se cache dans les remparts de cette petite ville. Chambres fraîches et refaites, calmes sur la cour intérieure (éviter celles sur rue). Le chef concocte une cuisine franche et sincère. Ne pas manquer l'andouillette à la ficelle, spécialité du village !

Où acheter de bons produits ?

Charcuterie Bidron : *1, rue Jeanne-d'Arc. ☎ 02-54-98-03-31. Près de la « Porte d'en bas ». Tlj sauf mer et dim ap-m.* Les meilleures andouillettes de la région !

À voir

Faute de monuments majeurs, autant se promener au hasard des rues : 3 portes et 3 tours subsistent des fortifications entreprises dès le XIIIe s. Jetez un œil sur l'église, avec son clocher en forme de tour du XIe s, l'ancien tribunal du XIIIe s (en haut de la rue de l'Enfer), les maisons à colombages dans la même rue, et dans la Grande-Rue, l'ancienne boucherie du XVe s avec son étal de pierre ou encore l'ancienne grange aux dîmes seigneuriale du XIIIe s.

En saison, les habitants se rendent à la plage, au bord du Cher. On y trouve une piscine, un bar, des jeux et de l'ombre.

DANS LES ENVIRONS DE MENNETOU-SUR-CHER

Le musée européen du Blues : *42, rue du 11-Novembre, 41320* ***Châtres-sur-Cher.*** *06-24-77-71-58. • museedublues.free.fr • Ouv avr-fin oct, jeu-dim 10h30-18h. Entrée : 6 € ; réduc. Concerts ts les w-e : 10 € + 5 € d'adhésion à l'asso.* Quelle surprise de trouver là, aux confins du Val de Cher, un authentique morceau d'Amérique ! Jacques et Anne-Marie, passionnés de blues, ont monté ce club de 70 places recevant des pointures du monde entier. C'est complet chaque week-end ! Quant au musée, il est original : une rue du Mississippi a été reconstituée, dans laquelle chaque échoppe traite d'un thème précis, à commencer par l'esclavage et la ségrégation. Entre 2 bandes sonores et vidéos, on découvre des objets collectors du temps où les proprios produisaient des tournées : blousons de B.B. King et Muddy Waters, guitares et harmonicas dédicacés, affiches originales... Il y a même un studio interactif où l'on peut remixer des morceaux !

LA SOLOGNE

• Carte *p. 224-225*

Entre Loir et Cher, à 2 pas d'Orléans et de Blois, la Loire enferme en son méandre un territoire fascinant, une terre magique pour les promeneurs, qui se découvre aux 4 saisons, sur 500 000 ha de vie sauvage, de futaies gothiques, de landes et d'étangs miroitants. Un désert humain, mais une Babel animale, à cheval sur 3 départements (sud du Loiret, nord-ouest du Cher et est du Loir-et-Cher), qui va de La Ferté-Saint-Aubin, au nord, à Vierzon et Romorantin (sa capitale), au sud, et de Salbris à Chambord, d'est en ouest.
Longtemps marécageuse, cette terre d'argile et de sable, que la Loire avait créée à la fin du Tertiaire, fut réellement défrichée sous le Second Empire, même si les 1res implantations villageoises commencèrent au XIIe s. À l'époque, il fallut drainer et barrer, avec de l'argile, les ruisseaux pour retenir l'eau en été. Une initiative religieuse, comme souvent, qui permit d'abreuver les élevages, sur cette terre très humide en hiver mais si sèche en été, ainsi que de faire tourner les moulins à eau, le rouissage du chanvre et les tanneries. Plus de 4 000 étangs furent abandonnés à cause des guerres de Religion. D'où l'apparition des grands marécages et du paludisme, dont le dernier cas mortel survint en 1880 !
C'est Napoléon III qui donna à la Sologne sa nouvelle destination : la chasse. Les ⅔ des châteaux de Sologne ont été construits (ou plutôt reconstruits) au XIXe s par la bourgeoisie parisienne, pour les besoins directs de ce qui était devenu la principale activité du pays, une source d'emploi mais aussi une preuve de réussite sociale. On planta des pins maritimes sur le sol sablonneux, pour mieux voir le gibier (mais aucun d'eux ne survécut au gel de 1879) et, pour supprimer les marais, on créa... des étangs. 3 000 étangs fermés par une bonde (sorte d'écluse) qui permet de les vidanger lors de pêches au filet mémorables...
Ce sont les châtelains qui, après les moines, ont érigé jusqu'au XVIIe s ces levées qui barraient marécages et rivières, et surtout qui formaient des « garennes à poissons » leur assurant de substantiels revenus en ces temps où les jours maigres étaient presque aussi nombreux que ceux où l'on pouvait manger « gras ». Comme l'église considérait les canards sauvages, poules d'eau et autres courlis comme des gibiers maigres, c'était tout bénéfice. Ils pouvaient les chasser les jours de Carême après avoir fait prendre carpes et brochets.
Il faut vivre, une fois dans sa vie, dans la froidure hivernale, une pêche d'étang au petit matin, dans la brume, assister à l'arrivée des amis et voisins venus donner un coup de main, suivre le tri rapide des masses de poisson frétillantes, aller se réchauffer avec du vin chaud en attendant la traditionnelle matelote au vin rouge, préparée avec les 1res carpes pêchées.
Passé les villages aux maisons de brique rose, de charmantes allées forestières invitent à se promener à pied, à vélo, à cheval... mais, attention, la plupart sont des propriétés privées. Il existe ainsi quelque 450 châteaux à découvrir, ou du moins à apercevoir, le plus souvent au détour d'un parc ou derrière un haut mur... ***Raboliot* ou *Le Grand Meaulnes* ?**

LA SOLOGNE À COR ET À CRI

En Sologne, la chasse est partout chez elle. Autrefois, les Solognots, dont la vie était rude et austère, étaient gardes-chasse sur les grands domaines. On braconnait à qui mieux mieux pour survivre, ainsi que Genevoix l'écrit dans *Raboliot* :

« Est-ce que les hommes sont maîtres de cet instinct qui les pousse vers la chasse, fils d'une terre giboyeuse où craillent le soir les faisans qui se branchent, où rappellent les perdrix dans les chaumes, où les lapins par bandes sortent des bois à l'assaut des récoltes ? » Aujourd'hui, la chasse est la 1re source de revenus de la région... avec le tourisme « nature », qui commence à prendre le dessus.
Les visiteurs respectueux de l'environnement, qui ne laissent pas derrière eux des traces sanglantes de leur passage et ne cherchent pas à défier les « La-Loi », comme les appelaient autrefois les braconniers, sont reçus avec plus d'égards que par le passé. Mais comment n'aurait-on pas envie ici de pique-niquer devant un étang en regardant passer des poules faisanes ou un vol de hérons ? Même si ce repas sur le pouce n'aura rien à voir avec ceux préparés autrefois pour les chasseurs, genre pâté de lapin à l'eau de vie ou friands à l'andouillette, on trouve encore de bons produits dans les charcuteries du pays.

SAUVE QUI PEUT !

Clôtures et pancartes « Accès interdit », vestes en tweed et pantalons de velours, hures et trophées dans tous les cafés... Avec des week-ends à 100 000 fusils, la Sologne s'était transformée au siècle dernier en un gigantesque champ de tir. On lâchait par milliers de jeunes faisans ou colverts tout juste sortis des cages. Même si certains continuent à canarder à tout-va, 5 mois par an, on peut passer par là sans crainte. Enfin, presque.

Infos utiles

- Microrégion à part du Val de Loire, la Sologne est une destination en soi : un petit paradis préservé, idéal pour se mettre au vert quelques jours. Elle vient compléter une visite des 3 départements limitrophes.
- On y trouve plus de 150 km d'itinéraires cyclables balisés, 5 boucles cyclables de 5 à 31 km, des itinéraires connectés à La Loire à Vélo via Châteaux à Vélo. Cartes et infos dans tous les offices de tourisme et sur ● *sologne-tourisme.fr* ●
- La meilleure période est l'automne, malgré la présence des chasseurs. Pour se mettre dans l'ambiance, lire le *Raboliot*, de Maurice Genevoix, ainsi que les romans du méconnu mais passionnant Claude Seignolle, et (re)voir le grand film de Jean Renoir, *La Règle du jeu*. Plus près de nous (quand même !), il y a aussi le film de Nicolas Vannier, *L'École buissonnière*, tourné en Sologne en 2016. Enfin, d'intéressantes revues sont disponibles dans les maisons de la presse et certains offices de tourisme : le magazine *Origine Sologne*, le *Journal de la Sologne et de ses environs* et l'hebdo gratuit *Le Petit Solognot*.
- Les (bonnes) spécialités gastronomiques solognotes : le gibier, bien sûr ; les champignons (cèpes, girolles, pieds-de-mouton, coulemelles...) ; les asperges ; les châtaignes ; les galettes de pommes de terre ; les fraises ; la tarte Tatin (de Lamotte-Beuvron) ; la soupe et le pâté au potiron ; la routie au vin (pain rôti trempé dans un vin sucré au miel, un délice !) et la brique de Sologne (autre douceur) ou encore les daguettes (fruits séchés au four).
- Enfin, ne pas oublier que les forêts et les étangs de Sologne, bien que sauvages, demeurent à la merci de l'homme. Ne cueillez rien, n'effrayez pas la faune (nombreuse) et ne laissez rien traîner. La Sologne est aussi terre d'écologie !
- Attention, l'hébergement en Sologne est souvent saturé en juillet (et ce, plusieurs mois à l'avance) en raison des manifestations hippiques de Lamotte-Beuvron qui réunissent 18 000 cavaliers, plus leurs accompagnateurs ; et à l'automne en période de chasse.
- ● **sologne-tourisme.fr** ● Toutes les infos pour découvrir la Sologne : culture, patrimoine, hébergement, activités. Le site dispose également d'une carte dynamique où figurent tous les éléments répertoriés, ce qui permet de bien s'y retrouver.

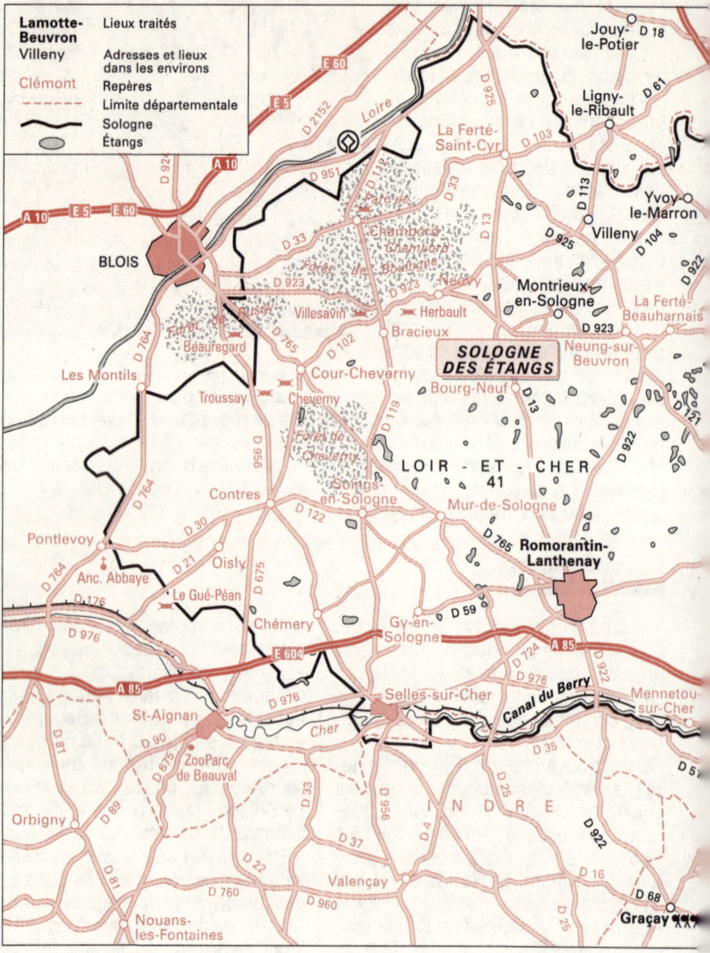

LA SOLOGNE DES ÉTANGS

LA FERTÉ-SAINT-AUBIN

(45240) 7 200 hab. *Carte Loir-et-Cher, D2*

Cette « porte de la Sologne » n'a, à 1re vue, pas grand-chose à offrir aux visiteurs de passage, à part son beau château. La ville est vite parcourue mais

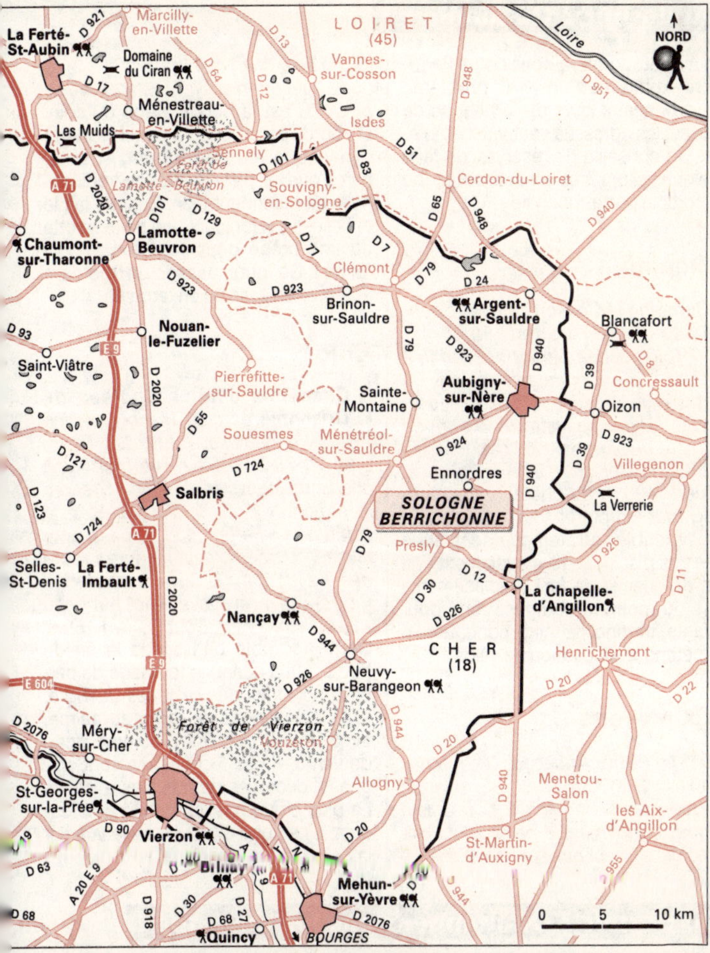

LA SOLOGNE

constitue cependant une base de départ agréable pour rayonner dans le territoire solognot et apprécier les quelques bonnes adresses où se restaurer et séjourner.

Adresse utile

i *Office de tourisme :* *rue des Jardins.* ☎ *02-36-99-45-59.* ● *tourisme-en-sologne.fr* ● *Avr-juin et sept, mar-sam 9h30-13h, 14h30-18h ; juil-août 10h-13h, 14h30-18h30 plus dim 10h30-12h30 ; fermé le reste de l'année (joignable par tél).* Doc complète sur la Sologne. Propose des sorties rando toute l'année, sur réservation.

Où dormir ? Où manger ?

Trouver où dormir autour de La Ferté-Saint-Aubin est un vrai problème car, aux beaux jours et en période de chasse, les adresses sont vite complètes. On conseille de réserver, de faire quelques kilomètres si nécessaire... ou de sortir le porte-monnaie.

Camping

⛺ ***Camping le Cosson :*** *av. de Lowendal. ☎ 02-38-76-55-90. 📱 06-43-92-79-40. • campingducosson45@outlook.fr • entreprisefrery.com • Du centre-ville, passer le château puis aussitôt à gauche juste avt le pont de la rivière du Cosson. Ouv début avr-fin sept. Compter env 12-14 € ; yourtes.* Situé à 400 m du château, ce camping tout simple et tout en longueur est agréable, stratégiquement situé face à la piscine... mais également non loin du chemin de fer ! Emplacements plus ou moins ombragés. Jeux pour enfants, trampoline, ping-pong, terrain de pétanque et location de vélos.

Prix moyens

I●I ***La Petite Auberge :*** *34, rue des Poulies. ☎ 02-38-76-66-95. • lapetiteauberge45@orange.fr • ♿ En plein centre, dans une rue parallèle à l'axe principal. Tlj sauf dim soir-mar. Formule déj en sem 14 € ; menus 25-36 € ; carte 28 €. Café offert sur présentation de ce guide.* C'est la bonne étape du coin. D'abord, parce que l'accueil jeune et dynamique est très sympa, ensuite, parce que les plats de cuisine traditionnelle se défendent bien. Et si on fait le difficile, il y a toujours une belle galette ou une crêpe pour caler les petites faims ! De quoi passer un moment agréable en salle ou en terrasse.

Chic

🏠 ***Chambres d'hôtes Château de la Grisonnière :*** *chez Marie-Christine Heron-Vanneuville, route des Trays. 📱 06-10-73-23-12. • marie-christine@chateaudelagrisonniere.com • Prendre la direction Ligny-le-Ribault et, à la sortie de La Ferté, après le passage à niveau, tourner à gauche sur la route des Trays ; c'est à 3 km sur la droite (entrée discrète avec un panneau « La Grisonnière »). Doubles 120-150 €.* Cette adorable bâtisse de la fin du XIXe s, qui a connu le tournage de certains épisodes des *Brigades du Tigre,* est située en pleine forêt, au calme, avec un joli petit parc comme écrin de verdure. Les 5 chambres sont soignées, décorées de meubles anciens. La plus chère possède un lit à baldaquin. Une autre offre une belle vue sur la Sologne. Du classique de bon goût.

Où dormir ? Où manger dans les environs ?

🏠 I●I ***Château Les Muids :*** *sur la D 2020. ☎ 02-38-64-65-14. • info@chateau-les-muids.com • chateau-les-muids.com • À 7 km au sud de La Ferté, direction Lamotte-Beuvron, sur la droite. Doubles 80-170 € ; familiales. Resto tlj midi et soir ; carte env 52 €. Apéritif maison offert sur présentation de ce guide.* Avis aux amateurs de grands espaces : ce ravissant château de la fin du XVIIIe s, tout en brique, est complètement isolé en pleine nature. Et si le parc de plus de 33 ha ne vous suffit pas (avec quand même piscine, sauna, minigolf, tennis...), les sentiers de randonnée abondent tout autour ! Quant aux chambres, elles sont classiques, dans un registre chic et cosy, et réparties entre la bâtisse principale et ses dépendances. Au restaurant, bonne cuisine traditionnelle qui suit le rythme des saisons.

I●I ***Le Relais de Sologne :*** *63, pl. du 8-Mai-1945, 45240* ***Ménestreau-en-Villette.*** *☎ 02-38-76-97-40. • relaisdesologne@gmail.com • À 7 km à l'est de La Ferté par la D 17 ; dans le centre du village, près de l'église. Ouv seulement ven-sam midi et soir et dim midi. Menu unique 41 €.* Ça vaut la peine de faire

LA SOLOGNE

un détour pour découvrir cette belle auberge de l'arrière-pays. Si la déco contemporaine chic et soignée ne fait plus dans le rustique, la cuisine a conservé ses racines solognotes, proposant des plats de terroir modernes et raffinés, qui tournent largement autour du canard et du gibier. Bonne suggestion de vins. Une excellente adresse.

À voir

Le château de La Ferté : *à la sortie nord de la ville, sur la D 2020. ☎ 02-38-76-52-72. • chateau-ferte.com • (cour, écuries et parc seulement). Juil-août, tlj 10h-19h ; mai-juin et sept, ouv w-e et j. fériés 10h-18h ; le reste du temps, ouv pdt les vac scol et les w-e 14h-18h. Entrée : à partir de 10 € ; réduc. Réduc de 1 € sur le billet d'entrée sur présentation de ce guide. Nombreuses animations sur résa, dont 2 salles d'escape game, et le parcours des Poisons (enquête dans le parc) mai-sept.*

Au XVIIe s, Henri de Saint-Nectaire (eh oui ! comme le fromage dont ce noble, originaire d'Auvergne, fera la pub jusqu'à la cour de Louis XIV) amorce la construction du château actuel. Le fils, Henri II, maréchal de France et duc de La Ferté-Sennectère (lui ne devait pas trop aimer le fromage pour modifier l'orthographe de son nom...), poursuit l'œuvre du père sans toutefois mener le projet initial à son terme. En 1745, le maréchal de Lowendal rachète la demeure, pour se rapprocher de son fidèle ami, le maréchal de Saxe, alors propriétaire du château de Chambord. Puis, le fils du maréchal Masséna acquiert le château en 1827, alors qu'il avait failli être confisqué à la Révolution. Il y dilapidera les biens de sa famille. Puis l'édifice passe de main en main jusqu'en 1987, date à laquelle la famille Guyot s'en porte acquéreur et décide de l'ouvrir au public pour financer le colossal chantier de restauration. Une expo photo a d'ailleurs ouvert ses portes sur les travaux menés depuis 1987 par la famille Guyot. Quelques décennies plus tard, même s'il reste beaucoup à faire, le château a retrouvé l'essentiel de son panache : c'est un bel ensemble architectural avec un pavillon Henri IV, à gauche, et une grande partie d'époque Louis XIII construite en 1625, à droite.

Mais le plus original ici, c'est la visite, hyper ludique et accessible à tous. On est libre d'aller et venir où l'on veut, à tel point que l'on peut s'asseoir dans certains fauteuils et même jouer au billard ! Surprenant, à vrai dire, mais c'est le concept : donner à croire que l'on peut, nous aussi, mener la vie de château... Surnommé le « château des Jouets », les enfants vont adorer. Quant aux cinéphiles, ils seront aux anges en déambulant dans ce lieu mythique où Jean Renoir tourna en 1939 *La Règle du jeu.* En tout, 15 pièces meublées de style anglais de l'époque victorienne et de mobilier du XVIIIe s. Dans les combles, collection d'outils de métiers d'antan et ancienne épicerie de La Ferté déménagée ici. Dans les cuisines, au sous-sol, voir l'étonnant tournebroche animé par un système d'horlogerie du XVIIIe s, et les week-ends rencontrer la cuisinière du château, qui raconte des anecdotes croustillantes tout en confectionnant de savoureuses madeleines pour le plaisir des visiteurs.

À voir aussi, dans la cour d'honneur, les ***écuries*** du XVIIe s qui recèlent quelques voitures hippomobiles, des jeux flamands (à disposition !), et l'une des plus belles selleries de France, tandis qu'en face, à l'étage de l'orangerie, c'est une expo de poupées de collection et de jouets anciens qui fait craquer les nostalgiques.

Les plus sportifs fileront ensuite dans l'immense ***parc de 40 ha,*** délicieusement bucolique où le grand jeu de l'oie, le minigolf, le village du Joli bois et le parcours des Poisons les attendent... Sûr qu'ils ne vont pas s'embêter !

Quelques animations *(sur résa)* qui varient au gré des saisons : enquête autour d'un meurtre au château, chasse à l'œuf à Pâques, le château du Père Noël en décembre...

LA SOLOGNE

À faire

Promenade autour de l'étang communal des Aisses : à 2 km au sud de La Ferté, par la route de Vierzon, en direction de Lamotte-Beuvron, on accède au parc des Aisses. Sur 13 ha, dont la moitié de plan d'eau propice à la pêche, on peut se promener et les enfants profitent de l'aire de jeux. Coins pique-nique et aire surélevée pour observer les oiseaux.

Manifestation

– ***Les Estivales du Cosson :*** *de mi-juil à mi-août, mer-dim. Rens à la mairie : ☎ 02-38-64-83-81. GRATUIT.* Nombreuses animations sportives, ateliers pour enfants, jeux pour tous, concerts le samedi soir, structures gonflables...

DANS LES ENVIRONS DE LA FERTÉ-SAINT-AUBIN

LE DOMAINE DU CIRAN (45240)

À 10 km à l'est de La Ferté-Saint-Aubin ; passer par Ménestreau-en-Villette, puis direction Marcilly (bien indiqué). ☎ 02-38-76-90-93. • contact@domaineduciran.com • domaineduciran.com • Juil-août, tlj 10h-12h30, 14h-18h30 ; avr-juin et sept-oct, tlj 10h-12h, 14h-18h ; janv-mars et nov-déc, tlj sauf w-e 10h-12h, 14h-17h. Pour les affûts, fermeture du parc au coucher du soleil. Entrée : 5 € ; 3-12 ans 3,20 €. C'est le seul domaine privé de Sologne ouvert au public ! Géré par l'association pour la Fondation Sologne, ce vaste site de 300 ha fonctionne comme un véritable musée écologique en plein air. Il a obtenu en 1994 le statut de Conservatoire de la faune sauvage : forêt, étangs, landes et faune en liberté ! On y dénombre d'ailleurs plus de 130 espèces d'oiseaux et 20 de mammifères. Évidemment, les activités ne manquent pas : possibilité de participer à des sorties nature en septembre pour écouter le brame du cerf, nourrissage des animaux *(tlj en sem pdt les vac scol),* circuit d'orientation labellisé (le plus grand du Loiret !), jeux pour enfants et parcours ludique avec livret pédagogique pour apprendre à observer la nature... Calendrier des manifestations disponible sur le site internet. Mieux vaut penser à apporter ses bottes et ses jumelles (pour les étourdis, quelques paires de jumelles peuvent être louées sur place). Enfin, la fromagerie de la ferme ravira les amateurs. Quant aux plus curieux, ils demanderont à jeter un coup d'œil à l'ancien cellier où s'entasse un joyeux bric-à-brac de vieux outils traditionnels.

Où dormir ?

Camping du domaine de Ciran : *sur place, à **Ménestreau-en-Villette,** route de Marcilly. ☎ 02-38-76-90-93. • contact@domaineduciran.com • domaineduciran.com • Par la D 108 entre Marcilly-en-Villette et Ménestreau-en-Villette. Ouv tte l'année (fermé le w-e en nov-mars). Résa indispensable. Compter env 17 € pour 2 ; également des chalets et des bungalows toilés.* En pleine forêt, une trentaine d'emplacements agréables sur un peu plus de 1 ha. Également 5 jolis chalets (pour 4-6 personnes, avec 2 chambres, cuisine et salle de bains) et des bungalows toilés. Un bon plan, car le tarif inclut le droit d'entrée dans le domaine !

Fêtes et manifestations au domaine

– Plusieurs manifestations payantes sont organisées tout au long de l'année (rencontres, sorties nature, dont le brame du cerf au crépuscule à l'automne, observation des animaux, cueillette des champignons...). Programme auprès du domaine et de l'office de tourisme de La Ferté-Saint-Aubin.
– ***Pêche dans l'étang :*** *dernier dim de nov.* À l'occasion de la vidange annuelle de l'étang du domaine, pêche au filet, vente à la criée et buvette avec vin chaud et châtaignes !
– ***Expos d'art animalier :*** *2-6 expos/an.* Tous supports : photo, peinture, sculpture, etc.

LIGNY-LE-RIBAULT (45240)

Paisible village à 14 km à l'ouest de La Ferté-Saint-Aubin par la D 61. Ligny a gardé son charme d'antan, avec ses vieilles maisons en brique et son lavoir, à côté de l'église au clocher pointu en ardoises. Visite assez rapide, mais un intéressant petit musée et des balades sympa dans les environs, avec une option pêche. Jeter un œil au four à brique du XIXe s avant le village, sur la gauche en venant de La Ferté.

Adresse utile

Office de tourisme : *dans la Maison de la brique, à l'entrée du village en venant de La Ferté-Saint-Aubin. ☎ 02-38-45-46-07. ● lignyleribault.fr ● Ouv juil-août seulement, tlj sauf dim ap-m et lun. Le reste de l'année, infos à la mairie (☎ 02-38-45-42-01).* Doc sur la Sologne, dépliant des chemins de randonnée et du circuit Les Mares à Vélo (téléchargeables sur le site). Salle d'expos temporaires (peinture, sculpture, photo...). Pêche autorisée sur l'étang en face.

Où dormir ? Où manger dans les environs ?

Auberge des Potiers : *17, pl. de la Mairie, 45370* ***Jouy-le-Potier.*** *☎ 02-38-45-00 89. ● auberge-des-potiers@orange.fr ● Au cœur du village. Resto fermé dim soir-mar midi. Hôtel sur résa dim soir. Doubles 65-90 €. Menus 22-27 €.* Accueillant petit hôtel de village à la façade solognote, aménagé dans un ancien relais de poste qui ne manque pas de cachet. Chambres simples et fonctionnelles, un brin à l'ancienne mais calmes, car donnant toutes sur une agréable cour intérieure. Les plus chères, situées à l'étage, sont plus spacieuses et plus lumineuses. Quant à la table, elle propose une cuisine simple, mais soignée et pleine de goût, avec, au choix, le plat du jour, une viande ou un poisson ; fraîcheur garantie, donc. L'une des rares adresses abordables dans ce coin de Sologne, tenue par un couple charmant.

À voir. À faire à Ligny et dans les environs

L'écomusée du Vieux Ligny : *derrière l'église et l'Auberge Sainte-Anne. ☎ 02-38-45-46-19. 06-87-14-03-82. ● ecomusee-lignyleribault.fr ● Juil-août, tlj 14h-18h ; seulement dim mai-juin et sept ; le reste de l'année, sur rdv. Entrée : 3 € ; réduc.* Un passionnant petit musée consacré aux métiers disparus et aux anciennes traditions régionales. Tout sur la saboterie, la tonnellerie, les coiffes du pays et, évidemment, le braconnage : à la lampe, au filet, au furet... Les anecdotes « amusantes » sont nombreuses : saviez-vous qu'on gavait autrefois les oies avec

LA SOLOGNE

des orties ? Quant aux faisans, les Solognots n'hésitaient pas non plus à les nourrir avec des œufs de fourmis. La reconstitution d'un bureau de poste de 1910 vient compléter cet ensemble.

➢ ***Circuits pédestres :*** 3 circuits balisés au départ du village. Le « circuit des Chaises » (durée : 1h30 à 2h), en partant de la D 15 ; le « circuit du Bouchet » (durée : environ 3h30), en partant de la D 19 ; le « circuit de la Couvrée » (durée : 3h30), en partant de la D 61.

Le jardin de Chantal : *La Mercerie, route de La Ferté, 45370* ***Jouy-le-Potier.*** *☎ 02-38-45-84-21. 06-86-50-10-31. À 8 km au nord de Ligny par la route de La Ferté-Saint-Aubin (indiqué). Sur rdv uniquement. Entrée : 5 € ; gratuit moins de 18 ans.* Et un beau jardin de plus ! Celui-ci est consacré aux viburnums, roses (200 variétés tout de même !) et arbustes insolites : acers, hydrangeas, cornus, philadelphus... et de nombreuses vivaces. Une agréable promenade de senteurs, guidée par Chantal, une passionnée.

LAMOTTE-BEUVRON

(41600) 4 733 hab. *Carte Loir-et-Cher, D3*

Capitale de la chasse, cette petite ville animée est surtout célèbre grâce à 2 de ses paroissiennes, prénommées Caroline et Stéphanie. Non, Lamotte-Beuvron n'est pas le fief des Grimaldi, mais celui des sœurs Tatin, créatrices de la célèbre et gourmande tarte aux pommes à l'envers.

CE N'EST PAS DE LA TARTE !

Dans son Hôtel-restaurant de la Gare, *l'une des 2 cuisinières oublia de garnir son moule de pâte avant d'y jeter les pommes. Pour rattraper son erreur, elle disposa la pâte par-dessus ! Aujourd'hui, l'*Hôtel Tatin *perpétue la tradition et conserve encore le four d'origine dans lequel fut créée la tarte, par inadvertance. Les Lamottois ont fondé une confrérie des Lichonneux de tarte Tatin...*

Où manger ?

La P'tite Marmite : *38, rue de l'Égalité. ☎ 02-54-88-01-94. Ouv le midi lun-sam plus le soir jeu-sam. Formules midi 11,50-19,50 € ; menus 23-39 €.* Un patron plein d'humour et d'amour pour ses clients de tous âges. Cuisine classique savoureuse : la purée aux truffes est un régal, les suggestions du jour bien troussées. Atmosphère bien agréable et service souriant. Petit jardin idyllique aux beaux jours et terrasse ombragée.

Manifestations

Attention, l'hébergement à Lamotte-Beuvron et dans tous ses environs est pris d'assaut lors des manifestations suivantes :
- ***Game Fair :*** *3e w-e de juin.* Le plus grand salon de la chasse et de la nature de France.
- ***Generali Open Poneys :*** *1re ou 2e sem de juil.* Championnats de France d'équitation, catégorie poneys.
- ***Generali Open Clubs :*** *3e ou 4e sem de juil.* Championnats de France d'équitation, catégorie chevaux.
- ***Foire au pays de la tarte Tatin :*** *sept.* Concours autour la fameuse tarte !

CHAUMONT-SUR-THARONNE

(41600) 1 075 hab. *Carte Loir-et-Cher, D3*

Un des villages les mieux conservés de Sologne et des plus caractéristiques. Son agencement garde le témoignage des remparts qui l'entouraient autrefois. La balade insolite – un parcours gratuit aménagé par la commune – vous mènera à la rencontre de personnages hauts en couleur, de Louis Blériot au fils supposé de Napoléon. Anecdotes réelles ou contes, l'histoire grande ou petite se mêle avec humour aux légendes solognotes. Après, il ne tient qu'à vous de partir à vélo explorer les environs. Vous êtes ici au point culminant du mont Chauve, à 27 m d'altitude.

Où dormir ? Où manger ?

Center Parcs Les Hauts de Bruyères : *rue Lamotte (dans le village, suivre le fléchage). ☎ 02-54-95-10-00 ou 0891-701-600 (0,25 €/mn). • centerparcs.fr • Cottages bien équipés pour 4-12 pers. Consulter le site, prix très variables selon période et confort.* Un monde tropical sous une bulle géante au cœur de la Sologne ! Les cottages sont intégrés dans une forêt de 111 ha, avec 17 ha d'étangs. Nombreuses animations. Pour tous ceux qui veulent se détendre en famille.

La Petite Folie : *7, rue de Romorantin. ☎ 02-54-88-17-85. Ouv seulement le midi plus le soir ven-sam. Formule unique 13,90 € le midi en sem.* Une petite folie bistronomique qui fait bien des heureux la semaine avec le menu du midi copieux et savoureux. Le chef aime travailler le bourguignon et les plats à l'ancienne. Accueil cordial.

Où dormir ? Où manger dans les environs ?

Auberge du Cheval Blanc : *1, pl. du Cheval-Blanc, 41600 **Yvoy-le-Marron.** ☎ 02-54-94-00-00. • auberge.cheval.blanc@wanadoo.fr • aubergeduchevalblanc.com • À 5 km au nord-ouest de Chaumont. Resto fermé lun, et le midi mar-mer (hors saison seulement). Congés : de mi-déc à début janv et fin fév-fin mars. Double 105 €. Menus 33-55 € (sauf j. fériés).* Une adresse typique au cœur de la Sologne. Chambres décorées avec goût. Cadre chic, teintes chaleureuses et moquettes épaisses, literie impeccable. Belle cuisine de saison.

DANS LES ENVIRONS DE CHAUMONT-SUR-THARONNE

VILLENY *(41220)*

« Un jour de sentier, 8 jours de santé. » Rendez-vous sur la place de l'Église pour découvrir un des 4 circuits proposés au départ de ce village entièrement retracé et reconstruit en brique vers 1880. Jusqu'à 750 habitants ont vécu là de l'élevage, de la culture du chanvre et de la vigne.

Où manger ?

Auberge de Villeny : *17, Grand-Rue. ☎ 02-54-83-60-73. • info@villeny.com • Près de l'église. Tlj sauf mer. Formules et menus 13,50 € (midi)-38 €.* La déco, comme la cuisine, est faite maison, ça se sent. Une auberge sympathique, et des plats qui mettent en appétit à la simple lecture de la carte. Menu gibier en saison.

À voir

La Maison du cerf : *pl. de l'Église. ☎ 02-54-98-23-10. • maisonducerf@wanadoo.fr • maisonducerf.fr • (rdc seulement, avec vidéo montrant l'étage). Près de l'église. De mi-juin à mi-sept, tlj sauf lun 10h-12h30, 13h30-18h30 ; vac scol et j. fériés, tlj sauf lun 14h-18h30 ; le reste de l'année, ouv mer et sam-dim 14h-18h30. Fermé déc-janv. Entrée : 6 € ; réduc ; gratuit moins de 6 ans.* Vous saurez tout sur cet animal emblématique des forêts solognotes : présentation historique et culturelle du cerf, mais aussi sa biologie, à travers une scénographie interactive très bien faite (jeux tactiles, olfactifs, etc.). Expos temporaires, spectacles et animations de temps en temps. Sorties à l'occasion du brame, du 15 septembre au 15 octobre *(sur résa).*

LA SOLOGNE

MONTRIEUX-EN-SOLOGNE (41210)

Un autre village typique bordé de bois et d'étangs, à seulement 15 mn de Chambord. Voir aussi l'étang de Beaumont, la plus grande réserve ornithologique de la région, sur la route de Neung-sur-Beuvron et Saint-Viâtre.

Où manger ?

La Margot'ine : *53, rue Lancelot-du-Lac. ☎ 02-54-76-03-12. • lamargotine41@gmail.com • Au centre du village. Ts les midis sauf dim-lun, plus le soir jeu-sam. Formule déj 14,50 € avec vin ou café ; carte 35 €. Café offert sur présentation de ce guide.* Cadre typique solognot avec poutres, tomettes et grande cheminée. Un lieu de vie, souriant, apaisant, tenu par un jeune couple qui aurait pu continuer de bosser au *Meurice* à Paris ou dans d'autres grandes maisons, mais Antonin a préféré revenir au village vivre avec sa femme et avec leur fille, Margot, une vie plus en accord avec leurs rêves. La cuisine de Charlotte est gourmande, de saison, servie dans la bonne humeur par Antonin. À l'ardoise, des plats qui réchauffent et des spécialités de foie gras.

SAINT-VIÂTRE (41210)

Village solognot connu pour son église en brique et losanges noirs. Clocher-porche abritant un joli portail du XIVe s. L'église renferme 4 panneaux peints sur bois décrivant des scènes de la vie du Christ. Au Moyen Âge, un tremble poussait sur l'église et la localité s'appelait Tremblevif. Saint-Viâtre était un lieu de pèlerinage connu pour guérir les fièvres de Sologne (paludisme).

Où manger ? Où boire un verre ?

Le Secalonia : *3, rue de la Paix. ☎ 02-54-95-98-08. Tlj sauf dim soir-lun (et le midi mar-mer hors saison). Congés : 3 sem en août. Carte*

30 €. Café offert sur présentation de ce guide. Café-bistrot de village tenu par un couple charmant qui se relaie en cuisine et au service. Une adresse locavore qui table sur les produits de saison ; saumon fumé maison, caviar de Sologne. Belle cuisine bistronomique.

À voir

La Maison des étangs : *2, rue de la Poste. ☎ 02-54-88-23-00. • maison-des-etangs.com • ♿ Avr-oct, tlj 10h-12h, 14h-18h ; nov-mars, mer et sam 14h-18h. Visite guidée env 1h30. Entrée : 6 € ; réduc, notamment sur présentation de ce guide (5 €).* Mieux qu'un écomusée régional : c'est en fait la « vitrine » des 3 000 étangs que compte la Sologne. On déambule dans 2 anciennes maisons solognotes joliment restaurées. On y apprend comment les Solognots ont, dès le Moyen Âge, tiré parti de ces zones inondées, ou encore le rôle de la religion dans le développement de la pisciculture, les maladies dues aux nombreux moustiques du XVIIe au XIXe s... Tous les métiers liés aux étangs sont détaillés : fabrication des bondes, culture et travail du chanvre, fabrication des barques, des tonneaux, des cordes... le tout présenté de manière vivante par des passionnés. La visite guidée se poursuit dans une autre maisonnette pour découvrir la faune et la flore de Sologne, l'un des derniers bateaux faucardeurs en état de marche. À la fin de la visite, vous pourrez vous balader au bord de l'étang communal qui est vidangé de manière spectaculaire chaque année, en octobre. À ne pas manquer !

LA SOLOGNE

NOUAN-LE-FUZELIER

(41600) 2 325 hab. *Carte Loir-et-Cher, D3*

À 7 km au sud de Lamotte-Beuvron. Village calme avec vue sur le Néant (rivière qui le traverse !), qui a le mérite d'être situé au cœur de la Sologne, d'où l'on peut facilement rayonner dans la région.

Où dormir ? Où manger ?

Camping

Camping La Grande Sologne : *☎ 02-54-88-70-22. • info@campingrandesologne.com • campingrandesologne.com • ♿ Entrée face à la piscine, à 200 m. Ouv avr-fin oct. Compter 16-20 € pour 2 pers ; loc de mobile homes ; tentes équipées 35-72 €/nuit pour 2-4 pers.* Charmant camping de 165 emplacements ombragés autour d'un étang, sur un superbe terrain de 9 ha. Originale « flotente », tente équipée (avec toilettes sèches), posée sur des flotteurs au milieu de l'étang et accessible en barque. Jeux pour enfants, café et animations en saison, location de vélos et piscine municipale *(de juin à mi-sept, accès gratuit)* à l'entrée. Excellent accueil.

Prix moyens

Hôtel Les Charmilles : *19, route de Pierrefitte-sur-Sauldre. ☎ 02-54-88-73-55. • hotel.lescharmilles@sfr.fr • hotel-les-charmilles.fr • À 500 m du bourg, sur la D 122. Congés : fév. Doubles 56-74 €.* Petit hôtel modeste et sympa, en bordure d'une route calme, et entouré d'un parc boisé et d'un petit étang. Chambres à la déco typique des années 1970 mais très bien tenues. Accueil enjoué et tarif abordable. Au petit déj, l'excellente brioche et les croissants du papa, un ancien boulanger, méritent d'être signalés, et le papa, remercié !

Le Raboliot : *1, av. de la Mairie. ☎ 02-54-94-40-00. • phenrynouan@orange.fr • Sur la place du village. Tlj sauf dim soir et lun. Résa conseillée au resto. Bistrot, formule 15,50 € ; resto, menus 19-34 € ; carte env 40 €.* Philippe Henry, qui possède le bistrot et le resto voisin, est un personnage avenant et passionné, dont la réputation n'est plus à faire. Le menu-carte évolue en permanence, au fil des saisons. Superbe carte des vins. On aime ce lieu, chaleureux et à prix sages.

SALBRIS (41300) 5 320 hab. *Carte Loir-et-Cher, D3-4*

Un village où vous passerez forcément si vous repartez en direction de la Sologne berrichonne (voir plus loin). Animé les jours de marché (les jeudi et samedi).

Où dormir dans les environs ?

LA SOLOGNE

Chic

Domaine du Chesne : *route de Romorantin. 06-12-23-67-00. • bertrand.desabbayes@gmail.com • domaineduchesne.fr • À 3 km de Salbris, sur la route de Romorantin (D 724). Doubles 110-160 €. De mi-avr à mi-oct, loc de gîtes et d'appartements (2-6 pers) 350-700 €/sem. Café offert sur présentation de ce guide.* Bâtisse de 1825 au milieu d'un vaste et beau parc planté d'arbres pluricentenaires et bordé par la Sauldre. Chambres spacieuses et lumineuses au château ajoutant au charme des meubles anciens des touches de design contemporain. Marie-Laure et Bertrand ont transformé de façon originale les dépendances, notamment une ancienne école, en appartements, gîtes et lofts. Accueil aux petits soins.

À voir. À faire

– **Le domaine de Courcelles :** *route de Pierrefitte. 06-99-16-37-28. • pegaseprod.com • Sur la route de Lamotte-Beuvron (D 2020). Ouv sur résa. Spectacle équestre certains w-e, avec ou sans dîner (tarifs sur le site internet).* Le 1er parc de loisirs équestres en France. Créé par Frédéric Sanabra, célèbre cascadeur équestre de cinéma et du spectacle de Chambord, un lieu au décor de western pour les cavaliers de tous âges. Ne pas manquer le grand spectacle nocturne des cascadeurs certains soirs d'été.

Possibilité de dîner au ***saloon*** ou d'assister à une soirée à thème certains soirs. Et de dormir dans des suites confortables *(140-180 € pour 2)*, des ***gîtes de trappeurs*** en rondins de bois *(150-230 € pour 4-6 pers)* ou des gîtes collectifs *(400-500 € pour 16-20 pers).*

LA FERTÉ-IMBAULT (41300) 975 hab. *Carte Loir-et-Cher, D4*

Avec ses maisons en brique aux tons chauds, La Ferté-Imbault ressemble à une belle endormie, sur les rives de la Sauldre qui, elle, coule paisiblement

en contrebas. C'est à pied qu'il faut la découvrir, pour admirer le château et l'adorable îlot Saint-Taurin, avec sa chapelle romane.

Où dormir ? Où manger ?

Prix moyens

Auberge À la Tête de Lard : *13, pl. des Tilleuls. ☎ 02-54-96-22-32. • tetedelard0233@orange.fr • aubergealatetedelard.com • Resto fermé dim soir-mar midi. Double 73 €. Carte env 45 €.* Un des grands classiques de la vie en Sologne. Cuisine de terroir orientée gibier en période de chasse, concoctée par un chef consciencieux. À l'étage, des chambres à l'ancienne remises au goût du jour.

Où dormir ? Où manger dans les environs ?

Auberge du Cheval Blanc : *5, pl. du Mail, 41300* ***Selles-Saint-Denis.*** *☎ 02-54-96-36-36. • auberge@chevalblanc-sologne.com • chevalblanc-sologne.com • ♿ Resto fermé mar soir-mer et dim soir. Congés : 15 fév-8 mars, 2de quinzaine d'août et 1 sem à Noël. Résa conseillée. Doubles à partir de 66 €. Menus 22 € (déj en sem)-77 €.* Au cœur du village, dans un ancien relais de poste du XVIIe s, cette ravissante auberge propose 7 chambres réparties autour d'une belle cour intérieure fleurie et reposante, où l'on peut dîner aux beaux jours. Les chambres moins onéreuses, de plain-pied et assez exiguës, restent confortables et élégantes, à l'image de l'endroit, plutôt chic. Magnifique salle de resto avec serveurs en chemise blanche, gilet et col Mao. Cuisine fine et créative à base de produits régionaux dûment sélectionnés. Le pain est fabriqué sur place (on le retrouve lors de l'excellent petit déj). Patron très accueillant.

LA SOLOGNE

À voir

Le château : *ne se visite pas ; on le voit bien de la route, derrière les grilles.* Impressionnante bâtisse rouge, c'est le plus important château en brique de Sologne. Il date du XVIIe s mais fut plusieurs fois remanié au XIXe. Sur les côtés, communs de style Louis XIII.

L'îlot Saint-Taurin : *du centre, prendre la petite rue qui part en face de l'Auberge À la Tête de Lard et continuer jusqu'au pont.* Sur les rives bucoliques de la Sauldre, pêcheurs et herbes folles cohabitent en toute quiétude. On aperçoit de belles maisons, une écluse et l'arrière du château. Trônant sur une petite place, une jolie chapelle au portail roman, unique vestige de la collégiale Saint-Taurin construite au XIIe s.

ROMORANTIN-LANTHENAY

(41200) | 17 870 hab. | *Carte Loir-et-Cher, C4*

Isolée dans une région peu urbanisée, la capitale de la Sologne ressemble à l'image que l'on se fait de la « province » française. Calme et sereine, elle fit sa richesse de la pauvreté naturelle de la Sologne : un mouton brun de race pure, vorace et rustique. Un mouton dont la laine fournissait la matière première à

une industrie drapière installée à Romorantin depuis le XVIe s, et dont la viande concurrençait, à la Belle Époque, les prés-salés dans les meilleures boucheries parisiennes.
François Ier y séjourna en compagnie de sa 1re épouse Claude de France, née au château de Romo (pour les intimes) en 1499. Aujourd'hui, il fait bon flâner dans la partie sud de la ville, sur les rives de la Sauldre, au milieu des arbres et des belles maisons anciennes.

ROMORANTIN, LA PRESQUE CAPITALE

En 1516, François Ier confia à Léonard de Vinci l'incroyable projet de construire à Romorantin la capitale de la France. Autour d'un château gigantesque, des canaux devaient relier la capitale à la Loire, la Saône et la Seine. Le maître mourut 2 ans plus tard, et l'idée fut abandonnée. Le roi commença alors les travaux de Chambord.

Adresses utiles

Office de tourisme Sologne côté sud : *32, pl. de la Paix. ☎ 02-54-76-43-89. • sologne-tourisme.fr • Ouv lun-sam 9h30-12h30, 14h30-18h30 ; fermé lun mat hors juil-août et lun oct-nov.*

Sologne Nature Environnement : *parc de Beauvais, 23, route de Selles-sur-Cher. ☎ 02-54-76-27-18. • sologne-nature.org • Tlj sauf w-e.* Animations nature, pour découvrir par des circuits la faune et la flore solognotes.

Où dormir ? Où manger ?

Camping Tournefeuille : *32, rue des Lices, BP 141. ☎ 02-54-76-16-60. • romo2015@outlook.fr • campingromorantin.com • En direction de Salbris, sur la droite en sortant de la ville. Ouv avr-fin oct. Compter 19,50-22,70 € pour 2 pers ; chalets pour 4-6 pers 385-492 €/sem.* Site agréable. Possibilité de pêcher au bord de la Sauldre. Location de vélos, tennis, piscine.

Barok : *4, rue du Tour-de-la-Halle. ☎ 02-54-97-35-53. Ts les midis sauf dim, plus le soir ven-sam. Résa vivement conseillée. Carte env 20-25 €.* Une table comme on aimerait en trouver autour de toutes les halles de France. Petite salle chaleureuse, avec nappes à carreaux et déco qui va bien. À l'ardoise, des plats du jour qui font tous envie, de la terrine maison à la tarte en dessert en passant par une viande savoureuse servie avec des légumes du marché. Derrière le bar et au service, un patron qui assure.

Le Bistrot de la Halle : *6, rue du Tour-de-la-Halle. ☎ 02-54-76-15-92. • benjamin.auger1@gmail.com • Ouv le midi mar-sam et le soir ven-sam. Carte env 20 €.* Une halte plaisante pour déjeuner dans une vibrante ambiance, mêlant habitués et gens de passage. Bonne cuisine de marché s'inspirant des produits piochés sur les étals de la halle voisine. Agréable décor boisé (poutres, lambris) et modernisé. L'accueil est très aimable.

À voir

Le musée de Sologne : *moulin du Chapitre. ☎ 02-54-95-33-66. • museedesologne.romorantin.com • Juil-août, tlj 9h-12h, 14h-18h ; dernière entrée 1h avt fermeture. Fermé mar le reste de l'année ainsi que le mois de janv, 1er mai et 25-26 déc. Entrée : 7 € ; réduc. Musée de Sologne + musée Matra : 10 €.* Dans d'anciens moulins situés sur la Sauldre, ce musée présente le milieu naturel, l'histoire et la faune de la Sologne, l'habitat, le monde des châteaux et le monde rural, les anciens métiers, la chasse et le braconnage.

> **LA BARBE !**
>
> *En 1521, lors d'une fête arrosée, François Ier participa à une bagarre entre 2 factions rivales. Un des courtisans lança un tison enflammé qui tomba sur la tête du roi, le brûlant au visage. Pour cacher sa cicatrice, le souverain se laissa pousser la barbe. Et, dès lors, la barbe devint à la mode.*

Le château de Romorantin : *aujourd'hui sous-préfecture. Ne se visite pas.* C'est dans cette haute demeure à la tour romantique qu'est née Claude de France, épouse de François Ier, qui y passa son enfance. Le couple royal y revint plusieurs fois avec sa cour.

Le musée Espace automobiles Matra : *17, rue des Capucins. ☎ 02-54-94-55-58. • museematra.com • Tlj sauf mar (tlj vac scol), 9h (10h w-e et j. fériés)-12h, 14h-18h. Fermé 1er janv, 1er mai et 25 déc. Entrée : 7 € ; réduc. Musée de Sologne + musée Matra : 10 €.* Romorantin abrita jusqu'en 2003 les usines *Matra Automobiles*. Le rez-de-chaussée est principalement consacré à la course automobile, dans laquelle le constructeur s'est illustré en remportant notamment les 24 Heures du Mans en 1972, 1973 et 1974 (année où Matra arrête la compétition). C'est aussi là que sont exposés les 1ers *Espace* (construits par Matra mais commercialisés par Renault). Enfin, au sous-sol, vous découvrirez des véhicules expérimentaux et prototypes... étonnants et amusants ! Belles expos temporaires.

La Fabrique Normant – Céra'brique : *av. Saint-Exupéry. ☎ 02-34-06-10-34. • cerabrique.lafabriquenormant.fr • À la sortie est de la ville. Ouv juil-août, mar-sam ; le mer automne/printemps. Entrée : 2 € ; réduc. Ateliers et visites guidées 3 €.* Un vaste espace dédié à la terre cuite et à la céramique architecturale, son exploitation et son importance dans l'économie régionale et nationale au XIXe s, avant que la mécanisation ne provoque la disparition des tuileries artisanales. Parmi une collection de plus de 7 000 pièces (exposées par roulement bien sûr), on découvre de très beaux fleurons décoratifs, des frises vernissées, éléments de faîtage ou de cheminée, mais aussi des poêles de faïence et des céramiques artistiques, provenant de toute la France et de l'étranger. Topo sur les techniques de fabrication. Expos temporaires et ateliers.

Manifestation

– ***Journées gastronomiques de Sologne :*** *ts les ans, dernier w-e d'oct. ☎ 02-54-96-99-88. • jgs.romorantin.net • Compter 5 € les 2 j. ; réduc.* À ne pas rater : dégustation et vente des meilleurs produits solognots ! Asperges de Contres, fraises de Fontaines-en-Sologne, saucisson de Nouan-le-Fuzelier, citrouille de Millançay, andouillette de Mennetou, boudin de Pruniers... Des confréries gourmandes (dont la plus évocatrice reste celle des Lichonneux de tarte Tatin) vous accueillent ici depuis plus d'¼ de siècle.

LA SOLOGNE BERRICHONNE

La Sologne orientale est enclavée dans le Cher. On y accède par Vierzon, nœud ferroviaire majeur du département et ville en pleine renaissance. Coupé du nord du département par la ligne droite reliant Gien à Bourges, voilà un territoire parfaitement délimité, royaume de rêve hanté par *Le Grand Meaulnes,* dont les paysages ne sont que landes de bruyère, étangs, marais et forêts.

VIERZON

(18100) 27 725 hab. *Carte Cher, B2*

Au confluent du Cher et de l'Yèvre, entre autres (5 rivières se croisent par ici, en fait), Vierzon, 2e ville du département du Cher, connut un important essor économique à la fin du XVIIIe s avec la fondation, en 1779, de forges à hauts-fourneaux par le futur Charles X. Les halles de fonderie, au style Eiffel de brique et de métal, sont aujourd'hui magnifiquement restaurées. Un signe parmi tant d'autres de la résurrection de la ville et de ses alentours, aux vestiges historiques bien mis en valeur et à la végétation toujours plus présente, reléguant à l'obsolescence la vision peu amène qu'en donnait la chanson de Brel.

Adresse et info utiles

Office de tourisme : *5 bis, pl. du Maréchal-Foch (près de l'av. de la République). ☎ 02-48-53-06-14. • berrysolognetourisme.com • Mai-sept, lun-sam 10h-12h30, 14h30-18h, plus dim juil-août (horaires restreints) ; le reste de l'année, lun-sam 10h-12h30, 14h-17h (fermé lun mat).* Renseignez-vous sur le circuit d'interprétation du patrimoine ; également un guide touristique très bien fait, et un livret de 23 fiches de randonnées *(gratuits).* Boutique (produits locaux, librairie et expos temporaires) sur place et en ligne *• boutiqueduberry.com •* Très bon accueil.

– **Marché :** *sam, important marché régional en centre-ville.*

Où dormir à Vierzon et dans les environs ?

De prix moyens à chic

Le Chalet de la Forêt : *143, av. Édouard-Vaillant. ☎ 02-48-75-35-84. • info@lechaletdelaforet.com • lechaletdelaforet.com • ♿ Tlj. Doubles 60-82 € ; familiales. Menus 21-41 €. Apéritif maison offert sur présentation de ce guide.* Les panneaux publicitaires cachent un peu la forêt, en arrivant à Vierzon, mais cet établissement est une bonne étape, à la sortie de l'autoroute. Chambres dans la vieille maison, au-dessus du restaurant, mais surtout 5 chalets côté parc, comprenant 4 chambres chacun, qui permettent de se réveiller au chant des oiseaux. Clim, piscine. Bonne table régionale, et service efficace.

Chambres d'hôtes La Grange de Léonie : *chez Mathilde et Christophe Selin, Les Briants, 18100* ***Méry-sur-Cher.*** *📱 06-64-35-01-68. • lagrangedeleonie@gmail.com • lagrangedeleonie.com • ♿ À 8 km au nord-ouest de Vierzon. Tlj. Doubles 85-140 € ; familiales.* Cette noble et belle grange solognote était celle de la grand-mère de Christophe : il l'a entièrement démontée pour la reconstruire ici, sur un terrain de 3 ha, et la consacrer aux hôtes. 3 chambres agréables de plain-pied, chacune avec petite terrasse privative, décorées avec une sobriété et une élégance contemporaines inattaquables. Côté équipement : dernier cri de la technologie. Cuisine à disposition. Jacuzzi, grande piscine. Et location de vélos sur place pour partir à l'assaut du canal de Berry. Accueil convivial et souriant.

Où manger ?

Restaurant-grill-crêperie La Bûcherie : *7, pl. Gallerand. ☎ 02-48-71-43-37. • aureliesimont@gmail.com • ♿ Tlj sauf dim-lun, midi et soir.*

Congés : 2 sem en mars et en août. Formules galette 15-21 € ; carte env 30 €. Café offert sur présentation de ce guide. Localisation stratégique : à quelques pas de l'office de tourisme et du square Lucien-Beaufrère (voir plus bas), devant l'agréable place Gallerand. Salle à la décoration solognote rafraîchie par des couleurs pastel, des motifs floraux, une ambiance féminine. Dans l'assiette, des préparations simples mais réussies, une nourriture copieuse. Parfait pour les familles. Accueil professionnel.

Les Petits Plats de Célestin : *20, av. Pierre-Sémard. ☎ 02-48-83-01-63. • lamaisondecelestin@wanadoo.fr • Tt près de la gare. Tlj sauf dim-lun, midi et soir. Congés : 2 sem après le 1er janv, 1 sem pdt les vac scol de fév et fin avr, 2 sem fin août. Formules déj 22-23 € (sauf w-e) et menus 29-33 € ; carte env 35 €.* Voilà une des grandes tables de la ville, avec une déco moderne et chic, dans une grande véranda en demi-cercle donnant sur un jardin et d'anciens bâtiments industriels rénovés. Belle cuisine de saison, privilégiant la fraîcheur des produits, et jouant tout à la fois l'inventivité, l'esthétisme, les saveurs subtiles en respectant les valeurs berrichonnes. Bonne sélection de vins.

À voir. À faire

La vieille ville : *plan disponible à l'office de tourisme.* Promenade ludique et instructive d'environ 2h, proposée en 3 boucles, afin de découvrir le patrimoine médiéval/Art déco, nature et industriel de la ville. Une balade jalonnée de maisons à pans de bois du XVe s, qui se serrent sur la butte de Sion que domine le beffroi gothique. Emprunter les rues piétonnes, faire une halte au no 5 de la rue de la Monnaie, au logis où les seigneurs de Vierzon frappaient leurs écus. D'autres bâtisses médiévales se découvrent rue du Maréchal-Joffre et rue Armand-Brunet. Rue Nicolas-Boileau, plus communément appelée la « rue Jeanne-d'Arc », se trouve la maison des Vicaires. Datée du XVe s, elle est classée Monument historique. Par la place Vaillant-Couturier qui abritait l'ancien marché au blé, on distingue d'autres demeures élégantes. Et faites un tour à l'église Notre-Dame et du côté de l'*ancien beffroi*.

Le square Lucien-Beaufrère : *accès par la pl. Fernand-Micouraud, à côté de l'hôtel de ville. Tlj.* Réalisé en 1933 à la suite d'un concours pour l'établissement d'un monument aux morts de la Grande Guerre, voici l'un des rares témoins de l'époque Art déco de l'entre-deux-guerres (le seul classé par les Monuments historiques). Eugène-Henry Karcher utilisa des matériaux issus de l'ère industrielle (ciment, béton armé, verre). Et notamment – pour les grilles avec les colombes et les rameaux d'olivier – le fer forgé provenant des usines locales, qui servit également pour les portes stylisées décorées de danseuses et de lavandières du kiosque-lavoir. Il proposa en 1958 d'ajouter la figure de « L'homme pensant » et le message de paix de Victor Hugo. À voir de préférence aux beaux jours. Agréable promenade dans le jardin romantique (arboretum), le long du canal de Berry, où l'on peut profiter, en juillet, de concerts gratuits (les *Estivales du canal*) ; tout comme dans l'auditorium de plein air.

Le musée des Fours banaux : *7, rue du Château. ☎ 02-48-52-65-45 (service Patrimoine) ou 02-48-53-09-32. Au pied du beffroi. Ouverture estivale, contacter l'office de tourisme pour les horaires détaillés ; sinon, visite guidée sur rdv : 3 € ; réduc. Durée : env 45 mn.* Outre les 2 fours datant du XVe s (on est dans une ancienne boulangerie), on peut voir de nombreux objets exhumés au fil du temps, les horloges du beffroi (dont une restaurée datant du XVe s, à une seule aiguille, et une autre du XIXe s), 4 statues classées en bois polychrome du XVe s, représentant les saints évangélistes. Intéressante maquette de Vierzon à l'époque où la ville était entièrement fortifiée, et belle fenêtre gothique éclairant l'ancienne salle du château seigneurial.

Le musée de Vierzon : *11, rue de la Société-Française. ☎ 02-48-71-10-94. • ville-vierzon.fr • Lun-ven 8h-12h, 13h30-17h30, sam 9h-12h. Fermé dim. GRATUIT.* Dans d'anciens locaux (aujourd'hui protégés au titre des Monuments historiques) de l'usine SFV qui a produit jusqu'en 1958 du matériel agricole réputé. La collection permet de retracer l'histoire industrielle de la ville aux XIXe et XXe s dans le domaine de la porcelaine, du verre, du grès, de la confection et du machinisme agricole. Les « bousillés », œuvres uniques réalisées par les ouvriers des verreries vierzonnaises durant leur temps de pose, font partie des « musts » du musée. Tout comme la collection de dessins, de photos et de maquettes retraçant l'histoire de la locomotive à vapeur sur plus de 150 ans réunie par un ancien chef de gare à Vierzon, Raymond Laumônier. Des machines aux doux noms de *Mountain 241, Super Pacific* ou encore *Mikado* apparaissent ici dans des répliques parfaites. Quant à la « célèbre » *Eugénie* (prototype de machine à vapeur), elle a été retrouvée à Vierzon par hasard... Collections de jolies lanternes à main, d'objets de gare, d'affiches.

DU PAIN BANAL...

Sous l'Ancien Régime, une « banalité » consistait pour les gens du peuple (« le ban et l'arrière-ban ») à payer son écot au seigneur, propriétaire du four, pour faire cuire le pain. La tradition a survécu dans nos campagnes jusqu'au début du XXe s, quand on venait utiliser le four du boulanger pour cuire le rôti du dimanche.

L'île Marie : *pont Jean-Monnet. ☎ 02-48-83-00-28. • cen-centrevaldeloire.org • Inaccessible en hiver et en cas d'inondation. En aval du pont de l'Europe, proche du parc des Expositions. GRATUIT.* Au confluent du Cher et de l'Yèvre, voici l'une des 19 îles qui émergent du Cher. On emprunte un sentier de 800 m qui fait une boucle dans la forêt alluviale, entre prairie, saulaie et frênaie. De la grenouille verte au castor d'Europe, c'est un lieu de protection et d'observation de la biodiversité. Un bol de nature pure en pleine ville.

DANS LES ENVIRONS DE VIERZON

GRAÇAY *(18310)*

À 25 km au sud-ouest de Vierzon par l'A 20, puis la D 83.

Bourg animé. Son église Notre-Dame, en calcaire, est classique d'extérieur, mais possède une belle collection de plus de 120 vitraux illustrant les villes des diocèses les plus importants de France. Petit centre agréable avec sa grande place de village, des restes de remparts de l'époque féodale, quelques belles maisons anciennes, un musée de la Photo, et un bureau d'information touristique, installé dans les vestiges d'une abside.

Adresse utile

Bureau d'information touristique : *abside Saint-Martin, 4, pl. du Marché (à côté du musée de la Photographie). ☎ 02-48-51-22-83. • berrysolognetourisme.com • Avr-oct, mar-dim 10h-12h, 14h (15h dim)-18h ; horaires restreints le reste de l'année.* Belle surprise que cet espace installé dans l'abside de l'église du XIe s, joliment agrandie d'une verrière. Abrite l'ancienne cloche de l'église de Saint-Martin, qui pèse 370 kg. Nombreux dépliants et doc sur les sentiers de randonnée des environs. Accueil adorable.

LA SOLOGNE

À voir

Le musée de la Photographie Lucien-Prévost : *2, pl. du Marché. ☎ 02-48-51-41-80. • museephoto.com • Avr-oct, mar-sam 10h-12h, 14h-18h ; dim 10h-12h, 15h-18h. Mars et nov-déc, mar-sam 10h-12h, 14h-17h. Fermé janv-fév et j. fériés. Entrée : 5 €. Visite libre ou guidée (recommandée).* Il existe 2 musées de la Photographie en France : à Chalon-sur-Saône et à Graçay. Du daguerréotype aux appareils numériques (le tout 1er date du début des années 1980) en passant par un mur d'appareils jetables, des photos de stars des années 1940-1950, la copie du tout 1er cliché de Niépce, un portrait de Victor Hugo, toute l'histoire de la photo s'y retrouve. Également les 1ers appareils en bois et d'impressionnants modèles de Leïca, Hasselblad ou Rollex. La collection est si riche qu'elle est présentée par roulement ! Toute une salle est consacrée aux inventions de la Belle Époque : cinématographe des frères Lumière, phonographe d'Edison, gramophone de Berliner, TSF de Marconi... et une autre dédiée à Lucien Prévost (1875-1911), enfant du village voisin de Saint-Outrille, fils de boulanger et vrai pionnier oublié de l'histoire de la photographie. Cet ami des frères Lumière, de Gustave Eiffel ou encore de Ferdinand de Lesseps, concepteur pour Pathé des 1res caméras cinématographiques – dont celle que portait toujours avec lui Buster Keaton –, est l'auteur d'un grand nombre de clichés réalisés à travers le monde au début des années 1900.

À voir dans les environs

Le musée de l'Ocre : *1, pl. des Tilleuls, 18100* **Saint-Georges-sur-la-Prée.** *☎ 02-48-51-41-05. À 13 km à l'ouest de Vierzon par la D 90. Se renseigner sur • berryprovince.com • pour les horaires. Compter 4 € ; gratuit moins de 12 ans. Animations enfants et adultes « Initiation à l'Ocre » sur résa.* Certes, la muséographie est ici si dépassée que c'en est attendrissant, mais elle est claire, et le fonds de l'affaire très intéressant. C'est une véritable initiation au monde de la couleur dans ses usages, son exploitation et sa commercialisation. En France, jusqu'au XVIIIe s, qui parlait d'ocre ne pouvait se référer qu'à celui de Saint-Georges ! Or on l'utilisait pour les fresques religieuses comme pour la peinture profane... Chouette reconstitution d'une boutique de marchand de couleurs du début du XXe s, où l'on peut effectivement acheter des pigments naturels. Au grenier, évocation de la vie quotidienne fin XIXe-début XXe. Expos artistiques temporaires.

ARGENT-SUR-SAULDRE

(18410) 2 050 hab. *Carte Cher, C1*

Sur la D 940, à 20 km de Gien et 8 km d'Aubigny-sur-Nère. Une gentille bourgade solognote vraiment calme et paisible. Le château de la ville, édifié au début du XVIe s par Marie de Sully puis remanié au XVIIIe s, abrite un agréable musée des Métiers et Traditions de France où certains s'amusent parfois à organiser des soirées « Crime » très recherchées.

UN CANAL SANS QUEUE NI TÊTE

Long de 47 km, le canal de la Sauldre a la particularité unique de n'être relié à aucune autre voie navigable. Il fut creusé après la révolution de 1848 afin d'embaucher les chômeurs parisiens et d'apaiser les contestataires. Il permit toutefois d'assécher les marais et de transporter la marne (engrais naturel) afin de rendre les terrains cultivables.

Où dormir ? Où manger ?

Le Relais du Cor d'Argent : *39, rue Nationale. ☎ 02-48-73-63-49. • info@lecordargent.com • lecordargent.com • (resto). Tlj sauf mar-mer (hôtel ouv mais seulement sur résa). Congés : de mi-fév à mi-mars, 1re sem de juil et 1 sem en oct. Doubles 62-76 €. Menus 23 € (sauf dim et j. fériés), puis 36-45 € ; menu végétarien 28,50 €.* Dans un intérieur rustico-chic, la Sologne dévoile ses charmes, ses parfums, ses saveurs ! Laurent Lafon est un chef précis, qui ne triche ni avec les quantités ni avec la qualité. Service très pro. Quelques chambres simples, bien rénovées, avec les meubles cirés de grand-mère. Belle devanture de géraniums en saison. Terrasse.

À voir à Argent-sur-Sauldre et dans les environs

Le musée des Métiers d'antan : *dans le château, à l'entrée de la ville. ☎ 02-48-73-33-10 ou 02-48-81-50-60 (mairie). Ouv de Pâques à mi-sept, tlj sauf lun-mar 13h-18h, ou sur résa pour les groupes. Entrée : 4,50 € ; réduc ; gratuit moins de 15 ans.* Racheté par la commune en 1957, le château d'Argent abrite sur 3 niveaux une intéressante collection de plus d'un millier d'outils anciens retraçant la vie des artisans et leurs savoir-faire oubliés. On découvre, entre autres pièces rares, des coffres du Berry, un placard à fromage réalisé dans un tronc d'arbre évidé, un incroyable métier à tisser, la reconstitution d'un intérieur solognot, des lampes à huile, des quenouilles, des tours de menuisier, des outils de charron, etc. Un espace est consacré à l'abbé Moreux, célèbre astronome et enfant du pays.

– Pour participer aux soirées « Crime au musée des Métiers », organisées avec la complicité des Argellons, de l'office de tourisme et de la route Jacques-Cœur (voir plus loin « Le Cher en Berry. À voir. À faire »), réserver obligatoirement sur le site : *• route-jacques-coeur.com •*

L'étang du Puits et le parc Aquaplouf : avant de filer sur Brinon, petite balade jusqu'à l'étang, à 9 km du centre. Plus grand de Sologne avec une superficie de 182 ha, cet étang a été aménagé pour alimenter le canal de la Sauldre. Il fera le bonheur des petits et des grands : les adultes écolo découvriront la zone ornithologique, les promenades tout autour et la base de loisirs. En été, les plus jeunes se précipiteront sur les trampolines, toboggans, catapultes, parcours d'obstacles, structures gonflables et paddle géant *(📱 06-29-77-30-04 ; • parcaquaplouf.wixsite.com • ; ouv juil-août, tlj 11h45-19h ; tarif : à partir de 8 €/pers et par heure ; accès à partir de 7 ans ; les mineurs doivent être accompagnés d'un adulte).*

DANS LES ENVIRONS D'ARGENT-SUR-SAULDRE

BRINON-SUR-SAULDRE (18410 ; 1 000 hab.)

À 16 km à l'ouest d'Argent-sur-Sauldre, sur la D 923. C'est en 1924 que Maurice Genevoix découvre cette coquette petite commune aux façades typiques en pierre rouge, au bord de la Grande Sauldre. Il y campera un de ses plus célèbres personnages, celui qui va devenir l'archétype du braconnier, sympathique hors-la-loi amoureux de la nature et connaissant sa campagne comme sa poche, *Raboliot* (pour en savoir plus, rendez-vous à la ***Maison de la Forêt*** : *1, route de Chaon, ☎ 02-48-58-52-55*). Il obtint le prix Goncourt en 1925 grâce à ce roman qui donna ses lettres de noblesse à toute la Sologne. Quant à l'église Saint-Barthélemy, elle reste l'une des plus belles églises à caquetoire de la région. Un charmant parc mène au cœur du village. De l'ensemble, soigné, émane un charme discret mais bien réel.

Où dormir ? Où manger ?

Prix moyens

La Solognote : *34, Grande-Rue. ☎ 02-48-58-50-29. • lasolognote@wanadoo.fr • hotel-brinonsursauldre.fr • Tlj sauf dim. Doubles 68-88 € avec ou sans petit déj. Menus 23-34 €.* Ravissante maison rustico-romantique, aux poutres et meubles solognots typiques. Chambres fraîches, spacieuses et calmes, au charme bucolique, donnant sur une jolie cour fleurie à la belle saison, où l'on peut prendre l'apéritif ou le petit déj. Un rendez-vous bien agréable également pour un repas côté terrasse ou dans la salle au cachet rustique heureusement dépoussiéré.

Beaucoup plus chic

Gîtes insolites de Sologne : *chez Catherine Vermot des Roches, Les Grands Pins – Glatigny. 06-76-39-24-04. • bullesdesologne@orange.fr • bullesdesologne.com • Compter 240-270 €/nuit en bulle. Bulles familiales. Petit déj en plus 20 €/pers.* Des bulles en pleine forêt solognote, il fallait oser. Déjà, le chemin pour y accéder met en condition. Un domaine de 60 ha, avec la maison des propriétaires au bout de la route, et des voitures électriques pour vous mener ensuite aux grandes bulles d'air posées dans une allée forestière, avec vue imprenable sur la forêt. Bien regarder où l'on met les pieds, respecter les questions de sécurité et se moquer des regards des rares passants à 4 pattes (sangliers, chevreuils...) qui viendraient vous rendre visite. Plus de 6 km d'allées forestières pour vous détendre les jambes. Vélos à disposition.

LA SOLOGNE

BLANCAFORT *(18410 ; 1 090 hab.)*

À 7 km à l'est d'Argent, petite remontée jusqu'au départ du canal de la Sauldre pour découvrir ce village situé au carrefour du pays Fort, de la Sologne berrichonne et de la Loire orléanaise (Gien et Briare sont tout près). Son beau château en pierre et brique et sa curieuse église s'intègrent parfaitement au cadre naturel.

Adresse et info utiles

Syndicat d'initiative : *3, rue du 8-Mai. ☎ 02-48-81-58-15. • tourisme-blancafort.fr • Ouv Pâques-Toussaint (permanence téléphonique en dehors de cette période), mer-sam 15h-18h.* Visite guidée du village sur demande. Expositions de peinture sur place.

– **Brocante, vide-grenier :** *ts les ans, dim de Pentecôte.*

Où dormir ?

De prix moyens à chic

Chambres d'hôtes La Bergerie : *chez Natalina Perotti, 221, route de Cernoy. 06-62-47-14-73. • labergerie18@gmail.com • labergerie-blancafort.fr • Compter 75-90 € pour 2, 130 € pour 4 pers.* Une adresse on ne peut plus charmante et bucolique, propice au repos. Dans un ensemble de 2,5 ha, de jolies chambres spacieuses et douillettes, effectivement logées dans une ancienne bergerie devenue une habitation confortable et un spa (avec un petit supplément) ; massages possibles sur réservation. Espace détente, sauna. Ensemble soigné, magnifique étang doté d'une terrasse flottante... Idéal pour un week-end au vert en amoureux.

À voir

L'église Saint-Étienne : du XVe s. Son clocher, à l'origine au centre du bâtiment, se trouve aujourd'hui à l'entrée de l'église ! Le toit, pentu, descend jusqu'au portail de l'édifice. Devant l'église, la rue, de nos jours bordée de charmantes maisons, servait autrefois de cimetière...

Le château des Senteurs : ☎ *02-48-58-60-11.* • *chateaublancafort.com* • *Mai-juin, tlj sauf mar 10h-12h, 14h-18h30 ; juil-sept, tlj 10h-19h. Fermé oct-avr. Entrée : 9,50 €, ou 8 € sur présentation de ce guide (château en visite guidée de 45 mn et parc et jardins en visite libre) ; 8 € (seulement parc et jardins).* Beau château en pierre et brique rose, flanqué de tours massives. Derrière les dépendances, jolis jardins à la française. Sur le côté, un pont en pierre enjambe les douves et permet d'accéder à une ravissante cour, dont les galeries à arcades évoquent une hacienda. Ancienne maison forte, la demeure seigneuriale fut construite au XVe s pour la famille Boucard, et est toujours habitée. La décoration intérieure est élégante, avec un mobilier des XVIIe et XVIIIe s, des tapisseries d'Aubusson. La salle à manger est tendue de cuir des Flandres, la bibliothèque intégralement boisée et la chambre toute de bleu vêtue... Entre autres curiosités, une lettre de cachet signée par Louis XIV. Et, originalité, chaque pièce est associée à une fragrance particulière : la vanille pour la salle des gardes, le magnolia pour la salle à manger... Amusez-vous à deviner les autres.

AUBIGNY-SUR-NÈRE (18700) 5 618 hab. *Carte Cher, C1*

Cette modeste ville de 5 600 habitants (les Albiniens) est riche d'un important passé historique, architectural, culturel et économique. Historiquement, c'est la « cité des Stuarts » et de l'*Auld Alliance,* l'alliance franco-écossaise contre l'Angleterre (évoquée au rez-de-chaussée, au Centre d'interprétation du château). Sur le plan architectural, la ville regorge de maisons à colombages plus pittoresques les unes que les autres. C'est une commune animée tout au long de l'année, au rythme de ses expositions, foires et festivals divers. La vivacité d'Aubigny se traduit aussi dans son économie : la ville n'a quasiment pas souffert de la crise de l'emploi grâce à ses usines de mécanique de pointe (pour Airbus, la Formule 1, Renault...), qui se développent à l'échelle européenne et mondiale.

Et si vous connaissez l'Écosse, vous ne manquerez pas, au cours de votre promenade, de relever quelques détails évoquant cette contrée, Aubigny étant jumelée avec Haddington : drapeaux, cabine téléphonique, boîtes aux lettres... jusqu'à la marque de whisky *The Auld Alliance Whisky,* élaborée en Bourgogne à Beaune par Michel Couvreur, en exclusivité pour Aubigny... Pour commémoration et consommation locales, donc !

UN PEU D'HISTOIRE

En pleine guerre de Cent Ans, le futur Charles VII doit demander de l'aide aux Écossais, ennemis héréditaires des Anglais (c'est bien connu), pour bouter (dixit Jeanne d'Arc) ces derniers hors de France. Bien obligé de remercier Jean Stuart (qui, avec ses soldats, a contribué à la victoire française), le futur roi lui offre une

petite seigneurie. Mais il lui avait promis aussi une grosse somme d'argent, sous forme de rente annuelle. Une fois couronné à Reims, Charles VII ne trouve pas une telle somme, le pays étant ruiné par la guerre. Il n'a alors plus qu'une solution : lui donner cette terre qui lui appartenait : celle d'Aubigny !
Par la suite, le descendant de Jean Stuart offrira ses forêts pour reconstruire la ville (d'où les nombreux colombages) à la suite de l'incendie de 1512 (une seule maison de cette époque subsiste aujourd'hui : celle des Foulons). Robert Stuart meurt à Orléans, là même où la libération du pays a commencé. Ses descendants, héritiers de la ville par contrat, continuèrent à servir les rois de France, aidant même François Ier à gagner Marignan (1515).
Au XVIIe s, après 250 ans de possession (1423-1673), faute d'héritier mâle, la ville est rendue à la couronne française. Par la suite, Louis XIV offre Aubigny à la très jolie duchesse de Portsmouth, célèbre intrigante bretonne et maîtresse de Charles II d'Angleterre, lointaine descendante des Stuarts... et aïeule de Lady Diana.

Adresse utile

Office de tourisme : *1, rue de l'Église. ☎ 02-48-58-40-20. • aubigny-sologne.com • Mai-sept, lun-sam 10h-19h, dim 10h-13h et 14h-17h ; oct-avr, lun-ven 10h-17h (sauf 13h-14h lun), sam 10h-13h. Visites commentées d'Aubigny avr-oct, mar à 10h30. Durée : 1h-1h30 ; 5,50 € ; réduc. Rallye selfie 5 €.* Boutique de produits locaux et d'Écosse.

Où dormir ? Où manger ? Où boire un verre ?

Camping

Camping des Étangs : *route d'Oizon. ☎ 02-48-58-02-37. • camping.aubigny@orange.fr • camping-aubigny.com • À 2 km du centre, par la D 923, à droite après le CRJS (fléché). Ouv avr-oct. Compter 15,50-21 € pour 2 ; bungalow toilé, mobile homes et chalets.* Un bon camping, en pleine forêt, au bord d'un étang, dans un cadre de verdure agréable. Une centaine d'emplacements confortables dans un parc de 2 ha ombragé. Possibilité d'achat de carte de pêche et barbecue à disposition pour cuire son poisson. Piscine chauffée sur place et complexe sportif à proximité. Également des mobile homes, des chalets et des roulottes. Piscine. Entretien impeccable.

Prix moyens

L'Entrepot'es : *1, rue des Dames. ☎ 02-48-58-86-30. • contact@lentrepotes-baravin.fr • Tlj sauf lun-mar, midi et soir. Carte env 18 €.* On prend plaisir de pousser la porter de ce chaleureux bar à vins. L'ambiance y est animée, et vous y trouverez forcément de la bonne compagnie à l'heure de l'apéro. Bon choix de vins régionaux, mais pas que... Côté restauration, du tout simple. Idéal pour un grignotage entre potes.

Le Bien Aller : *3, rue des Dames. ☎ 02-48-58-03-92. • bienaller18@gmail.com • Face à l'office de tourisme. Tlj sauf mar-mer, midi et soir. Résa conseillée. Formule déj en sem 15 € ; menus 22-29 €. Apéritif maison offert sur présentation de ce guide.* Un lieu tout en éclairages indirects, élégant et tendance, avec ses 2 salles : l'une genre bistrot ambiance jazz, avec une bibliothèque consacrée à la cuisine, et l'autre, plus intimiste, avec de grands miroirs et un mobilier de type colonial. La cuisine, habile et inventive de Maître restaurateur, mêle avec bonheur épices, saveurs sucrées et salées, sans négliger les recettes du terroir. Bar à vins et belle carte de crus du pays. Excellent accueil et service diligent.

De chic à plus chic

Chambres d'hôtes La Grange des Cardeux : *chez Isabelle et Pascal Testard, 6, av. du Parc-des-Sports. ☎ 02-48-58-23-36. • grange.des.*

LA SOLOGNE

cardeux@orange.fr • lagrangedescardeux.com • Au centre-ville, face à l'hôtel-resto La Chaumière. *Congés : 15 j. fin juin. Compter 90 € pour 2. Apéritif maison offert sur présentation de ce guide.* Superbement intégrée dans un jardin fleuri à l'anglaise, une ancienne écurie de maison de maître aménagée en chambres d'hôtes. De vrais petits nids moelleux à la déco raffinée et élégante. Meubles chinés, salles de bains bien pensées et beaucoup d'attention portée au moindre détail. Riche petit déj servi dans une pièce chaleureuse avec puits de lumière ou à côté de la gloriette du jardin paysager où chaque plante est étiquetée. Accueil chaleureux d'un couple passionné de déco et de botanique.

Maison d'hôtes Villa Stuart : *chez Maria et Étienne Kempf, 12, av. de Paris. ☎ 02-48-58-93-30. • villastuart@wanadoo.fr • villastuart.com • Ouv tte l'année, sur résa. Compter 93-114 € pour 2 (lit en supplément 20 €). Repas le soir sur résa 36 € ; plateau-repas 20 €.* Une belle maison années 1930 *so British,* tenue avec soin, et un accueil irréprochable. Repas délicieux à base de produits berrichons (légumes du marché, herbes du jardin, vins de pays...), chambres rétro, cosy, spacieuses, terrasse et vaste jardin agréables. Piscine.

La Chaumière : *2, rue Paul-Lasnier. ☎ 02-48-58-04-01. • lachaumiere.hotel@wanadoo.fr • hotel-restaurant-la-chaumiere.com • Au centre-ville, à côté du château d'Aubigny, en direction de Sancerre. Tlj sauf dim soir-lun. Congés : de mi-fév à mi-mars. Doubles 102-135 € ; familiales. Menu déj en sem 24 € ; autres menus 35-49-60 €.* Une chaumière bien confortable sur la route Jacques-Cœur. Chambres de taille variable, à la décoration très solognote (brique, pierres apparentes) ; certaines mansardées. Cour centrale accueillante. Au resto, une cuisine de tradition revisitée, bien réalisée avec les produits du pays. Accueil des plus courtois.

Où dormir ? Où manger dans les environs ?

Chambres d'hôtes Les Châtelains : *chez Daniel et Marylène Geneviève dit Damien, Les Châtelains, 18380* **Ennordres.** *☎ 02-48-58-40-37. 06-07-29-67-98. • contact@leschatelains.com • leschatelains.com • À 11 km d'Aubigny et 7 km d'Ennordres. Fermé janv-fév. Double 95 € ; chambres familiales. Apéritif maison offert sur présentation de ce guide.* Une ferme typique de la région, dont les écuries ont été réaménagées en 5 superbes chambres. Colorées, spacieuses, parfaitement équipées et décorées dans des styles différents, elles offrent un excellent confort. Vaste salle commune avec cheminée. Sur le domaine, une curiosité : une belle grange pyramidale. Accueil attentionné. Environnement calme et reposant. Piscine chauffée, parc.

Les Rives de l'Oizenotte : *étang de Nohant, 18700* **Oizon.** *☎ 02-48-58-06-20. • lesrivesdeloizenotte@orange.fr • À 6 km à l'est d'Aubigny-sur-Nère. Tlj sauf dim soir et lun-mar. Résa conseillée. Formule 34 €.* Un excellent point de chute pour cette auberge isolée en bordure de rivière et d'étang. La salle contemporaine, aux teintes chaleureuses et grandes baies vitrées, ferait presque oublier la grande terrasse, face à cet environnement bucolique. Ici, les beaux produits du terroir sont à l'honneur (fromages, lentilles du Berry, poisson de rivière, etc.), mais le chef s'autorise quelques judicieuses envolées créatives. Et des desserts de toujours sur lesquels on ne peut faire l'impasse. Accueil adorable.

Où acheter de bons macarons ?

Pâtisserie Baron : *38, rue du Prieuré. ☎ 02-48-58-00-24. Tlj sauf dim ap-m et lun.* On vient de loin pour déguster les macarons de cette pâtisserie élégante en plein centre-ville. Les chocolats risquent d'en faire aussi craquer plus d'un !

À voir

Le château des Stuarts : *la partie est du château est l'actuel hôtel de ville ; elle ne se visite pas, on peut juste entrer dans la cour intérieure. La partie ouest est consacrée au Centre d'interprétation de l'Auld Alliance. Tarif : 5 € ; réduc. Fermé déc-janv.* Construit au début du XVIe s, le château fut ensuite considérablement remanié à la fin du XVIIIe s par la duchesse de Portsmouth, Louise de Keroualle. Il ne reste malheureusement plus grand-chose de ces époques fastueuses, excepté la cour intérieure et, surtout, la façade principale, avec son élégant châtelet d'entrée à tourelles. On peut également y voir de superbes tapisseries d'Aubusson du XVIIe s, offertes par Louis XIV à l'habile duchesse pour la remercier d'avoir su amadouer son amant (le roi d'Angleterre Charles II) pendant la guerre des Flandres.
Le petit musée de l'*Auld Alliance* retrace 600 ans d'étroites relations entre Aubigny et l'Écosse.

– À l'extérieur du château, balade dans le parc. Dessinés au XVIIe s par un disciple de Le Nôtre, les ***grands jardins de la duchesse de Portsmouth*** sont l'occasion d'une promenade agréable au milieu des ifs et d'autres arbres anciens.

L'église Saint-Martin : elle daterait du XIIe s mais fut plusieurs fois restaurée après l'incendie qui dévasta la ville au début du XVIe s. Le curieux clocher en forme de porche date de cette époque. À l'intérieur, beaux vitraux, statues en bois peint et *pietà* du XVIIe s. Également un retable du XVIe s et des stalles du XVIIIe s provenant, paraît-il, de la cathédrale de Bourges.

Petite promenade à la découverte des maisons à colombages : dans le centre-ville d'Aubigny, difficile de ne pas les remarquer. Ayant dû reconstruire leurs maisons après le grand incendie de 1512, les habitants eurent la possibilité d'utiliser des arbres de la forêt, mis à disposition par Robert Stuart. Ils ont fourni les belles poutres en croix de Saint-André ou à colombages en grille qui peuvent être admirées de loin (et de près) en même temps que l'enfilade d'enseignes. En sortant de l'église, on aperçoit d'abord l'étonnante ***maison dite de François Ier*** (de 1519), aux poteaux sculptés (observer notamment le poteau d'angle pour en découvrir la date), devenue galerie d'art. À l'angle, on peut prendre la rue du Bourg-Coutant pour admirer, au n° 17, la ***maison dite du Bailli*** (joli pilastre) et, au n° 18, la cour et la galerie de la ***maison Saint-Jean.*** La jolie ***maison Victorine,*** square des Dames, non loin de là, est le théâtre d'expositions de mai à septembre.
La rue des Dames n'est pas mal lotie non plus : au n° 7, la ***maison dite de Jeanne d'Arc*** (on reconnaît la Pucelle sur la porte de la cour intérieure) et, au n° 15, une *maison à clochers tors et campanile* : sur le toit, une délirante tour de guet penchée, en forme d'hélice, construite par un charpentier de la ville au XIXe s. Seule la ***maison du pont des Foulons*** reste de l'époque précédant l'incendie. Elle est la seule à y avoir échappé. D'autres belles maisons, place du Vieux-Marché, place Adrien-Arnoux, rue des Foulons, rue Cambournac et rue du Prieuré.

QUAND LES HABITANTS JOUAIENT À SAUTE-GRENIER

Rue du Charbon, un passage en bois entre 2 habitations rappelle l'époque où celles-ci communiquaient entre elles, par les greniers, comme nombre de maisons à colombages. La plupart ont été détruits au fil des siècles pour éviter la propagation des incendies. Celui-ci fut encore utilisé durant la Seconde Guerre mondiale par les résistants, qui purent ainsi échapper à l'ennemi vert-de-gris (et de rage).

Les anciennes fortifications : elles sont encore visibles sur le boulevard de la République. 2 tours subsistent de l'enceinte qui cernait autrefois Aubigny.

LA SOLOGNE

Fêtes

Programme détaillé à l'office de tourisme. L'un des événements les plus importants :
– ***Fêtes franco-écossaises :*** *pdt 2 j. mi-juil. ☎ 02-48-81-50-07.* La grande fête historique d'Aubigny, avec défilé costumé, marché médiéval, kilts, cornemuses, spectacle équestre, ripailles, feu d'artifice et spectacles historiques.

DANS LES ENVIRONS D'AUBIGNY-SUR-NÈRE

Le château de La Verrerie : *La Verrerie, 18700* ***Oizon.*** *☎ 02-48-73-67-06. • chateaudelaverrerie.com • À 10 km au sud-est d'Aubigny-sur-Nère (bien fléché). Ouv Pâques-oct, visites guidées seulement, ven-dim à 14h, 18h ; de mi-juin à fin août, tlj, départ supplémentaire à 11h ; visite gratuite du parc. Entrée : 9 € ; réduc ; parc seulement : 2 € ; gratuit moins de 7 ans.*
Intimement liée à l'histoire d'Aubigny, La Verrerie est une splendide demeure à tourelles, posée au bord d'un étang, au milieu des chênes centenaires. Après s'être vu offrir le domaine par Charles VII, les Stuarts y font construire un château Renaissance à la fin du XVe s. Témoins de cette période, la superbe cour et la chapelle à la flèche curieusement inclinée. 40 ans plus tard, des fresques viennent orner les murs de la chapelle, et une galerie à arcades s'ajoute au corps de logis. Une aile viendra renforcer l'ensemble au XIXe s. À l'arrivée, on obtient un ensemble homogène, de caractère, et d'un raffinement architectural sans doute dû à son inspiration italienne et à sa restauration au XIXe s.
Outre la chapelle gothique et ses fresques, la cour Renaissance et le parc, on découvre en visite guidée le grand salon à la cheminée Renaissance, la galerie de la chasse, la salle à manger, la bibliothèque et une loggia à l'italienne. Nombreux souvenirs de la famille Stuart et de la duchesse de Portsmouth, maîtresse officielle du roi Charles II d'Angleterre (il a reconnu son fils), à qui Louis XIV avait ensuite offert le château.

Le musée Marguerite-Audoux : *24, rue Principale, 18700* ***Sainte-Montaine.*** *☎ 02-48-58-26-12 ou 05-16 (mairie). ♿ Ouv mer-dim 14h-18h (fermé dim nov-mars). Entrée : 5 € ; réduc ; gratuit moins de 10 ans.* À côté de la mairie, un bel espace muséographique aménagé de façon à plonger le visiteur dans l'univers d'une orpheline au destin atypique. Amie de plume d'Alain-Fournier, Marguerite Audoux (1863-1937) fut gardienne d'agneaux, puis servante dans une ferme de Sainte-Montaine avant de pouvoir gagner la capitale, où elle devint couturière et enfin écrivain. Son roman le plus connu, *Marie-Claire* (prix Fémina 1910), est fortement inspiré de sa vie en Sologne, une terre à laquelle elle restera attachée sentimentalement. Dans cette exposition permanente, on la découvre à travers ses objets personnels : meubles, correspondance, manuscrits originaux, accessoires d'écriture, carnets de couture, tableaux et photos de famille. On a bien aimé les passages de son roman mis en scène sous la forme de petits théâtres de papier. Animations enfants : coins dessin, lecture et livret de visite avec récompense.

LA CHAPELLE-D'ANGILLON

(18380) 650 hab. *Carte Cher, C1*

À 14 km au sud d'Aubigny-sur-Nère, également reliée aux grandes villes régionales par la départementale, voilà pourtant une commune qui vit à l'écart du temps, hantée par la mémoire du *Grand Meaulnes* et de son auteur, Alain-Fournier. On y trouve un étonnant château où traînent aussi les fantômes des princes souverains de Boisbelle et les souvenirs de Sully, de la

princesse de Clèves, et du roi d'Albanie en exil. La Chapelle-d'Angillon, c'est un peu l'endroit des contes de fées... Bien avant Alain-Fournier, une autre personnalité du Moyen Âge vit le jour à La Chapelle : Eudes de Sully (1166-1208), évêque de Paris et bâtisseur de la cathédrale Notre-Dame.

L'HISTOIRE DU *GRAND MEAULNES*

Le Grand Meaulnes (1913) est l'un des romans français les plus lus dans le monde. Henri Alban Fournier (le vrai patronyme de l'auteur) naquit et vécut dans ce village perdu de la Sologne berrichonne. Ses parents, instituteurs, l'envoyèrent étudier à Paris, puis à Brest. Mais la campagne natale lui manqua et il revint passer son baccalauréat à Bourges. Pendant 8 ans, il fut éperdument amoureux d'une jeune fille croisée un jour sur les quais parisiens. Elle devint l'héroïne de son roman, patiemment transformé en chef-d'œuvre, qui fut publié quelque temps après sa 2e rencontre avec sa muse ! Mais la Première Guerre mondiale éclata et celui qui avait signé son roman du nom d'Alain-Fournier fut tué dans une tranchée. Son corps ne fut retrouvé et identifié qu'en... 1991 !

ET UNE HISTOIRE DE PRINCESSE !

Bien avant d'être connue comme la patrie du *Grand Meaulnes,* La Chapelle-d'Angillon avait déjà la particularité d'être sur les terres d'un (minuscule) État souverain : la principauté de Boisbelle, dont le château assurait la défense. Comme Andorre ou Monaco aujourd'hui, cette principauté bénéficiait d'une rare indépendance (on n'y payait pas d'impôts !), qui remonterait sans doute au IXe s.
De nombreuses personnalités historiques vont se succéder à la tête de ce petit État. Parmi elles, Diane de La Marck, qui servira de modèle à *La Princesse de Clèves.* L'action du célèbre roman (considéré déjà comme un roman historique bien que tout ne soit pas avéré) de Mme de La Fayette se déroulerait donc en partie à La Chapelle-d'Angillon !

Où dormir ?

Camping Paradis Nature : *route de La Forge. 06-70-29-52-00. • info@camping-paradis-nature.com • camping-paradis-nature.com • Direction Ivoy-le-Pré (Les Murailles). Ouv de mi-avr à mi-oct. Compter env 15 € pour 2 ; caravanes 18 € pour 2, 52-57 pour 4-5 (min 2 nuits) ; grandes tentes et bungalows toilés.* Pour les amateurs de nature paisible et de camping « à l'ancienne » ! 49 emplacements ombragés et la Petite Sauldre qui coule en fond de décor. Équipements limités certes, mais c'est aussi (et surtout !) ce qui fait son charme. Barbecue à disposition et bloc sanitaire tout à fait correct (micro-ondes, frigo, machine à laver...). Ambiance familiale et conviviale. Village et commerces à proximité.

À voir

Dans le village, en arrivant, recueillement de rigueur devant la ***maison natale d'Alain-Fournier*** (au bord de la départementale, indiqué). Il est né ici en 1886. Même si la maison a connu quelques changements, le rez-de-chaussée n'a guère été modifié depuis et appartient toujours à la même famille *(ne se visite pas).*

La mairie-école : Alain-Fournier y a passé quelques semaines de vacances annuelles après 1903. La salle du conseil, à l'étage, est restée exactement en l'état décrit au chapitre IV de la 3e partie du *Grand Meaulnes.* À ne pas manquer non plus, l'école du Grand Meaulnes à Épineuil-le-Fleuriel (voir plus loin « Le Cher en Berry. Le pays de Saint-Amand. Entre Meillant et la forêt de Tronçais »).

L'église : c'est ici que fut baptisé le petit Henri Alban Fournier. Une plaque en marbre (à droite après l'entrée) rappelle que l'écrivain, comme d'autres « enfants » du village, fut tué au front en 1914. L'église a d'autres particularités : outre des fresques remarquables, elle est surmontée par la statue d'un saint, et le coq du clocher, détail plutôt rare, possède des pattes !

EMBRASSEZ LA MARRAINE !

Selon une vieille tradition berrichonne, un rite devait être respecté lors des baptêmes : les parents, marraine et parrain devaient se « biger » (s'embrasser) pour que l'enfant ne devienne pas « bavoux », c'est-à-dire bègue !

Le château : *à l'écart du village. ☎ 02-48-73-41-10. • chateau-angillon.fr • Tlj sauf dim mat 9h-12h, 14h-18h. Entrée : 10 € ; réduc ; gratuit moins de 7 ans ; 7-12 ans 6 € ; 8 € avec le pass Jacques-Cœur. Visite guidée.*
Autrefois résidence des princes de la principauté de Boisbelle (voir introduction), qui accueillit les princesses d'Albret, celle de Clèves, le duc de Nevers ou encore le duc de Sully. Massive bâtisse répartie en quadrilatère autour d'une cour, le château a subi différentes transformations tout au long de son histoire : de la forteresse primitive demeure cette grosse tour du XIe s, qui est d'ailleurs reconnue comme la plus vieille du département ; des escaliers dérobés y ont été creusés dans l'épaisseur des murs. La visite, riche en anecdotes, s'effectue en plusieurs parties.
– *Les salles du château :* beau salon du XVe s, meublé à l'ancienne, chambre du roi (Louis XIV aurait dormi ici avec sa mère avant d'assister à la démolition de la grosse tour de Bourges, symbole de la Fronde), etc. On est prié de mettre les patins !
– *L'exposition de la Fondation royale d'Albanie :* le roi exilé a prêté au propriétaire des lieux des objets de sa collection privée (sabres, broderies, vestes rares, etc. qui rappellent d'ailleurs les costumes du *Sceptre d'Ottokar*). Une collection unique en Europe.
– Le *musée Alain-Fournier* retrace sa vie dans le Berry, ainsi que sa passion pour toute la vie culturelle et artistique du début du XXe s, dont le symbolisme et les ballets russes.
– Pour clore la visite en beauté, dégustation d'hypocras (vin des pèlerins) et sablés de Nançay sous voûtes.

NANÇAY (18330) 870 hab. *Carte Cher, B1*

Dans ce charmant village entouré de giboyeuses forêts, on continue, comme à La Chapelle-d'Angillon, à poursuivre le fantôme du *Grand Meaulnes*. D'ailleurs, le *musée imaginaire du Grand Meaulnes* (dans la galerie d'art Capazza, voir plus loin) et une plaque sur l'ancien magasin de l'oncle Florentin sont 2 des lieux de pèlerinage culturel de cette « bourgade mystérieuse aux confins de la terre », à laquelle Alain-Fournier rendait hommage dans son roman.

DES SABLÉS... ASTRONOMIQUES !

Au départ, la recette – inventée ici même en 1953 par Jacques Fleurier en mélangeant 2 pâtes différentes – n'était que le fruit d'une simple erreur, comme pour la tarte Tatin ! 1953, c'est aussi l'année de l'implantation à Nançay de l'un des plus grands centres de radioastronomie au monde ! Dès lors, le succès du sablé fut assuré. Aujourd'hui, il s'en vend une dizaine de tonnes par mois.

LA SOLOGNE

Nançay propose aussi une célèbre galerie d'art contemporain, de petites rues où il fait bon flâner parmi les antiquaires et les belles boutiques d'artisanat chics, un observatoire astronomique mondialement connu et les fameux sablés !

Adresse utile

i ***Office de tourisme des Villages de la Forêt :*** *5, rue du Château. ☎ 02-48-51-80-31. • aubigny-sologne.com • Oct-avr, lun 10h-13h, 14h-17h ; mar-ven 10h-17h ; sam 10h-13h. Mai-sept, lun-sam 10h-19h ; dim et j. fériés 10h-13h, 14h-17h. Avr-oct, tlj sauf lun et jeu 10h-12h30, 14h-18h (16h ven) ; nov-mars, mer, ven-dim et j. fériés 10h-12h30, 14h-17h (16h ven).* Organise des visites guidées l'été à Nançay et dans les villages des environs. Guide d'accueil touristique qui reprend l'ensemble des sites, musées et villages à découvrir. Location de vélos à assistance électrique. Boutique de produits locaux et artisanaux, dont le fameux sablé de Nançay. Belle vitrine du patrimoine local, superbement installée dans l'ancien presbytère de l'église. Beau parc à l'arrière. Expos mensuelles d'artistes locaux. Accueil sympa et très efficace.

À voir. À faire

★ ***L'église Saint-Laurian :*** ici, l'art contemporain religieux dans ce qu'il a de meilleur s'est greffé sur la structure solognote traditionnelle. Une longiligne Vierge de bois vous invite à pousser la porte pour découvrir, sous une superbe charpente, un Christ rappelant la sculpture africaine. À gauche, une chapelle recouverte de fresques colorées incite à l'œcuménisme et au voyage, extérieur comme intérieur. Au cœur de la France, inattendu, frais et poétique.

★ Sur la place, face à l'église Saint-Laurian, l'***ancienne épicerie de l'oncle d'Alain-Fournier,*** immortalisé dans *Le Grand Meaulnes* sous le nom de Florentin. Quant au magasin d'alimentation un peu plus bas, à l'angle de la rue principale et de la rue de l'Huilerie, c'était celui des grands-parents de l'écrivain.

★ ***Le château de Nançay :*** *classé depuis 1985, il est privé et ne se visite pas. Jardins librement accessibles tlj fin août-fin sept 8h-14h.* De style Renaissance, c'est un bijou de brique rose en croisillons, agrémenté d'une élégante galerie voûtée à piliers torsadés. On remarquera sur la façade ouest les chimères, des gargouilles et la forme particulière des cheminées.

★ De nombreuses ***maisons solognotes*** bien restaurées font le charme du village. Elles ont la particularité d'être réalisées avec des matériaux naturels locaux : argile, paille de seigle, roseau et bois (la Sologne ne possède pas de carrière de pierre). Le remplissage dans l'ossature en bois était fait de « paillons » (mélange d'argile et de paille autour d'un bâton), les crépis étaient réalisés avec de l'argile mélangée avec du « poil de vache » évitant la fissuration.

★★ ***La galerie d'art Capazza :*** *dans les dépendances du château, dites « grenier de Villâtre ». ☎ 02-48-51-80-22. • galerie-capazza.com • ♿ (rdc). De mi-mars à fin nov, w-e et j. fériés 10h-12h30, 14h30-19h (et tte l'année sur rdv). Entrée : 6 € ; réduc. Librairie, salon de thé.*

Une galerie-musée connue, où plus de 90 créateurs exposent en permanence, sur 3 cycles d'exposition par an. Ils sont tous originaux et doués, afin de répondre aux seuls critères de sélection admis et encouragés ici depuis plus de 40 ans, quel que soit le moyen d'expression utilisé : verrerie, sculpture, gravure, peinture, céramique, photographie, bijoux et orfèvrerie. Les expositions se tiennent dans de longues salles en enfilade, aménagées et éclairées à merveille.

Le Pôle des étoiles : *route de Souesmes, à 2 km au nord du village, par la D 29. ☎ 02-48-51-18-16 (infos résas). • poledesetoiles.fr • (sauf station de radioastronomie). Tlj (sauf 1er janv, fin des vac de Noël-31 janv et 25 déc) 9h30-12h30, 13h30-17h30 (18h30 juil-août). Entrée : 6 € (expos) ; 12 € avec planétarium et visite de la station ; réduc. Visites commentées de la station de radioastronomie (1h15) tlj à 16h, plus 11h w-e, j. fériés et vac zone B. Planétarium (50 mn) : tlj à 15h, plus 10h et 14h w-e, j. fériés et vac zone B, plus 17h30 juil-août. Expos en visite libre. Le nombre de places pour les visites guidées et le planétarium étant limité, mieux vaut s'assurer de la disponibilité. Programme des spectacles, des balades au clair de lune et des soirées d'observation sur Internet. Attention, inscription au préalable quasi indispensable pour certaines activités.* Le Pôle des étoiles est un espace consacré à l'astronomie et à l'Univers, mariage de la science et des loisirs, situé juste à côté de la station de radioastronomie de Nançay (qui dépend de l'Observatoire de Paris, du CNRS et de l'université d'Orléans). Créée en 1953 sur un terrain de 150 ha, elle détient un exemplaire des plus grands yeux du monde qui permet d'observer l'univers jusqu'à 600 millions d'années-lumière ! Une cinquantaine de techniciens et chercheurs y travaillent en permanence à l'étude des galaxies lointaines, grâce à leur incroyable et complexe installation de surfaces réfléchissantes. Belle mise en condition pour le voyage dans les étoiles, guidé par un médiateur passionné.

DANS LES ENVIRONS DE NANÇAY

NEUVY-SUR-BARANGEON *(18330 ; 1 260 hab.)*

Petite bourgade typique et paisible au sud du pays solognot, qui présente plusieurs activités et intérêts touristiques méritant un arrêt.

Où dormir ?

Camping municipal de l'Étang de la Noue de l'Eau : *route de Salbris. ☎ 02-48-52-95-20 (mairie). • mairie-neuvy-sur-barangeon@wanadoo.fr • neuvy-sur-barangeon.fr • À 1 km du bourg, sur la D 944d. Ouv mai-fin sept. Compter 4,40 € pour 2. CB refusées.* Petit camping de 50 emplacements, situé en bordure d'un étang poissonneux. Vente de cartes de pêche à la journée. Peu d'équipements, pas de bornes électriques, sanitaires très simples, mais le lieu est sympa et bien ombragé. C'est aussi un bon point de départ pour faire des balades dans la forêt.

À voir. À faire

Le Site de la Maison de l'eau : *au moulin Gentil, route de Bourges (à l'entrée du bourg). ☎ 02-48-51-66-65. • lamaisondeleau.org • Juil-août, tlj 10h-17h30 ; fév-juin et sept-déc, tlj sauf lun 10h30-12h30 et 13h30-17h30. Fermé janv et 25 déc. Visite : 6 € adulte et 3,50 € enfant ; gratuit moins de 6 ans. Fiches de jeu de piste « Randoland » : 1,50 €. Boutique de produits locaux.*
3 espaces en 1 ! On pénètre dans cet ensemble entièrement consacré à la biodiversité par le... ***Moulin de la Biodiversité,*** un ancien moulin à eau du XVe s dit « le moulin Gentil », dont on peut encore observer la roue. Sous une forme ludique et faussement naïve, qui se prête à différents niveaux de lecture, l'expo permanente aborde de façon remarquable le système hydrographique solognot, sa chaîne alimentaire et les problématiques écologiques qui y sont liées. Une expo temporaire *(gratuite)* en présente plutôt une vision artistique (photos de nature, art à base de récup...).

À la sortie, on peut se détendre au bord de l'***Étang de M. Gentil,*** dans le parc aménagé au bord de la rivière, avec ses tables de pique-nique *(en accès libre tte l'année ; panneaux explicatifs prévus).* Départ de balades à pied ou à VTT, prêt de matériel pour pêcher dans l'étang *(canne à pêche : 2 €).* Après quoi, on est prêt à se promener, à 2 km de là, dans la ***Tourbière de la Guette*** *(en accès libre tte l'année, balades guidées organisées par le Site de la Maison de l'eau, voir le calendrier en ligne).* Ce site classé « Espace naturel sensible » se traverse sur un caillebottis. Panneaux pédagogiques bien faits. L'ensemble, accessible et enrichissant pour les petits comme pour les grands, permet de comprendre un peu mieux le territoire de la Sologne : une réussite.

LE CHER EN BERRY

• Carte *p. 256-257*

ABC du Cher

- ***Population :*** 300 714 hab. (densité moyenne d'environ 41 hab./km²).
- ***Superficie :*** 10 000 km².
- ***Taux de boisement :*** 25 %.
- ***Principaux pôles économiques :*** l'armement, l'agriculture céréalière, la porcelaine et la viticulture.
- ***Sancerre :*** la seule ville de France à détenir 4 AOC (3 AOC en vin blanc, rouge et rosé, et 1 AOC pour le crottin de Chavignol).
- ***485 viticulteurs*** dans le seul département du Cher, dont 280 ouverts au public.
- ***Quelque 14 millions de crottins*** commercialisés chaque année.

Bienvenue en Berry, une province séduisante à laquelle on s'attache pour sa diversité paysagère, sa bonne nature et ses saveurs. C'est ici que l'on créa une des toutes 1res routes touristiques, dans les années 1950, pour amener les visiteurs à prolonger leur passage sur une terre qui n'avait pas encore pris valeur de refuge, excepté pour les oiseaux.
Bordé par l'Auvergne et le Limousin au sud, la Bourgogne et la Loire à l'est, et la Sologne au nord, traversé de part en part par le Cher (affluent de la Loire), le Berry présente un relief alternant petites collines, vignobles, champs, cours d'eau et forêts. On y croise aussi de beaux châteaux, des églises romanes et des villages résonnant encore du passage de Jacques Cœur, George Sand ou Alain-Fournier (auteur du *Grand Meaulnes*). On n'oublie pas de vivre ici, entre des produits gastronomiques de grande renommée (vins de Sancerre, de Menetou-Salon, crottins de Chavignol...) et une dynamique culturelle tournant autour des fêtes propres à chaque ville et du célèbre Printemps de Bourges, événement phare de la région.
Le Berry, c'est aussi un changement de rythme à observer, de jour comme de nuit, à travers des hébergements atypiques qui permettent de mieux voir le monde, d'étang en château, de « Jardin remarquable » en musée, de village à la Tati (Jacques) en balade au fil de l'eau. De quoi ravir les bipèdes sans plumes que nous sommes !

Adresses utiles

i *Tourisme & Territoires du Cher* *(hors plan Bourges par C3, 1)* **:** *Le Carré, 11, rue Maurice-Roy, CS 40314, 18023* **Bourges.** ☎ *02-48-48-00-10.* • *info@ad2t.fr* • *berryprovince.com* • *Lun-ven 9h-12h, 14h-17h.* Riche doc sur le département, séjours à la carte, et sorties gratuites « Visites secrètes » (du printemps à l'automne) : tourisme d'entreprise dans les sites industriels de la ville et ses environs (fabrique de porcelaine, artisans...), excursions nature, visites gourmandes ou insolites. Existe aussi sous forme de blog.

■ ***Berry Province Réservation :*** *même adresse que* Tourisme & Territoires du Cher. ☎ *02-48-48-00-18.*

• *berryprovince.com* • Central de réservation pour les hébergements *(Gîtes de France, Clévacances...)*, séjours à la carte et activités décoiffantes telles que baptême de l'air, vol en planeur, voltige aérienne.

■ ***Comité départemental de randonnée pédestre du Cher :*** *Maison des sports, 1, rue Gaston-Berger, 18000* ***Bourges.*** • *cher@ffrandonnee.fr* • *cher.ffrandonnee.fr* • Pour obtenir les infos sur les randonnées dans le département (GR, randonnée à la journée).

■ ***Fédération de pêche du Cher :*** *103, rue de Mazières, 18000* ***Bourges.*** ☎ *02-48-66-68-90.* • *federation-peche-18@wanadoo.fr* • *federationpeche18.fr* • C'est auprès de la fédération que vous obtiendrez tous les renseignements concernant la pêche, l'obtention d'une carte de pêche et la liste des plans d'eau.

À voir. À faire

La route Jacques-Cœur : ☎ *02-48-65-31-55.* • *routejacquescoeur@wanadoo.fr* • *route-jacques-coeur.com* • 1re « Route historique » créée en France, en 1954, celle-ci traverse le département du Cher du nord au sud, sur 200 km, et rassemble 18 sites, dont 8 châteaux privés, 3 monuments publics et 7 villes et villages marqués par l'Histoire ; son nom rend hommage à Jacques Cœur, argentier du roi Charles VII. La route relie le château de Peufeilhoux dans l'Allier, à la limite du Cher, à celui de Gien (dans le Loiret), via le château d'Ainay-le-Vieil, Saint-Amand-Montrond, l'abbaye de Noirlac, le château de Meillant, celui de Sagonne, Dun-sur-Auron, Bourges et le palais Jacques-Cœur, Mehun-sur-Yèvre, Menetou-Salon, le château de Pesselières à Jalognes, Sancerre, le château de La Verrerie, La Chapelle-d'Angillon, Aubigny-sur-Nère et Argent-sur-Sauldre. Un patrimoine exceptionnel alliant musées, jardins et découvertes historiques, mis en valeur notamment par des visites, expositions et concerts qui animent ces lieux tout au long de l'année.

– Le *pass* privilège Jacques-Cœur (en vente 5 € dans les sites de la RJC) permet à son détenteur de bénéficier d'un tarif réduit sur la visite de près de 40 sites et est valable 1 an à partir de sa date d'achat.

« Crime au château » : ce concept original mêle l'histoire de ces monuments à une histoire fictive où un crime est découvert au cours de la visite, laissant le soin aux visiteurs d'en découvrir l'auteur. Et ce sont ***les véritables propriétaires et responsables de site qui jouent leur propre rôle.*** Humour et suspense sont les maîtres mots de ces soirées. Environ 30 dates réparties sur 6 ou 7 lieux. *Résa obligatoire (50 pers/soirée max). Programme sur le site* • *route-jacques-coeur.com* •

Les « Jardins remarquables » : le Cher est doté de 7 jardins secrets labellisés « Jardin remarquable » (9 pour tout le Berry) : *Orsan,* avec ses jardins médiévaux, le château de *Pesselières* dans le Sancerrois, *Ainay-le-Vieil* et ses jardins à thème, *Bourges* et le jardin des Prés-Fichaux, le *jardin de Marie* à Neuilly-en-Sancerre, le parc floral d'*Apremont-sur-Allier,* classé parmi les « Plus Beaux Villages de France » et le *jardin du château de Jussy* à Jussy-Champagne.

La Loire à Vélo : un itinéraire aménagé pour les cyclistes le long de la Loire, qui s'étend actuellement sur 900 km, démarre à Cuffy dans le Cher et traverse les régions Centre et Pays de la Loire sur 7 départements. Le tracé s'inscrit dans le circuit EuroVelo 6 qui permet de relier l'Atlantique à la mer Noire en longeant les fleuves (Loire, Rhin, Danube). • *loireavelo.fr* • Et pour trouver un loueur à proximité des pistes cyclables : • *berrycyclettes.fr* •

En ligne de mire à l'horizon 2025 : la ***réhabilitation du canal de Berry en piste cyclable.*** Celle-ci permettra de traverser le département du Cher. Vous pouvez déjà enfourcher votre vélo ***entre le sud de Bourges et Vierzon*** – une échappée de 35 km – ainsi qu'***entre Saint-Amand-Montrond et Épineuil-le-Fleuriel***

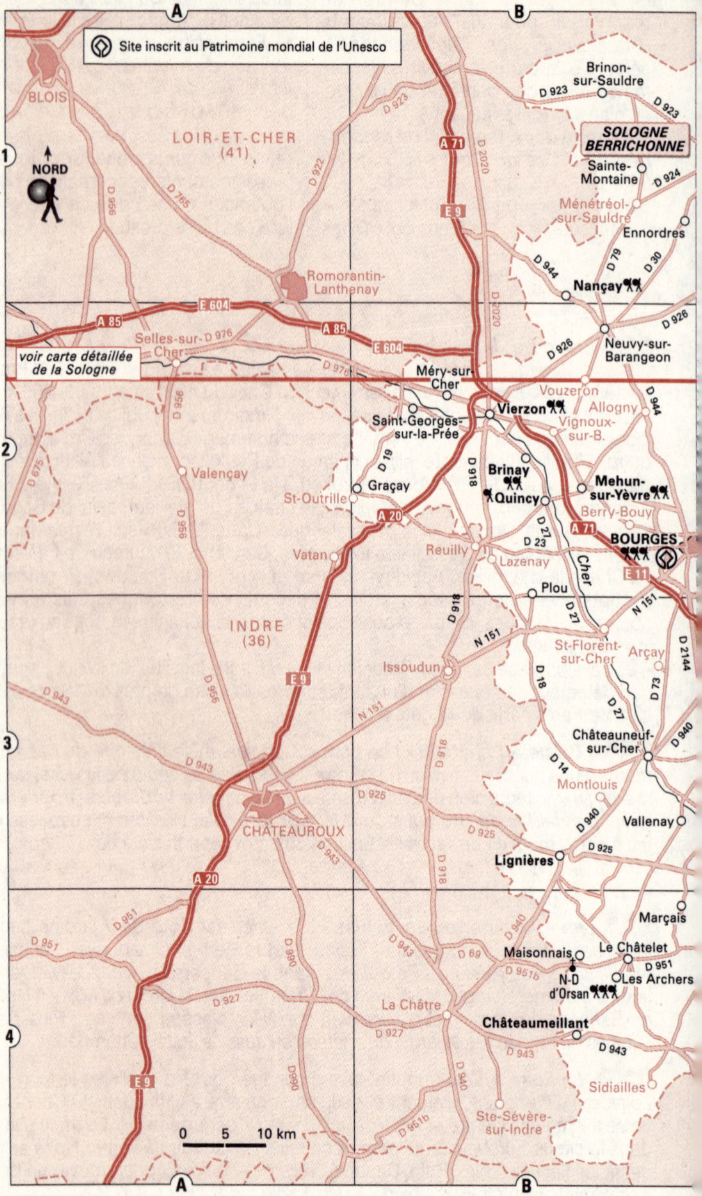
A
B
1
2
3
4
Site inscrit au Patrimoine mondial de l'Unesco
NORD
BLOIS
LOIR-ET-CHER
(41)
Romorantin-
Lanthenay
Selles-sur-
Cher
voir carte détaillée
de la Sologne
Brinon-
sur-Sauldre
SOLOGNE
BERRICHONNE
Sainte-
Montaine
Ménétréol-
sur-Sauldre
Ennordres
Nançay
Neuvy-sur-
Barangeon
Vouzeron
Allogny
Méry-sur-
Cher
Vierzon
Saint-Georges-
sur-la-Prée
Vignoux-
sur-B.
Brinay
Quincy
Mehun-
sur-Yèvre
Berry-Bouy
BOURGES
Graçay
St-Outrille
Valençay
Vatan
Reuilly
Lazenay
Plou
Cher
INDRE
(36)
Issoudun
St-Florent-
sur-Cher
Arçay
Châteauneuf-
sur-Cher
Montlouis
Vallenay
CHÂTEAUROUX
Lignières
Marçais
Maisonnais
Le Châtelet
N-D
d'Orsan
Les Archers
La Châtre
Châteaumeillant
Sidiailles
Ste-Sévère-
sur-Indre
0
5
10 km
A 71
E 9
A 85
E 604
A 20
E 11
N 151
D 923
D 924
D 2020
D 922
D 765
D 956
D 976
D 944
D 79
D 30
D 926
D 675
D 19
D 918
D 27
D 23
D 18
D 73
D 2144
D 940
D 14
D 943
D 925
D 951
D 990
D 927
D 69
D 951b

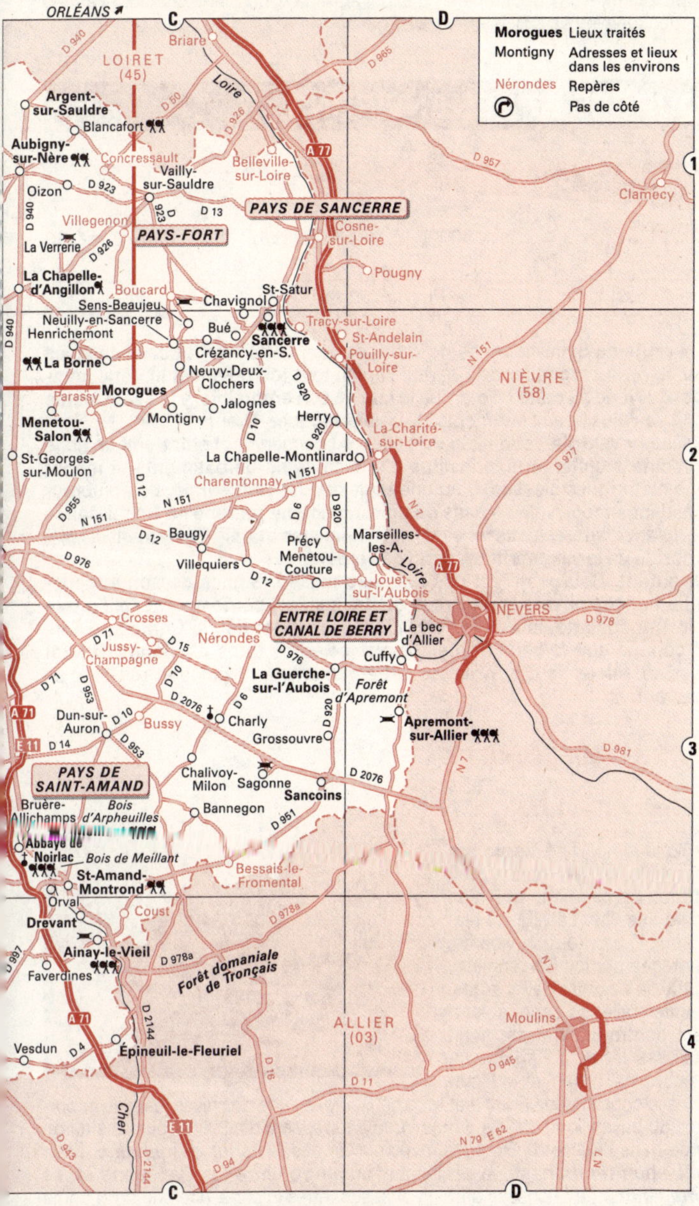
ORLÉANS
C
D
Morogues Lieux traités
Montigny Adresses et lieux dans les environs
Nérondes Repères
Pas de côté
LOIRET (45)
NIÈVRE (58)
ALLIER (03)
PAYS DE SANCERRE
PAYS-FORT
ENTRE LOIRE ET CANAL DE BERRY
PAYS DE SAINT-AMAND
Briare
Loire
Argent-sur-Sauldre
Blancafort
Aubigny-sur-Nère
Concressault
Vailly-sur-Sauldre
Belleville-sur-Loire
Oizon
Villegenon
La Verrerie
Cosne-sur-Loire
Pougny
Clamecy
La Chapelle-d'Angillon
Boucard
St-Satur
Chavignol
Sens-Beaujeu
Neuilly-en-Sancerre
Henrichemont
Bué
Sancerre
Tracy-sur-Loire
St-Andelain
Pouilly-sur-Loire
Crézancy-en-S.
La Borne
Neuvy-Deux-Clochers
Parassy
Morogues
Jalognes
Montigny
Menetou-Salon
Herry
La Charité-sur-Loire
St-Georges-sur-Moulon
La Chapelle-Montlinard
Charentonnay
Baugy
Villequiers
Précy
Menetou-Couture
Marseilles-les-A.
Jouet-sur-l'Aubois
NEVERS
Crosses
Nérondes
Le bec d'Allier
Jussy-Champagne
Cuffy
La Guerche-sur-l'Aubois
Forêt d'Apremont
Apremont-sur-Allier
Dun-sur-Auron
Bussy
Charly
Grossouvre
Chalivoy-Milon
Sagonne
Sancoins
Bruère-Allichamps
Bois d'Arpheuilles
Bannegon
Abbaye de Noirlac
Bois de Meillant
Bessais-le-Fromental
St-Amand-Montrond
Orval
Drevant
Coust
Ainay-le-Vieil
Faverdines
Forêt domaniale de Tronçais
Moulins
Vesdun
Épineuil-le-Fleuriel
Cher
A 77
A 71
E 11
N 7
N 151
N 79 E 62
D 940
D 965
D 50
D 926
D 957
D 923
D 13
D 920
D 10
D 12
D 955
D 977
D 976
D 6
D 978
D 71
D 15
D 953
D 2076
D 14
D 981
D 951
D 978a
D 997
D 2144
D 4
D 16
D 945
D 11
D 943
D 94
1
2
3
4

LE CHER

(environ 24 km) – une douce façon d'explorer le pays de Saint-Amand. Avancée des aménagements à suivre sur ● *canal-de-berry.fr* ●

BOURGES ET SES ENVIRONS

BOURGES (18000) 66 000 hab. *Carte Cher, B2*

● Plan *p. 260-261*

Sur la route de Saint-Jacques-de-Compostelle, cette ville fut celle Jacques Cœur, le grand argentier de Charles VII, Ici, tout (ou presque) lui rend hommage, du lycée au resto ! Il marqua la cité de son empreinte, y laissant même l'un de ses plus beaux bâtiments : le palais Jacques-Cœur.
Labellisée « Ville d'art et d'histoire », elle a su conserver et entretenir un riche patrimoine architectural, constitué d'une centaine de bâtiments et monuments historiques classés, dont une majestueuse cathédrale, de nombreuses maisons médiévales à pans de bois, d'un riche patrimoine Renaissance hébergeant d'intéressants musées, et un immense marais (également classé) aux portes de la ville, véritable écrin de verdure.
Pour autant, Bourges n'est pas une ville-musée. Signes de son engagement artistique novateur, un circuit centré sur l'art contemporain qui passe par le Transpalette, la Box (galerie d'art contemporain), le Château d'Eau, tout comme son fameux Printemps aux célèbres têtes d'affiches. Durant le festival, mieux vaut prévoir ses hébergements à l'avance et réserver au restaurant.

UN PEU D'HISTOIRE

Le Berry déchiré

En 762, le rempart ne résiste pas à l'assaut lancé par Pépin le Bref, le 1er roi carolingien, qui s'en empare très vite. La ville est placée sous l'autorité d'un vicomte et protégée par les Carolingiens. En 1100, le ***vicomte de Bourges,*** qui préfère aller se battre à Jérusalem contre les païens, vend toutes ses terres à ***Philippe Ier,*** qui peut ainsi rattacher le Haut-Berry à la couronne de France et faire de Bourges l'une des villes les plus importantes du pays. Son petit-fils, ***Louis VII le Jeune,*** sera d'ailleurs couronné roi de France dans l'église de Bourges, avec son épouse ***Aliénor d'Aquitaine.*** Mais l'***annulation du mariage*** va déclencher la ***guerre entre les Capétiens et les Plantagenêts.*** La duchesse offre en effet ses terres (c'est-à-dire une belle partie de la France) à son 2d mari, ***Henri II d'Angleterre...*** Parmi ces possessions livrées en dot figure le Bas-Berry. Une situation plutôt embarrassante qui va amener une surenchère défensive entre les 2 régions. En 1190, on érige en effet à Bourges la fameuse Grosse Tour (33 m de haut et 6 m d'épaisseur de murailles !) qui défendra

> **LA TRÊVE DE DIEU**
>
> *En 989, au concile de Charroux (Poitou), les évêques interdirent la guerre du mercredi soir au lundi matin et pendant les jours de fête (environ 80 par an !). Ce mouvement oublié sera, pendant 3 siècles, bien plus efficace que l'ONU.*

l'accès de la ville ; pour riposter, les vassaux anglais édifient à Issoudun (alors en zone anglaise) une tour Blanche tout aussi impressionnante ! À la même époque, l'archevêque de Bourges entreprenait les 1ers travaux de la cathédrale, et les remparts de la ville étaient étendus, la population augmentant.

Bourges sacrée capitale de France

> **PAS DE BOURDES À BOURGES**
>
> *Ici, les habitants sont des Berruyers, et non des... Béruriers, encore moins des Bourgeois !*

À partir du XIIe s, et malgré la guerre, Bourges connaît une grande période de ***prospérité*** qui va durer environ 300 ans. Le Berry est définitivement rattaché à la Couronne depuis que Jean sans Terre a cédé le Bas-Berry à Blanche de Castille et que le comté de Sancerre a été racheté par Louis IX. L'artisanat et le commerce s'intensifient, de nouveaux ordres religieux apparaissent, des églises et des hôtels particuliers sont construits. L'apogée de cette période faste commence sous ***Charles V,*** dont le frère, duc de Berry, fait de Bourges sa ***capitale ducale.*** La ville est alors réputée dans toute l'Europe grâce à ses artistes et à ses intellectuels. Puis la région revient à son petit-neveu ***Charles VII,*** qui se fait proclamer roi de France, près de Bourges, après la mort de son père. Mais sa propre mère, Isabeau de Bavière, ne l'entend pas de cette oreille : nommée régente lorsque son mari Charles VI est devenu fou, c'est elle qui compte décider du sort du pays, en s'appuyant sur les alliés des Anglais (la guerre civile déchire la France à cette époque). Quelques jours avant que Charles VII ne « s'autocouronne », elle avait fait monter Henri VI de Lancastre sur le trône à Paris. Le pays se retrouve donc avec 2 rois, dont l'un, officiellement interdit de couronne, trône à Bourges.
Charles VII prépare, malgré tout, son propre gouvernement et s'entoure d'une cour. 2 personnes appelées à devenir célèbres, pour des raisons fort différentes, vont l'aider à retrouver sa légitimité et à chasser les Anglais du pays : ***une petite pucelle du nom de Jeanne et un grand argentier du nom de Jacques...***

Jacques Cœur, 1er capitaliste de France

> **JACQUES CŒUR, NICOLAS FOUQUET : UN DESTIN COMMUN**
>
> *L'histoire est un éternel recommencement, et l'étrange destin commun à ces 2 hommes d'exception en est une illustration. Partis de rien, ils firent fortune et devinrent par là même indispensables au roi qu'ils servaient, Charles VII pour Jacques Cœur et Louis XIV pour Fouquet. Leur puissance financière et politique finit, dans les 2 cas, par faire de l'ombre au souverain, qui les jeta alors en prison. Jacques Cœur s'en sortit néanmoins mieux que Fouquet en s'évadant. Chacun laissa à la France un monument historique exceptionnel : le palais Jacques-Cœur pour l'un et le château de Vaux-le-Vicomte pour l'autre.*

Fils d'un pelletier (fourreur) de Bourges, ***Jacques Cœur*** saisit vite l'opportunité de la présence de Charles VII dans sa ville. Il participe tout d'abord à la frappe de la ***monnaie royale,*** puis devient grand argentier, c'est-à-dire le ***superintendant de la Cour,*** en 1439. Il se lance alors dans le commerce en tout genre, grâce à un réseau de représentants dans toute la France, et étend ses activités de la Méditerranée à la mer du Nord. Son génie financier lui fait comprendre l'intérêt de la concentration verticale : il contrôle, dans la plupart des secteurs juteux, aussi bien la production des matières premières que leur transformation puis leur commercialisation. En 10 ans, il amasse une ***fortune***

■ Adresses utiles

- 1 Tourisme & Territoires du Cher (hors plan par C3)
- 2 Office de tourisme (C3)

Où dormir ?

- 3 Camping municipal Robinson (hors plan par C3)
- 4 Auberge de jeunesse Jacques-Cœur (hors plan par B3)
- 5 Le Christina (A2)
- 6 Hôtel Les Tilleuls (hors plan par C3)
- 7 Chambres d'hôtes Les Bonnets Rouges (C2)
- 8 Chambres d'hôtes L'Oustal (hors plan par B1)
- 9 Best Western Hôtel d'Angleterre (B2)
- 10 La Villa C (hors plan par B1)
- 11 Chambres d'hôtes et appartements de l'Hôtel de Panette (B3)

Où manger ?

- 12 Bonjour Marcel (B2)
- 13 La Mère Poule (A1)
- 14 Délichou (C2)
- 15 La Gargouille (C2-3)
- 16 Le Guillotin (C2)
- 17 Le Comptoir de Paris (C2)
- 18 Le Bourbonnoux (C2)
- 19 La Courcillière (C1)
- 20 Le Louis XI (B2)
- 22 Les Petits Plats du Bourbon (B1)
- 24 La Suite... (C2)

Où prendre un bon petit déj ?

- 38 French Coffee Shop (C2)

Où boire un thé ?
Où grignoter ?
Où manger une pâtisserie ?

- 14 Délichou (C2)
- 25 Cake Thé (C2)
- 26 Praline et Panda (B1-2)
- 27 Philomène (B2)

Où boire un verre ? Où écouter de la musique ? Où sortir ?

- 29 Atout Fruit (C3)
- 31 Made in Café (hors plan par B1)
- 32 Le Birdland (B1)
- 33 O'Brian's Irish Pub (A3)
- 34 L'Incontournable (B2)

Où acheter de bons produits ?

- 29 Atout Fruit (C3)
- 35 Aux Arômes du Vieux Bourges (B-C2)
- 36 Cave à vins Le Tocsin (C1)
- 37 La Cave des Beaux-Arts (B2)

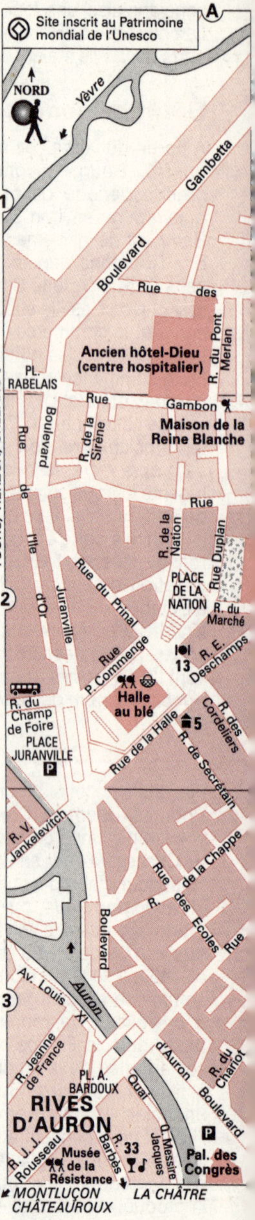

LE CHER EN BERRY

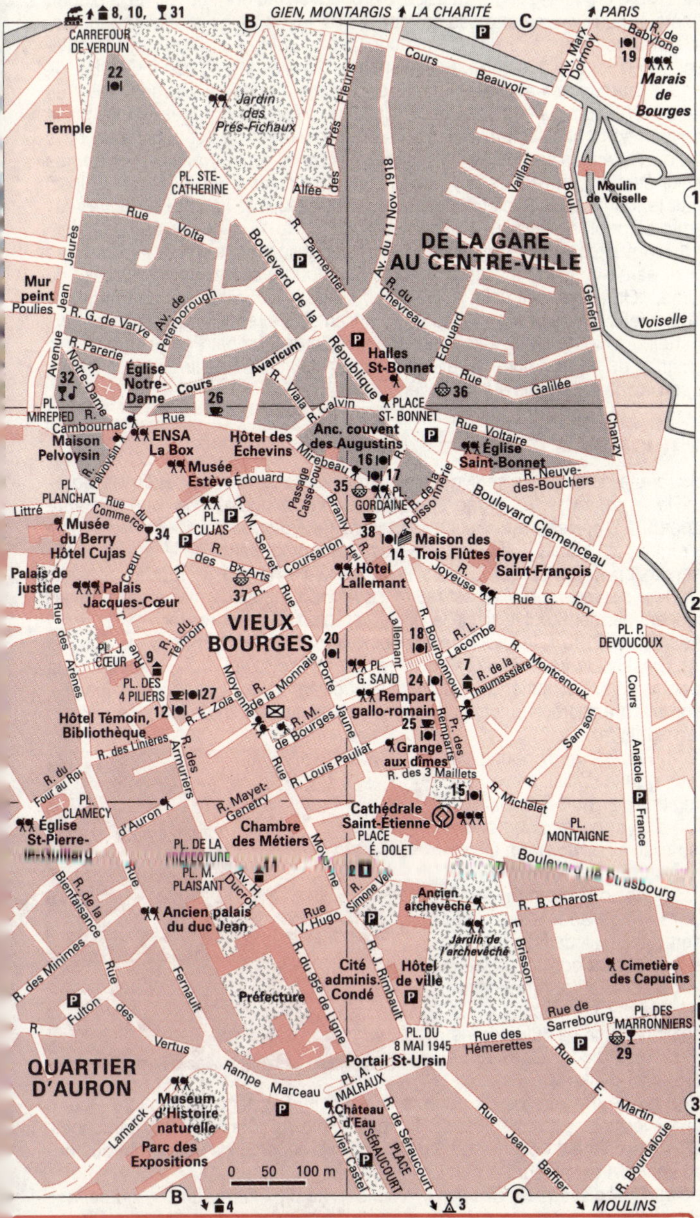
8, 10, 31
GIEN, MONTARGIS
LA CHARITÉ
PARIS
B
C
CARREFOUR DE VERDUN
22
Temple
Jardin des Prés-Fichaux
Allée des Prés Fleuris
Cours Beauvoir
Av. Marx Dormoy
R. de Babylone
19
Marais de Bourges
Moulin de Voiselle
Voiselle
1
PL. STE-CATHERINE
Rue Volta
Boulevard de la République
R. Parmentier
Av. du 11 Nov. 1918
Vaillant
Boul. Général Chanzy
DE LA GARE AU CENTRE-VILLE
R. du Chevreau
Edouard
Rue Galilée
Mur peint
Poulies
Avenue Jean Jaurès
R. G. de Varye
Av. de Peterborough
R. Parerie
R. Notre-Dame
32
Église Notre-Dame
Cours Avaricum
R. Viala
Halles St-Bonnet
36
PL. MIREPIED
R. Cambournac
26
Rue Édouard
R. Calvin
PLACE ST-BONNET
Rue Voltaire
Maison Pelvoysin
ENSA La Box
Hôtel des Échevins
Anc. couvent des Augustins
R. Mirebeau
16
17
Église Saint-Bonnet
R. Neuve-des-Bouchers
R. Pelvoysin
Musée Estève
Passage Casse-cou
35
PL. GORDAINE
R. de la Poissonnerie
Boulevard Clemenceau
PL. PLANCHAT
Rue du Commerce
Littré
PL. CUJAS
R. M. Servet
Branly
38
Musée du Berry Hôtel Cujas
34
Maison des Trois Flûtes
14
Foyer Saint-François
R. Cœur
R. des Bx-Arts
Coursarlon
R. Joyeuse
Rue G. Tory
Palais de justice
Palais Jacques-Cœur
37
Hôtel Lallemant
Rue des Arènes
R. du Témoin
VIEUX BOURGES
20
18
R. L. Lacombe
PL. P. DEVOUCOUX
2
PL. J. CŒUR
9
R. Bourbonnoux
R. Lallemant
PL. G. SAND
R. de la Thaumassière
R. Montcenoux
Cours Anatole France
PL. DES 4 PILIERS
27
R. Moyenne
R. de la Monnaie
Porte Jaune
24
7
Rempart gallo-romain
Hôtel Témoin, Bibliothèque
12
R. É. Zola
R. M. de Bourges
25
Pr. des Remparts
Samson
R. des Linières
R. des Armuriers
Grange aux dîmes
R. Louis Pauliat
R. des 3 Maillets
R. du Four au Roi
PL. CLAMECY
R. Mayet-Genetry
15
R. Michelet
Église St-Pierre-le-Guillard
Rue d'Auron
Chambre des Métiers
Cathédrale Saint-Étienne
PLACE É. DOLET
PL. MONTAIGNE
PL. DE LA PRÉFECTURE
PL. M. PLAISANT
11
21
Boulevard de Strasbourg
Rue Moyenne
Av. H. Ducrot
R. Simone Veil
Ancien archevêché
R. B. Charost
R. de la Bienfaisance
Ancien palais du duc Jean
Rue V. Hugo
Jardin de l'archevêché
E. Brisson
Cimetière des Capucins
R. des Minimes
Rue des Vertus
Fernault
Préfecture
R. du 95e de Ligne
Cité adminis. Condé
R. J. Rimbault
Hôtel de ville
Rue de Sarrebourg
PL. DES MARRONNIERS
1 NEVERS
R. Fulton
PL. DU 8 MAI 1945
Rue des Hémerettes
29
Rue E. Martin
QUARTIER D'AURON
Portail St-Ursin
Rampe Marceau
PL. A. MALRAUX
3
6
Muséum d'Histoire naturelle
Château d'Eau
R. Vieil Castel
PLACE SÉRAUCOURT
R. de Séraucourt
Rue Jean Baffier
R. Bourdaloue
Lamarck
Parc des Expositions
0 50 100 m
4
MOULINS

BOURGES

considérable grâce à la vente du sel, à la production (au nom du roi) de la plupart des métaux du royaume et à ses entreprises de textile et de produits manufacturés, sans oublier ses activités d'armateur, de transporteur et de prêteur. Parallèlement, il sert en quelque sorte de ministre des Affaires étrangères à Charles VII, et surtout ***finance ses armées*** pour la reconquête du pays. Il est également un mécène averti, comme en témoigne son luxueux palais de Bourges. Anobli par le roi, devenu son conseiller privé, il aide au redressement de l'économie du pays mais n'oublie jamais ses intérêts personnels. Il obtient de ***nombreux monopoles*** dans les échanges avec les pays orientaux (dont celui, fructueux, des épices) et reste le fournisseur officiel de la Cour. Tant de réussite lui crée de nombreux ennemis. La noblesse en veut à ce nouveau riche, et le roi lui-même (qui doit d'ailleurs de coquettes sommes à son banquier) finit par écouter les rumeurs : Jacques Cœur a, paraît-il, une fâcheuse tendance à confondre son argent avec celui du royaume... On appellerait cela, aujourd'hui, un ***délit d'initié*** ! Le grand argentier est finalement emprisonné et torturé. Il parvient à s'évader et à quitter le pays pour atteindre Rome grâce à ses soutiens au sein de l'Église. Parti en croisade à la demande du pape, il aurait trouvé la mort en 1456 dans une île grecque (Chio), mais son corps n'a jamais été retrouvé.

Des guerres à l'armement...

Avec la chute de celui qui en symbolisa la richesse s'amorce le ***déclin de Bourges.*** À la fin du XVe s, un ***gigantesque incendie*** ravage la ville, qui va mettre longtemps à s'en remettre. Puis les ***guerres de Religion*** frappent l'économie de la région, et l'industrie du drap. De plus, l'élite protestante de la cité, issue de l'université (créée par Louis XI), doit s'exiler. Au XVIIe s, la Grosse Tour, symbole de la grandeur passée de la ville, est rasée. La Fronde, les épidémies et les famines empêchent pendant tout le siècle la ville et la région de se redresser.

Après la Révolution, la province est scindée en ***2 départements*** : le Cher et l'Indre. C'est seulement au XIXe s que la région sort de sa léthargie, en bénéficiant des acquis de la Révolution : création de centres agricoles et d'industries locales, ***désenclavement*** grâce au canal de Berry, arrivée du chemin de fer et croissance démographique.

En 1861, ***Napoléon III*** donne un coup de pouce décisif à l'économie régionale en autorisant la réalisation d'un important complexe industriel lié à l'***armement.*** Outre la nécessité de regrouper les fabrications d'armement jusqu'alors dispersées près des frontières, le choix de Bourges fut dicté tant par sa position stratégique centrale, à l'abri des invasions, que par la richesse de la région en ressources industrielles (bois, métallurgie...). Cette activité lucrative dynamise la modernisation de la ville et crée de nombreux emplois. Pendant la Première Guerre mondiale, les usines d'armement de Bourges emploient plus de 20 000 personnes. Au XXe s, l'armement continue de participer à la prospérité locale. Le site du boulevard Lahitolle est aujourd'hui encore en activité.

NAPOLÉON !!!

En visite à Bourges, Napoléon (le neveu) reçut un accueil des plus chaleureux des Berruyers, qui arboraient des pancartes siglées « Napoléon !!! ». Napoléon aurait vu là un soutien à sa campagne en prenant les points d'exclamation pour le chiffre III romain. Ce serait, dit-on, en guise de remerciement à la ville après son couronnement qu'il décida d'y implanter ses usines d'armement.

Quant au ***Franciscain de Bourges,*** Aloïs Stanke dit « frère Alfred », qui repose au ***cimetière de Saint-Doulchard,*** et dont l'histoire a inspiré un film à Claude Autant-Lara (1967), il reste dans les mémoires. Ce soldat allemand aida, durant la Seconde Guerre mondiale, nombre de détenus dans la prison où il avait été affecté comme surveillant-infirmier.

De la révolution culturelle à la chanson engagée

La Bourges moderne s'éveille à la culture dans les années 1960, avec la création de la Comédie de Bourges et surtout d'un nouveau bastion de la décentralisation : la ***Maison de la culture, 1re du genre en France,*** qu'André Malraux (alors ministre d'État chargé des Affaires culturelles) décide d'y implanter et qui sera inaugurée en 1965 par de Gaulle. C'est l'origine d'une dynamique fructueuse dont le fleuron reste l'incontournable ***Printemps de Bourges,*** qui débute en 1977, en même temps que le 1er succès de Renaud ! Depuis, tout ce qui compte dans le petit monde de la « chanson à texte » est passé par là – d'autant plus que le Printemps ne se cantonne pas à l'Hexagone, invitant tous les types et mouvements musicaux. Repris par l'équipe des Francofolies, il reste plus que jamais attaché au principe du « tremplin ».

Arriver – Quitter

Gare ferroviaire *(hors plan par B1)* ***:*** *pl. du Général-Leclerc.* Trains quotidiens vers Paris, Vierzon, Orléans.

Gare routière *(plan A2)* ***:*** *4, rue du Champ-de-Foire.* Bourges est désormais desservie par *FlixBus, BlaBlaBus.*

– Transports interurbains à l'intérieur du Cher : ***Cars Rémi.*** *☎ 0800-10-18-18 (appel gratuit).* ● *remi-centrevaldeloire.fr* ●

Taxis : ***Radio-taxis de la ville,*** *☎ 02-48-24-50-00. Station sur le parking de la* ***gare SNCF. Taxis Jacques-Cœur,*** *☎ 02-48-24-60-00.*

Parkings : Bourges se visite à pied. Il existe 2 parkings gratuits tout proches du centre : place Séraucourt (fléché « Centre historique », *plan C3*) et cours Anatole-France *(plan C2-3).* Sinon, un parking souterrain payant bien pratique est situé en plein centre-ville, fléché « Parking mairie-cathédrale » *(plan C3).*

Adresses et infos utiles

Office de tourisme *(plan C3,* ***2****)* ***:*** *pl. Simone-Veil. ☎ 02-48-23-02-60.* ● *bourgesberrytourisme.com* ● *Face à la cathédrale. Avr-sept, tlj 9h30-18h30 (10h-18h dim et j. fériés) ; juil-août lun-sam 9h-19h ; oct-mars, lun 14h-18h, mar-sam 10h-18h. Fermé dim et j. fériés en hiver.* On peut s'y procurer un plan de la ville gratuit et une riche documentation, dont le magazine semestriel *On Bourges.* *Pass 10,50 € pour les 5 musées de la ville.* Boutique de produits régionaux. Bref, office dynamique, bon accueil et service efficace. En prime, sur les murs, l'œuvre poétique d'une star du *street art* originaire de Bourges, Oznek.

– Dans les mêmes locaux, le *Centre d'interprétation du patrimoine* propose une ***intéressante expo sur l'histoire de Bourges*** et son évolution urbaine. Et un ***espace Printemps de Bourges*** permet de s'immerger dans le festival à tout moment grâce à des photos, vidéos mais aussi un casque de réalité virtuelle...

– Visites guidées de la ville : *rens et résas auprès de l'office de tourisme (avr-oct). À partir de 8,50 € pour 1h30 de visite ; réduc.* Un service de guides-conférenciers, agréés « Ville d'art et d'histoire », propose d'excellentes visites de la ville. Selon les jours et le planning, on participe à des visites thématiques (marais, cathédrale, quartier Renaissance) ou bien des visites « Crime au palais Jacques-Cœur » *(18 €).*

– ● ***sortirabourges.com*** ● Un site bien pratique et hyper complet qui recense les activités, festivités et visites organisées.

Navettes gratuites *(plan A2)* ***:*** ***Agglo Bus,*** *Espace Nation, 1, pl. de la Nation ; ☎ 02-48-27-99-99 ;* ● *agglobus.com* ● *; lun-ven 8h-12h15 et 13h45-18h, sam 9h-12h15 et 13h45-17h.* 3 lignes de navettes gratuites. Elles se croisent place Planchat *(plan B2).*

– Plusieurs beaux ***marchés*** en ville : *à la* ***halle au blé*** *sam mat (le plus*

LE CHER EN BERRY

*important), **pl. Saint-Bonnet** mar-sam tte la journée et dim mat, **pl. de la Chancellerie** mer mat, **pl. des Marronniers** jeu mat.*

– ***Toilettes publiques de l'Archevêché :*** *av. Eugène-Brisson, au pied des jardins de l'archevêché. Tlj 9h-19h (18h oct-mars). GRATUIT.*

Où dormir ?

Pendant le Printemps de Bourges, les hôtels sont pris d'assaut longtemps à l'avance... et les prix revus à la hausse ! Si nos adresses sont déjà complètes, les bureaux du festival et l'office de tourisme se chargent de vous trouver une place quelque part. À cette période, la *Fédération des œuvres laïques* (☎ 02-48-48-01-00) propose également des hébergements chez l'habitant : c'est l'opération « Nuit et café ». Sinon, une brochure recensant un nombre impressionnant de chambres d'hôtes, de gîtes sympa en ville et à proximité, et même quelques hébergements insolites, est à votre disposition. Sans parler du site internet • bourgesberrytourisme.com •

Camping

⛺ ***Camping municipal Robinson*** *(hors plan par C3, **3**) : 26, bd de l'Industrie. ☎ 02-48-20-16-85. • camping.bourges@aquadis-loisirs.com • ♿ En venant de l'autoroute, prendre « Bourges centre » par la D 151. Ouv mars-fin oct. Compter 15-20 € pour 2 selon saison ; mobile homes 6 pers 280-540 €/sem.* À 15 mn à pied de la cathédrale, un site en pleine verdure, entre la « Trouée verte » et une petite rivière. Une bonne centaine d'emplacements sur un terrain gazonné pentu et plat, avec des zones bien ombragées. Bien équipé et sanitaires impeccables. Base de loisirs du lac du Val-d'Auron à proximité. Sur place, un petit jardin d'enfants. Préférez les emplacements au fond du camping, plus éloignés du bruit de la route (très passante).

Bon marché

🏠 ***Auberge de jeunesse Jacques-Cœur*** *(hors plan par B3, **4**) : 22, rue Henri-Sellier. ☎ 02-48-24-58-09. • bourges@hifrance.org • fuaj.org • Arrêt navette Agglo Bus, station « Auditorium » à proximité. ♿ Congés : 15 déc-6 fév. Accueil lun-ven 10h-11h, 17h-20h. Le w-e, ouv sur résa (prévenir au plus tard la veille). Résa la veille en été. Accès 24h/24 par carte magnétique. Carte des AJ obligatoire. Lit en dortoir 3 ou 5 lits 18 €.* Une auberge de jeunesse qui, sans être loin du centre-ville, est située dans un environnement calme et verdoyant. Du jardin, on a une jolie vue sur l'Auron, qui coule tout à côté. Chambres impeccables, accueil excellent.

De prix moyens à chic

🏠 ***Le Christina*** *(plan A2, **5**) : 5, rue de la Halle. ☎ 02-48-70-56-50. • info@le-christina.com • le-christina.com • Derrière la halle au blé. Ouv tte l'année (sauf 1 sem à Noël). Doubles 82-130 € ; familiales. Café offert sur présentation de ce guide.* Si la façade fifties est banale, l'intérieur, modernisé, ne manque ni de chaleur ni de couleur. Les chambres, plus ou moins spacieuses, sont climatisées et confortables. Déco soignée et literies impeccables. Ensemble bien tenu et accueil agréable. Sans doute le meilleur rapport qualité-prix en ville.

🏠 ***Hôtel Les Tilleuls*** *(hors plan par C3, **6**) : 7, pl. de la Pyrotechnie. ☎ 02-48-20-49-04. • lestilleuls.bourges@wanadoo.fr • les-tilleuls.com • ♿ Doubles 67-90 € ; familiales. Parking privé dans la cour.* Situé un peu à l'extérieur du centre-ville (compter une vingtaine de minutes à pied), ce petit hôtel est agréable, notamment grâce à son joli jardin à l'arrière, fleuri et planté de cerisiers, avec une belle piscine. Les chambres sont confortables, simples et propres, même si elles manquent un peu d'âme. Celles côté jardin sont plus calmes. Accueil attentionné.

🏠 ***Chambres d'hôtes Les Bonnets Rouges*** *(plan C2, **7**) : chez Olivier Llopis, 3, rue de la Thaumassière.*

☎ 02-48-65-79-92. • contact@bonnetsrouges-bourges.fr • bonnetsrouges-bourges.fr • *En plein centre historique. Compter 72-82 € ; familiales. Apéritif maison ou café offert sur présentation de ce guide.* Une maison de charme du XVᵉ s. Vous serez reçu avec gentillesse par le maître de maison qui bichonne ses 5 chambres d'hôtes, toutes différentes, empreintes de romantisme, douceur et élégance. Si vous aimez avoir vos aises, évitez celle sous les toits, avec la baignoire sabot. Une autre donne sur la cour intérieure, à vous de voir. Petit déj composé à la demande et servi dans le jardin à la belle saison. Également un hammam, pour un séjour détente garanti !

De chic à beaucoup plus chic

Chambres d'hôtes L'Oustal *(hors plan par B1, **8**) : chez Magali et Julien Bertrand, 7, rue Félix-Chédin.* ☎ 02-48-70-26-64. 📱 06-27-30-76-67. • oustalenberry.fr • *À 300 m de la gare ; à pied, franchir la passerelle enjambant la voie ferrée et remonter la rue en face, c'est sur la gauche. Double 92 € ; familiale.* Une maison bourgeoise bien cachée derrière de hautes grilles, posée au milieu d'une pelouse impeccablement entretenue, au cœur d'un parc fleuri. Un coin de campagne à 20 mn à pied du centre-ville. 4 chambres très personnalisées, rendant chacune hommage à une femme célèbre du XIXᵉ s. Ajoutez à cela une salle de petit déj aux grandes baies ouvrant sur le jardin, la gentillesse des hôtes... et vous comprendrez notre coup de cœur.

Best Western Hôtel d'Angleterre *(plan B2, **9**) : 1, pl. des Quatre-Piliers.* ☎ 02-48-24-68-51. • hotel@bestwestern-angleterre-bourges.com • bestwestern-angleterre-bourges.com • *Congés : 2 sem fin déc-début janv. Doubles 106-164 € ; familiale. Garage clos payant. Réduc de 10 % sur le prix de la chambre sur présentation de ce guide.* Au cœur du quartier historique, à côté du palais Jacques-Cœur, cet hôtel chic est en fait le plus vieil hôtel de Bourges. Une trentaine de chambres spacieuses et lumineuses, climatisées, impeccablement tenues et d'un confort optimal. Très prisées notamment par une certaine clientèle d'affaires, mieux vaut s'y prendre à l'avance pour les réserver. Petit déj copieux et délicieux, servi sous forme de buffet dans une très jolie salle. Accueil professionnel.

La Villa C *(hors plan par B1, **10**) : 20, av. Henri-Laudier.* ☎ 02-18-15-04-00. • contact@hotelvillac.com • hotelvillac.com • ♿ *Congés : Noël. Doubles 98-245 € ; petit déj-buffet 14 €. Parking gratuit sur demande. 10 % de réduc sur présentation de ce guide.* L'unique boutique-hôtel de la ville, joliment aménagé dans une élégante demeure du XIXᵉ s, à quelques enjambées de la gare et du centre historique. Une vingtaine de chambres lumineuses et contemporaines, hyper confortables. Les plus chères sont au 1ᵉʳ étage, avec terrasse individuelle surplombant un petit cours d'eau (et machine *Nespresso*...). Grande terrasse de bambous sur le toit pour l'été. Calme, relaxant et confortable.

Chambres d'hôtes (côté jardin) et appartements (côté cour) de l'Hôtel de Panette *(plan B3, **11**) : 1, rue Henri-Ducrot.* ☎ 02-48-50-60-01. • bienvenue@panette.fr • panette.fr • *Doubles 89-299 € ; loc studios et apparts sans petit déj 80-199 €/nuit. Parking payant (15 €/nuit).* Il faudrait toute une page pour raconter l'histoire de ce bel hôtel particulier du XVIIIᵉ s, qui accueillit des hôtes illustres (comme Don Carlos, l'infant d'Espagne, pour son exil doré) avant de devenir une annexe de l'archevêché et d'être rendu à la vie par un couple de passionnés. Pour un coup de folie, on ne peut rêver mieux qu'un séjour tout en douceur ici, dans une des 3 chambres, d'un confort inouï, chacune ayant son décor d'artiste, son atmosphère, sa vue sur le jardin ou la ville. Pantagruélique petit déjeuner-buffet. Côté cour, dans un très beau corps de bâtiment attenant, une dizaine de studios et appartements à l'esprit Renaissance, et encore d'autres logis de charme aménagés dans les anciennes dépendances.

Où manger ?

Sur le pouce

Bonjour Marcel (plan B2, **12**) : *11, pl. des Quatre-Piliers. ☎ 02-48-16-67-32. Tlj (sauf dim-lun) 11h-14h, 16h-19h30 (22h ven-sam). Formules 14-17 € ; tapas 5-19 €.* Épicerie fine et cave à manger, *Marcel,* au décor épuré tendance, donne un coup de jeune à la tradition gastronomique de la ville. Il file la pêche aussi avec ses sandwichs, soupes, tartines et assiettes de fromage et charcuterie, à emporter ou déguster sur place perché sur des tabourets. Tout est frais et maison, y compris le gâteau du jour. Un must pour croquer un morceau sur le pouce ou à l'heure de l'apéro. Sélection de vins au verre à prix d'ami. Merci *Marcel* !

La Mère Poule (plan A1, **13**) : *28, rue des Cordeliers. ☎ 02-48-68-91-82. Tlj sauf dim, midi et soir. Résa en ligne possible • lamerepoule.fun • Formule et menu midi en sem 14-18 € ; plats env 18 €.* Un cadre coloré, joyeux, un piano-bar, un accueil agréable : pas de doute, tout est là pour passer un bon moment. Une impression qui se confirme en observant la carte : producteurs sourcés, accent mis sur les vins naturels, service attentif, le client est bichonné. L'assiette copieuse, à l'identité locale et bistrotière revendiquée, est à la hauteur de la promesse.

Délichou (plan C2, **14**) : *11, rue Bourbonnoux. ☎ 09-82-27-59-59. • hello@delichou.fr • Tlj sauf lun 12h-18h. Congés : 15-31 août. Formule midi 14,90 €, env 18 € à la carte ; brunch 24 €. Café offert sur présentation de ce guide.* La tarterie *Délichou* conforte la bonne réputation de la rue Bourbonnoux ! Soupes, petits plats mitonnés , tartes salées et sucrées, et gâteaux gourmands : c'est bon, frais, sain, fait maison et servi dans un cadre bistrot-rétro ou à emporter. Belle ardoise de thés.

Bon marché

La Gargouille (plan C2-3, **15**) : *108, rue Bourbonnoux. ☎ 02-48-24-23-59. Tlj midi et soir (sauf dim hors saison). Résa indispensable, possible sur • restaurant-lagargouille.fr • Formule déj 18 € ; menus 28-32 € ; carte env 33 €. Apéritif maison offert sur présentation de ce guide.* À l'ombre de la cathédrale, cette gargouille installée dans une vieille maison, et encore visible à l'étage, a tout pour plaire ! Épais murs de pierre, poutres, petit jardin, tables bistrot en bas, auréolées de lustres baroques au 1er. Et une carte d'un épatant rapport qualité-quantité-prix. Délicieuse cuisine de bistrot saisonnière aux associations créatives et présentations soignées. Intéressante sélection de vins gourmands gentiment tarifés. À l'heure du coup de feu, ça pulse, mais rien n'est laissé au hasard. Pas même l'accueil, pro et tonique.

Le Guillotin (plan C2, **16**) : *15, rue Jean-Girard. ☎ 02-48-65-43-66. • leguillotin@gmail.com • Tlj sauf dim-lun, midi et soir. Service jusqu'à minuit ! Formules déj 11-12,50 € ; carte env 25 € le soir. Concerts réguliers en fin de sem sept-mai.* Dans ce grand resto tapissé des affiches du Printemps et de celles des artistes venus se produire dans le petit café-théâtre du 1er étage *(La Soupe aux Choux),* on refait le monde en se régalant des grillades cuites à point dans la cheminée, dans l'un des lieux de rendez-vous les plus chaleureux de la ville. Terrine au pot, grosses salades, frites et desserts maison. Ambiance décontractée. Bon accueil.

Le Comptoir de Paris (plan C2, **17**) : *1, rue Jean-Girard. ☎ 02-48-24-17-16. • lecomptoirdeparis@orange.fr • Tlj sauf dim-lun et j. fériés ; mais ouv lun soir et soir des j. fériés en hte saison. Formules déj 13,90-17 € et menus 21-28,50 € (soir et w-e).* Au cœur de l'animation, sa terrasse d'angle déborde sur la place Gordaine, l'une des plus jolies de Bourges avec ses maisons à pans de bois. Cuisine correcte mais on vient surtout pour le cadre et ses tables extérieures. Pour les journées plus fraîches, derrière la façade à colombages et grenat restaurée, un intérieur vieux bistrot tout en bois, chaleureux, aux conversations animées.

De prix moyens à chic

|●| ***Le Bourbonnoux*** *(plan C2,* ***18****)* ***:*** *44, rue Bourbonnoux. ☎ 02-48-24-14-76. 📱 06-08-56-90-19 ou 06-72-56-28-81. • contact@bourbonnoux.com • Tlj midi et soir. Résa conseillée. Menus 20 € (au déj, sauf j. fériés), puis 30-40 €. Apéritif offert sur présentation de ce guide.* C'est sans doute le meilleur rapport qualité-prix de la ville qui se cache derrière la petite façade vitrée de cette vieille maison. 2 longues salles agréables où l'on vient déguster de délicieux classiques de notre cuisine nationale, mais avec un petit truc en plus... Cuisine délicieuse et gentiment créative, qui fait l'unanimité en ville. Carte des vins en accord avec la cuisine. Ambiance tranquille, accueil souriant et service attentionné. Une adresse incontournable !

|●| ⛱ ***La Courcillière*** *(plan C1,* ***19****)* ***:*** *rue de Babylone (mais accès par l'av. Marx-Dormoy). ☎ 02-48-24-41-91. • contact@lacourcilliere.com • Tlj en saison, hors saison fermé mer, ainsi que le soir des lun-mar et dim. Formule déj 18 € ; menus 26-32 €. Apéritif offert sur présentation de ce guide.* Situé au cœur des « marais potagers », sur les bords de l'Yèvre, un endroit centenaire réputé, avec vue sur la cathédrale. On s'installe en salle, près des grandes baies vitrées donnant sur les marais ou, aux beaux jours, sous les glycines, au bord de l'eau. Spécialités régionales qui se dégustent au son des grenouilles (on peut aussi goûter leurs cuisses !) ou des canards. Une institution !

|●| ***Le Louis XI*** *(plan B2,* ***20****)* ***:*** *11, rue Porte-Jaune. ☎ 02-48-70-92-14. • frederique.durand18@outlook.fr • Tlj sauf dim-lun, midi et soir. Carte env 34 €.* À l'angle d'une petite rue en pente, plus qu'un restaurant, une institution : tous les Berruyers amateurs de bonne viande s'y retrouvent pour de solides repas cuisinés tout en finesse et avec le sourire par l'avenante patronne, qui connaît tout le monde et que personne n'ignore. Les fourneaux ne sont d'ailleurs séparés de la petite salle que par un comptoir, pour permettre les échanges entre madame et ses clients. Le cadre exigu, sa décoration très bistrot hors du temps renforcent encore l'atmosphère très conviviale. Petite terrasse.

De chic à plus chic

|●| ***Les Petits Plats du Bourbon*** *(plan B1,* ***22****)* ***:*** *60, av. Jean-Jaurès. ☎ 02-48-70-79-90. • lespetitsplatsdubourbon@orange.fr • ♿ À mi-chemin entre la gare et le centre. Entrée et parking côté* Hôtel de Bourbon. *Tlj sauf dim-lun midi et j. fériés. Formules 22-23 € le midi en sem et menus 30-34 €.* Les 2 chefs Pascal Chaupitre et Christophe Lot ont pris les commandes du resto du grand hôtel de la ville. Cuisine d'auteur, jouant tout à la fois l'inventivité, l'esthétisme, les saveurs subtiles en respectant les saveurs et valeurs berrichonnes. Du reste, les produits sont locaux, et souvent bio. Déco moderne et chic, respectant curieusement l'atmosphère des lieux, puisqu'on est ici dans l'ancienne chapelle de l'abbaye de Saint-Ambroix. Les volumes impressionnent, mais on s'y sent bien, et le service y contribue. Bonne sélection de vins.

|●| ⛱ ***La Suite...*** *(plan C2,* ***24****)* ***:*** *50, rue Bourbonnoux. ☎ 02-48-65-96-26. • contact@lasuite-bourges.com • Tlj sauf dim-lun. Formule et menu déj 21,50-27 € ; carte 45-50 €. Résa conseillée.* Cette bonne table a eu l'idée de suivre l'air du tempo, délaissant la course aux étoiles, et même son étoile, pour revenir sur terre. Une bonne idée pour aller de l'avant et proposer une cuisine toujours aux accents gastronomiques, mais décomplexée et décontractée. À commencer par le cadre moderne et sa cuisine ouverte sur la salle. Testez la formule du midi et revenez le soir vous offrir une vraie fête des sens à prix justifiés. Superbe terrasse à l'arrière, au pied de la promenade des remparts.

LE CHER EN BERRY

Où manger dans les environs ?

|●| ⛱ ***La Forge :*** *1, rue de la Brosse, 18570* ***Le Subdray.*** *☎ 02-48-59-64-31. À 13 km au sud-ouest de Bourges, 15 km à l'ouest de Plaimpied-Givaudins. Tlj sauf lun-mar, le soir des mer et dim, et sam midi. Formule midi*

en sem 17,50 € ; menus 39 € et (gastronomique) 70 €. Une adresse plébiscitée, à juste titre. On s'installe dans une agréable salle ou – surtout – sur une vaste terrasse donnant sur la verdure, pour déguster la cuisine inventive et légère de William Gauriat. Choix certes restreint, mais qui change... à chaque service. Des assiettes aussi agréables à l'œil qu'aux papilles, élaborées à partir de produits locaux. Accueil adorable. Un coup de cœur.

Où prendre un bon petit déj ?

French Coffee Shop *(plan C2, **38**) : 3, pl. Gordaine. 06-17-41-62-55. Tlj sauf dim 9h30-19h.* Ce *Starbucks* hexagonal (déclinaisons de café, gourmandises américaines et françaises) jouit d'une vaste terrasse ensoleillée sur la charmante et tranquille place Gordaine. Parfait pour bien commencer la journée.

Où boire un thé ? Où grignoter ?
Où manger une pâtisserie ?

Cake Thé *(plan C2, **25**) : 74 bis, rue Bourbonnoux, promenade des Remparts. ☎ 02-48-24-94-60. • aude.tillocher@icloud.com • Prendre le passage discret au niveau du 74 bis, rue Bourbonnoux, puis longer la promenade des Remparts. Tlj sauf lun ; resto 12h-14h, salon de thé 15h30-19h. Résa conseillée. Formule déj 16,40 € (18 € en terrasse).* Une table d'hôtes sucrée-salée, installée dans une ancienne salle de confrérie du XIIe s avec une terrasse qui donne sur la promenade des Remparts. Un univers à la Prévert : plantes vertes, bouquins et magazines de déco, tableaux... On vient au *Cake Thé* pour... caqueter, boire une infusion ou un chocolat chaud à l'ancienne. Les délicieuses pâtisseries maison sont généreusement accompagnées de crème anglaise et de crème fouettée. Havre de paix gourmand et cosy, avec quelques jeux pour les enfants, le tout bercé de musique classique.

Praline et Panda *(plan B1-2, **26**) : 23-25, rue Mirebeau. 06-65-25-05-99. Tlj en saison ; fermé dim-lun hors saison. Formules 8,90-10,90 € ; carte 10,90 €. Réduc de 5 % sur l'addition, sur présentation de ce guide.* Un lieu à la fois détonnant et consensuel, si, si ! Ce salon de thé/concept-store à la fois contemporain et chaleureux, avec déco et expos d'art très *trendy* (esthétique manga, *street art*), attire tous les âges dans son décor aux couleurs pop et au mobilier savamment hétéroclite (en vente). Smoothies, déclinaisons de cafés et de thés, gourmandises régressives, panda sous toutes les formes : le lieu parfait pour cocooner. Salon de tatouage discrètement intégré.

Philomène *(plan B2, **27**) : 3, pl. des Quatre-Piliers. 06-81-69-39-23. Tlj sauf dim-lun 12h-19h. Formules « Snacking » 13,90 € et « Tea Time » 11,50 €.* Il faut franchir le porche de l'immeuble et entrer dans la courette pour accéder aux 2 petites salles du rez-de-chaussée, comme on entre dans un appartement. Joli décor de boudoir, atmosphère cosy et conversations feutrées, papiers peints fleuris, petites tables rondes, belle vaisselle... Un cadre intime et romantique qui offre autant de belles assiettes maison pour la formule déjeuner que de pâtisseries à l'heure du thé. Côté boutique, une belle sélection d'objets à (s')offrir. Accueil discret, adorable.

Voir aussi ***Délichou,*** plus haut dans « Où manger ? ».

Où boire un verre ?
Où écouter de la musique ? Où sortir ?

Atout Fruit *(plan C3, **29**) : 10, rue de Sarrebourg. ☎ 02-48-20-22-45. • atoutfruit@bbox.fr • Au centre-ville, près de la pl. des Marronniers. Mar*

LE CHER EN BERRY

15h-19h ; mer-sam 10h-12h30, 15h-19h. Fermé dim-lun et j. fériés. Dégustation gratuite de plusieurs sirops Monin *sur présentation de ce guide.* Un salon-bar-boutique qui propose des jus de fruits frais, des sirops, des cafés, des chocolats, et des soupes de légumes. Un coin boutique permet d'acheter toute la gamme de produits *Monin* dont l'usine a malheureusement quitté le centre-ville (avec près de 150 parfums de saveurs de sirops, liqueurs et cie), ainsi que des objets artisanaux fabriqués par des personnes autistes. C'est un lieu de commerce solidaire géré par l'association Sésame Autisme Cher.

Made in Café *(hors plan par B1,* ***31****) : 3, pl. du Général-Leclerc. ☎ 02-48-02-19-19. • contact@madeincafe.com • Service lun-ven 12h-14h, 19h-22h ; sam 19h-22h ; bar lun-ven 7h-14h30, 18h-23h ; sam 18h-23h (en principe).* Face à la gare, une ambiance *lounge* dans un bar aux lignes contemporaines sobres, dans les tons beiges et gris. Des écrans plats un peu partout, diffusant sport et musique, mais sans excès.

Le Birdland *(plan B1,* ***32****) : 4, av. Jean-Jaurès. ☎ 02-36-24-09-44. Tlj sauf dim 17h30-2h. Congés : 1re quinzaine d'août.* Sitôt la porte franchie, vous quittez le Berry pour le cœur de Londres. Tout y est : la moquette chamarrée côté cosy, le parquet usé côté bar, les miroirs publicitaires, les vitraux, le jeu de fléchettes et une impressionnante collection de bières. Pour les amateurs, quelque 30 sortes de whiskies et une longue carte de cocktails. Clientèle hétéroclite et volubile. Concerts occasionnels (rock, celtique...) et grosse ambiance au moment du Printemps de Bourges.

O'Brian's Irish Pub *(plan A3,* ***33****) : 9, rue Barbès. ☎ 02-48-25-98-36. 📱 06-03-35-49-11. • obriansbourges@gmail.com • obriansbourges.com • ♿ En bas de la rue d'Auron, passer la rivière puis 2e à gauche. Tlj sauf dim-lun 17h-1h (2h jeu-sam). Demi de pression offert sur présentation de ce guide. Congés : 3 premières sem d'août.* Pub irlandais tout en boiseries avec un décor authentiquement *Irish* : vieil alambic au centre, plusieurs petits recoins pour se poser dont un coin cheminée pour l'hiver. Une soixantaine de bières et presque autant de whiskies, mur de tireuses en libre-service (fun !), rhums à gogo et petite restauration pas chère pour éponger. Riche animation : soirée rock celtique mensuelle, retransmissions sportives sur grand écran, concerts... Billard au sous-sol. Excellent accueil.

L'Incontournable *(plan B2,* ***34****) : 2, rue Jacques-Cœur. ☎ 02-48-65-62-55. Tlj sauf dim-lun, 18h (16h sam)-0h30. Plat du jour 8,90 €.* On vient avant tout pour le *rooftop*, un américanisme ici à la sauce Renaissance. Au cœur de Bourges, la vaste terrasse se trouve effectivement au niveau des toits de la ville, et en se tordant le cou, on aperçoit les hauteurs du palais Jacques-Cœur ! Salle à l'ambiance vintage revue au goût du jour. Un aimant pour la jeunesse berruyère. Parfait pour boire un verre ou manger au soleil.

Où acheter de bons produits ?

Voir nos « Adresses et infos utiles » pour connaître les jours de marché. L'idéal pour faire le plein de bons produits fermiers.

Pour acheter toute la gamme de **produits Monin, sirops et liqueurs,** rendez-vous chez ***Atout Fruit*** *(10, rue de Sarrebourg, près de la pl. des Marronniers ; plan C3,* ***29*** *; voir plus haut « Où boire un verre ?... »).*

Aux Arômes du Vieux Bourges *(plan B-C2,* ***35****) : 11, pl. Gordaine. ☎ 02-48-24-64-25. Lun 14h30-19h, mar-sam 9h30-19h. Fermé lun mat et dim.* Un magasin classé Monument historique qui est un monument en soi. Chocolats signés Daniel Mercier, douceurs sucrées et salées... Une épicerie fine très réputée, à l'accueil hors pair.

Cave à vins Le Tocsin *(plan C1,* ***36****) : 36, rue Édouard-Vaillant. 📱 06-08-98-07-88. Ven-sam 10h30-12h30, 16h-19h30 ; sur rdv sinon.* Une mecque du vin naturel, pas du vin régional, on précise tout de suite (même si quelques références croisent ces caractéristiques). C'est après sa rencontre avec un vigneron de Sologne que Jacques Flouzat s'est pris de passion pour les nectars produits en agriculture biologique et/ou biodynamique et sans sulfites. Accueil chaleureux et dimension créative (petites expos d'art contemporain) en plus d'une compétence incontestée : pas étonnant que la réputation de cette cave dépasse les frontières !

La Cave des Beaux-Arts *(plan B2,* ***37****) : 10 bis, rue des Beaux-Arts. ☎ 02-48-24-16-11. En principe, mar-sam 17h30-22h. Fermé dim-lun.* En plein centre médiéval, une cave qui présente une intéressante sélection de quelques maisons de la région.

À voir

■ ***Petit train touristique :*** *juil-août et pdt les vac scol, tlj sauf lun ; départs fluctuants mais en principe à 11h, 12h, 14h, 15h, 16h et 17h, au pied de la cathédrale. Départs moins fréquents avr-juin et sept-oct. Fermé nov-mars. Infos auprès de Bourges Berry Tourisme : ☎ 02-48-23-02-60. Tarif : env 7,50 € ; réduc. Compter 45 mn de visite commentée.* Bourges monte et descend, alors, pour les fainéants, il reste le petit train qui mène dans tous les jolis coins de la ville. Commentaires amusants.

LE VIEUX BOURGES (plan A-B-C2-3)

« Il est difficile d'être irréligieux à l'ombre d'une cathédrale comme celle de Bourges. »

Honoré de Balzac, Béatrix

La cathédrale Saint-Étienne *(plan C2-3) : pl. Étienne-Dolet. ☎ 02-48-24-79-42. Avr-sept tlj 8h30-19h ; oct-mars 9h-17h45 (ferme 12h30-14h lun) ; messe lun-ven à 11h45 et 11h dim. Visite guidée de la crypte : 2 le mat et 3 l'ap-m 8 € (compter 45 mn) ; billet jumelé crypte + palais Jacques-Cœur 12 €. Billets en vente au guichet CMN.*

– ***Les Nuits lumière :*** *tlj juil-août ; jeu-sam juin-sept ; ven-sam en]hiver.* En été, c'est tout le centre ancien qui bénéficie d'une mise en lumière exceptionnelle. C'est l'ourse Ursine, emblème du duc Jean de Berry, qui emmène petits et grands à la découverte de l'histoire de la ville, sur un chemin balisé de luminaires bleus, d'un enchantement croissant.

– On aime particulièrement le ***superbe éclairage de la cathédrale.*** Restitution des volumes, lecture extérieure des vitraux du chœur (éclairés de l'intérieur), sur un tracé sonore et lumineux tout autour du monument. Des ***jardins*** de l'archevêché, la vue du chevet est saisissante.

Un chef-d'œuvre

Inscrit au Patrimoine mondial de l'Unesco, cet imposant vaisseau de style gothique compte parmi les plus belles œuvres du genre en France. Construite au point le plus haut de la ville, en lieu et place de l'ancienne cathédrale romane, et à cheval sur les anciens remparts, elle tire parti au mieux de la topographie des lieux. ***1re cathédrale gothique construite au sud de la Loire,*** ses particularités résident dans son absence de transept, sa construction de structure pyramidale à la recherche d'un maximum de lumière, ainsi que dans le fantastique ensemble de 5 portails sculptés. Des éléments à la fois novateurs pour l'époque et inscrits dans une longue tradition paléochrétienne et romane, qui en font une cathédrale unique qui mérite une visite approfondie.

LE PÉLICAN FAIT LE COQ

On a plutôt coutume de voir des coqs, symboles du Christ ressuscité, au sommet de nos églises. Au sommet de la tour nord de la cathédrale, c'est le pélican qui est l'emblème christique. En effet, le pélican sacrifie son sang et ses entrailles pour nourrir ses petits.

LE CHER EN BERRY

Un peu d'histoire

Comme pour tous les projets grandioses, ses travaux s'échelonnèrent dans le temps : de 1195 à 1215 pour le chœur et de 1225 à 1250 pour la nef et la façade ouest (entrée principale). À cette époque, Bourges est la ville la plus au sud du royaume, l'Aquitaine anglaise n'est pas très loin et l'hérésie bat son plein. En cette période troublée, il s'agit donc d'affirmer la puissance royale et de témoigner du pouvoir religieux de la ville en construisant un édifice de grande envergure.

Sur le flanc sud, la différence est nette entre les petites fenêtres du chœur (1re partie des travaux, interrompue faute de financement) et les grandes ouvertures de la nef (2e période, 10 ans plus tard). On est surtout frappé par le volume de cet immense vaisseau, sans flèche ni transept, qui met l'accent sur les lignes horizontales, juste contrebalancées par le réseau quasi arachnéen des arcs-boutants.

Fin XIVe s, on remanie la façade pour y intégrer la rosace « le grand housteau », commandée par le duc Jean de Berry. On rajouta progressivement des chapelles pour les grandes familles locales. Quant à la tour nord (66 m de haut et 396 marches pour grimper à son sommet et jouir d'une belle vue sur la ville, les marais, et jusqu'à Sancerre par beau temps), elle s'écroula en 1506 avant d'être reconstruite et placée sous la protection d'un pélican.

QUAND LES CURÉS EN FAISAIENT LEUR BEURRE

Après son écroulement, la tour nord de la cathédrale fut reconstruite grâce aux dons des riches pour acheter le droit de manger gras en période de carême. Pas très catholique... D'où son nom de « tour de beurre ».

Les façades

En faisant le tour de la cathédrale, on peut admirer les portails latéraux et leurs sculptures, repris de l'ancienne église romane. Le ***portail sud*** porte déjà l'empreinte du style gothique avec, sur les côtés, non plus de simples colonnes, mais des statues-colonnes de prophètes. Les petits chapiteaux au-dessus représentent quant à eux des ***scènes de l'Ancien Testament.*** Sur celui où Adam et Ève sont chassés du paradis, quelques traces de polychromie originelle, d'un bleu magnifique, nous rappellent qu'autrefois cette cathédrale était entièrement peinte. On en retrouve également sur le portail nord.

La ***façade occidentale*** est composée de 5 portails encadrés de piliers. Au centre, le ***Jugement dernier*** : le Christ, les bras levés, semble vouloir accueillir les fidèles, impression accentuée par le faible recul sur le parvis, la proximité et la lisibilité des scènes. Juste au-dessous, sur le tympan, saint Michel, avec sa balance, sépare les bons (à votre gauche, au paradis) des mauvais (à droite, au purgatoire). Au rang des élus, des âmes représentées par des enfants dans un linge tenu par Abraham. Au purgatoire, le chaudron chauffé par les flammes qui sortent de la gueule de l'enfer et toute une galerie de personnages grimaçants : moine, évêque, avare, femme adultère. Dans la partie basse, scène de la résurrection des morts.

Les autres tympans, de part et d'autre du portail central, sont dédiés de gauche à droite à saint Guillaume, à la Vierge Marie, à saint Étienne (dont les reliques ont déterminé le nom de cette église) et à saint Ursin.

La nef

Les 5 portails ouvrent sur 5 nefs : les doubles collatéraux, se poursuivant par un double déambulatoire, font de la cathédrale un des édifices les plus vastes de son époque. ***Une forêt de piliers d'une grande simplicité architecturale mais aux riches perspectives*** met l'accent sur les lignes verticales. Un sentiment de pureté s'en dégage, dû à la simplicité du décor et à l'absence de transept, qui ne rompt en rien l'effet de perspective et l'entrée de la lumière.

L'élévation intérieure est également originale : les grandes arcades, de chaque côté de la nef centrale, sont très hautes (21,30 m), ouvrant largement sur les collatéraux intérieurs, qui présentent la même élévation à 3 niveaux : grandes arcades, triforium, fenêtres hautes, donnant ainsi l'impression d'une élévation à 5 niveaux particulièrement lumineuse.

La ligne médiane

En 1757, un trait de cuivre est matérialisé sur le sol de la cathédrale par un chanoine géomètre de Bourges. À la façon d'un cadran solaire, ***cette ligne déterminait tout le calendrier liturgique de l'année.*** Chaque solstice d'été, le 21 juin à 14h précises, un rayon lumineux passant par le vitrail dans le prolongement de la ligne vient se poser sur le trait de cuivre.

Les vitraux

Réalisés entre les XIIIe et XVIIe s, ceux du chœur, les plus anciens, sont particulièrement remarquables. Chaque vitrail se lit du bas vers le haut et de gauche à droite, sauf le Bon Samaritain de haut en bas. Les ***parties basses,*** figurant les corporations de métiers donatrices (charpentiers, boulangers, tonneliers), ***offrent un panorama de scènes de vie quotidienne*** et des détails d'un réalisme frappant. La ***partie supérieure*** de chaque vitrail propose, quant à elle, une ***lecture de l'Ancien et du Nouveau Testaments*** (le Jugement dernier, la Passion, etc.). En faisant le tour des chapelles, ne pas manquer le vitrail Jacques-Cœur, un chef-d'œuvre du XVe s représentant une Annonciation accompagnée de saint Jacques et de sainte Catherine d'Alexandrie, dans la chapelle fondée par le grand argentier. On y retrouve, comme autant d'hommages au roi, les symboles de Charles VII : le soleil, la rose et l'iris, de même que les couleurs rouge, blanc et vert.

Juste après la sacristie du chapitre, on peut également admirer la chapelle de la famille du Breuil, datée du XVe s, un très rare exemple de décor global ; en effet, les 2 peintures – la Crucifixion et le *Nolli me Tangere* –, le trompe-l'œil représentant une tenture et le vitrail ont été conçus par le même artiste.

L'horloge astronomique

Construite en 1424 par le chanoine Fusoris, à l'occasion du baptême du futur Louis XI, c'est l'***une des plus anciennes horloges encore en fonctionnement à ce jour.*** En forme de beffroi et placée au haut du jubé, elle rythmait les heures canoniales. Oubliée dans la crypte, elle a été retrouvée et refaite à l'identique il y a 20 ans, alors que l'original du mécanisme est toujours exposé à côté de l'horloge.

La crypte

La crypte est en fait une église basse, construite en guise de soubassement de la nouvelle église pour combler la dénivelée de 6 m, lors du passage au-delà du rempart. Ses piliers soutiennent le chœur actuel, et elle est dotée de grandes ouvertures. C'est la partie la plus ancienne de la cathédrale. On y accède par une galerie étonnamment lumineuse *(billets en vente au guichet sous la tour nord).*

Dans cette pièce, on découvre aussi les restes du jubé du XIIIe s. Supprimé au XVIIIe s après la Contre-Réforme (pour maintenir le contact avec le fidèle, on supprime cette séparation entre la nef et le chœur), il fut retrouvé par hasard.

Un peu plus loin, on découvre également l'original du ***gisant en marbre du duc Jean de Berry*** (une copie se trouve au palais Jacques-Cœur), représenté ici avec sa 1re épouse.

Enfin, pour accéder à la crypte de l'église romane, celle dans laquelle reposent les anciens archevêques de Bourges, on passe devant une rare ***Mise au tombeau sculptée grandeur nature.***

CULS-DE-LAMPE ET PAIRES DE FESSES

Remarquer les culs-de-lampe, dans l'église basse, ces retombées de voûte décorées par des sculptures bien libres : un bonhomme qui se fait tirer les oreilles, le roi qui pose une main sur l'épaule de la reine, ou encore une paire de fesses ! Les curieux pourront d'ailleurs s'amuser à dénicher (vraiment pas facile !) les 7 paires de fesses réparties dans l'ensemble du bâtiment (crypte, extérieur...) !

Autour de la cathédrale

L'édifice était entouré au Moyen Âge de maisons canoniales où résidaient les chanoines, dans ce qui constituait le « cloître du chapitre ». Celui-ci était fermé par des portes, d'où les noms « rue Porte-Jaune » ou « rue du Guichet » et la porte encore conservée au bout de la petite rue du Doyen. Le palais de l'archevêque se trouvait au sud de cet enclos. Les maisons canoniales conservées donnent à l'ensemble un aspect proche de celui d'autrefois.

La grange aux dîmes *(plan C2)* **:** *tourner à gauche dans la rue des Trois-Maillets. Ne se visite pas.* Bâtiment du XIIIe s, rénové, où l'on entreposait autrefois les impôts en nature versés au clergé par les paysans (dîme = 1/10 des récoltes). Il se trouvait alors dans le « cloître du chapitre ».

L'ancien archevêché *(plan C3)* **:** *pl. Étienne-Dolet.* Élégante bâtisse classique du XVIIe s, qui servit pendant 2 siècles de palais aux archevêques de Bourges. Bel escalier monumental. Il abrite aujourd'hui les salons de l'hôtel de ville et le ***musée des Meilleurs Ouvriers de France*** *(☎ 02-48-57-82-45 ; ♿ ; tlj sauf mar, dim mat et certains j. fériés 10h-12h, 14h-18h ; entrée : 3,50 €, réduc, gratuit moins de 18 ans, gratuit ts les dim 1er nov-30 avr).* Exposition des chefs-d'œuvre et du savoir-faire des Meilleurs Ouvriers de France.

Le jardin de l'archevêché *(plan C3)* **:** *au chevet de la cathédrale. Juin-fin sept, guinguettes dim ap-m.* D'une superficie de 3 ha, ces jardins, fleuris de mai à octobre, ont été dessinés par un élève du grand paysagiste Le Nôtre. Ils comprennent une partie à la française, au pied de la cathédrale Saint-Étienne, et une autre à l'anglaise, avec de grands arbres et un kiosque à musique où des musiciens viennent faire guincher la population locale le dimanche après-midi, en saison. C'est aussi de ces jardins que le panorama sur la cathédrale est le plus saisissant.

Les musées

Le palais Jacques-Cœur *(plan B2)* **:** *10 bis, rue Jacques-Cœur. ☎ 02-48-24-79-42. • palais-jacques-coeur.fr • Tlj : juil-août, 10h-12h45, 14h-18h15 ; mai-juin, 9h30-12h15, 14h-18h15 ; avr et sept, 10h-12h15, 14h-18h ; oct-mars, 9h30-12h15, 14h-17h15. Fermé 1er janv, 1er mai, 1er et 11 nov et 25 déc. Visites libres ou guidées (rens sur le site internet). Dernier accès 45 mn avt fermeture. Entrée : [illegible] € ; réduc ; gratuit moins de 18 ans et ts 1er dim du mois janv-mars et nov-déc.* Construite entre 1443 et 1451, la « grand' maison » de l'argentier de Charles VII reste l'un des plus beaux exemples d'architecture gothique civile. Son emplacement n'est pas choisi par hasard : elle se situe à mi-chemin entre la ville haute, dont la cathédrale symbolise le pouvoir intemporel, et la ville basse, siège du pouvoir temporel où se situent les palais épiscopal et royal. De cet emplacement bien particulier, la grand' maison tient 2 facettes : côté ville haute (rue Jacques-Cœur), elle apparaît comme raffinée et civilisée ; côté ville basse, elle livre une vision plus rude de bâtiment fortifié, nettement visible, en contrebas, depuis la place de Berry. Enfin, elle s'appuie sur 3 niveaux de caves où étaient stockés vivres et marchandises.

Richement ornementée, la grand' maison a été construite pour symboliser le pouvoir et l'incroyable réussite dans les affaires de Jacques Cœur. Celui-ci ne vit pas la fin des travaux et n'occupa jamais sa luxueuse maison, les travaux étant à peine achevés lorsqu'il fut brutalement arrêté pour abus de confiance. Confisqué, le palais fut

DEVISES PARLANTES

Les devises du maître de maison sont visibles et bien connues, pour certaines : « À vaillants cœurs rien d'impossible » ; « Dire, faire, taire, de ma joie » et, la plus parlante (si l'on peut dire !), « Dans bouche close n'entre mouche ».

ensuite rendu à ses héritiers par Louis XI ; il appartint un moment à Colbert, puis fut transformé en hôtel de ville et en tribunal. C'est notamment ici qu'eut lieu, en 1849, le procès de l'attentat contre l'Assemblée nationale où furent jugés les républicains Armand Barbès, Auguste Blanqui, Louis Blanc et François Raspail. Parmi les témoins figuraient Vidocq et Lamartine ! Prosper Mérimée l'inscrit sur la liste des Monuments historiques dès 1840.

La cour d'honneur

Il reste de nombreux témoignages du faste voulu par le grand commerçant. Sur le plan architectural, d'abord, le projet est novateur : construite sur les hauteurs de la ville, la demeure jouit d'une double exposition. La ***lumière*** y entre par les nombreuses ouvertures créées de part et d'autre du bâtiment, modifiant les habitudes de vie. L'***agencement*** aussi est innovant. Autour de la cour d'honneur, le logis principal doté de toutes les commodités, salle de festin, cheminées richement sculptées, et galeries hautes et basses (directement ouvertes sur la cour). Les sculptures ornementales enfin, sur toutes les façades intérieures, jouent un véritable rôle de ***signalétique.*** À droite du corps de logis principal, sur le tympan de la porte d'entrée, une sculpture de scènes domestiques (femme préparant le repas, une autre faisant la vaisselle) indique l'accès aux cuisines. Sur la tour centrale, qui abrite l'escalier d'honneur, les bas-reliefs renseignent sur l'histoire des propriétaires : des arbres exotiques pour figurer les voyages du maître des lieux, une série de personnages qui filent et teignent la laine avec leurs gros bâtons rappelant une partie de ses activités et, en haut, 2 personnages richement vêtus : Jacques Cœur et sa femme Macée de Léodepart. Sous la galerie basse, au niveau de l'escalier, les scènes signalent l'accès à la chapelle. Enfin, autre signalétique importante, celle de l'***allégeance au roi,*** omniprésente dans la demeure et parfaitement visible sur le vitrail de la chapelle : la fleur de lys géante est encadrée par 2 petits cœurs placés en soumission en dessous. Comme si l'homme d'affaires de Charles VII avait su la fragilité de sa situation...

Le corps de logis principal

Un peu partout, comme sur les façades, profusion d'emblèmes et de symboles royaux témoignent sa reconnaissance à Charles VII.

Au rez-de-chaussée, la grande salle et sa loge de musiciens regorgent de petits personnages et d'objets sculptés signalant que nous sommes dans la salle des plaisirs et des festins. L'extraordinaire ***cheminée monumentale*** – détruite lors des aménagements du tribunal – est une restitution fragmentaire, d'après documents d'époque. Elle revêt la forme d'un château fort avec ses tours assiégées, pléiade de personnages qui tirent à l'arc, jettent des pierres ; des colonnettes avec des chérubins portent le cœur et la coquille du propriétaire. Et sur les côtés, des chérubins horizontaux tiennent des phylactères (sortes de parchemins) sur lesquels sont inscrites les principales devises du maître de maison. En signe d'allégeance au souverain, toujours, sont représentées les fleurs favorites de Charles VII, la rose et l'iris. Et, surtout, un formidable bestiaire : ronde des singes, lièvres, cochons, escargots, ânes, grenouille, chèvre... Également des histoires sculptées, comme la scène galante à l'intérieur de la cheminée. À droite de la cheminée, une autre fabuleuse scène d'allégeance au pouvoir royal : le cerf ailé symbolise la puissance du roi, la biche ailée celle de la reine et, caché dans les feuillages, le faon en hommage au dauphin. Et puis,

LE RÉBUS EST-IL L'ANCÊTRE DU LOGO ?

L'invention du logo est souvent apparentée au développement de l'économie de marché, ou comment se démarquer pour mieux communiquer. Jacques Cœur avait déjà compris l'astuce en signant d'un rébus ! Sur son palais, la coquille et le cœur marquent son identité. La coquille pour Jacques (comme Saint-Jacques-de-Compostelle), le cœur comme patronyme.

au-dessus, ce petit personnage aux attributs à l'air qui se tient la bedaine, l'air de dire que dans cette salle, on ripaille bien... Entre les cuisines (qu'on ne visite pas) et la salle des festins, l'office, où l'on dressait les repas, et le passe-plat.

À l'étage, les ***appartements privés,*** extrêmement modernes, jouissent de commodités rapportées de voyage par Jacques Cœur : les bains (remarquer la sculpture en bas d'ogive d'une femme portant une jarre), les étuves (hammam) avec son système de dalles en porphyre chauffées à blanc, sur lesquelles on jetait de l'eau froide pour provoquer de la vapeur, les latrines, et des pièces en entresol, basses de plafond, plus faciles à chauffer. Bel exemple de modernité, les pièces privées sont desservies par un corridor, ancêtre du couloir...

L'escalier d'honneur, détruit puis reconstruit, s'arrête comme suspendu au 1er étage. Attention à la chute !

Dans les ***combles,*** superbe charpente en chêne, en coque de bateau renversé. Expo de moulages des têtes de la façade côté rue, véritable florilège des gens de l'époque, vraisemblablement issus de diverses origines ethniques aperçues lors des voyages.

La ***salle du Trésor*** est la pièce la plus élevée de la maison, et surtout dépourvue de bois, comme c'était la règle, pour protéger les documents et objets précieux des incendies. Elle possède le seul sol d'origine du palais. La vigie, en bas-relief, est une autre allusion aux activités maritimes du propriétaire.

La ***salle des échevins*** conserve le témoignage de son passé d'hôtel de ville : superbes fresques à la grisaille de scènes champêtres du XVIIe s. S'y trouve également la seule cheminée originelle du palais.

La ***chambre à la galée*** rend hommage à la flotte de Jacques Cœur. On retrouve sa galée sculptée sur le dessus de la porte et sur un vitrail. La maison était à l'époque pleine de ce genre de vitraux, peints dans des teintes gris et jaune ; celui-ci, d'origine, est le seul vitrail civil connu de cette époque.

Les galeries hautes

La ***galerie nord*** ne garde du XIXe s qu'un joli parquet à chevrons, témoin de son passé de tribunal et d'ancienne salle des pas perdus. La ***galerie en façade,*** avec sa double exposition (rue et cour), était un superbe lieu de déambulation, chauffé à l'époque par 2 cheminées. Entre celles-ci, une chapelle privée, richement décorée à l'époque de Viollet-le-Duc ; les plafonds datent quant à eux de la fin du XVe s. La ***galerie sud,*** enfin, arbore une somptueuse charpente lambrissée, en accolade, véritable prouesse architecturale. Sur l'une des cheminées, une intéressante satire d'un combat de chevaliers (chevaux remplacés par des ânes, boucliers en rotin et simples bâtons en guise de lances), commande de Jacques Cœur qui rappelle ses origines modestes. Autre cheminée d'une surprenante modernité : au-dessus du siège d'une ville et de personnages au combat, des femmes en grand habit et coiffes extravagantes regardent en contrebas cette scène avec un détachement blasé.

Enfin, dans la ***galerie basse,*** remarquez la scène du petit chaperon rouge : le loup, le chaperon avec son pot à lait et la maison de la grande-mère...

L'hôtel Lallemant *(plan C2)* **:** *5, rue de l'Hôtel-Lallemant. ☎ 02-48-70-23-57. Tlj (sauf mar, dim mat et certains j. fériés) 10h-12h, 14h-18h. Entrée : 3,50 € ; réduc ; gratuit moins de 18 ans. Compter 1h de visite libre.* Ce charmant hôtel particulier des années 1500, construit en pierre calcaire du pays sur la muraille médiévale de Bourges (un passage assure la liaison entre la ville haute et la ville basse), fut le 1er exemple de style Renaissance de la ville. Occupée par la famille

L'ALCHIMIE, SCIENCE OU CHARLATANISME ?

Les Lallemant, comme bien des familles travaillant dans le commerce, amassaient des fortunes considérables éveillant la suspicion, d'autant plus que leur fastueux hôtel portait de nombreuses empreintes évoquant l'alchimie. Une science bizarre à la recherche de la pierre philosophale, source de jeunesse éternelle, mais aussi une tentative de transformation de vils métaux en or pur.

Lallemant – qui fournit à Bourges maires et officiers de finances – jusqu'au XVIIe s, puis vendue à des particuliers, la maison fut cédée à la Ville au XIXe s. L'intérieur s'harmonise à l'extérieur, abritant des collections essentiellement orientées vers la Renaissance : reconstitution d'un intérieur de notables avec apparition du mobilier et décor de tapisseries, galerie de peintures de Flandre, d'Italie et de France évoquant l'apparition de la perspective, les arts du feu (émaux et vitraux)... Pas d'excès, des pièces soigneusement choisies et articulées entre elles, croisant les 2 thèmes de la Renaissance et de l'histoire berruyère (université réputée, foyer du protestantisme...). Une scénographie agréable, belle et intelligente. L'oratoire est la pièce de gloire de l'hôtel. Son plafond à caissons sculptés, couvert de reliefs étranges jamais déchiffrés, pourrait bien être une représentation de symboles alchimiques dont la famille Lallemant était férue.

Le musée Estève (plan B2) : *dans l'hôtel des Échevins, 13, rue Édouard-Branly. ☎ 02-48-24-75-38. Tlj sauf mar, dim mat et certains j. fériés, 10h-12h, 14h-18h. Entrée : 3,50 € ; réduc ; gratuit moins de 18 ans.* Construit sur la muraille gallo-romaine, ancien hôtel de ville de la fin du XVe s de style gothique flamboyant, influencé (comme beaucoup d'autres édifices de la ville) par le palais Jacques-Cœur. Une aile à galerie fut ajoutée au XVIIe s. Mais l'originalité principale de l'hôtel reste la tour octogonale sculptée, qui abrite un escalier à vis, suivant la forme d'un palmier avec de fausses fenêtres à personnages (ici, des sergents). Ses vastes salles forment un écrin digne de la peinture de Maurice Estève (1904-2001), ses couleurs chatoyantes, ses formes harmonieuses, son inspiration heureuse.

La galerie La Box (plan B2) : *9, rue Édouard-Branly. ☎ 02-48-24-78-70. • ensa-bourges.fr • Tlj sauf dim 14h-18h. Accès libre.* La galerie d'art contemporain où se déroulent expositions et événements que concoctent, tout à côté, les élèves de l'École nationale supérieure d'art de Bourges.

Balade dans les rues du vieux Bourges

L'office de tourisme fournit un plan sur lequel figurent les points essentiels et organise, d'avril à octobre, des visites guidées (voir plus haut « Adresses et infos utiles ») de la vieille ville. Voici un itinéraire pour les pressés.

La rue Bourbonnoux (plan C2) : *des jardins, rejoindre la pl. de la Cathédrale, puis l'escalier des Morts, et tourner à gauche.* Rue semi-piétonne parmi les plus pittoresques de la ville, c'est l'ancienne « Grand-Rue », autrefois peuplée d'artisans. Il en subsiste quelques-uns, au milieu de snacks et restos dans l'air du temps. Détruite dans sa partie basse par l'incendie de 1487, cette rue fut élargie et reconstruite de maisons à pans de bois séparées de murs pare-feu. Au XVIIe s, un édit royal imposa le recouvrement des superbes colombages (parallèles ou en croix de Saint-André, les 2 étant ici autorisés) d'un triste crépi gris, pour pallier les risques d'un nouvel incendie – ils réapparaissent aujourd'hui à l'occasion de restaurations. Superbe maison à encorbellement au n° 13 ; au n° 37, 2 têtes de dragon sculptées. De petits passages casse-cou, véritables coupe-gorge, furent creusés dans les remparts gallo-romains pour relier la ville haute. Celui au n° 74 bis (l'escalier George-Sand) mène à mi-hauteur, sur la gauche, à la promenade des Remparts et débouche sur la place George-Sand.

La promenade piétonne du rempart gallo-romain (plan C2) : *accès par un porche discret dans la rue des Trois-Maillets, après la grange aux dîmes ou par la rue Bourbonnoux (au n° 84, passer sous l'arcade).* Au début du IVe s, la paisible cité *Avaricum* devient *Biturigas*, protégée derrière de grandes murailles. À la fin du XIIe s, le roi Philippe Auguste autorise les habitants à construire leurs maisons sur le rempart antique, à condition de ne pas le dégrader. On peut en admirer les restes, et sur un court tronçon (150 m environ d'un bout à l'autre) depuis ce chemin parallèle à la rue Bourbonnoux. La partie la plus ancienne, avec ses petites pierres, se distingue aisément de celle ajoutée au XIIe s en grosse pierre de taille. L'empreinte gallo-romaine y est d'ailleurs visible avec cette alternance caractéristique de brique et moellon de pierre. L'ensemble atteint 6 à 8 m de hauteur et 3 m d'épaisseur ; les tours, espacées d'environ 40 m (il y en avait 50 au total autour de la cité), offrent un relief saisissant. On remarquera la maison de Bienaymé Georges (échevin de Bourges et familier de Jeanne de France) avec sa façade sculptée dans un style proche de celui du palais Jacques-Cœur.

La place George-Sand *(plan B-C2)* **:** place calme aux belles proportions, bordée de jolies maisons bourgeoises avec une fontaine en son centre, allégorie de la ville de Bourges. George Sand n'y a jamais vécu, mais retrouvait son amant, Michel de Bourges, dans la rue qui porte son nom.

ASSIS, PAS COUCHÉ !

Il n'y a plus de canapés dans les bureaux des avocats en France depuis les années 1830. La raison en est simple : c'est sur un tel canapé que George Sand concrétisa son amour pour Michel de Bourges. Comme il ne faut pas mélanger les genres, le canapé fut désormais interdit par le conseil de l'ordre des avocats !

La rue Joyeuse *(plan C2)* **:** *face à l'hôtel Lallemant.* À l'angle, la maison des Trois-Flûtes, sans doute du XVe s, connue pour ses croisillons, ses moulures et bien sûr ses flûtes sculptées (dans l'angle). Plus loin dans la rue, la maison Brunet (no 22), hôtel particulier Renaissance (voir la cour et la tourelle d'escalier) jouxté par le pavillon Henri II (belle lucarne). L'hôtel Minard, au no 20, n'est pas mal non plus (beau porche). Remarquer, enfin, le portail du foyer Saint-François au no 11.

La place Gordaine *(plan C2)* **:** l'une des plus jolies places de Bourges, grâce à ses maisons à pans de bois et à son animation. C'est ici que se tenait naguère le marché des bouchers, et les maisons autour témoignent de la richesse de ses commerçants. C'était aussi un haut lieu du protestantisme local : Calvin, alors étudiant, aurait prêché la parole réformatrice en son centre, sur la pierre de criée ! À partir de la place, on peut poursuivre par la rue Coursarlon (piétonne) qui mène au palais Jacques-Cœur via la rue des Beaux-Arts, tout aussi charmante, ou par la rue Branly (ou Paradis), que bordent de beaux hôtels du XVIIe s.

La rue Michel-de-Bourges *(plan B2)* **:** du nom du célèbre amant de George Sand, son avocat, qui l'aida à divorcer de son époux. Une sulfureuse passion naquit entre les 2 personnages. Cette rue est aussi tristement connue pour avoir abrité le siège de la Gestapo entre 1940 et 1944.

La rue Mirebeau *(plan B-C2)* **:** encore une rue piétonne, commerçante, à demeures médiévales. Au no 29, étonnante maison ancienne peinte en rouge et vert. On remarque, sur la droite, l'*ancien couvent des Augustins,* des XVe et XVIIe s, où Calvin résida en 1530. Beau portail. À l'angle de la rue Calvin, inquiétante *maison à pans de bois,* complètement de travers. Au bout de la rue se découvre en contrebas l'*église Notre-Dame.*

Les rues Pelvoysin, Cambournac et Gambon *(plan A-B2)* **:** à l'angle, curieuse maison de 1515, construite en biais (pour mieux éclairer l'intérieur, paraît-il). De la rue Cambournac, on aperçoit les colombages de la demeure et une adorable cour avec tourelles. En continuant la rue après la place Mirpied, remarquer, au no 17 de la rue Gambon, cette étonnante maison du XVe s en bois sculpté, dite « de la Reine-Blanche ». Face à la *rue des Trois-Pommes,* d'où partit l'incendie de 1487 de triste mémoire, on pénétrera dans la cour de l'hôtel-Dieu, le plus ancien établissement hospitalier de la ville, avec une partie gothique et une autre classique.

L'église Saint-Pierre-le-Guillard (plan B2-3) **:** au calme dans son petit square peu fréquenté, cette massive église du XIIIe s, au curieux clocher-porche, est l'une des rares églises gothiques du département. Son histoire commence par un miracle, celui de saint Antoine de Padoue de passage à Bourges vers 1225. La mule du juif Guillard, privée de nourriture depuis plusieurs jours, aurait délaissé son picotin d'avoine pour s'agenouiller devant le saint sacrement de saint Antoine. Le juif, devant le miracle de sa mule, se convertit et jura de mettre tout son argent dans la construction d'une église à cet emplacement. Comme la cathédrale Saint-Étienne, dont elle est contemporaine, cette église est dépourvue de transept et possède un déambulatoire à chapelles rayonnantes. Regardez les bas-reliefs en pierre sculptée et les peintures murales du XVIe s ainsi que les verrières de l'atelier Lobin du XIXe s.

La halle au blé (plan A2) **:** construite entre 1832 et 1836 sur l'emplacement de l'ancien couvent des Cordeliers, ce marché couvert, destiné à abriter le grain, permettait aussi d'en surveiller la vente. La proximité du canal de Berry, permettant d'acheminer et de débarquer les marchandises, faisait de ce quartier un pôle agricole et commercial important pour l'économie de la ville. Il reste encore aujourd'hui le principal marché de Bourges. ***Tous les samedis matin,*** la halle s'anime de petits producteurs des environs tandis que les pittoresques échoppes qui la bordent ouvrent leur rideau aux fermiers, fromagers, bouchers et viticulteurs (ainsi qu'aux bouquinistes). Le dernier dimanche de chaque mois *(nov-avr),* elle accueille une belle brocante.

La rue d'Auron (plan A-B3) **:** la plus longue rue semi-piétonne de la ville, calme mais néanmoins commerçante, elle descend jusqu'aux rives de l'Auron.

La rue Moyenne et la place Cujas (plan B2) **:** cette rue coupant le centre historique en 2 est un passage obligé. Au pied de l'hôtel de ville, les vestiges du mur d'enceinte gallo-romain et ceux de la Grosse Tour, édifiée sous le règne de Philippe Auguste au XIIIe s. Détruite en 1653, il ne reste aujourd'hui que le pavement circulaire du donjon cylindrique, pièce maîtresse de la forteresse qui s'élevait à plus de 30 m et contrôlait la cité autant qu'elle la protégeait.

AUTOUR DU CENTRE ANCIEN (plan A-B-C2-3)

Au sud du vieux Bourges

L'ancien palais du duc Jean (plan B3) **:** *pl. Marcel-Plaisant. Ne se visite pas.* L'actuel hôtel du Département occupe l'emplacement de l'ancien palais ducal dont subsiste une belle salle d'apparat. C'est ici que naquit Louis XI le mal-aimé. On peut encore voir quelques vestiges du palais du XIVe s, ainsi qu'une fontaine gallo-romaine dans les caves (non accessibles aux visiteurs). C'est ici aussi que se trouvait l'ancienne sainte-chapelle de Bourges, détruite au XVIIIe s, qui abritait un fragment de relique de la Vraie Croix et le tombeau de Jean de Berry.

Château d'Eau, Château d'Art (plan C3) **:** *pl. Séraucourt. ☎ 02-48-57-80-13. • ville-bourges.fr • Tlj sauf lun 15h-19h. GRATUIT.* Véritable château d'eau jusqu'en 1940, le lieu a été transformé en un espace original qui accueille des expositions temporaires d'art contemporain.

Le cimetière des Capucins (plan C3) **:** *rue de Sarrebourg. ☎ 02-48-23-02-60. Tlj : 9h-19h en été (10h-18h dim), 8h-18h oct-mars.* Créé par des moines capucins, c'est le plus vieux cimetière de la ville, un regroupement effectué en 1792 des 12 petits cimetières des environs. Sur 2,5 ha et avec 4 771 sépultures, c'est le « Père-Lachaise » de Bourges.

Les rives d'Auron, au sud-ouest de la ville

Le muséum d'Histoire naturelle *(plan B3) : les rives d'Auron (dans le parc des Expositions), allée René-Ménard. ☎ 02-48-65-37-34. • museum-bourges.net • Tlj 14h-18h, plus 10h-12h lun-ven pdt les vac scol zone B. Fermé 1er janv, 1er mai, 1er nov et 25 déc. Entrée : 5 € ; réduc ; gratuit moins de 6 ans. Expos temporaires.*
Si la minigalerie de l'évolution est un peu désuète, en revanche, l'espace du rez-de-chaussée sur l'évolution de l'espèce humaine est remarquable, aussi beau que pédagogique, tout à fait au goût du jour. Et la partie consacrée aux chauves-souris à l'étage est l'occasion de découvertes fascinantes. Des 1res chauves-souris fossiles aux dernières découvertes scientifiques, on découvre l'univers de ces étonnants mammifères volants. Des espèces que l'on croisera à maintes occasions dans le Berry, et dans l'étude desquelles l'équipe du musée s'est spécialisée. Une vulgarisation scientifique efficace.
– À la sortie, la ***ceinture verte qui longe les rives de l'Auron (le canal de Berry)*** tout proche vous attend pour une détente, un pique-nique, une promenade à pied ou à vélo.

Au nord, vers la gare (plan B-C1)

Le jardin des Prés-Fichaux *(plan B1) : entrée bd de la République. En principe, tlj 8h-22h.* En bordure de l'Yèvre, agréable espace vert labellisé « Jardin remarquable », aménagé sur une partie asséchée des marais dans les années 1930. Petit par sa taille, il offre néanmoins une belle variété de styles paysagers. On s'attardera au théâtre de verdure de style Art déco où des concerts sont organisés en été. Buvette et jeux pour les enfants.

HISTOIRE FUMEUSE !

Durant l'été 1997, des plants de tabac furent semés dans le jardin des Prés-Fichaux. Certains s'indignèrent : « Et pourquoi pas du pavot... ou de la marijuana ? », tandis que d'autres accoururent, ravis de l'aubaine. Mais ces derniers déchantèrent très vite, car les plants du jardin public n'étaient que du tabac d'ornement avec de magnifiques fleurs et peu de feuilles. Infumable !

L'église Saint-Bonnet *(plan C2) :* détruite lors du grand incendie de 1487, cette église du XIIIe s fut rebâtie de 1510 à [illegible] sur des terrains marécageux, d'après les plans de l'architecte Pelvoysin. Faute de ressources, on utilisa la pierre tendre de Bourges, moins onéreuse mais de moindre qualité. En 1631, un violent ouragan détruisit la façade, qui fut reconstruite dans le style néogrec. La façade, le clocher et les 2 premières travées de la nef ont été reconstruits au début du XXe s dans le style néogothique. À l'intérieur, vitraux de Jean Lescuyer, célèbre maître verrier de Bourges au XVIe s, et tableaux de Jean Boucher, natif de la ville (XVIe s) qui aimait se représenter dans chacune de ses œuvres.

Les halles et la place Saint-Bonnet *(plan C1-2) :* une structure métallique avec de grands panneaux de verre. Les matériaux proviennent des fonderies de Mazières, tout comme celles de Baltard, dont elles s'inspirent. 2e marché de la ville après la halle au blé, elles sont ouvertes tous les jours sauf le dimanche après-midi et le lundi *(8h30-12h30, 15h30-19h).* Beaucoup de monde le dimanche matin quand les petits producteurs locaux viennent s'installer sur la place.

LES MARAIS DE BOURGES (plan C1)

Au nord-est du centre-ville, à env 10 mn à pied de la cathédrale ; accès principal (le plus facile à trouver) par la rue Marx-Dormoy ; également 3 autres accès.

Le service du patrimoine propose des visites guidées : calendrier sur • bourges berrytourisme.com • Résa obligatoire au ☎ 02-48-23-02-60. Compter 8 € ; réduc. Les départs se font la plupart du temps de la cour Saint-Quentin. Début sept a lieu la fête des Marais (voir plus loin « Manifestations »).

Vaste zone de 135 ha, protégée et classée Patrimoine naturel, cet espace vert, véritable poumon au cœur de la cité, est connu depuis l'époque romaine. Alors ceinturée par tout un réseau hydraulique de marais et cours d'eau, Bourges aurait déjà été connue pour sa beauté, et réputée imprenable du fait de ces difficultés d'accès. Au Moyen Âge, les marais, insalubres et considérés comme dangereux, étaient toutefois fréquentés par les Berruyers qui trouvaient là matière à pêcher. Des marais aux... maraîchers, il n'y a pas loin, et très vite, la communauté religieuse, propriétaire des marais, en confie la culture à des paysans. Le ***maraîchage*** s'y développe donc très rapidement, mais c'est la culture du chanvre, propice à ces terrains humides, qui va propulser l'activité économique dans les marais. Le chanvre fournit alors la marine, basée à Rochefort, en cordages réputés pour leur solidité. À la Révolution, les biens de l'Église sont confisqués et vendus comme biens nationaux aux exploitants. Le paysage se morcelle pour être alloué à la culture maraîchère qui s'intensifie et se développe jusque dans les années 1960.

Aujourd'hui les marais, traversés par de grandes allées, les rivières l'Yèvre et la Voiselle et plusieurs fossés navigables (les coulants), sont encadrés de parcelles individuelles aux contours carrés bien définis. On n'en compte pas moins de 1 500, mesurant entre 13 m² et 2 000 m², pour autant de propriétaires-locataires qui cultivent gentiment leur jardin et forment une petite communauté conviviale : on les appelle les « ***maretiers*** ».

Les marais se divisent en 2 parties : les ***marais du bas,*** zone inondable dont le niveau d'eau est régulé par des écluses en amont et en aval de la Voiselle. Cette partie offre parmi les plus beaux chemins de balade pédestre, parfaits pour apprécier la richesse, la quiétude et la beauté des lieux. On y croise le grèbe castagneux, seul oiseau piscivore des marais, des cygnes, des canards colverts, des foulques macroules (oiseaux noirs à bec blanc) et des poules d'eau... la plaie des maraîchers, ces espèces végétariennes se délectant des plantations. Les ***marais d'en haut*** sont arrosés par l'Yèvre et se découvrent essentiellement lors de la fête des Marais, dans les « plates », les fameuses barques à fond plat, seul moyen de transport. C'est le paradis aquatique des gardons, brochets, anguilles, carpes et même des brèmes, qui viennent s'y reproduire. Quant à la flore, comestible ou médicinale, elle est d'une richesse à en perdre son latin !

Aujourd'hui, les marais souffrent d'envasement, lié aux apports constants de sédiments. À ces problèmes s'ajoutent ceux de plantes envahissantes comme la *jussie* (introduite en Europe pour la composition de bouquets d'art floral, on la voit partout avec ses petites fleurs jaunes) et le *myriophile,* originaire du Brésil, jolie petite branche de sapin. Ajoutez une prolifération de ragondins et rats musqués, certes adorables, mais qui, pour cacher leurs petits, creusent des galeries le long des berges, fortement dommageables à l'équilibre fragile du milieu. Des problèmes qui mobilisent les 2 associations des marais : celle des *Maraîchers de Bourges (AMB)* et *Patrimoine marais.*

|●| 2 restos au cœur des marais, ***La Courcillière*** (voir plus haut « Où manger ? »), et ***Le Caraqui*** *(hors plan par C3) : accès par le chemin de Caraqui, depuis la chaussée de Chappe. ☎ 02-48-50-37-00. Juin-sept, tlj sauf lun et mar soir ; en hiver, également fermé mer soir et dim soir. Menu 14 € ; plats 12-15 €.* Point de chute de prédilection des groupes, certes, mais cuisine correcte à prix doux et surtout vaste jardin à l'arrière où sont installées des tables.

Domaine Roux : *21, chaussée de Chappe. ☎ 02-48-59-68-15. 📱 06-19-94-73-37. • domaine-roux.com •. Lun-ven 10h-12h-19h, w-e sur rdv. Dégustation* *avec fromages (8 €) ; visite de cave (15 €) ; balade dans les vignes et collation (25 €). Des vignes dans un marais ?* Sinon des vignes, du moins un très beau caveau de dégustation au bord de l'Yèvre. Vins superbes, en AOC Quincy et AOC Châteaumaillant.

À voir. À faire un peu plus loin du centre

Le musée de la Résistance et de la Déportation du Cher *(hors plan par A3)* **:** *site des Archives départementales, rue Heurtault-de-Lammerville. ☎ 02-48-55-82-60. ● resistance-deportation18.fr ● En bus, ligne n° 3 depuis la gare SNCF. Mar-ven 8h30-12h30, 13h30-17h30 ; w-e et j. fériés 14h-18h. Fermé lun. GRATUIT.* Un musée remarquable, vivant, organisé sur le thème de la ligne de démarcation, qui traversait le Cher au sud de Bourges. Des cartes parlantes, une muséographie actuelle, à la fois riche et pédagogique, alternant témoignages, documents et objets du quotidien éclairent cette période sombre et complexe dans une zone particulièrement sensible. Expositions temporaires. Service pédagogique.

Le lac du Val d'Auron : *en contrebas du musée.* Un plan d'eau de 73 ha aux berges champêtres, refuge LPO (les migrateurs adorent le coin). On en fait le tour à pied ou à vélo, on y pratique la pêche, la voile, l'aviron, le canoë-kayak. Sur les rives, centre hippique, golf, courts de tennis, terrains de boules et de volley... Parfait pour un pique-nique au vert.

Le Transpalette *(hors plan par A3)* **:** *26, route de La Chapelle. ☎ 02-48-50-38-61. Mer-dim 15h-19h et sur rdv. GRATUIT.* La friche *L'Antre-Peaux,* installée dans une ancienne usine de construction de matériaux, est un lieu vivant qui abrite 3 espaces distincts : *Le Nadir,* une salle de concerts *(programmation sur ● antrepeaux.net ●),* un studio d'artistes en résidence pour les spectacles vivants et la danse, et enfin, dans un beau bâtiment historique des années 1930, *Le Transpalette,* centre d'art contemporain. 3 à 4 expos par an y sont présentées, généralement en lien avec l'actualité de la friche et soutenues par des équipes de médiateurs afin de faciliter la compréhension des œuvres, des conférences et rencontres. Un chouette lieu de partage pour les amateurs d'art contemporain.

Domaine Lecomte : *10, rue des Épinettes, 18800* ***Farges-en-Septaines.*** *☎ 02-4[illegible] ● domaine-lecomte.com ● Mer 9h-18h, ven 14h-18h ou sur rdv. Dégustation de 1h30 commentée (5 €), dégustation avec fromage et charcuterie de 2h (12 €).* À quelques kilomètres de Bourges, ce caveau de dégustation a tout pour plaire. Un espace agréable, soigné, où l'on découvre d'excellents Quincy et Châteaumeillant.

Manifestations

Tous les temps forts de l'année figurent sur le site de l'office de tourisme *(● bourgesberrytourisme.com ●).*

Festival Le Printemps de Bourges : *1 sem mi-avr. ● printemps-bourges.com ● (programmation, conditions d'hébergement, etc.).* Rendez-vous incontournable de la chanson française depuis 1976 : du rap, du rock et des musiques du monde, qui révèle chaque année de nouveaux talents. Ce festival est un événement majeur à Bourges et il donne le *la* de toute la saison musicale et touristique. Près de 130 artistes sur scène, sans compter les 300 artistes qui se produisent sur les scènes gratuites ou dans les bars de la ville ! Il est conseillé de réserver son hébergement longtemps à l'avance.

Nuits lumière de Bourges : *jeu-sam mai-sept, ts les soirs en juil-août, dès la tombée de la nuit et pdt 2h env, libre et gratuit. Rens à l'office de tourisme.* Un étonnant parcours-spectacle guidé par les luminaires bleus. On suit l'ourse Ursine, de la fondation de Bourges à son avenir, dans la ville médiévale baignée de lumière, d'images, d'émotion. À vivre et à rêver sans hésiter, c'est magnifique !

– **Bourges Contemporain :** *de mai à mi-sept.* ● *ville-bourges.fr* ● Un circuit destiné à découvrir la vitalité de l'art contemporain à Bourges, qui s'exprime au *Transpalette,* au *Château d'Eau, Château d'Art,* à *La Box* – galerie mitoyenne de l'ENSA – et à l'École nationale supérieure d'art de Bourges.

– **Un Été à Bourges :** *fin juin-début sept.* ● *ville-bourges.fr* ● Pendant 2 mois, expos, concerts (gratuits pour la plupart) et animations dans toute la vieille ville.

– **Les Très Riches Heures de l'orgue en Berry :** *concerts le dim juil-août.* ● *grandorguebourges.org* ●

– **Fête des Marais :** *dernier w-e d'août ou 1er w-e de sept.* ● *patrimoine-marais.org* ● Fête populaire traditionnelle typique, avec danses, promenades en barque traditionnelle, la fameuse « plate », et visite des marais de la ville. Bucolique et agréable.

– **BulleBerry :** *1er w-e d'oct.* ● *bulleberry.com* ● Rassemblement des passionnés de la bande dessinée. Dédicaces, rencontres, expos, remises de prix... tout autour de la ville.

DANS LES ENVIRONS DE BOURGES

LE CHER EN BERRY

L'abbatiale Saint-Martin de Plaimpied : *☎ 02-48-50-88-60 (mairie). À 12 km au sud-est de Bourges. Visites guidées : 📱 06-31-04-42-86. Tlj 8h-19h.* Fondée au XIe s, l'abbaye de chanoines réguliers de Plaimpied dépendit de la sainte-chapelle de Bourges jusqu'au XVe s, mais n'en acquit pas moins une certaine importance. Pour preuve, les dimensions de l'église abbatiale, haut lieu de l'art roman en Berry et seul vestige de l'époque. L'intérieur, baigné par la lumière de hautes fenêtres (chose rare dans une église romane), est surtout connu pour ses chapiteaux sculptés, du XIIe s. Ceux du chœur, notamment, représentent de manière symbolique le parcours initiatique des novices pour accéder à la prêtrise. Ils utilisent les images du répertoire roman, une étrange et monstrueuse ménagerie : diablotins aux pieds fourchus, chats, sirènes et allégories bizarres. Les représentations sculptées, malheureusement assez hautes, valent autant pour leur originalité que pour leur finesse. On remarquera en particulier le chapiteau de la Tentation du Christ au désert, situé à l'entrée du transept. On peut également visiter la crypte, 1er oratoire des chanoines de Plaimpied, entièrement voûtée au XIe s. Bel éclairage de nuit.

Bistrot de l'Abbaye : *1, rue de la Garenne. ☎ 02-48-26-55-32. Tlj sauf dim-lun, midi et soir. Formule et menu midi 12,50-15 €, plats 11 €. À emporter également.* En face de l'abbaye, un bistrot-bar à vin-tabac du XXIe s et de qualité. Ici, on va à l'essentiel, et ça marche. On mange simple, bon, contemporain (*rolls,* viandes à la broche). Idem pour les vins : toutes les AOP du coin sont représentées, mais peu d'options, ce qui évite bien de vaines migraines. Des terrasses pour l'été.

Le Domaine de travail coquin : *dans une authentique ferme en rase campagne, 18290* **Plou.** *☎ 02-48-26-21-58.* ● *travailcoquin.com* ● *Ateliers animés sur résa fév-nov.* Pour éviter toute méprise, rappelons qu'un travail coquin est, en vieux berrichon, un travail agricole difficile. Cette ferme pédagogique, doublée d'un écomusée, propose d'explorer « 2 siècles de vie à la campagne en 2h ». Séverine et Didier Géry, agriculteurs, proposent une visite (pleine d'humour) de la ferme du grand-père, Gaston, qui avait gardé ses outils et objets de la vie quotidienne d'antan. Ils font aussi revivre cette ruralité à travers des animations

ludiques : confection de pain, d'huile... Enfin, un parcours nature, basé sur l'environnement et le réchauffement climatique ainsi qu'une sortie sur les traces des matériaux de construction (forêt, minéraux...).
Accueil de campeurs.

DE BOURGES À VIERZON PAR LES CHEMINS DE TRAVERSE

MEHUN-SUR-YÈVRE (18500)

À 18 km au nord-ouest de Bourges par la D 60.
Charles VII y fut proclamé roi en 1422 et y mourut, dans son château, à l'âge de 58 ans. Jeanne d'Arc vint s'y reposer quelques mois après avoir délivré Orléans des Anglais, tout auréolée de gloire. C'est aussi à Mehun qu'elle reçut ses lettres d'anoblissement. Charmante ville riche de 1 200 ans d'écrits historiques, attrayante pour l'image de ses donjons, de son église romane et de ses vieux moulins se reflétant dans les douces eaux de l'Yèvre... La rénovation en cours l'embellira encore. Sans oublier l'usine de porcelaine *Pillivuyt,* la 2e manufacture en France après Limoges, installée ici depuis 1854 *(visite en été et magasin d'usine ouv tte l'année).* Enfin, entre médiéval et porcelaine, les jardins du duc Jean de Berry offrent aux promeneurs un havre de paix en plein centre-ville, qui s'ouvre sur la nouvelle véloroute du canal de Berry.

Adresse utile

Bureau d'information touristique: *pl. du 14-Juillet. ☎ 02-48-57-35-51. • tourisme-mehun.com • Mai-sept, lun-sam 10h-12h, 14h-18h ; oct-avr, tlj sauf sam ap-m et dim, 10h-12h, 14h-17h.* Expo d'art et de porcelaine ; boutique de produits locaux. Visite de la ville, de la collégiale et de la manufacture *Pillivuyt* sur réservation *(min 4 pers ; 5 €, réduc).*

Où dormir ?

Camping

Camping municipal : *av. du Champ-de-Foire. ☎ 02-48-57-44-51 (en saison) ou 35-51 (office de tourisme). Sur la D 2076. • contact mehun@bourgesberrytourisme.com • Ouv mai-fin sept. Compter 9 € pour 2 pers. CB refusées.* Petit camping ombragé et calme. Simple et bien tenu. C'est surtout un lieu de passage. Proche d'une piscine, de courts de tennis et autres sports, et à proximité du centre-ville.

À voir

Le château-musée Charles-VII : *☎ 02-48-57-00-71. Juil-août, tlj 10h30-12h30, 14h30-18h30 ; mai-juin et sept, tlj sauf lun 14h30-18h30 ; mars-avr et oct, seulement w-e et j. fériés 14h30-18h30. Fermé de nov à mi-mars. Billet commun avec le pôle de la Porcelaine (voir plus loin) : 6 € ; gratuit moins de 10 ans. Montée à la tour : 1 € ; gratuit enfant. Visite obligatoirement guidée du donjon du château ; ruines en libre accès.* Il reste encore 2 (belles) tours de ce qui fut « l'une des plus belles maisons du monde ». Frère du roi Charles V, le duc Jean de Berry a laissé l'image d'un grand mécène : à partir du château défensif, il fait venir les plus grands artistes de l'époque pour créer un château décoré de tapisseries rares, d'ivoires sculptés, d'objets en or et de pierres précieuses. Après lui, c'est Charles VII, son petit-neveu, qui s'installa au château et qui s'y fit proclamer roi de France (en 1422), dans la chapelle attenante. C'est aussi ici qu'il réunissait son Conseil. Après avoir été sacré (donc légitimé) à Reims en 1429, il invita Jeanne d'Arc à passer l'hiver à Mehun et en profita pour l'anoblir. Toujours pressée d'en découdre avec les Anglais, la Pucelle repartit aussitôt, mais se fit capturer, avant de finir comme on sait.

La collégiale Notre-Dame : *lun-sam 8h45-16h, dim messe le mat et fermeture à 12h30.* Construite au XIe s puis agrandie aux XIIIe et XVe s, elle est classée Monument historique. Les spécialistes l'admirent pour ses 2 particularités locales : l'agneau pascal enchâssé dans une croix grecque, et le fait que son déambulatoire date de l'époque romane (assez rare).

La vieille ville : il reste quelques souvenirs de l'ancienne place forte médiévale, dont principalement l'imposante *porte de Bourges* (ou porte de l'Horloge) qui marquait l'entrée de la ville au XIIIe s, au système défensif élaboré : archères, salles de tir, herse et mâchicoulis. Voir aussi la *rue Jeanne-d'Arc* et ses vieilles maisons.

Le pôle de la Porcelaine - musée Charles-VII : ☎ *02-48-57-06-19.* *Mêmes horaires et tarifs que le château (voir plus haut). Visite de l'expo seule : 3 €, gratuit moins de 10 ans. Animations enfants. Expos temporaires.* Situé au cœur des jardins du duc de Berry, juste en contrebas du château, ce musée abrite une collection permanente de porcelaines du Berry, ainsi que des expos temporaires autour des arts de la table et des métiers rares. Plus de 800 pièces, dont certaines réalisées pour les différentes Expositions universelles. Mazagran, fontaine en porcelaine, horloges, soupières « tête de lion », 1res « tasses bistrot »... De style classique ou Art nouveau, des pièces rares et de toute beauté.

QUINCY-BRINAY *(18120)*

À 24 km au nord-ouest de Bourges.

Quincy et Brinay, 2 villages distants de quelques kilomètres mais unis par un même destin. Brinay a été primé pour la restauration de son cœur de village, qui offre un bon aperçu du patrimoine rural du XIXe s, tandis que Quincy reste un charmant petit village viticole sur la rive gauche du Cher, agréablement fleuri. Grâce aux moines, le vin local est réputé depuis le Moyen Âge et a obtenu l'Appellation d'origine contrôlée (AOC) en 1936. Ce terroir de 220 ha, réparti sur seulement 2 communes (Quincy et Brinay), est composé de terres siliceuses calcaires et sableuses. Ici, on ne trouve que du blanc, élaboré à partir d'un seul cépage, le sauvignon. Le vignoble rejoint celui de Reuilly, dans l'Indre. Pour en savoir plus, promenez-vous dans le jardin le ***Labyrinthe des Vignes*** *(251, La Garenne),* agréablement aménagé sur une terrasse ancienne qui surplombe le Cher : une découverte ludique de l'histoire de ce vignoble.

Où manger ?

Le Firmament : *route de Vierzon, 18120* ***Quincy.*** ☎ *02-48-51-30-35. À 1,3 km au nord du bourg. Mar et jeu-sam 12h-13h30, 19h30-21h ; mer et dim 12h-13h30. Fermé lun. Formules midi en sem 9,90-13,90 € ; menus 19,90-40 €.* La bâtisse, évoquant une demeure solognote modernisée, apparaît au détour d'une route bucolique. En contrebas, charmant plan d'eau avec saule pleureur, prémisse de promenade digestive... Honorable cuisine traditionnelle revue au goût du jour, et véritable effort de présentation. Vaste salle bien claire (et une 2e plus rustique) mais, surtout, attrayantes terrasses. Accueil et service attentifs.

Où acheter du bon vin ?

Cave romane de Brinay : *à la ferme du Bourg, dans* ***Brinay.*** *☎ 02-48-51-09-45. • cave.romane@wanadoo.fr • Lun-ven 8h-12h, 14h-17h ; sam 9h30-12h, 14h-17h30. Pour la visite, conseillé de téléphoner.* Une petite quinzaine de viticulteurs se sont rassemblés ici et élaborent amoureusement une production de ce vin d'Appellation d'origine contrôlée élevé sur lies fines, typé sauvignon, et exprimant des arômes minéraux, vifs et frais.

Le Sentier du Vin : *Le Buisson-Long, route de Quincy, à* ***Brinay.*** *☎ 02-48-51-30-17. • lesentierduvin@lesentierduvin.com • Tlj (sauf dim et j. fériés) 9h-12h, 14h-18h30 (18h oct-déc, 17h30 janv-mars). Pas de visite pdt les vendanges.* Des exploitants amateurs passionnés s'emploient à faire connaître et apprécier les vins des terroirs de Reuilly et Quincy. Regroupement des domaines Jean-Michel Sorbe, Pierre Duret et Joseph Mellot. Sentier pédagogique pour une initiation au travail de la vigne, découverte des cépages et espace dégustation.

À voir

La villa Quincy : *4, chemin du Poinçon, à* ***Quincy.*** *☎ 02-48-51-72-34. • lavillaquincy.wixsite.com/villaquincy • Au centre du village. Tlj 10h30-13h, 14h-18h. Entrée gratuite, petite dégustation 3 € (6-20 € avec planche gourmande).* Cette maison d'interprétation du vin et des cépages a été aménagée dans une ancienne maison vigneronne, aujourd'hui transformée en caveau de dégustation, œnothèque et boutique. Expos temporaires, conférences.

L'église à fresques Saint-Aignan : *à* ***Brinay.*** Au milieu du Ve s, pendant que sainte Geneviève défendait Paris contre les Huns, saint Aignan faisait de même dans sa bonne ville d'Orléans, dont il était l'évêque. Cette superbe église romane (XIe s) d'une sobre élégance lui est dédiée. Elle abrite de remarquables fresques murales, datées du milieu du XIIe s. Elles illustrent la vie du Christ, de l'Annonciation aux noces de Cana, et constituent aussi le seul calendrier peint, intégralement conservé, représentant les travaux des paysans au Moyen Âge.

LE PAYS DE SANCERRE

Ce qui fait la typicité de ce territoire aujourd'hui regroupé sous le nom de « pays de Sancerre », c'est sa variété.
Plus au nord de Bourges, le Pays-Fort marque tout à la fois la fin de la Sologne berrichonne et l'entrée du « montagneux » Sancerrois, qui délimite à l'est le Cher et le Berry, avant de plonger dans la Loire.
Le mieux est encore de prendre les chemins détournés et de passer, selon l'humeur, de la route des Vins au Pays-Fort, des grands domaines aux villages isolés, pour comprendre le caractère parfois abrupt des gens du pays.
2 territoires, 2 régions géographiquement réduites mais aux paysages distincts et au riche patrimoine : tradition potière des villages de La Borne et Henrichemont, campagne et bocage, vieilles pierres et belles propriétés, forêts et sous-bois fournis de plantes à potion et petits axes routiers isolés...
Plus loin, la nature prend du relief aux portes du Sancerrois, dominée par le célèbre piton de Sancerre, point – presque – culminant du Berry, et dont les collines meurent dans une courbe de la Loire.
Le Sancerrois, ce petit pays que l'on englobe du regard d'une crête de colline, est à l'origine de fameux produits de terroir : un vin dont la renommée

n'est plus à faire, et les célèbres crottins de Chavignol. En quittant Bourges, on y entre par Menetou-Salon, avec son château, son vignoble, son art de vivre...

MENETOU-SALON (18510) 1 630 hab. *Carte Cher, C2*

À 20 km au nord de Bourges, nous voilà déjà sur le territoire des coteaux sancerrois, dont le vignoble de Menetou-Salon est d'ailleurs l'un des plus beaux fleurons. Le village, outre la production de son excellent vin blanc, est réputé pour son château, ancienne propriété de Jacques Cœur, dont l'architecture de style néogothique s'inspire grandement du palais Jacques-Cœur de Bourges.

Adresse utile

Bureau d'information touristique : *21, rue de la Mairie. ☎ 02-48-23-02-60. • bourgesberrytourisme.com •*

Où manger à Menetou-Salon et dans les environs ?

Restaurant Le Péché Mignon : *5, route de Bourges, 18110* ***Vignoux-sous-les-Aix.*** *☎ 02-48-57-76-39. • cyril.musard@restaurant-pechemignon.fr • À 6 km au nord de Menetou-Salon. Tlj sauf mar et dim soir plus mer. Menu 15 € (midi lun, jeu, ven) ; plats 11,50-16 €.* En bord de route, un peu dans la campagne mais à proximité de Menetou-Salon, surgit cet établissement qui respire le propre et l'allant. Des touches de couleur animent la salle, et une terrasse généreuse en surplomb s'ouvre à l'arrière. Savoureuse cuisine et carte de vins qui débordent du cadre régional. Une bonne étape.

Restaurant Ch'eu L'Zib : *2, route des Aix, à Menetou-Salon. ☎ 02-48-64-81-20. • auberge@cheulzib.com • ♿ En haut de la grande place du village. Tlj sauf lun-mar et dim-soir. Résa conseillée. Menus 29-65 €.* Voici l'une des adresses les plus réputées du coin, où l'on vient s'attabler pendant des heures, dans une chaude ambiance de repas bien arrosés (le brochet à la crème et le menetou blanc, une tuerie !). Et ce depuis 3 générations ! Une aventure gastronomique de qualité.

Où grignoter et acheter de bons produits en cours de route ?

Le Comptoir de Saint-Georges : *55, route de Bourges, 18110* ***Saint-Georges-sur-Moulon.*** *☎ 02-48-64-77-77. • cannelle.bergamote@bbox.fr • À 13 km de Bourges, le long de la D 940 et à 7,4 km de Menetou. Tlj 7h-19h (18h dim-lun) ; repas possible à tte heure.* Un lieu tout à la fois pratique, séduisant et spacieux. La biscuiterie traditionnelle s'est agrandie d'une boulangerie. Les habitués s'envoient, côté bistrot, un petit blanc ou un petit noir, tandis que des clients attablés (mais décalés) prennent, qui une pâtisserie, qui une terrine, qui un crottin... On se sert sur les étagères pleines de trésors berrichons et on consomme sur place son butin. Convivial. Idéal aussi pour faire le plein de vins et de produits du terroir à prix ultra-compétitifs !

Où acheter du menetou-salon ?

Entre Bourges et Sancerre, le vignoble de Menetou est tout à la fois ancien, réputé et méconnu. Ce qui en fait (encore) un excellent rapport qualité-prix. 100 % pinot noir pour les rouges et les rosés, 100 % sauvignon pour les blancs qui ont notre préférence pour leur fraîcheur, tout à la fois florale, fruitée, épicée, et leur rondeur en bouche.

Domaine Isabelle et Pierre Clément : *domaine de Châtenoy. ☎ 02-48-66-68-70. • clement-chatenoy.com • Lun-ven 8h30-12h, 13h30-17h. Visite de cave sur rdv. Fermé w-e et 2de quinzaine de déc.* Un domaine enraciné dans l'histoire locale (1560 !), écolo au-delà de la conversion bio en cours, tout en prenant le meilleur de la modernité. Accueil chaleureux, belle boutique et très bons vins. Une belle initiation au terroir !

Domaine Jean Teiller : *13, rue de la Gare. ☎ 02-48-64-80-71. • domaine-teiller.fr • Lun-sam 9h-12h, 14h-18h. Fermé dim et j. fériés.* Caveau agréable pour déguster des vins délicats. Une valeur sûre.

À voir

Le château de Menetou-Salon : *2, rue du Château. ☎ 02-48-64-80-54. • chateau-menetou-salon.com • ♿ (sauf chapelle). Dans le village. Juin-août, tlj sauf mar ; avr (dès le w-e de Pâques), mai et sept, w-e et j. fériés seulement. Visite guidée seulement : à 10h30, 14h, 15h30 et 17h. Pas de visite libre. Bien vérifier les périodes d'ouverture, le château pouvant être fermé de manière exceptionnelle. Tarif : 9 € ; réduc ; gratuit moins de 7 ans.* Après diverses successions, l'ancienne demeure du grand argentier de Charles VII revint à la branche française des princes d'Arenberg (dont elle est toujours la résidence) et fut agrandie au XIXe s dans un style rappelant l'époque de Jacques Cœur. On peut y voir, entre autres, une chapelle, une somptueuse bibliothèque, une salle à manger d'apparat, une belle chambre rouge (unique lit de style Louis XIV), une multitude d'œuvres d'art, une sellerie, une collection de véhicules anciens de prestige. Dégustation gratuite des vins du domaine comprise à la fin de la visite (dans la limite des stocks).

Manifestation

– ***Caves ouvertes :*** *1er w-e d'août. • vins-centre-loire.com •* Les vignerons vous accueillent chez eux dans toute l'aire AOC du menetou-salon.

LE CHER EN BERRY

LA BORNE (18250) 200 hab. *Carte Cher, C2*

Un des hauts lieux de la poterie en Berry. La Borne est un village d'environ 80 potiers passionnés, qui se visite à pied, en se perdant dans ses nombreuses venelles mystérieuses et en profitant de ses bonnes tables.

Les traces de poteries dans la région remontent à l'époque gallo-romaine. On est ici au cœur du Pays-Fort, région avant tout géologique, qui doit son nom à son sol argileux et caillouteux. À défaut d'y planter des graines, les hommes en ont donc extrait de la terre, qu'ils ont modelée et cuite au fil des siècles, devenant artisans puis artistes. Grâce à cette spécialisation, La Borne acquiert une grande réputation. Au XIXe s, c'est même la prospérité

dans ce minuscule village : en 1891, on y compte 83 potiers vivant de leur travail ! Mais, 40 ans plus tard, en 1931, après la Première Guerre mondiale, il ne reste plus que 9 potiers au village... Le renouveau viendra après la Seconde Guerre mondiale, de nombreux créateurs s'étant réfugiés dans le village durant l'Occupation. Une approche renouvelée de l'art céramique en découlera, qui va prendre de plus en plus d'importance dans les années 1950-1960, grâce à l'impulsion de nombreux artistes venus d'un peu partout pour les rejoindre.

Où dormir dans les environs ?

Camping

Camping du Petit Bois : *route des Aix, 18250* ***Henrichemont.*** *☎ 02-48-26-94-71 ou 70-04 (mairie). • mairie henrichemont@orange.fr • henrichemont.fr • ♿ À 6 km de La Borne, à la sortie d'Henrichemont, près de l'étang. Ouv mai-sept. Compter 11 € pour 2 pers. CB refusées.* Idéalement situé, près d'un étang de pêche (dans lequel on peut se baigner) entouré de bois, c'est un endroit presque secret, bien caché et très calme. Les emplacements sont spacieux, le cadre verdoyant. Ombragé. Également quelques installations pour enfants. Mais on vient là surtout pour rayonner dans la région, riche en découvertes.

Prix moyens

Chambres d'hôtes de Boisbelle : *chez Ariel et Ora Micenmacher, 88, route de Boisbelle, 18250* ***Henrichemont.*** *☎ 02-48-26-77-05. • boisbelle.chambres.hotes@orange.fr • boisbelle.fr • Dans le hameau de Boisbelle, juste en face de la poterie de Boisbelle. Compter 60 € la double ; familiale.* Dans une élégante maison du XVIIIe s, 3 chambres spacieuses, décorées avec goût. Les hôtes, très prévenants, veillent à votre confort et vous servent de délicieux petits déj particulièrement copieux (gâteau et confitures maison). Ici, vous saurez tout sur le village de potiers de La Borne, car la fille d'Ora et Ariel, les hôtes, y travaille la terre. D'ailleurs, nombre d'artistes sont exposés dans la maison, et vous serez servi dans de la poterie locale. Accueil chaleureux. Jardin et terrasse à l'arrière.

Chambres d'hôtes Le 16 : *chez Pascale et Jean-Philippe, 16, rue de l'Église, 18250* ***Henrichemont.*** *📱 06-22-44-54-80. • pascaleesteve85@gmail.com • le16maisondhotesenberry.fr • À 4,5 km au nord-ouest de La Borne. Compter 95 € pour 2.* Il faut passer la vitrine et traverser la galerie-expo de photos de Jean-Philippe et d'artistes céramistes de La Borne pour découvrir la maison côté jardin, avec palmiers. Cette ancienne grange du XIXe s vous est entièrement destinée. 2 chambres à l'étage, spacieuses, à la déco de bon goût qui mélange les styles et les objets de récup ou chinés. Accueil agréable.

Où manger ? Où boire un verre ?

L'Épicerie : *1, chemin des Usages. ☎ 02-48-59-57-50. • lepicerielaborne@gmail.com • ♿ Ouv jeu-sam, midi et soir, ainsi que le midi des mer et dim. Fermé lun-mar. Congés : 15 j. en fév et sept. Menus 27-35 €.* Une pépite. On se sent bien dans cette maison de village décorée avec une douce sobriété, valorisant les créations des céramistes du coin. La cuisine – ouverte – est à l'avenant : légère (pas si fréquent dans le Cher) et parfumée, ludique mais rigoureuse dans ses produits comme dans ses préparations (la carte, réduite à sa plus simple expression, est conditionnée par les livraisons des fournisseurs locaux). À côté du restaurant, l'épicerie du village au magnifique sol de céramique signé Pierre Digan (réputé dans le milieu, c'est lui qui a dynamisé l'activité potière de La Borne dans les années 1960-1970) a rouvert, alimentant habitants et touristes en bons produits berrichons. Une réussite sur toute la ligne, signée Clémentine Préault et Mathieu Dalivoust, qui ont fait leurs armes au *George V* et chez *Guy Savoy*, avant de revenir au pays.

Le Kilomètre : *route d'Henrichemont. ☎ 02-48-26-18-08. • contact@lekilometre.fr • Préférable d'appeler pour connaître les horaires. À l'ardoise uniquement ; compter 20 € (midi)-30 € (soir).* Un bar-resto qui propose des plats simples et goûteux, à accompagner d'un vin local, même si certains ici carburent au whisky. Ambiance sympa le soir sur fond de musique jazz et folk.

À voir

Pour 8 €, le ***pass La Borne*** permet la visite des 3 musées de la ville : *Vassil-Ivanoff, de la Poterie* et le *Centre de création contemporaine de La Borne.* Tant que le musée Vassil-Ivanoff est en rénovation, le *pass* ne coûte que 6 € et concerne donc les 2 autres musées.

Le musée Vassil-Ivanoff : *route des Coquillers. ☎ 02-48-26-96-24. Ouv juil-août, mer-dim 11h-13h, 15h-18h. Entrée : 3 € ; gratuit moins de 12 ans.* ***FERMÉ*** *pour travaux.* Une figure majeure de la céramique contemporaine. Peintre et photographe à Paris, cet artiste bulgare arrive à La Borne en 1946, village qu'il ne quittera plus jusqu'à sa mort, en 1973. Délaissant la poterie traditionnelle, Ivanoff utilisera les bases de ce travail ancestral pour exprimer sa sensibilité, ses fantasmes et ses angoisses. Ce révolutionnaire de la céramique va ainsi sortir de ses ateliers des poteries, des plaques gravées et même de véritables sculptures aux couleurs chaudes et aux formes saisissantes. Ce musée, entièrement consacré à sa (re)connaissance, permet donc de découvrir une œuvre d'une grande créativité (plus de 550 œuvres, dont 150 présentées en alternance). En face, visite de l'atelier et du four classé à l'Inventaire supplémentaire des Monuments historiques.

Le musée de la Poterie : *dans l'ancienne chapelle, au centre du village (juste à côté du Centre de création céramique). ☎ 02-48-26-98-31. Pâques-Toussaint, w-e et j. fériés, et tlj pdt les vac scol des zones B et C, 15h-18h. Entrée : 1 € ; gratuit moins de 14 ans.* La chapelle, bâtie par les Bornois en 1895, vaut elle-même le détour avec sa voûte blanche et son sol en céramique. On y voit de belles pièces rares en grès de La Borne, dont les chefs-d'œuvre de la famille Talbot. L'exposition présentée est renouvelée tous les ans.

Le Centre de création contemporaine de La Borne *(CCCLB)* **:** *à côté du musée. ☎ 02-48-26-96-21. • laborne.org • De juil à mi-sept, tlj 11h-19h ; début fév-juin et sept-déc, 11h-18h. Fermé janv. Entrée : 3 € ; réduc ; gratuit moins de 14 ans.* Lieu emblématique et incontournable de la céramique contemporaine. Y exposent des artistes locaux et des artistes invités. À visiter également, les ateliers répartis sur plusieurs communes alentour ainsi qu'à La Borne. Expositions, rencontres internationales, événements, stages, animations et ateliers.

Manifestation

– ***Les Grands Feux :*** *fin oct. ☎ 02-48-26-96-21. • laborne.org •* Pendant 9 jours, une quinzaine de vastes fours à bois brûlent, et en même temps, 30 céramistes ouvrent leurs ateliers. Expositions, conférences, projections de courts-métrages, ateliers gratuits de tournage, activités pour enfants, soirées musicales...

DANS LES ENVIRONS DE LA BORNE

Henrichemont *(18250)* **:** au-delà de quelques potiers et d'anciennes tanneries, Henrichemont se distingue par sa topographie : ses maisons forment un vaste carré au cœur étoilé (rose des vents, bien visible sur un plan). Quand on se positionne au centre de la place principale et que l'on regarde les perspectives des avenues en enfilade, sans le moindre obstacle à l'horizon, on ressent une curieuse impression.

En fait, Henrichemont a été créée de toutes pièces au début du XVIIe s, le 31 août 1605 exactement, avec l'acte d'achat du territoire par Sully, le célèbre ministre d'Henri IV – auquel il a dédié sa ville : lisez « Henrichemont » à l'envers, vous obtenez « mon cher Henri ». Ce grand propriétaire terrien voulait une petite capitale à lui, une ville sûre pour abriter ses coreligionnaires huguenots en cas de guerre. C'est à l'architecte du palais du Luxembourg, Salomon de Brosse, qu'il confia l'exécution de son plan.

PETIT PARADIS FISCAL ?

État dans l'État, Henrichemont était officiellement la capitale d'une principauté libre de tous droits (voir également « La Chapelle-d'Angillon »), où les avantages fiscaux attiraient une population nombreuse. On y rendait aussi justice, et on y frappait même monnaie. La ville a perdu ses privilèges un peu avant la Révolution.

Autour de la ***place principale,*** chef-d'œuvre d'urbanisme symétrique, quelques maisons anciennes : la maison de Sully avec ses colonnes en brique, l'hôtel du Bœuf, l'ancienne maison du procureur, etc.

– En ville, vous pouvez admirer le travail de la terre de Daniel Lacroix, Marylène Millerioux, Aurélien Guéry, Lucien Petit et Machiko Hagiwara, et pousser jusqu'à la ***poterie de Boisbelle*** *(à l'église, suivre le fléchage ; ☎ 02-48-26-75-64)* qui présente celui d'Isabelle Pammachius et d'Hervé Rousseau.

MOROGUES (18220) 435 hab. *Carte Cher, C2*

Morogues est un petit village dominé par son imposante église du XIIIe s, avec sa tour-clocher, aux teintes ocre et rouges, en pierre ferrugineuse. Bien calme en hiver, il profite dès les beaux jours du rayonnement de La Borne voisine. On y ripaille bien et sa campagne vallonnée (plantée de vignes de menetou-salon) est idéale pour les balades – digestives – à pied ou à vélo.

Où dormir ? Où manger ?

L'Auberge des Pellets **:** *Les Pellets. ☎ 02-48-26-90-68. • aubergedespellets@outlook.fr • auberge-des-pellets.fr • Congés : dernière sem de juin et vac de Noël. Résa impérative. Double 45 € ; chambre familiale. Côté resto, ouv tlj sauf mar, plus lun et mer hors saison (janv ouv w-e seulement). Menus 17-19 € ; carte 25 €.* Un cadre campagnard pour un restaurant qui met le crottin de Chavignol à l'honneur. Martine s'approvisionne chez 2 fromagers du coin et propose des recettes à base de « chieuve » (comprendre « fromage de chèvre ») très originales et savoureuses. À accompagner d'un menetou-salon, forcément. Et une chambre d'hôtes tout confort, à prix très doux.

Où acheter du menetou-salon ?

Domaine Pellé : *à Morogues. ☎ 02-48-64-42-48. • henry-pelle.com • Lun-ven 8h30-12h, 13h30-17h30 ; ouv aussi le sam en été jusqu'aux vendanges.* Les grands classiques sont toujours à redécouvrir, le Domaine Pellé en est certainement l'un des exemples les plus éclatants. Point de vente également à La Borne, au *LaBo 24* *(galerie d'art ; 24, route d'Henrichemont ; consulter le site pour les horaires).*

Manifestations

– ***Fête des Ouches et des Jardins :*** *1er w-e de mai.* Une foire aux plantes avec marché artisanal, bourse d'échange de plants, expositions... dans la salle des fêtes et ses jardins.
– ***Marché de la céramique :*** *1er w-e d'août.* Une belle présentation des savoir-faire régionaux au château du Maupas.

AU CŒUR DU PAYS-FORT

Le Pays-Fort, par opposition au pays dit « faible » de la Sologne, est une microrégion « forte », c'est-à-dire fertile, qui s'épanouit successivement au creux de 2 vallons : celui de la Sauldre et celui du Vernon. Paysage bocager, ses principales communes (Vailly-sur-Sauldre, Jars, Le Noyer, Neuilly-en-Sancerre) sont reliées par de jolies routes de campagne. Nombreuses randonnées et bonnes adresses dans le secteur.

Adresses utiles

Bureau d'information touristique : *2, route de Concressault, 18260* ***Vailly-sur-Sauldre.*** *☎ 02-48-54-08 21. • [illegible]@tourisme-sancerre.com • tourisme-sancerre.com • Horaires variables, se renseigner par tél. Juil-août, jeu-dim et j. fériés 14h-18h ; mai-juin et sept, ven-dim et j. fériés 15h-18h. Fermé le reste de l'année.*

Ferme équestre du Pays-Fort : *Le Crotet, 18300* ***Sens-Beaujeu.*** *☎ 02-48-79-46-19.* Balades découverte et randos à cheval en famille.

Où dormir dans le coin ?

Ferme équestre du Pays-Fort : *Le Crotet, 18300* ***Sens-Beaujeu.*** *☎ 02-48-79-46-19. Résas par tél. À partir de 15 €/nuit.* En plus des balades à cheval, propose aussi un accueil en refuge canadien tout en rondins de bois. Une dizaine de places.

À voir

La tour de Vesvre : *18250* ***Neuvy-Deux-Clochers.*** *☎ 02-48-79-22-90. • latourdevesvre.fr • Pâques-Toussaint, w-e et j. fériés 14h30-18h30. Entrée : 4 € ; réduc ; sur rdv. Jeu de piste proposé aux familles.* L'histoire de la tour est inséparable de l'histoire de la motte castrale du IXe s et de la ferme du XIVe s. Le site de

Vesvre est l'un des 3 en France qui permettent l'étude « d'occupation d'un lieu » du IXe au XVIIIe s. La tour, « maison forte », est construite au milieu du XIIe s sur les vestiges d'une ancienne demeure seigneuriale dont l'origine remonterait au IXe s. Elle se compose aujourd'hui de 4 niveaux : des caves voûtées, un 1er étage avec plafonds à la française, un 2e avec des baies en lancettes du XIIIe s, et, au dernier niveau, le chemin de ronde, où l'on peut admirer la charpente en coque de bateau renversé et apercevoir dans la basse-cour la motte castrale. La grange et le colombier ont été restaurés.

La grange pyramidale de Vailly-sur-Sauldre : *route de Concressault, 18260* ***Vailly-sur-Sauldre.*** *☎ 02-48-54-08-21. Mêmes horaires que l'office de tourisme (voir plus haut). Tarif : 3 € ; réduc ; gratuit moins de 10 ans. Visite guidée seulement ; départ devant l'office de tourisme, dernier départ 30 mn avt fermeture.* Très localisées dans le pays de Sancerre et dans le Pays-Fort, ces granges, privées pour la plupart, présentent une vraie particularité architecturale : une toiture extrêmement pentue qui s'appuie sur d'énormes poutres et l'absence de mur porteur. Celle-ci est l'une des plus belles et des mieux restaurées. Elle daterait du XVe s et servait à stocker du foin, du bétail et des outils. Haute d'une dizaine de mètres, elle rompt avec le paysage plat environnant.

SANCERRE (18300) 1 350 hab. *Carte Cher, C1-2*

• Plan *p. 293*

Sancerre, c'est d'abord une charmante ville qui se repère de loin, assise sur son piton rocheux à 312 m d'altitude, et parfaitement préservée. Il y règne une douce atmosphère et il fait bon flâner à la découverte des petites rues et placettes pittoresques, aux noms médiévaux, des maisons anciennes et des beaux panoramas (rare dans le Berry !) s'offrant toutes les échappées sur le vignoble. C'est aussi le point de départ pour des balades dans les vignes ou au fil de l'eau qui vous laisseront de jolis souvenirs.

UN PEU D'HISTOIRE

Au commencement était la vigne, puis vinrent les hommes. Le vignoble sancerrois est l'un des plus anciens de France, déjà évoqué par Pline l'Ancien dès le Ier s apr. J.-C. : il le nomme « bituricus », en référence aux « Bituriges », les Celtes volubiles qui peuplent alors la région.

Au VIe s, les augustins de Saint-Satur jouent un rôle décisif dans le développement du vignoble, d'abord pour leur consommation personnelle puis à plus large échelle, en améliorant sans cesse leurs techniques. Saccagées par les occupants, ravagées au fil des siècles par les intempéries, la sécheresse ou le phylloxéra, démantelées à la Révolution, les vignes ont toujours fini par renaître et s'étendent aujourd'hui sur quelque 2 800 ha.

TINTAMARRE

Au Moyen Âge, un seigneur berrichon rencontra des vignerons exténués qui se tuaient au travail 16h par jour. Il décida de diminuer ces horaires. Ceux qui entendaient la cloche des églises sonner l'angélus (18h) devaient taper sur leur marre (outil proche de la binette) pour avertir les ouvriers agricoles plus éloignés que la journée était achevée. Le mot « tintamarre » était né.

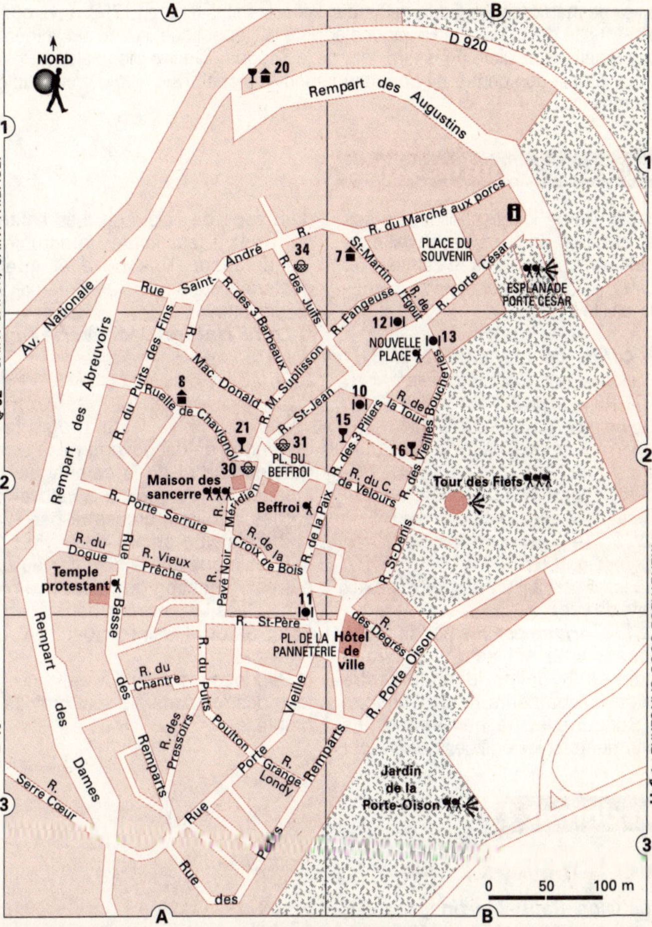

SANCERRE

Adresse utile

- Office de tourisme (B1)

Où dormir ?

- **7** Le Clos Saint-Martin (B1)
- **8** Chambres d'hôtes Le Ceps en Sancerrois (A2)

Où manger ?

- **10** La Taverne du Connétable (B2)
- **11** Auberge La Pomme d'Or (A2-3)
- **12** Restaurant La Tour (B2)
- **13** Auberge Joseph Mellot (B2)

Où boire un verre ?

- **15** Café-librairie de Sancerre (B2)
- **16** Café Art Tour Martine (B2)

Bars à vins

- **20** Taste (A1)
- **21** La Banque (A2)

Où acheter de bons produits ?

- **30** Charcuterie du Beffroi (A2)
- **31** Pâtisserie Le Lichou (A2)
- **32** La Brasserie Sancerroise (hors plan par A2)
- **34** Vue sur Vigne (A1)

Caves

- **40** Domaine Fouassier (hors plan par A3)
- **41** Joseph Mellot (hors plan par B2)

En 1573, Sancerre, bastion du protestantisme, tient tête au roi Charles IX lors d'un siège mémorable qui durera 8 mois. 2 siècles plus tard, en 1792, alors que la quasi-totalité des villes de l'Hexagone adopte la République, la ville est le théâtre d'une rébellion royaliste. Plus tard, lors de la Seconde Guerre mondiale, la Résistance y établit son centre de commandement régional. Une ville d'irréductibles, en somme !

Adresses et infos utiles

À cause de sa localisation et de ses rues étroites, on vous déconseille de circuler en voiture dans le centre-ville. Profitez plutôt des parkings et découvrez la ville à pied.

Office de tourisme *(plan B1)* **:** *esplanade Porte-César (entrée de ville). ☎ 02-48-54-08-21. • tourisme-sancerre.com • Tlj : juil-août, 10h-18h30 ; avr-juin et sept 10h-13h, 14h-18h ; mars et oct-déc, lun-sam 13h30-17h30 ; permanence téléphonique janv-fév. Mai-sept, propose des visites le jeu à 11h (7,50 €), visite gourmande sam mat à 10h30 (10 €, dégustation incluse).* Face à l'un des plus beaux points de vue.
– Le ***fil d'Ariane*** est une bande rouge tracée sur le sol selon un circuit étudié en 28 points, dans le centre ancien. Le parcours conte l'histoire de Sancerre et, la nuit venue, les monuments et les édifices bénéficient d'un superbe éclairage. Les enfants ont droit à leur fiche, un astucieux jeu de piste. Une belle et intelligente réalisation pour explorer la cité médiévale.

***Loire Nature Découverte* :** *quai de la Loire – Saint-Thibault, 18300* **Saint-Satur.** *☎ 02-48-78-00-34. 07-86-29-03-90. • loirenaturedecouverte.com •* Vaste programme de randos de découverte de la Loire, du vignoble et de la campagne, de balades en bateau ou à vélo et de sorties insolites, orchestré par Yvan Thibaudat, un enfant du pays. Forfaits et modalités à discuter au cas par cas. Location de vélos. Lire plus loin « Dans les environs de Sancerre : Saint-Satur et Saint-Thibault. À voir. À faire ».

***Parkings* :** tout autour de la ville, le long des remparts. Ils sont gratuits et ombragés.

Où dormir ?

De prix moyens à chic

Le Clos Saint-Martin *(plan B1,* ***7****)* **:** *10, rue Saint-Martin. ☎ 02-48-54-21-11. • reception@leclos-saintmartin.com • leclos-saintmartin.fr • Derrière l'office de tourisme. Fermé de mi-nov à début avr. Doubles 60-135 € ; familiales. Parking gratuit non privatif.* Un hôtel idéalement placé au cœur de Sancerre. Un bar en façade côté rue, un hall d'entrée rouge et or, à la fois chic et chaleureux, et des chambres apaisantes, aux couleurs de la ville, beige, bordeaux et blanc. Déco cosy et harmonieuse. Accueil pro.

Chambres d'hôtes Le Ceps en Sancerrois *(plan A2,* ***8****)* **:** *chez Philippe et Gisèle Fromont-Kolkman, 2, rue du Maréchal-Mac-Donald. ☎ 02-48-54-38-33. 06-37-89-02-23. • ph.fromont@orange.fr • lecepensancerrois.com • Doubles 99-120 €. Table d'hôtes 35 €.* Dans l'ancien presbytère protestant de Sancerre, 3 chambres spacieuses, agréables à l'œil, et une superbe suite familiale, le loft, aménagée sous l'impressionnante charpente apparente. Partout, ces objets qui donnent l'impression d'être chez soi : jouets, livres, et espaces qui invitent à en profiter... terrasse et jardin clos (en constante évolution) pour paresser au soleil, sauna et hammam (en sus) pour paresser à l'abri. Copieux petit déjeuner. Une option cocooning.

Où manger ?

La majorité des restos sont ***fermés les mardi et/ou mercredi,*** d'où un phénomène d'affluence dans les rares restos ouverts ces jours-là... Mieux vaut donc réserver.

Bon marché

|●| ***La Taverne du Connétable*** *(plan B2,* ***10****) : 1, Nouvelle-Place. ☎ 02-48-54-29-23. • nadelou@wanadoo.fr • Mar-dim midi et soir. Fermé lun. Formules 22-25 € ; menu 24 €.* Une brasserie bien placée dotée d'une vaste terrasse extérieure. Copieuses formules. Cuisine de bistrot à base de bons produits de région et de planches accompagnées de salade et frites maison.

De prix moyens à plus chic

|●| ***Auberge Joseph Mellot*** *(plan B2,* ***13****) : 16, Nouvelle-Place. ☎ 02-48-54-20-53. • aubergejosephmellot@josephmellot.com • Tlj sauf mer et le soir des mar et dim. Congés : de déc à mi-janv. Carte env 30 €.* L'auberge, incrustée dans le panorama de la place du village depuis 1882, a pris un coup de... jeune. La cheminée et la décoration terroir des jours d'hiver sont toujours là, mais on peut aussi opter pour l'agréable véranda aux couleurs chaudes pour déguster sans se prendre la tête (enfin, tout dépend du nombre de verres de vin maison absorbés) un goûter du vigneron, un plat du jour plus qu'honnête ou toute autre déclinaison de spécialités locales. Service aux petits soins.

|●| ***Auberge La Pomme d'Or*** *(plan A2-3,* ***11****) : 1, rue Panneterie (pl. de la Mairie). ☎ 02-48-54-13-30. ♿ Tlj sauf dim soir et lun-mar. Résa vivement conseillée. Menus 25 € (déj en sem), puis à partir de 35 € le soir.* À l'écart des touristes, une petite maison B.C.B.G. à la déco moderne, avec des tables espacées et joliment dressées, et une verrière où il fait bon manger. Cuisine de tradition allégée, que parfume avec bonheur un brin de rusticité. Le patron, ancien sommelier, propose une belle sélection de vins à prix abordables et cuisine les poissons de la Loire pêchés le jour même. Une excellente adresse.

|●| ***Restaurant La Tour*** *(plan B2,* ***12****) : 31, Nouvelle-Place. ☎ 02-48-54-00-81. • info@latoursancerre.fr • Tlj sauf dim-lun. Plats env 25-35 € ; menus le soir 58-74 €.* Sur la place principale, cet établissement au décor cossu, feutré et confortable, est l'une des grandes et bonnes adresses en ville... et pour un coût raisonnable compte tenu de l'originalité des plats, de la qualité des produits et du service avenant. Féru de légumes, Baptiste Fournier pratique une cuisine du terroir inspirée de ses voyages. À l'étage, une superbe salle aux belles baies vitrées. Impressionnante carte des vins, l'autre passion du chef.

Où manger dans les environs ?

Voir aussi un peu plus loin nos bonnes adresses à ***Saint-Satur*** et à ***Chavignol.*** Mais voici une bonne surprise pour qui suivrait, notamment, La Loire à Vélo, en direction d'Apremont.

|●| ***Le Momento :*** *5, rue de la Cure, 18300* ***Bué.*** *☎ 02-48-78-07-99. Ouv jeu-dim midi. Plats env 30 €, menus 4 ou 5 services 65-75 €. Résa obligatoire.* On s'enfonce au cœur des vignes pour accéder au village, on descend quelques marches et on accède à cet excellent établissement. La finesse semble le maître-mot du travail de la cheffe mexicaine, formée auprès d'Hélène Darroze, et du sommelier berrichon revenu aux sources : douceur des couleurs, délicatesse des saveurs, harmonie des alliances entre le proche et le lointain, amabilité du service, rien qui pèse ou qui pose, de l'amuse-bouche aux mignardises. Un grand moment pour tous les sens.

L'Ardoise du Marché : *19, pl. des Tilleuls, 18240* ***Boulleret.*** *☎ 02-48-72-39-62. Résa obligatoire sur • ardoise-du-marche.com • Tlj sauf lun-mar et dim soir. Menus 32 € (mer-ven midi) puis 48-89 €.* Non loin de la Loire, une façade quelconque cache une adresse qui n'a rien de quelconque. Le chef berrichon étoilé chamboule le terroir sans jamais le trahir, réconciliant matière et légèreté, soignant toutes les harmonies, s'autorisant toutes les audaces. Même symphonie pour les vins. On est embarqué non plus dans une invitation au voyage intérieur, révélant la beauté sous toutes ses formes : saveurs, présentations, surprises, arts de table, service... Une magie qui opère dès le 1er menu.

Où boire un verre ?

Café-librairie de Sancerre *(plan B2,* ***15****) :* *4, rue des Trois-Piliers. ☎ 02-48-54-34-80. • librairie.sancerre@orange.fr • Mer 15h-19h ; jeu-sam 10h-12h30, 15h-19h ; dim 11h-12h30, 15h30-18h30.* Une librairie, mais aussi un café littéraire actif, fréquenté pour ses soirées musicales festives (jazz et cie) et les nombreuses dédicaces organisées par le patron.

Café Art Tour Martine *(plan B2,* ***16****) :* *en face de la tour des Fiefs, pl. du Connétable. ☎ 02-48-54-15-04. • info@art-tour-martine.com • Ouv vers 18h (mais pas toujours...). Se renseigner sur les événements.* Un brin décalé et bohème, c'est un lieu d'expos de peinture, de lecture et de concerts. Terrasse.

Bars à vins

Taste *(plan A1,* ***20****) :* *113, rempart des Augustins. ☎ 02-48-54-22-44. • taste-sancerre.fr • Lun-mar 17h-22h, mer 16h-22h, jeu 16h-23h, ven-sam 16h-minuit, dim 16h-22h.* Au sein de l'hôtel haut de gamme ***Le Panoramic,*** un écrin à libations tout ce qu'il y a de plus contemporain et confortable. Formes rondes, couleurs mates, atmosphère feutrée et service attentif mettent en valeur les armoires où reposent les collections de bouteilles. Le *Taste* représente brillamment le terroir local, mais ne s'y cantonne pas : une encyclopédie gustative. Bonnes grignotes pour accompagner. Une réussite.

La Banque *(plan A2,* ***21****) :* *3, pl. du Puits-Saint-Jean. ☎ 02-48-54-39-16. Lun, mer-ven soir, w-e midi et soir. Fermé mar. Vins au verre de la semaine.* Devant la belle église Notre-Dame-de-Sancerre, joliment éclairée le soir, une banque (d'où le nom) a cédé la place à ce bar à vins. Gageons que les Sancerrois s'y rendent plus volontiers ! Un cadre clair, aéré, où les plus belles bouteilles décorent les murs, portant à la rêverie œnologique. Des espaces différenciés permettent de choisir son ambiance – au bar avec les habitués, à table ou dans une salle plus cosy. La variété des flacons proposés – vaste éventail local, ouverture aux vins de France et d'ailleurs –, la gentillesse et l'efficacité du service font de cette adresse l'une des préférées des Sancerrois... et des routards.

Où acheter de bons produits ?

Charcuterie du Beffroi *(plan A2,* ***30****) :* *pl. du Beffroi. ☎ 02-48-54-19-66. Fermé mer et les ap-m des lun, mar, jeu et dim.* Célèbre pour sa petite noix de jambon de Sancerre, fumée aux sarments de vigne. Marque déposée depuis 1968 (certaines charcuteries ne manifestaient pas !).

Pâtisserie Le Lichou *(plan A2,* ***31****) :* *7, pl. du Beffroi. ☎ 09-54-33-31-29. Fermé lun (ouv tlj l'été).* Les spécialités, ici, se nomment *lichou* (gâteau moelleux à la pâte d'amandes), *pessiaux* (feuilletés aux raisins), mais aussi *croquets de Sancerre,* créés dans cette maison en 1772, *palettes* et *crottins* *de Chavignol,* des chocolats à la pâte d'amandes parfumée à l'orange.

La Brasserie Sancerroise *(hors plan par A2,* ***32****) : 258, route d'Amigny.* ☎ *02-48-54-29-91.* • *brasseriesancerroise@orange.fr* • *Mar-sam 10h-13h, 14h-18h30. Fermé dim-lun.* S'appuyant sur des méthodes traditionnelles et de l'orge de provenance locale (grosse production berrichonne), la brasserie a développé une gamme de bières naturelles aux noms médiévaux *(Rose Blanche, Sans-Gêne...).* Qu'elles soient blanches, blondes ou ambrées, elles sont commercialisées sur place (on les trouve aussi dans les supermarchés de la région) en 33 et 75 cl. Une curiosité : la *Sancerroise* à la lentille verte du Berry.

Vue sur Vigne *(plan A1,* ***34****) : 22, rue des Juifs.* ☎ *09-82-57-46-68.* 📱 *06-67-82-60-61. En saison, initiation à la dégustation ts les matins, sur résa. Ouv avr-déc : vac scol, tlj 11h-19h ; autrement, fermé mar-mer.* L'***« œnothèque responsable »*** du Sancerrois. Traduction : une sélection soigneusement choisie de vins essentiellement de la région. Les critères : des pratiques agricoles axées sur le développement durable – les vins naturels représentent un quart de son offre –, mais aussi des coups de cœur, des offres saisonnières... Boutique agréable, accueil au top. Des achats possibles au rapport qualité-prix époustouflant !

Les grands viticulteurs de l'AOP ont souvent aussi une ***boutique en ville,*** soit à leur nom, soit sous un nom plus général. Elles sont concentrées autour de la Nouvelle-Place.

À voir

L'esplanade de la Porte-César *(plan B1) : à l'entrée est de la ville, près de l'école. Prendre au passage le livret « Au fil d'Ariane » pour vous repérer (voir « Adresses et infos utiles »).* Sorte de prolongement des remparts, d'où la vue splendide sur la vallée de la Loire permet de mieux comprendre la situation de la ville. Vaste panorama sur les vignobles, Saint-Satur en contrebas et Saint-Thibault en bord de Loire. Plus loin, en face, la Nièvre, de Cosne-sur-Loire au nord-est au vignoble de Pouilly, vallonné.

La Nouvelle-Place *(plan B2) :* le cœur de la vieille ville et la place la plus animée de Sancerre. La vieille halle de marché a été détruite pour rendre aux maisons qui bordent la place espace et perspective. Un choix contestable car la dalle en béton qui la remplace, minérale, est totalement dénuée de charme. Voir, en dessous, les chapiteaux et colonnes, vestiges de l'ancienne église Saint-Père-la-None, la 1re église romane de Sancerre. La dalle est investie aux beaux jours par les terrasses des nombreux restos. Les lampions en métal aux décors ajourés de feuilles de vigne diffusent le soir venu une jolie lumière tamisée.

De jolies ***rues anciennes*** où flâner, mais, au risque de se répéter, pour une découverte complète du centre, suivre le parcours fléché au sol, accompagné du livret (disponible à l'office de tourisme). Voici quelques sites et rues qui nous ont bien plu, pour une balade nez en l'air au départ de la Nouvelle-Place : la ***rue des Trois-Piliers,*** les maisons à colombages de la ***rue de la Panneterie*** (rares en ville, où l'on privilégiait la pierre ou le liant avec le sable de Loire), la ***place du Puits-du-Marché*** et la vue sur l'ancien oratoire (fenêtre ogivale) de Jeanne Sorel, comtesse de Sancerre, fille de Charles VII et Agnès Sorel. À côté, le magnifique hôtel de la Thaumassière abrite une école de langues réputée, qui contribue aujourd'hui à faire vivre la ville à l'année. La ***rue Carroir-de-Velours*** avec ses maisons à tourelle, dont l'une aurait appartenu au neveu de Jacques Cœur, qui tenait là un commerce d'étoffes, la ***place du Marché-aux-Sorciers,*** toujours très fréquentée, paraît-il, les nuits de pleine lune.

La tour des Fiefs *(plan B2) : pl. du Connétable-Louis-de-Sancerre.* ***FERMÉ jusqu'à nouvel ordre pour travaux.*** Construite au XIVe s, c'est la seule tour défensive en ville et tout ce qu'il reste du château des comtes de Sancerre, détruit par Henri de Bourbon (gouverneur du Berry) en représailles de la fidélité des habitants au protestantisme. Au sommet de la tour, magnifique panorama à 360° sur la région, la Loire et les vignobles.

Le jardin de la Porte-Oison *(plan B3)* **:** *derrière l'hôtel de ville.* Un des plus beaux panoramas qu'offre la ville, sur le Val de Loire. Juste devant l'hôtel de ville, la place de la Panneterie, appelée ainsi parce qu'on y fabriquait du pain.

Le beffroi *(plan A2)* **:** *pl. du Beffroi.* Tour de 20 m de haut (fermée au public), construite au XVIe s, qui servait de clocher à l'église Notre-Dame. Mais la grosse cloche de bronze (fondue sous Louis XII) et l'horloge du beffroi sont restées pendant plus de 400 ans à Bourges, en guise de représailles, là encore... Elles ont finalement été rendues à la Ville de Sancerre dans les années 1990. On peut les voir dans la chapelle voûtée du beffroi, au milieu d'objets religieux anciens et à côté d'un aigle sculpté offert par Napoléon.

La Maison des sancerre *(plan A2)* **:** *3, rue du Méridien. ☎ 02-48-54-11-35. • maison-des-sancerre.com • À côté de l'église. Avr-nov, tlj 11h-18h30. Entrée : 8 € ; réduc ; gratuit moins de 16 ans. Visite libre, mais* ***résa fortement conseillée.*** Une visite incontournable avant de partir à la découverte du vignoble, en famille. Un bel espace pédagogique et ludique tout à la fois. Près de 350 vignerons ont acquis et aménagé cette imposante bâtisse, dont les fondations datent du XIVe s, pour en faire LA vitrine du vin de Sancerre. Dans la ***grande cave,*** un extraordinaire plan-relief animé permet d'appréhender le terroir dans toute sa complexité, depuis la formation des sols à travers les différentes époques géologiques jusqu'à la composition actuelle des terres cultivées. Étonnant ***Espace 4D*** qui vous permet, accroché à votre fauteuil, de vous glisser dans la peau d'un grain de raisin pour découvrir son parcours de la vigne à la cave. On en prend plein la vue, dans tous les sens du terme. L'***S-pace*** suivant rassemble les témoignages des vignerons, évoque le vignoble, son histoire, sa géographie, sa délimitation, sa production et les secrets de vinification. Le ***jardin des sancerre,*** en fin de visite, est un petit parcours tactile et olfactif où l'on retrouve les plantes et les arômes qui composent les vins. Ce jardin accueille également un jeu de l'oie grandeur nature pour les enfants. Le vigneron dans l'enjambeur, c'est vous ! Depuis la terrasse, le panorama complète la visite : juste en face, la cuvette de Chavignol, les collines et une multitude de microparcelles réparties en autant d'exploitations... telles sont la complexité et la caractéristique des vins de Sancerre, tous uniques ! Pas de vente ici, mais en fin de visite, on déguste un verre d'une cuvée signée par un des vignerons de l'AOC sancerre (les références changent tous les jours). Le tout, en jetant un œil sur les livres, les B.D., les objets originaux rassemblés côté boutique. Excellent accueil.

Faites un tour dans le quartier des vignerons, pour apprécier son atmosphère particulière et son dédale de ruelles, dont la ***rue des Pressoirs.*** Aujourd'hui, seule la maison *Vacheron* a conservé son activité au cœur de la ville, et ses caves du XVe s se cachent sous le parking ! Petit détour pour ceux qui sont intéressés par la ***rue du Vieux-Prêche,*** qui mène à la synagogue.

Le temple protestant *(plan A2)* **:** *rue Basse-des-Remparts.* Inaugurée en 1700, la chapelle

HUGUENOTS BERRICHONS

Alors que le protestantisme se répandait en Europe, il trouva ancrage à Sancerre, ville fortifiée qui en devint une place forte. En 1573, après des mois d'une résistance acharnée face au pouvoir catholique, les Sancerrois capitulèrent. Sévèrement punie, convertie de force ou exilée, la communauté protestante fut décimée. De nos jours, Sancerre est l'une des rares villes de France composées de familles protestantes de souche, celles qui ont échappé au massacre de 1573.

LE CHER EN BERRY

devait accueillir les « nouvelles converties ». Ironie du sort, elle revient aux protestants au début du XIXe s et les cultes y sont toujours célébrés. Sur le fronton, les 3 dates correspondent au 1er prêche de Jean de Léry, disciple de Calvin à Sancerre (1548), à la transformation de l'église en temple (1797) et à l'importante rénovation de l'édifice (1894).

Pour terminer la balade, remonter vers la Nouvelle-Place en rejoignant la ***rue Mac-Donald,*** appelée ainsi en hommage au futur maréchal d'Empire, écossais d'origine, qui passait ses vacances à Sancerre au n° 3, et la ***rue des Juifs,*** enfin, dont la vocation commerçante demeure. En haut de celle-ci, le grenier à sel, remarquablement restauré, où l'on venait s'acquitter de la gabelle.

Manifestations à Sancerre et dans les environs

– ***Randonnée de nuit Bourges-Sancerre :*** *3e dim de fév. Départ de la cathédrale Saint-Étienne à Bourges.* Qu'il pleuve, qu'il neige ou qu'il vente, un vrai chemin de croix qui rassemble chaque année plusieurs milliers de randonneurs, pour parcourir les 60 km qui séparent Bourges du piton de Sancerre. Animations à la clé.
– ***Trail de Sancerre :*** *1 j. en juin.* Plusieurs courses (35, 15 ou 8 km) au départ de Sancerre à la difficulté plus ou moins élevée.
– ***La Nuit des sorciers :*** *1er sam d'août, à **Bué,** à quelques km au sud-ouest de Sancerre. Rens à l'office de tourisme.* On célèbre les sorciers et les birettes (ce n'est pas un méchant nom d'oiseau : la birette, gentille et farceuse, n'est qu'un esprit, malin comme un lutin). Cette sauvage cérémonie a été inventée, il y a plus de 75 ans, par monsieur le curé !

Les caves

Ce sont aussi ces huis clos souterrains, souvent installés dans d'anciennes carrières, qui donnent son âme au sancerrois et à tant de bons vins si français ; 14 communes, réparties sur un vignoble d'environ 2 800 ha, se partagent le droit de produire les vins d'Appellation d'origine contrôlée sancerre. Le sancerre n'est pas qu'un vin blanc : il y en a aussi des rouges et des rosés, tous 2 de cépage pinot noir (le blanc étant un sauvignon). Les producteurs sont nombreux, mais toutes les caves ne se visitent pas. On peut demander à l'office de tourisme ou auprès de la Maison des sancerre (voir plus haut) la liste des caves qui se visitent. Pour les plus pressés, plusieurs magasins de vente de vin se trouvent en centre-ville...

Domaine Fouassier *(hors plan par A3, **40**) : 180, av. de Verdun. ☎ 02-48-54-02-34. • fouassier.fr • Tlj sauf dim.* 10 générations sur un très joli domaine en biodynamie sous la houlette de Paul et Benoît. Une visite de cave qui a la magie d'une épave sous-marine. Des vins superbes. Un coup de cœur.

Joseph Mellot *(hors plan par B2, **41**) : D 920, route de Ménétréol. ☎ 02-48-78-54-54. • josephmellot.com • Lun-ven 8h-12h et 13h30-17h. Visite sur rdv.* Au royaume du Sancerre, Joseph Mellot est premier parmi les pairs. Le nom apparaît partout sur le territoire, car Joseph Mellot, c'est aussi le confortable hôtel ***Le Panoramic,*** l'excellent bar à vins ***Le Taste*** (voir plus haut) et la boutique ***La Vigne et le Vin*** *(5, rue Porte-César. ☎ 02-48-54-00-90 ; tlj sauf lun mat, 10h-12h15 et 13h30-18h30)* ! Bref, une institution. On peut visiter la ***cave historique en ville,*** qui abrite les fûts *(visite guidée et dégustation : 9 €, sur rdv ; 10 pers max),* mais les amateurs de grand air s'offriront une ***balade dans les vignes,*** dégustation incluse (2 km) avec vue panoramique sur le vignoble et la Loire *(15 €, sur rdv ; 10 pers max).*

LE CHER EN BERRY

Le Cellier de la Pauline – domaine Éric Louis : *26, rue de la mairie, 18300 Thauvenay. À 4 km de Sancerre. ☎ 02-48-79-91-46. • sancerre-ericlouis.com • Ouv tlj (sauf dim de mi-nov à mars), 10h-12h, 13h30-19h (17h30 lun-mar). Visites spécifiques : résa en ligne.* Une superbe vitrine du Sancerrois. Ici, l'alliance sancerre-crottin est au cœur du travail : Éric Louis possède également la ferme caprine « La bête noire sancerroise » (succès garanti avec les enfants). Ici, on remplit les gourdes et on charge les portables des cyclistes ; on accueille les campings-cars gratuitement (prise électrique) ; on a prévu des activités pour que les enfants jouent pendant que les parents visitent... ***Visite de cave et dégustation*** avec croquets de Sancerre et dégustation à l'aveugle *(12 €, gratuit moins de 13 ans : 1h45, lun-sam 14h30 et dim 10h15)*, ***visite de cave et de la chèvrerie*** *(16 €, moins de 13 ans 4 €, 3h15 ; fermé de janv à mi-mars).*

DANS LES ENVIRONS DE SANCERRE

SAINT-SATUR ET SAINT-THIBAULT *(18300)*

Saint-Satur, en contrebas de Sancerre, le long du canal latéral à la Loire, est aisément repérable à cause de ses énormes silos (qui, malheureusement, dénaturent le paysage) où convergeaient les récoltes de tout le Pays-Fort. Mais Saint-Satur est aussi célèbre pour son abbaye et ses moines à l'origine du développement des vins de Sancerre. Et, surtout, Saint-Satur ne serait rien aujourd'hui sans Saint-Thibault, son port sur la Loire, très prisé aux beaux jours et doté de toutes les infrastructures touristiques (golf, tennis, camping, piscine...).

Adresse utile

Bureau d'information de Saint-Satur : *mai-sept, mer-ven 16h-18h et sam 11h-13h, 16h-18h.*

Où dormir ? Où manger ? Où boire un verre ?

Le Laurier : *29, rue du Commerce, quartier Saint-Satur. ☎ 02-48-54-17-20. • bossley18@orange.fr • lelaurier-sancerre.fr • Ts les soirs juil-août (fermé le midi). Le reste de l'année, tlj sauf ven soir, dim soir et lun. Congés : 20 déc-20 janv. Doubles 80-95 € ; familiale. Formule déj mar-ven 25 € ; sinon, ardoise env 30-35 €.* Difficile de ne pas craquer pour la jolie façade noyée sous la végétation et égayée de volets bleus. Si les chambres ont été rénovées petit à petit, l'intérieur évoque encore les auberges d'antan (on est dans un ancien relais de poste du XVIIIe s), à l'ambiance charmante et surannée. Une adresse simple à prix doux. Avec, côté resto, une cuisine de femme et de terroir qui privilégie les producteurs du voisinage, ce qui lui vaut tous les lauriers possibles. Vous pouvez même avoir sur commande une bouillabaisse du tonnerre, pour changer des poissons de Loire, car la cuisinière est marseillaise.

Le Ship : *2, quai de Loire-Georges-Simenon, quartier Saint-Thibault. ☎ 02-48-72-18-76. Pâques-Toussaint, mer-dim midi et soir. Congés : 1 sem avr, 2 sem nov. Menus 20-29 €. Un verre de vin offert sur présentation de ce guide.* Une atmosphère marine juste esquissée, des sièges dépareillés – dont des fauteuils-club – chaleureux et confortables, un éclairage discret, des assiettes nourrissantes mais pas pesantes : en toute chose, *Le Ship* a l'art du dosage. On se réchauffe auprès du poêle ou on chauffe en terrasse en regardant couler la Loire en été. Notre spot préféré pour boire un verre.

Le Ligérien : *quai de Loire, quartier Saint-Thibault. ☎ 02-48-54-38-56. • postmaster@restaurant-le-ligerien.fr • En bord de Loire, à côté du camping et du minigolf. Tlj 11h-23h. Congés : de mi-nov à début fév. Menus 17,50-23,50 €. Café offert sur présentation de ce guide.* Un bar-restaurant aux allures de guinguette avec ses tables, ses fauteuils en plastique posés sur le chemin pour ainsi dire pied dans l'eau, et sa véranda sous tente offrant une vue paisible sur la Loire sauvage. On y grignote une salade d'écrevisses ou les moules-frites maison, un tartare de crottin de Chavignol ou une andouillette. La halte fétiche des promeneurs du dimanche, les enfants pouvant jouer (minigolf, structures gonflables) pendant que les parents discutent tranquillement de table en table.

L'Auberge de Saint-Thibault : *37, rue Capitaine-Jacques-Combes, quartier Saint-Thibault. ☎ 02-48-78-04-10. • auberge-st-thibault@hotmail.fr • Tlj sauf mer-jeu, midi et soir. Menus 28 € (midi des lun, mar et mer), puis 49-73 €.* Une ancienne maison de pêcheur, devenue un restaurant de terroir qui mérite à lui seul le détour.

Où trouver de bons crottins de Chavignol ?

Romain Dubois : *1262, rue Champs, 18300* ***Saint-Satur.*** *☎ 02-48-72-96-77. • romainduboisaffineur.com • Tlj 8h30 (9h le w-e)-12h, 14h (15h le w-e)-18h30.* En digne représentant de la famille Dubois-Boulay, qui a fait connaître et aimer le crottin de Chavignol, Romain affine et perpétue avec talent le savoir-faire familial dans sa cave d'affinage.

À voir. À faire

➢ **Balades en canoë-kayak : Loire Nature Découverte,** *quai de la Loire, quartier Saint-Thibault. ☎ 02-48-78-00-34 ou 02-48-79-46-19 (ferme). 07-86-29-03-90. • loirenaturedecouverte.com • À 3 km de Sancerre par la D 955 (direction Cosne) ; indiqué à gauche juste avt de passer la Loire. Avr-oct. Loc de kayak ou canoë : 20 € la ½ journée, 26 € la journée. Également des formules w-e et sem (avec bivouac). Descente du fleuve en eau vive le soir au coucher du soleil, dès 15-20 €. Sorties à cheval ou à VTT ; observation (en nocturne) des castors ou sortie « brame du cerf » (automne). Loc de roulottes, camping à la ferme et « [illegible] » à partir de 10-15 €/pers.* Orchestrée avec professionnalisme et sourire par Yvan et Karine, voilà une découverte originale du Sancerrois. Karine anime le club hippique et propose des balades accompagnées. Avec Yvan, on se laisse glisser au gré du courant, en longeant les îles sauvages et leurs plages de sable, en observant une faune et une flore préservées. Un petit air d'aventure, avec casse-croûte dans un caisson étanche, et pagaies en main ! Enfant du pays, Yvan connaît aussi le Sancerrois et le Pays-Fort comme le fond de sa poche. Panoramas inconnus et imprenables, randonnées à travers vignes ou forêts, explorations de grottes secrètes, découverte de la faune et de la flore des îles de la Gargaude... De belles virées, conseillées aux familles.

➢ ***Balades en bateau sur le Raboliot et dégustation de produits de la pêche :*** *quai de la Loire, après le camping, en face du resto Le Ligérien (voir « Où dormir ? Où manger ?... »), Saint-Thibault. 06-70-75-67-97. • le-raboliot.com •* Sylvain Trével est un cas. Ancien homme des bois, il est passé pêcheur professionnel en Loire, et s'est associé avec Thibault Morlat, le propriétaire du *Ligérien,* pour animer non-stop, aux beaux jours, ce coin de Berry. Sur la terre ferme, on peut profiter d'une assiette composée de friture, terrine et soupe de poisson – une tuerie. Puis embarquer pour des balades de 1h à 3h *(compter 16 €/h),* commentées par

Sylvain. Ne pas s'étonner de le voir jeter un fond de verre dans l'eau (pour saluer la mémoire des marins disparus !). Possibilité de dégustation de produits locaux sur le bateau. Vente sur place des produits de la pêche (terrine de silure délicieuse !). Pour qui ne voudrait plus repartir, camping sympa tout à côté.

CHAVIGNOL (18300)

L'appellation de ce goûteux petit fromage date de 1829, puis devient AOP en 1976. Il en existe des différents, selon le temps d'affinage : bleuté (adulte mais souple et onctueux), très sec (au moins 20 jours et un peu cassant), et « repassé » (affiné en pot de grès, il passe de sec à moelleux). Pour en savoir plus : ***Syndicat du Crottin de Chavignol*** *(9, route de Chavignol, 18300 Sancerre ; ☎ 02-48-78-51-05 ; • crottindechavignol.fr •).*

ON EST PLUS ÉCLAIRÉ

Le crottin, ce petit fromage de chèvre (AOP) – dont le nom, contrairement à ce qu'on pourrait croire, ne provient pas d'une ressemblance avec des excréments de bique ! – a la forme d'une lampe à huile en terre cuite, appelée « crot » et autrefois répandue dans la région.

Au-delà de son crottin, le village est aussi un gros producteur de sancerre, comme le rappellent les panonceaux publicitaires des vignerons. La colline des Monts-Damnés (pardon pour le pléonasme !) produit l'un des crus les plus réputés du Sancerrois.

Où dormir ? Où manger ?

Hôtel-restaurant Famille Bourgeois – La Côte des Monts Damnés : *pl. de l'Orme, au centre du village. ☎ 02-48-54-01-72. • contact@montsdamnes.com • hotel-restaurant-chavignol.fr • ♿ Doubles 75-150 € ; familiales. Menus 29-39 € ; plats 12-25 €.* L'enseigne des *Monts Damnés* sanctifie, en fait, un cru réputé de sancerre, travaillé par la famille Bourgeois depuis 10 générations. C'est lui qu'il vous faudra découvrir, accompagnant aussi bien l'intéressant menu du midi que les plats plus élaborés. Bonne cuisine bistronomique. L'accueil et le service sont extrêmement prévenants. Côté hôtel, 12 chambres dont les prix varient selon le confort.

Au P'tit Goûter : *en plein centre du village. ☎ 02-48-54-01-66. • jeremyetfluo@gmail.com • ♿ Fermé lun soir et mar (plus dim soir hors saison). Fermé janv. Menus 14 € (déj en sem), puis 18,50-29,50 €.* Une adresse en or que ce bistrot de village plein de bonne humeur, où l'on vient pour passer un moment convivial autour d'une cuisine de terroir, toute simple mais juste et généreuse. Vignerons de sancerre particulièrement bien représentés sur l'ardoise des vins. Petite salle claire et agréable, cheminée où flambe un bon feu l'hiver (terrasse à l'arrière aux beaux jours). Excellent accueil – le patron est une figure ! Goûtez à la friture de Loire et aux fromages de Romain Dubois (l'héritier de la tradition maison, exilé à Saint-Satur – voir plus haut) servis ici de toutes les manières possibles. Petite boutique de produits régionaux.

Où trouver de vrais crottins de Chavignol ?

Fromagerie Dubois-Boulay : *dans le village. ☎ 02-48-54-08-23. • delphine.lafond@dubois-boulay.fr • dubois-boulay.fr • Tlj 10h-12h30, 14h-18h.* La fromagerie historique, au cœur du village, est ouverte au public pour la vente au détail.

À voir. À faire

Domaine Bourgeois : *☎ 02-48-78-53-29. ● famillebourgeois-sancerre.com ● Lun-sam 10h-18h ; dim 10h-12h30, 14h-18h. Visite sur résa.* Les Bourgeois à Chavignol : LA famille qui pèse dans le village. On s'en rend d'autant plus compte en suivant la visite bien rôdée. Une histoire et un travail qu'on retrouve dans les vins du domaine. Un ensemble efficace et aimable.

➢ La ***route panoramique*** qui traverse les vignes monte sur les hauteurs du village, bien signalé, direction *Menetou-Râtel,* où vous attend ***Matthieu Fleuriet, un des grands vignerons de la nouvelle génération,*** qui a développé sa vigne sur 20 ha de terrains pentus et en friche, mais réalise aujourd'hui un vin d'une élégante simplicité. *Visite sur rdv au ☎ 02-48-79-34-09. ● fleuriet-sancerre.com ●* De la route, point de vue superbe sur le village et le piton de Sancerre. Cette balade peut se poursuivre à travers de somptueux paysages et de beaux villages, comme Champtin ou Bué (célèbre pour sa Nuit des sorciers – voir plus haut), pris dans le vignoble.

LE PARC DU CHÂTEAU DE PESSELIÈRES

(commune de Jalognes, 18300)

À 15 km au sud de Sancerre.
Comment dit-on « 1er juin » en berrichon ? « Premier D'jin » ! Retenez ce nom et la date car ce jour-là c'est la plus grosse foire du pays qui se déroule à Jalognes, village endormi le reste de l'année autour de son château. Depuis que ce dernier est devenu un des temps forts de la visite du Sancerrois, avec ses jardins qui font partie d'une route touristique enchanteresse autour de l'iris *(● routedesiris.com ●),* le village bouge.

À voir. À faire

Le parc et château de Pesselières : *☎ 02-48-72-90-49. ● chateau-pesselieres.com ● Début mai-fin sept, mer-dim 10h-12h30, 14h-18h. Fermé en août. Entrée : 8 € ; gratuit moins de 12 ans.* Labellisé « Jardin remarquable », ce parc de 7 ha géré écodurablement entoure ce qui fut la demeure des maréchaux du comté de Sancerre du XVIe au XVIIIe s. aux extérieurs classés Monument historique *(seuls les extérieurs se visitent).* Grâce aux bons soins du paysagiste Benoît Choulot et de Pascale Marq, il a retrouvé son style romantique à l'anglaise et est doté d'un labyrinthe et d'une collection d'iris – dont une espèce au nom de Pesselières ! La rivière qui prend sa source au fond du parc alimente les douves du château. Arboretum, buis centenaires, potager, verger, jardin, sous-bois, labyrinthe végétal, on est charmé par la variété. On admire le hêtre pourpre classé « Arbre remarquable », les vénérables cèdres du Liban, le splendide merisier. Une cure de quiétude et d'harmonie.

ENTRE LOIRE ET CANAL DE BERRY

On arrive ici dans un pays de bois, de haies, de rivières ondoyantes (l'Allier se jette dans la Loire au bec d'Allier) et de canaux. La vallée de Germigny abrite aussi de séduisants villages, à l'image d'Apremont, connu pour sa beauté historique et ses jardins, tandis que dans les prairies drainées par l'Aubois et la Vauvise paissent tranquillement bœufs charolais et ânes grand noir un peu plus au sud.

Encore épargnée par les grands flux touristiques, la région se révèle calme et plaisante autour de Sancoins, qui fut un passage obligé pour Jules César, Vercingétorix et Jeanne d'Arc.

LA GUERCHE-SUR-L'AUBOIS

(18150) 3 260 hab. *Carte Cher, C3*

Le bourg s'est développé en même temps que les activités industrielles voisines, comme le montre de façon exemplaire le *Centre d'interprétation de l'architecture et du patrimoine,* sis dans une ancienne tuilerie. Aujourd'hui, c'est une agréable ville fleurie, labellisée « Station Verte ». On se promène avec plaisir dans le vaste et soigné parc Maurice-Fuselier, on gambade le long du canal de Berry ou on médite sur un banc à l'ombre d'un résineux d'âge respectable... Un bon point de départ pour explorer les bords de Loire.

Info utile

Voir plus bas le ***Centre d'interprétation de l'architecture et du patrimoine*** *(CIAP).*

Où dormir ? Où manger dans les environs ?

Chambres d'hôtes du Jay : *chez Béatrice et Bruno de Vannoise,* ***Le Jay.*** *☎ 02-48-74-18-53. 06-61-35-30-26. • contact@chambresdhotes-du-jay.com • chambresdhotes-du-jay.com • À moins de 3 km au nord-ouest de La Guerche-sur-l'Aubois. Congés : de mi-déc à mi-janv. Compter 65-69 € pour 2. Réduc de 10 % sur le prix de la chambre sur présentation de ce guide.* En pleine campagne mais pas si loin de la ville, une belle demeure du XIXe s aux allures bourgeoises, entourée de jardins, la passion de Béatrice. 2 chambres d'hôtes (sous forme de suite familiale composée chacune de 2 chambres), une au rez-de-chaussée (notre préférée) avec un véritable salon, l'autre au 2^{d} étage de la maison. Atmosphère champêtre. On prend un excellent petit déjeuner dans la salle à manger familiale, délicieusement surannée. Accueil des plus convivial. On adore.

Chambres d'hôtes Le Grand Azillon : *chez Monique et Pierre Lainé, Le Grand-Azillon, 18800* ***Villequiers.*** *06-81-01-82-41. • pierlaine@wanadoo.fr • grand.azillon.pagesperso-orange.fr • Compter 60 € pour 2.* Une jolie longère recouverte de vigne vierge au milieu des champs... Et dans une aile indépendante, 3 chambres colorées, dont 2 à l'étage, plus lumineuses et joliment mansardées. Également une salle à manger-cuisine dans le bâtiment attenant à la maison des propriétaires. Dans la cour de la ferme (Monique et Pierre cultivent les céréales) tenue au cordeau, quelques chaises autour d'une table pour profiter de l'extérieur.

Chambres d'hôtes Château La Grand'Cour : *chez Jean-Pierre Berger, route de Nevers, 18350* ***Mornay-Berry.*** *☎ 02-48-80-24-45. • info@lagrandcour.fr • À 14 km au nord de La Guerche-sur-l'Aubois. Compter 130 €/nuit (2 chambres pour 3 et 5 pers), 85 € la 2e nuit. Juil-août, mar-dim visites guidées 15h-20h ; sinon sur rdv. Visite commentée du château offerte sur présentation de ce guide.* Un donjon médiéval auquel on accède par un pont, des remparts émergeant des champs : loger ici, c'est entrer immédiatement dans un imaginaire historique. Pour s'y ancrer, des chambres sobres mais sans faute de goût, un salon avec cheminée d'origine et terre cuite au sol, une cuisine équipée, un jardin clos fleuri et une terrasse. Visite intéressante de ce qui fut la propriété de Pierre de Mornay, chancelier de Philippe le Bel, puis, au XVIIIe s, d'un tuilier – d'où l'excellente conservation des toits !

Chambres d'hôtes Le Pot Rouge : *chez Michèle Ben, Le Briou, 18140* ***Précy.*** *☎ 02-48-80-61-84. 06-82-90-35-54. • ben.michele@wanadoo.fr • À 20 km au nord de La Guerche-sur-l'Aubois. Compter 70 € pour 2.* Michèle et Joël ont transformé un bâtiment agricole en une remarquable demeure remplie de meubles de récup où il fait bon séjourner, dans un environnement campagnard à souhait. Des traverses de voies ferrées vous emmèneront vers les chambres, auxquelles vous accéderez par un escalier extérieur. 3 chambres lumineuses et ravissantes, dont 1 familiale avec lits supplémentaires en mezzanine. Petit déj servi dans une chaleureuse pièce avec un ancien meuble de tri postal ou dans le jardin.

Le Sully : *10, rue de Sully, 18800* ***Baugy.*** *☎ 02-48-26-18-13. • restaurant.lesully@free.fr • À 25 km au nord-ouest de La Guerche-sur-l'Aubois. Ouv le midi mer-dim et j. fériés, et le sam soir. Le midi en sem, formules 15-20 € ; sinon, menus-carte 31-50 €.* Sa devanture framboise tranche sur le gris environnant. 2 salles, 2 ambiances, une déco moderne et gaie. Le chef aime cuisiner les beaux produits, sa clientèle est ravie, ça se voit... Service souriant et efficace de Laurence. Terrasse en été.

À voir

Le Centre d'interprétation de l'architecture et du patrimoine *(CIAP) : 27, rue du Lieutenant-Petit. ☎ 02-48-74-23-93. • ciap-latuilerie.fr • Juil-août, mer-dim 10h-13h, 14h-18h ; avr-juin, sept et vac Toussaint, mar-sam. Entrée : 3 € ; réduc ; gratuit moins de 18 ans.* Une magnifique évocation de l'histoire industrielle de ce territoire. C'est encore sur le territoire que sont produites les tuiles agréées par les Monuments historiques. Car, au XIXe s, sidérurgistes, métallurgistes, chaufourniers, tuiliers peuplaient les lieux : on trouvait dans le Val d'Aubois, le long du canal du Berry, une usine au kilomètre ! On repère de loin la cheminée de cette tuilerie fondée en 1852. Surtout, on pénètre au cœur même du sujet, l'exposition prenant place dans un gigantesque four Hoffmann. La technique du feu circulaire y permettait une cuisson homogène des briques, tuiles et autres produits de terre cuite. Un parcours sensible accessible aux plus jeunes, une excellente cartographie, très parlante, des témoignages sonores, et une galerie de portraits des hommes et femmes qui ont marqué le territoire. Une réussite muséographique. Et c'est ***une mine d'informations et de services sur la région, puisqu'il fait aussi office de tourisme,*** librairie, boutique, point « Accueil Vélo »... Jardin à l'arrière, simple mais parfait pour un pique-nique.

DANS LES ENVIRONS DE LA GUERCHE-SUR-L'AUBOIS

L'abbaye de Fontmorigny : *à la sortie du bourg de* ***Menetou-Couture*** *(18320). ☎ 02-48-76-12-33. 06-62-19-09-56. • abbayedefontmorigny.com • Mai-août, tlj sauf lun 10h-18h ; fermé le reste de l'année. Entrée : 6 € ; gratuit moins de 18 ans. Visite guidée sur demande. Concerts de musique classique en été (voir site internet).* Cette abbaye perdue en pleine campagne, à la fois sur la route des Abbayes cisterciennes et sur la route européenne du Patrimoine industriel, était affiliée à l'ordre de Cîteaux. Les moines géraient, à quelques kilomètres de là, le port de Marseilles-lès-Aubigny (au lieu-dit de L'Auberge-du-Poids-de-Fer où passe le trajet de La Loire à Vélo). Ils tiraient leur richesse principale de l'extraction du fer, qui était ensuite transporté par bateau depuis ce port. Bâtiments édifiés entre le XIIe et le XVIIIe s : belle église, logis abbatial, ruines du cloître, jardin, vivier... et éléments d'art contemporain. Aux beaux jours, concerts de musique classique.

APREMONT-SUR-ALLIER

(18150) 90 hab. *Carte Cher, D3*

Un village étonnant, avec son château en surplomb, son parc floral, ses vieilles maisons et l'Allier qui coule à son pied. Non seulement l'un des « Plus Beaux Villages de France », mais aussi tout à la fois l'un des plus préservés, des plus vivants (en saison) et des plus originaux de par sa conception même. Au XIXe s, le mariage de la châtelaine Antoinette Rafelis de Saint-Sauveur avec Eugène Schneider, chef de la puissante dynastie industrielle du Creusot, bouleverse la vie de ce paisible village. Ce baron de l'industrie, amoureux du site, rachète la plupart des maisons (dont la famille est toujours propriétaire aujourd'hui) et redonne au village une unité remarquable. Les maisons reconstruites dans le style médiéval local arborent des couleurs ocre particulièrement chatoyantes. L'une d'elles est en fait une maison solognote démontée pierre par pierre et remontée ici, et une autre une vraie maison du XVe s (la maison des Mariniers). À vous de les trouver...

Info utile

Maison du parc : *☎ 02-48-77-55-06. • apremont-sur-allier.com • Avr-sept, tlj 10h30-12h30, 14h-18h30. Entrée : 10 € ; réduc ; gratuit moins de 7 ans. Inclut musée des Calèches, expo annuelle dans les écuries et promenade sur les remparts du château.*

Où dormir ? Où manger ?

Chambres d'hôtes La Maison d'Apremont : *chez Louise Hurstel. ☎ 02-48-77-55-00. • louise@apremont-sur-allier.com • apremont-sur-allier.com • Compter 98-125 € pour 2 ; familiale. CB refusées.* Au cœur du village, à côté de l'entrée du parc, dans une maison typique avec cheminées d'origine, four à pain et jardin... Déco contemporaine, mais atmosphère de maison de campagne. Cuisine et salle communes pour les petits déjeuners. Également un gîte *(9 pers).*

Les Petites Causeries - La Carpe Frite : *☎ 02-48-77-64-72. • lacarpefrite.com • Attention : pour trouver* Les Petites Causeries, *suivre les panneaux « La Carpe Frite » ! Ouv avr-oct, tlj sauf lun.* Une tarterie idéalement placée sur la promenade au bord de l'Allier. Quelques tables quasi les pieds dans l'eau. C'est frais, mais bien chaud – ça sort du four –, c'est bon, les douceurs tiennent aussi la route. La pause parfaite.
Pour un repas plus classique, on peut aussi s'orienter vers la ***Brasserie du Lavoir*** *(☎ 02-48-80-25-76 ; • labrasseriedulavoir@gmail.com • ; avr-sept, tlj sauf mar).* Fait aussi salon de thé. Belle terrasse donnant sur le parc.

À voir

Le village et le château : **château fermé au public,** *mais les extérieurs se visitent. Avr-sept, tlj 10h30-12h30, 14h-18h30. Entrée : 10 € ; réduc ; gratuit moins de 7 ans. Billet valable pour l'expo dans les écuries, le musée des Calèches et le parc floral.*

Le petit village d'Apremont, installé sur les bords de l'Allier, à la frontière de la Bourgogne et du Berry, est dominé par un château de conte de fées. L'ancienne forteresse médiévale des ducs de Bourgogne, surplombant le bourg et l'Allier, veille toujours avec ses 5 tours crénelées (15 autrefois !) qui rappellent le rôle militaire de l'édifice à l'époque de la guerre de Cent Ans. Partiellement reconstruit au XVe s, puis embelli au XVIIe s, le château appartient à la même famille depuis 1722. On ne le visite pas à proprement parler, mais y grimper vous donnera une superbe vue d'ensemble sur l'Allier, le village, les écuries...
Dans les ***superbes écuries (musée des Calèches),*** l'ancien et le moderne se croisent : une belle collection de calèches anciennes et une sellerie y cohabitent avec une exposition temporaire à dimension contemporaine sur un thème différent chaque année. Le ***village,*** avec ses maisons en grès doré, toutes fleuries, s'étire au pied du château. Un décor reposant, à découvrir seul ou en visite guidée ; ensemble unique où le temps s'est arrêté, tout à fait paisible et harmonieux.

Le parc floral : *avr-oct, tlj 10h30-12h30, 14h-18h30. Entrée : 10 € ; réduc ; gratuit moins de 7 ans. Le billet comprend aussi la visite du musée des Calèches, l'exposition annuelle et la promenade sur les remparts du château.* Une certaine idée du bonheur. Ce parc labellisé « Jardin remarquable », partie prenante de la route des Iris *(● routedesiris.com ●),* accueille 1 500 espèces de plantes sur environ 5 ha. Le pont chinois, le pavillon turc, le belvédère, ces 3 « folies » ponctuent une promenade qui relie les bords de l'Allier au pied du château. C'est Gilles de Brissac qui décida de créer cet ensemble et ces jardins dans les années 1970, dans un esprit fin XVIIIe s. Le résultat est somptueux et poétique. Le clou reste le jardin Blanc, inspiré du célèbre jardin anglais de Sissinghurst, dans le Kent. Ici, comme outre-Manche, on peut fouler le gazon qui constitue le lien entre les divers jardins où les essences les plus rares sont représentées (séquoias, cèdres pleureurs, cyprès chauves, thuyas dorés, hêtres pourpres, cerisiers et pommiers d'ornement). Fin mai, floraison impressionnante de glycine à l'entrée du parc.
– Petit ***musée*** *(allée des Glycines)* présentant l'histoire du parc et du village.

DANS LES ENVIRONS D'APREMONT-SUR-ALLIER

Le pont-canal du Guétin : *à 5,5 km au nord d'Apremont.* À quelques centaines de mètres du bec d'Allier, le pont-canal du Guétin est un bel ouvrage de 340 m et 3 écluses (aujourd'hui plus que 2) ouvert à la navigation en 1838 pour permettre au canal latéral à la Loire d'enjamber l'Allier

Promenade en bateau : *06-65-96-28-25. ● lateral@evezard.fr ● Avr-oct : départs de Gimouille. Durée 1h30. Appeler pour voir les possibilités et les prix.* Pour profiter pleinement de l'Allier sauvage et des écluses en escalier du pont-canal. Aussi des croisières-repas.

Le bec d'Allier et la promenade du Passeur : *compter 45 mn jusqu'au bec d'Allier. Pensez aux jumelles.* Le bec d'Allier se trouve au confluent de la Loire et de l'Allier, 2 des dernières rivières sauvages d'Europe. Un milieu naturel exceptionnel, et un paysage magnifique. Joli point de vue depuis le village de Cuffy, ou de la rive droite de la Loire, sur la commune de Marzy (point de vue fléché). Le mieux est encore de l'atteindre au terme de la belle promenade familiale dite « du Passeur » ; cette balade commence en principe au village de Gimouille (à 2 km du pont), mais on peut la récupérer à la sortie de Cuffy (microparking à droite après le pont en venant de Bourges, sous le panneau de changement de département). Si on ne fait pas trop de bruit, on peut souvent apercevoir des castors en pleine effervescence au crépuscule. Pas mal d'oiseaux aussi. Circuit balisé.

➢ On peut aussi aller jusqu'au bec en ***canoë,*** au départ du Veurdre (03), de Mornay-sur-Allier (18), d'Apremont et du Guétin.

SUR LA ROUTE DE LA LOIRE À VÉLO

Suivre cette véloroute, sur 2 mais pourquoi pas sur 4 roues, c'est avant tout un moyen de caboter le long des berges champêtres du fleuve sauvage, ou de sa version domestiquée, le canal latéral à la Loire. Entre vols d'oiseaux et bancs de sable, courants et gabares, une cure de paix et de nature.

Où manger ?

L'Auberge du Pont-Canal : *Le Guétin, 18150* ***Cuffy.*** *☎ 02-48-80-40-76. • aubergedupontcanal@live.fr • Tlj midi et soir sauf lun. Menus 15,90 € (midi en sem), puis 24,50-33,50 €.* Un point de passage obligé, entre le pont-canal du Guétin et le pont routier en Cher et Nièvre, mais surtout une situation magnifique, sur les bords de l'Allier et du canal latéral à la Loire. De la véranda, on observe les bateaux qui passent tranquillement dans le pont-canal... Une cuisine sans œillères mais qui valorise les produits locaux (cuisses de grenouilles), copieuse et savoureuse. Parfait pour prendre des forces avant une balade.

À voir

Le kilomètre zéro de La Loire à Vélo : *au Guétin (18320).* Dans ce coude de la Loire, les berges ont le privilège de n'être livrées qu'à elles-mêmes, partout de l'espace, point d'obstacle au regard... un paysage qui respire. Carte, panneaux intéressants sur la vie des mariniers. Une entrée en matière discrète et efficace.

Marseilles-lès-Aubigny (18320) **:** *mairie et accueil touristique au 3, rue du Port. ☎ 02-48-76-44-99. • marseilles-les-aubigny.fr •* L'un des derniers ports fluviaux du Cher. Point de rencontre entre le canal latéral et le canal de Berry, le port permettait le transbordement de péniches de différents gabarits. Le dernier chantier naval, aujourd'hui tourné vers la navigation de plaisance, rappelle le temps où Marseilles voyait transiter quotidiennement jusqu'à 400 bateaux de commerce.

L'arboretum d'Adeline : *31, chemin du Pont-de-la-Batte, 18140* ***La Chapelle-Montlinard.*** *☎ 02-48-79-47-18. 📱 06-87-61-01-86. • gerard.adeline0400@orange.fr • arboretum-adeline-blogspot.com • Visite libre : 5 € ; guidée (conseillée) 10 €.* Pour les amoureux des plantes, un paradis ! Ce parc fondé en 1972 accueille des collections nationales de magnolias, de tilleuls, de ginkgo bilobas, de liquidambars. On circule en liberté entre les essences regroupées par continents. Entre fleurs, fruits et feuilles, une gamme de couleurs et de formes qui défie l'imagination humaine. À voir de préférence au printemps et en automne.

Une visite à compléter par celle, juste à côté (à 100 m), de **L'Escargot-sur-Loire** *(19 bis, chemin du Pont-de-la-Batte, 18140* ***La Chapelle-Montlinard*** *; 📱 06-50-64-66-18 ; • lescargosurloire.fr • ; visite et dégustation, sur rdv uniquement, mai-août – période d'élevage – ; tarif : 3 € ; dégustations : 5-15 €).* Pour comprendre l'élevage des gastéropodes avant de les déguster en spécialités maison. Rien de spectaculaire, mais intéressant quand on les apprécie dans l'assiette.

SANCOINS

(18600) 3 050 hab. *Carte Cher, C3*

Au sud-est du département, Sancoins surprend par sa végétation bachique. Vous êtes ici en plein Berry des treilles, et la vigne constitue encore

l'ornement actuel de bien des maisons. Le mercredi, ici, les top models viennent du Charolais et se retrouvent au parc des Grivelles, où bovins et ovins s'échangent par milliers. Cette tradition marchande existe depuis Philippe Auguste, et les transactions hebdomadaires restent parmi les plus importantes d'Europe. Attention, il vous faut être sur pied dès 4h du mat ! Les lève-tard se consoleront au marché forain du mercredi matin en centre-ville.

Où dormir ?
Où manger à Sancoins et dans les environs ?

Camping municipal : *quai du Canal, 18130* ***Dun-sur-Auron.*** *☎ 02-48-59-16-87. 06-98-40-06-35. • contact@ville-dunsurauron.fr • Ouv de mi-avr à fin oct. Compter 8 € pour 2 pers. CB refusées.* Un petit camping qui s'étire le long du canal d'Auron, à 2 pas de la place principale de la ville et pourtant en campagne, avec sa grande allée de tilleuls, sous laquelle quelques emplacements sont délimités par des haies. Pas de jeux ni d'animations, c'est un camping tout simple, propre, où l'accueil est excellent.

Hôtel Saint Joseph : *pl. de la Libération. ☎ 02-48-74-61-21. • hotel.stjoseph107@orange.fr • hotel-stjoseph.com • Hôtel tlj sauf ven ap-m ; resto tlj sauf ven et dim soir. Double à partir de 54 €. Menus à partir de 14 €.* Sur la place principale, un petit hôtel un peu hors du temps avec des chambres impeccables, à la déco sobre et assez classique. Le côté cour est plus calme. Au rez-de-chaussée, un bar, un salon de thé, et un resto, surtout, qui propose une bonne cuisine de pays, simple et sans surprise. Excellent accueil.

À voir

De la ville médiévale il ne subsiste que ***quelques vestiges*** ayant survécu aux épreuves des guerres de Religion et de la Révolution. Derrière la mairie actuelle, les restes de la tour médiévale du Colombier rappellent que le prieuré de Sancoins s'élevait à cet endroit ; c'est là que le moine Macé de la Charité, au XIIIe s, traduisit pour la 1re fois la Bible en vieux français. Un peu plus loin, la maison de la Citadelle, avec sa tour Renaissance, a encore fière allure.

– ***Le centre artistique Jean Baffier :*** *☎ 02-48-70-29-93. 06-45-05-51-78. • centrejeanbaffier@laposte.net • Visites commentées gratuites sur rdv.* Centre regroupant un ensemble d'œuvres originales de Jean Baffier (sculptures, portraits, plâtres et terres cuites), des documents divers ainsi que celles de ses amis et contemporains saincoinnais : Marguerite Audoux, Hugues Lapaire, etc.

Manifestation

– ***Marché aux bestiaux :*** *chaque mer mat dès 5h30, au parc des Grivelles.* Quelques chiffres : 17 ha pour négocier 3 000 bovins, 4 000 taurillons, 2 000 veaux, 5 000 broutards et 7 000 moutons en 5h ! Presque 400 000 animaux chaque année...

DANS LES ENVIRONS DE SANCOINS

L'Espace Métal : *2, route de Véreaux, 18600* ***Grossouvre.*** *☎ 02-48-77-06-38. • espacemetal.com • À 6 km au nord de Sancoins. En général, ouv* *des vac de Pâques à celles de la Toussaint, tlj sauf lun-mar 10h-12h30, 14h-17h. Entrée : 6 € ; réduc famille ; gratuit moins de 6 ans.* Un témoin majeur du passé industriel du Val d'Aubois, région qui fut à la pointe des techniques métallurgiques il y a 2 siècles : elle rivalisait avec la Lorraine ! Au XIXe s, la halle servait de lieu de stockage pour le charbon puis pour la houille, qui alimentaient la forge voisine. Le bâtiment, copié sur les Gallois, était particulièrement novateur pour l'époque. Il fallait chercher à rendre le fer toujours plus résistant, tout en produisant davantage et à moindre coût, un moteur économique qui entraînera des révolutions techniques. Un parcours instructif et ludique, guidé par le fantôme du maître de forges, Georges Dufaud, et par Jamy, l'animateur de l'émission télé « C'est pas sorcier ». Ateliers, commentaires animés, film... Comment le métal a marqué le lieu et son histoire ? C'est ce que propose le parcours *Explor Games* à travers quelques défis pour en apprendre un peu plus, de façon ludique et amusante. Expos temporaires régulières.

Le village et le château de Sagonne *(18600) : ☎ 02-48-80-01-27. 06-62-33-59-25. • chateausagonne.com • À 9 km au nord-ouest de Sancoins. Juin-sept, tlj 10h-12h et 14h-18h ; Pâques-fin mai, dim et j. fériés 14h-18h. Visite guidée (inclut le musée Mansart) : 9 € ; réduc. Visite libre (extérieurs + musée Mansart) : 5 €. Fête médiévale le 3e w-e de juil.*

Regroupé autour de son château encerclé d'eau, marqué par les XIIe, XIVe et XVIIe s, ce village médiéval hors du temps vaut le détour. Imposant donjon. Un des lointains descendants des seigneurs de Sagonne restaure depuis plusieurs décennies la forteresse de ses ancêtres, modifiée par Mansart, qui y vécut. Ce dernier créa une belle antichambre pour la visite de Louis XIV, et un grand bâtiment plein d'allure, un peu plus loin dans le village (à côté du lavoir), destiné à recevoir l'escorte royale d'un roi... qui n'est finalement jamais venu ! Un musée retrace l'œuvre du célèbre architecte. En été, concerts classiques, conférences et expositions d'art redonnent vie à l'édifice.

L'ARGENT N'A PAS D'ODEUR

En 1955, le propriétaire de l'ancienne école tomba, en nettoyant la fosse septique, sur une vieille bouteille contenant un message... En 1883, un homme avait dissimulé un trésor (3 000 pièces d'or et 1 kg de bijoux volés quand même...) dans l'enceinte de l'école. Prise de remords après la mort de celui-ci, sa maîtresse, institutrice à l'époque, soulagea sa conscience en abandonnant le trésor au bénéfice de celui qui trouverait la bouteille contenant les instructions... Voilà un nettoyage de fosse septique proprement récompensé !

Le bourg lui-même a connu un rayonnement assez important, jusqu'à son déclin, à la Révolution, quand le château a été vendu comme Bien national. L'ensemble est homogène, la vue sur les toitures harmonieuse. D'ailleurs, si vous levez le nez, vous verrez une ou 2 jolies merlusines, ces épis de faîtage dont la région s'est fait une spécialité. De belles maisons de notables fin XVe-début XVIe s.

L'église Notre-Dame : *18350* ***Charly****. À 16 km à l'ouest de Sancoins. Demander les clés à la mairie (☎ 02-48-74-70-92) ou à Mme Dubois (☎ 02-48-74-72-38).* Dans un joli village à l'atmosphère tranquille, belle église romane en belle pierre calcaire blanche, extraite dans les anciennes carrières de la commune, bâtie à l'emplacement d'un sanctuaire plus ancien. Si le clocher et le chœur datent en partie du XIIe s, et les chapelles latérales du XVe s, la nef et le transept ont été reconstruits fin XIXe, après la tourmente révolutionnaire. On a alors repeint à l'identique avec les techniques du XIXe s – d'où les couleurs vives ! – les très belles fresques du chœur et du chevet (du XIIe s) : Christ en majesté, agneau, calendrier illustrant le travail des hommes au fil des saisons... Personnages hiératiques, doigts interminables, l'ensemble est d'influence byzantine. Les peintures murales, en revanche, sont des ajouts du XIXe s. En sortant, levez la tête en direction de la belle flèche de pierre conique.

L'église de Saint-Éloi : *18130* ***Chalivoy-Milon.*** *Tlj 9h-18h. Visites guidées sur demande (contact à la mairie : ☎ 02-48-74-72-04).* Belle ambiance, belle charpente, on aime cet édifice de la 1re moitié du XIIe s, ancien prieuré bénédictin doté d'une nef unique. La tour-clocher, inscrite dans le plan de l'édifice, est coiffée d'une curieuse flèche de pierre. Le chevet s'orne de 2 niveaux d'arcatures aveugles et d'une corniche à arcatures et modillons sculptés. À l'intérieur, on remarque un chapiteau représentant une scène de vendanges, parmi d'autres ornés d'une collerette berrichonne. Mais l'église est surtout remarquable pour ses fresques. Dans le registre supérieur, on reconnaît la Résurrection de Lazare, l'Entrée à Jérusalem, ainsi qu'un épisode rare, le Christ chassant les marchands du Temple. Sur le cul-de-four, le Christ juge est entouré des vieillards de l'Apocalypse, et, sur la droite du chœur, on peut observer le Lavement des pieds et l'Arrestation de Jésus. Sur la voûte du chœur, une grande croix porte en son centre l'image de l'agneau cantonné par 12 prophètes. Les peintures de Chalivoy et de Charly pourraient être l'œuvre d'un seul atelier, actif entre 1130 et 1150.

LE PAYS DE SAINT-AMAND

Région aux vertes prairies, parcourue de petite route bordées de « bouchures » (haies locales en voie de disparition), le pays de Saint-Amand est bucolique à souhait. Autour de sa sous-préfecture, Saint-Amand-Montrond, vie rurale et vie urbaine se mêlent harmonieusement, dynamisant ce petit morceau de Berry. Les propriétaires de châteaux, de jardins ou de fermes aménagées pour accueillir des hôtes vous conteront son histoire, à leur façon.

SAINT-AMAND-MONTROND

(18200) 9 714 hab. *Carte Cher, C3*

La 3e ville du département se situe au confluent du Cher et de la Marmande. Elle offre tous les charmes d'une ville ayant pour banlieue bois, pâturages et beaux vestiges du passé, en particulier la merveilleuse abbaye cistercienne de Noirlac.
L'orgueil de la ville : une orfèvrerie de qualité qui en fait le 3e pôle français de fabrication de bijoux en or. Un circuit permet de découvrir de nombreuses statues contemporaines, disséminées dans la ville.

POURQUOI L'OR DURE ?

Les propriétés de l'or en font un matériau très prisé, utilisé par exemple sur le fuselage de certains avions (antigivre), en architecture (isolant), sur le casque des pompiers (il renvoie la chaleur)... Étonnant, non ? À quand le braquage d'une caserne de pompiers ? Quant au mot « carat », qui est l'unité de mesure pour peser l'or, il provient du caroubier, un arbre dont les graines ont la particularité d'avoir un poids constant.

Saint-Amand a compté 2 sacrées personnalités parmi ses habitants : faites-vous donc raconter les destins hors du commun d'Isabel Godin des Odonais, cette Péruvienne saint-amandoise d'adoption du milieu du XVIIIe s, qui a mis 20 ans (et parcouru 5 000 km !) pour retrouver l'homme de sa vie ; un vrai roman ! Bien plus proche de nous, il y eut aussi Louis Lecoin, père des objecteurs de conscience (lire l'encadré). L'un et l'autre ont leur visage figé dans le bronze dans une rue de la ville.

LE PÈRE DES OBJECTEURS DE CONSCIENCE

Louis Lecoin était un pacifiste, défenseur de la cause anarchiste et farouche adversaire du franquisme, à qui ses actions d'éclat valurent 12 ans d'emprisonnement. Il se lança dans une grève de la faim pour obtenir la création du statut d'objecteur de conscience, but atteint en 1963. Son nom fut proposé au moment de l'attribution du prix Nobel de la paix en 1964, mais il y renonça, pour laisser le plus de chances possible à Martin Luther King.

Adresse utile

Office de tourisme Cœur de France : *pl. de la République. ☎ 02-48-96-16-86. • tourisme-coeurdefrance.com • Mai-sept, lun-sam 9h30-12h30, 14h-18h (dim et j. fériés juil-août) ; oct-avr, tlj sauf dim 9h-12h, 13h30-17h30.* Visite guidée de la ville en *tuk-tuk (10 €).* Excellent accueil et nombreuse doc. Programme d'animations et parcours à disposition pour découvrir la ville. Vente de produits locaux.

Où dormir ? Où manger ?

Hôtel-restaurant L'Amandois : *7, rue Henri-Barbusse. ☎ 02-48-63-72-00. • hotelamandois@orange.fr • logishotels.com • Sur la pl. de la République. Double 90 € ; familiales. Formule déj en sem 15 € ; menus 26-31 €. Parking gratuit.* Situation centrale pour cet hôtel très standard mais aussi très confortable. Table dans le même esprit.

Hôtel-restaurant Le Noirlac : *route de Bourges. ☎ 02-48-82-22-00. • info@hotel-lenoirlac.fr • lenoirlac.fr • Doubles 95-106 € ; familiales. Formules déj en sem 19-22 € ; menus 21-36 €.* À la sortie de la ville, face au lac de Virlay d'un côté et à une zone commerciale de l'autre (moins glamour), *Le Noirlac* affiche ses couleurs pétantes. Une étape pratique quand on est en famille, avec la piscine, le parc, le lac à côté.

Eat-N-Go : *1, rue de Juranville. ☎ 09-80-64-65-84. • eatngoburgers@gmail.com • Tlj midi et soir. Menus burger 12-15 €.* Dans un décor inspiré non sans humour des fast-foods californiens, des burgers originaux à base de viande régionale et produits frais, en 4 tailles.

Bistrot des halles : *13, cours Manuel. ☎ 02-48-96-05-51. Tlj sauf dim-lun et les soirs mar-mer. Formule midi en sem 15 € ; menu 25 € (soir uniquement) ; carte 30 €. Café offert sur présentation de ce guide.* Une salle très sobre mais agréable, des carrés à banquettes qui vous tendent leurs rondeurs, une carte à l'ardoise sobre mais appétissante. L'assiette confirme ces 1res bonnes impressions : saveurs, dressage, tout y est. Accueil professionnel. Notre bonne adresse à Saint-Amand.

Où dormir ? Où manger dans les environs ?

De prix moyens à chic

Chambres d'hôtes Le Moulin du Pont : *chez Bertrand Regnault de La Mothe, 18170 **Marçais.** ☎ 02-48-96-44-43. 📱 06-15-05-43-06. • bertrand.regnault546@orange.fr • lemoulindupont.net • À 13 km au sud-ouest* *de Saint-Amand-Montrond. Compter 70 € pour 2 ; familiale. Apéritif maison offert sur présentation de ce guide.* Un cadre idyllique et verdoyant, en pleine campagne berrichonne. Sur le site d'un ancien moulin à eau, et donc au bord d'une rivière, des chambres d'hôtes sobres et de bon goût (avec clim pour les grosses chaleurs). Accueil attentionné et souriant.

Chambres d'hôtes Domaine de la Trolière : *chez Marie-Claude Dussert, La Trolière, 18200* ***Orval.*** *☎ 02-48-96-47-45. • marie-claude.dussert@orange.fr • Accès par le rond-point à la sortie de l'A 71 « Saint-Amand », direction Châteauroux ; env 500 m plus loin à droite. Du centre-ville, reprendre direction A 71. Résa conseillée. Compter 70-90 € pour 2. Dîner sur demande (sauf mar) 27 €. Réduc de 10 % sur le prix de la chambre à partir de 3 nuitées sur présentation de ce guide.* En pleine campagne, sur un domaine de plus de 100 ha et pourtant à 2 mn de l'embranchement de l'A 71, voici l'un des hébergements les plus agréables, et l'une des meilleures tables d'hôtes de la région – à base de produits de l'exploitation – qui fonctionne en bio : oui, tout ça à la fois. Dans la grande ferme familiale, des chambres décorées avec goût, aux détails soignés, dans un style traditionnel mais avec l'élégance de la légèreté. Délicieux petit déj. Pour couronner le tout, possibilité de massages (californien, drainant, suédois...) et autres soins relaxants par la fille de la propriétaire. Accueil adorable. Une adresse pleine de charme et reposante.

À voir. À faire

Les vieilles maisons : *pl. du Marché, rue du Four, rue Croix-de-Fer, et près du pont de pierre du XVIIe s sur la route de Charenton.* Ces maisons racontent l'importance du passage des pèlerins sur le chemin de Compostelle, avec des coquilles Saint-Jacques sculptées sur les portails. Itinéraire de visite disponible à l'office de tourisme, et parcours lumière.

Le sentier botanique – forteresse de Montrond : *10, allée du Prince-de-Condé. ☎ 02-48-96-42-76. 📱 06-78-89-91-83. Parc seul : lun-sam à partir de 7h, dim et j. fériés à partir de 9h ; ferme à 19h en hiver et à 20h30 en été. Site archéologique en visite guidée seulement, mar-dim à 10h et 15h avr-sept ; tarif 3,50 €.* À la fois le bol d'air de la ville et le terreau de ses racines (classé aux Monuments historiques), à son sommet. Aujourd'hui, on monte son allée d'arbres remarquables, étiquetés, pour profiter de la verdure dans le parc romantique du XIXe s. Mais surtout, et c'est l'intérêt majeur du lieu, ce parc recouvre les ruines de la seule forteresse bastionnée du Berry. Le château fort du XIIIe s entouré de fossés défensifs appartint à la famille d'Albret, puis à Sully et finalement au prince de Condé, s'agrandissant et s'embellissant à chaque étape. Mais pour mater ce dernier, canonne la forteresse au cours de la Fronde... La visite guidée, passionnée donc passionnante, éclaire le millefeuille historique en ressuscitant le système défensif et l'architecture de la place.

Le musée Saint-Vic : *cours Manuel. ☎ 02-48-96-55-20. Tlj, sauf lun-mar, 10h-12h, 14h-18h (17h oct-mars) ; seulement l'ap-m w-e et certains j. fériés. Fermé 1er janv, 1er mai et 25 déc. GRATUIT. Expos temporaires.* Ce musée de la Ville est précédé d'un jardin où il fait bon flâner et contempler les statues qui se dressent à l'entrée. Installé dans une superbe demeure du XVIe s qui servait de résidence aux abbés commendataires de Noirlac, dont le mode de vie n'avait rien de cistercien. À l'intérieur, les 8 salles retracent l'histoire locale à l'aide d'objets retrouvés lors de fouilles, ainsi que de peintures, sculptures, service de vaisselle et d'un surprenant arbre à « sabots ». Un des lieux de l'animation « Crime au musée » de la route Jacques-Cœur.

ENTRE MEILLANT ET LA FORÊT DE TRONÇAIS

MEILLANT *(18200)*

Le village est aujourd'hui connu pour son superbe château qui appartint, à la fin du XVIIIe s, au duc de Charost-Béthune. Celui-ci fit beaucoup pour le développement économique du Berry, notamment en œuvrant pour le percement du canal. Au XIXe s, le village grossit significativement grâce à la présence d'une usine métallurgique, dont le haut-fourneau subsiste encore aujourd'hui. Après la visite du château, on peut se promener dans la forêt attenante au village.

À voir

Le château :** au bourg. ☎ 02-48-63-32-05. • chateaudemeillant.fr • ♿ Juil-août, tlj 10h-19h ; avr-juin et sept-oct, tlj 10h-12h et 14h-18h (18h30 mai-juin) ; mars, tlj sauf mar 10h-12h et 14h-18h ; début nov, 10h-12h et 14h-17h30. Fermé de mi-nov à fév. Seulement visite guidée (compter 1h env) ; départ ttes les heures env, vérifier sur le site internet. Entrée : 9 € ; réduc. Entrée parc et accès au musée des Miniatures : 6,50 €. Manifestations : voir le site internet. **Attention, les ouvertures peuvent être modifiées pour travaux en 2022.
Forteresse du XIIIe s, transformée au XVe s par Charles II de Chaumont, gouverneur du Milanais de Louis XII, le château de Meillant marque la fin du gothique flamboyant. Transition visible sur les remarquables façades de l'édifice, à commencer par l'insolite et sublime tour du Lion. À l'intérieur, un salon d'apparat (de 200 m^2 !) avec sa cheminée à galerie et une sublime série de tapisseries de Bruges (remarquables tant par leur beauté que par leur état de conservation), un tapis turc (56 m^2 en une pièce), une salle à manger aux murs recouverts de somptueux cuirs de Cordoue, de magnifiques plafonds, la salle des gardes et la galerie des « Césars ».
Autres expos dans le parc (calèches et voitures anciennes, sellerie...). Dans l'ancien cellier, fascinante histoire de l'architecture en miniature : de magnifiques maquettes donnent une vision rêvée de l'architecture urbaine au fil des siècles. Superbe !
Et si vous avez raté tout ça, inscrivez-vous pour une séance de rattrapage à la tombée de la nuit, aux beaux jours. Vous pourrez assister en direct à un « ***Crime au château*** » qui vous laissera le souvenir non seulement d'une enquête palpitante autant que souriante, mais aussi d'une visite comme vous en avez toujours rêvé, théâtralisée et menée par un membre de la famille (voir plus haut « Le Cher en Berry. À voir. À faire »).

LE CHER EN BERRY

L'ABBAYE DE NOIRLAC
(commune de Bruère-Allichamps, 18200)

À 4 km au nord-ouest de Saint-Amand en direction de Bourges.
Le village de ***Bruère-Allichamps*** s'enorgueillit d'être le centre géographique de la France... tout comme Vesdun, Saulzais-le-Potier et Épineuil-le-Fleuriel ! Ce point est marqué, au centre du village et de la route nationale, par une colonne vieille de 7 siècles, qui s'avère être plus exactement un sarcophage érigé en 1799. Mais on vient surtout ici pour l'abbaye de Noirlac.

Où dormir ? Où manger autour de l'abbaye ?

***Château de Preuil :** 18190 Vallenay. ☎ 02-48-60-02-42. 📱 06-22-91-76-72. • preuil@orange.fr • chateaudepreuil.fr • ♿ De Bruère-*

Allichamps, prendre la D 92, puis fléché : tt droit sur la route de la Bergerie/château de Bigny/Preuil (4 km). Doubles 110-130 €. Table d'hôtes 40 €. Réduc de 10 % sur le prix de la chambre sur présentation de ce guide. « Et tout au bout du chemin, passé les champs, sur un moelleux tapis d'herbe fraîche, un blanc château émergera d'entre les arbres... » Oui, on est ici dans un conte de fées, chevaux (on n'a pas dit licorne) en liberté compris. Un bâtiment de style classique construit au XIXe s, petit mais agréable, un beau parc à l'anglaise de 21 ha avec plan d'eau (baignade prévue), des chambres à la décoration traditionnelle sobre... et une salle de sport équipée, un court de tennis, des cocktails réunionnais maison (la maîtresse des lieux est originaire de l'île), et un accueil chaleureux... Bref, un coup de cœur. Et si vous venez avec des enfants qui ne savent pas nager, on vous enverra vers le gîte indépendant, car sa piscine extérieure chauffée est sécurisée. Luxe, calme et volupté, pour un prix somme toute modéré.

À voir

L'abbaye de Noirlac – Centre culturel de rencontre : *☎ 02-48-62-01-01. • abbayedenoirlac.fr • Avr-nov, tlj 10h-18h30 ; le reste de l'année, tlj 14h-17h ; fermeture de la billetterie 30 mn avt. Fermé 24 déc-31 janv. Entrée : 7 € ; réduc ; gratuit moins de 12 ans. Visite libre ou guidée (passionnante ! horaires sur le site internet). Compter 1h. Programmation du centre culturel : voir site internet. Belle boutique. Réduc à 4,50 € (pour 1 pers en plein tarif) sur présentation de ce guide.*
Voici l'un des ensembles de type cistercien les mieux conservés et les plus complets de France. Un ensemble sur lequel veille, depuis plus de 2 siècles, une vénérable allée de tilleuls (classée). L'abbaye reflète de façon parfaite l'architecture conventuelle imposée par saint Bernard au XIIe s et témoigne du passage de l'art roman à l'art gothique. Construite en pierre blanche du pays, l'église est d'une grande simplicité. Tout décor sculpté est banni, les chapiteaux sont sobres et les vitraux pastel. Indépendamment de la règle qui régit une abbaye, si on n'y trouve pas de vitraux figuratifs et colorés, c'est que ceux-ci n'avaient pas de fonction d'enseignement (contrairement à ceux des églises paroissiales), et on privilégiait donc l'entrée de la lumière. Les vitraux contemporains de Jean-Pierre Raynaud respectent en cela l'esprit cistercien.
Les bâtiments s'organisent autour du cloître, dont l'ornementation gothique tranche avec la sobriété de l'église. À voir : le cellier, le cloître, l'église abbatiale, la salle capitulaire, le réfectoire et le dortoir des moines. La construction s'étant poursuivie sur un siècle et demi, on voit très nettement les évolutions architecturales et décoratives, dans la nef et le cloître notamment. Quant aux jardins, ils ont fait l'objet d'un réaménagement ambitieux par le paysagiste Gilles Clément.

– Le ***Centre culturel de rencontre de l'abbaye*** a pour vocation de concilier création artistique et valorisation du patrimoine, désert (la solitude du moine cistercien) et hospitalité. Une réussite, au vu de sa programmation.

Les Cistels : *☎ 02-48-62-00-24. Juil-août tlj 11h30-18h30, mai-juin et sept-oct sam-mer ; tlj pdt vac scol.* Un salon de thé à la situation idéale, avec sa terrasse face à l'abbaye. Petite restauration, à petits prix également, mais de grande qualité : planches de charcuterie et de fromage, tartes, glaces. Le complément parfait à la visite.

Le village de Bruère-Allichamps : au centre du village lui-même « le plus centriste de France », côté Cher, suivre la vieille rue George-Sand, avec ses maisons des XIIIe et XVe s. Elle remonte aux Champs-Chaudiaux par la rue des Vignes, d'où l'on découvre un agréable point de vue sur la vallée du Cher (suivre les panonceaux

« Panorama »). Tables de pique-nique. À voir aussi, l'église Saint-Étienne, seul vestige du prieuré Saint-Étienne. Aujourd'hui restaurée, elle abrite des expos temporaires *(mai-oct, ouv mer-dim 14h30-18h30)* ; on peut aussi y écouter des concerts. De l'autre côté de la D 2144, à ***La Celle,*** se trouve l'harmonieuse ***église Saint-Blaise,*** avec son saint portant sa tête sous le bras et, à l'intérieur, des traces de fresques anciennes.

LE BON CENTRE

Si Bruère-Allichamps est le centre de la France le plus connu, c'est, dit-on, le plus faux ! Dans la région, 5 autres villages se disputent ce titre. Ainsi, Chazemais fut sélectionné par l'IGN, Nassigny quand on intègre la Corse, sans oublier Saulzais, qui revendique l'appellation si convoitée, car ce village est au milieu... des 5 autres.

DREVANT (18200)

À 3 km au sud-est de Saint-Amand.
Déjà au temps des Romains on venait « déstresser » ici. Entre canal de Berry et théâtre antique, un village préservé doté d'une belle église du XIIe s, remaniée au XVe s. Son escalier droit extérieur du XIXe s permettait d'accéder au mécanisme de l'étonnante horloge à aiguille unique côtoyant en façade un acrotère gallo-romain. À proximité, le prieuré, de la même époque, offre une magnifique façade romane classée « Site clunisien ».

Adresse utile

Bureau d'accueil : *2, pl. de l'Église. ☎ 02-48-96-34-20. • contact@drevant.net • drevant.net •* En saison, visites guidées gratuites du village à 14h30 et 16h30 au départ de la place de l'Église.

À voir. À faire

Les sites archéologiques de La Groutte et de Drevant : *☎ 02-48-96-52-21. 06-81-71-38-14. • capdrevantlagroutte@hotmail.com • drevantlagroutte.fr • Visite libre gratuite : Pâques-oct, tlj 10h-19h. Visites guidées sur résa : 4 € pour chaque site, 14h-19h (à partir de 10 pers).* Déjà, à leur époque, les hommes préhistoriques appréciaient les environs. À 1 km d'intervalle, séparés par le Cher, 2 sites présentent les traces d'un riche passé : La Groutte, site habité depuis le Néolithique, sur éperon barré avec vallum, qui propose un parcours préhistoire aménagé, et l'impressionnant site gallo-romain de Drevant, classé Monument historique (partiellement en travaux), avec une exposition « Le camp de César ». Avec son théâtre, ses thermes et son sanctuaire, ce dernier présente un ensemble superbement préservé du vicus gallo-romain Derventum occupé de 50 av. J.-C. à 350 apr. J.-C., dédié aux pèlerinages et aux rassemblements. Il est situé sur la voie Genabum-Augustonemetum (Orléans/Clermont-Ferrand).

➢ ***Location de bateaux électriques :*** *06-44-13-37-94. Juil-août, tlj ; mai, juin et sept, le w-e seulement. Compter 18 €/h, 5 pers max. Départ à l'embarcadère, quai du Canal.* Le long de ces quais où étaient autrefois chargées la chaux et les pierres à bâtir de la carrière voisine, on peut louer un bateau électrique. Balade sur environ 1,8 km en direction du pont-canal de la Tranchasse. On peut aussi pédaler sur l'ancien chemin de halage. Attention, les balades nautiques sont parfois suspendues en raison du manque d'eau.

AINAY-LE-VIEIL *(18200)*

À 12 km au sud de Saint-Amand.
Depuis plus de 600 ans, c'est la même famille qui habite le château remarquable que vous découvrez au cœur de ce village qui ne cache pas son âge lui non plus. Elle se prête au jeu du Cluedo berrichon le temps de soirées « Crime au château » (voir plus haut l'intro du chapitre « Le Cher en Berry » pour les modalités d'inscription).

Où manger dans les environs ?

Restaurant-bar Chez Jackie : *Le Pré-de-Gariot, 18360* ***Faverdines.*** *☎ 02-48-96-07-02. 06-79-81-65-63. • chezjackiefaverdines@gmail.com • À 15 km au sud de Saint-Amand. Ouv jeu midi et ven-dim. Menus 14,50-36 €.* Le petit village attire pas mal d'initiés à l'heure des repas, qui vont se mettre les pieds sous la table chez *Jackie.* Dynamisme, sourire et qualité sont toujours au rendez-vous dans cette maison moderne. Marie-Laure virevolte entre les tables, faisant ses recommandations, apportant un plat bien présenté ou prenant des nouvelles des habitués, tandis que Béatrice s'affaire en cuisine. Une institution locale ! Terrasse.

À voir

Le château d'Ainay-le-Vieil : *☎ 02-48-63-02-88. • chateau-ainaylevieil.fr • Se renseigner sur le site pour obtenir les horaires. Entrée château + parc : 9,50 € ; réduc. Parc et jardins seulement : 8 €. Visite guidée seulement pour le château (env 1h15) à intervalles réguliers (vérifier sur le site).*
Le château d'Ainay-le-Vieil (à ne pas confondre avec Ainay-le-Château, tout proche, dans l'Allier) a tout des belles forteresses médiévales : tours de défense, corps de garde, meurtrières, huchettes, donjons, douves, murs crénelés... Construit aux XIIe-XIIIe s, il présente une patine ocre sur ses murs qui adoucit la perspective. Un guet sur les remparts permet de profiter de la richesse verdoyante de cette aimable contrée.
À peine les tours franchies, un élégant corps de logis de la période fin gothique flamboyant, début Renaissance s'offre aux regards. La visite débute par un tour sur le chemin de ronde qui offre une superbe vue d'ensemble sur les bâtiments, la grande cour, les jardins et jusqu'à la forêt de Tronçais. Ce chemin de ronde, au tracé irrégulier – pour ralentir la progression d'un éventuel assaillant – faisait partie d'un ingénieux système de défense : assommoir devant la herse, marches amovibles...
Retour au logis et son grand salon dont la somptueuse cheminée est décorée aux armes de Louis XII et d'Anne de Bretagne. Ici, les souvenirs et les objets évoquent pêle-mêle Colbert, Marie-Antoinette (voyez sa jolie boîte à musique et son petit porte-bonheur en ambre) et Napoléon, parrain d'un des aïeux de la famille. Les peintures murales de l'oratoire du XVIe s illustrent la vie de Jésus enfant. Vitrail de Lécuyer, un des plus fameux maîtres verriers de la cathédrale de Bourges. Intéressant de voir les différents partis pris de la restauration, selon les époques.
Le ***parc du château*** – labellisé « Jardin remarquable » – regroupe des jardins à thème, une superbe roseraie (à découvrir de préférence en juin) avec une riche collection de roses anciennes, et 5 chartreuses de conception contemporaine dans une structure du XVIIe s. Un des plus beaux « Jardins secrets » du Berry. Des jardins d'eau reconstitués au cloître des Simples et aux parterres de broderies, c'est une véritable balade initiatique dans l'art des jardins qui vous est offerte.

Restaurant La Volière : *dans le parc du château. ☎ 02-48-63-02-87. Sur résa : mer-dim 11h30-22h. Menus 16-25 €.* Cuisine traditionnelle à déguster le midi sous une bucolique volière entourée de rosiers grimpants et, à l'heure du dîner, dans le lavoir couvert.

ÉPINEUIL-LE-FLEURIEL (18360)

Le musée école du Grand Meaulnes : *☎ 02-48-63-04-82. • grand-meaulnes.fr • (pour le rdc). À 24 km au sud de Saint-Amand. Juil-août, tlj ; avr-juin, sept et vac scol mer-dim 10h-12h, 14h-18h (17h oct). Visite libre : 7 € ; visite guidée (sur résa) : 9 € ; réduc ; gratuit moins de 8 ans.*
Voici l'école où Henri Alban Fournier dit « Alain-Fournier » vécut de 1891 à 1898 et dans laquelle ses parents étaient instituteurs. Il la décrit dans *Le Grand Meaulnes,* ce célèbre roman qui manqua le prix Goncourt 1913 d'une voix. Traduit dans près de 50 langues, il est entré à la bibliothèque de la Pléiade en 2020. On est plongé, pièce après pièce, dans l'ambiance de cette école reconstituée, typique de la IIIe République. La visite se poursuit dans la partie privative de la famille Fournier (cuisine, salon et, à l'étage, sa chambre mansardée et le grenier plein de documents et de souvenirs...), puis dans le village. Atmosphère littéraire et romantique. Visite guidée de qualité et pleine d'humour.
Dans le hall d'accueil (à quelques mètres de l'école), boutique et expo temporaire. Propose également des cycles de conférences, dictées au porte-plume et balades littéraires dans le village.

LA FORÊT DE TRONÇAIS

À 15 km au sud-est de Saint-Amand par la D 925.
Le chef-d'œuvre de haute futaie, créé par Colbert pour la Marine royale, choyé par Pétain du temps de sa grandeur, est devenu la plus belle chênaie d'Europe. Il existe aussi de nombreuses possibilités de pêche et de baignade dans les étangs forestiers, des visites guidées à pied... Nombreuses infos auprès de l'office de tourisme de Cérilly *(pl. du Champ-de-Foire ; ☎ 04-70-67-55-89),* dans l'Allier (voir le *Routard Auvergne*).

CHÂTEAUMEILLANT (18370) 2 000 hab. *Carte Cher, B4*

La situation privilégiée de l'antique *Mediolanum* sur un axe de passage fréquenté a contribué au développement de la cité. Si vous aimez le calme, les prés verts et les promenades sylvestres, cette petite ville vous séduira. Le vin gris (AOC depuis 2010) a contribué à la gloire du lieu, marqué par une convivialité viticole déjà ancienne puisque Grégoire de Tours, au VIe s, communiait au châteaumeillant. Les festivités vigneronnes y sont donc très pittoresques.

UNE JUSTE SOLIDARITÉ

En 1940, sous l'Occupation, les Castelmeillantais ont agi secrètement et courageusement afin de ***protéger les juifs.*** Ils ont tissé un réseau de solidarité, hébergeant des familles et ignorant délibérément les appels à la délation, sauvant au total près d'une centaine de juifs. Par cette forme de résistance, de nombreux villages, comme Châteaumeillant, ont sauvé les ⅔ des juifs de France. Respect.

Adresse utile

Office de tourisme Berry Grand Sud : *69, rue de la Libération. ☎ 02-48-61-39-89. • chateaumeillant-tourisme.fr • Face à l'église et au parking. Juil-août, lun-sam 9h30-12h et 14h-18h ; dim et j. fériés 10h-12h. Mars-juin et sept-oct, lun-sam 9h30-12h et 14h-17h30. Le reste de l'année, se renseigner.* Infos sur les visites, les activités de loisirs, les manifestations locales et les viticulteurs. Propositions de topoguides et fiches randonnées, dont l'une dans le vignoble. Bon accueil.

Où dormir ?

Camping

Camping municipal de l'étang Merlin : *route de Vicq-Exemplet. ☎ 02-48-61-31-38. 06-45-45-71-15. • camping@chateaumeillant.fr • camping-etangmerlin.e-monsite.com • ♿ À 500 m du centre-ville sur la D 80, en direction de Vicq-Exemplet. Ouv mai-sept. Compter 13 € pour 2 pers ; tte l'année, loc de chalets et de mobile homes 262-333 €/sem.* Au bord de l'étang, à la sortie de la ville, un joli camping dans un très beau cadre, verdoyant, entre étang poissonneux et collines. Le petit nombre d'emplacements en fait un lieu calme et reposant. Pêche, jeux pour enfants et accès direct à la piscine. Salle TV et tennis à proximité. Sorties et animations.

À voir

L'église Saint-Genès : superbe et imposante, en belle pierre rose du pays, elle date du XIIe s et se classe parmi les plus beaux sanctuaires romans du Berry. Remarquables chapiteaux des colonnes de l'abside et des absidioles représentant la Création, le Péché et des personnages fantastiques du Moyen Âge.

Le musée des Vieux Métiers : *pl. de la Mairie. ☎ 02-48-61-33-17. Ouv Pâques-Toussaint, tlj sauf w-e 9h-12h, 13h30-17h, ou sur demande par tél, ou à la mairie juste en face. GRATUIT.* C'est autour d'un pressoir à poutre médiéval de 3 t que gravitèrent différents corps de métiers (forgeron, vigneron, sabotier...) présents à Châteaumeillant entre la fin du XIXe et le début du XXe s.

Le musée archéologique Émile-Chenon : *10-12, rue de la Victoire. ☎ 02-48-61-49-24. • museechenon.e-monsite.com • Juil-août, tlj 10h-12h, 14h-18h ; sept-juin, tlj 10h-12h, 14h-17h, sauf mar, dim et j. fériés. Entrée : 4,50 € ; réduc.* Abrité dans un édifice du XIVe s, ce musée expose le résultat des fouilles réalisées sur l'oppidum. La Mediolanum antique, carrefour routier et commercial, faisait venir d'Italie des centaines d'amphores de vin pour les revendre. Le musée, moderne et pédagogique, en conserve plus de 300, ainsi qu'un trésor trouvé dans un puits gallo-romain (un lion aux yeux d'argent avalant un cheval, une pièce d'orfèvrerie unique au monde !), et retrace l'histoire de la ville.

Le vignoble de Châteaumeillant

Ce vignoble de 100 ha s'étend sur les grès caillouteux des départements du Cher et de l'Indre. Les chartes de franchise du XIIIe s réglementaient bon vin, corvée et ban des vendanges ; ce dernier existe toujours. Aujourd'hui, le châteaumeillant AOC propose un assemblage de gamay et de pinot noir en vin rouge et en vin gris. C'est l'une des plus petites AOC de France !

Où acheter du vin de Châteaumeillant ?

Liste de producteurs disponible à l'office de tourisme ; en voici 2 :

Domaine du Chaillot : *pl. de la Tournoise, 18130* ***Dun-sur-Auron.*** *☎ 02-48-59-57-69. • pierre.picot@wanadoo.fr • domaine-du-chaillot.fr • Seulement sur rdv.* Outre son châteaumeillant AOC, riche et soyeux, à base de gamay, Pierre Picot produit aussi 2 vins de pays : l'un d'entre eux est un insolite tressailler, vieux cépage du Bourbonnais dont il a relancé la culture dans l'Allier tout proche...

Bituriges Vins : *lieu-dit Le Tivoli ; à la sortie de la ville, route de Culan. ☎ 02-48-61-33-55. Tlj 9h30-(9h dim)-18h. Visite des caves sur rdv.* C'est le 1er producteur de l'appellation.

DANS LES ENVIRONS DE CHÂTEAUMEILLANT

Vesdun (18360) **:** *à 20 km à l'est de Châteaumeillant.* Village fortifié au Moyen Âge, Vesdun est un village calme et fleuri, possédant une jolie église romane et un vignoble toujours exploité.

Le Châtelet (18170) **:** *à 13 km au nord de Châteaumeillant.* Cette bourgade typiquement berrichonne recèle la discrète et jolie ***abbaye Notre-Dame de Puyferrand*** des XIe et XIIe s *(à la sortie de la ville ; visites organisées en saison par l'office de tourisme : ☎ 02-48-56-29-35),* et toute une activité autour de la poterie au bourg des Archers (ateliers, rencontres, artistes...). Vous pourrez aussi découvrir une particularité locale : les épis de faîtage, à travers le circuit « La boucle des Épis ».

Le village des Archers : *à 3 km du Châtelet.* Le village des Archers se consacre essentiellement à la production de poteries utilitaires. Situé sur une veine d'argile, il en a fait sa spécificité dès le XVIIe s ; on y fabriquait ces épis de faîtage toujours présents aujourd'hui sur les toits de la ville, un bonheur pour les yeux. Pour maintenir la tradition et développer l'économie, la commune a eu la bonne idée de racheter peu à peu les maisons et de les mettre à disposition des artisans potiers, leur offrant une possibilité de location-achat de leur atelier et domicile à des prix imbattables s'ils s'installaient de manière durable dans le bourg. Ceux-ci vous accueillent toute l'année dans leurs ateliers et proposent régulièrement des stages.

– Tous les ans, le 3e week-end de juin, un grand marché de potiers.

– **Le musée de la Poterie :** *☎ 02-48-56-39-75. • museedesarchers@orange.fr • museepoterielechatelet.fr • Ouv de mi-avr à sept, se renseigner pour les horaires. Entrée : 2 € ; réduc.* Installé dans la maison du dernier potier traditionnel de la ville, qui cessa son activité en 1943, le musée présente la reconstitution d'une habitation du XIXe s et d'un atelier de potier. On peut y voir la pièce à vivre encore meublée, l'atelier où les pièces étaient tournées et qui conserve encore les dernières poteries réalisées par Jean-Louis Manigault... Enfin, dans la grange jouxtant la maison, on apprend les techniques de cuisson grâce au four à flammes renversées datant du XXe s.

Les jardins médiévaux du prieuré Notre-Dame-d'Orsan : *D 65, Orsan, 18170* ***Maisonnais.*** *☎ 02-48-56-27-50. • prieuredorsan.com • À 15 km au nord de Châteaumeillant, entre Lignières et Le Châtelet. Lun, ven-dim 11h-18h. Fermé mar-jeu. Entrée : 10 € ; réduc. Env 1h30 de visite. Ateliers au fil des saisons.*
À l'origine, un prieuré double, fondé au XIIe s par Robert d'Arbrissel, créateur de l'abbaye de Fontevrault (Maine-et-Loire). Transformé un temps en exploitation agricole (et carrière de pierre !), ce fut l'un des 1ers monuments du Cher à être classé Monument historique, en 1926. Depuis 1991, des jardins médiévaux inspirés par les miniatures de l'époque ont été recréés dans les 4 ha de la cour intérieure. Le jardin en perpétuelle évolution – aujourd'hui labellisé « Jardin

remarquable » – dégage un charme incomparable, une sérénité précieuse. Charmes, potagers en variétés anciennes, vergers, fruitiers palissés, cloître de charmille, jardin de simples, roseraie et labyrinthe de buis, alliant rigueur géométrique et palette chatoyante, suscitent l'émerveillement.
Quant aux bâtiments, datant des XVIe et XVIIIe s, ils abritent une bien belle boutique proposant tant des produits locaux (jus de pomme et confiture avec fruits du jardin) et des produits caritatifs que des créations haut de gamme. Pour la pause, vastes salon de thé et terrasse en été *(formule 14 €).*

LIGNIÈRES

(18160) 1 400 hab. *Carte Cher, B3*

Un gros bourg berrichon, berceau historique de l'âne grand noir du Berry. Jeter un œil au passage sur le beau château privé du XVIIe s et son grand parc (malheureusement fermés au public), entouré de douves en eau, qui se laissent apercevoir à travers l'imposante grille d'entrée.

Adresse utile

Office de tourisme : *32, Grande-Rue. ☎ 02-48-60-20-41. • lignieresenberry-tourisme.fr • Avr-oct, lun-sam (sauf mar ap-m) 10h-12h30, 14h30-18h (juil-août, plus dim 10h-12h). Juin et sept, lun-sam 10h-12h30, 14h30-18h. Nov-mars, lun-mar et sam 10h-12h30 ; mer-ven 10h-12h30, 14h30-17h.* Nombreuse doc ; fiches de randos, et parcours à disposition pour découvrir la ville. Jolie boutique avec produits du terroir, artisanat local... Accueil dynamique.

Où dormir ? Où manger ?

Chambres d'hôtes L'Ange blanc : *chez Alain Olaïzola. 06-14-[illegible]-70-47. • a.olaizola@free.fr • langeblanc18160.free.fr • Compter 59 € pour 2. Appartement jusqu'à 4 pers 72 € pour 2. Table d'hôtes 20 €.* Agréable demeure dans un environnement calme et champêtre. 4 chambres à la déco soignée. Pour vous détendre, billard français, prêt de films, piscine couverte et chauffée, ping-pong...

Crêperie La Galtouère : *24, Grande-Rue. ☎ 02-48-60-01-27. • galtouere@wanadoo.fr • Tlj sauf lun-mar. Congés : dernière sem de juin et oct. Menu à la carte env [illegible] €. Apéritif maison offert sur présentation de ce guide.* Dans une taverne au décor XIXe s, on mange une bonne galette de sarrasin, une grosse omelette ou une assiette de charcuterie. En terrasse sous l'antique halle ou dans la salle rustique avec d'authentiques meubles berrichons.

À voir

L'église Notre-Dame : une église romane du XIIe s agrandie en 1865 et récemment restaurée. Le parvis de l'église est, en fait, le pont qui enjambe l'Arnon. Au milieu de la façade, une émouvante Vierge à l'Enfant. Dans l'église, derrière l'autel à gauche, l'oratoire de Sainte-Jeanne-de-France, fille de Louis XI, qui séjourna à Lignières et fonda l'ordre de l'Annonciade. Son père y fit installer une cheminée pour qu'elle ne prenne pas froid pendant ses longues heures de prière. Dans la chapelle à droite, une déposition de croix remarquable, un retable et une chaire sculptée. Derrière l'autel, une statue renommée à l'attitude rare : *La Vierge donnant le sein.* De l'extérieur, on aperçoit à l'arrière la belle façade du château (privé).

La halle : *en plein centre.* Halle du XVIe s qui s'anime le lundi matin le temps d'un marché campagnard.

DANS LES ENVIRONS DE LIGNIÈRES

Le pôle du Cheval et de l'Âne : *domaine des Amourettes, route de La Celle-Condé, 18160 Lignières. ☎ 02-48-60-28-12. • polechevaletane.fr • Juil-août, tlj 10h-12h30, 13h30-18h ; le reste de l'année, horaires variables. Entrée : 6 € ; réduc ; tarif famille 20 €. Forfaits parc + 1-3 activités 15-27 €. Activités ts les soirs : « Les rendez-vous du pôle » à la fermeture du parc : 23-30 €.* Cette ancienne ferme d'élevage devenue parc de loisirs a pour but d'assurer la sauvegarde et la promotion de l'âne grand noir du Berry. Un espace muséographique présente une scénographie ludique autour des 7 races d'ânes officiellement répertoriées en France et leur histoire dans l'agriculture, le cinéma et la littérature, à travers des jeux XXL, des énigmes et des parcours à l'extérieur. Les passionnés retrouveront cette race à la foire aux ânes et aux mules de Lignières le lundi de Pentecôte. De nombreuses activités sont encore possibles sur place *(sur résa)* : atelier découverte de l'âne, visite commentée en calèche, randonnées à dos d'âne bâté, sans oublier le village de 50 roulottes pour un petit séjour immersif. Au mois d'août, cirque et spectacles équestres.

Le village de Cottages : *☎ 02-48-56-69-91. • accueil@polechevaletane.fr • Ouv avr-nov. Cottages 2-8 pers 75-210 €/nuit.* Snack. Piscine chauffée. Location de vélos.

La basilique Notre-Dame-des-Enfants : *18190* ***Châteauneuf-sur-Cher.*** Cette majestueuse basilique est le seul édifice religieux en France à être consacré aux enfants. Et pour cause : en 1861, l'abbé Ducros, nouvellement nommé doyen de Châteauneuf, ne peut que constater l'état de ruine de son église. Il a alors l'idée, pour la reconstruire, d'ouvrir une souscription en demandant, par une lettre adressée aux paroisses, 2 sous à tous les enfants de France. Les dons affluent et les travaux commencent en 1869. Le 18 juillet 1896, le pape Léon XIII l'érige au rang de basilique et l'affilie directement à celle de Saint-Pierre de Rome. Les nombreux vitraux forment un véritable instrument pédagogique pour illustrer l'enseignement de la Bible. Un chemin de croix en terre cuite s'inscrit sur ses basses nefs qui comportent 2 rangées de colonnes élancées donnant l'impression d'une élévation considérable. Plus de 2 000 ex-voto de marbre blanc, venus des 4 coins du monde.

– ***Le complexe des Eaux-Vives :*** *rue de l'Île, à* ***Châteauneuf-sur-Cher.*** *☎ 02-48-60-84-40. 📱 06-41-94-90-03. • info@chateauneufeauxvives.com • chateauneufeauxvives.com • Ouv tte l'année, téléphoner ou se renseigner sur le site pour les horaires. Résa impérative. Tarif : 6 €/h ; 8 € en nocturne (les tarifs peuvent évoluer dans l'année !).* Canoë, kayak, *tubing, air boat,* nage en eau vive... Le grand frisson sur le Cher !

L'INDRE EN BERRY

• Carte *p. 324-325*

ABC de l'Indre

- ***Superficie :*** 6 903 km².
- ***Préfecture :*** Châteauroux.
- ***Population :*** 226 340 hab.
- ***Densité de population :*** 32 hab./km² (3 fois moins que la moyenne française).
- ***Valençay :*** double AOC pour le vin et le fromage de chèvre, et son château, site le plus visité du département.
- ***La Brenne :*** parc naturel régional, c'est l'une des plus importantes zones humides continentales françaises, comptant près de 3 000 étangs.

L'Indre, un coin de France peu connu, à l'écart des grandes routes de transhumance estivale, à l'humeur discrète et bucolique. Pas de sites emblématiques, pas de Colorado ni de pics vertigineux, mais une campagne douce et jolie, reposante et zen, pourrait-on dire, à l'image de nombre de petites villes et villages que l'on découvre au détour de ses routes tranquilles. Une campagne qui a du style, pour reprendre le slogan de *Berry Province,* l'organisme chargé de la promotion, qui a joué sur l'humour et l'amour évident d'un pays qu'on (re)découvre avec bonheur.
La France profonde ? Disons plutôt qu'elle ne manque pas de profondeur ! Et c'est souvent par surprise que l'on découvre ces merveilles qui font tout le charme de l'Indre : églises romanes de toute beauté, aux chapiteaux racontant 1 000 histoires, fresques du XIIᵉ s éprouvées par le temps, mais bien vivantes, quelques châteaux perdus au cœur des bosquets. Et puis, vers l'ouest, un parc naturel régional composé d'étangs à n'en plus finir, protégeant une vie animale et végétale insoupçonnée, où règnent encore des traditions séculaires comme la pêche d'étang, qui réunit voisins, amis et familiers. Mais aussi quelques musées et hauts lieux de l'histoire du Berry : le musée-hôtel Bertrand à Châteauroux, la section contemporaine du musée de l'Hospice Saint-Roch à Issoudun, et l'un des plus purs chefs-d'œuvre de la Renaissance française, le château de Valençay (sans oublier celui de Bouges !).
Parler de Valençay, c'est évoquer quelques grands noms de l'Indre : Talleyrand, évidemment, mais aussi George Sand, qui puisait sa force dans sa terre berrichonne de Nohant, refuge romantique, artistique et littéraire, véritable oasis de liberté pour les esprits brillants et contestataires de l'époque. Autre personnage qui révolutionna à sa manière un petit village lors de son passage en 1947 : Jacques Tati, qui tourna son *Jour de fête* à Sainte-Sévère.
L'Indre, une terre composite que l'on ne finit pas de découvrir : assurément, qui sait prendre son temps ne le perd jamais.

Comment circuler dans le département ?

Gare SNCF *(hors plan Châteauroux par B2)* **:** *rue Bourdillon, 36000* **Châteauroux.** *Rens : ☎ 36-35 (gratuit).* Plusieurs liaisons TER ou Corail

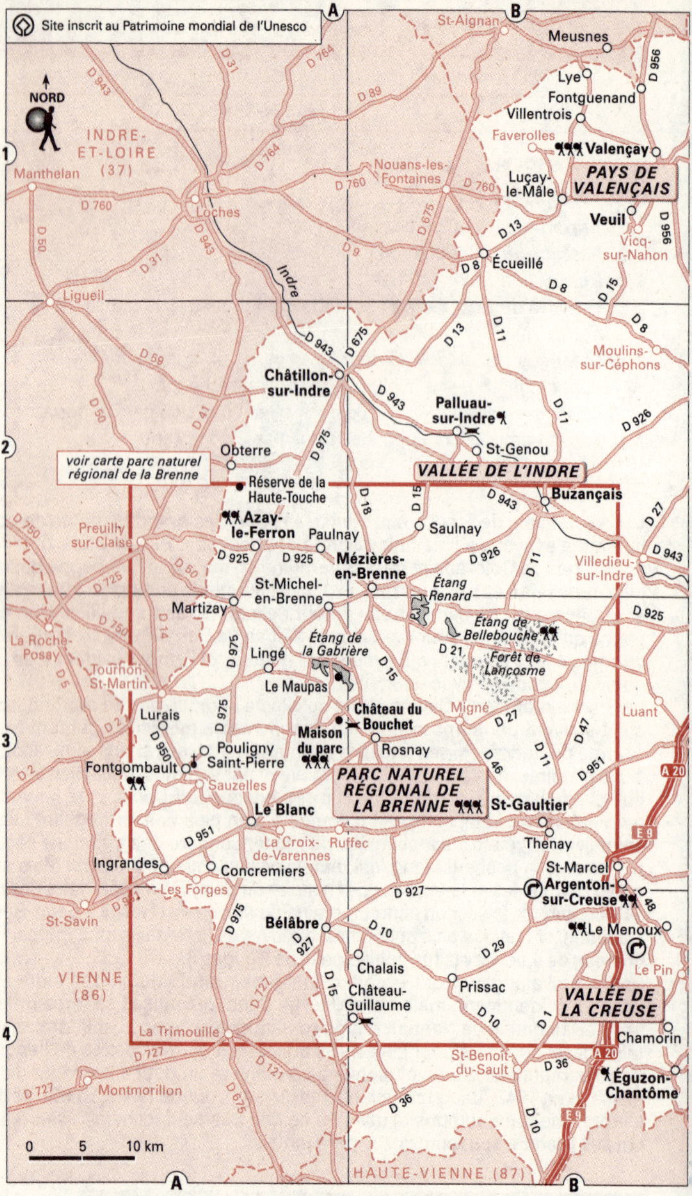
Site inscrit au Patrimoine mondial de l'Unesco
NORD
A
B
1
2
3
4
INDRE-ET-LOIRE (37)
VIENNE (86)
HAUTE-VIENNE (87)
Manthelan
Loches
Indre
Ligueil
St-Aignan
Meusnes
Lye
Fontguenand
Villentrois
Faverolles
Valençay
PAYS DE VALENÇAIS
Luçay-le-Mâle
Veuil
Vicq-sur-Nahon
Nouans-les-Fontaines
Écueillé
Moulins-sur-Céphons
Châtillon-sur-Indre
Palluau-sur-Indre
St-Genou
VALLÉE DE L'INDRE
Buzançais
Obterre
voir carte parc naturel régional de la Brenne
Réserve de la Haute-Touche
Azay-le-Ferron
Paulnay
Saulnay
Preuilly-sur-Claise
Mézières-en-Brenne
Villedieu-sur-Indre
St-Michel-en-Brenne
Martizay
Étang Renard
Étang de Bellebouche
Forêt de Lancosme
Étang de la Gabrière
La Roche-Posay
Tournon-St-Martin
Lingé
Le Maupas
Château du Bouchet
Maison du parc
Migné
Luant
Lurais
Pouligny Saint-Pierre
Rosnay
Fontgombault
Sauzelles
PARC NATUREL RÉGIONAL DE LA BRENNE
St-Gaultier
Le Blanc
La Croix-de-Varennes
Ruffec
Thenay
Ingrandes
Concremiers
Les Forges
St-Marcel
Argenton-sur-Creuse
St-Savin
Bélâbre
Le Menoux
Chalais
Le Pin
Prissac
Château-Guillaume
VALLÉE DE LA CREUSE
La Trimouille
Chamorin
St-Benoît-du-Sault
Éguzon-Chantôme
Montmorillon
D 943
D 31
D 764
D 89
D 760
D 50
D 675
D 9
D 13
D 8
D 956
D 15
D 11
D 59
D 41
D 926
D 975
D 18
D 27
D 750
D 925
D 725
D 14
D 5
D 2
D 21
D 47
D 46
D 951
D 950
D 927
D 10
D 29
D 1
D 727
D 121
D 36
D 48
A 20
E 9
0
5
10 km

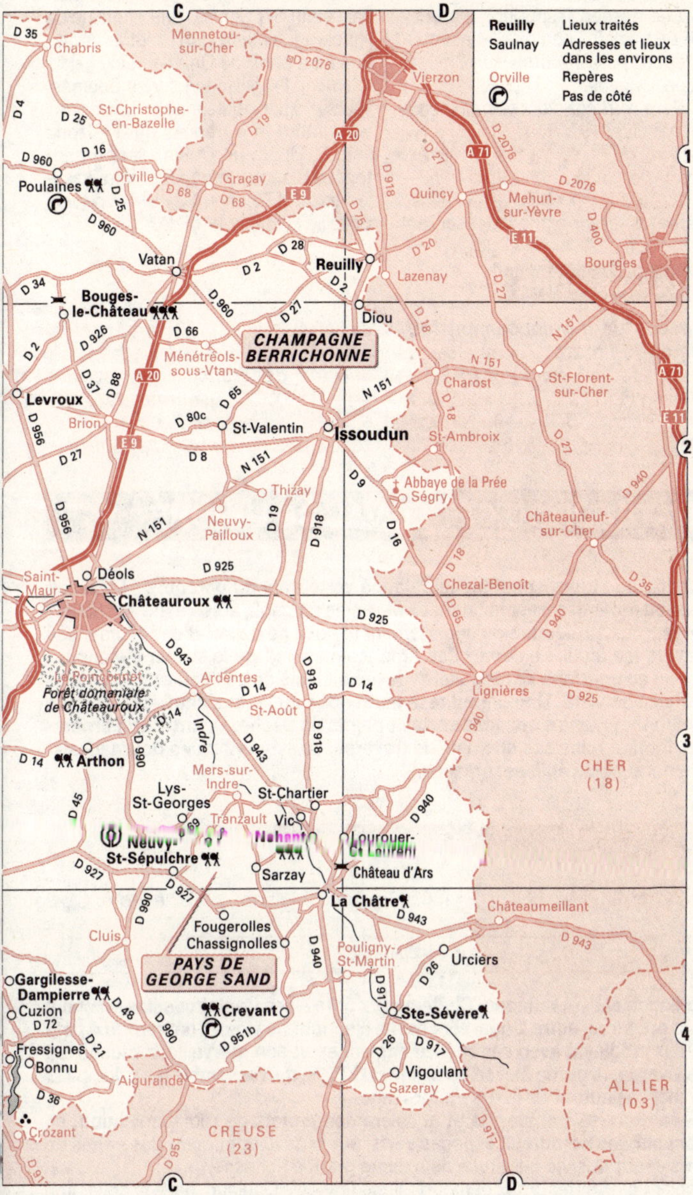
Reuilly Lieux traités
Saulnay Adresses et lieux dans les environs
Orville Repères
Pas de côté
C
D
1
2
3
4
Chabris
Mennetou-sur-Cher
D 2076
Vierzon
St-Christophe-en-Bazelle
Poulaines
Orville
Graçay
Quincy
Mehun-sur-Yèvre
Bourges
Vatan
Reuilly
Lazenay
Bouges-le-Château
Diou
CHAMPAGNE BERRICHONNE
Ménétréols-sous-Vatan
Charost
St-Florent-sur-Cher
Levroux
Brion
St-Valentin
Issoudun
St-Ambroix
Thizay
Abbaye de la Prée
Ségry
Neuvy-Pailloux
Châteauneuf-sur-Cher
Saint-Maur
Déols
Châteauroux
Chezal-Benoît
Le Poinçonnet
Forêt domaniale de Châteauroux
Ardentes
St-Août
Lignières
Indre
Arthon
Mers-sur-Indre
St-Chartier
Lys-St-Georges
Tranzault
Vic
Nohant
Lourouer-St-Laurent
Neuvy-St-Sépulchre
Sarzay
Château d'Ars
La Châtre
Châteaumeillant
CHER (18)
Cluis
Fougerolles
Chassignolles
Pouligny-St-Martin
Urciers
PAYS DE GEORGE SAND
Gargilesse-Dampierre
Cuzion
Crevant
Ste-Sévère
Fressignes
Bonnu
Aigurande
Vigoulant
Sazeray
ALLIER (03)
Crozant
CREUSE (23)
A 20
A 71
E 9
E 11
N 151
D 35
D 4
D 25
D 16
D 960
D 68
D 19
D 27
D 918
D 75
D 20
D 28
D 2
D 34
D 66
D 926
D 37
D 88
D 65
D 80c
D 8
D 956
D 18
D 9
D 16
D 925
D 940
D 943
D 14
D 990
D 45
D 69
D 927
D 26
D 917
D 48
D 72
D 21
D 951b
D 36
D 951
D 91
D 400
D 2076

à partir de Châteauroux. La ligne Paris-Toulouse dessert Issoudun (une douzaine de trains/j. ; compter 14 mn pour Châteauroux), Argenton-sur-Creuse, Vierzon, Orléans.

Gare routière** (hors plan Châteauroux par B2) :* *rue Bourdillon, 36000* ***Châteauroux. *☎ 02-54-22-13-22. Lun-sam 7h (8h30 sam)-12h30, 13h30-19h30 (21h15 ven et veilles de fêtes).* Différentes compagnies desservent le département et la région, la principale étant *STI Centre.* Une vingtaine de lignes qui sinuent dans tout le département à partir de Châteauroux, généralement 1-3 liaisons/j. : vers Bourges, Tours, Poitiers, Valençay et Faverolles ; vers Vatan et Varennes-sur-Fouzon ; vers La Châtre et Culan ; vers Argenton, Le Blanc et Ingrandes ; vers Azay-le-Ferron et Tournon-Saint-Martin ; vers Écueillé et Luçay-le-Mâle.

Adresses utiles

Agence de développement touristique de l'Indre : *centre Colbert, maison départementale du tourisme de l'Indre, bât. I, 2e étage, 1, pl. Eugène-Rolland, BP 141, 36003* ***Châteauroux*** *Cedex. ☎ 02-54-07-36-36. • berrylindretourisme@berry.fr • berryprovince.com •*

Gîtes de France : *113, av. des Marins, 36000* ***Châteauroux.*** *☎ 02-42-00-12-36. • info@gites-de-france-indre.com • gites-de-france-indre.com •*

CHÂTEAUROUX ET LE VAL DE L'INDRE

La vallée de l'Indre constitue la colonne vertébrale du parcours ; on la suit paresseusement, à travers bocages et vastes champs, après avoir fait halte à Châteauroux, préfecture du département et point de départ d'une promenade à travers les âges. Le départ des Américains aurait pu la laisser exsangue : elle a su au contraire se renouveler, devenant l'une de ces petites métropoles où il fait bon vivre. Une parenthèse inattendue où l'eau s'immisce, toujours avec bonheur, entre espaces verts et points de pêche. Quant à son arrière-pays, il offre, dans ses chemins de traverse, de sympathiques bourgades et de remarquables églises romanes.

CHÂTEAUROUX (36000) 43 440 hab. *Carte Indre, C2-3*

• Plan *p. 327*

Ville douce et sympathique, Châteauroux offre à ses Castelroussins un cadre de vie préservé, entre 2 quartiers assez distincts : le vieux Châteauroux, petit secteur médiéval avec ses ruelles anciennes et son merveilleux musée, et, plus vivante, la partie élevée au milieu du XIXe s, qui rassemble les principaux commerces autour de la rue Victor-Hugo.
Châteauroux se transforme et accélère ses projets de redynamisation, en jouant sur ses nombreux espaces verts, sur le développement des zones de loisirs et sur une vie culturelle déjà d'une grande richesse.
Le polar *Voir Châteauroux et mourir* signé François Coulaud, dans la collection « Black Berry », finit par faire aimer Châteauroux à son détective privé – comme au lecteur – qui découvre, ravi, les autres visages de cette ville attachante. Côté écran, vous avez dû entendre Denisot et Depardieu en parler avec tendresse... enfin, surtout Denisot, le 2d ne revenant guère dans sa ville natale.

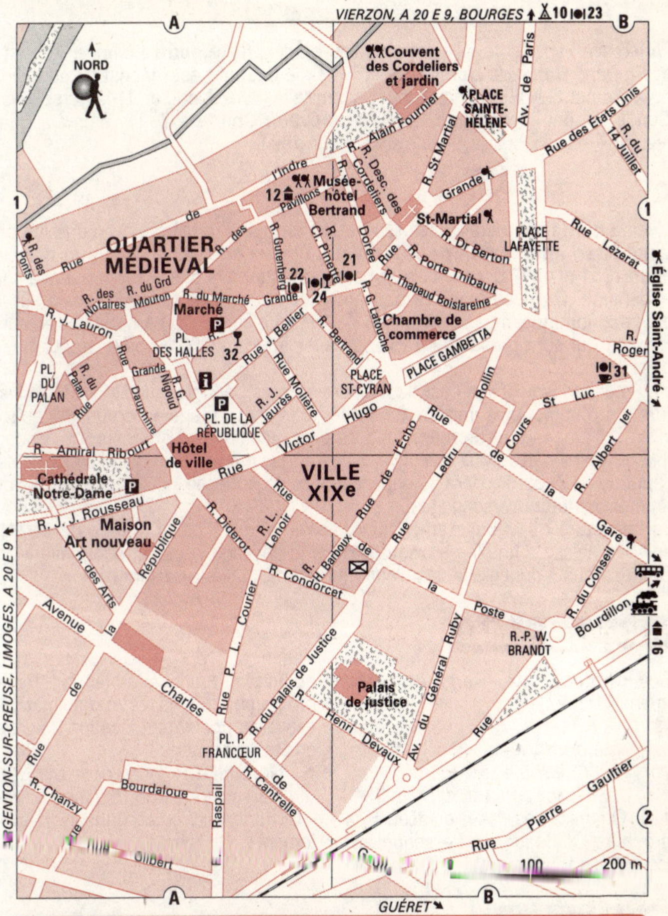

CHÂTEAUROUX

■ Adresse utile

- @ Châteauroux – Berry Tourisme (A1)

Où dormir ?

- **10** Camping Le Rochat Belle-Isle (hors plan par B1)
- **12** Chambres d'hôtes Le Fassardy (A1)
- **16** Best Western Plus Colbert (hors plan par B2)

Où manger ?

- **21** Jeux 2 Goûts (B1)
- **22** Le P'tit Bouchon (A1)
- **23** L'Écrin des Saveurs (hors plan par B1)
- **24** Nulle Part Ailleurs (A1)

Où grignoter un morceau ? Où prendre un thé ?

- **31** Salon de thé Le Comptoir de Marie (B1)

Où boire un verre ?

- **24** Nulle Part Ailleurs (A1)
- **32** Le Conseil (A1)

UN PEU D'HISTOIRE

Forteresse importante, elle est un enjeu dans la ***lutte entre Philippe Auguste et Richard Cœur de Lion.*** Brûlé en 1366, le château est reconstruit au milieu du XVe s par Guy III de Chauvigny ; sa famille le garde jusqu'en 1612, lorsque les Condé en font l'acquisition. En 1671, le ***Grand Condé*** exile sa femme à Châteauroux, où elle restera jusqu'à sa mort, en 1694.

Quand débarquent les Américains

L'usine d'aviation installée en 1936 à Déols, puis l'implantation d'une importante ***base américaine de l'OTAN*** à La Martinerie (aujourd'hui un musée) entre 1951 et 1967 donnent un vrai coup de fouet à la cité et contribuent à son expansion. L'arrivée massive des Américains bouleverse la vie locale sur le plan économique mais aussi social. En 1953, ce sont 6 000 Américains et leurs familles qui sont présents en ville, créant plus de 7 000 emplois autour de la base militaire.
« L'*American way of life* » est de rigueur : grosses bagnoles made in USA, construction d'immeubles importants (tel le « Building » élevé au cœur du centre-ville – 13 étages tout de même !), bars plus qu'animés... Châteauroux l'endormie devient Châteauroux la festive, au point que même Paris tend l'oreille. C'est l'époque où Depardieu fera des « petits trafics de jeunesse » qui lui permettront de répéter ses futurs personnages.
La fermeture de la base américaine, après la sortie de la France de l'OTAN en 1966, laissera une large cicatrice dans le paysage social et économique de Châteauroux... dont elle s'est aujourd'hui remise, on vous rassure !

Adresses utiles

L'INDRE EN BERRY

ℹ @ ***Châteauroux – Berry Tourisme*** *(plan A1)* **:** *2, pl. de la République.* ☎ *02-54-34-10-74.* • *chateauroux-tourisme.com* • *Sept-juin, lun-sam 10h-12h30, 13h30-18h (juil-août lun-sam 9h30-13h, 14h-18h30 ; dim 10h-13h).* Organise des visites guidées. Une brochure *Châteauroux, l'essentiel est ici,* est disponible gratuitement, ainsi qu'un plan touristique bien fait. Riche programme de visites et d'animations estivales. Également location de vélos en été, très pratique.

Gare SNCF *(hors plan par B2)* **:** *rue Bourdillon.* ☎ *36-35 (gratuit).* Voir « Comment circuler dans le département ? » plus haut.

Où dormir ?

Ce n'est pas à Châteauroux même que l'on séjourne, quand on vient dans l'Indre. Il y a tant de belles adresses au vert, côté parc naturel de la Brenne ou dans la vallée de la Creuse voisine, que nous vous indiquons de quoi vous dépanner en cas d'arrivée tardive.

Camping

▲ ***Camping Le Rochat Belle-Isle*** *(hors plan par B1,* ***10****)* **:** *17, av. Daniel-Bernardet, dans le parc de loisirs de Belle-Isle.* ☎ *02-54-08-96-29.* • *campinglerochat@gmail.com* • *camping-lerochat.fr* • ♿ *Au nord du centre-ville, direction Déols, puis site de Belle-Isle. Ouv tte l'année. Compter 15,50-18,50 € pour 2 pers ; mobile homes.* À proximité du centre-ville, sur le site de Belle-Isle, au bord de l'Indre, un beau terrain très bien tenu, logé dans la verdure et sous les arbres. Équipement simple, mais sanitaires nombreux et impeccables. Ce camping présente l'avantage d'avoir toutes les animations à sa porte (parc et plan d'eau avec resto, bowling, pêche, etc.) tout en restant lui-même très paisible. Location de vélos.

De prix moyens à chic

Chambres d'hôtes Le Fassardy *(plan A1,* ***12****) : 32, rue des Pavillons. ☎ 02-54-07-92-75. 06-62-38-63-39. • lefassardy@gmail.com • lefassardy.com • Doubles 95-99 ; gratuit pour les enfants de moins de 3 ans. Réduc de 10 % sur le prix de la chambre sur présentation de ce guide.* Studio situé au dernier étage (ne vous chargez pas !) dans le bel hôtel particulier de Fassardy datant du XVIIIe s. Avec ses portes en bois, ses longs couloirs et son escalier, on a bien le sentiment d'entrer dans une demeure de notables. Calme total, au cœur du quartier médiéval. Chambre mansardée joliment aménagée en mezzanine avec un coin salon. Le petit déj se prend dans un salon feutré, entre lustre et peintures à l'huile ! Une maison d'hôtes au sens plein du terme, à l'accueil souriant et chaleureux.

De chic à beaucoup plus chic

Best Western Plus Colbert *(hors plan par B2,* ***16****) : 4, rue Colbert, entrée rue Dauvergne. ☎ 02-54-35-70-00. • contact@hotel-colbert.fr • hotel-colbert.fr • ♿ Doubles 137-240 € ; familiales. Petit déj compris.* Installé dans l'ancienne manufacture des tabacs, cet hôtel refait à neuf propose des chambres à la déco chic et élégante. Des espaces confortables et douillets dans lesquels on se sent bien. Petite préférence pour celles donnant sur la cour intérieure de la manufacture (plus calmes, mais surtout, quel cadre !). Suites en duplex idéales pour les familles *(gratuit moins de 12 ans).*

Où manger à Châteauroux et dans les environs ?

De bon marché à prix moyens

Le P'tit Bouchon *(plan A1,* ***22****) : 64, rue Grande. ☎ 02-54-61-50-40. • leptitbouchon@free.fr • ♿ Tlj sauf dim-lun, midi et soir. Congés : 3 sem en août. Formules déj 14-23 €, et menus 29-32 € le soir ; carte env 33 € le soir.* Le vieux comptoir en zinc, les affiches diverses, les anciennes [illegible] jaunies, les petites nappes à carreaux et les instruments de cuisine pendus au plafond donnent le ton. On joue ici la carte du bistrot à l'ancienne, mais ce n'est pas du néo, c'est du vrai ! Ajoutez la bonne humeur du patron, le charme de la rue piétonne, et vous tenez là une bonne petite adresse où l'on sert des plats canailles comme autrefois, généreux, simples et fumants.

Nulle Part Ailleurs *(plan A1,* ***24****) : 78, rue Grande. ☎ 02-54-27-21-81. Tlj sauf dim, midi et soir. Brasserie 7-15 € ; resto (réserver) 30-40 €.* Côté rue, on se pose entre potes pour grignoter quelques classiques de pub (burgers, salades, tartines) accompagnés d'un bon cocktail. Côté jardin, sur la terrasse arborée, on y sert plutôt des tapas, dans une ambiance pleine de charme.

L'Escale Village *: pl. M.-Dassault, RN 20, A 20, sortie n° 12,* ***Déols****. ☎ 02-54-22-03-77. • escale.village@wanadoo.fr • Tlj, 24h/24. Nombreux menus 19,50-31,50 €.* Ce resto routier, plébiscité par Berrichons et touristes, s'est imposé comme une institution dans la région. Il faut dire qu'il met tout le monde d'accord ! Brasserie [illegible] ou restaurant plus classe, selon votre temps et votre budget, dans tous les cas, le rapport qualité-prix est impeccable. Gardez de la place pour le(s) dessert(s) : il y en a une vingtaine, frais du jour.

De prix moyens à chic

Jeux 2 Goûts *(plan B1,* ***21****) : 40, rue Grande. ☎ 02-54-27-66-28. 06-30-91-69-33. • jeux2gouts@gmail.com • ♿ Tlj sauf dim-lun, midi et soir. Congés : 3 sem en août. Formule déj en sem 21 € ; menu 31 €.* Cuisine recherchée sans être chichiteuse, à base de produits frais de terroir habilement mis en valeur par le chef. Atmosphère affairée le midi, car la formule est à un prix

L'INDRE EN BERRY

imbattable. Service rapide, couleurs franches, murs de pierres apparentes, voici un écrin feutré pour une halte culinaire « pleine 2 goût » !

L'Écrin des Saveurs (hors plan par B1, **23**) : *133, av. Marcel-Lemoine. ☎ 02-54-22-08-20. 06-34-45-56-95. • jmd.laplace@gmail.com • Tlj sauf dim-lun, midi et soir. Résa obligatoire. Formule déj 20 € ; menus 40-55 €.* Cuisine savoureuse et d'une précision sans faille, conçue par le père, présentée et servie avec passion par le fils. Forcément, ça ne désemplit pas ! Le meilleur des produits du terroir, revisités avec originalité et un brin d'audace, pour une gastronomie conviviale et bien dans ses baskets. On a adoré !

Où grignoter un morceau ? Où prendre un thé ?

Salon de thé Le Comptoir de Marie (plan B1, **31**) : *43, cours Saint-Luc. ☎ 02-54-07-05-55. • comptoirdemarie@orange.fr • Tlj sauf lun-mar et dim soir. Formule déj 12,50 € ; menu 9,50 €.* Dans un passage ouvert entre 2 rangées d'immeubles face à l'église Saint-André, une jolie petite adresse, très colorée : ambiance, accueil, pâtisseries, chocolats à l'ancienne et thés, tout y est d'une remarquable douceur... Aussi un coin épicerie qui tourne autour du pot de confiture, si c'est votre tasse de thé.

Où boire un verre ?

Le Conseil (plan A1, **32**) : *115, rue Grande. Mer-sam 17h30-minuit.* Quel accueil que celui d'Alexandre ! Ce jeune prodige de la sommellerie vous partage sa passion et sa carte, longue comme le bras, ce qui promet de vous faire voyager dans tous les pays où il a roulé sa bosse. Une étape qui s'impose pour les amateurs de vins et de belles rencontres.

Voir aussi, plus haut, le ***Nulle Part Ailleurs*** dans la rubrique « Où manger ? ».

À voir

– De début juil à mi-sept, l'office de tourisme organise des visites guidées à thème de la ville, 35 mn-1h30 (prix : 3-12 €), ainsi que des visites de sites (château Raoul, musée, églises...). Appeler ou consulter le site internet pour connaître les jours (☎ 02-54-34-10-74). • chateauroux-tourisme.com •

LE QUARTIER MÉDIÉVAL

Petite balade sympathique le nez en l'air dans les ruelles du vieux Châteauroux. La piétonisation du centre-ville va permettre de pousser les terrasses, de sécuriser l'avancée dans ces rues qui ont gardé l'aspect d'autrefois, tant mieux !

La place Sainte-Hélène (plan B1) : *située dans le prolongement de la pl. La Fayette, à la jonction avec l'av. Marcel-Lemoine.* Joli espace qui, avec la place voisine, suit le contour des anciens remparts comblés au XVIIIe s. On dit que les proportions de cette place reprennent celles du bateau qui ramena la dépouille de Napoléon de Sainte-Hélène. Tout un symbole. Une statue de bronze, œuvre du sculpteur Rude, représente le général Bertrand revenant de l'île de Sainte-Hélène et apportant à la France l'épée d'Austerlitz et le testament de l'Empereur. Une 1re statue, jugée indécente, fut déplacée : elle se trouve actuellement dans la cour du musée Bertrand.

Le couvent des Cordeliers et le jardin *(plan B1) :* *rue Alain-Fournier, dans le prolongement de la pl. Sainte-Hélène. Ouv seulement lors des expos temporaires (infos à l'office de tourisme), aux mêmes horaires que le musée-hôtel Bertrand (voir plus loin).* Entouré de jardins en terrasses surplombant la vallée de l'Indre, cet ancien couvent fut fondé au XIIIe s par le moine Bonencontre, disciple de saint François d'Assise. L'église, belle bâtisse élancée de pierres blanches et dotée d'un magnifique porche en bois, a conservé une partie des vitraux du chevet et quelques éléments romans et gothiques (belle porte à accolade dans le chœur, pierre tombale...). La nef et le dortoir des moines accueillent des expositions d'art moderne et contemporain, ainsi que la Biennale de céramique contemporaine (années impaires). Au pied même de la ville ancienne et de l'ancien couvent, beau jardin des 5 sens aménagé au cœur du jardin public.

De la rue de l'Indre, on peut prendre à droite la ***rue des Ponts*** *(plan A1)* jusqu'à la rivière. Juste après avoir traversé le pont, vue sur le château Raoul du XVe s, qui donna son nom à la ville (il abrite aujourd'hui la préfecture). De là, les promeneurs pourront longer l'Indre sur la droite par une promenade aménagée qui mène jusqu'au parc de Belle-Isle en 10 mn, ou sur la gauche pour gagner la prairie Saint-Gildas et poursuivre vers l'hippodrome et le parc Balsan.

Le musée-hôtel Bertrand *(plan B1) :* *2, rue Descente-des-Cordeliers. ☎ 02-54-61-12-30. • musee@chateauroux-metropole.fr • Tlj sauf lun : juin-sept, 10h-12h, 14h-18h ; oct-mai, 14h-18h. Fermé j. fériés (sauf 14 juil, 15 août et 1er nov) et en janv. GRATUIT.* Dans un hôtel particulier du XVIIIe s, ancienne demeure du général Bertrand, ce beau et attachant musée mérite vraiment une halte.

– *Le rez-de-chaussée :* présentation des ***collections napoléoniennes*** de 1re valeur, dont les habits de cérémonie et les armes de Bertrand. La visite commence très fort avec le *Reliquaire de Vivant Denon*, « le plus grand des pilleurs d'art agréés », qui fonda le musée du Louvre et rassembla tout au long de sa vie des reliques « païennes » (voir encadré). La *Volière de Sainte-Hélène,* curiosité d'artisanat chinois réalisée pour Napoléon en exil, est suivie d'une collection inattendue d'armes et de porcelaines japonaises rapportées d'Asie par un amiral castelroussin. Dans la ***cuisine berrichonne*** du XIXe s reconstituée, voyez sur le mur de gauche les petites « coches » du boulanger. C'est un petit bout de bois sur lequel des encoches sont effectuées par le boulanger quand il va livrer ses clients. Un cahier de crédit, en quelque sorte.

– Dans les étages sont exposées les collections des ***beaux-arts et arts décoratifs du XVIe au XIXe s.*** Peintures flamandes et hollandaises des XVIIe-XVIIIe s, ainsi que des peintures du XIXe s. De la même période, quelques sculptures intéressantes telles que *La Nature se dévoilant* de Barrias et des bustes de Carpeaux. Étonnant petit cabinet de curiosités, abritant d'intéressantes pièces exotiques. Ne pas manquer (sauf pour les âmes sensibles !) le cabinet d'égyptologie au 2d étage, avec son sarcophage de bois et sa ***momie copte*** authentique. Les autres salles sont consacrées à des expos temporaires.

– ***Nivet et Claudel :*** mention spéciale pour cette petite salle, consacrée au travail du sculpteur berrichon Ernest Nivet, fils de paysans qui réussira à devenir élève chez Rodin. La salle expose quelques-unes de ses œuvres. Au centre,

UN RELIQUAIRE BIEN PARTICULIER

À la mort de Vivant Denon, 1er conservateur du Louvre, on découvrit un reliquaire contenant les restes de personnalités laïques qu'il admirait. Cette châsse renferme des os d'Héloïse et Abélard, des restes de La Fontaine et de Molière, un bout de moustache d'Henri IV et quelques cheveux de Napoléon. Cette collection folle qu'il garda secrète toute sa vie est exposée au musée Bertrand.

le *Sakountala* de Camille Claudel, plâtre très émouvant de plus de 2 m. Dans le mythe indien, le prince Douchanta s'éprend de Sakountala et l'épouse, puis l'oublie à la suite d'un enchantement. Camille Claudel surprend le moment où il la retrouve, s'agenouille à ses pieds et implore son pardon.

– *Le rez-de-chaussée de l'aile du musée :* on y découvrira un ensemble de 56 stèles et urnes funéraires, et de ***sculptures gallo-romaines et médiévales.*** Ces stèles, dans un excellent état de conservation, proviennent de Saint-Ambroix et datent du IIe s avant notre ère. On y verra le visage du plus vieux Berrichon connu, sculpté avec beaucoup de finesse ! Quelques personnages sont représentés avec les attributs de leur corps de métier (ciseaux à tondre, herminette...). Jetez aussi un œil, dans la salle des mariages attenante, à la superbe cheminée Renaissance. À voir, enfin, un ensemble de chapiteaux romans à motifs végétaux, quelques pièces gallo-romaines, et un tronc *ithyphallique* (représentation d'un sexe en érection) qui servait probablement à indiquer un lieu de prostitution.

CHEF-D'ŒUVRE À LA CAVE

En 1895, Camille Claudel offrit à la Ville son Sakountala. Ce plâtre, unique grande œuvre de l'artiste, reçut un bien étrange accueil : il fut considéré comme une œuvre immorale. C'est un couple nu, où l'homme, maigre et maladif, est agenouillé aux pieds d'une jeune femme. Par pudibonderie et bêtise, on relégua cette œuvre à la cave... pour 100 ans. Elle y supporta tous les maux, y perdit un pied et 3 bras, jusqu'à ce qu'un jeune conservateur, en 1993, alerte les élus afin de la sortir de l'oubli. C'est aujourd'hui une des pièces majeures du musée Bertrand.

STÈLES AUX ENCHÈRES

C'est un paysan qui découvrit les stèles funéraires, dans un champ situé en limite du Cher et de l'Indre, au début du XXe s. Malin, l'homme fit monter les enchères entre les 2 départements pour en tirer le maximum. Les stèles furent finalement partagées en 2 parties égales pour chaque département (exposées respectivement à Bourges et à Châteauroux), et payées au prix fort ! Les 2 plus belles furent, quant à elles, récupérées par le musée de Saint-Germain-en-Laye, au nom de l'État.

Face au musée, l'***église Saint-Martial*** *(plan B1),* avec sa nef de la fin du XIIe s se terminant par un chœur rectangulaire voûté d'ogives du XIIIe s. Le clocher-porche a été ajouté au XVIe s.

La rue Grande *(plan B1)* **:** rue commerçante au Moyen Âge et jalonnée d'hôtels particuliers du XVIIIe s, elle accueillait, jusqu'au XIXe s, la voie qui reliait Paris à Toulouse, c'est-à-dire l'ancêtre de la N 20. Le chemin de Compostelle y passe toujours (rien ne se perd !), et sa piétonisation partielle l'a rendue encore plus attrayante, pour les habitués des terrasses de restaurants. On y trouve notamment une librairie présentant un joli choix d'ouvrages régionaux.

LE QUARTIER XIXe S

C'est avec l'arrivée du chemin de fer et la construction de la gare au milieu du XIXe s que l'on percera la bien nommée ***rue de la Gare*** *(plan B1-2)* et que tout le quartier au sud de la rue Victor-Hugo sera bâti. Cette artère se caractérise par ses *guitardes,* clochetons de bois créés par Hippolyte Moreau, compagnon charpentier qui dessina ces coquetteries architecturales ajourées et classées aux Monuments historiques. Habitées par des notables, ces maisons décorées de guitardes étaient une manière de se distinguer, de montrer son rang social. Il en reste 4, toutes rue de la Gare : au no 72, on peut voir la plus belle et la plus

imposante, à l'incroyable ouvrage de charpente. Autre guitarde à gauche du n° 50, plus sobre, mignonne comme tout avec sa forme « pagodisante » ; une minuscule au n° 50, et une massive au n° 16 à l'angle de la rue Ledru-Rollin.
Petit détour à droite par la ***rue Albert-Ier***. Au n° 4, petit arrêt devant la *Maison de l'image - Cinéma Apollo,* ancien cinéma muet et salle de spectacle des années 1920, aujourd'hui salle d'art et d'essai.

LE LION AUX DENTS D'OR

Sarah Caryth, dresseuse de fauves, avait pour habitude de montrer son lion à Châteauroux dans l'actuelle Maison de l'image. *Pour pimenter son spectacle, elle fit placer des dents en or à son fauve par un dentiste local (sic !). Pathé vint même filmer la chose. Le lion et sa dresseuse devinrent célèbres, mais l'animal supporta mal son râtelier doré. Il fallut l'abattre. La bêtise humaine n'en resta pas là. Un célèbre resto de l'époque,* Le France, *décida de cuisiner le félin, préparant moult rôtis pour le Tout-Châteauroux qui tenta de se repaître de la bête... immangeable !*

L'église Saint-André *(hors plan par B1) : pl. Voltaire (au bout de la rue Albert-Ier).* Architecture néogothique de 1876, plutôt réussie dans son genre, réalisée par l'architecte Dauvergne, auteur également de la manufacture des tabacs. Structure classique à 2 tours, grande rosace, porche à voussures... Sur le linteau, noter l'inscription, pas banale, « République française ». En 1905, à la suite de la séparation des pouvoirs, l'intérieur de l'église fut géré par l'Église tandis que l'extérieur devait être entretenu par l'État... qui imprima sa marque. Plus fort encore : l'église a récupéré une grande tapisserie commandée par l'évêque de Bourges pour l'inauguration. Ce tapis de 8,20 m par 6,80 m avait été vendu dans les années 1970, avant d'être saisi par les douanes en 1991 et attribué par erreur à la cathédrale d'Arras, où il est resté accroché 20 ans.

À Déols

- On peut visiter librement les extérieurs de l'***abbaye Notre-Dame,*** du moins ce qu'il en reste, et son musée lapidaire. De nombreux panneaux d'information jalonnent la visite. De la puissante abbaye bénédictine du XIIe s, démantelée à partir du XVIIe s par Condé, il ne subsiste aujourd'hui que quelques vestiges et un des clochers avec flèche et lanternons de style roman. Certains de ces vestiges sont conservés à Déols dans le ***musée lapidaire*** *(6, rue de l'Abbaye).* Dès l'accueil, admirez la voûte : vous êtes dans les anciennes cuisines de l'abbaye !

L'église Saint-Étienne : *pl. Carnot. Tlj normalement. Pour la visite de la crypte, demander les clés au 6, rue de l'Abbaye.* Elle date des Xe et XIIe s, avec des rajouts plus tardifs. La crypte abrite le tombeau en marbre blanc de saint Ludre (IVe s) ; sur le côté droit et à gauche, dans l'autre crypte, le tombeau de saint Léocade. De retour en ville, rue du Pont-Perrin, un mur de la chapelle rappelle la présence de l'hospice Saint-Crépin, qui servait d'étape aux pèlerins sur le chemin de Vézelay à Saint-Jacques-de-Compostelle. Ludre, Léocade, Crépin : en voilà de bonnes idées pour les futurs parents en panne de prénoms originaux !

Les ***portes de l'Horloge et du Pont-Perrin*** faisaient partie de l'enceinte urbaine sous Charles VII (XVe s). Les mâchicoulis de la porte de l'Horloge sont encore visibles, tandis que celle du Pont-Perrin conserve des vestiges des piliers du pont qui enjambait l'Indre.

Le centre de mémoire de la présence militaire à la Martinerie et dans l'Indre : *route de Lignières (voir le plan d'accès sur le site). 06-72-69-30-40. • les-amis-du-site-militaire-de-la-martinerie.org • Mer 8h30-12h et 14h-17h ; visites guidées à 9h30 et 14h30. GRATUIT.* Sur le site de l'ancienne base américaine, un touchant musée associatif où les passionnés d'histoire militaire et les curieux en tout genre iront aiguiser leurs connaissances. Salles thématiques richement fournies grâce aux fouilles, trouvailles ou donations (mannequins, reconstitutions, maquettes) et explications enthousiastes.

Marchés et manifestations

Tout le programme détaillé sur le site • *chateauroux-tourisme.com* •

– ***Marché régional de la brocante des Marins :*** *1er dim mat du mois nov-juil ; 1er dim d'oct, tte la journée. Infos : comité des fêtes du quartier des Marins,* • *comitedesmarins@sfr.fr* •

– ***Marchés gourmands du Berry :*** *certains ven de juil, à partir de 19h, au parc Balsan mais aussi dans différentes villes de l'agglomération.* Producteurs locaux, dîner sur place, animations musicales.

– ***Festival « Retours vers le futur » :*** *1 sem en mars.* Rencontres cinématographiques dédiées à la mémoire, au film d'archives et au documentaire.

– ***Festival de la Voix :*** *3 j. en mai.* Musique, chorale contemporaine, concerts gratuits, ateliers tout public.

– ***Festival DARC :*** *2 sem en août. Infos : ☎ 02-54-27-49-16.* Stage-Festival international de danse depuis plus de 40 ans.

– ***Festival des Lisztomanias :*** *quelques j. mi-oct.* Dans toute la ville : expos, café littéraire, concerts gratuits... Tout tourne autour de la puissance du romantisme de Franz Liszt.

DANS LES ENVIRONS DE CHÂTEAUROUX

La forêt domaniale de Châteauroux : *à 10 km env au sud de la ville.* Une grande et belle forêt, plantée de chênes essentiellement (95 %). Ses bois sont réputés de grande qualité pour l'ébénisterie et la parqueterie. En septembre, on peut venir pour y entendre le brame du cerf. C'est un lieu propice aux grandes promenades ; les sentiers, balisés en bleu, commencent au rond-point Picard, à l'intersection de la route forestière d'Artois et de la route forestière de Clavière. *Plan gratuit à l'office de tourisme. Pour les non-véhiculés, bus jusqu'au village du Poinçonnet, puis 15 mn de marche.*

L'église Saint-Martin d'Arthon : cette petite église romane (XIe s) mérite un détour pour ses fresques détonnantes, réalisées entre 1947 et 1952 par les artistes Claude et Line Malespine sans se soucier du qu'en-dira-Arthon. Voyez les visages allongés et expressifs, entre l'icône byzantine et la B.D., de sainte Scholastique ou de saint François bluffant le sultan... Insolite ! En sortant, beau tombeau médiéval en bas relief du seigneur et de sa dame.

LA VALLÉE DE L'INDRE, DE CHÂTEAUROUX À CHÂTILLON-SUR-INDRE

Sans l'Indre, Châteauroux n'existerait pas. Une vallée verte de 10 km permet aux citadins de s'oxygéner, de l'Écoparc des Chenevières à Déols au château des Planches de Saint-Maur, en passant par Belle-Isle, sa guinguette, son camping (voir plus haut) et la prairie Saint-Gildas. Pour ceux qui ont un peu de temps, balade sympa à faire ensuite au fil de l'Indre, avant de rejoindre plus au sud le parc naturel régional de la Brenne ou, au nord, le pays de Valençay.

■ ***Indre Nature :*** *parc Balsan, 44, av. François-Mitterrand, à* ***Châteauroux.*** *☎ 02-54-22-60-20. • indrenature.net •* Une association qui milite pour la protection de la nature et de l'environnement de l'Indre. Organise des sorties nature axées sur l'observation de la faune et de la flore.

BUZANÇAIS (36200 ; 4 600 hab.)

À une vingtaine de kilomètres de Châteauroux, traversé par l'Indre et enjambé par 7 ponts, le bourg ne constitue pas une halte architecturale marquante (plus grand-chose ne subsiste de son passé). La cité a marqué l'histoire pour ses révoltes paysannes. Le monument aux morts, œuvre du sculpteur Ernest Levroux, mérite au moins qu'on s'y attarde.

Avant d'arriver à Palluau, halte possible à ***Saint-Genou*** pour profiter, au choix, du plan d'eau de 35 ha avec baignade surveillée *(juil-août)* ou de l'église de l'ancienne abbatiale.

PALLUAU-SUR-INDRE (36500 ; 800 hab.)

Au cours de la descente de la vallée de l'Indre, petite halte dans ce sympathique gros village édifié en amphithéâtre et coiffé par un beau château. Le prieuré Saint-Laurent possède de superbes fresques romanes, encore étrangement méconnues.

Adresse utile

Office de tourisme : *19, pl. Frontenac. ☎ 02-54-37-98-09. • palluau.tourisme@orange.fr • berry-touraine-valdeloire.com • Ouv juil-août, tlj sauf lun-mar 10h-12h, 15h-18h.*

À voir

Le prieuré Saint-Laurent : *15, rue Basse (même si ça n'a pas l'air d'un prieuré, oui, c'est bien là !). ☎ 02-54-38-45-55. Si c'est fermé, récupérer la clé à l'épicerie ou au café en face. GRATUIT. Pour une visite guidée, ne pas hésiter à appeler l'office de tourisme.*
Un petit prieuré qui revient de loin : bâti à l'époque romane, il vit ses fresques du XIIe s masquées par des couches d'enduit durant plusieurs siècles, avant d'être vendu comme Bien national à la Révolution, puis divisé et transformé en logements (une partie est toujours privée et habitée).
Actuellement, on ne peut voir que le transept et le chœur surélevé, parties qui abritent les fresques retrouvées après la guerre. Dans l'abside en cul-de-four, superbe Vierge polychrome en majesté, entourée de saintes (voir les palmes du martyr). Marie présente l'Enfant Jésus, assise sur un trône à tête de dragon. Sur la gauche, on voit clairement saint Laurent sur le gril (noter les barres rougies) et un personnage qui attise les braises. À gauche, un évêque avec sa crosse. Dans le chœur, Christ en majesté dans sa *mandorle* (en forme d'amande), entouré des 4 évangélistes. Les couleurs sont restées très fraîches.

L'église Saint-Sulpice : *pl. Frontenac, au pied du château. Tlj 9h-18h.* Si la façade paraît quelconque, l'intérieur vaut notamment pour son élégante nef à croisées d'ogives gothiques, ses fenêtres flamboyantes et les stalles du XVe s. À gauche, noter saint Roch, patron des pestiférés, qui exhibe son ganglion bubonique. Heureusement, son ange guérisseur et son chien sont là. La chapelle à gauche du chœur abrite un intéressant Christ jardinier, appuyé sur sa bêche.

CHÂTILLON-SUR-INDRE *(36700 ; 2 510 hab.)*

Charmante ville qui a su préserver quelques souvenirs de sa période médiévale. Du haut de son donjon, panorama sur toute la vallée de l'Indre.

Adresse utile

Office de tourisme : *5, pl. du Vieux-Château, dans le haut de la bourgade. ☎ 02-54-38-74-19 ou 75-44 (mairie). • chatillon.tourisme@orange.fr • berry-touraine-valdeloire.com • Juil-août, lun-jeu 9h-12h, 14h-18h ; ven-dim 9h-12h30, 14h-19h ; horaires similaires le reste de l'année. Fermé 1 sem en fév, 2 sem en oct et 2 sem en déc.* Plusieurs brochures en libre accès qui aident à explorer la cité.

Où dormir ? Où manger ?

Chambres d'hôtes Maison Idéelle : *chez Geneviève Hetroy, 6, rue Grande. 06-50-61-00-07. • hetroy.genevieve@gmail.com • maisonideelles.com • Compter 70-90 € pour 2.* Une jolie et vaste maison au cœur de la ville, dont la partie arrière donne sur un jardin. 3 chambres calmes, vraiment spacieuses et aménagées avec goût. L'une d'elles donne sur une généreuse terrasse surplombant le jardin. La plus grande est équipée d'une baignoire. Dominantes de bleu, jaune et rose, avec un vrai souci de déco. Salon chaleureux, tout comme l'accueil.

Auberge de la Tour : *2, route du Blanc. ☎ 02-54-38-44-20. • aubergedelatour0500@orange.fr • Juste au carrefour des routes du Blanc et de Châteauroux. Tlj sauf dim soir et lun (plus mar en basse saison). Menus 17 € (sauf dim et j. fériés) et 31-35 €.* La salle est proprette, sans charme débordant, mais on s'y sent à l'aise. Le chef, parti faire ses classes dans différents grands établissements, est revenu dans son fief pour reprendre cette affaire et donner à la ville une halte culinaire digne de ce nom. Il prépare une cuisine sympathique et volontaire, soignée et à prix étudiés (voire étudiants !). Terrasse à l'arrière. Service souriant.

À voir

Balade bien agréable dans les quelques rues du centre, autour du donjon, notamment dans la ***rue Isorée,*** qui suit le tracé de l'ancien fossé du château.

L'église Notre-Dame : de l'extérieur, on retiendra son portail roman à voussures et ses chapiteaux issus de l'ancienne collégiale romane du XIIe s. L'intérieur se compose d'une vaste nef centrale, très haute, soutenue par de vigoureux piliers romans. De belles stalles du XVIIe s complètent le décor.

Le donjon (appelé aussi tour César) **:** *au cœur de la ville. Mêmes horaires que l'office de tourisme. Accès : 1 € (s'adresser à l'office de tourisme) ; gratuit moins de 12 ans.* Perché sur le mamelon autour duquel s'est édifiée la ville et haut de 18 m, ce donjon fortifié est dû à Henri II Plantagenêt. C'est le plus ancien donjon voûté cylindrique de France à vocation militaire. Sa forme très légèrement conique lui offre une assise solide. À l'intérieur, au 1er étage, noter le sol bombé dont la forme permet de réduire la portance des murs. De tout là-haut, beau panorama sur la vallée de l'Indre.

LE PARC NATUREL RÉGIONAL DE LA BRENNE

• Carte *p. 339*

Défavorisée par un sol argileux ingrat, à l'écart des grands courants d'échanges, la Brenne a longtemps été synonyme de pauvreté. Cette zone couvrant 183 000 ha et regroupant 51 communes (33 000 habitants) est aujourd'hui l'un des endroits les plus séduisants du département. Sa véritable richesse réside dans cette diversité paysagère où s'interpénètrent l'eau, les bois, les landes, les prairies et les buttons (petites collines de grès rouge, vestiges érodés de l'ère tertiaire).

Surnommée « pays des Mille Étangs » (on recense en fait près de 3 000 plans d'eau dans tout le parc), la Brenne est une zone humide d'importance internationale composée d'une grande richesse environnementale tant du point de vue de la faune (guifette moustac, héron pourpré, grèbe à cou noir, busard des roseaux...) que de celui de la flore (nombreuses espèces d'orchidées, dont une endémique, l'orchis de Brenne), sans oublier la cistude d'Europe, petite tortue aquatique. Ici se rencontrent les plus grands spécialistes du monde naturaliste et les amoureux des espaces sauvages. Des millions d'oiseaux migrateurs traversent son ciel chaque année. Les simples randonneurs trouveront, grâce aux animations nature proposées par le parc, de formidables opportunités pour découvrir en petits groupes la faune, la flore, les paysages et l'histoire de la Brenne.

Restera longtemps la magie d'un instant partagé face aux lumières toujours changeantes au-dessus d'étangs où les oiseaux viennent, à la tombée de la nuit, à la rencontre d'humains immobiles profitant eux aussi de leur passage sur cette terre de migration pour chercher un souffle nouveau.

Et les amateurs de feux follets pourront toujours braver les crépuscules d'automne ou les aubes tremblantes, lorsque le soleil levant fait naître en déchirant la brume d'inquiétantes formes au-dessus des étangs. D'après une légende, « ce sont les lavandières qui lavent les âmes des enfants morts sans baptême et celles des adultes disparus sans avoir reçu les saints sacrements ».

DES SANGSUES POUR LES SANS L'SOU

Les pauvres pêchaient autrefois les sangsues à trousse-culotte dans les étangs au crépuscule. Leurs jambes servaient d'appât pour les bestioles avides de globules rouges, mais c'était aussi le moment où ces pauvres hères craignaient de rencontrer les feux follets (embrasement spontané du méthane dégagé par des végétaux en décomposition), qui effrayaient les « chasseux d'sangsues », car ils incarnaient la présence des démons.

UN PEU D'HISTOIRE

À l'origine, la Brenne était certainement un pays de forêts. Celles-ci ont été exploitées, probablement dès l'Antiquité, pour produire le charbon de bois nécessaire à la réduction du minerai de fer dont les vestiges, appelés « ferriers », étaient remarquablement abondants (des centaines de sites et indices de sites archéologiques répertoriés à ce jour). Ces massifs boisés ont en grande partie disparu au cours du Moyen Âge, générant des sols hydromorphes (saturés d'eau), peu aptes à l'agriculture conventionnelle.

Les étangs, création humaine

C'est à partir du Moyen Âge tardif que les étangs de pisciculture sont créés en grand nombre. Contrairement à ce qu'on imagine souvent, ceux-ci n'ont pas été creusés. L'eau stagnait naturellement dans les bas-fonds et s'écoulait au travers de légers vallons. Il a suffi d'élever des digues barrant ces vallons pour retenir les eaux de pluie et former les étangs. Ce mouvement, porté par les élites rurales (moines et laïcs), les classes moyenne et populaire, trouve son origine dans l'augmentation des besoins alimentaires des populations urbaines et certainement dans l'introduction de la carpe danubienne. La pisciculture se met alors en place, et sa pratique, emblématique de la Brenne, reste encore très vivace en ce début de XXIe s. Les personnes autrefois chargées de créer, d'entretenir et d'exploiter les étangs sur les terres abbatiales étaient appelées des « bessons ». Il n'est pas rare que le nom de l'étang soit lié à celui du besson, comme celui du Gabriau par exemple.

La pêche en étang

Cette pêche se pratique toujours de manière traditionnelle, entre octobre et mars. Depuis la création des étangs, les gestes n'ont pas changé : l'étang est vidé, en levant la bonde (comme pour une baignoire), pour que le poisson se rassemble dans la pêcherie, où les pêcheurs équipés de grandes cuissardes vont le ramasser à l'aide de différentes formes de filets (notamment le « tramail ») ou d'une épuisette sans manche (appelée « filanche »). Il est possible d'y assister. Contacter la Maison du parc (voir plus loin) à partir de la mi-octobre pour connaître les dates et les étangs.

UN PARC, 3 ZONES

Le parc se divise grosso modo en 3 entités : au nord, on trouve ce qu'on appelle la ***Brenne des étangs,*** zone plate et entièrement dessinée par l'homme, où se concentre la grande majorité des étangs et des bois, pour la plupart privés. Au centre, la ***vallée de la Creuse,*** qui coupe le parc en 2. C'est un peu l'épine dorsale du parc, avec Le Blanc comme épicentre. Au sud, la ***petite Brenne,*** plus vallonnée car le relief est déjà influencé par les contreforts du Massif central. On y trouve moins d'étangs mais plus de massifs forestiers.

FAUNE ET FLORE DU PARC

Faune...

La présence des étangs (3 000 !) en Brenne explique en grande partie la richesse biologique que l'on découvre sur tout le territoire du parc. Mais cette richesse est également due à la juxtaposition d'autres milieux tels que landes, prairies, forêts, grottes et vallées, peu touchés par l'agriculture intensive et l'urbanisation. Zone humide, la Brenne abrite des habitats naturels remarquables et des espèces menacées de la faune et de la flore sauvages.

Au total, 150 espèces sont nicheuses sur les 267 (nombre d'espèces ayant été observées au moins une fois en Brenne) qui y trouvent refuge et nourriture.

LOUP Y ES-TU ?

Les grandes étendues très peu peuplées et peu exploitées de la Brenne, au XIXe s, constituèrent un dernier refuge pour les « hordes » de loups. C'est donc naturellement en Brenne que fut abattu le dernier spécimen, qui fit d'ailleurs l'objet d'une « prime de destruction » versée par l'État français, en 1905.

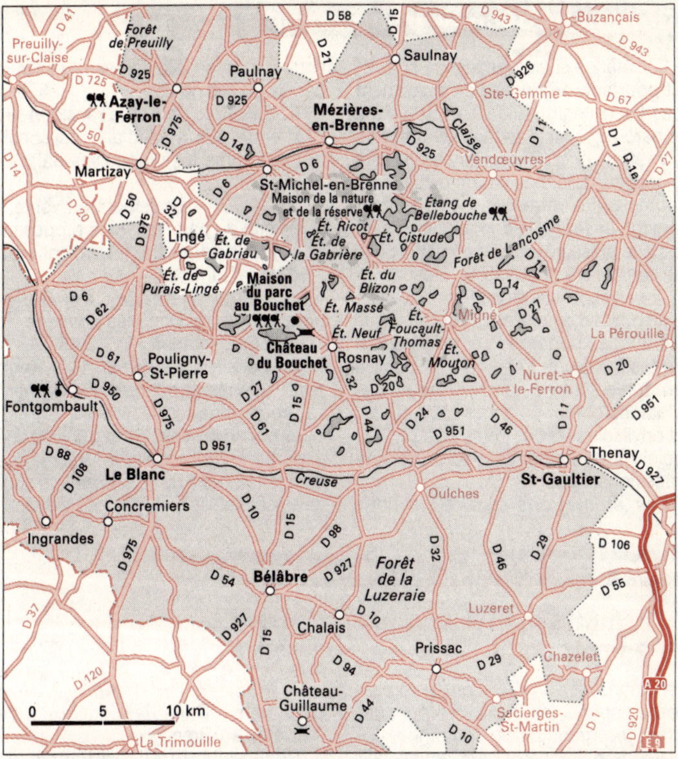

LE PARC NATUREL RÉGIONAL DE LA BRENNE

... et flore

Parmi les 1 200 espèces végétales recensées, le parc abrite de nombreuses orchidées comme la sérapias langue, ainsi qu'une flore d'étangs intéressante aussi bien en eau (flûteau nageant, caldésie à feuille de Parnassie...) qu'en assec – rivière ou étang sans eau (laîche de bohème, patience des marais...). Plus communément, il n'est pas rare de rencontrer des chênes centenaires, souvent isolés au milieu d'une prairie, de longer des étendues de roseaux, de traverser des landes couvertes de bruyères à balai (la lande, comme la bruyère, porte alors le nom de « brande ») ou d'être émerveillé, en fin d'été, par la floraison des ajoncs et des bruyères couronnant les buttons.

LA VOIE VERTE

Sur plus de 80 km, cette ancienne petite voie ferrée, reliant autrefois Argenton-sur-Creuse à Tours, a perdu ses rails pour être intelligemment transformée en piste cyclable entre la gare d'Argenton-sur-Creuse à l'est et Preuilly-la-Ville, suivant le fil de la Creuse. Accès signalisé « Voie verte » depuis les principaux axes routiers (aménagement en cours au-delà d'Argenton-sur-Creuse).

Comment découvrir la Brenne ?

3 000 étangs et un peu de terre autour ! Et pourtant, on ne les voit quasiment pas lorsqu'on circule en voiture dans le parc régional. Pas facile en effet de s'y retrouver au milieu de ces milliers d'hectares sillonnés par de minuscules routes qui s'entrecroisent avec finalement assez peu d'indications. Cet espace préservé, en grande partie privé et particulièrement secret, n'est pourtant pas si difficile à décrypter. Avec un petit mode d'emploi et quelques clés de lecture, les portes de cet étrange univers s'ouvriront. Les chemins publics qui traversent de nombreuses digues d'étangs offrent un accès visuel direct et privilégié vers ces petits joyaux.
Voici quelques points d'accès et activités conseillées :
– ***Les animations nature :*** chaque année, près de 200 sorties organisées par les guides nature.
– ***76 itinéraires de petite randonnée :*** 21 d'entre eux sont d'ailleurs considérés comme les plus belles balades du parc *(guide en vente à la Maison du parc : 13,50 €).* Également en vente à la Maison du parc, un guide proposant 16 petites balades à la fois en canoë, à pied ou à VTT *(6,90 €).*
– ***La base de loisirs de Bellebouche :*** voir « Dans les environs de Mézières-en-Brenne ».
– ***12 itinéraires à vélo :*** de 11 à 40 km sont jalonnés sur l'ensemble du parc naturel régional.
– ***Les observatoires :*** il y en a une dizaine dans ce qu'on appelle la Brenne des étangs (au nord de la Creuse). Ils sont tous accessibles mais pas tout le temps.

Adresses et infos utiles dans le parc

Informations touristiques et animations nature

La Brenne offre un intérêt ornithologique toute l'année, les meilleures périodes étant le printemps ou l'automne. Les cistudes d'Europe (tortues aquatiques) s'observent facilement en début d'été.
– ***Le pass'nature :*** c'est une formule de réduction liée aux animations nature figurant dans le document *Brenne nature* et remis lors de la 1re animation.
■ ***Maison du parc de la Brenne :*** *au hameau du* ***Bouchet,*** *à 3 km de Rosnay (36300).* ☎ *02-54-28-12-13.* • *parc-naturel-brenne.fr* • Voir le chapitre suivant. Regroupe toutes les animations proposées par plusieurs associations que l'on peut aussi contacter directement.
■ ***Maison de la nature et de la réserve :*** *à* ***Saint-Michel-en-Brenne.*** ☎ *02-54-28-11-00.* • *maison-nature-brenne.fr* • *À 5 km au sud-ouest de Mézières-en-Brenne.* Voir plus loin « Dans les environs de Mézières-en-Brenne ».
■ ***Réserve naturelle nationale de Chérine :*** *36290* ***Saint-Michel-en-Brenne.*** ☎ *02-54-28-11-02.* • *reserve-cherine.fr* • Voir plus loin « Dans les environs de Mézières-en-Brenne ».

Location de vélos et VTT, canoës et kayaks

Les ***offices de tourisme de Mézières, d'Azay-le-Ferron, du Blanc, de la Marche occitane, de Saint-Benoît-du-Sault*** et ***de Saint-Gaultier*** louent des vélos (voir ces villes plus loin).

LA MAISON DU PARC DE LA BRENNE

(commune de Rosnay, 36300) *Carte Indre, A3*

Tous les chemins mènent à Rosnay, village de 530 habitants, moins connu désormais pour abriter dans ses environs le centre de transmission

très secret de la Marine nationale, dont les antennes dressent un spectacle insolite dans le ciel, que la Maison du parc, lieu de départ de nombreuses activités dans le secteur.

Adresse utile

Maison du parc de la Brenne : *Le Bouchet, 36300* ***Rosnay*** *(le hameau du Bouchet est à 3 km de Rosnay). ☎ 02-54-28-12-13. • parc-naturel-brenne.fr • Ouv tte l'année (sauf 1er janv et 25 déc). Sorties accompagnées par des guides naturalistes sur résa (9 € ; 8-15 ans 4 €).* Le parc naturel régional de la Brenne a été créé en 1989. Installée dans l'ancienne ferme du château, sa maison est non seulement un point d'information touristique, mais aussi un véritable espace de découverte de la Brenne et ses produits de terroir, avec un espace dégustation (voir plus loin « Où dormir ? Où manger ? »). Salle de projection permettant de visionner les 5 petits films à thème, salle d'expos temporaires et espace boutique valorisant produits du terroir et artisanat du parc. Zone couverte avec tables pour le pique-nique. La Maison du parc est le point de départ de nombreuses balades, notamment de circuits vélo, VTT et d'une rando de 5 km.

Où dormir ? Où manger ?

Chambres d'hôtes Domaine de la Crapaudine : *13, rue Saint-André, 36300* ***Rosnay.*** *☎ 02-54-37-77-12. 07-86-87-18-50. • la.crapaudine@orange.fr • domaine-de-la-crapaudine.fr • Tte l'année, tlj. Double 90 €, petit déj compris ; familiales. Table d'hôtes (sur résa) 35 €. Apéritif maison offert sur présentation de ce guide.* Face au porche de l'église du village, en retrait de la route, cette jolie maison du XVIIIe s cache 5 chambres arrangées avec délicatesse et ingéniosité. L'une d'elles donne sur le jardin. L'endroit, plein de cachet, mêle avec bonheur l'ancien et le contemporain : pierres apparentes, pavés, mais aussi des nuances de gris doux pour les chambres et des couleurs toniques pour les pièces communes. Accueil chaleureux et prévenant.

Chambres d'hôtes Maison du Maupas : *au hameau du* ***Maupas,*** *à 5 km au nord de Rosnay par la D 44 direction Saint-Michel-en-Brenne (juste à l'entrée du Maupas). ☎ 02-54-37-82-84. • michel.martinazzi@wanadoo.fr • maisondumaupas.com • Doubles 85-130 €.* Cette ancienne école aux volets rouges, entourée d'un jardin impeccable et joliment fleuri, abrite une chambre et une suite, spacieuses et soignées. Terrasse extérieure, cuisine à disposition et petit salon. Et au fond, bonne surprise, une agréable piscine. Accueil cordial.

Resto de la Maison du parc : *au hameau du* ***Bouchet.*** *☎ 02-54-28-53-02. • laboutique.parc@orange.fr • Tlj 10h-17h30 (18h juil-août). À la carte 12-20 €.* Cadre champêtre particulièrement agréable qui donne, comme la carte, un avant-goût de la Brenne. Que ce soit dans la salle, agréable aux jours gris avec sa belle cheminée, ou dans le jardin entouré par la verte campagne, face à un étang, il fait bon s'attabler un moment pour goûter aux frites de carpe (une recette inspirée du Sundgau, en Alsace), voire à une tartine de carpe fumée. Si vous n'aimez pas la carpe, autres tartines à base de fromage, inutile de râler. Et si vous n'aimez pas le fromage, là, on ne peut plus faire grand-chose pour vous.

Auberge des Buttons : *Le Rianvert, 36300* ***Rosnay.*** *☎ 02-54-37-11-76. • contact@lafermedesbuttons.com • Depuis Rosnay, prendre la D 44 direction Saint-Michel-en-Brenne. Tlj sauf lun et mer, midi et*

L'INDRE EN BERRY

soir ; fermé nov-mars. Menus 16-30 €. Une vraie ferme-auberge située au cœur de paysages caractéristiques de la Brenne. On mange la production maison, en salle ou en terrasse. Bœuf, car on est chez des éleveurs de race limousine et black Angus (bio), veaux de lait mais aussi poisson d'eau douce. Friture de carpe, anguille et truite fumée toute l'année, mais pêche de poissons d'étang seulement en hiver. Sur résa, balades à cheval et en chariot et visite commentée à pied *(5 €, dégustation comprise).*

À voir

Le château du Bouchet : *à* **Rosnay.** *• chateau-bouchet.com • Ouv de fin mars à mi-nov. Entrée : 7 € ; réduc.* Le chemin de ronde sur créneaux existe encore en haut du donjon et se prolonge sur une partie du reste de l'édifice percé de meurtrières du XIIIe s et d'ouvertures du XVe s, époque où des fenêtres à meneaux sortent l'ensemble de l'obscurité. Grande terrasse du XVIIe s qui domine l'étang de la Mer-Rouge.

Les observatoires

Les observatoires des étangs Foucault-Thomas : *signalé « Étangs Foucault » sur la D 15, à 3 km au nord de Rosnay, direction Mézières-en-Brenne, sur la gauche.* Les sites des étangs Foucault et Massé ont été rassemblés dans une réserve naturelle régionale constituée sur 320 ha de milieux et paysages exceptionnels par leur diversité et leur richesse. Observation possible de nombreuses espèces de hérons, canards, limicoles en hiver. Présence de la grande aigrette ou de la guifette moustac.

L'observatoire des étangs Massé : *depuis Rosnay, prendre la D 15 direction Mézières-en-Brenne puis, à gauche, la D 17a direction Le Blizon.* Héron cendré, aigrette garzette et bihoreau gris se partagent les hauteurs d'un petit bois situé en queue d'étang.

L'observatoire de l'étang Neuf (domaine du Plessis) **:** *depuis Rosnay, prendre la D 27 sur 5 km direction Migné et tourner à droite direction « Étang Mouton ». Prendre ensuite à droite le chemin de randonnée sur 400 m.*

L'INDRE EN BERRY

MÉZIÈRES-EN-BRENNE

(36290) 1 015 hab. *Carte Indre, B2*

Bâtie sur les bords de la Claise, verte et fleurie, cette cité reste le point d'ancrage idéal pour les excursions au « pays des Mille Étangs ».

Adresse et info utiles

Destination Brenne : *6, pl. Jean-Moulin. ☎ 02-54-39-29-08. • accueil@destination-brenne.fr • destination-brenne.fr • Ouv tte l'année.* L'office de tourisme se situe dans les vestiges du château de Mézières-en-Brenne. Documentation touristique, boutique, salle dédiée à la randonnée (circuits à disposition – pédestres, vélo/VTT, équestre). Service bagage gratuit.

– ***Marché :*** *jeu mat.*

Où dormir ? Où manger ?

Bon marché

Gîte d'étape Le Moulin : *1, rue du Nord. ☎ 02-54-38-12-24 (office de tourisme). • tourisme.mezieresenbrenne@wanadoo.fr • Tte l'année, tlj. Résa obligatoire auprès de l'office de tourisme. Compter 18-21 €/pers. 10 % de réduc sur présentation de ce guide.* Au cœur du bourg, dans un ancien moulin restauré qui abrite aussi l'office de tourisme, et dans le bâtiment contigu (le « gîte du Meunier »), à la façade blanche et aux volets bleus, avec lequel il communique. Gîte de grande qualité, proposant 36 lits répartis sur 2 étages, en chambres de 2 à 6 personnes. Sanitaires communs ou dans la chambre.

Prix moyens

Au Bœuf Couronné : *9, pl. du Général-de-Gaulle. ☎ 02-54-38-04-39. • au.boeuf.couronne@hotmail.fr • restaurant-boeufcouronne.com • Tlj sauf dim soir-mar midi. Double 76 €, petit déj inclus ; familiales. Menus midi 15 € (sauf dim-lun), puis 25-28 €.* Situé sur la place centrale de ce gros village, ancien relais de poste pourvu d'un vieux et beau porche d'entrée datant du milieu du XVIe s. Chambres simples, un peu à l'ancienne, à l'image de cette moquette murale, un rien datée. Réputé pour sa table bien au-delà de la région, *Au Bœuf Couronné* propose des plats fins et inventifs (notamment le silure).

Auberge de Plume-Cane : *37, route de la Gabrière. ☎ 02-54-38-03-04. 📱 06-82-80-14-38. • contact@fermedeplumecane-36.com • Ouv ven-lun, midi et soir (sauf lun midi et fermé sam midi hors saison). Fermé janv. Menus 16-30 €.* Chez Abel et Boris Chesseron, on vient d'abord pour les volailles élevées dans la ferme : poules noires du Berry, pintades perle noire, canards cuisinés sous toutes les formes, bien souvent accompagnés de légumes du jardin de papi. Grande salle aménagée dans une ancienne grange, où l'on se sent bien. Gérants affables, intarissables sur leur métier et sur la Brenne. Formule « assiette du randonneur ».

Où dormir ? Où manger dans les environs ?

Chambres d'hôtes chez Alain et Jocelyne Renoncet : *La Marchandière, 36290* ***Saulnay.*** *☎ 02-54-38-42-94. • alain.renoncet@orange.fr • À 8 km au nord-est de Mézières-en-Brenne, en direction de Villars. Compter 62 € pour 2 ; familiales.* Située à côté d'une gentilhommière construite en 1513 et reliée au château de Palluau-sur-Indre par un souterrain, la ferme d'Alain et Jocelyne est ancrée dans la campagne brennouse. Proprios très gentils qui aiment recevoir des hôtes et leur faire découvrir leur région. Chambres impeccables, avec entrée indépendante, poutres et bonne literie. À l'étage, il y en a une pour 5 personnes. Cuisine indépendante à disposition, grand préau avec barbecue, table de ping-pong, billard.

Auberge de la Gabrière : *étang de la Gabrière, 36220* ***Lingé.*** *☎ 02-54-37-80-97. • auberge-de-la-gabriere@orange.fr • À 7 km au sud-ouest, entre Mézières et la Maison du parc de la Brenne. Fermé mar soir (hors saison seulement) et mer. Formule déj en sem 14 € ; carte 25 €. Café offert sur présentation de ce guide.* Idéalement située face à l'étang de la Gabrière. Les menus sont très copieux et proposent des spécialités à base de produits de la Brenne : cuisses de grenouilles, carpe à l'ancienne... Chambres sur place *(doubles 60-74 €).*

À voir

L'église collégiale Sainte-Marie-Madeleine : le clocher de l'église, flanqué de 2 clochetons de pierre, abrite un charmant petit porche ; à droite du chœur, Nicolas d'Anjou fit bâtir au XVIe s une superbe petite chapelle Renaissance. Vitraux du XIVe s.

QUAND LA JUSTICE S'ÉGARE DANS LES MARAIS

Le 31 décembre 1946, un garde-chasse est retrouvé criblé de plombs. 2 jeunes, Mis et Thiennot, sont condamnés par les assises, en 1947, à 15 ans de travaux forcés, sur la foi du témoignage d'un simple d'esprit. Graciés par René Coty en 1954, Mis et Thiennot n'obtinrent jamais la révision de leur procès, malgré la découverte du véritable coupable.

DANS LES ENVIRONS DE MÉZIÈRES-EN-BRENNE

La Maison de la nature et de la réserve : *36290* ***Saint-Michel-en-Brenne.*** *☎ 02-54-28-11-00. • maison-nature-brenne.fr • À 5 km au sud-ouest de Mézières ; prendre la direction de Saint-Michel-en-Brenne par la D 6 puis la D 6a. Avr-sept, tlj sauf mar 10h-12h30, 14h-17h (18h w-e, juil-août et sept) ; fév-mars et oct-nov, tlj sauf mar 10h-12h30, 14h-17h ; fermé déc-janv. Accès à l'observatoire situé sur l'étang Cistude : jours d'accès restreints (mat seulement juin-sept, infos sur place). Visites accompagnées avr-août, tlj sauf mar à 17h (avec prêt de jumelles) ; durée : 45 mn ; compter 3 €. Venir 15 mn avt. Librairie nature intéressante.* Située en bordure d'étang, cette maison est un lieu d'information mais aussi d'observation (grandes baies vitrées donnant sur l'étang). Elle présente également une superbe exposition dédiée à l'oiseau emblématique de la Brenne, intitulée « Mission guifette moustac », qui intéressera petits et grands. La scénographie est ludique et originale : on découvre les paysages de la Brenne comme un oiseau les voit en plein vol, avec nuages et guifettes moustac en hauteur, étangs, poissons, batraciens, insectes et mammifères au sol.

L'observatoire de l'étang Cistude : *Accès par la Maison de la nature et de la réserve. Libre en été aux horaires d'ouverture de la maison, restreint hors saison (voir sur place).*

La réserve naturelle nationale de Chérine : *36290* ***Saint-Michel-en-Brenne,*** *à 100 m de la Maison de la nature. ☎ 02-54-28-11-02. • reserve-cherine.fr • Accès libre et gratuit dans les observatoires. Visites guidées (2h30) au cœur de la réserve (3/sem avr-juin, plus quelques-unes, notamment le soir, juil-sept) : se renseigner ; résa obligatoire ; prix : 9 €. Observation possible des oiseaux de la Brenne mais aussi des grands animaux (sangliers, chevreuils, cerfs).* La réserve, créée en 1985, a pour vocation la sauvegarde des plantes et des animaux sauvages caractéristiques de la Brenne. Les activités humaines (pisciculture, agriculture) y sont menées de façon douce afin d'en assurer la préservation. Sur 370 ha, vous pourrez découvrir une grande diversité d'espèces, due à une variété des milieux naturels assez exceptionnelle. Les meilleurs moments pour observer les oiseaux sont le début ou la fin de journée.

Plusieurs observatoires publics : ils permettent d'approcher en silence des espèces telles que la cistude d'Europe (rare petite tortue d'eau douce), le héron pourpré ou le busard des roseaux.

– ***L'observatoire de l'étang Ricot :*** *signalé « observatoire » sur la D 17 entre Douadic et Mézières-en-Brenne, env 1 km après avoir croisé la D 44. Accès sur la gauche par un chemin. Aire de stationnement avec panneau d'info.* Observation recommandée le matin et en fin d'après-midi. Un des meilleurs points d'observation de la cistude d'Europe.

– ***L'observatoire de l'étang des Essarts :*** *non signalé depuis la route, il est accessible par le chemin rural depuis la D 17 en venant de Saint-Michel-en-Brenne, sur la gauche. Aire de stationnement.* Observation recommandée le matin et en fin d'après-midi.

– ***L'observatoire de l'étang de la Sous :*** ♿ *Depuis la D 17, prendre la D 44 en direction de Saint-Michel-en-Brenne.* Étang de 32 ha riche en espèces d'oiseaux, en nénuphars et en roseaux. Observation recommandée l'après-midi.

– ***L'observatoire de l'étang de Purais-Lingé :*** ♿ *Depuis Lingé, prendre la D 32 en direction de Rosnay.* Étang de 58 ha où l'on peut observer guifettes moustac, nettes rousses et busards des roseaux... Observation recommandée l'après-midi.

Les terres de Picadon : *accès par la D 6a.* Petit parcours de 800 m qui permet de parcourir sur une courte distance mares, landes et friches, peuplées de sauterelles, de grenouilles et de libellules... Un petit concentré de Brenne !

Les terres de Renard : *depuis la D 17, prendre la D 44 en direction de Saint-Michel-en-Brenne, aire de stationnement sur la droite.* Un chemin de près de 1 km traverse les milieux typiques ou remarquables de la Brenne. À découvrir seul ou accompagné pour y faire de belles rencontres naturalistes.

La base de loisirs de Bellebouche : *à 8 km à l'est de Mézières par la D 925. Ouv oct-avr. Chemin de randonnée autour de l'étang, avec 3 observatoires (compter 3h). Animations en saison. Possibilité de resto sur place. Parking payant w-e et j. fériés en mai, juin et sept ; tlj en juil-août (5 €/véhicule).* Ce bel étang façonné par l'homme, d'une superficie de 100 ha (un des plus grands de la Brenne), est entouré de rives boisées et ombragées. C'est un lieu plaisant pour la balade. On peut y pratiquer diverses activités : baignade (non surveillée), kayak, embarcation à pédales, minigolf, parcours santé, aire de pique-nique.

Village Vacances Nature : *☎ 02-54-38-28-28. • contact@bellebouche.fr • village-vacances-bellebouche.com • Ouv avr-oct.* Un village vacances bien intégré dans son environnement bucolique. Tenue des maisons impeccable. Resto sur place.

Le sentier de randonnée et les observatoires : un parcours de 7,5 km, doté de 3 observatoires, fait le tour de l'étang. Découverte d'un paysage de prairies, lande, friches, bois et buttons.

AZAY-LE-FERRON

(36290) 880 hab. *Carte Indre, A2*

À 12 km à l'ouest de Mézières par la D 925. À Azay-le-Ferron, les sols se font plus riches, et la présence du tuffeau dans les constructions évoque déjà la Touraine toute proche.

Adresse utile

Point d'accueil information touristique : *au château. ☎ 02-54-28-20-28. • accueil@destination-brenne.fr • destination-brenne.fr •* Doc sur la région, sentiers de randonnée.

Où dormir à Azay-le-Ferron et dans les environs ?

Chambres d'hôtes Domaine de la Botterie : *24, rue Louis-Cassas. ☎ 02-54-39-23-77. 06-81-16-14-74. • j.a.legros@wanadoo.fr • domainedelabotterie.com.fr • À la sortie d'Azay-le-Ferron en direction de Châtillon-sur-Indre, au bord de la route. Congés : 24 déc-2 janv. Double 75 € ; familiales. CB refusées.* Une vieille bâtisse restaurée avec soin, qui ouvre sur un grand jardin fleuri avec vue sur la campagne brennouse. Des chambres douillettes et élégantes, décorées avec talent par la propriétaire. Est-il besoin d'ajouter que l'accueil est excellent ?

Hôtel Au Bosquet Fleuri : *1, rue de l'Europe, 36220* ***Martizay.*** *☎ 02-54-28-60-09. • fleur.berteloot@gmail.com • aubosquetfleuri.fr • Doubles 60-65 €. Parking gratuit.* Un hôtel pas vraiment comme les autres, au cœur d'un village qui ne s'attendait pas à voir débarquer un jour Thérèse Berteloot, une fille du Nord, au langage aussi haut en couleur que la déco des 6 chambres, aménagées par elle. Petite salle de déjeuner tonique, à l'image de la patronne des lieux. Resto à 2 pas pour qui voudrait s'offrir quelques plats de terroir tout simples.

À voir. À faire

Le château d'Azay-le-Ferron, son parc et ses jardins : *au centre du village. ☎ 02-54-39-20-06. • chateau-azay-le-ferron.com • Château ouv fin mars-13 nov, tlj 10h-18h (18h30 juil-août, 17h30 1er oct-13 nov) ; dernière admission 45 mn avt. Animations et jeux de piste pour les petits. Nombreuses visites guidées insolites. Pique-nique possible sur place. Visite du parc à vélo. Entrée : 10 € (visite guidée du château et accès au parc) ; parc seul : 4 € ; réduc. Visites insolites 12 € ; réduc.* Bien que situé dans le département de l'Indre, le domaine d'Azay-le-Ferron appartient à la Ville de Tours. Il recèle de riches collections de peinture, mobilier et objets d'art, s'étalant sur plusieurs époques. Petit château aux proportions harmonieuses qui plaira aussi bien aux amateurs d'architecture qu'à ceux de jardins : ceux-ci ont été classés « Jardin remarquable ». C'est du jardin à la française que l'on peut le mieux apprécier les différents styles qui le composent : un donjon (du XVe s) à mâchicoulis et chemin de ronde couvert est relié au corps de logis – appelé pavillon François-Ier (XVe-XVIe s) – par une aile du XVIIe s. À droite du pavillon François-Ier, le pavillon de Breteuil (XVIIIe s).

DANS LES ENVIRONS D'AZAY-LE-FERRON

La réserve de la Haute-Touche : *36290* ***Obterre.*** *☎ 02-54-02-20-40. • zoodelahautetouche.fr • À 2 km au nord d'Azay sur la D 975. Juil-août, tlj 9h-19h ; avr-juin et sept, tlj 10h-18h (19h dim et j. fériés) ; oct-11 nov, mer, w-e et j. fériés (tlj vac de la Toussaint) 10h-17h. Fermeture des caisses à 17h (16h en oct-nov). Entrée : 14 € ; réduc ; gratuit moins de 3 ans.*

Un des temps forts de la balade dans le parc, et une visite en famille indispensable pour mieux comprendre les grands combats menés par les parcs européens comme celui-ci (l'idéal étant de suivre une visite guidée). Sur les 436 ha de ce domaine évoluent plus de 1 300 animaux répartis en 120 espèces (91 espèces de mammifères, 25 espèces d'oiseaux et 4 espèces de reptiles), dont beaucoup en programme de sauvegarde : la Haute-Touche est le seul parc zoologique de France à avoir le statut de laboratoire de recherche, contribuant à l'élevage et à la reproduction des espèces en voie d'extinction. 2 groupes de loups (européens et américains), des sangliers, des baudets du Poitou, des mouflons, des lamas, des zèbres, des bouquetins, des yacks, des bisons,

des singes, des antilopes africaines, des guépards, des tigres, une collection unique au monde de cervidés... Comme ces 5 cerfs d'Eld du Siam (il n'y en a plus que 26 en captivité dans le monde). Pas d'éléphants, pas d'animaux que l'on rêve d'avoir en peluche dans ce domaine qui nous fait pourtant voyager sur les 5 continents, mieux que nombre de zoos, grâce à de nombreux spécimens dénichés dans les forêts d'Afrique ou dans les plaines d'Asie centrale, des hyènes, des dholes, des lémuriens... qui ont ici un vrai espace de vie dans de vastes enclos. Panneaux décrivant très bien les objectifs du parc. Les visiteurs sont invités par ailleurs à suivre le « nourrissage » des oiseaux, des hyènes ou des tigres.
L'accès au cœur du parc s'effectue en voiture en suivant un parcours de découverte de 4 km. Inutile de klaxonner pour faire avancer ceux qui roulent au pas dans l'espoir de photographier les animaux (impossible de sortir de voiture !). On emprunte ensuite des sentiers qui pénètrent dans d'agréables sous-bois, ponctués de sites d'observation. À pied mais aussi (surtout) à vélo. Possibilité de location de voiture électrique *(23 €/h)*.
Aire de pique-nique et espace de restauration sympathique dans la ferme du XVe s à côté de la boutique.

Le Musée archéologique de Martizay *(36220) : pl. de l'Église. 06-78-88-14-48. Ouv Pâques-Toussaint : dim 15h-17h30 et Journées du patrimoine ; juil-août, mer et w-e 15h-18h. Entrée : 3 € ; réduc.* La richesse archéologique de la région, et notamment la découverte dans les années 1940 d'un site gallo-romain et d'un cimetière mérovingien à proximité de Martizay, explique la présence de ce musée. Tous les objets exposés ici sont issus des fouilles réalisées sur la commune. On est surtout admiratif devant la qualité des fresques retrouvées par les archéologues qui reconstituent patiemment le puzzle du décor disparu d'une grande villa romaine retrouvée non loin d'ici.

L'église Saint-Étienne : *dans le village de* ***Paulnay*** *(36290), à 6 km à l'est d'Azay-le-Ferron, sur la D 925.* Jolie petite église romane au style poitevin, qui se distingue par son portail en plein cintre et à voussures, très travaillé. Chapiteaux sculptés d'entrelacs, monstres marins et gros volatiles (aigles ?). À l'intérieur, nef unique assez simple. Sur la gauche, fresque très dégradée illustrant l'enfer, du XVe s. Dans l'abside en cul-de-four, les fresques du XIIIe s ont été bien restaurées. On y découvre 2 anges musiciens. Dans le chœur, un saint Étienne lapidé (c'est le 1er martyr du christianisme), ainsi qu'un Christ en majesté (sous la voûte).

LE BLANC

(36300) 6 540 hab. *Carte Indre, A3*

Situé sur un gué permettant le passage de la Creuse, Le Blanc était, à l'époque gallo-romaine, au centre d'une étoile de 6 voies romaines allant en direction de Poitiers, Orléans, Tours, Bourges, Levroux et Limoges (il reste aujourd'hui un nœud routier où la circulation est intense l'été). Ville frontière, elle fut écartelée entre Berry et Poitou avant que la Révolution ne la rattache au département de l'Indre. Séparée en 2 par la Creuse – on distingue la ville haute au sud (bâtie en terrasses et où l'on trouve le château) et la ville basse au nord (bâtie en pente douce) –, Le Blanc est l'agglomération la plus importante du parc naturel régional de la Brenne.

Adresses utiles

Office de tourisme : *22, pl. de la Libération. ☎ 02-54-37-05-13. • accueil@destination-brenne.fr • destination-brenne.fr • Juil-août, lun-sam 9h30-12h30, 14h-18h ; avr-juin et sept, lun-sam 9h30-12h, 14h-18h (fermé lun mat) ; janv-mars et oct-déc, mar-sam (sauf jeu et sam ap-m) 9h30-12h, 14h-18h.* Un circuit patrimonial jalonné par des panneaux explicatifs parcourt le centre ancien ; la brochure *(env 2 €)* est disponible à l'office de tourisme ainsi qu'à l'écomusée. Visites guidées de la ville en été. Parcours randonnée pédestre de 6 et 11 km balisés.

Location de vélos : *à l'office de tourisme et à la base de plein air, rue des Landelles. ☎ 02-54-37-36-85. • basedepleinair@yahoo.fr • Du centre, traverser la Creuse puis prendre direction Bélâbre, faire env 2 km jusqu'au rond-point, puis c'est indiqué (discrètement). Loc de VTT tte l'année, compter 15-20 €.*

Où dormir ?

Où manger au Blanc et dans les environs ?

Chambre d'hôtes Montenaut : *Montenaut, 36220* ***Lurais.*** *06-79-35-34-22. • gitemontenaut@gmail.com • gitemontenaut.blogspot.com • À 15,8 km au nord-ouest, sur la route d'Angles-sur-l'Anglin. Double 70 €.* Une chambre pour les amateurs de calme dans une demeure du XIIe s, dont le balcon ouvre sur un site exceptionnel surplombant l'Anglin. La propriétaire est passionnée de botanique et de nature en général.

Le Cygne : *8, av. Gambetta. ☎ 02-54-28-71-63. • restaurantducygne123@orange.fr • En ville basse. Tlj sauf dim soir-mar. Résa souhaitée. Menus 29-46 €.* Une belle adresse. La salle du 1er étage est dans un style plus rustique que celle du rez-de-chaussée à la déco classique, bourgeoise et claire. Spécialités de quenelles de brochet maison sauce crustacé, medley de tête de veau et foie gras... Le chef n'hésite pas à sortir de sa cuisine pour passer de table en table voir si tout se déroule bien. Bon rapport qualité-prix-accueil.

L'INDRE EN BERRY

À voir

Le château Naillac – écomusée de la Brenne : *dans la ville haute, pl. du Champ-de-Foire. ☎ 02-54-37-25-20. (pour les ⅔ de la visite). Juil-août, tlj 10h-12h30, 14h-18h ; fin mars-fin juin et sept, tlj sauf lun 14h-18h ; oct-déc, tlj sauf lun 14h-17h30. Fermé janv-fin mars, 11 nov et 25 déc. Entrée : 4,50 € ; réduc.* L'écomusée est installé au château Naillac, dont on peut encore voir 2 donjons carrés flanqués d'une tour du XIIe s, restaurée au XVe s et agrémentée d'éléments postérieurs (XVIIIe s) – cela dit pour parodier les guides d'autrefois. Noter plutôt l'église paroissiale du XIe s, édifiée à l'intérieur de l'enceinte du château, ce qui était rare à l'époque. L'exposition permanente intitulée « Des hommes, un pays, une histoire » invite à la découverte du pays des Mille Étangs. La grande majorité des 800 oiseaux naturalisés que vous allez croiser (dans des vitrines) proviennent de la Brenne. Maquette en bois du château Naillac à la fin du Moyen Âge. Une autre reproduit les étangs de la Brenne et permet de comprendre l'organisation des chaînes d'étangs.

La maison des Amis du Blanc : *11, Grand'Rue, ville haute. Sur la rive gauche de la Creuse. Infos à l'écomusée ou à l'office de tourisme (voir plus haut). Juil-août, visite guidée tlj sauf lun 14h30-18h30. GRATUIT.* Dans une belle maison à pignon du XVe s, une des plus anciennes de la ville, remarquable collection d'objets d'art et de traditions populaires de la vie quotidienne au XIXe s et de la 1re moitié du XXe s.

DANS LES ENVIRONS DU BLANC

POULIGNY-SAINT-PIERRE (36300 ; 1 080 hab.)

Ce fut le 1er fromage de chèvre à bénéficier d'une AOP, c'est aussi la plus petite des appellations (22 communes, toutes sur le parc). Facile à reconnaître avec sa forme pyramidale ; des panneaux à l'entrée des exploitations permettent de le localiser. Dans le village même, vous trouverez tout pour compléter votre pique-nique : chez ***Fish Brenne,*** route de Ruffec, vous pourrez acheter rillettes de carpe ou de truite et poisson fumé *(ouv mar-ven ; banc de poissons frais jeu-ven seulement).* Pour suivre, une ***Maison du fromage*** bien fournie, à l'entrée du bourg, propose du frais et des produits locaux *(ouv mar-sam et dim mat).* Le lieu du pique-nique, lui, est tout trouvé : la ***réserve naturelle régionale du Bois des Roches,*** avec un superbe point de vue sur la Creuse (se garer à l'entrée du village des Roches). Pour qui n'aurait pas envie de pique-niquer, auberge dans le village, en face de la *Maison du fromage.*

FONTGOMBAULT (36220 ; 250 hab.)

À 8 km au nord-ouest du Blanc par la route de Tournon-Saint-Martin ; cette route suit joliment le val de Creuse.

FAUT PAS EMBÊTER LA VIERGE

La Vierge à l'Enfant que l'on découvre dans la nef de l'abbaye de Fontgombault est porteuse d'une légende qui raconte qu'à la Révolution, un homme voulut profaner ladite statue. C'est alors que le coupable chuta et mourut, tout en manifestant un « profond repentir ». Depuis, la Vierge est censée favoriser la conversion des pécheurs et la guérison des malades.

👍👍 ***L'abbaye de Fontgombault :*** *☎ 02-54-37-12-03. Église abbatiale tlj 9h-12h45, 14h-19h. Offices en latin et en grégorien : grand-messe tlj à 10h, vêpres en sem à 18h (15h45 jeu de mai à mi-sept, 17h dim et j. fériés). Autour de l'abbatiale, un magasin de produits monastiques, un espace vente de poteries de grès réalisées par les moines et produits des fermes.*

Cette abbaye fut fondée en 1091 par des disciples de Pierre de L'Étoile pour vivre, en communauté, selon la règle bénédictine. Elle connut un rayonnement important au Moyen Âge. C'est au XVe s que les abbés de Fontgombault s'attachent à creuser nombre d'étangs et développent la pisciculture qui dessinera la topographie de la Brenne. Abbaye plusieurs fois pillée à partir du XIVe s, notamment durant les guerres de Religion, elle ferme ses portes en 1741 faute de vocations, avant d'être vendue comme Bien national à la Révolution. La vie monastique y renaît au milieu du XIXe s grâce à des moines trappistes qui restaurent l'église et installent une colonie agricole. Depuis 1948, l'abbaye est occupée par 60 bénédictins de la congrégation de Solesmes, dont on peut écouter les chants. ***Ces moines avaient caché le collabo Paul Touvier***, recherché pendant des années par toutes les polices... Ils perpétuent la tradition d'offrir un lieu de refuge pour les personnes en difficulté, tendance... intégriste.

– ***La visite :*** de l'abbaye on ne peut voir que l'église abbatiale, remarquable ensemble roman. Intéressant portail à voussures, avec une coquetterie de rythme dans leur variété et remarquables chapiteaux végétaux et animaliers. À l'intérieur, on découvre 3 nefs, superbement élancées, qui en imposent par leur majesté (82 m de long et 18 m de large). Dans la nef centrale, au sol, le gisant de Pierre de L'Étoile, fondateur de Fontgombault. Dans celle de droite, sur le mur latéral, sculpture de *Notre-Dame-du-Bien-Mourir,* Vierge à l'Enfant du XIIe s. Le chœur est la partie la mieux conservée, avec ses 5 chapelles rayonnantes en parfait état et son généreux transept, mais on ne peut pas y accéder.

Où acheter un bon fromage de Pouligny ?

Ferme des Cabrioles : *Les Auzannes, Fontgombault.* ☎ *09-61-53-30-91.* • *fermedescabrioles@orange.fr* • *De Pouligny, traverser la Creuse par la D 43, puis, à un petit carrefour, prendre à droite direction Angles-sur-l'Anglin, puis à gauche vers le lieu-dit Les Auzannes (panneau « Fromages »), et c'est à env 1 km. Tlj (sauf w-e et j. fériés) 8h-12h, plus ven 16h-18h.* 3 jeunes gens, Thierry, Laurent et Séverine, ont monté cette sympathique fromagerie en 2005. Quelque 150 chèvres pâturent sur les espaces alentour entre mars et octobre. Si vous voulez en savoir plus, appelez avant. Petite originalité, les *Cabrioles* élaborent aussi une tomme de chèvre, pâte pressée non cuite, prête en 2 mois et tout à fait délicieuse. Également bûche cendrée, crottin fermier, faisselle et yaourts.

INGRANDES *(36300 ; 320 hab.)*

À 7 km à l'ouest du Blanc.

Ce minuscule village tranquille dans lequel Henry de Monfreid jeta l'ancre, et plongea sa plume dans l'encre pour rédiger nombre de ses belles histoires, mérite bien un petit détour. Outre le musée dédié au vieux pirate, Ingrandes et ses environs proposent 2 belles adresses, classe et champêtres à la fois, pour se reposer.

Où dormir dans les environs ?

Chic

Château de Forges : *hameau de Forges, 36300* ***Concremiers.*** ☎ *02-54-37-40-03.* • *chateaudeforges@orange.fr* • *chateaudeforges.fr* • *Traverser l'Anglin (D 17), puis 1re à droite par la D 53 et suivre le fléchage. Compter 150 € pour 2 ; petit déj 12 €.* Ce château du XVe s est dans le giron de la famille de Poix depuis que l'ancêtre Jean Tyrel de Poix le fortifia au XVe s. Les 10 tours, les murs d'enceinte, les mâchicoulis... tout cela en impose et on s'attend en permanence à voir débouler quelque assaillant. 3 chambres sont proposées, dont la « chambre du Chapelain », voûtée, dotée d'une baignoire en zinc et à l'ancienne, donnant sur la vallée de l'Anglin, tranquille rivière qui longe le château. Les 2 autres donnent sur la cour, mais toutes exhalent un charme indéniable. Belles étoffes, souci du détail dans les salles de bains... Au sous-sol, espace spa *(37 €/chambre).* Possibilité de descendre l'Anglin en canoë.

À voir

La Maison des abeilles : *2 bis, La Vallée.* ☎ *02-54-28-68-63.* • *maisondesabeilles.com* • *Vac scol, lun-ven 14h-17h30 (sinon w-e et j. fériés, sur résa). GRATUIT.* Espace de découverte, exposition, boutique et dégustation de miel, site pédagogique de l'association Terre d'abeilles. Les contacter pour tout renseignement précis. Programme des manifestations sur le site internet. Exposition et dégustation de miel.

DE LA MER ROUGE... À LA MER-ROUGE

Henry de Monfreid voyagea sur toutes les mers du monde. Dealer de haschich, trafiquant d'armes à ses heures, ami de Kessel et amoureux de l'Éthiopie, il navigua de longues années sur la mer Rouge pour venir finir ses jours, ce qui l'amusait, à Ingrandes, à quelques kilomètres de l'étang... de la Mer-Rouge, au cœur de la Brenne.

BÉLÂBRE (36370) 980 hab. *Carte Indre, A4*

Une tranquille bourgade où l'on peut faire halte pour explorer la partie sud de la Brenne, déjà tournée vers la Vienne et la Haute-Vienne. Dans le secteur, un musée attachant (à Prissac) et une belle rando.

Où dormir ? Où manger au sud du parc ?

Domaine de Montgenoux : *36370* ***Prissac.*** *☎ 02-54-25-02-94. • contact@domainedemontgenoux.fr • domainedemontgenoux.fr • ♿ (1 chambre). Fléché sur la D 10, en direction de Bélâbre/Le Blanc. Tlj, tte l'année. Double 105 € ; familiales.* Les bâtiments de la ferme, datant essentiellement du XVIIIe s, et le logis principal se situent au cœur d'un domaine agricole, principalement voué à l'élevage ovin et à la sylviculture, en pleine campagne donc. Pour l'anecdote, le domaine fut un haut lieu de la Résistance locale et le théâtre d'un épisode majeur de la Libération. 5 chambres, coquettement arrangées, dans des coloris plutôt contemporains. Accueil des chevaux et de leurs cavaliers ! Piscine.

Les Cabanes de Chanteclair : *Chanteclair, 36370* ***Chalais.*** *☎ 02-54-37-63-82. • contact@lescabanesdechanteclair.com • lescabanesdechanteclair.com • Ouv tte l'année. Sur résa. Compter 120-240 € pour 2, petit déj inclus. Paniers terroir 27-49 €.* 11 cabanes perchées dans les arbres (mais très faciles d'accès car desservies par un escalier) et disséminées dans une forêt privée de 2 500 ha. Confort très nature, évidemment (toilettes sèches, sans eau courante ni électricité), mais nichoir douillet à la déco tendance rustique chic à partager en amoureux, entre amis ou en famille. Les plus grandes cabanes peuvent accueillir jusqu'à 5 personnes. Pour un séjour au plus près de la nature. Également une chambre d'hôtes avec spa, et un gîte avec spa aussi.

Domaine du Ris de Feu : *chez Caroline Fontaine, 36370* ***Chalais.*** *📱 06-87-21-65-69. • contact@lerisdefeu.fr • lerisdefeu.fr • De Bélâbre, prendre direction Prissac (D 10) ; au niveau de la Petite Luzeraise, suivre fléchage. Doubles 125-135 €. Café ou digestif maison offert sur présentation de ce guide.* Ici, vous ne risquez pas d'être importuné par les voisins. Un manoir du XVe s, avec sa tour et sa ferme forte, au milieu d'un domaine de 160 ha. 2 gîtes et 1 suite forcément charmante, un petit déjeuner copieux servi dans la salle des fours à pains, avant la balade vers l'étang, à moins que vous préfériez la rivière, la mare, le verger-potager, les promenades forestières. Tout un univers à partager. Spa et piscine.

Resto Léon : *5, route de Bélâbre, 36370* ***Prissac.*** *☎ 02-54-47-83-06. • leonprissac@gmail.com • ♿ Le midi mar-dim, le soir ven-sam. Formule déj 15 € ; menu 26 € puis 35,50 €.* Le *Resto Léon* revivifie l'univers culinaire de Prissac. Intérieur en pierre et bois (belle charpente), agencement moderne et plein de chaleur (tabourets hauts et tonneaux), prolongé par une petite courette. Xavier, le patron, distille un bon accueil ainsi qu'une cuisine simple et de bon aloi. Une halte amicale.

L'INDRE EN BERRY

DANS LES ENVIRONS DE BÉLÂBRE

Les Trois musées (Machinisme agricole, Facteur rural et espace Gutenberg) : *route de Bélâbre, 36370* ***Prissac.*** *☎ 02-54-25-06-85 (musée en saison) ou 00-10 (mairie de Prissac). • troismuseesprissac.jimdo.com • À 14 km* *au sud-est de Bélâbre. Se renseigner pour les horaires ; ouv sur rdv en basse saison. Entrée : 4 € ; réduc.* Cet insolite et sympathique musée est surtout dédié au ***machinisme agricole,*** de la traction animale au moteur à explosion en passant par la vapeur. Toute l'histoire des machines liées au travail de la terre à travers 600 pièces anciennes, dont une bonne cinquantaine de tracteurs. Mais on craque volontiers pour le ***musée du Facteur rural*** : avec tous ses objets témoins de l'histoire locale de la poste, disposés sur les meubles de travail. Vieux téléphones, centraux téléphoniques des années 1930, différents costumes de postiers, vieilles *biaudes* (blouses de facteur, autrement dit), casiers de tri... Boîtes aux lettres à travers les âges, boîte de facteur du Second Empire (avec son encrier incorporé). Et puisqu'on parle de lettres, petit tour pour finir à l'***espace Gutenberg*** : pour une présentation de différentes machines et étapes d'impression.

Le hameau de Château-Guillaume : un circuit de découverte (1,7 km) fait le tour du château ; il est jalonné de 4 panneaux qui invitent à regarder autrement l'adorable ensemble de maisons en pierre, aux superbes toits de tuiles plates. Jolie cohérence architecturale, hameau comme figé dans le temps autour de sa petite église romane. Certaines maisons n'ouvrent que l'été, d'autres n'ouvrent plus du tout. L'hiver, pas un troquet, pas une mobylette !

SAINT-GAULTIER

(36800) 1 835 hab. *Carte Indre, B3*

Bourgade dominant la Creuse, dont il reste les anciens remparts. Elle abrite une belle église et, pour les promeneurs, la voie verte passe opportunément par là.

Adresse utile

Bureau d'information touristique : *31-33, rue Grande. ☎ 02-54-47-14-36. • lavalleedelacreuse.fr • Juil-août, lun-sam 9h-12h30 et 14h-18h ; hors saison, ven mat (jour du marché), 9h-12h30 ; fermé le reste de l'année.*

À faire

La voie verte : cet axe ferroviaire transformé en piste cyclable passe juste au sud de Saint-Gaultier. Une belle balade romantique et bucolique en perspective, à vélo ou à pied en direction soit du Blanc, soit d'Argenton-sur-Creuse. On peut louer des vélos à l'office de tourisme *(☎ 02-54-47-14-36).*

LA VALLÉE DE LA CREUSE

En amont, la vallée de la Creuse est plus encaissée et plus pittoresque. Ses méandres et ses falaises abruptes ont fasciné de nombreux artistes. George Sand, Maurice Rollinat et Claude Monet ont célébré les merveilleux paysages que la rivière a marqués de son empreinte. Les impressionnistes s'en sont largement inspirés, les nombreux tableaux sur ce sujet créant une école des peintres de la Creuse et de Gargilesse. *Berry Province* a réalisé une brochure, *La Vallée des peintres,* proposant un florilège de ces paysages impressionnistes sous forme de circuit.

C'est aussi une région privilégiée pour la pêche, les loisirs nautiques et la balade. Vous prendrez plaisir à emprunter ses sentiers forestiers qui descendent en pente douce. Coffrets de fiches rando très bien faites disponibles dans les offices de tourisme.

ARGENTON-SUR-CREUSE

(36200) 5 115 hab. *Carte Indre, B3-4*

« La Venise du Berry » (!) est traversée par la Creuse qui serpente entre ses maisons à galeries et d'anciens moulins. Un « adorable petit patelin », selon Saint-Exupéry, de passage en 1925. Et c'est vrai qu'on a envie de s'attarder dans cette ville où il fait bon flâner sur les bords de la rivière. « Argenton » vient sans doute du gaulois *Argentomagus,* composé des 2 mots *argentum* et *magus* : le « marché de l'argent ».
Aujourd'hui, il faut voir l'animation colorée de cette petite ville pittoresque le samedi matin, jour de grand marché. La rénovation récente de la rue Grande, l'artère principale, bordée de boutiques et de petits magasins, participe au charme de la cité dominée par la monumentale statue dorée de la Bonne Dame.
Si les tanneries ont disparu dans les années 1920, Argenton reste le berceau de l'industrie de la chemise, apparue dès 1860. Cette activité clé, à laquelle un beau musée est dédié, connut un essor considérable avec l'arrivée de la machine à coudre électrique et du train, à l'époque où les ateliers locaux approvisionnaient les grands magasins parisiens.
Côté animations, un cinéma, une salle de spectacle, un centre aquatique, un étonnant complexe sportif, le marché national des potiers, et enfin les festivals Mercuria, Festiv'été et Debussy, sauront séduire les plus irréductibles.

Adresse utile

i ***Bureau d'information touristique :*** *13, pl. de la République. ☎ 02-54-24-05-30. • lavalleedelacreuse.fr • Juil-août, tlj 9h-12h30, 14h30-18h (dim 9h-12h30) ; janv-juin et sept-déc, mar-sam 9h-12h30, 14h-17h30. Fermé dim-lun.*

Où dormir ? Où manger ?

De bon marché à chic

Le Cheval Noir : *27, rue Auclert-Descottes. ☎ 02-54-24-00-06. • hotellechevalnoir@wanadoo.fr • (resto). Resto fermé dim soir-lun midi hors saison. Doubles 88-95 € ; familiales. Formules déj 18-25 € ; menu 33 €.* Ancien relais de poste du XIXe s, aux longs couloirs étroits. Chambres rénovées au goût du jour, élégantes et impeccables, dont la taille varie selon le prix (certaines sont assez exiguës). Celles à l'arrière (côté ruelle) sont plus calmes. Au resto, on se délecte d'une cuisine raffinée élaborée par Christophe Jeanrot. Aux beaux jours, la cour intérieure se transforme en grande terrasse. Piscine. Vente de vin de la région à prix caviste.

Les Vieilles Maisons du Pont : *chez Jérôme Quatrepoint, 62-64, rue Grande. 06-10-11-12-13. • lesvieillesmaisonsdupont@gmail.com • lesvieillesmaisonsdupont.com • Doubles 85-95 €. Réduc de 10 % hors juil-août sur présentation de ce guide.* Des chambres d'hôtes de charme, dans un ensemble de maisons anciennes à galerie, dont les vieux balcons de bois donnent sur la Creuse. Un emplacement de choix ! Au 1er étage, suite Art déco pleine de détails chaleureux, et, au dernier, chambre plus douillette. Livres, disques et jeux à disposition, jolie petite cuisine. Accès au jardin en bord de Creuse et galerie d'art au rez-de-chaussée.

À voir

Les vieilles maisons et moulins : du vieux pont, on peut admirer le splendide point de vue sur l'enchevêtrement de maisons à galeries de bois largement fleuries et sur les moulins. Alexandre Dumas père (celui des *Trois Mousquetaires*) a décrit les vieilles maisons sur la Creuse dans son dernier roman *Le Docteur mystérieux* (pas le meilleur !). Il y affirme notamment : « C'est un spectacle à faire bondir de joie le cœur de l'artiste, qu'Argenton vu des hauteurs qui dominent ses toits chargés de mousse et de giroflées en fleur. » C'est dans ce cadre des maisons à galeries, et notamment le vieux pont, que Thomas Gilou a tourné en 2006 plusieurs séquences du film *Michou d'Auber* avec Gérard Depardieu et Nathalie Baye. Pour les contempler, suivez la petite boucle qui longe la Creuse depuis la rue de l'Abreuvoir, vers la rue du Rabois (retour par la rue d'Orjon).

L'hôtel de Scévole : cette vénérable bâtisse (XVIIe-XVIIIe s) couronnée de vigne vierge trône au milieu de superbes demeures. Son jardin (aujourd'hui disparu) avait été dessiné par Le Nôtre, tout de même !

Dans la vieille ville, jeter un œil sur la **chapelle Saint-Benoît,** dont le clocher est couvert de bardeaux de châtaignier. Construite de 1498 à 1502, elle illustre le changement d'époque entre Moyen Âge et Renaissance. Face à la chapelle, l'*ancien collège* où logeaient les prêtres et qui servit un temps de prison. Elle abrite désormais l'école de musique.

La chapelle de la Bonne-Dame : son belvédère offre une vue imprenable sur Argenton, cité mariale, et sur la vallée de la Creuse. La chapelle est surmontée d'une Vierge en cuivre martelé, dorée à l'or fin, que l'on appelle la « Bonne Dame ». Située sur les ruines de l'ancienne citadelle du VIIIe s *(ne se visite pas)* et visible de toute la ville, cette statue de Marie symbolise l'attachement des Argentonnais à leur gardienne et protectrice, comme le rappelle l'inscription du linteau : « On m'a placée ici pour garder la cité ». Ça semble fonctionner : en effet, à l'intérieur, l'entrée est recouverte d'ex-voto ! Aussi une statue de la Vierge du XVe s, honorée chaque année lors du pèlerinage début septembre.

Le musée de la Chemiserie et de l'Élégance masculine : *rue Charles-Brillaud. ☎ 02-54-24-34-69. • contact@museedelachemiserie.fr • museedelachemiserie.fr • De mi-fév au 23 déc, tlj sauf lun 9h30-12h, 14h-18h (juil-août, tlj 10h-12h30, 14h-18h30 sauf lun). Fermé 1er mai. Entrée : 5 € ; réduc ; gratuit 1er dim du mois (sauf juil-août). Billet commun avec le site d'Argentomagus : 7 €. Expo temporaire l'été.* Dans une ancienne usine de confection des années 1950, ce musée insolite décline joliment les secrets et l'univers de la chemise du Moyen Âge à nos jours. Présentation pleine d'humour, anecdotes savoureuses, chemises du monde, chemises de stars, par roulement – dont celle de Johnny, oui ! À l'entresol, belles ouvertures sur la Creuse, avant la reconstitution des ateliers, très réussie avec sa collection de petites machines à coudre. Expos temporaires brodant sur le thème du textile ; également un petit bout de jardin qui présente des plantes servant à la fabrication du tissu et des teintures. À la boutique, des chemises, évidemment, fabriquées dans l'Indre ! Un pas de côté comme on les aime, inattendu, instructif, divertissant.

Les jardins de la Grenouille : *entre l'espace Jean-Frappat et le centre aquatique.* Un vrai havre de sérénité pour bouquiner, méditer ou flâner le nez en l'air.

Situé sur d'anciens petits jardins familiaux, l'endroit a conservé ses plus beaux arbres, autour d'un ruisseau redessiné et mis en valeur. Les anciens murs de pierre redéfinissent des espaces aux ambiances contrastées : parterres de roses, vergers, bassin des nymphéas. 15 000 plantes vivaces ont été plantées pour une floraison qui s'étale tout au long de l'année.

DANS LES ENVIRONS D'ARGENTON-SUR-CREUSE

SAINT-MARCEL *(36200 ; 1 530 hab.)*

À 2 km au nord d'Argenton par la D 927.
La cité médiévale est ceinturée par des remparts.

Le musée archéologique d'Argentomagus : *☎ 02-54-24-47-31. • info@argentomagus.fr • argentomagus.fr • ♿ Tlj sauf mar 9h30-12h, 14h-18h (tlj juil-août). Fermé 1er mai et de Noël à mi-janv. Entrée : 5 € ; réduc ; gratuit moins de 6 ans ainsi que le 1er dim du mois (sauf juil-août). Billet couplé avec le musée de la Chemiserie : 7 €. Site archéologique accessible gratuitement 9h30-18h. Possibilité de visualiser le site en 3D (tablettes ou application mobile).*
Sur un plateau surplombant la vallée de la Creuse. L'antique cité gallo-romaine d'*Argentomagus* prospéra sur l'actuel territoire de Saint-Marcel, où est implanté le musée. De conception résolument moderne, celui-ci est construit directement sur les vestiges gallo-romains, au cœur de la ville antique riche de plusieurs édifices publics monumentaux (fontaine, temples, maisons, théâtre...). Les objets préhistoriques de la vallée de la Creuse, ceux de l'époque gallo-romaine et une « crypte » archéologique rythment une présentation vivante. *Autel domestique* unique en Gaule, et situé dans la « crypte », à l'endroit même où les archéologues l'ont mis au jour en 1986. Cet autel est dédié à la Prospérité et à la Fertilité (voir le phallus entre les 2 personnages). Ne manquez pas la reconstitution des fouilles du cimetière gallo-romain, émouvant avec ses restes d'un squelette d'enfant.
– ***Le jardin des plantes romaines :*** *à l'arrière du musée.* Il présente quelque 150 espèces de plantes regroupées selon 4 thèmes : les plantes aromatiques et condimentaires, décoratives, médicinales, textiles et tinctoriales.
– ***Le théâtre gallo-romain :*** *on peut le visiter, à env 1 km du site archéologique. GRATUIT.* À flanc de colline, de forme presque semi-circulaire, il mesure 85 m de diamètre et pouvait accueillir jusqu'à 7 000 spectateurs. On peut y accéder à pied ou en voiture. Un petit plan d'accès très précis est remis à l'entrée du musée.
– ***Les vestiges du pont romain :*** *hors du site, à l'entrée d'Argenton, sur la droite en venant de Saint-Marcel.* À l'origine, ce pont long de quelque 110 m comportait 5 piles maçonnées, parementées de grands blocs de pierre réguliers et dotées d'un éperon brise-lame. Utilisé pendant tout le Moyen Âge, il fut détruit par une crue en 1530. Plus que 2 piles aujourd'hui, mais le lieu, très poissonneux, demeure prisé des pêcheurs. Belle vue sur Argenton.

LE MENOUX *(36200 ; 440 hab.)*

Cité par Rabelais dans *Pantagruel,* Le Menoux comptait un vignoble de 1 500 ha en 1802, sous Napoléon Bonaparte, avant d'être anéanti par le phylloxéra. Aujourd'hui, il connaît une résurrection grâce au travail acharné d'une association, et 5 ha sont cultivés sous le label AOC. On peut aussi cheminer par les *sentiers du Vignoble retrouvé,* offrant de leur hauteur une jolie vue sur la vallée de la Creuse. Pour pique-niquer, on vous recommande les tables et la belle pelouse (juste derrière *Le Petit Roy,* voir ci-après) sur les bords de la Creuse, face à l'ancien moulin. Cadre bucolique à souhait !

Où manger ?

Le Petit Roy : *6, Le Bourgoin. ☎ 02-54-47-17-70. • contact@lepetitroy.fr • Tlj midi et soir en saison. Formule midi 14,50 € ; plat 15 €.* Une vraie belle auberge de bord de route, avec un menu du jour à prix doux pour une vraie cuisine du moment, simple mais exigeante quant à la fraîcheur et au travail des produits. Le soir, plats de saison qui donnent faim rien qu'à la lecture de la carte. Accueil simple et vrai, lui aussi. Très agréable terrasse ouvrant sur le jardin, la Creuse en arrière-plan.

À voir

L'église peinte du Menoux : *tlj 9h-19h.* En 1967, en plein pop art, le peintre et sculpteur bolivien Jorge Carrasco, ami de Cocteau, Matisse et Picasso, s'installe au Menoux (son épouse était du village) et propose de recouvrir, à titre bénévole, murs et plafond de l'église d'une fresque gigantesque ayant pour thème la création de l'homme et de l'Univers. Il en ressort un fantastique big bang coloré sur 400 m², qui explose au-dessus de la tête des visiteurs médusés. Cette étonnante et psychédélique vision cosmique manifeste, pour son auteur, l'idée que Dieu n'est autre que la vie. À droite, les allégories des forces positives de la nature, à gauche les forces négatives ; et dans la chapelle, le purgatoire est représenté face au paradis, symbolisé par la joie. On aime ou pas, mais on reconnaîtra que la surprise est totale en ouvrant la porte de cette petite église romane !

À 200 m, sa ***maison de famille*** *(☎ 02-54-47-88-20, 06-14-46-25-89 ; tlj 10h-12h30, 14h-19h ; visite gratuite, donation libre),* transformée en galerie d'art, et son ***atelier,*** méritent un détour, d'autant que ce lieu étonnant vous est conté par la famille ou les amis de l'artiste, qui ont vécu la genèse des œuvres. Grilles, fenêtres, murs, Carrasco a su faire œuvre de tout ce qui lui tombait sous la main, au pinceau ou au burin. Une fondation devrait voir le jour pour mettre en valeur l'œuvre étonnante et éclectique de cet artiste, qui s'est plu à changer de style tout au long de sa vie.

GARGILESSE-DAMPIERRE

(36190) 290 hab. *Carte Indre, C4*

Appartenant au club des « Plus Beaux Villages de France » et étape sur le chemin de Compostelle, Gargilesse fit craquer George Sand ; dans son sillage, de nombreux artistes vont découvrir l'endroit, dont Claude Monet. Baptisés « Petite Suisse », ses alentours boisés et accidentés ravissent le promeneur. Bon à savoir : le saint protecteur de la cité, Guerluchon, ravive toute virilité défaillante.

Où manger ? Où boire un verre ?

Ô Gargilesse : *3, route du Pin. 06-74-21-58-31. À l'entrée du village à droite. Tlj 9h-minuit (ven-sam 9h-2h) ; horaires restreints en hiver.* Dans l'ancienne poste du village, stratégiquement postée sur les hauteurs. On vient surtout profiter de la terrasse pour profiter de la vue, aux côtés des pèlerins et des randonneurs de tout poil. Prix très sages.

La Chaumerette : *☎ 02-54-60-16-54. • laubergedelachaumerette@gmail.com • À 2 km du village, à côté du camping. Tlj 9h-21h (voire plus tard). Congés : janv. Plats très complets 14 € ; carte 20-25 €.* Cadre charmant, atypique et atmosphère familiale, où profiter d'une cuisine simple et goûteuse, sans chichis. Angela s'occupe du bar et de l'accueil, Willem de la cuisine. Parties de fléchettes, de petits chevaux ou d'un jeu de société entre 2 plats ou autour d'un verre l'après-midi, ici on ne se prend pas la tête. Toboggan, maisonnette cabane, vélos : les enfants sont bienvenus ! Terrasse et pergola, pour prendre l'apéro et le soleil.

À voir

L'église Notre-Dame : *☎ 02-54-47-85-06 ou 83-11. Tlj. Visite libre de l'église et de la crypte.*
Pur joyau de l'art roman (XIe-XIIe s), dotée notamment d'une crypte remarquable (fresques des XIIIe et XVe s). Sur l'autel trône une belle Vierge à l'Enfant en bois polychrome (la plus ancienne statue de bois du département). Récemment, une statue contemporaine de saint Guerluchon a trouvé sa place dans l'église, qui communique avec le château.
À l'extérieur, on appréciera les curieux modillons, les chapiteaux à engoulant et l'élégante silhouette du clocher. Devant l'église, sur la place, notez la belle tour-pigeonnier et ses innombrables nichoirs en alvéoles *(accès libre).*

La maison de George Sand, villa Algira : *06-07-04-44-80. • maisondegeorgesand-gargilesse.fr • Tlj sauf mar : juil-août, 10h-12h, 14h30-19h ; avr-juin et sept, 14h30-18h. Visite guidée. Entrée : 5 € ; réduc.* Cette charmante maisonnette a été achetée par Alexandre Manceau, dernier compagnon de George Sand. Il la lui offrit, car elle avait eu un coup de foudre, un soir de juin 1857, pour ce lieu, et ils y vinrent à plusieurs reprises pour des séjours assez brefs, de petites vacances dans un refuge loin des réceptions de Nohant, pour prendre le temps de se détendre, faire de grandes promenades, de bons repas à l'auberge du village, rassembler des collections de pierres, de papillons et d'insectes, écrire aussi. Ces escapades sont très bien décrites par Sand elle-même dans ses *Carnets de voyage à Gargilesse.* Il est assez émouvant de visiter ce lieu et de s'en laisser conter l'histoire. La maison (qui porte le nom d'un papillon originaire d'Afrique) a été entièrement remeublée par Aurore Sand, petite-fille de l'auteur. On peut y observer documents, objets de famille, ainsi que des dessins de Maurice Sand, son fils.

Le château : *☎ 02-54-47-76-16. Juil-août, tlj sauf mar 15h-19h, sur rdv mai-juin. Fermé le reste de l'année. Entrée : 5 € ; réduc.* George Sand disait de lui : « Nul château n'a une situation plus étrangement mystérieuse et romantique. » Cet édifice, en grande partie du XVIIIe s, possède une poterne du XIIe s très réputée, vestige de l'ancien château détruit en 1650 au moment de la Fronde. Le château est devenu une galerie d'art proposant tous les ans des expositions thématiques différentes. Les œuvres (à vendre) sont exposées dans 4 belles salles.

L'Encadrerie : *☎ 02-54-47-86-79. Tlj sauf mar 15h-19h. Appeler à l'avance pour la visite. GRATUIT.* Petite expo consacrée à Léon Detroy, peintre impressionniste, digne représentant de l'école de Crozant. Cette maison était la sienne.

La boucle du Pin : superbe sentier de 23 km (compter la journée, en partant tôt !) vous menant à travers les collines et en bord de Creuse. Pour le splendide panorama dominant les méandres de la rivière et le village du Pin, on peut aussi rejoindre le hameau de ***Ceaulmont*** (descendre en contrebas de l'église). Le paysage est décrit par George Sand dans sa *Promenade autour* *d'un village* (1866) : « Ce mamelon incliné jusqu'au lit de la Creuse, ressemble à un éboulement qui aurait coulé paisiblement entre les 2 remparts de rochers, lesquels se relèvent de chaque côté et enferment, à perte de vue, le cours de la rivière dans les sinuosités de leurs murailles dentelées ». Rien n'a changé depuis !

Manifestations

– ***Festival d'été :*** *15 j. en août, essentiellement dans l'église romane de Gargilesse.* ☎ *02-54-47-85-06.* • *festivalgargilesse.fr* • Festival autour de la harpe dans tous ses états, classique, folk ou contemporaine. Les rues du village résonnent de doux accords tandis que les musiciens répètent !
– ***Exposition d'art dans les rues :*** *2e w-e d'août.* Peintres, artistes et artisans de l'Indre et des départements voisins envahissent les rues de Gargilesse.

ÉGUZON-CHANTÔME (36270) 1 480 hab. *Carte Indre, B4*

Village-étape accueillant, Éguzon est réputé pour son grand et superbe lac, offrant de nombreuses activités nautiques. On y vient en masse l'été pour profiter de ses plages et de ses 300 km de sentiers de randonnée balisés. L'arrière-saison n'est pas triste pour autant, surtout quand vient le temps des châtaignes...

Adresses et info utiles

ℹ ***Office de tourisme :*** *3, rue George-Sand.* ☎ *02-54-47-43-69.* • *tourisme@cc-valleedelacreuse.fr* • *lavalleedelacreuse.fr* • *Juil-août, lun-sam 9h30-12h30 et 14h-18h, dim 9h30-13h ; sept-juin, mar-sam 9h30-12h30, 13h30-17h30.* Équipe efficace.
En sortant, ne ratez pas ***La Maison du coin,*** sa bière locale et ses produits qui vantent (et vendent bien) le terroir : *13, pl. de la République, derrière l'église.* ☎ *02-54-47-24-81.*
– ***Marché des producteurs de pays :*** *pl. de la République, ven en juil-août (17h30-20h30).* Uniquement des producteurs fermiers et artisanaux.

Où dormir ? Où manger à Éguzon et dans les proches environs ?

De bon marché à prix moyens

Auberge des Chaillots : *chez Mme Rochereau, rue des Chaillots.* ☎ *02-54-47-42-47.* • *rochereaucolette@gmail.com* • *Au centre-ville, dans une petite rue derrière l'église. Compter 95 € pour 2, petit déj compris.* La maison de Colette se situe dans la ferme familiale, ouvrant sur un pré où paissent les moutons. À l'étage, une poignée de chambres rustiques, confortables et bien tenues, dont une avec des lits superposés pour les enfants. Idéal en famille donc ! Accueil charmant. Pure Éguzonnaise, Colette connaît parfaitement la région et vous aidera à trouver la table de vos rêves.
Auberge de la Table d'Angèle : *Le Pont-des-Piles.* ☎ *02-54-47-43-33.* • *arobase-restauration@orange.fr* • ♿ *À 3 km du centre-ville, en direction du barrage. Se renseigner*

pour les horaires. Compter 65 € pour 2. Menu 19,90 €. Sébastien tient cette auberge bien placée pour les touristes en goguette, et a choisi de travailler des produits qui forgent l'image de la vallée (sandre, écrevisses, fromages, cèpes). La carte change en fonction du marché et la salle à manger est sympathique. En saison froide, les flammes du poêle réchauffent aussi le cœur.

Le Cottage : *1, Les Gonins, à 3 km d'Éguzon en direction de Chantôme. ☎ 02-54-47-24-96. • lecottage-pub@orange.fr • Tlj sauf lun-mar midi. Résa conseillée. Menus 19,90-29,80 €.* Entre le côté pub, très cosy, et le côté resto, plus formel, à vous de choisir. Dans une ambiance *so British,* on se régale d'une bavette, d'une tête de veau, ou encore de viandes limousines et de foie gras. Cuisine généreuse et accueil chaleureux.

À voir à Éguzon et dans les environs

Le musée de la Vallée de la Creuse : *parc de la Mairie, 2, rue de la Gare. ☎ 02-54-47-47-75. • musee-vallee-de-la-creuse.fr • De mi-mars à mi-nov, tlj (sauf lun) 10h-12h, 14h-18h (seulement l'ap-m w-e et j. fériés). Entrée : 3 € ; réduc ; gratuit moins de 8 ans et pour ts le 1er dim du mois.* Joli cadre pour ce musée, dans les écuries de l'ancien château tombé en ruine, entre pelouse, douves et murs arasés. À la frontière entre calcaire du Bassin parisien et granit du Massif central, entre langue d'oïl et langue d'oc, entre tonneliers d'Argenton et maçons de la Creuse, entre Marche et Berry, on découvre la vie quotidienne de la vallée entre la fin du XVIIIe et le début du XXe s... Largement constitué de dons d'artisans de la région, ce petit musée à taille humaine nous fait découvrir simplement l'intimité de cette vallée et des « artistes nature » qui l'ont traversée. 3 expositions temporaires par an *(GRATUIT)* sont consacrées en effet aux peintres de la vallée, mais aussi aux artistes contemporains reconnus qui travaillent sur la nature et le paysage. L'été, ateliers pour enfants *(sur résa)* sur les thèmes du musée : école d'autrefois, natures mortes...

Le barrage et l'usine hydroélectrique d'Éguzon : *rue des Petites-Côtes, Cuzion. ☎ 05-34-39-88-70 (central de résa). Visites mer et jeu (hors j. fériés). Résa obligatoire, à partir de 12 ans, pièce d'identité valide obligatoire.* Inauguré le 5 juin 1926, il représentait à l'époque le plus puissant barrage d'Europe et fournissait de l'électricité à Paris et au 1er chemin de fer électrique. Ce barrage forme la retenue d'eau du lac d'Éguzon. Il produit à plein régime l'équivalent de la consommation de 41 000 habitants. Une plongée (humour facile !) dans l'histoire de l'électricité et dans le patrimoine industriel.

Le lac d'Éguzon : *à 4 km par la D 36.* Ce lac de 312 ha et 17 km de long offre un large panel d'activités. 3 plages : Chambon, Bonnu et Fougères. De l'embarcation à pédales au ski nautique en passant par le paddle, les activités nautiques proposées plairont aux amateurs de sensations comme aux navigateurs débutants. Idéal en famille ! Nombreux chemins de randonnée balisés autour du lac, de 3 à 33 km (fiches disponibles à l'office de tourisme). Petit paradis pour les pêcheurs de carnassiers.

Au ***Bar de la Plage*** *(juin-sept),* restauration rapide au bord du lac, façon *beach bar* – forcément !

La vallée des Peintres : la Creuse a été une vallée-atelier, entre Berry et Limousin, qui a inspiré de nombreux peintres (Monet, Picabia, Guillaumin), de nombreux photographes et écrivains (George Sand, Rollinat...). Si elle a bien changé depuis, sa nature continue d'inspirer les artistes d'aujourd'hui. La balade se prolonge côté département de la Creuse (voir le *Routard Limousin*). *Infos sur • valleedespeintres.com •*

Manifestations à Éguzon et dans les environs

– ***Fête de la Châtaigne et randonnées de la châtaigne :*** *w-e de la Toussaint. ☎ 02-54-47-43-69. • fete-chataigne-eguzon.com •* Un événement festif, sportif et culturel organisé avec le soutien de quelque 260 bénévoles fièrement coiffés du béret couleur châtaigne et du foulard à carreaux. Authenticité et convivialité garanties !

– ***Fête de la Batteuse :*** *dernier dim d'août, à* ***Chamorin*** *(à 7 km par la D 913).* Une plongée dans le monde rural avec présentation de matériel agricole. 170 bénévoles (!) vous attendent pour vous faire découvrir ou retrouver les gestes et la vie d'hier.

– ***Fête de la Sorcière :*** *3e dim d'oct, à* ***Bonnu,*** *36190 Cuzion (à 8 km ; prendre direction du barrage, puis la D 45a).* Un lieu et une fête véritablement insolites. Animations de rue, musiques, marchés, un véritable théâtre où chacun est invité à revêtir son costume de sorcière ou de magicien.

LE PAYS DE GEORGE SAND

« Les lointains ont cette belle couleur bleue qui devient violette et quasi noire dans les jours orageux. » C'est avec ces mots que George Sand immortalisa la vallée Noire, décor affectif de ses romans. Dans cette atmosphère étrange, sorcellerie et nature ont fait bon ménage. Aujourd'hui, les soirs de pleine lune, vous pouvez traverser les futaies pour aller retrouver votre sorcière bien-aimée sans croiser d'autres fantômes que ceux du passé. Vous marcherez ainsi sur les traces de la Bonne Dame de Nohant, qui a fait du donjon de Sarzay le lieu de prédilection du *Meunier d'Angibault* et du bois de Chanteloube *La Mare au diable.*

Pour ceux qui arriveraient de Châteauroux, grande ligne droite (gare aux radars) jusqu'à Nohant. Pour qui préférerait les chemins de traverse et nous aurait suivis tout au long de la Creuse, petites routes sympa pour rejoindre La Châtre à travers le Boischaut Sud, comme on l'appelle.

NEUVY-SAINT-SÉPULCHRE

(36230) 1 690 hab. *Carte Indre, C3*

Gros bourg du Boischaut Sud, à l'est d'Argenton-sur-Creuse, sur la route de La Châtre, Neuvy doit son nom à sa basilique, de forme circulaire, réplique du Saint-Sépulcre de Jérusalem. Un édifice unique en France, inscrit au Patrimoine mondial de l'Unesco au titre des chemins de Saint-Jacques de Compostelle.

Où dormir ? Où manger ?

Camping Les Frênes : *route de l'Augère. ☎ 02-54-30-82-51. ☎ 02-54-30-80-57. 📱 06-77-24-95-52. • campinglesfrenes@orange.fr • À la sortie du bourg, à 700 m (bien fléché). Ouv de mi-juin à mi-sept. Forfaits 6-7,50 € pour 2 pers ; bungalows.* Petit camping de 35 places, agréablement situé au bord d'un étang. Emplacements à l'ombre ou non, mais tous séparés par des haies. Piscine chauffée, jeux pour enfants. Un lieu calme à proximité du centre-ville, idéal pour pêcher et se baigner.

Café-resto ***Au plan d'eau*** pratique à l'entrée, et qui profite du cadre, mais mieux vaut réserver *(☎ 02-18-03-14-43).*

La Charrette : *21, pl. du Champ-de-Foire. ☎ 02-54-30-81-79. • accueil@lacharrette.com • lacharrette.com • Resto ts les midis sauf lun. Congés : 2 sem début janv et 2e sem d'août. Menus 12,50 € en sem, et 15-25 € le w-e.* À 500 m de la basilique, un petit établissement où l'on continue à rassasier le pèlerin de classiques français, simples et goûteux. Le week-end, le jeune patron enfile sa toque et propose une cuisine plus recherchée. Une bonne petite adresse à l'accueil bienveillant et attentif. Également 4 chambres *(50 €).*

Où manger dans les environs ?

Le Campagnard : *4, rue des Anciens-Combattants, 36230* ***Fougerolles.*** *☎ 02-54-31-33-40. • franck.saulnier36@wanadoo.fr • Au centre du bourg. Tlj le midi, plus le soir le w-e. Congés : 2 sem en fév et 2 sem en août. Formule déj 14,50 € ; menus 22-30 €.* Une cuisine classique, avec des notes inventives, qui s'est adaptée au pays. Ici, tout est réellement fait maison, des entrées aux desserts, mais la préférence du chef va aux poissons, qu'il réussit divinement. Le cadre est simple : une petite auberge aux couleurs ocre et une salle forcément très rustique avec poutres imposantes, parquet et papier peint à l'ancienne. Le midi en semaine, excellent menu ouvrier vraiment pas cher.

À voir

La basilique : *en plein centre du village. Ouv tte l'année 10h-19h (sauf pdt offices religieux). Visite guidée par un bénévole de l'association des Amis de la basilique, mar à 15h en été, ou sur résa le reste de l'année (rens à l'office de tourisme de La Châtre ; libre participation).*
Jalon choisi par l'Unesco lors de l'inscription des chemins de Saint-Jacques-de-Compostelle au Patrimoine mondial de l'humanité, cette surprenante basilique fut édifiée au cours des XIe et XIIe s à l'initiative du seigneur de Déols après un retour de voyage en Terre sainte. Unique en France et rare en Europe (seulement 2 ou 3 exemplaires encore debout), ce monument subjugua Viollet-le-Duc, au XIXe s, qui se chargea en personne de sa restauration en 1859. L'église est composée de 2 parties : la nef, voûtée d'ogives, et la rotonde, qui évoque celle qui s'élève au-dessus du Saint-Sépulcre (le tombeau du Christ) à Jérusalem. À l'intérieur, une colonnade entourée d'un déambulatoire à 7 absidioles. Le caveau reliquaire (détruit) aurait conservé jusqu'en 1806 les reliques du Précieux Sang (maintenant dans un reliquaire du XIXe s visible dans le collatéral sud de l'église).

Manifestation

– ***Festival des Milliaires :*** *10 j. début août. Infos : 06-71-43-37-56.* Théâtre antique, musique de la Renaissance, conférences, créations contemporaines.

DANS LES ENVIRONS DE NEUVY-SAINT-SÉPULCHRE

L'abbaye de Varennes : *à env 6 km à l'est de Neuvy, à* ***Fougerolles.*** *☎ 02-54-31-30-59 (en saison). 06-85-82-41-62 (hors saison). • abbayedevarennes.fr • De Neuvy, sur la D 927 en allant vers La Châtre, un grand panneau l'indique ; puis* *prendre sur la gauche une très jolie petite route qui va vers Varennes. Tlj juil-août, 13h-19h, plus Journées du patrimoine. GRATUIT. Visite guidée gratuite pour les groupes sur résa.* Dans le fond d'un vallon verdoyant et paisible, l'abbaye cistercienne de Varennes semble surgir d'un autre temps. En 1148, le prince Ebbe II de Déols établit à Varennes un monastère relevant de l'ordre de Cîteaux. L'abbaye atteint son plus grand rayonnement au XIIIe s. Au XVIIe s, c'est déjà la décadence : l'abbé de Châteauneuf, parrain de Voltaire et assidu des cercles libertins, y est envoyé en exil par Louis XIV. Au XIXe s, l'abbaye est transformée en exploitation agricole. Aujourd'hui, l'intérieur de l'église abbatiale se visite, mais attention au choc : elle est entièrement vide ! Le promeneur peut également voir, de l'extérieur, l'ensemble des autres bâtiments du monastère : maison de l'abbé (1698), réfectoire (XIIIe s) et bâtiments conventuels (XIIIe et XVIIIe s). C'est ici que l'une des 1res photographes, Jenny de Vasson, passa les 20 dernières années de sa vie.

LYS-SAINT-GEORGES (36108) 220 hab. *Carte Indre, C3*

« Nom poétique, paysage sublime » : décidément, George Sand avait vu juste ! À environ 8 km au nord de Neuvy, ce charmant village niché sur une colline tirerait son joli nom d'une trêve conclue entre Richard Cœur de Lion et Philippe Auguste, unissant leurs emblèmes en signe de concorde. Une halte vivement recommandée, d'autant qu'entre château et église médiévale, on y festoie royalement...

Où manger ?

La Forge : *7, rue du Château. ☎ 02-54-30-81-68. • contact@restaurantlaforge.com • Dans la rue principale, 50 m au-dessus du château. Tlj sauf lun-mar. Menus 25 € le midi en sem, puis 37-55 €. Apéritif maison offert sur présentation de ce guide.* Près de la cheminée en hiver, dans cet intérieur chaleureux et coloré, ou en terrasse sous la tonnelle façon garden-party en été, voilà une bonne auberge villageoise ! La patronne, pleine d'esprit, reçoit avec cordialité. Son chef (« restaurateur ») de mari concocte une cuisine classique et goûteuse à base de produits majoritairement locaux et fermiers, aux saveurs bien tranchées. La carte change au gré des saisons. Une valeur sûre !

À voir. À faire

Le château : *privé, ne se visite pas.* Dominant les plis de la vallée, follement romantique avec son donjon en ruine et ses douves, il servit un temps de prison (dorée ?) à Ludovic Sforza, le patron de Léonard de Vinci. Rien que ça ! Le Milanais y demeura 4 ans, avant d'être transféré à Loches où il mourut en 1508.

L'église Saint-Léger : étonnante et pittoresque, avec ses croisées d'ogives bariolées et ses fleurs de lys envahissant les murs. Il s'agit en fait d'une technique de peinture au pochoir, que vous retrouverez dans bon nombre d'églises de la région. Ne manquez pas la chapelle VIP, réservée aux châtelains, avec cheminée privative aux armoiries de la maison. En sortant, remarquez les traces de la porte initiale, face à la vallée, condamnée car trop exposée au vent.

De la place de l'Église, nombreuses ***balades*** entièrement balisées, de 6,5 km (1h30) à 23 km (prenez la journée !). *Circuit téléchargeable gratuitement sur ● pays-george-sand.com ● ou ● ignrando.fr ●*

En sortant du village direction Neuvy, vous passerez devant l'***ancienne léproserie*** (le nom du lieu-dit, « L'Hôpital », est plus pudique) et son long toit de tuiles incrusté de mousse. Elle aurait été construite par un seigneur de Lys-Saint-Georges de retour de croisade pour ne pas contaminer le village, distanciation sociale oblige.

CREVANT

(36140) 725 hab. *Carte Indre, C4*

Situé dans le Boischaut Sud, ce petit village est bordé par le parc des Parelles, un lieu de balade magique et méconnu qui émut fortement George Sand. Pour une pause nature aux beaux jours.

À voir

Le parc des Parelles : *à 4 km de Crevant, en direction d'Aigurande, à gauche (fléché). ☎ 02-54-30-17-17. ● parcdesparelles.fr ● Tlj du lever au coucher du soleil. Entrée : 2 €.* Ce parc vallonné de 30 ha de forêt, de bois et de pré, classé « Espace naturel sensible », offre un exceptionnel cadre naturel de balades. Il a inspiré George Sand pour *Les Légendes rustiques* et *Nanon* : « J'ai parlé de ce lieu parce qu'il est à peu près inconnu. Nos histoires du Berry n'en font mention que pour le nommer et le ranger hypothétiquement et d'une manière très vague parmi les monuments celtiques. Il est cependant d'un grand intérêt au point de vue minéralogique, historique, pittoresque et botanique. » Des anciennes carrières de pierre, entièrement dépolluées (fruit d'un travail associatif de 10 ans !), restent ces gros blocs couverts de mousse, émergeant mystérieusement du sous-bois...
Les ***sentiers balisés*** (20-50 mn) s'enfoncent sous de vastes frondaisons, traversent les ruisseaux sur des passerelles rustiques, longent des murets en pierre, contournent une mare couverte de lentilles, serpentent sur la colline. Certaines promenades, parsemées de citations de George Sand, offrent un dépaysement enchanteur et romantique à souhait. Un amphithéâtre de verdure réalisé avec de gros blocs de granit sert de cadre à plusieurs animations (concerts, spectacles, projections) au cours de l'été. Zone de pique-nique ombragée.

SAINTE-SÉVÈRE

(36160) 785 hab. *Carte Indre, D4*

Sur un coteau verdoyant du bout de l'Indre, Sainte-Sévère est dominée par un ancien donjon circulaire du XIIIe s. C'est sur la jolie place du Marché, avec sa halle de 1696 et son calvaire du XVIe s, que Jacques Tati tourna les scènes extérieures de *Jour de fête,* son 1er film devenu culte. Rarement une ville aura été autant associée à une œuvre cinématographique. La création en 2009 de l'exceptionnelle Maison de *Jour de fête* a incité les commerçants à redorer leur blason d'images du film. Partout on retrouve François, le facteur,

et chaque angle de rue fait revenir en mémoire une scène aux nombreux cinéphiles venus en pèlerinage Tati. Visite festive, forcément !

Adresse et info utiles

Infos touristiques : *à la Maison de Jour de fête (lire « À voir »), à la mairie (☎ 02-54-30-50-28) ou à l'office de tourisme de La Châtre.* On ne manquera pas de suivre le circuit des lieux de tournage de *Jour de fête,* d'après un passionnant dépliant avec descriptions des scènes telles qu'elles sont dans le film et citations de répliques hilarantes.
– ***Marché :*** *important le mer mat.* Les producteurs y vendent leurs produits frais. Un vrai jour de fête.

Où dormir ? Où manger à Sainte-Sévère et dans les environs ?

De bon marché à prix moyens

La Ferme des Vacances : *chez Anne-Marie et Félix Hyzard, Les Pouges, 36160* ***Vigoulant.*** *☎ 02-54-30-60-60. • lafermedesvacances@gmail.com • lafermedesvacances.com • À env 9 km au sud de Sainte-Sévère et à 2 km de Vigoulant, en direction de Vijon, par un petit chemin sur la gauche. Double 56 € ; familiales. Possibilité de ½ pens 38 €/j.* Perdues en pleine verdure, dans une ancienne ferme toute propre sur elle et coquette, 4 chambres (dont 3 familiales) soigneusement décorées. Le grand jardin est magnifique, avec petite piscine sur l'arrière et un étang pour les pêcheurs. Accueil d'une grande gentillesse et très disponible.

L'École du Facteur : *18, av. d'Auvergne, à Sainte-Sévère. 06-10-21-68-45. • lecoledufacteur@outlook.fr • Doubles 75-85 €. Apéritif maison offert sur présentation de ce guide.* Arnaud et Dana vous accueillent dans l'ancienne école du village : on dort dans la maison du directeur ! Salle de classe réaménagée en vaste salon et 4 chambres fort douillettes, dont une belle suite parentale mansardée. Vaste buffet petit déj, confiture et miel maison, face aux anciennes cartes de France pour rester dans le thème. La marelle de la cour, elle, n'a pas bougé. Une adresse insolite et joliment tournée. Table d'hôtes sur demande (cuisine de terroir, végé, israélienne...).

Chambres d'hôtes La Maison du Cerf : *Le Poiray, 36160* ***Urciers.*** *06-22-57-42-45. • jolanda@lamaisonducerf.com • lamaisonducerf.com • À env 9 km au nord-est de Sainte-Sévère, à droite après l'église d'Urciers ; c'est la dernière maison du hameau. Congés : avr et oct. Doubles 75-85 € (réduc de 10 € dès la 2e nuit) ; familiales. Table d'hôtes 23 €. Apéritif maison offert sur présentation de ce guide.* Une belle maison en pierre à la déco éclectique, ouvrant sur un vaste jardin. À l'étage, partageant un vaste salon-bibliothèque, 3 chambres sous les toits, claires et spacieuses, meublées avec goût par Lucia, passionnée de déco. Une dernière avec terrasse, accessible par un escalier extérieur (un vrai cocon !), complète le tableau. Une adresse de charme dans un lieu plein de sérénité.

Le Relais du Facteur : *25, av. d'Auvergne, à Sainte-Sévère. ☎ 09-83-21-62-73. • le.relais.du.facteur@bbox.fr • Tlj sauf mar et mer soir juil-août, plus le soir dim-lun hors saison. Formule déj 15 € ; carte 30-35 €.* Cet ancien relais de poste, avec son petit menu tout simple mais bien équilibré et riche en goût, rassemble chaque midi locaux, commerciaux et touristes de passage. Ça brasse large, et on apprécie ! Ambiance chaleureuse et conviviale d'un café de village, avec une cuisine plus élaborée le soir, digne d'une grande maison... Pour les fans, quelques éléments de déco rappellent le tournage de *Jour de fête.*

À voir

La Maison de Jour de fête : *pl. du Marché. ☎ 02-54-30-21-78. • maisondejourdefete.com • Appeler ou voir site pour périodes et horaires d'ouverture. Fermé 25 déc-1er janv. Entrée : 8 € ; réduc ; gratuit moins de 6 ans. Séance ttes les heures, dernière 1h avt fermeture. Durée : 1h10. Nombreuses animations en juil-août et pendant les vac scol (programme sur le site).*

Si vous devez attendre un peu le début d'une séance, dans le hall, saisissez-vous des vieux téléphones mis à disposition, ils distillent des bouts de dialogues du film devenus cultes. La boutique, ô combien tentante, propose des DVD des films de Tati, sans parler des livres et des affiches.

La Maison de *Jour de fête,* c'est une immersion directe en 1947, à l'époque de son tournage, autant que dans le film lui-même. Un spectacle en *scénovision®* où l'on passe du bureau de poste de François à la salle sous tente du cinéma itinérant, pour finir au café *Bondu.* De projection en décor avec sons et effets spéciaux, l'univers de Jacques Tati est fidèlement restitué. Anecdotes de tournage (dont certaines de l'accessoiriste même du film), secrets de certains gags (comment le vélo du facteur roule-t-il tout seul ? La fin va vous surprendre !), on revit le tournage au jour le jour, à travers le regard d'un enfant du village qui en a conservé les souvenirs en les filmant avec son moulin à café ! 70 mn d'images, certaines en 3D (moins convaincantes), des décors reconstruits à l'identique comme le studio de cinéma d'Épinay-sur-Seine (avec ces gros projos et ses 2 vieilles caméras sur travelling) où ont été tournées les scènes d'intérieur du café. On comprendra les problèmes de raccord des personnages qui entrent et sortent, et on s'amusera de voir François se moquer des Américains avec sa « tournée à l'américaine », peu de temps après la Libération ! Didactique et pleine d'émotions, la visite est passionnante et touchera particulièrement les cinéphiles, qui apprendront beaucoup de choses sur le film qu'ils connaissent pourtant par cœur.

PAS DE JOUR DE FÊTE POUR LE CURÉ

Comme tous les habitants du village, le curé s'est investi dans le tournage du film Jour de fête, *en cédant ses enfants de chœur et en jouant lui-même dans certaines séquences. Le film achevé, il apprit qu'il avait été coupé au montage. Furieux, il refusa de venir voir le film lors de la 1re sur la place du village... et de prêter les chaises de l'église. Les habitants visionnèrent le film debout !*

À voir également dans le village, quelques ***vestiges médiévaux,*** dont les ruines du donjon du XIIIe s, ainsi que des maisons à tourelles et le parc du château Neuf qui inspira George Sand dans *Mauprat* (aujourd'hui maison de retraite).

Manifestation

– ***Festival du Court-métrage d'humour :*** *1er w-e d'août, dans plusieurs lieux du village.*

LA CHÂTRE

(36400) 4 160 hab. *Carte Indre, C3-4*

Capitale de la vallée Noire, La Châtre est une jolie petite bourgade où prédomine le vert sombre du bocage, comme dans la campagne environnante.

Vieux ponts de pierre jetés sur l'Indre, anciennes tanneries au bord de la rivière, bâtisses de caractère : la cité a conservé bien des attraits dans son centre historique. Au Moyen Âge, le clergé de La Châtre se signala en prenant position contre le pape Boniface VIII, aidant en cela l'action de Philippe le Bel.
À la Révolution, la cité devint sous-préfecture. La Châtre connut sa révolution au siècle suivant avec George Sand, qui bouleversa morale bourgeoise et rigidité provinciale.

Adresse utile

@ *Office de tourisme :* *134, rue Nationale. ☎ 02-54-48-22-64. • pays-george-sand.fr • ♿ (entrée av. George-Sand). Ouv lun-sam 9h30-12h30, 14h-18h (18h30 avr-oct), plus dim et j. fériés 10h-12h30 juil-août.* Beaucoup de documentation sur la région et une équipe très efficace. Dépliant *À la découverte de La Châtre*. Nombreux circuits de petite randonnée pédestre (boucles de 4 à 22 km, soit 1h à 5h30) ou VTT ou cyclo sur l'ensemble du territoire, téléchargeables gratuitement (*• pays-george-sand.fr •*), de même que le topoguide du sentier littéraire « Sur les pas des maîtres sonneurs » avec ses 16 randonnées retraçant l'itinéraire des personnages du roman de George Sand (*• sentiermaitressonneurs.com •*).

Où dormir ? Où manger à La Châtre et dans les environs proches ?

Camping

Camping Val Vert en Berry : *La Vicairerie, route de Briantes, 36400* ***Lacs.*** *☎ 02-54-30-13-51. 📱 06-14-42-01-56. • valvertenberry@orange.fr • campingvalvertenberry.com • ♿ À 3 km de La Châtre par la route de Briantes ou à pied par un sentier le long de l'Indre. Ouv avr-déc. Compter 21-25 € pour 2 pers ; cabanes « sous les arbres » 2-4 pers 85-130 €/nuit (370-640 €/sem). Café offert pour tt repas pris au resto sur présentation de ce guide.* Un camping écoresponsable (Écolabel) implanté en pleine nature sur un vaste terrain arboré (2 ha). Des emplacements en terrasses, au calme, séparés par des haies et un réel investissement afin de préserver l'environnement. Laverie, piscine, jeux pour enfants. Cabanes au sol, sous les arbres (pour changer), confortables et accueillantes en toute saison. Resto sympathique sur place, avec un menu à l'ardoise tout frais, tout bon. Terrasse agréable pour profiter d'une vue qui incite ensuite à faire la sieste (ou une rando, selon l'humeur).

Prix moyens

Hôtel du Lion d'Argent et des Tanneries : *2, av. du Lion-d'Argent. ☎ 02-54-48-11-69. • contact@leliondargent.com • leliondargent.com • ♿ À l'entrée de la ville au rond-point. Doubles 80-93 € ; familiales. Menus 19,50-31 € ; carte 38 €. Réduc de 10 % sur le prix de la chambre, ainsi qu'un apéritif maison offert sur présentation de ce guide.* Oubliez vite l'aspect entrée de ville et le passage des camions pour aller vous réfugier côté *Tanneries*, dans une chambre lumineuse et agréable côté parc et piscine, ou dans l'hôtel même, côté cour. Une adresse à l'atmosphère familiale, où l'on pratique l'accueil, le service et la cuisine à l'ancienne, avec humour. Vraie bonne table où l'on se régale de spécialités locales.

Auberge À l'Escargot : *21, rue de Beaufort, pl. du Marché.*

L'INDRE EN BERRY

☎ 02-54-48-03-85. • florent.legroux@wanadoo.fr • ♿ (sauf toilettes). Tlj sauf dim soir-mar. Congés : courant fév et 3 sem fin août. Menus 18 € (sem)-26 € ; carte 28-42 €. Cette jolie auberge, un brin cosy dans son éclairage orangé et ses fenêtres fleuries, propose une cuisine traditionnelle et authentique. Foie gras maison, ris de veau fondant, escargots de Crevant... Service attentionné mais sans chichis.

Où acheter de bons produits ?

Thomas Devisscher : *95, rue Nationale. ☎ 02-54-06-65-65. Tlj sauf dim ap-m et lun, 9h-13h, 15h30-19h.* Une bonne pâtisserie pour faire le plein de douceurs et de pâtés de pommes de terre ! Petit coin salon de thé pour s'offrir une douceur sucrée maison.

À voir. À faire

Le musée de Poche : *hôtel de Villaines, sq. Raymonde-Vincent, derrière l'office de tourisme. ☎ 02-54-48-36-79. • musee@mairie-lachatre.fr • Juil-août, tlj 10h30-12h30, 14h-18h30 ; mai-juin et sept-oct, tlj sauf mar 14h-18h30 ; mars-avr et nov-déc, ven-dim 14h-18h30. Entrée : 3,50 € ; réduc.*
En attendant l'ouverture du « grand » musée de La Châtre, cette version « de poche », installée dans un ancien hôtel particulier du XVIIIe s, propose un parcours permanent (autour de George Sand, bien entendu !) ainsi que 2 salles d'expositions temporaires, dans une muséographie moderne et accessible.
À l'arrière, statue de George Sand, dans le jardin public portant son nom. Elle fut inaugurée en 1884 en présence de Maurice Sand, son fils, Paul Meurice qui lira une lettre de Victor Hugo, et de Calmann Lévy, son éditeur.

Les vieilles maisons du centre historique : passer devant le théâtre-cinéma Maurice-Sand, installé dans une ancienne église (c'est frappant vu de derrière !) et restauré à l'italienne, pour arriver à la ***maison de Bois,*** place Laisnel de La Salle. Cette maison rouge à colombages avec sa magnifique porte cloutée à accolade sculptée est évoquée dans le roman *André*.
L'église Saint-Germain, construite au XIe s, connut incendie, reconstruction, écroulement de sa nef, puis reconstruction en 1904. À l'intérieur, une pietà du XVe s provenant du couvent des Carmes. La petite rue de l'église conduit à la rue Bellefond où vivait au no 9 (aujourd'hui le presbytère) Henri de Latouche, 1er rédacteur en chef du journal *Le Figaro* et qui contribua à faire connaître George Sand et Honoré de Balzac.
La rue du Château-Vieux mène à celle des Pavillons. George Sand vint s'y réfugier (aux nos 1 et 3) au printemps de 1836 lors de son procès en séparation de son mari le baron Casimir Dudevant. « Un jardin de 4 toises carrées, plein de roses, et une terrasse assez spacieuse pour y faire dix pas en long, me servent de salon, de cabinet de travail... », écrivit-elle à Marie d'Agoult.

La place du Marché : une vaste place, témoin de l'âge d'or de la ville avec, entre autres, une remarquable maison à colombages du XVe s, où George Sand venait s'approvisionner en chandelles, cire et tabac. Tous les samedis, comme autrefois, marché traditionnel. Jean Gaurin, producteur bio de porcs, propose aux amateurs de pique-nique de faire provision de charcuterie traditionnelle (rillettes, rillons, jambon demi-sel).

Le pont aux Laies : pas laid du tout avec ses 2 arcades, ce pont médiéval en contrebas de la ville s'avère idéal pour un pique-nique – à moins que vous ne souhaitiez poursuivre la promenade sur les bords de l'Indre : le balisage commence ici.

Manifestations

– **Festival Pierres qui chantent en vallée Noire :** *juin-sept. ☎ 02-54-48-22-64.* Concerts gratuits (qui permettent de promouvoir de jeunes artistes et toutes formes de musique) dans des sites insolites. Jazz, classique, musique traditionnelle et rencontres avec les musiciens et habitants des villages.
– **Le Son continu :** *autour du 14 juil, au château d'Ars (sur la commune de* ***Lourouer-Saint-Laurent****). Infos à l'office de tourisme de La Châtre. • lesoncontinu.fr •* Musiques et danses traditionnelles peu banales : concerts, lutherie, bals dans le parc du château. Plus d'une centaine de luthiers et des dizaines de bénévoles unis dans la même passion pour accueillir des milliers de visiteurs, jusqu'au petit matin.

DANS LES ENVIRONS DE LA CHÂTRE

La Maison des traditions : *36400* ***Chassignolles.*** *☎ 02-54-48-00-57. • lamaisondestraditions.org • À 7 km de La Châtre, par la D 73. Ouv de mi-avr à fin oct ; se renseigner pour les horaires. Entrée : 5 € ; réduc.* Installée dans une ferme traditionnelle berrichonne, la Maison des traditions présente la vie des paysans du XIXe s aux années 1950. Plus de 1 000 m² d'exposition permettent de découvrir leur travail et leur quotidien à travers les ateliers du tonnelier, du forgeron, du sabotier ou un habitat reconstitué. Le musée possède également une riche collection d'outils et surtout de machines agricoles. Témoins de l'évolution des pratiques agraires, cette locomobile de 1920, ou encore cette moto-scie fendeuse de 1940, impressionnants engins à la *Mad Max,* construits artisanalement. La plus ancienne date de 1870... et toutes fonctionnent : pendant le Festival rural, on les remet en marche et on les sort aux champs !

Le château de Sarzay *(36230)* **:** *☎ 02-54-31-32-25. • sarzay.net • À 8 km au nord-ouest de La Châtre. Tlj 10h-12h, 14h-18h30 (19h l'été). Entrée : 7 € ; enfant 5 €. Téléphoner par précaution.*
Ce château flanqué de ses 5 tours (il y en avait 38 à l'origine) surgit au milieu du bocage : de la route de Nohant, il a fière allure ! Depuis son achat, dans les années 1980, où ses ruines servaient de silo à grain, le propriétaire n'a cessé de le rénover, à sa façon et en famille, jusqu'à lui redonner sa splendeur massive du XIVe s. La seule note décorative est la belle porte d'entrée (XVIIe s), remarquable par la finition de ses moulures. L'intérieur, avec ses cheminées monumentales parfaitement restaurées, est envahi d'un formidable bric-à-brac médiéval, jusqu'au sommet des tours, d'où l'on surveille les environs. Dehors, de nombreux outils de différents corps de métiers sont présentés ici et là : le lieu accueille de temps à autre des stages de sculpture sur pierre à l'ancienne.
Pour une pause médiévale tout confort, ***4 chambres*** dans l'ancien pressoir du château *(double 75 €, petit déj et visite du château compris),* ainsi qu'un gîte *(compter 450 €/sem).*

Le château d'Ars : ***Lourouer-Saint-Laurent,*** *à 3 km de La Châtre. ☎ 02-54-06-26-06. • accueil@pays-george-sand.fr • Ne se visite que lors d'événements, notamment le festival « Le Son continu » (voir plus haut) autour du 14 juil ; « Femmes artistes, femmes d'action » en mars et « La Nuit Chopin » le 16 oct.* Dans un parc offrant une vue dégagée sur la vallée Noire, cette belle demeure d'origine médiévale, réaménagée à la Renaissance, fut rachetée par Gustave Papet, médecin et ami de George Sand. Il fut le 1er docteur appelé à Nohant au chevet de Frédéric Chopin en 1839. Plusieurs scènes du roman *Les Beaux Messieurs de Bois-Doré* s'y déroulent.

L'église Saint-Laurent : *36400* ***Lourouer-Saint-Laurent.*** *Tlj 9h-17h.* Petite église romane du XIe s, classée Monument historique, qui recèle de superbes fresques. Pas moins de 5 époques différentes d'art religieux du Moyen Âge se superposent sur les murs de la nef : on reconnaît, entre autres, une Crucifixion (le Soleil et la Lune personnifiés détournent les yeux), une Mise au tombeau, le repas chez Simon le Pharisien et une série de médaillons représentant des animaux fantastiques. Dans le chœur, les dernières restaurations font apparaître une scène de combat, épique, entre le dragon et saint Michel en panoplie de preux chevalier !

MÉTIER : EXORCISTE

Décédé en août 2000, le curé qui officia à La Berthenoux de 1951 à 1987 bénéficia d'une réputation quasi internationale dans son domaine de prédilection : la chasse au diable ! Les « envoûtés » qui venaient le trouver sortaient de chez lui rassurés, apaisés. Il s'employa à restaurer la lanterne des morts du cimetière, sous laquelle il se fit enterrer. La tombe de ce curé pas comme les autres est régulièrement fleurie, le soir, tard, et de manière anonyme.

NOHANT

(36400) 460 hab. *Carte Indre, C3*

Plus qu'un village, une jolie placette, paisible, que George Sand reconnaîtrait sans peine tant elle a peu changé. Ravissante église au centre, entourée de maisons berrichonnes aux petits jardins fleuris. Profitez de la sérénité de l'endroit, d'où les voitures sont bannies (parkings le long de la départementale).

GEORGE SAND : UNE FEMME LIBRE

Rare femme écrivaine reconnue à l'époque romantique, George Sand possède une personnalité hors du commun et bien en avance sur son temps. Née en 1804, elle s'appelle, pour l'état civil, Amantine Aurore Lucile Dupin. Elle descend, côté paternel, de Frédéric Auguste Ier de Saxe et d'Aurore de Koenigsmark et, côté maternel, d'une famille très modeste d'oiseleurs parisiens. Ce « métissage » social et généalogique, entre ancêtres aristocrates et plébéiens, explique en grande partie sa vie, sa pensée et son œuvre. Après la mort de son père, c'est sa grand-mère qui prend en charge son éducation ; elle passe ainsi auprès d'elle une bonne partie de son enfance à Nohant. À chaque période tourmentée de sa vie, elle reviendra en Berry pour y retrouver le calme. Son mariage à 18 ans avec Casimir Dudevant est un échec. Au mépris des usages de l'époque, Aurore quitte son mari alors que 2 enfants, Maurice et Solange, sont nés de leur union.

George Sand part pour Paris afin de mener une vie indépendante et se faire une place dans les lettres. Elle s'installe donc avec Jules Sandeau, son ami-amant de La Châtre, alors étudiant en droit à Paris. Elle commence seule à démarcher les directeurs de revue. À cette époque, les autrices ne trouvent aucun crédit et sont obligées par leurs éditeurs d'adopter un pseudonyme, ou l'anonymat. Ainsi Aurore Dupin doit-elle se cacher derrière

QUEL HOMME !

C'est par souci d'économie autant que pour son aspect pratique que George prit des habits d'homme pour monter dans la capitale : « Je n'étais plus une dame, je n'étais pas non plus un monsieur, j'étais un petit atome dans cette immense foule. » Flaubert lui rendit cet hommage : « Il fallait avoir connu ce grand homme comme je l'ai connu pour savoir ce qu'il y avait de féminin en elle. »

le patronyme de Sandeau (J. Sand, puis G. Sand, puis George Sand). Attachée par-dessus tout à son indépendance, elle adopte un style qui marque les salons parisiens, fumant, s'habillant en homme, et parlant d'elle-même au masculin. Elle a 28 ans. Le succès aidant, elle ne s'arrêtera plus d'écrire, travaillant d'arrache-pied tout en élevant ses enfants.

Elle fréquente de nombreux artistes de renom de son temps. Histoires d'amour avec certains, comme Musset ou Chopin, histoires d'amitié avec Flaubert, Balzac, Dumas fils, Mérimée, Delacroix, Liszt... Très attachée à la région de son enfance, installée à Nohant, elle imaginera une dizaine de romans ayant pour cadre villages et châteaux du Berry et pour personnages les paysans de la vallée Noire : *Le Meunier d'Angibault, La Mare au diable, La Petite Fadette, Les Maîtres sonneurs, François le Champi.* Au-delà des milieux parisiens intellectuels qu'elle fréquente, George Sand communique à Nohant le souffle de toute la « génération romantique », la « dynamique de l'art comme ouverture au monde et la beauté comme vecteur spirituel ».

Son domaine agricole de près de 200 ha, les droits de ses livres et sa douzaine de domestiques lui permettent de vivre assez confortablement, tout en développant des idées politiques et sociales très avancées. Révolutionnaire en 1848, George Sand reste républicaine jusqu'à la fin de sa vie, mais sera choquée par la violence de la Commune de Paris en 1871. C'est à Nohant qu'elle rend son dernier souffle en 1876. Victor Hugo, qui a écrit le discours des obsèques, dira : « Je pleure une morte et je salue une immortelle. Je l'ai aimée, je l'ai admirée, je l'ai vénérée, aujourd'hui dans l'auguste sérénité de la mort, je la contemple. »

ET CHOPIN, PLUS QU'UN COPAIN ?

C'est en juin 1839 que Chopin découvrit la maison du Berry. Il y reviendra au cours de 7 étés jusqu'en 1846, faisant de Nohant le lieu privilégié pour sa création. À Paris, l'hiver, il se consacre aux leçons, aux soirées mondaines, parfois aux concerts. L'été, à Nohant, il peut composer dans le calme, sur un Pleyel dernier cri (jamais le même) que lui fait expressément livrer George Sand. Le Berry, avec ses fêtes populaires, ses danses et sa musique, ses paysages, lui évoque sa Pologne natale, source de nostalgie et d'inspiration. C'est ainsi que mazurkas, valses, polonaises, la fameuse *Barcarolle* ou la non moins célèbre *Valse du petit chien* ont été composées ici : en fait, on estime qu'il y a écrit les ⅔ de son répertoire ! A contrario, Chopin n'a quasiment plus rien composé après Nohant et sa rupture avec George Sand en 1847. Un festival qui accueille les plus grands pianistes mondiaux lui rend hommage chaque année.

Adresse utile

Bureau d'information touristique : *sur la place. ☎ 02-54-06-97-06. Juin-août, tlj 10h-12h30, 14h-17h45 ; mai et sept-oct, mar-dim 14h-17h.* Dans l'ancien atelier du peintre Raoul Adam, en face de la Maison et à côté de l'*Auberge de la Petite Fadette.* Abrite aussi une salle d'expositions temporaires et une boutique de produits régionaux.

Où dormir ?

Où manger à Nohant et dans les environs ?

De prix moyens à chic

Auberge de la Petite Fadette : *pl. du Château, à Nohant. ☎ 02-54-31-01-48. • aubergepetitefadette.fr • Ouv tte l'année, tlj. Doubles 75-125 €. Formules 14-23 € midi et soir ; carte env 43 €. Parking gratuit.*

Kir maison offert sur présentation de ce guide. Établissement qui vaut surtout pour sa situation idéale et idyllique, sur la petite place face à l'église et au château... Tranquillité absolue ! Chambres au charme désuet, entre carrelage et papier peint (2 sont pourvues de lits à baldaquin). Salle à manger de beau volume en boiseries XIXe s, avec grand lustre et tapisseries d'Aubusson. Au bar, musique de Chopin. Le resto nous a un peu moins enthousiasmés...

Chambres d'hôtes La Croix Verte : *chez Élisabeth Portier, 12, rue des Maîtres-Sonneurs, 36400* ***Saint-Chartier.*** *☎ 02-54-31-02-71. 06-63-95-70-64. • lacroixverte36400@gmail.com • maisonlacroixverte.com • À 2 km au nord de Nohant, en plein centre-bourg, à 2 pas du château. Double 75 €. Repas (sur résa) compter 28 €.* Un ancien relais de poste avec un jardin intérieur fleuri où les proprios, céramistes depuis 50 ans, ont installé leur atelier et leur boutique. À l'étage, 3 chambres agréables, sobres et claires, décorées avec goût. Mansardées et confortables, elles partagent un salon commun. Petit déj soigné, servi dans la vaste cuisine à l'ancienne ou sur la terrasse. La table propose une cuisine travaillée et fine à base de produits locaux et de légumes du luxuriant jardin, à 100 m de là. Un coup de cœur !

À voir

La demeure de George Sand : *☎ 02-54-31-06-04. • maison-george-sand.monuments-nationaux.fr • Tlj ; se renseigner pour les horaires. Fermé 1er janv, 1er mai, 1er et 11 nov, et 25 déc. Visite guidée seulement, résa obligatoire. Entrée : 8 € ; gratuit moins de 18 ans.*

Construit vers 1760, ce petit château devint en 1793 la propriété de Mme Dupin de Francueil (née Marie-Aurore de Saxe), la grand-mère paternelle de George Sand. Rien ou presque n'a changé ici depuis l'époque où George Sand recevait, s'asseyant entre Dumas et Flaubert – voilà un plan de table à donner des frissons ! Parmi les pièces du rez-de-chaussée, le boudoir aux boiseries revêt une importance toute particulière puisque c'est là que la romancière écrivit *Indiana* : « J'habitais alors l'ancien boudoir de ma grand-mère... Il était si petit qu'il n'y avait pas de place pour un lit. J'y suppléais par un hamac. Je faisais mon bureau d'une armoire qui s'ouvrait en la manière d'un secrétaire. » L'empreinte artistique de son fils, Maurice Sand (il sera élève de Delacroix), se retrouve dans les tableaux du salon et de la salle à manger. Il sculpta des marionnettes et, à partir des années 1850, donna de nombreuses représentations dans un adorable petit théâtre riche en couleurs, où étaient conviés les invités et les gens du village (les domestiques avaient droit au 1er rang). Ce théâtre permettait d'ailleurs à George Sand de tester ses propres pièces avant de les soumettre au public.

Au 1er étage, le cabinet de travail de George Sand remplaça en 1866 la chambre de Chopin. Juste à côté, on visite enfin sa chambre, où elle rendit son dernier soupir le 8 juin 1876 en disant adieu à la nature qu'elle aimait tant. Ses derniers mots furent : « Laissez verdure... »

– ***La collection de marionnettes :*** installée au 1er étage d'un bâtiment situé dans la cour d'entrée de la maison. Cette collection unique en France rassemble des dizaines de marionnettes, en très bon état de conservation. À noter que les cheveux sont naturels : ils auraient été prélevés par George Sand elle-même sur ses invités...

– ***Le jardin et la tombe de George Sand :*** on peut se promener dans ce « Jardin remarquable » (admirez le poulailler, qui l'est tout autant) avant de se recueillir, dans le cimetière familial, sur la tombe de l'écrivaine. « Tous les jours, elle faisait le tour du jardin, et visitait ses plantes. Elle les aimait, les guidait, les relevait au passage », raconte sa petite-fille Aurore, en 1927. Un jardin conduit par l'expérimentation, tout comme son théâtre.

– ***Le grenier littéraire :*** récemment aménagé, il accueille ponctuellement des lectures de textes. Demandez la programmation et n'hésitez pas à y assister : ce sont des moments purement magiques qui font revivre ce lieu avec intelligence et sensibilité. Une librairie regroupe à la fois l'ensemble des œuvres de George Sand et les livres autour de l'auteur, de ses proches et du domaine.

À la sortie, petit traiteur pour casser la croûte avec une assiette de pays *(mer-dim ; 9-11 €).*

Manifestations

– ***Nohant Festival Chopin :*** *les w-e de juin et 1 sem en juil (après le 14). • festivalnohant.com •* Concerts de musique classique, essentiellement romantique, donnés dans l'ancienne bergerie de la maison de George Sand (également des conférences).
– ***Festovillage :*** *fin juil, pl. Sainte-Anne. Rens : • les-gas-du-berry.fr •* Bal, théâtre, concerts et animations pour tous les âges et publics. Organisés par les Gâs du Berry, groupe folklorique créé en 1888, l'occasion de découvrir les traditions berrichonnes.
– ***Randonnée au pays de George Sand :*** *le w-e après celui du 15 août. Rens : ☎ 02-54-48-22-64. Env 18 km, 16 € (28 € repas compris).* Randonnée culturelle à pied avec des animations théâtrales, musicales et/ou littéraires...

DANS LES ENVIRONS DE NOHANT, SUR LES PAS DE GEORGE SAND

« Il me semblait que la vallée Noire, c'était le cadre, le vêtement de ma propre existence. »

George Sand

De Nohant, vous partirez à la recherche des lieux qui ont servi de toile de fond aux romans sandiens. La rando ci-après est extraite des fiches « Sentier nature en Boischaut Sud » éditées par le Pays de George Sand et Indre Nature. Nombreux circuits thématiques sur *• pays-george-sand.fr •*

➢ ***Entre rivière et vergers – Nohant-Vic :*** départ du parking près de l'église romane Saint-Martin de Vic (haut lieu de l'art roman). Circuit de 3 km (1h) balisé bleu, niveau facile. C'est une immersion complète dans le Boischaut Sud et ses bouchures (haies arborées) où foisonnent les oiseaux (loriot d'Europe, chardonneret élégant, mésange nonnette...). Les petits chemins creux parfois humides permettent de découvrir la rivière Indre chère à George Sand. Ne disait-elle pas dans ses correspondances : « Je suis encore ici, fourrée jusqu'au menton dans la rivière, tous les jours et reprenant mes forces... dans ce ruisseau froid et ombragé que j'adore... »

Les fresques de l'église Saint-Martin : *à* ***Vic.*** *À 2 km au nord de Nohant sur la D 943. Tlj 8h30h-19h (17h nov-mars). Fascicule en vente (3 €) à l'office de tourisme de La Châtre, au bar-tabac ou à la boulangerie en face, ou livret complet (9,50 €) en librairie, à l'office de tourisme de La Châtre. Juil-août, visite commentée mer à 17h30, sur résa (☎ 02-54-48-22-64) : 4 €. • pays-george-sand.fr •* Petite église paroissiale datant du XIIe s, célèbre pour ses fresques. Longtemps masquées par un badigeon, elles furent révélées par hasard en 1849 par l'abbé Perigaud qui, avec l'aide de George Sand et de Prosper Mérimée, démarcha les autorités et obtint leur classement comme Monument historique. Il faut dire que l'église servait de grange depuis la Révolution ! Après plusieurs séries de restaurations, on peut aujourd'hui apprécier les fresques dans toute leur splendeur, leurs tons ocre, et ce style si remarquablement homogène – les personnages ont l'air d'écarquiller les yeux ! Accueilli par un Christ en majesté, on pourra détailler, entre autres, la *Nativité,* l'*Adoration des Mages,* la *Présentation de Jésus au Temple* et la *Mise en accusation publique de la Vierge,* un épisode qui ne figure pas dans les textes canoniques (on se demande bien pourquoi !). Dans le chœur, les thèmes de la Rédemption, de la Faute d'Adam et du Jugement dernier sont largement développés. Le Bien et le paradis sont associés à l'ordre, tandis que le Mal et l'enfer sont caractérisés par le désordre et la gesticulation. Un ensemble riche et mystérieux qui comblera les passionnés de symbolisme.

➢ Revenir ensuite en direction de Nohant et, à environ 1 km, emprunter la D 918 sur 3 km avant d'arriver à ***Saint-Chartier,*** pour voir le château, longuement décrit dans *Les Maîtres sonneurs* (XIe, XIIe, XVe et XIXe s ; il est privé, on ne l'admire donc que de l'extérieur, depuis la monumentale grille d'entrée !).

➢ De Nohant, on peut également continuer sur la D 943 en direction de Châteauroux, sur 4 km ; puis tourner à gauche sur la D 69 jusqu'à Montipouret où l'on peut musarder et même pique-niquer autour du ***moulin d'Angibault,*** où se déroule *Le Meunier d'Angibault.* Son cadre, bucolique à souhait, englobe une vaste prairie parsemée de chênes centenaires autour de laquelle serpente la Vauvre. Moulin en état de marche, où l'on moud occasionnellement le blé. On peut visiter l'habitat du meunier reconstitué *(Pâques-Toussaint, tlj sauf lun 13h-18h (19h juin-août) ; entrée : 3,50 €, gratuit moins de 12 ans).* Du moulin part un sentier de découverte autour de la biodiversité.

➢ Prendre ensuite la D 38, pour un arrêt dans le ***bois de Chanteloube,*** où se situe à 500 m de la route la célèbre mare au Diable du roman du même nom (esprits malins, s'abstenir !). Attention, l'accès est interdit (et dangereux !) les dimanches de chasse *(fin sept-fin fév).* La mare elle-même, d'ailleurs, s'avère minuscule, et asséchée une grande partie de l'année : gare à la déception !

LA CHAMPAGNE BERRICHONNE

Un pays de plaine traversé par le Cher et l'Indre. Sa ville principale, Issoudun, est à mi-distance de Bourges et de Châteauroux, les 2 capitales du Berry. On s'y arrête forcément pour visiter un des musées les plus importants du pays, à moins de vivre d'amour et d'eau fraîche et de vouloir à tout prix passer par le village de Saint-Valentin. Quant aux amoureux de la vie en général, ils peuvent se réjouir le cœur avec les crus de Reuilly, fleuris et joyeux, « vins propres de la France peinarde », comme le soulignait si bien Jean Carmet.

ISSOUDUN

(36100) 11 980 hab. *Carte Indre, C2*

« N'en déplaise à Paris, Issoudun est une des plus vieilles villes de France », déclarait fort justement Balzac dans son roman *La Rabouilleuse.* Encore marquée par *La Comédie humaine,* la ville fut jusqu'en 1789 la capitale du Bas-Berry. Si Issoudun ne séduit pas d'emblée, il faut prendre le temps de flâner à travers les venelles aux noms pittoresques, bordées de vieilles demeures témoignant de son ancienne puissance. Ne pas manquer non plus la visite du remarquable musée de l'Hospice Saint-Roch, et, pour les fines gueules, une étape à *La Cognette* s'impose. L'origine de cette auberge remonte au XIXe s. Balzac nous la décrit avec beaucoup de précision. Elle était tenue par les époux Cognet, aussi les clients venaient-ils chez la mère Cognet ou « Cognette »...

UNE ÉCONOMIE DYNAMIQUE

Étonnante ville que celle d'Issoudun ! Saviez-vous qu'une grande majorité des sièges d'avion sont fabriqués dans la région par la société Zodiac, qui emploie environ 800 personnes ? Et vos sacs à main, portefeuilles et petite maroquinerie de luxe ? C'est dans les usines Vuitton des environs d'Issoudun qu'ils sont confectionnés (500 personnes). Ajoutons l'importante malterie (préparation issue de l'orge, qui intervient dans la production de la bière), et vous comprendrez le dynamisme économique discret de la cité. Issoudun est une des cités les mieux équipées sur le plan culturel et sportif : piscine à vagues, patinoire, bowling, salle de concerts (la Boîte à Musiques), palais des sports de belle envergure (appelé PEPSI), centre des congrès, centre culturel Albert-Camus, etc. Bref, une offre étonnante pour une ville de cette taille, même si le centre ancien souffre d'une désertion de ses commerces traditionnels, comme partout.

LA TOMBOLA DES PAUVRES

Chaque année, depuis 1850, la mairie d'Issoudun décerne 3 chèques de 11 000 € à des pères de famille dans le besoin. Ce pactole vient d'un certain Mousnier, riche notable sans enfant, qui légua aux pauvres ses revenus de fermage. Ces donations nettes d'impôts sont avant tout destinées aux Issoldunois (habitants d'Issoudun) nécessiteux, vertueux et de sexe... masculin. Une refonte est en cours pour permettre aux femmes de postuler. Enfin !

Arriver – Quitter

Gare SNCF : *bd Pierre-Favreau.* ☎ *36-35 (gratuit).*

➢ **De/vers Paris :** en moyenne, 3/4 liaisons directes/j. en Téoz (compter 1h50) et 4 trains avec changement à Vierzon ou à Châteauroux (compter 2h45).

➢ **De/vers Châteauroux :** env 15 trains/j. (Corail ou TER), de tôt le mat à tard le soir. Durée : 15 mn.

Adresse utile

Office de tourisme : *pl. Saint-Cyr.* ☎ *02-54-21-74-02. • tourisme@issoudun.fr • tourisme.issoudun.fr • Juil-août, tlj sauf dim mat ; avr-juin et sept, tlj sauf lun et dim mat ; oct-mars, mar et jeu 14h-18h, mer et ven-sam 9h-12h, 14h-18h.* Dans une jolie maison en bois du XVIe s. Sur l'arrière, noter les vestiges de l'église romane Saint-Cyr, du XIIe s. « Clés de la ville » est un petit plan distribué gratuitement pour découvrir les sites *(compter 1h30)* ; également quelques brochures thématiques.

Où dormir ? Où manger ?

Camping

Camping municipal Les Taupeaux : *37, route de Reuilly.* ☎ *02-54-03-13-46. • tourisme@issoudun.fr • Accès par la D 918 ; au rond-point à l'entrée nord de la ville. Ouv de mi-mai à mi-sept. Tarif : env 8 € pour 2 pers. CB refusées.* Ceint de beaux arbres touffus qui le protègent du carrefour et des routes qui le bordent, un petit camping tout vert et tout simple. Quelques bosquets, un bloc sanitaire central et impeccable et de petits prix. Dommage qu'il soit situé dans une zone périphérique !

De prix moyens à plus chic

🏨 🍽 ***Hôtel-restaurant Les Trois Rois :*** *3, rue Pierre-Brossolette. ☎ 02-54-21-00-65. • hotelrestaurantles3rois@orange.fr • les3rois.fr • ♿ Resto tlj sauf dim soir-lun. Double env 90 €. Menus 21,50-37,50 €.* Une vénérable auberge typiquement XIXe s, entièrement relookée par ses nouveaux propriétaires. Chambres « standard » ou « à thème », très confortables, à choisir selon l'humeur et la dispo. Au resto, bonne cuisine de terroir revisitée, servie dans une très belle salle à manger. Des préparations franches, bien réalisées et régulières en qualité. Bel accueil, souriant et disponible.

🏨 🍽 ***Auberge de La Cognette :*** *entrée de l'hôtel rue des Minimes, entrée du resto bd Stalingrad. ☎ 02-54-03-59-59. • info@la-cognette.com • la-cognette.com • ♿ Hors saison, resto fermé dim soir-mar midi. Congés : janv. Doubles 90-130 € ; familiales. Menu 39 €.* Une cuisine ancrée dans la grande tradition et qui regarde droit vers le futur. Salle décorée à l'avenant, dans un pur style Empire. Quant aux chambres, elles se situent dans 2 édifices différents : les plus anciennes s'étalent en rez-de-jardin dans une belle bâtisse tout en longueur. Coquettes, élégantes et classiques, chacune possède une adorable terrasse-jardin individuelle où prendre le petit déj au vert. Un autre édifice (le *Balzac*) abrite des chambres plus contemporaines, aux alliances de couleurs tranchées. Confort 4 étoiles dans les 2 cas.

Où s'offrir une bonne table dans les environs ?

🍽 ***Au 14 Février :*** *2, rue du Portail, 36100* ***Saint-Valentin.*** *☎ 02-54-03-04-96. • sv.au14fevrier@icloud.com • À 10 km à l'ouest d'Issoudun, au centre de la petite commune de Saint-Valentin, entre l'église et la mairie. Ouv midi ven-dim et j. fériés, soir jeu-sam. Menus 65-92 €.* Un resto surprenant, et tout simplement délicieux ! Cuisine française revisitée par un chef japonais, pour un moment de grâce où tout est subtil : les saveurs dans l'assiette, la présentation des plats, l'alliance mets et vins, le service discret et souriant. Le chef sait prendre le meilleur des 2 cuisines. On aime aussi la déco, de la grande fresque naïve et colorée de l'entrée à l'intérieur très zen, composé de tables noires aux pointes de rouge, intégrant des lithographies de Peynet. On peut prolonger le moment dans une sorte de jardin d'hiver où de confortables fauteuils nous tendent leurs bras. Une très belle adresse, pas seulement pour les amoureux !

À voir

👁👁👁 ***Le musée de l'Hospice Saint-Roch :*** *rue de l'Hospice-Saint-Roch. ☎ 02-54-21-01-76. • musee@issoudun.fr • museeissoudun.tv • ♿ Mai-sept, lun-mar 14h-18h et mer-dim 10h-12h (12h30 juil-août), 14h-18h. Oct-avr, mer-dim 10h-12h, 14h-18h. Fermé janv, 1er mai, 1er et 11 nov, 24-26 déc et 31 déc. GRATUIT. Visites guidées payantes sur rdv (visites guidées gratuites ponctuelles selon programmation, se renseigner). Boutique.*

Alliance réussie de salles d'expositions contemporaines et de magnifiques bâtiments anciens (ancien hôtel-Dieu, bâtiment sur pilotis au-dessus de la Théols, plein de charme, construit entre les XIIe et XVIIIe s), ce musée séduit autant par sa diversité architecturale que par la qualité de sa muséographie et de ses expos.

La partie ancienne

Évocation des fouilles de la région (du Néolithique au gallo-romain). Du Moyen Âge, voir le remarquable petit griffon en bronze, une boucle de ceinture mérovingienne en os (VIe s). Également quelques sculptures religieuses, dont une tête de saint

Jacques (XVe s), puisque Issoudun était sur la route de Compostelle. Ensemble de chapiteaux provenant de vestiges d'édifices religieux détruits. On entre ensuite dans la partie dédiée à l'hospice. Dans une petite salle, 2 tableaux de mendiants (XVIIe s), autrefois accrochés dans le bureau du recteur pour ne pas oublier son rôle d'accueil des nécessiteux. L'impressionnante « salle des hommes » présente des sarcophages et un beau gisant du XIIe s, dont on a retrouvé la crosse intacte, en émail cloisonné sur cuivre. Superbe. Elle est d'ailleurs exposée sur le mur.
– ***La chapelle du XVe s :*** un des temps forts du musée. Aux 2 angles, on peut admirer de très belles sculptures monumentales en haut relief représentant l'Arbre de Jessé (exemple unique en Europe). À gauche, l'Arbre des Prophètes, travail absolument remarquable : Melchisédech, en bas, est couché et endormi. Du chêne prennent naissance les différents prophètes (on reconnaît Moïse avec les Tables de la Loi). Noter le plissé des vêtements, le détail des visages... À droite, l'Arbre des Rois : on y voit Jessé endormi au pied d'un figuier, puis les ancêtres de Jésus, les rois de Juda. Au centre, une Vierge à l'Enfant. Toujours dans la chapelle, voir les 4 bâtons de corporations des XVIIe et XVIIIe s (tailleurs de pierre, bouchers, mégissiers et menuisiers). Dans la salle des femmes, instruments chirurgicaux qui témoignent des progrès de la médecine (sic). Petite salle de tisanerie où les sœurs entreposaient les plantes et confectionnaient les remèdes. Vous découvrirez ensuite l'exceptionnelle ***apothicairerie,*** avec moult vases placés dans un beau mobilier d'époque. En haut des étagères, des boîtes en bois du XVIIe s, revêtues de peintures d'animaux fantastiques. D'autres salles d'exposition sont consacrées aux périodes de la fin du XVIe et du début du XVIIIe s (peintures, retables). Au 1er étage, œuvres de Brueghel de Velours et de De Heem... Étonnant *Saint Roch,* qu'Alfred Courmes représente sous les traits d'un voyageur défroqué des années 1940-1950.

La partie contemporaine

Elle abrite 2 expos permanentes sur l'Océanie et les arts extra-européens. La 1re présente de beaux masques, des parures, ornements et des armes provenant de Papouasie-Nouvelle-Guinée. La partie arts extra-européens résulte d'un don d'un fameux couple d'artistes internationaux installés dans la région, Cécile Reims et Fred Deux. Au milieu de leur collection d'arts premiers se mêlent de nombreux dessins et gravures du couple. Également une reconstitution du salon parisien de Léonor Fini, peintre surréaliste argentine d'origine italienne, décoré dans le style Art nouveau. La 2e section de cette partie du musée est entièrement consacrée à l'***art contemporain,*** avec des expositions temporaires d'une grande qualité et d'une implacable rigueur intellectuelle. Bluffant ! La balade continue dehors, dans le ***grand parc de sculptures*** réunissant les œuvres de 18 artistes contemporains (Xenakis, Max Ernst, César...), à moins que vous ne préfériez une petite mise au vert, en sortant, dans le jardin public particulièrement bucolique.

La tour Blanche : *☎ 02-54-21-74-02. Billetterie à l'office de tourisme (voir plus haut). Ouv 14h-18h : juil-août, tlj ; juin et sept, mar-dim ; avr-mai, w-e et j. fériés. Visite : 3 € ; réduc ; gratuit moins de 12 ans.* Il s'agit d'une belle tour défensive construite à la fin du XIIe s à la demande de Richard Cœur de Lion, à l'époque où les Plantagenêts dominaient la ville. Haute de 27 m, elle est en forme de goutte d'eau (en coupe transversale), et octogonale à l'intérieur. À l'étage, voûte gothique et belles arcatures. Plus haut, maquette de la ville à la fin du Moyen Âge. De la terrasse, jolie vue sur toute la cité. Film historique projeté sur les murs en pierre, au rez-de-chaussée.

Le beffroi : *pl. du 10-Juin.* Il appartenait à l'enceinte du château. Flanqué de 2 tours rondes, il servit de porte de ville au XIIe s. Ne se visite pas, mais on peut passer en dessous.

L'église Saint-Cyr : *pl. Saint-Cyr.* Joliment restaurée, avec une superbe verrière gothique et de belles statues en bois sculpté dans le chœur.

Manifestations

– ***Fêtes de la Tour blanche :*** *w-e de l'Ascension.* • *fetesdelatourblanche.org* • Principal festival consacré aux arts de la rue en Berry. Spectacles, projections, performances... le tout en plein air et gratuit !
– ***Festival de la Guitare :*** *3 j. début nov.* • *issoudun-guitare.com* • Concerts, master classes, stages.

DANS LES ENVIRONS D'ISSOUDUN

Saint-Valentin : ce village d'à peine 300 âmes joue à fond la carte des amoureux (dès l'entrée, admirez le cœur qui précède le nom du village sur certains panneaux), avec tout un tralala fort kitsch : confirmation de mariage par le maire qui vous permettra de redéclarer votre flamme à l'élu(e) de votre cœur et qui déroulera pour vous le tapis rouge, fête de la Saint-Valentin, confiserie (câlin de la Saint-Valentin), jardin des amoureux avec œuvre d'art évoquant un saule pleureur (arbre prémonitoire ?), où les feuilles de métal sont gravées du nom des amoureux. Aussi un excellent restaurant franco-japonais, astucieusement dénommé *Au 14 Février* (voir plus haut « Où s'offrir une bonne table dans les environs ? »). Également une annexe, une boulangerie-salon de thé-épicerie fine qui consolera ceux qui n'ont pas réservé à la maison mère.

REUILLY

(36260) 2 055 hab. *Carte Indre, D1*

Célébrée pour son vignoble, la jolie petite ville de Reuilly mérite également le coup d'œil pour ses rues bordées de maisons d'un âge respectable, témoins de la fin de la Renaissance.
Belle commanderie des Templiers de l'Ormeteau du XIIe s, joli château de La Ferté et tombe du célèbre anarchiste Marius Jacob au cimetière du village. Jeter aussi un œil à l'église du XIe s ; la jolie base romane offre une façade curieusement tronquée et l'église renferme une belle crypte réalisée entre le IXe et le Xe s. Le bourg est agréablement situé au bord de l'Arnon.

MARIUS JACOB, ALIAS ARSÈNE LUPIN

Alexandre Marius Jacob est né en 1879. Rapidement, il entama une carrière de généreux cambrioleur anarchiste, qui ne volait que le clergé, le bourgeois et le militaire. Ce qui le rendait évidemment sympathique. Après de nombreuses aventures rocambolesques et un séjour au bagne de Cayenne, il trouva une paix toute relative à Reuilly, en terre berrichonne, auprès de sa mère. Il s'y suicida en 1954, laissant une lettre teintée d'humour noir. Maurice Leblanc se serait inspiré de ce personnage en 1905 pour créer celui d'Arsène Lupin. En lui ôtant son côté dépressif.

LE VIN DE REUILLY

Au Moyen Âge, le vin de Reuilly est cité pour la 1re fois dans une donation du roi Dagobert : il remet « le village, ses vignes, ses champs et ses prairies » à l'abbaye royale de Saint-Denis. Le prieur, seigneur de Reuilly, émit plusieurs chartes (en 1202, 1365 et 1555) sur la vente des vins du pays, et ce jusqu'à la Révolution. Le vignoble, détruit en 1884 par le phylloxéra, est reconstitué en 1905. Les vins blancs sauvignons obtiennent leur AOC en 1937, les pinot noir et pinot gris en 1961. L'aire d'appellation comprend 6 communes et s'étend sur près de 205 ha.

Adresse utile

Maison de Reuilly : *7, rue Voltaire. ☎ 02-54-49-10-47. • maisondereuilly@reuilly.fr • Juin-sept, mar-dim 10h-12h, 14h-18h. Sinon, mar-jeu 14h-17h30 ; ven 8h-12h, 14h-18h ; sam 9h30-12h, 14h-17h30.* Un établissement qui conjugue culture et terroir, avec 3 espaces d'exposition et la vente de produits locaux, dont les vins de son AOC.

Où dormir ?
Où manger à Reuilly et dans les environs ?

Hôtel-restaurant Les 3 Cépages : *17, rue de la Gare, à 2 mn du centre de Reuilly. ☎ 02-54-03-23-13. • les3cepages@orange.fr • les-3-cepages.com • Tlj sauf dim soir et lun-mar. Congés : période de Noël. Double 65 €. Menus 36-50 €.* Quelle bonne idée ont eue Takashi et Hikari Sato de rendre visite, à un ami qui leur avait vanté la toute la douceur de vivre de Reuilly ! Ils ont repris la gérance de l'hôtel (6 chambres confortables mais sans âme), mais surtout s'appliquent, côté resto, à offrir une cuisine toute en saveurs et en précision, étonnante du début à la fin du repas. Produits d'ici, techniques de là-bas, un vrai bonheur. Belle sélection de vins régionaux, forcément.

L'Aubergeade : *321, route d'Issoudun, 36260* ***Diou.*** *☎ 02-54-49-22-28. 06-67-99-11-11. • jackypatron@me.com • Au bord de la D 918. Tlj sauf mer soir et dim soir. Menus 24 € (déj en sem), puis 44 € ; carte env 48 €.* Une cuisine juste et savoureuse, agrémentée d'une pointe de créativité et réalisée avec des produits de qualité, servie dans une salle de restaurant à l'ancienne. Si vous souhaitez une ambiance plus détendue, préférez la terrasse, qui offre un cadre très agréable aux beaux jours. Accueil discret, service impeccable.

DANS LES ENVIRONS DE REUILLY

Le musée du Cirque : *1, pl. de la Liberté, 36150* ***Vatan.*** *☎ 02-54-49-77-78. • musee-du-cirque.com • Tlj 10h-12h, 14h-18h, sauf lun-mar mat. Fermé 1er janv, 1er mai, 1er nov et 25 déc. Entrée : 5 € ; enfant 3 € ; réduc.* Ce musée ô combien attachant, en plus d'une fabuleuse machine à remonter le temps pour nostalgiques de l'âge d'or du cirque, est aussi une invitation à découvrir son histoire à travers la riche collection du docteur Alain Frère, un vrai passionné. Maquette d'un cirque hippomobile, superbes séries d'affiches originales des cirques Pinder et Amar, mais aussi du cirque Ancilloti-Plège de 1908... Une pièce est réservée aux clowns, une autre présente de remarquables maquettes, dont celle d'une ménagerie exotique de 1930. Affiches des années 1940, plus colonialistes que nature...

LEVROUX

(36110) 2 970 hab. *Carte Indre, C2*

Cette petite ville, à la limite de la Champagne berrichonne, a su conserver de nombreux souvenirs du Moyen Âge. Ne pas manquer l'ancienne collégiale

du XIIIe s, notamment pour ses orgues et ses stalles en bois sculpté. Sous l'Empire romain, la voie reliant Orléans à Limoges passait par Levroux, l'ancienne *Gabatum,* où l'on traitait les peaux. Saint Sylvain, évangélisateur de la région et à qui l'on doit quelques miraculeuses guérisons, fit rapidement l'objet d'un pèlerinage sur la route de Saint-Jacques-de-Compostelle. Mais c'est la fabrication de parchemins à l'aide de peaux de mouton qui enrichira la ville et lui conférera sa notoriété.

À voir

La Maison du bois : *pl. Ernest-Nivet.* Superbe maison à colombages à piliers de bois sculptés, de la fin du XVe s. C'était une halte pour les pèlerins sur la route de Saint-Jacques-de-Compostelle, dont Levroux était une étape. Sur la porte principale, écusson d'Anne de Bretagne. À l'angle, personnages sculptés dont un au centre qui nous fait la grimace. La maison abrite de petites expos temporaires.

La collégiale Saint-Sylvain : elle date du XIIIe s et rappelle le passage de Sylvain qui vint évangéliser le secteur au IVe s. Façade gothique classique, dont toute la stature a été détruite durant les guerres de Religion. Noter, côté sud, le porche roman à multiples voussures, au décor de têtes humaines et masques. À l'intérieur, nef très élancée, bien équilibrée, aux belles croisées d'ogives soutenues par des colonnes prolongées par de fins pilastres qui lui donnent de la légèreté. Les miséricordes des stalles présentent les vices et vertus : un homme se gratte le séant, une femme montre ses genoux, un autre présente ses hémorroïdes... charmant. Les vitraux racontent la vie de sainte Rodène, qui accompagna Sylvain dans son boulot itinérant. Au fond, buffet d'orgue du XVIe s, qui fonctionne parfaitement.

Le Berger couché : *sur la gauche de la collégiale en sortant.* Œuvre pleine de douceur du sculpteur levrousain Ernest Nivet : allongé sur le ventre, le jeune homme surveille son troupeau. Juste derrière, noter les anciennes vespasiennes (ou « pissotières »), hors d'usage, notez-le bien, mais qu'on a conservées.

De la collégiale, en empruntant la rue Gabatum, on gagne la ***porte de Champagne,*** la seule des 7 portes de la ville encore debout. Elle ouvrait sur la Champagne berrichonne.

Le monument aux morts : *pl. de la République.* On indique rarement les monuments aux morts, souvent symboles de fierté nationale justifiant toutes les boucheries, mais l'œuvre d'Ernest Nivet n'évoque rien de tout cela. Un soldat, assis, le regard plongé dans ses angoisses, évoque un penseur (Nivet ne fut-il pas l'élève de Rodin ?) et semble s'interroger sur la vanité humaine et la raison d'un tel carnage, en 1914-1918.

Le musée du Cuir et du Parchemin : *3, rue Gambetta. ☎ 02-54-35-48-90. 📱 06-17-87-07-01. • parcheminannie@wanadoo.fr • ♿ Mai-déc. Lun et sam 10h-12h30, 15h-18h ; jeu-ven 15h-18h ; sur rdv les autres jours. Entrée : 4,50 € (marque-page en parchemin offert) ; réduc ; gratuit moins de 12 ans. Atelier de fabrication d'objets artisanaux (possibilité d'y assister sur résa).* Ce petit musée tenu par des bénévoles, présente tous les outils nécessaires au travail de la peau pour sa transformation en cuir ou en parchemin, des machines, plusieurs maquettes et un diaporama qui décrit les méthodes anciennes et actuelles de fabrication du cuir.

Les ruines du château fort : *à 800 m du centre-ville, en direction de Valençay. Au rond-point, prendre en face et monter sur la butte.* De cette forteresse imposante et trapue, construite au Xe s pour impressionner la seigneurie de Buzançais, ne restent que les 2 tours de l'entrée – mais quelle entrée ! On peut détailler le portail principal armorié : meurtrières, structure du pont-levis, fenêtres à meneaux... Le site est un bel endroit pour le pique-nique.

L'INDRE EN BERRY

LE PAYS DE VALENÇAY

Plus que les gros bourgs endormis, ce sont les villages encore bien vivants des alentours, les petits producteurs, les tables sincères et les « jardins secrets » qui incitent à prolonger un séjour en Berry. Voilà un point sur lequel le pays de Valençay, qui prolonge naturellement le Val de Loire, n'a rien à envier à ses voisins. Terroir de vins et de fromages, solidement ancré dans sa tradition du bien-vivre et du bien-manger, il peut en outre s'enorgueillir de ses 2 magnifiques châteaux, à coup sûr les plus spectaculaires du département.

VALENÇAY (36600) 2 370 hab. *Carte Indre, B1*

« Une trahison n'est qu'une question de date ! »

Talleyrand

Avec sa luminosité toscane, cette petite ville berrichonne, dernière sentinelle avant la Touraine, s'étire paisiblement le long du Nahon. Surplombant le tout, son remarquable château Renaissance vit toujours à l'heure de Talleyrand, un nom qui lui est indissociable. C'est à un véritable voyage au cœur du Grand Siècle que vous allez participer !

ON NE VA PAS EN FAIRE UN FROMAGE

Les fromages en forme de pyramide rappelaient trop l'échec de la campagne d'Égypte à Napoléon. Voilà pourquoi on en coupa le sommet. C'est là l'origine du fromage tronqué que l'on fabrique aujourd'hui dans la région de Valençay.

UN PEU D'HISTOIRE

Un 1er château féodal fut construit au XIIIe s sur ce site occupé depuis l'Antiquité. D'une lignée à l'autre, la seigneurie de Valençay échut à la très riche famille d'Étampes au XVe s, qui transforma la forteresse d'origine en 1540 : le manoir fut rasé et un magnifique château Renaissance, inspiré de celui de Chambord, vit alors le jour.

À la fin du XVIIIe s, ***le domaine de Valençay est l'un des 3 plus vastes de France*** : près de 12 000 ha de terres réparties sur 23 communes, une centaine de fermes, des vignes, des forêts, des champs... et le château lui-même (plus d'une centaine de pièces et 25 appartements !), bordé d'un parc de 150 ha et de communs formant un vrai village. Le tout appartient alors au comte de Luçay, qui, après avoir échappé d'un cheveu à la guillotine pendant la Révolution, se voit contraint d'accepter une charge de préfet sous Napoléon Bonaparte. Mais les frais d'entretien de son domaine lui coûtent de plus en plus cher...

Le cadeau empoisonné de Napoléon à Talleyrand

En 1803, Bonaparte convoque son ministre des Relations extérieures, Talleyrand, et lui propose de racheter le domaine de Valençay pour y recevoir les grands de ce monde. « Je veux, ajoute le futur empereur, que le fait d'être invité chez vous soit une récompense pour les souverains dont je serai content. » Le prix de vente de

Valençay atteignant une somme astronomique, Bonaparte prend en charge une grande partie de la transaction (avec les deniers de l'État, ça va de soi, et la vente de la Louisiane). Ses objectifs sont simples : augmenter son propre prestige, « soigner » quelques souverains dont il aura besoin et... éloigner un ministre un peu trop indépendant, en lui faisant un cadeau aussi royal qu'empoisonné, pour mieux s'assurer de son soutien. Cadeau qui n'empêchera pourtant pas Talleyrand de trahir Napoléon dès qu'il en aura l'occasion...

ALMANACH VERMOT

Qui a dit : « Il faut se garder du premier mouvement, il est presque toujours honnête » ; « On ne va jamais aussi loin que lorsqu'on ne sait pas où l'on va » ; « Il ne faut jamais se fâcher contre les choses, cela ne leur fait rien du tout » ; « Pour faire fortune, ce n'est pas de l'esprit qu'il faut, c'est de la délicatesse qu'il ne faut pas » ; « Je n'ai quitté les affaires que lorsqu'il n'y en avait plus »... ? Réponse : Talleyrand. Un jour de colère, Napoléon dit à son ministre : « Talleyrand, vous n'êtes que de la merde dans un bas de soie ! »

LE VIN DE VALENÇAY

Avec un ambassadeur comme Talleyrand et un vignoble juste au pied du château, il n'est pas étonnant que le vin de Valençay se soit retrouvé à la table de l'Empereur. On l'oublia pourtant quelque temps avant qu'il ne connaisse une nouvelle notoriété depuis l'obtention de son AOC en 2003, devenue à ce jour une AOP. Rien que de très mérité – notamment pour les blancs, fabuleux dans leur prime jeunesse.
On trouve sur les rives du Cher, les argiles à silex, d'où l'on tirait la pierre à fusil à l'époque napoléonienne. Les blancs marient habilement sauvignon et chardonnay, tandis que les rouges allient les cépages gamay, cabernet ou pinot noir.

Adresses et info utiles

Office de tourisme : *2, av. de la Résistance. ☎ 02-54-00-04-42. • tourisme.valencay@orange.fr • valencay-tourisme.fr • Juil-août, tlj 10h-12h30 et 14h-18h30 ; sept-juin, tlj 10h-12h30, 14h-18h (17h30 en oct, voire 17h nov-fév) ; fermé sam ap-m et dim nov-mars.* Riche en documentation, boutique de produits régionaux (croquants de Valençay, miel, produits à base de safran, confiserie, vin, bières, artisanat, etc.). Bon accueil. Billetterie : *pass* château de Valençay, musée de l'Automobile et ZooParc de Beauval à tarif réduit. Vente de carte de pêche.

Gare ferroviaire : *rue de la Gare. ☎ 02-54-00-12-34.* Valençay est sur la ligne TER Orléans-Paris, avec changement à Salbris.

– **Marché :** *mar mat.*

Où dormir à Valençay et dans les environs ?

Campings

Camping Les Chênes : *40, route de Loches. ☎ 02-54-40-76-81. 📱 06-95-01-75-64. • camping.valencay1@orange.fr • camping-leschenes.fr • ♿ Par l'A 85, sortie n°s 12 ou 14, ou la D 956. Ouv avr-sept. Compter 12-17 € pour 2 pers ; mobile homes ; lodges. Chiens interdits.* Emplacements agréablement délimités par des haies et offrant une certaine intimité sur ce site joliment paysager autour de son étang. Accès gratuit à la piscine municipale voisine pour les campeurs ; également des courts de tennis à côté et une buvette avec un petit service de restauration.

L'INDRE EN BERRY

De prix moyens à chic

Chambres d'hôtes Les Volets Verts : *29, rue de la Vieille-Église, 36240* ***Écueillé.*** *☎ 02-18-05-10-67. 06-84-26-84-37. • chambresdhoteslesvoletsverts@gmail.com • chambresdhoteslesvoletsverts.fr • Double 100 € ; familiales.* À 2 pas d'une église romane, 2 chambres dans l'ancien presbytère qui feront craquer les amateurs de déco décalée. Hervé Thomas fait tout dans cette maison étonnante qu'on pourrait imaginer de famille, puisqu'il l'a meublée avec ce qu'il a pu chiner au fil des années. En attendant le dîner, on lit, on joue aux cartes anciennes, côté jardin, sous l'œil attentif d'un des chats persans de la maison. Petits déj royaux compris et accueil d'une grande gentillesse.

Chambres d'hôtes Manoir de la Foulquetière : *chez Rosemary Conquest, 36360* ***Luçay-le-Mâle.*** *☎ 02-54-00-29-56. • rosemary@rosemaryconquest.com • manoirfoulquetiere.com • Doubles 90-130 €.* À l'écart du village, un manoir terriblement anglais qu'on pourrait croire tout droit sorti d'un tournage pour la série *Barnaby,* avec Dame Rosemary dans le rôle de la maîtresse de maison entourée de ses chiens et de ses chats, accessoirement de son mari, vous accueillant avec un accent et une tasse de thé impeccables. 5 chambres spacieuses et confortables, sinon toujours pratiques (dont une avec une porte digne d'*Alice aux pays des merveilles*) avec vue sur la cour ou le jardin. Un petit déjeuner d'anthologie, ne serait-ce que dans sa présentation.

Où acheter de bons produits ?

Pâtisserie Castel Praliné : *21, rue du Château. ☎ 02-54-00-12-13. • castelpraline@gmail.com • Tlj sauf lun 7h-19h.* Dans le salon de thé attenant à la pâtisserie-chocolaterie, exposition d'œuvres uniques, dont une impressionnante maquette en sucre du château de Valençay ! Guimauve, entremets, macarons et bonbons pralinés maison méritent le détour. Une créativité savoureuse.

GAEC des Ramono : *chez Denis et Florence Ducloux, 8 Jumeaux. ☎ 02-54-05-10-65. • gaecdesramono@orange.fr • Quitter Valençay en direction de Selles-sur-Cher, 2e à droite après le rond-point. Tlj 8h-13h (12h dim) et 19h-20h.* Pour acheter un délicieux fromage AOP directement à la ferme, voici la plus proche du bourg de Valençay. Liste des autres producteurs disponible à l'office de tourisme.

Où visiter des producteurs de valençay ?

Où acheter du vin ?

Les viticulteurs du coin sont bien signalés, par un fléchage efficace. Outre le valençay, ils produisent également, pour la plupart, des vins d'appellation touraine. On peut aller voir les vignerons directement à leur cave, à condition de leur passer un coup de fil avant.

Domaine Francis Jourdain : *Les Moreaux, 36600* ***Lye.*** *☎ 02-54-41-01-45. • domainejourdain.com • Depuis Lye, prendre direction Varennes. Tlj 9h-12h30, 15h-19h ; sur rdv dim et j. fériés.* Si M. Jourdain dans *Le Bourgeois gentilhomme* faisait de la prose sans le savoir, la famille homonyme fait du vin et sait très bien ce qu'elle fait ! Une maison recommandable et un accueil tout en gentillesse.

Hubert et Olivier Sinson : *1397, rue des Vignes, Le Musa, 41130* ***Meusnes.*** *☎ 02-54-71-00-26. • vins-sinson.com • De Valençay, direction Blois ; à Fontguenand, prendre à gauche à la fourche, puis traverser Chamberlin et suivre le fléchage. Tlj 9h-12h, 14h-19h (dim et j. fériés mat seulement).* Les Sinson, c'est certainement la famille qui a permis au valençay de sortir de l'anonymat. On produit ici du touraine, mais aussi du valençay en 3 couleurs, de très bonne tenue et avec une grande régularité.

Château de Quinçay : *Quinçay, 41130* ***Meusnes.*** *☎ 02-54-71-00-11. • chateaudequincay.com • Lun-sam.* Une longue allée d'impressionnants platanes à troncs multiples conduit à une ravissante demeure. Devant, un étang, autour, des bois, et par derrière, des pentes où sont déroulés les rangs de vignes. Charmant ! Mais Quinçay, c'est aussi une belle histoire, celle d'un général qui préfère le sécateur au sabre. Pas banal. 6 générations plus tard, le domaine est devenu une affaire attachante portée par une famille de passionnés ayant un vrai sens du partage : ***dégustation*** de savoureux Valençay et de riches Touraine-Chenonceaux dans une jolie salle rustique, ***présentation des installations*** (de la vinification à l'embouteillage), organisation de toutes sortes d'événements.

Où assister à un spectacle ?

Ferme-théâtre de Bellevue : *36600* ***Villentrois.*** *Rens et résas : ☎ 02-54-05-10-83 (9h30-12h30). • contact@cameleonproduction.fr • cameleonproduction.fr • Spectacles 30-49 €.* Une institution ! C'est à un enfant du pays devenu célèbre, Jean-Christian Fraiscinet (alias le Christian des Bodin's !), que l'on doit ce projet qu'il continue de porter avec ses 2 frères. Dans une authentique ferme réaménagée en théâtre rural, plusieurs créations sont proposées au public par cette compagnie de théâtre locale irrévérencieuse qui revisite joyeusement les classiques. Certaines représentations sont précédées ou suivies d'un banquet traditionnel. En juin, grande « comédie rurale » donnée en plein air.

À voir

Le château : *☎ 02-54-00-10-66. • accueil@chateau-valencay.fr • chateau-valencay.fr • ♿ (sauf 1er étage du château et cuisines). Ouv de mi-mars à mi-nov, tlj 10h-18h (10h30-17h d'oct à mi-nov). Dernière entrée 45 mn avant fermeture. Entrée : 14,50 € ; réduc. Audioguide inclus. Visites guidées et animations régulièrement proposées (programmation sur le site).* Original et passionnant, voici un château où toute la famille peut passer la journée tout en s'instruisant et en s'amusant ! Le château de Valençay est considéré comme l'***un des plus beaux exemples du style Renaissance en France,*** avec celui de Chambord. C'est également une bonne illustration des débuts de l'architecture classique dans le Val de Loire, comme le montre la façade de la cour d'honneur. Un ensemble à la fois massif et délicat, propre à impressionner et séduire.

– ***L'intérieur :*** luxueux, on s'en serait douté, et dans l'état où l'avait souhaité Napoléon pour épater son monde. Salons d'apparat au somptueux mobilier (surtout Empire, mais aussi Louis XVI et Régence), œuvres d'art en quantité (tableaux d'époque, collection de gravures, sculptures, tapisseries, porcelaine), lustres, tapis, etc. On visite notamment le *Grand Salon* avec ses 26 fauteuils tapissés par les dames de la cour d'Espagne, décorés de feuillage trouvé dans le parc, et une imposante table venue de l'ambassade de France

PIED BOT ET SÉDUCTION

Talleyrand avait une jambe plus courte que l'autre. Vraisemblablement affublé d'un pied bot, l'homme marchait avec une canne, et rien ne le prédisposait à devenir un tombeur. Pourtant, son esprit était particulièrement vif, et il séduisait tel un don Juan. Il se maria avec l'une des plus belles femmes de Paris et n'hésita pas, après avoir quitté la robe (il fut tout de même évêque), à soulever celle de nombreuses femmes mariées... Ou comment faire une force d'un handicap.

à Vienne pour rappeler le congrès de 1815 ; le ravissant *Salon bleu* où Talleyrand aimait travailler ; le *salon de musique* avec son parquet style Versailles, ses boiseries sculptées et ses instruments de musique. À l'étage, après la ***salle des trésors*** (tenues d'apparat, épées, cannes, même les chaussures orthopédiques de Talleyrand), on pénètre dans les ***appartements privés*** : la chambre de Talleyrand, celle du roi d'Espagne (qui fut retenu prisonnier pendant 6 ans sur ordre de Napoléon), celle de la duchesse de Dino (femme du neveu de Talleyrand, qui devint néanmoins sa maîtresse, après que la princesse de Bénévent, femme officielle de Talleyrand, se fut retirée).

Avant de redescendre, ne manquez pas la surprenante ***salle médiévale Jacques-d'Étampes,*** située dans l'ancien donjon, détonnante avec son plafond boisé et son imposante cheminée, le tout bariolé de peinture !

– La ***visite des cuisines de Carême*** (du nom d'Antonin Carême, grand cuisinier du XIXe s, débauché par Talleyrand pour régaler ses invités) et de la ***cave*** donne une idée du train de vie qui était mené au château.

– ***Le petit théâtre du château :*** magnifique ! Tout semble ici resté en état, à commencer par les décors d'autrefois. *Visite guidée uniquement, mer, sam et dim à 16h. Prix : 4,90 €/pers.*

– ***Le parc et les jardins :*** on visite la petite ferme (animaux domestiques) ainsi que l'ensemble des jardins étendus sur un parc de plus de 53 ha... « La Grande Perspective », jardin que l'on aperçoit lors de la visite des appartements, a été conçue en 2016. Pour les enfants, une aire de jeux attractive dans le parc.

– ***La forêt des princes :*** on peut découvrir la forêt autour du château à pied ou en voiturette électrique (type golf, donc parfaitement silencieuse) sur 4 km. Une brochure permet de faire halte devant 7 sites notables (grottes, pièce d'eau, etc.). *Compter 15 € (pour 4 pers ou 2 adultes et 3 enfants) pour env 45 mn de balade. À réserver à l'accueil, disponible selon planning au cours de la saison.*

INVITÉS MALGRÉ EUX

Les princes d'Espagne exilés débarquèrent du jour au lendemain à Valençay avec toute leur cour, contraignant Talleyrand (qui ne voulait pas d'eux) à les surveiller tout en étant aux petits soins ! L'Empereur ordonna même la construction d'un théâtre de 100 places pour distraire ses « invités » de marque. Ces encombrants prisonniers, arrivés pour 3 mois, restèrent finalement 5 ans !

Restaurant de l'Orangerie : *dans l'orangerie à l'intérieur du château ; mêmes horaires. ☎ 09-83-57-52-77. Congés : de janv à mi-mars. Formules 18-23 €.* Une terrasse face au château et à ses parterres de fleurs, idéale pour boire un verre ou un thé en fin de visite (sinon, accès payant !). Pour une vraie pause gourmande, mieux vaut aller en ville chez *Castel Praliné* ou dans les villages voisins.

Le tombeau de Talleyrand : *6, rue de Talleyrand. Dans la chapelle de l'école Notre-Dame, juste à gauche de la mairie. Ouv tte l'année, tlj 9h-19h. GRATUIT.* En marbre noir gravé de lettres d'or, les passionnés d'histoire (ou de filouterie) iront s'y recueillir.

Le musée de l'Automobile de Valençay : *12, av. de la Résistance, route de Blois. ☎ 02-54-00-07-74. • musee-auto-valencay@orange.fr • musee-auto-valencay.fr • ♿ À 200 m du château. Ouv avr-nov, jeu-dim 10h-12h30, 14h-18h (tlj juil-août). Entrée : 7 € ; réduc. Rassemblement de véhicules anciens sur le parking du musée le 1er dim de chaque mois avr-nov.* Même pour ceux qui ne raffolent pas du sujet, voilà une collection qui ne peut laisser indifférent. Dans un grand hall, une soixantaine d'automobiles (françaises pour l'essentiel) fièrement alignées, comme pour un salon, impeccables et admirables, et toutes en état de marche. Jouets, curiosités, raretés, antiquités, il y en a pour tous les goûts ! Expositions temporaires.

Manifestation

– ***Spectacle son et lumière au château :*** *en général, 10 représentations entre mi-juil et mi-août, vers 22h (env 2h).* Spectacle exceptionnel dans un cadre magique, autour des contes de fées – celui-là dure depuis 1975 ! Un nouveau spectacle également : *L'Amour des 3 oranges.* À ne manquer sous aucun prétexte si vous êtes dans le secteur. • *contact@spectacle-valencay.fr* • *spectacle-valencay.fr* •

DANS LES ENVIRONS DE VALENÇAY

Le train du Bas-Berry : *au départ de la gare d'**Écueillé** (train à vapeur) ou de **Valençay** (autorail). ☎ 02-54-40-23-22.* • *traintouristiquedubasberry.com* • *Juil-août, mer et dim, seulement dim en sept ; mars-déc, groupes uniquement. Compter 10-18 €/trajet selon parcours (train à vapeur) ; 10-15 €/trajet selon parcours (autorail).* Départ de la gare à bord d'un authentique tortillard pour une balade cahotante à travers prés et bois, sur une toute petite partie de l'ancienne voie métrique qui menait du Blanc à Argent-sur-Sauldre et traversait tout le Berry. Une association de bénévoles se bat pour faire vivre cette partie de ligne entre Écueillé et Argy (et Luçay-le-Mâle, de l'autre côté).

Sentier découverte Benjamin Rabier : le vrai père de Tintin (eh oui, Hergé lui-même l'a reconnu) est mort en 1939 dans le petit village de Faverolles-en-Berry, et son arrière-petite-fille a mis en place un comité pour permettre aux admirateurs du créateur de Gédéon le canard (et de *La Vache qui rit,* aussi !) de partir sur ses traces, de Vicq-sur-Nahon à Lye. À pied, à vélo ou à cheval, voilà un prétexte sympa pour découvrir la région, grâce à cette foultitude de balades depuis Valençay et les bourgs environnants. Guide pratique gratuit à l'office de tourisme de Valençay. Carte interactive dispo sur • *cc-ecueille-valencay.fr* • Application mobile « Sentier découverte Benjamin Rabier » • *valencay-tourisme.fr* •

Les jardins du domaine de Poulaines : *36210 **Poulaines**, 8 km à l'est de Valençay. 📱 06-73-01-15-23.* • *domaine-poulaines.com* • *Tlj ; consulter le site ou appeler pour les horaires. Entrée : 10 € ; réduc ; gratuit moins de 6 ans.*
Dans la catégorie « Jardin remarquable », Poulaines est une pépite. La passion et la patience de Valérie Esnault, la propriétaire, ont porté leurs fruits : entourant un manoir du XVe s. ces magnifiques jardins gérés durablement déclinent sur 5 ha toutes sortes de surprises dont un arboretum comprenant 200 espèces différentes, un jardin de bambous, une roseraie, un chemin d'eau, autour d'arbres centenaires.
Il faut prendre son temps pour remarquer les 1 001 détails de Poulaines, comme les buis taillés en forme d'animaux. Mais celui qu'on ne peut vraiment pas louper, c'est le séquoia géant, impérial ! Aire de jeux pour les enfants, jeu de piste (6-12 ans) et chasse au trésor (à partir de 13 ans, sur réservation). Petite boutique autour des produits du jardin et salon de thé pour profiter encore un peu du silence et de la sérénité des lieux.
Ce petit domaine propose aussi toutes sortes d'événements, de l'expo temporaire à la dégustation de vins avec un vigneron du secteur. Plus qu'un jardin, c'est un réel lieu de vie et de partage !

Avant la visite du jardin (ou après, sur résa), allez reprendre des forces au ***Café de la Promenade*** *(☎ 02-54-40-92-37 ; ♿ ; apéritif offert sur présentation de ce guide).* Difficile de le louper en traversant la place principale de ce village bien vivant, avec ses commerces de toutes sortes. Fred, aveyronnais d'origine et passionné de rugby, prépare une cuisine traditionnelle réalisée avec des produits du terroir. Jeunes et vieux s'y retrouvent, au coude à coude. À ne pas manquer pour la Saint-Patrick si vous êtes dans le coin !

Pour jouer les prolongations dans cet environnement enchanteur, Poulaines dispose de ***2 gîtes*** avec piscine et court de tennis privés *(à partir de 100 €/nuit, 2 nuits min).*

VEUIL

(36600) 380 hab. *Carte Indre, B1*

À 6 km au sud-ouest de Valençay, labellisée 4 fleurs au concours national des villes et villages fleuris, cette charmante localité séduit par ses maisons élégamment garnies... Un effort particulier a été entrepris pour mettre en valeur le bourg et restaurer le patrimoine. Et c'est vraiment réussi.

Où manger ?

Auberge Saint-Fiacre : *5, rue de la Fontaine. ☎ 02-54-40-32-78. • aubergesaintfiacre@wanadoo.fr • Tlj sauf dim soir-lun (plus mar sept-juin) ; j. fériés se renseigner. Congés : janv et 3 sem en sept. Menus 24 € (en sem)-55 €.* Auberge du XVIIe s, nichée au creux du village, au bord d'un ruisseau. En hiver, on profite de la grande cheminée de la salle rustique avec poutres et mobilier ancien. En été, on déjeune sous les frondaisons de marronniers centenaires, accompagné du glouglou de la cascatelle, et c'est bien agréable. Cuisine goûteuse que les habitués viennent savourer au gré des saisons, la carte réservant toujours de belles surprises. Une adresse pleine de charme.

À voir

L'église : d'époque romane, transformée et agrandie au XVIe s, d'où la présence de 2 portes. Tout en haut de la façade, 5 panneaux en bas-relief du haut Moyen Âge racontent la passion du Christ ; ils portent la trace des siècles ! À 2 pas, à côté de l'*Auberge Saint-Fiacre,* une petite fontaine, alimentée par la rivière Rouère.

Manifestations

– ***Exposition d'art contemporain :*** *dans les rues du village et dans l'église Saint-Pierre, de juil à mi-sept. Soirée aux chandelles le 1er mer du mois d'août.*
– ***Rallye touristique :*** *2e sem d'août.*

BOUGES-LE-CHÂTEAU

(36110) 280 hab. *Carte Indre, C1-2*

Minuscule village qui propose une sympathique auberge et, évidemment, un beau château pour le plaisir des yeux.

Où manger ? Où boire un verre ?

La Petite Auberge du Château : *14, rue du Château. ☎ 02-54-35-68-73. • lapetiteauberge36@gmail.com • Dans l'adorable petite rue qui longe le* *château sur la gauche. Tlj au déj sauf sam, ainsi que sam midi et soir en saison. Congés : 10 j. fin mai. En sem, menu 14,50 € ; dim et j. fériés 25 €.* Bonne cuisine de terroir, à déguster dans la petite salle rustique ou en terrasse, juste avant ou après la visite du château. Bar en journée.

À voir

🌳🌳🌳 ***Le château de Bouges :*** *☎ 02-54-35-88-26. • chateau-bouges.fr • ♿ (rdc). Juil-août, tlj 10h-12h30, 14h-18h45 ; avr-juin et sept-oct, tlj sauf mar 10h-12h, 14h-18h ; mars et nov, le w-e 10h-12h, 14h-17h. Fermé 1er mai et déc-fév. Visite libre du parc, guidée pour le château (vérifier les horaires du jour). Entrée château, parc et jardin : 8 € ; entrée parc et jardin : 5 € ; réduc ; gratuit moins de 18 ans.* Bouges est ce qu'on appelle modestement, au XVIIIe s, une « maison des champs ». Rien à voir évidemment avec une jolie longère, c'est en réalité un ravissant château à l'italienne, sosie du Petit Trianon de Versailles. L'allée cavalière annonce d'ailleurs la couleur : pas moins de 2 km de platanes, de tilleuls et de marronniers ! Façade d'une grande sobriété, rythmée par des frontons sculptés et un cadran solaire ainsi qu'un large balcon et une balustrade. Autour du château, un ensemble de buis taillés, un jardin à la française et une gracieuse fontaine sur l'arrière, prolongée par un splendide parc à l'anglaise de 80 ha composé d'essences rares. L'ensemble est classé « Jardin remarquable » et « Jardin secret du Berry ». En contrebas, les communs valent le détour. Les écuries très chics, les 2 selleries et une superbe collection de voitures hippomobiles sont un musée dans le musée ! C'est le fruit de la passion d'Henry Viguier, PDG du *Bazar de l'Hôtel de Ville* à Paris (BHV). On lui doit aussi, ainsi qu'à son épouse, l'aménagement intérieur du château, où le mobilier du XVIIIe s se partage l'espace avec des œuvres d'art. Rien n'ayant vraiment bougé depuis leur legs en 1967, Bouges a bel et bien ce qu'on appelle un « supplément d'âme »...

➢ Retour par Levroux pour retrouver Châteauroux ou possibilité de rejoindre directement l'A 20 à la sortie de Bouges-le-Château. À moins que vous n'ayez envie de revoir certains châteaux de la Loire qui auraient échappé à votre sagacité. Dans ce cas, il ne vous reste plus qu'à feuilleter de nouveau ce guide...

LA TOURAINE (L'INDRE-ET-LOIRE)

• Carte *p. 390-391*

ABC de la Touraine

- ***Superficie :*** 6 127 km^2.
- ***Population :*** 608 000 hab.
- ***Préfecture :*** Tours.
- ***Sous-préfectures :*** Chinon, Loches.
- ***Nombre de châteaux :*** 150.
- ***Un réseau hydrographique exceptionnel :*** quelque 35 cours d'eau, Loire incluse, parcourent le département en tous sens.

« Ne me demandez plus pourquoi j'aime la Touraine. Je ne l'aime ni comme on aime son berceau, ni comme on aime une oasis dans le désert ; je l'aime comme un artiste aime l'art. »

Balzac, Le Lys dans la vallée

Les déclarations d'amour de monsieur Balzac à sa terre natale ne demeurent-elles pas la meilleure des campagnes de pub ? Située à égale distance du pôle et de l'équateur, cette province-département représente en fait la France du juste milieu. Avec la Loire pour trait d'union, d'autres grands cours d'eau se donnent rendez-vous en ce « pays des flaques d'eau » chanté par Paul Fort : le Cher, l'Indre, la Vienne... Une hydrographie qui a permis l'essor du maraîchage et de l'arboriculture, ce qui vaut souvent à la région d'être surnommée le « jardin de la France ».
La Touraine est en effet connue pour ses vallées fertiles et riantes qui sillonnent en tous sens un plateau peu élevé (culminant à 188 m), bordé de coteaux calcaires et où il n'est pas rare d'observer des habitats troglodytiques. N'oublions pas ses forêts, qui couvrent quasiment ¼ du territoire. Celles domaniales de Chinon et de Loches et nationale d'Amboise ne peuvent que ravir les chasseurs... de champignons, et les randonneurs.
Vignes et vergers, rivières et forêts, caves et châteaux : éminemment française, la Touraine a donc tout pour plaire.
Pays du bien-parler aussi, dit-on ? Qu'à cela ne tienne ! Un institut accueille depuis 1912, à Tours, des étudiants venus du monde entier pour apprendre notre langue. Pays du bien-manger ? C'est encore à Tours qu'a été fondé l'Institut du goût. Pays du bien-boire ? À chaque vignoble sa confrérie, digne institution chargée à la fois d'initier et de perpétuer tradition et qualité du vin produit. Et ce pays du bien-vivre recèle aussi de belles adresses dans l'air du temps, prouvant que la Touraine bouge sans renier le passé qui la fait vivre. C'est encore mieux comme ça...

BALZAC : UN GARGANTUA DES LETTRES

Balzac (« rocher escarpé »), un nom qui fleure bon le Sud-Ouest et les ripailles. Et pourtant, le Prométhée boulimique de *La Comédie humaine,* analyste infatigable

VOIE VERTE RICHELIEU CHINON

UN ITINÉRAIRE D'EXCEPTION EN TOURAINE

5 stations thématiques
4 anciennes gares restaurées
1 appli connectée
1 voie labellisée AF3V
WC / Points d'eau potable / Tables pique-nique / Aire de jeux
Commerces à proximité / 2 points de restauration le long de la voie aux gare de Ligré-Rivière et Richelieu
Parkings gratuits à Chinon, gares de Ligré-Rivière et Champigny, Richelieu
Gare TER à Chinon

20km de piste 100% sécurisée

www.voie-verte-richelieu-chinon.fr

avec le soutien de

L'EUROPE s'engage en région Centre-Val de Loire avec le FEADER
PRÉFÈTE D'INDRE-ET-LOIRE
Centre-Val de Loire
TOURAINE LE DÉPARTEMENT

TOURAINE VAL DE VIENNE
Communauté de communes
f www.cc-tvv.fr

COMMUNAUTÉ DE COMMUNES Touraine Val de Vienne

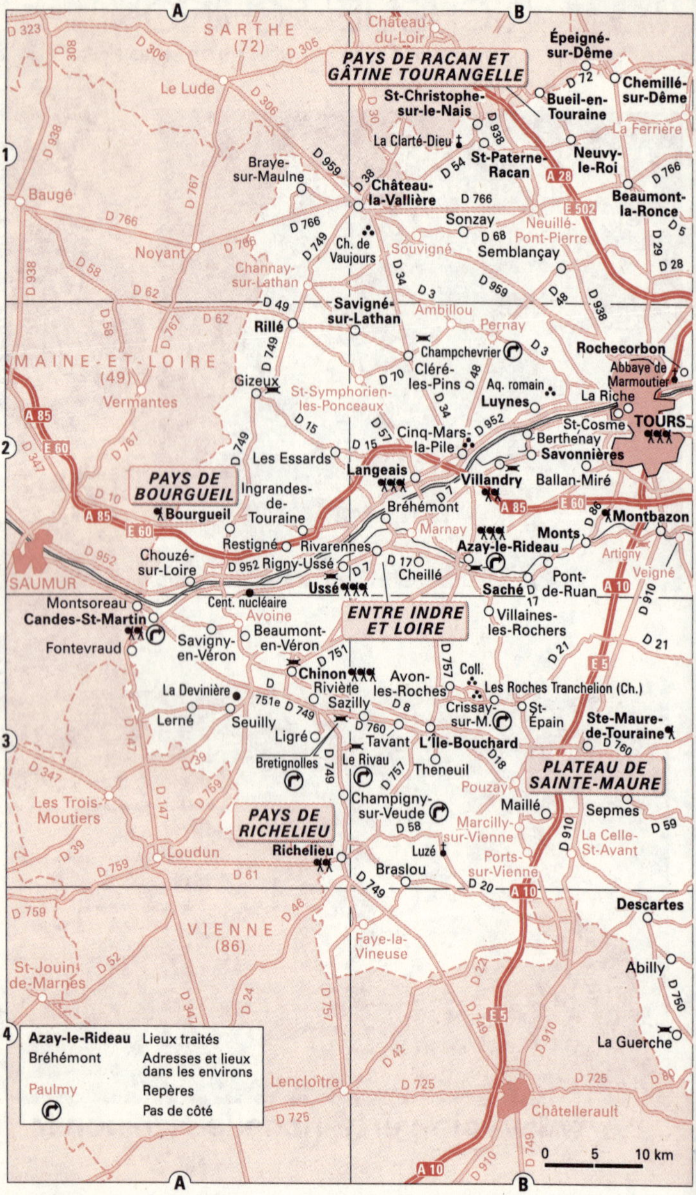
A
B
1
2
3
4
SARTHE (72)
MAINE-ET-LOIRE (49)
VIENNE (86)
PAYS DE RACAN ET GÂTINE TOURANGELLE
PAYS DE BOURGUEIL
ENTRE INDRE ET LOIRE
PLATEAU DE SAINTE-MAURE
PAYS DE RICHELIEU
Château-du-Loir
Épeigné-sur-Dême
Chemillé-sur-Dême
Bueil-en-Touraine
St-Christophe-sur-le-Nais
La Ferrière
La Clarté-Dieu
St-Paterne-Racan
Neuvy-le-Roi
Le Lude
Braye-sur-Maulne
Château-la-Vallière
Beaumont-la-Ronce
Baugé
Sonzay
Neuillé-Pont-Pierre
Noyant
Ch. de Vaujours
Souvigné
Semblançay
Channay-sur-Lathan
Savigné-sur-Lathan
Ambillou
Rillé
Pernay
Champchevrier
Rochecorbon
Abbaye de Marmoutier
Cléré-les-Pins
Aq. romain
Gizeux
St-Symphorien-les-Ponceaux
Luynes
La Riche
Vermantes
TOURS
St-Cosme
Cinq-Mars-la-Pile
Berthenay
Savonnières
Les Essards
Langeais
Villandry
Ballan-Miré
Ingrandes-de-Touraine
Bréhémont
Bourgueil
Montbazon
Marnay
Monts
Restigné
Rivarennes
Azay-le-Rideau
Artigny
Chouzé-sur-Loire
Rigny-Ussé
Cheillé
Veigné
SAUMUR
Ussé
Saché
Pont-de-Ruan
Montsoreau
Cent. nucléaire
Candes-St-Martin
Avoine
Villaines-les-Rochers
Beaumont-en-Véron
Fontevraud
Savigny-en-Véron
Chinon
Avon-les-Roches
Coll.
Les Roches Tranchelion (Ch.)
La Devinière
Rivière
Sazilly
Crissay-sur-M.
St-Épain
Lerné
Seuilly
Ste-Maure-de-Touraine
Ligré
Tavant
L'Île-Bouchard
Bretignolles
Le Rivau
Theneuil
Pouzay
Les Trois-Moutiers
Maillé
Sepmes
Champigny-sur-Veude
Marcilly-sur-Vienne
La Celle-St-Avant
Loudun
Richelieu
Luzé
Ports-sur-Vienne
Braslou
Descartes
Faye-la-Vineuse
Abilly
St-Jouin-de-Marnes
La Guerche
Lencloître
Châtellerault
A 10
A 28
A 85
E 5
E 60
E 502
0 5 10 km
Azay-le-Rideau Lieux traités
Bréhémont Adresses et lieux dans les environs
Paulmy Repères
Pas de côté

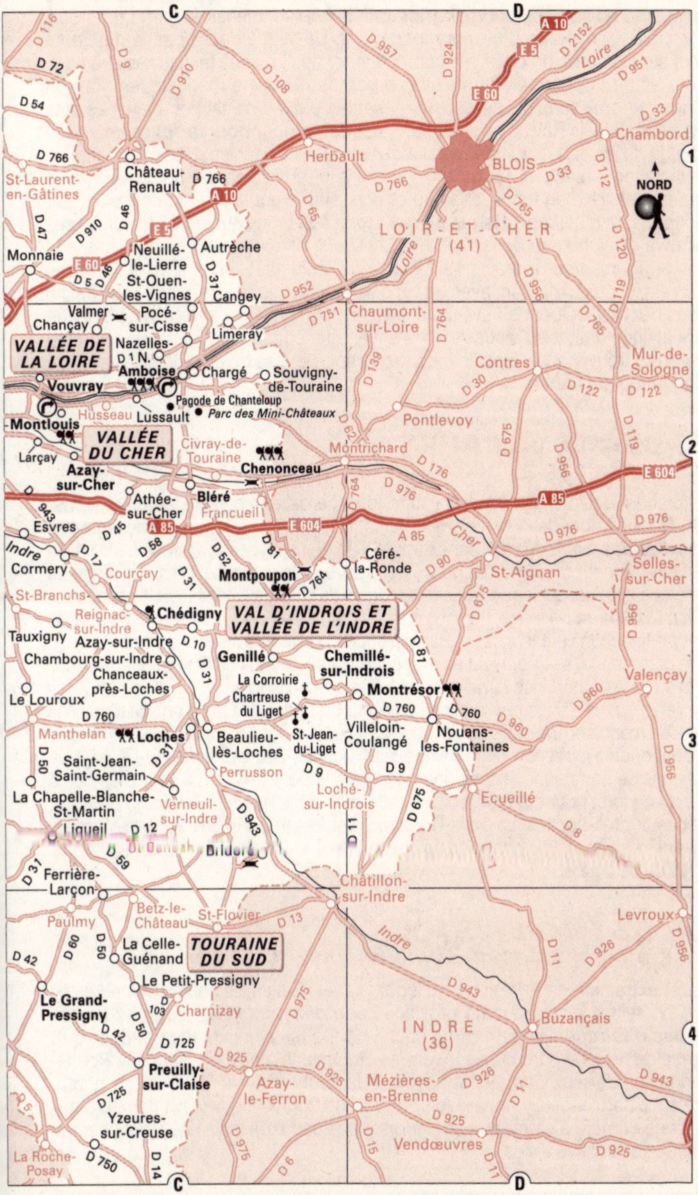

L'INDRE-ET-LOIRE

LA TOURAINE

des mœurs du début du XIXe s, est bel et bien campé sur la Loire. Il naît en 1799 à Tours, ville où son père, administrateur d'un hôpital, menait si grand train qu'il se retrouva propriétaire d'un hôtel particulier. Le petit Honoré passe des jours entiers sur les bords de Loire, « à confectionner des Louvres miniatures avec des cailloux et de la boue. Le fleuve était bordé de peupliers magnifiques dont on entendait le bruissement, de coteaux veloutés piqués de taches blanches : les châteaux ». Jamais Balzac ne se départira de ***son amour pour la Touraine.*** Après le collège de Tours, la famille s'installe dans le Marais parisien. Bientôt, son génie s'éveille avec le succès. Parmi tant de chefs-d'œuvre, on se rappelle *Eugénie Grandet,* histoire d'un tonnelier avare et richissime dont la fille est convoitée par des captateurs d'héritage. Balzac place l'action à Saumur, quoiqu'il l'ait écrite près de Vouvray, au château de la Caillerie. D'ailleurs, on reconnaît vite en filigrane la région de Tours, cette Touraine qui faisait à l'auteur l'effet « d'un pâté de foie gras où l'on est jusqu'au menton, avec un vin délicieux qui, au lieu de griser, vous bêtifie et vous béatifie ». Quant au *Lys dans la vallée,* où l'on voit « une belle et blanche statue affligée d'un mari maussade » s'enflammer soudain pour un jeune homme avant de se trouver broyée par la mécanique sociale, il se déroule dans la vallée de l'Indre, autour de Saché.

LES BEAUX VILLAGES

Il faut prendre le temps de découvrir l'autre Touraine, celle de derrière les (grands) châteaux. Dans l'ombre des « castels qui ont fait l'histoire », que de sites enchanteurs ! Prenez ***Candes-Saint-Martin*** par exemple, l'un des plus beaux villages de la vallée de la Loire. Témoin privilégié des noces de la Loire et de la Vienne, ce bourg étagé de tuffeau et d'ardoise, sur lequel trône une magistrale collégiale, vaut tous les châteaux. Ou bien ***Crissay-sur-Manse,*** l'un des villages tourangeaux les plus harmonieux et les moins peuplés. Un véritable décor Renaissance, où le temps semble s'être figé. Autre village pittoresque, se déployant en amphithéâtre au-dessus de l'Indrois, ***Montrésor*** mérite aussi le détour : des terrasses du château, quel panorama !
Combien d'autres délicieux villages au vrai goût de Touraine ! Qu'il s'agisse d'anciens bourgs de mariniers (Bréhémont, Chouzé-sur-Loire, La Chapelle-sur-Loire), de villages troglodytiques (Rochecorbon, Villaines-les-Rochers, Saint-Étienne-de-Chigny) ou de villages de campagne, nichés dans des vallons pour certains, à fleur d'eau ou à l'orée d'une forêt pour d'autres, voire au sommet d'une butte (Le Louroux, Boussay, Chanceaux-près-Loches, La Celle-Guénand, Les Essards, Rivière, Faye-la-Vineuse, Bueil-en-Touraine...), une bonne semaine n'est pas de trop pour fureter dans tous ces villages de caractère.

QUE DE ROC EN STOCK !

Eh oui, l'extraction du ***tuffeau,*** avec lequel ont été bâties les nobles demeures de ce val châtelain, a fait de cette province ***l'une des principales régions troglodytiques d'Europe.*** Un patrimoine caché dont atteste déjà la topographie, qu'il s'agisse du nom de communes (Avon-les-Roches, Villaines-les-Rochers, Rochecorbon...) ou de lieux-dits, les toponymes « la Roche » et « la Cave » étant innombrables, ce dernier désignant à la fois l'habitation troglodytique (cave demeurante), l'ancienne carrière d'extraction de pierres (cave-carrière), mais encore la champignonnière ou la cave à vins.

Adresses et infos utiles

Agence départementale du tourisme de Touraine : *pl. de la Préfecture, 37927* ***Tours*** *Cedex 9.* ☎ *02-47-31-47-48.* ● *touraineloirevalley.com* ●

touraineloirevalley.mobi • Le site de l'agence est une mine d'infos toutes fraîches pour préparer son séjour et propose des offres touristiques.

La Loire à Vélo : *pour préparer votre périple, rens sur le site • loireavelo.fr* • En Touraine, 2 topoguides ont été édités et correspondent à 2 tronçons entre Tours et Candes-Saint-Martin, aménagés pour les amateurs de balades à vélo, le long ou à proximité de la Loire.

■ ***Val de Loire Tourisme et relais départemental des Gîtes de France :*** *75, av. de la République, CS 60443, 37174* **Chambray-lès-Tours** *Cedex. ☎ 02-47-27-56-10. • reservation@valdeloire-tourisme.fr • valdeloire-tourisme.fr • gites-touraine.com • Ouv lun-ven.* Fournit des informations sur les possibilités d'hébergement en gîtes, chambres d'hôtes ou meublés Clévacances. Effectue des résas et organise des séjours à thème de plusieurs jours, hébergement compris.

■ ***Maison du parc naturel régional Loire-Anjou-Touraine :*** *15, av. de la Loire, 49730* **Montsoreau.** *☎ 02-41-38-38-88. • parc-loire-anjou-touraine.fr* • Cette maison, située à la lisière de la Touraine et de l'Anjou, est ouverte à tous. Vous y trouverez toutes sortes d'animations, d'informations au sujet du parc et du Val de Loire (faune, flore, pistes cyclables, balades, hébergements, etc.). Des expositions, permanentes et temporaires, complètent l'ensemble.

– De nombreux offices de tourisme du secteur vendent des ***pass, forfaits et billets*** à l'unité pour les sites majeurs du département. Un vrai bon plan, car il s'agit souvent de tarifs privilégiés et de coupe-file. Que d'argent et de temps gagnés !

TOURS

(37000) 138 000 hab. *Carte Indre-et-Loire, B2*

• Plan *p. 396-397*

Nonchalamment étendue entre 2 rivières, la tête effleurée par la Loire (au nord), les pieds baignés par le Cher (au sud), Tours est une cité vivante où l'on sait jouir de la bonne vie, si l'on se fie aux vieux dictons : « Orléans, ville de gain, garde avec soin son saint-frusquin. Blois, ville de parvenus, mange gaiement ses revenus. Tours, ville de carnaval, mange intérêts et capital. » Épanouie, gaie, aimable, Tours a la tranquille assurance que seuls possèdent les héritiers d'une prestigieuse histoire. Eh oui ! ce n'est pas donné à tout le monde d'avoir été la capitale d'un royaume.

Mais si la belle, classée « Ville d'art et d'histoire », sait vivre avec son passé, elle ne s'endort pas pour autant sur ses lauriers. Admirablement située, au cœur d'un site inscrit au Patrimoine mondial de l'Unesco (le Val de Loire entre Sully-sur-Loire et Chalonnes-sur-Loire), elle affiche un dynamisme qui renforce ses attraits touristiques. Ville étudiante par excellence (les pôles universitaires se situent au cœur de la ville), son centre bien vivant se découvre à pied ou en tram, ses nombreux restos et bars étalent largement leurs terrasses dès les beaux jours, et ses marchés rythment la vie des Tourangeaux, plus qu'attachés à leurs produits de terroir, patrimoine vivant s'il en est.

SAINT-PIERRE-DES-CORPS

Une gare célèbre, mais pourquoi « des Corps » ? S'agit-il de cadavres ? Oui. Dès l'époque gallo-romaine, les cimetières étaient situés hors des villes. Les habitants de Tours choisirent cette ancienne nécropole pour enterrer leurs morts.

Enfin, Tours montre de l'ambition avec la réalisation de projets d'envergure, comme la réhabilitation de l'ancienne imprimerie Mame pour accueillir l'école des Beaux-Arts, l'ouverture du centre de création contemporaine Olivier-Debré, ou la construction d'un nouveau pôle d'attraction autour de la Porte de Loire... Bref, Tours a plus d'un tour dans son sac et mérite vraiment qu'on s'y attarde !

UN PEU D'HISTOIRE

Saint Martin et l'avènement du christianisme

À Tours, le christianisme fait son apparition vers 250 avec un 1er évêque, saint Gatien (dont la cathédrale porte le nom), chargé par le pape d'évangéliser le coin. Mais c'est sous l'épiscopat de ***saint Martin,*** de 371 à 397, que la religion nouvelle avance à grands pas : il divise son diocèse en 6 paroisses, ordonne la destruction des temples et idoles païens, et convertit les campagnes à la foi chrétienne. À sa mort, en 397, à Candes, au confluent de la Loire et de la Vienne, on se dispute sa dépouille. Les Tourangeaux la récupèrent – on raconte même qu'ils l'ont piquée en catimini aux Poitevins – et sur son tombeau est construite, au Ve s, une 1re basilique.

Au VIe s, ***Clovis,*** époux de la non moins sainte Clotilde, sait à quel saint se vouer ! Convaincu que c'est saint Martin qui lui a filé un coup de main (invisible) pour vaincre le Wisigoth Alaric et s'annexer l'Aquitaine, il vient plusieurs fois honorer de sa présence le sanctuaire. Et il n'est pas le seul ! Des foules y affluaient déjà de toutes parts pour rendre grâce au fameux saint, transformant Tours en 3e plus important pèlerinage du monde après Rome et Jérusalem.

LA CAPE DE SAINT MARTIN

Légionnaire romain, il trancha sa cape en 2 pour l'offrir à un pauvre transi de froid. Et pourquoi n'a-t-il pas offert la totalité de son vêtement ? Parce que si les capes des militaires étaient payées par l'empereur, la doublure était à la charge du soldat. Martin n'a donc offert que sa doublure... Le culte de cette cape est d'ailleurs à l'origine du mot « chapelle » (capella en latin).

Splendeur et misère de la chrétienté

2 siècles après saint Martin, un autre évêque, ***Grégoire,*** fait la renommée de Tours, cette fois sur le plan intellectuel. Son *Histoire des Francs* constitue aujourd'hui encore une référence pour les historiens de la monarchie française. Aux VIIe et VIIIe s, Tours baigne donc dans la spiritualité tout autant que dans le luxe. Naturellement, les Arabes en ont vent et décident de faire une petite virée, histoire de voir ce qu'ils pourraient rafler. Mais, comme chacun sait, « Charles-Martel-vainquit-les-Arabes-à-Poitiers-en-732 ». À la fin du VIIIe s, le célèbre moine ***Alcuin*** reçoit, des mains de ***Charlemagne,*** l'abbaye de Saint-Martin comme cadeau de départ en retraite. Pour s'occuper, il décide de prendre en main l'enseignement. Ça marche tellement bien que les étudiants s'y précipitent de toute l'Europe. C'est le scriptorium de Saint-Martin, réputé pour la qualité de sa calligraphie et de ses enluminures, qui réalisera la fameuse ***bible dite d'Alcuin,*** entre autres.

Les temps s'assombrissent ensuite. Un siècle après les Arabes, les ***Normands*** dévastent tout sur leur passage : pillages, incendies de la cathédrale et des églises... Finalement, l'abbaye s'entoure dès le début du Xe s de ***fortifications,*** à l'intérieur desquelles un nouveau bourg prend naissance : Châteauneuf ou Martinopole, situé un peu à l'ouest de la vieille cité gallo-romaine.

Malheureusement, un incendie ravage Châteauneuf au cours du même siècle. Tout ou presque est à reconstruire.
Après les **croisades,** la paix est rétablie, mais pas pour longtemps. Des conflits éclatent à l'intérieur de Martinopole, puis entre le clergé de celle-ci et l'archevêché de Tours. Du coup, des papes viennent y mettre le nez : Urbain II en 1096, puis Alexandre III qui, en 1162, y installe sa résidence papale et, l'année suivante, y tient un concile.

CAROLINE CHÉRIE

C'est en collaboration avec les moines de Corbie, en Picardie, et ceux de Fulda, dans le Palatinat, qu'Alcuin, abbé de Saint-Martin de Tours, inventa en 780 la **caroline.** *Une nouvelle écriture claire et simple, lisible par le plus grand nombre – contrairement à la mérovingienne. Encouragée par Charlemagne (Carolus en latin, d'où son nom), elle fut évincée par l'écriture gothique avant d'être reprise à la Renaissance par les humanistes.*

Une seule et même ville : Tours

Nouvelle accalmie au XIIIe s, la Touraine faisant désormais partie de la Couronne. Le système fiscal, entièrement revu et corrigé par le roi, réduit les pouvoirs locaux. C'est le début d'une grande prospérité économique pour la ville. ***Saint Louis*** fait frapper la livre tournois, monnaie qui va supplanter la livre parisis et aura cours pendant 8 siècles !
Avec la peste noire (1351) et les ***débuts de la guerre de Cent Ans,*** la nécessité de se protéger devient urgente. On élève donc de nouvelles fortifications qui, cette fois, réunissent les 2 pôles de la cité, Martinopole et l'ancienne ville romaine *Caesarodunum,* pour ne plus former qu'une seule et même ville : Tours.

La capitale d'un royaume

Lorsque ***Louis XI*** succède à Charles VII en 1461, il choisit de s'installer à Tours (au château du Plessis), conférant de fait à cette ville la position de ***capitale du royaume.*** Tours devient florissante : les artistes y accourent (parmi lesquels ***Jean Fouquet,*** lui-même natif de Tours) et les commerces, l'imprimerie, ainsi que l'orfèvrerie vont bon train. Louis XI a alors une idée lumineuse : il fait planter des mûriers au nord de Saint-Martin et demande à transférer dans la capitale tourangelle ouvriers et ***métiers à tisser de la soie,*** boudés par Lyon.

Gloire et déclin d'une ville prospère

Après la mort de Louis XI, Tours perd son titre de capitale du royaume, la ***Cour*** ayant émigré ***à Amboise.*** Cependant, jusqu'au milieu du XVIIe s, la prospérité de la ville continue : de superbes hôtels Renaissance s'élèvent, en même temps que bon nombre de châteaux alentour, et un foisonnement d'idées et d'activités, l'anime. Les partisans de la ***Réforme*** voient leur cercle s'agrandir, jusqu'à ce que des conflits entre catholiques et protestants éclatent au point d'aboutir, en 1562, au massacre des 2^ds : 300 personnes finissent dans la Loire.
Vers la fin du XVIIe s, le déclin s'amorce et se poursuit jusqu'au XIXe s, entraînant une baisse démographique. Tours est quasiment redevenue une petite ville de province parmi d'autres, les ***crues répétitives*** de la Loire (1846, 1856, 1866) n'arrangeant pas les choses...

Le congrès de Tours

En 1920, la section française de la IIe Internationale ouvrière (SFIO) y tient son ***XVIIIe congrès,*** et pas n'importe lequel : il s'agit de savoir si elle va adhérer à la IIIe Internationale qui vient d'être créée à Moscou l'année d'avant. On imagine le brouhaha des discussions un peu partout dans la ville ! Finalement, ce qui devait arriver arrive : loin de l'unanimité, les délégués se divisent. ***Blum*** et ses

Adresse utile

Office de tourisme (C2)

Où dormir ?

11 Foyer des jeunes travailleurs (C2)
12 Hôtel Ronsard (C1)
14 The People Hostel et Hôtel Vendôme (hors plan par C2)
16 Au Relais Saint-Éloi (A2)
17 Hôtel des Châteaux de la Loire (B2)
18 Hôtel du Manoir (D2)
19 Hôtel Mirabeau (D2)
20 Hôtel L'Adresse (A1)
21 Hôtel du Théâtre (C1)
23 Chambres d'hôtes La Maison Jules (D2)
24 L'Artist Hôtel (D2)

Où manger ?

32 L'Affiné (C1)
33 Le P'tit Blanc (A2)
34 Casse-Cailloux (hors plan par B2)
35 Au Martin Bleu (hors plan par C2)
36 Au Lapin qui Fume (C1)
37 Maison Colbert (C1)

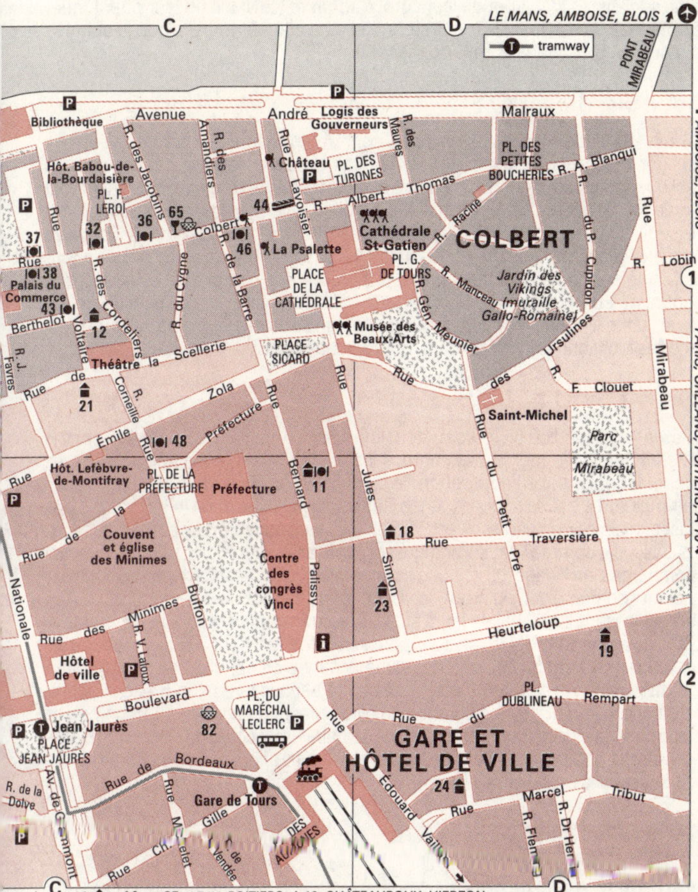

TOURS

- **38** Les Bartavelles (C1)
- **40** Cuisinez-moi (hors plan par A1)
- **41** L'Atelier Gourmand (A1)
- **42** Bistrot de la Tranchée (hors plan par B1)
- **43** La Petite Cuisine (C1)
- **44** Désirs des Mets (C1)
- **45** Le Marché Gourmand (A1)
- **46** Les Canailles (C1)
- **48** Nobuki – Table Japonaise (C1)
- **51** Le Bistrot des Belles Caves (B1)

Où boire un verre ?
Où écouter de la musique ?

- **61** Le Petit Faucheux (B2)
- **62** Le Strapontin (A-B1)
- **64** La Cave se Rebiffe (A1)
- **65** Ma Réserve (C1)
- **66** Le Vieux Mûrier (A-B1)
- **68** La Plage (hors plan par B1)

Où acheter de bons produits ?

- **81** Halles de Tours (A2)
- **82** Briocherie Lelong (C2)
- **83** La Chocolatière (B1)
- **84** La Balade Gourmande (A1)
- **85** 22 sur Vins (B2)

copains socialistes s'en vont de leur côté, ***Cachin*** et les siens du leur pour fonder le célèbre PCF. Au nº 35 de la rue Bretonneau, une plaque rappelle que le congrès s'est tenu tout près, dans la salle du manège.

L'incendie de 1940

Le 16 juin 1940, les troupes allemandes sont aux portes de Tours qui, le temps de quelques jours (du 10 au 13 juin 1940), était devenue capitale provisoire de la République française. Les obus pleuvent et un incendie se propage, détruisant tout le quartier commerçant de la rue Nationale (soit une bonne douzaine d'hectares !). Tours subit d'autres bombardements (alliés) en 1944 et, au sortir de la ***Seconde Guerre mondiale,*** est détruite à plus de 50 %. La bibliothèque et la célèbre imprimerie Mame sont notamment ravagées. Les architectes chargés de la reconstruction ont alors eu pour mission prioritaire de bâtir pour reloger au plus vite, ce qui explique l'unité (immeubles de 3 étages) et l'absence de recherche esthétique dans les façades fonctionnelles qui bordent l'actuelle rue Nationale et ses rues adjacentes.

Tours aujourd'hui

De 1959 à 1995 (un bail !), Tours a été pilotée par un maire, ***Jean Royer,*** dont le projet était de développer la ville sur tous les plans : urbain, économique, culturel, artistique. Pionnier dans l'application de la ***loi Malraux*** en matière de restauration du patrimoine, il a souhaité que la réhabilitation du vieux Tours ne le transforme pas en musée, mais en un quartier vivant, jour et nuit, avec commerces, cafés, habitants. Le « bâtisseur », comme l'ont surnommé ses partisans, a agrandi la ville en annexant des communes, aménagé les rives du Cher ; bref, a considérablement transformé la ville pour lui donner – peu ou prou – le visage qu'on lui découvre aujourd'hui.
Depuis le classement du Val de Loire sur la liste du Patrimoine mondial de l'Unesco en 2000, Tours, la métropole, se sent pousser des ailes. Consciente de cet atout, elle est plus que jamais engagée dans une politique de valorisation de son patrimoine, tant bâti que culturel. L'aménagement d'espaces verts, la préservation et la restauration de bâtiments œuvrent bien évidemment en ce sens. Tout comme la Cité internationale de la gastronomie en Val de Loire – aux côtés de Dijon et Rungis – qu'accueille la pittoresque villa Rabelais, elle vise à promouvoir une culture tourangelle à travers ses produits de terroir.

Arriver – Quitter

✈ ***Aéroport de Tours-Val-de-Loire*** *(hors plan par D1)* **:** *40, rue de l'Aéroport, au nord de Tours. ☎ 02-47-49-37-00. • tours.aeroport.fr* • Loueurs de voitures sur place (voir plus loin « Adresses et infos utiles »). Taxis également à l'arrivée de chaque vol.

Gare SNCF *(plan C2)* **:** *pl. du Maréchal-Leclerc. ☎ 36-35 (appel gratuit).* Réseau TER centre qui permet de relier l'ensemble de la région. Liaison directe TGV avec Paris. L'autre gare de l'agglomération se situe à Saint-Pierre-des-Corps.

Gare routière *(lignes interurbaines ; plan C2)* **:** *pl. du Général-Leclerc, devant la gare ferroviaire. ☎ 02-47-05-30-49 (rens horaires). Compagnie* ***Fil Vert*** *: ☎ 02-47-31-14-00. • touraine filvert.com* • De nombreuses liaisons entre Tours et beaucoup de localités de la région associent TER et cars *Fil Vert.* Voir aussi auprès de l'office de tourisme les liaisons en minibus assurées pdt la hte saison.

Adresses et infos utiles

ℹ ***Office de tourisme*** *(plan C2)* **:** *78, rue Bernard-Palissy. ☎ 02-47-70-37-37. • tours-tourisme.fr* • *Avr-sept, lun-sam 8h30-19h ; dim* *et j. fériés 9h30-12h30, 14h30-17h (en continu juin-août). Oct-mars, lun-sam 9h-12h30, 13h30-18h ; dim et j. fériés 9h30-12h30. Fermé 1er janv et 25 déc.* Propose sur réservation des visites-conférences de Tours sur différents thèmes. Également vente de billets pour certains châteaux de la Loire et autres sites touristiques à tarifs préférentiels.

■ ***Excursions des châteaux :*** excursions en minibus climatisés, à la journée ou à la ½ journée, avec ***Acco-Dispo*** et ***Touraine Évasion. France Intense, À La Française*** et ***Val de Loire Travel*** proposent des excursions à la journée, avec ou sans guide. *Infos à l'office de tourisme • tours-tourisme.fr •*

■ ***Ride in Tours :*** *196, av. George-Sand, 37700* ***La Ville-aux-Dames.*** *☎ 09-84-07-78-56. 📱 06-22-02-21-79. • ride-in-tours.com • Excursion à travers la Touraine en scooter vintage : 90-160 €.* Départ de l'office de tourisme de Tours. Une manière originale de découvrir le coin (2 circuits : un à l'est et l'autre à l'ouest de Tours).

■ ***Rétro-Tour :*** *📱 07-68-48-35-18. • retro-tour.com • À partir de 40 €/pers le tour d'env 40 mn en centre-ville (Tours ou Amboise).* Départ de l'office de tourisme de Tours. Fred vous embarque à bord d'un side-car russe vintage (de rutilantes *Ural* qui ronronnent comme des 2 CV !) pour une balade commentée sympa et originale. Également des circuits plus longs (de 1h30 à 1 journée) à la découverte des châteaux ou des vignobles, des nocturnes avec dégustation de vin et des parcours sur mesure.

🚌 ***Bus urbains et tramway Fil Bleu*** *(plan C2)* ***:*** *9, rue Michelet. ☎ 02-47-66-70-70. • filbleu.fr • Lun-ven 7h30-19h, sam 10h-17h.* Réseau assez dense. Fin du service sur les lignes principales vers 21h ; ensuite, service de nuit. La compagnie s'est dotée d'un système de cartes à puce pour accéder à ses véhicules. Visitez son site internet pour voir quelle formule correspond à la durée de votre séjour.

🚕 ***Taxis :*** ***Taxi-radio,*** *☎ 02-47-20-30-40.*

🚴 ***Location de vélos*** *(plan C2)* ***:*** ***Détours de Loire,*** *37, rue Charles-Gille. ☎ 02-47-61-22-23. • detoursdeloire.com • Avr-sept : lun-sam 9h-12h30, 14h-19h ; dim et j. fériés 9h-12h30, 17h30-19h ; oct-mars : mar-sam 10h-12h30, 14h-18h30 ; fermé dim-lun et j. fériés. Compter 17 €/j. pour un vélo classique adulte ; tarifs dégressifs.* Vélos de route traditionnels, VTC, VTT, tandems ou remorques pour les familles... Matériel impeccable. Dispose de plusieurs agences et relais le long du parcours de La Loire à Vélo, entre Orléans et Nantes, qui constituent autant de points de départ et d'arrivée pour un parcours libre.

■ ***Tramway :*** 1 seule ligne (une 2de est prévue pour 2025) desservant 29 stations du nord au sud de la ville, sur 15 km. Pour la petite histoire, c'est le plasticien Daniel Buren qui a habillé les quais et les rames de ses traditionnelles rayures noires et blanches, et semé d'autres œuvres au gré des stations. *Circule tlj, 5h-0h30, ttes les 6 mn aux heures de pointe. Carte rechargeable 2 € ; ticket valable 1h à 1,60 €, utilisable également pour le réseau de bus. Ticket à la journée env 4 €. (• filbleu.fr •).*

Où dormir ?

Dans le vieux Tours

De prix moyens à chic

🏠 ***Hôtel du Théâtre*** *(plan C1,* ***21****)* ***:*** *57, rue de la Scellerie. ☎ 02-47-05-31-29. • client@hotelandutheatretours.com • hoteldutheatretours.com • Doubles 65-92 € ; familiales. Réduc de 10 % sur le prix de la chambre (juin-sept) sur présentation de ce guide.* En plein centre, à l'étage d'une vénérable maison du XVe s, un joli petit hôtel où les pans de bois et les poutres s'accommodent bien d'une plaisante décoration au goût du jour. Confort classique, mais l'ensemble ne manque pas d'atouts, malgré l'absence d'ascenseur.

🏠 ***Hôtel L'Adresse*** *(plan A1,* ***20****)* ***:*** *12, rue de la Rôtisserie. ☎ 02-47-20-85-76. • contact@hotel-ladresse.com • hotel-ladresse.com • Doubles 80-120 €.* L'adresse discrète et cosy pour passer une nuit dans un cadre aux couleurs du temps, à 2 pas des terrasses, des restos

LA TOURAINE

et de la vie nocturne. Chambres pas toujours très grandes (maison du XVIIIe s oblige), mais confort (clim) et charme assurés. Petit balcon pour certaines.

Dans le quartier Colbert

De prix moyens à chic

Hôtel Ronsard *(plan C1, **12**) : 2, rue Pimbert. ☎ 02-47-05-25-36. • contact@hotel-ronsard.com • hotel-ronsard.com • ♿ Doubles 80-90 €. Un petit déj/chambre et par nuit offert sur présentation de ce guide.* Une adresse conviviale, réunissant une vingtaine de chambres pimpantes, au style sobre et contemporain de bon goût, et surtout très confortables (isolation phonique performante, salles de bains modernes...). Entretien parfait ! Excellent rapport qualité-prix ; bref, une bonne maison où l'on revient avec plaisir.

Dans le quartier de la gare et de l'hôtel de ville

Auberge de jeunesse

The People Hostel *(hors plan par C2, **14**) : 84, av. de Grammont. ☎ 02-36-43-50-74. • reception-tours@thepeoplehostel.com • thepeoplehostel.com • ♿ Lit en dortoir 25 € ; doubles 40-80 €. Resto tlj (sauf dim soir et lun soir nov-mars) : menu 16,50 €.* Une AJ privée, proche de l'hypercentre, installée dans un édifice tout neuf, lumineux et chaleureux. Le décor contemporain, centré sur la thématique du vélo, se retrouve aussi bien à la réception que dans les chambres. Au choix, des dortoirs avec salle de bains ; des doubles privées avec sanitaires qui n'ont rien à envier à celles d'un hôtel ; et, enfin, des familiales pour 4 à 6 personnes. Cuisine équipée pour faire sa popote, petit jardin et garage à vélos sécurisé (avec des prises pour recharger les vélos électriques). Au rez-de-chaussée, l'agréable resto-bar ***Étape 84*** décline les produits locaux dans ses plats du jour et ses menus, ainsi qu'un fameux brunch à volonté le dimanche *(11h30-15h ; 23 €)*. Ce lieu animé et convivial accueille aussi divers événements culturels.

Bon marché

Foyer des jeunes travailleurs *(plan C2, **11**) : association Jeunesse et Habitat, 16, rue Bernard-Palissy. ☎ 02-47-60-51-51. • contact@asso-jeunesse-habitat.org • asso-jeunesse-habitat.org • ♿ Resto tlj sauf ven soir, sam-dim et j. fériés. Adhésion à l'association : 5 €. Nuitée 20 €/pers. Formule 9,25 €, en self-service.* Un foyer fonctionnel, propre, moderne et lumineux, qui abrite surtout des jeunes travailleurs, au mois. Il arrive que des places se libèrent de temps à autre, les chambres sont alors louées à la nuit. Tenter sa chance en réservant ou en se présentant entre 9h et 18h30. Une bonne solution pour les tout petits budgets.

Hôtel Vendôme *(hors plan par C2, **14**) : 24, rue Roger-Salengro. ☎ 02-47-64-33-54. • accueil@hotelvendome-tours.com • hotelvendome-tours.com • À 10 mn de la pl. Jean-Jaurès, dans une rue calme à côté du jardin des Prébendes. Congés : 20 déc-6 janv. Doubles 43-78 €. Parking payant (voiture : 12 €, moto : 8 €).* Dans une maison du XIXe s, un sympathique petit hôtel abritant des chambres mignonnettes pour le prix, gentiment rénovées à base de matériaux naturels. Petit déj 100 % bio également, servi dans une pimpante salle à manger. Attention, escalier un peu raide (et qui grince un peu). Accueil charmant.

De prix moyens à chic

Hôtel des Châteaux de la Loire *(plan B2, **17**) : 12, rue Gambetta. ☎ 02-47-05-10-05. • contact@hoteldeschateaux.fr • hotelchateauxloire.com • Fermé de mi-déc à début mars. Doubles 50-115 € ; familiales. Un petit déj/chambre et par nuit offert sur présentation de ce guide.* Un hôtel des plus classique qui propose des chambres simplement confortables, nickel (et accessibles par ascenseur !). Accueil souriant et professionnel. Une adresse stable et sérieuse, stratégiquement située (mais au calme).

Hôtel du Manoir *(plan D2, **18**) : 2, rue Traversière. ☎ 02-47-05-37-37. • manoir37@orange.fr • hotel-du-manoir-tours.fr • Doubles 69-89 €.*

Parking offert (sur résa) sur présentation de ce guide. Dans un hôtel particulier de la fin du XIXe s, des chambres rénovées et bien tenues. Certaines sont mansardées, d'autres communicantes pour les familles. Petit déj à base de produits bio, servi dans une cave voûtée. Bon accueil et calme assuré. Un bon 2-étoiles en somme.

Hôtel Mirabeau *(plan D2, **19**) : 89 bis, bd Heurteloup. ☎ 02-47-05-24-60. • info@hotel-mirabeau.fr • hotel-mirabeau.fr • Doubles 70-78 € ; familiales. Café offert sur présentation de ce guide.* Dans un ancien hôtel particulier, des chambres spacieuses et agréablement décorées, offrant tout le confort : literie impec et bonne insonorisation côté boulevard (très passant, on ne peut le nier). Plus calme côté jardinet, évidemment.

L'Artist Hôtel *(plan D2, **24**) : 15, rue Frédéric-Joliot-Curie. ☎ 02-47-66-01-48. • contact@artist-hotel.fr • artist-hotel.fr • ♿ Fermé 1er janv, 24-25 et 31 déc. Doubles 75-159 €. Garage payant. Local à vélos gratuit.* À 2 pas de la gare, ce bâtiment résolument contemporain abrite des chambres rénovées de frais et dans l'air du temps, qui font quelques clins d'œil à l'univers du cinéma. Excellent confort général, literies parfaites, calme absolu, bar, salle de remise en forme. Accueil charmant.

Au Relais Saint-Éloi *(plan A2, **16**) : 8, rue Giraudeau. ☎ 02-47-38-18-19. • reservation@au-relais-st-eloi.com • au-relais-st-eloi.com • ♿ Doubles 59-109 € ; familiales.* Prisé des autocaristes mais une bonne option dans sa catégorie que cet hôtel moderne : style baroque (à la mode d'aujourd'hui) pour les parties communes, chambres à la déco contemporaine plus sobre, nickel et tout confort. Dans un coin tranquille, à un petit quart d'heure à pied du centre historique. Accueil très pro. Salle de sport. Resto.

Plus chic

Chambres d'hôtes La Maison Jules *(plan D2, **23**) : 45, rue Jules-Simon. 📱 06-83-84-71-22. • lamaisonjules@gmail.com • lamaisonjules.fr • Doubles 125-150 €.* Derrière une épaisse porte cochère en bois, un hôtel particulier du XIXe s typiquement tourangeau d'où se dégage une chaleureuse atmosphère « maison de famille ». Réparties sur 2 étages, desservies par un élégant escalier en bois, 5 chambres ultra-personnalisées. Espace, luminosité, confort (literie impeccable, écran plat...) et bon goût sont partout de mise. La déco, du mobilier aux superbes papiers peints, qui mêle judicieusement l'ancien au contemporain, est l'œuvre de l'adorable maîtresse de maison. Excellent et copieux petit déj servi au salon ou en terrasse.

Où manger ?

Dans le vieux Tours et autour des halles

De bon marché à prix moyens

Le Marché Gourmand *(plan A1, **45**) : 27, rue du Grand-Marché. ☎ 02-47-64-50-38. 📱 06-09-70-70-47. • mail@lemarchegourmand.fr • ♿ Tlj sauf lun le soir uniquement en sem. Menu 29 € ; carte 30-35 €. Coupe de pétillant offerte au dessert sur présentation de ce guide.* Derrière une façade rouge pétard, petites salles sur 3 niveaux. Savoureuse cuisine de marché, à base de produits locaux et de saison, servie dans une ambiance bistrot conviviale. On ne s'y trompera pas : les charcutailles viennent de chez *Hardouin*, le must !

Le P'tit Blanc *(plan A2, **33**) : 23, pl. Gaston-Pailhou. ☎ 02-47-61-09-77. 📱 06-87-16-50-28. • leptitblanc@orange.fr • Ouv midi jeu-sam, plus soir jeu-ven (pas de resto le soir mais planches apéro). Carte 20-25 €.* De la quinzaine de bistrots qui entourent les halles, celui-ci, minuscule et banal d'aspect, réjouira les œnophiles : plus de 700 flacons puisés à la source, dont une vingtaine au verre, de toutes les régions de France, et à des prix pressés. Et pour tenir le cap, de bons et généreux plats de ménage, quelques excellentes cochonnailles ou du sainte-maure « chèvrement » bon. Superbe ambiance, très « on est en famille ».

De prix moyens à chic

L'Atelier Gourmand *(plan A1, **41**) : 37, rue Étienne-Marcel. ☎ 02-47-38-59-87. 06-70-87-78-60. • mail@lateliergourmand.fr • Tlj sauf sam midi, dim et lun midi (plus lun soir hors saison). Fermé 19 déc-11 janv. Formule déj en sem 22 € ; menu unique 29 € ; carte env 35 €. Une coupe d'AOC vouvray pétillant/lecteur offerte sur présentation de ce guide.* Toujours aussi gourmand, cet atelier où officient un ancien chef de chez Bardet (l'ex-star locale de la cuisine) et son frère, au service. Salle tout en longueur, à la déco design qui (d)étonne entre ces murs du XVe s. Courte sélection de plats au fil du marché avec un effort de créativité. Bons desserts, belle ardoise de vins au verre.

Dans le quartier Colbert

De très bon marché à bon marché

Désirs des Mets *(plan C1, **44**) : 134, rue Colbert. ☎ 02-34-53-12-84. • contact@desirdesmets.fr • Tlj. Env 12 €. Café offert sur présentation de ce guide.* Dans un cadre sobrement moderne (ou à emporter, naturellement), sandwichs entre grands classiques et créations maison, hot-dogs et burgers. C'est bon, frais et servi avec le sourire.

De bon marché à prix moyens

Les Canailles *(plan C1, **46**) : 123, rue Colbert. ☎ 02-47-61-54-33. • lescanaillesrestaurant@gmail.com • Tlj sauf mar-mer ; fermé le midi en sem. Menus 25-30 €.* Un bistrot vibrant et convivial, dont le décor « brocante vintage » colle à l'esprit du quartier : entre vieux paquets de lessive et cassettes audio, les clins d'œil aux années 1970-1980 sont légion ! On s'y repaît d'une cuisine goûteuse, franche et généreuse, qui s'appuie avant tout sur la qualité et la fraîcheur des produits. Beaucoup d'application dans les cuissons et les assaisonnements. Bonne carte des vins à prix doux. Et pour couronner le tout, un accueil souriant et chaleureux. Vraiment une super adresse.

La Petite Cuisine *(plan C1, **43**) : 45, rue Voltaire. ☎ 02-47-61-30-92. • marie@lapetitecuisine.eu • Tlj sauf dim-mar. Résa indispensable. Formule midi 18 € ; tapas 4-16 €.* La patronne, juriste de formation, a lâché le droit pour les fourneaux ! CAP de cuisine en poche doublé d'un sérieux talent, la voilà aux commandes de cette avenante *Petite Cuisine* qui régale les convives de plats du marché et dont le menu change chaque semaine. Assis autour de la grande table d'hôtes, au comptoir ou autour d'une petite table, on finit très vite par lier conversation avec les voisins.

L'Affiné *(plan C1, **32**) : 66 et 73, rue Colbert. ☎ 02-47-61-32-34. 06-50-25-78-68. • laffine@numericable.fr • Tlj sauf dim-lun. Formules déj 16-19 € ; carte 25-30 €.* Le bar à fromages dont on fait volontiers tout un plat, et à juste raison : nombreux plateaux au choix, du plus simple au plus (r)affiné (jusqu'à 23 sortes pour les gourmands !), avec des fromages de qualité, des *bruschettes*, une carte de vins locaux, un accueil jeune et sympathique. Également des gratins, des petites planches pour l'apéro et d'excellents desserts, ainsi qu'un bar à vins juste en face.

Au Lapin qui Fume *(plan C1, **36**) : 90, rue Colbert. ☎ 02-47-66-95-49. 06-87-46-98-68. • contact@aulapinquifume.fr • Tlj sauf dim-lun (ouv les grands w-e et j. fériés). Formule et menu déj en sem 12 € ; autres formules et menus 25,90-32,40 €.* L'une des adresses historiques de la rue. Spécialités : le lapin, évidemment, en terrine, confit ou sauté au chorizo, mais aussi bien d'autres plats dans la grande tradition, au fil des saisons.

De prix moyens à chic

Les Bartavelles *(plan C1, **38**) : 33, rue Colbert. ☎ 02-47-61-14-07.*

LA TOURAINE

• bartavellestours@gmail.com • Tlj sauf dim-lun et mer soir. Résa conseillée. Formule déj en sem 31 € ; menus 44-75 €. Café offert sur présentation de ce guide. Une déco à laquelle on serait bien en peine de coller une étiquette (mais d'une superbe élégance !) pour cette nouvelle table de la ville, menée par une jeune équipe expérimentée. Produits choisis pour une cuisine à 4 mains, toute d'inventivité. Jolie carte des vins et service charmant.

Maison Colbert *(plan C1, **37**) : 26, rue Colbert. ☎ 02-47-05-99-81. • maisoncolbert37@gmail.com • Tlj sauf dim-lun. Menus 28-34 €.* « Restaurant authentique », assure l'enseigne. Ce qui se vérifie déjà dans la salle façon bistrot d'aujourd'hui, mixant les matières naturelles (liège, cuir, bois...). Puis dans l'assiette avec des plats chargés d'histoire, agrémentés d'un twist moderne et qui changent toutes les semaines.

Le Bistrot des Belles Caves *(plan B1, **51**) : 23, rue du Commerce. ☎ 02-47-05-71-21. • contact@lebistrotdesbellescaves.fr • Tlj sauf dim-lun. Congés : 2 sem en août. Formules 20-26 € ; carte 45-50 €.* Une cuisine de marché réputée, accompagnée d'une stupéfiante carte des vins (les *Belles Caves* sont un des meilleurs cavistes de la ville, voir la rubrique « Où acheter de bons produits ? »), avec une quarantaine de références au verre. Plats dans la tradition bistrotière joliment revisités, dans un décor des plus contemporain.

Dans le quartier de la gare et à proximité

De prix moyens à chic

Casse-Cailloux *(hors plan par B2, **34**) : 26, rue Jehan-Fouquet. ☎ 02-47-61-60-64. • cassecailloux37@gmail.com • Tlj sauf mer midi et sam-dim. Congés : 3 sem en août. Menus 29-41 € (midi et soir). Digestif offert sur présentation de ce guide.* Bistrot de poche prolongé d'une petite terrasse. Cadre d'un sobre style contemporain, climatisé, au contraire de l'accueil qui est fort chaleureux. Dans l'assiette, une enthousiasmante cuisine de marché et des plats de saison aussi précis que savoureux et joliment présentés. Quand on y a goûté une fois, difficile de ne pas y revenir !

Nobuki – Table Japonaise *(plan C1, **48**) : 3, rue Buffon. ☎ 02-47-05-79-79. • bonjour@nobuki.fr • Lun-ven midi ; fermé le soir (sauf ven) et le w-e. Résa obligatoire. Menus au déj 21 ou 26,50 € ; menus du soir 39-54 € (2 pers min) ; formules à emporter 16,50-22,50 €.* Peu de gens connaissent la vraie cuisine traditionnelle nippone. C'est cette initiation pleine de richesses et de surprises que propose Jean Nobuki (japonais par sa mère) à travers de courts menus élaborés en fonction du marché local ! Cuissons précises, plats aussi surprenants que raffinés, présentations graphiques, et exceptionnels vins de riz. Laissez-vous guider, savourez, voyagez... *Nobuki* vaut bien plus qu'un aller simple !

Au Martin Bleu *(hors plan par C2, **35**) : 34, av. de Grammont. ☎ 02-47-66-79-33. 📱 06-89-66-88-34. • aumartinbleu@hotmail.fr • ♿ Tlj sauf dim-lun. Formules déj en sem 20-24 € ; carte 35-40 €. Café offert sur présentation de ce guide.* Le chef s'appelle Martin, un nom de famille presque prédestiné pour celui qui aime à travailler les poissons de Loire. Un pays que son père n'a cessé de dessiner et de conter avant lui, comme en témoignent les dessins extraits des *Chroniques d'un martin-pêcheur* reproduits sur les murs. Des tons très doux, en accord parfait avec la cuisine de ce chef passionné, travaillant avec l'un des derniers pêcheurs professionnels de la Loire. Terrasse.

À l'ouest du vieux Tours

Bon marché

Cuisinez-moi *(hors plan par A1, **40**) : 45, rue Lamartine. ☎ 02-47-74-75-01. • cuisinezmoi@yahoo.fr • À 10 mn à pied de la pl. Plumereau. Lun-ven midi, mar et jeu soir. Fermé sam-dim. Plats 8,50-15,80 €. Café offert sur présentation de ce guide.* Un peu excentré, mais on ne se déplace pas pour rien ! Dans ce minuscule local se préparent de succulents et copieux sandwichs à base de viandes de qualité : burger au bœuf Angus d'Irlande, pastrami au bœuf de Castille, effiloché de porc Roi rose... assortis d'un cornet de frites maison. Plats du jour et desserts concoctés avec des ingrédients choisis. On peut s'installer sur un bout de comptoir ou emporter sa pitance pour la déguster sur les bords de Loire.

De l'autre côté de la Loire

Prix moyens

Bistrot de la Tranchée *(hors plan par B1,* ***42****) : 103, av. de la Tranchée. ☎ 02-47-41-09-08. • bistrotdelatranchee@gmail.com • Dans le prolongement de la rue Nationale et du pont Wilson. Tlj sauf dim-lun. Formules déj en sem 15-21 € ; menu 31,50 € ; carte 40-50 €. Apéritif maison offert sur présentation de ce guide.* La Tranchée est le nom de cette route creusée en 1755 dans l'axe du nouveau pont, à l'époque où la route de Paris vers l'Espagne se déplaça d'Amboise à Tours. Mais c'est aussi le nom de l'annexe de la très vénérable *maison Barrier,* juste à côté. Le chef réalise une excellente cuisine de saison, à la fois simple et raffinée, au plus près du produit. C'est plein tous les midis, et, à ces prix-là, vu la qualité des plats, on comprend vite pourquoi !

Où manger dans les environs ?

De prix moyens à plus chic

Le Clapotis *: 10, bd Paul-Doumer, 37550* ***Saint-Avertin.*** *☎ 02-47-27-94-71. À 7 km au sud-est ; au rdc, côté rivière du centre culturel l'Atrium. Tlj sauf le soir dim-mar, plus mer. Congés : 1 sem en fév et 3 sem en août. Formule déj 19,80 € (sauf dim), puis menus 24-46 €. Apéritif maison offert sur présentation de ce guide. Le Clapotis* vous attend, comme son nom le laisse supposer, au bord du Cher, en rez-de-jardin d'un immeuble moderne. Salle spacieuse avec de larges baies, ou service en terrasse aux beaux jours. Le chef joue la carte de la tradition en s'attachant aux produits de qualité. Du beau travail à des prix raisonnables. Accueil et service agréables.

La Roche Le Roy *: 55, route de Saint-Avertin. ☎ 02-47-27-22-00. • restaurant@larocheleroy.com • Sortir de Tours vers le sud ; après avoir traversé le Cher, continuer et passer sous le pont de chemin de fer en direction de Saint-Avertin ; faire 1 km ; le resto est sur la droite. Tlj sauf dim-lun. Congés : 3 sem en août. Menus 60-85 €* Dans une belle demeure du XVIIIe s. Les salles à manger, aux couleurs douces ou chatoyantes, dégagent une atmosphère à la fois chaleureuse et raffinée. La cuisine et le service sont au diapason. On n'est jamais déçu. Fabuleux desserts, et carte des vins présentée en triptyque.

Où boire un verre ? Où écouter de la musique ?

Dans le vieux Tours

La superbe ***place Plum'*** *(plan A-B1)* est un véritable point de convergence, et, dès les beaux jours, ses vastes terrasses couvertes de parasols sont noires de monde. Incontournable !

Le Vieux Mûrier *(plan A-B1,* ***66****) : 11, pl. Plumereau. ☎ 02-47-61-04-77. • levieuxmurier@wanadoo.fr • Tlj sauf lun (resto fermé le soir et dim-lun). Congés : fin janv et 2 sem en nov. Formule déj 15 € ; carte env 25 €.* Ce café au look vieille école est un incontournable depuis des décennies. D'abord, parce que sa situation sur la place est imparable, ensuite pour son superbe cadre rétro et son atmosphère tranquille. On y sert le midi de bons plats de bistrot à base de produits frais,

LA TOURAINE

et le soir des planches de cochonnailles impeccables pour l'apéro.

La Cave se Rebiffe *(plan A1, **64**) : 50, rue du Grand-Marché. ☎ 02-47-38-63-52. 06-75-62-86-86. • lacaveserebiffe37@yahoo.fr • Tlj sauf dim-lun et j. fériés, à partir de 18h30. Assiettes de charcuterie ou fromages 13-30 € ; carte 25-30 €.* Un bar à vins (et à manger) à la déco plutôt décalée. La carte répertorie un tiers de vins étrangers et balaie toutes les régions de France. Intéressantes formules dégustation de monocépages. Possibilité aussi de choisir sa boutanche au cellier. Quelques planches pour faire passer. En revanche, les plats sont d'un rapport qualité-prix moyen.

Dans le quartier des halles

Le Petit Faucheux *(plan B2, **61**) : 12, rue Léonard-de-Vinci. ☎ 02-47-38-67-62. • petitfaucheux.fr • Billetterie ouv mer-jeu 14h-18h (hors vac scol). Entrée : 5-23 € selon concert (accès libre pour les bœufs).* Dans le domaine du jazz, Tours détient une place de choix. D'abord, en matière de formation, aussi bien à l'école « Jazz à Tours » qu'au conservatoire ou au département de musicologie de l'université ; ensuite, en matière de programmation, avec la plus grande salle jazz et musiques improvisées de France, destinée à accueillir aussi bien de grandes références que de nouveaux talents. Il faut dire que l'association Le Petit Faucheux, qui en est l'instigatrice, œuvre depuis plus de 20 ans pour faire découvrir et apprécier cette musique dans la région et faire de Tours un haut lieu du jazz en France.

Le Strapontin *(plan A-B1, **62**) : 23, rue de Châteauneuf. ☎ 02-47-47-02-74. • strapontin.cafe@gmail.com • Tlj 10h-2h (minuit dim-mer). Concerts lun et ven et bœufs mer et jeu.* Jazzy, Tours ? Certes puisque, en plus du *Petit Faucheux* (voir plus haut), la ville abrite aussi ce club en rouge et noir qui accueille le temps de bœufs des musiciens d'ici et d'ailleurs. L'excellente sélection de bières ravira les connaisseurs.

Dans le quartier Colbert

Ma Réserve *(plan C1, **65**) : 84, rue Colbert. ☎ 09-84-45-93-09. • anne.arnault@mareserve.com • Tlj 11h-minuit (1h mer, 2h jeu-sam).* *Ma Réserve* cache bien son jeu ! Car ce qui fait son succès, c'est bien sûr l'ambiance décontractée, la déco dans l'air du temps, et sa super sélection de vins (et de bières), mais aussi et surtout la belle terrasse bien planquée à l'arrière, couverte ou découverte selon l'humeur du soleil. Idéal pour l'apéro, autour d'une douzaine d'huîtres ou d'une planchette de fromage ou de charcuterie fine. Boutique juste à côté (épicerie fine, spiritueux).

Sur les quais

La Plage *(hors plan par B1, **68**) : quai Portillon. ☎ 02-47-77-04-88. Sur les bords de Loire, au pied du pont Wilson sur la rive droite. De mi-juin à fin août, tlj 11h-21h (seulement le w-e en juin).* Du sable et des transats les pieds dans l'eau : pas de doute, c'est bien une plage en plein Tours ! Et, pour faire encore plus vacances, il y a même la cabane où l'on sert brochettes et planchettes !

Où acheter de bons produits ?

Dans le vieux Tours

La Balade Gourmande *(plan A1, **84**) : 26, pl. du Grand-Marché. ☎ 09-52-61-76-22. • labaladegourmande.com • Tlj 10h-12h30, 14h-19h (mer 10h-17h et sam 10h-19h) ; fermé dim-lun (sauf en déc, dim 10h-13h et lun 14h-19h).* Cette jolie boutique, relais *Slow Food*, propose toute une gamme de spécialités dûment sélectionnées dans la région Centre : vins de Loire, bien sûr, rillettes de gibier de Sologne, poires tapées, vinaigres d'Orléans... Bon accueil en prime.

Dans le quartier des halles

Halles de Tours *(plan A2, **81**) : tlj 7h-19h (13h dim et j. fériés).*

Depuis un bon siècle et demi, elles sont le cœur battant de la ville, un marché aussi remarquable que coloré qui concentre le meilleur de la Touraine (sinon d'ailleurs !). Parmi les incontournables, ne pas manquer pour les charcuteries (rillettes et rillons, andouillette à la ficelle...), les maisons ***Hardouin*** ou ***Bourdeau – Au Roy Gourmet.*** Au ***Fromage du Moulin,*** superbe sélection de fromages affinés par Rodolphe Le Meunier, Meilleur Fromager de France et International, dont une soixantaine de références de chèvres. Pour compléter le panier pique-nique, filer chez ***Hardouin boulanger*** dont la variété de pains laisse baba. Et si vous avez soif de touraine, passage obligé aux ***Belles Caves*** avec de « dives bouteilles » du cru, triées sur le palais par un ex-sommelier, très cordial, qui n'a pas les papilles dans sa poche (la langue non plus !). Et une nouvelle génération de producteurs-commerçants fait souffler un vent nouveau sur les halles : l'exotique ***Palais des Épices,*** les magrets et foie gras de la famille ***Clément...***

Les amateurs de saveurs iodées, enfin, ne passeront pas à côté du ***Comptoir Saint-Kerber*** sans avaler quelques huîtres et coquillages de la production familiale à Cancale (la très sérieuse maison Pichot). Propose également à la dégustation au coude à coude des poissons fumés (excellent saumon d'Aquitaine) accompagnés d'un petit ballon du cru.

22 sur Vins *(plan B2,* ***85****)* **:** *22, rue Néricault-Destouches. ☎ 02-47-66-10-16. • info@22survins.com • Tlj (sauf lun fermé et non-stop ven-sam) 9h30-13h, 15h-19h30 ; dim 10h-13h.* On trouve dans les casiers de cette belle cave contemporaine de divins nectars de toutes les régions de France, les blancs étant présentés de la gauche vers la droite par densité (du plus sec au plus sucré). Et comme « la plus belle bouteille, c'est la prochaine » (dixit les patrons), vous ne trouverez ici que des bouteilles prêtes à consommer. Plein de chouettes trouvailles à des prix qui ne coupent pas l'envie de goûter.

Dans le quartier Colbert

La Chocolatière *(plan B1,* ***83****)* **:** *2 et 4, rue de la Scellerie. ☎ 02-47-05-66-75. Lun-sam 9h30-19h et dim 9h30-13h.* Fondante adresse que cette institution locale ! Le chocolat dans tous ses états. On est là chez l'un des meilleurs chocolatiers de la ville, et ça se paie, mais quel flagrant délice !

Dans le quartier de la gare et de l'hôtel de ville

Briocherie Lelong *(plan C2,* ***82****)* **:** *13, pl. du Maréchal-Leclerc (en sortant de la gare, sur la gauche à l'angle de la place). ☎ 02-47-05-57-77. Tlj, sauf dim et j. fériés, de 8h jusqu'à ce que ttes les brioches soient vendues.* Les meilleures brioches de Tours. Ils ne vendent d'ailleurs que ça depuis des décennies.

À voir

Dans le quartier Colbert

La cathédrale Saint-Gatien *(plan C-D1)* **:** *☎ 02-47-70-21-00. Tlj 9h-19h.* Pour bâtir l'édifice actuel, qui succéda à 4 églises élevées au même emplacement, il fallut près de 4 siècles (de 1170 à 1547) ! Pas étonnant que cette cathédrale rassemble autant de styles. D'ailleurs, on peut s'amuser à deviner l'ordre dans lequel sa construction s'est réalisée : le chevet (roman) est le plus ancien, puis viennent l'élégante nef (gothique) et la rosace (gothique flamboyant). Les tours conjuguent le roman de leur base avec du gothique pour l'une et du Renaissance pour l'autre dans leur partie supérieure. La façade est une merveilleuse dentelle de pierre avec ses 3 portes surmontées de gâbles délicatement ajourés, la finesse de la rosace et des colonnettes qui la supportent, l'harmonieuse alternance des courbes et des lignes droites. À l'intérieur, splendide verrière composée de 15 vitraux des

XIIIe s (dans le déambulatoire et les roses du transept) et XVe s. Ne pas manquer les vitraux contemporains de l'artiste Gérard Collin-Thiébaut et du maître verrier Pierre-Alain Parrot, dans le bras nord du transept. Les grandes baies dépourvues depuis longtemps de vitraux colorés sont à présent ornées de 4 œuvres qui s'inscrivent dans la tradition narrative biblique mais avec de nombreuses références actuelles. On y observe le pèlerinage de saint Martin entouré d'arcades en référence au saint constructeur, beaucoup d'enfants symboles d'avenir, des promeneurs. Dans la partie rouge, le pont Saint-Martin, l'étang et le miracle visible avec la boule lumineuse. Émouvant tombeau des enfants de Charles VIII et d'Anne de Bretagne dans une chapelle rénovée qui laisse apparaître des éléments de fresques anciennes. Les grandes orgues de la cathédrale remontent au XVIe s.

Le cloître de la Psalette *(plan C1)* **:** *accès par la cathédrale. ☎ 02-47-47-05-19. • cloitre-de-la-psalette.fr • Ouv, tlj sauf lun-mar 1er oct-21 mars et dim mat tte l'année ; mai-sept, 9h30-12h30, 14h-18h ; mars-mai 10h-12h30, 14h-17h30 ; nov-fév 9h30-12h30, 14h-17h. Entrée : 3,50 € ; gratuit moins de 18 ans.* Accolé au flanc nord de la cathédrale, il rassemble des vestiges d'une tour de l'enceinte gallo-romaine, un bâtiment (à l'ouest) du XVe s, au 1er étage duquel était située la librairie des chanoines. Les 2 autres ailes datent du XVIe s. Jolie tour d'escalier de la même époque, à leur intersection, mais coiffée d'une toiture XVIIIe s.

Le musée des Beaux-Arts *(plan C-D1)* **:** *18, pl. François-Sicard. ☎ 02-47-05-68-73. • mba.tours.fr • ♿ Dans l'ancien palais archiépiscopal, à côté de la cathédrale. Tlj sauf mar et j. fériés 9h-12h45, 14h-18h ; juil-sept, tlj 10h-18h. Entrée : 8 € ; réduc ; gratuit moins de 26 ans et le 1er dim du mois. Jardins : GRATUIT. Visite des souterrains certains dim, sur résa : 2 €. Jeux et application smartphone pour les enfants.*

Le site a de l'allure ! Un colossal cèdre bicentenaire, classé « Arbre remarquable », prend ses aises au milieu d'une belle cour pavée qui précède un joli petit jardin à la française et à l'anglaise. Sur la droite, dans une dépendance, on ne peut louper **Fritz,** un éléphant de 7 t, naturalisé, vedette incontestée du musée. Arrivé à Tours avec le cirque Barnum en 1902... il avait été tué car jugé dangereux ! Quant au palais des XVIIe et XVIIIe s, il est flanqué d'une tour gallo-romaine, vestige de la muraille qui enserrait *Caesarodunum,* et qui accueille aujourd'hui dans ses élégants salons les collections du musée.

À moins d'attaquer la visite par les insolites souterrains construits avec des pierres de remploi (parmi lesquelles figure une plaque portant la 1re mention connue du nom de la ville !), cette dernière se doit de commencer au rez-de-chaussée avec les ***primitifs italiens.*** Il s'agit en effet de la 3e plus riche collection de France dans ce domaine, après celles du Louvre et d'Avignon, réunie grâce au legs généreux du peintre Octave Linet. Les célèbres *Prière au jardin des oliviers* et *Résurrection* d'Andrea Mantegna (XVe s), qui étaient destinés à parer le maître-autel de l'église San Zeno de Vérone, marquent le début de la Renaissance italienne. Dans la salle Touraine, quelques pièces maîtresses pour comprendre l'épanouissement de la ***Renaissance en Val de Loire*** : *La Vierge de pitié* de Villeloin, groupe en pierre classé Monument historique, *Le Christ bénissant* et *La Vierge en oraison,* panneaux peints à Tours par Jean Bourdichon, peintre du roi vers 1480, reconnus Trésors nationaux. Autre chef-d'œuvre : *La Vierge à l'Enfant,* petite sculpture en albâtre, typiquement tourangelle, notamment dans l'expression de féminité de la Vierge.

La visite se poursuit ***à l'étage*** dans les enfilades de beaux salons selon un parcours chronologique. Parmi les temps forts : *La Fuite en Égypte,* toute petite toile de Rembrandt, et un ex-voto : *Vierge à l'Enfant et portraits des donateurs* de Rubens. Voir la nouvelle salle dédiée aux collections de peinture italienne des XVIIe et XVIIIe s. Puis les collections de ***peintures françaises*** des XVIIe s (Philippe de Champaigne, Le Sueur...) et XVIIIe s (Boucher, Nattier, Perronneau), mises en valeur par de superbes ***meubles*** Louis XV et Louis XVI. L'un des plus remarquables est sans doute le bureau du duc de Choiseul, classé Monument historique ! Dans la salle de la Cheminée Louis XIII, intéressante série de tableaux du

XVIIe s d'après les gravures d'Abraham Bosse sur le thème des 5 sens. Soucieux de décrire la vie quotidienne de son siècle au travers de toutes les catégories sociales, Bosse fait preuve d'un étonnant sens du détail et du réalisme.
Puis, au ***2e étage,*** l'ensemble de la collection d'art du XIXe s est présenté dans une série de salles à la scénographie toute colorée. Différentes sections sont consacrées au néoclassicisme, aux voyages et à l'orientalisme (dont Delacroix), ou encore au ***réalisme*** avec d'intéressants portraits sociaux. À cet étage, on peut également croiser le célèbre *Balzac* de Rodin qui suscita une vive polémique lors de sa présentation au public en 1898. Quand on aborde l'art moderne, c'est évidemment *Un bras de Seine près de Vétheuil,* de Monet, qui a les faveurs du public – même si Édouard Debat-Ponsan, le grand-père d'Olivier Debré, est également présenté avec les honneurs ! Le XXe s est représenté avec quelques œuvres de Calder, de Max Ernst ou encore de Peter Briggs (professeur à l'université des beaux-arts de Tours) et ses étonnants miroirs déformants... sans oublier bien sûr Olivier Debré, Claude Lévêque ou, pour les amateurs de design, Mathieu Mategot et Ettore Sottsas.

En sortant, suivre la rue des Ursulines sur environ 400 m ; passer sous le porche de l'immeuble (moderne) des Archives départementales : là, le tranquille *jardin des Vikings (plan D1)* est entouré d'un important segment de la ***muraille gallo-romaine.*** Au centre, on peut voir la légendaire « brèche des Normands » : lors des invasions normandes, c'est à cet endroit que les reliques de saint Martin furent présentées à l'envahisseur dans l'espoir qu'un miracle se produirait. Croyez-le ou non, les Normands ont bel et bien fait demi-tour ! À gauche de la brèche, la Poterne, autrement dit la porte que franchissaient les chars pour entrer ou sortir de la cité. Des traces de roues sont encore visibles sur les dalles de pierre.

Le château *(plan C1)* **:** *à l'angle de l'av. André-Malraux et de la rue Lavoisier. ☎ 02-47-21-61-95. • chateau.tours.fr • Mar-dim 14h-18h ; fermé lun et j. fériés. Entrée : 4,20 € ; réduc.* Comme le logis des Gouverneurs (XVe s) qu'on découvre à 2 pas, le château est construit sur l'ancienne muraille gallo-romaine, parfaitement visible de la rue Lavoisier. De l'édifice médiéval ne subsistent aujourd'hui que 2 tours sur 4 : au nord, la tour de Guise (XIIIe et XIVe s), quasiment intacte. Elle tient son nom du prince Charles de Guise qui y fut enfermé, en 1589, après l'assassinat de son père, le duc de Guise, dit « Henri le Balafré ». Au sud se dresse la tour du Cachot à laquelle il manque le sommet. Au centre, le pavillon de Mars (XVIIIe s) accueille désormais de fréquentes expos temporaires : grands noms de la photographie (en partenariat avec le centre d'art du Jeu de Paume à Paris), beaux-arts, archéologie...

La rue Colbert *(plan C1)* **:** du château, elle suit le tracé de l'ancien axe principal est-ouest de la cité gallo-romaine, *Caesarodunum.* Et elle concentre quelques belles maisons à colombages (XVe et XVIe s). Entre les nos 64 et 66, l'étroit passage typiquement médiéval du Cœur-Navré aboutit à la place Foire-le-Roi où avaient lieu les foires franches instaurées par François Ier. Elle est bordée de belles maisons dont 3 du XVe s, aux nos 5, 7 et 9 ; au no 8, l'hôtel de l'un des ministres des Finances de François Ier, Babou de La Bourdaisière. Retour rue Colbert pour, aux nos 39-41, découvrir une maison à l'enseigne « À la Pucelle Armée », construite à l'endroit même où Jeanne d'Arc fit fabriquer son armure. Aux nos 25-27, encore une jolie maison aux colombages admirablement sculptés. Un peu plus loin, la rue de la Moquerie doit son nom au jeu de paume (XVIe s) que l'on peut voir au no 27. On y jouait des pièces de théâtre – souvent des farces (moqueries donc !). Molière, de passage dans la ville en 1646, y aurait donné quelques représentations.

L'église Saint-Julien *(plan B1)* **:** *très rarement ouv. Possibilité de visite guidée avec l'office de tourisme.* Ancienne église abbatiale, intéressante surtout pour son clocher-porche du XIe s, et de remarquables vestiges du cloître. L'aile perpendiculaire à l'église comprend, au rez-de-chaussée, une jolie salle capitulaire à 3 nefs voûtées par des croisées d'ogives. L'aile d'en face contenait les celliers de l'abbaye (XIIe s), à bon escient convertis aujourd'hui en musée des vins de Touraine. Beaux chapiteaux ornés de feuillage. Sous le préau au centre de la cour du cloître, un pressoir à treuil du XVIe s. Après la Révolution française, l'église fut transformée en écurie et remise !

Le musée du Compagnonnage *(plan B1) : 8, rue Nationale. ☎ 02-47-21-62-20. • museecompagnonnage.fr • Tlj (sauf mar ; tlj de mi-juin à mi-sept) 9h-12h30, 14h-18h. Fermé 1er janv, 1er mai, 14 juil, 1er et 11 nov, et 25 déc. Entrée : 6 € ; réduc ; gratuit moins de 26 ans. Jeux et animations pour enfants.*

Installé dans l'ancien dortoir des moines de l'abbaye de Saint-Julien, un musée unique en son genre, car le seul à représenter les 3 sociétés de compagnonnage (l'Union, l'Association et la Fédération), héritières d'un mouvement né pendant les grands chantiers médiévaux. La 1re salle retrace en détail au moyen de panneaux très didactiques, d'un film et de vitrines bien garnies l'histoire passionnante et l'évolution du compagnonnage, qui fut en son temps l'ancêtre des syndicats. La 2de, aménagée sous l'impressionnante charpente en bois en forme de coque de navire renversé, réalisée par les compagnons charpentiers de Tours au début des années 1950, est compartimentée en autant de sections qu'il existe de corporations. Ou existait ! Car certaines corporations, comme celle des tanneurs (ou des tondeurs de draps !), ont disparu, la production de masse et la standardisation ayant supplanté l'artisanat. Mais, heureusement, la plupart des métiers ont su s'adapter au monde moderne, et même intégrer des petits nouveaux comme les jardiniers paysagistes. Chaque section est donc un vibrant ***hommage à un savoir-faire unique,*** le fruit d'une formation de longue haleine. Les outils spécifiques sont exposés aux côtés des chefs-d'œuvre d'hier et d'aujourd'hui, de formidables pièces de réception qui démontrent les capacités de l'aspirant et valident son statut de compagnon : une tour Eiffel en ardoise finement découpée pour les couvreurs, une chaire à prêcher en miniature et de magnifiques marqueteries Louis XIII pour les menuisiers, une collection de sabots originaux pour les sabotiers... Dans tous les cas, un ouvrage fin et délicat qui nécessite des centaines d'heures de travail et la maîtrise des techniques les plus difficiles. La pièce maîtresse ? Sans doute l'œuvre de Léopold Habert, « Léopold le Tourangeau », et sa grille de parc miniature en fer forgé. Mais on a été particulièrement émus par les mains en plâtre du compagnon Amédée Puisais qui symbolisent plus que toute autre pièce du musée l'idée du compagnonnage. On découvre également les institutions, dont la plus connue demeure le fameux Tour de France. ***Un nouvel espace est dédié aux chefs-d'œuvre contemporains.*** Pour finir, amusantes vitrines présentant les violons d'Ingres (œuvres en marge de leur métier) et les travaux des Meilleurs Ouvriers de France, avant de terminer avec les métiers de bouche...

DÉTAILS COQUINS

À l'intérieur du musée du Compagnonnage, regardez bien la minigrille du parc. Avec de bons yeux, on observe quelques éléments franchement grivois. Une véritable œuvre d'art qui demanda à son auteur 14 années de travail !

Le centre de création contemporaine Olivier Debré *(CCC OD ; plan B1) : jardin François-Ier. ☎ 02-47-66-50-00. • cccod.fr • ♿ Juin-août, tlj sauf lun 11h-19h ; le reste de l'année, mer-dim 11h-18h (19h sam). Entrée : 7 € ; réduc ; gratuit moins de 18 ans.* Ni musée ni fondation, c'est un véritable lieu de vie artistique. Sa mission consiste à diffuser l'art le plus actuel mais aussi à promouvoir le fonds d'œuvres légué par l'artiste Olivier Debré, artiste majeur de l'***abstraction.*** Installé depuis 2017 en bordure de Loire, dans les 4 500 m² d'un bâtiment conçu par le cabinet d'architecture portugais Aires Mateus, le CCC OD est composé de 2 volumes distincts : d'une part, un bâtiment historique des années 1950 (ancienne école des beaux-arts) doté de volumes exceptionnels (dont une nef de 30 m de long, largement – c'est un choix – ouverte sur l'extérieur et joliment éclairée la nuit) ; d'autre part, un nouvel édifice en pierre qui offre le spectacle saisissant d'un volume en lévitation sur un socle transparent et lumineux. À l'intérieur, 4 grands espaces d'exposition convient le public à 4 expériences différentes de la création ; le potager contemporain à l'étage et la librairie sont en accès libre ; enfin des auditoriums et de petites galeries complètent l'offre culturelle du lieu. Bien vu, en tout cas, les visites personnalisées organisées pour petits et grands et les conférences et autres rencontres avec des artistes qui permettent de comprendre au mieux la création contemporaine.

➢ En sortant, prendre la rue Nationale sur la droite. Au n° 28, passer sous le porche. Une placette abrite les vestiges de l'***hôtel de Beaune-Semblançay*** *(plan B1)* : un fragment de sa superbe façade Renaissance et une délicate petite fontaine. Dans l'angle sud-ouest se détache la chapelle soutenue par une galerie à arcades.

L'hôtel Goüin *(plan B1)* **:** *25, rue du Commerce.* • *hotelgouin.fr* • *Ouv merdim 14h-18h, seulement pour les expos temporaires, horaires variables. GRATUIT.* Du XVIe s, il dévoile, côté cours, une superbe façade ouvragée qui en fait, paraît-il, la plus belle demeure Renaissance tourangelle. L'intérieur, des plus sobre en revanche (hormis quelques plafonds à la française), accueille d'intéressantes expos d'artistes d'aujourd'hui.

Dans le vieux Tours

La place Plumereau *(plan A-B1)* **:** le cœur du vieux Tours ! Dès les 1ers rayons de soleil, les cafés offrent leurs terrasses aux flâneurs, et il fait bon s'y asseoir pour mieux contempler les façades. Le côté sud est bordé de maisons à pignon et pans de bois du XVe s, admirablement restaurées. Sur le côté opposé, un passage donne sur le paisible jardin Saint-Pierre-du-Puellier, du nom de la collégiale du XIIe s qui s'y trouvait jusqu'à la Révolution française. Les restes d'arcades de la nef nord sont incorporés aux maisons. Le jardin occupe l'emplacement du cloître. En face, un porche ogival donne sur un autre jardin, celui des Chanoines, bordé de maisons toutes plus anciennes les unes que les autres.

La rue Briçonnet *(plan A-B1)* **:** au n° 29, maison canoniale ; au n° 31, belle façade du XIIIe s ; au n° 32, mur à colombages et escalier en bois à balustres du XVe s. Au n° 16, l'un des plus étonnants édifices de la ville : datant du XVIe s, la *maison de Tristan* est construite en brique et son pignon dentelé évoque l'architecture flamande. Notez le portail gothique orné d'une cordelière de pierre, les cordons qui bordent le sommet des fenêtres et les petites ouvertures destinées aux pigeons voyageurs (dans les parties supérieures). Enfin, dans la cour, on peut lire l'inscription « Prie Dieu Pur », anagramme de Pierre Du Pui qui fit construire cette maison. Puisque vous êtes dans le coin, poussez jusqu'au « quartier des Arts », entre la rue du Petit-Saint-Martin et le carroi aux Herbes où artistes et artisans d'art ont installé ateliers et boutiques.

La rue du Grand-Marché *(plan A1)* **:** la rue principale du vieux Tours, piétonne et presque entièrement bordée de maisons à colombages ou à pans de bois. C'est là que se concentrent restos, bars, etc. Elle démarre place du Grand-Marché, sur laquelle veille l'imposant *Monstre* de l'artiste Xavier Veilhan, depuis 2001. Cette statue métallique de près de 4 m de haut, au ventre bedonnant, a quelque chose d'attachant (si, si !), tant et si bien qu'elle est devenue l'emblème du quartier ! Les rues adjacentes possèdent, elles aussi, leur lot de colombages, pans de bois à sculptures et escaliers en bois à balustres : rues du Change, de la Monnaie, du Petit-Soleil, de la Rôtisserie, rue Paul-Louis-Courier, etc.

LA BATAILLE DE LA RILLETTE

En fait, les rillettes étaient fabriquées à la fois à Tours et au Mans, dès le début du XXe s. Le gras est d'ailleurs un excellent conservateur de viande. Pourquoi Le Mans a-t-il gagné la bataille de la renommée ? Tout simplement parce que Tours a refusé le chemin de fer, rendant ainsi bien plus compliquée la distribution de ses rillettes.

Le muséum d'Histoire naturelle *(plan B1)* **:** 3, rue du Président-Merville. ☎ 02-47-21-68-08. • museum.tours.fr • ♿ Ouv mar-dim 9h30-12h30, 14h-18h. Fermé 1er janv, 1er mai, 14 juil, 1er et 11 nov, et 25 déc. Entrée : 4,20 € ; réduc ; gratuit moins de 26 ans. Un tout petit musée qui vaut surtout pour ses intéressantes expos temporaires au rez-de-chaussée. Au 1er étage, petit vivarium avec pas mal de serpents (confiés par la fourrière municipale !), au 2e, coléoptères fichés sur des aiguilles et autres animaux naturalisés, fossiles et quelques belles coupes géologiques.

Dans le quartier des halles

Le quartier est malheureusement dominé par cette atroce verrue architecturale des années 1970 que sont les halles (mais qui devrait être revue et corrigée dans les années à venir) ! Faites un petit détour par la ***cité Mame,*** entre les rues Jules-Charpentier et de la Bourde *(plan A2)*. À l'instar d'autres patrons paternalistes des grandes entreprises du XIXe s, Alfred Mame, l'imprimeur tourangeau, fit construire à l'intention de ses ouvriers une cité de 62 maisons unifamiliales et identiques, alignées autour d'une place rectangulaire et disposant d'un jardinet individuel.

La basilique Saint-Martin *(plan B2)* **:** ouv tte l'année 7h30-19h (21h l'été). De la basilique médiévale (XIe-XIIIe s) ne subsistent, après le passage des huguenots puis des révolutionnaires de 1789, que la tour Charlemagne et la tour de l'Horloge, distantes de quelques dizaines de mètres sur la rue des Halles. Au pied de la tour, remarquer au sol, sur les pavés, le marquage de la basilique originelle. La rue traverse l'ancienne nef ! En face, la basilique actuelle, édifiée à la toute fin du XIXe s par Laloux, est coiffée de la statue de saint Martin. À l'intérieur, largement néobyzantin, la crypte abrite les ***reliques*** – un peu miraculeusement retrouvées en 1941 – du saint et une impressionnante collection d'ex-voto gravés. La tour Charlemagne (en attendant l'ascenseur panoramique en projet) se visite avec l'office de tourisme. Jolie vue sur la ville depuis sa terrasse perchée à 48 m (quelque 300 marches à gravir quand même).

APPELLATION CONTRÔLÉE

« Basilique » est un nom donné directement par le pape en hommage à un(e) grand(e) saint(e) ; à Tours, c'est saint Martin, et depuis 470 ! « Cathédrale » est le lieu où se trouve le siège (la cathèdre) d'un évêque.

Dans le quartier de la gare et de l'hôtel de ville

Petite balade architecturale : flâner d'abord (un jour de marché de préférence) le long des mails agréablement arborés des boulevards Béranger et Heurteloup. Les amateurs d'architecture XIXe s jetteront un coup d'œil à l'hôtel de ville et ses statues allégoriques, signé Victor Laloux, comme la gare qu'on découvre un peu plus loin. Les amateurs de perspectives se placeront dans l'axe de l'avenue de Grammont (3,1 km de long !) percée au

LA DOUBLE CASQUETTE DE SAINT MARTIN

En France, saint Martin, ce soldat romain, est devenu le saint patron des policiers en partageant sa tunique avec un pauvre. Moins de chance en Italie, car en quittant sa Hongrie natale pour s'installer à Tours, il laissa sa femme batifoler avec ses nombreux amants. Voilà pourquoi, chez les Italiens, il est plutôt le patron des cocus. Toute honte bue.

XVIIIe s. Et ceux d'architecture contemporaine s'arrêteront devant le centre des congrès *(26, bd Heurteloup),* œuvre (1993) de Jean Nouvel, grand vaisseau de verre et de métal que les locaux ont affectueusement surnommé « la Casquette ».

Foires et marchés

– ***Marché aux fleurs*** *(plan A-B2) : mer et sam, sur le bd Béranger.* Un des plus beaux de France, dans un cadre assez unique.
– ***Marché à la brocante*** *(plan A1) : mer et sam tte la journée, pl. de la Victoire.* Une petite place qui vaut le détour.
– ***Marché gourmand*** *(plan B2) : 1er ven du mois, 16h-20h30, pl. Châteauneuf.* Dans un monde où il faut se battre pour la qualité, les gourmands font de la résistance, c'est bon signe.
– ***Brocante des professionnels*** *(plan A-B2) : 4e dim du mois, bd Béranger.* Toujours un grand moment.
– ***Foire à l'ail et au basilic :*** *26 juil, jour de la Sainte-Anne, autour des halles et de la pl. de la Victoire.* Vous n'êtes pas obligé de consommer sur place.
– ***Grande braderie de Tours :*** *1er dim de sept, dans le centre-ville.* Les bonnes affaires de la rentrée.

Fêtes et manifestations dans le coin

– ***Vitiloire :*** *fin mai-début juin, bd Heurteloup, pl. de la Gare.* Grand salon des vins de Loire. Le rendez-vous d'une centaine de vignerons qui font déguster les meilleures cuvées des AOC ligériennes. Également des ateliers pour apprendre à associer mets et vins, et des chefs talentueux qui exécutent des recettes en 2 coups de cuillère à pot.
– ***Florilège vocal :*** *à la Pentecôte. • florilegevocal.com •* Un concours international de chant choral, unique en France. Représentations principalement au Grand Théâtre. Un grand concert gratuit sur la place Jean-Jaurès pour clôturer le tout.
– ***Aucard de Tours :*** *5 j. en juin, parc de la Gloriette.* L'été démarre sur les chapeaux de roue avec de la musique rock (mais pas seulement). Organisé par *Radio Béton,* un incontournable de la bande FM à Tours.
– ***Les Devos de l'humour :*** *sept, les années paires, à **Monnaie** (à 7 km au nord-est, sur la D 910, direction Château-Renault). • devosdelhumour.com •* L'humour, ça paie encore par ici !
– ***L'Art au quotidien :*** *3 j. en nov. • artauquotidien.com •* Un des plus importants salons des métiers d'art en France.

LA TOURAINE

DANS LES ENVIRONS DE TOURS

La demeure de Ronsard, prieuré Saint-Cosme : *37520 **La Riche.** ☎ 02-47-37-32-70. • prieure-ronsard.fr • ♿ (pour les ⅔ de la visite). À env 3 km à l'ouest, sur la rive gauche de la Loire. Bus n° 3A en direction de La Riche-Soleil, arrêt La Pléiade ; ensuite, c'est bien indiqué. Avr-oct, tlj 10h-18h (19h en été) ; nov-mars, tlj sauf mar 10h-12h30, 14h-17h (billetterie jusqu'à 16h30). Fermé 1er janv et 25 déc. Entrée : 6 € ; réduc ; gratuit moins de 7 ans. Animations familles pdt les vac scol.*
Il règne ici une douce atmosphère. Le cadre environnant, inspiré du Moyen Âge et de la Renaissance (avec, bien sûr, des roses en hommage au poète), invite à la rêverie.
Construit ***sur une ancienne île de la Loire,*** ce prieuré du XIe s appartint à la collégiale Saint-Martin qui y installa des chanoines désireux de vivre selon la règle

augustinienne. Louis XI, qui en était voisin, eut à cœur de faire reconstruire l'église. Dans la 2de moitié du XVIIIe s et lors des bombardements de 1944, la plupart des bâtiments furent hélas détruits. Il en subsiste aujourd'hui d'importants vestiges agréablement mis en valeur, dont la maison du prieur (XIVe s), qu'habita Ronsard jusqu'à sa mort en 1585. On peut y voir son cabinet de travail et la charpente d'origine. Un parcours sonore et visuel est dédié à la découverte du poète et de son œuvre.
De l'église, on peut encore voir des restes de l'édifice plus ancien : les 2 absidioles du XIe s et le côté sud du déambulatoire, daté du XIIe s. C'est dans cette église que ***les restes de Ronsard*** ont été retrouvés et à nouveau inhumés en 1934. Une dalle avec son épitaphe est là pour le rappeler. Du cloître subsiste le réfectoire, du XIIe s. Il possède une belle chaire décorée de motifs géométriques, d'animaux et de feuillages. 14 vitraux contemporains réalisés par le peintre Zao Wou-Ki sont visibles dans le réfectoire. Une bibliothèque poétique expose des livres pauvres, petits ouvrages originaux manuscrits par un poète et enluminés par un peintre de renom. Après un vaste chantier de fouilles, 12 espaces-jardins contemporains ont été aménagés. Ils font référence à l'histoire et aux symboliques monastiques et mettent en scène des végétaux anciens, dont la plupart sont cités par Ronsard dans son œuvre. Une scénographie interactive propose de découvrir via une maquette 3D l'évolution du monastère.

LA VALLÉE DE LA LOIRE, DE TOURS À AMBOISE

Après être passé sous le pont autoroutier, on aperçoit, 100 m plus loin sur la gauche, derrière un long mur, des vestiges (XIe-XIIIe s) de ce qui fut l'une des plus importantes abbayes de son temps : l'*abbaye de Marmoutier,* fondée par saint Martin au IVe s (pour les visites, s'adresser à l'office de tourisme de Tours).

ROCHECORBON (37210) 3 230 hab. *Carte Indre-et-Loire, B2*

À quelques brasses en amont de l'abbaye de Marmoutier, la *Lanterne*, belle tour de guet du XVe s dominant la Loire, constitue la curiosité de cette petite cité à la fois viticole (appellation vouvray) et troglodytique. L'eau, la pierre... et le vin : on est bien là dans une Touraine d'appellation contrôlée.

LA MAISON DE LA BELLE

À Rochecorbon, Jean Cocteau était tombé en admiration devant le moulin de Touvoie au point de le choisir comme décor pour La Belle et la Bête. *Dans ce film tourné en 1945 avec Jean Marais, la Belle et sa famille vivent dans cette splendide bâtisse, flanquée d'une tour pointue. Ce moulin, toujours propriété privée, ne se visite malheureusement pas.*

Adresse utile

i ***Office de tourisme :*** *pl. de la Lanterne.* ☎ *02-47-39-36-07.* • *tours-tourisme.fr* • *Tlj 10h-12h30, 14h-18h (14h30-17h dim).*

Où dormir ? Où manger ?

De bon marché à prix moyens

La Part Belle : *5, rue de l'Église. ☎ 02-47-65-36-78. • lapartbelle.rochecorbon@gmail.com • lapartbelle-rochecorbon.fr • Dans le village, en contrebas de l'église. Resto tlj midi et soir sauf lun et dim soir. Formule 21 € et menu 25 €. Brunch 1er dim du mois 28 €.* Petit hangar contemporain aux baies vitrées largement ouvertes sur les champs alentour (chouette terrasse d'ailleurs, avec quelques tables dans un ancien verger). Bons petits plats, frais et malins, servis avec le sourire sur fond de musique jazzy. Épicerie fine et cave à vins avec des produits d'ici et d'ailleurs bien choisis.

De plus chic à beaucoup plus chic

Hôtel Valézieux : *10, rue de Beauregard. ☎ 02-47-37-10-10. 06-60-57-13-34. • contact@hotel-valezieux.com • hotel-valezieux.com • Fléché (discrètement) sur la gauche de la D 952 en arrivant de Tours. Doubles 154-192 € ; familiales et suites. Apéritif maison offert sur présentation de ce guide.* Elle est presque cachée, cette maison ancienne avec boiseries et cheminée. Éminemment tranquille donc, même si à quelques minutes de Tours. Radicalement rénovée, elle accueille de douillets salons et des chambres toutes différentes, toutes très déco et d'un confort optimum. Suites parfaites pour les familles. Accueil tout simplement adorable.

Où manger dans les environs ?

L'Épicurien : *53, rue Nationale, 37380* ***Monnaie.*** *☎ 02-47-56-10-34. • didier.frebout@bbox.fr • Sur la D 910, à 10 km au nord de Rochecorbon. Tlj sauf dim soir, lun et jeu soir. Formules et menus 18,50-27,50 € (déj en sem), puis 28-50 €. Apéritif maison offert sur présentation de ce guide.* Situé sur un axe routier très passant, un établissement discret. Mais la salle est accueillante, et c'est la maison d'un de ces chefs qui participent depuis une bonne décennie au renouveau de la cuisine tourangelle. Ancien de chez Bardet (restaurateur entré dans la légende de Tours), il réalise une cuisine qui, sous son apparente simplicité, s'avère pleine d'inventivité.

À voir

La chapelle Saint-Georges : *23, rue Saint-Georges. Clé disponible au domaine* Le Capitaine, *dans la rue en contrebas, ou à l'office de tourisme. Visite guidée de mi-mai à fin oct, dim et j. fériés 14h30-18h30 (infos à l'office de tourisme).* Très ancienne petite chapelle romane, classée Monument historique, partiellement troglodytique, dont les plus anciens vestiges remontent à l'époque mérovingienne. Elle abrite de très belles peintures murales des XIe et XIIe s ainsi qu'un vitrail du XIIIe s.

L'église Notre-Dame-des-Vosnes : *au centre du village.* Elle possède un joli portail comportant d'amusantes sculptures évoquant l'ivresse ! Remarquez aussi l'élégante voûte d'ogives nervurées du chœur (XIIe s).

À faire

La Rabouilleuse : *quai de la Loire, quartier Saint-Georges. 06-95-39-32-00. • larabouilleuse-ecoledeloire.com • Sur résa. Tarif : à* *partir de 20 € pour 1h30 ; réduc.* Une association de passionnés qui propose – entre autres... – des balades à bord de répliques de petites embarcations anciennes. On se laisse porter par le courant, puis on hisse les voiles pour le remonter. Et on se régale de la conversation avec le pilote, intarissable sur la faune, la flore, les traditions locales...

Lulu Parc, parc de loisirs : *quai de la Loire. ☎ 02-47-52-58-40. • luluparc.com • Tlj 10h-19h juil-août ; 11h-18h30 à Pâques ; seulement mer, w-e et j. fériés d'avr à mi-juin et 1re sem de sept. Entrée : enfant 7-12 € selon âge ; accompagnateur 5-6 € selon saison. Guinguette tlj mai-sept 11h30-minuit, avec orchestre jeu et dim 15h-20h.* Sur 3 ha, attractions en plein air pour le plus grand bonheur des petits et des grands. Les habitués de la guinguette préfèrent enchaîner de toniques polkas, javas et autre cha-cha-cha. Un lieu très sympa aussi pour boire un verre ou manger une grillade à la bonne franquette en bord de Loire.

VOUVRAY (37210) 3 310 hab. *Carte Indre-et-Loire, C2*

Haut lieu d'un vin doré et délicat, qu'il soit jeune ou vieilli, méthode traditionnelle ou tranquille, cette noble et dynamique petite commune s'étage sur le coteau où croît le vignoble.

Adresse utile

Office de tourisme : *12, rue Rabelais. ☎ 02-47-29-12-00. • tourisme-montlouis-vouvray.fr • Dans le centre. Juil-fin sept, lun-sam et j. fériés 9h-13h, 14h-18h15 et dim 9h-12h30 ; avr-juin, lun-sam 9h-12h30, 14h-17h30 (sauf jeu ap-m) ; fin sept-mars, lun-sam 9h-12h30, 14h-17h (sauf ap-m jeu et sam, plus sam mat nov-fév).* Circuits découverte du centre-ville.

Où dormir ? Où manger ?

Camping

Le Bec de Cisse : *3, chemin du Bec-de-Cisse. ☎ 02-47-76-07-22. 06-59-08-07-27. • camping.vouvray@gmail.com • camping-vouvray.com • Fléché depuis la D 952. Tentes Canada. Compter 17,50 € pour 2 en hte saison.* Tranquille petit camping municipal au bord de la Cisse (la Loire n'est pas loin non plus). Très classique, avec des emplacements séparés par des haies. Super accueil du jeune gérant.

De prix moyens à plus chic

Chambres d'hôtes La Closeraie : *6, rue du Commerce. ☎ 02-47-52-77-48. 06-82-43-26-39. • corinne@la-closeraie.com • la-closeraie.com • Doubles 110-115 € ; familiale. Table d'hôtes (résa la veille) 35-45 €. Apéritif offert ou réduc de 10 % sur le prix de la chambre (nov-mars) sur présentation de ce guide.* Dans une belle maison du XVIIIe s semi-troglodytique ; d'ailleurs, le salon du petit déj est creusé dans le tuffeau. 4 chambres colorées, toutes différentes, de bon confort. Petit déj très complet avec les produits de la ferme. Corinne, artiste et décoratrice, a fait de sa maison une demeure accueillante, à son image. Cour-jardin fleurie très agréable pour se détendre ou prendre ses repas. Location de vélos.

Les Gueules Noires : *66, rue de la Vallée-Coquette. ☎ 02-47-52-62-18. Tlj sauf dim soir-mar. Carte env 45 €.* Le cadre est épatant : une belle terrasse ombragée face aux vignes, ou une salle troglo chaleureuse, avec le feu qui crépite dans la cheminée dès que le temps se gâte. Mais le meilleur est dans l'assiette, avec une cuisine de marché et de saison fraîche et généreuse, présentée avec soin. C'est précis, coloré et gourmand : un sans-faute dans son genre, d'autant que la sélection de vins (naturels pour la plupart) est au top.

Où dormir dans les environs ?

De prix moyens à chic

Chambres d'hôtes La Vallée de Vaux : *19, rue du Château-de-Vaux, 37210* ***Chançay.*** *☎ 02-47-52-98-63. 06-82-48-33-83. • jm.lehoreau@orange.fr • lavalleedevaux.fr • À env 8 km au nord-est par la D 46 ; après Chançay, suivre le fléchage « Vallée de Vaux ». Fermé Toussaint-Pâques. Doubles 70-90 € ; cabane ou roulotte 80-90 € pour 2. CB refusées. Réduc de 10 % (hors w-e et vac scol) sur le prix de la chambre sur présentation de ce guide.* Dans une ferme du XVIIIe s, 5 chambres spacieuses et rustiques, dont une suite familiale façon gîte (avec kitchenette et cheminée), et une autre profitant d'une terrasse privée dotée d'un coin cuisine. Roulotte ou cabane dans les arbres pour les amateurs. Lave-linge et sèche-linge à disposition. Accueil décontracté.

Chambres d'hôtes Le Moulin des Landes : *10, rue Aristide-Briand, 37210* ***Vernou-sur-Brenne.*** *07-68-57-99-84. • info@moulindeslandes.com • moulindeslandes.com • À env 4 km à l'est par la D 46. Doubles 75-95 € ; familiales 3-5 pers.* Un charmant ensemble bâti autour d'un vieux moulin à eau. La partie du XVIIe s a gardé tout son cachet : colombages, vénérable escalier... Au total, 5 chambres mignonnes et confortables qui marient le confort moderne au respect de l'ancien. Jardin bordé par un bief de la Brenne, agrémenté d'une belle piscine et d'une halle du XIXe s. Petit déj copieux à base de produits locaux. Possibilité de commander une ardoise de charcuterie-fromage avec salade et dessert *(19 €)*, accompagnée évidemment d'un verre de vouvray, puisque cette commune viticole appartient au terroir vouvray AOC. Accueil chaleureux. Une super adresse !

Gîtes troglodytiques de La Rochère : *195, rue de la Rochère, 37210* ***Noizay.*** *06-49-93-88-28. • gite@la-rochere.eu • la-rochere.eu • À env 8 km à l'est par la D 46. Compter 75-80 € pour 2 pers (forfait ménage 20 €).* Belle vue sur la campagne environnante depuis cette ancienne exploitation perchée sur les hauteurs de la bourgade. Une jeune famille très accueillante tient ces 3 « troglos » spacieux, confortables et aménagés de manière ravissante, ayant conservé certains éléments d'origine (cheminées, pressoirs). Cuisine tout équipée. Idéal pour découvrir en couple ou en famille ce genre d'habitat typiquement ligérien !

LA TOURAINE

Où acheter de la bonne charcuterie ?

Charcuterie Hardouin : *sur la D 952, au feu tricolore, à l'entrée principale du bourg. ☎ 02-47-52-60-24. • hardouin.fr • Tlj 8h-20h.* Une adresse connue et reconnue par les amateurs de rillons, rillettes de Tours et andouillettes 5A, le tout au vouvray, comme il se doit !

Où déguster du vouvray ? Et du vrai !

C'est sans doute à Vouvray et dans les communes environnantes que le ***cépage chenin,*** qui produit les meilleurs vins blancs de la vallée de la Loire, donne son expression la plus pure.

Le ***vouvray pétillant*** est un vin à bulles produit selon une « méthode traditionnelle » (proche de l'élaboration du champagne). Il subit une 2de fermentation en bouteille. Comme le processus demande une grande technicité, les producteurs font parfois « champagniser » leur vin par des négociants spécialisés de la région. Le vouvray pétillant conserve les caractéristiques du terroir et du cépage chenin, mais il n'est pas fait pour vieillir plus de 3 ou 4 ans.

Le ***vouvray « tranquille »*** (par opposition au pétillant) est un vin aux reflets verts lorsqu'il est jeune, dégageant une légère amertume. En vieillissant, il prend une teinte dorée, voire ambrée. Il exprime alors des arômes de pomme, de pêche, d'agrumes, de coing ou de noisette. Selon le degré de maturité du raisin, on peut produire du vouvray sec, demi-sec ou moelleux. Le vouvray sec se consomme à l'apéro et, bien sûr, avec du poisson et des fruits de mer. Le demi-sec se marie bien à la charcuterie tourangelle et aux fromages de chèvre. Le vouvray moelleux se sert en apéritif, avec le foie gras ou sur certains desserts. Les producteurs qui respectent le plus la tradition sont ceux qui laissent parler le millésime et ne produisent qu'un seul type de vin. En revanche, ceux qui produisent des vins moelleux tous les ans corrigent la nature en ajoutant du sucre – ce qui n'est pas interdit, mais fausse la typicité de l'appellation et du millésime. Le vouvray tranquille est un vin qui vieillit admirablement bien : 10 ans minimum, et plus de 50 ans pour certains millésimes.

La cave des producteurs de vouvray : *38, La Vallée-Coquette. ☎ 02-47-52-75-03. • cavedevouvray.com • Tlj (horaires sur le site). Visite libre des caves lun-ven 16h30-18h15 et w-e 10h-18h15, GRATUIT. Visite guidée en français à 11h, 15h et 17h (avec dégustation) : 4 € ; réduc.* Cette cave coopérative fait feu de tout bois ! Au programme, des ***dégustations classiques ou thématiques,*** des ***visites guidées de la cave*** et même des ***sorties sur le terrain.*** La ***visite libre,*** certes simplifiée, vaut le coup. Après une courte exposition d'outils, quelques explications sur le travail dans la vigne et une vidéo de présentation de la cave, on pénètre dans les galeries troglodytiques. Dans ce dédale de 3 km sont stockés pas moins de 5 millions de bouteilles ! Accueil sympa et dégustation généreuse, notamment de jolies bulles.

Domaine François et Julien Pinon : *55, rue Jean-Jaurès, Vallée de Cousse, 37210* ***Vernou-sur-Brenne.*** *☎ 02-47-52-16-59. • francois-pinon-vouvray.com • Tlj sauf dim.* Tout pour plaire ! Déjà, le lieu est magnifique. On se balade dans un réseau de galeries conduisant à différentes salles, certaines disposant d'une cheminée bien rassurante. On y passerait bien la soirée ! Et les vins sont formidables. Chez les Pinon, le chenin fait des merveilles. Les vignes, en bio, donnent des raisins du tonnerre qui sont vendangés par tries successives. Accueil aux petits oignons, à la fois attentionné et efficace.

À voir

Château Moncontour et le musée de la Vigne et du Vin : *château de Moncontour. ☎ 02-47-52-60-77. D'avr à mi-sept, tlj 10h-11h30, 13h30-18h (sauf le w-e 14h30-18h) ; de mi-sept à déc, lun-ven 10h-11h30, 13h30-(14h sam) 17h ; janv-mars, lun-ven 10h-11h30, 13h30-17h ; sam 10h-12h. Visite : 5 € (dégustation seule gratuite) ; gratuit moins de 12 ans.* C'est un château tout blanc, encadré de tourelles rondes, qui se dresse,

RESTÉ DE PIERRE

C'est à Vouvray que l'« illustre Gaudissart » exerce – dans le roman éponyme de Balzac paru en 1833 – tous ses talents de vendeur. La commune, largement évoquée dans l'ouvrage, a donc décidé d'ériger, en 1934, dans un petit square, un buste de cet illustre Félix Gaudissart. Une statue qui est restée, pendant quelques décennies, la seule en France à représenter un personnage de fiction.

majestueux, sur une terrasse en surplomb de la Loire. Balzac resta frustré toute sa vie de n'avoir jamais eu les moyens de se l'offrir ! Il ne se visite pas, mais le musée (dans les caves troglodytiques !) offre plusieurs sections présentant l'appellation et le travail dans la vigne en fonction des saisons, l'élaboration du vin selon la méthode champenoise, ainsi que différentes thématiques bachiques, parfois marrantes comme tout. Au rez-de-chaussée, reconstitution d'un habitat troglodytique.

Manifestation

– ***Foire aux vins :*** *w-e de la Pentecôte et 15 août.*

DANS LES ENVIRONS DE VOUVRAY

Le château Valmer et ses jardins : *37210* ***Chançay.*** *☎ 02-47-52-93-12. • jardins@chateaudevalmer.com • chateaudevalmer.com • À 10 km au nord-est de Vouvray. Mai-sept, tlj sauf lun-mar 14h-19h ; Toussaint, tlj sauf lun-mar 14h-18h ; janv-avr et oct-20 déc, sur rdv lun-ven 10h-12h, 14h-16h. Fermé 23 déc-début janv. Entrée : 10 € ; réduc ; gratuit moins de 10 ans. Visites guidées sur résa.* Le château (ou plutôt l'ancienne maison du régisseur, car le château a brûlé) ne se visite pas. On vient jusqu'ici pour le ***parc de 60 ha*** dessiné au XVIIe s, dont 5 ha sont labellisés « Jardin Remarquable » et pour en admirer les superbes jardins suspendus à l'italienne qui épousent la pente du coteau sur 8 niveaux de terrasses : balustrades, statues, colonnes, escaliers et jets d'eau... Au sommet, une structure d'ifs plantée devant l'élégante maison du régisseur reprend le tracé de l'ancien château. Le potager conservatoire présente quelque 1 000 variétés de plantes potagères méconnues. Dans les douves, plusieurs variétés d'hydrangeas (hortensias) font le *show* avec 2 spécimens incroyables de sophora japonica. Autre curiosité : la chapelle troglodytique du XVIe s, qui contient un triptyque polychrome du XVe s et des vitraux du XVIe s. Ce bel ensemble est aussi un ***important domaine viticole*** (35 ha de vignes !). De quoi élaborer secs, demi-secs et moelleux, ainsi que des effervescents bruts que l'on déguste après la visite. Les ***visites guidées*** et les ***Journées Portes Ouvertes*** permettent de prolonger le plaisir dans les superbes caves du XVIe s, un réseau creusé sous la terrasse et aménagé de façon insolite en forme de T. Ça vaut le coup d'œil !

La verrerie Dumas – Verart : *872, route de la Gare, 37210* ***Noizay.*** *☎ 02-47-52-11-48. • info@verart-france.fr • verart-france.fr • À 10 km à l'est de Vouvray. Visite guidée de l'atelier lun-jeu 9h-16h, sur résa obligatoire (max 10 pers). Prix : 5 € ; réduc.* Depuis plus de 60 ans, la verrerie *Dumas* est spécialisée dans la fabrication d'ustensiles de laboratoire (pipettes, verres gradués...) utilisés dans la recherche ou l'agroalimentaire. Un savoir-faire et une précision que l'entreprise a décidé de mettre au service de la création artistique en 2011 sous la marque *Verart*. Luminaires, vases, pièces uniques décoratives et objets détournés... On découvre, tout au long du parcours commenté et des démonstrations, le savoir-faire ancestral des artisans verriers qui soufflent le verre au chalumeau. On y apprend notamment les mille et une vertus du verre borosilicate, proche du cristal, mais bien moins fragile. Une visite passionnante. Boutique ouverte toute l'année sur rendez-vous.

Le musée du Cuir et de la Tannerie : *105, rue de la République, 37110* ***Château-Renault.*** *☎ 02-47-56-03-59. • museeducuir.org • ♿ (rdc seulement). À 25 km au nord de Vouvray. Mai-sept, tlj sauf lun 14h-18h. Entrée : 5 € ; réduc ; gratuit moins de 10 ans.* Installée sur un site industriel, l'ancienne tannerie *Peltereau-Tenneson* date du XVe s et est inscrite à l'Inventaire supplémentaire des Monuments historiques pour ses bâtiments XIXe s. Le musée comprend plusieurs ateliers montrant le travail des cuirs et peaux.

MONTLOUIS-SUR-LOIRE

(37270) 10 800 hab. *Carte Indre-et-Loire, C2*

Ville assez étendue, dont le vieux centre est juché sur le rebord de la falaise qui surplombe la Loire sur sa rive gauche. Son vin blanc d'appellation contrôlée est aussi réputé que son cousin, le vouvray. Quelques belles maisons anciennes, dont le presbytère installé dans un hôtel du XVIe s aux lucarnes ornées de coquilles. Festival de jazz réputé en septembre.

Adresses utiles

Office de tourisme : *4, rue Abraham-Courtemanche. ☎ 02-47-45-85-10. • tourisme-montlouis-vouvray.fr • Juil-fin sept, lun-sam et j. fériés 9h-13h, 14h-18h15 ; dim 9h-12h30. Avr-juin, lun-sam 9h-12h30, 14h-17h30 (sauf jeu ap-m). Fin sept-mars, lun-sam 9h-12h30, 14h-17h (sauf ap-m jeu et sam, plus sam mat nov-fév).* Circuits découverte du centre-ville.

Maison de la Loire : *60, quai Albert-Baillet. Rens et résas préalables : ☎ 02-47-50-97-52. • maisondelaloire37.fr • ♿ (rdc). En principe, ouv tte l'année mar-sam 14h-17h.* Sorties thématiques possibles, se renseigner. Expos permanentes et temporaires sur la faune, la flore... de la Loire. Conférences, films, bibliothèque, visites guidées.

Où dormir ? Où manger ?

Camping Les Peupliers : *D 751. ☎ 02-47-50-81-90. • camping.montlouis@aquadis-loisirs.com • aquadis-loisirs.com • ♿ Au bord de la Loire, après le pont de chemin de fer en allant vers Tours. Ouv avr-fin oct. Tentes 15,80-19,90 € (hors taxe de séjour) ; mobile homes.* En contrebas d'une route assez fréquentée, un camping bien ombragé et équipé. Emplacements spacieux. Salle de lecture avec TV, machines à laver, location de vélos. Accès gratuit à la piscine municipale et tennis à proximité. Un chemin piéton relie le camping au bourg. Accueil très sympa.

La Cave : *69, quai Albert-Baillet. ☎ 02-47-45-05-05. • infos@restaurant-la-cave.com • ♿ Tlj sauf mar-mer et dim soir. Congés : 2 sem fin nov. Menus 19-61 €.* Un classique des tournées régionales, hautement touristique et très apprécié des groupes. La cuisine régionale est inventive et se déguste dans le cadre exceptionnel et chaleureux de ces grandes caves creusées dans le tuffeau. Même les enfants s'initieront au goût avec le menu qui leur est dédié.

Le Berlot : *2, pl. François-Mitterrand. ☎ 02-47-56-30-21. Resto tlj sauf lun-mar ; bar à vins (seulement en saison) tlj sauf lun-mar dès 15h. Menu-carte 26-32 € ; planches 10-12 €.* Un bistrot classé parmi les dignes représentants du bien-vivre à la montlouisienne. À l'aise devant d'épaisses tables de bois, dans un décor moderne à l'esprit bonne franquette, on y déguste une savoureuse et généreuse cuisine de marché, fraîche et inventive, qui évolue au gré de l'inspiration du moment. Côté bar à vins, une sélection pointue de nectars locaux à accompagner de bons fromages et de charcuterie. Sympathique accueil et rapport qualité-prix tout à fait convaincant.

Bar à vins de Lise et Bertrand : *36, rue des Bouvineries. ☎ 02-47-50-70-33. Dans un hameau, à 4,5 km à l'est du centre (direction Lussault). Ouv mai-août, tlj sauf mar-mer soir. Fermé pdt les vendanges. Carte 25-30 €. Café offert sur présentation de ce guide.* Une terrasse dans la cour et une petite salle tout en matériaux bruts pour casse-croûter (tapas, fromages et

LA TOURAINE

charcuteries soigneusement sélectionnés comme bons petits plats maison) chez de jeunes vignerons (bio !). Vins du domaine évidemment (qui peut se visiter) et de copains d'un peu plus loin (du Jura à l'Autriche).

De plus chic à beaucoup plus chic

🏠 🍽 ***Château-Hôtel de la Bourdaisière :*** *25, rue de la Bourdaisière. ☎ 02-47-45-16-31. • labourd@club-internet.fr • labourdaisiere.com • À env 3 km au sud du centre (fléché). Fermé de mi-nov à mi-mars. Doubles 110-325 €. Petite carte (compter 22 €) pour le déj au* Bar à tomates *ou au salon de thé ; menu 33 € pour les clients de l'hôtel. Apéritif maison offert sur présentation de ce guide.* Au cœur d'un superbe parc (lire la rubrique « À voir »). Chambres disséminées entre un pavillon (les moins chères) et le château (grandes, voire immenses, magnifiquement rénovées et meublées). Le petit déjeuner se prend dans un salon richement décoré ou dans le jardin, au milieu des fleurs... Au resto, légumes du potager et produits locaux, joliment travaillés. Tout ici est d'un goût exquis et on y cultive avec délice simplicité et art de vivre... La vie de château, quoi ! Piscine extérieure chauffée et tennis.

Où dormir ? Où manger dans les environs ?

🏠 🍽 ***Auberge de la Treille :*** *2, rue d'Amboise, 37270* ***Saint-Martin-le-Beau.*** *☎ 02-47-50-67-17. 📱 06-32-09-23-44. • auberge-de-la-treille@wanadoo.fr • auberge-de-la-treille.com • Congés : 1re quinzaine de déc. Resto tlj sauf lun-mar midi et dim soir hors saison. Double 70 € ; petit déj 10 €. Formule déj en sem 20,90 € ; menus 36-39 €. Apéritif offert sur présentation de ce guide.* Sympathique auberge de village. Chambres agréablement arrangées. Au menu, cuisine de terroir remise au goût du jour.

🏠 🍽 ***Hôtel Le Pigeonnier de Fombêche :*** *3, impasse du Pigeonnier, 37270* ***Saint-Martin-le-Beau.*** *☎ 02-47-50-67-42. • guestaultstephanie@yahoo.fr • restaurant-pigeonnierfombeche.fr • ♿ À la sortie du village en direction de Dierre. Resto tlj sauf lun-mar. Congés : 3 sem en janv et 1 sem en sept. Double 72 €. Carte 19,50-32 €.* Chambres simplement contemporaines dans un bâtiment récent, certaines avec terrasse. Piscine. Le resto troglodytique propose une généreuse cuisine de tradition et de terroir qu'accompagneront aisément les vins régionaux (dont ceux du domaine familial). La chef propose aussi une carte de burgers revisités (sur place ou à emporter).

Où déguster et acheter du montlouis ?

Le vin d'appellation d'origine contrôlée montlouis-sur-loire provient des communes de Montlouis, Lussault et Saint-Martin-le-Beau. Le vignoble de Montlouis a retrouvé une certaine prospérité grâce au dynamisme de jeunes vignerons et à un engouement pour les vins blancs. Les vins blancs de Montlouis, moins réputés que ceux de Vouvray, en sont cependant très proches par leurs qualités aromatiques, tout en étant un peu moins puissants en raison d'une exposition des vignes plus septentrionale. Ici aussi, on utilise le cépage chenin et on élève les vins tranquilles ou pétillants dans de belles caves de tuffeau.

La Maison Laudacius : *2, route de Saint-Aignan, à Montlouis. ☎ 02-47-50-80-98. • maison-laudacius.com • Lun-sam. Ouv en continu 9h-19h en juil-août. GRATUIT. Le site de production extérieur est en principe inaccessible le w-e.* « Seul, on va plus vite ; ensemble, on va plus loin. » La devise de cette cave coopérative n'est pas qu'une phrase bien tournée : les 15 vignerons s'épaulent pour produire le meilleur, notamment en respectant les recommandations de la certification *Terra Vitis*. Après une petite introduction, on suit les indications de leur audioguide pour plonger dans les entrailles de la terre où est installé le chai. Bouteilles alignées comme à la parade, barriques, pupitres : ça en jette ! Le parcours comprend aussi le site de production situé dans un bâtiment extérieur, creusé aussi en partie dans la roche. Depuis une mezzanine, on surplombe les impressionnantes gyropalettes et toutes les unités d'embouteillage et d'étiquetage. À la fin, on déguste, et là encore, on n'est pas déçu.

Cave touristique des Vignerons-Montlouis : *2, pl. Abraham-Courtemanche. ☎ 02-47-45-18-19. • cave-vignerons-montlouis.fr • Au bord de la D 751. Fév-déc. GRATUIT.* Petite expo de vieux outils de vinification et de champagnisation, assortie de la présentation des viticulteurs représentés par la cave. Dégustation, bien sûr, et vente.

La Cave Insolite : *30, quai Albert-Baillet. ☎ 02-47-45-19-14. • contact@francois-chidaine.com • francois-chidaine.com • Tlj sauf dim 10h-12h, 14h30-19h.* François Chidaine et son épouse se sont très vite affirmés comme faisant partie des meilleurs vignerons de l'appellation en biodynamie. Ils ont su réaliser de très belles cuvées en moelleux, mais le succès ne leur a pas tourné la tête. Accueil simple et chaleureux au caveau. Une valeur sûre.

Domaine de la Taille aux Loups : *8, rue des Aîtres, lieu-dit Husseau. ☎ 02-47-45-11-11. • jackyblot.fr • Visite et dégustation tlj sauf dim 9h-13h, 14h-18h.* L'une des références historiques de l'appellation, un pionnier à l'origine du renouveau ! Sec, demi-sec ou moelleux, pétillant ou tranquille, la super star Jacky Blot et son fils Jean-Philippe déclinent le chenin à la perfection, s'appuyant sur une agriculture bio privilégiant le parcellaire. Dans la catégorie fines bulles, le « triple zéro » est même un incontournable.

Domaine Le Rocher des Violettes : *34, rue de la Roche, 37150* ***Dierre.*** *☎ 02-47-23-52-08. 06-15-96-52-47. • xavier.weisskopf@hotmail.com • lerocherdesviolettes.com • Accueil tte l'année sur résa.* L'un des domaines incontournables parmi la nouvelle génération de vignerons. Avec Clémence, Xavier Weisskopf exploite 17 ha en agriculture biologique : ses vins sont précis et élégants.

Domaine des Liards : *33, rue de Chenonceaux, 37270* ***Saint-Martin-le-Beau.*** *☎ 02-47-50-67-36. • bergerfreres.fr • Ouv tlj. Visite sur résa.* Accueil sympa dans ce petit domaine bio, où la 5e génération a désormais pris le relais. Le père nous régale de petites anecdotes savoureuses. On en profite bien sûr pour déguster les bons vins du domaine (dont un réjouissant pétillant naturel et de délicieux montlouis moelleux).

À voir

Le château de la Bourdaisière : *25, rue de la Bourdaisière. ☎ 02-47-45-16-31. Jardins ouv mai-sept 10h-19h, avr et oct 11h-18h. Entrée : 10 € ; réduc ; gratuit moins de 5 ans. Hôtel-resto et petite restauration sur place (voir « Où dormir ? Où manger ? »). Boutique. Nombreuses animations tt au long de l'année.*

Ce domaine, acheté en 1992 par Louis Albert de Broglie, est devenu une vitrine de la démarche ambitieuse du surnommé « ***prince jardinier*** ». Il n'a de cesse de s'inscrire dans une démarche de développement durable, en promouvant la biodiversité et la protection de l'environnement. Les 10 étapes de l'exposition « Dessine-moi ta planète » sur ***l'écologie positive***, en partenariat avec *Le Petit Prince*, sont à découvrir dans le parc. On peut également y admirer les fameuses planches botaniques éditées par Deyrolle... Un peu plus loin, le ***célèbre potager*** vous mettra l'eau à la bouche. Tout autour s'articulent des jardins à thème. Comme le ***Conservatoire de la tomate*** qui rassemble une collection unique au monde de plus de 700 variétés : jaunes, noires, orange, tigrées, fripées, cornues...

En sortant, vous trouverez votre banale tomate rouge bien vulgaire (bien insipide surtout !). Vente de graines toute l'année ou de plants (au printemps, lors de la fête des Plantes). Voir aussi le *Dahlia Color,* jardin contemporain entièrement consacré, comme son nom l'indique, aux dahlias.
Quant au château (qui ne se visite pas – mais on peut y dormir !), il remonte au Moyen Âge et a accueilli en leur temps Henri IV et sa copine la belle Gabrielle d'Estrée. Si l'édifice a, au fil des siècles, connu maintes vicissitudes, il n'en a pas moins fière allure avec sa façade néo-Renaissance.

Manifestation

– ***Jazz en Touraine :*** *env 10 j. autour du 15 sept, à Montlouis-sur-Loire et dans les communes environnantes. • jazzentouraine.com • Résas auprès de l'office de tourisme (programme et billetterie ouv dès la mi-juin).* Festival réputé de jazz classique ou métissé, grandes pointures et créateurs en vogue, le tout dans une ambiance bon enfant.

AMBOISE

(37400) 12 980 hab. *Carte Indre-et-Loire, C2*

• Plan *p. 423*

L'AFFAIRE DES « PLACARDS »

L'imprimerie européenne était contrôlée par les protestants. En 1534, Marcourt, un pasteur de Neuchâtel, « placarda » des affiches anticatholiques dans toute la France – jusqu'au château d'Amboise, où vivait François Ier. Jusqu'alors plutôt tolérant, le roi entama la chasse aux « hérétiques ». Ce fut le début des terribles guerres de Religion.

Louis XI habita Amboise. Charles VIII y naquit et y mourut après s'être cogné à un linteau de porte. Louis XII et François Ier y séjournèrent. C'est à Amboise et non à Paris que tous ces rois de France ont voulu gouverner. C'est également dans les environs d'Amboise qu'un certain Mick Jagger s'est offert un manoir du XVIIIe s. On le comprend : Amboise est au cœur de la Touraine, une région où il fait bon vivre. Quasiment en toute saison, qui plus est. Inutile de dire qu'il vaut mieux penser à réserver si vous avez envie d'y passer un séjour royal !

LA TOURAINE

Adresses et infos utiles

i *Office de tourisme* *(plan A1-2) : quai du Général-de-Gaulle. ☎ 02-47-57-09-28. • amboise-valdeloire.com • Avr-oct, lun-sam 9h30-18h (9h-19h juil-août) ; dim et j. fériés 10h-13h, 14h-17h (10h-18h juil-août). Nov-mars, lun-sam. Fermé 1er janv et 25 déc.* Propose pendant les vacances scolaires des visites guidées thématiques, insolites ou costumées : visites nocturnes, visites apéro, visites du château royal, du château du Clos Lucé, du Domaine royal de château Gaillard ou des Greniers de César, silos troglodytiques uniques en France ! Billetterie pour les sites à prix réduit afin d'éviter les files d'attente.

Gare SNCF *(hors plan par A1) : de l'autre côté de la Loire, à env 1 000 m. ☎ 0891-705-555 (0,23 €/*

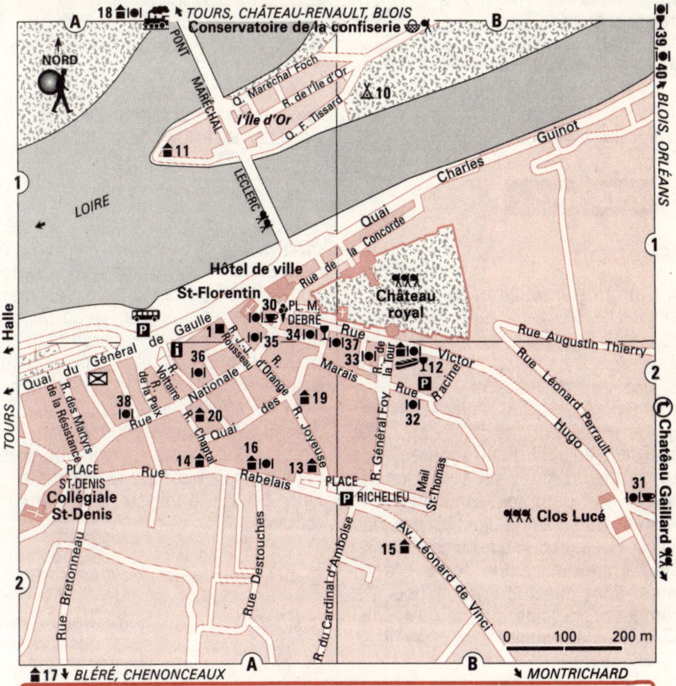

AMBOISE

Adresses utiles

- Office de tourisme (A1-2)
- 1 Roue Lib (location de vélos ; A1)

Où dormir ?

- 10 Camping municipal de l'Île d'Or (B1)
- 11 Ethic Étapes – Centre Charles-Péguy (A1)
- 12 Café des Arts (B1-2)
- 13 Hôtel Le Blason (A2)
- 14 Chambres d'hôtes La Grange (A2)
- 15 Chambres d'hôtes Le Manoir du Parc (B2)
- 16 Hôtel Le Clos d'Amboise (A2)
- 17 Hôtel Le Vinci Loire Valley (hors plan par A2)
- 18 Hôtel La Brèche (hors plan par A1)
- 19 Chambres d'hôtes Iris des Marais (A2)
- 20 Hôtel Chaptal (A2)

Où manger ? Où faire une pause salée ou sucrée ?

- 12 Café des Arts (B1-2)
- 18 Hôtel La Brèche (hors plan par A1)
- 30 Pâtisserie Bigot (A1)
- 31 Le Maître d'Art (B2)
- 32 L'Écluse (B2)
- 33 Le Parvis (B2)
- 34 Chez Bruno (A1)
- 35 Le Patio (A1-2)
- 36 La Fourchette (A2)
- 37 L'Épicerie (A-B1-2)
- 38 La Pause du Temps (A2)
- 39 Bistrot de l'Oppidum (A2)
- 40 Le 36 (hors plan par B1)

Où boire un verre ?

- 32 Chez Bruno (A1)

mn). De Paris-Austerlitz, quelques trains s'arrêtent à Amboise ; de Paris-Montparnasse (TGV), il faut changer à Tours ou à Saint-Pierre-des-Corps.

Sinon, Amboise est reliée quotidiennement par la ligne TER Tours-Blois-Orléans.

La ligne C dessert Amboise depuis

Tours, mais aussi Montlouis, Chenonceaux et Montrichard.

Location de vélos : Roue Lib *(plan A1, 1), 9, sq. des Anciens-Combattants. 06-76-53-52-13. Pâques-Toussaint, tlj 9h-19h. Env 15 €/j.*

Parkings gratuits : *l'un sur le mail, sous les arbres (plan A1), un autre par la rue Racine ou encore sur les quais au pied du château, quelques places également pl. Richelieu.*

– **Marché :** *ven et dim mat.* Un des plus importants de la région, un des plus beaux aussi, le long de la Loire.

Où dormir ?

Camping

Camping municipal de l'Île d'Or *(plan B1, **10**) : 4, allée des Mariniers. ☎ 02-47-57-23-37. • camping@ville-amboise.fr • camping-amboise.com • Ouv de fin mars à mi-oct. Forfait pour 2 pers env 19,50 € en hte saison ; loc de tentes équipées 4-6 pers.* Très bien situé au bout d'une impasse, face au château d'Amboise, sur un terrain agréable et ombragé. Emplacements vastes mais non délimités par des haies. Restauration sur place. À proximité immédiate, une foule d'activités, dont minigolf (gratuit pour les campeurs), piscine, courts de tennis, canoë-kayak, circuit bicross, pêche en rivière, etc.

Bon marché

Ethic Étapes – Centre Charles-Péguy *(plan A1, **11**) : 1, rue Commire, île d'Or. ☎ 02-47-30-60-90. • contact@centrecharlespeguy.fr • iledor-amboise.fr • Doubles 45-55 € ; familiales. Parking gratuit devant. Réduc de 10 % sur le prix de la chambre sur présentation de ce guide.* Dans une ancienne tannerie posée à la pointe de l'île, des chambres toutes simples mais plutôt plaisantes de 2 à 6 lits, toutes avec douche et w-c depuis leur rénovation. Détail qui a son importance, certaines bénéficient d'une petite vue sur le château d'Amboise ! Garage et atelier de réparation pour les vélos.

Café des Arts *(plan B1-2, **12**) : 32, rue Victor-Hugo. ☎ 02-47-57-25-04. • cafedesarts.amboise@sfr.fr • cafe-des-arts-amboise.fr • Fermé 4 sem fév-mars et 1 sem en déc et en janv. Doubles 42-45 €. Café offert sur présentation de ce guide.* Petit établissement très convivial, avec le café-snack des copains au rez-de-chaussée. Chambres basiques mais pimpantes et colorées, avec lavabo et des lits superposés simples ou doubles (mezzanine). Sanitaires sur le palier. Simple, bien tenu et pratique pour les familles et les amis cyclistes (local à vélos sécurisé) ou randonneurs. Bon choix d'en-cas maison : burgers, croques, salades, tartines, omelettes... Une bonne adresse typiquement routarde.

Prix moyens

Chambres d'hôtes Iris des Marais *(plan A2, **19**) : 14, quai des Marais. ☎ 02-47-30-46-51. 06-83-97-07-92. • vianney.frain@wanadoo.fr • irisdesmarais.com • Doubles 60-80 € ; familiales.* Vieille maison (du XVe s pour les parties les plus anciennes) à colombages pleine de caractère. Adorable jardin clos (superbes roses !) et 3 chambres à la déco toute simple mais au confort suffisant. La « rouge » est la moins chère, la « jaune » est une vaste suite bien pratique pour familles ou amis, et la « Française » est nichée dans un bâtiment indépendant, au calme, en rez-de-jardin. Quant à l'accueil, il est sympa et de bon conseil. Une bonne adresse à prix d'ami pour le coin !

Hôtel Le Blason *(plan A2, **13**) : 11, pl. Richelieu. ☎ 02-47-23-22-41. • hotel@leblason.fr • leblason.fr • Congés : 2-22 fév. Doubles 70-95 € ; familiales. Local à vélos gratuit. Parking payant.* Maison d'hier (à colombages et du XVe s) mais confort d'aujourd'hui, avec une trentaine de chambres rénovées (clim) dans un style sobrement contemporain, et avec vue sur le château pour certaines. Possibilité d'y louer des vélos.

Chic

Hôtel Le Clos d'Amboise *(plan A2,* ***16****)* **:** *27, rue Rabelais. ☎ 02-47-30-10-20. • infos@leclosamboise.com • leclosdamboise.com • Resto tlj (sauf mar-mer hors saison) soir seulement. Doubles 89-252 € ; familiales. Menu 36 €. Parking. Apéritif maison offert sur présentation de ce guide.* Une très élégante demeure du XVIIe s, remaniée au XVIIIe, où il fait bon se poser. Belle enfilade de salons, et des chambres confortables et lumineuses qui mêlent harmonieusement les styles classique et contemporain (meubles et tapis de style, vieux tableaux...). Toutes donnent côté jardin, au calme. Joli jardin d'ailleurs avec pin extraordinaire et essences rares et, au fond, piscine chauffée, sauna et salle de remise en forme. Cuisine inventive côté resto. Ambiance à la fois chic et décontractée.

Chambres d'hôtes La Grange *(plan A2,* ***14****)* **:** *18, rue Chaptal. ☎ 02-47-57-57-22. 06-89-35-14-29. • lagrange-amboise@orange.fr • Doubles 110-120 €. CB refusées. Réduc de 10 % sur présentation de ce guide (nov-mars).* Derrière un grand portail, une belle maison à l'atmosphère conviviale où il fait bon se retrouver dans le calme de la cour abondamment fleurie, pour prendre le petit déj, avant de partir à l'assaut des châteaux, ou boire un verre au retour. 4 chambres très confortables, joliment décorées de façon thématique, dont une familiale. Grand salon à disposition des hôtes. Et maisonnette indépendante, aménagée en gîte, très cosy et mignonne comme tout. Accueil chaleureux.

Hôtel La Brèche *(hors plan par A1,* ***18****)* **:** *26, rue Jules-Ferry. ☎ 02-47-57-00-79. • info@labreche-amboise.com • labreche-amboise.com • Dans la rue conduisant à la gare. Resto tlj sauf dim soir et lun (plus mar hors saison). Congés : de mi-déc à mi-janv. Doubles 78-150 €. Formule et menu en sem 26 € ; menus 39-69 €. Parking gratuit.* Une bonne adresse dans sa catégorie que cet hôtel traditionnel, à 10 mn à pied du centre, au calme, dans une jolie maison bordée de terrasses fleuries très agréables. Les chambres coquettes et confortables font dans le classique, de même que la cuisine, de saison et bien réalisée, servie dans une salle à manger chic et cosy.

Hôtel Chaptal *(plan A2,* ***20****)* **:** *13, rue Chaptal. ☎ 02-47-57-14-46. • infos@hotel-chaptal.com • hotel-chaptal.com • Fermé 2 premières sem de janv. Doubles 75-125 €. Garage à vélos. Réduc de 5 % sur le prix de la chambre (résa directe) sur présentation de ce guide.* Ce 3-étoiles propose des chambres élégantes et tout confort (avec clim), à la déco contemporaine. Agréable salon. Excellent accueil d'une équipe plus que pro, mais très décontractée.

Hôtel Le Vinci Loire Valley *(hors plan par A2,* ***17****)* **:** *12, av. Émile-Gounin. ☎ 02-47-57-10-90. • reservation@vinciloirevalley.com • vinciloirevalley.com • À la sortie d'Amboise, direction « Pagode de Chanteloup ». Doubles 90-150 €. Parking gratuit.* Dans un quartier résidentiel, à l'écart du centre, cet hôtel moderne affilié à une chaîne offre des chambres fonctionnelles, propres et confortables (clim, plateau dit « de courtoisie »...). Atmosphère relax et accueil souriant et très professionnel.

De plus chic à beaucoup plus chic

Chambres d'hôtes Le Manoir du Parc *(plan B2,* ***15****)* **:** *8, av. Léonard-de-Vinci. ☎ 02-47-30-13-96. • info@manoirparc.com • manoirparc.com • Doubles 155-199 € ; appartements, gîtes, cabanes 129-349 €/nuit pour 2-6 pers. Parking.* À peine arrivé, le cadre magnifique et l'accueil charmant incitent à prolonger le séjour. Que vous choisissiez l'une des chambres d'hôtes, mignonnes à croquer, au 1er étage de la maison, ou l'un des studios ou appartements meublés en face, vous vous sentirez vite comme chez vous. Pour les familles nombreuses ou les couples voulant leur intimité, il y a même des gîtes ou des cabanes de luxe avec jacuzzi et/ou sauna. Piscine chauffée en saison, grand parc.

Où manger ? Où faire une pause salée ou sucrée ?

Bon marché

Pâtisserie Bigot (plan A1, **30**) : *pl. du Château. ☎ 02-47-57-04-46. • accueil@maison-bigot-amboise.com • maison-bigot-amboise.com • Tlj (sauf lun hors saison) 9h-19h15 (8h30-20h en saison). Congés : fin janv-début fév. Formule déj en sem 15,50 € ; carte env 15 €. Dégustation de chocolat offerte sur présentation de ce guide.* Une institution locale, dans la même famille depuis 1913 (la dernière génération vient d'en prendre les manettes). Au salon de thé ou en terrasse au pied du château, on ne se fait pas prier pour grignoter d'excellentes quiches et tartes aux légumes, des salades et des omelettes. À faire suivre d'une tarte Tatin ou d'une glace artisanale. Au cas où, la maison est également réputée pour ses chocolats !

Le Maître d'Art (plan B2, **31**) : *1, rue de la Malonnière. 06-23-30-25-65. • lemaitredart37@gmail.com • Tlj (sauf jeu hors saison) 11h30-19h (18h hors saison). Plats 8-15,50 € ; brunch 18 €.* Une maisonnette de tuffeau située juste en face de l'entrée du Clos Lucé : très pratique pour une halte avant ou après la visite. Bons gâteaux, brunch copieux, mais aussi des quiches, soupes, salades... et pourquoi pas un simple œuf à la coque avec ses mouillettes ? Plats du jour copieux mais inégaux. Une poignée de tables dehors. Accueil agréable.

Café des Arts (plan B1-2, **12**) : *voir « Où dormir ? ».*

Prix moyens

L'Écluse (plan B2, **32**) : *rue Racine. ☎ 02-47-79-94-91. • lecluse.amboise@hotmail.com • Tlj sauf dim-lun. Congés : de mi-déc à début fév. Menu déj en sem 20 € ; autres menus 28-55 €.* Une adresse bien d'aujourd'hui qui privilégie les produits locaux (jusqu'aux tables de l'agréable salle, fabriquées par un artisan du coin !). Bonne cuisine dans l'air du temps, de saison, inventive et gentiment tarifée (joli menu au déjeuner). Service d'une réelle efficacité, de bon conseil pour le choix des vins. Et il y a cette adorable terrasse sous son saule pleureur...

Hôtel La Brèche (hors plan par A1, **18**) : *voir « Où dormir ? ».*

Le Parvis (plan B2, **33**) : *3, rue Mirabeau. ☎ 09-53-09-80-81. 06-72-29-08-60. Tlj sauf mer. Fermé 2 sem en mars et juin et 3 sem en oct. Prudent de réserver en hte saison. Formules déj (mar-ven) 13,90-15,90 € ; menus (tlj) 21,50-26,50 €.* Le genre de petit bistrot sympa qu'on ne s'attend pas à trouver si près de l'entrée du château. L'accueil est enjoué et dynamique. L'ardoise courte et efficace a ses adeptes au déjeuner avec ses plats soignés et joliment présentés, et ses grillades cuites au feu de bois dont la délicieuse odeur de cuisson chatouille nos narines à l'entrée. Tables en terrasse aux beaux jours et, en hiver, salle au charme cosy à l'étage. Une bonne découverte d'un épatant rapport qualité-prix.

Chez Bruno (plan A1, **34**) : *38-40, pl. Michel-Debré. ☎ 02-47-57-73-49. 06-20-56-25-51. • frederic.plou@orange.fr • Tlj sauf lun jusqu'au dernier client (commandes jusqu'à 21h30). Formule déj 17 € ; carte env 30 €. Café offert sur présentation de ce guide.* Au pied du château, un petit bistrot convivial tenu par des vignerons. Les vins de la maison et des copains sont servis au verre et s'accompagnent de plats de tradition et/ou de terroir tout simples, tout bons. Vu les prix corrects et l'accueil décontracté, on ne saurait honnêtement se plaindre ! Sympa aussi à l'heure de l'apéro.

Le Patio (plan A1-2, **35**) : *14, rue Nationale. ☎ 02-47-79-00-00. 06-75-70-19-18. • lepatio.amboise@gmail.com • Tlj sauf mer (plus mar hors saison). Fermé 24 déc-10 fév. Menus 19 €, puis 36-40 €. Café offert sur présentation de ce guide.* Côté déco, c'est plutôt tendance avec un délassant et rafraîchissant mur d'eau qui occupe tout le fond de la salle. La cuisine suit le même chemin : des classiques réactualisés, bien réalisés et joliment présentés.

🍽 ***La Fourchette*** *(plan A2,* ***36****) : 9, rue Malebranche. ☎ 02-36-20-99-36. • lafourchette37@gmail.com • Tlj sauf mer et dim, midi et soir. Tapas 5,50-14 € ; repas 15-19 €.* Fait maison : c'est le credo de ce minuscule bar à tapas d'été (qui se transforme en restaurant l'hiver !) au cadre rustique et chaleureux. Le menu se présente sous forme de planches et de portions à partager, que l'on accompagne d'un verre de vin ou d'un cocktail. C'est simple mais délicieux, et l'accueil de ce jeune couple – elle en cuisine, lui au service – fait chaud au cœur.

🍽 ***L'Épicerie*** *(plan A-B1-2,* ***37****) : 46, pl. Michel-Debré. ☎ 02-47-57-08-94. Juil-sept, tlj midi et soir ; hors saison, tlj sauf mar-mer, midi et soir. Formules déj tlj sauf dim et j. fériés 9,90 € puis 15,90-16,90 € ; menus 25,90-34,90 €.* Jolie salle contemporaine derrière une bien vieille façade à colombages, et terrasse aux beaux jours où les habitués se mêlent aux visiteurs du château pour partager de généreuses assiettes. Cuisine d'un vrai classicisme, plutôt bien tournée. Accueil souriant et service efficace.

🍽 ***La Pause du Temps*** *(plan A2,* ***38****) : 80, rue Nationale. ☎ 09-81-97-55-57. • helenedoliveux@yahoo.fr • ♿ Tlj sauf dim soir-lun (plus mar hors saison). Congés : janv-fév. Menu 26 € midi et soir ; carte env 29 €.* Une petite salle à la déco bistrotière tendance baroque, où les habitués apprécient une cuisine de saison, simple et bonne. Le choix, à l'ardoise, est réduit (signe de produits frais !) et le fond sonore agréable à l'oreille. Et il y a toujours une option pour les végétariens.

🍽 🍷 ***Bistrot l'Oppidum*** *(hors plan par B1,* ***39****) : 56, rue du Rocher-des-Violettes. ☎ 02-47-57-20-77. Tlj sauf lun-mar 10h-19h (22h jeu-sam). Env 20-30 €.* C'est le bistrot des caves *Ambacia* (voir plus bas). La terrasse surplombe la Loire, mais la salle à l'étage profite d'une vue tout aussi agréable. Dans un décor rustique soigné (tables en bois épais, marmite posée sur la cuisinière...), on se délecte de bons vins en picorant des planches de charcut' et de fromages, à moins d'opter pour les poissons de Loire ou le plat du jour. Du locavore plein de goût.

Plus chic

🍽 ***Le 36*** *(hors plan par B1,* ***40****) : 36, quai Charles-Guinot. ☎ 02-47-30-45-45. • choiseul@grandesetapes.fr • ♿ Tlj. Menus déj 29-42 € ; soir et dim 49-79 €.* Dans une ambiance décontractée et un cadre agréable, le chef réalise une cuisine élégante, équilibrée et présentée avec soin. Côté vins, l'accent est mis sur les vins régionaux.

Où dormir ? Où manger dans les environs ?

De chic à beaucoup plus chic

🏠 ***Chambres d'hôtes Château de Nazelles :*** *16, rue Tue-la-Soif, 37530* ***Nazelles.*** *☎ 02-47-30-53-79. 📱 06-22-33-55-18. • info@chateau-nazelles.com • chateau-nazelles.com • À env 5 km au nord-ouest par la D 5. Doubles 120-170 €. Apéritif (pétillant) offert sur présentation de ce guide.* Magnifique bâtisse du XVIe s adossée au coteau, offrant une vue superbe sur la vallée et, au loin, le château d'Amboise. Dans la maison principale, dans un pavillon de plain-pied ou encore en troglo, les chambres sont confortables, élégantes, claires et spacieuses. Étonnante piscine à moitié creusée dans la roche. Salon de billard français. Cuisine d'été à disposition dans l'orangerie. Jardin en terrasses, propice à l'isolement. Accueil attentionné et de bon conseil par un couple très soucieux par ailleurs de l'environnement.

🏠 🍽 ***Hôtel L'Aubinière :*** *29, rue Jules-Gautier, 37530* ***Saint-Ouen-les-Vignes.*** *☎ 02-47-30-15-29. • reservation@aubiniere.com • aubiniere.com • ♿ À env 7 km au nord par la D 431 ; dans la rue principale. Resto tlj sauf lun et mar-mer midi en saison ; tlj sauf dim soir-mar midi hors saison. Doubles 152-300 €. Formule* *déj en sem 28 € ; menus 42-70 €. Café offert sur présentation de ce guide.* Une des plus séduisantes adresses du secteur qui régale avec panache les « gastronomades » de plats qui subliment les meilleurs produits du terroir tourangeau. Le 1er menu reste imbattable dans cette gamme de restauration, surtout avec l'un des vins de l'excellente sélection (visible dans la magnifique cave vitrée). Quelques très belles chambres, plus classiques dans la partie ancienne, résolument contemporaines et luxueuses dans la partie moderne. Les plus sympa disposent de terrasses donnant sur le jardin et la piscine. Le reste de l'établissement est à l'avenant, lumineux, sobre et actuel, et vraiment tout confort (spa).

Hôtel-restaurant Le Fleuray : *32, Fleuray, 37530* ***Cangey.*** *☎ 02-47-56-09-25. • contact@lefleurayhotel.com • lefleurayhotel.com • À 15 km au nord-est (fléché). Congés : vac fév et autour de Noël. Doubles 88-168 € ; familiales ; petit déj en sus. Resto tlj sauf mer en été, fermé lun-mar hors saison. Résa conseillée. Menus 35-60 €.* Une enclave *so British* en pleine campagne tourangelle. La famille Newington tient avec brio cette maison de maître du XIXe s, noyée dans la verdure. Les chambres du manoir sont ravissantes dans le genre campagnard-chic (à l'anglaise, quoi !). D'autres, un peu plus grandes, se trouvent dans une annexe moderne de plain-pied, donnant sur le jardin. Clim partout. Au resto, cuisine bien travaillée qui mêle tendances et influences. Terrasse ombragée aux beaux jours. Bon accueil. Piscine chauffée en saison, tennis, jacuzzi extérieur, soins bien-être. Vélos à disposition.

Où boire un verre ?

Chez Bruno (plan A1, **34**) : *voir « Où manger ?... ».*

Où déguster et acheter du vin d'appellation touraine-amboise ?

Les vignerons de la région d'Amboise commercialisent leurs vins sous l'appellation touraine-amboise. Le vignoble s'étend sur les 2 rives de la Loire, soit sur environ 200 ha. On y produit des vins rouges à partir des cépages gamay, cabernet et côt. Ceux-ci sont en général fruités, avec des arômes de fruits rouges et de poivre. Ils doivent être consommés jeunes et à température de cave. Les rosés proviennent des mêmes cépages que le rouge, mais aussi du grêla, un cépage typiquement tourangeau. Ils doivent être bus dans l'année pour conserver leur fraîcheur et leur vivacité. Servis à basse température, ce sont de bons vins de soif, de comptoir ou de pique-nique. Les blancs proviennent exclusivement du chenin et peuvent être secs, demi-secs ou moelleux lorsque la nature le permet. Certains millésimes peuvent attendre jusqu'à 10 ans.

Plou et fils : *26, rue du Général-de-Gaulle, 37530* ***Chargé.*** *☎ 02-47-30-55-17. • plouetfils.com • Tlj. Visites et parcours dans les vignes : GRATUIT.* Avec 5 siècles d'expérience, on peut considérer que les Plou ont du métier ! En plus d'élaborer de bons vins en touraine et touraine-amboise (dont une gamme sans sulfite sur le fruit), ils maîtrisent l'accueil comme des pros. Déjà, l'espace de dégustation vaste et chaleureux est une belle entrée en matière. Organise des ***visites guidées*** dans les caves attenantes. Façonnées dans la roche, elles valent la photo avec leurs tonneaux et leurs impressionnantes gyropalettes. Autre option, les Plou ont aménagé un ***parcours dans les vignes*** de 3 km sympa comme tout. Panneaux explicatifs sur le cycle de la vigne. Et pour la pause, les tables sous les arbres sont irrésistibles. Pensez au pique-nique !

Domaine Dutertre : *pl. du Tertre, 20, rue d'Enfer, 37530* ***Limeray.*** *☎ 02-47-30-10-69. • domainedutertre37@gmail.com • domainedutertre.fr • Lun-sam 9h-12h30, 14h-18h, sauf j. fériés.* Touraine-amboise en blanc, rouge et rosé, touraine en blanc, touraine pétillant et crémant-de-loire. Également une collection d'objets de vignerons exposés dans un petit musée. Possibilité de loger sur place dans un gîte accueillant jusqu'à 8 personnes.

À voir

Le **pont du Maréchal-Leclerc** offre la meilleure vue d'ensemble sur la ville. Avec, dominés par l'imposante silhouette du château, ses quais, où l'on aperçoit encore quelques maisons des XVe et XVIe s. En aval s'étend la promenade du Mail avec sa célèbre fontaine, œuvre et don de Max Ernst.

Le château royal *(plan B1)* **:** *☎ 02-47-57-00-98 (0,09 €/mn). • chateau-amboise.com • ♿ (ascenseur pour la terrasse). Tlj à partir de 9h. Juil-août, jusqu'à 19h ; avr-juin, 18h30 ; sept-oct, 18h ; mars et 1er-15 nov, 17h30 ; période de Noël, 16h45 ; en hiver, 9h-12h30, 14h-16h45 (13h30-17h en fév). Fermé 1er janv et 25 déc. Entrée : 13,10 € ; réduc ; gratuit moins de 7 ans. Visite guidée incluse (1h) ou libre avec feuillet et histopad. En saison, visite guidée des salles souterraines et des tours (4,50 € en sus) sur résa. Également des visites thématiques.*

CHASSE À L'HOMME

À Amboise, Louis XI était friand de ce jeu terrible, un des aspects les plus noirs et les plus méconnus du Moyen Âge. On libérait un condamné dans le parc royal, après l'avoir recouvert d'une peau de cerf fraîchement tué, et on lâchait la meute. Repéré par l'odeur du sang, le fugitif était rapidement retrouvé et déchiqueté par les chiens.

La 1re vision que l'on a de ce château, ce sont ses remparts, ceux de l'ancienne forteresse, impressionnants, qui laissent augurer de la puissance défensive du site. Perché juste au-dessus de la Loire, la vieille ville à ses pieds, le château royal, lieu de résidence privilégié des Valois lorsqu'ils n'étaient pas en vadrouille (la Cour à cette époque, on le rappelle, était itinérante), dresse fièrement sa silhouette de tuffeau. Dans l'***orangerie,*** bornes interactives et grands écrans permettent de prendre la mesure de cet édifice, dont la construction a débuté à la fin du XVe s, sous le règne du roi Charles VIII, né à Amboise en 1470.

MAIS OÙ EST DONC LÉONARD ?

La chapelle Saint-Hubert du château renferme toujours la dalle mortuaire de Léonard de Vinci. Mais qu'en est-il de sa dépouille ? Pendant la guerre, Mussolini aurait voulu récupérer les cendres du génie italien. Gonzague Saint Bris racontait que le comte de Paris, propriétaire du château, aurait déplacé nuitamment la dépouille pour la cacher. En mourant, le comte a emporté son secret avec lui.

Puis, on commence la visite par le côté sud de la terrasse et la ***chapelle royale Saint-Hubert,*** un vrai bijou d'architecture gothique de la fin du XVe s. Elle abrite la tombe de Léonard de Vinci. Pendant les travaux de restauration qui lui rendent sa superbe, des ateliers aménagés à proximité permettent de rencontrer les artisans : tailleurs de pierre, vitraillistes... Génial ! L'***intérieur du château,*** richement et magnifiquement meublé (statues, tableaux, tapisseries, mobilier ancien...), dégage une atmosphère de la fin de l'époque médiévale que l'on trouve rarement ailleurs. Ne pas manquer le tableau restauré *La Mort de Léonard de Vinci,* par François-Guillaume Ménageot, exposé dans la chambre d'Henri III. Certains appartements aménagés par Louis-Philippe au XIXe s présentent du mobilier plus tardif. Avec les guerres d'Italie, c'est l'avènement de la Renaissance (exemple : la bataille de Marignan, on ne se souvient jamais de la date !). Les Valois, férus d'art italien optent dès lors pour un style résolument d'avant-garde ! D'où la juxtaposition flagrante (mais harmonieuse) des 2 styles que l'on n'aura de cesse d'opposer : le style « français » (que l'on qualifiera bien plus tard de « gothique ») et le style « italien » (que l'on appellera « Renaissance »).

En saison, à certains horaires, la visite traditionnelle des logis royaux peut être étoffée avec la découverte de parties habituellement non accessibles au public, qui comprennent la tour Garçonnet, une petite collection lapidaire, quelques salles souterraines (dont l'intrigante chapelle secrète) et la tour des Minimes avec son impressionnante rampe cavalière et ses nombreux graffitis gravés par des prisonniers.

La promenade se prolonge dans les ***jardins panoramiques,*** classés remarquables, qui dominent la Loire. Le « jardin paysager », composé sur la partie haute, rappelle par ses essences méditerranéennes le goût pour l'art des jardins italiens. Tout comme le « jardin de Naples » (à la sortie de la tour des Minimes) restitué tel qu'il a été conçu au XVe s, par le moine-paysagiste napolitain Dom Pacello do Mercogliano, à la demande de Charles VIII. Conçu dès l'origine comme un jardin d'agrément, il est le 1er du genre en Val de Loire. Depuis la terrasse qui le surplombe, au bout, vue superbe sur le château et la Loire qui le borde. On perçoit là toute la douceur de vivre en Touraine. Le « jardin d'Orient » confié à l'artiste algérien Rachid Koraïchi, c'est à la fois un lieu de méditation et de mémoire, en hommage aux compagnons de l'émir Abd el-Kader décédés durant leur captivité à Amboise de 1848 à 1852. Également un nouveau parcours découverte consacré aux « plantes voyageuses » venues de contrées lointaines. Répertoriés comme refuge ornithologique par la Ligue de protection des oiseaux (LPO), ces jardins constituent à ce titre aussi un espace d'observation. Et, bonne nouvelle, les pelouses sont accessibles à tous pour la pause bronzette et le pique-nique aux beaux jours.

Pour repartir, petite halte dans les ***anciennes écuries*** où l'on a aménagé la boutique, avant de clore la visite par la tour Heurtault, la 2de tour cavalière du site, une énorme tour ronde contenant une rampe en spirale afin que les chevaux puissent y monter. Ces tours évitaient aux cavaliers un détour de 4 km ! Elles sont restées dans leur état d'origine avec leur petite galerie de gargouilles et de modillons tellement expressifs.

Le Café : *ouv avr-sept. Entrée chaude et dessert env 4,50 € ; plat 9 €.* Carte courte de produits frais et pâtisseries pour le goûter, dans le cadre merveilleux des terrasses du château. Également une formule panier pique-nique, aux beaux jours, pour aller grignoter dans le parc.

Le château du Clos Lucé, parc Leonardo-da-Vinci *(plan B2) : 2, rue du Clos-Lucé. ☎ 02-47-57-00-73. • vinci-closluce.com • (rdc, sous-sol et parc). À 400 m du château d'Amboise, remonter la rue Victor-Hugo. Horaires : janv 10h-18h, fév-oct 9h-19h (20h en juil-août), nov-déc 9h-18h ; fermeture de la billetterie 1h avt fermeture du site. Fermé 1er janv et 25 déc. Entrée : 18 € ; forfaits famille (2 adultes + 2 enfants) 37-47 € ; réduc ; gratuit moins de 7 ans. Visites guidées tlj (env 4 € en sus). Visites guidées familiales avec Mathurine, vac scol (4 € en sus), résas à l'office de tourisme.*

C'est ici que ***Léonard de Vinci vécut les 3 dernières années de sa vie***, travaillant sans relâche pour François Ier, avant de s'éteindre dans sa chambre le 2 mai 1519. Il avait apporté avec lui 3 chefs-d'œuvre, dont la célèbre *Joconde.*

Le Clos Lucé est une véritable merveille de la Renaissance. Résidence de plaisance des rois de France, François Ier y vécut sa jeunesse, avec sa mère Louise de Savoie. Une fois dans la petite ***cour intérieure,*** on se rend vite compte que tout est fait pour le plaisir des yeux. Intéressant jeu de la brique et de la pierre blanche du château à taille humaine, dans un bel écrin de verdure. Admirez l'élégance de la galerie d'où l'on assistait aux fêtes.

À l'intérieur, on découvre la chambre de Léonard de Vinci et celle de Marguerite de Navarre, la cuisine, la salle du conseil, les ateliers du peintre (atelier de peinture et cabinet de travail), nouvellement restitués. Les murs de l'oratoire du XVIe s ont été décorés de fresques probablement exécutées par des disciples du maître. *L'Annonciation* occupe le mur nord, tandis que sur le mur sud se trouve *L'Assomption*. Remarquer le splendide drapé de la Vierge dans *L'Annonciation* et le mouvement d'ailes de l'ange. Tout l'art de Léonard de Vinci est résumé ici.
Dans le ***sous-sol,*** exposition de ***40 maquettes des inventions de Léonard de Vinci***, réalisées par *IBM* d'après ses dessins, aussi diverses que la roue à aubes, le parachute, le 1er aéroplane, le roulement à billes, le pont tournant, le char d'assaut. Une présentation en 3D et une application sur iPhone donnent vie à l'ensemble.
Dans le ***parc,*** un parcours paysager très ludique permet de découvrir les ***reconstitutions de ses célèbres machines***, que chacun peut manipuler à sa guise en écoutant Léonard (voix de Jean Piat) et son disciple Melzi nous livrer leurs réflexions sur divers sujets.
Dans un autre registre, « le jardin de Léonard » est un bel espace de découverte où l'on déambule parmi une végétation que Léonard a peinte dans ses croquis, dessins et tableaux. Enfin, la halle, de style Eiffel, permet de comprendre le génie du maître toscan. Depuis juin 2021, on découvre dans le parc un nouvel espace muséographique (inclus dans le billet d'entrée) présentant un ***spectacle immersif*** dans l'œuvre picturale du maître toscan, ainsi que ses réalisations architecturales civiles, militaires, religieuses ou éphémères... Également des animations à longueur d'année et un festival de musique Renaissance. Aire de pique-nique et de jeux pour enfants dans le parc.

L'Auberge du Prieuré : *47, av. Léonard-de-Vinci, dans le parc du Clos Lucé, au fond, à l'opposé du château. ☎ 02-47-57-69-01. 06-17-39-69-78. • sieur.sausin@free.fr • Tlj sauf lun, le midi seulement. Congés : nov. Menu 25 €.* Un endroit formidable pour se reposer des découvertes du Clos Lucé. Pour 25 €, on déguste un bon menu « Renaissance » avec les ***recettes et les produits de l'époque*** (ni pommes de terre ni tomates, qui viendront plus tard d'Amérique) présentés dans leur contexte historique lors du service. En apéro, ne manquez surtout pas le vin de sauge ou l'hypocras. Pour couronner le tout, sieur Sausin et sa souriante épouse en tenue d'époque ne parlent... qu'en vieux françois ! Un vrai voyage dans le temps. Aux beaux jours, belle terrasse donnant sur le parc.
Sinon, une ***crêperie*** *(ouv fév-nov)* avec une terrasse très agréable dans le jardin, ou ***La Table du Moulin*** *(ouv avr-sept),* un resto au bord de l'eau où l'on sert en terrasse grillades et salades. La connaissance, non seulement ça donne soif, mais ça creuse !

Le domaine royal de château Gaillard (hors plan par B2) **:** *29, allée du Pont-Moulin (accès pédestre). ☎ 02-47-30-33-29. • chateau-gaillard-amboise.fr • Dans une rue perpendiculaire à celle du Clos-Lucé. Tlj 11h-19h. Fermé 1er janv et 25 déc. Entrée : 14 € ; réduc ; gratuit moins de 7 ans. 3-6 visites guidées/j. Livret-jeux enfants. Parking gratuit (mai-sept, accès entre les 95-97, av. Léonard-de-Vinci).*
Un site plutôt incroyable d'autant qu'il a littéralement été sauvé de l'oubli dans les années 2010 ! L'histoire du lieu est étonnante : en 1505, Louis XII offre ce domaine royal, créé par Charles VIII, à son maître jardinier... en échange d'un bouquet de fleurs d'oranger annuel ! Plus que d'une récompense, il s'agit de la reconnaissance du génie de l'Italien Dom Pacello, qui avait, ici, créé le ***1er jardin Renaissance de France*** et édifié la 1re orangerie du pays. Mais, de rachat en succession difficile, ce laboratoire merveilleux a fini par disparaître des cartes... jusqu'à sa récente redécouverte par un amoureux de la Renaissance. Après 5 ans de travaux colossaux, le château Gaillard a de nouveau fière allure, et une exposition est consacrée à l'histoire du domaine, sa redécouverte et sa restauration !
Agréable balade dans ce domaine de 15 ha... pratiquement en pleine ville où ***les sentiers sillonnent les bois touffus*** et livrent de ravissantes perspectives sur le

« palazotto », comme on l'appelait du temps de Dom Pacello, un adorable château Renaissance restauré avec soin. Dans la poignée de pièces qui se visite, rien ne manque, des cheminées délicatement ouvragées aux vitraux polychromes dits « de saint Just » et soufflés à la bouche, en passant par les cuisines troglodytiques ou le tout nouveau cabinet de curiosités.
Quant au ***jardin,*** il reprend les théories du maître : une succession de carrés, à la fois tout en rigueur et en contrastes, où le minéral et le végétal entremêlent leurs couleurs. Les serres (à côté du potager) renferment la collection complète des agrumes répertoriés dans le monde. Quelques orangers également dans ces cassettes inventées par Pacello dans l'orangerie royale (nichée sous la terrasse du château). Ajoutez un détour par la boulangerie du XVe s et l'orgue olfactif dans une grotte, et vous obtenez une visite hors normes.
Jus d'orange frais pressé, citronnades, glaces et gâteaux au ***Mercoliano – Comptoir des agrumes,*** au pied du château.

Caves Ambacia : *56, rue du Rocher-des-Violettes. ☎ 02-47-57-20-77. • caves-ambacia.fr • Boutique tlj 10h-18h. Visite tlj sur résa, en principe ttes les heures : 12 €.* Un ***site pédagogique*** créé par et pour les amoureux du vin. La boutique regorge de gourmandises provenant de producteurs locaux, tandis qu'au bistrot (voir « Où manger ?... »), la sélection des vins au verre comprend systématiquement des ***millésimes anciens,*** certains atteignant allègrement les 40 ans. Profitez-en, c'est rarissime ! Quant aux ***visites semi-guidées,*** elles sont bien conçues. Explications sur les notions de terroir, le travail dans la vigne, les techniques de vinification, le tout rythmé par des panneaux, des audios et des orgues olfactifs pour distinguer les principaux arômes. La 2e partie du parcours fait même dans le show historique, avec des projections sur les parois séculaires (de 1466, respect !). Au retour, dégustation permettant de goûter différents chenins plus ou moins évolués et, sur demande, d'autres crus de Touraine.

Le conservatoire de la confiserie *(hors plan par B2)* ***:*** *22, rue Germain-Chauveau. ☎ 02-47-30-08-53. • conservatoire.de.la.confiserie@gmail.com • Tt près du château d'Amboise, et de la gare. Tlj 9h30-12h30, 14h30-19h.* Nicolas Viollet, créateur passionné de ce lieu insolite, a à cœur de pérenniser le savoir-faire traditionnel de la confiserie, tout en valorisant les produits de sa région. On y découvre une vaste collection d'ustensiles et de machines du siècle dernier ayant servi aux anciens confiseurs (cuiseur à sucre, turbine à dragées et autre comprimeuse à pastilles) ainsi qu'un atelier de fabrication des différents bonbons de France (berlingots, pralines, guimauves, dragées, sucettes, calissons et autres)... En prime, petite dégustation sur place.

À faire

– ***Les marchés à la belle étoile :*** *mar soir en juil-août, en plein centre-ville.* Vous ne pourrez pas vous plaindre que votre salade est cuite par le soleil...

➢ ***Excursions guidées dans les vignes :*** *rens au 06-73-67-61-32. • vinoloire.fr • Visites individuelles ou en famille, de 2h à une ½ journée ou la journée complète (sur mesure). Tarifs : 19-110 €/pers.* Vincent Delaby fait découvrir les vignobles des AOC de Vouvray et Montlouis, ou de l'ensemble du Val de Loire en se baladant à travers vignes ou à bord d'un véhicule tout confort. Les visites se terminent par une dégustation de vins ligériens.

Fêtes et manifestations

– ***Amboise fête ses vins :*** *w-e de Pâques.* Tous les vignerons de l'appellation locale (entre autres producteurs locaux) sont au rendez-vous.

– ***Open de France de brass bands :*** *1ᵉʳ w-e de juin.* • *openamboise.com* • Un concours de fanfares venues de toute l'Europe.
– ***Les Courants :*** *fin oct.* • *lescourants.com* • Festival de musiques et d'humour.
– ***Avanti la musica :*** *au château d'Amboise, fin juin-fin juil.* Festival de musique classique, autour de la culture italienne.

DANS LES ENVIRONS D'AMBOISE

La pagode de Chanteloup : *☎ 02-47-57-20-97.* • *pagode-chanteloup.com* • *♿ (parc seulement). À 3 km d'Amboise (fléché). Fin mars-sept, tlj 10h-18h (19h juin-août) ; oct-12 nov, tlj 14h-17h. Entrée : 10,50 € ; réduc ; gratuit moins de 7 ans. Visite guidée gratuite, juin-sept, mer et sam-dim à 15h30 (30 mn).* Le style de cette pagode haute de 44 m rappelle à quel point le XVIIIᵉ s aimait les « ***chinoiseries*** ». Édifiées en 1775, la pagode et sa pièce d'eau sont en fait les seuls vestiges d'un splendide château créé par la princesse des Ursins, puis agrandi par le duc de Choiseul, ministre de Louis XV et acquis sous l'Empire par Chaptal, ministre de Napoléon. En difficulté financière, Chaptal vendit le château à des marchands de biens qui le démolirent pierre par pierre en 1823. Dans le Pavillon du concierge, un film en 3D restitue le château tel qu'il fut au temps de sa gloire. Puis direction la fameuse pagode pour admirer la vue panoramique sur le château d'Amboise, la vallée et la forêt. Jeux et pique-niques dans le parc en saison *(paniers pique-nique 13-16 €, sandwichs, etc.).* Petit jardin garni d'essences orientales. En été, barques *(5 €/h),* croquet, toupie, quilles de bois géantes et toutes sortes de jeux rares, anciens ou d'ailleurs... pour s'amuser comme les rois d'antan.

La réserve de Beaumarchais « Safari train » : *37110* ***Autrèche.*** *☎ 02-47-56-22-30.* • *reserve-de-beaumarchais.com* • *♿ (se renseigner). À 14 km au nord d'Amboise. Avr-août, tlj 10h-11h30, 14h-17h30 (départs ttes les 30 mn env) ; sept et vac de la Toussaint, départs tlj à 11h, 14h30 et 16h ; oct, seulement le w-e, départs à 11h, 14h30 et 16h. Compter 1h15 de visite. Tarif : 9 € ; réduc ; gratuit moins de 4 ans. Animations et soirées à thème (sur résa).* À bord d'un petit train, vous faites des ***rencontres insolites sur 30 ha*** : sangliers, biches, daims, grands cerfs, autruches, mouflons, bisons, etc. Visite de la nurserie (à certaines périodes seulement et avec supplément) où l'on peut voir les autruchons de quelques jours et suivre les différentes étapes de l'incubation à l'éclosion. Unique en son genre et très instructif. On vous apprend aussi que le sanglier est un animal intelligent et qu'il ne faut pas le comparer à un cochon, ça le vexe ! Quant au marcassin, il perd sa livrée (bandes de poils clairs) à 3 mois pour devenir une « bête noire juvénile » avant de s'armer de défenses. Après la visite, petit diaporama projeté dans une belle étable circulaire et visite libre dans le parc des wallabies près de l'étang. Parc de jeux pour enfants avec aire de pique-nique.

Possibilité d'y ***déjeuner*** : *tlj aux heures d'ouverture du parc, sauf lun non fériés. Résa conseillée. Menus 21-28 € avec pavé d'autruche, steak d'échine de sanglier ou encore civet de bison.* Boutique de produits maison et du terroir.

Le grand aquarium de Touraine : *à la sortie de* ***Lussault-sur-Loire.*** *☎ 02-47-23-44-57.* • *grandaquariumdetouraine.com* • *♿ Tlj 10h30-18h (18h30 avr-juin, 10h-19h juil-août). Fermeture des caisses 1h avt. Fermé 3 sem en janv et 10 j. mi-nov. Entrée : 14,50 € ; réduc ; gratuit moins de 4 ans. Duo aquarium + Mini-Châteaux : 25 € ; réduc.* Jolie muséographie (avec parcours sensoriel) pour cet aquarium qui a longtemps été le plus important d'Europe pour les poissons d'eau douce. On découvre d'ailleurs d'abord tous les habitants de la Loire, de la discrète écrevisse aux (vraiment !) impressionnants silures. Cap ensuite sur les tropiques avec les rigolos poissons-clowns et les moins sympa piranhas avant de se glisser dans le tunnel aux requins. On croisera également en chemin grenouilles comme caïmans, méduses comme crabes géants et des carpes koï qui adorent se faire caresser.

Les Mini-Châteaux : *sur la rocade d'Amboise, à l'intersection de celle-ci et de la route de Chenonceaux (la D 61). • parcminichateaux.com • Tlj : juil-août 9h30-19h ; mars-juin 10h-18h30 ; sept-nov 10h30-18h. Mêmes tarifs que l'aquarium.* Pour ceux qui voudraient mettre la culture à l'échelle de leurs bambins. L'idée est originale : 45 maquettes de châteaux au 1/25. Avec en prime quelques attractions pour justifier le tarif.

Le parc de la Châtellenie : *37530* ***Pocé-sur-Cisse.*** *À 3 km au nord d'Amboise par la D 31. Dans le bourg, à 300 m de l'église.* Le splendide château du XVIe s ne se visite pas. En revanche, on se promène librement dans les allées du magnifique parc en contrebas du château. On y croise de nombreuses essences rares – noyer noir, ginkgo biloba, cèdres du Liban, etc. – et de nombreuses sculptures.

DES ROLLING STONES AUX VIEILLES PIERRES

Mick Jagger séjourne régulièrement dans le petit village de Pocé-sur-Cisse. Ayant racheté le château de Fourchette en 1980, la star y cultive une vie discrète, ce qui n'empêche pas les Amboisiens de le croiser de temps à autre dans les commerces et restaurants de la ville. C'est ici qu'est né, en 2004, l'album des « Pierres qui roulent », A Bigger Bang. C'est ici également que le chanteur a choisi de rester confiné en 2020, lors de l'épidémie de Covid-19. Il en a profité pour élaborer Living in a ghost town, une chanson... sur le confinement !

LA VALLÉE DU CHER, DE TOURS AU CHÂTEAU DE CHENONCEAU

AZAY-SUR-CHER (37270) 3 150 hab. *Carte Indre-et-Loire, C2*

Gros bourg, sans charme particulier. Mais vous pouvez laisser reposer votre voiture, le temps d'une balade bucolique le long du Cher... Pour ceux qui veulent se muscler les mollets, une jolie piste cyclable rejoint (une vingtaine de kilomètres) le château de Chenonceau sans côtoyer les automobiles, en longeant le Cher.

Où dormir ? Où manger à Azay-sur-Cher et dans les environs ?

Chambres d'hôtes Le Clos des Augers : *Les Augers, à Azay. 06-32-35-03-18. Bien fléché depuis la D 976. Doubles 55-85 € ; roulotte pour 2. CB refusées.* Un charmant rendez-vous de chasse du XVIIIe s, tenu par des gens décontractés et chaleureux. Au choix, 3 jolies chambres cosy organisées en duplex, une roulotte tout confort. Cuisine et salle à manger à disposition. Une très bonne adresse.

Loire Valley Lodges : *La Duporterie, 37320* ***Esvres-sur-Indre.*** *☎ 02-47-38-85-88. • contact@loirevalleylodges.com • loirevalleylodges.com • À 5 km au sud. Lodges 385-400 €*

quand même. Apéritif maison offert sur présentation de ce guide. Un endroit hors normes pour s'offrir une petite folie. Une voiturette de golf vous amène à votre chambre, on vous prête une torche et un talkie-walkie en cas de besoin. Et là, surprise ! Disséminés dans une forêt privée de 300 ha, voici 18 *lodges* sur pilotis, perchés à 4 m de hauteur et décorés par différents artistes (Michel Audiard, Charlélie Couture...). Dedans, c'est le grand luxe : lit *king size,* minibar, terrasse avec jacuzzi... Petit déj déposé sur le pas de votre porte. Bel espace commun avec resto-bar, immense piscine, massages. Certes, ça fait très cher la communion avec Dame Nature ! Mais pour un séjour d'exception en amoureux...

La Planchette : *46, rue Nationale, 37270* ***Larçay.*** *☎ 02-47-50-54-73. ♿ À 6,5 km au nord-ouest ; dans la rue principale. Ouv jeu midi-dim midi. Planches 9,50-16 € ; formules 15-24 €.* Portions généreuses, petits prix et bonne humeur : dans un cadre rustique (une grange du XVIIe s) sont servies sur des planches de très bonnes charcutailles (andouillette, boudin, rumsteak...) et viandes, grillées au feu de bois dans la vaste cheminée et accompagnées de pommes de terre au four. Véranda et grande terrasse dans la cour en été.

La Boulaye : *La Boulaye, D 976, 37270* ***Athée-sur-Cher.*** *☎ 02-47-50-29-21. • la.boulaye@orange.fr • laboulaye.fr • ♿ À env 8 km au sud-est (fléché depuis la D 976). Tlj sauf lun-mar. Fermé déc-fév. Formule déj 24 € ; menu 32 € ; carte env 40 €. Apéritif offert sur présentation de ce guide.* Belle bâtisse du XVIIe s un peu perdue au milieu de nulle part. Murs de pierre, bougies (et « peaux de bêtes » !) pour la salle, douillette les jours gris, et terrasse ouverte sur la campagne et le Cher quand le soleil est de la partie. La chef exécute une cuisine de saison, de terroir (mais volontiers voyageuse), créative, ludique, aussi belle que bonne. Accueil très sympathique de son mari, qui saura vous guider dans le choix des vins. Aux beaux jours, pour les cyclistes, les randonneurs (et les petits budgets), planchettes salées et sucrées en terrasse.

DANS LES ENVIRONS D'AZAY-SUR-CHER

Le château de Nitray : *à 4 km d'Azay-sur-Cher par la D 976, sur la commune d'****Athée-sur-Cher.*** *☎ 02-47-50-29-74. • contact@chateau-nitray.fr • chateau-nitray.fr • Juin-sept (tlj sauf dim mat) 9h-12h, 14h-18h ; le reste de l'année sur rdv. Entrée : 6 € (visite libre).* Élégant château du XVe s construit par Aimery Lopin, maître des requêtes de Louise de Savoie, la mère de François Ier. Plusieurs personnages illustres y ont séjourné : Balzac, Chopin et, dans un registre moins reluisant, Pétain. L'actuel maître des lieux veut donner du château une image vivante. Le même billet permet de se promener librement, et même de pique-niquer, dans l'immense parc de 43 ha. La visite comprend les extérieurs du château, la chapelle, le pigeonnier, les écuries, le four à pain, le fruitier et le jardin. Une intéressante et divertissante initiation aux procédés traditionnels de vinification jusqu'à l'embouteillage. À la fin de la visite, dégustation des vins de Nitray (appellation touraine).

BLÉRÉ

(37150) 5 340 hab. *Carte Indre-et-Loire, C2*

Gros bourg commerçant posé au bord du Cher qui a façonné son histoire. Une voie romaine déjà franchissait la rivière via un pont, emprunté plus tard par les pèlerins de Compostelle. Le nom de Bléré viendrait d'ailleurs de là, d'une expression gauloise signifiant le « village au pied du pont ».

Adresses utiles

Office de tourisme : 8, rue Jean-Jacques-Rousseau. ☎ 02-47-57-93-00. • autourdechenonceaux.fr • Mai-sept, lun-sam 9h30-13h, 14h-18h (19h juil-août) ; dim 9h30-12h30 ; horaires réduits hors saison.

Location de vélos : Alambike, 2, rue Jean-Jacques-Rousseau. ☎ 02-47-57-76-48. 📱 06-82-99-36-57. • alambike-shop.com • Tlj sauf dim-lun 9h30-12h30, 14h-19h (9h30-18h non-stop sam). À partir de 14 €/j.

Où dormir ? Où manger ?

Camping

***La Gâtine :** rue du Commandant-Lemaître. ☎ 02-47-57-92-60. • camPinglagatine@onlycamp.fr • onlycamp.fr • Au bord du Cher, en direction de Chenonceaux, rive gauche. Ouv d'avr à mi-oct. Forfaits 18,90-23,20 € pour 2 ; loc de tentes (1-4 pers) 15-70 €/nuit.* Ombragé, confortable et clos. Bien entretenu. Espace vert et équipements sportifs à côté : tennis, piscine, minigolf, etc.

De chic à beaucoup plus chic

***Chambres d'hôtes Moulin du Fief Gentil :** 3, rue de Culoison. ☎ 02-47-30-32-51. 📱 06-64-82-37-18. • contact@fiefgentil.com • fiefgentil.com • À 1 km au sud-est du centre de Bléré, suivre la direction Luzillé. Doubles 105-140 €. Table d'hôtes 34 €. Apéritif maison ou café offert sur présentation de ce guide.* Dans un cadre des plus reposant, un moulin du XVIe s au cœur d'un vaste parc et bordant un étang. Pour les hôtes : salon, cuisine à disposition, et 5 grandes chambres, dont une suite, simples et gentiment décorées à l'ancienne. Aux beaux jours, petits déj et dîners sont servis dans le jardin, très joliment fleuri. Pas d'animaux de compagnie en dehors des chats de la maison et du héron qui veille sur les poissons de l'étang...

***Chambres d'hôtes Le Belvédère :** 24, rue des Déportés. ☎ 02-47-30-30-25. 📱 06-08-17-84-42. • lebelvedere37@gmail.com • lebelvedere-chenonceaux.com • Double 110 € (séjour de 2 nuits min). Parking payant. Apéritif maison offert sur présentation de ce guide.* « Pour vivre heureux, vivons cachés mais pas isolés » pourrait être la devise du *Belvédère.* Une splendide et originale bâtisse du début du XIXe s, à peine à l'écart du centre de Bléré, cachée derrière murs et grilles, tapie dans un luxuriant jardin. En haut de l'étonnant escalier, sous le non moins surprenant dôme qui coiffe la maison, une poignée de chambres confortables et joliment décorées. Accueil discret.

***Hôtel Le Cheval Blanc :** 5, pl. Charles-Bidault. ☎ 02-47-30-30-14. • aguinoiseau@lechevalblancblere.fr • lechevalblancblere.fr • Resto : ouv mer-dim (plus lun-mar midi en saison, lun-mar soir hors saison). Doubles 85-145 € ; familiales. Formules déj en sem 23-32 € ; menus 32-50 €. Apéritif offert et 10 % de réduc sur la chambre sur présentation de ce guide.* Dans un ancien couvent, ce qui explique la configuration des bâtiments qui entourent le patio. Très jolies chambres, toutes différentes, design d'aujourd'hui ici, style XVIIIe là... Élégante salle à manger pour une cuisine dans la grande tradition, sans fausse note. Piscine chauffée. Excellent accueil.

***Chambres d'hôtes Le Château de Fontenay :** 5, Fontenay. ☎ 02-47-57-12-74. 📱 06-07-34-48-32. • contact@lechateaudefontenay.fr • lechateaudefontenay.fr • À l'ouest du bourg, par la D 976. Doubles 110-185 €. Table d'hôtes 20 €. Apéritif maison offert sur présentation de ce guide.* Cet élégant château Renaissance, entièrement détruit lors d'un incendie au XIXe s, a été reconstruit quasiment à l'identique... L'ensemble possède beaucoup de cachet et un charme fou. Les chambres, classiques et cosy,

LA TOURAINE

sont d'un beau volume et donnent sur le Cher. Au petit déj, gourmand et copieux, jus de gamay et de sauvignon, produits sur le domaine viticole. Billard pour les amateurs, piscine et tennis. Également des gîtes dans les dépendances et des vélos à disposition. Et un café estival *(6, maison du Passeur)* lui aussi aménagé dans une dépendance qui propose planches et tartes pour la pause repas.

À voir

L'église Saint-Christophe : *en plein centre.* Elle est née de la réunion, au XVe s, d'une église romane et d'une chapelle, à l'origine séparées par une ruelle qui forme la nef actuelle. Belle pietà dans une des chapelles.

La chapelle Jehan de Seigné : *pl. de la République.* Chapelle funéraire édifiée pour son père par de Seigné, le trésorier de l'artillerie royale, au XVIe s. Joli petit monument de style Renaissance.

LE CHÂTEAU DE CHENONCEAU

Carte Indre-et-Loire, C2

Castel privé le plus visité de France, archétype de la richesse monumentale française, ce château de la Loire posé sur... le Cher est en effet un must. Le formidable « château des Dames », repérable entre tous pour sa galerie-pont, est aujourd'hui une entreprise qui ne se contente pas de proposer à la visite ses jardins et vieilles pierres millésimées. On peut aussi s'y balader en barque sous les arches du castel, y acheter les (très bons) vins de l'appellation d'AOC touraine-chenonceaux et s'y restaurer, dans un cadre exceptionnel, en fonction de son budget.

Quant à *Chenonceaux* (avec un « x » pour faire la différence), on a beau être là dans l'une des communes les plus célèbres de la planète Terre, on n'en demeure pas moins dans un village.

COUPÉ EN 2

Pendant la dernière guerre, le cours du Cher fut utilisé par les Allemands comme ligne de démarcation. Le château de Chenonceau avait donc son entrée en zone occupée tandis que le bout de la galerie donnait sur la zone libre. La Résistance utilisa évidemment l'édifice comme lieu de passage clandestin.

LA TOURAINE

À voir. À faire

Le château et les jardins de Chenonceau : *37150* ***Chenonceaux.*** *☎ 0820-20-90-90 (0,09 €/mn). • chenonceau.com • Gare située à 400 m de l'entrée du château. Tlj tte l'année : horaires variant selon saison de 9h-9h30 à 16h au plus tôt en hiver et 19h30 au plus tard en été. Entrée : 15 € (avec brochure)-19 € (avec audioguide) ; réduc ; gratuit moins de 7 ans. Pas de visites guidées. Parking gratuit. Compter 2 bonnes heures de visite.*

Bon à savoir :

– Résa obligatoire de créneau horaire pour la visite, sur le site ou sur place. Il est recommandé ***d'acheter à l'avance son billet*** *par Internet ou dans les offices de tourisme de la région (souvent à un tarif privilégié) ; il existe aussi des distributeurs à l'entrée du château (gain de temps appréciable en période de grande affluence).*

*– **Resto :** le self-service (qui continue de fonctionner en hiver) avec snacks et boissons. Aires (couvertes ou non) de pique-nique près du parking.*
*– **Tuyau :** ce n'est pas un scoop, Chenonceau est un must dans le circuit des châteaux de la Loire. Les groupes arrivant souvent le mat dès 9h, ne pas hésiter à visiter le site en fin d'ap-m. Il retrouve alors une certaine quiétude et la lumière, douce et dorée, pour faire de belles photos.*

Un peu d'histoire

Durant sa longue histoire, Chenonceau a appartenu à 6 femmes, dont Diane de Poitiers, maîtresse d'Henri II, qui a dû le céder à sa grande rivale (et pourtant cousine), Catherine de Médicis, à la mort du roi. Pas perdante pour autant, elle récupère en échange le château de Chaumont-sur-Loire, aux revenus bien plus prospères à l'époque. Catherine fit ensuite construire l'emblématique galerie qui enjambe le Cher, à l'image de son Ponte Vecchio natal. Chenonceau est le ***seul château-pont au monde.*** C'est d'ailleurs grâce à cette ambivalence qu'il fut sauvé 2 fois de la destruction. D'abord, pendant la Révolution, les paysans ne voulurent pas détruire le pont qu'ils utilisaient pour franchir le Cher. Ensuite, pendant la Seconde Guerre mondiale, pratiquement tous les ponts de Touraine furent bombardés sauf le château, car tout le monde s'accordait à dire que Chenonceau était bien plus qu'un pont, l'un des châteaux les plus admirables de France. Pourtant, lors de l'occupation allemande, le château, bien que surveillé de près par les sentinelles allemandes, fut souvent utilisé par la Résistance. En effet, du côté nord, il était en zone occupée, tandis que le côté sud (côté forêt) appartenait à la zone libre, le Cher étant la ligne de démarcation...

MORDRA, MORDRA PAS ?

Après la mort du chocolatier Henri Menier en 1914, son frère Gaston transforma le château en hôpital militaire. De nombreux soldats blessés furent alors installés dans la galerie qui enjambe le Cher (et pas la Loire !), et pour se distraire... ils pêchaient dans la rivière depuis leur lit ! Un système de clochette avertissait ces pêcheurs d'un nouveau genre que le poisson avait mordu.

Dans l'avant-cour s'élèvent la tour des Marques, un donjon cylindrique du XVe s, vestige de l'ancien château fort, et le château de Bohier, vaste pavillon carré, flanqué de tourelles en cul-de-lampe, bâti à partir de 1515 par Thomas Bohier, receveur général des Finances en Normandie. La grande galerie, qui s'appuie contre la façade sud de cet édifice, a été rajoutée en 1560 par Philibert Delorme dans un style déjà presque classique. Longue de 60 m, large de 6 m, haute de 2 étages et éclairée par 18 fenêtres, elle repose sur un pont de 5 arches franchissant le Cher sur toute sa largeur.
Tiens, encore un tuyau : pour avoir la plus belle vue de ce joyau architectural, on préconise d'arriver non pas par l'allée principale bordée de platanes, juste après l'entrée, mais de contourner par l'allée des Ânes, le potager des Fleurs, puis l'Orangerie.
À noter par ailleurs que Chenonceau est aussi célèbre pour les splendides ***compositions florales*** qui ornent chacune des salles ; réalisées par l'atelier floral du château (dirigé par un Meilleur Ouvrier de France, la classe !), les 200 compositions changées toutes les semaines nécessitent jusqu'à 4 000 tiges (provenant en majorité des jardins du château), et sont toujours en harmonie avec les couleurs de la pièce, en accord avec la saison, quand elles ne suivent pas le thème du moment, comme Pâques ou Noël... Certains visiteurs ne viennent que pour elles, et la visite de l'atelier (voir plus bas « Les jardins ») mérite vraiment le coup d'œil !

La visite

En guise d'introduction, la visite du château peut commencer par la ***galerie des Dômes.*** Située dans le bâtiment du même nom, l'***Apothicairerie de***

LA TOURAINE

la Reine, présente un magnifique mobilier florentin et de rares ensembles de pots anciens, ainsi qu'une salle pédagogique.

Dans le château, le nouveau parcours sanitaire suit un ordre logique comme décrit ci-après. Admirez l'agencement des salles (grandes pièces entourées de cabinets aux angles dans les encorbellements) ainsi que l'architecture et les éléments décoratifs typiquement Renaissance : plafonds à caissons, carrelages, les 2 uniques cheminées monumentales, la voûte en croisée d'ogives du vestibule, symbole d'une grande maîtrise technique (il n'en existe que 2 autres en France)... et la riche collection de chefs-d'œuvre de la peinture du XVIe au XVIIIe s.

– ***La salle des Gardes :*** restes de beaux dallages en majolique italienne ayant malheureusement souffert des pas des soldats durant la Première Guerre mondiale et tapisseries flamandes du XVIe s.

– ***La chapelle :*** marbre du XVIe s de la *Vierge à l'Enfant* de Mino da Fiesole. Une tribune domine la salle pour que les reines puissent assister aux offices sans être importunées.

– ***La chambre de Diane de Poitiers :*** tapisseries des Flandres du XVIe s et *Vierge à l'Enfant,* toile attribuée à Murillo. Également un lit à baldaquin et une vitrine d'autographes.

– Le ***cabinet Vert*** dont le plafond est d'origine (XVIe s) avec les 2 C entrelacés. Tapisserie de Bruxelles de la même époque d'un bleu-vert étonnant et au thème inspiré par les découvertes des Amériques.

– La ***librairie*** avec plafond en chêne sculpté : *Sainte Famille* attribuée à Andrea Del Sarto.

– ***La Grande Galerie :*** emblématique du château, cet espace formidable au sol en damier noir et blanc accueillait les célèbres fêtes données par Catherine de Médicis dont une qui fit scandale, le « bal des seins nus », au cours duquel 60 femmes de la Cour firent le service vêtues d'un simple voile transparent. Ce bal coquin visait à prouver qu'Henri III, soupçonné (à tort) d'homosexualité, pouvait en pincer pour la gente féminine et, de fait, avoir une descendance. On connaît l'Histoire : faute de descendant, Henri IV monta sur le trône et mit fin à la lignée des Valois. Catherine de Médicis trônait au bout de la galerie lors des audiences publiques. Elle était peu aimée, et on imagine aisément l'humiliation suprême de ceux qui devaient quitter cette longue galerie à reculons et moult courbettes !

– ***La chambre de François Ier :*** meubles Louis XIII. *Diane de Poitiers* par le Primatice, peintre de l'école de Fontainebleau, *Archimède* par Zurbarán, etc.

– ***Le Salon Louis XIV :*** mobilier Louis XIV et une série de belles toiles : *L'Enfant Jésus et saint Jean* attribué à Rubens ; *Louis XIV* d'après Hyacinthe Rigaud : détail amusant sur le cadre d'origine, si l'aigle regarde le Roi-Soleil dans les yeux, c'est parce qu'il est le seul animal à pouvoir regarder le soleil sans être aveuglé. Portrait de *Madame Dupin* (l'une des propriétaires et protectrice de Chenonceau) attribué à Nattier. *Samuel Bernard, banquier de Louis XIV* attribué à Mignard.

REINE DE BEAUTÉ « PHOTOSHOPÉE »

Diane de Poitiers peinte par le Primatice apparaît sous les traits d'une femme rondelette, enjolivée selon les canons de beauté de l'époque. Or, elle était très mince et athlétique. Elle se baignait quotidiennement dans l'eau glacée de la rivière et préparait elle-même ses crèmes de beauté. Elle était d'une beauté rare et ne faisait pas son âge. Elle avait pourtant 20 ans de plus que son grand amour, Henri II. Ça vous rappelle quelqu'un ?

– ***Les appartements privés :*** ils renferment un bel ensemble de tapisseries des XVIe, XVIIe et XVIIIe s et du mobilier Renaissance. Ne pas manquer la reconstitution provisoire de la chambre de Louise de Lorraine, belle-fille de Catherine de Médicis, et femme d'Henri III. Celle que l'on surnomme la Reine Blanche (chez les Valois, on porte le deuil en blanc) vécut son deuil à Chenonceau dans cette chambre peinte en noir aux sombres motifs du deuil : couronnes d'épines, palmes de martyrs, pelles des fossoyeurs. Pas gai !

– ***La galerie Médicis :*** à l'étage de la *Grande Galerie,* elle renferme du mobilier et des tapisseries remarquables, et propose une exposition chronologique retraçant le parcours des 6 femmes qui ont fait de Chenonceau ce site extraordinaire.

– Les ***cuisines,*** immenses, aménagées dans les soubassements reliant les piles du pont, sont équipées, prêtes à être utilisées. Cheminée monumentale et four à pain. On aperçoit la plateforme où accostaient les bateaux qui livraient le ravitaillement.

– ***Les jardins :*** magnifiques, ils s'étendent de part et d'autre de l'entrée du château. *Jardin de Diane de Poitiers,* en terrasses, près de la Chancellerie, décoré d'arabesques et offrant de beaux points de vue ; *jardin de Catherine de Médicis,* propice à la rêverie. On peut aussi visiter les extérieurs de la ***ferme du XVIe s*** (et en profiter pour découvrir l'admirable ***galerie des Attelages,*** qui rassemble de beaux modèles de voitures hippomobiles, principalement du XIXe s), puis le potager des fleurs juste à côté (utilisées par l'atelier floral pour ses compositions), ou encore le jardin clos en hommage à *Russel Page,* inspiré des croquis de ce paysagiste du XIXe s (et enrichi des œuvres de François-Xavier Lalanne), et, enfin, tout simplement se balader dans le gigantesque parc vert de 70 ha. On peut en fait y passer la journée !

– Ne manquez pas le splendide ***labyrinthe*** italien souhaité par Catherine de Médicis, planté dans les bois, à gauche de l'allée arborée qui conduit au château. Au Moyen Âge, les labyrinthes étaient tracés dans la nef des cathédrales. Ils symbolisaient le chemin difficile qui mène au paradis.

Œnotourisme au château

Le vin et le château ont une histoire commune. Depuis Thomas Bohier, le 1er seigneur à avoir planté du chenin au XVe s, les différents propriétaires ont maintenu une tradition viticole sur le site. En leur hommage, une très belle ***cave des dômes,*** charmant espace de dégustation et de vente. Sous les voûtes du XVIe s, on découvre tour à tour le touraine-chenonceaux blanc, fin et aromatique, ainsi que le touraine-chenonceaux rouge, soyeux et puissant. La palme de l'insolite revient à la cuvée « Médicis ». Créé pour célébrer le 500e anniversaire de la naissance de Catherine de Médicis, c'est un chenin demi-sec rappelant un peu les goûts sucrés de l'époque (à la Renaissance, on avait coutume d'ajouter du miel et des épices dans les vins). Délicieux !

Des ***dégustations thématiques*** qui se déroulent dans les jardins sont un prétexte pour aborder d'autres sujets chers à Chenonceau : culture et patrimoine dans le jardin Russel Page, architecture dans le jardin de Catherine de Médicis et « le vin et le divin » dans le jardin de Diane de Poitiers... avec, à chaque fois, les cuvées adaptées et les commentaires ad hoc. Une version hivernale dans l'apothicairerie et dans la galerie du rez-de-chaussée. Enfin, la ***dégustation sous les étoiles*** est un événement gourmand et festif qui rassemble, pour l'occasion, tous les vignerons de l'appellation.

➢ ***Promenades en canoë autour du château :*** • *canoe-company.fr* • Balades de jour ou de nuit.

Spectacles au château

– ***Promenade nocturne :*** *payante ; rens sur le site internet du château.* Jardins illuminés en musique. À noter qu'un soir de juillet, cette promenade est assortie d'une ***dégustation sous les étoiles*** – événement gourmand et festif qui permet aux amateurs de profiter du cadre magnifique de la galerie du rez-de-chaussée (ouverte exceptionnellement) et des jardins, et de découvrir le vignoble touraine-chenonceaux, présenté dans les règles de l'art pour l'occasion.

DANS LES ENVIRONS DU CHÂTEAU DE CHENONCEAU

➢ ***Balade sur le Cher :*** *maison éclusière de* ***Chisseaux.*** *☎ 02-47-23-98-64. • labelandre.com • ♿ À 2 km de Chenonceaux en direction de Montrichard, tourner à droite vers le Cher. Croisière-promenade mars-oct ; avec repas juin-oct. Croisière-promenade, 50 mn env : 11 € ; réduc ; gratuit moins de 4 ans. Avec repas, 2h30 env : 59,50-73 € ; réduc.* Au choix, des bateaux récents (genre bateau-mouche) ou une gabare traditionnelle qui permettent de concilier découverte de la vallée du Cher et passage sous les arches du château de Chenonceau. Possibilité de louer des bateaux électriques sans permis.

DU VAL D'INDROIS À LA VALLÉE DE L'INDRE

Bienvenue en Touraine côté sud, vaste territoire qui s'épanouit autour de Loches, « Ville d'art et d'histoire », et qui mérite à elle seule une étape prolongée. Une avancée tourangelle entre les départements de l'Indre et de la Vienne qui cache quelques trésors et d'authentiques villages au charme préservé...

Adresse utile

ℹ ***Office de tourisme Loches Touraine Châteaux de la Loire :*** *pl. de la Marne, 37600* ***Loches.*** *☎ 02-47-91-82-82. • loches-valdeloire.com •* Un regroupement des 4 microrégions que vous allez traverser en vous dirigeant vers l'extrême sud du département. Envoi de brochures, documents saisonniers, etc.

Où dormir dans le coin ?

🏠 ***Moulin du Port :*** *26, rue du Gué-de-l'Arche, 41400* ***Saint-Georges-sur-Cher.*** *☎ 02-54-32-01-37. • contact@lemoulinduport.com • lemoulinduport.com • ♿ À 5 km à l'est du château de Chenonceau. Doubles 120-130 € ; gîtes 4-5 pers à partir de 120 €/nuit.* Dans une ravissante bâtisse de charme vieille de 130 ans, Pascal et Alexandra ont redonné vie à cet ancien moulin, entièrement rénové par leurs soins dans une ambiance maison de vacances chaleureuse joliment décorée. Au cœur d'une belle nature, 5 chambres, toutes charmantes, modernes et élégantes, ainsi que 2 gîtes. Petit déjeuner et table d'hôtes sur résa avec produits locaux.

LE CHÂTEAU DE MONTPOUPON

Carte Indre-et-Loire, C2

Posé en lisière d'une boucle de la route, ce château offre d'un seul coup d'œil au visiteur étonné ses tourelles élancées du XIIIe s, son logis du XVe et son pavillon d'entrée d'un élégant style Renaissance. Son nom viendrait d'une famille appelée Popo, installée jadis sur ce mont : Mons Popo est donc le mont des Popo. On croit rêver...

Où dormir dans le coin ?

Château de Razay : 37460 **Céré-la-Ronde.** 06-30-72-59-12. • contact@chateauderazay.com • chateauderazay.com • À 2 km à l'est de Montpoupon (fléché). Fermé nov-avr. Doubles à partir de 135-160 € ; cabanes, chalets et maisonnettes. Au cœur d'une propriété de 35 ha en grande partie boisée (et avec des animaux qui devraient ravir les enfants), le château de Razay (fin XVe s) ne manque pas de prestance avec ses décrochements et son corps de logis en L. Les propriétaires sont accueillants. Chambres vastes et élégantes (avec lits à baldaquin, château oblige !). Quelques cabanes dans les arbres, reliées entre elles par une passerelle en bois, des chalets ainsi que d'originales maisonnettes inspirées des contes pour enfants. Piscine chauffée.

À voir

Le château : ☎ 02-47-94-21-15. • montpoupon.com • Tlj 10h-18h (19h juil-août). Fermeture de la billetterie 1h avt. Entrée : 10 € ; réduc ; gratuit moins de 5 ans. Avr-sept, visites guidées thématiques dont celle dite « insolite » (2 €) qui permet de découvrir des parties habituellement inaccessibles du château.
La visite démarre dès la poterne du XVIe s (le pavillon d'entrée) où, à l'étage, on découvre la bibliothèque et la chapelle, toutes 2 très joliment meublées. Du château toujours habité, on parcourt déjà au rez-de-chaussée les salles de réception encore en service. Au ***1er étage***, 3 chambres richement meublées. Le 2e étage permet d'entrer un peu plus dans l'intimité de la famille de La Motte Saint-Pierre, avec leurs appartements privés. On se rend compte en y pénétrant que Montpoupon est un petit château. Ici, nulle salle de bal ou galerie de plusieurs centaines de mètres carrés. Tout reste à taille humaine (on en ferait bien son ordinaire !). ***La visite, sonorisée***, est un vrai moment de plaisir. On revit de façon amusante l'histoire des grandes familles qui ont vécu ici, des seigneurs de Prie en 1460 aux de La Motte Saint-Pierre, au XIXe s, jusqu'à leur descendant actuel, le comte de Louvencourt. Et chaque année, les pièces sont mises en scène selon une thématique liée au château et à l'histoire personnelle de ceux qui l'ont habité. ***Les cuisines*** valent le coup d'œil avec leurs cuivres rutilants (une grosse centaine d'ustensiles) et un lave-vaisselle de 1901 ! Puis, dirigez-vous vers les communs qui abritent ***le musée du Veneur***. Montpoupon accueillait en effet autrefois un des équipages de chasse à courre des plus prestigieux. Et même si l'on n'adhère pas forcément à la vénerie (qui, on le découvre ici, ne se limite pas à la chasse à courre), ce musée s'avère – au travers de sa trentaine de salles – des plus intéressant. La visite peut se terminer dans le parc du château par une promenade forestière jalonnée de bornes ludiques traitant de la faune et de la flore de la région.

MONTRÉSOR

(37460) 350 hab. *Carte Indre-et-Loire, D3*

Quel joli nom pour un village classé à juste titre comme l'un des « Plus Beaux de France » ! Un nom qui, bien sûr, ne peut avoir qu'une origine légendaire. Il était une fois, le jeune roi Gontran, petit-fils de Clovis, endormi au bord d'un ruisseau... qui se prend à rêver d'un trésor caché dans une grotte. Son compagnon écuyer voit alors passer sur le visage de Gontran un lézard qui, après avoir couru vers le coteau voisin, s'en revient auréolé d'or. À son réveil, le petit roi fouille le coteau avec son ami et découvre alors le trésor (dont il avait rêvé). Charmant, n'est-ce pas ? La vérité est hélas plus triviale : au

Moyen Âge, le domaine appartenait au trésorier du chapitre de la cathédrale de Tours et portait le nom de Mont du Trésorier. Quoi qu'il en soit, on adore ce gai village aux toits de tuiles qui s'étire paresseusement le long de la rivière sous la bienveillante protection de son château, là-haut sur la falaise.

Adresse utile

Office de tourisme : *43, Grand-Rue. ☎ 02-47-92-70-71. • montresor@loches-valdeloire.com • loches-valdeloire.com • Au pied du château. Ouv de mi-mars à mi-nov ; le plus souvent, lun-sam 10h-12h30, 14h-18h.* Vente de produits du terroir et artisanat.

À voir. À faire

Le château : *☎ 02-47-19-27-50. • chateaudemontresor.com • De fév à mi-nov, tlj 10h-18h (19h juil-août ; 17h en nov, vac de déc et de fév). Entrée : 10 € ; réduc ; gratuit moins de 7 ans. Visite libre avec fascicule ; visite guidée payante sur résa.* Du haut de son piton rocheux, il se contemple inlassablement dans la rivière. Quand Foulques Nerra, ce maniaque des donjons et des abbayes, édifie au XIe s une forteresse à Montrésor, ce n'est probablement pas par romantisme ! D'ailleurs, quand on construit un double mur d'enceinte, ce n'est pas vraiment pour admirer le paysage. Ce mur est encore visible aujourd'hui. Les 2 puissantes tours de l'entrée et celles des angles datent du XIIe s. À la fin du XVe s, Ymbert de Bastarnay, qui a connu tous les petits secrets de Louis XI, Charles VIII, Louis XII et François Ier – ce n'est quand même pas rien ! –, fait construire ici une demeure d'agrément dont il reste l'aile principale dominant l'Indrois. Depuis 1849, le château appartient à une famille polonaise descendant du comte Xavier Branicki, un copain de Napoléon III, qui semble avoir quitté les lieux la veille. Rien – et c'est ce qui en fait son charme à l'ancienne – n'a bougé dans ce château depuis le Second Empire : trophées de chasse, tableaux de maîtres (Raphaël, Véronèse, mais aussi Vigée-Lebrun et Van Loo), orfèvrerie de Nuremberg (XVIe s), meubles en marqueterie de la Renaissance italienne, et même le trésor offert à Jean Sobieski, roi de Pologne, par la Ville de Vienne (enfin, ce qu'il en reste : le château a malheureusement été victime d'un cambriolage...).

La collégiale : *tlj 10h-18h. GRATUIT.* Élevée au XVIe s pour abriter le (magnifique) tombeau des Bastarnay, 3 gisants (monsieur, madame et leur fiston) en albâtre qui reposent sur un socle de marbre noir. La collégiale représente l'un des plus beaux exemples de la Renaissance tourangelle. Admirez la finesse des décorations, aussi bien sur la façade qu'à l'intérieur. Du XVIe s subsistent 2 vitraux (sur 18), *La Passion* et *La Crucifixion,* et les stalles sculptées. 4 tableaux de l'école italienne, du XVIe s également, ornent la nef. Mais le plus intéressant est sans aucun doute *L'Annonciation,* de Philippe de Champaigne (XVIIe s), dans la chapelle du chœur, à gauche.

Petite balade dans le bourg : de la collégiale, prendre l'impasse Nicolas-Potocki, puis à gauche l'étroite ruelle qui descend sous les remparts du château. Elle débouche sur la pittoresque rue Branicki, bordée de quelques vieilles maisons à colombages ou troglodytiques. À l'angle de la Grand-Rue, en face de la mairie, maison du Chancelier du XVIe s. À 2 pas, on découvre la splendide halle des Cardeux (1700) qui, sous la superbe charpente de son grenier, abrite une exposition sur l'art du gemmail *(tlj 10h-18h ; GRATUIT).*

Ne pas manquer également la ***balade des balcons de l'Indrois*** qui offre de jolis points de vue sur le village et le château. Plan disponible à l'office de tourisme.

Manifestations

– **Nuits solaires :** *juil-août, tlj 22h-minuit. • montresorseraconte.com •* Promenade éclairée et sonorisée sur les balcons de l'Indrois.
– **Fête des Peintres et des Sculpteurs :** *4 j. autour du 15 août sur les balcons de l'Indrois. • peintres-montresor.com •*

DANS LES ENVIRONS DE MONTRÉSOR

Nouans-les-Fontaines (37460) : *tlj 8h30-18h30 (20h mai-août) ; éclairage de la pietà 2 €.* Le but de cette promenade aux confins du département est l'église du XIIIe s, et surtout ce qu'elle renferme, la poignante *pietà de Nouans.* Attribué au peintre tourangeau Jean Fouquet, ce tableau peint sur bois est l'un des plus beaux du XVe s que la France possède ; expressions des visages d'un réalisme étonnant. L'église, de style Plantagenêt, possède de belles clés de voûte armoriées colorées.
– À 50 m de là en descendant, on peut visiter la ***maison de Jean Fouquet*** *(☎ 02-47-92-62-09 – mairie ; ouv tte l'année, tlj 8h30-18h30 (20h mai-fin août) ; entrée : 0,50 € ; attention, accès par un tourniquet qui n'accepte que les pièces de 0,50 €)* : 2 salles avec des reproductions commentées des œuvres du peintre et la projection d'un diaporama, réalisé par la Bibliothèque nationale de France.

De Nouans-les-Fontaines, reprendre la D 760 pour rejoindre ***Villeloin-Coulangé,*** un joli village enfoui dans la verdoyante vallée de l'Indrois. De l'abbaye bénédictine ne subsistent aujourd'hui que quelques vestiges : la porte fortifiée du XVe s, un portail du XIIe s, un pavillon carré (XVe s) et le logis de l'abbé (XVe-XVIIIe s).

Le prieuré de Grandmont-Villiers : *à **Villeloin-Coulangé.** ☎ 02-47-92-76-48. Accès bien fléché depuis la D 760. Lun de Pâques-31 oct (sauf dernier dim d'août), visites accompagnées tlj 15h-18h. Donation bienvenue.* L'ordre de Grandmont a été créé en 1125. L'actuel monastère, fondé en 1157 par Henri II Plantagenêt, a été construit à partir de 1170. En 1772, l'ordre de Grandmont est dissous et le monastère finit par être vendu comme Bien national en 1790. Depuis 1979, il est occupé par 3 ermites qui renouent avec la tradition de l'ordre de Grandmont. Ce sont eux qui assurent la visite (pleine d'érudition) des bâtiments du XIIe s : église, dortoir, réfectoire...

DE MONTRÉSOR À AZAY-SUR-INDRE PAR LA VALLÉE DE L'INDROIS

CHEMILLÉ-SUR-INDROIS (37460)

Une église dont le clocher abrite la plus vieille cloche du département (1367), quelques jolies maisons anciennes et, surtout, un très joli site sur les rives d'un petit lac artificiel (baignade et autres activités nautiques l'été). On comprend pourquoi l'homme s'est installé dans le coin dès le Néolithique. Mais c'est surtout avec la création de la chartreuse du Liget par Henri II Plantagenêt que le village s'est développé.

Où dormir ? Où manger ?

Camping Les Coteaux du Lac : *base de loisirs. ☎ 02-47-92-77-83. • lescoteauxdulac@wanadoo.fr • lescoteauxdulac.com • ♿ Ouv fin mars-début oct. Forfaits pour 2 pers : sans électricité, 22,60-26 € ; avec* *électricité, 27,60-31 €. Loc de chalets, mobile homes et tentes Canada.* Un camping à taille humaine, au bord du lac. La base de loisirs (pêche, embarcations à pédales, canoës, plage) est à 2 pas. Resto-brasserie sur place. Piscine chauffée *(de mi-avr à mi-sept).* Location de VTT.

Chambres d'hôtes Logis de la Fouettière : *La Fouettière. 06-09-10-76-18. • logisdelafouettiere@gmail.com • logisdelafouettiere.com • À env 3 km au sud du village, sur la D 760. Doubles 115-225 €. Apéritif maison offert sur présentation de ce guide.* Une ferme du XIXe s qui ressemble de fait plus à une maison de maître. L'accueillante propriétaire est décoratrice d'intérieur, et ça se remarque évidemment dès la porte franchie ! Jolies chambres donc, à thème, grand jardin (avec étang et potager) ouvert sur les champs environnants. Piscine.

Le Moulin de Chaudé : *La Basse-Verrerie. ☎ 02-47-92-71-31. Tlj sauf dim soir-lun plus mer soir. Formule 20 € (sauf w-e et j. fériés) ; menus 24,50-29,50 €.* « Restaurant campagnard », dit l'enseigne. Certes, la salle de cet ancien moulin est des plus rustique et les viandes cuisent dans la cheminée. Mais la cuisine est plutôt sophistiquée (mention spéciale pour les desserts, très inventifs). Agréable terrasse au bord de l'eau. Accueil et service d'une vraie gentillesse.

À voir dans les environs

La chartreuse du Liget : *à 4 km au sud-ouest par la D 760. 06-48-16-23-92. • lachartreuseduliget.com • Tlj 10h-12h30, 14h30-18h30 (fermé en janv, mars et nov). Entrée : 4 € ; gratuit moins de 12 ans.*

La chartreuse est construite fin XIIe s et devient très prospère au fil des ans. De hauts murs avec échauguette à chacun des angles et une tour de guet servaient de défense lors des guerres de Cent Ans et de Religion. Magnifique portail d'entrée (XVIIIe s) orné de 2 bas-reliefs : saint Bruno, fondateur des chartreux, côté route, et saint Jean Baptiste, patron du monastère, côté cour. Au fond de la longue allée inclinée, on peut voir les ruines de l'église du XIIe s et du cloître. Une atmosphère mélancolique imprègne les lieux. Le cadre isolé et sauvage y est certainement pour quelque chose.

UNE ÉTRANGE COUTUME

Comme quelques-unes de ses sœurs, l'abbaye du Liget doit son existence à l'expiation d'un meurtre : on assassinait puis on offrait un édifice religieux pour s'excuser auprès de Dieu. En l'occurrence, l'assassin en question était Henri II Plantagenêt et la victime, Thomas Becket.

Pour visiter la *chapelle Saint-Jean du Liget,* située à 1 km dans un chemin à gauche en direction de Loches (elle est bien indiquée), demander la clé à la chartreuse (mieux vaut appeler avant). Superbes fresques aux couleurs douces, évoquant des scènes bibliques.

Le château-monastère de la Corroirie : *route de Loches, 37460* **Montrésor.** *06-80-43-38-75. • corroirie.com • Par la D 760, sur la droite dans un vallon. Visite (avec livret) avr-oct 11h-19h ; visite guidée sur résa Entrée : 3 €.* Ce monastère fortifié a servi de base de repli aux frères chartreux dès la guerre de Cent Ans : donjon, pont-levis, douves en eau en attestent. C'était également le centre économique de la chartreuse du Liget voisine. Voir l'église du début du XIIIe s, l'hostellerie pour pèlerins, le vaste grenier... Également un parcours de *land art* autour des bâtiments.

Chambres d'hôtes : *06-80-43-38-75. • contact@corroirie.com • Doubles 107-137 €.* 5 vastes chambres au cœur du prieuré médiéval, aux styles résolument différents : par exemple, la « Monacale », épurée et toute de lin parée, ou la

« Seigneuriale », évoquant l'Orient avec ses murs en *tadelakt* rouge, ses meubles cloutés ou en cuir repoussé... Un lieu insolite, chargé d'histoire et possédant une âme... Salon avec cheminée et salle à manger à disposition.

GENILLÉ (37460)

Un village tranquille qui abrite un château édifié au XVe s par le médecin de Charles VII et de Louis XI, Adam Fumée. D'ailleurs, il paraît que c'est dans ce château que se retrouvaient Charles VII et sa belle et tendre Agnès Sorel. Joli bénitier de marbre blanc de 1494 dans l'église.

Où dormir ? Où manger dans le coin ?

Chambres d'hôtes La Charpraie : *La Charpraie. ☎ 02-47-59-55-94. 06-30-16-30-62. Dans le village, prendre la route de La Bourdillière, puis suivre Le Coudray. Doubles 70-75 €. Table d'hôtes 32 €. CB refusées. Café offert sur présentation de ce guide.* En bordure de la forêt de Loches, en pleine campagne, une jolie petite longère du XIXe s avec des chambres toutes simples, très « comme à la maison ». Et ça dure depuis près de 40 ans ! La très accueillante Sébastienne de Tilly propose une bonne cuisine familiale typiquement tourangelle.

CHÉDIGNY (37310)

Un village adorable aux rues abondamment fleuries – le seul de France à être classé « Jardin remarquable » dans son intégralité. On y vit au rythme de sa rivière et des saisons. Il y a même un *festival de la Rose* le week-end de la fête des Mères, car ce sont plusieurs centaines de rosiers anciens qui grimpent ici sur les façades des maisons. À voir aussi, le récent jardin du Prieuré qui rassemble arbres fruitiers et légumes oubliés, plantes médicinales, etc. *(mai-sept, tlj 10h-13h, 14h30-18h ; w-e seulement avr ; entrée : 3 €).*

Où dormir ? Où manger ?

Le Clos aux Roses : *2, rue du Lavoir. ☎ 02-47-92-20-29. • leclosauxroses@gmail.com • leclosauxroses.com • Resto ouv jeu-sam midi et soir, plus dim-lun midi. Fermé mar-mer. Doubles 70-85 €. Formule déj en sem 20 € ; menus 32-50 €.* Cette petite maison au cœur du village est la bonne étape par excellence : on y dort comme un loir (dans une poignée d'agréables et confortables chambres), et, surtout, on y mange merveilleusement bien dans une salle rustique joliment modernisée (poutres peintes, murs gris perle...). La chef a du talent et met son expérience acquise auprès des meilleurs au service d'une cuisine de saison gourmande à souhait, et parfaitement réalisée avec des ingrédients locaux. Impeccable, d'autant que la sélection des vins tient la route et que les prix sont des plus serrés.

D'AZAY-SUR-INDRE À CORMERY PAR LA VALLÉE DE L'INDRE

Ce qui caractérise la vallée de l'Indre, ce sont ces innombrables moulins qu'elle égrène d'Azay-sur-Indre à la Loire. Aujourd'hui restaurés et convertis (en chambres d'hôtes par exemple), ils confèrent à la balade un attrait singulier et inoubliable.

Où manger dans le coin ?

Le Relais d'Azay : *1-3, route du Val-d'Indrois, 37310* ***Azay-sur-Indre.*** *☎ 02-47-92-77-16. • cyraline@orange.fr • Ouv lun-ven le midi seulement, plus dim ; fermé sam et soirs de sem. Menus 15 € (déj en sem), dim midi 20 €. Café offert sur présentation de ce guide.* Le chef, passé chez quelques grands, a décidé de jouer la carte de la simplicité dans cette auberge de campagne avec une adorable terrasse sous un vieux tilleul. Beaux produits et belle cuisine néanmoins, d'un rapport qualité-prix imbattable pour le menu du déjeuner (boissons comprises !). Accueil des plus chaleureux.

À voir. À faire dans le secteur

Cormery *(37320)* **:** gros bourg célèbre pour son abbaye... et ses macarons. De l'ancien monastère bénédictin fondé en 791, d'importants vestiges sont encore disséminés un peu partout dans le centre, ce qui donne une idée de son étendue. La massive tour Saint-Paul (XIe s), jadis clocher-porche de l'église abbatiale, enjambe la rue de l'Abbaye. Au pied de la tour, le logis du Prieur (XVe s), avec sa gracieuse tour d'escalier. L'église du XIIe s *Notre-Dame-de-Fougeray,* à l'entrée de la ville en venant de Courçay, est entièrement voûtée de berceaux brisés autour d'une coupole à pendentifs. Et tant que vous êtes sur place, n'oubliez pas de goûter les macarons de Cormery (les plus anciens de France !).

LE NOMBRIL DU MONDE...

La légende veut que la forme de ce gâteau croûté tire son origine d'un des moines boulangers – lequel, un beau jour, serait tombé ventre nu dans la pâte fraîchement pétrie, y laissant du même coup l'empreinte de son nombril. Voilà pourquoi le macaron de Cormery aurait cette forme particulière.

L'observatoire astronomique de Ligoret : *37310* ***Tauxigny.*** *À 7,5 km de Reignac par la D 58 puis la D 84. Programme sur • astrotouraine.fr •, 2 séances/sem : ven à 20h30 et dim à 16h. Résa en ligne. Tarif : 5 € ; réduc.* Une façon ludique de découvrir le ciel lors de soirées publiques gratuites ou des animations. Super accueil. Une bonne adresse pour les amoureux de « la nuit ».

LOCHES

(37600) 6 840 hab. *Carte Indre-et-Loire, C3*

• Plan *p. 449*

Étagée sur les flancs d'une colline, cette attachante « Ville d'art et d'histoire », qui vit naître Alfred de Vigny, domine du haut de son tristement célèbre mais néanmoins superbe donjon-prison la riante vallée de l'Indre et la campagne environnante. Le quartier médiéval, avec quelques belles maisons des XVe, XVIe et XVIIe s, mérite franchement qu'on s'y attarde. Et la cité royale d'un charme indicible (presque encore plus affirmé de nuit) projette le visiteur des siècles en arrière.

UN PEU D'HISTOIRE

L'histoire de la ville est intimement liée à celle de son château. Site déjà stratégique à l'époque romaine, Loches le demeure tout au long des 1 000 ans qui suivent,

se fortifiant toujours davantage. D'abord contre les Normands au IXe s. Ensuite, passée entre les mains des comtes d'Anjou, elle devient un enjeu entre les royaumes d'Angleterre et de France : le donjon sera assiégé avec succès par Richard Cœur de Lion, puis par Philippe Auguste. Rachetée par Saint Louis en 1249, Loches ne quitte plus la couronne de France qui en fait un lieu de séjour très prisé par Jean le Bon, Charles VII ou Louis XI ; ce dernier transforme le donjon en prison. Jeanne d'Arc vient y retrouver Charles VII pour le presser d'aller à Reims se faire sacrer. Quant à Agnès Sorel, la Dame de Beauté – du nom de la seigneurie proche de Nogent-sur-Marne que lui avait offerte Charles VII, et belle de surcroît –, elle s'y installe pour pouvoir mieux conseiller (sur l'oreiller, c'est bien plus efficace !) son roi préféré.
À partir de la fin du XVe s jusqu'à la Révolution, le château ne sert plus que comme prison (en fonction jusqu'en 1926 !), ce qui lui évite de tomber en ruine. Que voulez-vous, avec la publicité que lui avait faite Louis XI...

LA MORT MYSTÉRIEUSE D'AGNÈS SOREL

La favorite de Charles VII est décédée à 28 ans, en accouchant. Une autopsie récente a révélé qu'elle a succombé à la suite de l'absorption massive de mercure. Ce métal liquide était utilisé comme poison, mais aussi comme remède contre les accouchements difficiles et les maux de ventre. Toutefois, le dosage mesuré laisse penser qu'il s'agissait d'un empoisonnement délibéré. Le principal suspect des historiens : Louis XI, dauphin et successeur de Charles VII. Mais faute de preuves, le doute demeure...

Adresses et infos utiles

Office de tourisme *(plan B1) : pl. de la Marne. ☎ 02-47-91-82-82. • loches-valdeloire.com • Mai-sept, lun-sam 9h-12h30, 13h30-18h (18h30 juil-août) ; dim et j. fériés 10h-12h30, 14h-17h30. Oct-avr, lun-sam ; fermé dim et j. fériés (sauf vac de Toussaint).* Organise en juillet-août des visites guidées individuelles et des chasses au trésor. Billetterie permettant d'acheter des billets à tarifs réduits et coupe-file pour les principaux sites de Touraine.

Gare routière *(plan B1) : av. de la Gare.* Liaisons entre Tours et Loches assurées par des cars de la SNCF. Également, liaisons vers les petites villes environnantes de Preuilly, du Petit-Pressigny, de Ligueil, etc.

Gare SNCF *(plan B1) :* 2 ou 3 autorails quotidiens relient Tours à Loches.

Où dormir ?

De prix moyens à plus chic

Chambres d'hôtes La Demeure Saint-Ours *(plan A2,* ***11****) : 11, rue du Château. 06-33-74-54-82. • saintours@orange.fr • saintours.eu • Doubles 75-90 € ; familiales. Réduc de 10 % sur le prix de la chambre sur présentation de ce guide.* Les amoureux des vieilles pierres seront à la fête, car cette adresse insolite est au cœur de la ville médiévale, à l'étage d'une petite galerie d'art. Pour accéder au salon cosy et aux chambres coquettes et colorées, il faut d'abord gagner un patio discret, puis emprunter un vénérable (et un peu raide !) escalier en bois du XVIe s. Atmosphère ! Confort tout simple mais suffisant, accueil chaleureux : un bon point de chute à prix raisonnables.

Chambres d'hôtes Le Presbytère *(plan B2,* ***12****) : 1, rue Thomas-Pactius. ☎ 02-47-59-65-25. 06-63-19-47-45. • lepresbytere37@orange.fr • chambres-hotes-loches.com • Ouv Pâques-Toussaint. Doubles 95-130 € ; familiales ; petit déj en sus. Apéritif*

LA TOURAINE

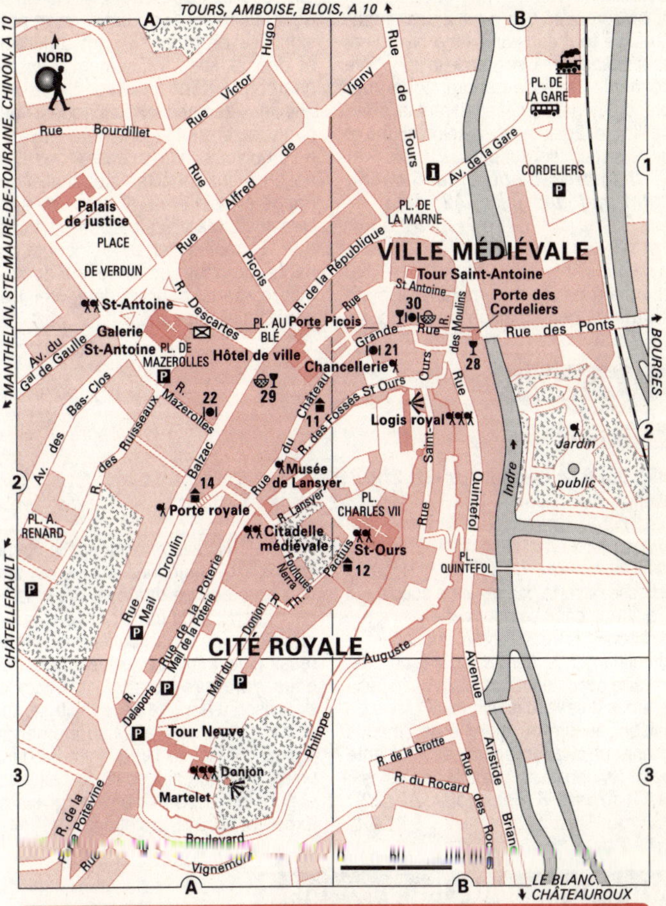

LOCHES

■ **Adresse utile**

- Office de tourisme (B1)

Où dormir ?

- **11** Chambres d'hôtes La Demeure Saint-Ours (A2)
- **12** Chambres d'hôtes Le Presbytère (B2)
- **14** Chambres d'hôtes La Closerie Saint-Jacques (A2)

Où manger ?

- **21** Le P'tit Restau (B2)
- **22** Arbore & Sens (A2)

Où boire un verre ? Où acheter du vin ?

- **28** Le Caravage (B2)
- **29** Les Flaveurs de la Terre (A2)
- **30** La Loire en Tonneaux (B1)

maison offert sur présentation de ce guide. Perché tout en haut du quartier historique et précédé d'un jardin arboré, l'ancien presbytère de la collégiale Saint-Ours abrite 4 chambres dans son écrin de tuffeau. Du cachet dans le mobilier et les éléments d'époque (lits à baldaquin, parquets patinés...), un confort appréciable (clim) et balcon avec vue pour 2 des chambres. Le tout dans un calme olympien, sauf lorsque les cloches de la collégiale sonnent ! Terrasse panoramique pour prendre son petit déj en mirant la vallée de l'Indre. Également un salon de thé et un resto (simple) sur place.

Chambres d'hôtes La Closerie Saint-Jacques *(plan A2,* ***14****) : 37, rue Balzac. 06-22-47-18-26. • jfortier37@orange.fr • lacloseriesaintjacques.com • Double 130 €.* Du charme à revendre derrière la discrète façade de cette maison du XVIIe s, un temps relais de poste sur le chemin de Saint-Jacques. Avec patience et passion, les propriétaires ont aménagé et décoré avec raffinement 3 vastes chambres, dont 2 suites. Selon vos affinités littéraires ou historiques, vous choisirez entre la « chambre Royale » à l'ambiance XVIIIe s, celle « des Cordeliers » aux tonalités stendhaliennes (rouge et noir) et la « Picois » de style Directoire. Magnifique salon-bibliothèque. Et même, lui aussi insoupçonnable, un jardin en terrasses adossé aux remparts, pour se détendre. Très bon accueil, bien sûr.

Où manger ?

De prix moyens à chic

Le P'tit Restau *(plan B2,* ***21****) : 6, Grande-Rue. ☎ 02-47-19-85-32. Tlj sauf mer-jeu, midi et soir. Résa plus que conseillée. Formule et menu déj (sauf dim) 20 € ; menu du soir 30 €.* Récente adresse ouverte par un jeune couple qui a quitté la capitale pour cette petite rue de Loches. Lui est en salle, accueillant et attentionné ; elle, dans sa cuisine ouverte, travaille avec talent des plats qui n'hésitent pas à se faire exotiques. Cuisine de saison, au gré du marché (les menus changent chaque semaine). Plaisante petite (évidemment !) salle et prix justes.

Arbore & Sens *(plan A2,* ***22****) : 22, rue Balzac. ☎ 09-67-15-00-50. • contact@restaurant-arbore-et-sens.fr • restaurant-arbore-et-sens.fr • Tlj sauf dim soir-mar midi (et jeu hors saison). Congés : janv, 2 sem en avr et 1 sem en nov. Menus 28-75 € ; carte env 55 €.* Nouvel arrivant sur la scène lochoise, ce resto familial tenu par une souriante équipe propose une cuisine de marché raffinée, dont le rapport qualité-prix est particulièrement intéressant le midi. Le jeune chef, très doué, y travaille les produits locaux et de saison avec une belle maîtrise des cuissons et des assaisonnements. Vraiment délicieux ! Intérieur cosy dans un style *lounge* aux couleurs chaudes, et belle terrasse à l'ombre des glycines. Excellent accueil, pro et gentil.

LA TOURAINE

Où dormir dans les environs ?

Chic

Chambres d'hôtes Domaine de la Maison Neuve : *route de Verneuil, 37600* ***Saint-Jean-Saint-Germain.*** *☎ 02-47-91-97-23. • clarisse.godefroy@orange.fr • domainedelamaisonneuve.com • À env 6,5 km au nord-ouest. Double env 97 €.* En surplomb de la route, une grande et belle ferme restaurée avec soin et largement modernisée, qui renferme 4 chambres tout confort, agréablement décorées. Loue également un gîte pour 6 personnes avec jacuzzi. L'accueillante proprio, Clarisse, native du pays, est une mine d'infos.

Chambres d'hôtes Les Minières : *37310* ***Chambourg-sur-Indre.*** *06-84-84-06-08. • charles.de-poix@wanadoo.fr • lesminieres.fr • À 5 km au nord. Congés : juil-août. Double 110 €.* Dans un environnement calme et préservé, à la lisière des bois, un petit hameau qu'on imaginerait volontiers existant de toute éternité. Mais l'ensemble a été reconstruit sur des ruines au fil des ans, avec des matériaux récupérés ici et là. Chambres de style rustique et cosy bien douillet. Jardin clos, piscine et parking privatifs. Également 2 gîtes pour 7 à 15 personnes.

Où boire un verre ? Où acheter du vin ?

Le Caravage *(plan B2, **28**) : porte des Cordeliers, 2, rue des Ponts. ☎ 02-47-91-62-07. • barlecaravage@orange.fr • Tlj sauf mar-mer à partir de 16h et jusqu'à 2h le w-e.* Bar-*lounge* ancré dans les remparts de la cité. Sur les murs, des fragments de l'œuvre du Caravage, et, dans les verres, de bons cocktails que l'on sirote en écoutant les concerts (le vendredi soir) devant une planche de charcuterie-fromage.

La Loire en Tonneaux *(plan B1, **30**) : 29, Grande-Rue. ☎ 09-54-67-83-26. 📱 07-81-86-55-00. • laloireentonneaux@free.fr • Tlj en saison, 10h30-23h.* Des vins de Loire évidemment (soigneusement choisis chez ce caviste-bar à vins), mais aussi plus de 70 bières artisanales françaises à accompagner de cochonnailles, fromages ou sardines millésimés. Clientèle d'habitués devenus des amis des très accueillants proprios.

Les Flaveurs de la Terre *(plan A2, **29**) : 7, rue Balzac. ☎ 02-47-59-08-91. • contact@lesflaveursdelaterre.com • lesflaveursdelaterre.com • Tlj sauf dim-lun, 9h30-13h, 15h-19h (et plus si affinités).* Excellent choix de vins, avec une très belle sélection de domaines nature, et conseils très avisés. Bar à vins et soirées dégustation de temps à autre.

À voir

La ville médiévale

Petit trek urbain : de l'enceinte (XVe s) ne subsistent que 2 portes sur 4, dont celle du Picois par laquelle on a choisi de pénétrer dans la ville médiévale. Accolé à la porte, très bel ***hôtel de ville*** Renaissance : sur la façade, armoiries de la ville et salamandre de François Ier qui en a autorisé la construction. Suivre ensuite la rue Saint-Antoine jusqu'à l'immanquable ***tour Saint-Antoine*** (XVIe s), ancien clocher de chapelle converti en beffroi. Au n° 23 de la même rue, joli hôtel Nau (XVIe s également) avec une tour typique de la Renaissance italienne. Tourner ensuite à droite dans la rue des Moulins. Un peu plus loin, sur la gauche, se dresse la porte des Cordeliers (2e survivante de l'enceinte, si vous avez suivi !). Juste en face s'ouvre la ***Grande-Rue*** qu'on grimpe doucement pour gagner la rue du Château. 3 élégantes maisons du XVIe s s'y succèdent : au n° 8, la *Chancellerie* – qui doit probablement son nom à l'une des devises inscrites sur la façade, « *Justicia regno* » – présente des influences florentines (lire plus loin). Au n° 10, la *maison du Centaure,* au bas-relief représentant le centaure Nessus transpercé par la flèche empoisonnée d'Hercule qui voulut le punir d'avoir essayé de lui piquer sa femme, Déjanire. Au-dessus de la porte, un blason et le portrait en médaillon d'un homme et d'une femme, vraisemblablement les maîtres d'ouvrage de l'édifice mais à ce jour non identifiés.

La Chancellerie *(plan A2) : 8, rue du Château. ☎ 02-47-59-48-21. Avr-oct, tlj 10h-18h. GRATUIT.* Impressionnante façade très travaillée de la période Renaissance. Au rez-de-chaussée, quelques salles évoquent de façon très contemporaine l'histoire de la ville (intéressant plan-relief). Le jardin est utilisé pour des spectacles ou des concerts. Dans un des bâtiments qui bordent la cour, expositions temporaires *(payantes).*

La cité royale

La porte royale *(plan A2) :* unique entrée de la cité royale. Massive porte médiévale (XII-XIIIe s, quelque peu modifiée au XVe s), joliment rénovée (et éclairée le soir).

Le Logis royal de Loches (plan B2) : ☎ 02-47-19-18-08. • citeroyale loches.fr • Avr-sept, tlj 9h-19h ; oct-mars, tlj 9h30-17h. Fermé 1er janv et 25 déc. Entrée : 10,50 € (incluant l'accès au donjon de Loches) ; réduc ; gratuit moins de 7 ans. Animations familles pdt les vac scol. Le Logis royal est composé de 2 corps de bâtiment : le Logis de Louis Ier d'Anjou (XIVe s) où flottent les ***souvenirs de Charles VII et de Jeanne d'Arc,*** et celui dit d'Anne de Bretagne, conçu à la demande de Charles VIII puis Louis XII (XVe s), gothique flamboyant. La toute nouvelle muséographie, des plus contemporaine (écrans tactiles, vidéos, commentaires sonores...), évoque joliment l'histoire des lieux et de celles et ceux qui les ont habités. De celles surtout, parce que – oublions certains clichés sur le Moyen Âge – ici les femmes surtout ont écrit l'histoire. Jeanne d'Arc évidemment. ***Agnès Sorel*** aussi : dans l'une des salles, admirez le portrait de la *Vierge à l'Enfant,* que Jean Fouquet a représentée sous les traits d'Agnès Sorel ! ***Anne de Bretagne,*** enfin, dont l'oratoire est un bel exemple du style gothique flamboyant. On reconnaît l'hermine et la cordelière de saint François qu'Anne de Bretagne, devenue veuve, se mit à porter en tant que tertiaire franciscaine. Dans un autre genre, beaux points de vue sur l'Indre et sur la ville depuis la terrasse.

Le donjon (plan A3) : ☎ 02-47-19-18-08. • citeroyaleloches.fr • Mêmes horaires et conditions d'entrée que pour le Logis royal (visite avec tablette en réalité augmentée, incluse dans le billet d'entrée).
Construit au début du XIe s, le donjon est l'un des plus anciens de France, mais aussi l'un des plus hauts dans son genre (36 m) : vue imprenable sur la ville garantie ! Comme pour le Logis royal, visite ludique (avec des quiz, par exemple) qui emploie les technologies modernes.
Ce sont les annexes, la *tour Neuve* et *Le Martelet,* édifiés au XVe s, qui abritaient les redoutables cachots. Jean d'Alençon, prince du sang royal et compagnon de Jeanne d'Arc, le duc de Milan, Ludovic Sforza, protecteur de Léonard de Vinci, y furent enfermés.
La tour Neuve abrite quelques cellules « VIP » avec fenêtre, cheminée et latrine. Le Martelet étant quasiment enterré dans la roche, on le visite en commençant par le haut. Dans cette puissante tour défensive, de nombreux graffitis recouvrent les murs. Un cachot arbore les fresques de Ludovic Sforza, gardé ici pendant 4 ans et qui avait obtenu le droit d'utiliser pinceaux et peinture. Il serait mort le jour même de sa libération, dans des circonstances jamais élucidées... Dans la tour-porte, admirer la reconstitution d'une cage en fer dans laquelle Louis XI enfermait les nobles, cardinaux et officiers récalcitrants. Enfin, remarquez les trous dans le donjon, qui servaient aux échafaudages. On ne les rebouchait pas, afin que les pigeons puissent y nicher. Autrefois, la richesse des seigneurs se mesurait au nombre de pigeons. Leurs excréments fertilisaient les terres.
Pour égayer l'ensemble, un jardin d'inspiration médiévale a été reproduit. Les plantes utilitaires et décoratives sont placées selon une symbolique des nombres et des formes, propre à inspirer l'harmonie.

DES PRISONNIERS QUI CONSERVENT

Le donjon de Loches est l'un des mieux conservés d'Europe. Il doit cet excellent état au fait qu'il a servi de prison jusqu'en 1926. Le donjon s'est ouvert aux visiteurs en 1910. Ainsi, au début du XXe s, on pouvait visiter la prison... avec des prisonniers ! Le gardien-chef du moment, M. Girardin, faisait alors office à la fois de guide et de gardien de prison !

La collégiale Saint-Ours (plan B2) : 2, rue Thomas-Pactius. ☎ 02-47-91-82-82 (office de tourisme). Ouv tte l'année, tlj (en dehors des offices). Ours (un prénom dur à porter) était un saint de la région au Ve s. Beau portail roman à triple voussure sculptée d'animaux et surmonté d'une *Adoration des Mages.* La nef est coiffée de 2 curieuses pyramides octogonales creuses appelées « dubes ». C'est dans cette collégiale que repose Agnès Sorel, sous un gisant d'albâtre sur socle de marbre noir.

UNE PLACE DIFFICILE À TROUVER

Agnès Sorel avait choisi la collégiale Saint-Ours comme sépulture. Mais les chanoines, qui trouvaient son tombeau – installé en plein chœur – quelque peu encombrant, le déplacèrent dans la nef. Sous la Révolution, la dépouille d'Agnès Sorel fut jetée dans une fosse commune, puis placée, sous l'Empire, dans un sombre sous-sol du donjon... Il a fallu attendre 2005 pour que les dernières volontés de la Dame de Beauté soient, enfin, exaucées.

★ ***Le musée Lansyer*** *(plan A2) :* *☎ 09-63-52-52-52 ou 02-47-59-48-21. ● museelansyer@mairie loches.com ● Ouv mai-Toussaint. Entrée : 5 € ; réduc ; gratuit moins de 7 ans.* Parmi les grands peintres paysagistes français du XIXe s, l'histoire de l'art a surtout retenu Corot, oubliant quelque peu Emmanuel Lansyer. Et pourtant... Ce Breton d'origine, élève de Courbet, est devenu peintre après avoir travaillé comme architecte aux côtés de Viollet-le-Duc. Il a légué, en 1893, à la Ville de Loches, une maison héritée de sa mère. Cette intimiste maison bourgeoise, typique du XIXe s, présente les œuvres de Lansyer et une expo temporaire.

En dehors du centre ancien

★★ ***L'église et la galerie Saint-Antoine*** *(plan A1-2) : pl. Mazerolles. ☎ 02-47-91-82-82 (office de tourisme).*

L'église est du XIXe s et pas d'un intérêt architectural délirant, mais elle abrite de beaux tableaux du XVIIe au XIXe s, dont une *Déposition de Croix* de Jean Boucher, une *Annonciation* de l'école italienne, et une *Vierge à l'Enfant Jésus et saint Jean-Baptiste* de l'école flamande.

Dans la ***galerie Saint-Antoine*** *(tlj 10h-18h45 ; GRATUIT),* on peut admirer 2 toiles achetées au peintre Le Caravage par Philippe de Béthune, ambassadeur de France à Rome au début du XVIIe s. Classées et restaurées, la *Cène à Emmaüs* et *L'Incrédulité de saint Thomas* profitent d'une muséographie moderne. Remarquable mise en lumière des visages et des vêtements. Parmi les quelques autres pièces exposées : le retable du Liget de Jean Poyer peint sur bois (1485), une *Vierge des bouchers* polychrome des XIVe-XVe s, contemporaine de Charles VII et d'Agnès Sorel ou une *Vierge au cœur* (dans la main gauche) du XVIe s.

★ ***Le jardin public*** *(plan B2) : tlj à partir de 8h (jusqu'à 22h en été, 20h au printemps). GRATUIT.* Baigné par l'Indre, un mignon petit jardin public conçu au XIXe s (avec kiosque en fer forgé) où on se baladera surtout pour la jolie vue qu'il offre sur le Logis royal et la collégiale Saint-Ours.

Manifestations

– ***Les Médiévales :*** *août.* Marché médiéval et animations à Loches.
– ***Les écrivains chez Gonzague :*** *en principe, dernier dim d'août, à* ***Chanceaux-près-Loches.*** *GRATUIT.* Organisée en hommage à l'écrivain Gonzague Saint Bris et dans l'esprit de la Forêt des Livres qu'il avait créée ici. Soit une vraie fête populaire autour de la littérature avec signatures, café littéraire et animations diverses, dans un endroit champêtre de rêve.

– ***Exposition « Beaux-lieux » :*** *juin-sept.* • *expo-beauxlieux.fr* • Créations contemporaines dans le paysage entre Beaulieu-lès-Loches et Loches.
– ***Sonates d'automne :*** *oct. À **Loches** et à **Beaulieu.*** • *sonatesdautomne.fr* • Festival de musique classique.

DANS LES ENVIRONS DE LOCHES

👁👁 ***Beaulieu-lès-Loches** (37600) : de l'autre côté de l'Indre, à 1 km. On peut s'y rendre facilement à pied : en suivant la rue du Dr-Paul-Martinais pour les fans d'architecture éclectique XIXe-début XXe s (quelques jolies villas en chemin) ou pour ceux qui préfèrent les petites randos nature en traversant l'espace naturel préservé des Prairies du Roy. Trajet en calèche également l'été (rens à l'office de tourisme de Loches).*
Village des plus tranquille, qui possède pourtant un incroyable patrimoine de maisons et de vestiges plus anciens qu'à Loches (du XIe au XIIIe s).
De l'***abbaye de la Trinité*** – fondée en 1007 par le comte d'Anjou, Foulques Nerra, en expiation du meurtre d'Hugues de Beauvais, dit-on, et aussi pour y être enterré –, il ne reste que quelques parties (XIe-XIIe s) de l'église : un grand mur percé d'une double rangée de fenêtres en plein cintre, 3 chapelles du déambulatoire roman et une tour-clocher de plan carré terminée par une flèche octogonale. Les clés de voûte armoriées et la Vierge en bois sont du XVe s. Juste à côté de l'ancienne abbaye, l'***église Saint-Laurent*** a été édifiée au XIIIe s à l'emplacement d'une église du XIe s dont il ne reste que le collatéral droit du chœur. Nef voûtée du plus pur style angevin Plantagenêt.
Quelques ***belles maisons*** au centre : la *Léproserie* (22, rue Georges-Patry) pour ses fenêtres romanes en plein cintre ; la *maison du Prieur,* place Leclerc, avec sa chaire extérieure, dite « de Montpellier » ; la *maison des Templiers,* rue Guigné (presque à l'angle avec la rue Bourgeoise) ; la *maison d'Agnès Sorel* du XVe s (18, rue du Puits-Morier), avec sa porte en arc brisé et son panneau armorié. Et, au pied de l'église, passez boire un verre à l'*Estaminet,* un bistrot dans son jus depuis le début du XXe s.

👁 ***Le château de Bridoré** (37600) : 5, rue du Professeur-Debré. 📱 06-09-59-74-13. À une quinzaine de km au sud-est ; au centre du village. Seulement en juil-août, tlj 13h-19h. Visite libre ou guidée : 9 € ; réduc ; gratuit moins de 6 ans.*
Les amateurs d'architecture médiévale et notamment de châteaux forts seront comblés : donjon du XVe s (haut de 30 m) coiffé d'échauguettes, pont-levis, oubliettes, caponnières... L'un des fondateurs de ce château fut promu maréchal de France par Du Guesclin. Encore un agréable cours d'histoire, une façon futée de se rafraîchir la mémoire. Visite bien menée.

LA TOURAINE DU SUD

Balade loin de la foule, en tout cas, et hors du temps, de Loches à Descartes, sur les chemins de la préhistoire.

LE GRAND-PRESSIGNY

(37350) 930 hab. *Carte Indre-et-Loire, C4*

À 40 km au sud de Loches, arrêt obligatoire pour tous les amoureux de la préhistoire. Rien à voir avec Lascaux, certes, mais une halte bienvenue pour découvrir un haut lieu de la taille du silex, du Paléolithique au Néolithique.

Adresse utile

Bureau d'information touristique : *pl. Savoie-Villars. ☎ 02-47-94-96-82. • loches-valdeloire.com • Juil-août, mar-sam 9h30-12h30, 14h-18h ; w-e et j. fériés 10h-12h30, 14h30-18h. Hors saison, ouv mar, jeu, ven, sam mat.* Location de vélos. Vente de produits du terroir et billetterie à tarifs avantageux pour les grands sites touristiques du coin.

Où manger dans le coin ?

Plus chic

Restaurant Dallais, La Promenade : *11, rue du Savoureulx, 37350* ***Le Petit-Pressigny.*** *☎ 02-47-94-93-52. • dallais.lapromenade@free.fr • ♿ À 10 km à l'est. Tlj sauf dim soir-mar midi ; hors saison, tlj sauf dim soir-mar. Congés : janv et 2 sem fin sept. Résa conseillée. Menus 55-125 €.* Jacky Dallais avait, depuis un bon quart de siècle, fait connaître cette adresse largement en dehors des frontières de la Touraine. Aujourd'hui, son fils Fabrice a pris le relais et s'en donne à cœur joie pour confectionner des plats qui feront frémir vos papilles de bonheur. Ici, on ne privilégie que les produits locaux et frais, le talent et l'inventivité font le reste. Le résultat : un souvenir inoubliable de saveurs délicates et de raffinement. Somptueuse carte des vins. Du grand art culinaire. Un coup de cœur...

À voir

Le musée de la Préhistoire : *☎ 02-47-94-90-20. • prehistoiregrandpressigny.fr • ♿ Avr-sept, tlj 10h-18h (19h juil-août). Le reste de l'année, tlj (sauf mar hors vac scol zone B) 10h-12h30, 14h-17h ; dim et j. fériés 10h-17h. Fermé 1er janv et 25 déc. Entrée : 6 € ; réduc ; gratuit moins de 7 ans. Livret-jeu « Le silex, une pierre pour tout faire ? » (7-12 ans), « À travers le temps avec Pierre » (plus de 12 ans) à l'accueil. Animations familles pdt les vac scol et w-e (voir le site), et visites guidées du musée ou du château comprises dans le prix d'entrée.* Une visite incontournable en Touraine côté sud. Surplombant fièrement de ses remparts du XIVe s, le confluent de la Claise et de l'Aigronne, le château du Grand-Pressigny abrite, dans ses bâtiments historiques et une lumineuse extension contemporaine, ce musée qui, plus que « de la Préhistoire », devrait s'appeler « du Silex ». Parce que même si on croise, dans la cour, quelques ***reconstitutions des grands animaux*** (mégacéros, mammouth...) qui gambadaient autrefois dans le coin, c'est à cette roche et surtout à ce qu'en faisait l'homme il y a très longtemps que s'intéresse la muséographie, des plus moderne. Il faut dire qu'au 3e millénaire avant notre ère, le sud de la Touraine accueillait ***les plus grands ateliers de taille de silex de toute l'Europe !*** L'itinéraire, pédagogique et didactique, conduit du Paléolithique ancien à l'âge des métaux, en passant par le Néolithique final, période qui correspond donc à la fabrication de ces grandes lames pressigniennes, diffusées de 2800 à 2400 avant notre ère dans toute l'Europe occidentale. Superbe collection de silex taillés exposée dans la galerie Renaissance du château. Et dans les caves, tout sur les techniques de taille de ces objets délicats (intéressante vidéo). Fascinant.

LE CIRCUIT DE LA PRÉHISTOIRE

Cet itinéraire, agréable à faire à bicyclette, traverse des sites où la préhistoire a laissé sa trace (dolmens, menhirs, traces d'habitat néolithique, etc.). C'est une région tranquille, sillonnée de vallées verdoyantes plus ou moins encaissées, qui séduira les amoureux de la nature.

L'Archéolab (musée de site archéologique) : *Le Petit-Paulmy, 37160* ***Abilly.*** *☎ 02-47-91-07-48. ● prehistoire-sudtouraine.com ● Avt l'entrée du village, sur la droite en venant du Grand-Pressigny. Juil-août, tlj sauf lun 14h30-18h30. Entrée : 3 € ; réduc ; 1 € moins de 12 ans.*

Un site de fouilles archéologiques ouvert au public qui permet de comprendre comment les chercheurs travaillent. Des fouilles ont été réalisées de 1981 à 1991 sur ce site appelé « le Champ des Merveilles » car il abonde en silex taillés. On y a trouvé aussi bien des objets du Paléolithique ancien (- 300 000 ans) que des silex du Néolithique (- 5 000 ans) ou des vestiges de l'âge du bronze et de l'époque gallo-romaine, mais rien ne prouve qu'il y ait eu continuité d'habitation entre ces périodes. On peut surtout voir un atelier de taille datant de 3000 à 2400 av. J.-C., et la façon dont il a été mis au jour par les archéologues. On se rend compte que les hommes de cette époque avaient déjà organisé une vie sociale, développée autour de leurs ateliers, dont ils commercialisaient la production dans une bonne partie de l'Europe.

Environ 1 km après Neuilly-le-Brignon, sur la droite, entre la route et la rivière, le ***dolmen de la Pierre Chaude,*** bien conservé. On y a récupéré au XIXe s des ossements humains datant de plus de 2000 av. J.-C. Encore quelques centaines de mètres et, dans un virage, se dresse une motte ovoïde entourée de douves, la ***forteresse du Châtelier.*** Le donjon à demi éventré et le mur d'enceinte sur lequel il est curieusement fixé sont du XIIIe s.

Continuer jusqu'à ***Ferrière-Larçon*** *(37350),* adorable village étagé sur le flanc d'un coteau et noyé dans une luxuriante végétation. Ne pas manquer d'aller jeter un coup d'œil (même 2 !) à la très belle *église Saint-Mandet-et-Saint-Jean* (même si composite des XIIe – la nef, romane – et XIIIe s – le chœur, gothique). Le clocher inachevé serait l'œuvre de bonnes fées (si, si !).

La Celle-Guénand *(37350)* **:** très beau village présentant quelques curiosités. L'*église* du XIIe s, modifiée au XIIIe s (la nef divisée en 3 vaisseaux voûtés), conserve à la croisée une coupole d'origine. Le *château* du XVe s, remanié aux XVIIe et XVIIIe s, ne se visite pas. À l'arrière, plusieurs logis du XVIIe s constituent un miniquartier appelé la Juiverie.

On peut également faire un petit crochet par les ***Palets de Gargantua,*** ces énormes dolmens destinés à servir de sépulcres il y a 5 000 ans, situés au lieu-dit La Baubinière (à 3 km au nord-est de Charnizay).

PREUILLY-SUR-CLAISE

(37290) 1 020 hab. *Carte Indre-et-Loire, C4*

Tout là-bas au sud, le gros bourg de Preuilly paraît bien assoupi, paressant au rythme nonchalant de sa Claise aux eaux claires, sous le haut clocher de son admirable collégiale. Ce chef-lieu de canton mérite pourtant qu'on y flâne, pour y humer une atmosphère encore très balzacienne, avec ses vieilles ruelles et ses beaux hôtels particuliers. Preuilly est réputé pour son marché au safran qui se tient vers mi-février.

UNE ÉPICE BIEN PARTICULIÈRE

Le safran était la seule épice de valeur cultivée en France, surtout dans le Gâtinais et le Quercy. Outre ses qualités gustatives, il soignait, disait-on, de nombreuses maladies, dont la peste. Un inconvénient, il échauffait les sens. Voilà pourquoi on l'interdisait aux veuves et aux jeunes filles. Affamées sexuellement, elles risquaient de « manger la chair par les deux bouches », disait-on.

Adresse utile

Office de tourisme : *Grande-Rue. ☎ 02-47-94-59-43. • info@preuillysurclaise.fr • Ouv seulement en juil-août, lun ap-m et mar-sam.*

Où dormir ? Où manger ?

Camping

Camping municipal Les Bords de la Claise : *☎ 02-47-94-50-04. • mairie-preuilly@orange.fr • À 400 m du centre (c'est fléché). Ouv juin-sept. Compter 8 € pour 2 ; mobile homes.* Très simple, au confort basique, mais au calme sur un agréable terrain assez ombragé et au bord de la rivière. Piscine municipale à proximité *(tlj sauf mar),* gratuite pour les campeurs.

De bon marché à prix moyens

La Claise : *4, av. Léon-Berthier. ☎ 02-47-92-08-50. • bc.cuisine2@orange.fr • Tlj le midi, sauf sam-dim-lun. Menus déj en sem 13-23 €.* Le chef régale ses voisins de menus tout simples le midi, frais et bons. Mais pour goûter à une cuisine plus « évoluée », proposant aussi bien des plats typés bistrot que des spécialités de saison plus gastronomiques, dans la grande véranda ou dans la petite salle moderne, on met les petits plats dans les grands.

À voir

L'église abbatiale Saint-Pierre : *tlj 9h-19h (16h en hiver).* Une abbaye bénédictine fut fondée à Preuilly au XIe s, mais l'église date du XIIe s. Mélange des styles romans tourangeau (grandes arcades surmontées d'arcatures aveugles et de hautes fenêtres) et berrichon (petites arcatures aveugles autour de l'édifice à l'extérieur). Son plan quelque peu tordu vient du fait qu'elle a été bâtie sur la pente du coteau et qu'il a fallu la consolider au fil des ans. Remarquez le clocher édifié en 1873 recouvert de tuiles vernissées, chose plutôt rare dans la région.

Le musée de la Poterne : *au pied du château du Lion, dans les anciennes poternes et prisons de ce dernier (XIVe-XVe s). ☎ 06-83-46-14-87. De mi-juil à fin août, [illegible] 14h00-18h. Entrée : 2 € ; réduc ; gratuit moins de 12 ans.* Pour en apprendre un peu plus sur la préhistoire, la période gallo-romaine et la période médiévale dont on a trouvé beaucoup de traces dans la région. Également des sections consacrées aux coiffes, dentelles et broderies et aux vieux métiers.

LA VALLÉE DE LA CREUSE, D'YZEURES-SUR-CREUSE À DESCARTES

De Tournon-Saint-Martin, au sud du département, à Descartes, la route flirte avec les boucles de la rivière et offre de superbes paysages.

À ***Yzeures-sur-Creuse*** *(37290),* le petit *musée de Minerve* abrite les vestiges de monuments antiques recueillis sur place, dont un pilier votif à Jupiter du IIIe s *(musée ouv mar-mer et ven 14h-18h, jeu et sam 10h-12h ; GRATUIT).* Sur la même place, le *musée Mado-Robin* (1918-1960) dédié à la cantatrice, native d'Yzeures et dans le cimetière duquel elle repose *(mêmes horaires que le précédent ; entrée : 3,50 € ; gratuit moins de 18 ans).* Sa voix était si extraordinairement aiguë qu'un journaliste américain déclara qu'elle avait franchi le mur du son. Les fans transis découvriront quelques objets personnels, des costumes, des affiches...

Relais de la Mothe : *1, pl. du 11-Novembre. ☎ 02-47-91-49-00. 📱 06-85-99-12-06. • relaisdelamothe@gmail.com • hotel-restaurant-touraine.com • Juste en face de l'église. Resto tlj sauf dim soir. Congés : 15 j. en janv. Doubles 70-135 €. Menu déj lun-sam (hors juil-août) 18 € et menus 22-50 €. Apéritif maison offert sur présentation de ce guide.* Cet ancien relais de poste – une maison cossue du XVIIIe s – a fait peau neuve dans un style des plus charmant. Côté hôtel, des chambres tout confort, certaines contemporaines, d'autres ayant conservé quelques attributs rustiques (cheminée...). Le resto, à la déco façon orangerie, occupe, lui, une ancienne salle de bal avec cheminée. Cuisine soignée, comme on dit. Agréable terrasse partagée avec le petit bar sympa de l'annexe. Accueil et service partout charmants.

Le château de La Guerche : *4, pl. de la Mairie, 37350* ***La Guerche.*** *☎ 02-47-91-02-39. • chateaudelaguerche.com • Fin juin-fin sept, tlj sauf dim mat 10h-13h, 14h-19h ; visites guidées (durée 1h) à 10h, 11h30, 14h30, 16h et 18h. Entrée : 8 € ; réduc.* Ce petit château fort sur la rive tourangelle de la Creuse au XVe s, bien que découronné sous la Révolution, a conservé son aspect militaire. Après avoir traversé un jardin à l'anglaise, on pénètre dans le château par les 2 niveaux de salles souterraines voûtées : les casemates d'artillerie au niveau inférieur et la prison et les greniers à grain alimentés, au niveau supérieur (on ne sait jamais, avec les crues !). Au rez-de-chaussée, la visite continue avec les salons meublés (salle de billard, salle à manger et salle des gardes).

DESCARTES

(37160) 3 550 hab. *Carte Indre-et-Loire, B4*

Plus proche de Châtellerault que de Tours, là où la Creuse délimite Touraine et Poitou, la tranquille petite « cité du philosophe » s'est fait un nom plus industriel que culturel, avec ses papeteries qui marquent, depuis 1857, l'histoire locale.

DESCARTES, SAVANT MULTICARTE

Mathématicien, algébriste, physicien, biologiste, anatomiste... mais surtout maître de logique. Mécontent « des docteurs et des livres », le père de la philosophie moderne avait décidé de ne plus chercher la vérité qu'en lui-même « et dans le grand livre du monde », la pensée de Descartes reposant sur quelques principes... cartésiens, dont celui-ci : « Ne recevoir aucune chose pour vraye que je la connusse évidemment pour être telle. » Peu d'œuvres eurent plus d'influence que la sienne sur la pensée occidentale. On se disputa dans toute l'Europe l'auteur du *Discours de la méthode,* qui naquit en 1596 à La Haye-en-Touraine (aujourd'hui... Descartes) et mourut à Stockholm en 1650. La faute à la reine Christine qui aurait épuisé (et pas que nerveusement, paraît-il) notre philosophe, moins sage qu'on l'imagine. Une face cachée, dont il n'est évidemment pas question dans le délicieux petit musée qui lui est consacré dans sa maison natale, une réplique de son crâne y étant exposée. Un crâne de génie !

Adresses utiles

Bureau d'information touristique : *pl. Blaise-Pascal. ☎ 02-47-92-42-20. • loches-valdeloire.com • Juil-août, tlj (sauf lun, mer et dim) 9h30-12h30, 14h-17h30 ; avr-juin et sept-oct, ouv l'ap-m des mar et jeu-ven (14h-17h30), et tte la journée sam (10h-12h30 et 14h-16h).* Un sentier de découverte libre, « La Cartésienne », à faire à pied pour découvrir l'histoire et le patrimoine de la cité. Départ d'une nouvelle voie verte de 42 km.

■ ***Randonnées en canoë-kayak :*** *parc de loisirs, près du camping. ☎ 02-47-59-81-65. 📱 07-86-88-78-07. • kayakdescartes37@yahoo.fr • Juil-août, mar-dim 10h-17h. Tte l'année sur résa. À partir de 6 €/pers pour le plan d'eau ; à partir de 12 €/pers pour la descente.*

Où dormir ? Où manger ?

Camping

⛺ ***La Roseraie :*** *allée Léo-Lagrange. ☎ 02-47-59-85-90 (mai-sept) ou 02-47-91-42-00 (hors saison). • camping@ville-descartes.fr • campingdescartes.pagesperso-orange.fr • ♿ À 500 m du centre, de l'autre côté de la rivière. Ouv mai-sept. Forfait pour 2 pers env 13,50 € ; chalets (tte l'année) ; nuitée en gîte d'étape 18 €/pers.* Ombragé, bien entretenu, calme et verdoyant. Beaux emplacements en bord de rivière. Juste à côté : cafétéria, piscine en été, location de canoë-kayak, etc. Accueil adorable.

De prix moyens à chic

🏠 ***Domaine de La Roche Bellin :*** *La Roche-Bellin. 📱 06-10-49-50-74. • domainedelarochebellin@gmail.com • hebergement-insolite-touraine.com • À 3 km au nord-est (c'est bien fléché). Résa vivement conseillée. Pour 2, par nuit : chambres d'hôtes, cabanes, roulottes, yourtes, lodges et huttes végétalisées 83-221 €. Loc également au w-e ou à la sem.* Un large choix d'hébergements insolites répartis dans un vaste domaine. Cabanes, roulottes, yourtes et surtout les amusantes huttes végétalisées pour vivre une expérience de Hobbit ! 2 *lodges,* 2 cabanes et une roulotte disposent d'un jacuzzi ou d'un bain nordique. Repas possibles déposés directement au pied de l'hébergement. Également une double en formule chambre d'hôtes. Location de vélos, randonnée et possibilité de pêcher dans l'étang du domaine, le tout planté dans un très beau décor.

🍴 ***L'Assiette Creuse :*** *10, rue du Commerce. ☎ 02-47-92-95-77. 📱 06-32-00-18-14. • lassiette-creuse@outlook.fr • ♿ Au centre. Tlj sauf lun-mar et dim soir. Formule déj en sem 28 € ; menus 37-98 €.* Une table récente mais déjà réputée : le chef est le plus jeune de la région à avoir reçu le titre de Maître restaurateur. Joli décor dans les tons bleu paon et gris, tables de sapin brut, fauteuils en cuir... La cuisine est créative, pleine d'idées surprenantes, et recourt aux légumes du potager ainsi qu'aux meilleurs produits fermiers du coin.

À voir

La maison-musée René-Descartes : *29, rue Descartes. ☎ 02-47-59-79-19. • musee@ville-descartes.fr • museedescartes.wixsite.com/museedescartes • ♿ Avr-oct, tlj (sauf lun-mar) 14h-18h (10h-12h, 14h-18h juin-août). Entrée : 5 € ; réduc ; gratuit moins de 18 ans.* Installé dans la maison natale du philosophe, ce très joli petit musée présente de façon érudite (il y a beaucoup à lire !), ludique et originale l'homme que fut Descartes, son époque, sa vie et son œuvre. Vraiment intéressant, que l'on ait ou non baigné dans la philosophie avant de passer la porte.

Le jardin public René-Boylesve : *GRATUIT.* Surprenant – pour une aussi petite ville – parc posé au bord de la Creuse : jardin médiéval, rares essences d'arbres, roseraie... et quelques animaux de la ferme pour faire le bonheur des enfants.

DE DESCARTES À SAINTE-MAURE-DE-TOURAINE PAR LES CHEMINS DE TRAVERSE DU GRAND LIGUEILLOIS

On vous conseille donc de prendre l'air de la campagne, en passant par la seule bourgade importante du coin, *Ligueil,* qui a donné son nom à cette terre de tradition, entre plateaux, vallons et coteaux.

À voir. À faire

Le prieuré du Louroux : *4, rue du Château, 37240* **Le Louroux,** *au centre du village. ☎ 02-47-92-82-07 (mairie) ou 02-47-91-82-82 (office de tourisme). Ouv à la visite (juin-sept, dim à 15h, rdv sur la place centrale, visite de 2h de tt le village) ou pdt des manifestations.* Pour apprécier cet ensemble exceptionnel du XIIe s, sortir en direction de Saint-Branchs et tourner dans la 1re petite route à droite. Là, en 1er plan, le pigeonnier, ou fuye, qui conserve intact le dispositif permettant d'accéder aux boulins (habitat créé pour les pigeons). Belle petite église à clocher roman.
Tout autour du village, plusieurs étangs, dont un, le plus grand étang naturel du département, est aménagé pour l'observation des oiseaux (à l'entrée du Louroux en venant de Manthelan).

La Table du Prieuré : *2, rue du Château (juste à côté de la ferme prieurale). ☎ 02-47-19-26-75. • contact@latableduprieure.fr • Tlj sauf lun et le soir dim-mer. Résa très conseillée. Formule déj 17 € ; menu 29 €.* Perdue en pleine cambrousse, cette jolie longère rénovée attire pourtant de nombreux fidèles. Il faut dire que la cuisine de marché, qui mêle joyeusement tradition et créativité, a de quoi éblouir en termes de maîtrise des cuissons, de saveurs et de dressage. Le menu change tous les jours et fait la part belle aux produits régionaux.

– ***Vols en planeur :*** ***Touraine Planeur,*** *aérodrome de Tours-Le Louroux, 37240* **Le Louroux.** *☎ 02-47-65-42-44. 📱 06-43-04-56-69. • touraine-planeur.org • Tlj avr-oct (permanence pour les rdv mar-dim 9h30-17h15). Journée découverte 170 €.* Pour les amateurs de sensations fortes qui voudraient découvrir autrement les châteaux de la Loire. Itinéraire en fonction de la météo.

LE PLATEAU DE SAINTE-MAURE

Limité à l'est par le pays de Loches, au nord par la vallée de l'Indre, à l'ouest par le Chinonais et au sud par la vallée de la Creuse, le plateau n'offre pas un paysage particulièrement grandiose. Moins de châteaux historiques que de vestiges préhistoriques. Néanmoins, grâce à sa situation géographique très centrale, il permet d'accéder aisément à la plupart des endroits intéressants situés tout autour.

UN PLATEAU POUR UN GRAND FROMAGE

Une tradition de bon goût. « Qui ne connaît le sainte-maure, ce petit traversin de fromage, ce blanc cylindre issu du lait très crémeux de la chèvre ? Les habitants de la Touraine font leur régal d'un quignon de pain enduit de sainte-maure et fraîchement arrosé de vin blanc. »

Car le bon vieux sainte-maure a aujourd'hui sa place sur les linéaires réfrigérés de la grande distribution. On l'exporte même au Japon, où il se vend une petite fortune ! Il est aujourd'hui auréolé de sa prestigieuse AOP (origine « protégée ») : les éleveurs et affineurs entendent respecter un strict cahier des charges. Sans cette AOP, ce fromage ne peut être commercialisé sous le nom de sainte-maure... « de-touraine » (qui fait légalement la différence). Les amateurs de fromage de chèvre profiteront de leur séjour dans la région pour le goûter de diverses façons : sucré, salé, poivré ou aux herbes ; mi-sec (moelleux), accompagné d'un chinon, sa saveur atteint la perfection ; chaud ou tiède, sur toast, en feuilleté, sur une viande... Et si d'amateur vous devenez fin connaisseur, il ne vous restera plus qu'à vous faire introniser par la Commanderie des fromages de Sainte-Maure lors du grand chapitre qui se tient le 3e vendredi de novembre, ou bien au moment de la foire aux fromages le 1er week-end de juin.

LE SAINTE-MAURE-DE-TOURAINE

Ce fromage date certainement des invasions arabes, d'où son nom. Leurs armées avançaient avec des troupeaux de chèvres pour nourrir les soldats. Après leur défaite à Poitiers en 732, un bon nombre d'entre eux s'établirent dans la région et transmirent leur recette. Ce fromage est reconnaissable grâce à la paille qui le perce, sur laquelle est gravé son nom. Une extrémité est légèrement plus évasée que l'autre.

SAINTE-MAURE-DE-TOURAINE

(37800) 4 260 hab. *Carte Indre-et-Loire, B3*

Étagée sur le flanc d'une dépression du plateau, la petite cité offre au visiteur une jolie perspective. Déjà fort considérée par les Romains et par Foulques Nerra en raison de sa situation stratégique, elle ne faillit pas aujourd'hui à sa vocation : de grandes voies de communication la desservent.
Elle possède également de belles halles XVIIe s aux portails finement ouvragés et dont les allées latérales abritent une partie du marché alimentaire le vendredi matin.

Adresse et info utiles

i ***Azay-Chinon Val de Loire Tourisme :*** *77, av. du Général-de-Gaulle, au carrefour des D 910 et D 760. ☎ 02-47-65-66-20. • tourisme@azay-chinon-valdeloire.com • azay-chinon-valdeloire.com • Juil-août, lun-sam 10h-13h, 14h-18h ; mai-juin et sept, lun-sam 10h-12h30, 14h-17h30 ; oct-avr, mar-sam 10h-12h30 et 14h30-17h (fermé sam de mi-nov à mi-fév).* Dans l'un des 3 pavillons, une exposition gratuite, ludique et interactive sur l'histoire et le fromage de Sainte-Maure, de la biquette au produit laitier fini ; console d'initiation au goût, vidéos, etc. Le hall d'entrée est occupé par l'accueil de l'office de tourisme et la boutique de produits régionaux. Billetterie (châteaux, zoo, Futuroscope) à tarifs préférentiels.
– ***Marché :*** *ven mat et dim mat.*

Où dormir ?

⛺ ***Camping municipal du parc de loisirs Robert-Guignard :*** *7, rue de Toizelet. ☎ 02-47-65-44-93. • camping@sainte-maure-de-touraine.*

fr • sainte-maure-de-touraine.fr • ♿ À 1 km du centre. Ouv mars-fin oct. Forfaits pour 2 pers 13,50-16 € ; mobile homes. Ombragé et voisin d'un agréable plan d'eau. Piscine municipale à proximité.

🏠 ***Chambres d'hôtes Au Grand Menasson :*** *Le Grand Menasson. ☎ 02-47-65-51-24. 📱 06-11-08-51-80. • albert.requin@sfr.fr • augrand menasson.fr • À env 3 km à l'est du centre-ville. Doubles 80-100 €. Un savon artisanal aux huiles essentielles offert sur présentation de ce guide (séjour de 2 nuits min).* Au cœur d'un beau parc de 4 ha, avec un étang de pêche alimenté par des sources, se cache cette belle demeure seigneuriale. 5 chambres aussi accueillantes les unes que les autres. Au rez-de-chaussée, la « Madras » dispose d'un coin cuisine-repas et d'une terrasse à l'arrière. Celles du logis seigneurial avec une tour peuvent être louées séparément ou en gîte (4-6 personnes) avec espace de vie, cuisine et terrasse privative donnant à l'arrière sur le parc. Salle à manger-salon avec cheminée pour les soirées fraîches et plein de bonnes suggestions de la part des sympathiques propriétaires pour visiter les environs. Une belle adresse.

Où dormir ? Où manger dans les environs ?

De prix moyens à très chic

🏠 ***Villa Alecya :*** *33, rue Boucicault, 37800* ***Sainte-Catherine-de-Fierbois.*** *☎ 02-47-22-78-40. • contact@villa-alecya.fr • villa-alecya.fr • À 6 km au nord par la D 910. Doubles 139-189 €. Table d'hôtes sur résa 35 €. Apéritif maison offert sur présentation de ce guide.* Cette splendide villa Belle Époque devait être érigée à La Baule, mais un enchaînement de péripéties la fit atterrir dans ce village, au milieu d'un superbe parc de 2,5 ha. Une personnalité hors normes se dégage de l'ensemble, depuis le jardin d'hiver jusqu'à la suite aménagée sous les combles, avec sauna, hammam et jacuzzi privé ! En tout, 5 chambres de caractère et de grand confort, décorées avec un rigoureux souci du détail, rendant chacune hommage à un artiste (Proust, Rodin, Wilde...). Remarquer ces aménagements très modernes pour l'époque : passe-plats (encore en état de marche) dans la salle de petit déj ou manivelles pour fermer les volets... Le soir, table d'hôtes avec légumes du potager. Jacuzzi sur résa (inclus dans le prix). Excellent accueil d'un proprio qui vous contera avec passion l'histoire insolite des lieux.

🍽 ***La Ciboulette :*** *78, route de Chinon, 37800* ***Noyant-de-Touraine.*** *☎ 02-47-65-84-64. • laciboulette@wanadoo.fr • ♿ À 3,5 km à l'ouest, juste en face de l'échangeur de l'A 10, sortie n° 25. Tlj sauf mar soir. Formules et menus 30-80 €.* Cette maison contemporaine, enfouie dans un cadre verdoyant et fleuri, est depuis longtemps l'adresse de référence du secteur. Dans sa vaste salle lumineuse donnant sur la campagne ou en terrasse, on se régale d'une savoureuse et créative cuisine 100 % maison. Service prompt et aimable.

Manifestation

– ***Foire aux fromages :*** *1er w-e de juin.*

DANS LES ENVIRONS DE SAINTE-MAURE-DE-TOURAINE

🚶 ***La Maison du souvenir :*** *rue de la Paix, 37800* ***Maillé.*** *☎ 02-47-65-24-89. • maison-du-souvenir@maille.fr • maisondusouvenir.fr • ♿ À 10 km au sud. Ouv lun-ven 10h30-13h, 14h-18h ainsi que les w-e avr-nov (sauf dim mat) ; dernière* *entrée 30 mn avt fermeture. Entrée : 6,40 € ; réduc ; gratuit moins de 12 ans. Film 1,90 €.* Maillé, c'est l'histoire d'un village martyr de la Seconde Guerre mondiale. L'histoire effroyable d'un massacre perpétré par un bataillon SS basé à Châtellerault. Le quart des habitants du village (124 personnes sur 500) fut exécuté le 25 août 1944 (le jour de la libération de Paris !) par les soldats allemands. Et les questions demeurent, sans réponse : pourquoi un tel massacre dans un village si paisible, comme à Oradour-sur-Glane ? Et pourquoi la mémoire collective n'a-t-elle pas conservé le nom de ce lieu martyrisé ? Enfin, pourquoi aucun procès des bourreaux n'a eu lieu ? Malgré une enquête rouverte en 2005 à l'initiative d'un procureur allemand, le dossier a été refermé. Double peine pour les survivants de ces familles. Ce lieu de mémoire est dédié à leur souvenir et vise, par-delà l'événement, à interpeller tout un chacun autour des Droits de l'homme et des victimes civiles lors des conflits armés. Une approche constructive très bien conçue.

Le jardin d'artiste de la Cressionnière : *6, rue des Saulniers, 37800* ***Sepmes.*** *06-07-43-73-02. • hydromobile.cc@orange.fr • À env 6 km à l'est de Sainte-Maure par la D 59 ; dans le bourg près du camping municipal. Ouv de mi-juin à août, sur rdv. Entrée : 10 € ; réduc ; gratuit moins de 4 ans.* « C'est un jardin extraordinaire », comme chantait Charles Trenet. Certes, pas très grand avec ses 3 900 m², mais on se laisse vite ensorceler par la magie du lieu. Sur le circuit fléché fleuri et arboré, on tombe sur de curieux personnages ou animaux, sur des topiaires représentant des faces étranges, ou encore sur les poules de collection, bien vivantes, elles, tout comme les carpes koï des bassins. Çà et là, des œuvres d'artistes divers et locaux sont également exposées. Buvette, coin pique-nique ombragé, boutique.

DE SAINTE-MAURE À L'ÎLE-BOUCHARD PAR LA VALLÉE DE LA MANSE

À environ 3,5 km au nord de Sainte-Maure par la D 910, en bas d'une descente, tourner à gauche et suivre la ***vallée de Courtineau*** (c'est bien fléché) qui suit la sauvage vallée de la Manse, jalonnée de bons vieux moulins à eau et de pittoresques maisons troglodytiques. Rejoindre ensuite ***Saint-Épain,*** village aux intéressantes maisons médiévales, dont celle de la Prévôté accolée à l'église romane.

Crissay-sur-Manse *(37220) : à 4 km de Saint-Épain.* Quel que soit le titre qu'on lui accorde – perle de la Touraine ou village classé au registre des plus beaux de France –, Crissay est sans nul doute le centre fétiche des vallées de la Manse. Conscients de la valeur de son patrimoine architectural, les habitants ont remarquablement restauré ce bel ensemble Renaissance des XVe et XVIe s. Flâner dans le bourg à la découverte de ces fenêtres à meneaux, pinacles, tourelles, balcons en fer forgé, puits et lavoirs restaurés, est l'occasion de faire un véritable saut dans le temps. Le château – ou plutôt ce qu'il en reste – présente la particularité d'avoir été en partie construit dans le rocher, notamment la chapelle et les communs, et de renfermer un important dédale de souterrains qui servirent à plusieurs reprises de refuge à la population. Il ne se visite malheureusement pas...

Avon-les-Roches *(37220) :* situé sur une hauteur, un peu en retrait de la vallée de la Manse. Son église, du XIIe s, est flanquée d'un remarquable porche percé de petites arcades et orné de chapiteaux historiés. Le portail à sa droite est lui aussi finement ouvragé.
À 2 km à l'est du bourg s'élèvent, dans un cadre enchanteur, les ruines de la ***collégiale des Roches-Tranchelion.*** Pour y aller, reprendre la petite route de Crissay et, à 1 km, tourner à gauche et suivre les indications. Du château, où Charles VII tint conseil, en 1449, pour décider de la poursuite des combats contre les Anglais,

il ne reste pas grand-chose. En revanche, un grand pan de la façade de la collégiale (XVIe s) aux fines lignes gothiques laisse imaginer son élégance. Le portail est surmonté d'un arc triomphal avec niches, rosace, personnages sculptés.

L'ÎLE-BOUCHARD

(37220) 1 590 hab. *Carte Indre-et-Loire, B3*

Gros bourg paisible étalé de part et d'autre de la Vienne, avec pour centre une île (évidemment !) sur laquelle se dressait autrefois un château et occupée aujourd'hui par les principaux édifices municipaux autour d'une vaste place oblongue, la place Bouchard. L'Île-Bouchard est dotée de quelques petits joyaux architecturaux et d'un environnement plaisant.

Adresses et info utiles

ℹ *Azay-Chinon Val de Loire Tourisme* *(point d'accueil saisonnier de L'Île-Bouchard) : pl. Bouchard. ☎ 02-47-58-67-75. • azay-chinon-valdeloire.com • Sur l'île, un kiosque à côté du pont. Ouv juil-août, lun-sam 10h-13h, 14h-18h.*

■ ***Cave des vignerons de Panzoult :*** *à 2 km.* Une cave sculptée à découvrir lors des foires aux vins, le 1er mai et le 1er week-end d'août.

– ***Marché :*** *sam mat, sur la pl. Bouchard.*

Où dormir ?

Camping

Les Bords de Vienne : *4 bis, allée du Camping. ☎ 02-47-97-34-54. • campinglesbordsdevienne37220@orange.fr • camping-bords-de-vienne.fr • Au centre. Ouv d'avr à mi-oct. Compter 10 € pour 2 ; gîte d'étape (tte l'année) 50-70 € pour 1-5 pers.* Beau terrain arboré avec la Vienne en toile de fond. Le lieu est très nature (seulement 3 mobile homes), calme et ombragé. Snack-bar en terrasse. Location de kayaks. Accueil souriant.

Où manger chic ?

Auberge de l'Île : *3, pl. Bouchard. ☎ 02-47-58-51-07. 06-71-18-52-98. • aubergedelile@orange.fr • Tlj sauf mar-mer, midi et soir. Congés : janv et 2 sem en oct. Formules 36-59 € ; carte 40-50 €.* Dans cet élégant resto à la déco des plus contemporaine, le chef ne cesse de transformer des plats de tradition en les retravaillant avec beaucoup d'imagination et de talent. Carte des vins très complète. Aux beaux jours, agréable terrasse en surplomb de la rivière.

Où dormir dans les environs ?

Chambres d'hôtes Les Bournais – Le Clos Milady : *Les Bournais, 37220 Theneuil. 06-21-05-44-74. • servais-picord.v@wanadoo.fr • lesbournais.net • Sortir de L'Île-Bouchard en direction de Richelieu et, à Brizay, tourner à gauche, c'est à env 1 km. Doubles 90-100 €. CB refusées (réserver de préférence sur le site). Réduc de 10 % sur le prix de la chambre sur présentation de ce guide.* En pleine campagne, dans une séduisante ferme dont les bâtiments s'organisent autour d'un jardin fleuri plein de charme et d'un terrain de pétanque, de superbes chambres décorées avec goût. L'une d'entre elles dispose même d'un coin cuisine bien pratique, tandis que la petite maison, avec ses 2 chambres et tout le confort d'un gîte, est parfaite pour les familles. Une excellente adresse.

Chambres d'hôtes Le Moulin de Saussaye : *Le Moulin de Saussaye, 37220* ***Crouzilles.*** *☎ 02-47-58-50-44. • info@moulindesaussaye.com • moulindesaussaye.com • À 1 km au nord de l'île (c'est fléché). Sur résa. Double 67 € ; pour camper (avr-oct), compter 15-20 € pour 2 pers ; mobile homes 180-340 €/sem.* Ferme, désormais bio, autour d'un moulin à eau qui fonctionne encore. Chambres d'hôtes simples et agréables réparties aux 4 coins de la propriété, pour garantir l'intimité des résidents, avec entrée indépendante. Les proprios élèvent des chèvres, des canards, des cailles, des moutons, des truites à pêcher sur place, et font leur propre vin ! Également un camping à la ferme géré indépendamment *(• jeanloup@moulindesaussaye.com •).*

À voir

Le prieuré Saint-Léonard : *rue de la Vallée-aux-Nains (quel nom !), rive gauche.* Du prieuré (XIIe s) ne subsiste que le chevet en hémicycle de l'église, mais quel vestige ! 3 registres d'arcatures plein cintre (celles des 2 niveaux supérieurs ont été murées) retombant sur des colonnes aux chapiteaux sculptés et superbement conservés. Décoration végétale et scènes de la vie du Christ. À l'arrière, le déambulatoire et 3 absidioles.

En sortant, possibilité, à 2 pas, de visiter le petit ***musée du Bouchardais*** *(☎ 02-47-58-50-15 (mairie) ; • musee.ilebouchard@orange.fr • ; juil-août, ven et dim 15h-18h ; entrée : 3 €, réduc).* Il est installé dans l'ancienne gare et expose des objets se référant à l'histoire et aux traditions populaires locales : outils, coiffes, documents photo, etc. Expositions temporaires.

L'église Saint-Gilles : *sur la rive droite, à l'angle des rues de la Liberté et des Quatre-Vents. Tlj 8h30-19h (19h30 sam).* Du XIe s mais abondamment remaniée au XIXe s. Intéressante surtout pour les fines décorations des voussures de ses 2 portails (principal et latéral). Alors que le pays vit encore des heures difficiles, le 8 décembre 1947, 4 fillettes disent y avoir vu la Vierge. L'apparition se serait répétée à 8 reprises jusqu'au dimanche suivant. Fantasme ou réalité ? Plus d'un demi-siècle plus tard, la question reste posée... mais les pèlerins continuent d'affluer tous les jours (le 8 décembre notamment) au pied de « la grotte de la Vierge et de l'ange », sculptée dans l'église par une artiste chinonaise.

LA TOURAINE

DANS LES ENVIRONS DE L'ÎLE-BOUCHARD

L'église Saint-Nicolas : *37220* ***Tavant.*** *Rens à la mairie (350 m à l'ouest). ☎ 09-72-30-69-94. • culture@tavant.fr • communedetavant.fr • Église ouv 20 juin-20 sept, mer-dim 10h30-12h30 et 14h-18h ; le reste de l'année, mar-sam sur rdv. GRATUIT. Crypte : 8 visites guidées/j. jusqu'à 17h30 : 5 € ; réduc ; gratuit moins de 11 ans.* Bâtie aux XIe-XIIe s. Admirez les délicates voussures du portail en plein cintre, flanqué de 2 étroites arcatures aveugles. Dans le chœur très surélevé et voûté en cul-de-four, fresque représentant l'enfance du Christ et un Christ en majesté. La crypte, soutenue par 8 piliers trapus, est entièrement couverte de fresques de la même époque, aux tons ocre, vert, blanc et noir. En tout, 27 scènes aux symboles pas toujours fréquents. Observez celle qui représente la luxure. L'élégance des poses, l'expressivité des mains des personnages ont quelque chose d'oriental.

LE PAYS DE RICHELIEU

RICHELIEU (37120) 1 730 hab. *Carte Indre-et-Loire, A3*

Ville ou monument ? Difficile de définir cet étrange endroit, né d'un délire mégalo, aux confins de la Touraine et du Poitou. Imaginez un quadrilatère de 700 m de long sur 500 m, qu'un axe central, bordé de maisons toutes identiques, sépare dans le sens de sa longueur ; à chacune des extrémités de cet axe, une place carrée. Le tout ceinturé de remparts. Cet ensemble obsessionnellement géométrique a été conçu par le cardinal de Richelieu pour loger ses courtisans.

UN PEU D'HISTOIRE

En 1631, pour le remercier de ses bons et loyaux services, Louis XIII octroie aux terres que possédait la famille du cardinal de Richelieu, dans ce coin de Touraine, le titre de duché-pairie. Et quand on porte un tel badge, on se doit d'être à la hauteur ! Surtout quand on a la grosse tête, comme c'était le cas pour le cardinal. Comme le petit château que possédait sa famille depuis le XVe s n'était pas assez bien, il le fait démolir et remplacer par un autre, vaste et luxueux, en même temps qu'il ordonne la construction de la ville pour y loger sa cour. Les frères Lemercier, les plus prestigieux architectes de l'époque (ceux du roi), sont mis sur l'affaire. Les directives sont simples : élever une cité idéale. Rien de moins !

Idéale, elle le fut certainement dans la géométrie poussée à outrance de son plan et de ses édifices, mais beaucoup moins en ce qui concerne son pouvoir de séduction. Il semble que Richelieu ait dû avoir recours à de savantes combines financières pour convaincre ses courtisans de venir s'y installer : don des parcelles sur lesquelles ils devaient faire bâtir le logis dont ils n'étaient même pas maîtres des plans, exonérations fiscales, etc. D'ailleurs, à sa mort, en 1642, tout ce beau monde prit la poudre d'escampette et la ville, inachevée, tomba dans l'oubli.

Elle revit aujourd'hui, grâce à une politique municipale active qui permet de proposer différents sites de visite.

INTENDANT DES MENUS PLAISIRS DU ROI

C'était le titre très prestigieux d'Armand du Plessis, duc de Richelieu et arrière-petit-neveu du célèbre cardinal. Il s'occupait des loisirs de Louis XV : théâtre, concerts, festivités... Coureur de jupons invétéré et libertin, il sélectionnait lui-même les comédiennes et inventa la promotion canapé. Outre ses maîtresses innombrables, il contracta 3 mariages, dont le dernier à 84 ans !

LA TOURAINE

Adresse et info utiles

Bureau d'accueil de Richelieu, Azay-Chinon Val de Loire Tourisme : *pl. du Marché. ☎ 02-47-58-13-62. • azay-chinon-valdeloire.com • Ouv mai-sept, lun-sam 10h-13h, 14h-18h plus dim du patrimoine (juil-août, tlj 9h30-13h, 14h-18h30, plus dim et j. fériés 10h-13h, 14h-18h). Oct-avr, lun-sam sauf j. fériés, 10h-12h30, 14h30-17h (fermé sam de mi-nov à mi-fév).*

Visite guidée de la ville en juil-août, jeu à 10h, ven-sam à 15h, dim à 10h (plus mar à 10h30 de mi-juil à mi-août) ; tarif : 5 € ; gratuit moins de 12 ans ; rdv à l'office.

– **Marché :** *lun (non alimentaire, sauf 1er du mois) et ven mat (alimentaire surtout).*

Où dormir ? Où manger ?

Prix moyens

■ |●| ***Hôtel Le Puits Doré :*** *24, pl. du Marché. ☎ 02-47-58-16-02. • info@lepuitsdore.fr • lepuitsdore.fr • ♿ En plein centre. Doubles 67-129 €. Menu 16,90 € (déj en sem), puis formules et menus env 28 €. Réduc de 10 % sur le prix de la chambre sur présentation de ce guide.* Ancien hôtel particulier (et ses dépendances) qui abrite un hôtel tout court depuis 1632 ! Si les chambres – irréprochables – sont d'une déco sobrement contemporaine, quelques poutres de bois rappellent, ici ou là, ce passé. Comme dans la salle du resto où est servie, avec le sourire, une cuisine des plus classique, pas mal amenée.

Où dormir dans les environs ?

■ ***Chambres d'hôtes la Ferme du Luc :*** *Le Luc, 37120* ***Braslou.*** *☎ 02-47-95-65-34. 📱 06-70-91-03-04. • madeleine.tessier0491@orange.fr • le-luc-braslou.fr • À 10 km au sud-est. Doubles 65-70 €. Pot d'accueil offert sur présentation de ce guide.* Dans un beau corps de ferme des XIIe et XVIIe s dominant la campagne, 2 chambres rustiques confortables, avec salon commun et ouvrant sur une vaste terrasse ombragée et gazonnée. Mais le plus romantique, c'est l'adorable gîte « intime » aménagé dans l'ancien four à pain : pièce à vivre agréable au rez-de-chaussée (kitchenette), chambre coquette et salle de bains pimpante à l'étage. Charmant. Accueil chaleureux de la propriétaire qui fera tout pour rendre votre séjour agréable.

■ ***Chambres d'hôtes du château de Basché :*** *37210* ***Assay.*** *📱 06-68-89-52-77. • sera-k@hotmail.fr • chateaudebasche.fr • À 6 km au nord-ouest. Doubles 110-120 € ; gîte pour 2 : 100 € (2 nuits min).* Un ravissant château des XIVe et XVIe s niché au milieu d'un paisible parc de 5 ha. Tenu par un jeune couple très accueillant, le lieu enchante autant par son architecture majestueuse que par le charme de son décor à l'ancienne : salons immenses, mobilier précieux, boiseries et moulures à gogo... Une noble allure que l'on retrouve dans les 5 chambres d'hôtes, spacieuses et confortables. Vaste suite familiale dans la partie la plus ancienne. Jolies dépendances d'époque (chapelle, écuries...) et aussi 2 agréables gîtes. Génial pour goûter à la vie de château l'espace d'un séjour et oublier le reste du monde !

LA TOURAINE

À voir. À faire

👍👍 ***La Grande-Rue :*** impressionnante enfilade de façades presque toutes semblables. À l'origine, les 28 hôtels particuliers qui la bordent étaient en fait absolument identiques : même plan, même nombre de pièces, disposées de la même façon. Ces habitations étaient destinées aux personnalités les plus importantes de l'entourage du cardinal. À l'extrémité nord de la Grande-Rue, la place des Religieuses, où se dressaient un couvent et l'académie, où l'on enseignait aux jeunes nobles la pensée cartésienne ; au sud, la place du Marché autour de laquelle s'ordonnent l'église, l'hôtel de ville (et son musée, voir plus loin) et la grande halle coiffée d'une belle charpente, superbement éclairée la nuit comme les autres bâtiments de la place.

L'espace Richelieu : *28, Grande-Rue. ☎ 02-47-98-48-70. • ville-richelieu.fr • Avr-sept, tlj sauf mar 10h-12h30, 14h-18h ; juil-août, 10h-13h, 14h30-18h30 sauf mar. Entrée : 4 € ; gratuit moins de 12 ans. Billet jumelé avec le musée de l'Hôtel de Ville : 6 €.* Cet hôtel particulier qui appartenait à Gérard Klein (« l'Instit », ou l'acteur, si vous préférez !), et bien avant lui à un courtisan de Richelieu, a été racheté par la mairie. L'espace bénéficie d'une scénographie moderne présentant la personnalité ô combien controversée de Richelieu, sa vie, son œuvre, sa ville, et son château, aujourd'hui disparu. Ce vaste château, édifié à partir de 1625, à l'emplacement de la propriété familiale du cardinal de Richelieu, à proximité de la « cité idéale », a été démantelé au début du XIXe s, revendu pierre par pierre par un marchand de biens. Mais un film en 3D façon jeu vidéo permet de se faire une petite idée de ce qu'il était, du faste des appartements richement ornés de Louis XIII et d'Anne d'Autriche, de ses jardins et de ses riches collections.

Le musée de l'Hôtel de Ville : *pl. du Marché (1er étage de la mairie). ☎ 02-47-58-10-13 (mairie). Avr-fin sept, tlj (sauf mar) 10h-12h30, 14h-18h (juil-août 10h-13h 14h30-18h30) ; oct-mars, lun-ven (sauf mar) 10h-12h, 14h-17h. Entrée : 3 € ; réduc ; gratuit moins de 12 ans.* Dans son château aujourd'hui disparu, le cardinal possédait une importante collection d'œuvres d'art. Le musée en présente une poignée (toiles et sculptures), mais aussi et surtout une reconstitution des décors de la grande galerie des batailles, 6 tableaux glorifiant les hauts faits militaires de Louis XIII. Dans un autre registre, on y découvre également tous les volumes (originaux !) de l'*Encyclopédie* de Diderot et d'Alembert.

Le parc du château : *☎ 02-47-58-13-62 (office de tourisme). Tlj 8h-20h (9h-18h oct-mars). GRATUIT.* Le château n'a laissé comme souvenir de sa splendeur que ce magnifique parc, un pavillon (le Dôme) où sont exposés plans et maquettes, les chais et l'orangerie. Et se promener parmi les allées plantées de marronniers séculaires, dans la roseraie ou le long du canal qui traverse le parc, se révèle aujourd'hui encore des plus agréable. Miniferme pour les enfants.

Festivals et manifestation

- **Marché aux truffes :** *2e et 4e sam de janv, 2e sam de fév et 21 et 28 déc, à* **Marigny-Marmande,** *à env 15 km au sud-est de Richelieu.*
- **Festival de Cape et d'Épée :** *un w-e fin juil, les années impaires.* Pour se sentir dans la peau d'un mousquetaire : démonstration et ateliers d'initiation à l'escrime entre autres animations.
- **Festival de musique :** *fin juil-début août.* Concerts classiques sous la halle et dans les environs, au château du Rivau, par exemple.

DANS LES ENVIRONS DE RICHELIEU

L'abbaye royale Saint-Michel de Bois-Aubry : *37120* **Luzé.** *☎ 02-47-58-37-11. • abbayedeboisaubry.fr • À 11 km à l'est de Richelieu. Pâques-fin sept, tlj sauf lun 10h-12h, 14h-18h. Entrée : 8 € ; réduc ; gratuit moins de 10 ans. Visite guidée mar et dim à 15h (10 €).* Rachetée et restaurée par un passionné d'histoire et de vieilles pierres, cette belle abbaye du XIIe s mêle les styles roman, roman tardif et gothique. Quoique ruinée, elle recèle encore bien des secrets, bien des trésors. Vous les découvrirez en la compagnie du maître des lieux, intarissable sur le sujet.

Fortifications, cloître romantique, jubé gothique, salle « à échos », clocher fièrement dressé... Dans un petit cimetière à l'écart, vous pourrez même vous recueillir sur la tombe de l'acteur Yul Brynner, qui fait également l'objet d'un petit musée. Le comédien est fêté chaque année à l'occasion du *Festi'Yul*. Un autre petit musée présente sur un ton humoristique la vie des moines. On visite aussi le parc de 3 ha doté d'un sentier nature.

2 gîtes sur place, avec une piscine face au chœur de l'abbatiale.

D'HOLLYWOOD À LUZÉ

Yul Brynner repose désormais dans le cimetière de l'abbaye royale Saint-Michel. Le chauve le plus célèbre de l'histoire du cinéma avait d'abord choisi sa propriété du Calvados pour dernière demeure. Mais sa veuve ayant décidé de la vendre, c'est dans cette abbaye, dont un des moines orthodoxes qui l'occupaient alors était un ami du défunt comédien, que ses cendres ont été transférées.

DE RICHELIEU À CHINON PAR LA VALLÉE DE LA VEUDE

***La sainte-chapelle de Champigny-sur-Veude** (37120) :* le château fort, élevé au début du XVIe s par les 1ers Bourbons, est aujourd'hui démoli. Richelieu, ne pouvant supporter la présence dans son voisinage d'un château aussi étincelant, s'arrangea avec Gaston d'Orléans, frère de Louis XIII, pour que ce dernier lui cède Champigny en échange d'un château qui l'intéressait moins. Richelieu put ensuite tout à loisir détruire ce château, dont il n'existe aucun dessin ou plan.

La chapelle dédiée à Saint Louis fut, elle, sauvée de justesse. Qualifiée de sainte pour avoir contenu un fragment de la Vraie Croix, elle dépendait directement du pape, et le peu vertueux cardinal, pour achever son lamentable dessein, devait donc lui en demander l'autorisation. Le pape Urbain VIII refusa.

Bien sûr, l'intérêt de ses vitraux constitue l'attrait essentiel de l'édifice, mais l'habile juxtaposition du porche Renaissance sur la façade gothique confère à la chapelle un charme tout spécial. Sous le porche couvert d'une voûte à caissons, le portail orné de 4 panneaux sculptés illustrant chacun une des vertus cardinales. Sur le portail latéral (à gauche), autrefois incrusté d'or, sont représentées les 3 vertus théologales, la Foi, l'Espérance et la Charité.

***Le château et les jardins du Rivau :** 37120 Léméré. ☎ 02-47-95-77-47. • chateaudurivau.com • (jardins, écuries, pressoir et château). Bien fléché. Ouv avr-nov, tlj 10h-19h (18h avr et oct-nov). Entrée : 11,50 € ; réduc ; gratuit moins de 5 ans. Audioguide 3,50 € (avec une version adaptée aux enfants). Nombreuses animations (voir le site). Également des chambres d'hôtel (doubles 180-250 €).*

Un étonnant ensemble architectural des XVe et XVIe s, doté d'un authentique pont-levis, habilement restauré par ses propriétaires, la famille Laigneau, pendant près d'une vingtaine d'années. La famille de Beauvau, longtemps au service des rois

MÂCHICOULIS

Ces galeries en haut des fortifications étaient percées d'ouvertures. Le mot vient de « mâcher » qui signifie « broyer », « écraser » et de « cou ». Le but de ces trous était d'y verser de l'eau bouillante ou des pierres afin de broyer le cou des ennemis.

de France, a donné son aspect actuel à cet ancien « *hostel* fort » du XIIIe s, qui a conservé son système défensif : donjon, archères, mâchicoulis... Les pièces du château ouvertes aux visiteurs ne sont plus habitées, mais on découvre au fil de la visite des objets rares évoquant l'art de vivre des grands seigneurs d'antan, des portraits de famille, un plafond peint de la Renaissance dans la salle à manger, une salle dédiée à Jeanne d'Arc qui a séjourné au château avant le siège d'Orléans.
Chaque année, une exposition d'art contemporain, avec le « merveilleux » pour fil rouge, invite les visiteurs du domaine à une relecture contemporaine. Conçue comme un cabinet de curiosités, l'expo « Le goût de l'art » aborde le thème des arts de la table, au travers des œuvres de 40 artistes. Dans les écuries Renaissance, une remarquable animation audiovisuelle vous plongera dans l'histoire de l'art équestre sous le règne de François Ier. Avant de partir à la découverte des magnifiques jardins et de plonger en plein conte de fées...
14 jardins, classés « Jardin remarquable », créés par Patricia Laigneau, et souvent musicalisés, qui vous promènent, sourire aux lèvres, dans l'univers des contes et légendes revisités par des artistes contemporains : de gigantesques bottes de 7 lieues, une « Forêt qui court », une volière de phénix. On traverse aussi le chemin du Petit Poucet, le labyrinthe d'« Alice au pays du Rivau »... Le potager de Gargantua abrite choux et cucurbitacées géants ; spectacle visuel assez amusant en saison (de juillet à octobre). Superbe collection, également, de 475 variétés de roses.

Plusieurs options pour manger au château : ***La Table des Fées*** *(avr-nov, 12h-15h ; compter 15-20 €)* propose surtout des salades, servies en terrasse aux beaux jours. Également un ***salon de thé*** *(vac scol, 12h-18h).* Plus intéressant, le nouveau resto gastronomique ***Jardin Secret*** *(06-59-06-86-33 ; résa obligatoire ; mer-dim midi et soir ; menu 45 €)* met en vedette les légumes anciens du potager, les plantes sauvages et les produits régionaux au gré d'une carte saisonnière raffinée. Le repas se déroule dehors, dans un tunnel transparent !

CHINON ET SES ENVIRONS

Composé de 3 parties distinctes et spécifiques, le pays de Chinon offre un aspect harmonieusement équilibré autour de son principal centre urbain. Au nord-est, la vaste forêt domaniale, bordée au sud de landes ; au nord, le Véron, plateau ondulant doucement entre Vienne et Loire : territoire de prédilection de la majeure partie du réputé vignoble, l'autre partie préférant l'exposition du coteau situé sur la rive droite de la Vienne, à l'est de Chinon ; au sud-ouest, la Rabelaisie, site historique des guerres picrocholines.

LES BÉDOUINS DU VÉRON

Les historiens prétendent que c'est sur la presqu'île du Véron que les Arabes, battus en 732 à Poitiers, auraient été faits prisonniers. Mais une crue survint, et les habitants du Véron refusèrent de les laisser se noyer. Ils auraient donc été intégrés à la population. D'ailleurs, il existe un cimetière aux Maures. Les habitants de Savigny sont aujourd'hui encore appelés les Bédouins du Véron.

LES RABELAISIENNES

« Le grand rire de Rabelais est un phénomène unique dans la littérature », écrivait Marcel Aymé. « À côté de lui, Aristophane, Boccace, Molière font figure de croque-morts. » Rabelais était fils de son temps. Si le rire, selon Rabelais, est bien le « propre de l'homme », c'est assurément de l'homme de la Renaissance, un homme nouveau, libéré des obscurantismes, affamé de connaissances (« la substantifique moelle ») et ami des plaisirs (l'abbaye de Thélème, la dive bouteille). Un rire inextinguible, invincible, qui déverse sur le lecteur des cataractes de mots, étrille les docteurs de la Sorbonne et les fauteurs de guerre. Un rire à l'échelle des géants que sont Gargantua et Pantagruel, aussi grands festoyeurs que despotes éclairés : la sagesse, en somme, de la Renaissance. ***Et surtout, en tant que médecin, Rabelais affirmait que le rire soignait !***

On y retrouve, la démesure en plus, toutes les qualités de son Chinonais natal : la bonne humeur, la sève bouillonnante de la vigne, la méfiance à l'égard des dogmes. L'histoire de *Gargantua* englobe tout le sud du Chinonais. La Roche-Clermault, Parilly, le pont de la Nonnain sur la Vienne, Vaugaudry, la Vauguyon, etc. Grandgousier recevra aussi renfort des gens de Montsoreau, Bourgueil, Choizeaux, etc., entre autres localités où le père de Rabelais possédait des intérêts.

RABELAIS ET LE VIN

« À boire ! À boire ! À boire ! » Ce furent là les 1ers mots que prononça Gargantua à sa naissance. Le ton était donné... La soif du bébé se révéla si « large » qu'il fallut 17 913 vaches pour l'allaiter. Mais la Touraine n'étant pas qu'un bon « pays de vache », on en vint vite à abreuver le fils de Gargamelle et Grandgousier d'un breuvage non lacté.

Tout *Gargantua* tient en fait entre 2 festins où abondent les « menus propos de beuverie ». Toute l'œuvre de ce sacré curé est placée sous le signe du vin, de ce « benoist et désiré piot » qui sera l'essence, ou plutôt la « quintessence » même de ce « Tiers Livre » qui mènera Pantagruel et Panurge dans le mythique temple de la Dive Bouteille, où les compagnons entendront le mot magique « Trincq ! », car dans la bouteille se trouve la source de toute éloquence et de toute sagesse. Elle est source de civilisation, d'inspiration et de résurrection. Le vin que Rabelais nous exhorte à boire dans son œuvre n'est pas celui du quotidien, mais celui de la vie collective, de la convivialité. Pas le vin aliment mais ***le vin festif,*** celui qui nous convie au banquet de la vie, le vin divin par lequel « divin on devient ». Ce nectar grâce auquel les pantagruélistes vérifieront la justesse de l'adage : « *In vino veritas* ». Le vin d'ici pour entrevoir l'au-delà ?

Derrière les formules bues et rebues, et prises au 1er degré (« beuvez tousjours, ne mourrez jamais », « Quand mon verre sera plein, je le vidrai / Quand il sera vide, je le plaindrai », etc.), Rabelais prêche en effet la modération. Car s'il est vrai que « Jamais homme noble ne hait le bon vin », « Ne bois pas inutilement » ! De la modération dans Rabelais ? Tout à fait ! Des abus, d'accord, mais à condition de ne pas en abuser. Et lorsqu'il lance un tonitruant « Beuvez tousjours... », il entend dire qu'il ne faut jamais cesser de s'abreuver à la source du savoir.

UN VERRE DE VIN VAUT MIEUX QUE DEUX D'EAU TU L'AURAS...

Raillant volontiers les « médecins d'eau douce », le docteur Rabelais ne manquait pas de rappeler çà et là les vertus thérapeutiques du jus de la treille. Ainsi, Panurge nettoyait sa plaie avec la salvatrice « eau bénite de cave » (l'alcool désinfecte). Pas question en ce temps-là de faire confiance à l'eau, si souvent souillée qu'il était déconseillé de la boire « pure ».

LA TOURAINE

CHINON

(37500) 8 570 hab. *Carte Indre-et-Loire, A3*

• Plan *p. 474-475*

Nonchalamment étendue au bord de la Vienne, au pied d'une haute falaise que couronne son imposante forteresse, Chinon est un chef-d'œuvre médiéval. La 1re chose à faire est de traverser la rivière pour bien saisir la séduisante homogénéité architecturale de cette attrayante « Ville d'art et d'histoire ». Ce couronnement de tours, de donjons et de créneaux, cette ville étroite aux toits pointus qui s'entremêlent entre muraille et rivière, cette ligne de platanes qui invite à la promenade au bord de l'eau. Chaque coin y est un tableau. Et lorsque le soleil commence à décliner et que le tuffeau se teinte d'or, ah ! Une sérénité totale émane de cette bachique cité, dont l'art de vivre se déguste à petites gorgées.

UN PEU D'HISTOIRE

Déjà repéré par les Romains qui y avaient installé un castrum, l'éperon rocheux qui domine la Vienne à cet endroit continue d'être utilisé à des fins stratégiques du Xe au XVe s. Au Xe s, Chinon est propriété des ***comtes de Blois*** qui entament la construction en pierre du château fort, situé à l'ouest de la tour de l'Horloge. Mais au XIe s, les Angevins la récupèrent, et, au XIIe s, ***Henri II Plantagenêt,*** devenu roi d'Angleterre, fait de Chinon sa résidence favorite, où il s'éteindra en 1189. Durant la période angevine, la forteresse initiale est renforcée et prend les dimensions qu'on lui connaît aujourd'hui. ***En 1205, la Touraine est rattachée définitivement au royaume de France,*** et dès lors, d'illustres Capétiens y séjournent, à commencer par Philippe Auguste, qui laisse, en guise de « griffe », un donjon, la tour du Coudray. Philippe le Bel, en 1307, enferme dans cette même tour les templiers qu'il a fait arrêter.

Chinon n'échappe ensuite pas à la vague d'antisémitisme aigu qui sévit alors. En 1321, 178 juifs sont arrêtés, emprisonnés, jugés, brûlés vifs et jetés dans une fosse commune. Motif : les juifs auraient empoisonné les puits avec des excréments de lépreux...

Quelques années plus tard, Chinon vit un épisode d'une rare violence de la ***guerre de Cent Ans.*** C'est dans ce climat de troubles que survient l'événement le plus célèbre de l'histoire de Chinon : la ***rencontre de Charles VII et de Jeanne d'Arc, le 8 mars 1429.*** Ce jour-là, la Pucelle sait reconnaître, dans le groupe de courtisans, le dauphin qui s'était déguisé et lui transmet le message divin lui intimant gentiment l'ordre d'aller chasser l'Anglais du côté d'Orléans. Sous la pression de son entourage qui la considère comme une illuminée (ce qui n'était pas entièrement faux), Charles VII envoie Jeanne d'Arc se faire examiner par les théologiens de Poitiers. Après un mois de mise en observation, on conclut qu'elle n'a rien d'une folle, qu'on peut donc lui faire confiance. On connaît la suite : l'Anglais est bouté hors de France, le dauphin sacré roi, et Jeanne brûlée vive, quasiment abandonnée par son roi.

Sous le règne de Charles VII, Chinon reste le ***siège du gouvernement.*** Le roi embellit la ville, et on apprécie aujourd'hui les remarquables vestiges de sa splendeur passée. Lorsque, avec ***Louis XI,*** la Cour se déplace à Tours d'abord, à Amboise ensuite avec Charles VIII, puis à Blois, Fontainebleau et Paris, Chinon perd peu à peu de son aura, et le château, comme celui de Loches, sert de prison. Quand Richelieu s'en empare en 1634, il entreprend de le démolir. Mais, après sa mort, ses descendants laissent à l'abandon ce qui en subsiste.

Adresses et infos utiles

Bureau d'accueil de Chinon, Azay-Chinon Val de Loire Tourisme *(plan B2)* **:** *1, rue Rabelais. ☎ 02-47-93-17-85. • azay-chinon-valdeloire.com • Mai-sept, tlj 9h30-13h (10h-13h dim et j. fériés), 14h-18h (10h-19h juil-août). Oct-avr, lun-sam (sauf j. fériés) 10h-12h30, 14h-18h. Également un point info de mi-juin à mi-sept à côté de l'entrée de la forteresse (av. François-Mitterrand), 10h-13h, 14h-17h (18h juil-août).* Propose des billets à tarif préférentiel pour la visite des châteaux de la Loire ou d'autres sites touristiques. Visites guidées de la ville *(juil-août, jeu et dim à 17h30 ; de mi-avr à juil, sam à 15h30 ; durée 1h30 ; tarif 5 €, réduc).* Visites « Parcours insolite » *(juil-août à 17h30).*

Gare SNCF *(hors plan par C2)* **:** *à env 1 km à l'est du centre-ville.* Liaisons TER ou bus avec Tours. Plusieurs bus assurent, au départ de la gare, un certain nombre de liaisons avec des localités de la région.

Location de vélos : Chinon Loisirs Activités Nature *(C.L.A.N. ; plan A2, **1**). 06-23-82-96-33. • chinon-canoe.fr • Compter 9 € pour 2h, 52 €/sem.* **Follow Me** *(plan B2, **2**) : 4 bis, rue du Commerce. 06-88-73-88-69. • e-followme.com • Compter 17 €/j.* Propose également de sympathiques balades en gyropode *(circuits 28-41 €/pers).*

Location de canoës-kayaks *(plan A2, **1**)* **: Chinon Loisirs Activités Nature** *; voir ci-avant. Compter de 9 €/h plan d'eau, 17 € parcours 2h à 29 €/j. Combinaison vélo/canoë à la ½ journée ou à la journée : aller à vélo, retour en canoë.*

– **Marché :** *jeu mat ; pl. Jeanne-d'Arc.*

Où dormir ?

Camping

Camping de l'Île Auger *(plan A2, **10**)* **:** *quai Danton. ☎ 02-47-93-08-35. • info@camping-chinon.com • camping-chinon.com • ♿ Ouv avr-oct. Forfaits pour 2 pers, 15,50-19,50 € ; tentes et bungalows (2-5 pers). Réduc de 10 % sur les emplacements et hébergements sur présentation de ce guide.* Agréablement situé sur les berges de la Vienne, ombragé par des acacias, correctement équipé et bien entretenu. Jolie vue sur la ville et la forteresse. Plage, piscine *(réduc 50 %)*, guinguette et location de canoës et de vélos juste à côté.

De prix moyens à chic

Hôtel Diderot *(plan C1, **13**)* **:** *4, rue Buffon. ☎ 02-47-93-18-87. 06-07-63-02-18. • hoteldiderot@hoteldiderot.com • hoteldiderot.com • ♿ Fermé 2 sem fin janv-début fév et 3 sem après le 11 nov. Doubles 72-112 €. Parking payant.* Dans une rue tranquille, derrière un haut portail et au fond d'une séduisante cour-jardin des plus fleurie, une très jolie maison du XVIIIe s, ancienne résidence d'un des chanoines de la collégiale. À l'intérieur, cheminée du XVe s, escalier du XVIIIe s et colombages : tout pour le plaisir des yeux. Chambres des plus charmantes, à la déco élégante. Joli choix (c'est une tradition !) de confitures maison au petit déj.

Hôtel Agnès Sorel *(plan A1, **12**)* **:** *4, quai Pasteur. ☎ 02-47-93-04-37. • info@hotel-agnes-sorel.com • hotel-agnes-sorel.com • ♿ Fermé janv. Doubles [illegible] €. Café offert sur présentation de ce guide.* De très jolies chambres, élégantes et cosy, réparties entre la maison principale et une petite annexe voisine. Certaines ont vue sur la rivière ou possèdent une grande terrasse, d'autres sont organisées autour d'une courette paisible. Bar et petite restauration. Plus qu'agréable, comme l'accueil.

Hôtel Le Plantagenêt *(plan C2, **17**)* **:** *12, pl. Jeanne-d'Arc. ☎ 02-47-93-36-92. • resa@hotel-plantagenet.com • hotel-plantagenet.com • ♿ Doubles 76-118 €. Parking à vélos.* Chambres distribuées autour d'un petit jardin. Déco variant selon le style des bâtiments : alliance de classique et de moderne pour le 1er, contemporain coloré pour l'annexe, objets chinés pour la partie bourgeoise. Accueil tout sourire.

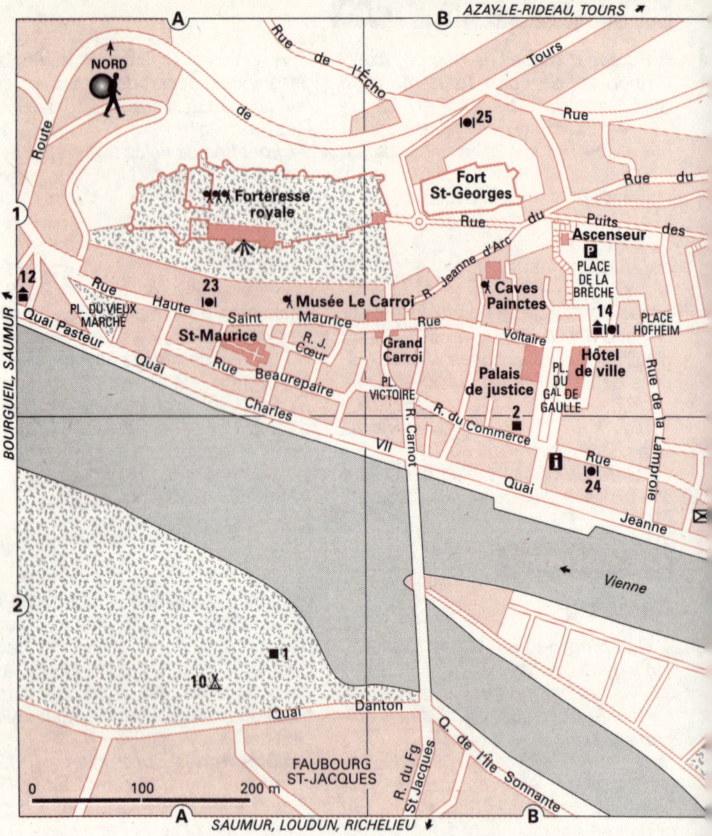

Chic

Hôtel de France (*plan B1,* **14**) *: 47, pl. du Général-de-Gaulle. ☎ 02-47-93-33-91. • hoteldefrance@bw-chinon.fr • bestwestern.fr • Congés : fin d'année. Doubles 89-139 € ; familiales. Local à vélos. Réduc de 10 % sur le prix de la chambre sur présentation de ce guide.* Dans un bel immeuble du XVIe s, chambres confortables, à la déco contemporaine, certaines avec balcon et vue sur le château. Agréable jardin dans la cour intérieure où l'on peut prendre son petit déj aux beaux jours. Accueil très pro.

Où dormir dans les environs ?

Chambres d'hôtes La Balastière** : 5, rue de Grésille, 37420* ***Beaumont-en-Véron. *☎ 02-47-58-87-93. 06-14-90-66-48. • labalastierechinon@free.fr • labalastierechinon.fr • À env 6 km à l'ouest. Doubles 49-64 € ; familiales. CB refusées. Réduc de 10 % sur le prix de la chambre sur présentation de ce*

Adresses utiles

- Bureau d'accueil de Chinon, Azay-Chinon Val de Loire tourisme (B2)
- 1 Chinon Loisirs Activités Nature (location de vélos et canoës-kayaks ; A2)
- 2 Follow Me (location de vélos ; B2)

Où dormir ?

- 10 Camping de l'Île Auger (A2)
- 12 Hôtel Agnès Sorel (A1)
- 13 Hôtel Diderot (C1)
- 14 Hôtel de France (B1)
- 17 Hôtel Le Plantagenêt (C2)

Où manger ?

- 14 Au Chapeau Rouge (B1)
- 22 L'Entrepotes (C2)
- 23 Les Années 30 (A1)
- 24 La Part des Anges (B2)
- 25 Au Local (B1)
- 26 Un Air d'Antan (C2)

CHINON

guide (au-delà de 3 nuits). Lovée dans un jardin fleuri entouré de champs, cette jolie maison ancienne est un bon point de chute : la salle à manger est bien agréable avec sa grosse cheminée et sa table conviviale pour le petit déjeuner (yaourts et gâteaux maison), la cuisine commune est très pratique, et les chambres, simples et rustiques, sont d'un confort suffisant (2 d'entre elles sont équipées d'une kitchenette, et la plus grande, façon loft, est impeccable pour les familles). Accueil sympa et dynamique qui met tout le monde à l'aise.

Chambres d'hôtes La Closerie Saint-Martin : *6, rue du Prieuré, Les Roches-Saint-Paul, 37500* ***Ligré.*** *☎ 02-47-58-17-24. 06-73-04-48-12. • info@lacloseriesaintmartin.fr • lacloseriesaintmartin.fr • À env 6 km au sud-est. Doubles 85-100 € ; familiales. Table d'hôtes 32 €. Apéritif maison offert sur présentation de ce guide.* La porte est monumentale, la hauteur sous plafond presque impressionnante et la cave (où se prend l'apéro, si l'on reste dîner) spectaculaire : normal, il s'agit des anciennes dépendances d'un prieuré ! Les chambres en imposent moins mais sont vraiment charmantes, chacune avec sa personnalité. Excellent accueil.

Manoir de la Giraudière : *15, rue de la Giraudière, 37420* ***Beaumont-en-Véron.*** *☎ 02-47-58-40-36. • giraudiere@hotels-france.com • giraudiere.com • À 6 km à l'ouest. Doubles 79-92 €.* Un hôtel aménagé dans un petit manoir du XVIIe s et ses dépendances, presque isolés, en pleine campagne. Chambres très différentes selon le prix : basiques (mais confortables) pour les moins onéreuses, charmantes avec cheminée d'époque, par exemple, pour quelques euros de plus. Également 3 apparts avec cuisine. Petit parc avec arbres séculaires et pigeonnier du XVIe s. Au resto, cuisine de tradition avec quelques idées d'aujourd'hui. Accueil gentil et ambiance familiale.

Hôtel Imago : *1, impasse du Haut-Clos, 37500* ***La Roche-Clermault.*** *☎ 02-47-93-68-35. • hotel-imago.com • Resto seulement le soir. Double dès 77 €. Plats env 15 €.* Un hôtel moderne en hauteur offrant une agréable vue sur la campagne depuis les balcons ou terrasses des jolies chambres contemporaines. Au resto, une cuisine de saison goûteuse et joliment dressée, mise en valeur par une sélection de vins précise. Excellent accueil.

Où manger ?

De très bon marché à bon marché

Un Air d'Antan *(plan C2,* ***26****) : 54 bis, rue Rabelais. ☎ 02-47-95-37-52. 06-18-33-44-67. • antoineborgne37@gmail.com • Tlj sauf dim-mar, midi et soir. Congés : vac scol de Noël. Carte env 20 €. Digestif maison offert sur présentation de ce guide.* Petite salle façon bistrot, mini terrasse dans un verdoyant patio et carte à l'ardoise pour une cuisine familiale généreuse, doucement facturée : brouillade à la truffe, pot-au-feu, coq au vin, etc. Menus thématiques le samedi soir. Et l'accueil comme l'ambiance donnent l'impression d'être invité chez des amis.

De prix moyens à chic

L'Entrepotes *(plan C2,* ***22****) : 88, quai Jeanne-d'Arc. ☎ 02-47-95-79-59. • ludovichumeau@sfr.fr • Tlj sauf dim-lun, midi et soir. Menus 18 € (déj en sem), puis 29 €.* Avec sa terrasse très déco et son cadre tendance, cette adresse détonne un peu à Chinon. Mais rien de m'as-tu-vu ici : l'ambiance est décontractée, l'accueil chaleureux, et la cuisine, à l'ardoise, donc de saison, assure dans un registre classique rehaussé d'un soupçon de modernité.

La Part des Anges *(plan B2,* ***24****) : 5, rue Rabelais. ☎ 02-47-93-99-93. • lapartdesanges37500@orange.fr • Tlj sauf dim-lun, midi et soir. Fermé 2 sem en mars et 2 sem en nov. Formule déj sauf dim 25 € et carte env 36-41 €.* Un jeune couple est aux commandes de ce tout petit resto au cadre d'une élégante sobriété (mais où chaque détail semble avoir été pensé). Cuisine ouverte où madame travaille avec talent et originalité les produits de région et de saison. Les idées comme les saveurs se télescopent, avec des résultats souvent enthousiasmants. En salle, monsieur conseille avec le sourire les meilleurs crus du secteur (très bonne sélection).

Au Local *(plan B1,* ***25****) : 2b, rue du Château. ☎ 02-47-93-95-87. Tlj sauf mar-jeu, midi et soir. Formule et menu 26-40 €.* Idéal pour admirer la forteresse depuis la salle contemporaine tout en baies vitrées ou la terrasse. Dans l'assiette, des créations élégantes et pleines de goût d'un jeune chef inventif, qui met un point d'honneur à ne travailler que des ingrédients locaux. Avec l'un des vins de l'excellente sélection, c'est le bonheur assuré.

Au Chapeau Rouge *(plan B1,* ***14****) : 49, pl. du Général-de-Gaulle. ☎ 02-47-98-08-08. • chapeau.rouge@club-internet.fr • Tlj sauf lun-mar midi. Congés : 3 sem en fév-mars et 3 sem en oct-nov. Formule déj en sem 25,50 € ; menus 25-30 €.* Des fleurs en façade, des tables joliment dressées

LA TOURAINE

sur la place en été, près de la fontaine, et une salle douce à vivre en toute saison. Au gré des saisons d'ailleurs, le chef joue astucieusement des bons produits locaux. La qualité s'avère constante et la sélection de vins judicieuse. Très bel accueil. Chapeau !

Les Années 30 *(plan A1,* **23***)* **:** *78, rue Haute-Saint-Maurice.* ☎ *02-47-93-37-18.* 📱 *06-77-73-02-13.* • *stecharles@icloud.com* • *Tlj sauf mar-mer, midi et soir. Formule déj en sem 22,50 € ; menus 31-50 €.* Dans un cadre élégant et feutré (un peu années 1930 évidemment !), une jolie cuisine, inventive mais qui n'oublie pas son terroir, préparée avec de bons produits de saison et servie avec le sourire. Vins de Chinon à prix sages. Une fort belle adresse.

Où déguster du chinon ?

Planté dès le haut Moyen Âge, le vignoble chinonais s'étend aujourd'hui sur 19 communes et 1 850 ha. Les vins rouges ou rosés sont issus presque exclusivement du cépage cabernet franc ou breton, et le vin blanc, toujours sec, provient du cépage chenin. Comme à Bourgueil, les vignes des terrains à gravier produisent des vins moins charpentés que celles poussant sur les sols calcaires et argilo-calcaires. Ces derniers donnent incontestablement les meilleurs vins et les plus aptes au vieillissement. Ils sont surtout produits sur les coteaux au nord et au sud de Chinon. Lorsqu'un chinon jeune est âpre, tannique, sombre, violacé et encore fermé au nez, c'est bon signe. Cela veut dire qu'il a toutes les qualités pour bien vieillir et qu'il donnera dans quelques années, voire quelques dizaines d'années, un nectar superbe aux arômes de violette, de sous-bois et de gibier. Heureux ceux qui n'ont encore jamais goûté un tel nectar ! Il leur reste une raison de vivre aussi puissante que la quête du Graal.

Quelques bonnes adresses

Cave Plouzeau : *94, rue Haute-Saint-Maurice.* ☎ *02-47-93-16-34.* • *plouzeau.com* • *Sous la forteresse, dans la partie médiévale de Chinon. Avr-sept, mar midi-sam 11h-13h, 14h-19h ; oct-mars, jeu-sam jusqu'à 18h. Fermé en janv, 1er mai et certains j. fériés.* Les caves sont creusées droit ***sous la forteresse*** ! Dégustation de vins bio. De rares chenins frais et élégants, et des rouges bien construits et savoureux. Pour creuser le sujet, on peut participer aux visites guidées plus techniques dans le chai, au château, et même s'offrir une virée à vélo dans les vignes.

Charles Joguet : *La Dioterie, 37220* ***Sazilly.*** ☎ *02-47-58-55-53.* • *charlesjoguet.com* • *Tlj sauf dim 10h-13h, 14h-18h (sam sur rdv hors saison).* Petits rendements, vieilles vignes, beaucoup de savoir-faire et une recherche constante de la qualité. Comme témoignage d'honnêteté, la maison ne fait pas les mêmes vins tous les ans. Preuve que la nature a encore son mot à dire.

Domaine de l'R : *14, Coteaux-de-Sonnay, 37500* ***Cravant-les-Coteaux.*** 📱 *06-85-10-01-02.* • *domainedelr.com* • *Accueil sur résa.* Après avoir tout appris à bonne école, Frédéric Sigonneau a repris le domaine familial pour y appliquer des méthodes naturelles. Le résultat est à son image : franc et sincère ! On se régale de vins gourmands, fruités et équilibrés pour les plus simples (le « Canal des Grandes Pièces » est le vin de copains par excellence !), fins et puissants pour les grandes cuvées. La plus belle, *les Mains Sales*, est même éraflée grain par grain, tandis que l'emblématique *SO2* ne contient pas de soufre ! Une belle rencontre.

Cave Monplaisir : *quai Pasteur, à 1 km du centre-ville en aval de la Vienne.* ☎ *02-47-93-20-75.* • *cavemonplaisir.fr* • *De mi-juin à mi-sept, tlj 10h30-12h30, 14h30-19h ; hors saison, tlj sauf mer jusqu'à 18h. Fermé de janv à mi-mars et de mi-nov à mi-déc.* Dans une immense cave taillée dans le tuffeau, plusieurs propriétaires présentent une sélection de vins de Chinon. Qualité inégale, mais bon accueil et dégustation généreuse.

Domaine de la Noblaie : *Manzagol-Billard, Le Vau-Breton, 37500* ***Ligré.*** *☎ 02-47-93-10-96. • lanoblaie.fr • Accueil à la cave tlj (sauf dim et j. fériés) 10h-12h, 14h-18h ; fermé sam en janv. Congés : vac de Noël.* Les vins valent le détour, mais aussi le site, plein de charme ! Une belle balade œno-bucolique à la découverte d'un vignoble certifié bio et vendangé à la main.

Domaine l'Arpenty : *11, rue de la Forêt, 37220* ***Panzoult.*** *☎ 02-47-95-22-86. • larpenty.fr • Accueil sur résa.* Émilien fait partie de cette nouvelle génération de vignerons très impliquée dans le respect de l'environnement. Et puis, on est séduit par la ferme dominant un ravissant paysage de vignes. De bons vins bio. Il n'hésite pas à prendre le temps de montrer son chai adossé à la roche (où tout est encuvé par gravité), puis sa cave dans le tuffeau où l'on admire un pressoir taillé dans la masse, des barriques et des amphores.

À voir. À faire

– Un ascenseur *(plan B1 ; tlj 7h-minuit, 23h en hiver ; GRATUIT)* permet de gagner sans trop d'effort la ville haute et la forteresse royale.

La forteresse royale (plan A1) : *☎ 02-47-93-13-45. • forteressechinon.fr • Tlj : mai-août, 9h30-19h ; mars-avr et sept-oct, jusqu'à 18h ; nov-fév, jusqu'à 17h. Fermé 1er janv et 25 déc. Dernier billet 30 mn avt fermeture. Entrée : 10,50 € ; réduc ; gratuit moins de 7 ans. Réduc si l'on vient d'un site partenaire (châteaux du Rivau, de Langeais, de Villandry, d'Azay-le-Rideau, de Saché, abbaye de Fontevraud, musée Rabelais). Régulières visites guidées (gratuites). Visite avec tablette, en réalité augmentée, incluse dans le billet d'entrée. Animations famille pdt les vac scol et en été. Monument game (sur résa).*
Une des rares forteresses médiévales situées en Val de Loire et un site majeur de l'histoire de France. Située sur son éperon rocheux, la forteresse royale de Chinon reflète les heures les plus prestigieuses du Moyen Âge. Dernier refuge d'Henri II Plantagenêt, roi d'Angleterre, ses murs millénaires ont accueilli Aliénor d'Aquitaine, Charles VII et Jeanne d'Arc lors des tournants majeurs de l'histoire de France. Les « 3 châteaux » qui la composent livrent aujourd'hui leurs secrets au travers de reconstitutions et d'animations variées.
À l'origine, cette vaste et puissante forteresse était composée de 3 parties séparées les unes des autres par un profond fossé ; du fort Saint-Georges, il ne restait que quelques pans de mur, mais l'ambitieux projet de restructuration de la forteresse a permis d'intégrer joliment ces vestiges en y installant le moderne bâtiment d'accueil. Se visitent ensuite le château du Milieu et le fort du Coudray.
La ***tour de l'Horloge,*** construite au XIVe s, renferme, au sommet, dans le lanternon, la Marie Javelle (une cloche), qui ne se lasse pas, depuis 1399, d'égrener les heures ! La tour accueille des installations temporaires en saison, ainsi qu'une petite exposition sur le mécanisme d'origine de l'horloge, soigneusement restauré. 100 m plus loin, on peut voir, ultime rescapée de la fameuse salle où eut lieu l'entrevue entre Charles VII et Jeanne d'Arc, la cheminée monumentale suspendue au-dessus du vide. Les ***logis royaux,*** en revanche, sont

UN MIRACLE ENFIN ÉLUCIDÉ

Tous les élèves de France ont appris que Jeanne d'Arc a rencontré Charles VII, en 1429, à Chinon, pour le convaincre de bouter les Anglais hors de France. « Et comment la Pucelle a-t-elle pu reconnaître le roi au milieu des 300 gentilshommes de la Cour ? » se demandent encore des générations d'enfants traumatisés. Des études récentes ont enfin percé le secret : Jeanne d'Arc avait tout simplement rencontré Charles VII, en tout petit comité, 2 jours avant. Hé, hé !

LA TOURAINE

bien préservés, et intègrent un musée interactif consacré à l'histoire du site et aux personnages qui en ont écrit les principaux chapitres, notamment Jeanne d'Arc et Charles VII (reconstitution de sa chambre), Aliénor d'Aquitaine (sa chambre a également été reconstituée) ainsi que quelques vitrines renfermant différents objets découverts lors des fouilles. Franchir ensuite les impressionnants fossés pour rejoindre la *tour de Boissy* (belles salles voûtées) et la cour du ***fort du Coudray*** d'où l'on a une vue « aérienne » éblouissante sur la ville et ses environs. Dans le donjon du Coudray, on peut encore déchiffrer les graffitis laissés par les templiers emprisonnés par Philippe le Bel (parmi lesquels figurait le grand maître Jacques de Molay *himself* !).
En revenant vers la tour de l'Horloge, on traverse le ***parc du château du Milieu.*** Remarquer, sur la gauche, la tour des Chiens du XIIIe s : elle doit son nom à 2 corps de bâtiment qui se sont appuyés sur elle au XVe s et qui servaient de chenil pour les meutes royales.

★★ ***Balade dans le quartier de la Ville-Fort*** *(plan B1)* **:** c'est la partie médiévale de Chinon, aujourd'hui piétonne et superbement mise en valeur. Elle est traversée par la rue Voltaire (qui prend ensuite le nom de rue Haute-Saint-Maurice) pavée et bordée sur presque toute sa longueur de jolies maisons des XVe, XVIe et XVIIe s. Certaines, les plus anciennes, sont à pans de bois et pierre ; la *maison Rouge* (mais il y en a d'autres), aux nos 38-42, est à pans de bois à remplissage de brique, d'où son nom. Au no 44 se dresse l'*hôtel des États généraux* où Richard Cœur de Lion, blessé en Limousin lors des combats contre Philippe Auguste, serait venu rendre l'âme en 1199. Il abrite aujourd'hui le *musée Le Carroi* (voir plus loin). Au no 48, l'ancien *hôtel des Gouverneurs* (XVIIe s) possède une jolie cour en hémicycle et un intéressant escalier. Au no 58, *maison Poirier de Beauvais,* du XVIe s, flanquée d'une tourelle. Au no 82, l'élégant *édifice de la Maîtrise des eaux et forêts,* avec son fronton à moulures, ses fenêtres ornées de chapiteaux, sa tourelle carrée et son escalier à vis.
Arrivé à hauteur de l'ancienne porte du Vieux-Marché, revenir sur ses pas pour découvrir, en contrebas de la rue, l'*église Saint-Maurice* bâtie au XIIe s par Henri II Plantagenêt mais plusieurs fois remaniée *(ne se visite que rarement).* Juste à côté (au no 73), l'ancien *palais du Bailliage,* du XVe s. C'est ici que plaidait le père de Rabelais du temps où il était avocat. En se glissant dans la rue du Palais, sur le côté de l'église, on peut en admirer la façade sud et la tourelle d'angle.

★ ***Le musée Le Carroi*** *(plan A-B1)* **:** *44, rue Haute-Saint-Maurice. ☎ 02-47-93-18-12. Juil-août, 10h-13h, 14h-19h. Hors saison, 14h-18h. Entrée : 4 € ; réduc ; gratuit moins de 6 ans.* C'est le musée des arts et d'histoire de la ville, installé dans l'hôtel des états généraux (XVe-XVIe s). À voir non seulement pour les collections (tournantes), mais aussi pour la splendeur de l'architecture intérieure. En particulier, la salle où se tinrent les états généraux en 1428, au 1er étage, récemment rénovée : admirer le fameux ***portrait de Rabelais par Delacroix*** et le superbe habillage de cheminée sculpté par un compagnon. En section archéologique, ne pas manquer la pièce maîtresse du musée : la ***chape de saint Mexme,*** plus grande œuvre du genre en Europe. Il s'agit d'une étoffe orientale du XIe s, en soie brodée d'or, décorée de motifs animaliers (guépards, rapaces) et végétaux. Rapportée de la 2e croisade par Aliénor d'Aquitaine, elle fut offerte aux chanoines de la collégiale, qui s'en servirent comme vêtement sacerdotal. La passementerie présente des couleurs étonnamment fraîches pour un tissu presque millénaire ! Au 2e, autre salle (en travaux) avec une belle charpente en vaisseau.

★ ***Les Caves Painctes*** *(plan B1)* **:** *au fond de l'impasse des Caves-Painctes, qui débouche sur la rue Voltaire. ☎ 02-47-93-30-44. Visite uniquement sur rdv. Tarifs à la résa, 72 € la visite/30 min (dégustation incluse).* C'est là, sous le château, dans ce temple de la « Dive Bouteille » tant célébré par Rabelais que, 4 fois par an, la confrérie des entonneurs rabelaisiens tient chapitre et reçoit ses hôtes (calendrier sur le site ● *entonneurs-rabelaisiens.com* ●).

L'église Saint-Étienne *(plan C1) : tlj 11h-19h.* Élevée au XVe s sous la direction du gouverneur Philippe de Commines. Le double portail gothique flamboyant contraste fort avec le quasi-dénuement de la façade. Dans la nef unique voûtée d'ogives, statue de Jeanne d'Arc, en marbre blanc, œuvre de François Sicard (1900). Le clocher nord-est date du XIe s.

La collégiale Saint-Mexme *(plan C1) : 4, pl. Saint-Mexme. En principe, juil-août, tlj sauf mar 15h-18h ; mai-juin et sept, sam-dim et j. fériés 15h-18h. GRATUIT.* L'ancienne collégiale était le plus vieil édifice religieux de Chinon. Sa construction s'est échelonnée de l'an 1000 au XVe s, mais, au début du XIXe s, les parties orientales se sont effondrées, faute d'entretien. L'édifice abrite aujourd'hui un centre culturel, et l'ancienne nef médiévale renferme un petit théâtre en bois, très utilisé à la saison estivale. Les parties occidentales (porche et tours) accueillent de nombreuses peintures murales et, depuis 2006, les vitraux abstraits dessinés par Olivier Debré. Expositions en période estivale.

La chapelle Sainte-Radegonde *(hors plan par C1) : de la pl. Saint-Mexme, prendre la rue du Pitoche qui grimpe (raide !) vers le coteau Sainte-Radegonde, creusé de caves (compter 15 mn). Mai-Journées du patrimoine, w-e et j. fériés 14h30-17h30 (juil-août, tlj sauf mar 15h-18h). GRATUIT.* La chapelle, ancien oratoire troglodytique de l'ermite Jean le Reclus qui vivait à côté au VIe s, est reconnaissable de l'extérieur grâce à son beau porche en plein cintre. Au XIIe s, elle fut agrandie et soutenue par des piliers. Dans les années 1960, on découvrit la petite mais non moins magnifique fresque du XIIe s qui, depuis, fait sa célébrité. On y reconnaît des membres de la famille Plantagenêt (peut-être Aliénor d'Aquitaine). Pour la petite histoire, on raconte que Radegonde, épouse de Clotaire Ier, écœurée par son mari après qu'il eut trucidé son frère (à elle), avait décidé de ne plus se vouer qu'à de saintes causes. Souvent, elle venait chercher ici conseil auprès de l'ermite qui lui apprenait patiemment le métier de sainte. La légende populaire locale prétend même qu'elle aurait couché sur un lit en pierre dans l'oratoire. Et après qu'elle fut devenue sainte, le lit, sanctifié à son tour, aurait accompli moult guérisons...

➢ ***Promenades à thème en bateaux traditionnels sur la Vienne et la Loire :*** *avr-nov.* **La Chinonaise, Compagnie de Navigation,** 06-76-74-51-14. • bateaux-promenades-chinon.com • Parcours de 1 à 2h *(env 18 €/pers ; réduc).*

LA TOURAINE

Foires et manifestation

- ***Les Vignerons dans la ville :*** *1 sam en avr ou mai.*
- ***Avoine Zone Groove :*** *dernier w-e de juin.* Festival qui fait la part belle au blues (mais s'ouvre à toutes les musiques).
- ***Marché médiéval :*** *1 j. en août.* Animations et spectacles.
- ***Marché à l'ancienne :*** *3e ou 4e sam d'août, tte la journée.* Marché 1900 reconstitué, avec défilé le matin, animations jusqu'en soirée.

DANS LES ENVIRONS DE CHINON

La Cave de la Sybille : *Les Villeseaux, 37220* **Panzoult.** ☎ 02-47-58-38-33. • cave-touristique-sybille.com • *Mar-sam 10h-13h, 14h30-18h15 (tlj juil-août). Entrée : 6 €, dégustation et verre souvenir inclus.* Voilà une belle leçon de solidarité ! La Sybille, c'est une initiative géniale portée par les vignerons de Panzoult. Et pourquoi la Sybille ? Parce que c'est à Panzoult que Panurge, sur les conseils de Pantagruel, vient consulter la sybille, une devineresse fameuse... Le parcours dévoile autant de caveaux qu'il y a de domaines, mais chacun d'entre eux est délicatement sculpté de scènes évoquant l'aventure du héros rabelaisien.

À cela s'ajoutent des jeux d'ombre et de lumière, des projections et un film poétique sur le travail dans les vignes. En sortant, on déguste la sélection du jour dans une belle bâtisse moderne largement ouverte sur les parcelles, avant de profiter, si besoin, des tables de pique-nique. Incontournable.

L'église Notre-Dame : *37500* ***Rivière.*** *À 5 km à l'est de Chinon, par la D 749. Tlj 9h30-18h30.* Sous un clocher carré, bel exemple d'art roman, le porche abrite de superbes fresques murales des XIe et XIIe s. À l'intérieur (entièrement recouvert de fresques au XIXe s), autel surélevé au-dessus d'une crypte très ancienne (IIIe s).

Le château des Brétignolles : *1, route de Chinon, 37500* ***Anché.*** *• chateaudesbretignolles.fr • À 8 km au sud-est de Chinon, par la D 749 puis la D 760. Juin-août, tlj 10h-18h ; mai et sept-oct, sam-dim 14h-18h. Fermé nov-avr. Entrée (visite guidée obligatoire, env 40 mn) : 7 € ; réduc ; gratuit moins de 12 ans.* Ravissant château érigé entre 1450 et 1500, dans un style gothique tardif qui préfigurait la Renaissance. Son architecture n'a jamais été remaniée. Ayant appartenu à d'illustres familles d'officiers royaux (les Bernard, les Turgot), le domaine fut récemment acquis par une famille qui le restaure peu à peu et qui a eu la bonne idée de l'ouvrir aux visiteurs. C'est le proprio lui-même qui vous guide à travers l'harmonieux corps de logis flanqué de ses 4 tours dissemblables, la chapelle seigneuriale, le parc, les anciennes écuries, les caves troglodytiques abritant un immense four à pain, un chai et un pressoir... Un lieu encore très méconnu et qui vaut le détour.

L'écomusée du Véron : *80, route de Candes, 37420* ***Savigny-en-Véron.*** *☎ 02-47-58-09-05. • ecomusee-veron.fr • À 11 km au nord-ouest. Juil-sept, tlj (sauf mar en sept) 10h-18h (19h w-e) ; hors saison, tlj 14h-18h sauf mar et mat des w-e. Fermé de mi-nov à Pâques. Entrée : 4 € ; réduc ; gratuit moins de 6 ans. Nombreuses animations (voir le site).* Dans une ferme du XIXe s joliment réhabilitée, à la muséographie contemporaine et ludique. Section archéologique et intéressantes expos temporaires. Dehors, au gré d'un sentier thématique qui sillonne un bocage de 5 ha typique du Véron, on peut rencontrer quelques-unes des races domestiques du coin : le baudet (du Poitou !), le cheval de trait (poitevin !) ou les chèvres (poitevines aussi !).

PETIT PÈLERINAGE EN RABELAISIE

Les vrais fans de Rabelais se muniront de *La Vie inestimable de Gargantua*, où sont relatés les épisodes de la guerre picrocholine, et se lanceront sur les traces des lieux évoqués. Les autres trouveront, dans les étapes mentionnées ci-après, une page géante évoquant le célèbre combat entre Picrochole, roi de Lerné, et Grandgousier, père de Gargantua et roi de Seuilly, pour une malheureuse histoire de galettes que le 1er avait refusé de vendre au 2d...

➢ De Chinon, traverser la Vienne. Au quartier de Saint-Lazare, emprunter la D 751, à droite, vers Candes-Saint-Martin. À 3 km, prendre à gauche la D 759 et la suivre jusqu'au passage à niveau. À gauche, un chemin mène aux ruines du ***château de La Roche-Clermault*** que Grandgousier reprit des mains de Picrochole après un sanglant combat. Revenir au passage à niveau, tourner à droite et franchir le ruisseau au gué de Vède.

Le musée Rabelais (La Devinière) : *après le virage du gué de Vède, prendre à droite direction Seuilly (panneaux). ☎ 02-47-95-91-18. • musee-rabelais.fr • Juil-août, tlj 10h-19h ; le reste de l'année, tlj (sauf mar) 10h-12h30, 14h-17h (tlj jusqu'à 18h avr-juin et sept). Fermé 1er janv et 25 déc. Entrée : 6 € ; réduc ; gratuit moins de 7 ans. Visite guidée gratuite sur demande.* Peu importe que Rabelais soit né ici ou à Chinon. Ce qui compte, c'est que La Devinière reste le point de rencontre de la réalité et de l'imaginaire si fertile de l'écrivain. De ce domaine où il a passé les 1res années de son existence, il se sert du paysage comme théâtre d'opérations pour la fameuse guerre picrocholine de son célèbre livre *Gargantua.* En parcourant le logis principal (XVe s), le pigeonnier-grange et la maison du vigneron, on découvre du mobilier, des documents rares (éditions anciennes, dessins originaux, portraits signés Matisse...) et des expos temporaires. La visite comprend également une courte balade dans le réseau de caves troglodytiques aménagées sous les bâtiments.

***Seuilly** (37500) : 1 km plus loin, sur la D 117.* Village composé de troglodytes, de quelques maisons du XVIe s, d'une église et de l'abbaye où le petit François acquit ses 1res notions de grec et de latin. Il faut croire que l'endroit et les moines l'inspirèrent, car il y fait référence dans la guerre de Picrochole : « Frère Jean des Entommeures saulve le cloz de l'abbaye de Seuilly du sac des ennemys Picrochole et sa bande ».

***Lerné** (37500) : continuer sur la D 117 sur 4 km.* Non seulement Lerné est l'un des hauts lieux de l'épopée picrocholine – fief de Picrochole et point de départ du conflit –, mais c'est aussi un adorable village où chaque maison a le souci de mettre en valeur ses beaux moellons de tuffeau blond. Dans l'église (XIIe-XIIIe s), remarquez la statue en bois de sainte Némoise, affublée d'une palme d'oie à la place du pied droit. La légende raconte qu'une jolie bergère, poursuivie assidûment par le châtelain de Lerné, pria le ciel de venir à son secours. Ledit ciel ne trouva rien de mieux, pour exaucer le vœu et décourager l'amoureux, que de doter la belle dame de ce peton disgracieux...

***Picroboule, Centre historique de la boule de fort :** 1, route de Thizay, 37500 Lerné. ☎ 02-47-95-86-86. 📱 06-66-37-10-03. • bouledefortlerne37@orange.fr • ♿ Ouv seulement sur rdv. Entrée : 3 €. Initiation : 1,50 € (2 € sans la visite du musée).* Centre d'interprétation consacré à la boule de fort, jeu typiquement ligérien que l'on pourrait comparer, sur certains points, à la pétanque, sinon qu'on y joue en pantoufles et avec des boules qui ne roulent pas vraiment droit ! Le musée propose une découverte ludique et interactive grâce aux bornes sonores et simulateurs de jeu alternant avec objets d'époque.

CANDES-SAINT-MARTIN

(37500) 200 hab. *Carte Indre-et-Loire, A3*

Situé à la confluence de la Vienne et de la Loire, Candes, classé, à juste titre, parmi les « Plus Beaux Villages de France », est aussi le village le plus occidental de Touraine. La collégiale et les maisons blotties à son pied, au long du confluent, forment un ensemble des plus harmonieux.

Où manger ? Où boire un verre ?

***Enfin... du Vin ! :** 1, route de Compostelle. ☎ 02-47-95-07-61. À l'entrée de Candes en venant de Chinon. Tlj sauf lun et dim soir. Congés : sept-fév. Repas à la carte env 19 €. Café offert sur présentation de ce guide.* C'est d'abord un caviste spécialisé (entre autres...) dans les vins de Loire. Et comme c'est aussi un bar à vins, sa sélection au verre est un régal, d'autant qu'elle accompagne à merveille des pots de terrine ou des assiettes de charcuterie et de fromages de qualité. En terrasse, avec vue sur la rivière à 2 pas, c'est un petit bonheur qui ne se refuse pas ! Mais les proprios parlent de partir sur d'autres rives...

Également plusieurs restos à ***Montsoreau,*** qui n'est qu'à 1 km (voir le *Routard Pays de la Loire*).

À voir. À faire

La collégiale Saint-Martin : *tlj sauf dim mat, 9h-19h.* Élevée aux XIIe et XIIIe s à l'emplacement même de la maison où mourut saint Martin en 397, elle a été fortifiée au XVe s. Toutefois, il semble que plusieurs équipes successives d'architectes se soient attelées à la tâche, ce qui expliquerait son plan irrégulier. Le chœur, le transept et la chapelle Saint-Martin sont les plus anciens. Une foule de détails retiennent l'attention, en particulier les groupes de personnages sculptés polychromes à la retombée des nervures dans la nef et surtout l'élégant porche. La façade de ce dernier présente 2 registres de statuettes reliés entre eux par de délicates colonnettes ; sous la voûte dont les nervures retombent en gerbe sur une fine colonne centrale, le portail est surmonté d'un tympan représentant la Vierge et saint Jean. Bien que la plupart de ces sculptures soient endommagées, certains visages offrent, ici et là, des traits encore très expressifs. Au printemps, des spectacles de haut niveau (jazz, classique, danse contemporaine) y sont donnés, dans le cadre des Résonances Saint-Martin, et l'ambiance y est magique.

Balade dans le village : de la collégiale, gravir d'abord la colline en suivant le panneau « Panorama ». Ça grimpe joliment (une rue s'appelle d'ailleurs « Tire-Jarret » !), mais l'effort est récompensé par la vue de là-haut effectivement panoramique sur la large vallée formée par les 2 rivières, les toits de Candes et... les tours fumantes de la centrale nucléaire de Chinon. En redescendant, prendre à gauche la rue Saint-Maurice puis, à droite, la rue de la Douve qui, comme son nom l'indique, suit les anciens remparts de la ville (une vieille tour de guet est toujours là). Descendre ensuite jusqu'à la rivière. Sur la droite, la rue du Confluent est pleine de charme avec ses basses maisons anciennes et sa vieille cale à bateaux. On regagne la collégiale via l'une ou l'autre des étroites ruelles perpendiculaires.

Promenades en bateau sur la Loire et la Vienne, à bord de L'Amarante ou de La Belle Adèle : *☎ 02-47-95-80-85. • bateauamarante.com • ♿ Ouv avr-oct, se renseigner sur le site pour les horaires. Excursions de 1h-1h30, 14 € ; réduc ; gratuit moins de 6 ans. Départ à env 1 km, sur le quai de Montsoreau dans le département voisin. Déj et dîners-croisières.* Croisières commentées afin de découvrir, au plus près, les richesses, les pièges du fleuve et l'histoire locale, de saint Martin à la Dame de Montsoreau.

Croisières ligériennes : *☎ 02-47-95-93-15. • cpie-val-de-loire.org • Juil-début sept, 2 départs l'ap-m (sur résa) lun-ven de la cale en contrebas de la collégiale. Durée : 1h-1h30. Compter 13 € ; réduc.* Découvrez l'histoire et les charmes de la confluence de la Vienne et de la Loire, au fil d'une balade de 1h en toue cabanée, un bateau traditionnel. Également des sorties au crépuscule, avec dégustation de vin, à la découverte des castors...

DANS LES ENVIRONS DE CANDES-SAINT-MARTIN

Si vous poursuivez votre périple vers l'ouest, procurez-vous le *Routard Pays de la Loire,* l'Anjou commence là. Avec toujours des châteaux au programme : Saumur, Brézé, Montgeoffroy, Brissac-Quincé, Serrant... Mais à seulement 2,5 km on traverse tout d'abord la magnifique bourgade de ***Montsoreau,*** au confluent de la Loire et de la Vienne, classée parmi les « Plus Beaux Villages de France ». Son fier château quasiment les pieds dans l'eau lui offre tout son cachet. Une visite coup de cœur à coupler à 5 km avec celle de ***Fontevraud,*** l'un des ensembles monastiques les plus importants d'Europe et l'un des plus fascinants par son histoire. On peut y admirer, entre autres, les gisants de Richard Cœur de Lion et d'Aliénor d'Aquitaine.

LE PAYS DE BOURGUEIL

Ce petit bout d'Anjou, rattaché à la Touraine il y a 2 siècles, ressemble à une mer de vignes dont les rangées impeccables seraient autant de vaguelettes. Çà et là émergent, tels des îlots, hameaux, villages blottis autour de leur clocher : *Chevrette, Saint-Nicolas-de-Bourgueil, Restigné...*

BOURGUEIL (37140) 4 000 hab. *Carte Indre-et-Loire, A2*

Bourgueil ? Le nom d'un vin exquis fleurant bon la violette et la framboise, d'accord ! Mais c'est aussi le site d'une très ancienne et riche abbaye bénédictine grâce à laquelle, d'ailleurs, la production du 1er a pu se développer. Une commune active et sympathique, possédant quelques édifices intéressants et une très belle halle du XIXe s. Autre fierté de Bourgueil ? Jean Carmet, bien sûr. Le fils du bourrelier qui était monté à Paris mais qui n'avait jamais oublié ses origines...

Adresse et infos utiles

i *Office de tourisme Touraine nature :* *16, pl. de l'Église.* ☎ *02-47-97-91-39.* • *tourainenature.com* • *Juil-août, lun-sam 9h30-19h ; dim et j. fériés 10h-13h ; avr-juin et sept, lun-ven 9h30-18h et sam mat 9h30-13h30 ; oct-mars, le mat mar et sam 9h30-13h ; Toussaint mar-sam 9h30-13h.* Billets à tarifs réduits pour les sites et monuments (en e-boutique également). Nombreux circuits cyclistes dans le parc naturel régional et visites guidées de la ville de Bourgueil au départ de l'office.

i *Maison des Vins :* *18, pl. de l'Église.* ☎ *02-47-97-92-20.* • *vinbourgueil.com* • *Ouv lun 14h-18h et mar-sam 10h-13h, 14h-18h (jeu-sam l'hiver).* La maison des Vins ne pouvait rêver meilleur écrin : la demeure familiale de Jean Carmet ! Dans cette très belle bâtisse du XVe s, on trouve toutes les infos nécessaires sur l'appellation et des vins à déguster.

– ***Traversée de la Loire en bateau :*** *au port de La Chapelle-sur-Loire. En principe, mer et w-e en juil-août. Gratuit. Infos auprès de l'office de tourisme.* Dans le cadre de La Loire à Vélo, traversées gratuites à bord d'une toue traditionnelle, pour poursuivre la balade sur la rive opposée en échappant au secteur difficile de la centrale. Bonne nouvelle, les piétons aussi sont acceptés !

– ***Marché :*** *mar et sam mat.*

LA TOURAINE

Où dormir ? Où manger ?

Prix moyens

🏠 ***Hôtel PYLO'GIS Le Thouarsais :*** *10, pl. Hublin.* ☎ *02-47-97-72-05.* • *hotelpylogis@orange.fr* • ♿ *Tlj. Doubles env 58-60 € ; familiales.* Très central mais sur une petite place calme. Hôtel tout simple (un peu à l'ancienne, sinon vieillissant...) mais bien tenu avec des chambres (plutôt spacieuses) réparties dans différents bâtiments entourant un jardin où est servi le petit déj aux beaux jours. Snack, bar *(tlj en été ; jeu-dim soir hors saison).*

|●| 🍸 ⛱ ***Café de la Promenade :*** *1, av. du Général-de-Gaulle.* ☎ *02-47-95-10-87.* • *contact@cafedelapromenade.com* • *À 1 km au sud du centre. Tlj sauf lun soir et dim (tlj en juil-août). Formule déj 16 € ; carte 20-25 €.* Une adresse

à l'atmosphère un rien bohème, où l'on avale un plat du jour bien troussé ou des planches de charcuterie ou de fromage, histoire d'accompagner un bon cru local qu'on aura pris soin de choisir soi-même à la cave. Ambiance décontractée sur la vaste terrasse façon guinguette. Concerts certains samedis.

Où dormir ? Où manger dans les environs ?

Camping

⛺ ***Camping des Bords de Loire :*** *rue de l'île-Bourdon, 37140* ***Chouzé-sur-Loire.*** *☎ 02-47-95-10-10 (mairie). • mairie@chouzesurloire.fr • chouze-sur-loire.fr • À 9 km au sud-ouest. Ouv de mi-juin à mi-sept. Forfaits 10-15 € pour 2. Réduc de 10 % sur le prix de la nuit sur présentation de ce guide.* Verdoyant et ombragé, le long d'une belle plage de sable en bordure de Loire (mais baignade interdite), ce camping calme et spacieux conviendra aux amateurs de nature et de bronzette. Location de vélos.

Prix moyens

🏠 ***Chambres d'hôtes La Cernée :*** *32, rue de la Hurtauderie, Port-Boulet, 37140* ***Chouzé-sur-Loire.*** *☎ 02-47-95-12-70. 📱 07-67-94-37-76. • la.cernee@wanadoo.fr • chambresdhotes-touraine.com • À env 5 km au sud. Ouv Pâques-oct. Double 65 € ; familiale. Apéritif offert sur présentation de ce guide.* On est bien chez Paola. Parce que ses chambres aménagées dans une dépendance sont mignonnes, colorées et confortables, parce qu'il y a une cuisine commune bien pratique, parce que le beau jardin s'organise autour d'un étang romantique, mais surtout parce qu'elle bichonne ses hôtes ! Très impliquée dans la vie locale, elle est à l'écoute et de bon conseil.

🍽 ☂ ***Le Moulin Bleu :*** *7, route du Moulin-Bleu, 37140* ***Bourgueil.*** *☎ 02-47-97-73-13. • contact@lemoulinbleu.com • lemoulinbleu.com • ♿ À env 2,5 km au nord (fléché). Tlj le midi sauf mer (hors saison fermé uniquement mer, mar et dim soir). Fermé en janv. Menus 24-50 €. Apéritif maison offert sur présentation de ce guide.* Dominée par un moulin (bleu, évidemment), la bonne table classique du secteur privilégie les recettes tourangelles traditionnelles, préparées avec de bons ingrédients de saison, et choisit ses vins parmi les meilleurs. Le tout se déguste dans une salle rustique ou en terrasse, d'où l'on jouit d'une vue dégagée sur les environs.

🍽 ☂ 🧺 ***Vincent, cuisinier de campagne :*** *19, rue de la Galottière, 37140* ***Ingrandes-de-Touraine.*** *☎ 02-47-96-17-21. 📱 06-19-66-88-41. • cuisinierdecampagne@gmail.com • À env 7 km à l'est, par la D 35. Panneaux dans le village. Tlj sauf dim soir. Congés : 2 sem fin janv. Menus 20 € en sem, puis 29 € ; carte env 38 €.* C'est dans une belle maison de maître en pleine campagne que ce sympathique couple de Belges a choisi d'opérer un retour aux sources. Car ici, on vit en harmonie avec la nature : les volailles gambadent dans les vignes avant de finir dans l'assiette, et la cueillette du matin détermine le menu du jour. Rien que de belles matières premières, issues du potager ou du marché local, et travaillées avec la générosité d'un chef talentueux. C'est précis, gourmand, avec une présentation soignée mais sans fioritures, à l'image de la maison. Quant à la carte des vins, elle est éblouissante ! Tout pour plaire, sauf la taille : l'élégante salle n'accueille qu'une quinzaine de chanceux ! Également une boutique de produits locaux.

Chic

🏠 ***Chambres d'hôtes Escale de Loire :*** *1, rue des Mariniers, 37140* ***Chouzé-sur-Loire.*** *📱 06-84-65-18-06. • escaledeloire37@orange.fr • escale-de-loire.com • À 8 km au sud ; au centre du bourg. Double 89 €.* Ce n'est pas un hasard si Sébastien a craqué pour ces maisonnettes de mariniers accolées les unes aux autres, à 2 pas des quais. Tout en dénivelée, l'intérieur est décoré d'une foule d'objets insolites et coups de cœur glanés au fil de ses pérégrinations. Du charme à revendre !

Chambres d'hôtes La Dixmeresse : *12, Grand-Rue, 37140 Restigné. ☎ 02-47-93-90-34. 06-08-60-36-33. • bienvenue@la-dixmeresse-en-touraine.fr • la-dixmeresse-en-touraine.fr • À 4 km à l'est. Congés : janv. Doubles 98-135 € ; familiales. Table d'hôtes 29 €. Réduc de 10 % sur le prix de la chambre sur présentation de ce guide.* C'est l'adresse chic du secteur. Passé la grille, on découvre différents bâtiments soigneusement restaurés, dont une maison de maître de 1830 dédiée aux hôtes. À l'intérieur, des chambres très vastes, pleines de personnalité et tout confort (TV avec lecteur DVD, bouilloire, literie haut de gamme...). La plus romantique a même une salle de bains ouverte, avec baignoire sur pieds et vue sur les vignes ! Parfait pour une escapade, d'autant que l'accueil est charmant et attentif.

À voir

L'abbaye : *4, av. de Jouteux. 07-81-52-09-18. • bourgueil.fr • (rdc seulement). Juil-août, mar et ven-dim à 14h, 15h45 et 17h15 ; avr-juin et sept, w-e et j. fériés à 14h, 15h30 et 17h. Entrée : 5,90 € ; réduc ; gratuit moins de 12 ans. Visite guidée (compter 1h).*
En 990, Emma de Blois, comtesse d'Aquitaine, fonde à Bourgueil cette abbaye bénédictine qui devient rapidement une des plus puissantes de la région. Ronsard chante ses jardins, Rabelais ses vignes (on ne se refait pas !), rois et reines y séjournent. Et malgré les vicissitudes de l'Histoire (destructions de la guerre de Cent Ans, des huguenots...), les Bénédictins occupent l'abbaye jusqu'à la Révolution.
Des différentes reconstructions, on peut voir aujourd'hui un long bâtiment (XIIIe s) qui renfermait les celliers, au rez-de-chaussée, et les greniers. On le prend souvent pour l'église abbatiale, depuis longtemps disparue, en raison de son pignon flanqué de 2 tourelles surmontées de flèches octogonales. Au bout de ce bâtiment est accolé un pavillon du XVIIe s, dernier vestige du château abbatial. Dans la partie centrale (XVIIIe s), qui seule se visite, le vaste réfectoire des moines (qui abrite aujourd'hui un cinéma !), la salle à manger lambrissée de l'infirmerie et, le plus beau de tout : l'escalier monumental avec sa rampe en fer forgé, dont la particularité est de ne reposer sur aucun support. Notez les éventails formés par les rencontres de portions de voûte. Au 1er étage, un *musée d'Art et Traditions populaires* présente environ 1 500 objets hétéroclites : outils, coiffes, meubles, etc.

L'église Saint-Germain : *au centre.* Étonnant chœur de style Plantagenêt à 9 travées, chacune coiffée d'une voûte bombée soutenue par 8 nervures en étoile et qui retombe sur 4 colonnes. Clés de voûte armoriées. Ce chœur a été incorporé au XIIIe s à l'unique vaisseau initial, du XIe s.

Foires

- **Marché gourmand nocturne :** *infos à l'office de tourisme.*
- **Foire aux vins :** *15 août.* Fête des Vins du Val de Loire.

Les vins de Bourgueil

Jean Carmet, qui était du pays, honorait comme il se doit le vin de Bourgueil. L'appellation bourgueil est assez vaste, puisqu'elle s'étend sur 1 200 ha. Comme à Chinon, le cépage roi est ici le cabernet franc ou breton. Les vins sont friands,

acidulés et présentent des arômes de framboise lorsqu'ils proviennent de terroirs à gravier. Lorsque la vigne pousse sur le tuf calcaire, elle engendre des vins plus puissants et à l'évolution plus lente, qui peuvent devenir presque centenaires dans les très bonnes années.
L'essentiel de l'appellation est vinifié en rouge, mais on y produit aussi des rosés qui peuvent être excellents. Le saint-nicolas-de-bourgueil, rouge ou rosé, est uniquement produit sur le territoire de la commune qui porte ce nom. Issus d'un terroir de graves, ces vins sont donc généralement plus légers, plus acides mais aussi plus fruités que ceux de Bourgueil. Les bons millésimes peuvent vieillir très longtemps.

Cave de la Dive Bouteille : *2, rue des Caves-de-Chevrette. ☎ 02-47-97-00-00. • guillaume.lapaque@gmail.com • Le hameau de Chevrette est situé au nord de la D 35. Ouv avr-oct, mar-sam 11h-19h, dim et j. fériés ; oct-avr sur résa. Durée visite et dégustation : env 45 mn, parfois plus. Entrée : 5 € ; gratuit moins de 18 ans. Bar à vins ouv aux mêmes heures, ou le soir sur résa ; menu 17 €.* Visite incontournable pour tout connaître sur l'origine et l'histoire des vins de Bourgueil et de Saint-Nicolas-de-Bourgueil, leurs évolution, fabrication et qualités respectives, etc. Passionnant. La visite commence par une balade guidée dans le réseau souterrain qui servit de carrière lors de la construction de l'abbaye de Bourgueil, aujourd'hui reconvertie en salles d'exposition (impressionnants pressoirs du XVIe au XVIIIe s), et se termine comme de juste par la dégustation ! Côté bar à vins, grande terrasse installée au milieu des vignes et pas moins de [illegible] références à déguster (dont de très anciens et rares millésimes), ainsi que de quoi grignoter. Une sérieuse initiation au terroir bourgueillois !

Clos des Quarterons : *46, av. Saint-Vincent, 37140* ***Saint-Nicolas-de-Bourgueil.*** *☎ 02-47-97-75-25. • contact@domaineamirault.com • domaineamirault.com • Tlj sauf dim 10h-12h30, 14h30-18h.* Xavier et Agnès Amirault ont tout bon. Portés par une belle philosophie basée sur l'échange, le respect du vivant et la diversité, ils élaborent des vins en biodynamie qui leur ressemblent : généreux et inspirés. Et comme les Amirault font tout à fond, leur offre œnotouristique est tout aussi top : ***jeu sensoriel*** dans le ravissant jardin devant la propriété, découverte de la sublime ***cave troglo,*** une vraie cathédrale minérale, ***balade dans le vignoble*** à pied, à trottinette ou à *segway,* ***visite du chai*** unique en son genre, car entièrement ***décoré par un graffeur*** talentueux sur le thème du cycle de la vigne... le tout enrichi par les commentaires précis et pédagogique de la guide. Un petit creux après tout ça ? Commandez donc un ***panier-repas ou un buffet campagnard*** ! Un domaine décidément hors norme.

Domaine du Mortier : *37140* ***Saint-Nicolas-de-Bourgueil.*** *☎ 02-47-97-94-68. • domainedumortier.fr • Tlj sauf dim. Visite sur résa.* Dans le domaine des frères Boisard, on travaille les sols et la vigne de la façon la plus saine possible, privilégiant la biodiversité et l'agroforesterie dans certaines parcelles. Les vinifications sont logiquement dans le même esprit, naturelles et douces. Le résultat : des vins en biodynamie reflétant bien le terroir. Quant à la cave troglo, elle est comme le domaine, très nature !

Lamé Delisle Boucard : *21, rue de la Galotière, 37140* ***Ingrandes-de-Touraine.*** *☎ 02-47-96-98-54. • lame-delisle-boucard.com • Tlj 9h-12h, 13h30-17h30 sauf sam ap-m et dim, sam mat sur rdv.* Un domaine ancien qui vaut justement la peine pour ses vieux millésimes de bourgueil rouge, conservés dans l'une des plus belles caves troglodytiques de la région. D'autant que le domaine se tourne de plus en plus vers le vin biologique. Accueil sympa, pas avare en explications, à l'image de la table d'orientation aménagée au cœur des vignes, d'où l'on profite d'une belle vue sur le vignoble. On y trouve même un gros tonneau aménagé pour pique-niquer !

Château de Minière : *25, rue de Minière, 37140* ***Ingrandes-de-Touraine.*** *☎ 02-47-96-94-30. • contact@chateaudeminiere.com • chateaudeminiere.com • Ouv nov-mars, lun-sam 10h-18h ; avr-oct, tlj 10h-18h. Formule pique-nique sur résa.* Tenu par Kathleen Van den Berghe, une Belge tombée amoureuse du coin en 2010, ce domaine de 29 ha est passé en bio et propose des vins gourmands, dont une cuvée issue de vignes centenaires. Dégustations assorties d'une balade autour du domaine parmi les vignes, guidée ou en solo. Table de pique-nique.

DANS LES ENVIRONS DE BOURGUEIL

Restigné *(37140) : à 3 km à l'est.* Sa curieuse église, patchwork de styles et d'époques, vaut le détour : un pignon du XIe s intégré à la façade plus tardive. Au sud, remarquer, sous le préau, le bandeau situé au-dessus du tympan du porche et sculpté d'animaux fantastiques. À l'intérieur, le chœur (XIIIe s) est de style Plantagenêt, comme celui de Bourgueil, et la nef (XIe s) est couverte d'une charpente voûtée en bois du XVe s, aux poutres ornées de têtes de monstres.

Le musée des Mariniers : *4, rue de la Pompe, à* ***Chouzé-sur-Loire.*** *☎ 02-47-95-18-47. • museemarinierschouze@gmail.com • marinierschouzesurloire.fr • ♿ À 7 km au sud-ouest de Bourgueil. De mi-juin à mi-sept, jeu-dim et j. fériés 14h-18h (sur résa le reste de l'année). Entrée : 4 € ; réduc ; gratuit moins de 12 ans. Promenade sur la Loire en toue cabanée traditionnelle le w-e de mi-juin à mi-sept ou sur résa : 📱 06-43-47-40-90 (1h ; 7 €, réduc, gratuit moins de 5 ans). Tarif jumelé musée et balade en toue (en saison) : 9 € ; réduc.* « Saumur, Chapelle-Blanche et Chouzé, l'plus beau pays de France », chantaient les mariniers de la Loire au siècle dernier. Passez la porte, ils sont là ! Au milieu des objets de leur vie quotidienne, présentés au gré d'une belle muséographie moderne et aérée, des gravures font revivre leurs fêtes et leurs drames. Tout nous parle des jours anciens de ce bourg qui vivait au rythme de la batellerie. Et, quitte à faire les choses à fond, profitez-en pour découvrir la Loire comme un marinier, à l'occasion d'une balade à bord d'une toue traditionnelle.

Gizeux *(37340) : à env 13 km au nord de Bourgueil.* Un petit concentré de Touraine que cette charmante bourgade en Touraine angevine, entre campagne vallonnée, vignoble et forêt. Dans le village, découvrir l'élégant lavoir, l'hôtel de ville du XVIIIe s ; dans l'église, le tombeau des Du Bellay : de rares orants (des gisants en prière) en marbre blanc du XVIIe s. Et, enfin, son château éblouissant. On a vraiment eu un coup de foudre pour Gizeux, à la fois très « campagnard » et recelant de vrais trésors.

Le château : *☎ 02-47-96-45-18. • info@chateaudegizeux.com • chateaudegizeux.com • ♿ (rdc seulement). Ouv juil-août, tlj 10h-19h ; début avr-juin et sept-début nov, tlj 10h30-18h. Dernière entrée 1h avt fermeture. Visite guidée : 10 € ; réduc. Audioguide ou visite libre. Pdt les vac scol lun-ven, chasse au trésor enfants, tlj, sur demande, visite costumée à 15h et animations à 16h30 : conte et goûter, jardinage, four à pain, blason. Visites nocturnes aux chandelles mar en juil-août à 21h : 12 €.*
Un si petit bourg et un château tellement imposant ! L'ensemble a été bâti du XIVe au XVIe s, et a été le fief des Du Bellay pendant plus de 3 siècles. Aujourd'hui, on visite un château vivant, dans la même famille depuis plus de 2 siècles !
On vous conseille de monter d'abord au 1er étage pour découvrir la galerie François-Ier (un splendide salon aux plafonds à caissons et murs peints par des artistes italiens), et, joyau de Gizeux, l'étonnante galerie des Châteaux (400 m^2) avec ses fresques réalisées directement sur la pierre des murs en 1685. Restaurées avec soin, elles représentent Chambord, Vincennes, Versailles et Fontainebleau, en somme des cousins un peu plus exposés aux « feux de la rampe ».

Et, pour se rappeler qu'on est à la campagne, quelques scènes bucoliques. On poursuit la visite au rez-de-chaussée, vers les salons et la salle à manger, puis les anciennes cuisines avec quelques beaux cuivres rutilants, avant de terminer dans la cave, la chapelle du XVe s et les écuries où l'on découvre quelques modèles de voitures à cheval.
Après la vie de cour, celle de basse-cour : tout autour du château, on peut voir chèvres, âne, poules, toute une charmante ménagerie qui ravira les enfants. On peut aussi boire un thé et grignoter un en-cas dans l'orangerie ou directement dans le jardin, pour profiter du cadre exceptionnel. Grande terrasse avec jeux (quilles, Mikado géant...) à disposition des petits et des grands.

Chambres d'hôtes au château de Gizeux : *• info@chateaudegizeux.com • Fermé de mi-déc à fin fév. Doubles 185-205 € ; familiales. Table d'hôtes le soir, sauf dim, 42 €. Apéritif maison offert sur présentation de ce guide.* Délicieusement grisante, la vie de château le temps d'un week-end, celle qui permet de se laisser aller à un séjour contemplatif dans de vastes chambres élégantes, sans avoir à se préoccuper de l'entretien de la toiture ! Orientées au sud, la plupart donnent sur l'immense parc entouré de forêts giboyeuses. La « chambre de la Loire » donne sur la cour d'honneur et est accessible aux personnes à mobilité réduite. En prime, accueil charmant de la famille de Laffon. Piscine.

ENTRE INDRE ET LOIRE

Changement de rive pour aller de Bourgueil à Rigny-Ussé. De L'Île-Saint-Martin à Rigny-Ussé, la route, toute droite, offre un point de vue exceptionnel sur la profusion de toits, tourelles, cheminées, flèches et poivrières de cet extravagant château, serti dans son écrin de verdure sombre... qui inspira un certain conteur pour sa _Belle au bois dormant_.

LE CHÂTEAU D'USSÉ (37420) *Carte Indre-et-Loire, A2*

37420 ***Rigny-Ussé.*** *☎ 02-47-95-54-05. • chateaudusse.fr • (accès partiel). Tlj de mi-fév à mi-nov 10h-18h (19h avr-sept) ; dernière entrée 1h avt. Entrée : 14 € ; réduc ; gratuit moins de 8 ans. Visite libre. Audioguide : 3 €.*
Adossé à la forêt de Chinon et tourné vers l'Indre, le superbe château d'Ussé, élevé au XVe s sur une motte féodale du XIIe s, s'est transformé peu à peu en une réjouissante résidence d'agrément – adoucissant largement la sévérité de ses éléments initialement défensifs.
La visite commence par la salle des Gardes et sa collection d'armes : beau khouttar (poignard indien) dans la vitrine à l'entrée à droite. Au sous-sol, on accède à une cave troglodyte où le marquis pratiquait l'alchimie en cachette. Un escalier à la Mansart conduit ensuite à la galerie où est accrochée une série de tapisseries flamandes de Teniers le Jeune représentant des scènes de vie villageoise hyperréalistes. Dans le salon, un étonnant cabinet florentin du XVIe s en ébène et poirier incrusté de nacre et d'ivoire ne contient pas moins de 49 tiroirs ! Dans la chambre des rois, précédée par une belle antichambre, on découvre un lit à la polonaise (pieds munis de roulettes) et un riche mobilier du XVIIIe s. Chaque saison, exposition de costumes d'époque sur un thème différent, portés par des mannequins disposés dans chacune des pièces.

De l'autre côté de la cour, l'étroit chemin de ronde est bordé de pièces où des reconstitutions évoquent des épisodes de *La Belle au bois dormant* : le château endormi pour un siècle, par exemple, sous la solide charpente des combles. Rappelons d'ailleurs au passage qu'Ussé est le château qu'avait choisi Charles Perrault comme support de son célèbre conte.

À l'extérieur, la *chapelle* est considérée comme l'un des plus beaux exemples de la transition gothique-Renaissance. Construite de 1520 à 1538 par Charles d'Espinay et sa femme Lucrèce de Pons (dont les initiales C et L apparaissent à plusieurs reprises), elle offre une façade finement sculptée et ornée de coquilles, rosaces et arabesques.

« ACCORDER SES FAVEURS »

À la Renaissance, les faveurs étaient des rubans de soie qui resserraient les encolures des chemises de nuit. Quand la dame accordait (= consentait) que l'on délie ses faveurs, la chemise tombait aussitôt à ses pieds... Le caractère torride n'aura échappé à personne !

À l'intérieur, de magnifiques stalles du XVIe s, sculptées elles aussi, et une Vierge en faïence émaillée de Della Robbia. De part et d'autre de la chapelle, la cave à vins troglodytique avec son ancien pressoir, quelques outils, et des vidéos de présentation sur le château et les vignes, ainsi que les écuries présentant une collection de calèches du XIXe s.

DANS LES ENVIRONS DE RIGNY-USSÉ

Notre-Dame de Rigny : en quittant Rigny-Ussé en direction d'Azay-le-Rideau, jetez un œil sur la vieille église de Rigny, au milieu des prés (à 100 m de la route ; suivre le panneau). Sa construction date du XIIe s mais elle a été remaniée au cours des siècles suivants. Notre-Dame était la paroisse de Louis XI quand il venait chasser dans la forêt de Chinon. La nef unique (XIIe et XVe s) est couverte de voûtes angevines. Le transept a été construit au XIIe s et modifié au XVe. Le chœur possède 2 travées. Les travaux de restauration ont révélé l'existence de peintures murales du XVe s sous le badigeon (quelques-unes ont été dégagées).

Rivarennes : *à 5 km à l'est d'Ussé.* Amis gourmands, arrêtez-vous pour goûter la spécialité du village : les fameuses poires tapées ! L'âge d'or de la poire tapée de Rivarennes s'étend de 1850 à 1930. À l'époque, les officiers de la Marine royale britannique en raffolent en raison de ses qualités nutritives. Hélas, dès 1931, la poire de Rivarennes – tout comme sa voisine, la pomme tapée de Turquant (en Maine-et-Loire) – est victime de la modernisation. Avec la stérilisation puis la réfrigération, les fruits tapés perdent tout simplement leur raison d'être : la conservation. Leur processus de fabrication, qui nécessite beaucoup de temps et de main-d'œuvre, apparaît alors totalement archaïque. Pour vous expliquer : on ébouillante la poire (de Colmar, japoule, aigre papin ou de curé ; autant de variétés en voie de disparition) afin de mieux l'éplucher en un seul tour de main. Les poires sont ensuite posées sur des claies, queue en bas dans un four à bois ; il faut bien compter 130h pour que la déshydratation se fasse parfaitement et que les poires affichent une belle couleur dorée. Lorsque le fruit est bien sec, on le « platit » à l'aide d'une « platissouère » (en veillant à ce que la poire n'éclate pas) jusqu'à ce qu'elle atteigne 1 cm d'épaisseur. Ce afin d'en évacuer l'air. Une des meilleures recettes pour la déguster consiste à la réhydrater en la faisant cuire à feu doux dans un sirop composé de sucre, de vin et de cannelle. Marinée dans un bon vouvray moelleux, c'est encore meilleur !

– **La Maison de la poire tapée :** *1, chemin des Écoliers.* ☎ *02-47-95-47-78.* • *maison.poiretapee@gmail.com* • *maison-poire-tapee.fr* • ♿ *De juil à mi-sept, tlj 10h30-12h, 14h-18h30 ; avr-juin et de mi-sept à fin oct, tlj 14h30-18h30. Entrée : 4 € ; réduc ; gratuit moins de 7 ans.* La sympathique association Poire tapée de

LA TOURAINE

Rivarennes s'efforce de promouvoir cette spécialité, en proposant aux visiteurs une petite présentation comprenant un film, quelques explications et une dégustation. Sympa, mais pas donné (logique, cela dit, si l'on tient compte du temps et du coût de fabrication). Possibilité d'en acheter sur place, ainsi que des livrets de recettes.

Reines de Touraine *(27, rue du Commerce, à* ***Rivarennes*** *; ☎ 02-47-95-47-46).* Travaille au four à bois. Poires et pommes tapées, vin d'hypocras et autres douceurs.

Cheillé *(37190)* **:** *à 5 km de Rivarennes.* Charmant petit village endormi au pied du *château de la Cour au Berruyer* où vécut Agnès Sorel (ne se visite pas). L'*église Saint-Didier* comporte 3 curiosités : le chêne robuste qui a pris racine dans un mur de la tour du clocher, le Christ (XVIe s) aux cheveux très courts et à la barbe de 3 jours dont la statue en bois se trouve à l'intérieur du bâtiment, et la dalle tombale d'un usurpateur qui se fit passer pour le maréchal suédois Stenbock au XVIIe s.

LE TOMBEAU DE L'USURPATEUR INCONNU

Le faux maréchal suédois Stenbock avait réussi à convaincre ses hôtes du château de la Cour au Berruyer de l'entretenir jusqu'à la fin de ses jours en prétextant qu'il avait été banni de Suède par le roi. Il obtint même le privilège d'être enterré dans l'église de Cheillé, alors que le vrai maréchal était déjà mort et enterré en Allemagne. Lorsque la supercherie fut découverte, on déterra le corps et on s'aperçut que les boutons de sa vareuse ne correspondaient pas à ceux d'un uniforme suédois.

AZAY-LE-RIDEAU

(37190) 3 590 hab. *Carte Indre-et-Loire, B2*

Une charmante petite ville qui semble davantage protéger son château que l'inverse ! L'ensemble forme une harmonieuse et paisible composition de part et d'autre de la rivière, sur fond de verdure.

UN PETIT VIN DE DERRIÈRE LES FAGOTS

L'appellation touraine-azay-le-rideau, c'est un vignoble d'une cinquantaine d'hectares partagés entre 8 domaines. Comparé aux voisins, ça paraît peu. Et pourtant, ces vins ne jouent pas les modestes, bien au contraire ! Dans le coin, la viticulture remonte à l'époque gallo-romaine et la qualité de ses vins est reconnue par l'appellation depuis 1953 pour les blancs (cépage chenin) et 1976 pour les rosés (cépage grolleau). Respect ! Au point que les producteurs ont trouvé que ce serait une bonne idée de faire comme les grands, c'est-à-dire de créer une institution. Ce qui fut dit fut fait : en 1990 naquit la confrérie des bannerets du vieux chenin et du grolleau de ridel. Tout un programme...

Adresses utiles

Azay-Chinon Val de Loire Tourisme, bureau d'information d'Azay-le-Rideau : *4, rue du Château. ☎ 02-47-45-44-40. • azay-chinon-valdeloire.com • Mai-sept, lun-sam 9h30-13h, 14h-18h (19h juil-août) et dim et j. fériés 10h-13h, 14h-17h (18h juil-août). Oct-avr, lun-sam 10h-12h30, 14h-17h30.* Service de billetterie à tarif réduit.

Gare SNCF : *à 2 km en direction de Langeais (D 57). ☎ 36-35 (appel gratuit).* Sur la ligne Tours-Chinon.

LA TOURAINE

Location de vélos, VTC, VTT : ***Azay-le-Rideau Cycles,*** *13, rue Carnot. ☎ 02-47-45-40-94. 06-68-21-91-84. Lun-sam 9h-12h, 14h-19h (plus dim juil-août).*

Location de canoës-kayaks : ***Maison des jeunes,*** *à la plage, sur l'île, à droite en venant du centre. 06-52-78-72-37. Fin juin-fin août, tlj 11h-19h (et le mat sur rdv). Env 6 €/h par pers.*

Où dormir ?

Camping

Camping municipal du Sabot : *parc de loisirs du Sabot, rue du Stade. ☎ 02-47-45-42-72. • campinglesabot@onlycamp.fr • onlycamp.fr • À env 200 m du centre, en direction d'Artannes. Ouv avr-oct. Forfaits 15-25 € pour 2.* Très bien situé, au calme, au bord de l'Indre, à 2 pas du château. Agréables emplacements, bien ombragés. Location de tentes, tipis et cabanes perchées ou flottantes. À proximité, piscine chauffée gratuite pour les campeurs, tennis payant.

De prix moyens à plus chic

Hôtel Troglododo : *route des Granges. ☎ 02-47-45-31-25. 06-37-22-21-19. • contact@troglododo.fr • troglododo.fr • À 1 km du centre (bien fléché). Doubles 85-180 €.* Situées en balcon au-dessus de la vallée de l'Indre, le long d'une allée fleurie jalonnée de terrasses (et accessible par ascenseur, la classe !), une dizaine de chambres troglodytiques pour la plupart et dans un style d'aujourd'hui des plus réussi. Rapport qualité-prix-accueil-charme exceptionnel.

Chambres d'hôtes Troglodélice : *3, route de la Vallée-du-Lys. 06-22-61-63-08. • info@troglodelice.com • troglodelice.com • À 1 km à l'est du centre. Double 89 €, petit déj compris.* C'est avec beaucoup de cœur et de fantaisie que Philippe a aménagé et décoré ses 3 jolies chambres enfouies dans la roche, toutes différentes et aux coloris chatoyants. Son dada, ce sont les jeux d'éclairage ; dans l'une des chambres, vous vous endormirez sous un ciel constellé de minuscules points lumineux. Chacune a sa terrasse et des transats pour se détendre dans le beau jardin fleuri.

Hôtel de Biencourt : *7, rue Balzac. ☎ 02-47-45-20-75. 06-10-25-16-64. • contact@hoteldebiencourt.fr • hoteldebiencourt.fr • Dans une rue semi-piétonne à 50 m du château. Fermé janv-fin mars et de mi-nov à mi-déc. Doubles 70-99 €. Parking privé payant (ou public et gratuit). Réduc de 5 % sur le prix de la chambre (résa directe, hors tarifs spéciaux) sur présentation de ce guide.* Cette pittoresque maison tourangelle du XVIIIe s, ancienne école napoléonienne, dissimule entre ses bâtiments un adorable patio fleuri sur lequel s'ouvrent quelques-unes des chambres, douillettes, climatisées et rénovées avec goût. Sur place, bar et petite épicerie fine.

Hôtel Val de Loire : *50-52, rue Nationale. ☎ 02-47-45-28-29. • contact@hotel-valdeloire.fr • valdeloire-hotel.fr • Fermé déc-fév. Doubles 69-82 €. Parking payant. Apéritif offert sur présentation de ce guide.* Un hôtel sans surprise, moderne et fonctionnel, aux chambres bien entretenues et équipées de façon classique. Salon-bar avec terrasse agréable aux beaux jours. Accueil sympathique et dynamique.

Où manger ?

De prix moyens à chic

L'Aigle d'Or : *10, av. Adélaïde-Riché. ☎ 02-47-45-24-58. • contact@laigle-dor.com • Tlj sauf lun-mar, plus dim soir hors saison. Résa conseillée. Menus 34-40 €. Café offert sur présentation de ce guide.* Cadre élégant et service attentif pour la table de référence de la ville. La carte évolue en

LA TOURAINE

fonction des saisons, au service d'une cuisine de tradition revisitée avec talent et qui recourt à des produits nobles. Carte des vins riche et instructive. Terrasse dans le jardin l'été.

Où dormir ? Où manger dans les environs ?

Auberge Pom'Poire : *21, route de Vallères. ☎ 02-47-45-83-00. • contact@aubergepompoire.fr • aubergepompoire.fr • ♿ À env 4 km au nord-ouest (fléché). Resto ; horaires variables. Fermé janv-fév. Résa conseillée. Doubles 98-215 €. Menus 40-115 €.* En pleine campagne. Les vergers ne sont plus la principale activité de la maison, mais les chaleureux propriétaires proposent tout de même un délicieux jus de pomme au petit déj ! Une attention gourmande à l'image de la cuisine : on se régale de spécialités originales, colorées et ludiques, élaborées avec d'excellents ingrédients du terroir et servies dans une salle conviviale ouverte sur le jardin. Chambres douillettes et accueillantes, dans un style champêtre moderne. Un agréable cocon.

Les Pêcheries Ligériennes : *19, av. du 11-Novembre, 37130* ***Bréhémont.*** *06-26-08-72-48. • romain@les-pecheries-ligeriennes.fr • À 13 km au nord-ouest ; sur les quais. Tlj sauf lun-mar et mer-jeu hors saison. Fermé janv-mars pour le resto. Menus 50-65 € ; carte env 40 €. Café ou digestif maison offert sur présentation de ce guide.* Directement de la rivière à l'assiette puisque le jeune patron de cette sympathique auberge de campagne est pêcheur professionnel. Poissons fraîchement pêchés dans la Loire, simplement mais joliment travaillés en friture, carpaccio, accras voire *fish and chips*.

Où acheter de bons produits à Azay et dans les environs ?

Au Royal Chocolat : *23, rue Nationale. ☎ 02-47-45-40-69. Tlj 8h-19h (18h30 dim) sauf lun-mar.* Cet artisan fait bien les choses et élabore de délicieux chocolats à emporter ou à manger sur place. Pour les petits creux, il y a même quelques bonnes quiches salées.

Boulangerie-pâtisserie Bilquet : *11, rue de Rigny-Ussé, 37130* ***Lignières-de-Touraine.*** *☎ 02-47-96-85-41. Tlj sauf dim ap-m et lun.* Une institution dans le coin, connue de longue date pour ses spécialités tourangelles pas toujours faciles à trouver, comme les tartes vigneronnes, les fouaces, les fouées... Il y a même un irrésistible chausson aux pommes à l'ancienne, format XXL !

LA TOURAINE

À voir

Le château : *☎ 02-47-45-42-04. • azay-le-rideau.fr • ♿ (extérieurs). Juil-août, tlj 9h30-19h ; avr-juin et sept, tlj 9h30-18h ; oct-mars, tlj 10h-17h15 ; dernière entrée 1h avt fermeture. Fermé 1er janv, 1er mai et 25 déc. Entrée : 11,50 € ; réduc ; gratuit moins de 18 ans et pour ts le 1er dim du mois nov-mars. Réduc si l'on vient d'un site partenaire (châteaux du Rivau, de Langeais, de Villandry, de Chinon et abbaye*

FUREUR INCENDIAIRE

En 1418, le futur Charles VII, alors âgé de 15 ans, s'offrit une pause à Azay. Les hommes de la garnison bourguignonne installée dans la forteresse se gaussaient quelque peu de l'adolescent. Charles VII se fâcha tout rouge : après avoir ordonné le massacre de ces soldats (350 au total...), il fit incendier le château. Un douloureux souvenir pour la ville qui s'est ensuite appelée, pendant au moins 2 siècles, Azay-le-Brûlé...

de Fontevraud). Visite libre, guidée ou avec audioguide (supplément 3 €). Voir le site pour les animations en saison.

Ce « diamant taillé à facettes, serti dans l'Indre », comme l'a si bien décrit Balzac, séduit non seulement par sa grâce et la pureté de son style Renaissance tourangelle, mais aussi par sa ***dimension humaine et accueillante.*** Un siècle après l'incendie déclenché par le futur Charles VII, le château est reconstruit à partir de 1518 sur une partie des ruines de l'ancienne forteresse, par Gilles Berthelot, maire de Tours et trésorier du roi, et son épouse Philippa Lesbahy. Les travaux sont interrompus en 1527 : lorsque le cousin de Berthelot, Jacques de Beaune-Semblançay, ministre des Finances de François Ier, est exécuté, toute la famille prend la poudre d'escampette ! Le roi saisit le château inachevé pour le donner à l'un de ses amis de guerre. Ce n'est qu'au XIXe s, sous les Biencourt, que les travaux reprennent, et que l'on ajoute ces fameux miroirs d'eau qui renforcent l'impression de légèreté et de délicatesse du château. Admirez également le mouvement ascensionnel de la façade d'escalier obtenu à partir du décalage des niches du 1er étage et prolongé par le fronton élancé des baies supérieures. Même des détails habituellement associés à la sévérité des architectures militaires, tels que les mâchicoulis, les chemins de ronde, etc., sont transformés ici comme par un coup de baguette magique en éléments décoratifs du plus élégant effet.

À l'intérieur, la visite commence dans les combles, où il est difficile de rester indifférent face à la complexité des charpentes en chêne. Au 1er étage, notez la qualité des meubles et des tapisseries. L'étonnante chambre Renaissance est entièrement tendue de nattes de jonc comme cela se faisait à l'époque. Enfin, le rez-de-chaussée a été intégralement reconstitué : salon Biencourt tel qu'il était au XIXe s, cuisine avec sa belle voûte en croisée d'ogives... Ne manquez pas ensuite de profiter des charmes du ***jardin à l'anglaise.*** Impossible de rester insensible à la beauté des chemins longeant les berges parsemées de fleurs, avant d'emprunter un pont tout en feuillages de métal qui conduit à une île classée Natura 2000 et de visiter, dans l'ancien pressoir, l'intéressant espace d'interprétation qui dévoile quelques petits secrets du château. Le *lavoir,* salon de thé du château, est quant à lui ouvert d'avril à septembre.

L'église Saint-Symphorien : *pl. du 11-Novembre ; en plein centre.* Étonnante église riche des fragments de sa longue histoire (du Ve au XVIIe s). La décoration du pignon de l'église primitive (époque carolingienne), intégré autour de la fenêtre en tiers-point de la façade du XIIIe s (à droite), vaut bien un pèlerinage à elle seule ! Notez le drapé des vêtements que portent les personnages nichés dans les 2 rangées d'arcatures en plein cintre.

SANS TACHE ET SANS REPROCHE

À la Renaissance, on nouait une serviette autour du cou pour ne pas salir la grande collerette (appelée « fraise ») des convives. Quand la serviette était trop courte (par économie ?), on avait « du mal à joindre les 2 bouts ». L'expression est restée.

DANS LES ENVIRONS D'AZAY-LE-RIDEAU

La vallée troglodytique des Goupillières : *Les Goupillières, 37190 Azay-le-Rideau. ☎ 02-47-45-46-89. • troglodytedesgoupillieres.fr • À 3 km au nord-est du centre (fléché). Mars-fin sept, tlj 14h-18h (10h-19h juil-août) ; oct-nov, tlj 14h-17h30. Dernière entrée 1h avt fermeture. Entrée : 7,40 € (6,40 € sur présentation de ce guide) ; réduc ; gratuit moins de 5 ans.*

Après la vie de château, l'envers du décor ! Parce que c'est dans ce vallon que vivaient – du Moyen Âge jusqu'à 1905, et jusqu'à 9 personnes dans la même pièce – certains de ceux sans lesquels cette vie de château aurait justement été impossible. On apprend par exemple que 98 % des paysans locaux étaient également extracteurs de pierre. Mais l'histoire de ce site mérite d'abord d'être racontée.
Quand il était enfant, Louis-Marie Chardon aimait jouer dans ce vallon livré à une végétation échevelée, que son père avait acheté en 1962. Quand il hérite du lieu, l'idée lui vient de défricher et, surprise, il découvre d'anciennes habitations nichées au creux du tuffeau. Après avoir rencontré archéologues, historiens et autres spécialistes du patrimoine médiéval, il entreprend de redonner vie à 3 de ces fermes (parce que c'en étaient), en reconstituant les intérieurs avec les ustensiles et objets nécessaires à la vie de l'époque, et en introduisant des ***animaux*** comme ceux qu'on trouvait au Moyen Âge (cochons noirs, lapins, ânes, etc.). Pour parfaire le tableau, un ***potager***, bien entretenu, remet au goût du jour des légumes oubliés. La visite n'hésite pas (au travers de commentaires sonores) à pointer du doigt les plus que difficiles conditions de vie de ces paysans. Elle permet d'ailleurs de jeter un coup d'œil au souterrain refuge dans lequel ils se cachaient lorsqu'ils étaient attaqués par des brigands. Dans un tout autre registre, les enfants apprécieront les espaces qui leur sont dédiés (comme la maison de la sorcière ou le château fort !).

Le château de l'Islette : *9, route de Langeais. ☎ 02-47-45-40-10. • chateaudelislette.fr • Sur la D 57, à 2 km d'Azay en direction de Langeais. Mai-sept, tlj 10h-19h ; dernière entrée à 18h. Entrée : 9,80 € ; réduc ; gratuit moins de 8 ans. Visite libre ou guidée (4-6/j.). Fréquents événements (voir le site).*
Après un tour des extérieurs qui permet d'observer une ressemblance troublante avec le château voisin d'Azay-le-Rideau (mais aussi ce qui les distingue !), on pénètre dans cette demeure chère à ***Camille Claudel*** lorsqu'elle y séjournait avec ***Rodin.*** Une quinzaine de lettres présentées, au rez-de-chaussée, dans la salle des Gardes en témoigne.
Après avoir visité la chapelle magnifiquement restaurée, on accède, à l'étage, à l'« appartement » des propriétaires, dont la pièce maîtresse est l'époustouflante Grande Salle, sorte de salle d'apparat. Le plafond et la cheminée y sont quasi entièrement peints, les plinthes ornées de médaillons champêtres et les frises jalonnées de blasons illustrant l'alliance des familles de Maillé (à qui on doit la construction du château en 1530) et de Kerman. Quand on imagine que cette pièce servait d'atelier à Camille Claudel et à Auguste Rodin ! Ne pas manquer ***Les Causeuses,*** bronze original de Claudel, récemment acquis par les actuels propriétaires. Les tours rondes qui encadrent la façade sud abritent à l'ouest une lumineuse chambre carrée, et, à l'est, la cuisine, qui a su tirer parti de l'épaisseur des murs pour y loger des appareils ménagers nécessaires à la vie d'aujourd'hui, tel un authentique et inusable Frigidaire. C'est d'ailleurs un des intérêts de ce château : il est habité au quotidien (même si en période de visite, les propriétaires s'installent dans les dépendances), et on ne s'étonnera donc pas d'y voir un dessin d'enfant accroché à un mur. En fin de parcours, voir ***La Petite Châtelaine,*** une œuvre inspirée et modelée au château par Claudel, qui avait pris la petite fille des propriétaires pour modèle lors d'un séjour effectué après sa rupture avec Rodin, en 1892.
Au terme de la visite, on peut se promener librement dans le vaste et beau ***parc*** sillonné par l'Indre (d'où le nom de l'Islette), où de nombreux sièges incitent à se poser, où l'on peut louer une barque, pique-niquer dans l'un des espaces prévus à cet effet, ou s'installer – avec un livre sur Claudel et Rodin – à la terrasse du salon de thé qui surplombe la rivière. Une aire de jeux est également prévue pour les enfants. Bref, de quoi se sentir châtelain le temps d'un jour !

Le musée rétro-mécanique Maurice-Dufresne : *17, route de Marnay (37190 Azay-le-Rideau). ☎ 02-47-45-36-18. • contact@musee-dufresne.com • musee-dufresne.com • Petite route à gauche à la sortie d'Azay-le-Rideau en allant vers Langeais. Avr-sept, tlj (sauf lun-mar avr-juin et sept) 10h-19h (18h sept). Compter 2h de visite. Entrée : 12 € (+ 2,50 € avec audioguide) ; réduc ; gratuit moins de 10 ans. Fiche de jeux pour les 3-6 ans et 7-12 ans. Resto et aire de pique-nique couverte sur place.* Ce surprenant musée est à la fois le fruit d'une passion et le témoignage d'un pan de l'histoire de la mécanisation et des techniques industrielles (1850-1950). Fils d'agriculteur et formé par les Compagnons du Devoir pour devenir maréchal-ferrant, Maurice Dufresne (1930-2008) s'aperçoit vite qu'avec le développement du ***machinisme agricole,*** il n'y aura bientôt plus de chevaux à ferrer. Il décide donc de fabriquer des remorques pour tracteurs, mais les pièces viennent à manquer. Il se convertit alors dans la récupération de métaux. Obnubilé par l'idée que ce patrimoine doit servir aux générations futures pour comprendre l'évolution des techniques, il réunit pendant plus de 60 ans quelque 3 000 pièces joliment mises en valeur et exposées dans un ancien moulin à papier (en état de marche) et ses dépendances, au cœur d'un agréable parc ombragé de 12 000 m². Un fantastique rassemblement de pièces souvent exceptionnelles qui attirent des collectionneurs d'armes (de l'épée à l'armure de samouraï !), de matériel agricole et industriel (modèles rares et pittoresques de tracteurs), de voitures anciennes et d'engins de toutes sortes (dont une vedette côtière allemande de 1942) – beaucoup remis en état de marche et prêts à fonctionner. On y trouve aussi bien le 1er véhicule électrique de Peugeot (1941) que ***l'avion construit par Blériot pour sa traversée de la Manche,*** ou encore les métiers à tisser et pelotes récupérés à la fermeture d'une usine de passementerie de Tours. Un des clous de l'exposition est une ***guillotine ambulante*** originaire du département qui aurait fait tomber quelque 120 têtes à la Révolution... ! Insolite ! Un musée vraiment instructif, à faire en famille.

L'église Saint-Martin : *à* **Lignières-de-Touraine.** *Avr-sept, tlj 9h-19h ; le reste de l'année, tlj 10h-18h.* Méconnue, cette petite église de village mérite pourtant le détour pour ses fresques du XIIe s longtemps restées masquées par un enduit avant d'être redécouvertes, puis soigneusement restaurées en 2009. Les scènes religieuses et le calendrier des mois qu'elles représentent constituent l'un des plus beaux ensembles de peintures médiévales de la Touraine.

VILLAINES-LES-ROCHERS *(37190)*

À 6 km au sud-est d'Azay, un village qui s'étire tout en longueur de part et d'autre de l'étroite vallée du Gué sur près de 2 km. Une bonne partie des maisons troglodytiques sont habitées par des vanniers. Un document de 1563 atteste de leur présence dans ces rochers, dont la température et le degré d'humidité constants permettaient de conserver l'osier et préserver sa souplesse pour le travailler. Cultivant aujourd'hui plus de 200 ha d'oseraies et produisant un bon tiers de la vannerie française, les vanniers villainois sont pour la plupart regroupés dans une société coopérative vieille de plus de 160 ans.

Où dormir ?

Camping municipal : *rue de l'Église. ☎ 02-47-45-43-08 (mairie). • mairie-villaines-37@orange.fr • En plein centre. Ouv juil-août. Forfait pour 2 env 6,50 €.* Petit camping ombragé et tranquille avec de belles pelouses. Équipements de base. Commerces et restos à proximité.

À voir. À faire

L'espace culturel Osier Vannerie : *7, pl. de la Mairie. ☎ 02-47-45-43-08 (mairie). 07-88-24-47-35. Ouv Pâques-Toussaint (ou sur résa), mer-dim 14h-18h. Entrée : 5 € ; réduc ; gratuit moins de 7 ans.* Ce musée offre un regard quasi exhaustif sur la vannerie, savoir-faire ancestral : histoire et origines, variété des matériaux, infinité des usages, évolution des techniques...

L'expo-vente de vannerie : *1, rue de la Cheneillère. ☎ 02-47-45-43-03. • vannerie.com • En principe, tlj (fermé w-e janv-fév).* La salle d'exposition-vente de la société coopérative regroupe d'innombrables paniers, corbeilles, meubles et autres articles tressés par les coopérateurs, bien plus chers évidemment que les produits d'importation mais sacrément mieux faits et beaucoup plus solides ! Dans l'atelier contigu, on peut d'ailleurs assister au patient et captivant travail de quelques vanniers (en semaine), sous les doigts desquels l'osier se courbe délicatement. Organise aussi des stages de 3 à 5 jours.

SACHÉ (37190) 1 410 hab. *Carte Indre-et-Loire, B2*

Chinon a son Rabelais, Loches son Vigny, Descartes son Descartes, et Saché son Balzac... Ce petit village de la vallée de l'Indre (celle du *Lys dans la vallée*) est vraiment charmant avec son château d'atmosphère, ses vieux logis restaurés, son solide clocher roman et, au cœur de la place centrale, son mobile de Calder, rappelant que le plus français des sculpteurs américains vécut là une vingtaine d'années. Le « roi du fil de fer » et le « géant des lettres », ces 2 monuments font de Saché une bourgade gâtée.

BALZAC *IS BACK*

S'il est un lieu balzacien par excellence, c'est bien celui-là, sachez-le ! « C'est là que j'ai fait mes premiers pas dans les chemins de la pensée et que se sont passées les heures les plus solennelles de ma vie intellectuelle. » Il arriva en effet souvent à Balzac de rallier à pied sa « chère vallée » de l'Indre, la bonne vingtaine de kilomètres qui séparait Tours du château de M. de Margonne, lequel l'a accueilli chez lui. Le « suzerain de Saché » fut l'amant de la mère de Balzac, cette jolie femme, mariée à un notable de Tours, ayant même donné un frère, Henry, à notre Honoré, qui ne digéra jamais cette infidélité.
L'amant honoraire se montrait donc hospitalier, et Balzac se sentait chez lui dans ce ***havre de sérénité*** qui permettait non seulement à l'écrivain de faire une cure d'air natal, mais aussi d'échapper à ses créanciers parisiens qui le harcelaient. Du *Père Goriot* à *César Birotteau* et des *Illusions perdues* à *La Recherche de l'absolu*, en passant par son magnifique *Lys dans la vallée*, il édifia là de nombreux pans de son œuvre monumentale. Naissaient ainsi d'innombrables personnages, toute ressemblance

UN BOURREAU DE TRAVAIL

Se dopant à longueur de journée de « café à l'eau », le caféinomane se réveillait dès 3h ou 4h du matin et écrivait jusqu'au soir, assis sur son lit, court et étroit, ou à son bureau, dans sa petite chambre donnant sur les bois.

avec des personnes existantes ou ayant existé n'étant que rarement fortuite. Louis Lambert était, par exemple, le nom d'un sabotier de Saché, tandis que Chabert était celui d'un général de Tours. Les Grandet, quant à eux, rappelaient fort les Margonne. ***S'inspirant des personnes de tous milieux qu'il rencontrait,*** Balzac tira largement profit de sa « belle, brave et joyeuse Touraine ».

Où manger ?

|●| ***Auberge du XIIe Siècle :*** *1, rue du Château. ☎ 02-47-26-88-77. • contact@auberge12emesiecle.fr • ♿ Tlj sauf dim soir-mar. Menus 34-70 €.* Non seulement un lieu de pèlerinage pour les balzacomaniaques, mais aussi une table réputée, installée dans un décor médiéval presque pur jus. Vieilles poutres et cheminée, le lieu n'a sûrement que peu changé depuis le temps où Honoré venait descendre là une fillette de vin frais. La qualité et l'inventivité de la cuisine sont au rendez-vous, avec des menus qui s'adaptent au marché et à la saison ; le 1er est d'un excellent rapport finesse-variété-présentation-prix. Une belle expérience.

À voir

★★ ***Le musée Balzac :*** *☎ 02-47-26-86-50. • musee-balzac.fr • Avr-sept, tlj 10h-18h (10h-19h juil-août) ; oct-mars, tlj sauf mar 10h-12h30, 14h-17h. Fermé 1er janv et 25 déc. Entrée : 6 € ; réduc ; gratuit moins de 7 ans. Parcours enfants. Visite libre ou guidée selon disponibilité. Animations famille pdt les vac scol.*

« Mon adresse est à la terre de Saché, par Azay-le-Rideau », indiquait Balzac. Pourtant, le manoir du XVe et du XVIe s, où l'écrivain venait se réfugier loin des vicissitudes de sa vie parisienne et chercher l'inspiration, ne lui a jamais appartenu. Lui qui rêva si souvent de posséder un château et qui, toujours criblé de dettes, n'y parvint jamais ! Aujourd'hui, dans sa tombe, il doit rosir de bonheur : en étant transformé en musée, dans lequel on a reconstitué de façon remarquable le cadre et l'atmosphère mélancolique, le château de Saché est devenu le sien ! Propriété du département, le château est encore imprégné d'une atmosphère toute balzacienne : la cloche qui rassemble les visiteurs s'apparente à celle qui, à 17h (l'heure de souper chez les Margonne), tirait de son univers de papier l'illustre pensionnaire.

Outre sa chambre, pièce la plus émouvante de ce musée, on visite la salle à manger et le grand salon, encore dans son jus avec son papier peint en trompe l'œil posé au début du XIXe s, ainsi que d'autres pièces où sont exposés de nombreux documents se rapportant à l'écrivain le plus traduit de la planète (avec Dickens et Agatha Christie !) : lettres et manuscrits, épreuves corrigées, éditions originales et œuvres de jeunesse rares, portraits et bustes... Une salle est consacrée à la célèbre statue du romancier exécutée par le non moins célèbre Rodin. On termine enfin par une salle exposant des presses typographiques et lithographiques (ateliers en saison) évoquant le passé d'imprimeur de Balzac.

DE SACHÉ À MONTBAZON AU FIL DE L'INDRE

★ Un peu plus loin, une fois passé Saché (plus facile à écrire qu'à dire), faites une pause devant le ***château du Val d'Aulnay*** (XVIe s), orné de jolies tourelles d'angle en encorbellement, puis devant le ***moulin du Perré*** du XVe s, l'un des plus beaux de la vallée de l'Indre. Notez les fenêtres à meneaux et les poivrières *(ne se visite pas).*

Pont-de-Ruan *(37260)* **:** au bord de l'Indre, ce village recèle un joli moulin en activité avec ses 2 roues à aubes qui brassent les eaux de la rivière. Juste en face, l'îlot relié par une passerelle est aménagé pour le pique-nique des promeneurs. Un petit paradis !

MONTBAZON

(37250) 4 400 hab. *Carte Indre-et-Loire, B2*

Jolie petite ville adossée à un coteau en bordure de l'Indre. On passe sous l'ancienne porte principale, percée dans le rempart, de la forteresse de Foulques Nerra dont on peut voir l'imposant donjon (28 m). De construction un peu antérieure à celui de Loches, sa facture est quasiment similaire.

Adresse utile

Azay-Chinon Val de Loire Tourisme, bureau d'information de Montbazon : *esplanade du Val-de-l'Indre. ☎ 02-47-26-97-87. • azay-chinon-valdeloire.com • Mai-sept, lun-sam 10h-12h30, 14h-17h30 (jusqu'à 13h et 18h juil-août) ; le reste de l'année, horaires restreints.*

Où dormir ? Où manger ?

Camping

Camping La Vallée de l'Indre : *D 910. ☎ 02-47-26-06-43. • contact@camping-montbazon.com • camping-montbazon.com • Sur la rive droite de l'Indre, à moins de 500 m du centre. Ouv avr-nov. Forfaits 16-21 € pour 2 ; mobile homes.* Grand camping à l'orée de la ville et en partie ombragé. Resto. Piscine, tennis, basket, minigolf. Juste avant l'entrée du camping, une guinguette qui attire pas mal d'amateurs en saison.

De chic à plus chic

L'Évidence : *1, pl. des Marronniers. ☎ 02-47-26-00-67. • contact@restaurant-levidence.com • Dans le centre, au début de la route de Monts/Azay-le-Rideau. Tlj sauf dim-lun et mer, jusqu'à minuit. Résa conseillée. Formule midi (sauf j. fériés) 39 € ; menus 65-80-120 €.* Après avoir développé ses talents auprès de prestigieux maîtres, le chef Gaëtan Evrard s'est installé dans ce discret recoin de Montbazon afin de partager sa passion culinaire pour sa Touraine natale. La carte change tous les mois et s'appuie sur les meilleurs fournisseurs de la région. Salle au design aussi créatif que la cuisine, récompensée en 2019 par une étoile au guide Michelin.

Beaucoup plus chic

Domaine de la Tortinière : *10, route de Ballan, Veigné. ☎ 02-47-34-[illegible]. • contact@tortiniere.com • tortiniere.com • À 2,5 km au nord par la D 910, puis à gauche la D 287. Congés : de mi-déc à fin fév. Doubles 125-285 €. Formule déj 34 € ; menus 60-72 €.* Dans une ravissante demeure Second Empire, située au milieu d'un parc de 15 ha incliné vers l'Indre. Chambres charmantes, très confortables, joliment modernisées avec de belles couleurs fraîches et élégantes, réparties entre les dépendances et le château lui-même. Celles qui sont situées dans les tourelles du château sont peut-être les plus insolites. Espace bien-être, piscine, tennis, terrasses avec vue et barque sur l'Indre à disposition. Excellent accueil. L'orangerie abrite une table réputée pour ses spécialités gastronomiques variant au gré des saisons.

À voir

La forteresse de Montbazon : *12-14, rue du Château. ☎ 02-47-34-34-10. • forteressedemontbazon.com • Accès par une petite rue qui part à gauche de la D 910 en direction de Sainte-Maure (fléché). Visites animées tlj 10h-19h juil-août et 10h-18h le w-e avr-juin et sept. Derniers billets 1h avt. Entrée : 12 € ; réduc ; gratuit moins de 5 ans.*
Oui, oui, c'est lui, là-haut avec sa Vierge de 9,50 m au sommet ! Ce donjon à l'histoire mouvementée serait le 1er que le redoutable Foulques Nerra aurait fait édifier en Touraine (991), sur les terres des abbés de Cormery. Ces derniers s'en plaignirent évidemment au roi. C'est aujourd'hui l'un des plus anciens ensembles féodaux de France encore debout.
On y découvre des galeries souterraines, un autre donjon, des portions de remparts, quelques instruments de torture (brrr !), etc. Visite animée par une équipe en costumes d'époque qui vous plonge en plein Moyen Âge : on peut s'essayer à la poterie, au tissage ou à l'enluminure (et on paie en deniers les objets fabriqués !), découvrir les secrets de l'herboriste ou du maître d'armes, le fonctionnement de machines de guerre reconstituées... Taverne sur place.

À faire

L'Indre à Vélo : cet itinéraire pour cyclistes vous mènera d'Azay-le-Rideau à Chenonceaux via la cité royale de Loches. Il s'étend sur plus de 100 km au bord de la vallée de l'Indre, par des petites routes tranquilles jalonnées et sécurisées. Cet itinéraire attachant et sans difficulté majeure vous propose de découvrir, sur plusieurs étapes et à votre rythme, de nombreux villages typiques, des paysages bucoliques et des sites incontournables. Il permet également de rejoindre plusieurs boucles vélo à la journée autour d'Azay-le-Rideau et autour de Loches. On peut rattraper l'itinéraire de La Loire à Vélo à ses 2 extrémités, permettant ainsi de composer une boucle de près de 200 km. Avec un niveau de difficulté « facile » à « très facile », L'Indre à Vélo est adaptée à un public familial. Les fiches itinéraires sont téléchargeables sur le site *• touraineloirevalley.com •*

DE MONTBAZON À VILLANDRY

Quittez les rives de l'Indre pour les bords du Cher, rivière elle aussi sauvage et affluent de la Loire. Une jolie balade à faire de Monts à Savonnières, en passant par Ballan-Miré, chef-lieu de ce vaste territoire au patrimoine architectural très diversifié : une église du XIIe s avec de remarquables vitraux du XVIe s, une douzaine de châteaux privés, des manoirs, des gentilhommières, des fermes, des maisons paysannes, des granges et dépendances, des pigeonniers, des moulins, des fours à pain, un lavoir et de vieux puits.

MONTS (37260)

Bourg un peu perché qu'on ne s'attend pas vraiment à trouver là, après avoir traversé une zone industrielle qui accueille notamment les vastes installations de laboratoires pharmaceutiques et du Commissariat à l'énergie atomique. Centre ancien tranquille bordé par l'Indre.

Où dormir ? Où manger ?

Au Carrousel des Saveurs : *2, rue Jean-Colin. ☎ 02-47-26-76-86. 📱 06-81-69-27-11. • laurent.conraux622@orange.fr • aucarrouseldessaveurs.fr • ♿ Resto tlj sauf dim soir-lun. Fermé 3 sem début janv. ½ pens imposée, 47 €/pers. Formule déj en sem 18,50 € ; carte 26 €. Digestif offert sur présentation de ce guide.* On ne remarque pas forcément cette petite auberge discrète au cadre très classique, située à un carrefour stratégique. C'est pourtant la bonne adresse pour une étape gourmande ! Car le chef a du talent et réalise de beaux plats de saison à partir de produits locaux, dans un registre traditionnel légèrement inventif. C'est joliment présenté et savoureux – et ce dès les 1ers menus. 3 chambres seulement, mignonnettes.

À voir

Le domaine de Candé : *route du Ripault. ☎ 02-47-34-03-70. • domainecande@departement-touraine.fr • domainecande.fr • ♿ (billetterie, boutique, jardins, écuries). À env 5 km au nord-est (bien fléché). Juil-août, tlj 10h30-12h30, 13h30-19h (en continu pour le parc) ; avr-juin et sept, mer-dim 10h30-12h30, 13h30-18h (en continu pour le parc) ; oct, mer-dim 10h30-12h30, 13h30-17h (en continu pour le parc). Fermé nov-mars et durant le festival Terres du son (voir « Manifestation » ci-après). Entrée : 7 € ; réduc ; gratuit moins de 7 ans ; parc GRATUIT. Livrets-jeux, ateliers pour les enfants et nombreux événements thématiques.* Château édifié au XVIe s par François Briçonnet, le maire de Tours, et agrandi au XIXe par un riche Cubain, Drake del Castillo, dans un style néogothique et Renaissance. En 1927, le milliardaire Charles Bedaux l'acquiert et y installe l'eau courante et un central téléphonique (le 1er du genre en France chez un particulier). La visite des différentes pièces permet d'ailleurs de mesurer le caractère précurseur et la modernité du confort pour l'époque. Parmi les curiosités, de belles salles de bains aux motifs Art déco, un orgue de 1929 (à la partie instrumentale classée Monument historique), une insolite salle de sport (avec les mêmes engins que celle du *Titanic* !), le dressing de madame Bedaux (une des femmes les mieux habillées, paraît-il, de l'époque)... À l'extérieur, 2 sentiers sillonnent le parc de 230 ha. Parcours d'œuvres d'art contemporain. Le domaine de Candé fait par ailleurs office de Conservatoire des saveurs tourangelles, avec un potager, un verger, des ateliers nature (pour les enfants), une boutique, des expos, des conférences. Pique-nique possible dans le parc où d'insolites cacoons et transats invitent à la sieste.

MARIAGE EN CATIMINI

Le 3 juin 1937, Édouard VIII épousa l'Américaine Wallis Simpson au château de Candé. Il renonça alors au trône, et le scandale éclata ! Il faut dire que la jeune femme avait divorcé 2 fois – ce qui n'est évidemment pas du goût de l'Eglise anglicane. En vérité, le roi admirait Hitler un peu trop. De plus, le FBI savait que Wallis Simpson était la maîtresse de Joachim von Ribbentrop, ambassadeur du IIIe Reich à Londres !

Manifestation

– ***Terres du son :*** *8, 9 et 10 juil, au château de Candé. • terresduson.com •* Des dizaines de concerts avec des artistes comme Juliette Armanet, PNL, Martin Solveig, Kungs, Deluxe...

SAVONNIÈRES (37510)

Ce pittoresque village tire son nom du savon que les Gallo-Romains y fabriquaient. On ressent encore l'esprit de la marine médiévale et des bateliers qui règne sur les rives du Cher.

Où dormir ? Où manger ?

Bon marché

À la Soupette de Mémère : *aire des Charmilles. 06-60-62-76-86. • alasoupettedememere@laposte.net • Tlj sauf lun, de 11h à la tombée de la nuit. Fermé oct-mars. Carte 10-15 €. Café offert sur présentation de ce guide.* Guinguette posée en bordure du Cher, sur une étendue de gazon parsemée de quelques tables et transats. Impeccable pour reprendre des forces entre 2 balades, en picorant une galette ou... une soupette, pardi ! Préparée avec des ingrédients locaux et frais, c'est bon, sain et très gentiment servi ! Fréquentes animations : théâtre, danse, musique, lectures poétiques, ateliers nature, etc.

Chic

Chambres d'hôtes La Grange : *Le Mitan Bray. ☎ 02-47-24-54-97. 06-84-36-72-48. • lagrangetouraine@yahoo.com • lagrange-touraine.com • À 2 km au nord-est du centre, sur les bords du Cher. Doubles 80-102 €.* Emplacement stratégique pour cette vieille grange pleine de cachet, située au calme sur l'itinéraire de La Loire à Vélo et face au Cher. Mais la vraie bonne surprise est à l'intérieur : tout a été repensé pour métamorphoser l'espace en un lieu résolument contemporain, où les éléments design et anciens s'harmonisent avec bonheur. Les chambres sont belles, sobres et élégantes, et absolument tout confort (il y a même la clim). Salon commun pour bouquiner, et, sur l'arrière, une terrasse en bois face aux champs. Quant au petit déj, il est excellent... à l'image de l'accueil jeune, dynamique et tout sourire !

La Maison Tourangelle : *9, route des Grottes-Pétrifiantes. ☎ 02-47-50-30-05. • contact@lamaisontourangelle.com • Tlj sauf dim soir lun et mar. Menus 50-110 €.* Cette belle demeure en surplomb du Cher accueille l'une des meilleures tables du pays. Le chef (formé, entre autres, chez Ducasse) propose, dans un cadre raffiné, une cuisine gourmande traditionnelle composée, vous l'aurez deviné, de produits locaux et de saison triés sur le volet. Belle carte des vins. Accueil très sympathique.

LA TOURAINE

Où dormir ? Où manger dans les environs ?

Emmagine Le Bout du Monde : *dans le bourg de* ***Berthenay*** *(37510). ☎ 02-47-43-51-50. • emmaginelbdm@gmail.com • Tlj en saison (Pâques-Toussaint) ; horaires restreints hors saison. Menu 28 €.* Perdue mais pas pour tout le monde, car les curieux font le détour pour découvrir cette adresse insolite : un bar à tapas et un restaurant... botanique. Du conceptuel, donc, avec dans l'assiette une cuisine florale et aromatique de saison, élaborée au maximum avec les légumes et les plantes du jardin. Ce n'est pas toujours très copieux, mais c'est visuel et coloré, en adéquation avec le cadre ravissant de la terrasse.

Chambres d'hôtes du château du Vau : *domaine du Vau, 37510* ***Ballan-Miré.*** *☎ 02-47-67-84-04. 06-15-94-75-28. • info@chateau-du-vau.com • chateau-du-vau.com • À env 4 km au sud-est (bien fléché). Doubles 120-140 €. Cabane (sur résa par Internet seulement) 140 €.* Beau château classique du XVIIIe s qu'on découvre au bout d'une longue allée précédée d'une généreuse pelouse plantée d'arbres qui ne disent plus leur âge. Bruno, ex-prof de philo, propose 5 vastes chambres d'hôtes, pleines de charme et de chaleur. On a aimé les parquets qui craquent, les lits en cuivre, les gravures et tableaux anciens, la vue sur l'immense parc à l'anglaise et le calme total. Pour les amateurs d'insolite, 2 cabanes perchées dans des arbres centenaires. L'une décorée à l'africaine, l'autre à l'asiatique. Belle piscine. Et pour les amateurs, le golf de Touraine est juste en face.

Achats gourmands dans les environs

La ferme du château du Vau : *à* ***Ballan-Miré.*** *☎ 02-47-53-20-83 ou 06-75-18-42-58. • clement.joelle@wanadoo.fr • Juste à côté du château du Vau ; voir plus haut « Où dormir ? Où manger dans les environs ? ». Tlj sauf dim-lun 17h-19h30.* Édouard et Joëlle Clément vous accueillent dans leur exploitation de fabrication de foie gras. Excellents confits et rillettes, mais aussi plats cuisinés. Vente à emporter également.

À voir. À faire

Les grottes pétrifiantes : *☎ 02-47-50-00-09. • grottes-savonnieres.com • À 2,5 km du centre en direction de Tours. Tlj ; avr-sept, 10h-19h (9h30-19h30 juil-août) ; fév-mars et oct-nov, 10h-12h, 14h-18h (2de quinzaine de nov, seulement l'ap-m). Dernier départ 1h avt fermeture. Fermé déc-janv. Entrée : 7,60 € ; réduc ; gratuit moins 5 ans. Parking en face.* Ces 2 grottes formées à l'ère secondaire renferment plusieurs petites salles bordées par un lac souterrain. La 1re a été décrite par Bernard Palissy en 1547, la 2de découverte 4 siècles plus tard. L'eau ruisselle en permanence de la roche calcaire et dépose 1 cm de calcite par an. Vous y découvrirez par conséquent toutes sortes d'objets déposés sous le suintement d'une des cascades pour montrer aux visiteurs le travail inexorable de la pétrification. Bien sûr, stalactites, draperies et autres concrétions sont au rendez-vous. Après une halte dans une petite salle d'exposition, direction la 2de grotte, davantage axée sur la production de bas-reliefs réalisés à l'aide de moules souples que l'on voit en cours de pétrification, et destinés à la vente. Très touristique...

Les Bateliers du Cher : *06-88-74-57-83. • bateliersducher.net • Sur les quais. Mai-oct. 60 € les 30 min, 70-100 €/h et 130-150 € les 2h par bateau (7-12 pers).* Balade au long du Cher à bord de soigneuses reconstitutions de bateaux traditionnels : un pillard, une charrière, un scute médiéval... Vous pouvez également jeter un coup d'œil au chantier de construction à 2 pas (c'est fléché).

Manifestation

– ***Les Musicales en confluence :*** *fin mai-début juin, sur les communes de* ***Ballan-Miré, Berthenay, Druye, Savonnières*** *et* ***Villandry.*** Concerts de chorales étrangères, musique classique, jazz et variétés dans des lieux chargés d'histoire.

VILLANDRY

(37510) 1 150 hab. *Carte Indre-et-Loire, B2*

Surplombant la large vallée où Cher et Loire se rejoignent, le château de Villandry, l'un des derniers-nés (1536) de l'époque Renaissance en Val de Loire, est lui-même à la confluence de 2 styles régionaux : plus vraiment château

LA TOURAINE

de la Loire et déjà un peu château d'Île-de-France... où la Cour s'est transportée. Par exemple : les tourelles d'angle font place à des pavillons carrés pour conclure les ailes, de même qu'on introduit une galerie à arcades autour de la cour d'honneur pavée.
Au XIIe s, la paix de Colombiers fut signée dans le donjon du château entre Henri II Plantagenêt, roi d'Angleterre, et Philippe Auguste. Ce qui est amusant, c'est que les habitants portent encore le nom de cet ancien toponyme : on les appelle les Colombiens !

Adresse utile

Office de tourisme : *11, rue Principale. ☎ 02-47-50-12-66. • tours-tourisme.fr/destinations/villandry • Avr-sept, lun-sam 10h-18h30 ; dim et j. fériés (juil-août seulement) 10h-12h30, 14h30-17h. Fermé hors saison.*

Où manger ?

L'Étape Gourmande : *La Giraudière. ☎ 02-47-50-08-60. • info@letapegourmande.com • Depuis Villandry, prendre à gauche sur la route de Druye (D 21) ; bien indiqué à partir du centre. Tlj sauf mer, midi et soir. Résa conseillée. Fermé de mi-nov à mi-mars. Formule déj en sem 21 € ; puis formules et menus 23-45 €. Café offert sur présentation de ce guide.* Authentique ferme du XVIIe s et ancienne dépendance du château, en pleine campagne (on y élève des chèvres). Salles rustiques avec cheminée ou terrasse ombragée sous les muriers pour une généreuse et savoureuse cuisine à base de produits fermiers accompagnés de vins du cru. Accueil et service d'une vraie gentillesse. Vente de fromages (de chèvre, bien sûr).

La Doulce Terrasse : *1, rue Principale. ☎ 02-47-50-02-10. • restaurantladoulceterrasse@gmail.com • À l'entrée du château. Tlj 9h-18h. Fermé du 11 nov à mi-mars. Plat du jour 16 € ; compter 15-20 € à la carte.* Des sandwichs à emporter côté kiosque. Une grande terrasse côté resto : salade, quiches, tartines, hamburgers, pâtes à l'italienne... le tout à base de légumes et d'herbes des jardins du château.

À voir

Le château : *☎ 02-47-50-02-09. • chateauvillandry.fr • (pour les jardins et le rdc du château + film des étages et maquettes tactiles). Le site est ouv tlj, 9h-19h en juil-août (entre 17h et 18h hors saison). Derniers tickets 30 mn avt fermeture pour le château. Les jardins ferment plus tard (sortie côté village). Château fermé début janv-début fév et de mi-nov à début déc (mais les jardins restent ouv). Billet combiné château et jardins : 12 € ; jardins seuls : 7,50 € ; réduc ; gratuit moins de 8 ans. Parcours ludique et livret-jeu enfants. Audioguide : 4 €. Visite guidée avr-oct. Application smartphone gratuite. Boutiques souvenirs et jardinage.*
Depuis 1906, le domaine de Villandry est habité par la famille Carvallo. La création des jardins, qui figurent parmi les plus beaux d'Europe, est due à Joachim, chercheur scientifique espagnol, et à son épouse Ann Coleman, héritière d'une riche famille de Pennsylvanie. L'harmonie entre château et jardin et le souci d'en faire une demeure vivante (des compositions florales renouvelées tous les vendredis, et en harmonie avec les couleurs des pièces !) sont le but de cette famille de châtelains (4e génération) pas vraiment comme les autres. Le dernier des châtelains en date est d'ailleurs lui-même présent chaque jour (ou presque) pour mettre la main à la pâte et veiller à ce que tout se passe bien.

Les façades Renaissance ont été restituées au début du XXe s, sous l'impulsion des Carvallo. L'aménagement intérieur, lui, date de l'occupation du marquis de Castellane au XVIIIe s : lambris, parquets, mobilier... tout a été repensé selon les standards de confort de l'époque.

Au rez-de-chaussée
– *Le grand salon du XVIIIe s :* orné de tableaux, boiseries, photos de famille, etc.
– *Le cabinet de travail de Joachim Carvallo :* avec sa double exposition sur les jardins.
– *La salle à manger provençale :* classée, avec sa grande fontaine intérieure. C'est une des pièces les plus étonnantes du château. Au centre, superbe table joliment dressée.
– *La cuisine Renaissance :* c'est la seule pièce à avoir gardé sa structure du XVIe s. Fruits et légumes y sont mis en scène, entre les poutres, les pierres apparentes, les tomettes et les ustensiles anciens.

Au 1er étage
– *La chambre du prince Jérôme :* une des plus belles chambres du château qui surprend par ses tentures fuchsia ; elle a été redécorée dans le style Empire, en hommage au prince Jérôme, propriétaire de Villandry – mais qui n'y mit jamais les pieds ! – au début du XIXe s. Guéridon ayant appartenu à Jérôme Bonaparte. Superbes soieries réalisées par la maison Roze, l'une des plus anciennes de France, installée à Tours.
– *La bibliothèque :* y sont regroupés des ouvrages et des vitrines présentant les centres d'intérêt de Joachim Carvallo et Ann Coleman. Y figure notamment l'ouvrage *Des plus excellents Bastiments de France,* qui leur permit de reconstituer les façades et jardins Renaissance du château.
– *La chambre de de la Tour :* d'un abord plutôt austère, elle bénéficie comme le bureau d'une belle vue sur le jardin et le potager.
– *La chambre du Potager :* comme son nom l'indique, elle bénéficie d'une vue panoramique sur le potager. Remarquez les parquets et la belle baignoire recouverte de cannage... irrésistible, n'est-ce pas ?
– *La chambre des Douves :* à la déco très féminine.

Vers le donjon
– *Les chambres d'enfants :* décorées de jouets anciens.
– *La salle François Ier :* d'esprit Renaissance.
– Une importante ***collection de peintures espagnoles*** (XVIe, XVIIe et XVIIIe s) est accrochée un peu partout dans les salles ouvertes au public, et en particulier dans la *galerie.* C'était la 2e collection la plus importante au monde jusqu'à la Seconde Guerre mondiale, avant qu'elle ne soit dispersée du fait des héritages. De l'école de Goya, dans une salle « espagnole » quelque peu angoissante : l'horrible *Décapité pendu par les cheveux,* inspiré de la sanglante répression de l'armée française contre le peuple espagnol ordonnée par Murat en 1807, mais aussi *Le Nain, La Jeune Malade,* etc. De l'école de Zurbarán : une très sobre nature morte, *Le Pain de campagne* (qu'on découvre logiquement dans la cuisine !), l'expressive *Agonie de saint François,* etc. Également des œuvres des écoles allemandes (XVIe s) et flamandes (XVIIe s) dont, dans la galerie, 4 tableaux peints sur bois aux couleurs vives évoquant la vie de Jésus.
– Le joyau du château reste sans doute le magnifique *plafond oriental* provenant d'un palais de la fin du XVe s à Tolède en Espagne. Il fut acheté par Joachim Carvallo lors d'une vente ; démonté en plus de 3 600 morceaux pour le transport et remonté tel un puzzle. Superbe structure de style mudéjar en bois de cèdre polychrome, stuc et décoré à la feuille d'or.

Les jardins : *ouv tte l'année, tlj de 9h à la tombée de la nuit (9h-19h en saison). Voir tarifs plus haut.*
Ces jardins, classés depuis 1934, feraient presque de l'ombre au château tant leur réputation a fait le tour du monde. Il faut dire que ce sont les seuls jardins Renaissance reconstitués à partir de lectures à ce jour. Ils sont entretenus

quotidiennement par une petite armée de 10 jardiniers (seulement !), travaillant exclusivement en gestion raisonnée. Une merveille à découvrir toute l'année – avec tout de même une nette préférence pour la fin de l'été. Début septembre, les floraisons offrent une explosion de couleurs. En octobre, les tons orange des potirons tranchent avec les mauves des choux. Au printemps éclosent les tulipes et en juin, les roses. Les jardins occupent 4 niveaux différents avec chacun leur fonction.

– Le ***jardin d'ornement,*** au niveau intermédiaire, situé façade sud du château. Traditionnellement en rez-de-château avec accès direct, il était dédié à la promenade et aux divertissements. Il est formé de hauts buis et divisé en 4 carrés, chacun représentant une des formes de l'amour. Ainsi les glaives dessinés suggèrent-ils les duels et donc l'amour tragique. D'ailleurs, en été, le parterre fleurit rouge, couleur de sang. Dans un autre carré, 4 éventails (symboles de légèreté) entre lesquels figurent les cornes... de l'amour trompé, indiquant ici l'amour volage, etc. Au même niveau, de l'autre côté du canal, un autre parterre de buis évoque la musique. À vous maintenant de vous amuser à reconnaître les instruments astucieusement taillés.

– Le ***jardin d'eau,*** calme et propice au recueillement (comme il se doit). Constitué d'une grande pièce d'eau centrale, les allées qui l'entourent rappellent le cloître des grandes abbayes.

– Le ***jardin de « simples »,*** où sont plantées les herbes et plantes aromatiques, destinées autant à la cuisine qu'à la médecine. On peut le visiter les yeux fermés, en se laissant guider par son odorat... en passant de la verveine citronnelle à la menthe, etc.

– Le ***potager,*** au niveau inférieur, est un pur chef-d'œuvre ! Chaque année, 2 plantations sont effectuées (au printemps et en été), tenant scrupuleusement compte de contraintes esthétiques (formes et couleurs des légumes) et de contraintes horticoles (rotation triennale). Tout un art en somme, surtout lorsque l'on sait la patience et les soins que nécessite un potager, toujours soumis aux aléas du climat. Dans la 2de moitié du XXe s, des *jardins annexes* ont été créés, dont un ***labyrinthe*** sacré. Là, rien de ludique : il s'agit non pas de trouver la sortie, mais de suivre un parcours jusqu'au promontoire central symbolisant l'élévation vers Dieu. Dernier en date, le sobre ***jardin du soleil*** est composé de 3 chambres : la chambre du soleil, la chambre des nuages et la chambre des enfants (avec quelques jeux, évidemment).

– De nombreuses fêtes sont organisées au château, et plus particulièrement dans ses jardins : les ***Rendez-vous au jardin*** *(1er w-e de juin),* les ***Nuits des mille feux*** *(1er w-e de juil et d'août)* avec 2 000 bougies illuminant le parc, les ***Journées du potager*** *(dernier w-e de sept),* etc. Sans oublier de nombreuses animations et expos pendant l'été.

À faire

La Loire à Vélo : *départ du Grand Moulin, accessible par la D 7 (Tours-Villandry).* La Loire à Vélo s'offre ici à tous les amoureux du cyclotourisme, sur les bords... du Cher ! Depuis Tours jusqu'à Villandry, c'est en effet le long de cette rivière que le parcours sécurisé s'étend afin de rejoindre le fleuve royal. Le parcours entre Tours et Villandry propose essentiellement des voies vertes (inaccessibles aux voitures), qui sont idéales pour les familles. Les fiches itinéraires de La Loire à Vélo sont téléchargeables sur • *loireavelo.fr* •

LANGEAIS ET SES ENVIRONS

À l'ouest de Tours, une terre à découvrir en prenant son temps. Pas de grands châteaux (en dehors de l'incontournable forteresse de Langeais), mais des forêts ou des champs, voire des forêts et des champs, qui recèlent quelques jolies curiosités.

LANGEAIS (37130) 4 720 hab. *Carte Indre-et-Loire, B2*

En bord de Loire que traverse un surprenant pont suspendu d'inspiration gothique, une petite ville animée, mignonne et sympathique, qui semble ne pas se laisser impressionner par l'aspect altier et sévère de son impressionnant château...

Adresse et infos utiles

Office de tourisme Touraine Nature : *19, rue Thiers. ☎ 02-47-96-58-22. • tourainenature.com • Juil-août, lun-sam 9h-19h, dim et j. fériés 9h30-13h30 ; avr-juin et sept, tlj 9h30-18h30 (w-e le mat seulement) ; oct-mars, mar-sam 9h30-13h. Fermé 1er janv, 1er mai et 25 déc.*

– **Marché hebdomadaire :** *dim mat, pl. de l'Europe.* À ne pas manquer, c'est un des plus importants, voire des plus animés du pays.

– **Marché de potiers et céramistes :** *3e w-e d'août, 10h-19h.*

Où dormir ? Où manger ?

De très bon marché à bon marché

La Maison de Rabelais : *2, pl. Pierre-de-Brosse. ☎ 02-47-96-82-20. Face au château. Tlj (sauf lun hors saison) 9h-19h.* Une pâtisserie-salon de thé installée dans une ancienne auberge où Rabelais, dit-on, aurait séjourné. Pour grignoter, en terrasse face au château s'il fait beau, salades, quiches, pizzas ou burgers (à faire suivre d'un gateau ou d'une glace). La maison est également réputée pour ses chocolats artisanaux et ses macarons.

De prix moyens à chic

Chambres d'hôtes L'Ange est Rêveur : *5, pl. Pierre-de-Brosse. ☎ 02-47-96-55-97. 📱 06-68-03-87-86. • langeaisreveur@me.com • langeaisreveur.fr • Au pied du château. Doubles 75-100 € ; familiales.* De magnifiques chambres cosy à souhait, dont 2 suites familiales, avec vue sur le château ou les toits de Langeais. L'esprit déco est poussé ici à son paroxysme, il faut dire que les proprios tiennent une boutique (de déco !) au rez-de-chaussée... ce qui ne les empêche pas de vous préparer avec amour un petit déj mémorable, avec crêpes ou pâtisseries, servi quand il fait beau dans l'adorable cour intérieure fleurie et paisible.

Chambres d'hôtes Le Clos du Paradis : *46, rue Descartes. ☎ 02-47-96-65-37. 📱 06-66-03-97-04. • aml@lecloduparadis.fr • leclosduparadis.fr • Dans une impasse, en surplomb de l'église. Doubles 75-130 € ; familiales. Garage à vélos.* Demeure de 1888 perchée sur un coteau au-dessus de la ville ; le panorama sur le château est formidable ! Tenu par une accueillante dame qui vit ici depuis plus d'un demi-siècle, ce petit paradis entouré de jardins et vergers abrite 5 chambres (dont un studio avec cuisine et des suites pour 4 à 6 personnes) de bon confort et à la déco moderne. Terrasse l'été pour déguster au petit déj les yaourts et confitures maison.

Au Coin des Halles : *9, rue Gambetta. ☎ 02-47-96-37-25. • aucoindeshalles@hotmail.fr • Tlj sauf mer-jeu et dim soir. Congés : de mi-janv à mi-fév. Formule déj en sem 20,50 € ; autres formules 30-43 € ; menu 55 €.* Le chef, ancien étoilé à Amboise, fait des prouesses à des prix qui dépassent l'entendement. Il propose une cuisine

LA TOURAINE

de marché fraîche, franche et actuelle, au service du produit... Jouant avec les herbes, les épices, les saveurs et les textures, ce chef aime à travailler des produits parfois délaissés : escargots, magret d'oie, tête de veau. Un des meilleurs rapports qualité-prix du département ! Service dans une salle au décor sobre, ou en terrasse aux beaux jours.

Où dormir ? Où manger dans les environs ?

De plus chic à beaucoup plus chic

Chambres d'hôtes Château des Essards : *4, route de Saint-Michel, 37130* **Les Essards.** *☎ 02-47-96-94-60. 06-73-18-16-51. • chateaudesessards@wanadoo.fr • chateaudesessards.com • À 10 km au nord-ouest. Doubles 130-150 €. Café offert sur présentation de ce guide.* 5 chambres (dont 2 familiales) claires, accueillantes et confortables, dans un amour de petit château, à 2 pas de la forêt. Belle bibliothèque, piscine, parc. Idéal pour se reposer et se réveiller au chant des oiseaux en regardant passer, certains matins, un cerf ou un sanglier. Bel accueil, attentif et convivial. Bref, tout pour plaire.

Château-Hôtel de Rochecotte : *43, rue Dorothée-de-Dino, Saint-Patrice, 37130* **Coteaux-sur-Loire.** *☎ 02-47-96-16-16. 06-25-52-54-70. • chateauhotel@rochecotte.fr • chateau-de-rochecotte.fr • À env 9 km au sud-ouest. Doubles 140-325 €. Formule déj en sem 30 € ; menu 52 € ; carte 65-70 €. Café offert sur présentation de ce guide.* Le château, que fréquentait beaucoup Talleyrand, est devenu un hôtel haut de gamme, en tout cas pour les prix. Cheminée, beaux meubles, chambres embellies récemment... et un superbe parc pour prendre l'air. La table compte parmi les meilleures de Touraine. Cuisine imaginative et pleine de saveurs, servie dans une imposante et élégante salle à colonnes grecques. Accueil pro et souriant.

À voir. À faire

Le château : *☎ 02-47-96-72-60. • chateau-de-langeais.com • 1er avr-11 nov, tlj 9h30-18h30 (9h-19h juil-août) ; 12 nov-31 janv, tlj 10h-17h ; fév-mars, tlj 9h30-17h30 ; dernière entrée 1h avt fermeture. Entrée : 10-11 € (selon saison) ; réduc ; gratuit moins de 10 ans. Très nombreuses animations (voir le site).*

D'un abord austère et imposant – mais, après tout, il a été construit pour ça ! –, ce puissant château fort devient accueillant côté jardin. Mais ce qui fait courir les foules (nous inclus), ce sont ses aménagements, dont un grinçant pont-levis à flèches (le seul qui soit encore en fonctionnement ; baissé pour le 1er visiteur et relevé derrière le dernier !), et les décorations intérieures du XVe s (date de sa construction) et du XVIe s. Bref, un château entièrement d'époque ! Les amateurs de tapisseries et de meubles anciens en prendront plein les mirettes. On y découvre d'ailleurs les 1res armoires qui étaient initialement destinées à ranger les armes

QUAND L'AMOUR SERA ROI

Le château actuel fut élevé en quelques années, à partir de 1465, sur ordre de Louis XI pour se protéger des Bretons ; or, son fils Charles VIII l'Affable, qui, comme son surnom l'indique, possédait un caractère plutôt relax, résolut le problème de la Bretagne en épousant la belle Anne, duchesse de Bretagne, en 1491. Le château était tout juste achevé... et papa n'était plus là ! Le rêve !

avant d'entrer dans une église. Quant aux fans de reconstitutions historiques, ils seront comblés par la salle du mariage de Charles VIII et d'Anne de Bretagne, avec ses 15 personnages de cire grandeur nature illustrant les célèbres noces, avec son et lumière. La salle du banquet, également reconstituée, expose sur ses tables des plats typiques de la fin du Moyen Âge (une hure de sanglier sur son château fort, par exemple...).
Pour finir, profitez de la vue sur la Loire, la ville et la campagne du chemin de ronde. Après être allé au pied des ruines du donjon édifié au Xe s par Foulques Nerra (c'est le plus vieux château de France), prenez le temps de vous promener dans le jardin d'inspiration médiévale, puis dans le parc jusqu'au belvédère sur la Loire, et enfin dans la plus grande cabane jamais construite dans un seul arbre bicentenaire. Chaque été y est organisée une grande animation ou une grande exposition en lien avec le Moyen Âge.

L'église Saint-Jean-Baptiste : *au centre du village. Tlj.* Malheureusement bien mal restaurée dans le style néogothique du XIXe s, elle conserve néanmoins un remarquable beffroi des XIe et XIIIe s, ainsi qu'une flèche du XVe s. Mais l'église originelle est encore plus ancienne – comme en témoigne un morceau de frise carolingienne qui se trouve à l'intérieur, sur un pilier à droite de l'autel.

Promenades en bateaux traditionnels sur la Loire : ***Endremage,*** *06-78-39-93-02. • endremage.com • Pâques-oct, tlj ; 12-55 €/pers.* Sorties commentées classiques de 1 ou 2h, balades gourmandes assorties d'une dégustation de produits du terroir. Uniquement sur résa.

DANS LES ENVIRONS DE LANGEAIS

Le château de Cinq-Mars : *37130* ***Cinq-Mars-la-Pile.*** *☎ 02-47-96-40-49. 06-33-04-51-43. • contact@chateau-cinq-mars.fr • À 5 km à l'est de Langeais. De début juil à mi-sept, tlj sauf mar non fériés 11h-20h ; avr-juin et de mi-sept au 1er nov, w-e et j. fériés 11h-18h. Entrée : 7 € (5 € sur présentation de ce guide) ; réduc ; gratuit moins de 5 ans.* Le marquis de Cinq-Mars, favori de Louis XIII, décapité à 22 ans pour crime de haute trahison, a inspiré le roman historique *Cinq-Mars*, d'Alfred de Vigny. Aujourd'hui, on visite avec plaisir un beau jardin romantique du XIXe s et les vestiges du château ; des douves du XVIe s, et l'une des 2 tours qui subsistent du XIIIe s, accessible par un magnifique pont de pierre. On y découvre également l'atelier du peintre Nicolas Untersteller, propriétaire des lieux dans les années 1950. Brochures et demande de visite à l'accueil.

Le château de Champchevrier : *à* ***Cléré-les-Pins.*** *☎ 02-47-24-93-93. • champchevrier.fr • À 16 km au nord-est, fléché depuis la D 34 après avoir passé Cléré-les-Pins. De mi-juin au 3e w-e de sept, tlj 10h (14h dim et j. fériés)-18h. Entrée : 10 € ; réduc ; gratuit moins de 7 ans. Visite guidée du château et visite libre des dépendances (chenil, cuisine et lingerie). Visite théâtralisée aux chandelles ven 15 juil et 12 août : 12 € ; réduc.* Château qui mêle les styles Renaissance et XVIIIe s, habité par la même famille depuis 1728. Haut lieu de la vénerie, il héberge le plus vieil équipage de France (1804) : quelque 70 chiens que vous pouvez voir dans leur chenil (possibilité d'assister à la « soupe des chiens » certains jours d'été). Impressionnantes douves en eau. À l'intérieur, admirer la salle des Trophées, la chambre du duc de Roquelaure et celle du roi, ainsi que différents salons, tous magnifiquement meublés. À voir aussi : une belle série de tapisseries du XVIIe s retraçant plusieurs scènes de la mythologie grecque.

DE LANGEAIS À CHÂTEAU-LA-VALLIÈRE PAR LES CHEMINS DE LA CASTELVALÉRIE

La Castelvalérie (qui tire son nom de Château-la-Vallière) est un petit territoire encore très nature où dominent forêts et lacs. Rien d'étonnant à ce que 357 km de sentiers y ait été balisés.

SAVIGNÉ-SUR-LATHAN (37340)

Installé en rase campagne, ce curieux bourg est la survivance d'une enceinte fortifiée du XVIe s entourée de douves qu'irrigue le Lathan. Une rue le contourne à l'extérieur et permet d'apprécier les petits ponts qui franchissent ces douves, les 5 tours (dont une intégrée à une belle maison) et une partie des remparts.

À voir

Le musée du Savignéen : *10, fg de la Rue. ☎ 02-47-24-95-14. Juil-15 sept, tlj sauf mar 14h30-18h ; de mai à juin et de mi-sept à mi-nov, w-e et j. fériés 14h30-18h. Entrée : 4 € ; réduc.* Intéressant musée géologique : restes d'animaux marins et terrestres fossilisés, vestiges de cette mer des Faluns qui recouvrait la région il y a 15 millions d'années (Miocène et Tertiaire) et présentation d'outils anciens. Une partie ethnographique avec la reconstitution d'intérieurs ruraux.

La Petite France *(musée animé de trains et de transports miniatures)* **:** *1, rue du Pont-de-la-Forge. ☎ 02-47-24-60-19. ♿ (musée). Ouv avr-oct, sauf j. fériés. Visite guidée (env 1h30) lun-sam à 15h30 précises. Entrée : 10 € ; réduc ; gratuit moins de 5 ans.* 2 passionnés – père et fils – font revivre des circuits de trains électriques miniatures des années 1920 à nos jours. Mais le plus extraordinaire, c'est une maquette de la France en miniature qui a demandé des années de travail et qui représente les Alpes, le Centre, la Normandie, l'Alsace, l'Auvergne et la Bretagne, avec aéroports, et même le ferry pour l'Angleterre. Trains d'extérieur sur lesquels les enfants peuvent monter avant ou après la visite.

RILLÉ (37340)

Rillé a connu la prospérité jusqu'au XVIe s grâce à de nombreux pèlerins attirés par les reliques du pape Urbain Ier qu'abrite toujours l'église du XIe s. Mais c'est à tout autre style de pèlerinage que se livrent les visiteurs actuels puisque depuis 1977, le ***lac de Rillé*** est devenu un espace de loisirs et une réserve ornithologique exceptionnelle (plus de 200 ha). Un ***petit train à vapeur,*** géré par une association de passionnés, parcourt un circuit de 3 km *(● aecfm.fr ● ; tlj : mai-juin et sept, 4 départs 14h30-16h45 ; juil-août, 6 départs 14h-17h45 (25 juil-15 août 15h-17h15) ; billet : 6 € ; réduc).*

Où dormir ?

Camping Huttopia Rillé : *lac de Rillé. ☎ 02-47-24-62-97. ● info@huttopia.com ● huttopia.com ● ♿ Du bourg, suivre le fléchage « Lac ». Ouv avr-début nov. Forfaits 45-55 € pour 2 en hte saison ; loc de cabanes, « cahutes », ou canadiennes.* Joli camping, dans la forêt, au bord du lac. Emplacements donc bien ombragés, et plein d'hébergements en toile ou en bois. Bien équipé : bar, restauration, épicerie, piscine chauffée, et toutes sortes d'activités possibles, du tennis au... barbecue. Location de vélos et d'embarcations à pédales.

CHÂTEAU-LA-VALLIÈRE

(37330) 1 800 hab. *Carte Indre-et-Loire, B1*

Petite ville située sur une colline dominant l'étang du Val Joyeux et la forêt alentour.

Adresse utile

Office de tourisme : *pl. d'Armes. ☎ 02-47-96-58-22. Antenne de l'office de Langeais ; horaires variables.*

Où dormir ? Où manger à Château-la-Vallière et dans les environs ?

Campings

Camping municipal Val Joyeux : *route de Chinon. ☎ 02-47-24-04-93. • campingduvaljoyeux.fr • Ouv fin avr-fin sept. Forfaits pour 2 pers 13 € (emplacement camping)-65 € (mobile home). Emplacements camping et camping-car, bungalows et mobile homes loués à la nuit.* Classique avec ses emplacements en herbe, délimités par des haies. Bien ombragé. À 2 pas du lac : plage, planche à voile, etc. Accueil sympa et familial.

L'Arada Parc : *rue de la Baratière, 37360* ***Sonzay.*** *☎ 02-47-24-72-69. • info@laradaparc.com • laradaparc.com • À 11,5 km au sud-est de Château-la-Vallière. Ouv avr-sept. Forfaits 19-40 € pour 2 ; mobile homes et chalets.* Un camping familial aussi sympathique qu'insolite, avec une armoire à provisions magique qui révèle tous les trésors gourmands du coin, un cadre verdoyant, et des activités multiples. Piscine d'intérieur chauffée, hammam, jacuzzi, salle de sport. Tout confort donc.

De prix moyens à chic

Chambres d'hôtes du domaine de la Bergerie : *37330* ***Braye-sur-Maulne.*** *☎ 02-47-24-90-88. • contact@domaine-bergerie.fr • domaine-bergerie.fr • À 4 km au sud-ouest par la D 959 puis la C 3 ; la propriété est en pleine forêt, accessible par une allée discrètement signalée par 2 petits poteaux blancs. Fermé de janv à mi-mars. Double 100 € ; suites. Table d'hôtes sur résa 24h à l'avance, env 35 €. Plateau apéritif offert à l'arrivée sur présentation de ce guide.* Les élégantes chambres sont réparties entre le très beau manoir Napoléon III et un pavillon indépendant. Prix raisonnables pour profiter d'une propriété romantique de quelque 70 ha. Également une piscine couverte et un parc exceptionnel avec arbres bicentenaires. Accueil très sympathique et arrangeant.

LA TOURAINE

DANS LES ENVIRONS DE CHÂTEAU-LA-VALLIÈRE

Le château de Vaujours : *☎ 02-47-26-14-60. • chateaudevaujours.com • À 4 km au sud-est par la D 766 puis la D 34. Ouv avr-sept, tlj sauf mar 9h30-12h30, 14h-18h. Entrée (visite guidée de 1h et musée) : 6 € ; réduc ; gratuit moins de 12 ans.* Belles ruines (d'un vrai romantisme) d'une ancienne place forte de Jean V de Bueil, compagnon de Jeanne d'Arc pendant la guerre de Cent Ans. Plus tard, Louis XIV en fit un duché-pairie pour l'offrir à sa maîtresse Louise de La Vallière. Ses fortifications impressionnantes avaient résisté aux assauts de l'Histoire – même à ceux de la Révolution, jusqu'au XIXe s quand la forteresse médiévale a commencé à être démantelée pour construire un château voisin... Tous les 4e dimanches du mois, toute l'année, de 9h à 11h30, le château accueille un amusant rassemblement de voitures anciennes... et autres événements !

LE PAYS DE RACAN ET LA GÂTINE TOURANGELLE

Située au nord-ouest du département, aux confins de la Sarthe, une région discrète, tournée vers le tourisme vert. Les bois succèdent aux landes ou aux champs de céréales, et les étangs y sont nombreux. C'est une région refuge pour les amateurs de calme et de nature, que les sentiers pédestres, équestres ou propices au VTT permettent de découvrir en profondeur. La région est aussi riche d'un passé historique dont témoignent châteaux et églises romanes.

LE PAYS DE RACAN

C'est le pays d'Honorat de Bueil, seigneur de Racan, soldat et poète de cour du XVIIe s, qui fut l'un des 1ers membres de l'Académie française.

NEUVY-LE-ROI *(37370)*

Bourg tranquille dont l'*église Saint-Vincent* *(tlj 9h-18h)* date du XIIe s mais a été plusieurs fois remaniée. Elle possède un Dieu de piété du XIVe s.
2 km après la sortie du village sur la route de Saint-Paterne, agréable plan d'eau pour la baignade et la pêche, avec une aire de pique-nique aménagée.

LA TOURAINE

CHEMILLÉ-SUR-DÊME *(37370)*

Joli village fleuri aux rues pentues qui compte quelques vieilles demeures à colombages. On y trouve un petit musée de l'Apiculture. L'église au toit d'ardoises est intéressante, avec notamment sa belle voûte et un ensemble de sculptures Renaissance au-dessus des fonts baptismaux.

ÉPEIGNÉ-SUR-DÊME *(37370)*

Avant d'arriver dans le bourg, on aperçoit sur la gauche l'élégant château de la Marchère (XVe s). La petite église Saint-Étienne date, elle, du XIe s : belle frise sculptée au-dessus de la façade.

BUEIL-EN-TOURAINE *(37370)*

Joli village, où l'on s'arrêtera pour la collégiale Saint-Michel et l'église Saint-Pierre. Cet ensemble des XIVe, XVe et XVIe s abrite les magnifiques gisants de la famille de Bueil.

SAINT-CHRISTOPHE-SUR-LE-NAIS *(37370)*

Village étagé au-dessus de la vallée de l'Escotais, jadis célèbre pour son pèlerinage en l'honneur de saint Christophe. L'église, dont la plus vieille partie est du

XIe s, abrite une monumentale statue de plâtre (XVIIIe s) de ce saint. La légende dit qu'il suffisait aux jeunes filles de planter une aiguille dans le genou de cette statue pour trouver homme à marier. Vu la multitude de petits trous sur cette statue, elles ont été quelques-unes à essayer, mais on ignore le résultat final...

SAINT-PATERNE-RACAN *(37370)*

L'Escotais qui arrose le village animait autrefois de nombreux moulins à chanvre. De ce lointain passé, il ne reste que les caves creusées dans le tuffeau, où l'on entreposait le fil. L'église Saint-Paterne contient de belles sculptures en terre cuite de l'époque Renaissance, dont une *Adoration des Mages* provenant de l'abbaye de la Clarté-Dieu.

LA GÂTINE TOURANGELLE

Situé aux portes de Tours, le territoire de Gâtine et Choisilles est composé de 10 communes en plein essor démographique. On peut y découvrir des châteaux (Beaumont-la-Ronce, Cérelles, Sonzay...), des demeures anciennes et des sites troglodytiques. Un circuit de pistes cyclables et randonnées pédestres (120 km) permet aussi de passer en continuité d'une commune à l'autre.

BEAUMONT-LA-RONCE *(37360)*

Le château, dont le donjon (célébré par Ronsard) date du XIIIe s, a été plusieurs fois remanié, notamment au XIXe s (dans un style Louis XII). Ne se visite pas, mais on peut accéder à la terrasse. En direction de Marray, quartier troglodytique jadis habité par des fabricants de balais.

Où dormir ? Où manger dans les environs ?

De chic à plus chic

Hostellerie de la Mère Hamard : *pl. de l'Église, 37360* ***Semblançay.*** *☎ 02-47-56-62-04. 06-12-21-29-21. • reservation@lamerehamard.com • lamerehamard.com • Resto tlj, sauf le soir lun-jeu. Congés : vac de la Toussaint. Doubles 99-128 €. Menus 55-69 €. Apéritif maison offert sur présentation de ce guide.* Dans cette belle auberge de l'arrière-pays, madame chouchoute ses hôtes (la fille de Jean Bardet, star de la gastronomie tourangelle, a le sens de l'accueil !) et monsieur, un ancien autodidacte bourré de talent, concocte une cuisine colorée et savoureuse empreinte de modernité. C'est beau, frais, de saison. Qu'on s'attable dans la salle chaleureuse ou en terrasse, on est sûr de passer un bon moment... que l'on peut d'ailleurs prolonger dans l'une des chambres rustico-chics de l'annexe – qui n'est autre que l'ancien presbytère.

LUYNES *(37230)*

Dominée par un imposant et sévère château du XIIe s flanqué d'une foultitude de tours (mais qui, hélas, ne se visite pas), cette petite ville vaut la balade : maisons cossues à pans de bois sculptés, vieilles halles, et même une salle troglodytique où jouer à la boule de fort !

Adresse utile

Office de tourisme : *9, rue Alfred-Baugé. ☎ 02-47-55-77-14. • tours-tourisme.fr • À côté de la poste. Avr-sept, mar-sam 10h-12h30, 14h30-17h30 (j. fériés seulement le mat).* Vente de billets de visite à tarif réduit pour les principaux sites de Touraine.

Où dormir ? Où manger ?

Le XII de Luynes : *12, rue de la République. ☎ 02-47-26-07-41. • contact@le-douze.com • le-douze.com • Doubles 79-119 €. Resto tlj sauf dim soir-mar midi. Menu 3 plats 24 €.* Cet ancien relais de poste recèle bien des surprises. La déco est personnalisée, mais c'est la salle troglo qui retient l'attention... à moins d'opter pour la terrasse face au château ! La cuisine fait rimer tradition et innovation avec des plats pimentés de quelques touches d'exotisme, et joliment mis en scène. Enfin, cette bonne maison renferme quelques jolies chambres des plus confortables, dont des familiales en duplex.

À voir

Le musée des Fossiles : *5, rue des Richardières. ☎ 02-47-55-59-09. Ouv tte l'année, sur rdv. GRATUIT.* C'est dans l'ancienne écurie joliment restaurée d'une demeure du XVIIIe s que sont exposés des fossiles et pierres du Val de Loire. Michel Thusseaud, guide passionné, se fera un plaisir de vous expliquer l'origine de ces pierres, témoins de l'évolution de la Terre sur plus de 550 millions d'années.

Sortir de Luynes par la D 6 en direction de Fondettes. À 1 km, suivre les indications pour l'***aqueduc*** romain, sur la gauche. En pleine campagne, il aligne ses 300 m de piles et arcades.

HOMMES, CULTURE, ENVIRONNEMENT

ARCHITECTURE, HABITAT ET CURIOSITÉS

Les habitations troglodytiques de la Loire

Le tuffeau de la Loire et de ses affluents est un calcaire tendre bien pratique car facile à travailler. On en fait des pierres à bâtir, toutes blanches. Et quand la carrière s'épuise, on vient y creuser une cavité en y installant une ***habitation troglodytique,*** sorte d'abri-sous-roche moderne. C'est un lieu traditionnellement humide, sombre mais peu onéreux... Été comme hiver, il y fait 14 °C et, s'il manque un meuble, on le taille dans le rocher : four, pétrin, pressoir, chapelle, pigeonnier, éventuellement le luxe d'une façade.

Rien de plus insolite que cette architecture en creux, où les couvreurs, les charpentiers et les maçons deviennent inutiles ! Ni bois ni pierres, ni tuiles, ni ardoises... : le ***troglodyte*** (celui qui habite un « troglo ») a trop de matière, il en enlève même sans arrêt. Jusqu'au XVIe s, les habitants s'entassaient dans la même cavité rocheuse, toutes classes confondues, sur plusieurs niveaux reliés par des ruelles ou des escaliers. Ces villages troglodytiques abondent en Vendômois (Trôo, Gué-du-Loir, Les Roches-l'Évêque) et en Touraine (Chinon, Rochecorbon, Villaines-les-Rochers, et bien d'autres). Mais le XVIIe s a changé les normes du confort : on laisse ***ces « caves » aux pauvres*** (qui occuperont certaines jusqu'au début du XXe s, comme dans la vallée des Goupillières). Les villageois du XIXe s ne s'en serviront plus que comme ***ateliers, chais ou appentis.*** Depuis quelques années, l'habitat troglodytique s'est grandement amélioré : une fois rénové, il devient agréable à vivre, charmant, peu humide et même assez lumineux. Plusieurs ont d'ailleurs été convertis en hôtels, restaurants, gîtes ou chambres d'hôtes...

En ***Sologne,*** les maisons, très modestes, étaient petites et basses, construites en torchis et en bois, avec un toit de chaume pentu. En ville, elles étaient toutes bâties sur le même modèle (seul signe distinctif : la manière de fabriquer les corniches). L'apparition de la brique industrielle (milieu XIXe s) bouleversa cet équilibre.

Dans le ***Berry,*** 2 styles d'architectures cohabitent : celui des châteaux et celui des maisons traditionnelles. Les châteaux, ainsi que les belles demeures berrichonnes, étaient construits en grès rose, en calcaire et en granit extraits de diverses carrières de la Champagne berrichonne ou de la région de Crevant. La maison traditionnelle est, quant à elle, surtout construite, selon les ressources locales, à partir de brique rouge, de calcaire, de grès, de torchis et de pisé (terre crue). Partout, on peut également remarquer les toits de petites tuiles de pays, très caractéristiques de la région.

Dans le ***Perche eurélien*** (la partie du Perche située en Eure-et-Loir), les maisons sont souvent construites en torchis, en brique, ou soulignées de brique, en moellons de silex jointés, ou crépis, avec un mélange à base d'argile. C'est l'oxyde de fer contenu dans l'argile locale qui donne aux façades cette couleur rosée. Dans la campagne, les fermes sont de type allongé, d'où leur nom de « longère ».

Les moulins de Beauce

À défaut d'avoir un grand attrait touristique, la Beauce a au moins 2 richesses : la ***qualité de sa terre, propice à la culture céréalière*** – dont le pain fut chez nous la base de l'alimentation, ne l'oublions pas –, et le vent. Ça tombait bien, car pour moudre le grain qu'elle produisait à perte de vue, il fallait bien des moulins ! Et comme l'eau n'était pas son fort, on opta pour le moulin à vent. En Beauce – ***Loiret, Loir-et-Cher, Eure-et-Loir*** confondus –, le 1er des moulins à vent fut le ***moulin-pivot.*** Il reste le plus répandu. On le reconnaît à sa tourelle carrée en bois montée sur un socle en dur d'un seul tenant, coiffé d'un chapeau conique. Une poutre verticale relie le socle à la tour, la soutient et lui permet de pivoter. On peut en voir des exemples et les visiter à Chapelon, près de Montargis, ou à Ymonville en Eure-et-Loir.

Parfois, on rencontre des variantes : au lieu de reposer sur un socle d'un seul tenant, la tour est supportée par 4 ou plusieurs énormes madriers faisant office de pieds. Les ailes sont composées de 2 axes qui, en se croisant, forment 4 pales ; elles tournent lorsque le mécanisme de roulement horizontal entraîne la rotation verticale. Au XIXe s, le moulin-pivot, assez fragile (incendie, tempête...), est remplacé par le ***moulin-tour,*** comme celui d'Artenay au nord d'Orléans. En pierre, ou brique et pierre, il est coiffé d'un toit pivotant sur lequel sont fixées les ailes. Enfin, on rencontre aussi parfois le ***moulin-cavier,*** plus fréquent en Anjou. Contrairement au moulin-pivot, ici le socle est plus élevé, telle une tour conique, qui abrite le mécanisme, et la tourelle en bois réduite à une sorte de cabine pivotante, la hucherolle.

Si vous empruntez la route qui longe la rive gauche de la Loire, profitez-en pour visiter celui de Saint-Laurent-Nouan, entre Cléry et Chambord. Le moulin à eau, quant à lui, n'est possible que près des cours d'eau, dont la Beauce n'est pas riche.

LA BATELLERIE DE LOIRE

La Loire a mis les voiles ! Quelques années ont suffi pour qu'une petite communauté naisse en vue de redonner vie à cette « rivière de Loire », une petite centaine de beaux bateaux en bois se donnant aujourd'hui en spectacle de Nantes à Saumur et de Tours à Briare.

Et pourtant, que de gabares, chalands, sapines, fûtreaux et autres coches d'eau naviguaient autrefois sur la Loire, quand les bateliers y transportaient les matériaux de construction, le bois, le charbon, les étoffes, le sel, le foin... mais aussi le vin ! Joyeux drilles, toujours prêts à pousser la chansonnette au cours de leurs beuveries, ou même sur leurs bateaux, fidèles en amitié, les mariniers avaient grand cœur... et le coup de poing facile : que de bagarres dans les auberges entre eux et les « culs-terreux » !

Le train fit son entrée dans la capitale tourangelle en 1846. Il se substitua à la diligence et concurrença les bateaux de la Loire. Le train devint dès lors le moyen de transport le plus efficace, tant pour les hommes que pour les marchandises. Impossible de tenir tête au progrès !

AMIS DE LA POÉSIE, BONSOIR !

Les mariniers, « forts en goule », tels Vent d'travers, Pisse-partout, le Bourru et Quintal double, prenaient toujours le temps de s'hydrater la luette « avant que soif n'advienne », chansons de « Louère » à la clé... aux propos pas très catholiques : « Bois du touraine, t'auras le bout raide / Bois du chinon, t'auras le bout rond / Bois du saumur, t'auras le bout dur / Bois de l'anjou, t'auras le bout mou / Bois du cabernet, t'auras le bout gai / Bois du giennois, t'auras la gaule pendant trois mois ». Ambiance assurée à bord...

– ***Excursions en bateau sur la Loire :*** le long de la Loire, plusieurs occasions existent pour faire une balade à bord d'un bateau traditionnel : petits bateaux à voile équipés d'un moteur de secours et, parfois, d'une petite cabane en

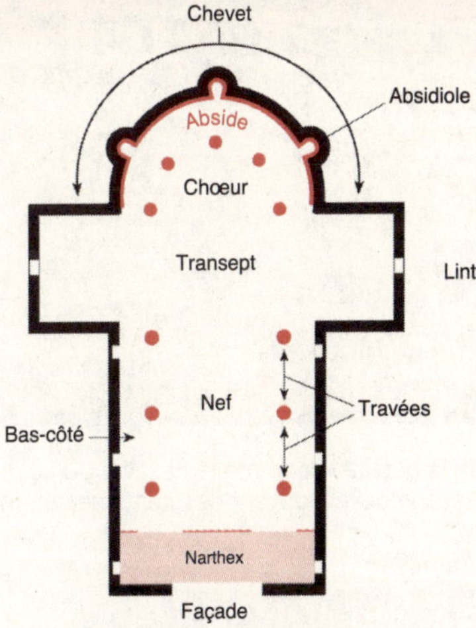

PLAN D'UNE ÉGLISE ROMANE

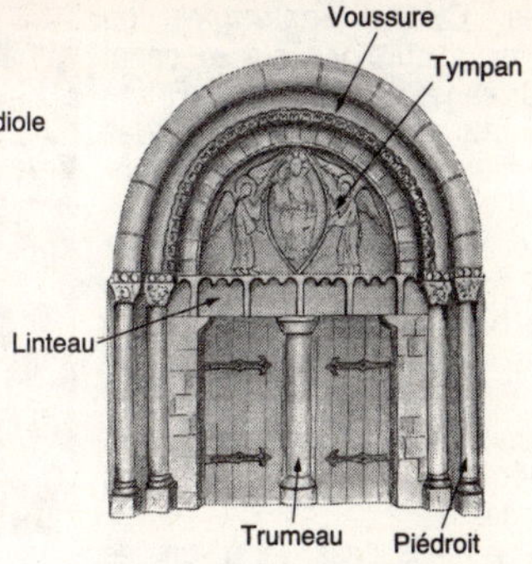

PORTAIL D'ÉGLISE ROMANE

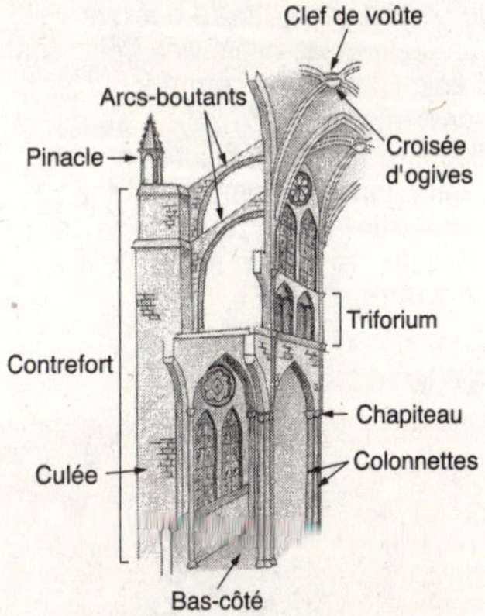

COUPE TRANSVERSALE D'UNE ÉGLISE GOTHIQUE

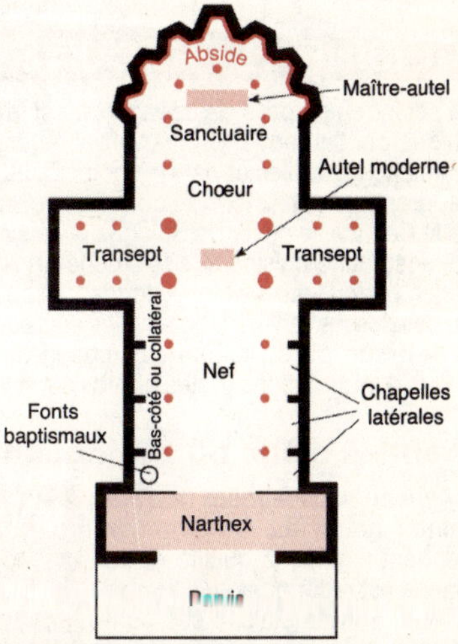

PLAN D'UNE ÉGLISE GOTHIQUE

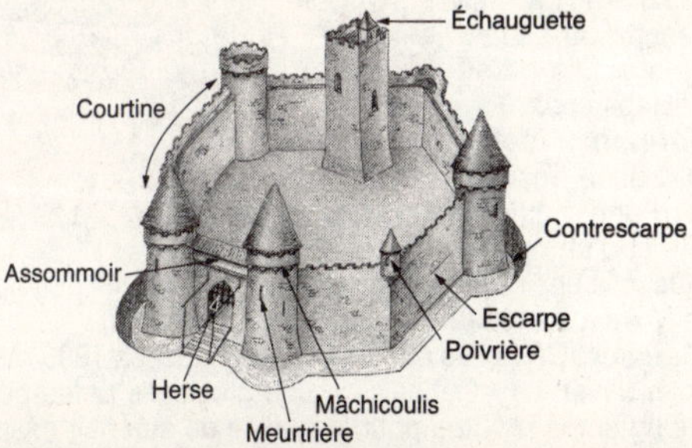

CHÂTEAU FORT

bois. Citons également les belles excursions sur le canal d'Orléans, au départ de Briare (sur des vedettes et non sur des bateaux traditionnels). En attendant qu'elle commence à naviguer, vous pouvez aussi visiter à Port-de-Grignon, en péniche par halage (le week-end) et en bateaux électriques, le chantier de la *Belle de Grignon,* copie d'une flûte berrichonne du XIXe s. Reportez-vous aux chapitres concernés.

On peut aussi assister à l'un des festivals qui ressuscitent l'âge d'or de la batellerie comme le Festival de Loire à Orléans, qui a lieu fin septembre (années impaires) devant des centaines de milliers de spectateurs.

LA GABARE, TOUT UN ART !

Peut-être apercevrez-vous sur la Loire des gabares, ces typiques embarcations nonchalantes à voile et à fond plat. Leur manipulation requérait autrefois des compétences pointues. Ainsi, lors du passage d'un pont, les mariniers devaient prendre suffisamment d'élan en gonflant les voiles avant d'affaler en un clin d'œil les mâts pour passer sous l'édifice et les redresser une fois passé pour négocier au mieux le fort courant.

CUISINE ET PRODUITS RÉGIONAUX

Le secret de ce pays de cocagne, c'est la Loire et l'important maillage hydrographique qui l'abreuve. Un fleuve qui regorge de poissons, bordé par des vallées maraîchères fertiles et par des coteaux où prospèrent les petits vins frais. Centre géographique et historique de la France, la région peut aussi compter sur les blés de la Beauce, le gibier de Sologne et l'élevage berrichon.

Il s'ensuit une cuisine à la fois riche et délicate, qui mêle matelotes et pâtés de gibier, andouillettes et feuilletages, chapons et pithiviers, fromages et friandises, et, par-dessus tant de bienfaits, les meilleurs fruits de la terre. Une cuisine de cœur et de raison, qui fleure bon la campagne civilisée.

– Plus d'informations et des photos sur ● *terroirdetouraine.fr* ●

Viandes ovine ou bovine, charcuteries, volailles

– ***Agneau sous la mère de Touraine :*** nourri au lait maternel pendant 2 mois, la qualité de sa viande est reconnue par un Label Rouge. Sur les étals, il est identifiable sous la marque « Votre favori » ou « Tendre Gourmet ».

– ***Farcis à la solognote :*** une farce de lard et de mie de pain qui entre dans la recette du canard farci à la solognote. Elle garnit aussi les lapins et lapereaux.

– ***Géline de Touraine :*** petite « poule de luxe », noire, résultat du croisement d'une rustique poule tourangelle et d'une poule d'origine asiatique, à la chair délicate et savoureuse. Mets fin des bonnes tables, le nom de *Dame Noire* a été réhabilité par quelques éleveurs.

– ***Volailles du Gâtinais IGP :*** elles ont décroché le label en 1996 mais leur réputation ne date pas d'hier. La « Gâtinaise », une gracieuse petite poule blanche, est depuis fort longtemps réputée pour la qualité de sa chair (blanche). Détrônée par des races à meilleur rendement, sa production, à partir de souches

NOURRITURE ROYALE

Autrefois, on mangeait très différemment selon sa naissance. Les paysans devaient se contenter de légumes (notamment le chou), de racines extraites de la vulgaire terre, quand le roi et les seigneurs s'empiffraient de gibiers et de volatiles qui sillonnaient le ciel. La chasse fut un monopole seigneurial jusqu'à la Révolution. À manger trop de viande, l'aristocratie endurait les souffrances de la goutte, sans savoir pourquoi.

locales anciennes et à croissante lente, a été relancée – avec succès – dans les années 1950. Ces poules sont évidemment élevées en plein air et principalement nourries de céréales. Cette IGP concerne le poulet et le chapon.
– ***Pâté au biquion :*** ce solide pâté tourangeau enferme dans un feuilletage (préparé avec du beurre malaxé de fromage de Valençay frais) un mélange de porc, de veau et de chevreau, haché avec de l'oignon et du persil.
– ***Pâté de Chartres :*** spécialité de Chartres depuis 3 siècles, à l'origine en période de chasse. C'est un pâté en croûte (ou en terrine) composé de morceaux de perdreau ou de guignard (un oiseau répandu en Beauce), de foie gras et de truffes. Aujourd'hui, on en trouve toute l'année, car le canard remplace le gibier quand ce n'est pas la saison.
– ***Rillettes de Tours et rillons :*** la plus célèbre des charcuteries tourangelles sait se faire maigre (les bons artisans trient à la fourchette) et s'impose sur des vins de Loire. Une légende raconte qu'un aubergiste inventa les rillettes de porc pour satisfaire l'appétit de Rabelais. Balzac qualifie ce mets de « brune confiture de cochon ». Les rillettes sont protégées et reconnues depuis 2013 par une IGP. Quant aux rillons, petits morceaux de poitrine de porc maigres, épicés puis rissolés et confits à la graisse et au vin blanc, ils sont considérés comme le fleuron de la charcuterie tourangelle.
– ***Viandes à la berrichonne :*** pour accommoder les gros troupeaux de charolais du Berry, des choux verts braisés, éventuellement farcis, des marrons pochés, de petits oignons et des tranches de lard maigre.

Poissons

– ***Poissons au beurre blanc :*** voir plus bas « Spécialités et plats régionaux ».
– ***Carpe farcie :*** le rituel de la carpe farcie se pratiquait pour le Carnaval, fêté dignement avec ce poisson de la Brenne. La carpe à la Chambord est une vieille recette régionale, très rare de nos jours, dont parlait déjà Alexandre Dumas dans son *Dictionnaire de cuisine.*

Produits du terroir

– ***Asperge blanche de Touraine dite aussi « d'Argenteuil » :*** cette espèce, blanche à tête pourpre, a proliféré dans le Val de Loire. Récoltée entre mi-avril et mi-juin, on la consomme en soufflé, en omelette, et même en mouillette pour les œufs à la coque.
– ***Ebly :*** créée en Eure-et-Loir à la coopérative du Dunois (près de Châteaudun) en association avec l'INRA, voici la 1re marque française de blé précuit. D'excellente qualité nutritionnelle et pauvre en sucre, on l'utilise aussi bien dans une salade composée que pour accompagner un poisson. Ebly est arrivé en 2018 sur le marché du bio en offrant des recettes à base de céréales.
– ***Huile de noix :*** à Clion-sur-Indre, aux confins du Berry et de la Touraine, l'huilerie *Vigean* fabrique depuis 3 générations d'excellentes huiles artisanales bio à partir de noix de la région, avec le pur jus cru (1re pression à froid), et une autre version légèrement chauffée qui donne une huile gourmande plus aromatique. Ce n'est pas pour autant qu'il faut bouder les huiles produites à Dun-sur-Auron (Cher), de très bonne qualité.
– ***Jambon de Sancerre :*** Pierre Bigot mit au point ce jambon en plongeant ses filets 3 jours dans la saumure, puis, après les avoir égouttés et séchés, en les fumant à la sciure de chêne et aux sarments de vigne. Cette charcuterie moelleuse et onctueuse fait la révérence aux rouges comme aux blancs du Sancerrois.
– ***Lentilles du Berry :*** mise en culture dans les années 1950, la lentille verte du Berry (Label Rouge et IGP : Indication géographique protégée), cousine germaine de celle du Puy-en-Velay (Haute-Loire). Avec plus de 40 producteurs dans l'Indre, la lentille verte du Berry représente près de 70 % de la production française.

– ***Céréales et légumineuses :*** Beauce et Pithiverais produisent quantité de blé, pommes de terre, colza et betteraves sucrières... Mais de plus en plus, afin de varier les cultures (et le paysage), les agriculteurs tentent de se diversifier et ont renoué avec des variétés dédaignées ces dernières décennies : lentilles, orge, seigle, pois chiches... qui viennent égayer l'alimentation quotidienne. Surtout, certains ont décidé, profitant de cette grande tradition céréalière, de se lancer dans la fabrication de pâtes artisanales. Ces mêmes céréales servent également à l'élaboration de nombreuses bières artisanales avec l'essor des microbrasseries.
– ***Mara des bois :*** fraise très parfumée et facile à cultiver, créée en 1991 en Loir-et-Cher, à Soings-en-Sologne.
– ***Miel du Gâtinais :*** après la disparition des fleurs de sainfoin, les abeilles du Gâtinais ont reporté leur ouvrage sur les champs de colza et de tournesol, sans que leur miel y perde en douceur et en finesse. Les apiculteurs se répartissent entre le Gâtinais orléanais (Montargis) et le Gâtinais français (Nemours).
– ***Nougat de Tours :*** apparu en Touraine au XVe s à l'époque où y résidait Léonard de Vinci, grand amateur d'amandes et de fruits confits.
– ***Poire tapée de Rivarennes :*** à 10 km au sud-ouest de Langeais, ce village s'est rendu célèbre en produisant ces poires aplaties et séchées sur des claies, encore comestibles au bout de 15 ans. On ne les consomme qu'après les avoir réhydratées dans du sirop, du vin de Loire ou de l'eau-de-vie.
– ***Truffe noire de Touraine** (tuber melanosporum)* **:** en Champagne berrichonne, on a replanté plus d'une vingtaine d'hectares en chênes truffiers, sur des terrains calcaires identiques à ceux du Quercy, pour renouer avec la tradition qui veut qu'avant la Première Guerre mondiale, la région d'Issoudun produisait 5 t de truffes par an. En attendant, dans la région du Blanc, Saint-Aigny reste la place forte du diamant noir dans l'Indre, avec un beau marché le 4e dimanche de janvier.
– ***Vinaigre d'Orléans :*** comme le transport sur la Loire faisait tourner les vins, les Orléanais se sont mis, dès la Renaissance, à fabriquer du vinaigre. Celui-ci couvre aujourd'hui une partie des besoins français et, vins de Loire obligent, se révèle d'excellente qualité.

Spécialités et plats régionaux

– ***Frites de carpe :*** une recette empruntée au Sundgau (Haut-Rhin, en Alsace) devenue une spécialité brennouse c'est-à-dire de la Brenne. La carpe est coupée en filets puis en morceaux de la taille d'une frite. Ils sont salés, poivrés, macérés dans la bière, enfarinés et cuits dans un bain d'huile à 180°. On partage cette entrée en trempant ces morceaux de poissons frits et croustillants dans un bol de fromage blanc battu (de chèvre), mélangé avec du Tabasco ou des herbes.
– ***Fouace :*** petit pain creux cuit au four. Fourré de rillettes, de beurre persillé ou de fromage de chèvre, il se déguste chaud. Rabelais en parlait déjà dans *Gargantua* ! La fouace de Rabelais, vendue dans le commerce sous ce nom, est une petite brioche au goût de miel, d'épice et de noix.
– ***Œufs à la couille d'âne :*** cousins de coque des œufs en meurette. Spécialité du Berry où les œufs sont pochés directement dans du vin rouge, du vinaigre, et une variété d'échalote-oignon appelée « couille d'âne ».
– ***Poirat :*** c'est une tourte salée, réalisée avec de la pâte brisée, de la crème fraîche, des poires et, surtout, du poivre. Le bon dosage de celui-ci se révèle déterminant, car en aucun cas un poirat ne doit être sucré ! Il faut juste en saupoudrer les fruits.
– ***Poissons au beurre blanc :*** angevine ou nantaise, qu'importe, cette préparation célébrissime n'est qu'une des multiples recettes de poisson qui ont vu le jour sur les bords de Loire. Autres exemples, l'alose grillée ou farcie à l'oseille, la friture de goujons ou d'ablettes, le pâté d'anguille ou sa matelote au vin rouge, avec des champignons, des oignons et des pruneaux...
– ***Pot-au-feu du braconnier :*** plat inventé par les Solognots, du moins par les braconniers qui chassaient en cachette ce lapin de garenne. Il était mijoté en marmite

avec des lardons, sous un gros tas de légumes (pour qu'on ne puisse pas deviner la présence de lapin), et servi avec le foie poché.

– ***Poule noire du Berry :*** race spécifiquement berrichonne, la noire du Berry est reconnue pour sa chair délicate à mi-chemin entre l'onctuosité du chapon et le soyeux de la géline de Touraine.

Fromages

– ***Olivet ou « cendré d'Olivet » :*** fromage de vache des proches alentours d'Orléans. Il peut avoir une couleur bleutée (moisissures naturelles) ou s'enrober d'une croûte de cendre, confectionnée avec des sarments de vigne. Son goût rappelle celui d'un brie de Melun non affiné.

– ***Fromages de chèvre :*** les plus célèbres de la région sont le crottin de Chavignol, le sainte-maure-de-touraine, le pouligny-saint-pierre, le valençay et le selles-sur-cher, tous classés AOP (Appellation d'origine protégée). Le crottin de Chavignol est d'abord conçu pour accompagner les vins de Sancerre. Ce fromage très fin a fait le tour de la France. Le pouligny-saint-pierre et le valençay ont la forme d'une pyramide tronquée tandis que le selles-sur-cher est un chèvre solognot de forme ronde, cendré au charbon de bois. Durant les 3 semaines d'affinage, le charbon se laisse gagner par les moisissures pour prendre une couleur bleu foncé, voire noirâtre. Quant au sainte-maure, on le produit entre Chinon et Loches ; il est de forme tronconique, traversé par une paille de seigle gravée au nom de l'appellation et attestant l'origine de fabrication. Sa texture est fine, d'un beau blanc ivoire, et il se présente enrobé d'une fine couche de moisissure bleutée.

Gelées, confitures, pâtisseries, friandises et sucreries

– ***Confiture de vin :*** réalisée à partir des meilleures AOC en blanc ou en rouge du Val de Loire, elle est cuite à l'ancienne (en bassine de cuivre). Excellente aide culinaire pour lier les sauces de gibier.

– ***Cotignac d'Orléans :*** Orléans est le chef-lieu de cette très ancienne gelée de coings, conservée dans de petites boîtes rondes en copeaux d'épicéa. Elle aurait été inventée au XIVe s au village de Cotignac en Provence par un apothicaire qui se serait installé ensuite à Orléans. Pour l'anecdote, François Ier et Charles de Gaulle l'appréciaient beaucoup.

– ***Forestine :*** le 1er bonbon conçu dans le goût moderne – croustillant à l'extérieur, moelleux à l'intérieur – vit le jour à Bourges en 1879. Il se compose d'un authentique praliné fait d'amandes et de noisettes, parfumé au chocolat.

– ***Madeleine :*** à Illiers-Combray (Eure-et-Loir), la tante Léonie de Proust en raffolait. Ce biscuit est moulé en forme de coquille Saint-Jacques pour rappeler que le bourg se trouvait sur le chemin de Saint-Jacques-de-Compostelle.

– ***Mentchikoff :*** en dépit de son nom à consonance russe, cette confiserie est une spécialité chartraine (Chartres). Elle est composée d'un « noyau », mélange de chocolat praliné-noisette, enrobé d'une fine couche de meringue suisse (blanc d'œuf battu en neige et sucre glace). Voir encadré.

– ***Pithiviers :*** qu'il soit fondant ou feuilleté, le Grand chapitre se réunit chaque année le dernier dimanche d'octobre pour élire le meilleur. Vous trouverez ces (2) délicieux gâteaux fourrés aux amandes tout autour de Pithiviers...

UN BONBON EN MÉMOIRE DES AMOURS FRANCO-RUSSES

À la fin du XIXe s, avec l'alliance franco-russe, la mode russophile battait son plein. C'est dans ce contexte qu'un certain Daumesnil, confiseur à Chartres, inventa le « mentchikoff ». Il lui donna ce nom en l'honneur du meilleur ami du tsar Pierre Ier, qui était, paraît-il, fils de pâtissier. Une belle preuve d'amitié corporative, en tout cas !

– ***Pralines de Montargis :*** confiserie très ancienne, puisque créée pour le duc de Praslin sous Louis XIII, la magnifique maison Mazet en perpétue toujours la tradition. Beaucoup de chefs l'intègrent à leurs desserts : tiramisù, tarte, crème brûlée... En l'occurrence, leur imagination semble sans limite !
– ***Tarte Tatin :*** au commencement, les demoiselles Tatin, de Lamotte-Beuvron retournèrent par erreur une tarte aux pommes, elle fut cuite jusqu'à ce que le caramel et le beurre imprègnent les pommes. Selon Curnonsky, célèbre auteur gastronomique, la tarte n'est pas née d'une maladresse des sœurs Tatin, mais du talent d'un pâtissier de chez Maxim's. Qui a raison ? Aujourd'hui, les gourmands de passage en Sologne ne manquent pas le pèlerinage à Lamotte-Beuvron, la capitale de la tarte miraculeuse.
– ***Rousserolle :*** c'est aussi le nom d'un oiseau (sorte de fauvette). Dans le domaine culinaire, c'est une variante dorée des beignets. La rousserolle est réalisée à partir d'une pâte où se mêlent œufs, beurre, farine, fleur d'oranger et levure de boulanger, indispensable pour l'aspect et la texture quasi aérienne.
– ***Sablé :*** la spécialité pâtissière de Nançay, dans le Cher, est née en 1953 d'une erreur d'un apprenti pâtissier. L'erreur est devenue une réussite ! Ce sablé doré, rond et léger, est véritablement unique dans la délicatesse de sa texture, même lorsqu'il est décliné au chocolat !
– ***Sirops Monin :*** originaire de Bourges, *Monin* est au sirop ce que Haut-Brion est aux crus de Pessac-Léognan. Pureté, expression des fruits et d'agrumes (abricot, melon, banane, framboise, bergamote...), des herbes (basilic, citronnelle...), des fleurs (jasmin), des épices et condiments (cannelle, gingembre...), voire de la lavande, du thé ou du chocolat, on tombe vite sous le charme.

ÉCONOMIE

Une grande région céréalière

Le Centre-Val de Loire est la 4e région céréalière française après le Grand Est (Champagne-Ardenne, Lorraine, Alsace), les Hauts-de-France (Nord-Pas de Calais et Picardie) et la Nouvelle-Aquitaine, avec une production annuelle de 9 millions de tonnes, soit 13 % de la production nationale. Si vous êtes amateur de céréales, sachez que le Centre-Val de Loire produit d'abord du blé tendre, de l'orge (2e région française), du maïs et du blé dur. À noter aussi que 60 % du territoire régional est composé de surfaces agricoles (soit 2,4 millions d'hectares) et 26 % par des bois et forêts. La taille moyenne d'une exploitation est de 100 ha, ce qui est assez important par rapport au reste de la France.
La région bénéficie d'une production agricole diversifiée : vignobles (21 000 ha), vergers (dont 54 % de pommiers), élevage (bovins, chèvres, volailles) et maraîchage (en plein champ ou sous serre). Certains agriculteurs, dans l'air du temps et soucieux de trouver des débouchés durables à leurs productions, proposent de plus en plus de produits transformés à la ferme : pâtes de céréales ou de légumineuses, vodka de pommes de terre, bières d'orge, etc.
– ***Bon à savoir :*** en 2020, ce sont 964 exploitations qui se consacrent à l'agriculture biologique ou qui sont en conversion. Le Centre-Val de Loire est la 2e région productrice de *colza diester,* un carburant bio et renouvelable se substituant au pétrole.

Le secteur industriel : les usines à la campagne

Le secteur industriel a pu se renouveler grâce aux décentralisations d'activités de la région parisienne et à une grande diversité de fonctions et de services. Chaque département a ses spécialités : l'armement dans le Cher, l'électronique dans l'Indre-et-Loire, la mécanique dans le Loir-et-Cher. L'industrie cosmétique est soutenue par de nombreuses sociétés (environ 500 !), comme Shiseido, Hermès,

Dior et Guerlain pour ne citer que les plus connues, employant 69 000 salariés. Le pôle de compétitivité « *Cosmetic valley* » désigne l'axe Orléans-Chartres (Chartres abrite d'ailleurs la « Cité de la Cosmétique »), où se concentrent la plupart de ces groupes cosmétiques dont les revenus représentent plus de la moitié du chiffre d'affaires national dans ce secteur.
Le secteur pharmaceutique se porte bien : la région produit 1 médicament sur 5 en France !
La région est le 2e producteur d'énergie du pays, avec ses 4 centrales nucléaires sur la Loire (Belleville-sur-Loire, Dampierre, Saint-Laurent-des-Eaux et Chinon) et ses parcs éoliens en Beauce, ainsi que l'implantation du pôle de compétitivité *S2E2* (Sciences et systèmes de l'énergie électrique). La présence de la Loire est une ressource économique pour l'agriculture et l'industrie.

Le tourisme : les châteaux de la Loire d'abord

La région Centre-Val de Loire est la 13e région française en termes de capacité d'accueil touristique. Le tourisme représente l'un de piliers de l'économie régionale avec près de 5 millions de visiteurs par an. Près d'¼ sont des touristes étrangers. Des 12 châteaux les plus visités de France, la région en possède 6. En tête du classement arrive le château de Chenonceau (environ 900 000 visiteurs par an), puis viennent le château de Chambord (environ 780 000 visiteurs), Cheverny (337 000 visiteurs), Amboise (335 000 visiteurs), Villandry (environ 350 000 visiteurs), et Blois (275 000 visiteurs).
La région axe donc sa politique sur la préservation de ces grands sites et de cet environnement privilégié que constituent les bords de Loire, inscrits au Patrimoine mondial de l'humanité par l'Unesco (voir plus loin la rubrique « Sites inscrits... »).
– ***Bon à savoir :*** l'un des lieux les plus visités du pays ne l'est pas pour ses vieilles pierres, mais pour ses animaux et le travail effectué en vue de la préservation des espèces. Avec plus de 1,5 million de visiteurs chaque année et 10 000 pensionnaires (dont des pandas loués à la Chine), le ***ZooParc de Beauval*** à Saint-Aignan (Loir-et-Cher) se classe, à juste titre, parmi les 15 plus beaux zoos du monde.
Citons, enfin, le succès de « ***La Loire à Vélo*** », qui, avec plus de 1 million de cyclistes par an, place la région en tête des régions françaises pour le ***vélotourisme.***

ENVIRONNEMENT

Parcs naturels régionaux et biodiversité

La région Centre-Val de Loire regroupe une grande diversité de paysages et de milieux naturels, allant des terres agraires aux forêts tempérées en passant par les bocages, véritables niches écologiques. Les territoires autour des châteaux de la Loire s'avèrent être de véritables corridors naturels, protégeant ainsi la biodiversité et les espèces menacées qui y trouvent refuge (balbuzard pêcheur en forêt, butor étoilé sur les étangs, guifettes). C'est un axe majeur des circuits migratoires pour de nombreuses espèces d'oiseaux (cigognes noires, sternes, râles des genêts) et pour les poissons (le saumon notamment).
Le Centre-Val de Loire fait aussi la part belle aux parcs naturels régionaux avec la ***Brenne,*** le ***Loire-Anjou-Touraine,*** le ***Perche*** et le ***Gâtinais.*** Le 1er est le plus ancien (1989), entièrement situé sur le département de l'Indre, il représente une surface de 183 000 ha comprenant 3 300 étangs. Paradis des oiseaux et des tortues cistudes, il s'attache principalement au développement local du territoire et à la protection du patrimoine naturel et paysager. C'est dans le parc Loire-Anjou-Touraine (1996) qu'a été réintroduit le ***castor,*** véritable façonneur des rives et îlots du fleuve, nid privilégié des sternes naines et des pierregarins.

Le parc naturel régional du Perche est davantage un lieu de protection des milieux naturels. Créé en 1998, il regroupe sur 194 000 ha plus de 1 200 espèces végétales et une faune variée dont une trentaine d'espèces reconnues d'intérêt européen.
Le parc naturel régional du Gâtinais, surnommé « pays des mille clairières et du grès » en raison de son sous-sol, est le plus récent (1999). Il se démarque par des paysages contrastés, allant de la forêt verdoyante aux vallées sèches et sablonneuses.
2 autres projets de parcs naturels régionaux sont également à l'étude : en Sologne et dans le Val de Loire Nivernais-Berry, en association avec la région Bourgogne.
– ***Bon à savoir :*** la région compte également de nombreux jardins, chacun avec ses particularités. Un site web regroupe les hauts lieux du végétal dans la région : • *jardins-de-france.com* •

Éoliennes et champs photovoltaïques

La Beauce, qui s'étend sur l'Eure-et-Loir, le Loiret et le Loir-et-Cher, est le ***3e parc éolien français,*** après ceux de Champagne-Ardenne et de Picardie. Une réglementation a été mise en place, qui tient compte de la saturation visuelle pour les habitants des communes et de la protection des oiseaux lors de leurs migrations.
En automne 2012, une centrale photovoltaïque a vu le jour à Crucey et a fait de l'Eure-et-Loir l'un des 1ers producteurs français de ce type d'électricité. À l'heure actuelle, le département est déjà parmi les 1ers producteurs d'énergie éolienne en France. Cependant, l'énergie solaire entre de plus en plus dans les débats et, depuis 2018, l'association Énergies renouvelables citoyennes en Rabelaisie s'est donné pour mission de développer les projets photovoltaïques, dont un projet de centrale solaire à Saint-Benoît-la-Forêt (Indre-et-Loire).

GÉOGRAPHIE

La région Centre-Val de Loire n'a pas vraiment d'unité, sinon sur le plan administratif. Aucune homogénéité dans ce fourre-tout géographique ! L'ensemble se présente comme un assemblage de vieilles provinces, une réunion étrange de terroirs à la physionomie et au caractère distincts. Quels points communs entre la Beauce plate et céréalière et la Touraine vallonnée, bercée par la Loire aux douces collines et aux 1 000 châteaux ? Quelle parenté entre le vignoble de Sancerre et la cathédrale de Chartres ?

Au sud de la Loire

À l'est, voilà le ***Sancerrois*** et sa petite capitale Sancerre perchée sur une éminence de la rive gauche de la Loire. C'est une région de vignobles aux vins gouleyants sur des collines ondulantes. Le Sancerrois est bordé par un petit terroir méconnu et charmant, le ***Pays-Fort,*** mélange de forêts, de bocage et de champs à moutons.
Au sud-est de la Loire, au cœur géographique et historique de la France, le vaste ***Berry*** correspond en gros à 2 départements (le Cher, ou Haut-Berry, et l'Indre, ou Bas-Berry). À l'intérieur même du Berry, les paysages varient d'un terroir à l'autre : la région de la ***Brenne*** aux milliers d'étangs, la ***Champagne berrichonne*** autour de Bourges, sorte de Beauce de l'Indre, le bocage du ***Boischaut du Nord,*** entre Châteauroux et Valençay, et le ***Boischaut du Sud,*** entre Le Blanc et Aigurande. La ville de Saint-Amand-Montrond est considérée comme le centre géographique de la France. Située à peu près au centre de la carte régionale, contenue entre la Loire et le Cher, entre Vierzon, Romorantin et La Ferté Saint-Aubin, la ***Sologne,*** en forme de triangle, est une région plate couverte de forêts (elles forment ¾ du territoire

solognot, avec des pins et des bouleaux surtout) et d'étangs. Parsemée de châteaux, c'est une région de chasse et de pêche.

Au nord de la Loire

Au niveau d'***Orléans,*** la Loire décrit une grande courbe avant de couler vers l'ouest et la Touraine. Orléans (Loiret), c'est le cœur battant du ***Gâtinais,*** un plateau humide et bien arrosé, bordé par la ***forêt d'Orléans,*** la plus grande forêt domaniale de France (35 000 ha). Les sols riches de l'***Orléanais*** forment un terroir plus ouvert aux influences océaniques.

D'Orléans à Blois, verdoyante et gaie, la ***vallée de la Loire*** n'est qu'un tapis de vignes, de potagers et de jardins. Plus en aval du fleuve, de Blois à Amboise, le plateau fait place à des coteaux calcaires. Enfin, Tours ouvre grand les portes de la ***Touraine,*** ce « ***jardin de la France*** », pays béni de l'harmonie : l'air est doux, la lumière diffuse, les gens candides et bienveillants.

Au nord-ouest de la région, le département de l'Eure-et-Loir est couvert principalement par les vastes étendues céréalières de la ***Beauce,*** piquées ici ou là d'éoliennes. Au cœur de ce paysage infini et fertile émergent, vers le nord, les flèches de la cathédrale de ***Chartres.*** Aux confins de la Normandie et de l'Anjou, le paysage s'anime avec les collines bocagères et les verdoyantes vallées du Loir et de l'Eure : ce sont le ***Perche eurélien*** et le ***Vendômois.***

La Loire : roi des fleuves et fleuve des rois

« La Loire, un grand fleuve de sable, quelquefois mouillé. »

Jules Renard

En 1847, le jeune Gustave Flaubert voyage dans la vallée de la Loire. Il est séduit par la région. « Vous êtes en effet dans ce gras et doux pays de Touraine, pays du bon petit vin blanc et des beaux vieux châteaux et qu'arrose la Loire, le plus français des fleuves français. »

Le caractère de la Loire, c'est son histoire, sa géographie, mais aussi sa diversité et son étrange incohérence. Tributaire des climats du Massif central, la Loire des débits ordinaires accuse des amplitudes de 1 à 6. Un hiver, elle déverse dans l'océan 50 m^3 par seconde, un printemps, elle pousse à 9 000. La douce Loire peut devenir un méchant cours d'eau, parfois violent, capable de provoquer de terribles inondations sur ses berges.

À force de voir l'Orléanais et la Touraine dévastés par les crues tous les 10 ans, on rêva d'apprivoiser le monstre. En 1066, les levées de terre se trouvèrent épaulées par quelque 85 retenues d'eau qui devaient remédier tant aux crues du printemps qu'à la sécheresse estivale.

Mais le danger demeure aujourd'hui encore : les crues de la Loire peuvent faire mal. Les experts pensent qu'une crue d'amplitude historique laisserait sur le carreau 200 000 sinistrés. C'est pourquoi les élus locaux ont soumis au gouvernement un ***projet de régulation du fleuve*** au moyen de 4 nouveaux barrages. Mais voilà, pendant que les riverains se réjouissent, les écologistes s'unissent pour crier au scandale. Regroupés dans l'***association SOS Loire vivante,*** ces croisés de la nature dénoncent la disparition d'une faune ultra-riche (où le saumon a fait son grand retour parmi d'autres poissons migrateurs, comme les anguilles et les lamproies). Ils dénoncent l'outrage fait à la flore des berges, nourrie par un microclimat doux unique en Europe, les dommages indicibles infligés à la faune aquatique, hérons, sarcelles et poules d'eau...

Pour eux, la solution idéale consisterait à détecter les crues à temps pour évacuer les populations. Jusqu'ici, l'opposition des Verts s'est montrée efficace, puisque le ***plan Loire grandeur nature IV (2014-2020)*** a été prolongé. Son objectif : réduire les conséquences négatives des inondations ; concilier la sécurité des personnes et la protection de l'environnement.

HISTOIRE

Le Centre-Val de Loire est composé de plusieurs anciennes provinces, dont le Berry, la Touraine, l'Orléanais, le Vendômois, le Dunois, une partie du Perche et le Drouais. Cette union administrative a souvent été contestée. Cependant, leur unité historique est bien réelle. La région a très souvent constitué un enjeu politique majeur et a permis de consolider l'unité nationale de la France.

Nos ancêtres les Gaulois

Vers 500 av. J.-C., la Gaule centrale se peuple de tribus celtes : les Carnutes, les Bituriges, les Turones et les Andes. Ce sont des peuples agriculteurs et commerçants, qui resteront prospères jusqu'à la chute d'Alésia en 52 av. J.-C. : c'est la fin des irréductibles Gaulois et le début de 5 siècles d'hégémonie romaine. L'époque gallo-romaine est florissante. Les Romains construisent de nouvelles cités et modernisent les villes (aqueducs, amélioration du réseau routier). Orléans, Tours, Chartres et Bourges se développent et deviennent de grandes cités marchandes.

SUR LA TRACE DES DRUIDES

En plein cœur de la Beauce se trouve la majestueuse forêt des Carnutes. Dans La Guerre des Gaules, *Jules César en parle comme d'un lieu mystique où les druides se réunissaient pour rendre la justice. Sous la plume d'Uderzo et de Goscinny, elle devient, dans* Astérix et les Goths, *l'emplacement d'un singulier concours de magie.*

Évangélisation et invasions barbares

Au milieu du IIIe s, les 1res invasions commencent. Le monde romain, affaibli par une crise tant politique qu'économique et culturelle, ne parvient pas à résister aux assauts des peuples barbares. Une époque noire commence alors. Les invasions germaniques débutent vers la fin du IIIe s. C'est dans ce contexte (crainte, violence, misère) que le christianisme gagne peu à peu du terrain. C'est le temps des évêques : saint Martin à Tours, saint Aignan à Orléans, saint Valentin à Chartres... De prestigieuses institutions monastiques sont créées (comme l'école du monastère de Fleury). ***Les invasions se succèdent*** : les Vandales en 406, les Huns arrêtés devant Orléans en 451, les Sarrasins repoussés entre Tours et Poitiers en 732 par ***Charles Martel.*** Et plus tard, les Normands (c'est-à-dire les Vikings) qui ravagent Tours, Chartres, Orléans et Fleury, bientôt suivis par les cavaliers hongrois. Ces invasions entraînent le morcellement de l'autorité, ainsi que l'insécurité dans les campagnes (les paysans doivent acheter leur protection auprès des puissants). ***Le modèle féodal s'installe.***

« L'Empire » angevin et les Plantagenêts

Vers le Xe s, on respire un peu : les défrichements se multiplient en raison de la ***croissance démographique.*** On assiste alors à un développement urbain important. Tours élargit son enceinte, des villes comme Mondoubleau, Beaugency ou Romorantin apparaissent. Orléans devient ville royale. Cet essor économique et urbain s'accompagne d'une ***vitalité culturelle et religieuse.*** De grandes abbayes et collégiales voient le jour : Saint-Benoît-sur-Loire, Saint-Aignan d'Orléans, Saint-Martin de Tours. À la fin du XIIe s sont érigées les ***cathédrales de Chartres et de Bourges*** ; on passe alors du style roman au style gothique.
Le temps n'est plus au morcellement féodal mais au regroupement autour des comtes. Plusieurs « maisons » se partagent le pouvoir dans le Val de Loire : la ***maison de Blois-Champagne,*** la ***maison d'Anjou,*** et bien sûr le ***roi.*** Le comte de Blois et le comte d'Anjou se disputent la Touraine. En 1044, celle-ci

est définitivement annexée à l'Anjou. C'est le début du « Grand Anjou » avec ***George V le Bel Plantagenêt...*** Un long duel s'engage entre les Plantagenêts (qui héritent du royaume d'Angleterre) et les Capétiens. ***Saint Louis récupère la Touraine, l'Anjou et le Maine.*** Cette affirmation de l'autorité royale marque un tournant dans l'histoire de la Loire et de sa région. Désormais, les décisions viennent de Paris.

LA SAGA DES PLANTAGENÊTS

C'est le comte d'Anjou, Geoffroy le Bel, qui le 1er fut surnommé « Plantagenêt », car il plaçait un genêt sur son casque. Son fils Henri II Plantagenêt épousa Aliénor d'Aquitaine. Arrière-petit-fils de Guillaume le Conquérant, il devint roi d'Angleterre, à la tête d'un royaume considérable. Cette union lui offrit la grande partie occidentale du royaume de France. Mais ce mariage fut aussi à l'origine de la guerre de Cent Ans.

La guerre de Cent Ans : 1337-1453

En 1337 débute la guerre de Cent Ans (qui dura en fait 116 ans !) entre la France et l'Angleterre. De nombreux troubles agitent en même temps le royaume : le roi ***Charles VI*** est pris de crises de folie, la peste noire s'étend en Europe (1346-1352), les Anglais envahissent la France... La région se trouve être au cœur du conflit car elle est à la frontière des terres contrôlées par les Anglais. C'est d'ailleurs près de Chartres qu'est négociée la paix de Brétigny qui met fin temporairement au conflit. En 1422, ***Charles VII*** se proclame roi, mais n'est pas encore sacré : c'est là que notre ***Jeanne d'Arc*** nationale intervient, et vous connaissez la suite de l'histoire... Elle fait libérer Orléans, sacrer Charles VII à Reims, et meurt sur le bûcher à Rouen. La guerre prend fin en 1453.

L'âge d'or de la vallée de la Loire

Les XVe et XVIe s sont l'***âge d'or de la vallée de la Loire.*** La ***cour itinérante*** se déplace de château en château, mais les rois ont leurs châteaux préférés : ***Charles VII*** « le Victorieux » à ***Chinon, Louis XI*** (règne de 1461 à 1483) à ***Loches, Charles VIII*** et ***Louis XII*** à ***Amboise,*** avec Anne de Bretagne veuve du 1er et épouse du 2d. La guerre de Cent Ans finie, la paix rétablie, le roi ***François Ier*** profite de ***Blois*** et de ***Chambord,*** et il invite Léonard de Vinci, le génie de la Renaissance italienne, à s'installer dans la vallée de la Loire.

POURQUOI LES ROIS SE SONT-ILS INSTALLÉS DANS LA VALLÉE DE LA LOIRE ?

Non, ils n'y sont pas venus pour passer des vacances, mais pour des raisons de sécurité et de stratégie, durant la guerre de Cent Ans. Après la défaite de l'armée française contre les Anglais à Azincourt, en 1415, le roi de France Charles VI fuit Paris et se réfugie en Touraine. La noblesse et l'administration suivent le souverain dans la plus pure tradition de la cour itinérante. Suivent les religieux, les artistes, les financiers. Ce beau monde édifie de nombreux châteaux et de magnifiques demeures.

La période est riche, fastueuse, tant sur le plan culturel qu'architectural. Le Val de Loire se couvre d'hôtels particuliers et de châteaux. La société noble et bourgeoise, enrichie par le commerce, se passionne pour les lettres. Les poètes de la Pléiade (Ronsard, du Bellay...) chantent les beautés de la région et de ses belles. La langue française se répand et des idées nouvelles en matière de religion émergent. Au début du XVIe s, la pensée de Luther puis celle de Calvin se propagent (notamment grâce à l'essor de l'imprimerie).

La vallée de la Loire est la ***terre d'élection de la Réforme.*** La 2de moitié du XVIe s est une période troublée et ensanglantée par les ***guerres de Religion.*** La Saint-Barthélemy (24 août 1572) est suivie d'un massacre des protestants à Angers. Le roi Henri III fait assassiner le duc de Guise à Blois pour être le seul chef des catholiques. Avec l'arrivée d'Henri IV sur le trône, les choses se calment (le roi est lui-même un protestant converti au catholicisme). Cela ne l'empêche pas de brûler le château et de démanteler la forteresse de Dreux, ville acquise à la cause de la Sainte Ligue (catholique). L'***édit de Nantes*** en 1598 clôt 40 ans de guerre civile.

De la Fronde à la Révolution

Les rois quittent la vallée de la Loire pour se réinstaller à Paris et, pendant la Fronde (1648-1653), la région reste relativement à l'écart des troubles. Avec Louis XIV, la monarchie achève d'y imposer son administration comme partout ailleurs. La Contre-Réforme et la ***révocation de l'édit de Nantes en 1685*** obligent les protestants à quitter la région. À la veille de la Révolution, le bilan démographique est catastrophique. Les protestants émigrent, emportant avec eux leur savoir-faire. On va vers le déclin économique, qui sera une des causes de la Révolution.

Les Temps modernes

Le XIXe s est marqué par l'instabilité du régime, mais surtout par la révolution agricole, l'industrialisation, l'arrivée du chemin de fer et l'évolution des esprits. ***La région retrouve temporairement sa fonction de « bastion » national.*** En effet, en 1870, c'est de Tours que ***Gambetta*** galvanise les troupes face aux Prussiens. Au XXe s, l'histoire de la région appartient à l'histoire du pays. On peut faire remarquer toutefois que c'est au château de Cangé, près de Tours, qu'en 1940 l'armistice est évoqué pour la 1re fois en conseil des ministres. En octobre de la même année, ***Pétain*** et Hitler se rencontrent et se serrent la main à Montoire : à l'issue de leur entretien, le chef de l'État français s'engage dans la « collaboration ». À la fin de la guerre, priorité est donnée à la reconstruction. Il faudra une quinzaine d'années pour la mener à bien et pour pallier la crise du logement qui s'ensuit. Dans les années 1960, les villes se développent rapidement, tandis que ***l'exode rural s'accélère.*** Décision est prise de lier administrativement les 6 départements issus des anciennes provinces en ***une seule région*** : la région Centre, qui devient, en 2015, la région ***Centre-Val de Loire.***

Principales dates historiques

– ***52 av. J.-C. :*** après un siège mémorable, Bourges *(Avaricum),* « la plus belle ville de toute la Gaule », est prise et mise à sac par les légions de Jules César.
– ***51 apr. J.-C. :*** la tribu gauloise des Andécaves (appelés aussi les « Andes ») est écrasée par les Romains près de Saumur (Anjou). Création de Nantes et d'Angers sur d'anciens sites celtes. La région exporte dans tout l'empire : blé, vins, salaisons, poteries d'Angers, etc.
– ***IVe-VIIe s :*** évangélisation ; saint Maurille à Angers, saint Martin à Tours, saint Aignan à Orléans, etc.
– ***Ve-VIIe s :*** la région reçoit sa part d'invasions. En 732, Charles Martel repousse les Sarrasins entre Tours et Poitiers, assurant du même coup la promotion de sa descendance : les Carolingiens.
– ***IXe et Xe s :*** courte bouffée d'oxygène. L'abbé Alcuin, ami de Charlemagne, établit à Tours un atelier de copistes, tandis que Théodulf, évêque d'Orléans, développe l'école du monastère de Fleury. Mais les Normands (c'est-à-dire les conquérants vikings) prennent la Loire pour une autoroute : ils ravagent Tours, Orléans, Fleury, bientôt suivis par les cavaliers hongrois.
– ***Xe et XIe s :*** on respire à nouveau. Défrichements intensifs et resserrement du maillage féodal. Beaugency et Romorantin émergent, Tours élargit son enceinte,

Orléans devient ville royale. Les marchands s'activent sur la Loire. Fondation des grandes abbayes et collégiales : Saint-Benoît-sur-Loire, Saint-Martin de Tours, Saint-Aignan d'Orléans.

– ***XIIe s :*** le roi règne sur l'Orléanais, la maison de Blois sur la région qui va du Haut-Berry jusqu'au pays de Chartres, celle d'Anjou sur la Touraine et le Vendômois. La Loire sert de frontière aux sphères d'influence.

– ***XIIe et XIIIe s :*** le duché d'Anjou échoit aux Plantagenêts. La guerre de Cent Ans va commencer. Battu par Richard Cœur de Lion, Philippe Auguste élimine son successeur Jean sans Terre : Touraine et Berry sont rattachés au domaine royal. Prudent, Philippe Auguste dote Bourges d'une grosse tour qui surveille la région.

– ***XIIIe et XIVe s :*** pendant que Charles d'Anjou part se tailler un royaume en Italie du Sud, les Anglais reviennent. La guerre de Cent Ans (1337-1453) pousse les rois et la noblesse à s'installer dans la vallée de la Loire. Voir plus haut encadré « Pourquoi les rois se sont-ils installés dans la vallée de la Loire ? ».

– ***XVe s :*** la « reconquista » française s'élance des pays de Loire. Laissant le tremblant dauphin Charles à Loches, Jeanne d'Arc part délivrer Orléans (en 1429) et monte à la conquête de Paris. Victorieux, Charles VII ne quitte pourtant pas la Loire. Ses successeurs l'imiteront pendant plus de 2 siècles. Où et comment vivaient les souverains et la cour itinérante ? Voir, plus loin, la rubrique « Royal séjour ».

– ***XVIe s :*** guerres de Religion. Après une Saint-Barthélemy féroce à Orléans, les huguenots de Condé prennent la ville. Retour de bâton avec la constitution de la Sainte Ligue, dont le trop puissant chef, le duc de Guise, meurt assassiné par les tueurs d'Henri III.

– ***XVIIIe s :*** prospérité relative. L'élevage se développe en Sologne et en Berry, la vigne monte à l'assaut des coteaux, Orléans et Montargis commencent à filer le coton. Les canaux de Briare et d'Orléans prolongent l'activité de la Loire. Le catholicisme est revenu en force. Pourtant, la région se rallie au jansénisme, puis aux Lumières. 1789 y est bien accueillie, mais la période de la Terreur en 1793 inquiète.

– ***XIXe et XXe s :*** lent déclin des industries en Touraine et dans l'Orléanais.

– ***2000 :*** le Val de Loire, de Sully, à l'est d'Orléans, à Chalonnes-sur-Loire, à l'ouest d'Angers, est inscrit au Patrimoine mondial par l'Unesco sur 280 km.

– ***2010 :*** après expertise d'identification, les ossements de Diane de Poitiers trouvent enfin place dans le tombeau qui lui était destiné au château d'Anet en Eure-et-Loir.

– ***2015 :*** à la suite du nouveau découpage des régions de France, la région Centre s'appelle désormais Centre-Val de Loire, mais son territoire n'a subi aucune modification.

– ***2019 :*** à l'occasion de l'anniversaire de la mort de Léonard de Vinci (en 1519) et du début de la construction du château de Chambord, on célèbre les 500 ans de la Renaissance en Centre-Val de Loire.

– ***2020-2022 :*** dans le prolongement de cette célébration, les Nouvelles Renaissances s'intéressent à la valorisation du patrimoine de la région et se concentrent, pour leur 1re année, sur l'art de vivre et la gastronomie.

PERSONNAGES

Personnages historiques

– ***Saint Martin*** *(316-397)* **:** l'un des saints les plus importants et les plus populaires de la chrétienté. Soldat romain en garnison en Gaule, il donne à un pauvre la moitié de son manteau. Le lendemain, Martin a la révélation du christianisme et se convertit. Évangélisateur renommé pour ses nombreux miracles, il est enlevé de son monastère de Ligugé, dans le Poitou, par les Tourangeaux qui lui vouent un culte sans borne et le proclament évêque de Tours. Durant près de 30 ans, il dirigera son diocèse tout en s'installant sur les coteaux de la Loire, à Marmoutier (Indre-et-Loire), où il fondera un nouvel ermitage devenu une abbaye qui rayonnera bien au-delà de la ville. Cette figure iconique, que l'on surnomma aussi « apôtre des Gaules », repose dans la crypte de la nouvelle basilique de Tours.

– ***Jacques Cœur*** *(1400-1456)* **:** ce riche marchand et fabuleux ambassadeur natif de Bourges contribua à la reconstruction économique du Berry. Il fit fortune dans le commerce des pierres précieuses et prêta même au roi, ce qui lui valut bien des ennuis.

– ***Charles VII*** *(1403-1461)* **:** dépossédé de son royaume après la défaite française d'Azincourt, le futur Charles VII s'est replié dans sa bonne ville de Bourges. En fait, il réside plus souvent à Loches et à Chinon. C'est là qu'il reçoit une certaine Jeanne (Jeanne d'Arc).

– ***Jeanne d'Arc*** *(1412-1431)* **:** avant de devenir Jehanne, « la bonne Lorraine qu'Anglais brûlèrent à Rouen », la Pucelle emporte sur la Loire, en 1429, une victoire décisive qui renverse le cours de la guerre de Cent Ans. Il s'agit de sauver Orléans, dernier bastion de Charles VII avant Bourges. Les troupes anglaises s'apprêtent à l'assaut quand survient la Pucelle avec l'armée royale. En 1re ligne, elle récolte une flèche mais poursuit le combat jusqu'à la déconfiture anglaise. Orléans est sauvée, la France retrouve sa fierté.

– ***Louis XI*** *(1423-1483)* **:** comme tous les Berrichons, celui qui fut l'un de nos plus grands rois de France est d'un naturel prudent. Plus diplomate que guerrier, il parvient à agrandir de façon significative le royaume de France, qui devient grâce à lui un État moderne. Il séjourna longtemps au château de Loches (Indre-et-Loire).

– ***Diane de Poitiers*** *(fin 1499 ou début janvier 1500-1566)* **:** l'une des 3 célèbres occupantes du château de Chenonceau. Favorite du roi de France Henri II, quand ce dernier meurt en 1559, Catherine de Médicis l'évince et Diane se retire dans son château d'Anet, en Eure-et-Loir, jusqu'à la fin de ses jours.

– ***Jean Calvin*** *(1509-1564)* **:** il est né à Noyon (Oise), mais c'est à Bourges que le célèbre théologien devient progressivement réformateur à la mort de son père et qu'il publie l'*Institution chrétienne.* Il y étudie la théologie et le droit romain auprès d'André Alciat et y prononce ses tout 1ers sermons. Il y aurait également enseigné la rhétorique. Il développera ainsi la Réforme en Berry, particulièrement à Sancerre, qui sera une ville de refuge protestante.

– ***Maximilien de Béthune, baron de Rosny, duc de Sully*** *(1560-1641)* **:** « Labourage et pâturage sont les deux mamelles de la France », cette citation est de lui. Originaire de l'Artois, ce compagnon d'armes d'Henri IV, reçut le duché de Sully, sur la Loire. Surintendant des finances, il rétablit l'équilibre financier du royaume et favorisa largement l'agriculture. Il crée en 1609 dans le Cher une ville en l'honneur du souverain, qu'il nomme Henrichemont. La cité doit devenir la capitale de la principauté de Boisbelle et servir de refuge aux protestants du Berry. Mais en 1610, le roi est assassiné, Sully tombe en disgrâce et Henrichemont retombe dans sa torpeur. Son tombeau se visite à Nogent-le-Rotrou, en Eure-et-Loir.

– ***Armand Jean du Plessis, duc de Richelieu*** *(1585-1642)* **:** c'est non loin de Chinon que le grand cardinal fit dessiner par des architectes sa cité idéale (évidemment baptisée... Richelieu en Indre-et-Loire). Idéale, donc symétrique et régulière. Et fastueuse, cela va sans dire. Elle n'en fut pas moins boudée par les courtisans.

– ***Françoise d'Aubigné*** *(Mme de Maintenon ; 1635-1719)* **:** issue de la noblesse pauvre, elle devient en 1683 l'épouse secrète de Louis XIV. Elle acquiert et fait restaurer, grâce au soutien financier du roi, le château de Maintenon en Eure-et-Loir. Elle finit sa vie en s'occupant de son école de Saint-Cyr (qui sera remplacée par la célèbre école militaire du même nom) pour jeunes filles nobles désargentées.

– ***Ferdinand de Lesseps*** *(1805-1894)* **:** il fut la 3e personnalité française la plus connue dans le monde au XIXe s, après Napoléon et Victor Hugo. Principal promoteur du canal de Suez (une réussite), Ferdinand de Lesseps jouit d'une grande renommée dans le monde. Après la réussite, c'est l'échec ! Son triomphe égyptien se transforme en une réputation sulfureuse lors du creusement du canal de

Panamá qui fut un scandale, où les actionnaires perdirent des sommes colossales. Loin de tout scandale, il s'éteint tranquillement au château de La Chesnaye, au village de Guilly dans le Berry. Son château fut racheté après sa mort, rasé et vendu pierre par pierre par un riche marchand berrichon.

Destins exceptionnels

– ***Jean et Isabel Godin des Odonnais*** *(1713-1792)* **:** ce couple d'étonnants voyageurs fait partie des inconnus célèbres de l'histoire. Quels destins ! Né à Saint-Amand-Montrond (Cher), cet explorateur et naturaliste accompagne en Équateur Charles de La Condamine parti mesurer la longueur d'un méridien. Objectif de la mission géodésique : prouver que la Terre est aplatie aux pôles et enflée au niveau de l'équateur ! Professeur d'astronomie et de sciences naturelles à Quito, il apprend la langue quéchua, publie le 1er dictionnaire sur ce sujet, et épouse Isabel Gramesón (ou Casa Mayor, soit Grandmaison en français), une riche Équatorienne de Riobamba. Après avoir descendu le fleuve Amazone, il passe ensuite (en 1751) à Cayenne d'où il explore le nord de l'Amazonie. Sa femme, Isabel, tente de le rejoindre, descend l'Amazone au péril de sa vie, et, en fin de périple, elle erre seule et affamée dans l'immense jungle amazonienne avant de retrouver son mari en juillet 1770, à Oyapock, après 19 ans de séparation. En 1773, Jean Godin et sa femme Isabel, « la naufragée des Amazones », retournent, sains et saufs, dans leur demeure de Saint-Amand-Montrond, où ils passent la fin de leur existence. Aujourd'hui, Saint-Amand-Montrond est jumelée avec Riobamba et célèbre le souvenir de cet amour incroyable !

Inventeurs

– ***Denis Papin*** *(1647-1713)* **:** né à Chitenay près de Blois en 1647, ce huguenot dut s'exiler en Allemagne et en Angleterre pour échapper à la répression contre les protestants. La France intolérante a perdu un cerveau ! Physicien, mathématicien et inventeur, Papin est l'homme de la vapeur, celui qui découvrit sa force motrice et inventa la 1re machine à vapeur (un vapeur à aubes), aux alentours de 1700.

– ***Antoine Laurent de Lavoisier*** *(1743-1794)* **:** le créateur de la chimie moderne fut aussi un propriétaire terrien du Blésois, terrain d'élection de ses nombreuses expériences agricoles : sélection des grains, diffusion de la pomme de terre, etc. « Rien ne se perd, rien ne se crée, tout se transforme » reste sa citation la plus célèbre. Néanmoins, les révolutionnaires, dans leur folie, ont guillotiné ce grand homme de science !

Penseurs, artistes, écrivains, peintres, musiciens...

– ***Léonard de Vinci*** *(1452-1519)* **:** c'est l'architecte, non le savant ou le peintre, que François Ier invite à épauler ses élans bâtisseurs. Léonard commence par esquisser une ville nouvelle et un palais à Romorantin (Loir-et-Cher), puis zappe sur le grand projet du règne : Chambord, dont les plans sont probablement son œuvre. En 1516, le roi l'invite à demeurer près d'Amboise, au manoir du Clos Lucé (Indre-et-Loire) où l'infatigable génie passera les 3 dernières années de sa vie, réalisant de nombreuses études et concevant plusieurs projets : aménagement du cours de la Loire, assèchement des marais solognots, etc.

– ***François Rabelais*** *(environ 1485-1553)* **:** né (mais rien n'est moins sûr !) à Chinon, il passe (et c'est plus sûr !) une partie de son enfance non loin, à La Devinière à Seuilly (8 km au sud de Chinon). C'est ce paysage de Touraine et les gens qu'il côtoie qu'il immortalisera dans les célèbres aventures de Gargantua et de Pantagruel.

– ***Pierre de Ronsard*** *(1524-1585)* **:** avec Du Bellay, l'un des 7 grands poètes de la Pléiade. Né au château de la Possonière, près de Couture-sur-Loire en Vendômois, d'une famille de hobereaux, étudiant puis clerc, nourri de latin et de grec, Pierre de Ronsard devient le poète officiel de la cour des Valois. Avant de se changer en barbon dépressif et lucide, il fut un godelureau déchaîné, doublé d'un séducteur habile : « Un petit feu me court / Frétillant sous la peau, je suis muet et sourd. » C'est l'heure fraîche et joyeuse de la Renaissance.

– ***René Descartes** (1596-1650)* **:** le célèbre mathématicien et philosophe qui a donné l'adjectif « cartésien » est né et a passé son enfance dans un bourg du nom de La Haye-en-Touraine. En 1967, La Haye est devenue Descartes (Indre-et-Loire), un nom plus vendeur, sûrement... « Je pense donc je suis », c'est Descartes qui le dit. On a oublié qu'il s'est installé définitivement en Hollande en 1629. De là il passa à Stockholm, invité par la reine Christine de Suède pour être son précepteur. Convoqué à 5h du matin pour ses entretiens philosophiques avec la souveraine, Descartes n'aurait pas supporté le froid et la fatigue. Il meurt à Stockholm en février 1650. Un historien pense qu'il aurait été empoisonné par une hostie contenant de l'arsenic, par un curé qui croyait que Descartes allait empêcher la reine protestante de se convertir au catholicisme !

– ***Louis de Rouvroy, duc de Saint-Simon** (1675-1755)* **:** né à La Ferté-Vidame en Eure-et-Loir, c'est en grande partie dans son château que le duc de Saint-Simon a écrit ses *Mémoires.* Aujourd'hui en ruine, il n'en reste que les façades, les communs et le parc.

– ***Alfred de Vigny** (1797-1863)* **:** longtemps militaire, puis romantique aristo et guindé, Alfred est le Montherlant du XIXe s commençant. Né à Loches, il y passa 2 ans et n'y revint jamais. Ce qui ne l'empêcha pas d'écrire : « Connaissez-vous cette contrée que l'on a surnommée le jardin de la France, ce pays où l'on respire un air pur et doux ? »

– ***Honoré de Balzac** (1799-1850)* **:** né à Tours d'un père franc-maçon (originaire d'une famille de paysans du Tarn), le futur Prométhée de *La Comédie humaine* fait ses classes chez les oratoriens de Vendôme et commence à ausculter les types humains de la Touraine. De 1825 à 1848, Balzac séjourne régulièrement au manoir de Saché (à 25 km au sud de Tours) où on lui attribue une petite chambre pour travailler en paix. Loin des soucis financiers et de la vie parisienne, il y écrira en grande partie *Le Père Goriot, Louis Lambert, César Birotteau.* Il y trouvera aussi l'inspiration pour les *Illusions perdues* et pour *Le Lys dans la vallée,* l'un de ses plus beaux livres, dont l'action se déroule dans la vallée de l'Indre.

– ***George Sand** (1804-1876)* **:** de son vrai nom Aurore Dupin. Elle a une double ascendance, populaire et aristocratique. Du côté de son père, elle descend du maréchal de Saxe ; par sa mère, d'un parisien marchand d'oiseaux. Drôle d'oiseau que cette écrivaine au tempérament passionné et à la réputation sulfureuse, qui fut notamment la muse de Chopin. C'est autour de son château berrichon de Nohant-Vic dans l'Indre (plus de détails dans ce chapitre) qu'elle trouva une bonne partie de son inspiration *(La Mare au diable, La Petite Fadette...).* Esprit libre et rebelle, elle fut la 1re femme à vivre pleinement comme elle le souhaitait, sans tenir compte des convenances bourgeoises de l'époque. Elle fumait le cigare et s'habillait en homme !

– ***Berthe Morisot** (1841-1895)* **:** fille d'un préfet du Cher, c'est l'une des muses de l'impressionnisme. Par la vie étrange et les chatoiements qui animent ses tableaux, elle impose son style. Son mariage avec Eugène Manet, frère d'Édouard, inspire celui-ci : ses portraits de Berthe Morisot constituent de véritables chefs-d'œuvre.

– ***Aristide Bruant** (1851-1925)* **:** le fantôme du Montmartre chansonnier *(Nini Peau d'chien, Le Chat noir...)* est originaire de Courtenay dans le Gâtinais.

– ***Benjamin Rabier** (1864-1939)* **:** le père du canard Gédéon, l'un des 1ers héros de B.D., et de *La Vache qui rit,* qui eut pour compatriote un célèbre fromage, le valençay.

– ***Marcel Proust** (1871-1922)* **:** s'il n'a fait que passer, enfant, quelques vacances chez sa tante et son oncle à Illiers-Combray (Eure-et-Loir), elles auront suffi pour marquer à jamais son œuvre *À la recherche du temps perdu* et associer cette ville à son nom.

– ***Charles Péguy** (1873-1914)* **:** « Demain sur nos tombeaux / Les blés seront plus beaux. » Tué au front en 1914, le chantre du sol français avait été un orphelin d'Orléans. Sorti de l'École normale supérieure, il devient socialiste, puis patriote et cocardier.

– ***Max Jacob** (1876-1944)* **:** pour ce célèbre poète et romancier (né à Quimper), l'esprit est une forme de beauté et celui-ci règne au-dessus de l'abbaye de Fleury à Saint-Benoît-sur-Loire (Loiret). Durant les 20 dernières années de sa vie, il aima se recueillir dans cette retraite inspirée, ultime refuge pour ce juif mystique converti intérieurement au catholicisme. Il y assistait à la messe et communiait tous les jours. Arrêté par la Gestapo, il fut déporté au camp de Drancy où il décéda d'un arrêt cardiaque consécutif à une pneumonie. Max Jacob est enterré au cimetière de Saint-Benoît-sur-Loire.

UNE VACHE QUI RIT

Personne ne connaît Benjamin Rabier. Et pourtant, tout le monde a admiré son chef-d'œuvre : une petite vache toute rouge au large sourire malicieux, dotée de boucles d'oreilles en forme de boîte à fromage. Celle-ci représente une petite vache toute rouge qui rit, etc. Cet habitant de Lye fut l'auteur du dessin de La Vache qui rit, *repris en 1921 par Léon Bel. Incroyable audace que ce logo complètement décalé, basé sur une mise en abyme malicieuse, mais qui a « vachement » bien traversé le temps.*

– ***Jean Giraudoux** (1882-1944)* **:** diplomate et écrivain, Jean Giraudoux passe une partie de sa jeunesse à Pellevoisin, petit village de l'Indre, avant de poursuivre brillamment ses études au lycée de Châteauroux, qui porte aujourd'hui son nom. Sa collaboration avec Louis Jouvet le pousse à écrire pour le théâtre.

– ***Alain-Fournier** (1886-1914)* **:** de son vrai nom Henri Alban Fournier. Il est né au cœur de la Sologne à La Chapelle-d'Angillon (Cher), où il passe son enfance. Son village natal et Nançay sont les lieux d'inspiration de son unique roman *Le Grand Meaulnes,* récit d'une adolescence et de ses 1res amours. Il est l'auteur d'un seul livre, et sa vie fut courte. Il meurt à l'âge de 28 ans, en septembre 1914, sur le front de la Grande Guerre. Son œuvre, connue mondialement, a fait l'objet de 2 adaptations cinématographiques (1967 et 2006).

– ***Maurice Genevoix** (1890-1980)* **:** fils d'un épicier en gros, il passa son enfance à Châteauneuf-sur-Loire (Loiret) et avait une propriété près de Saint-Denis-de-l'Hôtel (Loiret), aux Vernelles. Il survit à la guerre de 1914-1918 et à la grippe espagnole, devient normalien, puis romancier et membre de l'Académie française. Genevoix n'est jamais si bon que lorsqu'il s'immerge dans les forêts de Sologne. Avec un amour et un sens aigu de la nature, il écrit des odes à la chasse *(La Dernière Harde)* et au braconnage (*Raboliot,* prix Goncourt 1925, se passe à Brinon-sur-Sauldre). Suprême consécration, l'écrivain a été « panthéonisé » en novembre 2020 avec un hommage appuyé du président Macron à « Ceux de 14 », du nom de ses écrits sur les horreurs de la Grande Guerre.

– ***Alexandre Calder** (1898-1976)* **:** la petite ville de Saché (que Balzac aimait beaucoup), en Touraine, abrita pendant 23 ans l'atelier du grand sculpteur américain. Les moulins des alentours ont-ils inspiré ses mobiles ?

Personnalités contemporaines

– ***Juliette Binoche* :** née en 1964 à Paris, c'est pourtant au manoir des Radrets dans le Loir-et-Cher que l'actrice grandit pendant que sa mère donne des cours de théâtre aux enfants des environs. Elle connaît le succès au cinéma depuis les années 1980 et a reçu de nombreuses récompenses, notamment pour ses rôles dans *Trois couleurs : Bleu* et *Le Patient anglais.*

– ***Jean Carmet** (1920-1994)* **:** né à Bourgueil et fils de viticulteur, il resta toute sa vie un amoureux du terroir ligérien et de la dive bouteille, qu'il partageait volontiers avec son grand ami Gérard Depardieu. Jouant souvent le rôle du brave gars ahuri, il a tourné dans plus de 200 films, parmi lesquels les inoubliables *Dupont-Lajoie, Buffet froid, La Soupe aux choux* ou *Merci la vie,* sans compter tous les films de Michel Audiard.

– ***Jean-Pierre Coffe*** *(1938-2016)* **:** impossible de ne pas rendre hommage au grand pourfendeur de la malbouffe, et au très médiatique chroniqueur gastronomique, longtemps installé près de Châteaudun, à Lanneray, en Eure-et-Loir.

– ***Alain Corneau*** *(1943-2010)* **:** le fils du vétérinaire, comme on l'appelait souvent dans sa petite ville natale de Meung-sur-Loire (Loiret), a fait ses études à Orléans où il découvre la base américaine peuplée « d'extraterrestres ». De là vient son attachement à l'Amérique, et surtout au jazz, sans doute sa plus grande passion, bien que son érudition s'étende également à la littérature et, bien sûr, au cinéma, avec un amour particulier pour les films noirs. *Police Python 357* (tourné à Orléans), *Série noire, La Menace, Le Cousin* et le remake du *Deuxième Souffle* sont dans toutes les mémoires, mais *Nocturne indien, Tous les matins du monde* et *Stupeur et Tremblements* comptent aussi parmi ses plus beaux films.

– ***Marion Cotillard* :** née en 1975, l'actrice obtient le 1er prix du Conservatoire d'art dramatique à Orléans en 1994. Son interprétation d'Édith Piaf dans *La Môme* lui vaudra l'oscar de la meilleure interprétation féminine en 2008 et lui ouvrira les portes du cinéma américain (notamment sous la direction de Woody Allen, Ridley Scott, Christopher Nolan et James Gray), sans laisser de côté le cinéma français. Elle tourne pour Jacques Audiard (2012, *De rouille et d'os*) et Guillaume Canet (2013 et 2017). En attendant *Astérix et Obélix : l'empire du Milieu,* toujours du même Canet, qui devrait sortir en 2023. *Si tout va bien.*

– ***Michel Denisot* :** né en 1945 à Buzançais, près de Châteauroux (Indre), le plus ancien et le plus célèbre journaliste de Canal+ est resté très attaché à son Berry natal. Il a été, par 2 fois, le président du club de foot de Châteauroux (1989-1991 et 2003-2008), mais aussi président délégué du PSG, club qu'il conduisit au succès. Aujourd'hui directeur de la version française de *Vanity Fair,* il produit aussi un vin de très bonne tenue (valençay). Un seul échec : il n'a jamais eu son bac. Un bon exemple pour tous les jeunes qui ont trébuché dans leurs études.

– ***Gérard Depardieu* :** né en 1948 à Châteauroux et fils d'ouvrier. Autodidacte, il sera révélé par un film culte, *Les Valseuses.* Depuis, il a tourné avec les plus célèbres réalisateurs italiens et français. Avec plus de 200 films à son actif, Depardieu est l'un des plus grands acteurs français. Comédien, restaurateur, homme d'affaires et poissonnier (!), il bouffe la vie par tous les côtés. Exilé fiscal en Belgique, puis en Russie en 2014, ses prises de position politiques divisent ses fans.

– ***Patrice Leconte* :** né à Paris en 1947, il est connu du grand public pour avoir réalisé la trilogie des *Bronzés.* Il a passé toute son enfance à Tours où il s'est initié à la réalisation en tournant de petits films amateurs, avant de monter à Paris.

– ***Florent Marchet* :** né à Bourges en 1975 de parents programmateurs de concerts aux *Bains Douches* à Lignières (Cher), ce jeune auteur-compositeur-interprète a connu le succès avec plusieurs albums, *Gargilesse, Rio Baril, Courchevel, Noël's Songs.*

– ***Jacqueline de Romilly*** *(1913-2010)* **:** esprit éclairé, cette grande helléniste, 1re femme professeur au Collège de France et 2e femme à entrer à l'Académie française (après Marguerite Yourcenar), est née à Chartres. Passionnée par la Grèce antique, elle plancha sur l'historien athénien Thucydide.

– ***Jean-Christophe Rufin*** *(né à Bourges en 1952)* **:** élevé par un grand-père héros de la Résistance, ce médecin soigne également ses voyages qui l'inspirent pour ses écrits. Ancien directeur de l'association Action contre la faim, son sens de la diplomatie le conduit à l'ambassade de France à Dakar de 2007 à 2010, et surtout, son humanisme lettré lui permet de devenir Immortel, puisqu'il est membre de l'Académie française. Auréolé du prix Goncourt pour son roman *Rouge Brésil*

(2001), il fait revivre l'épopée du grand argentier de Charles VII dans son roman *Le Grand Cœur* (voir « Livres de route » dans « Bon à savoir avant le départ », au début du guide).

– ***Jacques Villeret*** *(1951-2005)* **:** né à Loches, d'un père algérien d'origine kabyle et d'une mère française, pour l'état civil il est Jacky Boufroura. Après le conservatoire de Tours et de Paris, il devient comédien, débute au théâtre puis passe au cinéma. Souvent connu pour ses rôles de bon franchouillard naïf souvent malmené. Le film *La Soupe aux choux* (1981) de Jean Girault le révèle au grand public grâce à son interprétation d'extraterrestre aux côtés de Louis de Funès. D'autres films feront de lui un acteur incontournable, comme *Papy fait de la résistance* (1981) ou le fameux *Dîner de cons* (1999), avec le personnage de François Pignon, qu'il a inventé et d'abord joué au théâtre. Il dévoilera également une autre facette de son jeu en incarnant des rôles dramatiques avec *Les Enfants du marais* (1999) ou *Effroyables jardins* (2003).

– ***Zaz*** *(née en 1980 à Tours)* **:** de son vrai nom Isabelle Geffroy, elle passe par le conservatoire de Tours et fait ses débuts à Bordeaux où sa mère s'est installée. Elle a connu de gros succès avec des titres comme *Je veux, Le long de la route* et *La Fée* en 2010-2011 et, plus récemment, l'album *Paris,* en collaboration avec de grands noms de la musique.

– Citons aussi ***Harry Roselmack,*** né à Tours de parents martiniquais, l'un des rares journalistes noirs à avoir présenté le 20 heures sur une grande chaîne nationale ; il travaille entre autres pour TF1 et RTL après être passé par l'Institut de journalisme de Tours, tout comme son aînée ***Marie-Laure Augry.*** Nés également à Tours et dans sa banlieue, les chanteurs ***Sinclair, Ben l'Oncle Soul,*** les chanteuses ***Amel Bent*** et ***Nâdiya. Léopold Sédar Senghor,*** qui enseigna au lycée Descartes à Tours de 1935 à 1940 et y écrivit son 1er recueil de poèmes. Sans oublier la rock star internationale ***Mick Jagger,*** qui réside souvent depuis 1980 au château de Fourchette, à Pocé-sur-Cisse, près d'Amboise (Indre-et-Loire).

ROYAL SÉJOUR

Succédant à la dynastie des Capétiens directs, la ***dynastie des Valois*** régna sur la France de 1328 à 1589. Elle débute avec Philippe VI, neveu de Philippe IV le Bel, mort sans descendance mâle (il a perdu ses 3 fils). Une dynastie qui connaîtra d'importants troubles : guerre de Cent Ans, folie du roi Charles VI, guerre civile Armagnacs-Bourguignons... Désigné comme successeur par son cousin le roi Henri III, le roi de Navarre monte sur le trône, sous le nom d'Henri IV, après avoir abjuré le protestantisme. C'est le début de la ***dynastie des Bourbons*** (1589-1793).

STATISTIQUE ROYALE

La France a connu 68 rois en 1 345 ans de monarchie. 17 furent prénommés Louis, en référence au plus glorieux (l'unique saint) : Saint Louis. Nos rois régnèrent en moyenne 20 ans pour une longévité de 43 ans.

Paris est un séjour à risques : il y a eu la Fronde et, avant ça, l'insurrection d'Étienne Marcel et le choix du parti anglais, sans parler de la guerre de Cent Ans, quand les Anglais n'étaient qu'à quelques jours de marche de Paris. C'est ainsi que, privé de la moitié de son royaume, le futur ***Charles VII*** s'est replié sur la Loire. Un doux fleuve entouré de forêts giboyeuses. Aussi va-t-il du château de Loches – qui abrite ses amours avec ***Agnès Sorel,*** la Dame de Beauté – à celui de Chinon. C'est là, dans la salle d'audience, qu'incognito, caché parmi ses courtisans, il reçoit Jeanne la Lorraine. Miracle : elle le reconnaît. Charles VII régnera de 1422 à 1461.

Son fils ***Louis XI,*** l'« universelle araignée », campe prudemment sur Loches et Plessis-lès-Tours, près de Tours, où il mourra. Le cardinal La Balue cesse de lui

plaire ? Il l'enferme au château de Loches, dans une petite cage en fer suspendue en l'air à une chaîne, et vient souvent le narguer pour se délasser. Même mort, Louis XI s'accroche au fleuve en s'offrant un tombeau à Notre-Dame-de-Cléry.
Charles VIII monte sur le trône à la mort de son père, et règne de 1483 à 1498. Il revient de sa campagne d'Italie, avec la Renaissance dans ses bagages : une bonne raison pour embellir le château d'Amboise. Le lieu qui l'avait vu naître finira par le tuer d'un traumatisme crânien, après qu'il se fut cogné le front au linteau d'une porte. Son épouse, Anne de Bretagne, se retrouve veuve et épouse son successeur, ***Louis XII,*** qui prend Blois pour résidence. Il rebâtit le château, y installe Anne de Bretagne et leurs 2 filles, dont Claude de France qui épousera François Ier.

Châteaux de rêve

Le ***roi de France François Ier*** inaugure le siècle des ***rois voyageurs.*** Les derniers Valois étaient des « SDF de luxe » qui passaient d'un château à l'autre au gré des saisons et des invitations, traînant derrière eux leur attirail (meubles, vaisselle) et leur cour. François Ier embellit donc au passage les châteaux d'Amboise et Blois, en attendant la réalisation de son grand projet : Chambord. Pour ce gigantesque chantier, il a convoqué artisans et maîtres italiens sous la direction d'un génial architecte : ***Léonard de Vinci.***

À Chambord, François Ier éblouit Charles Quint

Vaincu à la bataille de Pavie, en 1525, par Charles Quint, roi d'Espagne et empereur du Saint Empire romain germanique, François Ier est emprisonné à Madrid pendant 1 année avant d'être libéré. En 1529, l'empereur se réconcilie avec la France grâce au mariage de François Ier (il est veuf) avec Éléonore de Habsbourg, qui est la sœur de Charles Quint. Dès lors, François Ier peut recevoir à Chambord son ennemi de toujours qui – ironie de l'histoire – est devenu son beau-frère ! Lors de la visite de l'empereur, en décembre 1539, Chambord était encore en travaux. Le roi de France voulait éblouir Charles Quint. Les monarques sont accueillis par un long cortège de jeunes filles vêtues (peu) comme des nymphes leur lançant des pétales de roses. Une réception gigantesque est donnée à l'intérieur du château. Des feux brûlent dans toutes les cheminées. Charles Quint, admiratif, repart le lendemain. Il déclare peu de temps après n'avoir ***« jamais rien vu de plus beau que ce palais surgi du fond des bois ».*** Ce qui fera dire plus tard à Flaubert, bien ironiquement, que Chambord est « un monument de l'orgueil qui veut s'étourdir pour se payer de ses défaites... ». Mais François Ier meurt en 1547, et Chambord n'est pas achevé.
Alors, tout s'accélère. Son successeur ***Henri II,*** qui avait installé Diane de Poitiers dans le délicieux château de ***Chenonceau,*** reçoit une lance dans l'œil au cours d'un tournoi.
Sous l'influence des Guise et de Catherine de Médicis, sa mère, ***Charles IX*** ordonne le massacre des protestants lors de la Saint-Barthélemy (24 août 1572). Il meurt 2 ans plus tard. Le nouveau roi, ***Henri III,*** a peur des Guise. C'est au château de Blois qu'il fait trucider le duc de Guise : il savoure la scène depuis la pièce voisine. À tout seigneur tout honneur, il meurt lui-même assassiné. Le dernier Valois est aussi le dernier roi de la Loire. ***Henri IV de Bourbon,*** son successeur, se convertira au catholicisme, et, sacré à la cathédrale de Chartres, s'établira dans la capitale sur cette phrase historique : « Paris vaut bien une messe. »

Et rêve de châteaux

Depuis que les rois sont passés par là, les châteaux de la Loire nourrissent l'imaginaire. ***Balzac*** écrivant à sa chère Mme Hanska, en 1846, se voit déjà propriétaire

LES ROIS DE FRANCE (Valois et Bourbons)

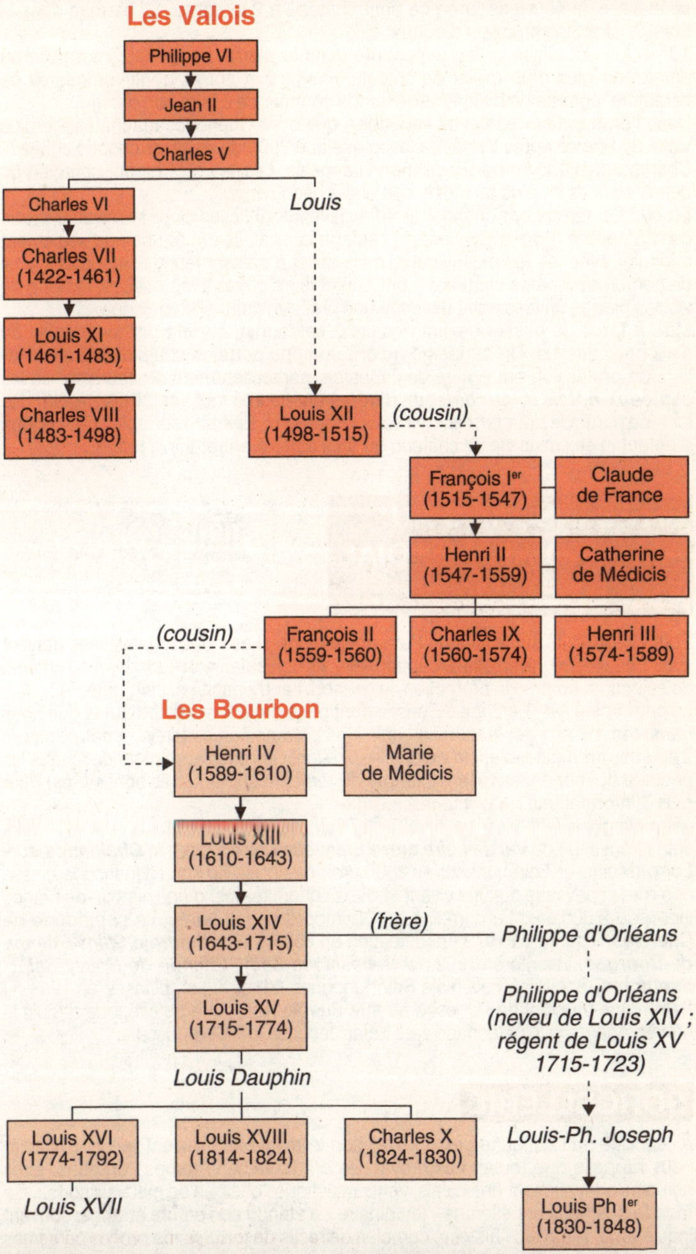

du délicieux château de Moncontour accroché au coteau de Vouvray : « Tu vas sauter de joie ! Moncontour est à vendre. Ce rêve de 30 ans va se réaliser, ou peut se réaliser. Te souviens-tu de ce petit château à 2 tourelles qui se mire dans la Loire ? » Joli ! Comme tant d'autres.

10 siècles ont laissé ici leur empreinte dans la pierre. Le tuffeau s'est taillé un empire de plus d'un millier de castels, manoirs et autres gentilhommières de caractère, comme on dit lorsque le temps commence à faire son œuvre.

Dans l'ombre des « châteaux vedettes » que sont Chenonceau (château le plus visité de France après Versailles, avec quelque 900 000 visiteurs chaque année !), Chambord, Blois, Amboise, Villandry, Langeais, Loches ou Chinon, combien de beaux édifices en plus ou moins bon état à découvrir ?

Eh oui, les temps ont changé, et sont devenus difficiles pour la majeure partie des châtelains. Pour sauvegarder l'héritage familial, ils ont appris non seulement à jongler avec les régimes fiscaux, mais aussi à baisser leurs ponts-levis ! Ainsi de nombreux « petits châteaux » ont ouvert leurs grilles avec succès, la visite de vieilles pierres privées étant devenue une pratique culturelle en vogue.

Mais à force de passer devant des lits à baldaquin, on finit par avoir envie de s'allonger dessus. Un fantasme qu'ont compris certains châtelains. Les hôteliers de profession ont profité de l'aubaine, particulièrement en Touraine, où les ***châteaux-hôtels*** et les ***châteaux d'hôtes*** ont fleuri à tout vent. Plus besoin, dès lors, de particule pour fermer l'œil sous les lambris. En toute sérénité ! Car on jouit d'autant mieux de la vie de château qu'on n'a pas à entretenir la toiture.

SITES INSCRITS AU PATRIMOINE MONDIAL DE L'UNESCO

UNESCO – Organisation des Nations Unies pour l'éducation, la science et la culture · En coopération avec le Centre du patrimoine mondial

Pour être inscrits sur la liste du Patrimoine mondial de l'Unesco, les sites doivent avoir une valeur universelle exceptionnelle. Ils doivent aussi répondre à 10 critères de sélection, comme la protection, la gestion, l'authenticité et l'intégrité.

Le patrimoine est l'héritage du passé dont nous profitons aujourd'hui et que nous transmettons aux générations à venir. Nos patrimoines culturels et naturels sont 2 sources irremplaçables de vie et d'inspiration. Ces sites appartiennent à tous les peuples du monde, sans tenir compte du territoire sur lequel ils sont situés. Pour plus d'informations : • *whc.unesco.org* •

– Pour le guide *Châteaux de la Loire* : les lieux, les sites et les monuments classés sont le paysage du ***Val de Loire entre Sully-sur-Loire*** (Loiret) et ***Chalonnes-sur-Loire*** (Maine-et-Loire), inscrit en 2000, soit quelque 280 km. L'Unesco le classe comme un paysage culturel vivant et d'exception, témoin d'une histoire de France vieille de 2 000 ans. Le domaine de Chambord en fait partie. La ***cathédrale de Chartres,*** inscrite en 1979 (modification en 2009) ; la ***cathédrale Saint-Étienne de Bourges,*** inscrite en 1992 ; et la ***basilique Saint-Étienne de Neuvy-Saint-Sépulchre,*** ancienne collégiale Saint-Jacques (XIe et XIIe s), classée en 1998 au Patrimoine mondial de l'Unesco au titre du rôle historique qu'elle joue depuis le Moyen Âge dans le pèlerinage vers Saint-Jacques-de-Compostelle.

SORCELLERIE

À l'époque de l'Antiquité grecque, religion et magie ne faisaient qu'un. L'histoire nous rappelle que toutes nos croyances ont traversé le temps : dragons, êtres humains chevauchant des balais, vents maléfiques chargés de mauvais sorts... Ce monde que nous appellerons « imaginaire » a étendu son ombre étrange, souvent inquiétante. À travers l'histoire, combien de récits de tortures, de procès parsemés de condamnations visant tant les humains que leurs infortunés compagnons (animaux, ô combien maléfiques), de magiciens et de sorcières nuisibles ?

Berry, terre de sorciers ?

Le Berry est-il vraiment une terre de sorciers ? Pour beaucoup, il a conservé cette réputation de contrée de la sorcellerie. Un héritage que l'on doit en grande partie à George Sand, l'écrivaine de la célèbre *Mare au diable,* publiée dans les années 1850. Les textes de cette journaliste et écrivain seront diffusés et mettront en lumière la survivance des peurs et des superstitions populaires. Elle a baptisé son pays de Nohant, près de La Châtre, du surnom de « vallée Noire ». Noire de légendes, de mythes et de personnages maléfiques comme les lavandières de la nuit. Aujourd'hui, rebouteux, barreurs de feu, de zonas ou de verrues sont les reliquats de cet ancien Berry.

La sorcellerie aujourd'hui

L'utilisation et la connaissance des plantes remontent aux origines de l'humanité. Au cours des millénaires, la tradition orale, source de mystère, a permis d'enrichir ce savoir sur les plantes. Nombre d'entre elles ont été utilisées pour la capacité qu'elles avaient, soit de modifier le comportement humain, soit même de provoquer des empoisonnements mortels d'hommes et de bétail. Les sorciers, les chamans et les magiciens de toutes les époques et de toutes les latitudes se sont servis des effets des plantes toxiques pour exercer leurs pouvoirs sur les populations crédules. Parmi elles, on trouve la mandragore, la belladone, la jusquiame ou le datura...

LA SAINTE (?) INQUISITION

Cette redoutable machine à tuer n'est pas une invention espagnole. Face à la montée des hérésies qui refusaient de reconnaître l'autorité papale, Grégoire IX nomma en 1231 le 1er inquisiteur, puis chargea les dominicains 1 an plus tard de mener cette chasse aux sorcières. On utilisait la torture pour obtenir des aveux et condamner les hérétiques au bûcher. Au début, les victimes étaient majoritairement des femmes paysannes (on se méfiait de leur connaissance considérable des plantes et des remèdes). Par la suite, on s'en prit également aux hommes, mais surtout aux riches, dans l'espoir de récupérer leurs biens...

Aujourd'hui, la sorcellerie s'est acclimatée au monde moderne. On consulte en Berry, comme partout ailleurs, voyants, marabouts et autres bouts de ficelles dans leur cabinet ou sur Internet pour résoudre les problèmes actuels résumés par ces 3 mots : amour, argent, travail. Quel que soit le siècle ou l'endroit où l'on vit, la sorcellerie ne sera toujours que le reflet de nos angoisses, de nos peurs et de nos espoirs.

– ***Bon à savoir :*** le village de Bué dans le Sancerrois organise chaque année, depuis 1946, une *Nuit des sorciers.* Elle se déroule au mois d'août et rassemble des créatures fantomatiques (surnommées les « birettes ») vêtues de hardes blafardes, et portant des torches sur les coteaux du vignoble. Au terme de ce défilé, une symbolique sorcière est brûlée sur un bûcher...

VINS

Jadis modestes et charmants, les vins de la Loire ont pris du grade, en améliorant leur qualité. Ils s'attirent désormais les faveurs des amateurs les plus exigeants. L'ensemble de la région Centre-Val de Loire compte 85 appellations, ce qui inclut les vins du Val de Loire et du Centre-Loire. Le secteur à proprement parler des vins du Val de Loire fournit aujourd'hui 12 % de la production française et compte 51 appellations et dénominations d'origine, ainsi que 4 IGP (Indication géographique protégée) « Val de Loire ». Le ***vignoble du Val de Loire*** couvre 57 200 ha, dont 25 % se trouvent sous un label environnemental. Quant au ***vignoble du Centre-Loire,*** il est presque 10 fois moins important en surface (5 910 ha) que le précédent, mais il compte de bons vins, dont le sancerre.

Pour le touriste, cela se traduit par 350 caves à visiter ! Bien entendu, c'est sur place, au caveau ou à l'ombre de quelque tonnelle, qu'il faut déguster ces vins frais, vifs et de bonne race.

C'est aussi l'occasion de s'intéresser au label « Vignobles et Découvertes », qui valorise des destinations touristiques attachées à leur vignoble et soucieuses de le faire découvrir à travers des prestations de qualité, liées à l'œnotourisme (hébergement, restauration, dégustations, visites...). Le label est décerné pour 3 ans. Dans *Châteaux de la Loire,* plusieurs destinations sont labellisées.

Pour plus d'infos, consulter les sites : ● *vinsvaldeloire.fr* ● et ● *vins-centre-loire.com* ●

L'HYPOCRAS

Avant l'invention du bouchon et de la bouteille, le vin tournait vite aigre. Pour cacher ce goût déplaisant, dès l'Antiquité, on inventa l'hypocras, en ajoutant au vin des épices rapportées des croisades : cannelle, gingembre, noix de muscade et clou de girofle. Plus on était riche, plus on ajoutait d'épices ! Une noix de muscade pouvait coûter le prix d'un cheval. La muscade était d'autant plus convoitée qu'elle protégeait, disait-on, de la peste.

Vignobles du Val de Loire

– ***Bourgueil et saint-nicolas-de-bourgueil :*** de magnifiques rouges aux arômes de framboise et de cassis, avec parfois une âpreté légère, et qui accompagnent très bien les viandes blanches et le gibier. Leur durée de garde va de 2 à 10 ans.

– ***Cheverny :*** rouges, blancs et plus rarement rosés, ils sont toujours issus d'assemblages (pinot noir et gamay, mais aussi cabernet franc et cot, pour les vins rouges et rosés ; sauvignon et chardonnay pour les blancs). Ils sont légers, fruités, faciles à boire et offrent souvent un excellent rapport qualité-prix. Sous l'appellation ***cour-cheverny***, on trouve des blancs issus d'un unique et rare cépage, le romorantin.

LA CULTURE DE LA DIFFÉRENCE

Le cheverny rouge est un vin d'assemblage rassemblant plusieurs cépages (gamay, malbec, pinot noir et cabernet franc). En revanche, le cour-cheverny est issu d'un cépage très ancien et introuvable ailleurs, le romorantin. On le travaille ici depuis la Renaissance.

– ***Chinon :*** le cabernet-sauvignon et le cabernet franc font le bonheur de ces vins charpentés, à la robe grenat et au parfum de fruits rouges, déjà célébrés par Rabelais au XVIe s. Pantagruel ne proclame-t-il pas la ville de Chinon « 1re ville du monde » ? Aussi exquis à boire frais qu'impressionnants au bout de quelques années de cave (en moyenne 5 à 10 ans).

– ***Cœur d'Arlicot :*** un apéritif fabriqué à base de vin rouge de l'Orléanais, de sirop et d'alcool de cerise. Peut aussi servir à déglacer des magrets de canard ou à arroser une salade de fruits.

– ***Coteaux-du-vendômois et coteaux-du-loir :*** existent en 3 couleurs et sont caractérisés par leur arôme poivré. Produits dans le Loir-et-Cher, ces vins s'appuient sur le cépage pineau d'Aunis, assemblé avec du pinot noir et/ou du gamay.

– ***Montlouis :*** produit sur le versant sud de la Loire, en face de Vouvray, ses caractéristiques s'apparentent beaucoup à celles de son voisin (chenin blanc). Existe en version tranquille (sans bulles) ou pétillant.

- ***Noble-joué :*** un exquis vin gris (appellation touraine-noble-joué) que déjà Louis XI se faisait livrer à son château du Plessis, près de Tours. Il est produit dans la vallée de l'Indre, autour d'Esvres. C'est le seul vin français provenant des 3 cépages appelés pinot : pinot noir, pinot meunier et pinot gris. Ce vin se consomme plutôt jeune et frais (8 à 10 °C), en apéritif ou pour accompagner viandes blanches ou poissons de rivière.
- ***Orléans-cléry et vins d'Orléans :*** AOC depuis 2006. L'orléans blanc issu du noble cépage chardonnay est un vin sec fruité aux arômes de bonbon anglais, parfait pour l'apéritif. L'orléans-cléry, issu du cabernet, avec sa belle robe rouge aux parfums de fruits rouges, se marie à merveille avec le gibier de Sologne. L'orléans rouge, rond et gouleyant, issu du pinot noir et du pinot meunier, accompagne avec bonheur viandes blanches et volailles. Quant à l'orléans rosé, frais et désaltérant, c'est le compagnon idéal des barbecues de l'été.
- ***Touraine :*** très grand vignoble où 1 600 vignerons produisent en moyenne 132 millions de bouteilles chaque année. En plus de l'appellation générique (essentiellement rouge), on compte 5 appellations géographiques : touraine-oisly, le touraine-azay-le-rideau (blanc), le touraine-amboise (des blancs généralement à base de chenin et des rouges 100 % cot, une particularité qui donne des vins plutôt suaves pour la Loire) et le touraine-mesland (des rouges issus de cabernet et de gamay) séduisent également par leur légèreté. Quant aux touraine-chenonceaux récemment adoubés, ils proposent des blancs délicieux aux arômes intenses et floraux, et des rouges tanniques aux arômes de fruits rouges.
- ***Valençay :*** « Valençay, prince des vins, vin des princes », disait Talleyrand, propriétaire du château de cette ville aux confins de la Touraine et du Berry. Les blancs allient la vivacité du cépage sauvignon au gras du chardonnay et possèdent un étonnant équilibre. Ils font merveille sur les crustacés, les poissons et, surtout, le fromage de Valençay. Les rouges sont un assemblage de gamay, cabernet, côt et pinot noir, et laissent apparaître de délicates notes de fruits rouges. On les boit d'ailleurs sur le fruit, dans leur prime jeunesse.
- ***Vouvray :*** vignoble situé entre Amboise et Tours, on connaît surtout sa version pétillante, consommée de manière festive. Elle ne se conserve que 3 à 5 ans. Mais il existe aussi une version « tranquille », connue pour sa garde exceptionnelle : plus de 50 ans pour les meilleurs millésimes. Robe jaune paille aux reflets dorés, nez frais aux notes d'agrumes, de pomme et de coing, long en bouche. Sec ou demi-sec, les locaux le dégustent avec du sainte-maure-de-touraine et des rillons. Moelleux, il accompagne le foie gras et les desserts.

Vignobles du Centre-Loire

- ***Châteaumeillant :*** dans le Cher, à 27 km à l'est de La Châtre. Petit vin gris berrichon, fait de gamay et de pinot, délicieux sur un chèvre. Une fierté du Berry !
- ***Coteaux-du-giennois :*** peu coûteux et agréables, ce sont des vins AOC depuis 1998. Cultivés depuis les Romains sur un sol caillouteux et calcaire entre Cosne-sur-Loire et Gien. Les blancs secs de cépage sauvignon accompagnent volontiers les poissons. Les rouges et rosés, assemblage de gamay et pinot noir, légers, ronds et frais en bouche, sont appréciés avec un fromage de chèvre de la région ou une savoureuse andouille de Jargeau.
- ***Menetou-salon :*** à 23 km au nord de Bourges (Cher), des vins voisins géographiquement et cousins par leurs saveurs du sancerre. De bons blancs secs et de remarquables rouges de pinot noir, un brin charpentés.
- ***Menoux :*** vin de terroir produit au sud de l'Indre, autour d'Argenton-sur-Creuse, loin de la Loire donc. La vigne existait sur les coteaux depuis l'Antiquité, mais le phylloxéra réduisit considérablement les superficies au XIXe s. On assiste, depuis le début du millénaire, à la résurrection d'un domaine... Le 1er millésime en 2004 donne le tempo avec un rosé frais et pimpant, et un rouge gouleyant que l'on boit sur des charcuteries.

– ***Pouilly :*** vignoble situé sur la rive droite de la Loire, en face de Sancerre, à Pouilly-sur-Loire dans le département de la Nièvre (Bourgogne). Il est néanmoins rattaché aux vins du Centre-Loire. On y trouve des blancs issus de chasselas (désaltérants, légers et nerveux) et, surtout, du cépage blanc fumé (genre de sauvignon) qui leur doit, en ce cas, l'appellation de pouilly-fumé – à ne pas confondre avec le pouilly-fuissé, vin de Bourgogne surnommé « roi du Mâconnais ». Ces derniers sont des vins élégants, bien secs, avec du corps et de la rondeur.

– ***Quincy :*** dans le Cher, entre Vierzon et Bourges, un vignoble aux vins blancs très secs, dotés d'un fin bouquet. Très désaltérant avec des huîtres.

– ***Reuilly :*** à une vingtaine de kilomètres au sud de Vierzon (Cher), cette petite appellation se partage entre des blancs (sauvignon de type sancerre), des rouges de pinot noir et des rosés de pinot gris.

– ***Sancerre :*** ici, le sauvignon blanc peut faire des miracles de distinction et de finesse avec des vins fruités, bien secs, faciles à boire sur un poisson et des fromages de chèvre secs. Les meilleurs proviennent de Chavignol et de Bué. Mais le sancerre, c'est aussi des rouges issus de pinot noir qui sentent la Bourgogne, à boire frais et jeunes.

PETITS TRUCS ET ASTUCES POUR ÉVITER LES ABUS ET MAUVAISES SURPRISES

Un routard informé en vaut 2 ! Pour éviter les désagréments en tous genres, voici un petit pense-bête destiné à parer aux coûts et aux coups de bambous.

Bien sûr, nos enquêteurs veillent au grain, et les établissements qui ne répondent plus à nos critères ou abusent sont vite supprimés de nos guides. La réciproque est aussi valable. N'oublions pas que les hôteliers et restaurateurs font un métier difficile, et que la pandémie liée au Covid n'a pas amélioré les choses. S'ils se doivent de toujours garder le sourire, nous nous devons de les respecter en n'arrivant pas chez eux en terrain conquis.

À L'HÔTEL

1 – Arrhes ou acompte ? : dans les 2 cas, il s'agit de sommes versées au moment de la réservation, à titre d'avance sur l'occupation d'une chambre ou d'une location saisonnière, et faisant office de garantie réciproque. On préfère parler d'arrhes plutôt que d'acompte considéré comme définitif, c'est-à-dire sans dédit possible. Légalement, aucune règle ne précise le montant des arrhes, mais il est d'usage de verser ***25 à 30 % du prix total au moment de la réservation.*** Cette somme ne pourra pas être remboursée en cas d'annulation de la réservation, sauf cas de force majeure qu'il vous faudra justifier (maladie ou accident) ou en accord avec l'hôtelier si l'annulation est faite dans des délais jugés raisonnables. Si, au contraire, l'annulation est le fait de l'hôtelier, il doit vous rembourser le double des arrhes versées. Enfin, si vous avez réservé une chambre (sans avoir rien versé) et que vous avez un empêchement, ***passez un coup de téléphone pour annuler,*** c'est la moindre des politesses.

2 – Numéro de carte à la réservation : qu'elle se fasse sur Internet ou par téléphone, il est de plus en plus courant de fournir son numéro de carte bancaire pour garantir la réservation de la chambre. Le client peut alors annuler sa réservation jusqu'à 24h avant l'arrivée dans l'hôtel. Au-delà, l'hôtelier est en droit de débiter la totalité du montant de la 1re nuit.

3 – Subordination de vente : les hôteliers ont interdiction de pratiquer la subordination de vente. C'est-à-dire qu'***ils ne peuvent pas vous obliger à réserver plusieurs nuits d'hôtel si vous n'en souhaitez qu'une.*** Dans le même ordre d'idées, on ne peut vous obliger à prendre votre petit déjeuner ou vos repas dans l'hôtel. Ce principe, illégal, est cependant toléré en pratique, surtout en haute saison, dans les zones touristiques où la demande est bien plus importante que l'offre.

4 – Les réservations en ligne : elles se sont généralisées. Si les centrales de réservation en ligne sont devenues incontournables, sachez qu'elles garantissent rarement de meilleurs prix qu'en direct, sauf promos exceptionnelles, évidemment. C'est d'ailleurs souvent l'inverse. En effet, la plupart des établissements font payer la commission versée aux sites internet à leurs clients, en augmentant leurs tarifs d'autant. ***N'hésitez donc pas à réserver en direct auprès de l'hôtel, de bonnes surprises vous attendent.*** Autre avantage de la résa en direct, vous pouvez préciser le type de chambre souhaité (sur mer, sur jardin) et obtenir des renseignements fiables sur l'établissement.

5 – Responsabilité en cas de vol : un hôtelier ne peut en aucun cas dégager sa responsabilité pour des objets volés dans la chambre d'un de ses clients, même si ces objets n'ont pas été mis au coffre. En d'autres termes, les éventuels panonceaux dégageant la responsabilité de l'hôtelier n'ont aucun fondement juridique.

AU RESTO

1 – Les prix : ils sont libres, mais ***l'affichage est obligatoire*** à l'extérieur de l'établissement, de manière visible. Tous les menus doivent être affichés, même le moins cher. Ils doivent être identiques à ceux que l'on vous présente à l'intérieur.

2 – Formule ou menu ? Généralement, la formule est une proposition écourtée comprenant entrée + plat ou plat + dessert. Avec parfois un verre de vin et/ou le café. De fait, elle est moins chère que le menu, en principe complet (entrée + plat + dessert). Très souvent, les formules et les 1ers menus (les moins chers) ne sont ***servis qu'en semaine et/ou seulement au déjeuner,*** et plus rarement avant certaines heures (12h30 et 20h environ). C'est parfaitement légal, à condition toujours que ce soit clairement indiqué sur le panneau extérieur et sur le menu que l'on vous présente à table. Il arrive qu'il disparaisse comme par enchantement (humm, mauvais signe…). Vous êtes en droit de le demander.

3 – Le « fait maison » : pour parer au sous-vide et tout congelé, et parallèlement valoriser le travail de restaurateurs scrupuleux, le « fait maison » (logo d'une casserole surmontée d'un toit de maison avec cheminée) apparaît comme un faire-valoir évident et rassurant. Même s'il ne garantit pas le 100 % maison (la loi est un peu tordue sur le sujet et il n'y a pas de contrôle), ni la qualité du chef ! Cela dit, c'est un bon début.

4 – La carte en dit long ! Voici, foi d'enquêteur, quelques trucs très simples pour analyser un menu : tout d'abord la ***brièveté de la carte*** est un bon gage de fraîcheur ; quand les produits sont locaux et de saison, c'est encore mieux ! On peut aussi questionner le serveur. Sa franchise (ou son embarras) vous en dira long (le bar, il est sauvage ou d'élevage ?). Autre indice : si la carte n'est composée que de plats passe-partout dont certains peuvent nécessiter des cuissons très longues (parmentier de canard, suprêmes de volaille en sauce, souris d'agneau, bourguignon...), ce n'est pas forcément bon signe, surtout s'ils sont servis trop rapidement. Même topo avec les desserts bistrotiers type tarte Tatin, mi-cuit ou mousse au chocolat, crème brûlée, panna cotta, tiramisù qui sortent soit du congélateur, soit d'une brique ! Tout comme les mignardises qui accompagnent le café gourmand souvent surfacturé. Un bon chef n'est pas forcément un bon pâtissier. Et il a rarement le temps de préparer 36 desserts ! Enfin, en dehors des zones côtières, on évite les poissons et fruits de mer le lundi… les livraisons ayant rarement lieu le week-end !

5 – Commande jugée insuffisante : sachez qu'il est illégal de pousser le client à la consommation. Une attitude parfois un peu insistante de la part du serveur est indigne d'un bon établissement.

6 – *Doggy bag* : la lutte anti-gaspi a du bon ! Depuis le 1er juillet 2021, les restaurateurs ne peuvent vous refuser de partir avec ce que vous avez laissé dans votre assiette. Alors, n'hésitez pas à le demander, c'est une bonne occasion de terminer votre repas… à la maison !

7 – Eau : une carafe d'***eau du robinet*** est ***gratuite*** à condition qu'elle accompagne un repas. On ne peut pas vous la refuser, sauf si elle est jugée impropre à la consommation par décret. Dans certains restos, on vous l'apporte d'office en guise de bienvenue. Un vrai bon point ! La bouteille d'***eau minérale*** doit, quant à elle, comme le vin, être ouverte devant vous. L'arnaque consiste parfois à proposer d'emblée une eau minérale, facturée au prix fort. À la question du serveur : « Et pour l'eau, plate ou gazeuse ? », vous pouvez répondre sans rougir : « Une carafe me conviendra ».

8 – Vins (et autres alcools) : la marge la plus importante des restaurateurs ! Et certains en abusent… Le vin au verre s'est généralisé. Tant mieux. Sinon, au-delà de 2 verres (gare aux prix exorbitants et à l'interdiction de conduire), il peut être plus intéressant de commander une bouteille, quitte à l'emporter en fin de repas si elle n'est pas terminée. Sinon, ne pas hésiter à demander un ***petit vin de pays en pichet,*** l'occasion de découvrir ainsi des petites cuvées locales et bon marché.

les ROUTARDS sur la FRANCE 2022-2023

(dates de parution sur • *routard.com* •)

Découpage de la FRANCE par le ROUTARD

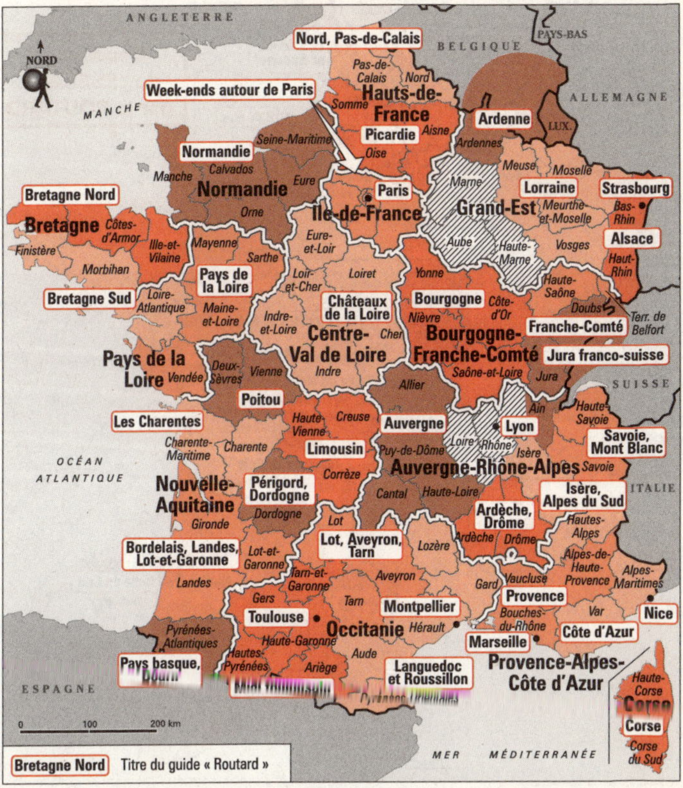

Autres guides sur la France

- Nos meilleurs campings en France
- Nos meilleures chambres d'hôtes en France

Autres guides sur Paris

- Paris
- Paris balades
- Restos et bistrots de Paris
- Le Routard des amoureux à Paris
- Week-ends autour de Paris

Le Routard à vélo

- EuroVelo6
- La Bourgogne du Sud à vélo
- La Flow Vélo
- La Loire à Vélo
- La Vélo Francette
- La Vélodyssée (Roscoff-Hendaye)
- Le Canal des 2 mers à vélo
- Paris Île-de-France à vélo
- ViaRhôna
- Les plus belles escapades à vélo en France

les ROUTARDS sur l'ÉTRANGER 2022-2023

(dates de parution sur • *routard.com* •)

Découpage de l'ESPAGNE par le ROUTARD

Découpage de l'ITALIE par le ROUTARD

Autres pays européens

- Allemagne
- Angleterre, Pays de Galles
- Autriche
- Belgique
- Bulgarie
- Crète
- Croatie
- Danemark, Suède
- Écosse
- Finlande
- Grèce continentale
- Hongrie
- Îles grecques et Athènes
- Irlande
- Islande
- Madère
- Malte
- Norvège
- Pays baltes : Tallinn, Riga, Vilnius
- Pologne
- Portugal
- République tchèque, Slovaquie
- Roumanie
- Suisse

Villes européennes

- Amsterdam
- Berlin
- Bruxelles
- Budapest
- Copenhague
- Dublin
- Lisbonne
- Londres
- Moscou
- Naples
- Porto
- Prague
- Saint-Pétersbourg
- Stockholm
- Vienne

les ROUTARDS sur l'ÉTRANGER 2022-2023

(dates de parution sur • **routard.com** •)

Découpage des ÉTATS-UNIS par le ROUTARD

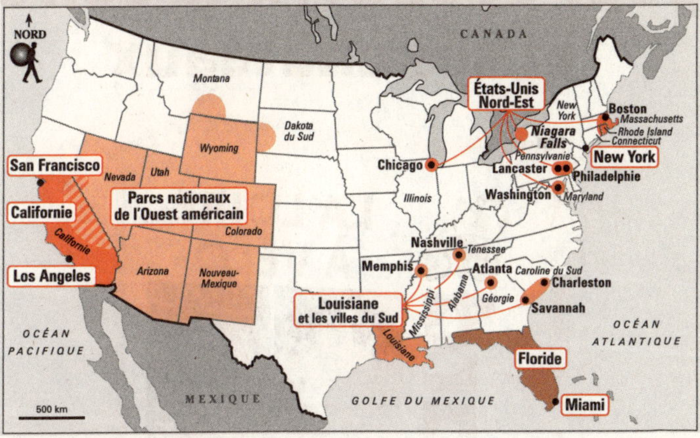

Autres pays d'Amérique

- Argentine
- Brésil
- Canada Ouest
- Chili et île de Pâques
- Colombie
- Costa Rica
- Équateur et les îles Galápagos
- Guatemala, Belize
- Mexique
- Montréal
- Pérou, Bolivie
- Québec et Ontario

Asie et Océanie

- Australie côtes est et nord + Red Centre
- Bali, Lombok
- Bangkok
- Birmanie (Myanmar)
- Cambodge, Laos
- Chine
- Hong Kong, Macao, Canton
- Inde du Nord
- Inde du Sud
- Israël et Palestine
- Istanbul
- Jordanie
- Malaisie, Singapour
- Népal
- Shanghai
- Sri Lanka (Ceylan)
- Thaïlande
- Tokyo, Kyoto et environs
- Turquie
- Vietnam

Afrique

- Afrique du Sud
- Égypte
- Kenya, Tanzanie et Zanzibar
- Maroc
- Marrakech
- Sénégal
- Tunisie

Îles Caraïbes et océan Indien

- Cuba
- Guadeloupe, Saint-Martin, Saint-Barth
- Île Maurice, Rodrigues
- Madagascar
- Martinique
- République dominicaine (Saint-Domingue)
- Réunion

Guides de conversation

- Allemand
- Anglais
- Arabe du Maghreb
- Arabe du Proche-Orient
- Chinois
- Croate
- Espagnol
- Grec
- Italien
- Japonais
- Portugais
- Russe
- G'palémo (conversation par l'image)

Livres-photos/Livres-cadeaux

- 50 voyages à faire dans sa vie
- 52 escapades nature en France (**nouveauté**)
- 52 week-ends coups de cœur en Europe (city trips)
- 52 week-ends coups de cœur en France
- 120 coins secrets en Europe
- 1 200 coups de cœur en France
- 1 200 coups de cœur dans le monde
- Cahier de vacances du Routard
- La France de Stéphane Bern
- Nos plus belles balades et randos en France (**nouveauté**)
- Road Trips Monde
- Road Trips en France
- Sacré : 100 lieux d'inspiration divine (**nouveauté**)
- Voyages
- Voyages : États-Unis
- Voyages : France
- Voyages : Italie

LA VOIE ROYALE pour découvrir la Loire et ses châteaux

- Un guide pratique
- Des étapes claires & plans détaillés
- Des bonnes adresses
- Des étapes faisables en 1 journée pour toute la famille

Le Routard

INDEX GÉNÉRAL

INDEX GÉNÉRAL

M

LISTE DES CARTES ET PLANS

« OSONS LE PAS DE CÔTÉ »

Le surtourisme ? Tous concernés. Et pourtant, à l'écart des grands flux touristiques, il existe plein de pépites méconnues, souvent oubliées des circuits trop encombrés. Ici un site ignoré ; là un quartier secret ; plus loin un village caché au charme discret, avec un troquet d'une autre époque… Il existe une infinité de lieux peinards que l'on a envie de mettre en avant avec ce pictogramme ! Un vagabondage enfin calme favorisé aussi par les **visites aux heures creuses.** Vive le *slow trip* !

#osonslepasdecote

IMPORTANT : DERNIÈRE MINUTE

Entre deux parutions du *Routard,* des événements fortuits (conditions sanitaires, catastrophes naturelles, mais aussi formalités, taux de change, conditions d'accès aux sites, fermetures inopinées, etc.) peuvent modifier vos projets de voyage. Pour éviter les déconvenues, nous vous recommandons de consulter la rubrique « Guide » par pays de notre site • ***routard.com*** • et plus particulièrement les dernières ***Actus voyageurs.***

Remarque importante aux hôteliers et restaurateurs

Les enquêteurs du *Routard* travaillent dans le plus strict anonymat. Aucune réduction, aucun avantage quelconque, aucune rétribution n'est jamais demandé en contrepartie. Face aux aigrefins, la loi autorise les hôteliers et restaurateurs à porter plainte.

Avis aux lecteurs

Le Routard, ce n'est pas comme le bon vin, il vieillit mal. On ne veut pas pousser à la consommation, mais évitez de partir avec une édition ancienne. Les modifications sont souvent importantes.

Les réductions accordées à nos lecteurs ne sont jamais demandées par nos rédacteurs afin de préserver leur indépendance. Les hôteliers et restaurateurs sont sollicités par une société de mailing, totalement indépendante de la rédaction, qui reste donc libre de ses choix. De même pour les autocollants et plaques émaillées.

Avec routard.com, choisissez, organisez, réservez et partagez vos voyages !

✓ Rejoignez la plus grande communauté francophone de voyageurs : **plusieurs millions d'internautes.**

✓ Échangez avec les routarnautes : forums, photos, avis d'hôtels.

✓ Retrouvez aussi toutes les informations actualisées pour choisir et préparer vos voyages : près de 300 guides destinations, une centaine de dossiers pratiques et un magazine en ligne pour découvrir tous les secrets de votre destination.

✓ Enfin, comparez les offres pour organiser et réserver votre voyage au meilleur prix.

Les **Routards** *parlent aux* **Routards**

Faites-nous part de vos expériences, de vos découvertes, de vos tuyaux et de vos coups de cœur. Aidez-nous à remettre l'ouvrage à jour. Indiquez-nous les renseignements périmés. Faites profiter les autres de vos adresses nouvelles, combines géniales... On adresse un exemplaire gratuit de la prochaine édition à ceux qui nous envoient les meilleurs courriers, pour la qualité et la pertinence des informations.

Quelques conseils cependant :

– Envoyez-nous votre courrier le plus tôt possible afin que l'on puisse insérer vos tuyaux sur la prochaine édition.

– N'oubliez pas de préciser l'ouvrage que vous désirez recevoir, ainsi que votre adresse postale.

– Vérifiez que vos remarques concernent l'édition en cours et notez les pages du guide concernées par vos observations.

– Quand vous indiquez des hôtels ou des restaurants, pensez à signaler leur adresse précise et, pour les grandes villes, les moyens de transport pour y aller. Si vous le pouvez, joignez la carte de visite de l'hôtel ou du resto décrit.

En tout état de cause, merci pour vos nombreux mails.

122, rue du Moulin-des-Prés, 75013 Paris

• guide@routard.com • routard.com •

Routard Assurance *2022*

Enrichie au fil des années par les retours des lecteurs, *Routard Assurance* reste l'assurance voyage référence des globe-trotters. Tout y est inclus, même la **Covid** : frais médicaux, assistance rapatriement, bagages, responsabilité civile... Avant votre départ, appelez *AVI* pour un conseil personnalisé. Besoin d'une **attestation Covid,** d'un avis médical, d'une prise en charge dans un hôpital ? Téléchargez l'appli mobile *AVI International* pour garder le contact avec *AVI Assistance* et disposer d'un vaste réseau médical à travers le monde. *AVI Assistance* est disponible 24h/24 pour une réponse en temps réel. De simples frais de santé en voyage ? Envoyez les factures à *AVI* dès votre retour, ils vous remboursent sous une semaine. *Le Colisée Gardens, 10 avenue de l'Arche, CS 70126, 92419 Courbevoie Cedex. ☎ 01-44-63-51-00. • avi-international.com • Ⓜ La Défense.*

Édité par Hachette Livre (58, rue Jean-Bleuzen, CS 70007, 92178 Vanves Cedex, France)
Photocomposé par Jouve SAS (561, rue Saint-Léonard, 53100 Mayenne, France)
Imprimé par Dupliprint (Quai n° 2, 733, rue Saint-Léonard, BP 3, 53101 Mayenne Cedex, France)
Achevé d'imprimer : juin 2022
Collection n° 15 - Édition n° 01
22/6433/2
I.S.B.N. 978-2-01-718790-5
Dépôt légal : juin 2022

PAPIER À BASE DE FIBRES CERTIFIÉES